ROMANIAN-ENGLISH
ENGLISH-ROMANIAN
DICTIONARY

ROMANIAN-ENGLISH
ENGLISH-ROMANIAN
DICTIONARY

Marcel Schönkron

HIPPOCRENE BOOKS
New York

Hippocrene edition, 1991

Copyright © 1952, 1991

For information, contact:
HIPPOCRENE BOOKS, INC.
171 Madison Ave.
New York, N.Y. 10016

ISBN 0-87052-986-2

Printed in the United Staes of America

Lămuriri introductive

I. — SEMNE.

I, II, etc. desparte părțile de cuvânt între ele precum și formele aceluiaș verb.

1, 2, 3, etc. desparte diferitele însemnări ale aceluiaș termen.

≈ arată egalitate de însemnare.

( ) coprinde frazele sau cuvintele explicative cât și complectarea cuvântului.

— în textul unui articol înlocuește cuvântul întreg din fruntea aces. taia, ex.: *afară... pe din* — ≈ pe din afară.

II. — PRESCURTĂRI.

a. adjectiv (adjective).

adv. adverb adverbe).

Anal. termen de Anatomie (term for Anatomy).

Introductive explanations

I — SIGNS

I, II, etc. separate parts of words between themselves, as well as the forms of the same verb.

1, 2, 3, etc. separate the different meanings of the same term.

≈ shews the equalness of meaning.

( ) contains explicative phrases or words, as well as a completion of a word.

— in the text of an article this sign substitues the whole word from its front, for intance : *afară... pe ∂in* — ≈ pe din afară.

II. — ABBREVIATURES.

a. adjectiv, (adjective).

adv. adverb (adverbe).

Anat. termen de Anatomie (term for Anatomye).

Archit. termen de Architectură (term for Architecture).

art. articol (article).

Astr. termen de Astronomie (term for Astronomy).

Bot. „ „ Botanică („ „ Botany).

Chim. „ „ Chimie („ „ Chemistry).

Chir. „ „ Chirurgie („ „ Surgery).

Com. „ „ Comercial („ „ Comercial).

conj. conjuncțiune (conjunction).

dem. demonstrativ (demonstrative).

dim. diminutiv (diminutive).

etc. etcetera (and so on).

ex. exemplu (examplu).

f. substantiv feminin (substantive in feminine).

fam. termen familiar (familiar term).

fig. „ figurant (figurative sense).

Fiz. „ de Fizică (term for Physics).

Georgr. „ „ Geografie (term for Geography).

Gram. Termen gramatical (gramatical term).

imp. verb impersonal (impersonal verb).

int. interjecțiune (interjection).

iron. sens ironic (ironical sense).

Jur. termen juridic (juridical term).

loc. locuțiune (locution).

m. substantiv masculin (substantive in masculine).

Mat. termen de Matematică (ter for Mathematics).

Med. „ medical (medical term).

Milit. „ militar (military „).

Min. „ miner (mineral „).

Muz. „ muzical (musical „).

n. substantiv neutru (substantive neuter).

num. numeral (numeral).

Pat. termen de Patologie (term for Pathology)

pl. plural (plural).

pop. popular (popular term).

pos. posesiv (posessive).

prep. prepoziție (preposition)

pron. pronume (pronoun).

vt. participiu trecut (post participle).
ref. reflex v (reflective).
rel. relativ (relative).
V. Vezi, a se vedeà, (see, to be seen).
va. verb activ (active verb).
vt. verb neutru (neuter verb).
vx. verb auxiliar (auxiliary verb).
Zool. termen de Zoologie (term for Zoology).

ALFABETUL
se citeşte:

A a — ei	*N n* — en
B b — bi	*O o* — óu
C c — si	*P p* — pi
D d — di	*Q q* — kiú
E e — i	*R r* — ar
F f — ef	*S s* — es
G g — gi	*T t* — ti
H h — eitş	*U u* — iú
I i — ai	*V v* — vi
J j — gei	*W w* — dúbl iú
K k — kéi	*X x* — ex
L l — el	*Y y* — uái
M m — em	*Z z* — zed

Observațiune asupra pronunțării engleze

Fie-care cuvânt englez din dicționar este urmat de pronunțarea lui care se va citi pe românește, fără nici o considerațiune alta pentru limba engleză decât a accentului totdeauna indicat.

În citirea acestei pronunțări sunt a se observa următoarele câte-va particularități.

Accentul ' pus deasupra sau lângă o vocală, arată tonalitatea cuvântului; de asemenea accentul ⌣ arată tonalitatea cuvântului scurtând în acelaș timp ca și când ar avea accentul.

Vocalele cu accentul ⌣ se vor citi precum urmează:

ŏ: cu un sunet între e românesc cu o ușoară flexiune către a.

ŏ ! se va citi totdeauna ca ŏ german scurtat.

Sunt două feluri de pronunțare de th; th se va citi apăsând limba asupra dinților de sus așa ca să treacă puțin pe sub ei suflând între limbă și dinți ca pentru a scoate sunetul lui t aspirat, cum de ex. thermometer-thermómeter.

II «Th» se va citi ca d, adică apăsând limba între cele două șiruri de dinți ca pentru a scoate sunetul unui ď dulce și aspirat d. ex.; the father-dhe fadher.

Litera r e aproape mută.

Pronunțarea vocalelor

Vocala ce se află în cea dintâiu silabă accentuată a unui cuvânt bisilab, cu silabă finală în e mut, păstrează sunetul alfabetic, de ex. cane se pronunță kéin, căci silaba «ca» este accentuată «ne» este finală cu «e» mut, prin urmare «ca» păstrează sunetul alfabetic «ei»; astfel și mete, se pronunță mit; mile-máil; tune-tiun

Vocala care face un sunet cu consonanta ce o urmează afară de consonantele «l» «r» și «ss» se pronunță scurtă, d. ex. ! at-hăt; bed-bed; sun-sŏn.

Vocala a se pronunță ca ua în cuvintele was-uáz wash-uáș; what-uát; swallon-suálou; quantity-cuántiti.

Vocala a înaintea unui re final se pronunță eér d. ex.: hare-héer.

Vocala a înainte de ll se pronunță «o» d. ex. ball-bol; hall-hol.

Vocala a accentuată și unită cu ss, st, sk. se pronunță «a» de ex.: castle-castel; class-clas; task-tasc.

Vocala a accentuată și unită cu r se pronunță «a» lung, d. ex; far-láar war-uáar.

Vocala a în terminațiune age neaccentuată se pronunță scurtă, între i și e: de ex. village-viledj.

Vocala a în many, any, se pronunță ca un «e» scurt și deschis; adică; méni, éni.

Vocala «a» neaccentuată într'o polisilabă e foarte scurtă, de ex.: ado-ădo.

Vocala a se pierde cu totul în cuvintele carriage, mariage, parliament, cari se pronunță foarte scurt, de ex.; slaughter-slóter mother-modher.

Vocala *e* în două cuvinte. se pronunţa cu «a» lung deschis, adică în *clerk*-clark, *sergeant*-sárgent.

Vocala *e* urmată de *rr* sau *r* şi o altă consonantă se pronunţă *ě* de ex.: *term*-tĕrm, *verb*-vĕrb.

Vocala *e* în cuvintele *ere*, *there*, *where*, *were*, se pronunţă éer dhéer, uéer, etc.

Vocala *e* numai în trei cuvinte, *England*, *English*, *pretty* se pronunţă «i» scurt; ingländ, ingliş, prîti.

Vocala *e* este mută la sfârşitul cuvintelor bisilabe sau polisilabe, în terminaţiunea *es*, în terminaţiunea *ed* la participiul trecut şi iu terminaţiunea *en*, neaccentuată

Vocala *i* în cuvintele cari provin din limba franceză se pronunţă «i» de ex.: *chagrin*-şagrin; *antique*-ántiĉ.

Vocala *i* accentuată când formează silabă cu *r* se pronunţă er; *bird*-berd.

Vocala *o* între *w* şi *r* se pronunţă *ǒ* de ex ; *work*-uǒrk *word*-uǒrs

Vocala *o* în unele cuvinte se pronunţă «u», de ex : *do du*, *to*-tu, *who hu lose*-lúz, etc.

Vocala *o* în multe cuvinte se pronunţă *ǒ* d. ex. *above* ɩ bǒ; *among*-ămǒng.

Vocala *o* înaintea lui *r* se lungeşte, de ex., *nor*-nóor, *for*-fóor.

Vocala *o* se pronunţă ca «u» scurt, in cuvintele *bosom*; *wol! woman*, *worsted*, adică blúzem, uúl; uúmǎn uúrsted.

Vocala *o* la sfârşitul unui cuvânt urmat de o consonantă şi neaccentuat se pronunţă foarte scurt, de ex : *apron*; esprĕn.

Vocala *u* la sfârşitul unui cuvânt neaccentuat şi urmat de consonantă se pronunţă ca un «e» scurt de ex *consul*-cŏnsel.

Vocala *u* înaintea lui *r* formează împreună silabă şi accentuat se pronunţă ca «ŏ» lung, de ex : *turn*-tŏrn, *fur*-fŏr.

Vocala *u* în două cuvinte se pronunţă «i» *busy*-bizi; *business*-biznes.

Vocala *u* în două cuvinte se pronunţă ca *c*, de ex.: *bury*-béri, *burial*-bériál.

Vocala *u* precedată de un *r* se pronunţă «u» de ex.; *brute*-brut, *rule*-rul, *ruler*-rúler.

Vocala *u* înainte de *ll* se pronunţă in multe cuvinte ca «u», de ex ; *bull* bul *full*-ful, *pull*-pul.

Vocala *u* e mută la cuvintele *buy*-bái, *buoy*-bói, *build*-bild, *conduit*-cóndit.

Vocala *y* se pronunţă ca «i» la sfârşitul cuvintelor neaccentuate.

Vocala *y* se pronunţă ca «ai» la sfârşitul cuvintelor neaccentuate *k* înaintea lui n nu se pronunţă de loc, de ex.; *knife*-nái; ; *knob*-nob, etc.

III. — OBSERVATIUNI GRAMATICALE

Despre pluralul substantivelor

Substantivele la plural primesc un s, iar articolul rămâne neschimbat:
Ex. the book—the books.
    the pen—the pens.
    the needle—the needles.

Substantivele terminate în ss, sh, che şi n, iau es, la plural.
Ex. a glass—glasses; a bush—bushes; a box—boxes.

Substantivele care se termină în y, la plural schimbă pe y in ies:
Ex. a fly—flies; a cherry—cherries.

Face excepţiune boy, care conservă la plural pe y si primeşte semnul pluralului s: ex. a boy—boys.

Substantivele terminate în fe, schimbă pe fe în ves: Ex. the knife—knives; the leaf—leaves.

Substantivele neregulate la formarea pluralului:

Brother—brothers sau brethren[1] man—men; woman—women; ox—oxen; foot—feet; child—children; tooth—teeth; goose—geese; mouse—mice; louse—lice.

Formarea femeninului, prin schimbare de cuvânt

masc.	fem.	masc.	fem.
bachelor	maiden, bachelor girl	horse husband	mare wife
boar	sow	king	queen

---

[1] brothers, se zice de fraţi, brethren se zice de membrii unei corporaţii, credinţe, etc. de ex. brethren in Christ, fraţi în Christos.

masc.	fem.	masc.	fem.
boy	girl	lad	lass
brother	sister	lord	lady
buck	doe	man	woman
bull și bullock	cow	master	mistress
cock	hen	ram	ewe
dog	bitch	singer	songstress si
duck	drake		singer
earl	countess	sir	madam
father	mother	son	daughter
friar	nun	stag	hind
gander	goose	uncle	aunt
hart	roe	wizard	witch

Formarea femeninului prin schimbarea terminațiunei

masc.	fem.	masc.	fem.
abbot	abbess	host	hostess
administrator	administratrix	jew	jewess
adulterer	adulteress	marquis	marchioness
ambassador	ambassadress	patron	patroness
aviator	aviatrix	peer	peeress
bridegroom	bride	priest	priestess
benefactor	benefactress	prior	prioress
count	countess	prince	princess
deacon	deaconess	prophet	prophetess
duke	duchess	protector	protectress
emperor	empress	shepherd	shepherdess
enchanter	enchantress	songster	songstress
executor	executrix	sorcerer	sorceress
heir	heiress	tiger	tigress
hunter	huntress	viscount	viscountess
hero	heroine	widower	widow

Formarea femeninului prin adăugire de prefix

masc.	fem.	masc.	fem.
cock sparrow	hen sparrow	manservant	maidservant
he goat	she goat	male child	female child

DECLINAREA SUBSTANTIVELOR

In limba engleză, declinarea substantivelor se face cu ajutorul prepozițiunilor: of pentru genetiv și to pentru dativ, iar acuzativul este egal cn nominativul.

SINGULAR

N. Ac.	the brother, fratele, pe frate
G.	of the brother, a fratelui, fratelui
D.	to the brother, fratelui

PLURAL

N. Ac.	the brothers, frații, pe frați
G.	of the brothers, a fraților, fraților
D.	to the brothers, fraților.

Obs. Mai există și un alt genetiv în limba engleză, care se numește genetivul saxon. Acest genetiv se întrebuințează numai pentru persoane și animale și se formează prin adăogarea unui's la nominativul posesor, fie singular, fie plural. Singura deosebire între singular și plural, este că la singular apostroful ' și s se pun după substantiv, în timp ce la plural, s se pune după substantiv și apoi apostroful.

Ex. sing.: the boy's book cartea băiatului; the friend's sister, sora amicului. La plural the boys', the sisters' book.

Dar nu se zice de loc the garden's flowers, ci the flowers of the garden, florile grădinii.

GRADELE DE COMPARATIUNE

1. Gradațiunea Saxonă

Pozitiv	Comparativ	Superlativ
strong, tare	stronger, mai tare	strongest, cel mai tare
large, mare	larger, mai mare	largest, cel mai mare
weak, slab	weaker, mai slab	weakest, cel mai slab

2. Gradațiunea Franceză

Pozitiv	Comparativ	Superlativ
wholesome, sănătos	more wholesome	most wholesome
unwholesome, ne-sănătos	more unwholesome	most unwholesome

3. Gradaţiunea neregulată

Pozitiv	Comparativ	Superlativ
good, bun	**better,** mai bun	**best,** cel mai bun
bad, rău	**worse,** mai rău	**worst,** čel mai rău
much, many, mult	**more,** mai mult	**most,** cel mai mult

Adjectivele monosilabe, in cea mai mare parte, formează gradele de comparaţiune după gradaţiunea saxonă de ex: adjectivul **large,** face la comparativ, **larger** şi la superlativ, **largest;** iar cele polisilabe formează gradele de comparaţiune după gradaţiunea franceză, adică cu **more** la comparativ şi **most** la superlativ.

PRONUMELE PERSONALE

I		II		III	
	I, eu		you, voi		he, el
	me, mie		you, vouă		she, ea
	we, noi		you, vouă		it, el, ea
	us, pe noi		you, pe voi		him, lui, pe el
					her, ei, pe ea
					they, ei, ele
					them, lor, pe el

NUMERALELE CARDINALE

0 naught (nout), zerou (sirou)	7 seven (sévn)	14 fourteen (fóurtin)
1 one (uăn)	8 eight (éit)	15 fifteen (fiftin)
2 two (tu)	9 nine (náin)	16 sixteen (sixtin)
3 three (thri)	10 ten (ten)	17 seventeen (sévntin)
4 four (fóĕr)	11 eleven (elévn)	18 eighteen (éitin)
5 five (fáiv)	12 twelve (tuélv)	19 nineteen (naintin)
6 six (six)	13 thirteen (thŏrtin)	20 twenty (tuénti)

21 twenty-one (tuénti-uăn)	80 eighty (éiti)
22 twenty-two (tuéntitu)	90 ninety (náinti)
23 twenty-three (thri)	95 ninety-five (—fáiv)
30 thirty (thŏrty)	100 one hundred (—hŏndred)
40 forty (fórty)	200 two hundred
50 fifty (fifty)	560 five hundred and sixty
60 sixty (sixti)	1.000 one thousand (uăn tháusnd)
70 seventy (sévnti)	1,000,000 one million (—miliŏn)

NUMERALELE ORDINALE

1st—first (fórst)
2nd—second (séknd)
3rd—third (thörd)
4th—fourth (fórth)
5th—fifth (fifth)
6th—sixth (sixth)
7th—seventh (sévnth)

8th—eighth (éitth)
9th—ninth (náinth)
10th—tenth (tenth)

11th—eleventh (eléventh)
12th—twelfth (tuélfth)
13th—thirteenth (thórtinth)
14th—fourteenth (órtinth)
15th—fifteenth (fiftinth)
16th—sixteenth (sixtinth)
17th—seventeenth (séventinth)
18th—eighteenth (éitinth)
19th—nineteenth (náintinth)
20th—twentieth (tuéntieth)

21st—twenty-first
22nd—twenty-second
23rd—twenty-third
30th—thirtieth (thörsith)
40th—fortieth (fórtieth)
50th—fiftieth (fiftith)
60th—sixtieth (sixtith)
70th—seventieth (séventith)

80th—eightieth (éitith)
90th—ninetieth (náintith)
100th—hundredth (hóndredth)
200th—two hundredth
1,000th—(one) thousandth (tǎuzendth)
1,000,000th—millionth (milionth)

VERBE AUXILIARE

To have, a aveà

Present tense	Preterite tense
I have, (eu) am	I had, eu aveam
you[1] have, tu ai	you had, tu aveai
he has, el are	he had, el aveà
she has, ea are	she had, ea aveà
it[2] has, el, ea are	it had, el, ea aveà
we have, noi avem	we had, noi aveam
you have, voi aveți	you had, voi aveați
they have, ei, ele au	they had, ei, ele aveau

---

[1] thou hast se intrebuințeazăn umai în poiezie și rugăciuni; alminterea în englezește în loc de pronumele thou (tu) se întrebuințează persoana II-a plurală you (D-voastră).

[2] it se întrebuințează numai pentru animale inferioare și lucruri neînsufețite.

Perfect tense

I have,	Eu am	
you have	tu ai	
he, she, it has	el, ea a	avut
we have — had	noi am	
you have	voi aţi	
they have	ei, ele au	

Pluperfect tense

I had
you had
he, she, it had — had
we had
you had
they had

Future

(viitorul I)

I shall sau will have, voi aveá, etc.
you shall sau will have
he, she, it shall sau will have
we shall sau will have
you shall sau will have
they shall sau will have

Interrogative

Shall I have? voiu aveà eu? etc.
shall you have?
will he, she, it have?
shall we have?
shall you have?
will they have?

Future Perfect

(viitorul II)

I shall have had, eu voiu fi avut.

Conditional
(Condiţionalul I)

I should have, au aş avea, etc.
you would have
he, she, it would have
we should have
you would have
they would have

Interrogative

Should I have?
should you have?
would he have?
should we have?
should you have?
would they have?

Perfect Conditional

(Condiţionalul II)

I should have had, eu aş fi avut.

SUBJUNCTIVE

(Subjonctivul)

Preterite tense	Pluperfect tense
(Imperfectul)	(mai m. ca perfectul)
(if) I had, as avea, etc. you had he, she, it had, etc.	(if) I had had, aş fi avut, etc. you had had he, she, it had had, etc.

IMPERATIVE

(Imperativul)

Have, aibi tu, aveţi voi
Let me (us, him, her, it, them) have, să am, etc.

CONJUGAREA VERBULUI TO BE A FI

Present infinitive	to be, a fi
Past "	to have been, a fi fost
Present participle	being, fiind
Past "	been, fost
Compound "	having been, fiind fost

Indicative mood

Present tense	Preterite tense	Perfect tense
I am, sunt	I was, eram	I have been, am fost
you are	you were	you have been
he, she, it is	he, she, it was	he, she, it has been
we are	we were	we have been
you are	you were	you have been
they are	they were	they have been

Pluperfect tense	Future
I had been, fusesem	I shall sau will be, voiu fi
you had been	you shall sau will be
he ,she, it had been	he, she, it shall sau will be
we had been	we shall sau will be
you had been	you shall sau will be
they had been	they shall sau will be

Future Perfect

I shall **sau** will have been, voiu fi fost
you shall **sau** will have been
he, she, it shall **sau** will have been
we shall **sau** will have been
you shall **sau** will have been
they shall **sau** will have been

Conditional

I should be, aş fi
you would be, etc.

Subjunctive

Imperative

Preterite tense	Pluperfect tense	Imperative
		let me be, să fíu
		be (careful!)
		let him be
(if) I were, aş fi	(if) I had been, aş fi	let us be
you were	fost	be (careful)
he, she, it were, etc.	you had been	let them be

Verbele active se conjugă cu verbul **to have.**

Verbele pasive se conjugă adăogând la toate timpurile modurile, persoanele şi numerele verbului **to be,** participiul trecut al verbului de conjugat.

ACTIVE VOICE

Present infinitive	**to count,** a numără
Past "	**to have counted,** a fi numărat
Present participle	**counting,** numărând
Past "	**counted,** numărat
Compound "	**having counted,** fiind numărat

Indicative

Present tense

I count
you count
he, she, it counts
we count
you count
they count

Preterite tense

I counted
you counted
he, she, it counted
we counted
you counted
they counted

Perfect tense

I have counted

Pluperfect tense

I had counted

Future

I shall sau will count
you shall sau will count
he, she, it shall count
we, you, they shall sau will count

Perfect

I shall have counted

Conditional

I should count

Perfect Conditional

I should have counted

Subjunctive

Preterite tense   **Pluperfect tense**

(if) I counted   I had counted

Imperative

count
Let me (him, etc.) count

PERIPHRASTICAL FORMS

Infinitive

Present: to be counting, a numără
Past: to have been counting

Indicative

Pres. I am counting, eu număr
Pret. I was counting
Perf. I have been counting
Pluperf. I had been counting
Future I shall be counting
Future Perfect I shall have been counting
Cond. I should be counting
Perfect Cond. I should have been counting

Subjunctive

Pres. (if) I were counting
Pluperf. (if) I had been counting

Imperative

be counting

Passive voice

Present infinitive	to be counted
Past "	to have been counted
Present participle	being counted
Past "	counted
Compound "	having been counted

Indicative

Pres.	**Pret.**
I am counted	I was counted
you are counted	you were counted
he, she, it is counted	he, she, it was counted
we are counted	we were counted
you are counted	you were counted
they are counted	they were counted

Subjunctive

(if) I were counted
you were counted
he, she, it were counted
we were counted
you were counted
they were counted

Imperative

be counted

Verbele reflexive se conjugă adăugând la toate timpurile verbului activ la persoana I. a singular pe **myself**, la a II. a pe **yourself**, la a III. a pe **himself**, la persoana I.a plural pe **ourselves**, la a II. a pe **yourselves**, la a III. a pe **themselves**.

VERBUL REFLEXIV TO WASH ONESELF

A se spăla pe sine însuşi

Indicative

Present tense

I wash myself
you wash yourself
he washes himself
she washes herself
it washes itself
we wash ourselves
you wash yourselves
they wash themselves

Preterite tense

I washed myself
you washed yourself
he washed himself
she washed herself
it washed itself
we washed ourselves
you washed yourselves
they washed themselves

Perfect

I have washed myself
you have washed yourself
he has washed himself
she has washed herself
it has washed itself
we have washed ourselves
you have washed yourselves
they have washed themselves

Pluperfect

I had washed myself
you had washed yourself
he had washed himself
she had washed herself
it had washed itself
we had washed ourselves
you had washed yourselves
they had washed themselves

Imperative

let me wash myself
wash yourself
let him wash himself
let her wash herself
let it wash itself
let us wash ourselves
wash yourselves
let them wash themselves

Subjunctive
Present

(that) I wash myself
you wash yourself
he wash himself
she wash herself
it wash itself
we wash ourselves
you wash yourselves
they wash themselves

VERBUL TO DO A FACE

Present tense

I do, fac, etc.

To do se mai întrebuințează ca auxiliar la orice verb, afară de alte auxiliare.

Ex. **Do you speak English?** vorbiți englezește? No, I do not (speak). Nu, nu vorbesc. **I do not eat,** nu mănânc. I do not like apples, nu'mi plac merele. To play, a jucà. **Do I play?** joc eu? you do not play, nu joci.

Do nu se pune după who. Nu se poate zice, who does like milk? dar se zice who likes milk? cui îi place laptele?

Nu se poate zice: which of the two boys does like milk? dar se zice: which of the two boys likes milk? Căruia dintre cei doi băeți îi place lapte? dar nu se poate zice: what does lie there on the table? Dar se zice: what lies there on the table? Ce este (pus) pe masă?

TABLOUL VERBELOR NEREGULATE

Prezent	Imperfect	Participiul trecut	Prezent	Imperfect	Participiul trecut
abide	abode	abode	choose	chose	chosen
am	was	been	cleave	cleft,	cleft,
arise	arose	arisen		clove	cloven
awake	awoke	awaked	cling	clung	clung
bear	bore	borne	clothe	clothed,	clothed,
beat	beat	beaten		clad	clad
become	became	become	come	came	come
befall	befell	befallen	cost	cost	cost
begin	began	begun	creep	crept	crept
behold	beheld	beheld	crow	crowed	crowed
bend	bent	bent	cut	cut	cut
bereave	bereaved,	bereaved,	dare	dared	dared
	bereft	bereft	deal	dealt	dealt
beseech	besought	besought	die	died	died
beset	beset	beset	dig	dug	dug
bid	bid, bade	bid,	do	did	done
		bidden	draw	drew	drawn
bind	bound	bound	dream	dreamt,	dreamt,
bite	bit	bitten		dreamed	dreamed
bleed	bled	bled	drink	drank	drunk
blow	blew	blown	drive	drove	driven
break	broke	broken	dwell	dwelt	dwelt
breed	bred	bred	eat	ate	eaten
bring	brought	brought	fall	fell	fallen
build	built	built	feed	fed	fed
burn	burned,	burned,	feel	felt	felt
	burnt	burnt	fight	fought	fought
burst	burst	burst	find	found	found
buy	bought	bought	flee	fled	fled
can	could	—	fling	flung	flung
cast	cast	cast	fly	flew	flown
catch	caught	caught	forbear	forbore	forborne
chide	chided	chided,	forgive	forgave	forgiven
		chidden	forsake	forsook	forsaken

Prezent	Imperfect	Participiul trecut	Prezent	Imperfect	Participiul trecut
freeze	froze	frozen	**must**	must	—
get	got	got, gotten	**ought**	ought	—
			overbear	overbore	overborne
gild	gilt	gilt	**owe**	owed	owed
gird	girt	girt	**pay**	paid	paid
give	gave	given	**put**	put	put
go	went	gone	**read**	read	read
grave	graved	graven	**rend**	rent	rent
grind	ground	ground	**rid**	rid	rid
grow	grew	grown	**ride**	rode	ridden
hang	hung	hung	**ring**	rang	rung
have	had	had	**rise**	rose	risen
hear	heard	heard	**run**	ran	run
hew	hewed	hewn	**saw**	sawed	sawed
hide	hid	hid, hidden	**say**	said	said
			see	saw	seen
hit	hit	hit	**seek**	sought	sought
hold	held	held	**sell**	sold	sold
hurt	hurt	hurt	**send**	sent	sent
keep	kept	kept	**set**	set	set
kneel	knelt, kneeled	knelt, kneeled	**shake**	shook	shaken
			shall	should	—
knit	knit	knit	**shape**	shaped	shaped
know	knew	known	**shave**	shaved	shaven
lay	laid	laid	**shear**	sheared	shorn
lean	leaned	leaned	**shed**	shed	shed
leap	leaped, leapt	leaped, leapt	**shine**	shone	shone
			shoe	shod	shod
learn	learned, learnt	learned, learnt	**shoot**	shot	shot
			show	showed	shown
leave	left	left	**shred**	shred	shred
lend	lent	lent	**shrink**	shrank	shrunk
let	let	let	**shut**	shut	shut
lie	lay	lain	**sing**	sang	sung
lose	lost	lost	**sink**	sank	sunk
make	made	made	**sit**	sat	sat
may	might	—	**slay**	slew	slain
mean	meant	meant	**sleep**	slept	slept
meet	met	met	**slide**	slid	slid
melt	melted	melted	**sling**	slung	slung
mow	mowed	mown	**slit**	slit	slit

Prezent	Imperfect	Participiul trecut	Prezent	Imperfect	Participiul trecut
smell	smelled	smelled	swear	swore	sworn
smite	smote	smitten	sweep	swept	swept
sow	sowed	sown	swell	swelled	swollen
speak	spoke	spoken	swim	swam	swum
speed	sped	sped	swing	swung	swung
spell	spelled	spelled	take	took	taken
spend	spent	spent	teach	taught	taught
spill	spilled	spilled	tear	tore	torn
spin	spun	spun	tell	told	told
spit	spat	spat	think	thought	thought
spit (impale)	spitted	spitted	thrive	throve, thrived	thrived
split	split	split	throw	threw	thrown
spread	spread	spread	thrust	thrust	thrust
spring	sprang	sprung	tread	trod	trodden
stand	stood	stood	wake	woke	waked
stave	stove	stove	wash	washed	washed
steal	stole	stolen	wear	wore	worn
stick	stuck	stuck	weave	wove	woven
sting	stung	stung	weep	wept	wept
stink	stank, stunk	stunk	will	would	—
			win	won	won
strew	strewed	strewn	wind	wound	wound
stride	strode	stridden	work	worked	worked
strike	struck	struck	wreath	wreathed	wreathed
string	strung	strung	wring	wrung	wrung
strive	strove	striven	write	wrote	written

RUMANIAN-ENGLISH

A

A m. I. *article:* the; *ex. popa,* the priest; *mama,* the mother. II. *genetive,* of; *ex. a fratelui,* of the brother. III. *prep.* at, to; *ex. a casă,* at home; *a merge,* to go.

abă f. rug, rugging.

abae f. shabrack, horse-cloth.

abanos m. ebony.

abătătoare f. night's lodging, temporary lodging, station, stopping place.

abate m. abbot.

abate (a) *va.* 1. to beat down, to throw down; 2. to divert, to deviate, to turn away from; 3. *a se —,* to turn off, to turn out, to go round: *a se — din calea sa,* to get of one's way.

abatere f. diverting, deviation (from), diversion.

abaţie f. abbey.

abatoriu n. slaughter-house.

abătut a. 1. cast down; 2. *fig.* downlooked downhearted; 3. *fig.* low-spirited.

abe n. spelling-book.

abces n. *Med.* abscess.

abdică (a) *vt.* to abdicate.

abdicare f. abdication.

abdomen n. abdomen.

abdominal a. abdominal, abdominous.

abecedar n. abc-book, spelling-book.

aberaţiune f. aberration.

abia *adv.* hardly, scarcely: *~ pot să o cred,* I can hardly believe it; *ae abia ~,* with much difficulty.

abil a. able, proper, clever, skilful, skilled.

abilitate f. 1. ability, cleverness, skill, skilfulness; 2. capacity.

abis n. abyss, preccipice, gulf, deep, deepness, steep.

Abisinia f. Abyssinia.

abitir *adv.* 1. more; 2. better.

abjură (a) *va.* to abjure.

abjurare f. abjuration.

ab aţiune f. ablation.

ablativ n. *Gram.* ablative (case).

abligeană f. *Bot.* galingale.

abnegare f., **abnegaţiune** f. abnegation, self-denial.

abonă (a) *v. ref. a se —,* to subscribe to.

abonament n. subscription to.

abonat m. subscriber.

abordă (a) *va.* 1. to approach; 2. to accost; 3. to board.

aborigen m. aborigines.

abrevià (a) *va.* to abridge, to abbreviate, to shorten.

abreviare f. abridgement.

abrogă (a) *va.* 1. to abrogate; 2. to repeal.

abrogare f. 1. abrogation; 2. repeal.

absent a. absent.

absentà (a) *vt.* 1. to absent one's self; 2. to be absent.

absenţă f. absence.

absentare f. absence, absentment.

absint n. 1. absint; 2. *Bot.* wormwood.

absoarbere f. absorption.

absolut a. 1. absolute; 2. positive; 3. despotic.

absolut.sm n. absolutism.

absolvent m. person, that has finished studies (at a scool, academy).

absolvi (a) *va.* 1. to absolve; 2. to acquit; 3. to finish (one's studies).

absolvire f. termination, finishing (a scool).

absorbi (a) *va.* 1. to absorb; 2. to so k in; 3. *fig.* to swallow up.

absorbire f. absorption.

abstinenţă f. abstention, abstinence.

abstinent m. abstainer.

abstinent a. abstemious.

abstract a. abstracted, bstract; *in mod —,* in the abstract, abstractively abstractly.

abstracţ e f., **abstracţiune** f. abstraction; *ex. a ace — de,* to abstract.

absurd a. absurd, preposterous.

absurd.tate f. absurdity, absurdness.

abţine (a) *v. ref. a se —,* to abstain.

abţinere *f.* abstention, abstaining.
abubă *t.* ulcer.
abur *m.* 1. vapour; 2. steam; 3. damp ; *baie de aburi,* steam-or vapour-bath; *corabie cu —,* steamer, steam- boat; *căldare cu —,* boiler.
abureală *f.* 1. breeze, gentle wind ; 2. *t.* exhalation.
aburí (a) *vt.* 1. to evaporate ; 2. to fume ; 3. to exhale.
aburos *a.* vaporish, vapoıy.
abuşile *loc. adv. de-abuşile,* on all fours.
abuz *n.* abuse, misuse.
abuză (a *vt.* 1. to abuse, to misuse; 2 to delude, to deceive.
abuziv *a.* abusive.
ac *n.* 1. needle; 2. pin; 3. point, switch; 4. *~ de cap,* hair-pin, hair-needle; *— de gămălie,* pin; *— de impletit,* knitting-needle; *cutie de ace,* needle-case, pin case; *urechia acului,* eye of a needle ; *a băgă aţa în urechia acului,* to thread ; *vârful acului,* needle-point, *~ (la drum ae fer),* switch, point.
acaciă *f. Bot.* acacia
acadeă *f.* burnt sugar, caramel.
academie *f.* academy.
academic *a* academical;
academician *m.* academian, academician.
academiceşte *adv.* academically.
academist *m.* academian, academist.
acapără (a) *va.* 1. to forestall ; 2. to buy up; 3. to monopolize.
acaparare *f.* 1. forestalling (the market); 2. the monopoly.
acaparator *m.* forestaller, monopolist.
acar I. *n.* needle-case, pin case. II. *m.* 1. needle-maker; 2. (rail) pointsman, switchman.
acaret *n.* outhouse.
acăriţă *f.* 1. louse (of sheep) ; 2. pin-case; 3. pin-cushion.
acarniţă *f.* needle-case, pin-case.
acasă *ad.* 1. home, at home; 2. in doors.
acăţă (a) *vt.* V. *a agăţă.*
acăţără (a) *v. ref. a se —,* to clamber, to climb up.
acăţele *f. pl. Bot.* clasper.
acceleră (a) *va.* 1. to accelerate, to hasten; 2. to urge, to despatch.
accelerat *a.* 1. accelerated ; 2. quick; 3. fast; *tren —,* fast-train.
accent *m.* accent; — *ascuţit.* acute

accent; — *circumflex,* circumflexaccent; — *grav,* grave accent.
accentuă (a) *v.* 1. to accent, to accentuate; 2. *a se —,* to be accented.
accentuare *f.* accentuation, accenting.
accentuat *a.* accentuated.
acceptă (a) *va.* 1. to accept; 2. to take up; 3. to allow for, to admit.
acceptabil *a.* acceptable.
acceptare *f.* 1. acceptance, acceptation; 2. admission, admittance.
accepţie *f.* accepţiune, *f.* acceptation.
acces *n.* 1. access; 2. approach, admittance; 3. fits; *a avea un —,* to have an acces, a fit.
accesibil *a.* accessible.
accesit *n.* accessit, second prize.
accesoriu *a.* accessory.
accident *n.* 1. accident; 2. chance, mischance.
accidental 1. *a.* accidental; 2. *adv.* accidentally.
accidentat *a.* uneven, mountainous, hilly.
acciză *f.* excise, city-toll; *a încăsă —,* to excise.
accizar *m.* exciseman, excise officer, tax-gatherer, raiser.
acea *pron.* she, that, who that-one: *femeea —,* that woman; *într' — zi,* on the very day.
acel, acela *a. şi pron.* he, him, that, the former, the first, the last, the latter; — *om,* that man.
acelaş *pron.* the s.me; very; — *om,* the very man.
acer *m. Bot.* maple-tree.
aceră *f.* eagle.
acest, acesta, această *pron.* this; *pentru acesta,* for this, therefore.
acetat *n. Chim.* acetate.
acetic *a.* acetic.
achită (a) *va.* to acquit, to settle, to pay.
achitare *f.* 1. payment, settlement; 2. absolution.
achiu *n.* cue (at billiards).
achiziţiune *f.* acquisition, purchase.
acid *m. Chim.* 1. acid; 2. sour.
acid *a.* acid.
acilea *adv.* hither, here, this way.
aciuă (ă) *va.* to shelter, to shade, to refuge.
acioaie *f.* brass, hard-brass, bronze.
acioală *f.* refuge, asylum, harbour.
acioălă (a) *v. ref. a se—,* to seek shelter, to retire.

aclamă (a) *va.* to acclaim, to cheer,
aclamare *f.* acclamation, cheer, cheering, shouting.
aclamatie, aclamaţiune *f.* V. *a-clamare.*
aclimatiză (a) *va. şi vt.* 1. to acclimatize, to acclimate; 2. to accustom.
aclimatizare *f.* acclimation, acclimatization.
aclimatizat *a.* acclimated, accustomed.
acmae *a.* 1. novice; 2. inexperienced, unskilled.
acolo *ad.* there, to that place, thither.
acomodă (a) *va.* to accomodate, to adjust, to arrange, to adapt.
acomodare *f.* 1. accomodation, adaptation; 2. arrangement.
acompanià (a) *va.* to accompany.
acompaniament *m.*, acompaniare *f.* accompaniment.
acompaniator *m. Muz.* accompanist.
acoperi (a) *va.* 1. to cover; 2. *a ~ cu ţigle,* to tile.
acoperământ *n.* 1. cover, covert, covering; 2. blanket.
acoperire *f.* 1. covering, cover; 2. *Com.* remittance, reimbursement.
acoperiş *n.* roof.
acoperitor *m.* tiler, slater.
acord *n.* 1. *Muz.* accord, tune, harmony; 2. agreement; *a pune de—,* to bring to an agreement; *a cădeà de—,* to come to an agreement, to agree.
acordà (a) *va.* 1. to accord, to allow to admit, to grant, to agree; 2. *Muz.* to tune, to string.
acordator *m. Muz.* tuner.
acordor *m.* tuner.
acreală *f.*, acrime *f.* acidity, tartness, sourness, acescency.
acredità (a) *va.* to accredit. to accord credit; *a se —,* to get accredited.
acreditare *f.* accreditation; *scrisori de —,* letters of credit.
acri (a) *va.* 1. to acidulate, to acidify; 2. to sour; *a se —,* to get sour.
acricios, acrişor *a.* 1. sourish; 2. acidulous.
acrime *f.* V. *acreală.*
acrire *f.* V. *acreală.*
acrişor, acrişoară *a.* 1. sourish; 2. acidulous.
acritură *f.* tartness.
acriu *a.* somewhat sour, sourish.
acrobat *m.* acrobat. rope-dancer.

acru *a.* 1. sour, tart; *ex. varză acră,* sourcrout; *piatră acră,* alum.
acrum *n.* slight ulcer (in the mouth).
acsiz *n.* V. *acciză.*
act *n.* 1. act, action, deed; 2. certificate, document.
acţionà (a) *vt.* to sue, to bring action.
acţionar *m.* actionary, share-holder.
acţiune *f.* 1. action, deed, operation; 2. lawsuit.
activ I. *a.* 1. active; 2. *Com.* brisk; 3. *Gram.* în înţelesul —, in an active sense. II. *m.* assets; — *şi pasiv,* assets and liabilities.
activà (a) *va.* 1. to activate, to put in action; 2. to press; 3. to accelerate, to hasten.
activitate *f.* activity.
actor *m.* actor.
actriţă *f.* actress.
actual *a.* actual, present.
actualitate *f.* actuality, present state.
acù *adv.* V. *acum.*
acum *adv.* actually, now, at present; *până —,* hitherto, till now; *chiar —,* this very moment, just now; *de — înainte,* henceforth, in future; *— trei luni,* three months ago.
acumulà (a) *va.* 1. to accumulate; 2. to hoard up, to heap up.
acumulare *f.* accumulation.
acumulator *m. şi n.* accumulator.
acurat *a.* exact, precise.
acurateţă *f.* accuracy, exactness, punctuality.
acuş, acuşica *adv.* immediately, just now, directly.
acustic *a.* acoustic.
acustică *f.* acoustics.
acut *a.* acute; *o durere acută,* an acute pain.
acuză (a) *va.* 1. to accuse; 2. to impeach; 3. to indict.
acuzabil, *a.* accusable.
acuzare *f.*, acuzaţie *f.* acuzaţiune *f.* accusation, impeachment, indictment.
acuzat *m.*, acuzată *f.* accused.
acuzativ *n. Gram.* accus tive.
acuzator *m.*, acuzatoare *f.* accuser.
aevare â *f.* 1. aquarelle, water-colour; 2. painting in water-colours.
aevatic *a.* aquatic.
acvilă *f.* eagle.
acvilin *a.* 1. aquiline; 2. Roman: *nas ~,* aquilin or Roman nose.
adagiu *n.* adage, proverb, saying.

Adam m. Adam.

adânc 1. a. deep, profound; 2. n. depths; 3. bottom.

adâncì (a) va. to deepen, to make deep.

adâncime f. 1. profoundness, profundity; 2. depth, deepness; 3. abyss.

adâncire f. deepening.

adâncit a. deepened.

adăpà (à) va to water, to give to drink.

adăpare f. watering.

adăpătoare f. 1. watering-place; 2. horse-trough; 3. horse-pond.

adăpost n. shelter, refuge; *a pune la* —, to shelter, *la adăpostul*, under the shelter of; *fără* —, shelterless, unsheltered.

adăpostì (a) va. to shelter, to harbour; 2. *a se* —, to shelter, to take shelter.

adăpostire f. shelter, harbour.

adăpostit a sheltered.

adaptà va. to adapt, to apply, to adjust, to fit.

adaptare f. adaptation.

adăstà (a) va. to wait, to wait for, to await, to expect.

adăstare f. waiting, expectation, expectance.

adăugà (a) va. 1. to add to, to adject; 2. to subjoin, to join; 3. to annex.

adăugare f. 1. addition; 2. augmentation; 3. increase.

adaus n. 1. addition; 2. appendage; 3. supplement.

adecă adv. namely, videlicet, that is to say.

ademenì (a) va. 1. to allure; 2. to seduce; 3. to entice.

ademenire f. enticement, seduction, allurement.

ademenitor m. seducer, enticer, allurer.

adept m. adept.

aderà (a) vi. 1. to adhere; 2. to accede; 3. to agree, to assert.

aderent m. și a. adherent, follower.

aderență f. 1. adherence, adherency; 2. adhesion.

adesea adv. often, frequently; — ori, often-times.

adevăr n. truth, verity, veracity; *a spune adevărul*, to tell the truth; *cu* —, *în* —, *într'* —, indeed, in reality, forsooth, certainly.

adevărat I. a. 1. true, real, exact; 2. genuine, mere; 3. stark. II. adv.

truly; *cu* —, truly.

adeverì (a) va. 1. to attest, to certify; 2. to prove, to demonstrate; 3. to confirm.

adeverință f. 1. testimony, attestation, certificate; 2. receipt.

adeverire f. attestation, confirmation verification.

adeziune f. adhesion, adherence.

adià (a) vt. 1. to breeze, to blow (the wind) 2. to breathe.

adiacent a. adjacent, contiguous.

adică adv. V. adecă.

adiere f. 1. breeze, zephyr; 2. breath.

adins (*în* —) adv. expressly, purposely.

adio int. și n. adieu, Good bye, farewell! : *a'și luà* —, to take leave of.

adițonà (a) va. to add, to sum up.

adițonal a. additional.

adiutant m. adjutant.

adjectiv n. adjective.

adjudecà (a) vs. 1. to adjuge, to adjudicate; 2. to award; 3 to knock down (by auction).

adjud.cațiune . adjudication.

adjunct m. assistant, adjunct.

adjurà (a) va. to adjure.

administrà (a) va. 1. to administer: 2. to manage: 3. to guide.

administrare , **administrațiune** f. administration, management.

administrativ a. administrative.

administrator m. administrator, manager.

admirà (a) va. to admire.

admirabil a. admirable, wonderful.

adm.ral m. admiral.

admirat a. admired; *de*—, admirable.

admirațiune f. admiration.

admirator m., **admiratoare** f. admirer.

admis a. admitted; *de*—, admissible.

admisibil a. admissible, allowable.

admisibilitate f. admissibility.

admisiune f. admission, admittance.

admite (a) va. to admit, to ail w of.

admitere f. admission, admittance.

adnotà (a) va. to annotate.

adolescent m. adolescent, young man, youngster.

adolescență f. adolescence.

adoptà (a) va. to adopt.

adoptare f. adoption.

adoptat a. adopted.

adoptiv a. adoptive adopted *copil* —, adopted child; *tată adoptiv*, adoptive father.

adoră (a) *vs.* to adore, to worship.
adorabil *a.* adorable.
adorare *f.*, **adorațiune** *f.* worship, adoration.
adorator *m.*, **adoratoare** *f.* adorer. worshipper.
adormi (a) I. *va.* to lull to sleep. II. *vi.* 1. to get asleep; 2. to fall asleep; 3. *fig.* to expire; 4. *a — somnul cei de veci*, to die, to expire.
adormire *f.* sleeping, sleepiness; *adormirea Maicei Domnului*, assumption.
adormitor *a.* 1. sleepy, drowsy; 2. soporific, sleep-procuring.
adormițele *f. pl. Bot.* bearwind.
adresa *f.* 1. address; 2. superscription.
adresă (a) *va.* 1. to address; 2. to direct; 3. to superscribe; 4. *a se —*, to address one's self, to apply.
adresant *m.* sender, expeditor.
aducător *m.* bearer, bringer of, deliverer; *plătiți aducătorului*, pay to the bearer.
aduce (a) *va.* 1. to bring, to adduce; 2. to produce; 3. *a'şi — aminte*, to remember; *a — aminte*, to remind; 4. *a — la îndeplinire*, to execute, to fulfil; 5. *ce te — aci?* what did you come for?
aducere *f.* 1. bringing; 2. production, yielding; 3. *— aminte*, remembrance, recollection.
adulmecă (a) *va.* 1. to trace, to track; 2. to go in search of; 3. te ferret
adult I. *a.* adult, full-grown. II. *m.* adult; *şcoală de adulți*, adult-school.
adulter I. *a.* adulterous. II. *n.* adultery.
adulter *m.* adulterer.
adulteră *f.* adulteress.
adumbri (a) *va.* to shade.
adună (a) *va.* 1. to collect, to gather; 2. to add, to join.
adunare *f.* 1. assembly; 2. gathering, meeting; 3. addition.
adunător *m.* 1. collector; 2. gatherer.
adunătură *f.* 1. medley, heap; 2. assemblage.
adverb *n.* adverb.
adverbial *a.* adverbial.
advers *a.* adverse, contrary.
adversar *m.* adversary, oponent.
adversitate *f.* adversity, misfortune.
advocat *m.* barrister, lawyer, solicitor, advocate.

advocatură *f.* advocateship.
advon *n.* porch.
aer *n.* 1. air; 2. *fig.* air, look, appearance; 3. countenance; 4. *la —*, in the open air; *a'şi da aere, a lua aere*, to give one's self the airs of, to show airs, to pose as.
aerian *a.* aerial, airy.
aeriform *a.* aeriform.
aerisi (a) *va.* to air, to aerate.
aerisit *a.* aired, airy; *o oaie bine aerisită*, a well aired room.
aerolit *m.* aerolite, meteoric stone.
aerometru *m.* aerometer.
aeronaut *m.* aeronaut.
aerostat *n.* aerostat, air-balloon.
aerostatic *n.* aerostatic.
aerostatică *f.* aerostatics.
aerostație *f.* aerostation.
afabil *a.* affable, kind.
afabilitate *f.* affability, affableness.
afacere *f.* affair, business, trade, commerce: *a face o bună —*, to do a good business.
afară I. *adv.* 1. adoors, outside, out, out of doors; 2. exterior; 3. abroad; 4. without; *— din casă*, out of doors; *cum şueră vântul —*, how the wind whistles without; *a da —*, to turn out, to drive out; *a arunca —*, to throw out; *a şti pe din —*, to know by heart; *pe din —*, outside; *— dacă*, unless; *înăuntru şi pe din —*, inside and outside; *— din, — de*, out of; *— de aici*, out of my sight; *— din cale*, extraordinary, excessive, exaggerated. II. *prep.* beside, excepting; *nimic — de asta*, nothing beside this.
afectă (a) *va.* to affect.
afectare *f.* affectation, prudery.
afectat *a.* affected.
afectațiune *f.* affectation, affection.
afecționă (a) *va.* to love, to be fond of.
afectuos *a.* affectionate.
afemeia (a) *va.* to effeminate.
afemeiat I. *a.* effeminate. II. *m.* effeminate person.
afet *n. Milt.* gun-carriage.
afierosi (a) *va.* to dedicate.
afierosire *f.* dedication.
afit *ado.* beggarly.
afilia *va.* to affiliate, to adopt.
afin *m. Bot.* bilberry, cranberry bush.
afină *f.* cranberry, bilberry.
afinitate *f.* affinity, relashionship kindred.
afion *n.* opium.
afirmă (a) *va.* to affirm, to assert

afirmare f., **afirmație** f., **afirmațiune** f. affirmation, averment.

afirmativ a. affirmative; *într'un chip* —, affirmatively, in the affirmative.

af.ș n. placard.

afișă (a) va. to bill, to post up, to publish.

afișer m. bill-sticker.

află (a) va. I. to find, to find out 2. to discover; 3. to learn, to know 4. *cum vă aflați?* how are you? how do you do?; *a se* —, to be; *a se — bine*, to be well.

aflare f. 1. finding, discovering; 2. learning, knowing.

aflător I. a. 1. inventive; 2. dwelling. II. m. finder, inventor, contriver.

afluent n. affluent, tributary stream.

afluență f. affluence.

afonie f. aphony.

aforism n. aphorism.

afront n. affront, insult, outrage.

afte f. slight ulcer (in the mouth).

afumă (a) va. to fumigate, to smoke, to reek.

afumare f. fumigation.

afumat a. fumigated.

afumătoare f. incense-pan, censer.

afumător a. fumigating.

afund I. n. 1. bottom, ground, profoundity. II. a. profound, deep. III. adv. profoundly, thoroughly.

afundă (a) va. 1. to deepen; 2. to plunge, to dip, to steep; *a — în apă*, to dive, to plunge; *a se* —, to sink, to go to the bottom.

afundător m. diver, plunger.

afundătură f., **afundiș** n. hollow, bottom.

afurisanie f. 1. excommunication, anathema; 2. malediction, curse.

afurisi (a) va. to excommunicate, to damn, to blaspheme, to curse; *afurisit să fie*, cursed be.

afurisire f. damnation, blasphemy, cursing, malediction.

afurisit a. blasphemed, cursed.

agă m. Aga (Turkish chief).

agale adv. slowly, gently.

agăță (a) I. va. to hang, to hang up. II. ref. *a se* —, to cling to.

agat n., **agată** f. agate.

agățare f. suspension, hanging up.

agemiu I. a. inexperienced, novice, unskilled. II. m. novice, beginner.

agent m. agent.

agenție f. agency; *agenția generală pentru*, agency office for.

ager a. 1. brisk, nimble; 2. skilful, sly; 3 fig. sagacious, acute; *cu spirit* —, quick-witted.

agerime f. sagacity, sharpness, perspicacity, sprightliness.

aghesmui (a) va. 1. to sprinkle; 2. a — *cu apă sfințită*, to sprinkle with holy water; 3. fig. to whip, to lash.

aghesmuit a. 1. sprinkled with holy water; 2. fig. drunken, tipsy.

aghiasmă f. 1. holy-water; 2. iron. brandy.

aghiasmătar n. holy-water stoup, holy-water basin.

aghios n. 1. hymn, canticle; 2. snoring; *i-a cântat popa aghiosul*, he is dead; *a trage aghioase*, going to snore.

aghiotant m. Milit. adjutant.

aghiuță m. 1. devil; 2. fig. wicked man; 3. *l'a furat aghiuța*, he has fallen asleep; 4. *l'a luat,* — he is dead.

agie f. 1. the dignity of an Aga; 2. the police prefecture.

agil a. agile, nimble.

agilitate f. agility, nimbleness.

agio n. agio.

agiotaj n. stock-jobbing.

agită (a) va. 1. to agitate, to stir; 2. to debate, to discuss, to start.

agitare f., **agitațiune** f. 1. agitation; 2. stir, bustle.

agitat a. in agitation.

agitator m. agitator.

aglică f. Bot. lingwort, angelica.

aglioacă m. Bot. primrose, cowslip.

aglomeră (a) vt. to agglomerate.

aglomerare f., **aglomerație** f. agglomeration.

aglomerat a. agglomerated.

agneț m. holy, host.

agonie f. agony.

agoniseală f. acquisition, profit, gain.

agonisi (a) va. to acquire, to earn, to gain by hard labour; *a'și — viața*, to earn the daily bread by hard work.

agonisire f. the earning, gaining, by hard work.

agrafă f. clasp, buckle.

agrar a. agrarian.

agravă (a) va. to aggravate.

agreă (a) va. 1. to agree, to accept, to approve; 2. to please.

agreabil a. agreeable, pleasant.

agregat m. aggregate.

agregațiune f. aggregation.

agrement n. consent, pleasure, agreement.

agresiune f. aggression.

agresiv a. aggressive.

agresor m. aggressor.

agricol a. agricultural.

agricultor m. agriculturist, farmer.

agricultură f. agriculture, tillage.

agrimensor m. surveyor.

agrimensură f. land-surveying.

agriş m. gooseberry-bush.

agrişă f gooseberry.

agronom m. agronomist.

agronomic a. agronomical.

agronomie f. agronomy.

agud m. mulberry-tree.

agudă f. mulberry.

aguridă f. sour grapes, unripe-grapes; *zeamă de—*, verjuice.

aguridar m. Bot. pepper-vine.

ah int. ah! o! ala!

aho int. gee ho! go on!

aht n. 1. grief, sorrow; 2. longing, ardent, desire.

ahtiat a. languishing.

ai int. oh!

aicî, aci adv. here, hither, in this place; *pe —*, this way; *de — până acolo*, from here to there; *nici.— nici acolo*, neither. here nor there; *nici — nici aiurea*, neither here nor elsewhere.

aida-de int. go on.

aide int. come! go; go, to! let us go!

aidem, aideţi v. aide.

aidoma adv. analogously, living likeness.

alevea adv. really, truly.

aior m. Bot. 1. ramsons; 2. milkwort.

a şor m. Bot. 1. snow-drop; 2. *— galben*, golden-rod.

aiu n. garlic; 1. *— de pădure*, *aiul ursuluî*, celadine.

aiuş m. Bot. rocambole.

aiurea adv. elsewhere, otherwhere, somewhere, else.

aiuşor m. Bot. water-cress.

ajun n. 1. eve; 2. eve of a holiday; 3. *ajunul Crăciunuluî*, Christmas eve; *în ajunul de*, on the eve of, *Moş —*, Christmas-eve.

ajună (a) vt. to fast.

ajunare f. fasting, fast.

ajunge (a) va. 1. to reach, to obtain; 2. to overtake, to come to, to arrive; 3. to suffice; *a — la perfecţie*, to get perfect.

ajungere f. 1. reach, reaching, attainment; 2. arrival.

ajuns I. n. arrival; *bun —*, welcome. II. a. arrived, reached; *de —*, sufficient, quite enough.

ajustă (a) va. to adjust, to fit up, to trim.

ajustare f. adjustment, arrangement.

ajută (a) va. 1. to help, to aid, to assist; 2. *să ne ajute Dumnezeu*, God help us!; *Dumnezeu să-ţi ajute*, God bless you!

ajutare f. 1. aid, help, assistance; 2. relief.

ajutător m. **ajutătoare** I. f. helper, aider, assistant. II. a. 1. helpful; 2. *Gram.* auxiliary: *verb —*, auxiliary verb.

ajutor I. n. help, secour, aid, assistance, *a strigă*, *a chemă —*, to cry for help; *a da —*, *a venî în —*, to yield assistance; *a da o mână de —*, to give help to. II. m. helper, assistant. III. *int. ajutor! ajuior!* help! help!

ajutoră (a) va. to help, to assist.

ajutorinţă f. 1. assistance, aid; 2. subsidy.

al art. an, that; *al meu*, mine; *al doilea*, the second.

albastru m. albaster.

alac m. 1. winter-barley, great-barley; 2. *Bot.* spelt.

alageă f. printed calico; *a păţi vr'o —*, *a căpăţă —*, to be duped.

alaiu n. 1. train, attendance, pump; 2. parade, hubbub, ado.

ălalt pron. other.

alaltăierî adv. the day before yesterday.

alamă f. brass.

alămâie f. citron, lemon.

alămurî f. pl. brazier's wares.

alambic n. alembic, still.

alandala adv. pell-mell, skimble-skamble, promiscuously; *a vorbî —*, to talk nonsense; *~ coconară*, nonsense, fudge.

alăptă (a) va. to suck, to suckle, to nurse.

alăptare f. lactation, suckling.

alarmă f. alarm.

alarmă (a) va. to alarm.

a ătură (a) I. va. 1. to near, to approach; 2. to join, to annex, to connect. II. *a se*, *— to* approach.

alăturare f. 1. adjacence; 2. annexion, connection; 3. comparison; 4. aproachment; 5. *prin. —* comparatively, in comparison with.

alăturat *a.* adjacent, contiguous; annexed; *a ~l — de*, to be adjacent to; *aci ~*, here enclosed, hereby.

alăturea I. *prep.* beside, near, close to. II. *adv.* next door, hard by.

alaun *n.* alum.

alb *a.* 1. white; 2. clean, blank; 3. *fig.* happy, fortunate; *zile albe* happy days: *la zîuă albă*, in broad daylight; *albul zilei* break of day; *o pagină albă*, a blank page.

albă *f.* 1. dawn, break of day; 2. jade, nag; *a întrat — în sat*, it is broad day-light; *albul zilei*, break of day; *a se vedea cu — în căpistere*, to get married; *a venit — în sat*, it snows.

albăstrea, **albăstriţă** *f. Bot.* corn (or) bottleflower.

albăstreaiă *f.* blue colour, blueness.

albăstrì (a) *va.* to blue, to dye blue, to tinge blue.

albăstrime *f.* 1. blueness, blue colour; 2. *pop.* gentry.

albăstriţă *f.* V. *albăstrea.*

albăstriu *a.* bluish.

albastru *a.* 1. blue; 2. *fig. de inimă albastră*, melancholy, sadness; 3. *piatră albastră*, lapis-lazuli.

albeală *f.* the white paint.

albeaţă *f.* 1. whiteness; 2. web (in the eye); 3. cataract. amaurosis.

albeţ *n. Bot.* sap, sapwood, liber.

albeiu *n. Bot.* twitch-grass, quick-grass, spear-grass.

albì (a) I. *va.* to whiten, to bleach, to make white. II. *ref. a se —*, to get white.

albicios *a.* whitish.

albie *f.* 1. trough, bed of a river; 2. *a eşì din —*, to overflow.

albină *f.* bee; — *lucrătoare*, hive-bee, — *bărbătească*, drone; — *împărătească*, queen-bee.

albinar *m.* bee-master, hiver.

albinărel *m. Zool.* bee-eater, hornet's nest.

albinărie *f.* apiculture.

albire *f.* whitening, bleaching.

abişoară *f.* bleak (fish).

albituri *f. pl.* linen.

album *n.* album.

albumină *f.* albumen.

albuminos *a.* albuminous.

albuş *n.* 1. glaire, white of an egg; 2. web (of the eye); *a lustrui cu albuşul oului*, to glaire.

alcătuì (a) *va.* 1. to form; 2. to compose, to arrange. II. *ref. a se —*, te consist of.

alcătuìre *f.* 1. foundation; 2. formation, composition.

alchimie *f.* alchemy.

alchimist *m.* alchemist.

alciu *n. Zool.* elk.

alcool *n.* alcohol.

alcoolic *a.* alcoholic.

alcoolizà (a) *va.* to alcoholise.

alcoolizare *f.* alcoholization.

alcov *n.* alcove (f a room).

aldămaş *n.* garnish-money.

alean *n.* grudge, grief, sadness, melancholy.

alee *f.* 1. avenue; 2. walk.

alegaţiune *f.* allegation.

alegător *m.* 1. elector, voter; *drept de ~*: right of election; 2. franchise.

alege (a) *va.* 1. to choose, to select; 2. to elect; 3. to distinguish; 4. to decide; 5. *eu m'am ales cu*, I have remained with.

alegere *f.* 1. choise, selection; 2. election; 3. option; *în ziua alegerii*, on the election day.

alegorie *a.* allegorical, emblematical; *în mod—*, allegorically.

alegorie *f.* allegory, symbol; *prin—*, allegorically.

aleluia *int.* V. *alliluia.*

alene *adv.* 1. lazily; 2. supinely.

alergà (a) *vi.* to run, to hunt after, to race; *a — ici şi colea*, to run about; *a — după*, to run after.

alergare *f.* run, running, course, race; *a câştigà premiul alergărei*, to win the race; *premiu de —*, race-cup; *cal de —* race-horse.

alergătoare *f.* 1. runnerstone; 2. reel; 3. spindle.

alergător *m.* courser, runner. racer.

alergătură *f.* course, run, running.

ales I. *a.* 1. chosen, select; 2. distinguished; 3. elect, elected; 4. *mărfuri alese*, choice articles; *o culegere aleasă*, a select collection; *popor —*, chosen people; *pe alese*, by choice. II. *adv.* *mai —*, particularly, especially. III. *m.* 1. elect; 2. notable; *aleşii*, the elect.

alesătură *f.* 1. stripe, streak; 2. variegation.

aleu *int.* wo l woe!

alfabet *n.* alphabet.

alfabetic I. *a.* alphabetic, alphabetical; *în ordine alfabetică*, in alphabetical order. II. *adv.* alphabetically.

alfavita *f.* alphabet.

algă *f.* seaweed.

algebră *f.* algebra.

algebric *a.* algebraic.

Algerian s. Algerine.

algeriana *a.* algerian.

Algeria *f. Geogr.* Algeria.

alia (a) *va.* to 1. all; 2. to alloy; 3. to unite to; 4. combine; a se — to unite, to enter into an alliance.

aliaj *n.* 1. alloy of; 2. alloyage metals.

alianţă *f.* alliance; 2. union; a contracta o — cu, a face o — cu, to make an alliance with.

aliat *m.* ally, confederate; a deveni aliaţi, to become allies, to confederate.

alie *n.* small shot; alice mărunte, dust-shot; alice mari, deershot, slug.

aliena (a) *va.* to alienate.

alienat a alienated.

alifie *f.* salve, ointment.

a i u i a *m.* allelujah.

aliman *n.* ogre; a ajunge la, — to be in misery.

aliment *n.* aliment, food, feed, nourishment.

alimentă (a) *va.* 1. to feed; 2. to nourish, to maintain, to sustain; 3. to nurse; 4. to support.

alimentar *a.* alimentary.

alimentare *f.* alimentation, feeding.

alimon *n.* citron-water, lemonade.

a ină (a) *va.* to soften, to sooth, to calm, to alleviate; a se — to get calm.

alinare *f.* mitigation, alleviation.

a inător *m.* 1. calmer; 2. consoler, comforter. II. a. calming, emollient, lentive, sedative.

a inià (a) *va.* to range, to direct, to line.

aliniare *f.* line, ranging.

alin à (a) *va.* to caress, to fundle, to coax.

a intare *f.* caress, caressing.

alipì (a) *va.* 1 to stick to (up); 2. to embrace, to hug; 3. a se —, to hug with.

alişveriş *n.* 1. sale; 2. affair, bargain; 3. a face —, to purchase.

a'ivanta *f.* somerset, somersault; a se da —, to turn a somerset.

a'ocuren *adv.* pe —, sporadically, here and there.

a'ocuţiune *f.* allocation, address.

alodial *a.* allodial.

a'oe *f. Bot.* aloes.

alopat *m.* allopathic; medic, —, allopathist.

alopatie *f.* allopathy.

alpaca *n.* alpaca.

alt *a. şi pron.* other, else; — cineva, somebody else; vr'un —, any other; unul după alul, una după alta, unii după alţii, unele după altele, one after the other; pentru binele altora, for the good of others; unul pe altul, unul altuia, each other, one another; până una alta, in the meanwhile.

altădată *adv.* an other time, at other times, ere this, yore, formerly, in former days.

altar *n.* altar, communion-table.

alteră (a) I. *va.* to alter, to change; to counterfeit, to adulterate, to falsify. II. a se —, to falter, to tremble.

alterare *f.*, alteraţie *f.*, alteraţiune *f.* alteration, adulteration, contrefeit.

alterat *a.* altered, changed, falsified, adulterate.

altercaţie *f.* altercaţiune *f.* altercation, dispute.

alternà (a) *vt.* to alternate, to change

a.ternativ I. a. alternative. II. adv alternatively.

Alteţă *f.* Highness: — Sa Regală His (or Her) Royal Highness.

altfel *adv.* 1. otherw se, differently, in other manner; 2. else.

altiţă *f.* shoulder-strap.

altitudine *f.* altitude, height.

altmintreea *adv.* otherwise, else; ae —, moreover, besides, but, however.

altoì (a) *va.* 1. to graft; 2. Med. to inoculate, to vaccinate.

altoire *f.* 1. grafting; 2. inoculation, vaccination.

altoitor *m.* 1. grafter; 2. inoculator, vaccinator, vaccinist.

altoiu *n.* 1. graft, scion; 2. vaccine-matter.

aluat *n.* 1. leaven; 2. yeast.

alucinaţiune *f.* hallucination.

alumină *f.* alumina, alumine.

alum niu *n.* aluminium.

aluminos *a.* aluminous.

alun *m.* hazel-tree, filbert-tree; pădurice ae aluni, hazel-copse wood; băţişor de lemn ae —, hazel-sw tch.

alună *f.* hazel-nut, filbe t; — de pământ, hog-nut.

alunar *m.* 1. hazel-nut seller; 2. hazel-coffee; 3. nut-cracker; 4. July (month).

alunat *a.* 1. wide open (eyes); 2. *nas —*, flat nose.

a unea *f.* V. *alunele*.

alunecà (a) I. *vt.* 1. to slip, to glide out, to slide; 2. to trip. II. *ref. a se —*, to creep in, to creep into, to insinuate.

alunecare *f.* slip, slipping, sliding, glide, slide.

alunecos *a.* 1. slippery; 2. smooth.

alunecuş *n.* 1 slide, slip; 2. glazed frost.

alunele *f.* 1. beauty plaster, patch; 2. *Bot.* mil'oil, earth-nut.

alungà (a) *va.* 1. to remove; 2. to drive away, to drive out; 3. to expel, to chase; 4. *— din casă*, to drive from the house.

alungare *f.* 1. remove, removal, dislodgment; 2. banishment, expulsion.

alungat *a.* driven, expelled, exiled

alungul d' —, *adv.* along; *de alungul maluiui*, along-shore.

aluniş *n.* hazel-wood.

aluniţă *f.* mole, mother-spot, beauty spot.

aluviune *f.* alluvion.

aluziune *f.* allusion; hint; *prin—*, allusively; *a face—*, to hint.

am *va.* *eu —*, I have.

amabil *a.* amiable, lovely, pleasant, kind; *în mod—*, amiably.

amabilitate *f.* amability, kindness.

amăgi (a) *va.* 1. to deceive, to cheat; 2. to seduce, to allure. II. *ref. a se —*, to deceive one's self, to be mistaken.

amăgire *f.* 1. deception, deceit, dissapointment; 2. allurement, seduction, cheat, fraud.

amăgitor I. *m.* 1. seducer, corrupter enticer; 2. deceiver, sedutive. II. *a.* deceitful, delusive.

amalgam *n.* amalgam.

amalgamà (a) *va.* to amalgama'e.

aman *int.* grace! clemency! pardon!

amână (a) *va.* 1. to adjourn, to postpone, to protract; 2. to delay; 3. to prorogue (parlament).

amânare *f.* 1. adjournment, prolongation; delay; 2. prorogation (parlament).

amândea *int!* hastily, quickly.

amândoi *a.* the two, both; — *fra-ţii*, the two brothers, both of the brothers.

amanet *n.* 1. pawn, pledge, plight;

2. mortgage; *a fi amanetat*, to be at pawn; *a scoate din—*, to take out of pawn; *împrumutător pe—*: a) pawn-broker; b) pawnee (care se împrumută).

amanetà (a) *va.* to pawn, to pledge, to put in pawn, to plight.

amanetare *f.* pawning.

amant *m.* lover, sweetheart, paramour, suitor.

amantă *f.* mistress, sweetheart, lover.

amănunt *n.* detail, particular; *cu—* in detail; *d'a—*, in details.

amar I. *n.* 1. bitterness; 2. misfortune; 3. suffering, pain. II. *a.* bitter, painful; *cam —*, bitterish; *viaţa amară*, bitter life; *de un gust —*, bitter tasted; *cucă amară*, bitter cup. III. *adv.* bitterly; *a plânge —* to weep bitterly.

amărăciune *f.* bitterness, grief; *cu prea multă —*, too bitterly; *cu atâta —*, so bitterly.

amărăluţă *Bot.* 1. gentiannella; 2. mouse-thorn.

amărât *a.* embittered.

amăreà *f.* *Bot.* holy-thistle.

amăreală *f.* *Bot.* rogation.

amărî (a) *va.* 1. to embitter; 2. to trouble, to afflict, to vex.

amarnic I. *a.* bitter, sorrowfull. II. *adv.* bitterly.

amărunt V. amânunt.

amator *m.* 1. amateur; 2. lover; 3. buyer.

amazonă *f.* amazon.

ambasadă *f.* embassy.

ambasador *m.* ambassador.

ambii *a.* the two, both.

ambiţie *f.* ambition

ambiţionà (a) *va.* to ambiţion.

ambiţios *a.* ambitious; *în mod —* ambitiously.

ambiţiune *f.* ambition.

ambră *f.* amber.

ambrozie *f.* ambrosia.

ambulant *a.* ambulant, strolling.

ambulanţă *f.* field-hospital.

ameazi *m.* mid-day, noon.

ameazăzi *f.* south.

ameliorà (a) *va.* to ameliorate, to improve, to better.

ameliorare *f.* amelioration, improvement.

amendă *f.* penalty, fine, mulet.

amendà (a) *va.* to fine, to mulet; 2. to punish; 3. to chastise; 4 to amend.

amendament *n.* amendament, im-

ı rovement.
amendat a. amended, improved.
ameninţă (a) va. to menace, to
threaten.
ameninţare f. menace, threat.
ameninţător a. menacing, threa-
tening; 2. lowering; cu un aer —,
cu un ton —, menacingly.
America f. America.
American m. American.
american a. american.
amer.că f. cotton-stuffs, calico.
amestec n. mixture, mingling, mix-
tion.
amestecă (a) va. 1. to mix, to mingle;
2. to shuffle (the cards) 3. to blend;
4. to entangle; a se —, to be mi-
xed, to meddle with, to be con-
cerned in; to interfere, to inter-
vene.
amestecare f. 1. mastication; 2.
mixing; 3. mixtion; 4. fig. inter-
ierence.
amestecătură f. 1. mixture; 2.
mishmash.
amestecat a. mixed, promiscuous.
ameţeală f. swimming in the head,
giddiness, dizziness.
ameţi (a) va. to deafen, to stun,
to giddy, to grow giddy, to dizzy.
ameţit a. giddy, dizzy; a ţi — to
feel giddy, to be giddy; mă ame-
ţesc, I get giddy.
amfibiu I. n. amphibian, amphibium.
II. a. amphibious, amphibian.
amfibologie f. amphibology.
amfiteatru n. amphitheatre.
amiant n. wood-roc, asbestos.
amic m., **amică** f. friend.
amical a. amicable, kind; în mod
— amicably, friendly, kindly.
amicţie f. amity, friendship.
amijă (—d') adv. blindman's-buff
(game).
amin int. amen; nici la, — never.
aminte adv. a aduce —, to remind;
a'şi aduce —, to remember to re-
collect; a luă — to pay attention.
aminti (a) va. to. 1. remind, to re-
member; 2. to mention.
amintire f. remembrance, recollec-
tion, memory, remiscense, keep-
sake; spr., — for a keepsake.
amiral m. admiral.
amiralitate f. admiralty.
amnar m. steel (used to strike
fire), tinder box.
amnistiă (a) va. to grant an am-
nesty.
amnestie f. amnesty.

amoniac n. 1. ammoniac; 2. sare
ae —, ammoniacal salts.
amor n. 1. amour; 2. love, loving-
ness, amorousness; 3. — propriu,
self-love.
amorează f. mistress, sweetheart.
amorez m. lover, paramour, wooer,
sweetheart.
amoreză (a) ref. a se —, to
fall in love with, to become e-
namoured of,
amorezat I. m. lover, paramour.
II. a. enamoured; a ţi —, to be
enamoured of, to be in love with;
a ţi — peşie urechi, a ţi — lulea,
to be over head and ears in love
with.
amoros a. amorous.
amorţeală f. 1. numbness, torpor;
2. inten ibility.
amorţi (a) va. 1. to numb, to become
numb; 2. fig. to get asleep.
amorţire f. torpor, benumbness.
amortisment n. amortization.
amortiză (a) va. 1. to amortize; 2.
to sink; 3. to redeem.
amortizabil a. redeemable.
amortizare f. 1. redemption; 2. a-
mortisation.
amovibil a. removable.
amovibilitate f. removability.
amplifică (a) va. to amplify, to
expatiate on, to enlarge on.
amplificare f. amplification.
amplitudine f. amplitude.
amploiat m. 1. functionary; 2. of-
ficer.
amputâ (a) va. to amputate.
ampuiaţiune f. amputation.
amureă f. holy-thistle.
amurg n. dusk, twilight, owl-light;
într—, in the dusk of evening.
amurgi (a) vt. to grow twilight.
amuţâ (a) va. to bait, to set on, to
set the dogs on.
amuţi (a) vt. to become mute, to
remain speechless.
amuză (a) va. to amuse, to enter-
tain; a se —, to amuse one's self.
amuzant a. amusing, entertaining.
amuzare f. amusement, pastime.
amvon n. pulpit.
an m. year, twelve-month; anal nou,
the new year; la mulţi ani, I wish
you a happy new-year; bună di-
mineaţa şi la mulţi ani, good mor-
ning and a happy new year; în
ţiecare —, every year, yearly; anul
trecut, last year.
anabaptist m. pl. anabaptists

anacoret *m*. anachorite.
anacronism *n*. anachronism.
anaforă *f*. decree, order, anaphora.
anafură *f*. host, consecrated bread.
anagnost *m*. church-preacher, church-reader.
anale *f. pl.* annals.
analecte *f. pl.* analects.
analfabet *m*. illiterate.
analist *m*. annalist.
analitic *a*. analytical.
analitică *f*. analytics.
analiză *f*. 1. analysis; 2. *Gram.* parsing.
analiza (a) *va.* 1. to analyse; 2. *Gram.* to parse.
analizat *a*. 1. analysed; 2. *Gram.* parsed.
analog *a*. analogous, like.
analogie *f*. analogy.
ananas *n*. *Bot.* pine-apple, pine-plant.
ananghie *f*. necessity, indigence, want neediness.
anapoda *adv*. nonsens(ically), wrong side out.
anarhic *a*. anarchical.
anarhie *f*. anarchy.
anarhist *m*. anarchist.
anason *n*. *Bot.* anise; sămânță de —, anise-seed; — nemțesc, fennel.
anatemă *f*. anathema.
anatematiza (a) *va.* to anathematize, to excommunicate.
anatomic *a*. anatomical.
anatomie *f*. anatomy.
anchetă *f*. 1. inquest, inquiry; 2. investigation.
ancheta (a) *va.* 1. to inquire; 2. to investigate.
ancoră *f*. anchor; a arunca —, to anchor, to cast anchor.
ancora (a) *vt.* to anchor, to cast anchor.
andăratele *adv.* d'—, backward('s).
andrea *f*. packing-needle, sack-needle.
andrişel *n*., andrişea *f*. *Bot.* crane's bill, stork's bill, stork's bill hemlock.
anecdotă *f*. anecdote.
anemic *a*. anemic, bloodless.
anemie *f*. anemy, bloodlessness.
anevoie *adv*. hardly, heavily.
anevoință *f*. difficulty, hardness, heaviness.
anevoios *a*. difficult, painful, heavy.
anexă *f*. annex.
anexa (a) *va.* to annex (to).
anexare *f*. annexation.

anexat *a*. annexed.
angaja (a) *va.* 1. to engage, to bind, to oblige; 2. to hire, to take in the service.
angajament *n*. 1. engagement, obligation; 2. *Com.* liability.
angajat *a*. engaged.
anghină *f*. 1. sore-throat. 2. croup, diphtheria, angina.
anghinară *f*. *Bot.* artichoke.
Anglia *f*. England.
anglican I. *a*. anglican II. *m*. Anglican, member of the Church of England.
anglicanism *n*. anglicanism.
anglicism *n*. anglicism.
angrosist *m*. wholesale merchant (or) dealer.
anihilă (a) *va.* to annihilate, to destroy.
anima (a) *va.* 1. to animate, to enliven; 2. to encourage, to excite.
animal *n*. animal, beast; animale sălbatice, wild beasts.
animat *a*. animated, inspired.
animațiune *f*. animation.
animozitate *f*. animosity.
anin *n*. *Bot.* alder-tree.
anina (a) *va.* 1. to hang on, to hook on; 2. to knit, to tie, to bind.
anison *n*. V. anason.
aniversar *a*. anniversary.
aniversare *f*. anniversary.
anomalie *f*. anomaly.
anonim I. *a*. anonymous. II. *m*. anonymous person.
anormal *a*. anormal.
anost *a*. insipid, flat, tiresome, tedious.
anostie *f*. insipidity.
anotimp *n*. season.
antagonism *n*. antagonism, rivalry, rivalship.
antagonist *m*. antagonist, adversary.
antartic *a*. antartic.
antecedent *a*. și *n*. antecedent, precedent.
antediluvian *a*. antediluvian.
antenă *f*. 1. antenna, feeler; 2. *Mar.* lateen-sail-yard.
antepenu'tim *a*. antepenultimate.
anteră *f*. *Bot.* anther.
anterior *a*. anterior, former, preceding.
anterioritate *f*. priority.
anteriu *n*. long upper-coat.
antic *a*. antique, ancient.
antică *f*. antique.

anticameră f. antechamber, hall.

anticar m. 1. 'antiquist; 2. second hand-bookseller.

anticitate f. antiquity.

anticipà (a) va. to anticipate.

anticipare, anticipaţie f. anticipation; cu —, by anticipation.

anticipat a. anticipated.

anticipaţiune f. anticipation.

anticreştin a. anticristian.

antidată f. antidate.

antidată (a) va. to antidate.

antidot n. antidote, cunterpoison.

autefon n. anthem.

antifrază f. antiphrasis.

antilopă f. antelope.

antimoniu n. antimony.

antinaţional a. antinational.

antipapă m. antipope.

antipatic a. antipa'hetic.

antipatie f. antipathy, aversion.

antipod n. antipode.

antiseptic a. antiseptic.

antisocial a. antisocial.

antitetic a. antithetical.

antiteză f. antithesis.

antologie f. anthology.

antracit n. Geol. anthracite.

antrax n. Med. anthrax.

antreprenor m. contractor (for works), undertaker.

antrepriză f. enterprise, undertaking.

antreu n. 1. entry, entrance; 2. hall.

antropofag m. cannibal, man-eater.

antropologie f. anthropology.

anual a şi adv. annual (ly), yearly.

anuar n. annuary, year-book.

anuitate t. annuity.

anulà (a) va. to annul, to cancel.

anulare f. annulment; 2. cancelling abatement; 3. invalidat'on.

anume adv. namely, viz.

anumit a. determined.

anunciu, anunţ n. 1. advertisement, announcement; 2 placard, bill.

anunţà (a) va. 1. to announce, to inform; 2. to advertise.

anunţare f. advertisement, announcement.

anunţător m. announcer, advertiser.

aoleo int. oh! hah! wo! woe!; — şi vai de mine, woe is me!.

aortă f. Anat. aorta.

apă f. water; — de Cologne, Cologne water; — dulce, fresh water; — sărat.ă, salt water; — de ploaie, ra.n-water; — de izvor, spring-wa'er; ape minerale, mineral water; — stătută, ditch water; — stă ătoare, stagnant water; — neagră (în ochi) gut.a-serena; — tare, aqua forils; — gazoasă, soda water; a nu avea după ce bea, — to be very poor; pe —, by water, on sea.

apanaj n. appanage.

apărà (a) va. to defend, to protect; to shelter; a se —, to defend one's self, to protect one's self.

apărare f. 1. defence; 2. Jur plea; pentru apărarea, in the defence of; fără —, defenceless.

apărat n. 1. apparatus, display.

apărătoare t. 1. fan; 2. fly-flap.

apărător a şi m. defending, advocate, defender.

apăreà (a) va. to appear, to come out.

aparent a. apparent, evident, conspicuous.

aparenţă f. 1. appearance; 2. seeming.

apariţiune f. 1. apparition, appearance; 2. ghost.

apartament n. apartments, lodging.

aparte adv. aside, apart.

aparţine (a) vt. to appertain, to belong.

apartinere f. appertenance.

apăsà (a) va. 1. to press; 2. to thrust; 3. Med. to oppress; fig. 4. to repress.

apăsare f. pressure, oppression, squeeze.

apăsător I. a. heavy, troublesome, oppressive, suppressive. II. m. oppressor, suppressor.

apatic a. apathetic, torpid.

apatie f. apathy.

apătos a. watery, waterish.

apeduct n. aqueduct, inlet.

apei n. 1. appeal, call; 2. Curtea de —, Court of appeal; 3. — nominal, roll-call, call of the house· a 'ace apelul nominal, to call the rolls, to call over the names; fără —, without further arpeal.

apelà (a) vt. to appeal.

apelare f. appeal, appellation.

apelativ a. appellative.

apelpisi (a) va. to despair, to give up all hope; a se —, to fall into despair, to despond.

ape pisit a. desperate, despa.i.ig fig. extraordinary.

apendice *n.* 1. appendix; 2. appen
dage.

aperitiv *n.* aperient, aperitive.

apetit *n.* appetite.

aplana (a) *va.* 1. to smooth up, to
planish, to level; 2. to remove, to
settle.

aplanare *f.* 1. smoothing, evenness,
leveling; 2. settlement.

aplaudà (a) *va.* 1. to applaud; 2.
to cheer.

aplaus *n.* applause, cheers.

aplecà (a) I. *va.* 1. to incline; 2. to
bend, to bow down. II. *a se—*: 1. to
toop; 2. to turn his stomach.

aplecare *f.* 1. inclination, stoop; 2.
affection, fancy for; 3. fitnes for,
talent.

aplicà (a) *va.* to apply, to put, to
lay on; *a se —*, to apply oneself,
to set to.

aplicabil *a.* 1. applicable, relevant,
appliable; 2. apposite.

aplicare, aplicaţie, aplicaţiune
f. application, seduiousness.

apocalips *m.* apocalypse.

apocaliptic *a.* apocalyptical.

apocopă *f.* apocope.

apocrif *a.* apocryphal.

apogeu *n.* apogee, acme.

apoi *adv.* alter, afterwards, then,
next; *ziua a'—*, last judgment,
doomsday.

apolog *n.* apologue.

apologie *f.* apology.

apologist *m.* apologist, apologizer.

apoplectic *a.* apoplectic apoplec
tical.

apoplexie *f.* apoplexy; *un atac de —*,
a fit of apoplexy, apoplectic attack.

apos *a.* watery.

apostat *a.* şi *s.* apostate.

apostazie *f.* apostasy.

apostol *m.* apostle.

apostoleşte *adv.* apostolicaly; *'ig.*
on foot.

apostolic *a.* apostolic, apostolical.

apostolie *f.* apostleship, apostolate.

apostrofă *f.* apostrophe.

apostrofà (a) *va.* to apostrophize,
to address.

apoteoză *f.* apotheosis.

apreţià (a) *va.* to appreciate, to va
lue, to estimate.

apreţiare *f.* appreciation, valuation,
estimation.

apreţui (a) *va.* V. *a apreţià.*

apriat *a.* clear, evident.

aprig *a.* 1. brisk, quick, lively; 2.
sharp, rigorous, severe.

Aprilie *m.* April; *un întâiu —*, April
fool.

aprinde (a) *va.* 1. to light, to fire, to
set fire to, to burn; 2. *ig.* to excite,
to kindle, to irritate; 3. *re'. a se
—*, to catch fire.

aprindere *f.* 1. kindling; 2. conflagra
tion, excitement; 3. anger, ardour.

aprins *a.* 1. inflamed, kindled, in
censed; 2. irritated, angry; *cărbuni
aprinşi*, burning coal; *un fier —*,
a red-hot iron.

aprinzător I. *a.* inflammable. II. *m.*
lamp-lighter.

aproape *adv.* 1. near, by, close; 2.
almost; 3. *a veni —*, to come near;
rudă de —, near kinsman; *de —*,
near, hard by.

apropele *m.* 1. neighbour; 2. fel
low-creature.

aprobà (a) *va.* to approve of, to
consent.

aprobare *f.* approbation, approval.

aprod *m.* usher, bailiff, tipstaff.

apropià (a) *va.* to approach, to bring
near.

apropiere *f.* approach, nearness,
neighbourhood; *în —*, near at hand,
near.

apropo *adv.* by the by.

aprovizionà (a) *va.* to supply with
provisions, to provision, to provide
with; *a se —*, to stock one's self.

aprovizionare *f.* supply of provi
sons, victualling.

aproximativ I. *a.* aproximate. II.
adv. about, approximately.

apt *a.* apt, fit, able.

aptitudine *f.* aptitude, fittnes for.

apucà (a) *va.* to seize, to catch, to
grasp; *a — la sănătoasa*, to run
away.

apucare *f.* 1. the catch, hold, sei
zure; 2. attack, fits.

apucat *a.* seized, taken, caught;
pe —, at random, at a venture.

apucător *m.* 1. seizer; 2. ravisher.

apucătură *f.* 1. catching; 2. beha
viour, manners.

apune (a) *vt.* to set, to go down
to sink (astre).

apunere *f.* sunset sunsetting.

apururea *adv.* continually, eternally
ever.

apus *n.* 1. Occident, West; 2. de
cline; *apusui soarelui*, sun-set.

apusean *m.* şi *a.* western, occi
dental.

ară (a) *va.* to plough, to till, to fur
row, to ridge.

Arab *m.* Arab, Arabian.
arababură . medley, pell-mell, farago.
arabesc *a.* arabesque.
arabil *a.* arable, ploughable.
arac *m.* vine-prop.
arăci (a) *va.* to prop vines.
aramă *f.* copper, brass; *arămuri pl.* coppers.
arămar *m.* coppersmith, brazier.
arămărie *f.* coppersmith's trade (or) wares, copper-works.
arămiu *a.* copper-coloured, coper-bottomed.
arândul *de* —, consecutively, by turns.
aranjà (a) *va.* to arrange, to put in order, to adjust, to fit up, to accomodate; *a se* —, to take proper measures.
aranjare *f.*, **aranjament** *n.* arrangement, adjusting, fitting up, settlement.
arap *m.* negro, moor.
arapînă *f.* gipsy.
arapnic *n.* long whip.
aprapoaîcă *f.* negress, negro-woman, Arab.
arareorl *adv.* rarely, seldom.
arătà (a) *va.* to show, to let see, to exhibit, to point out; *a se* —, to show oneself, to appear.
arătare *f.* 1. show, appearance; 2. vision, sight.
arătător I. *a.* showing, indicating, indicator; *degetul* —, forefinger; II. *m.* index-book, time-bill.
arătură *f.* tillage, ploughing.
arăţel *n. Bot.* hound's tongue, Venus's navel-wort.
arbitraj *n.* arbitration.
arbitrar *a.* arbitrary, optional.
arbitru *m.* arbiter, arbitrator, arbitress, umpire.
arborà (a) *va.* 1. to set up; 2. to hoist.
arbore *m.* tree.
arbore', arboraş, arbust *m.* shrub; *loc sădit cu arboraşi* shrubbery.
arc *n.* 1. bow; 2. cross-bow; 3. arch; 4. arc.
arcadă *f.* arcade.
arcan *n.* lasso.
arcaş *m.* archer, bowman.
archebuză *f.* a quebuse, hang-gun.
archit *n. Bot.* juniper.
arcuì (a) *va.* to arch, to crook, to curve.
arcuitură *f.* curve vaulting, arch.
arcuş *n.* violin-bow, fiddlestick.

arde (a) *va.* 1. to burn, to burn up *a* — *cu totul*, to burn down; 2. *a* — *cărămidă*, to bake the brick; 3. *fig. arde'l*, whip behind! II. *re'. a se* —, to be burnt.
Ardeal *m.* Transylvania.
ardeià (a) *va.* to pepper.
ardeiat *a.* peppery.
ardeiu *n* red-pepper, guinea-pepper
Ardelean *m.* Transylvania.
ardelean *a.* transylvanian.
ardere *f.* 1. burning; 2. baking; 3. ardour, fervency.
ardezie *f.* slate.
ardicà (a) *va.* V. *a ridicà.*
ardoare *f.* zeal, fervor, fervency, warmth.
arenă *f.* arena.
arendă *f.* lease, farm-rent; *a avea în* —, to have on lease; *a da în* —, to lease.
arendà (a) *va.* to lease, to rent, to farm.
arendare *f.* farming, leasehold.
arendaş *m.* farmer, leaseholder, tenant.
arendăşoaîcă *f.* farmer's wife.
areopag *n.* areopagus.
arest *n.* arrest, prison, gaol, confinement; *a trimite la* —, to arrest, to imprison.
arestà (a) *va.* to arrest, to imprison, to confine.
arestaut *m.* prisoner.
arestare *f.* arrest, arrestation, imprisonment.
arestat I. *m.* prisoner. II. *a.* under arrest.
arfonistă *f.* harper, harpist.
argăsărie *f.* tannery, tan-house, tan-yard.
argăseală *f.* tan, tanning; *putina cu* —, tan-pit, tan-vat.
argăsì (a) *va.* to taw, to tan.
argăsire *f.* tawing, tanning.
argăsitor *m.* tanner, tawer.
argat *m.* servant, hostler, domestic.
argăţì (a) *vt.* to serve (as hostler).
argăţime *f.* menials.
argilă *f.* potter's clay, argil.
argilos *a.* clayish, clayey.
argint *n.* silver, money, cash; — *viu,* quick-silver.
argintà (a) *va.* to silver, to silver-plate.
argintar *m.* silver-smith, goldsmith.
argintare *f.* silvering.
argintărie *f.* plate, silver-plate, silver-ware.
argintat *a.* plated, silvered.

argintiu *a.* silvery.
argintui (a) *va.* V. *a arginta*.
argument *m.* argument, proof, reason.
argumenta (a) *va.* to argue, to reason, to support by documents.
argumentare, argumentațiune *f.* argumentation, arguing.
argumentător *m.* arguer.
arhaism *n.* archaism.
Arhanghel *m.* Archangel.
arheolog *m.* archaeologist.
arheologic *a.* archaeological.
arheologie *f.* archaeology.
arhidiacon *m.* archdeacon.
arhiducat *n.* archdukedom.
arhiduce *m.* archduke.
arhiepiscop *m.* archbishop.
arhiepiscopal *a.* archiepiscopal.
arhiepiscopat *n.* archiepiscopacy.
arhiepiscopie *f.* archbishopric.
arhiereu *m.* 1. bishop; 2. prelate.
arhimandrit *m.* archimandrite.
arhipelag *n.* archipelago.
arhitect *m.* architect.
arhitectonic *a.* architectonic.
arhitectură *f.* architecture.
arhitectural *a.* architectural.
arhivă *f.* archives, records.
arhivar *m.* archivist, recorder.
arhondar *m.* head-cook (in a monastery or cloister).
arhondărie *f.* eating-house (in a monastery).
ariciu *m.* 1. hedgehog; 2. spurwheel; 3. — *de mare*, sea-urchin 4. *Med.* herpes, malanders.
arie *f. Muz.* 1. air, tune, song; 2. area, floor.
arin *m.* V. *anin.*
aripă *f.* 1. wing; 2. fin (of a fish); 3. flank, side; 4. — *de moară*, windsail; 5. *aripa trăsurei*, splashing leather.
aripat *a.* winged, having wings.
arïploară *f.* 1. pinion; 2. fin (of a fish).
aristocrat I. *m.* aristocrat. II. *a.* aristocratic.
aristocrație *f.* aristocracy.
aristocratisme *f.* high-life.
aritmetică *f.* arithmetic.
aritmetician *m.* arithmetician.
ariu *m. Bot.* spurge.
arm *n.* thigh, shank, leg.
armă *f.* weapon, arms.
arma (a) *va.* 1. to arm; 2. *Mar.* to man.
armament *n.* arming, armament.
arman *n.* 1. thrashing-floor; 2 hedge, fence.

armărît *f. pl.* 1. arms; 2. escutcheon, 3. armory, armorial, bearings.
armaș *m.* 1. armour-bearer; 2. esquire.
armăsar *m.* stallion.
armată *f.* army, troops; — *permanentă*, standing-army.
armator *m.* fitter-out, ship-holder.
Armean *m.* Armenian.
Armenia *f.* Armenia.
armeneşte *a.* armenian.
arm nden *m.* May-day, first of May.
armistiţiu *n.* truce, armistice.
armonia (a) *va.* 1. to harmonize, to accord, to be in harmony, to agree.
armonic *a.* harmonic harmonious.
armonică *f.* harmonica, musical-glasses, acordion.
armonie *f.* harmony, tunefulness.
armonios *a.* harmonious, tuneful.
armonist *m.* harmonist.
armoniza (a) *vt.* to harmonize, to accord, to be in harmony.
armură *f.* armour.
armurier *m.* armourer, gunsmith.
Arnăut *m.* 1. Albanian; 2. lackey.
aroga *a'și* —, *ret.* to arrogate to oneself, tu assume.
arogant *a.* arrogant, haughty, conceited.
aroganță *f.* arrogance.
aromă *f.* aroma, perfume.
aromatic *a.* aromatic, spicy.
aromati (a) *va.* to aromatize, to perfume.
aromeală *f.* sleepiness, drowsiness, doze.
aromi (a) *vt.* to fall asleep, to be sleepy, to slumber.
aromire *f.* slumbering.
arpacaş *n.* pearl barley, groats.
arpagic *m.* chives, porret, seedonion.
ars *a.* burnt, adust; *a fi* — *de viu*, to be burnt to death.
arşă *f.* shabrack, housing, caparison.
arsenal *n.* arsenal, armoury.
arsenic *n.* arsenic.
arşic *n.* knuckle-bone; *arşicul călcâiului*, crow-toe.
arşinic *n. Bot.* ragged Robin; Pasque-Flower.
arşiţă *f.* glow, heat, warmth.
arsură *f.* burning, heat, warmth.
artă *f.* art.
arțag *n.* passion, rage, choler.
arțăgos *a.* peevish, erascible, passionate, choleric.

arteră *f.* artery.

arterial *a.* arterial.

artezian *a.* artesian; *puț* —, artesian-well.

articol *m.* 1. article, paragraph; — *de fond*, leading article.

articulă (a) *va.* to articulate, to utter.

articulare *f.* articulation, jointure joint.

articulațiune *f.* articulation.

artific al *adj.* artificial.

artificiu *n.* 1. artifice, *foc de* —, fireworks.

artilerie *f.* artillery, ordnance.

artilerist *m.* gunner, artilleryman, cannonier.

artist *m.* artist.

artistic *a.* artistic.

artos *n.* consecrated bread.

aruncă (a) *va.* to throw, to cast, to sling, to pitch.

aruncător *m.* slinger, thrower.

aruncătură *f.* cast, throwing, hurling.

arvună *f.* earnest-money.

arvuni (a) *va.* to give earnest-money, to handsel.

arzător *a.* adust, burning, ardent, smart.

așa *adv.* so, thus, after this manner — *da*, certainly, indeed; *cam* —, quite so; *tit — de bun*, be so kind; *cum e pomul — și 'ructul*, as the tree so is the fruit; — *c*, so it is; — *și* —, so and so.

asalt *n.* storm, assault, attack.

asasin *m.* assassin, murderer.

asasină (a) *va.* to assassinate, to murder.

asasinat *n.* assassination, murder.

asbest *n.* wood-rock.

ască *f.* pan (of arms).

aschilă *f.* splinter, chip.

ascultă (a) *va.* 1. to hear, to hark, to listen to; 2. to attend to; 3. to obey, to grant (a prayer); 4. — *la uși*, to eavesdrop; *ascultă-me*, listen to me; *vreau să țin ascultat*, I mean to be obeyed.

ascultare *f.* 1. hearing; 2. obedience; 3. ~ *la uși*, eavesdropping.

ascultător I. *m.* 1. hearer; 2. auditor. II. *a.* obedient, dutiful.

ascunde (a) I. *va.* to hide, to conceal. II. *re*. *a se* ~, to hide oneself; to live retired.

ascundere *f.* hiding, concealing.

ascuns *a.* concealed secret, obscure; *pe* —, *pe subt* —, secretly, upon

the sly, furtively.

ascunsele, de a — *adv.* hide and seek, hide, fox and all after.

ascunzătoare *f.* hiding-place.

ascuți (a) *va.* to whet, to sharpen, to point.

ascuțire *f.* whetting, sharpening.

ascuțiș *n.* edge (of a knife, etc.).

ascuțit *a.* edged, sharpened, keen, acute.

ascuțitoare *f.* grindstone, whetstone.

ascuțitor *m.* grinder, whetter.

asediă (a) *va.* to besiege, to siege

asediu *n.* siege, besiegement.

asemănă (a) *va.* 1. to assimilate, to liken; 2. to compare; *a se* —, to resemble, to be like each other.

asemănare *f.* resemblance, likeness, similitude, comparison.

asemănător *a.* resembling, like, similar.

asemenea I. *a.* alike, like, such. II. *adv.* likewise, too, also; *de* —, in the like manner.

asemui (a) *va.* to resemble, to assimilate, to compare.

asemuire *f.* resemblance, likeness, similitude.

aserție, aserțiune *f.* assertion, statement.

asesor *m.* assessor.

așeză (a) I. *va.* 1. to set, to lay, to fix; . to place. to range, to rank, to order; 3. to establish. II. *re'. a se* ~; 1. to sit, to sit down; 2. to get a situation; 3. to get calm; 4. to settle down.

așezământ *n.* establishment, settlement, foundation.

așezare *f.* 1. arrangement, regulation, position; 2. settlement.

așezat *a.* 1. situated; 2. still, sedate, calm.

asfalt *n.* asphalt.

asfinți (a) *va.* to set (of the sun).

asfințit *n.* sunset, sundown, setting.

asfixiă (a) *va.* to suffocate, to asphyxiate.

asfixie *f.* asphyxy.

asigură (a) *va.* 1. to assure; 2. to insure; 3. to secure.

asigurare *f.* 1. assurance; 2. insurance.

a-sila cu d' —, *adv.* forcibly, by force, by violence.

asimilare *f.* assimilation.

asistă (a) *va.* 1. to assist, to help, to succour; 2. to be present at, to attend to.

asistent m. assistant, helper, by-stander, auditor.

asistenţă f. assistance, attendance; 2. assembly.

asmaţuie n. chervil.

asmuţare f. setting-on.

asmuţi (a) va. to set on (the dogs).

asociá (a) I. va. to associate, to join in company, to take into partner-ship. II. ref. a se —, to enter into partnership, to keep company with.

asociare f. association, partnership.

asociat m. associate, partner.

asociaţiune f. society, company, union.

asorbíre f. absorption.

asortiment n. assortment, set.

aspect n. aspect, view, sight.

aspenchiu n. 1. Zool. gilt-head fish; 2. Bot. spleenwort.

aspic n. Bot. lavender.

aspidă f. 1. aspic, asp, otter; 2. ter-magant.

aspiră (a) va. 1. to aspirate, to as-pire to; 2. to inhale.

aspirant m. candidate.

aspiraţie, aspiraţiune f. aspira-tion.

aspreală f. 1. asperity; 2. rough-ness, severity, rudeness.

aspri (a) va. to rough.

asprime f. asperity, roughness, se-verity.

aspru a. 1. rough, harsh; 2. rugged.

ast pron. his.

astâmpăr n. relay, repose, calm-ness.

astâmpără (a) I. va. to temper, to moderate, to calm, to quiet. II. ref. a se —, to keep quiet.

astăzi adv. to-day.

aşteptă (a) va. to wait for, to ex-pect, to stay for; a se —, to ex-pect, to look forward to.

asteptare f. expectation.

asterisc n. asterisk.

asterne (a) va. to spread, to ex-tend, to make the bed.

asternut n. bed-clothes, bedding, litter.

astfel adv. such, likewise.

astm n. Med. asthma.

astringent a. astringent.

astrolog m. astrologer.

astrologie f. astrology.

astronom m. astronomer.

astronomic a. astronomical.

astronomie f. astronomy.

astru m. s'ar, fixed star.

astupă (a) va. to stuff, to stop, to

bung, to fi l, to be costive.

astupare f. stopping, stoppage, obstruction.

astupătoare f. 1. cover; 2. lid; 3. tampon, bung, stopper; ~ de 'oo damper.

astupuş n. stopper, cork, plug.

asud n. perspiration, sweat.

asudă (a) vi. 1. to sweat; to per-spire.

asudare f. sweating, perspiration.

asudat a. sweaty.

asudătoare f. sweating house, sweating room.

asudător a. sudorific.

asumă (a) va. to assume.

asupra prep. 1. concerning, rela-ting to; 2. over, on, upon above; de —, above, on, over: de — ca-petelor noastre, over our heads; pe ae —, on the outside, more-over, into the bargain; a luă asu-pra-şi, to assume one's self.

asupreală f. oppression, extorsion.

asupri (a) va. to oppress, to sup-press.

asupritor I. a. oppressive ; II. m. oppressor.

asurzi (a) va. to deafen, to stun, to become deaf.

asurzire f. deafness, deafening.

asurzitor a. torpid.

asvârli (a) I. va. to fling, to cast, to throw. II. ref. a se —, to rush upon, to shoot.

asvârlire f. slinging, propelling

asvârlitură f. sling, throw, cast

aţă f. thread, twine; — de mătasă silk-yarn, silk-thread.

atac n. 1. attack, assault, onset, storm; 2. Med. consumption, fit.

atacă (a) va. 1. to attack, to assault to assail; 2. to offend; a fi atacat, to go into a consumption; a se — u .ul pe altul, to attack each other.

atacabil a. assailable, liable to at-tack.

atacat a. 1. attacked; 2. Med. con-sumptive, phtisical.

atare pron. such, such a certain person.

atârnă (a) va. 1. to hang, to hang up; 2 to depend on, to ·be in a state of dependence; 3. to append : 4. a — afară, to hang out; atârnând de un fir, hanging by a thread; a — ae, to be dependent on; accastă atârnă de împrejurări, that de-pends upon circumstances.

atârnare f. 1. hanging. dependence, dependency; 2. appendage.

atârnat a. 1. hanging. suspended; 2. dependent.

atârnătoare f. portmanteau, cloakbag.

ataşa (a) va. to attach to, to tie.

ataşament n. attachment, affection.

ataşat m. attaché (to an embassy).

atât pron. so, so much, so many, as much, as many; cu — mai mult, the more, all the more; cu — mai bine, so much the better, tot —, quite so much.

aţâţà (a) va. to stir, to poke; to stimulate, to instigate.

aţâţare f. incitement, instigation, excitement.

aţâţător m. exciter, agitator.

ateism n. atheism.

ateist m. atheist.

atelier n. work-shop, manufactory; studio (of artists).

ateneu n. athenaeum.

atent a. attentive.

atentà (a) va. to attemp.

atentare f. atentat n. 1. attempt; 2. outrage, violation.

a enţiune f. attention, carefulne s, considerateness.

atenuà (a) va. to attenuate.

e està (a) va. to attest, to testify, to witness.

atestat n. attestation, certificate, testimonial.

ateu m. atheist.

atic a. attic.

atică f. sheet, linen-cloth.

aticism a. atticism.

aţine (a) va. to watch, to lie in wait for; a se —, to take care, to be on one's guard.

atingător a. touchable.

atinge (a) va. 1. to touch; 2. to reach; 3. to hit; 4. a ~ onorea, to offend; 5. nu te — de mine, don't touch me; 6. Bot. nu mă —, touch me not (noli me tangere).

atingere f. 1. touch, touching; 2. fig. offence, insult.

atins a 1. attained, reached, touched; 2. offended.

aţinti (a) va. 1. to aim, to fix, to take aim; 2. to stare at, to gaze at.

aţintire f. 1. ming, fixation; 2. gaze.

aţintit a. fixed.

aţipeală f. sleepiness, drowsiness, slumber.

aţipi (a) vt. to fall asleep, to nap, to slumber.

atitudine f. attitude, posture.

atlas n. atlas.

atlaz n. satin.

atlet m. athlete, wrestler.

atletic a. athletic.

atmosferă f. atmosphere.

atom m. atom.

atomic a. atomic, atomical.

atonie f. atony.

atos a. stringy.

atotputernic a. omnipotent, almighty.

atotputernicie f. omnipotence, almightiness.

atotştiutor a. omniscient, all-knowing.

atracţiune f. attraction, attractiveness.

atractiv a. attractive.

atrage (a) va. to attract, to allure, to entice.

atrăgător a. attractive, charming, alluring.

atragere f. attraction, enticement, charm, allurement.

atribuì (a) va. to attribute, to impute, to ascribe.

atribut n. attribute.

atribuţ e, atribuţiune f. attribution.

atù n. trump (at cards).

atunci adv. then, at that time: până —, till then; de —, since that time, since then; pe —, at that time: numai — am priceput, it was not till then, that I understood.

audienţă . audience, hearing.

auditor m. auditor, hearer.

auditoriu n. audience, auditory.

augur m. augury, omen: de bun —, of good omen.

augurà (a) va. to augur.

August I. m. August. II. a. august, sublime.

auì (a) va. to resound, to ring, to re-echo.

auialà f. resounding, echo.

aumà (a) re . a se —, to peep, to dawn.

aur n. gold; un ceasornic de —, a gold watch.

aură f. zephyr, breeze.

aurar m. gold-searcher, goldsmith, gold-finder.

aureală f. gilding.

aurel a. golden.

aurì (a) va. to gild to double gild.

aurică f. Bot. auricula.

auriu a. golden; culoare aurie, golden hue.

aurorǎ *f.* dawn, day-blush, day-break.

auspiciu *n.* auspice, omen.

austral *a.* austral.

austru *m.* south-wind.

autentic *a.* authentic.

autenticitate *f.* authenticity.

autocrat *m.* autocrat.

autocratic *a.* autocratic, autocratical.

autocrație *f.* autocracy.

autograf *n.* autograph.

autohton *m.* autochthone, native.

automat *n.* automaton.

automatic *a.* automatic, automatical.

autonomie *f.* autonomy.

autopsie *f.* autopsy, post-mortem examination.

autor *m.* author.

autoritate *f.* authority, power.

autoriză (a) *va.* to authorize, to empower.

autorizație, autorizațiune *f.* authorization.

auxiliar *a.* auxiliary.

auz *n.* hearing.

auzi (a) *va.* to hear, to hearken; *a — bine,* to hear well; *a — reu,* to hear ill; *nu aud de loc,* I can't hear at all, I don't hear a bit; *a — zicându-se,* to hear it said.

auzibil *a.* audible.

auzire *f.* hearing.

auzite *adv. din —,* by hearsay, upon trust.

avalma *adv.* 1. by heaps, heapy; 2. in common, jointly; 3. *d' —,* promiscuously, pell-mell.

avan *adv.* wicked, cruel, inhuman.

avangardǎ *f.* vanguard.

avanpost *n.* outpost.

avans *n.* advance, advanced, money, earnest money.

avansă (a) *va.* 1. to advance, to further; 2. to pay in advance; 3. to improve, to make progress.

avansare *f.* advancement, promotion, progress, advance.

avar I. *a.* avaricious, covetous. II. *m.*

niggard, miser.

avariție *f.* avariciousness, covetousness.

avat *m.* square, fishing-net.

avea (a) *va.* to have, to possess: *a — dreptate,* to be right; *a nu — dreptate,* to be wrong.

aventurǎ *f.* adventure, venture.

aventurar, aventurier *m.* adventurer, venturer.

avere *f.* property, fortune, estate (legal); *un om cu —,* a man of property; *— mișcătoare,* chattel, personal estate; *— nemișcătoare,* real property, unmovables, real estate.

aversiune *f.* aversion, antipathy, dislike.

avertisment *n.* advertisment, warning.

avertiză (a) *va.* to warn, to advise, to inform, to advertise.

aviz *n.* notice, advertisement, announce.

aviză (a) *va.* to give notice, to advise, to inform, to announce.

avizare *f.* advice, notice, announce.

avort *n.* abortion, miscarriage.

avortă (a) *vi.* to abort, to miscarry.

avrămeasǎ *f. Bot.* hedge-hyssop.

avut I. *n.* property, fortune. II. *a.* rich, wealthy.

avuție *f.* 1. richness, wealth, fortune; 2. copiousness abundance.

axă *f.* axis.

axiomă *f.* axiom.

azard *n.* hazard, chance, accident.

azardă (a) *va.* to hazard, to venture, to risk.

azbuche *f.* alphabet, abecedary.

azi *adv.* to-day; *a n ǎi de — ne mâine,* to live from hand to mouth.

azil *n.* asylum, refuge.

azimă *f.* azyme, unleavened bread.

azot *n.* azote nitrogen.

azotic *a.* azotic; *acid —,* spirit of nitre.

azur *n.* azur, sky-colour; *— arămiu,* mountain-blue.

azuriu *a.* sky-coloured.

B

ba *adv.* no, not; *da ori —,* yes or not; *— da,* yes, indeed; *— nu,* not so, by no means; *— zău,* in truth, indeed, truly; *a nu răspunde nici da nici —,* to give a canny Scot's answer.

babă *f.* 1. old woman; *— hârcă, — clanță,* hag, hell-hag, crone *baba-oarba, baba-mija,* blindman's-buff.

babacă *m.* father.

babalâc *m.* an aged man.

babele *f. pl.* April-showers.

bäb:ţă *f.* 1 *Zool.* pelican: 2 *Pat* diarrhea.

băbolu I. *m.* old hag. II. *n. Zool.* fry.

baborniţă *f. tron.* old woman frump.

babuin *m. Zool.* babon.

băbuşcă *f.* 1. good old woman; 2. *Zool.* gudgeon.

bacalaureat I. *m.* bachelor. II. *n.* bachelor's degree, bachelorship.

băcan I. *m.* spicer, grocer. II. *n.* logwood, blackwood.

băcănie *f.* grocery.

bacantă *f.* bacchant, bacchanalian.

baccea *f.* old man decrepit.

baciu *m.* cheese-maker.

bae'avă *f.* puff-paste. shoet-cake.

băcsi *va.* to fill, to stop.

bacş:ş *n.* gratuity, tip, pot-money; *bacşişuri de anul nou.* New-Year's gift. Christmas-box.

bădăran *m.* rude fellow, churl, lubber, boor.

bădărănesc *a.* rude, coarse, unpolished, boorish.

bădărănie *f.* coarseness, rudenyess.

bade *m.,* 1. master, gentleman; 2. *fam* brother, friend.

băd că *m.,* **bădiţa** *m.* (my) dear.

băga I. *va.* 1. to put in (to), to thrust (in), to introduce : *a — sţa în urechile şculul,* to thread; *a'şi ~ mâinile în buzunar,* to thrust one's hands in one's pok-t: 2. to drive into: *a — înăuntru,* to push in (into); *a ~ în feapă,* to impale; 3. *a — de seamă,* to take care (of), to pay attention; *a — în seamă,* to consider. to regard ; *a nu — în seamă,* to show disregard to: *a — vina.* to accuse, to incriminate. II. *ref. a se —,* to thrust into; *a se — la stăpân,* to go to service, to hire oneself out.

bagă *f.* tortoise-shell.

bagaj *n.* luggage.

băgare *f.* 1. introduction; 2. *— de seamă,* attention, attentiveness; *cu — de seamă,* attentively; *— în seamă,* regard, consideration.

bagatelă *f.* trifle, toy, trinket.

băgător *a. — de seamă,* attentive.

bacdadie *f.* ceiling.

bagreacă *f.* wing-case, wing-shell.

beghetă *f.* 1. charming rod, (magic) wand; 2. conductor's baton.

băianie *f.* monster.

bahnă *f.* mire, marsh, bog, slough

hahniţă *f.* blackey, sambo, gipsy.

bahorniţă *f.* hell-nag.

băiaş *m.* 1. miner, mine-digger; 2. bather.

băiat *m.* boy, lad; *— de cârciumă,* skinker.

baidir *n.* head-cloth, kerchief.

baie *f.* 1. bath; 2. bathing-tub; 3. hot-house; 4. *— de mare,* salt-water bath, sea bathing; *— de aburi.* steam bath, stew; *a face o —,* a *lua o —,* to take a bath.

baier *n.* string, band, twine.

bă:etan *m.* fellow, boy, youth.

băietandru *m.* young man, youth.

băietaş *m.,* **băieţel** *m.,* **băieţolu** *m.* little boy lad.

baionetă *f.* bayonet; *atac cu baioneta,* bayonet charge; *cu baioneta,* at the baionet's point; *a străpunge cu baioneta.* to bayonet.

băjbăi (a) *vt.* 1. to buzz, to hum; 2. to grope, to grable.

bal *n.* ball: *— cosiumat.* fancy ball; *— mascat* masked ball; *sală ue—,* ball-room.

bălăcări (a) *va.* 1. to chatter; 2. to dabble, to wade, to splash.

bă ăcărit *n.* idle words, chatter.

bă ăci (a) *vt.* to splash, to paddle; *a se —,* to flounder about.

ba'adă *f.* ballad.

bă ăioară *f.* fair young girl or woman.

băiaiu *a.* fair, light.

bălăiău *a.* frivolous.

bălă ă. I. *m.* 1. idler; 2 ninny. II. *n.* be l-ringing.

balamà *f.* hinge; *a pune balamale,* to hinge; *ieşit din balamale,* off its hinges.

balamuc *n.* lunatic asylum.

bă'an *a.* fair light.

bă ăngănit *n.* bell-ringing.

baianţă *f.* scale, pair of scales.

bălărie *f.* 1. weed; 2. *Bot.* heath, ling.

ba.aur *n.* 1. dragon; 2. *— cu gapte capete,* hydra.

bâlbâi (a) *vt.* to stammer, to stutter.

bâlbâllă *m.* stammer, stutterer, jabberer.

băibăire *f.* stammering, stuttering, jabbering.

balbaş *n.* meath, metheglin.

bă bişă *f. Bot.* ironwort, siderite.

bâlciu *n.* fair, market.

bă dăbăc *în!.* plump! bang! souse!

baldachin *n.* baldachin, tester.

bale *f. pl.* saliva, slaver, slobber.

balena *f. Zool.* whale; *os de —*, whale-bone.

balenieră *f.* whaler's boat.

ba'ercă *f.* barrel, small cask.

ba'et *n.* ballet.

baligă *f.* dung, muck, turd.

băligă (a) *vt.* to dung, to manure.

băligar *n.* dung, muck, manure.

baliză *f.* buoy, beacon, sea-mark.

balmeş *loc. adv. talmeş —*, promiscuously, pellmell.

balmuş *n.* junket.

balon *n.* balloon.

bălos *a.* slobbery.

balot *n.* bale (of goods).

balotaj *u.* balloting.

balsam *n.* 1. balsam, balm; 2. *ftj.* consolation.

balsamină *f. Bot.* balsamine.

baltă *f.* 1. fen, pool, marsh, bog; *pasere de —*, fen-fowl: *— de peş:e*, fish-pond; 2. loc. *a rămânea —*, to come to naught; *a lăsà toate —*, to leave in the lurch.

bă tă (a) *va.* to speckle, to streak.

băltac *n.* marsh bog, slough, plash.

băltăcăi (a) *vt.* to tramp in the mud, to splash.

băltag *n.* 1. club; 2. halberd, battle-axe.

băltaret *a.* marshy, boggy, swampy.

băltăret *m.* 1. inhabitant of a fencountry; 2. south-wind.

băltat *a.* variegated, spotted; *cal —*, piebald, deppled horse.

băltoacă *f.* pool, puddle.

băltos *a.* marshy, boggy.

balustradă *f.* balustrade.

ban *m.* 1. money; 2. coin, mint; 3. centime (the hundredth part of a franc).

Ban *m.* Ban.

banal *a.* common, vulgar.

banalitate *f.* vulgarity.

banană *f.* banana.

bănănăi (a) *vt.* 1. to swing; 2 to titubate, to stumble.

Banat *n.* Banate.

bancă *f.* 1. bench, form; 2. bank, banking-house.

banchet *n.* banquet, feast.

bancher *m.* banker.

bancnotă *f.* bank-note, paper currency.

bancrută *f.* bankruptcy.

bandă *f.* 1. band; 2. fillet.

bandaj *n.* bandage, truss.

bandagist *m.* truss-maker.

bandieră *f.* flag, ensign.

bandit *m.* bandit, robber.

bani *m. pl.* money; *a câştigà —* to make money: *fig. a'şi aruncа banii prin fereastră*, to play at ducks and drakes with one's money.

banică *f. Bot.* rampion.

baniţă *f.* bushel.

bănos *a.* profitable, lucrative.

bântui (a) *vt.* 1. to damage, to injure, 2. to infest.

bănui (a) *va.* to suspect, to mistrust, *a se —*, to suspect.

bănuială *f.* suspicion, mistrust.

bănuicios *a.* suspicious.

bănuţei *m. pl. Bot.* creeping, money-wort.

bănuţi *m. pl.* 1. small coin; 2. *Bot.* Easter-daisy.

baobab *m. Bob.* sour-gourd.

barabană *f.* drum, timbrel.

baracă *f.* 1. barrack, booth; 2. hut, cottage.

bărăgan *m.* moorland, rosland, great plain.

baragladină *f. pop.* gipsy.

barbă *f.* 1. beard; *a'şi rade barba*, to shave; 2. *Bot. barba lui Aron*, cuckoo-point; *barba boerului*, devil in a bush; *barba călugărului*, water-hemloch; *barba caprei, barba popii, barba ţapului*, goat's beard; *barba îmnărsului*, evening-flower; *barba sasului*, horse-tail, shave-grass; *barba ungurului*, feathered pink; *barba ursului*, shave-grass · 3. loc. *când mi-o creşte iarba în —*, never.

barbar I. *m.* barbarian. II. *a.* barbarous, inhuman.

barbarie *f.* barbarity, barbarous act.

barbarism *m.* barbarism.

bărbat *m.* 1. man; 2. male; 3. husband.

bărbat *a.* male; stout, man'y.

bărbătesc *a.* masculine, male.

bărbăţel *m.* 1. little man; 2. male.

bărbăţie *f.* 1. virility, manhood; 2. vigour, bravery.

bărbie *f.* chin.

bărbier *m.* barber, hair dresser.

bărbierie *f.* barber's shop.

barbişon *n.* little barbet, imperial.

bărboae *f. Zool.* brill.

bărbos *a.* bearded.

barbun *m. Zool.* brill.

bărbugoară *f. Bot.* treacle-moustard; *— micsandra*, treacle-wormseed.

barcă *f.* bark, boat, barge.

barcagiu m. bargeman, ferryman.
bard m. bard.
bardă f. 1. carpenter's ax, bench-ax; 2. fig. a da cu barda în D-zen, to art godlessly, to art without any scruple and regard.
bardacă f. pitcher, jug, can.
bărdăhan n. paunch.
bărdăhănî (a) va. to tear to pieces, to lacerate.
bărdaş m. carpenter.
barem adv. at least.
bârfaş m. V. bârfitor.
bârfeală f. 1. slander, evil-speaking, calumny; 2. prattle.
bârfi (a) vt. 1. to slander, to speak ill of; 2. to prattle.
bârfitor I. m. slanderer, buzzer. II. a. slanderous.
baricadă (a) va. to barricade.
baricadă f. barricade.
barieră f. barrer, rail-fence.
barilcă f. barrel.
bariş n. barege.
bariton m. baritone.
barlaboiu m. Bot. rampion, pignut.
bârlog n. den (of a bear).
bârnă f. beam, spar.
barometru n. barometer.
baron m. baron.
baroneasă f. baroness.
baronie f. barony.
baros n. blacksmith's hammer.
barou n. corporation of barristers, bar.
barză f. stork.
bărzăun m. Zool. drone-bee, hornet.
bas n. şi m. bass.
baş a. arch.
basalt n. V. bazalt.
basaltic a. V. bazaltie.
basamac n. bad spirits.
başardină f. rig.
băsdoc n. V. băzdoc.
băşi (a) vi. to fart.
băşică f. bladder, blister; — de aer, bubble.
băş'că (a) ref. a se —. to bladder.
băşicoasă f. Bot. 1. bladder-nut-tree; 2. moss-campion.
băşicos a. bladdery.
băşicuţă f. bladder.
basilicon n.Bot. sweet basil; — selbatic. field-basil.
basiliso m. Zool. basilisc.
basin n. basin.
băşină f. 1. fart; 2. Bot. băşina călului: a) puff; b) puff-ball.

basm n. tale, story, fairy tale.
basmà f. handkerchief.
băsmăluţă f. neckcloth, neck-hand-kerchief.
băsnaş m. story-teller.
bas-relief n. bas-relief.
bastard m. bastard.
bastiment m. vessel, ship.
baştină f. birth-place, native place; de —, native, home-bred.
bastion n. bastion.
baston n. stick, cane, cudgel.
bastonadă f. cudgelling, bastinade.
băţ n. 1. stick, staff; 2. fig. a pune beţe în roate, to put (to throw) obstacles in a person's way.
bată f. list (of cloth), selvage.
bâtă f. club, cudgel.
bătaie f. 1. fight, battle; 2. beating, cudgelling; o ~ bună, a sound cudgelling; a trage o ~, a luà la ~, a snopi în —, to beat soundly, to thrash; 3. bătaia inimei, the palpitation of the heart; 4. loc. ~ de cap, care, preoccupation; — de joc, scoff, mockery; 5. — de puşcă, range, (of the bullets organs).
bătăios a. pugnacious.
bătăitoare f. Zool. water-wagtail.
batal m. sheep, ram.
batalamà f. 1. receipt, acquittance; 2. certificate.
bătălie f. fight, battle, combat; o — a avut loc, a battle was fought; câmp de —, battle-field; ordin de —, battalia.
batalion n. battalion.
bătătarnică f. Bot. 1. groundsel; 2. rag-weed, rag-wort.
bătător I. m. beater. II. a. — la ochi, showy striking.
bătători (a) va. to stamp down.
bătătură f. 1. weft, woof; 2. court; 3. corn (of the foot).
bătăuş m. beater, striker.
bate (a) I. va. 1. to beat, to cudgel; 2. to strike; 3. a — bani, to mint, to coin; a — fierul, to forge, to hammer; a — toba, to drum; a — grâu, to thrash. II. vt. a — vântul, the wind blows; ploaia bate, it rains; — piatra, it hails. III. loc. a — din picior, to stamp; a — din palmă, to applaud; a'şi — capul, to cudgel one's brains; a'şi — joc de cineva, de ceva, to mock, scoff, jeer, laugh at a person, a thing, to make game or sport with a thing: ba're-te pustiul the deuce take you! IV. ref. a se —, to fight.

băteală f. woof, warp to beat one's self.

băteliște f. park, folding (of sheep).

bate-poduri m. idler, sluggard.

baterie f. battery.

batistă f. 1. handkerchief; 2. cambric.

batjocori (a) va. to laugh at, to mock, to scoff, to jeer.

batjocorire f. scoff. mockery, jeer.

batjocoritor I. m. 1. mocker, jeerer, scorner; 2. flouter. II. a. 1. mocking, jeering, scoffing; 2. flouting; în mod —. floutingly.

batjoeură f. mockery, scoff; în —, floutingly.

bătlan m. Zool. heron; — de stuh, bittern.

bătlănes a. Zool. soim —. kestrel.

batog m. Zool. cod, codfish; — sărat, stock-fish; — nesărat, haddock.

bătrân a. old. aged.

bătrân m. old man; o femete bătrână. an old woman.

bătrănă f. old-wife.

bătrănatec a. oldish.

bătrănețe f. old age. oldness

bătrânie n. Bot. staghorn.

bătut a. 1. beaten; 2. berbec —, mutton; costiță de berbec —, mutton-cutlet, mutton-chop; picior de berbec —, mutton-fist.

bâză f. insect (bee, fly, etc.).

bază f. base, basis.

baza (a) va. to base, to ground on; 2. ref. a se — pe, to be based upon. to build on, to rest upon.

bazaconie f. 1. nonsense, absurdity; 2. farce, fudge.

bâzâi (a) vt. 1. to buzz, to hum; 2. focul bâzâie, the fire drops.

bâzâit n. buzzing, humming.

bazalt n. basalt.

bazaltic a. basaltic.

bazar n. bazaar.

bâzdâganie f. monster.

bâzdoc n. 1. splinter, chip; 2. vexation, bad humour.

bea (a) va. 1. to drink; a — ceaiu, to drink tea; a — mult, to drink hard; — până la cea din urmă picătură, to drink up; a — în sănătatea cuiva, to drink to a person's health; a — cu încetul, to sip, to sup; 2. a — tutun, to smoke; 3. to soak.

beat a. drunk drunken t'psy, fuddled; — mort — frânt. — turtă, dead drunk. swine-drunk.

becat n. Zool. woodcock.

becar m. Muz. natural.

becațină f. Zool. sn.pe.

becher m. bachelor, celibate.

becherie f. celibacy, single life.

bechiu adv. nothing, naught.

becisnic a. 1. imbecil, silly; 2. poor, miserable.

becisnicie f. 1. imbecility silliness; 2. m.sery poverty

beciu n. 1. cellar, store-room; 2 under ground dwelling.

bedreag n. work-bench (of a shoemaker, etc.).

behăi (a) vt. to bleat, to baa.

behăit n. bleating (of sheep), baing.

beilic n. statute-labour.

beiu m. bey.

bejenări (a) vt. to emigrate.

bejenie f. emigration.

belciu? n. staple, ring; — de 'er, ring of iron.

beldie f. 1. perch, pole; 2. oxgoad.

belea f. 1. scrape, embarrassment, inconvenience, encumbrance; 2. calamity, misfortune; 3. loc. a băga în —. to lead into a scrape; a'și găsi belesua, to get into a scrape: a scăpa de —, to get out of a scrape.

beletristică f. polite literature, belles-lettres.

beli (a) va. 1. to flay, to skin, to excoriate: 2. fig. to strip, to take off (the clothes, skin, etc). 3. to plunder; 4. a — ochii, to open wide the eyes, to gaze, to stare.

belicos a. warlike.

belire f. excoriation.

be g tă f. Bot. lemon-grass.

belșug n. abundance, plenty, riches; cu —, abundantly, over and above.

belteă f. jam, jelly (of fruit).

bemol n. Muz. flat.

benchetui (a) vt. to banquet, to feast.

beneficia (a) vt. to earn, to gain, to benefit.

beneficiu n. 1. benefice; 2. profit.

benghiu n. patch, beauty-spot.

benoàr n. pit-box.

bente f. pl. chains, fetters.

benzină f. benzine, benzole.

berar m. brewer.

berărie f. brewery, brew-house, alehouse.

berbant m. feaster, reveler, libertine.

berbanție f. libertinism, debauchery.

berbec m. 1. ram: — bătut. mutton; costiță de — bătut, mutton-chop, mutton-cutlet; 2. rammer.

berbecel *m.* lanner, woodchat.
berbeleaca *d'a — loc. adv.* backwards, hand foremost; *a se da d'a —* to turn a somerset, somersault: *a cădeà d'a —,* to tumble.
berberiţă *'. Bo'.* barberry.
berbinţă *'.* butter-tub.
bere *a.* without a tail.
bere *'.* beer, ale, porter, stout.
berechet I. *n.* abundance, plenty; *bani ~,* plenty of money. II. *adv.* in abundance abundantly.
beregată *'.* throat, jugular, thrapple.
berlant *n.* briliant.
berlic *n.* as; *un — de pică,* un as o, spades.
Berlin *n.* Berlin.
Berinez *m.* inhabitant of Berlin, Berlinian.
beşină *'.* V. băşină.
bestia *a.* beastly, brutish; *pasiune bestială,* brutish passion.
bestie *'.* beast, brute.
beteag *a.* infirm, impotent, lame.
beteală *'.* tinsel, gold-thread, goldwire.
betegos *a.* impotent, infirm.
betesug *n.* infirmity, impotence.
beţie *'.* drunkenness, intoxication; *— strașnică, — la toartă, — la catarama,* revel: *a aveà carul beţiei,* to be a drunkard.
beţiv I. *m.,* beţivă *'.* drunkard, toper, hard drinker; *un —,* a tipsy fellow. II. *a.* drunken.
beţivan *m.* drunkard, tippler.
beut *a.* 1. drunk; *ceva de —,* a drink of something, a little drink; 2. *de —,* drinkable: 3. drunken.
beutură *'.* drink, drinking.
bezeà *f.* 1. kissing of hands; 2. cream-cake.
bezmetic *a.* insane, mad.
beznă *'.* mirkiness, darkness; *— întuneric,* murky; *a fi întuneric —,* to be pitch-dark, pitch-black.
biban *m. Zool.* perch.
bibilică *'.* 1. *Zool.* guinea-fowl, guinea-hen; 2. *Bot.* a) crown-imperial; b) snake's head.
biblie *'.* bible.
biblic *a.* biblical.
bibliofil *m.* bibliophile, lover of books.
bibliograf *m.* bibliographer.
bibliografie *'.* bibliography.
bibliografic *a.* bibliographic.
bibliomanul *m.* bibliomaniac.
bibliomanie *'.* bibliomania.

bibliotecă *f.* library.
bibliotecar *m.* librarian.
bicarbonat *n.* bicarbonate of soda.
bi-cap *n. Zool.* woodcock.
bicicletă *.* bicycle.
biciclist *m.* bicyclist.
biciu *n.* 1. whip; *coadă de —* whi handle: 2. scourge *biciul al Dumnezeu,* the scourge of God.
biciul (a) *va.* to whip, to flog, to flagellate, to scourge.
biciuire *'.* biciuială *f.* whipping, flogging, flagellation.
biciușcă *'.* horse-whip, riding-whip.
bidihanie *'.* monster.
biet *a.* poor: *bietul om,* poor fellow.
biftec *n.* beefsteak.
bifurcare *'.* bifurcaţie *'.* bifurcation.
bigam *m.* bigamist.
bigamie *'.* bigamy.
bigot *m.,* bigotă *'.* 1. bigot; 2. *a.* bigoted.
bigot sm *n.* bigotry.
bijuterie *'.* jewelry, jewellery.
bijutier *m.* jeweller.
bilă *'.* 1. ball; 2. block: 3. marble: *a se juca cu bile,* to play at marbles; 4. gall, bile.
bilanţ *n.* balance-sheet, balance.
bilet *n.* note, bill-t: 2. ticket
biliard *n.* billiards, billiard-table: *sală de —,* billiard rooms; *a jucà —,* to play at billiards.
bilion *m.* billion, thousand milions.
biman *a.* bimanous, two-handed.
bimensual *a. și adv.* occurring once in two months.
bină *'.* building, construction.
bine I. *n.* good, happiness: *un mare —,* a great good: *să'ţi fie de —,* good luck to you, good health to you; II. *adv.* well: *destul de ~,* well enough: *mai —;* a) rather; b) better; *puţin mai —,* rather better; *bine ai venit,* welcome!
binecuvânta (a) *va.* to bless, to consecrate.
binecuvântare *'.* benediction, blessing.
binecuvântat *a.* blessed, blest; *—fie numele tău!* blessed be thy name!
binefacere *'.* benefit, favour.
binefăcător *m.,* binefăcătoare *'.* benefactor, benefactress.
binefăcător *a.* beneficent, charitable.
binevăzut *a.* respected, esteemed.
binevoi (a) *vd.* to be willing, to be kind.

binevoltor a. kind, wellwishing, benevolent.

binişor adv. 1. pretty well; 2. softy, gently.

biograf m. biographical.

biografie f. biography.

biped m. și a. biped.

bir n. scot, impost. tax.

birjă f. hackney-coach, cab, handsom.

birjar m. hackney-coachman, cabman, driver.

birt n. eating-house, public-house, inn.

birtaş m. eating-house keeper, inn keeper, tavern keeper.

birui (a) va, to vanquish, to conquer, to overcome.

biruinţă f. victory.

biruitor I. m. victor, conqueror. II. a. conquering, victorious.

bişcot n. (sea-) biscuit.

biserică f. church; — anglicană. the High Church, the Church of England.

bisericaş m. priest, parson, clergyman.

bisericesc a. 1. ecclesiastical; 2. religious.

bisericos a. pious, religious.

bisericuţă f. chapel.

biurou n. office, bureau, desk.

biurocrat m. bureaucrat.

biurocraţie f. bureaucracy.

bivol m. buffalo.

bivolaş m. young buffalo.

bivoliţă f. buffalo (female).

bivuac n. Milit. bivouac.

bizar a. odd, strange.

bizarerie f. oddness.

bizui (a) ref. a se —, to rely upon, to count on, to reckon.

bizuială f. confidence, trust.

blabornic m. Bot. mary-bud.

blabornică f. Bot. veronica, speedweel.

blaivas n. pop. pencil, lead-pencil.

blajin a. mild, meek; de o fire blajină, mild spirited, meek spirited.

blam n. blame, censure, reproof.

blama (a) va. to blame, to rebuke.

blamat a. de —, blamable.

blană f. 1. pelt, fur, pelisse, fell ; 2. guler de —, fur collar. 3. plank board.

blănar m. furrier, skinner, peltmonger.

blănărie f. 1. furriery, furrier's trade ; 2. furs, skins.

blănd a. mild, meek, gentle; cu un aer —, mild spirited.

blândă f. Pat. nettle-rash.

blândeţe f. mildness, meekness, softness; cu —, mildly. meekly.

blănă (a) va. I. to fur ; 2. to plank, to wainscot.

blănit a. 1. furry, furred; mantă blănită, furred cloak; 2. planked.

blasfem n. blasphemy.

blason n. heraldry.

blastru n. plaster.

bleg a. 1. lax, slack; 2. weak sighted, silly.

blehăi (a) vt. to yap, to squeak, to bark.

blendă f. Min. hood.

bleojdi (a) va. to open wide the eyes.

bleot a. silly, imbecile.

bleotocări (a) vt. 1. to muddle, to babble ; 2. to chatter.

blestem n. blasphemy, malediction curse.

blestema (a) va. to b'aspheme, to curse, to anathematise.

blestemat a. cursed, accursed, confounded.

blestemăţie, 1. meanness, lowness, baseness; 2. (piece of) rascality, knavish trick.

blestemător m. I. blasphemer. II. a. blasphemous.

bleştă (a) vt. 1. to blab, to stammer ; 2. to dote, to rave.

blid n. dish, wooden bowl.

blidar m. 1. potter; 2. parasite, spunger, sponger.

bloc n. blok.

blond a. light, fair.

bluză f. smock-frock.

boa f. boa (constrictor).

boabă f. 1. berry; 2. bead; boabe de mărgean, coral-beads; 3. Bot. boaba-vulpei, true-love; 4. loc. a nu şti —, to have not the faintest notion of it.

boacă I. head. II. adv. not at all; gros la —, hard brains.

boacănă adv. sillily, stupidly, foolishly.

boaltă f. 1. criple; 2. blok head.

boală f. 1. sickness, illness, disease; 2. boala copiilor, epilepsy, falling sickness; — lumească, venerial disease; — uscată, consumption; — câinească. drying kiln.

boar m. ox-driver, cow-keeper.

boare f. breath of wind, gentle breeze.

boarze f. pl. Bot. blight, cockle.

boaşă f. 1. testicule, stone; 2. Bot. boaşa colifei; a) orpin, stone-crop; b) gnat-flower.

bob I. *n.* 1. bean; 2. bean-stalk; 3. grain; 4. — *de grădină*, garden bean, common bean; — *selbatic*, horse bean; — *de farină*, chickvetch; 5. — *de piper*, pepper-corn; *un* — *de grâu*, a seed-corn; *un* — *de strugure*, a berry of a grape; 6. *a da cu bobil*, to prophesy, to soothsay. II. *adv.* nothing; *a nu zice* —, not to say a word, not open one's lips.

bobăreasă *f.* soothsayer, fortune-teller.

bobârnac *n.* fillip; *a da un* — *cuiva*, to fillip.

bobârnacă *f. Zool.* (common) gudgeon.

bobiţă *f.* 1. berry; 2. *Bot. bobiţa ţapului*, true-love.

bobiţel *m. Bot.* pigeon-pea.

boboc I. *m.* 1. bud, flower-bud; 2. — *de gâscă*, little goose, gosling; — *de raţă*, duckling. II *adv.* wonderfully, fine.

boborojí *v. ref. a se* —, to muffle.

boboşat *a.* swelled up, puffed up.

Bobotează *f.* Epiphany.

boboti (a) *vt.* 1. to rise, to swell; 2. to inflame, to flame.

bobuşor *m.Bot.* vetch, strangle-tare.

bocăni (a) *vt.* to beat, to knock, to hammer.

bocănitoare *f. Zool.* green-woodpecker.

boceà *f.* 1. shawl; 2. bale (of goods).

boceagiu *m.* 1. hawker, peddlar; 2. shawl-monger.

boceealâc *n.* 1. brial, nuptial present; 2. shawl.

bocet *n.* 1. lamentation, bewailing, moan; 2. song of woe, wail.

boci (a) *va.* to mourn, to wail, to moan.

bocitor *m.*, **bocitoare** *f.* mourner, weeper.

bociue *etc.* V. **buciue**, *etc.*

bocmeà *f.* loop, string.

boenă *adv.* stiff (with cold), binumbet.

bodaproste, V. **bogdaproste**.

bodârâu *m.* 1. *Z ol.* mud-sucker, loon; 2. *pop.* prison, jail.

Boem *m.* Bohemian.

Boemia *f.* Bohemia.

bozasier *m.* linen-draper.

bozasierie *f.* linen-drapr's shop.

boat I. *a.* rich, wealthy; *a fi pu-tred de bogat*, to roll in riches; II. *adv.* richly, splendidly.

bogătaş *m.* moneyed man, rich-man.

bogăţie *f.* 1. riches, richness, wealth; 2. copiousness abundance.

bogdaproste I. *n.* thank. II. *int.* many thanks for, God yeld, God yield you.

boi (a) *va.* 1. to dye, to tinge; 2. to whitewash; 3. to deceive.

boià *f.* 1. tincture, dye, dyeing; 2. paint, varnish.

boială *f.* dye.

boiangerie *f.* dye-house, dye works.

boiangiu *m.* dyer.

boier *m.* nobleman, noble.

boieresc *a.* noble, belonging to a master or lord.

boierime *f.* nobility.

boiu *m.* shape, stature.

bojbâi (a) *vt.* to grope, to feel.

bo.boacă *f.* whirlpool, pull.

bolboroseală *f.* sputtering.

bolborosi (a) *vt.* 1. to sputter, to gibber; 2. to stutter, to stammer; 3. to bubble, to gush out; 4. to gobble turkeys).

bolborosire *f.* 1. spluttering, gibbering; 2. stuttering, jabbering; 3 gurgle, gurgling.

bold *n.* 1. sting, pin; 2. spur, impulse.

bo dei *m.* badger dog.

boldi (a) *va.* 1. to spur (şi *fig.*); 2. to stare, to open wide; — *ochii*, to open wide the eyes.

boesniţă *f.* contagious malady, epidemy.

boil (a) *vt.* to be taken ill, to fall ill.

boliste *f.* contagious malady, epidemy.

bolnav *a.* ill, sick, diseased; *a stà* — *în nat*, to keep one's bed.

bolnăvi *ref. a se* —, to fall sick, to fall ill.

bolnăvicios *a.* sickly.

boloboc *n.* pipe (cask).

bolocan *m.* blok, log.

bolovan *m.* 1. blok; 2. lump, clump, clod of stone.

bolovăni (a) *va* to open wide; *a* — *ochii*, to open wide the eyes, to stare. to gaze.

bolovănos *a.* rough. rugged.

boltă *f.* vault, arch; *bolta cerului*, the arch of heaven.

bolti (a) *va.* to vait, to arch, to imbow.

boltit *a.* vaulted.

boltitură *f.* 1. vaulting; 2. arch, arching. vault.

bolundariţă *f. Bot.* enchanter's nightshade.

bombă (a) *va.* to vault, to arch.
bombă *f.* bomb, shell.
bombăni (a) *vt.* 1. to grumble, to mutter; 2. to buzz, to huzz, to hum.
bombănit *n.* 1. grumbling; 2. buzzing, humming.
bombar *m.* V. bondar.
bombardă (a) *va.* to bombard.
bombardare *f.* bombardment.
bombat *a.* vaulted arched.
bombină *f.* Zool. toad.
bomboană *f.* bonbon, sweet (stuff)
bombonieră *f.* box of sweets.
bon *n.* 1. promissory note; 2. assignment, draft, bill.
bonă *f.* nursery governess.
boncăire *f.*, boncăit *n.* belling (of stags).
boncă(lu)i (a) *i. vt.* to bell (of stags); 2. ref. *a se* —, to whine.
bloncăni (a) *vt.* V. boncălul.
bondar *m.* Zool. drone.
bondoc *a.* stubbed, stumpy, dumpy; *o femeie bondoacă*, a dumpy woman.
bont *a.* blunt, dull.
bonți (a) *va.* to blunt, to dull the edge, the point.
bonuri *m. pl.* government stock, public founds.
borangic *n.* 1. flock-silk, floss-silk; 2. Bot. str. ngleweed.
boranță *f.* Bot. borage.
borboitnă *f.* little cudgel.
borbo(ro)și (a) *vt.* to gobble (of turkeys).
borbură *f.* bind-weed.
borcan *n.* pot, glass-jar.
borcănat *a.* hooked, krooked; nas—, hook-nosed.
bord *n.* Mar. board.
bordeă *f.* scarecrow, bugbear.
bordeiu *n.* cottage, hut, shanty.
borfă *f.* V. borfe.
borfăli (a) *va.* to filch, to pickpocket.
borfaș *m.* pickpocket, sharper.
borfe *f. pl* clothes, bawbies.
borhot *n.* grounds, groat, grains.
boroboață *f.* 1. mischance, misfortune; 2. silliness, folly, foolishness.
boroni (a) *vt.* to harrow.
borș *n.* sour soup.
bort *n.* belly, paunch.
bortă *f.* hoie.
borteli(a) *va.* to make a hole, to bore.
borțoasă *a.* pregnant with child, in the family-way.
borțos *a.* big-bellied.
borz *a.* bristly, brushy.

bos *n.* testicle.
boșar *m.* water-melon.
boscărie *f.* sorcery, witchcraft.
boscorodi (a) *vt.* to mumble, to grumble, to murmur.
boșorog *a.* 1. impotent, infirm; 2. ruptured, hernious.
boșorogeaiă *f.* hernia, rupture.
bostan *m.* gourd, pompion, pumpkin.
bostănărie *f.* melon-bed.
bostangium. kitchen-gardener.
boștină *f.* residue.
bot *n.* 1. snout, muzzle, nose; 2. mouth, bill; 3. top, tip, point; 4. loc. *a unge pe* —, to bribe; *paharul la botul calului*, stirrup-cup; *a se șterge pe* —, to put out, to set up.
bot *n.* lump.
botanică *f.* botany.
botanist *m.* botanist.
botău *n.* (shepherd's) crook, sheep hook.
botca *f.* honey-comb.
botez *n.* baptism, christening.
boteza (a) *va.* to baptise, to christen.
botezător *m.* baptiser; *Ioan Botezătoru*, John the Baptist.
botfori *n. pl.* Jack-boots
botgros *m.* Zool. gross beak.
boți (a) *va.* 1. to rumple, to wrinkle; 2. to roll up, to wind up.
botină *f.* half-boot.
botniță *f.* muzzle, nose-band.
botochină *f.* bulb.
botochinos *a.* tuberous, bulbous.
botorog *n.* V. boroboață.
botos *a.* bragging.
boțos *a.* bulbous, tuberous, bandy-legged.
betros *m.* Zool. bullfinch.
bou *m.* 1. ox; 2. — grohotitor, grohăitor, yack; — de baltă, bittern; — de noapte, eagle owl; boul lui Dumnezeu, boul Domnului, lady-bird; 3. fig. duffer, block head; 4. loc. *a nu-i îi toți boii acasă*, to be in a bad humour.
boulean *m.* Zool. bullock.
bour *m.* Zool. ure, urus.
bourel *m.* Zool. 1. edible snail; 2. stag-beetle; 3. wren.
boz *n.* V. bozie.
bozăi (a) *vt.* to mould (wine, etc.).
bozăiaiă *f.*, bozăire *f.* mouldines (of wine, etc.).
bozăței *n.* Bot. 1. hellebore; 2. ~ alb, indian-poke.
bozie *f.* Bot. wall-wort, dwarf-elder.

bozumf.ă *rel. a se* —, to pout, to sulk, to make a lip at.

bozumflare *f.* pouting, sulking.

bozumflat *a.* grumbling, sulky.

brabete *m.* Zool. sparrow.

brăbin *n.* Bot. per-wort.

brac *n.* refuse; *de* —, waste, refuse; *lucru de* —, weed; *cal de* —, discharged horse.

brac *m.* brac-hound.

brăcie *f.*, **brăcinar** *n.* 1. girdle, belt; 2. waist band.

brăcul (a) *va.* to reject, to refuse.

brad *m.* 1. fir, fir-tree; — *roş*, mare's tail; *lemn de* —, fir-wood; *gogoş de* —, fir-apple, fir-bob, fir-cone; *scânduri de* —, deal-boards: 2 *fig. un* — *de flăcău*, a stately fellow.

brădeţ *n.*, **brădiş** *n.* forest of fir-trees.

brădişoară *f.* Zool. wood-hen, hazel-hen.

bradişor *m.* Bot. juniper.

brahă *f.* malt.

brâncă *f.* 1. paw, claw; 2. Pat. a) erysipelas; b) sorethroat; glass-wort; b) — *ursului*, cow-parsnip.

brânci *f. pl.* 1. push; 2. *pe* —, on all fours; *a da* —, to push, to thrust; *a merge pe* —, to sprawl; *a da pe* — *a-ară*, to cast forth.

brânci (a) *va.* V. a îmbrânci.

brânciu *m.* push; *a da un* — *cuiva*, to give a push to, to give a shove to.

brâncuţă *f.* ~ *voinicului*, Bot. water-cresses.

brânduşă *f.* Bot. 1. primrose, cowslip; 2. meadow-saffron.

branişte *f.* underwood.

brânză *f.* cheese; — *de Olandă*, Dutch-cheese.

brânzar *m.* cheese-maker, cheese-monger.

brânzărie *f.* 1. cheese-dairy; 2. cheese-trade.

brânzeturi *f. pl.* different sorts of cheese.

brânzoaică *f.* cheese-cake.

braşoave *f. pl.* lies, swaggering.

Braşov *n.* Brashov (town in Transilvania).

braţ *n.* 1. arm; 2 *loc.* bra la —, arm in arm; *cu braţele deschise*, with open arms; *a da braţul cuiva*, to give one's arm to; 3. armful: *un braţ de* — *lemne* an armful of wood.

brăţară *f.*, **braţea** *f.*, **braţeletă** *f.*

bracelet, armlet.

braţet *loc. adv. la* —, arm in arm.

brăţiş *adv.* hand to hand.

brâu *n.* waistband, girdle, girth.

brav *a.* brave, courageous, valiant.

bravură *f.* bravery, valour.

brazdă *f.* 1. furrow, ridge, drill; 2. wrincle; 3. bed. border; — *de iarbă*, turf, sward; 4. *loc. a se da la* ~ to get accustomed.

brăzdă (a) *va.* 1. to furrow, to plough, to ridge: 2. to wrinkle.

brăzdar *n.* plough-share, plough-iron.

brăzdare *f.* plaugh-service, furro-wing.

brăzdătură *f.* furrow.

breaslă *f.* guild. corporation.

breaz *a.* 1. speckled, motley, mottled; *cai* —, piebald; 2. *fig. iron.* clever.

breb *m.* Zool. beaver. castor.

brebeneac *m.* Zool. blackbird.

bretale *f. pl.* braces.

brevet *n.* warrant, indenture, patent.

brevetă (a) *va.* to patent.

bribolu *m.* mandrel.

briceag *n.* penknife.

briciu *n.* razor.

brie *f.* Bot. spurge.

brigadă *f.* brigade.

brigadier *m.* brigadier.

briliant *n.* brilliant.

brişcă *f.* cab.

Britania *f.* Britain.

britan e *a.* British, English.

broajbă *f.* Bot. turnip.

broască *f.* 1. frag; 2. ~ *ţestoasă*, to toise, turtle; — *rătioasă*, toad; 3. Pat. — *la ochi*, stye.

broască *f.* lock; — *de siguranţă*, safety lock.

broboadă *f.* kerchief, gimp, wimple.

brobonă *f.* 1. berry; 2. *fig.* drop.

brociu *n.* Min. ochre indian-red. yellow earth.

brodă (a) *va.* to embroider.

brodeală *f.*, **brodire** *f.* chance, occurrence, hap.

brodi (a) 1. *vt.* to strike, to hit, to guess; 2. *ref. a se* —, to happen, to occur. to chance.

bronşită *f.* Pat. bronchitis.

bronz *n.* bronze, brass.

broşă *f.* brooch.

broşa (a) *va.* to stitch, to sew (books).

broşare *f.* stitching.

broşat I. *a.* stitched; *carte broşată*, stitched book. II. *n.* stitching.

broscărie *f.* 1. place full of frogs; 2. frog's pond.

broschiţă *f. Bot.* 1. water-crowfoot: 2. spear-mort.

broscoiu *m.* 1. toad; 2. babe, brat.

broşteau *m. Bot.* syringa.

broşură *f.* 1. book in loose cover. stitched book; 2. pamphlet.

brotac *m.* tree-frog, tree-toad.

bruftui (a) *va.* 1. to roughcast; 2. to treat roughly.

brumă *f.* 1. hoary frost, rime; 2. a little, a little bit; *o ~ ue*, very little.

brumă (a) *vt. imp.* 1. to rime; 2. to misle, to drizzle.

brumar *m. pop.* November.

brumărel *m. pop.* October

brumăriu *a.* 1. grey; 2. hoar, hoary

brumos *a.* misty, foggy.

brun *a.* brown, dark.

brunet *a.* dark (haired).

brunetă *f.* brunetta.

brusc *a.* rough, harsh.

bruscă (a) *va.* to snub, to treat roughly.

bruşi *ref. a se —*, to squabble.

brustur *m. Bot.* 1. bur, burdoch, hardoch; *— dulce*, colt's-foot.

brut *a. greutate brută*, gross weight.

brută *f.* brute of a fellow.

brutal *a.* brutal, brutish.

brutalitate *f.* brutality, brutishness.

brutar *m.* baker.

brutărie *f.* baker's shop.

bubă *f.* 1. botch, fester, abscess; *— rea, — neagră*, carbuncle; *— roşie*, pustule; *— oaei*, scab of sheep; *— spurcată*, scald, snurf (on the head); *buba mânzului*, snot, glanders; 2. *fig.* obstacle, difficulty; *asta'i buba*, that is the evil.

bubat I. *n.* pock. II. *a.* pock-marked; 2. scabby, scurvy.

buboiu *n.* ulcer, bubo, furuncle, boil.

bubui (a) *vt.* to thunder, to roar, to peal, to boom.

bubuit *n.* roar, roaring, booming, peal.

bubuliţă *f.* 1. dim. *dela bubă;* 2. pl. *bubuliţe*, heat-pumples, pustules.

buc I. *m.* 1. flock, tuft; 2 flock-silk. II. adv. *într'un —*, in a moment, instantly.

bucă *f.* 1. buttock, breech, 2. cheek.

bucălat *a.*, **bucălau** *a.* chubby, chubfaced.

bucată *f.* 1. piece. morsel, bit, lump; *o — de hârtie*, a piece of paper; *o — de zahăr*, a lump of sugar; *bucata cu bucata*, piece by piece; *lucru cu bucata*, piece-work; *mărfuri cu bucata*, piece-goods; 2. pl. *bucăţi*, pieces; *a tăia în bucăţi*, to cut to pieces; *a rupe în bucăţi*, to tear to (in) pieces.

bucătar *m.* cook, man-cook.

bucătăreasă *f.* cook-maid.

bucătărie *f.* kitchen.

bucate *f. pl.* 1. mess, dish, food; 2. corn, cereal.

bucăţi (a) *va.* to carve, to cut in pieces.

bucăţică *f.* 1. bit, little bit; *o — ae zahăr*, a bit of sugar; *o— de hârtie*, a bit of paper; 2. *— ruptă din tată-seu*, the very picture of his father, the living likeness of his father.

buceag *n.* grove, thicket.

buchet *n.* 1. nosegay, bunch; 2. flavour (of wine).

buchini (a) *vt.* 1. to hunt after old books; 2. to spell.

bucheseală *f.* thrashing, licking, to syllable the peogging.

buchisi (a) *va.* to beat soundly, to cudgel.

bucinis *f. Bot.* angelica.

bucium *n.* 1. trumpet, horn; 2. shawn.

buciumă (a) *vt.* to trumpet, to sound the trumpet.

buciumătură *f.* flourish (of trumpets).

buclă *f.* lock of hair, kurl.

buclă (a) *va.* to curl (hair), to crisp, to crimp.

buclat *a.* curled, curly.

bucluc *n.* 1. mischief, entanglement, scrape.

buclucaş *m.* mischief-maker, wrangler.

bucmea *f.* loop, string. twist.

bucoavnă *f.* V. *abecedar.*

Bucovina *f.* Bucovina.

Bucovinean *m.* inhabitant of Bucovina.

bucsău *m. Bot.* broom.

bucură *v.* ref. *a se —*, to rejoice, to divert one self, to be glad of.

Bucureştii *pl.* Bucharest.

Bucureştean *m.* inhabitant of Bucharest.

bucurie *f.* joy, joyfulness, gladness.

bucuros I. *a.* joyful, cheerful, glad, merry. II. *adv.* willingly, cheer.uliy.

budincă *f.* pudding.

budoar *m.* lady's room, boudoir.

buestraș *m.* ambler.

buestru *m.* amble; *a umblă în —*, to amble.

buf *int.* plump! bang!

bufet *n.* 1. buffet, sideboard; 2. refreshment-room.

bufnea *m.* mope.

bufneală *f.* pout, pouting, sulking.

bufni *a.* I. *vi.* 1. to pout, to sulk; 2. to strike hard (upon something); 3. *a bufni de râs*, to burst out laghing. I. *a se —*, to be in the sulks.

bufniță *f.* owl, owlet; *ca o —*, owl-like.

bufnas I. *m.* pouter, sulker, grumbler. II. *a.* sullen, sulky.

bufon *m.* buffoon, zany.

bufonerie *f.* buffonnery.

buged *a.* I. luxuriant, exuberant; 2. swoln (out), flabby.

bugeniță *f.* roast hare (or rabbit).

buget *n.* budget.

bugetar *a.* in accordance with the estimates.

bugezi (a) *vt.* to swell, to puff up.

buh *n.* 1. noise, roaring; 2, rumour.

buhă *f. Zool.* screech-owl, barn-owl; *buhă mare* horn-owl.

buhăi (a) *vt.* și *ref. a se —*, to swell, to puff (with), to bloat.

buhaiu *m.* 1. bull; 2. *— de baltă*, bittern; 3. large plane, jointer.

buhav *a.* bloated, puffed.

buiac *a.* 1. luxuriant, too fat; 2. wanton, roguish.

buici (a) *vt.* to pullulate.

buigui (a) *vt.* 1. to delirate, to rave; 2. to stammer, to stutter.

buimac *a.* troubled, giddy, stuned.

buimăceală *f.* stunning, giddiness, stupefaction.

buimăci (a) I. *va.* to stun, to make muddy. II. *ref. a se —*, 1. to grow muddy; 2. to be disturbed, to be confoutded.

bujor *m.* 1. *Bot.* peony; 2. *fig. un — de fată*, a most lovely girl.

bujori (a) *v. ref. a se —*, 1. to redden; 2. *Med.* to inflame.

bujorire *f. Med.* inflammation.

bula *f.* bull; *— papală*, papal bull.

bulamaea *n.* stake, pile post.

bulboacă *f.*, **bulboană** *f.* whirpool.

bulbuc *n.* 1. bubble (water); 2. gurgling; 3. V. bulboacă.

bulbucel *f. pl. Bot.* yellow-golds.

bulbuci (a) *vt.* to bubble up, to boil up, to wallop.

buleandră *f.* 1. rag, tatter; 2. whore, harlot.

buletin *n.* 1. bulletin; 2. summary of news.

bulevard *n.* bulwaik.

Bulgar *m.* Bulgarian.

bulgar *a.* bulgarian.

Bulgaria *f.* Bulgaria.

buigăre *m.* clod.

bulicher *m.* small pocket-knife.

bulin *n.* wafer.

bulion *m.* broth, gravy soup.

bumbac *n.* 1. cotton, cotton-wool; 2. *pânză de —*, cotton cloth; 3. cotton plant, cotton-tree.

bumbăcar *m.* cotton-merchant.

bumbăcărie *f.* cotton-manufactory, cotton-mill.

bumbăcel *n.* spun cotton, cotton yarn

bumbăcos *a.* cottony.

bumben *adv.* 1. stiff; 2. *a dormi —*, to sleep like a top.

bun *a.* 1. good; 2. good, useful; 3. kind; 4. *frate —*, one's own brother: *veri buni*, first cousins; 5. fitted, meet: *nu e ~ pentru asta*, he is not fitted (cut out) for it; *— de gură*, loquacious, talkativ, to have fluceny of speech, *— de mâicat*, good to eat, edible; 6. *bună ziua* : a) good day, good morning; b) good bye; *bună seara*, good evening.

bun *n.* 1. good; 2. fortune, wealth.

bun *m.* grandfather.

bună *f.* grand-mother.

bunacuviință *f.* decorum, becomingness, decency.

bunăoară *adv.* for instance, for example.

bunăseamă (de) *adv.* to be sure, of course.

bunătate *f.* 1. goodness; 2. kindness; *a avea bunătatea*, to have the kindness.

Buna-vestire *f.* Lady-day.

bunăvoință *f.* kindness, goodwill.

bunget *n.* thicket.

bunic *m.* grand-father.

bunică *f.* grand-mothea.

bunicel *a.* pretty-well.

bură *f.* drizzle, drizzling rain; *— de ploaie*, shower of rain.

bura (a) *v. imp.* to drizzle.

buracă *f.* fog, mist.

buratic *m.* tree-frog.

burcă *f.* shepherd's cloak (of lamb's skin).

burduf I. n. 1 leathern pipe; 2. leather-bottle; 3. slough. 4. goatskin (for wine); 5 — de trăsură, apron. II. adv. 1. crammed (full); 2. fig. ~ de carte, too learned, to bookish; 3. a lega ~, to bind fast.

burduşi (a) I. va. to thrash, to beat soundly, to cudgel. II. ref. a se —, to swell, to puff up.

burete m. 1. sponge; 2. mushroom; 3 loc. suge ca un ~, he drinks l ke a piper; a căuta dracului bureţi, to stare, to gaze.

burghez m. burgess, burgher, citizen

burghezime f. citizenship.

burghiu m. borer, drill, gimlet.

burlană f. V. burulană.

buric n. 1. navel; 2. u bilicus; 3. Bot. a) buricul Venerei, navel-wort; b) buricul apei, white-rot, penny-wort.

burlac m. bachelor.

burlăgie f. cellibacy, single life.

burlan m. spout, tube, pipe.

burlinc m. Zool. young wild boar.

burniţă (a) v. imn. to drizzle.

bursă f. 1. burse, stock-exchange; 2. scholarship-foundation.

bursier m. 1. bursar, speculator on Change; 2. foundationer-scholar.

bursuc m. 1. badger; 2. snarler; 3. Zool. — de munte, woodchuck.

burtă f. 1. belly, abdomen; 2. ciorbă e ~, soup of tripe.

burtă-verde m. commonplace fellow.

burtos a. big-bellied, tun-bellied.

buruiană f. Bot. weeds; — de leac, simple; buruiene domneşti, marigold: — câinească, mercurials, mercury.

buş m. 1. pumn; 2. a merge de a buşile, to walk on all fours.

buşi (a) va. to pommel.

busna adv. quite straight.

busolă f. sea-compass.

bust n. bust.

busna adv. V. busna.

buştean m. stump, log of wood, stub: a dormi ~, to sleep like a top.

butaş m. layer, shoot, layer of a vine.

butăşi (a) va. to layer, to set layers.

buteă f. coach.

bute f., butie f. cask, barrel, tun.

butelcă f., butelie f. buttle.

butoiaş n. barrel, small cask.

butoiu n. cask; — pentru vin, wine-cask.

buton n. button.

butonieră f. button-hole.

butuc m. 1. stump, log, block, stub; 2. butucul roţei, stok (of a wheel).

buturugă f. stump, log, block, stub.

buză f. lip; buze rumene; ripe lips; 2. border, edge; 3. loc. a lăsă cu buzele umflate, to deceive.

bu ăi (a) vi. to pout, to sulk.

buzăilă f. blobber-lip.

buzat I. a. blobber-lipped. thick-lipped. II. adv. discouraged.

buzdugan n. club, heavy stick.

buzna adv. V. busna.

buzunar n. pocket, bag; — de gletcă, fob.

buzunări (a) va. to pickpocket.

buzunărit n. 1. pocket-picking; 2. pocket-money.

C

C m. (the letter). c.

ca conj. 1. as, so, like; 2. ~ la, about, by the way; — un prieten, as a friend; fă — mine, do as I do; rece — ghiaţă, cold as ice; a muri — un creştin, to die like a christian; — să, pentru — să, that, in order that, so that, — şi când, as if; — şi cum, as if, as though; — nu cum-va, that not, lest.

că conf. for, that, then, because.

cabală f. 1. cabal; 2. (jewish) cabala.

cabalist m. cabalist.

cabalistic a. cabalistic, cabalistical.

cabazlâc n. joke, jest.

cabină f. cabin.

cabinet n. 1. cab net; 2. closet; 3. ~ de lucru study.

cablu n. Mar. cable.

cabrioletă f. cabriolet, cab, gig, hansom.

căca (a) v. ref. pop. a se —, to shite.

căcăduş n. Bot. dog-rose bush.

căcănar m. pop. night-man, gold-finder.

căcărează f. pop. dung (of sheep).

cacao n. cacao, jay.

căcat m. pop. excrement, dirt, mire, dung, mid.

căci conj. for, then, because.

căciugă f. Zool. sturgeon.

căciu ă f. 1. fur cap: 2. loc a prinde pe cineva cu musca pe —, to find a hole in one's coat, to pick a hole in one's coat.

căciuli (a) v. ref. a se —, to humble one's self.

cacofonie *f*. cacophony.

cacom *m*. ermine, stoat.

cadă . bucket, tub.

cadână *f*. Turkish, woman, harem's woman.

cadastru *n*. cadastre, land survey and valuation.

cadaveros *a*. cadaverous.

cadavru *n*. corpse, dead body.

cădea (a) I. *vt*. 1. to fall, to fall down; — *de pe cal*, to let go the stirrups; — *bolnav*, to fall sick; — *jos*, to fall to the ground; 2. to sink; 3. to forfeit, to fail, to err. II. ref. *a se* —, to be becoming; *se cade*, that is as it should be.

cădelniţă *f*. censer.

cădelniţă (a) *va*. to incense.

cadenţă *f*. cadence, trill.

cădere *f*. 1. falling (down), downfall; 2. ruin, failure, miscarriage.

cadet *m*. cadet.

cadiu *m*. cadi (Turkish judge).

cadou *n*. gift, present.

cadră *f*. picture, painting.

cadră (a) *vt*. to agree.

cadran *n*. 1. dial; 2. dial-plate.

cadril *n*. quadrille.

cadrilater *n*. square, quadrangle.

cadru *n*. picture-frame.

caduc *a*. decaying.

cafas *n*. 1. trellis, grate; 2. nave, body.

cafea *f*. coffee.

cafegiu *m*. coffee-house keeper.

cafenea *f*. coffee-house.

căi (a) *v*. ref. *a se* —, to repent, to regret; *mă căiesc de greşeala mea*, I repent me of my fault.

caia *f*. hobnail.

caic *n*. Turkish boat, canoe.

caicciu *m*. boat-man, bargeman.

caier *n*. distaff.

caiet *n*. copy-book, exercise-book.

caimac *n*. 1. cream; 2 *fig* the best.

caiman *m*. Zool. alligator.

căina (a) *va*. to lament, to deplore, to weep for.

căinărie *f*. dog-kennel.

câine *m*. 1. dog: — *de vânat*, hound; — *de lupi*, wolf-hound; — *danez*, coach-dog; — *flocos*, spaniel; — *nemţesc*, poodle, shock, barbet; — *de mare*, hound-fish; — *iătăresc*, lapwing, pewit, tirwit (bird); 2. loc. *ca câinele prin apă*, with much trouble; 3. prov. *câinele care latră nu muşcă*, barking dogs don't bite, great barkers are not biters.

câinele-babei *m*. wood-liuse.

câineşe *a*. doggish, currish.

căinţă *f*. rue, repentance, regret.

cais *n*. apricot-tree.

caisă *f*. apricot.

căiţă *f*. child's caul; *a se naşte cu* — *în cap*, to be born with a caul, to be born with a silver spoon in one's mouth.

cai *m*. 1. horse; 2. — *de călărie*, saddle-horse; — *care umblă în buestru*, ambler; — *de bătălie*, battle-horse, war-horse; — *bălan*, grey-horse; — *breaz*, piebald: — *dereş*, — *porumb*, roan: — *înaintaş*, off-leader; — *de leţău*, wheel-horse; — *murg*, bay horse; — *murg rotat*, dapple bay! — *negru*, black horse; — *pintenog*, white footed horse; — *roib*, sorrel: — *rotaş*, wheeler; — *şarg*, yellow dun horse; — *vânăt ro at*, dapple-grey; — *de ulube*, thiller, thill-horse, shaft-horse; — *de povară*, pack-horse, draught horse; — *de sânge curat*, blood-horse; 3. loc. *a spune cai verzi de ne pereţi*, to tell cracks.

calabalâc *n*. things, all that one has (one's) traps.

călăfătui (a) *va*. Mar. to calk, to caulk.

călăfătuire *f*. Mar. calking, caulking.

calamitate *f*. calamity, mishap, misfortune.

ca apod *n*. last, (shoemaker's) mould.

calarabă *f*. calaramba *f*. turnip-cabbage.

călăraş *m*. rider, horseman, horse-soldier.

că are *a*. on horseback; *a merge* —, to go on horseback.

călăreaţă *f*. rider.

călăreţ *m*. rider, horseman.

călări (a) *vt*. to ride, to go on horse-back.

călărie *f*. riding, horsemanship.

călărime *f*. riding, cavalry.

călărit *n*. riding, going on horseback.

călător *m*. 1. traveller; 2. voyager: 3. passenger; *tren de călători*, passenger train.

călători (a) *vt*. to travel, to make a voyage, to journey.

călătorie *f*. voyage, travel, journey.

călău *m*. executioner, hangman headsman.

că ăuză *f*. leader, conductor, guide.

călăuzi (a) *va*. to guide, to lead, to, conduct.

călca (a) I. *va*. 1. to tread, to walk upon, to trample upon; — *peste*.

to step upon; — în picioare, to tread on, to trample down, to tramp under foot; — strugurl, to press the grapes, to tread out wine; 2. to violate, to break; 3. to encroach upon; 4. to break (into a house), to commit a burglary, to invade; 5. a'și — jurământul, to break one's oath; 6. — rufe, to iron linen. II. ref. a'și ~ pe inimă, to come to a resolution.

călcăiu n. heel.

calcan m. Zool. skate, ray (t sh).

călcare f. 1. trample, trampling; 2. transgression, trespass; 3. ironing; 4. fulling.

călcat a. 1. V. călcare; 2. fulling, pressing; 3. ironing; fer de —, smoothing-iron.

călchiă (a) vt. 1. to pounce; 2. to trace (through).

calce f. Bot. 1. marigold; 2. marshmarigold.

calcul n. calculation, reckoning.

calculă (a) va. to calculate, to reckon, to count.

calculare f. calculation.

calculator m. calculator.

cald a. warm, hot.

caldarâm n. pavement.

caldaramgiu m. pavier.

căldărar m. 1. brazier, boiler-maker, coppersmith; 2. tinker.

căldărărie f. boiler-manufactory, coppersmith's trade or wares.

căldare f. kettle, boiler; — de vapor, steam-boiler.

caldarîm n. V. calda.âm.

caldarîmgiu m. V. caldarâmgiu.

căldicel a. lukewarm.

căldură f. 1. warmth, heat; o — înăbușitoare, a stifling heat; 2. ardour of temper, vivacity.

căldut a. lukewarm.

cale f. 1. way, path. road; 2. calea robilor, calea lui Traian, the milky way; — ferată, railway, railroad; 3. loc. a găsi cu —, to aprove of, to allow; a pune la ~, to agree upon; 4. loc. adv. ain. ~ ajară, extraordinary.

căleală f. 1. temper (of iron); 2. pop. drunkenness.

tă'ească f. calach, open carriage.

calea-valea loc. adv. fit, suitable.

calendar n. calendar.

calfă f. journeyman, craftsman.

călfătă (a) va. V. a călăfătul.

călfătare f. V. călăfătuire.

călî (a) I. va. te temper (iron). II.

ref. a se —, to get tipsy, to get drunk

calibru n. caliber.

calic I. m. 1. niggard; 2. beggar. II. a. beggarly, niggardly, avaricious.

calici (a) va. 1. to ruin, to destroy, to impoverish; 2. to grow poor. II. ref. a se —, to beg.

calicie f. 1. poverty, want, distress; 2. beggary; 3. niggardliness, avarice.

calicime f. beggary, crew.

calif m. caliph.

califat n. caliphate.

califică (a) va. to qualify, to call, to entile.

calificare f. qualification.

calificativ a. 1. qualifying; 2. Gram. attributive.

caligraf m. calligrapher.

caligrafie f. calligraphy.

că'imară f. ink-stand.

călin m. Bot. sheep-berry.

călinică f. Bot. marigold.

că ire f. tempering (of iron).

călit a. tempered.

calitate f. quality, property.

călitură f. temper (of iron).

calm I. a. calm, tranquil, quiet; II. 1. m. calmness; 2. calm.

calmă (a) I. va. to calm, to appease, to still. II. ref. a se ~; 1. to calm down; 2. to reassure.

calmant a. sedalitive, composingdraught.

calmar m. Zool. cuttle-fish, scuttlefish.

calmare f. calmness.

calmue m. Kalmuh.

calomnià (a) va. to calumniate, to slander, to speak ill of.

calomniator m. calumniator, slanderer.

calomnie f. calumny, slander.

calomnios a. calumnious, slanderous.

calorie f. unite of heat, calory.

calorifer n. hot-air stove, calorifere.

calp a. false counterfeit.

calpuzan m. 1. coiner; 2. fig. deceiver, cheat.

caltă f. Bot. primrose, cowslip.

caltavetă f. 1. garter; 2. kneestring.

călți f. pl. tow, oakum; a face —, to pick oakum.

călțun m. 1. stocking, half-stocking, sock; shoe.

călțunaș m. Bot. 1. lark-spur; 2 nasturtium.

călugăr m. monk, riar, monastic.

călugăresc a. monachal, monkish, friary.

călugări z. I. va. to make a nun. II. ref. a se —; i. to turn monk, to enter into monk's ordre; 2. to become a nun, to enter into a nunnery.

călugărie f. monachism, monkery.

călugăriţă f. nun, religious sister; a se face —, to take the veil.

calul-dracului m. Zool. dragon-fly.

calup n. 1. mauld; 2. cast, mode, pattern; 3. un — de săpun a cake of soap; 4. loc. à mâncă ca lupul, to be deceived.

calupciu m. deceiver, cheat.

căluş n. 1. wooden horse; 2. violins bridge; 3. easel; 4. gag.

căluşel m. 1. nag; 2. căluşelul de mare, hippocampus, sea-horse; 3. pl. căluşei roundabout, merry-go-round.

Calvinist m. 1. Calvinist; 2. (în England) Puritan. Noncomformist.

calvinist n. 1. calvinist; 2. (în England) puritan.

cam adv. nearly, about, cam cam, very near; este — aşa, that is nearly it; so, so.

cămară f. 1. chamber; 2. pantry, larder; 3. — domnească, treasury.

camarad m. comrade, mate, companion.

cameraderie f. comrade-ship.

cămaşă f. 1. shirt; — de damă, chemise, shift; — de noapte, bed-gown, night-gown; 2. ~ de forţă, strait-jacket; 3. child's caul; a se naşte în —, to be born with a caul, to be born with a silver spoon in one's mouth.

camătă f. usury, unlawful interest.

cămătar m. usurer.

cămătări (a) vt. to practice usury, to lend upon usury.

cambial a. of exchange, of a bill.

cambie f. bill (of exchange).

cameleon m. Zool. chameleon.

camelie f. Bot. camelia.

cameră f. chamber, room, apartment; — de dormit, bedroom; — de comerţ, the board of trade.

camerier m. valet.

cameristă f. house-maid, waiting-maid, waiting-woman.

camfor m. camphor.

cămilă f. camel, she camel: păr de —, camel's hair.

camilafcă f. cowl (of a monk).

cămilar m. camel-driver.

cămin n. 1. hearth, fireside; 2. home. house.

camion n. van, good's van, truck.

câmp n. 1 field; 2. plain; în — deschis, in the open fields; 3. loc. a'şi luă câmpii, to scour away; a bate câmpii, to rave, to speak at random.

campanie f. campaign, expedition.

câmpean m. field inhabitant.

câmpie f. plain, field.

cauă f. jug, can.

cauă f. stop-cock.

canaf n. tassel, fringe; împodobit cu canafuri, tasseled.

canal n. canal, channel, aqueduct.

canalie f. rabble, mob, rascal.

canaliza (a) va. to canalise, to cut canals.

canalizare f. canalisation.

canapea f. sofa, day-bed.

canar m. canary-bird.

canat n. leaf, fold of a door; uşă cu două canaturi, folding-door.

canava f. canvas.

cancelar m. chancellor.

cancelărie f. chancery, seal-office.

cancer n. Pat. cancer.

canceros a. Pat. cancerous.

când a. when; până —, till when: — o să vii, when will you come? ort-şi—, whenever; din~în—, from time to time, now and then; — râde — plânge, now laughing, now crying; de —, how long? since what time?

candel n. sugar-candy.

candelă f. night-light, night-lamp, watch-light.

candelabru n. candelabrum, chandelier, sconce.

candid a. candid, true-hearted, sincere.

candidă (a) vt. to be a candidate.

candidat m. candidate.

candidatură f. candidateship.

candoare f. candour.

candriu a. fam. tipsy.

cândva adv. at any time.

câne m. V. câine.

cânepă f. hemp.

cânepar m. Zool. linnet.

cânepişte f. hemp-field.

cange f. 1. hook, grapnel; 2. boat-hook; 3. fire-hook; 4. harpoon, harping-iron; 5. pl. claws (of birds)

cangrenă f. gangrene.

cangrenos a. gangrenous.

canguru m. Zool. kangaroo.

cănì (a) *va.* **şi** *ref.* to blacken, to dye.

canibal *m.* cannibal.

canibalism *m.* cannibalism.

caniculă *f.* canicule.

canin *a.* dog-like, canine.

căn pă *f.* V. *cănepă.*

cănìpar *m.* V. *cănepar.*

cănìpişte *f.* V. *cănepişte.*

canon *n.* canon, dogma, tenet.

canonic *a.* canon, canonical; *dreptul* —, canon-law.

canonieră *f.* gun-boat.

cântă (a) *va.* 1. to sing; 2. — (cu un instrument), to play; — *din vioară,* to play on the violon; 3.— (cocoşui), to crow; — (privegetoarea), to warble.

cântar *n.* steelyard.

cântare *f.* singing.

cântăreala . weighing.

cântăreaţă *f.* songstress, singer.

cântăreţ *m.* 1. singer, songster; 2. — *de biserică,* precentor, chanter.

cântărì (a) I. *va.* 1. to weigh, to poise, to balance; 2. to ponder. II. *ref. a se* —, to weigh one's self.

cantaridă *f.* spanish-fly.

cântărìt I. *n.* weighing. II. *a.* weighed.

cântat *n.* 1. sung; 2. singing, song; 3. warbling, chirping.

cântător I. *m.* singer, songster. II. *a.* singing; *pasere cântătoare,* singing-bird.

cântec *n.* song; — *de jale,* song of woe; — *războinic* war song.

cantină *f.* canteen.

cantinier *m.* sutler.

cantitate *f.* quantity.

canton *n.* canton, district.

cantonier *m.* line-keeper.

cantor *m.* chanter, precentor.

caos *n.* chaos.

cap *n.* 1. head; *cu capul gol,* bareheaded; *durere de* —, head-ache; *dela* — *până în picioare,* from head to foot, from top to toe; *a da din* —, to nod; 2. brains, mind, wits, judgment; *a'şi bate capul,* to puzzle one's brains; *din capul lui,* of his own head; *în ruptul capului,* not on your life, head-foremost; 3. top, end; 4. chief, main; *capul familiei,* the head of the family; — *de operă,* master-piece, trial-piece; *în* —, complete; *a'şi băga în* —, to take it into one's head; to take a whim in one's head; *a'şi perde capul,* to be out of one's

head, to lose one's senses; *a spargi capul cuiva,* to dash out a person's brains, to knock out a person's brains; 5. beginning; 6. skull; 7. author, instigator; 8. chapter.

cap *n.* foreland, promontory.

capabil *a.* capable, fit, skilful, skilled.

capac *n.* cover, lid.

capacitate *f.* 1. capacity, ability; 2. capaciousness.

capangă V. *căncană.*

căpăstru *n.* halter; *a pune* —, to halter, to put a halter on.

căpăt *va.* 1. tip, end; 2. term: *a pune* — *la,* to put a term to, to make an end of, to terminate.

căpătă (a) *va.* to get, to receive, to obtain.

căpătâiu *n.* 1. bedhead, bolster; 2. tip, end; 3. beginning; 4. *loc. om fără* —, vagabond, vagrant; *a umblà fără* —, to be a vagabond, to wander.

căpătare *f.* reaching, attainment.

căpăţână *f.* 1. skull, cranium; 2. head, noddle; 3. — *de zahăr,* sugar-loaf; — *de roată,* nave of a wheel.

căpăţânos *a.* thick-headed.

căpătueală *f.* situation.

că ătuire *f.* providing far.

căpătul (a) *va.* to provide, to supply with.

căpcană *f.* trap, snare.

căpcăun *m.* ogre.

capelă *f.* chapel, meeting-house.

capelmaistru *m.* chapel-master conductor of a band.

caperă *f.* caper.

căpetenie *f.* 1. head, chief, master, commander; 2. *lucru de* —, principal point.

capişte *f.* temple of an idol.

căpistere *f.* 1. kneading-trough, hutch; 2. mealtub.

capişon *n.* hood.

capital *n.* I. capital, stock. II. *a* capital, chief.

capitală *f.* capital, metropolis.

capitalist *m.* capitalist.

căpitan *m.* captain.

căpitănìe *f.* captaincy.

Capitol *n.* Capitol of Rome.

capitol *n.* chapter.

capitulà (a) *vt.* to capitulate, to surrender.

capitulare *f.* capitulation, surrender.

capodoperă *f.* master piece, trial-piece.

caporal m. 1. corporal; 2. *tutun caporal*, shag-tobacco.

capot n. 1. morning-gown; 2. nightrail. watch-coat.

capră f. 1. she-goat; 2. — *de munte*, chamois; 3. — *la trăsură*, coachman's box; 4. — *(ventru tăiatul lemnelor)*, (sawing-) jack, trestle; 5. — *(jocul)*, leap-frog.

căprar m. 1. goat-herd; 2. corporal.

căprărie f. corporalship.

capriciu n. caprice, (passing) humou'.

capricorn n. *Astr.*, capricorn.

caprilemă f. *Bot.*, water-cress, pepper-grass.

caprifoiu m. *Bot.*, honeysuckle.

caprioară f. 1. roe, doe; 2. — *de munte*, chamois.

caprior m. 1. roe-buck; 2. rafter.

căpriţă f. 1. *dim.* of *capră*; 2. *Bot.*, — *arsă*, glass-wort.

capriţios a. capricious, fanciful, whimsical.

căpriţiu n. V. *capriciu*.

căpriu a. chestnut-brown.

capsă f. capsule.

capsulă f. 1. capsule; 2. percussion-cap.

căpşun m. strawberry-plant.

căpşună f. strawberry.

captă (a) *va.* to obtain surreptitiously; 2. to seize.

captalan m. *Bot.* colt's-foot.

captivă (a) *va.* to captivate.

captivitate *n.* captivity.

captură (a) *va.* to capture.

căptuşeală *f.* lining.

căptuşi (a) *va.* 1. to line; 2. to plate, to lay on.

căpută *f.* instep, vamp, upper-leather (of a shoe).

căpută (a) *va.* to vamp.

car n. 1. car, cart, chariot; — *funebru*, funeral car; 2. m. *Zool.* woodfretter.

cără (a) I. *va.* to cart, to carry, to remove. II. ref. *a se* —, to pack off; *cară-te d'aici!* go thy ways! go it! pack off!

cărăbăni *v.* ref. *a se* ~, to be off, to toddle off.

carabină *f.* carabine, carbine, rifle.

carabinier m. carabineer, rifleman.

cărăbuş m. May-bug, cockchafer.

caracaliţă f. devil-fish, poulp.

caracter n. characºer; *ăris de* —, decision of character.

caracteristic a. characteristic.

caracteriză (a) *va.* to characterise.

cărăí (a) *vi.* 1. to cluck, to cackle,

---

to chuck; 2. to bawl, to scold.

cărăială f. 1. clucking, cackling, cackle; 2. bawling, scolding.

carafă f. decanter, bottle.

caraghios I. m. wag, buffoon. II. a. waggish, buffoonish, funny.

caraghioslâe n. waggery, buffoonery, waggishness.

carâmb m. 1. leg of a boot; 2. wagon-ladder.

cărămidă f. brick.

cărămidar m. brick-maker.

cărămidărie f. brick-yard, brick-kiln.

cărămizioară f. small brick.

cărămiziu a. brick-coloured.

carantină f. quarantine; *a pune in* —, to quarantine; *a face* —, to perform, to pass quarantine.

cărare f. 1. pathway, footway; 2. streak.

carat n. 1. carat (= o gr. 20587); 2. cartage, c rting, carriage.

cărătură f. cartage, carting.

caraulă f. sentinel, sentry.

cărăuş m. cartman, carter, waggoner, carrier.

caravană f. caravan.

carbon n. *Chim.* carbon.

carboniză (a) *va.* to carbonise, to char.

cărbunar m. 1. carcoal-burner; coal-man, collier.

cărbunărie f. 1. coal-cellar, coal-hole. coal-store; 2. charcoal-burning.

cărbune m. coal; — *de lemne*, charcoal; — *de piatră*, pit-coal; *mină de* —, coal-mine, coal-pit, colliery.

câre n. 1. *Zool.* stir, grumbling; 2. loc. *a nu zice nici* —, not to say a word.

cârcăiae m. *Zool.* wood-louse.

cârceiu n. 1. cramp; 2. tendril, runner; 3. pl. *cârceie*, cramp-iron.

carcere f. 1. detention (out of school-hours); 2. lockup (room).

cârciocar m. pettifogging lawyer.

cârciumă f. ale-house, public-house, tavern.

cârciumar m. 1. ale-house keeper, tavern-keeper; 2. inn-keeper.

cârciumăreasă f. ale-wife.

cârcotă f. chicanery, cavilling.

cârd n. 1. troop, herd; 2. gang, flock, set.

cârdamă f. *Bot.* 1. water-cress; 2. lady's smock.

cârdăşie f. kin, kindred.

card'nal I. *m.* cardinal. II. *a.* cardinal.

care *pron. int.*, 1. who, what, which; — *dintre voi?* wich of you? 2. *pron. ret.* who, that which.

caretă *f.* coach, carriage.

caretaș *m.* cart-wright, coach-builder.

carliță *f.* pin.

caricatură *f.* caricature.

carieră *f.* 1. career, course; 2. race; 3. quarry.

caritabil *a.* charitable, liberal.

caritate *f.* charity, charitableness, liberality; *damă de* —, lady of the charitable board.

cârjă *f.* 1. crutch; 2. staff, stick; 3. — *de episcop,* crosier; *a merge în* —, to go on crutches.

cârlan *m.* 1. colt, foal (of two years); 2. lamb (of one year).

cârlíac *m.* *Zool.* wood-louse.

cârlig *n.* 1. hook, drag, drag-hook; 2. clasp; 3. — *de vie,* layer of a vine, shoot; 4. — *de împletit,* knitting-needle; 5. — *de undiță,* fishing hook.

cârligă (a) *vt.* V. *a încârligă.*

cârligat *a.* hooked, crooked, recurvate.

cârlionț *m.* lock of hair, frizzle, curl.

cârlionță (a) *va.* to curl (hair), to crisp, to frounce.

cârmă *f.* 1. helm, rudder; 2. management, guidance.

cârmaciu *m.* 1. pilot, steersman, steerer; 2. *fig.* leader, guide, conducter.

cârmâz *n.* cochineal.

cârmâziu *a.* crimson; *a vopsi* —, to crimson.

cârmoajă *f.* crust of bread.

cârmui (a) *va.* și *vt.* 1. to steer, to pilot; 2. *fig.* to guide, to rule, to direct.

cârmuire *f.* 1. steerage; 2. *fig.* guidance, management.

cârmuitor *m.* governor, manager, headman.

cârn *a.* flat-nosed, snub-nosed, simous.

cârnat *m.* sausage, pudding.

cârnățar *m.* pork-butcher.

cârnățărie *f.* pork-butcher's trade.

carnaval *n.* carnival.

carne *f.* 1. meat, flesh; — *tocată,* hash, minced mead; 2. — *vie,* quick; *fig. a tăiă în* — *vie,* to cut to the quick.

carnet *n.* note-book.

carnivor I. *a.* carnivorous. II. *m.* carnivorous-animal.

cârnog *a.* flat-nosed. snub-nosed.

cârnos *a.* fleshy, carnous, carnose.

cârnoși (a) *vs.* to strip off, the flesh, to eviscerate.

cârnuri *pl.* 1. meat; 2. animal food.

cârpă *f.* rag, tatter; — *de șters vasele,* dish-cloth, dish-clout; — *de spălat dușumeaua,* swab; — *pentru praf,* duster.

cârpăceală *f.* bungling (work), blunder.

cârpăci (a) *va.* 1. to mend, to repair; 2. to mend shoes, to botch.

cârpaciu *m.* 1. patcher, mender, botcher; 2. bungler.

Carpați *pl.* Carpathian mountains.

carpen *m.* *Bot.* yoke-elm.

cârpi (a) *va.* și *vt.* 1. to piece, to mend, to repair; 2. to cobble, to bungle, to botch; 3. fig. — *la minciuni,* to tell lies; 4. fig. — *cuiva o palmă,* to box one's ear.

carpin *m.* V. *carpen.*

cârpiniș *n.* yoke-elm grove.

cârpitură *f.* 1. mending, repairing, piecing; 2. bungling work.

cârstelu *m.* *Zool.* corn-crake. rail.

cârtaboș *m.* black-pudding, blood-pudding.

carte *f.* 1. book; — *de rugăciune,* prayer-book; — *broșată,* stitched book; 2. — *de joc,* playing-card; — *de vizită,* visiting-card; *a jucă cărți,* to play at cards; *a da în cărți,* to foretell, to tell fortunes.

cârti (a) *vt.* to grumble.

cartier *n.* ward, quarter (of a town).

cârtiță *f.* *Zool.* mole, mele-warp, mold-warp.

cartof *m.* potato; *feculă de* —, potato-flour, flour of potato; *câmp de cartofi,* potato-patch.

cartofor *m.* card-player.

carton *n.* 1. pasteboard; 2. cartoon; *cutie de* —, pasteboard-box.

cartonă (a) *va.* to put in boards.

cărturar *m.* learned man, scholar.

cărturăreasă *f.* fortune-teller upon cards, soothsayer.

cartușă *f.* cartridge.

cartușieră *f.* cartridge-box.

cărucioară *f.* 1. go-cart; 2. small chariot.

cărunt *a.* grey, grizzled; *cu părul* —, grey-haired; *barbă căruntă,* grey-beard; *cu barba căruntă,* grey-bearded.

cărunteală *f.* grizzle.
cărunti (a) *vi.* to get grey, to grow grey.
cărută *f.* car, cart, waggon; — *de cărat gunoiu*, mudcard.
cărutaş *m.* carman, carter, waggoner.
cas *n.* whey-cheese.
casă *f.* house, home, habitation; *a avea — sa*, to have a house of one's own; *a nu avea nici — nici masă*, to have neither house nor home; *a casă*, at home, in-doors, within doors; *în —*, in-doors, within the house.
caşă *f.* milk-pap.
casap *m.* V. *măcelar*.
căşărie *f.* cheese-dairy.
Casaţie *f.* Curtea de ~, (highest) Court of appeal.
căsători (a) I. *va.* to marry, to wed, to match. II. *ref.* *a se —*, to get married, to wed, to marry.
căsătorie *f.* marriage, wedding, nuptials, wedlock; — *de dragoste*, love match; *a luă în —*, to wed, to take, to wife; *cerere în —*, offer (proposal) of marriage.
căscă (a) *vi.* to yawn, to gape; *a — gura*, to gape at.
cască-gură *m.* cockney, booby, jackanapes.
cascadă *f.* cascade, waterfall.
căscare *f.* yawning, gaping.
căscat *n.* 1. yawning; 2. gaping, wide open; *cu gura căscată*, agape; *a rămâne cu gura căscată*, to be at a stand-still.
căscăund *m.* sheep's head, booby, simpleton.
cascaval *n.* loaf-cheese, mountain-cheese.
căscioară *f.*, **căsută** *f.* villakin, small house.
caşlegi *f. pl.* 1. shrovetide; 2. carnival.
casnic *a.* domestic, household.
căsnici *v. ref.* *a se —*, to get married.
căsnicie *f.* 1. matrimony, marriage; 2. domestic life, home.
casă *f.* 1. pay-office; 2. cash-box; 2. iron-safe.
cassetă *f.* cash-box.
cassier *m.* cashier, cash-keeper.
cassierie *f.* pay-office.
câşt *n.* quarter's rent, term.
castă *f.* casie, cast.
castan *m.* Bot. chestnut tree; — *porcesc, castanul cailui*, — *selbatec*,
horse-chestnut tree.
castană *f.* chestnut.
castanet *n.* chestnut-grove.
castaniu *a.* chestnut colour.
castel *n.* castle, palace.
castelan *m.* castellan.
câştig *n.* 1. gain, profit, benefit 2. — *la joc*, winning.
câştigă (a) *va. şi vi.* 1. to gain, to earn, to benefit by; 2. to win; — *bani*, to make money.
castitate *f.* chastity.
câştiu *n.* quarter's rent, term.
castor *m.* Zool. beaver, castor.
castra (a) *va.* to castrate, to geld.
castrare *f.* gelding, castration.
castravete *m.* cucumber; — *mic*, gherkins; *castraveţi mici muraţi*, pickled gherkins.
castron *n.* porringer, soup-tureen, saucepan.
căsuţă *f.* 1. villakin, little house, small house; 2. thatched house, cottage.
cat *n.* floor, story, storey; *a şedeă la catul întâiu*, to have lodgings on the first floor.
cât *adv.* 1. how much, how many; how; — *de bine*, how well; — *te iubesc*, how I do love you; *ori —*, however; 2. — *despre*, as for, as to; — *despre mine*, for my part; as far as I am concerned.
cată (a) *va.* 1. to see, to look; 2. to look for, to search, to seek.
cată-ceartă *m.* quarreller, provoker
cataclism *n.* cataclysm.
catalepsie *f.* catalepsy.
catafalc *n.* catafalque.
cataleptic *a.* cataleptic.
cătăligă *f.* stilt.
catalog *n.* catalogue, list, rol.
catană *f.* soldier.
cataplasmă *f.* cataplasm, poultice
cataon *m.* 1. scoundrel; 2. *tion* Greek.
catâr *m.* mule.
catar *n.* catarrh, cold in the head.
cataractă *f.* 1. cataract (şi *Dat.*); 2 waterfall.
cataramă *f.* buckle, clasp.
cataramă *v.* to buckle, to trap.
cătărămă (a) *va.* to buckleon.
cătărătoare *f.* Zool. wood-pecker.
cătare *f.* 1. look; 2. sight, dispart-sight.
catarg *m.* Mar. mast (of a ship).
catargel *n.* Mar. top gallant sail.
catargiu *m.* mule-driver.
catart *n.* Mar. mast.

catastif n. register, record, day-book.

catastrofă f. catastrophe, tragical end.

cătcăun m. V. căpcăun.

câte pron. şi adv. how many; doi — doi, doue — doue, two and two, two by two; puţin — puţin, little by little, by degrees.

căţeà f. bitch.

catechet m. catechist.

catechism n. catechism.

catecumen m. catechumen.

catedră f. pulpit, chair, desk.

catedrală f. cathedral church.

categoric a. categorical.

categorie f. category.

căţel m. 1. little dog; 2. young; 3. — de usturoiu, clove of garlic.

căţelandru m. 1. little dog; 2. cub.

căţeli (a) vt. to whelp, to pup.

căţeluş m. little dog.

câteodată adv. sometimes, at times.

câteşi pron. all, every.

caterisi (a) va. to anathematize.

câteva adv. several, some.

catifeà f. velvet; — de bumbac, cotton velvet, velveteen.

catifeiat a. velvet, velveted.

catifeluţă f. Bot. heart's-easy, pansy, silk-velvet twist.

câtime f. quantity, multitude, number.

catolic m. catholic.

catolicism m. catholicism.

catrafuse f. pl. bundle, baggage, luggage; a'şi luà catrafusele, to bundle off, to pack off, to pack away.

catran n. tar, pitch.

cătrăneală f. tarring.

cătrăni (a) va. to tar.

către prep. toward, towards, to, against.

cătun n. hamlet.

cătuşă f. mancle, hand-gear, handcuff.

căţuşi adv. — de puţin, not in the least.

cătuşnică f. Bot. cat-mint.

câtva a. some, several.

cană f. black bogey.

cauciuc n. Indian-rubber.

căntà (a) va. 1. to seek, to search; 2. to look for; 3. to take care of; 4. to attend; 5. to endeavour, to strive.

căutare f. 1. seeking, search; 2. care, management; 3. attending.

căutătură f. glance, look, view.

cauţiune . bail, security; sub — und r bail, upon bail.

caură (a) va. to cause, to occasion.

cauză f. 1. cause, reason, motive, 2. Jur. lawsuit, action.

caval m. shoemaker.

căvălie f. shoe-maker's trade.

caval n. shepherd s pipe.

cavaler m. 1. cavalier, gentleman; 2. knight, dancer; 3. — de industrie, sharper, knight of the post.

cavaleresc a. chivalrous, knightly; în mod —, chivalrously, knightly.

cavalerie f. cavalry.

cavalerism n. chivalry.

caz n. 1. case, accident; în tot cazul, at all events, in any case; 2. a face ~ de ceva, to think a great deal of a thing.

cazac m. cossack.

cazan n. boiler, caldron.

cazanie f. sermon, preaching; a face o —, to preach a sermon.

cazarmă f. barrack.

căzătură f. fall, downfall.

cazma f. 1. spade; 2. pic-axe, point bill.

caznă f. pain, torment, torture.

căzni (a) va. 1. to torment, to torture; 2. ref. a se ~, to take pains.

căznitor m. tormenter, tormentor.

ce pron what, which; ~ ai? ~ este, what is the matter with you? — fel, what sort kind) of? ~ vrei? what dou you want? după —, after which; de —, pentru —, what for? wherefore? why? şi de —, for why; de — nu, why not? în —, wherein? despre —, ? pe —, whereof? pe —, whereon; la —, whereto, whereunto? cu —, with what, which, wherewith; ori şi — ar fi, any thing whatever.

ceacâr a. squint, cross-eyed; a fi —, to have a squint, to have a cast in one's eye.

ceafă . nape of the neck.

ceainic n. tea-pot, tea-kettle.

ceair n. mead, meadow.

ceaiu n. tea; a luà ~, a bea —, to take, to drink tea.

cealmà f. turban.

ceanac n. bowl, basin.

ceapă f. onion; — franţuzească, shallot; — blândă, leek; — cioarei, chives; semânţă de —, onion seed; poghiţă de — onion-peel; a nu plăti o — degerată, to be not worth powder and shot.

ceapcân m. rogue knave.

ceapraz *n.* lace, gallon, braid.
ceaprăzar *m.* lacemaker.
ceaprăzărie *f.* lace-making.
ceară *f.* 1. wax; — roșie, sealing wax; lumânarea de —, wax-candle, wax-light; 2. ceara urechilor, ear-wax.
cearcăn *n.* 1. circle, round; 2. halo.
cearceaf *n.* V. cearșeaf.
ceardac *n.* V. cerdac.
cearșeaf *n.* sheet (for a bed), linen-cloth.
ceartă *f.* quarrel, wrangle, dispute.
ceas *n.* 1. hour; 2. time; 3. clock.
ceaslov *n.* breviary.
ceasornic *n.* watch, clock, time-piece.
ceasornicar *m.* watch-maker, c'ockmaker.
ceasornicărie *f.* clock-making, watch-making.
ceașcă *f.* cup, dish.
ceată *f.* troop, crew, gang.
ceață *f.* fog, mist.
cec *n.* cheque.
cedă (a) *va. și vt.* to cede, to give way (to), to resign, to yield (to).
cedare *f.* cession, giving way.
cedru *n.* cedar, cedar-tree; lemn de —, cedar-wood.
cegă *f.* Zool. sturgeon.
Ceh *m.* Czech.
ceh *a.* czech.
cel *pron.* that.
celar *n.* cellar, store-room.
celebru *a.* noble, elegant, fashionable.
ce ebra (a) *va.* to celebrate, to solemnize, to extol.
celebrare *f.* celebration, solemnization.
celebritate *f.* celebrity, fame, solemnity.
celebru *a.* celebrated, famous, renowned.
celibat *n.* celibacy, single life.
cellalt *a. și pron.* the other.
celu ă *f.* cell, cellule.
celular *a.* cellular.
censor *m.* 1. censor, censurer; 2. fault-finder.
censură *f.* 1. censorship; 2. censure.
centaur *m.* centaur.
centenar I. *n.* centenary. II. *a.* centenarian.
centigram *n.* centigram.
centilitru *m.* centilitre.
centimă *f.* centime, the hundredth part of a franc.
centimetru *m.* centimetre.

central *a.* central.
centiron *n.* sword-belt.
centralîză (a) *va.* to centralise.
centralizare *f.* centralisation.
centru *n.* centre, middle.
cenușă *f.* ashes, cinder; a preface în —, to reduce to ashes.
cenușar *m.* ash-pan, ash-hole, ash-box.
Cenușăreasă *f.* Cinderella.
cenușiu *a.* ash-coloured.
cenușoasă *f.* Bot. cineraria.
cenușos *a.* a hy, full of ashes.
cep *n.* 1. peg, bung, bung-hole, vent-peg; 2. spigot; 3. tap; a da —, to tap, to set abroach.
cepar *m.* onion-monger.
cepșoară *f.* scallion.
cer *n.* 1. sky, heaven; 2. cerul gurei, palate (of the mouth).
cer *m.* Bot. oak.
ceramică *f.* ceramic, fictile art.
cerar *m.* wax-chandler.
cerb *m.* stag, hart, deer.
cerbice *f.* neck (of the ox).
cerbicie *f.* obstinacy.
cerbicos *a.* obstinate.
cerboaică *f.* hind.
cerc *n.* 1. circle; 2. hoop; — de fer, iron-hoop.
cercă (a) *vt.* to try, to attempt, to essay.
cercei *m.* 1. ring; 2. ear-drop, pendant, bob.
cercetă (a) *va. și vt.* to examine, to search, to inquire (to).
cercetare *f.* examination, search, inquiry.
cercetaș *m.* scout.
cercetător *m.* scrutator, searcher, investigator.
cerceveă *f.* (window) frame, window-sash.
Cerchez *m.* Circassian.
cercui (a) *va.* to hoop.
cercuit *n.* hooping.
cercuitor *m.* hooper, cooper.
cerdac *n.* balcony.
cere (a) *va.* 1. to ask for (of), to call for; 2. to beg of, to crave for, to sue for; 3. to desire, to wish.
cereale *f. pl.* corn, cereal.
cerebral *a.* cerebral.
ceremonial *a.* ceremonial.
ceremonie *f.* ceremony, formality.
ceremonios *a.* ceremonious.
cerere *f.* 1. demand, request, claim; 2. solicitation, entreaty.
ceresc *a.* celestial, heavenly.
cerevis *a.* tallow.

cergă f. 1. rug, wool-cloth; 2. horse cloth.

cerinţă f. exigence, necessity.

cerne (a) va. to sift, to bolt, to riddle.

cerneală f. ink.

cerni (a) va. 1. to dye in black; 2. to put on into mourning for.

cernitor m. dyer in black.

cernut a. sifted, passed through a sieve.

cerşetor m. mendicant, beggar.

cerşetori (a) vt. to beg, to ask alms.

cerşetorie f. mendicity, beggary.

cerşi (a) va. 1. to ask; 2. to beg alm.

cerşit n. mendicity, beggary.

cert a. certain, sure.

certa (a) I. va. 1. to scold, to chide; 2. to rebuke, to reprimand. II. ref. a se —, to quarrel, to wrangle, to squabble.

certare f. 1. scolding; 2. reprimand, reproof, rebuke.

certăreţ a. quarrelsome.

certător I. m. quarreler, squabbler, wrangler. II. a. quarrelsome.

certifica (a) va. to certify, to testify.

certificare f. attestation, certification.

certificat n. certificate, testimonial.

certitudine f. certainty.

cerui (a) va. to wax.

cesiune f. cession, giving up.

cestiune f. V. chestiune.

cetate f. 1. fortress, hold, stronghold; 2. city.

cetăţean m. townsman, citizen.

cetăţenesc a. civic, civil, citizenlike.

cetăţenie f. citizenship, citizens.

cetăţuie f. small fort, fortress.

cetină f. barch-tree.

cetini (a) va, to tie, to bind.

ceţos a. foggy, nebulous.

ceva pron. something, anything.

cezură f. caesura, cesura.

chef n. 1. fun, merriment, amusement; 2. merry-make; 3. junket, feasting; 4. banquet; a face —, to feast, to banquet; a fi cu —, to be in good humour.

chefălui (a) vt. ref. a se —, V. a chefui.

chefăluială f. V. chef 3.

chefui (a) vt. to eat and swill, to feast, to revel.

cheglă f. skittle-ball.

cheie f. 1. key; 2. cheia bolţii, keystone.

cheiu n. quay, wharf.

chel a. bald; esp —, bald head.

chelălăi (a) vi. to bark, to yelp.

chelar m. butler, cellarer.

chelbaş a. V. chelbos.

chelbe f. scald, scurf (on the head).

chelbos a. scald, bald, scurfy.

chelfăneală f. thrashing, licking, beating.

chelfăni (a) va. to thrash, to lick, to beat.

chelie f. baldness.

chelner m. waiter, tapter, drawer.

chelneriţă f. waitress, barmaid.

che.tui (a) va. to spend.

cheltuială f. expense, cost, expenditure.

cheltuitor I. m. spendthrift, lavisher. II. a. prodigal.

chema (a) I. va. 1. to call, to cry; 2 to call, to name, to denominate 3. to send for, to call for, to call in; 4. — în ajutor, to cry out for help; — înăuntru, to call in; — cu voce tare, to call aloud; — afară, to call out; — din nou, to call again. II. ref. a se —, to be called, to be named; cum te chiamă? what is your name? se chiamă Ioan, his name is James.

chemare f. 1. call, calling in, out; 2. summons; 3. ~ de spirite, exorcism.

chenar n. 1. seam, hem, edging edge; 2. border; 3. trimming; 4 — de broderie, purfle.

chepă f. Zool. shad.

chepeneag n. cloak with a hood, rain-cloak.

chepeng n. trap-door.

chercheli v. ref. a se ~, to get drunk.

cherchelit a. mellow, tipsy.

cherestea f. 1. timber.

cherestegie f. timber-yard, wood yard.

cherestegiu m. timber-merchant, wood-seller.

cheruvim m. cherub.

chervangiu m. hackney-coachman.

chesacă f. fry, young fish.

cheseă f. V. chisea.

cheson n. Milit. ammunition-wag gon, tumbril.

chestiona (a) va. to question.

chestionar n. book of questions, list of queries.

chestiune f. question, interrogation, query.

chetă f. collection.

cheu n. V. *chełu*.

chezaş m. 1. *Jur.* surety, respondent; 2. warranter.

chezăşi (a) *vt.* V. *chezăşul*.

chezăşie f. warranty, surety, guaranty.

chezăşul (a) *vt.* to warrant, to answer for.

chiabur a. rich, wealthy.

chiag n. 1. rennet, clot of blood; 2. *fig.* fund, capital.

chiar adv. even, very; — *dacă*, even if, even though; — *în ziua*, on the very day.

chibrit n. match; *cutie de chibrituri*, match-box.

chibriteiniţă f. match-box.

chibzui (a) *vt.* 1. to think over, to reflect upon; 2. to deliberate with.

chibzuială f. 1. reflection, meditation; 2. circumspection.

chibzuinţă f. reflection.

chică f. 1. plait of hair, tress; 2. top, tuft.

chichineaţă f. (miserable) hole, den.

chiciură f. hoar-frost, rime.

chicot n. sneering, tittering, giggle.

chicoti (a) *vt.* to sneer, to titter, to giggle.

chiemare f. V. *chemare*.

chiftea f. meat-ball, force-meat-ball.

chifterţă f. mole-cricket.

chiiti (a) *vi.* to ooze, to leak.

chihlibar n. amber.

chihlibariu a. amber-coloured.

chilă f. peck (measure).

chicală f. *pop.* beverage.

chili v. *ref.* to get drunk.

chilie f. cell.

chilioară f. 1. honey-comb cell; 2. little cell.

chilipir n. windfall, vails, bargain.

chilo n. V. *kilo*.

chilogram m. V. *kilogram*.

chimă f. germ.

chimen n. *Bot.* 1. cumin; 2. caraway.

chimion n. *Bot.* cumin; — *de apă*, water dropwort.

chimir n. girdle, belly-band.

chin n. 1. excruciation, torture; 2. pain.

China f. China.

chindie f. after-noon, evening.

chindisi v. to stitch, to quilt, to hem.

Chinez m. Chinese.

chinezeșe a. chinese.

chingă f. saddle-girth, thong.

chinină f. quinine.

chinoros m. cinnabar.

chinui (a) *va.* şi *ref.* to torment, to plague, to excruciate.

chinuire f. tormenting, torture, excruciation.

chinuitor I m. tormenter, tormentor. II. a. tormenting, very-painful.

chiondorâş adv. crosswise.

chior a. one-eyed, blind of one eye.

chiorăi (a) *vi.* to grumble (stomach).

chiori (a) *va.* 1. to grow blind at one eye; 2. to take out one eye.

chiorâş adv. squint-eyed; *a se uita* —, to squint.

chioşe n. kiosk.

chiot n. shout, cry.

chioti (a) *vt.* to shout with joy.

chip n. 1. image, figure; 2. form, shape; 3 picture, portrait; 4. statue; 5. effigy; 6. model, manner; 7. *în acest* —, in this manner; *în-tr'un* — *oare-care*, anyhow, anyway; *în nictun* —no way, nowise; *într'un* — *ori întraltul*, by some means or others.

chiparos m. 1. cypress, cypress-tree; 2. cypress-wood.

chipeş a. well-built, nice, shapely.

chipiu n. military cap, *kepi*.

chipos a. V. *chipeş*.

chirăi (a) *vt.* to chirp.

chirăit n. chirping.

chiriaş m. tenant, lodger, hirer.

chirie f. 1. hiring, hire, rent (of a house); 2. cartage, carriage, waggonage; 3. *cal cu* —, job-horse, livery-horse; *trăsură cu* —, hack, hackney; *a da cu* —, to hire out, to let out.

chirigiu m. carman, cartier, waggoner.

chirurg m. surgeon.

chirurgie f. surgery.

chisea f. 1. glass-jar, glass-vessel; 2. tobacco-box.

chişiţă f. pastern.

chişleag n. curdled milk.

chit I. m. whale. II. n. mastic putty. III. a. quits, even.

chită f. tuft.

chitanţă f. (ac)quittance, receipt, discharge.

chitară f. guitar, cithern.

chitarist m. player on the guitar.

chiţcăi (a) *vt.* to squeak.

chiţcan m. rat.

chiti (a) *va.* to put in layers, to pile up.

chiui (a) *vt.* to shout with joy.

chiul n. *a trage chiulul*, to trick, to take in.

chiţibuş n. 1. trifle, toy; 2. sub-tleness.

chitic n. fry, young fish; *a tăcea —* still as a mouse.

chitră f. citron.

chitru m. citron-tree.

chivot n. 1. chest, case; 2. shrine, reliquary; *— de agneţ,* tabernacle. 3. ark: *chivotul lui Noe,* Noah's ark.

chix n. failure, break-down.

ci *conj.* but, yet, however.

cică *conj.* he is said to, it is said.

cicală m. quarreler, clamourer.

cicăli (a) *vt.* to scold, to bawl, to tease.

cicatrice f. scar, cicatrice.

cicatriză (a) *vt.* to scar, to cicatrise, to close.

ciclu n. cycle.

cidru n. cider fruit-wine.

cicoare f. chicory; *cicoare de gră-aină,* endive.

cicură f. hoar-frost, rime.

cifră f. cipher, figure, number.

cifra (a) *vt.* to cipher.

cigă f. V. *cegă.*

cigă-migă f. trifle, fiddle-faddle.

cilic n. 1. steel; 2. steel pearl.

cilindric a. cylindrical.

cilindru n. cylinder.

cimbal n. cymbal.

cimbru m. *Bot.* thyme; *— de câmp,* wild thyme; *— cel bun,* hyssop.

cimbrugor m. *Bot.* wild thyme.

ciment n. cement.

cimenta (a) *va.* to cement.

cimilitură f. riddle, puzzle, enigma.

cimişir m. *Bot.* box.

cimitir n. cemetery, churchyard, grave-yard.

cimotie f. branch, bough, twig.

cimpoiaş m. little bagpipe.

cimpoiu n. bagpipe, musette.

cimşir m. *Bot.* box.

cina (a) *vt.* to sup, to take the supper.

cină f. upper; *cina de taină, cina Domnului,* the Last Supper, the Lord's Supper.

cinci *num.* 1. five; *cinci-spre-zece,* fifteen; *cinci-zeci,* fifty; 2. *Bot. cinci coade,* dog-rose, wild rose; *— degete,* cinque foil.

cincilea *num.* fifth.

cincisprezece *num.* fifteen.

cincizeci *num.* fifty.

cine *pron.* who; *— e acolo?* who is there?

cineva *pron.* somebody, any body, some one.

cinel n. V. *cimilitură.*

cingătoare f. girdle, sash, belt waistband.

cinge *v.* V. *a încinge.*

cinic I. *a.* cynic, cynical. II. *m.* cynic.

cinism n. cynicalness, cynicism.

cinste f. 1. honour, respect, repu-tation; 2. entertainment at table.

cinsti (a) *va.* 1. to honour, to res-pect; 2. to entertain, to regale.

cinstit *a.* honest, honourable, fair.

cintez m. *Zool.* chaffinch.

cioacă f. daw, jack-daw.

cioară f. 1. crow; 2. *fig.* gipsy.

ciob n. potsherd, shard.

cioban m. 1. shepherd, swain; 2. pastor.

ciobănaş m. shepherd-boy.

ciobancă f. shepherdess.

ciobăncuţă f. shepherd-girl, shep-herd-lass.

ciobănesc *a.* pastoral, shepherdish.

ciobotă f. boot.

ciobotar m. boot-maker, shoemaker.

cioboţică f. *Bot.* the freckled cowslip.

cioc n. 1. beak, bill; 2. *Bot. — de cocoară,* crane's bill.

ciocălău n. stump (of Indian corn).

ciocan n. 1. hammer; 2. *— la poartă,* knock of a door, rapper; 3. *— de lemn,* mallet.

ciocăneă f. *Zool.* woodcock.

ciocăni (a) *vt.* 1. to hammer, to malleate; 2. to peck.

ciocănitoare f. *Zool.* green wood-pecker.

ciocănitură f. (constant) hamme-ring.

ciocârlan m. lark; *— moţat,* red-wing, crested lark.

ciocârlie f. lark; *— cuculată* swine-pipe.

ciocârti (a) *va.* 1. to slash, to cut; 2. to whittle.

cioc-gros m. V. *botgros.*

ciociaş m. V. *cioclu.*

cioclu m. grave-maker, grave-dig-ger, sexton.

ciocmăni *v. ref. a se —,* toquarrel, to squabble, to wrangle.

ciocmănire f. wrangling, squabble, quarrel.

ciocni (a) I. *va.* 1. to shock, to strike against, to clash; 2. to peck; 3. to toast; to touch glasses. to drink to. II. *ref. a se —,* to strike against one another, to clash to-gether, to collide.

ciocnire *f.* shock. collision, striking against.

ciocnit *a. fig.* 1. tipsy; 2 cracked, infatuated.

ciocolese *a.* cringing, fawning.

ciocolu *m.* upstart, snob.

ciocolată *f.* chocolate.

cioflingar *m.* sluggard, good-for-nothing fellow.

ciolae *a.* single-handed.

ciolan *n.* bone, marrow-bone.

cio.tar *n.* saddle-cloth, shabrack, housing.

ciomag *n.* cudgel, club.

ciomăgaş *m.* beater, striker.

ciomăgeală *f.* cudgelling, licking, beating.

ciomăgi (a) *va.* to cudgel, to thrash, to beat soundly.

ciondăneală *f.* quarrel squabble, wrangle.

ciondăni *v. ref. a se —,* to quarrel, to wrangle.

ciont I. *a.* crippled, mutilated. II. *n.* stump.

cionti (a) *va.* 1. to mutilate, to maim; 2. V. *a ciunti.*

ciopârţi (a) *va.* to slash, to whittle, to cut to pieces.

ciopli (a) *va.* to cut, to carve, to sculpture, to whittle.

cioplitoare *f.* knife for carving in wood, chipping knife.

cioplitor *m.* cutter, carver.

cioplitură *f.* carved work, carving, sculpture

ciorap *n.* stocking, hose.

ciorăvnar *m.* hosier, stocking-weaver

ciorăpărie *f.* hosiery.

ciorbă *f.* 1. soup; 2. porridge, pottage.

ciorbalâc *n.* tureen, soup-tureen, soup-dish.

ciorchină *f.* bunch, cluster, bunch of grapes.

ciordi (a) *va.* to prig, to crib.

ciornă *f.* rough draught, rough copy, sketch.

ciorovcală *f.* squarreling.

ciorpac *n.* filter, strainer.

ciot *n.* stump.

ciovică *f. Zool.* screech-owl.

ciovlică *f. Zool.* lapwing, tirwit.

ciplc *n.* lace-boot.

circ *m.* adherent, follower.

circ *n.* circus.

circu ă (a) *vt.* to circulate, to circuit, to move round.

circulară . 1. circular; 2. circular letter.

circulaţiune *f.* circulation, currency.

circumcis *m.* circumcised person.

circumciziune *f.* circumcis on.

circumferinţă *f.* circumference.

circumflex *n.* circumflex.

circumscripţie *f.* district.

circumspect *a.* circumspect, cautious.

circumstanţă *f.* circumstance.

circumstanţial *a.* circumstantial.

cireadă *t.* herd.

cireaşă *f.* cher.y; — *păsărilor,* gean, wild cherry; — *pe roasă* white-heart cherry; — *dulce, neagră,* — *de Mai,* black-heart cherry; — *vreului,* bladder-nut, winter-cherry.

cireş *m.* cherry-tree; *cireşul pă ă-rilor.* wild cherry-tree: *cireşul de Mai,* black-heart cherry-tree.

cireşar *m.* 1. June; 2. *Zool.* grossbeak.

cirip i (a) *vt.* to chirp, to twitter, to warble.

ciriple *f.* chalk-line.

ciripit *n.* chirp, chirp'ng, twittering

ciriş *n.* pap.

ciritel *pl.* bush, coppice.

ciritiş *n.* brushwood.

ciriv ş *n.* tallow.

cismă *f.* boot.

cismar *m.* boot-maker, shoemaker.

cismărie *f.* shoe-makers-trade.

cismea *f.* fountain. spring. well.

cismegiu *m.* fountain-maker, well-digger.

cit *f.* printed calico.

cita (a) *va.* 1. to cite, to summon; 2. — *(dintr'un autor),* to quote, to make a quotation, to mention

citadelă *f.* citadel.

citanie *f.* reading annoying.

citare *f.* 1. citation, summons; 2. quotation.

citat *n.* citation.

citaţie, citaţiune *f.* 1. citation; 2. quotation.

citi (a) *va.* şi *vt.* 1. to read; 2. to persue.

citire *f.* reading, lecture, perusal.

cititor *m.* lecturer. reader, peruser.

ciubar *n.* tub, bucket, pail.

ciubeică *f.* (bad) tobacco-pipe.

ciubuc *n.* long tobacco-pipe.

ciucă *f.* (jack)-dow.

ciuciulete *m. Bot.* morel, moril.

ciucur *n.* fringe, tuft, tassel

ciudă *f.* spite, vexation, anger.

ciudat I. *a.* singular, strange. II *adv.* strangely.

ciudăţenie *f.,* **ciudăţie** *f.* strangeness, oddness, singularity.

ciudi v. *ref. a se* —, to be angry, to fret.

ciuf I. n. 1. Zool. eagleowl; 2. tuft of hair. II. a. disordered (of hair), shaggy.

ciufuli (a) I. va. to ruffle. II. ref. to squabble. 2. V. a se ciufuli.

ciufulul v. ref. a se —. to scoff.

ciufut m. skinflint, miser, niggard.

cinguli (a) va. 1. to pick, to peck; 2. to nibble, to gnaw.

ciuhurez m. Zool. screech-owl tawny-owl.

ciuli (a) va. to prick up (one's ears).

ciumă f. 1. pest, pestilence, plague; 2. fig. shrew, vixen.

ciuma faie f. Bot. datura.

ciung a. maimed, lame, single-handed.

ciunt a. cropped, curtailed, truncated.

ciunti (a) va. 1. to cripple, to maim; 2. to crop, to truncate.

ciupercă f. mushroom.

ciupi (a) va. 1. to pinch, to nip; 2. to crib, to twitch.

ciupit a. 1. pt. dela a ciupi; 2. pock-marked.

ciupitură f. 1. pinch, nip; 2. — de vărsat, pock-mark, pit-hole.

ciur n. 1. riddle, sieve: a trece prin —, to sift; 2. embroidery-framel.

ciurciuveă f. V. cercevea.

ciurui (a) va. 1. to sift, to riddle; 2. to pierce with holes.

ciuruire /., **ciuruit** n. sifting.

ciuruitor m. 1. sifter; 2. sieve-maker.

ciuruitură f. siftings.

ciuşcă f. box on the ear.

ciut a. hornless.

ciută f. 1. deer; 2. hind.

ciutură f. pail, bucket.

civic a. civil.

civil I. a. civil. II. m. civilian.

civiliză (a) va. to civilise.

civilizare /., **civilizaţiune** f. civilisation.

civit I. a. indigo. II. a. indigo colour.

cizelă (a) va. to chisel, to carve.

cizmă etc. V. cismă, etc.

clăbuc m. bubble; — de săpun, soap-bubble.

c'as n. opera-hat.

c acă f. 1. statute-labour, statute-work; 2. vorba de —, knicknack.

clădi (a) va. to build, to construct.

clădire f. building, construction, edifice.

claie f. 1. rick (of hay), heap; 2. a pune — peste grămadă, to turn upside down.

clampă f. V. clanţă.

clăncăni (a) vt. to clack.

c ăncănit n. clack, clacking.

clăncănitoare f. mill-clapper.

clanţă f. latch (of a door), click.

clănţăni a) vt. to chatter (with the teeth).

clapă f. 1. Muz. key; 2. valve.

clar a. 1. clear, limpid; 2. bright, perspicuous, evident.

clarifică (a) va. to clarify, to clear.

clapon m. capon.

claponi (a) va. to caponise.

clarinetă f. clarinet.

claritate f. clearness, brightness.

clasă f.1. class, order, rank; 2. school-room; school-time.

clasă (a) va. 1. to classify; 2. to quash (to stop) proceedings.

clasic a. classic, classical, academical.

clasifică (a) va. to classify.

clasificare f. classification.

clăti (a) va. to rinse; a'şi — gura, to rinse one's mouth; 2. to move, to agitate.

clătină (a) I. va. 1. to shake; 2' to jolt; 3. to toss; 4. to agitate. II. ref. 1. a se —, to shake oneself; 2. to stagger, to totter.

clătinătoare f. see-saw, swing.

clătit n. rinsing, cleansing.

clătită f. pancake, slapjack. plat cake.

clauză f. clause, stipulation.

c'aviatură f. Muz. key-board.

clavir n. piano, pianoforte.

clean m. Zool. gudgeon.

clefăi (a) vt to yelp, to squeak.

clei (a) va. to paste, to glue together.

cleios a. limy, glucy, viscous.

cleiu n. 1. glue, paste, size; 2. bird-lime.

clemenţă f. clemency.

clenciu n. 1. hook; 2. pick-lock; 3. chicanery; 4. trick.

clenciuros a. uneven, knotty, rough.

cleon m. olive-tree.

cler m. clergy, priesthood.

cleric m. clergyman, priest, ecclesiastic.

clerical a. clerical, ecclesiastical, religious.

cleşte 1. n. tongs, pincers; 2. nippers; 3. claw (of the crawfish).

clevetă f. slander, evil-speaking.

cleveti (a) vt. to slander, to speak ill of.

clevetire f. slander, evil-speaking.

clevetitor m. slanderer, vilifier.

clică f. set, gang, party, clique.

client m. 1. client; 2. customer.

clientelă f. 1. clientship; 2. clients; 3. custom; 4. practice.

climă f. climate, clime.

clin n 1. gore, breadth (of cloth); 2. *loc. a nu avea nici în — nici în mâneca*, to have nothing in common with.

clină f. slope, slant.

clinchet n. clanking, tinkling, jingling, clashing.

clinică f. clinical medicine, clinical surgery.

clinti (a) vt. 1. to move, to budge; 2. to stir.

clipă f. trice, instant; *într'o —*, in a trice.

clipeală f. 1. twinkling (of an eye); 2. trice, instant, moment.

clipi (a) vt. 1. to wink; 2. to twinkle, to blink.

clipire f. winking, twinkling.

clipit n. twink, twinkle, twinkling.

clipită f. 1. twinkling (of an eye); 2. trice, instant.

clipoci (a) vt. to fall asleep.

clironom m. V. *moştenitor*.

clironomie f. V. *moştenire*.

clisă f. 1. potter's clay; 2. slime mud.

clişa (a) va. to stereotype.

clişeu n. stereotype, stereotype-plate; *lucrător de clişeuri*, stereotyper.

clisos a. 1. clayey; 2. muddy.

clistir n. 1. clyster; 2. syringe.

cloanţă f. *baba cloanţa*, old witch.

cloci (a) va. 1. to incubate; 2. to hatch; 3. to brood.

clocire f. incubation.

clocitură f. brood.

clocot n. bubble, boiling; *a fierbe în clocote*, to boil fast, to seeth.

clocoţel m. Bot. traveller's joy, lady's bower.

clocoti (a) vt. 1. to bubble; 2. to boil up, to wallop.

clocotire f. bubbling, boiling, seething.

clocotitor a. seething, boiling.

cloncăni (a) vt. 1. to cluck; 2. to croak (the raven); 3. *fig.* to gossip.

cloncănit n. 1. clucking; 2. croaking; 3. clacking.

clonţăt n. gnashing (of teeth).

clondir n. flask, bottle.

clonţ n. 1. beak, bill.

clopot n. bell.

clopotar m. bell-ringer, sexton.

clopoţel m. 1. hand-bell; 2. *Bot.* a) jingle bell-flower; b) canterbury bell, hare-bell.

clopotniţă f. bell-tower, steeple.

clor n. chlorine.

cloroform m. chloroform.

cloroză f. green-sickness.

clorură f. chloride.

cloşcă f. 1. brood-hen; 2. **sitter up**; 3. *Astr. cloşca cu pui*, Pleiades.

club n. club.

cnut n. knout.

coacăz m. currant-tree, gooseberry-tree.

coacăză f. currant, gooseberry; *coacăze negre*, black-currants; *coacăze roşii*, redcurrants; *coacăze albe*, white currants.

coace (a) I. va. şi vt. to bake (bread). II. *ref. a se —*, 1. to ripen, to grow ripe; 2. to suppurate, to gather.

coacere f. 1. baking, coction; 2. ripping, ripening.

coadă f. 1. tail, end (of a thing) 2. stem, stalk (of a flower); 3. handle, haft (of an axe, etc.); 4. tress, cue, pigtail; 5. train (of a dress); 6. rear; 7. string, file (of persons); 8. *Astr.* tail, trail; 9. cue, billiard-cue; 10. *loc. — ochiului*, angle of the eye; *a se uita cu — ochiului*, to tip a wink to; *a da din —*, to wriggle; 11. *Bot. — boiului*, hornwort; *— calului*, horse-tail, shave-grass; *— cânului*, dog's tail grass, rattle grass: *— cocoşului*, painting-root; *— lupului*, wool-blade, woolly plant; *— şoarecelui*, milfoil; *— vacei*, cow's lung-wort, Lady's fox-glove; *— vulpei*, fox-tail; *— zmeului*, snake-root.

coafa (a) va. to dress (a person's hair).

coafor m. hair-dresser.

coafură f. 1. head-dress; 2. manner of dressing the hair.

coaie f. *pl.* testicles, stones.

coajă f. 1. bark, peel; 2. paring; 3. shell (of nuts, eggs, etc); 4. husk, hull; 5. scab, scurf.

coală f. sheet (of paper).

coaliţie f., **coaliţiune** f. coalition.

coaliza v. *ref. a se —*, to league.

coamă f. 1. mane; 2. hair of the head; 3. *— muntelui*, crest, ridge top, summit; 4. *— casei*, ridge, king-piece; 5. *Bot. — calului*, horse-tail.

coapsă f. thigh; *osul coapsei*, thigh-bone.

coardă *f.* 1. string; — *de vioară*, violin-string; 2. — *de maţe*, catgut.

coarnă *f.* 1. cornel-berry, dog berry; 2. — *ae mare*, carob-beam, St. John's bread.

coasă *f.* scythe.

coase (a) *va.* şi *vt.* 1. to sew, to stich; 2. *a* — *tn gherghef*, to embroider, to embellish; 3. *a* — *tighel*, to prick, to sting.

coastă *f.* 1. rib; *şi-a rupt o* —, he has broken a rib; 2. coast; *coasta mărei*, sea-coast; 3. hill.

coate-goale *m.* pennyless, perron, rag.

cobe *f.* person who brings ill luck.

cobi (a) *vt.* to predict (to bring) ill luck.

cobiliţă *f.* yoke.

coborî (a) I. *va.* şi *vt* 1. to descend, to come down, to go down; 2. to bring down, to get down, to move down. II. *ref.* 1. *a se* —, to go down stairs, to come down; 2. to dismount, to alight; 3. to be derived (origine).

coborîre *f.* descent going down, coming down, getting down, (V. şi *scoborîre*.

coborîş *n.* slope, declivity, downhill.

coborîtor *m.* descendant, offspring.

cobuz *n.* mandolin.

cobză *f.* 1. hurdy-gurdy; 2. *a legà* — to garrotte fast, to bind fast.

cobzar *m.* player on the hurdy-gurdy.

coc *n.* hair-bag.

cocă *f.* 1. paste, dough; 2. pap.

cocardă *f.* cockade.

cocăzar *m. Bot.* dog-rose bush.

coccinelă *f. Zool.* lady-bird.

cocean *n.* 1. stump, stalk; — *de varză*, stalk of a cabbage, kail-runt; 2. stem.

cochet *a.* 1. coquettish; 2. fond of dress.

cochetărie *f.* 1. coquetterie, floirtation; 2. love of dress, affectation.

cochetà (a) *vt.* to coquet, to flirt.

cocină *f.* hog-pen, hog-sty, pig-sty.

cocioabă *f* draught-house, decayed house, a miserable poor house.

cocioarbă *f.* poker, fire-poker, coal-rake.

cociobăi (a) *vt.* to rummage.

cocioală *f.* verdigris.

coconaşă *f.* bunch, hump, hunch

cocoli (a) *va.* to wheedle, to fondle, to coax.

cocoloş *n.* şi *m.* 1. clod; 2. clot, pat, small clump.

cocoloşi (a) *va.* 1. to crumple; 2. *fig.* to suppress.

coconaş *m.* 1. beau, dandy; 2. young gentleman.

coconel *pt. Bot.* snow drop, snowflake.

cocor *m. Zool.* crane.

cocoş *m.* cock; — *de munte* mare, grouse; — *de pădure*, — *de sihlă*, — *sălbatic*, wood grouse.

cocosă (a) I. *va.* 1. to hunch, to bend, to bow; 2. — to hunch, to thra h soundly. II. *ref. a se* —, to grow round shouldered, to cripple.

cocoşsr *m. Zool.* field-fare, thrush.

cocoşat I. *m.* hunchback humpback. II. *a.* hunch-backed, humbacked, gibbous.

cocoşilă *m.* humpback, hunchback.

cocostîre *m. Zool.* stork.

cocoţà (a) I. *va.* to perch. II. *ref. a se* —, to climb, to roost, to perch, to clamber.

cocuţa *f.* baby, little child.

cod *n.* cáde, statute-book.

codalbiţă *f. Zool.* shrike.

codalbiu *a.* light, fair.

codană *f.*, **codănac** *n.* girl in heer teens, bread-and-butter miss.

codcodăci (a) *vt.* to cackle (hen), to gaggle.

codeală *f.* hesitation, lingering, staggering.

codì *v. ref. a se* —, to hesitate, to linger, to stagger.

codice *n.* code, statute-book.

codire *f.* V. *codeală*.

codobatură *f. Zool.* wagtail, seed-bird.

codrean *m.* forest-ranger.

codru *m.* 1. forest, woodland; 2. *ho-de* —, robber, ruffian; 3. *un* — *ae pâine*, a piece of bread.

cofetar *m.* confectioner.

cofetărie *f.* confectionery.

cofeturi *f. pl.* sugar-plums, kissing-comfits.

cohortă *f.* cohort.

cogeamite *adv.* trom. high and mighty.

coif *n.* 1. casque; 2. helmet.

coinac *n.* ankle.

coinr̀ dà (a) *vt.* to coincide.

coincidenţă *f.* coincidence.

coiu *n.* testicle, stone.

coji (a) I. *va.* to rind, to peel, to bark. II. *ref. a se* —, to peel off, to fret, cojoc *n.* sheep-peel, fur.

cojocar *m.* furrier, skinner.

cojocărie *f.* furrier's trade.

cojocei *n. dim.* dela cojoc.

colaboiă a) *vi* to contribute to, to wo k jointly, to cooperate.

colaborare *f.* contribution to, cooperation.

colaborator *m.* contributer, fellow-labourer, cooperator.

colac *n.* 1. ring; 2. French roll; 3. kerb-stone.

colan *n.* girdle, belt, waist-belt.

colărez *n.* stirabout, sowans, sowens.

colastră *f.* colastrum.

colaţionă (a) *va.* to collate, to take a collation.

colaţionare *f.* collation.

colb *n.* powder, dust.

colbăi (a) *va.* şi *vt.* to make a dust, to kick up a dust.

colbăit *a.* powdery, du ty.

cocoti (a) *vt.* V. a clocoti.

co ea *adv.* there, not far; *ici —*, to and fro.

colectă *f.* 1. collect, collection; 2. gathering.

colecţie *f*, colecţiune *f.* collection.

colecţionă (a) *va.* to make a collection (of).

colectiv *a.* collective.

colector *m.* collector.

coleg *m.* colleague, fellow-member.

colegial *a.* collegial, collegiate.

colegiu *n.* college.

co esi (a) *va.* to mollify, to soften.

colet *n.* bale of goods, package.

colibă *f.* cottage, cabin, hut, shed.

colică *f.* colic, gripes.

colină *f.* hill, hillock.

colindă (a) *va.* to stroll about.

colivie *f.* cage, bird-cage.

colo *adv.* there, yon, yander; *ici şi —*, here and there; *— sus*, there above, up there; *de — până —*, to and fro, up and down; *când —*, see! *cât —*, far off.

coloană *f.* 1. column, pillar; 2. (*de cifre*) row.

coloare *f.* colour; *fără —*, colourless.

ee onel *m.* colonel; *locotenent —*, lieutenant-colonel.

colonial *a.* colonial.

colonie *f.* colony, settlement.

colonist *m.* colonist, settler.

coloniză (a) *va.* to colonize, to settle.

colonizare *f.* colonization, colonising, settlement.

coloră (a) *va.* 1. to colour; 2. tincture; 3. to varnish.

colorare *f.* colouring.

colorat *a.* coloured, varnished; *foarte —*, high-coloured.

colorist *m.* 1. colourist; 2. co'ourer.

colorit *n.* colouring (of a picture).

colos *n.* colossus.

colosal *a.* colossal.

colportă (a) *va.* to hawk about, to peddle.

colportaj *n.* 1. hawking; 2. peddling; 3. news-vending; 4. bookstall trade.

colportor *m.* 1. hawker, peddler; 2. news-vender.

colţ *n.* 1. corner, nook; *colţul străzei*, the street corner; *casa din —*, the corner house; 2. angle; 3. edge.

colţ *m.* 1. peak; 2. (*— de câine, de mistreţ, etc.*) fang, tusk, razor; *a arătă colţii*, to snarl; *cu colţi*, tusked, tusky; 3. germ, seed-bud, sprout, shoot.

colţar *n.* 1. corner-piece (of furniture); 2. oak-apple.

colţoros *a.* 1. knobbed, knotly; 2. rough, rugged.

colţos *a.* tusked, tusky.

coltuc *n.* 1. pillow; 2. a round loaf of bread; *a arătă coltucul*, to scorn one.

columnă *f.* column, pillar.

colun *m. Bot.* evening-primrose.

coma *f. Gram.* somma.

comănac *n.* capouch, monk's cowl.

comând *n.* funeral repast.

comândă *f.* command, order; *la —*, at command, at order.

comandă (a) *vt.* 1. to command, to order; 2. to govern.

comandant *m.* commander; *şef —*, commandant in chief.

comanditar *m. Com.* shareholder of a limited company.

comânduire *f.* military chief authority.

combatant *m.* combatant.

combate (a) *va.* şi *vt.* 1. to fight against, to war against; 2. to combat with, to withstand, to struggle against, to oppose.

combină (a) I. *va.* to combine, to contrive. II. *ref. a se —*, to combine, to be contrived.

combinare *f*, combinaţ'e *f.* combination, contrivance.

combustibil I. *n.* fuel, firing. II. *a.* combustible.

combustiune *f.* 1. *Fiz.* combustion; 2. destruction by fire.

comediant *m.* 1. comedian, player, actor; — *ambulant*, stolling player; 2. *fig.* dissembler, hypocrite.

comedie *f.* comedy, play.

coméd e *f.* comic action, buffoonery, farce.

comedios *a.* comic, comical.

comemoră (a) *va.* to commemorate.

comemorațiune *f.* commemoration.

comemorativ *a.* commemorative.

comensurabil *a.* commensurable.

comentă (a) *va.* to comment on.

comentar *m.* 1. comment; 2. glossary, commentary book.

comentător *m.* commenter, commentator, glosser.

comercial *a.* trading, commercial; *oraș* —, trading town, commercial town; *societate comercială,* trading society.

comerciant *m.* tradesman, trader, merchant, dealer.

comerț *n.* trading, trade, commerce, traffic.

comesean *m.* table-companion.

cometă *f.* comet, blazing star.

comic *a.* comic, comical.

comisar *m.* commisary; — *de poliție,* commisary of police, trustee; *sub* —, issueing-commisary.'

comisariat *n.* police-office.

comisie *f.* 1. comission; 2. police-station.

comis:on *n.* 1. commission; *casă de* —, commission agency; 2. errand.

comisionar *m.* 1. commision agent, commission merchant, 2. errand porter.

comisiune *f.* 1. commission; 2. errand..

comitat *n.* county, earldom.

comite (a) *va.* to commit, to intrust, to confide.

comitet *n.* committee; *comitetul permanent,* standing-committee.

comoară *f.* treasure, hoard.

comod *a.* commodious, convenient.

comoditate *f.* 1. commodiousness, convenience, snugness; 2. water-closet.

comoțiune *f.* shaking, emotion.

compact *a.* compact, dense.

companie *f.* company, society.

companion *m.* companion, associate, colleague.

compară (a) *va.* to compare.

comparațiune *f.* comparison, similitude.

comparativ I. *n. Gram.* comparative-degree. II. *a.* comparative. III. *adv.* comparatively.

compartiment *n.* compartment.

compas *n.* compass; *un* —, a pair of compasses.

compatibil *a.* compatible.

compatibilitate *f.* compatibility, compatibleness.

compătimi (a) *va.* to compassionate. to pity, to commiserate.

compătimire *f.* mercy, mercifulness, compassion; *cu* —, mercifully.

compăt:mitor *a.* merciful, compassionate, tender-hearted.

compatriot *m.* compatriot, fellow-countryman.

compensă (a) *va.* to compensate.

compensare *f.* compensation.

competent *a.* 1. competent; 2. *Jur.* cognizant.

competență *f.* 1. competency; 2. *Jur.* cognizance.

competitor *m.* competitor.

compilă (a) *va.* to compile.

compilare *f.* compilation.

compilator *m.* compiler.

comp'ect *a.* complete.

complectă (a) *va.* to complete.

complectare *f.* complement, completion.

complet *a.* complete.

complezant *a.* 1. pleasing, agreeable; 2. kind.

complezență *f.* 1. complaisance; 2. kindness.

complică (a) I. *va.* to complicate. II. *ref. a se* —, to grow complicated.

complicație *f.,* **complicațiune** *f.* complication.

complice *m.* accomplice, accesory.

complicitate *f.* complicity, the being an accomplice, party.

compliment *n.* compliment; *multe complimente,* best compliments; *destule complimente,* a truce to compliments; *a face un* —, to pay a compliment, to make a compliment; *fără complimente,* no compliments, without any compliments.

complimentă (a) *va.* to compliment.

complini (a) *va.* to complete.

complinire *f.* complement.

complot *n.* complot, plot, conspiracy.

complotă (a) *vt.* to plot, to conspire, to contrive.

compot *n.* stewed fruit.

compoziţie, f., compoziţiune f. 1. composition, construction; 2. written work, written examination.

compozitor m. composer, compositor.

compresă f. 1. compress, bolster; a aplică comprese, to bolster.

comprimă (a) va. to compress, to restrain.

compromis I. n. compromise. II. a. compromised, implicated.

compromite (a) I. va. to compromise, to compromit. II. ref. a se —, to expose oneself, to commit one's self, to complicate oneself.

comptabil m. accountant, book-keeper.

comptabilitate f. book-keeping.

compune (a) va. to compose, to write.

compunere f. V. compoziţiune.

compus I. n. 1. compounding; 2. Mat. combination. II. a. composite, compound.

cemun a. 1. common; 2. vulgar, usual.

comună f. common, parish.

comunal a. communal, parish.

comunică (a) va. 1. to communicate, to impart, to convey; 2. to communicate, to inform.

comunicare f., comunicaţie f., comunicaţiune f. 1. communication, connexion; 2. intercourse.

comunicativ a. comunicative.

comunism n. comunism.

comunist m. comunist.

comunitate f. comunity.

con n. Geom. cone; în formă de —, conical.

conac n. 1. manor-house; 2. shelter, inn.

concav a. concave, hollow.

concediă (a) va. 1. to give leave of absence; 2. to furlough, to dismiss.

concediu n. leave, furlough; a da —, to give notice of leaving, of quit.

concentră (a) va. to centre, to concentrate, to wrap up.

concentrare f. concentration.

concepe (a) va. 1. to conceive, to understand; 2. to sketch.

concept n. minute, rough copy, rough draught.

concepţiune f. conception.

concert n. concert.

concertă (a) vi. to play in (to give) concerts.

concesie f., concesiune f. concesion, grant.

concesionar m. 1. concessionary; 2. patentee; 3. licensee.

concetăţean m. fellow-citizen, low townsman.

conchide (a) vi. to conclude, to infer from, to come to a conclusion, to close.

conchidere f. close, conclusion.

conciliă (a) va. to reconcile V. şi a împăcă.

conciliu n. council.

conciu n. top-knot.

concluzie f., concluziune f. conclusion, end, close.

concordă (a) va. to agree, to live in concord.

concordant a. concordant.

concordanţă f. concordance, agreement.

concordat n. concordat.

concret a. concrete.

concreţiune f. concretion.

concubină f. concubine, mistress.

concubinaj n. concubinage.

concură (a) vi. to compete to contest (with), to concur.

concurent m. competitor.

concurenţă f. competition.

concurs n. 1. concourse (of people); 2. concurrence, co-operation; 3. competitive examination; 4 meeting.

condamnă (a) va. 1. to condemn, to sentence to punishment; 2. to blame, to censure.

condamnare f. condamnation, doom.

condeiu n. 1. pen, quill; 2. — de plumb, pencil, crayon, lead-pencil.

condensă (a) I. va. to condense. II. ref. a se —, to condense, te be condensed.

condensare f. condensation.

condescenenţă f. condescension.

condică f. 1. register, principal book 2. ledger.

condiţie f. 1. condition; 2. quality.

condiţional I. n. Gram. conditional. II. a. conditional.

condiţionat a. conditioned.

condrăţel m. pl. vermin.

conducător m. conductor, guide.

conducţiune f. condition.

conduce (a) va. to conduct, to lead, to guide.

conducere f. guidance, conduct.

conductor m. guard, conductor.

conduită f. behaviour, conduct.

condur m. 1. pump (shoe); 2. Bot. condurai doamnei, nasturtium.

conexiune f. connexion.

confecţionă (a) *va.* to make, to manufacture.

confecţiune *f.* making, execution.

confederă *v. ref. a se* —, to confederate.

confederat *a.* şi *m.* confederate.

confederaţie *f.*, confederaţiune *f.* cenfederacy, confederation.

conferă (a) *va.* to confer, to collate.

conferenţă *f.* 1. conference; 2. lecture.

confesional *a.* confessional.

confesiune *f.* confession, acknowledgement.

confesor *m.* confessor.

confident *m.* confidant, confident.

confidenţă *f.* confidence, trust of silence, secrecy.

confidenţial *a.* confidential; *în mod* —, confidentially.

configuraţie *f.* configuration.

confirmă (a) *va.* to confirm.

confirmare *f.* confirmation.

confiscă (a) *va.* to confiscate, to seize upon.

confiscare *f.* confiscation.

conflagraţie *f.*, conflagraţiune *f.* conflagration.

conflict *n.* conflict, collision.

confluent *m.* conflux, confluence.

confluenţa *f.* confluent.

conform *adv.* conformably; — *cu*, in compliance with.

conformă (a) I. *va.* to conform to. II. *ref. a se* —, to conform, to conform one's self.

conformare *f.*, conformaţiune *f.* conformation.

conformitate *f.* conformity, suitableness.

confort *n.* comfort.

confortabil *a.* comfortable.

confrate *m.* brother, fellow-member, compeer.

confruntă (a) *va.* 1. to confront; 2. to compare.

confruntare *f.* confrontation.

confundă (a) *va.* 1. to confond; 2. to confuse.

confuz *a.* confused; *în mod* —, confusedly.

confuziune *f.* confusion, confusedness.

conzediu *n.* V. *concediu*.

congestionare *f.* congestion.

congregaţie *f.*, congregaţiune *f.* congregation.

congres *n.* congress.

congresist *m.* member of congress.

coniac *n.* cognac, brandy.

conic *a.* conic, conical.

conifer *a.* coniferous.

conifere *pl.* coniferous trees.

conjectură *f.* conjecture.

conjugă (a) *va.* to conjugate.

conjugal *a.* conjugal, matrimonial.

conjugare *f. Gram.* conjugation.

conjunţie *f.* conjunţiune *f. Gram.* conjunction.

conjunctiv *Gram.* I. *n.* subjunctiv (mood) *a.* II. conjunctive.

conjură (a) *va.* 1. to conjure; 2. to conspire.

conjurare *f.*, conjuraţie *f.*, conjuraţiune *f.* 1. conjuration; 2. conspiracy.

conjurat *m.* conspirator, conspirer, plotter.

conlocui (a) *vt.* to cohabit.

conlocuire *f.* cohabitation.

conopidă *f. Bot.* cauliflower.

conopiştiriţă *f. Zool.* mole-cricket.

consacră (a) *va.* 1. to consecrate, to dedicate; 2. to hallow.

consacrare *f.* consecration.

consângean *a.* consanguineous.

conşcolar *m.* school-fellow, schoolmate.

consecinţă *f.* consequence, conclusion.

consecinte, conseevent I. *a.* consistent. II. *adv.* consistently.

consecutiv *a.* consecutive; *în mod* —, consecutively.

conservă (a) *va.* to conserve, to preserve.

conservare . conservation, preservation.

conservator *m.* 1. conservator preserver; 2. conserver; 3 conservative.

conservatoriu *n.* school for music.

consfătui *v. ref. a se* —, to consult together.

consfinţi (a) *va.* 1. to hallow, to consecrate, to bless.

consfinţire *f.* hallowing, consecration, sanctification.

consideră (a) *va.* 1. to consider; 2. to value. to esteem; 3. to contemplate.

considerând *prep.* considering; — *că*, considering that.

considerare *f.*, consideraţie *f.*, consideraţiune *f.* consideration regard, esteem; *a luă în* —, to take into consideration.

consiliă (a) *va.* to counsel, to give advice, to advise.

consilier *m.* 1. counsellor; 2. councilor; 3. adviser.

consiliu *n.* 1. counsel, advice; 2. council, council-board; — *de resbel*, council of war.

consimţi (a) *vt.* to consent, to assent, to agree.

consimţimânt *n.* consent; *fără* — without consenting.

consistent *a.* consistent.

consistă (a) *vt.* to consist (of).

consistenţă *f.* consis'ency, consistence.

consistorial *a.* consis'orial, consistory.

consistoriu *n.* consis'ory.

consoană *f.* Gram. consonant.

con oarţă *f.* consort, spouse.

consoà à (a) I. *va.* to console, to comfort, to solace II. *ref. a se* —, to console one's self, to get over.

conso are *f.* consolati n, comfort.

conso idă (a) *vt.* to consolidate.

consorţiu *n.* association.

consort *m.* consort, husband.

conspiră (a) *vt.* to conspire, to plot.

conspirare *f.*, **conspiraţie** *f.*, **conspiraţiune** *f.* conspiracy, plot.

constă (a) *vt.* to consist, to lie in.

constant *a.* 1. constant; 2. steady, stable, steadfast.

constanţă *f.* 1. constancy; 2. stability. steadfastness.

constată (a) *va.* şi *vt.* 1. to state, to establish. to prove; 2. to verify.

constatare *f.* statement, establishment, proof.

constelaţie *f.*, **constelaţiune** *f.* constellation.

consternat *a.* confounded.

co_st ent *a.* conscious.

conştincios *a.* consciencious; *în moi* —, conscienciously.

conştincioasitate *f.* conscientiousness.

conştiinţă *f.* conscience, consciousness.

constipă (a) *va.* to constipate, to bind.

constipaţie *f.* constipation, costiveness, tightness of the bowels.

constitui (a) *va.* to constitute.

constituţie *f.*, **constituţiune** *f.* constitution.

constituţional *a.* constitutional.

constitutiv *a.* constitutive.

conştiut *a.* V. *conştient.*

constrânge (a) *va.* to constrain, to restrain, to compel.

constrângere *f.* constraint, compulsion, restraint.

construcţie *f.* construcţ une *f.* construction, building.

constructor *m.* builder.

construi (a) *va.* 1. to construct, to build; 2. Gram. to construe.

consul *m.* consul.

consu at *n.* consulat, consulship.

consult *n.* consul ation, consult; *a avea u: ł* —, to hold a consultation; *a cere un* —, to call a consultation.

consultă (a) I. *va.* to consult (about, upon). II. *ref. a se* —, to consult (with).

consultaţie *f.*, **consultare** *f.*, **consultaţiune** *f.* consultation, consult.

consultativ *a.* consultative, consultive.

consumă (a) *va.* 1. to consume: a) to waste, to destroy; b) to devour, to eat up; c) to burn.

consumare *f.*, **consumaţie** *f.* consumption, consummation.

consonanţă *f.* V. *consoană.*

consonanţă *f.* consonance, consonancy.

cont *n.* 1. account; 2. reckoning, calculation, computation.

conţ *m.* quire (of paper).

contabil *m.* accountant, book-keeper.

contabilitate *f.* book-keeping.

contact *n.* contact; *a pune în* —, to bring into contact.

contagios *a.* contagious, catching.

contagiune *f.* contagion.

conte *m.* count, earl.

contesă *f.* countess.

contemplă (a) *va.* to contemplate.

contemplare *f.*, **contemplaţiune** *f.* contemplation.

contemplativ *a.* contemplative.

contemplator *m.* contemplator.

conteni (a) *vt.* to cease, to discontinue, to leave off.

contestă (a) *va.* to contest, to dispute.

contestare *f.* contest.

contestaţie *f.*, **contestaţiune** *f.* contestation.

context *n.* context.

contimporan I. *m.* contemporary. II. *a.* contemporary, contemporaneous.

conţine (a) *va.* to contain to hold to comprise.

continent *n.* continent, mainland.

continental *a.* continental.

conţinere *f.* contents.

contigent *n.* contingen'.

continuă (a) *va.* şi *vt.* to continue, to go on with, to prolo.g.

continuare f. continuation, continuance.
continuitate f. continuity.
conţinut n. contents.
continuu a. continuous.
contra prep. against, contra; *din —*, on (to) the contrary.
contrabandă f. contraband, smuggling.
contrabandist m. contrabandist, smuggler.
contract n. contract, compact, covenant.
contractă (a) I. va. to contract. II. ref. *a se —*, to twitch, o shrink.
contractant m. contractor.
contractare f. contraction; *de —*, contractible.
contramandă (a) va. to countermand.
contramarcă f. counter-mark.
contraordin n. countermand.
contrar a. contrary, adverse, opposite.
contrariă (a) va. to vex, to contradict, to counteract.
contrariat a. vexed.
contrast n. contrast.
contrastă (a) vi. to contrast.
contravenient m. Jur. offender, transgressor.
contravenţie f., **contravenţiune** f. 1. contravention; 2. offence.
contrazicător m. contradicter.
contrazice (a) vt. to contradict, to refute.
contrazicere f. contradiction.
contribuabil m. 1. tax-payer; 2. rate-payer, contributor.
contribui (a) vt. to contribute, to be a contributor.
contribuţie f., **contribuţiune** f. 1. contribution; 2. tax.
contributiv a. contributive, contributory.
control n., **controlare** f. control, controlment.
controlă (a) va. 1. to control; 2. to stamp (gold, silver, etc.).
controlor m. 1. controller; 2. tiket-collector; 3. censurer.
controversă f. controversy.
controversat a. controvertible.
contur n. 1. outline; 2. contour.
contuziune f. contusion.
convalescent m. convalescent.
convalescenţă f. convalescent.
conveni (a) vt. 1. to agree, to become; 2. to fit, to be suitable.
convenţie f., **convenţiune** f. con-

vention, treaty.
convenţional a. conventional.
convergent a. converging; *a fi —*, to converge.
convergenţă f. convergence, convergency.
conversă (a) vt. to converse, to talk.
conversaţie f., **conversaţiune** f. conversation, talk, discourse.
converti (a) va. 1. to convert; 2. to turn, to change.
convertit m. convert.
convex a. convex.
convieţui (a) vt. to cohabit.
convieţuire f. cohabitation.
convincţiune f. V. *convingere*.
convingător a. convincing; *în mod —*, convincingly.
convinge (a) va. 1. to convince; 2. to convict, to persuade.
convingere f. 1. convincement; 2. conviction.
convocă (a) va. to call, to convoke, to summon; *— o întrunire*, to call a meeting.
convocare f. convocation, summons.
convoiu n. 1. convoy (of provisions); 2. *Milit.* convoy; 3. burial, funeral procession.
convorbi (a) vt. to converse, to talk.
convorbire f. conversation, talk.
convulsie f., **convulsiune** f. convulsion.
convulsiv a. convulsive.
cooperă (a) vt. to co-operate.
cooperare f. co-operation.
cooperativ a. co-operative.
cooperator m. co-operator.
copac m. tree.
copăcel m. shrub.
copartaş m. partner, joint proprietar.
copaie f. trough.
copcă f. 1. clasp, hasp, buckle; 2. *a se duce pe —*, to go to the dogs, to go to ruin.
coperiş n. V. *acoperiş*.
copertă f. cover, envelope.
copiă (a) va. 1. to copy; 2. to transcribe.
copie f. copy; *o — după original*, a true copy.
copil m. 1. child; 2. *— la ţâţă*, foster-child, nursling; 3. *— din flori*, bastard.
copilă f. child, girl.
copilandru m. young man, youth, lad.

copilăresc a. 1. childish; 2. childlike, infantile.

copilărie f. childhood, childishness, infancy.

copilăros a. childish.

copiliță f. little girl.

copist m. copying-clerk.

copită f. hoof.

copiță f. rick (of hay).

cop.eși (a) va. to oppress, to overload (with), to overwhelm.

copleș.re f. oppression.

cop eșit a. bent, overspent (with), overwhelmed; — de bătrânețe, bent with age.

copoiu m. slow-hound, limehound.

coprină f. Bot. narcissus.

coprinde (a) va. V. a cuprinde.

copt a. 1. baked; 2. ripe, mellow.

coptură f. pus.

cor n. 1. choir; 2. chorus; în —, choral, in chorus.

corabie f. ship, vessel.

corăbier m. mariner, sailor, seaman.

corasan n. cement.

corb m. raven.

corci (a) va. 1. to interbreed; 2. to mix, to mingle, to blend.

corciu m. mongrel.

corcoață f. V. zdrență.

corcodan m. Bot. fumitory, fumiter.

corcodea f. berry.

corcodușă f. mirabelle (plum).

cordea f. 1. tie, band; 2. ribbon, riband; 3. tape-worm.

cordelar m. riband-weaver, ribandseller.

cordial a. cordial.

cordialitate f. cordiality.

cordon n. 1. cordon; 2. line of posts.

corect a. correct.

corecta (a) va. to correct, to amend, to revise.

corector m. corrector, reader.

corectitudine f. correctness.

corecțiune f. correction; casă de —, house of correction.

corectură f. proof, proof-sheet.

coreligionar m. co-religionist.

corespondă (a) vi. to be in correspondence.

corespondent m. correspondent.

corespondență f. correspondence, intercourse.

corespunde (a) vi. to correspond.

corespunzător a. correspondent, corresponding.

coridor n. 1. corridor; 2. gallery.

corifeu m. corypheus, heading man header.

corigență f. correction.

coriță (a) va. to correct.

corist m. chorister.

corlă f. curlew, grebe.

corlată f. balustrade, baluster (of stairs), rails, hand-rail.

corman n. 1. plough-tail, mouldboard of a plough; 2. earth-board.

corn n. 1. horn (of a cow, etc.); 2. roll; 3. antennal (of a snail); 4. hartshorn; 5. powder-horn; 6. Frenchhorn; 7. bugle-horn; a suna din —, to bugle, to blow the horn, to wind the horn; 8. Bot. dog-wood tree, dogberry tree.

cornac m. elephant-driver.

cornățel m. Bot. goose-grass, whiptongue.

corneciu n. powder-horn.

cornișă f. cornice.

cornist m. horn-blower; bugler.

cornorat a. horned.

cornut a. horned; vită cornută, hornbeast.

coroană f. crown.

coroiu m. hawk.

corolă f. Bot. corol, corolla.

corolar n. Mat. corollary.

corop sniță f. mole-click.

corovatie m. Bot. gentian.

coroziv a. corrosive.

corp n. 1. body; 2. — de armată, corps.

corporal a. corporal.

corporație f., corporațiune f. corporation, body corporate.

corpulent a. corpulent, stout.

corpulență f. corpulence, corpulency.

corsar m. corsair, pirate.

corset n. corset, stays; șiret de —, stay-lace.

cort n. 1. tent, pavilion; 2. — mic, awning.

cortej n. cortège, train, procession.

cortel n. umbrella.

cortină f. curtain.

cortorosi (a) I. va. to rid (of) II. ref. a se —, to get rid of.

cortușă f. Bot. auricula.

corupător I. m. 1. corrupter; 2. briber. II. a. corrupting, corruptive.

corupe (a) va. 1. to corrupt; 2. to bribe.

corupere f. 1. corruption; 2. bribery.

coruptibil a. corruptible.

corupție f., corupțiune f. corruption, corruptness.

corvetă f. corvette, sloop of war.

coş I. n. 1. basket, hand-basket; 2. panier, hamper; 3. — (de casă), chimney; 4. — de sobă, flue; 5. — de moară, mill-hopper; 6. a arunca la — to send to the dead letter office, to throw away as waste-paper. II. n. (heat)-pimple pustule.

coşar I. m. chimney-sweeper. II. n. stable for cattle.

coşară f. decayed house.

coşărar m. basket-maker.

coşărie f. basket-trade.

coşaş m. 1. scythe-man, mower; 2. Zool. a) field-spider, daddy long-legs; b) locust, grasshopper.

cosciug n. coffin, beer.

coscodan m. big monkey.

coşcov a. hollow.

coşeţel m. Bot. 1. skirret; 2. water parsley.

cosi (a) va. to mow, to cut, to reap.

coşi v. ref. a se —. to puff, to swell.

cosit I. n. mowing. II. a. mowed, mown.

cosiţă f. braid.

coşiţel m. Boot. skirret.

cositor n. 1. tin; 2. vas de —, pewter; 3. turnător de —, tinman, pewter.

cositori (a) va. to tin.

cositorire f. tinning, tin foundry.

cositură f. mowing.

cosmetic n. cosmetic.

cosmic a. cosmic, cosmical.

cosmogonie f. cosmogony.

cosmograf m. cosmographer.

cosmografic a. cosmographical.

cosmografie f. cosmography.

cosmopolit m. cosmopolite, cosmopolitan.

cosmopolitism n. cosmopolitism.

coşniţă f. 1. basket, pannier. 2. — de albine, hive.

cosor n. pruning-knife, hedge-knife.

cost n. cost, price.

costa (a) vt. to cost.

coştireaţă f. 1. hog-sty, hog-cote, pig-sty; 2. poultry-house.

costiş n. declivity.

costitor a. costly, expensive.

costiţă f. chop, cutlet.

costreş m., **costriş** m. Zool. perch (fish); — spinos, shade.

costum n. costume, dress.

cot n. 1. elbow; a da cu cotul, to push with one's elbow, to nudge; 2. ell (măsură), gauge; 3. loc, ~ la ~, bound fast, tied.

cotar m. gauger.

cotări (a) va. to gauge.

cotărit n. gauging.

cotărlă f. fam. pug-dog.

cotcă f. 1. die (game); 2. c'ew ball

cotcar m. sharper, nicker, swindler'

cotcori (a) va. to tr ck, to cheat, to nick, to swind'e.

cotcărie f swindler's tr ck.

cotcodăci (a) vt. to cackle (hen).

coteiu m. terrier (dog).

coteneaţă f hut, cottage.

co eţ n. poultry-house; coteţul porcilor, the hog-sty, hog-cote. —

coti (a) va. to gauge.

cotidian a. daily.

cotiş a., **cotit** a. winding.

cotitură f. 1. bend, bending; 2. winding, turning-point; a face o — to make a bend, to take a bend, to wind.

cotiugă f. cart.

cotiză (a) vt. to contribuate, to get up a subscription, to club.

cotion n. niche.

cotobrel m. Bot. sloe-tree.

cotoc m. tom-cat.

cotofană f. Zool. magpie (bird).

cotolu m. tom-cat.

cotonog a. curtail.

cotonogi (a) vt. 1. to curtail; 2. to truncate, to mutilate.

cotor n. 1. helve, handle; 2. stem, stalk.

cotoroage pl. wooden-legs.

cotorosi v. ref. a se —, to get rid of.

cotoşman m. big tom-cat.

cotro adv. în —, whither, where.

cotrobăi v. to rummage, to fumble, to poke.

cotropi (a) va. to invade, to usurp.

cotropire f. invasion.

cotropitor I. m. invader. II. a. invading.

covăci (a) vt. to forge.

covaciu m. blacksmith.

covârşi (a) va. to surpass, to exceed, to excel.

covârşitor 1. a. unsupportable, unendurable, unbearable; 2. exceeding.

covăseală f. rennet, curd.

covăsi v. ref. a se —, to curdle, to clot.

covăsit a. curdy; lapte —, curd, curd , clotted milk.

covată f. trough, kneading-trough, hutch.

covergă f. green arbour.

covertă f. 1. covering; 2. Mar. deck

covîltir n. tilt, car-tilt.

covor n. carpet.
covîlgar m. cracknel baker.
covrig n. cracknel baker.
covrigat a. circular.
coz n. 1. trump (at cards); 2. *fig.* *frumoasă --*, wonderful, beautiful.
cozonac m. cake.
cozondraci pl. (pair of) braces, suspenders.
cozoroc n. visor, screem.
crab m. Zool. crab.
crac m. 1. shank, leg, thigh; 2. branch, arm.
cracă f. branch, arm.
crăcană f. fork-end, hair-pin.
crăcănă (a) I. *va.* to straddle. II. *ref. a se —*, to sprawl.
crăcănit a., **crăcanos** a. forked, crotchety. cleft-footed.
crăci v. ref, *a se —*, to open wide, one's legs.
Crăciun n. Christ·nas.
crăcni (a) *vt.* to break a word; *a nu —*, not to say a word, not to drop a word.
crăiasă f. queen.
craidon m. shabbey fellow, libertine, rake.
crainic m. herald.
crăiesc a. royal.
crăișor m. 1. petty king; 2. Zool. salmontruit.
crăiță f. 1. petty queen; 2. Bot. marigold.
craiu m. 1. king; 2. libertine, debauchee, rake.
cramă f., press-house (at the vineyard).
crampe f. pl. cramp, spasm.
crâmpeiu n. piece, fragment.
crâmpoți (a) *va.* to whittle, to slash, to cut.
crâncăni (a) *vt.* V. a *croncăni.*
crâncen a. 1. cruel, horrible, frightfull; 2. desperate, inveterate.
crâncenie f. ferocity, desperation.
crâng n. copsewood, coppice, grove, small wood.
crânguros a. copsy, woody, busky.
craniu n. skull, brain-pan.
crap m. carp.
crăpa (a) I. *va.* 1. cleave, to split, to slit; 2. to crevise, to chap, to chink. II. *vt.* 1. to burst; 2. to fissure, to rive; 3. to crack; 4. *fig.* to eat 5. to die, to fall, to perish (animals) 6. *crapă de ziua,* the day breaks; 7. *a — de frig,* to chap.
crăpătură f. 1. fissure, cleft; 2. crevice, crack; 3. rift, slit, chink,

crăşel m. pl. Bot. back alder.
crăsni (a) *vt.* to gnash.
crater n. crater (of a volcano).
cratiță f. saucepan, stewpan.
cravaşă f. horse-whip, riding-whip.
cravată f. 1. neck-cloth; 2. cravat.
creà (a) *va.* to create.
creangă f. bough, branch, arm.
creanţu f. credence, debt, book-debt.
creastă f. 1. comb (of a cock or hen); 2. crest, summit, top; — *dealului,* hill-top; 3. Bot. *creasta cocoşului* cock's comb, yellow rattle.
creator m. creator, maker.
creaţie f., **creaţiune** f. creating, creation.
creatură f. creature.
crede (a) *va.* to believe, to think, to supposse, *a nu —*, to disbelieve.
credincios a. faithful, true, loyal.
credinţă f. faith, faithfulness, credit; *de bună —*, in good faith, on trust; *de rea —*, dishonest.
credit n. credit, trust; *a cumpăra pe —*, to buy on trust; *Creditul Funciar, Creditul Urban,* mortageloan Society.
credită (a) *va.* to credit, to trust.
creditor m. creditor.
credul a. credulous, easy of belief.
credulitate f. credulity, credousness.
creeri m. pl. 1. brains; 2. *a'şi sbură creierii,* to blow out his brains.
creion n. crayon, pencil, lead-pencil.
cremene f. flint-stone.
crep n. crape.
crepuscul n. twilight.
crescător m. foster-father.
crestà (a) *va.* to notch, to cut, to score, to make an incision.
crestătură f. notch, score, gash.
creşte (a) *va.* şi *vt.* 1. to grow, to increase; 2. to bring up, to educate, to resr; 3. to breed.
creştere f. 1. growth; 2. thriving; 3. education, rearing.
creştet n. 1. top, summit; 2. crown, vertex.
creştin m. şi a. cristian.
creştină (a) I. *va.* to christen, to baptise, to christianize. II. *ref. a se —*, to be christianized.
creştinare f. christening, christianize.
creştinătate f. christendom.
creştinism n. christianity.
creţ a. crisp, curled.
cretă f. chalk.

crețitură f. wrinkle.

cretos a. chalky.

crez n. creed, belief.

crezământ n. credit, confidence, reliance.

crezare f. belief, credit.

crezător m. și a. believer; lesne —, credulous.

crimă f. crime, offence, guilt.

criminalitate f. criminality.

criminal I. m. criminal, culprit. II. a. criminal, guilty.

crin m. Bot. lily.

criptă f. crypt.

cristal n. crystal.

cristalin a. crystalline.

cristaliză (a) va. to crystallise.

cristalizare f., cristalizație f. crystallisation.

cristeiu m. Zool. rail (bird).

cristelniță f. (baptismal) font.

criteriu n. criterion.

critic I. m. critic. II. a. critic, critical.

critică f. critique, criticism.

critică (a) va. to criticise.

crivac n. winch.

crivăț n. north-wind, boreas.

criză f. crisis.

crocodil m. crocodile.

crohmală f. starch.

crohmoli (a) va. to starch.

croi (a) va. vt. 1. to cut out; — o haină to cut out a dress; 2. a o — la fugă, to run away, to make off; 3. — la mincluni, to tell lies: 4. — o bătaie, to thrash, to beat soundly.

croială f. cut, fashion.

croitor m. tailor, sempster.

croitoreasă f. sempstress.

croitorie f. 1. tailor's trade; 2. tailoring business, tailoring.

croncăni (a) vt. to croak, to caw (raven).

croncănit n. croaking (raven).

croncănitor m. raven.

cronic a. chronic.

cronică f. chronicle.

cronicar m. chronicler.

cronologic a. chronological.

cronologie f. chronology.

cronometru m. chronometer, time-keeper.

crosnă f. dorsal, dorser.

crosnaș m. treet-porter.

cruce f. 1. cross; a'și face —, to cross one's self; 2. crucea gaielor, sacrum; 3. a pune —, to give up as lost.

cruci (a) I. va. to cross, to set a-cross. II. ref. a se —, to cross one's self.

cruciadă f. crusade.

cruciat m. crusader.

cruciș adv. cross-like; crosswise; crossly; a așeza —, to set crosswise; drum —, cross-road; — și curmeziș, in all directions.

cruciuliță f. 1. crosslet; 2. ref. țrounsel.

crud a. 1. crude, raw; 2. crude uncooked; 3. unripe; 4. rough, cruel.

crunt a. bloody, cruel, ferocious.

cruță (a) va. to spare, to save, to manage.

cruțare f. sparing, management, care.

cruzățea f. Bot. ling.

cruzime f. cruelty; crudity, rawness.

ctitor m. founder (of an institution).

cu prep. 1. with, together with; 2. — adevărat, indeed, in fact, truly; — 'anevole, with difficulty; — toată această, with all this, for all that, however; — toată că, though, although.

cuarț n. quartz, rock-crystal.

cub n. cube.

cubaj n. cubature.

cubic a. cubic.

cuc I. n. cuckoo, cuckoo-bird. I. adv. loc singur —, quite lonely.

cuceri (a) va. to conquer, to subdue.

cucerire f. conquest.

cueeritor m. conqueror.

cucernic a. pious, devout, religious, godly.

cucernicie f. piety, devotion, devoutness, godliness.

cuhnie f. kitchen.

cucoară f. stork.

cucubală f. Bot. soapwort.

cuculat a. protuberant.

cucuiu n. protuberance, bump, swelling.

cucumeago f. V. cucuvaie.

cucurbetă f. 1. gourd, pumpkin; 2. crook-neck.

cucurbețeá f. Bot. bryony.

cucurig n. Bot. hellebore.

curigu int. cock-a-doodle-doo!

cucuță f. Bot. 1. hemlock; 2. — mică, fools passley; 3. — de apă, water-hemlo k.

cucuvaie f. sea-owl.

cufăr n. coffer, trunk, bin, box, chest.

cufundă (a) I. *va.* to plunge, to dip, to immerse, to duck. II. *ref. a se* —, to go dip în, to dive, to sink.

cufundacia *f.*, **cufundariu** *m. Zool* plungeon, sea-diver.

cufundare *f.* plunge, plunging, dip, dipping, immersion.

cufundător *m.* diver.

cuget *n.* thinking, reflection, thought, idea.

cugetă (a) *vt.* to think, to meditate, to reflect upon.

cugetare *f.* thought, thinking, meditation, reflection.

cugetător *m.* thinker; *liber* —, freethinker.

cuhnie *f.* kitchen.

culb *n.* nest; *a'şi face culbul*, to build its nest.

cuibă *v. ref. a se* —, to nest, to nestle one's self.

culbar *n.* 1. nest-egg; 2. nest.

culbări (a) *vt.* to nestle, to nest.

culer *n.* 1. clothes-peg; 2. cloak-bearer, rack.

culne *f.* kitchen.

cuirasat *n.* iron-clad ship, iron-clad vessel.

cuişoare *f. Bot.* clove; — *de grădină*, clove-gilly flower.

cuişoriţă *f. Bot.* water-avens.

culu *n.* 1. nail, stud; 2. — *de lemn*, dowel, peg, pin; 3. *a bate un cuie*, to nail; *a scoate cuie*, to unnail.

cuibee *m.* edible snail, slog.

culbecească *f. Bot.* lucern-grass.

cuică (a) I. *va.* 1. to couch, to put to bed; 2. to lay, to lay down. II. *ref. a se* —, to couch, to go to bed.

culcare *f.* couching.

culcat *a.* abed; *a fi* —, to be abed.

culcuş *n.* 1. lodge, resting-place; 2. couch, den (of a wild beast); — *de iepure*, form of a hare; — *de vulpe*, fox-earth; — *de leu*, lion's den; 3. — *de hoţi*, den of robbers; 4. *Bot. culcuşul-vacel*, m. forget-me-not.

culege (a) *va.* to gather, to collect, to cull (from), to reap, to pick (of).

culegere *f.* 1. collection, gathering; 2. crop.

cules *n.* 1. gathering; 2. *culesul strugurilor*, vintage.

cuiliciu *m. Zool.* flower.

culinar *a.* culinary.

culisă *f.* side-scene, slip.

culme *f.* 1. top, summit, peak; 2. acme; 3. *fig.* crown; *ca* — *to crown all.*

culmină (a) *vt.* to culminate.

culoare *f.* colour.

culpă *f.* fault, failing.

culpabil *a.* culpable, guilty.

culpabilitate *f.* culpability, culpableness, guilt.

cult I. *n.* worship, adoration, devine service. II. *a.* educated.

cultivă (a) *va.* to cultivate, to till, to farm.

cultivator *m.* husbandman, agri-culturist, tiller.

cultură *f.* culture, cultivation.

cum *adv.* 1. how, in what manner; 2. *nici de* —, not at all, by no means, in no degree; *după* —, according as; 3. *loc.* — *e tatăl şi copilul*, as the tree is, so is the fruit.

cumătră *f.* gossip, god-mother.

cumătrie *f.* sponsorship.

cumătru *m.* godfather.

cuminecă (a) I. *vt.* to impart, to communicate, to administer the sacrament. II. *ref. a se* —, to receive the communion.

cuminecătură *f.* communion (sacrament); *sfânta* —, the Lord's supper.

cuminte *a.* 1. reasonable, wise, judicious; 2. well-bred, well-behaved.

cuminţi (a) I. *va.* to make any one well-behaved. II. *ref. a se* —, to get good-behaviour.

cuminţenie *f.*, **cuminţie** *f.* 1. prudence, wisdom; 2. kindness, good behaviour.

cumnat *m.* brother-in-law.

cumnată *f.* sister-in-law.

cumnăţie *f.* affinity.

cumpănă *f.* 1. scale; 2. weigh-bridge; 3. balance, equilibrum; 4. pump-handle; 5. bar-post; 6. sweep; 7. *a stă în* —, to be undecided, irresolute.

cumpăneală *f.* moderation.

cumpăni (a) *va.* 1. to weigh, to poise, to ponder; 2. *fig.* to consider, to counterbalance.

cumpănire *f.* leveling, weighing.

cumpără (a) *va.* to buy, to purchase; *a* — *eftin*, to buy, (to purchase) cheap; *a* — *scump*, to buy (to purchase) dear.

cumpărare *f.* purchase.

cumpărat *a.* bought, purchased; *de* —, purchasable.

cumpărător *m.* buyer, purchaser.

cumpărătură *f.* purchase.

cumpăt *n.* 1. moderation, sobriety; 2. temperance; 3. continence; 4.

a'şi **ţire cumpă.ul**, to restrain one-self, to become temperate; 5. *o stă în* —, to reflect, to think over or upon

cumpătare *f.* 1. moderation. moderateness, temperance; 2. continence.

cumpătat *a.* moderate, temperate.

cump.lt *a.* cruel, fierce, ferocious, dreadful.

cumul *n.* 1. holding of several offices; 2. accumulation.

cumulă (a) *va.* to hold several offices.

cumulard *m.* pluralist.

cumva *adv.* perhaps.

cunoaşte (a) I. *va.* 1. to know; 2. to be acquainted with; *a — din vedere*, to know by sight. 3. t) recognize, to have a know-ledge of; 4. to be aware of. II. *ref.* 1, *a se* —, to know oneself, to know each one another; 2. to be acquainted 3. to be a judge of.

cunoaştere *f.* 1. knowledge, cognizance; 2. knowing.

cunoscător *m.* connoisseur, appraiser, knower.

cunoscut *m.* acquaintance.

cunoş inţă *f.* 1. knowledge, acquaintance, cognizance; 2. notice; 3. *a aveă — ae*, to be acquainted with, to know to be aware of; 4. *a aduce la* —, to give notice; *prin aceasta aducem la* —, we hereby give notice.

cunună *f.* wreath, garlond.

cununa (a) I. *va.* to marry, to match II. *ref. a se* —, to get married. to be married.

cununie *f.* marriage, nuptials, spousal.

cupă *f.* 1. cup, drinking-cup, goblet; 2. heart (of cards).

cuprinde (a) *va.* 1. take in, (up), to comprise, to contain; 2 to imply, 3. to conquer, to take.

cuprindere *f.* seizing, occupation, occupancy.

cupru *n.* copper.

cuptor *n.* 1. oven; 2. furance; 3. *— de uscat hameiul*, oast; 4. *luna lui* —, July.

cur *n.* backside, posteriors, arse.

cură *f.* cure, course of medicine.

curabil *a.* healable, sanable, curable.

curagios I. *a.* courageous, stout. II. *adv.* courageously.

curaj *n.* courage, cheer, spirit; *a pierde curagiul*, to loose one's spi-

rits; *curagiu*, cheer up!; be of good cheer !

curând *adv.* soon, quickly, immediately; *în* —, sooner, by a short day; *de* —, lately; *— sau târziu*, sooner or later; *cât mai* —, at the soonest.

curar *n.* crupper (of horses).

curarisi (a) *va.* to cure, to heal, to remedy.

curarisire *f.* cure, recovery.

curat I. *a.* 1. clean, clear, neat; 2. chaste, pure. II. *adv.* openly, freely, sincerely.

curate ă *f.* trusteeship.

curăţenie *f.* 1. neatness, clearness; 2. purity; 3. *leac de* —, purging, purgative, laxative.

curăţi (a) şi **curăţă (a)** *va.* 1. to clean, to cleanse, 2. to depurate; 3. to purify; 4. *— de coajă*, to peel off; 5. *— un pom*, to prune; 6. *a — ghete*, to brush shoes (boots).

curăţire *f.*, **curăţare** *f.* 1. cleaning, cleansing, clearing; 2. depuration; 3. purification.

curăţitor *m.* 1. purificator; 2. *— de haine*, scourer (of clothes); *— de ghete*, scourer of boots.

curator *m.* guardian.

curbă *f.* curve.

curcă *f.* 1. turkey-hen; 2. *fig. — ploată*, milksop.

curcan *m.* turkey-cock, turkey.

curcanaş *m.* young turkey.

curcubeu *m.* rainbow.

curculez *n. Zool.* weevil; *mâncat de curculezi*, weevilled.

curcumă *f. Bot.* turmeric.

cureă *f.* strap, thong brace; *— de piept la cal*, breast-collar.

curechiu *m. Bot.* cabbage, rocket.

curelar *m.* harness-maker, leather-cutter.

curent I. *n.* 1. stream, flow, fluent; 2. current. II. *a.* running: *cont* —, running account, account current.

curge (a) *vt.* 1. to flow. to run; 2. to leak; 3. to water (the eyes).

curgător *a.* 1. flowing; 2. fluent.

curgere *f.* 1. running, flowing course; 2. flux.

curier *m.* courier, post-boy, express, messenger.

curios *a.* curious, inquisitive.

curiozitate *f.* curiosity, inquisitiveness.

curmă (a) *va.* 1. to cease, to discontinue, to end; 2. to cut short; to interrupt.

curmal *m.* date-tree, date-palm.

curmală *f.* date.

curmeziş *adv.* across; *de a curmezişul stradei,* across the street; *crucış şi ~,* thus way and that, crisscross.

curpen *m. Bot.* 1. vine-branch, clematis; 2. — *alb,* honeysuckle; 3. — *de pădure,* virginian creeper.

curpeni *v. ref. a se —,* to creep, to climb.

curs *n.* 1. course; 2. flow.

cursă *f.* 1. smare, gin; *a întinde o —,* to lay a smare; *a prinde în —,* to gin, to insnare; 3. fare.

cursiv *a.* cursive, running.

curte *f.* 1. court, court-yard, yard; 2. courtship; 3. — *cu juraţi,* Court of oyer and terminer; 4. *a face —* to court, to make love to.

curtean *m.* courtier, courtling.

curteni (a) *va.* to court, to make love to.

curtenie *f.* courtesy, courteousness.

curtezan *m.* courter, curtier.

curtezană *f.* 1. courtesan, courtezan; 2. strumpet.

curtier *m.* 1. broker; 2. agent.

curuiu *m.* sparrow-hawk.

curvă *f.* pro titute, whore, harlot.

curvar *m.* lewd person.

curvărie *f.* 1. prostitution; 2. whoredom.

curvi (a) *va.* to whare.

curvie *f.* wharing, fornication.

cusătoreasă *f.* seamtress, sempstress.

cusătorie *f.* mantua-making, sewing, needle-works.

cusătură *f.* sewing, seam, suture.

cuşcă *f.* 1. hem-coop; 2. green arbour.

cuserie *f.* relation by marriage, affinity.

cuscrişor *m. Bot.* pulmonary.

cuşmă *f.* V. căciulă.

cuşniţă *f.* forge, nail-forge.

custode *m.* keeper, custodian.

cusur *n.* 1. defect, deficiency, imperfection, want; 2. rest.

cuţă *f.* fold, plait, wrinkle, rumple; *a face cute,* to crumple.

cutare *a.* 1. such, such a one, many a one; 2. some; *Domnul —,* Mr. such a one.

cute *f.* whetstone rubstone.

cuteză (a) *vt.* 1. to dare, to grow bold; 2. to venture.

cutezare *f.,* cute anţă *f.* daring, daringness, boldness, fool-hardiness.

cutezător I. *a.* bold, daring, foolhardy. II. *m.* daring-hardy.

cutie *f.* 1. box, hand-box, case; 2. chest of drawers.

cuţit *n.* kuife: — *de bucătărie,* caseknife; — *de plug,* coulter.

cuţitar *m.* cutler.

cuţitărie *f.* 1. cutlery; 2. cutlery works; 3. cutler's shop.

cuţitaş *n.* penknife.

cuţitoaie *f.* knife-file.

cutră *f.* gossip.

cutreera (a) *va.* to range in, to travel over, to run through (over) to wander through; *a — lumea,* to range the world.

cutremur *n.* trembling, shivering, shcddering; — *de pământ,* earthquake.

cutremură (a) I. *va.* to tremble, to shiver, to shudder. II. *ref. a se —,* to tremble, to shiver, to shake, to quake.

cutremurare *f.* trembling, shivering, shuddering.

cuvânt *n.* 1. word; 2. promise; 3. sermon, speech; 4. reason; 5. — *cu —,* word for word; *pe cuvântul meu,* upon my word; *într'un —,* in short, in a word; *a se ţine de —,* to keep one's word; *a nu se ţine de —,* to break one's word; *a lua cuvântul,* to take the word, to begin to speak; *a cere cuvântul,* to request permission to speak; *cu drept —,* with good reason; *sub ~,* on the plea that.

cuvântă (a) *vt.* to discourse to speak.

cuvântare *f.* discourse, speech.

cuvântător *m.* orator, public speaker.

cuveni *v. ref. a se —,* 1. to be suitable, to beseem, to suit, to become; 2. to be due: *partea care mi se cuvine,* the share which is my due; *cum se cuvine,* proper, becoming.

cuvenire *f.* convenience, suitableness, fitness, propriety.

cuviincios *a.* decent, becoming, suitable.

cuviinţă *f.* decency, fitness, becomingness.

cuvios I. *a.* pious, devout, religious. II. *adv.* religiously, piously, decently.

cuviosie *f.* devotion, devoutness, piety, godliness, religiousness.

cvartir *n.* quartering, soldiers quartered.

D

da I. *adv.* yes, ay, yea: — *ori ba*, yes or not; *ba* —, yet, however; *ba şi* —, the yeas and nays: — *de ce*, why, wherefore; — *într'adevăr*, yes. indeed. II. *conj.* but.

da (a) I. *va.* 1. to give, to hand; 2. to bestow upon, to confer; 3. to distribute, to impart; 4. to grant, to yield, to engage; 5. to deal (cards); 6. to bid, to offer; 7 *a — de ştire*, to advise, to inform; 8. *a — de înţeles*, to give a hint; 9. *a — ajutor*, to help, to yield assistance; 10. *a — o mână de ajutor*, to lend a helping hand; 11. *a — fuga*, to flee, to run away; 12. *a — împrumut*, to lend; 13. *a — la lumină*, to set out, to publish; 14. *a — de gol*, to expose, to commit, to compromise. to unveil; 15. *a — da jos* to pull down. to throw down; 16. *a — o guriţă* to kiss; 17. *să dea Dumnezeu*, God grant. God grant it! II. *ref.* 1 *a se —*, to give one's self, one another; to get one's self, to addict one's self; 2. *a se — ca.* to give one's self out for; 3. *a'şi — sufletul*, to gasp, to yield up, to expire, to treath one's last.

dabilă *f.* jade harridan.

Dac *m.* Dacian.

Dacia *f.* Dacia.

dacă *conj.* if, when, unless, whether; — *nu*, if, not, else, otherwise; — *însă*, but if; — *vreo dată*, if ever; *numai* —, unless; *în cas* —, in case of.

dactil *m.* Muz. dactyl.

dădacă *f.* nurse.

dadu:ci (a) I. *va.* to accustom, to use. II. *ref. a se* —, to get used.

dafin *m.* Bot. laurel-tree, bay-tree; *frunză de* —, bay-leaf.

dăinui (a) *vi.* to last.

dăinuire *f.* lasting.

daireà *f.* tambourine, timbrel.

dajdie *f.* tax, impost.

dă ac *n.* carbuncle, abscess.

dalb *a* white, clean, pure.

dalcauc *m.* sponger, parasite.

dalie *f.* Bot. dalia.

daltă *f.* chisel.

dăltui (a) *va.* to chisel.

damă *f.* 1 lady; 2. queen (at cards); 3. dam; 5. draughts (game).

damască *f.* damask (stuff).

dâmb *n.* hillock, hill, rising round.

damblà *f.* apoplexy, palsy, *a fi lovit de* —, to be struck by apoplexy.

damblagiu I. *m.* apoplectic. II. *a.* apoplectic, apoplectical.

damigeană *f.* demi-john, large bottle, jar.

damlà *f.* V. **damblà**.

damnaţiune *f.* damnation, condemnation.

dănănăi (a) *vt.* 1. to swing; 2. to fluctuate, to oscillate.

dănănaie *f.* 1. extravagant thing; 2. fudge, stuff.

danciu *m.* gipsy-boy.

dandana *f.* 1. tumult, brawl, great noise; 2. disagreeableness, unpleasantness; 3. foolish trick.

dandaratele *adv.* backwards.

dandoasele *adv.* the wrong side out, upside down.

Danemarca *f.* Danemark.

Danez *m.* Dane (person).

danez *a.* danish.

dangăt *n.* tinkling (of a bell).

danie *f.* 1. donation, legacy; 2. vow.

danos *a.* generous, liberal

dans *n.* dance; *said de* —, dancing-school; *profesor de* —, dancing-master.

dansă (a) *vt.* to dance.

dânsa *pron.* she.

dansator *m.*, **dansatoare** *f.* dancer.

danţ V. **dans**.

dante à *f.* lace, lace-work, embroidery.

dănţui (a) *vt.* to dance, to heel.

dănţuitor *m.*, **dănţuitoare** *f.* dancer.

danubian *a.* Danube.

dar *n.* 1. gift, present, donation; 2. *fig.* gift, talent, knack, (at).

dară *conj.* but, however.

dară *f.* Com. tare.

dâră *f.* 1. trace, track; 2. wake, — *ce lasă o corabie pe apă*, chip's wake.

darabană *f.* drum.

darabancic *m.* drummer, drum-beater.

darac *n.* card, card-engine, comb.

dărăci (a) *va.* to card, to comb wool.

dărăcitor *m.* carder, comber.

daradaică *f.* an old fashioned wach, rattletrop.

dărâma (a) *va.* 1. to demolish, to pull down; 2. to destroy; (o cetate) to dismantle, to pluck down; 3. *a se —*, to fall to ruin.

dărâmare f. demolition, pulling-down, destruction.

dărâmătură f. demolishment, demolition. ruins, rubbish.

dărăpănă (a) va. to pull down, to ruin.

daravere f. affair, buisiness, matter.

dardă f. javelin.

dârdâi (a) vi.-1. to clatter, to rattle, to rumble; 2. to groan, to roar.

dârdaiă f. 1. rattler, babbler; 2. jade.

dare f. 1. giving; 2. impost, tax; *cu — de mână*, wealthy, well-off; *a fi cu — de mână*, to be well-off; *— de seamă*, review, criticism, report; *dare pe cap*, capitation tax.

dârloagă f. 1. a bad horse, jade; 2. good for nothing fellow, ninny, decayed-one.

dârlog m. rein, briddle.

dârmotin m. Bot. pulmonary.

dârmoz m. Bot. viburnum.

darn adv. in vain.

darnic a. liberal, generous, bountiful.

dărnicie f. liberality, generosity, bountifulness.

dărui (a) va. 1. to present, to make a present; 2. to reward, to recompense.

dăruire f. gift, grant, donation, giving.

dăruitor m. donor, giver, presenter.

dârvală adv. cornmoly, meanly.

dârj a., **dârz** a. headstrong, obstinate, hardy.

dârjie f., **dârzie** f. boldness, obstinaty, impudence.

dascăl m. 1. teacher; 2. instructor; 3. sexton, churchsinger.

dăscăli (a) va. 1. to teach, to instruct; 2. to rebuke, to upbraid.

dăscălie f. profesorship, instruction, doctrine.

dăscăliță f. female teacher.

dat a. given.

dată f. 1. time, date; 2. *a fost o —*, once upon a time; *de o —*, at a time, at once, imediatly; *câte o —*, at times, sometimes; *o — sau de două ori*, once or twice; *o — pentru toate*, once for all; *de astă —*, for this once; *aiă —*, formerly; *nicio —*, never, at no time; *n'am spus aceasta nicio —*, I never said so.

dată (a) va. to date.

dătător m. giver, donor.

dătătură f. blow, stroke.

datină f. habit, custom, usage. use.

dativ n. dative; *la —*, in the dative (case).

dator a. 1. indebted; 2. obliged; 3. owing, due; *a fi —*, to owe, a *remâne — cuiva*, to be in debt to a person; *cine nu e — e destul de bogat*, he who owes nothing is rich enough; *a fi — vândut*, to be sunk over head and ears in debt, to be worse than nothing.

datori (a) vt. to owe, to be indebted to, to be in debt for.

datorie f. 1. debt; *— publică*, the national debt; *a nu avea nici o —*, to be out of debt; *a face datorii*, to run into debt; 2. duty, trust; *a'şi face datoria*, to do one's duty, to observe one's trust; 3. observation.

datorit a. owing to.

datornic m. debitor.

datornică f. debitor.

dăulă (a) va. to harass, to tire.

daună f. damage, injury, hurt.

davaimaş m. joint-proprietor (or) owner.

davălmăşie f. joint property.

de prep. 1. of; *o bucată de pâin*, a piece of bread; *un ceasornic de aur*, a watch of gold; 2. by; *făcut de mine*, done by me; 3. from: *de ură*, from hatred; *de departe*, from far; *departe de*, far from; 4. about; *de jur împrejur*, round about; 5. after; *de pe natură*, after nature; 6. out of; *de nevoie*, out of necessity; 7. *de abia*, hardly, scarcely; *de aceea*, therefore; *de aci*, thence; *de ajuns*, sufficient; *de când*, since; *de vreme*, early; *mat de vreme*, earlier; *prea de vreme*, too early; *de ce?* why; *de ce nu?* why not? *de faţă*, present; *de curând*, lately; *de mult*, long ago, it is long since; *nu prea de mult*, not long ego, not long since; *de geaba*, for nothing, gratis.

deal n. 1. hill; hillock; 2. eminence; *peste dealuri şi peste văi*, highways and byways.

debarca (a) vt. to land, to disembark.

debarcader n. landing-place, wharf, quay.

debarcare f. landing, disembarking.

debil a. feeble, weak, debilitated, debile.

debilitate f. debility, weakness, feebleness.

debit *n.* 1. retail shop; 2. sale by retail; 3. result, production.

debită (a) *va.* 1. to sell by retail; 2. to debit (on account).

debitant *m.* retailer (of), dealer.

debitor *m.* debtor.

debordă (a) *va.* 1. to run over, to overflow; 2. to jut out.

debordare *f.* 1. owerflow, overflwing; 2. Irruption.

debursă (a) *va.* to disburse, to lay out.

debursare *f.* disbursement.

debut *n.* 1. beginning; 2. first appearance (of an actor or actress); 3. set-out.

debută (a) *vt.* to begin, to play first, to have the lead, to make one's first appearance.

debutant *m.* actor or actress appearing the first time, beginner.

decadă *f.* decade.

decădeă (a) *vt.* to decay, to fall to ruins, to decline.

decadență *f,* decay, decline, ruin decadency.

decădere *f.* decay, decadency, decline.

decagon *n.* decagon

decagram *n.* decagram.

decalitru *m.* decalitre = 2.2 gallons.

decalog *n.* decalogue.

decametru *m.* decameter = 32.88992 feet.

decan *m.* dean.

decanat *n.* deanery, deanship.

decapită (a) *va* to behead, to decapitate.

decapitare *f.* beheading, decapitation.

decatir *n.* spunging of woolen cloth; *a da la —,* to spunge woolen cloth.

de ce *conj.* why, for what.

decedat *a.* deceased, dead.

decemvir *m.* decemvir.

Decemvrie *m.* December.

deceniu *n.* ten years; *trei decenii,* thirty years.

decent *a* decent.

decență *f.* decency.

decepțiune *f.* deception.

decerne (a) *va.* to decern.

deces *n.* decease, death.

Dechemvrie *m.* pop. December.

deci *conj.* so then then, ergo therefore, consequently, accordingly.

decide (a) *va* to decide, to determine.

decimă (a) *va.* to decimate, to destroy.

decimal *a.* decimal.

decimetru *m.* the tenth part of a a metre.

decis *a.* decided; *ne —,* undecided.

deciziune *f.* decision, resolution, determination.

deciz.v *a.* decisive.

declamă (a) *va.* to declaim, to recite, to spout, to rant.

declamare *f.* decamation, elocution, rant.

declamator I. *m.* 1. declaimer, 2. stump-orator. II. *a.* declamatory, declaiming.

declară (a) *va.* 1. to declare, to tell, to make known; 2. to denounce; *a se —,* to declare one's self, to declare for.

declarare *f.* declaration.

declarat *a.* declared.

declarațiune *f.* declaration.

declasat *a.* decayed, in reduced circumstances.

declină (a) *va.* 1. to decline, to re puse 2. *Gram.* to decline.

declinabil *a.* declinable.

declinare *f.* 1. *Gram.* declension; 2. *Fiz.* declination.

decoct *n.* decoction.

decoloră (a) *vt.* to discolour; *a se —,* to lose colour.

decoltă (a) *vt. ref. a se —,* to bare one's neck and shoulders.

decor *n.* decoration, scene.

decoră (a) *va.* 1. to decorate, to adorn. to embellish; 2. to confer an order.

decorație *f.,* **decorațiune** *f.* 1. decoration, scenery; 2. order, distinction.

decorator *m.* decorator.

decret *n.* decree.

decretă (a) *va.* to decree

decurge *a. v.* 1. *fig* to follow from, to flow from, to result from.

decurs *n.* course (of time).

dedă *v. ref. a se —:* 1. to devote one 'self to: to addict one's self! 2. *a se — la,* to become addicted; to get accustomed; *a se — la viața de desfrâu,* to take the evil courses.

dedal *n.* 1. labyrinth, maze; 2. confusion.

dedat *a.* given to.

dedețel *m. Bot.* anemony.

dedică (a) *va.* to dedicate; to inscribe.

dedicat *a.* dedicated.

dedicațiune *f.* dedication.

dedicatoriu *a.* dedicatory.

deduce (a) *va.* to deduct, to infer, to conclude, to deduce.

deducţiune, *f.* deduction, inference, induction, conclusion.

delăimă (a) *va.* to defame, to slander, to asperse (by), to calumniate.

defăimare *f.* defamation, slandering, disparagement, calumniation.

defăimător *a* defamatory, slanderous, calumnious.

defaii *a. va.* to defaliate, to deduct.

defavoare *f.* disfavour, disgrace.

defavorabil *a.* unfavourable.

defect *n.* defect, fault, failing.

defectiv *a.* 1. defective. imperfect; 2. *Gram.* defective.

defecţiune *f.* 1. defection, desertion.

defectuos *a.* defective.

defectuozitate *f.* defect.

defensiv *a.* defensive.

defensivă *f.* defensive; *pe* —, defensively.

defensor *m.* defender.

deferenţă *f.* deference.

deferi *a. va.* to confer, to defer.

deficit *n.* deficit, deficiency.

defige (a) *va.* to fix, to stipulate.

defilă (a) *vt.* to defile, to file.

defilare *f.* defile, defiling, filing off.

defini (a) *va.* to define, to determine, to describe.

definire *f.* definition, description.

definit *a.* definite, determinate.

definiţiune *f.* definition.

definitiv *a.* definitive.

deflora (a) *va.* 1. to deflour; 2. to dishonour.

deflorare *f.* deflowering, defloration.

deformă (a) *va.* to deform, to disfigure.

deformaţiune *f.* deformation.

defraudă (a) *va.* to defraud, to cheat.

defunct *a.* deceased, late.

degajă (a) I. *va.* 1. to disengage, to release; 2. to redeem, to free from. II. *ref. a se* —, to free (sau) extricate oneself, do disengage.

degajare *f.* disengagement, redemption.

degeaba *adv.* 1. in vain, vainly; 2. gratis, without pay.

degenera (a) *vt.* to degenerate.

degenerare *f.* degeneration.

degenerat *a.* degenerate.

degeră (a) *vt.* to freeze, to frost, to congeal, to chilblain.

degerare *f.* freezing, congelation.

degerat *a.* 1. frozen; 2. frost-bitten (plante).

degerătură *f.* 1. frost-bite; 2. frostiness; 3. chilblain.

deget *n.* I. finger; *degetul cel gros.* thumb; *degetul arătător,* forefinger; *dege.ul de mijloc,* middle finger; — *inelar,* ring-finger. *la picior,* toe; *degetul mare dela picior,* big toe.

degetar 1. *n.* thimble; — *pentru degetul cel gros,* thumb-stall; 2. *Bot.* — *purpuriu,* finger-grass, dead men's finger.

deghiză (a) *v. ref. a se* —, to disguise one's self.

degradă (a) *va.* to degrade, to reduce to the ranks.

degradare *f.* degradation, degradement.

degradat *a.* degraded.

deja *adv.* 1. already; 2. before; *o ştiam* —, I knew it before.

dejucă (a) *va.* to frustrate.

dejugă (a) *va.* to unyoke (oxen).

dejun *n.* breakfast.

dejună (a) *vt.* to breakfast

dejurnă *f.* in attendance; *a fi* —, to be on duty.

delegă (a) *va.* to delegate.

delapidă (a) to embezzle.

delapidare *f.* embezzlement.

delaţiune *f.* denouncing, delation.

delectă (a) *va.* to delight.

delegare *f.,* **delegaţie,** **delegaţiune** *f.* delegation.

delegat *m.* şi *a.* delegate.

delfin *m.* 1. delphin; 2. Dauphin, eldest son of the kings of France.

deliberă (a) *vt.* to deliberate.

deliberare *f.* deliberation.

deliberativ *a.* deliberative.

delicat *a.* delicate, dainty, nice; tender.

delicateţă *f.* 1. delicacy, daintiness; nicety; 2. tenderness of feeling.

delicios *a.* delicious, delightful.

deliciu *n.* delight, pleasure.

delict *n.* offence, trespass; *în flagrant* —, in the very act, in the very fact.

delimită (a) *va.* to fix limits of, to mark off.

delimitare *f.* delimitation, fixing of limits.

delincvent *m.* criminal, delinquent.

delir *n.* delirium, frenzy.

delirá (a) *vt.* 1. to be delirious; 2. to rave.

deliriu *n.* V. *delir.*

deliu *a.* 1. courageous, brave; 2

slender, glaceful, slim.
deltă f. delta.
delung V. *îndelungat*.
demagog m. demagogue.
demagogic a. demagogic.
demagogie f. demagogy.
demarcă a. *va* to mark off.
demască (a) *va*. to unmask, to dismask.
dement a. weak of mind.
demers n. step, measure.
demisie f., **demisiune** f. demission, resignation; *a'şi da demisia*, to give in one's resignation.
demisionă (a) *vi*. to resign.
demite (a) *va*. to dismiss.
demn a. 1. worthy of, deserving of; 2. dignified.
demnitar m. dignitary.
demnitate f. dignity, title.
democrat m. democrat.
democratic a. democratic.
democraţie f. democracy.
demon m. demon, devil.
demonic a. demoniacal.
demonstră (a) *va*. to demonstrate, to show, to prove.
demonstrare f., **demonstraţie** f. demonstration, show.
demonstrativ v. demonstrative.
demontă (a) *va*. to take to pieces.
demoralisă (a) *va*. to demoralise.
demoralizare f. demoralization.
demoralizator a. demoralising.
denaturà (a) *va*. 1. to disfigure; 2. to misrepresent; 3. to sophisticate.
denegă (a) *va*. to deny.
denotă (a) *va*. to denote.
dens a. dense, close.
densitate f. density, compactness
dentist m. dentist.
dentură f. set of teeth.
denumi (a) *va*. to name, to denominate.
denumire f. denomination.
denumitor m. denominator.
denunţă (a) *va*. to denounce.
denunţare f. denunciation, information
denunţător m. denouncer, informer.
deocamdată *adv*. in the meanwhile, for the present.
deoarece *conj*. because, as.
deochià (a) *va*. to throw a spell over, to bewitch, to fascinate.
deochiu n. spell, evil eye.
deodată *adv*. suddenly.
deopotrivă *adv*. equal, similar.
deosebi (a) *va*. to distinguish.
deosebi *adu*. *în* —, in particular.

deosebire f. difference, distinction.
deosebit a. different, diverse, various, separate.
depănă (a) *va*. to reel off, to wind off.
depănătoare f. reel, winder, windlass.
depănător m. winder, winding-machine.
depănătură f. winding into a skein, reeling off.
departa (a) *va*. 1. to remove; 2. *a se* —, to go away, to withdraw; 3. to swerve, to deviate; 4. to estrange.
departament n. 1. department; 2. province.
depărtare f. 1. remove, removal, distance, remoteness; 2. absence, separation; *din* —, at a distance; *la* —, far and wide.
depărtat a. 1. distant, far; 2. remote (time).
departe *adv*. wide, far; *de* —, from far; *cât de* —, how far? *a.ât de* — *cât*, as far as.
depăşi (a) *va*. 1. to exceed, to go beyond; 2. overdraw (an account).
dependent a. dependent.
dependenţă f. dependence, dependency.
depeşă f. despatch, wire.
depeşă *va*. to despatch, to wire.
depinde (a) *vi*. to depend on.
depinge (a) *va*. to paint. to describe, to bewail.
deplânge (a) *va*. to deplore, to weep for, to bewail.
deplasă (a) *va*. to change.
deplin a. entire; *pe* —, entirely.
deplinătate f. integrity, entireness.
deplorà (a) *va*. to deplore, V. *a depiânge*.
deplorabil a. deplorable.
deportă (a) *va*. to deport.
deposedă (a) *va*. to dispossess, to oust.
depozit n. 1. deposit; 2 repository, store-house, ware-house; 3. trust, charge; *a avea în* —, to have in trust, to hold in trust.
depozitar m. 1. depositary; 2 trustee; 3. keeper, preserver.
depoziţiune f. deposition, evidence, testimony.
depravà (a) *vt*. to deprave, to pervert, to corrupt; *a se* —, to become, to get depraved.
depravare f., **depravaţiune** f. depravation, perversity.
depredaciune f. depredation.

depreţiă (a) *va.* to depreciate, to undervalue.

depreţiare *f.* depreciation.

deprimă (a) *va.* to depress, to oppress.

deprinde (a) I. *va.* to habituate, to accustom, to inure. II. *ref. a se* to get used, to accustom one's self to.

deprindere *f.* 1. habit, custom; 2. practice.

depune (a) *va.* to depose, to deposit.

depunere *f.* deposition, deposit.

deputat *m.* deputy.

deputaţie *f.*, **deputaţiune** *f.* deputation.

dera à (a) *vt.* to run off the rails.

deranjă (a) I. *va.* 1. to derange, to disorder; 2. to incommode, to trouble. II. *ref. a se —*, to be deranged, to trouble one's self.

deranjare *f.*, **deranjament** *n.* disorder, confusion, trouble.

derăpănă (a) *va.* to destroy, to ruin, to pull down, to demolish.

derbedeu *m.* good-for-nothing fellow, vagabond.

dereş *a. cal ~,* roan.

derivă *a) vs.* 1. to derive; 2. *Gram.* to be derived.

derivare *f.*, **derivaţie** *f.*, **derivaţiune** *f.* derivation.

derizoriu (a) *a.* ridiculous.

derogă (a) *vt.* to derogate.

derogare *f.* derogation.

derviş *m.* dervish.

des I. *a.* thick, dense, close; *pleptene —,* daudritt-comb. II. *adv.* often, oft, frequently.

desag *m.* 1. wallet; 2. shepherd's crib.

desăvârşi (a) *va.* 1. to finish, to complete: 2. to accomplish, to perfect.

desăvârşire *f.* finishing, completion, accomplishment, perfection.

desăvârşit *a.* complete, full, perfect, accomplished.

desbăleră (a) *va.* to detach, to loosen, to unbind, to tie up.

desbără (a) *vt.* 1. to clear, to disencumber; 2. *a se —,* to get rid of, to get clear of, to extricate oneself from.

desbărare *f.* 1. riddance; 2. emancipation.

desbarcă (a) *va.* to land, to disembark.

desbarcare *f.* landing, disembarkment.

desbate (a) *va.* to debate, to discuss.

desbatere *f.* debate.

desbină (a) *va.* to disunite.

desbinare *f.* disunion, dissension.

desbrăcă (a) *va.* to. to undress, to strip, to take off (the clothes, etc); *a se —,* to undress one's self.

desbrăcat *a.* undressed.

desbrobodi (a) *va.* to unveil.

desbumbă (a) I. *va.* to unbutton. II. *ref. a se —,* to unbuttonn oneself.

descălecă (a) *vt.* to dismount, to alight.

descălţă (a) *va.* to unboot, to pull off one's shoes.

descântă (a) *va.* to disenchant, to exercise, to uncharm.

descăpăţână (a) *va.* to behead, to decapitate.

descărcă (a) *va.* 1. to discharge, to unload; 2. to fire: — *o puşcă,* to fire a gun.

descărcătură *f.* 1. discharge, release; 2. firing, discharge of musketry.

descătărâmă (a) *va.* to unbuckle, to unstrap.

descătenat *a.* unmanacled, unchained.

descătuşat *a.* V. *descătenat.*

descendent *m.* descendant, offspring.

descendenţă *f.* descent.

descentralizã (a) *va.* to decentralize.

deschiă (a) *va.* 1. to unfasten; 2. to open.

deschide (a *va* 1. to open; (2. *fig.*). *a'şi —, inima* to open one's heart. 3. to unclench.

deschidere *f.* opening.

deschingă (a) *va.* to ungird.

deschis *adj.* I. open; 2. clear bright.

deschizătură *f.* opening.

descifră (a) *va.* to decipher.

descifrare *f.* deciphering.

descinde (a) *vt.* to descend.

descinge (a) *va.* to ungird.

desclei (a) *va.* to unglue.

descleire *f.* unglueing.

descleştă (a) *va.* to loosen.

descoase (a) *va.* to unsew, to unstitch.

descoji (a) *va.* to peel.

descolorat *a.* discoloured.

descomplecta *a.* uncomplete.

descompune (a) *va.* to discompose; *a se —,* to become discomposed.

descompunere *f.* descomposition.

desconcertă (a) I. *va.* to disconcert. II. *ref. a se —,* to be disconcerted.

desconsiderà (a) *va.* to slight, to disregard, to despise.

desconsiderare *f.* disregard, slight.

descopcià (a) *va.* to unclasp, to unpin.

descoperi (a) I. *va.* 1. to uncover; 2. to discover, to reveal. II. *ref. a se —*, to uncover oneself; 1. to pull one's hat off; 2. to make oneself known, to be found out.

descoperire *f.* discovery.

descoperitor *m.* discoverer.

descotorosi (a) *vt. a se —*, to rid one's self, to get rid of.

descreierat *a.* crazy, mad, fulish.

descreşte (a) *vt.* to decrease, to diminish.

descreţi (a) *vt.* to unwrinkle, to smooth.

descriere *f.* description.

descripţie *f.*, **descripţiune** *f.* description.

descriptiv *a.* descriptive.

descuià (a) *va.* to unlock, to open.

descuiat *a.* unlocked; *uşa era descuiată*, the door was unlocked.

descult I. *a.* barefoot. II. *m.* 1. slubberdegullion, tatterdemalion; 2. barefooted friar.

descurajà (a) I. *va.* to discourage. II. *ref. a se —*, to be discouraged, to despond.

descurajare *f.* discouragement, despondency.

descurcà (a) *va.* to disentangle; *a se —*, to extricate one's self from.

descusut *a.* unsewed.

desdăunà (a) *va.* to indemnify.

desdăunare *f.* indemnification, indemnity.

deseară *adv.* this evening, to-night.

deşelà (a) *vt.* 1. to unsaddle; 2 to hip.

dese at *a.* saddle-backed, hip-shot.

desemnà (a) *va.* 1. to designate, to denote; 2. to design, to describe; 3. to assign, to appoint.

desemnare *f.* 1. designation, indication; 2. election choice.

desen *n.* drawing, plan, delineation, sketching.

desenà (a) *va.* to draw, to design, t> sketch, to delineate.

desenator *m.* pattern-drawer, delineator, sketcher.

desert *n.* I. 1. desert, waste;- 2. void, vacuum, vacancy. II. *a.* void, empty, vacant; 2. waste; *în —*, in vain.

deşertà (a) *va.* 1. to empty, to make empty, to void; 2. to evacuate.

deşertăciune *f.* emptiness, vanity.

deşertare *f.* 1. emptying; 2. evacuation.

desface (a) *va.* 1. to unmake, to untie, to undo; 2. to sell.

deslăşà (a) *va.* to unswathe.

desfăşurà (a) *va.* to unfold; to display; to spread; to unfurl; to deploy.

desfăşurare *f.*, **desfăşurat** *n.* unfolding; display; deploying.

desfătà (a) *vt.* to delight, to amuse.

desfătare *f.* delight.

desfătător *a.* delightful.

desfătui (a) *va.* to dissuade.

desfătuire *f.* dissuasion.

desfide (a) *va.* to defy, to brave, to challenge.

desfidere *f.* defiance, challenge.

desfiinţà (a) *va.* 1. to abolish, to abrogate (a law), 2. to repeal, to undo.

desfiinţare *f.* abolition, abolishment, abrogation, repeal.

desfigurà (a) *va.* to desfigure, to deform.

desfigurare *f.* desfigurement.

desfirà (a) *va.* to ravel, to unweave, to undo cotton.

desfoià (a) *va.* to pull (or) strip off leaves; *a se —*, to shed.

desfrânà (a) *v.* 1. to unbridle; 2. to debauch.

desfrânare *f.* debauch, debauchedness, debauchery, dissoluteness, wantonness.

desfrânat I. *m.* debauchee, wanton, libertine; II. *a.* unchecked, lewd, dissolute.

desfrâu *n.* deoauch, debauchedness dissoluteness.

desfrunzi *v. ref. a se —*, to shed (leves).

desfundà (a) *va.* 1. to stave (a cask); 2. to break up (a road); 3. to dig up (the ground.).

desfundare *f.* 1. staving; 2. digging up. 3. breaking up.

desgheţ *n.* thaw, thawing.

desgheţà *a. vt.* to thaw.

desghiocà (a) *va.* to unhusk, to unshell.

desgolì (a) *va.* to bare, to denude, to uncover.

desgropà (a) *va.* to disinter, to exhume, to unearth.

desgust *n.* disgust, dislike.

desgustà (a) *va.* to disgust.

desgustare *f.* disgustfulness.

desgustător *a.* disgusting disgustful.

deshămă (a) va. to unharness.
deşi conj. though, although.
desime f. thickness, density.
desfră (a) va. to unmake, to unsew.
desiş n. thicket, jungle.
desistă (a) vt. to desist, to give up, to renounce.
desistare f. desistance, renouncement.
desjugă (a) va. to unyoke.
desănţui (a) va. to unchain.
deslănţuire f. unchaining.
deslegă (a) va. tă untie, to detach.
deslegare f. 1. solution. 2. absolution; 3. loosening.
deslipi (a) va. to unglue; a se —, to come asunder.
desluşi v. to explain, to elucidate to clear up, to expound, to unravel.
desluşire f. explanation, elucidation, unravelling.
desinsit a. explicit, perspicuous, clear.
desmânia (a) vt. to reconcile, to soothe.
desmăţat a. ragged, undecent.
desmembră (a) va. to dismember.
desmembrare f. dismemberment.
desmetic a. hare-brained, inconsiderate.
desmetici (a) va. 1. to revive, to stir up, 2 to sober, to sober again.
desmierdă (a) va. to wheedle, to caress.
desmierdăa e f. caress, charm, gluttony.
desminţi (a) va. 1. to give the lie, to belie; 2. to contradict.
desminţire f. disavowal.
desmormin ă (a) va. to disinter.
desmorţi (a) va. to revive, to quicken.
desmorţire f. reviving.
desmosteni (a) va. to disinherit.
desmostenire f. disinheriting.
desnădăjdui (a) vt. to despair, to despond, to give up all hope.
desnădăjduire f. despair, desperation.
desnădăjduit a. desperate, hopeless.
desnodă (a) va. to unknot, to untie, to loose.
desnodământ n. 1. issue, end; 2. death.
desnoră (a) vt. to uncloud.
desobisnui (a) va. to wean (a person from a habit).
desorganisre (a) va. to disorganize.
desorganisa f. disorganisation.

despachetă (a) va. to unpack.
despăgubi (a) va. to indemnify.
despăgub re f. indemnification, indemnity.
despărechiă (a) va. to uncouple.
despărţenie f. 1. separation; 2. parting; 3. divorce.
desparţi (a) va. 1. to disjoin, to disunite, to separate; a se —, to separate one's self from, to sunder, to divide from; 2. to divorce; 3. to leave, to part from one.
despărţire f. 1. separation; 2. divorce.
despecetlui (a) va. 1. to unseal; 2. to unfasten.
desperà (a) va. to despair. V. a desnădăjdui.
desperare f. despair.
desperat a. desperate, hopeless.
despicà (a) va. cleave, to split, to slit; a — lemn, to split wood.
despicător m. slitter, sleaver, splitter.
despleti (a) va. to unplait.
despletit a. unplaited.
despoià (a) va. V. a despulà.
despoiător m. spoiler.
despopi (a) va. to unfrock.
despopulà (a) va. depopulate.
despopulare f. depopulation.
desposedà (a) va. 1. to take away the possession of; 2. to expropriate.
despot m. despot.
despotic a. despotic.
despotism n. despotism.
despovără (a) va. unburden, to disburden, to discharge.
despovătui (a) va. to dissuade.
despre prep. about, for; cât —, as for, as to.
despreţul (a) va. to contemn, to despise, to disregard, to disdain, to slight.
despreţuire f. contempt, disdain, scorn.
despreţuitor I. m. contemner, dispiser, scorner. II. a. contemptuous, scornful, disdainful; de despreţui, contemptible, despicable.
desprinde (a) va. to unhook, to take down.
despulà (a) va. 1. to plunder, to spoil, to strip of; 2. to undeck.
despuiat a. undecked, destitute of.
desrădăcină (a) va. 1. to root out, to root up, to unroot; 2. to eradicate.
desrădăcinare f. rooting out, eradication.

desrămura v. to lop, to prune.
desrămuiare f. lopping, pruning
desrobi (a) va. to set free, to free.
desrobire f. delivery, emancipation.
desşurubă (a) va. unscrew.
dessuci v. to untwist, to untwine.
destăinui (a) va. to reveal, to d.-vulge.
destăinuire f. revelation, divulgation.
desţeleni (a) va. agr. to clear ground, to make the ground arable.
desţelenire f. clearing (of land) cultivation.
deştept a. 1. awake, awaked; 2. lively, brisk; 3. intelligent.
deşteplă (a) va. 1. to wake, to a-wake; 2. to br sk up.
deşteptăciune f. understanding, intellect.
deşteptare f. awaking, awakening, morning-call.
deşteptător m. 1. awakener, waker; 2. ceas deşteptător, alarm.
destilă (a) va. to distil.
destilare f. distillation.
destin n. destiny, fate.
destinare f., **destinaţie** f., **destinaţiune** f. destination.
destinde (a) va. 1. to distend; 2. to unbend; 3. to extend.
destindere f. distention, extension, extend.
desţintui (a) va. to unnail.
destitui (a) va. to dismiss.
destituire f. dismission, dismissal.
destoarce (a) va. to untwist.
destal (a) va. to discharge, to pour out.
destoin.c a. capable, fit, skilful.
destoinicie f. ability, capability, aptness.
destrăbă are f. licentiousness, debauchery.
destrăbălat a. licentious; in mod —, licentiously.
destrămă (a) va. to ra el out, to pluck out, to unweave.
destul a. enough, sufficient.
destupă (a) va. to uncork, to unstop, to open, to debouch.
destupare f. unstopping, opening.
destupătoare f. corkscrew.
desvălui (a) va. to unveil; 2. to discover, to reveal, io wean (a person from).
desvăţă (a) va. to unlearn, to disaccustom.
desveli (a) va. 1. to unveil; 2. to uncloud; 3. to reveal.
pesvinovăţi (a) va. to exculpate,

to justify; a se —, to exculpate one's self.
desvinovăţire f. exculpation.
desvinul (a) va. te exculpate; a se —, to exculpate one's self.
desvinuire f. exculpation, justification.
desvoltă (a) va. to develope, to unfold.
desvoltare f. development; evolution; unfolding.
deszice (a) va.-a se —, to retract, to recant, to unsay.
detaliă (a) va. to detail, to retail
detaliu n. detail; retail; in —, by retail.
detaşament n. Mil. detachment.
detaşă (a) va. 1. to separate; 2. Mil. to detach.
detectiv m. detective.
detenţiune f. arrest, prison.
deterioră (a) va. to spoil.
determină (a) va. to determine, to settle; to decide.
determinare f. determination. V. hotărîre.
determinativ a. determ native.
detesta (a) va. to detest.
deţine (a) va. to contain.
detreabă adv. alright, fitly.
detriment n. detriment.
detronă (a) va. to dethrone.
detună (a) vt. to detonate, to discharge, to explode.
detunare f., **detunătură** f. detonation.
deunăzi adv. lately, recently.
devastă (a) va. to devastate, to ravage.
devastare f. devastation, ravage.
deveni (a) vt. to become, to grow V. a se face.
dev a (a) vt. to deviate. V. a abate
devină (a) va. to divine, to guess V. a ghici.
deviză f. device, motto.
devlă f. noddle, pate.
devoră (a) va. to devour, to swallow up.
dovotă (a) vt. to devote, to dedicate; a se —, to devote one's self
devotament n. devotedness, devotion.
devotat a. devoted; al Domniei voastre prea —, most truly yours
devreme adv. early.
dezamăgi (a) ve. to undeceive, te disabuse.
dezamăgire f. disillusion, disappointment, return to reality.

dezaprobă (a) *va.* to disapprove.

dezaprobare *f.* disapprobation, disapproval.

dezarma (a) *va.* 1. to disarm; 2. to appease, to quiet; 3. to unrig, to uncock (a gun); to disband (an army).

dezarmare *f.* 1. disarming; 2. unrigging of ships.

dezastru *n.* disaster.

dezertă (a) *vt.* to desert.

dezertor *m.* deserter.

deziluziune *f.* loss of illusions disillusion, disappointment.

dezinfectă (a) *va.* to disinfect.

dezinteresare *f.* disinterestedness

dezistă (a) *va.* to renounce, to desist.

dezolare *f.* desolation, heart-grief.

dezolat *a.* desolate, inconsolable.

dezonoră (a) *va.* 1. to dishonour; 2. to disgrace; 3 to degrade.

dezonorare *f.* 1. dishonouring; 2. degradation; 3. defamation.

dezordine *f.* disorder, irregularity, confusion.

dezorganiză (a) *va.* to disorder, to put out of arder.

dezorientă (a) *va.* to misdirect, to puzzle.

dezuni (a) *va.* to disunite, to separate.

dezumflă (a) *vt.* to remove (or) reduce a swelling, *a se* —, to get less swollen.

diacon *m.* deacon.

diaconesă *f.* deaconess.

diaconie *f.* deaconry, deaconship.

diademă *f.* diadem.

diafan *a.* transparent.

diafragmă *f.* diaphragm.

diagnosă *f.* diagnostic.

diagonal *a.* diagonal.

dialect *n.* dialect.

dialectal *a.* dialectic.

dialectică *f.* dialectic, dialectics.

dialectician *m.* dialectician.

dialog *n.* dialogue.

diamant *n.* diamond.

diametral I. *a.* diametral, diametrical, II. *adv.* diametrally, diametrically.

diametru *m.* diameter.

diapason *n.* tuning-fork, diapazon.

diaree *f.* diarrhoea.

diastimă *f.* space of, time, period, interval, lapse.

diavol *m.* 1. devil; 2. deuce.

diavolesc *a* diabolical, devilish.

diavoloaică *f.* 1. she devil; 2. wikked woman; 3. shrew

dibăcie *f.* ability, cleverness, skill.

dibaciu *a.* able, clever, skilful.

dibui (a) *va.* to feel, to grope, to fumble.

dibuire *f.* feeling, groping.

dibuite *pe* — *adv.* groping, feeling in the dark, feeling one s way.

dichis *n.* necessaries, implements, attire, attiring.

dichisi (a) *va.* 1. to provide with; 2. to trick up, to attire, to adorn; 3. *a se* —, to adorn one's self, to deck, to spruce.

dichisire *f.* gaudiness, dress

dictă (a) *va.* to dictate.

dictare *f.* dictation.

dictator *m.* dictator.

dictatorial *a.* dictatorial, dictatory.

dictatură *f.* dictatorship, dictature.

dicționar *n.* dictionary.

dicțiune *f.* dicton, style.

didactic *a.* didactic.

didactică *f.* didactics.

diocesă *f.* diocese.

dietă *f.* diet.

diferență *f.* difference.

diferit *a.* different, various.

dificil *a.* difficult.

dificultate *f.* difficulty.

diform *e.* deformed, ill-shaped.

diftong *m.* diphtong.

dig *n.* dam, dike.

digeră (a) *va.* to digest.

digerare *f.,* **digestie** *f.,* **digestiune** *f.* digestion.

digestiv *a* digestive.

digresie *f.,* **digresiune** *f.* digression.

dihanie *f.* monster, moon-calf.

dihor *m* Zool. polecat, foumart.

dijmă *f.* tithe.

dilapidă (a) *va.* to dilapidate.

dilapidare *f.* dilapidation.

dilată (a) *va.* to dilate, to expand, to widen.

dilatabil *a.* extensible.

dilemă *f.* dilemma.

diletant *m.* dilettante, amateur.

diligență *f.* mail-coach, diligence.

dimensiune *f.* dimension.

dimerlie *f.* bushel.

dimică (a) *va.* to crumble.

dimicaton *n.* glazed lining.

dimineață *f.* morning; *bună* —, good morning; *mâine* —, to morrow morning; *in fie care* —, every morning; *des de* —, early in the morning.

diminuă (a) *va.* do diminuate, to lessen, to decrease.

diminutiv *n.* diminutive.

dimprejur *adv.* neighbouring.

din *prep.* from, of; *afară* —, out of: *afară din casă*, out of the house: — *adins*, purposely; *ae* — *afară*, from without.

dinadins *adv.* purposely.

dinafară *adv.* outside.

înainte *adv.* before; *de* —, from before.

dinamic *a* dynamic.

dinamică *f.* dynamics.

dinapoi *adv.* behind, backwards.

dinastic *a.* dynastic.

dinastie *f.* dynasty.

dinăuntru *adv.* within, inside.

dincolo *adv.* over, beyond; — *de drum*, over the way. V. *colo*.

dindărăt *adv.* behind, backwards.

dintal *a.* dental.

dineu *n.* dinner.

dințat *a.* notched, toothed, dentated.

dinte *m.* tooth; *dinți de lap'e*, first teeth: *dinții falși*, artificial teeth: *fără dinți*, toothless.

dintre *prep.* between, among.

diplomă *f.* diploma, patent.

diplomat I. *m.* diplomatist. II. *a* diplomatic.

diplomație *f.* diplomacy.

direct *a.* direct.

direcție *f.*, **direcțiune** *f.* direction, management, directorship.

directoare *f.* directress.

director *m.* director, manager.

directorial *a.* directorial.

dirige (a) *va.* to direct, to manage, to guide.

disc *n.* disk, quoit.

discerne (a) *va.* to discern, to distinguish.

disciplină *f.* discipline.

disciplină (a) *va.* to discipline.

disciplinar *a.* disciplinarian.

discipol *m.* 1. disciple; 2. follower.

discordie *f.* discord.

discredit *n.* discredit.

discredită (a) *va.* to discredit, to bring discredit on, to bring into discredit.

discret *a.* discreet, reserved.

discrețiune *f.* discretion, discreetness.

disculpă (a) *vt.* te disculpate, to excuse.

discurs *n.* discourse, speech, talk.

discută (a) *va.* to discuss, to debate.

discutare *f.*, **discuție** *f.*, **discutiune** *f.* discussion, dispute, debate.

disecă (a) *va.* to dissect.

disecare *f.*, **disecție** *f.*, **disecțiune** *f.* dissection.

disertație *f.* dissertation.

disgrație *f.* disgrace, disfavour.

disident *m.* dissenter, dissident.

disidență *f.* dissent, dissidence.

disimulă (a) *va.* to dissemble, to conceal, to feign.

disimulat *a.* dissembling.

disjunctiv *a.* disjunctive.

dislocă (a) *va.* 1. to d:slocate 2. to remove.

dislocare *f.* dislocation.

disoluție *f.*, **disoluțiune** *f.* dissolution.

disolvă (a) *va.* to dissolve.

disonant *a.* disonant, out of tune.

dispare *a. vt.* to disappear.

dispariție *f.*, **disparițiune** *f.* disappearance.

dispensă *f.* 1 dispensation, exemption. 2. absolution

dispensă (a) *va.* to dispense, to exempt from.

dispensator *m.* dispenser, dispensator.

displăceă (a) *vt.* to display.

disponibil *a.* disposable.

disponibilitate *f.* power of disposal; *a pune în* —, to place on the unattached list.

dispoziție, **dispozițiune** *f.* 1. disposition, arrange:ent, order; 2. aptitude, inclination, disposal; 3. humour.

dispreț *n.* 1. contempt, disdain; 2. scorn.

disproporție, **disproporțiune** *f.* disproportion.

disproporționat *a.* dispropotionable, disproportional, disproportionate.

dispune (a) *va.* 1. to dispose, to order; 2. to have at command.

dispus *a.* disposed, ready, inclined, willing.

dispută *f.* 1. dispute, quarrel, wrangle; 2. discussion.

dispută (a) *va.* to dispute, to contend for; 2. *a se* —, to contend for, to be disputed.

distanță *f.* distance.

distilă (a) *va.* o distil, to still.

distilator *m.* distiller.

distilerie *f.* distilery, still-house.

distinct *a.* distinct.

distinctiv *a.* distinc;ive.

distincție, **d'stincțiune** *f.* 1. distinction, difference; 2. superiority.

distinge (e) *va.* to distinguish te

discern, to single out; *a se* —, to distinguish oneself; to be distinguished.

distins *a.* 1. distinguished; 2. eminent.

distracție, distracțiune *f.* 1. distraction, diversion, recreation; 2 absence of mind.

distrage (a) *va.* to distract, to separate, to divert from.

distras *a.* inattentive, absent.

distribui (a) *va.* to distribute, to deal out.

distribuire, distribuție, distribuț une *f.* distribution, repartition.

distri tiv *a.* distributive.

distri ct *n.* district.

distrugător I. *m.* destroyer. II. *a.* destructive, destroying.

distruge (a) *va.* to destroy, to ruin.

distrugere *f.* destruction, demolition.

diurnă *f.* daily allowance.

divan *n.* divan, sofa-bed.

divergent *a.* divergent.

divergență *f.* divergence, divergency.

divers *a.* diverse, different, various

diversitate *f.* diversity, variety.

dividendă *f.* dividend.

divin *a.* divine, godlike, heavenly.

divinațiune *f.* divination.

divinitate *f.* divinity, godhead, deity.

divizibil *a.* divisible.

divizibilitate *f.* divisibility.

divizie, diviziune *f.* division.

divisor *n.* divisor.

divorț *n.* divorce.

divorța (a) *va.* to divorce, to be divorced.

divulga (a) *va.* to divulge, to spread.

divulgare *f.* 1. divulgation; 2. matter divulged.

dizolva (a) *va.* to dissolve.

dizolvare *f.* dissolution.

doagă *f.* stave; *a lipsi cuiva o* —, to be cracked, to be crack-brained.

doamnă *f.* 1. lady, ladyship; 2. mistress.

doară *adv. într'o* —, at random.

dobândă *f.* interest.

dobândi (a) *va.* to acquire, to purchase.

dobaș *m.* drummer.

dobitoc *n.* 1. beast, animal; 2. fool.

dobitocesc *a.* 1. beastly; 2. foolish

dobitoci (a) *v.* 1. to stupify, to get beastlike, to grow stolid.

dobitocie *f.* folly, stupidity, stoli dity.

doborî (a) *va.* 1. to demolish; 2. to

pull down, to rush down; 3. to cul down (a tree).

docil *a.* wise, sage.

doct *a.* learned.

doctor *m.* 1. doctor; 2. physician; — *în drept*, doctor of law, sergeant at law.

doctoral *a.* doctoral.

doctorat *n.* doctorship, doctorate.

doctorie *f.* medicine, medicament, physic.

doctrină *f.* doctrine.

document *n.* document.

documentă (a) *va.* to prove by documents.

dogar *m.* hooper, cooper.

dogărie *f.* cooperage.

dogeală *f.* crak, chink.

dogmă *f.* dogma, tenet.

dogmatic *a.* dogmatic.

dogmatism *n.* dogmatism.

doi *num.* two.

doică *f.* wet-nurse, foster-nurse.

dojană *f.* reprimand, blame, remonstrance, rebuke.

dojeni (a) *va.* to reprimand, to blame to rebuke.

doleanță *f.* complaint, trouble.

doliu *n.* mourning; *a fi în* —. to be in mourning.

domeniu *n.* 1. domain; property; 2. department.

domestic *a.* domestic.

domestici (a) *va.* to tame.

domesticire *f.* taming, domestication.

domiciliar *a.* domiciliary.

domiciliu *n.* domicile, residence.

domina (a) *va.* to predominate, to prevail.

domino *m.* 1. domino, masquerade dress; 2. dominos game.

domn *m.* 1. sir, lord, gentleman, mister; 2. prince, sovereign.

domnesc *a.* princely.

domni (a) *va.* to reign, to govern, to rule.

domnie *n.* domination, dominion, government.

domnișoară *f.* miss, young lady; — *de onoare*, bridesmaid.

domnișor *m.* 1. young gentleman; 2. goldfinch.

domnitor I. *m.* sovereign, ruler. II. *a.* ruling.

domniță *f.* princess.

domol *a.* soft, smooth.

domoli (a) *va.* to soften, to smooth, to soothe.

domolire *f.* soothing, appeasement.

donaţie, donaţiune f. donation.
donator m. donor, giver.
dop n. stopple, cork.
dor n. 1. longing, desire; 2. love, passion; — *de ţară,* home-sickness.
dori (a) *va.* to desire, to wish for, to long for.
dorinţă f. desire, wish.
doritor I. m. 1. lover; 2. amateur. II. a. desirous.
dormi (a) *vt.* to sleep· *a dormi somnul cel vecinic,* to sleep the sleep, that knows no waking; *cum ţi-vei aşterne aşa vei dormi,* you have made your bed, now lie upon it.
dormiţă (a) *vt.* to slumber.
dormitor n. dormitory, bedroom.
dornic a. desirous.
dos n. 1. back; 2. wrong side; *în dosul casei,* at the back of the house; *uşa de din —,* back door; *dosul unei stofe,* the wrong side of a stuff; *pe dos,* the wrong side out.
dosar n. 1. the file; 2. *Jur.* brief.
dosi (a) *vt.* 1. to flee, to run away, to escape; 2. to conceal, to hide.
dosire f. 1. flight, escape; 2. hiding, concealing.
dosnic a. 1. solitary, retired; 2. aside, apart.
dospeală f. yeast, barm.
dospi (a) *vt,* 1. to ferment; 2. to leaven.
dospire f. 1. fermentation; 2. leavening.
dotă f. 1. dowry; 2. portion.
dotat a. endowed.
două *num.* two; *în —,* in two; — *zeci,* twenty.
dovadă f. proof, evidence, argument.
dovedi (a) *va.* to prove, to evince, to demonstrate.
dovedire f. demonstration.
dovleac m. pumpkin, pumpion.
dovlecel m. gourd.
doză f. dose, portion.
drac m. devil, deuce; *cine dracu!* who the devil! *ce dracu!* what the deuce! *ce sgomot al dracului* what a devil of a noise! *cum dracu,* how the deuce! *dracu să-l ia !* the deuce take him! *are draci,* the deuce is in him! *ce vreme a dracului,* what deuced bad weather.
drăcărie f. V. *drăcie.*
drăcesc I. a. devilish, diabolic, diabolical. II. *adv.* devilishly, deucedly
drăcie f. devilry, devilish trick.

drăcilă f. *Bot.* devil's bit; — *m rosi.oare,* sweet-broom
drăcoaică f., **drăcoaie** f. she devil, devil's dam.
drăcovenie f. V. *drăcie.*
drăculeţ m. devilkin.
drag I. n. dear. II. a. dear beloved.
drăgălaş a. lovely, delightful, charming.
drăgăstos a. loving.
dragoman m. 1. dragoman; 2. interpreter.
dragavei m. *Bot.* patience.
dragon m. 1. dragon, dragoon; 2. wivern.
drăgoste f. love, passion, affection
drăgosti (a) *vt.* to cherish, to caress, to fondle.
drăguliţă f. dear, sweetheart.
drăguţ I. m. lover, sweetheart. II. —, a. quaint, sweet, dear, beloved; *o feliţă drăguţă,* a quaint little girl *un copil —,* a sweet child.
drăguţă f. sweetheart, love.
draibăr f. wimble.
dramă f. drama.
dramatic a. dramatic.
dramaturg m. dramatist.
drâmbă f. Jew's harp, Jew's trump.
drâng n. = *drâmbă.*
drângăni (a) *vt.* to jingle, thrum.
drângănire f., **drângănit** n. jingle, jingling.
draniţă f. shingle (of a roof).
drapel n. flag, banner, ensign, standard, colours.
draperie f. drapery.
drastic a. drastic.
dreanţă f. V. *sdreanţă.*
drege (a) *va.* 1. to repair, to mend; 2. to restore, to reinstate; 3. flavour, to adulterate (the wine).
drept I. n. law, right; *în —, de —* in law; *carte de —.* law-book; *areptul ginţilor,* the law of nations II. a. right, straight, just, direct.
dreptar n. plumb-line, level, graphometer.
dreptate f. 1. right; 2. justice, reason; 3. *a-şi face singur dreptate,* to take the law into one's hand.
dres n. 1. mending, repairing, patching; 2. adulteration (of wine).
dresuri n. *pl.* paint; *a da cu —,* to fard, to paint.
dric n. 1. pole-bolt, carriage; 2 hearse.
dril n. 1. ticking; 2. drilling, huckaback; 2. *Milit.* drilling.
droaie f. shoal, band, troop, crowd, mob,

drojdie *f.* borm, yeast, lees, dregs.
dropică *f.* dropsy.
dropicos *adv.* dropsical.
dropie *f.* bustard (bird).
droaşcă *f.* hackney-coach.
drug *m.* bar, wooden or iron bar; cross-bar; cross-tree.
drum *n.* way, path, road; — *de fer*, railway, railroad; *drumul robilor*, milky way; — *cruciş*, cross-way, cross-path, cross-road; *pe* —, on the way (or) road, by the way; *dincolo de* —, *peste* —, over the way.
drumaş, drumeţ *m.* traveller.
drumeaţă *f.* traveller.
druşcă *f.* bride's maid, bridesmaid.
dubă *f.* prison, jail.
dubălar *m.* tanner, tawer.
dubois *a.* dubious, doubtful, uncertain.
dubla (a) *va.* to double.
dublu *a.* double.
ducal *a.* ducal.
ducat *n.* duchy, dukedom.
duce (a) *va.* to take away, to carry away, to lead; *cum o mai duci?* how are you? how do you do? *a se* —, to go, to go away; *du-te*, go thy ways!
duce *m.* duke.
ducesă *f.* duchess.
ductil *a.* ductile, extensible.
ductilitate *f.* ductility, ductileness, dilatability.
dud *m.* mulberry-tree.
dudă *f.* mulberry.
dudău *n.* weed, bushes, underwood.
duducă, dudue *f.* miss, young lady, unmarried gentlewoman.
duducel *m.* Bot. sloe-tree V. *porumbar*.
duel *n.* duel; *a se ba e în* —, to fight a duel.
duelist *m.* dueller, duellist.
dugheniţă *f.* stall.
dughiană *f.* retail shop.
duh *m.* 1. spirit; *Sfântul Duh*, the Holy Spirit; 2. wit.
duhoare *f.* stink, bad smell, stench.
duhovnic *m.* confessor, sky-pilot, shriver.
dulos *a.* 1. sorrowful, sad; 2. tender, mild.
duloşie *f.* 1. grief, sorrow; 2. tenderness.
dulap *n.* 1. cupboard; 2. merry-go-round.
dulău *m.* 1. mastiff; 2. clownish fellow, loggerhead.

dulce *a.* sweet; *a mânca* —, to eat flesh; *zi de* —, flesh-day; *zilele de* —, shrove-tide.
dulceag *a.* sweetish, sweet, insipid.
dulceaţă *f.* sweetness, jam; — *de coacăză*, currant jam.
dulceţuri *n. pl.* sweetmeats, sweeties.
dulgher *m.* carpenter; *calfă de* — carpenter's mate.
dulgherie *f.* carpentry, carpenter's trade.
dumbravă *f.* forest, woodland.
dumică (a) *vb.* to crumble, to mince, to crumb.
Duminică *f.* Sunday; *Duminica mare* Pentecost; *Duminica Rusaliilor*, Whitsunday; — *Floriilor*, Palm-Sunday.
dumnezeesc *a.* deific, deifical.
dumnezeî (a) *va.* to deify.
dumnezeîre *f.* deification.
dumnezeu *m.* God; *în numele lui* —, in God's mame; *cu ajutorul lui* —, God willing, God before; *mulţumesc lui* —, thank God; *să dea* —, God grant it; *să dea* —*să*, I. wish to goodness that; *ferit-a* —, God forbid; *pentru* —, for God's sake; *pentru numele lui* —, for goodness'sake!
Dunăre *f.* Danube.
dungă *f.* 1. stripe, streak; 2. furrow; 3. brim, border; 4. key-groove.
dungat *a.* striped, streaked.
după *prep.* after, behind; — *prânz*, *dea* —, after dinner; *unul* — *altul*, one after another; *aceea*, afterwards; — *ce*, after that.
duplicat *n.* duplicate.
duplicitate *f.* duplicity.
dura (a) *va.* to last, to continue, to endure.
dura, (de-a) *adv.* rolling, *a se duce de a* —, to roll away; *a ieşi de a* —, to roll out.
durabil *a.* durable, lasting.
durată *f.* duration.
durd *a.* plump, fat buxom.
durduliu *a.* plump, compact.
durea (a) *vi.* to ache, to ail, to pain; *mă doare capul*, my head aches; *ce'l doare?* what ails him? ştiu unde'l doare I know where the shoe pinches him.
durere *f.* ache, pain, sorrow, woe; — *de cap*, head-ache; *a avea* — *de cap*, to have a head-ache, to have a pain in one's head; *a ţipa de* —, to cry out with pain; *fără dureri*, unaching.

dureros a. painful.
dus I. n. going. II. a. gone. III. adv. soundly; a dormi —, to sleep soundly, to sleep like a top.
dușă n. shower-bath.
dușcă f. sip, sup; a bea de-a —, to quaff.
dușman 1. m. enemy, foe; 2. a. hostile.
dușmancă f. enemy, foe.
dușmănesc a. hostile.
dușmăni (a) va. to bear enmity.
dușmănie f. hostility, enmity, hatred.
dușmănos a. hostile, inimical.
dușumeà f. floor.
duzină f. dozen.

E

ea pron. she, her, it; — are, she has; cu —, with her.
ebdomadar a. weekly, hebdomadary.
eben n. ebony.
ebenist m. cabinet-maker.
ebenisterie f. cabinet-work.
ebrietate f. drunkenness.
ecatombă f. hecatomb.
echer n. square, square rule.
echilibrà (a) va. to poise, to equilibrate, to equipoise.
echilibrist m. equilibrist.
echilibru n. equilibrun, equipoise.
echimoză f. ecchymosis.
echipà (a) va. to equip, to fit out, to man.
echipaj n. 1. equipage, crew; 2. carriage.
echipament n. equipment, fitting-out.
echipare f. equipment.
echitabil a. equitable, just, right.
echitate f. equity, justice.
echitațiune f. equitation, art of riding, horsemanship.
echivalà (a) vt. to be equivalent to.
echivalent a. equivalent.
echivalență f. equivalence.
echivoc a. equivocal, ambiguous.
echivocitate f. equivocation, ambiguity.
eclatant a. striking.
eclectism n. eclectic philosophy, eclecticism.
eceraj n. lighting (of streets, etc.), illumination.
eclerori m. pl. Milit. scouts, skirmishers.

ecleziastic I. m. clergyman, ecclesiastic. II. a. ecclesiastical.
eclipsă f. eclipse.
eclipsà (a) va. 1. to eclipse; 2. to throw into the shade, to obscure.
ecliptică f. Astr. ecliptic.
ecleziarh m. church-warden, vestryman.
econom I. m. economist; 2. housekeeper; 3. steward; 4. manager. II. a. economical, saving, sparing.
economic a. economical.
economicește ad. economically.
economie f. economy; a face —, to economize.
economisì (a) va. 1. to economize, to manage with economy, to save, to lay by; 2. to husband.
economist m. economist.
ecou n. echo.
ectar n. hectar (about 21½ acres English).
ectenie f. litany.
ectolitru m. hectoliter.
ecuație, ecuațiune f. equation.
ecuator m. equator.
ecumenic a. ecumenical.
edict n. edict, decree.
edificà (a) vt. to edify.
edificare f. edification, edifying.
edificiu n. edifice, building.
edil m. edile, the councillor.
edilitate f. edileship.
editò (a) va. to edit, to publish (a book).
ediție, edițiune f. editing.
editor m. editor, publisher.
educà (a) va. to educate, to rear, to bring up.
educație, educațiune f. education, rearing.
educator m. educator.
efect n. 1. effect, result, consequence; 2. performance, deed; a produce un —, to take effect.
efectiv I. n. effective force. II. a. effective.
efectuà (a) va. to effect, to perform, to accomplish.
efemelà (a) vt. to effeminate, to render, effeminate.
efemelat a. effeminate.
efemer a. ephemeral, transient.
efemeride f. pl. ephemeris, ephemeris, ephemerides.
efervescent a. effervescent.
efervescență f. effervescence.
eficace a. eficient, eficacious.
eficacitate f. efficiency, efficacy.
efigie f. effigy.

efor *m.* ephor.

eforie *f.* managing committee, ephory.

efracţie, efracţiune *f.* breaking open.

eftin *adv.* cheap, cheaply; *a căpăta ceva eftin,* to get it a bargain.

eftinătate *f.* cheapness.

egal *a.* equal.

egală (a) *va.* to equal.

egalitate *f.* equality, evenness, uniformity.

egaliză (a) *va.* to equalise.

egalizare *f.* equalization.

egenemonie *f.* hegemony.

egidă *f.* aegis, protection, auspices.

Egipt *m.* Egypt.

Egiptean *m.* Egyptian.

eglendisi (a) *vt. a se —,* to amuse oneself.

egoism *n. n.* selfishness, egoism.

egoist I. *m.* egoist. II, *a.* selfish, egoistical.

egrasie *f.* humid ty, moisture, dampness, wetness.

egretă *f.* tuft of feathers, egret.

egumen *m.* abbey.

ei *pron.* they.

el *pron.* he, it.

elabora (a) *va.* to elaborate, to work out.

elaborare *f.* elaboration.

elan *n.* assault, onset.

elastic *a.* elastic, springy.

elasticitate *f.* elasticity.

ele *pron. f.* they.

electiv *a.* elective.

elector *m.* elector (in Germay)

electoral *a.* electoral; *drept —* elective-franchise; *corpul —,* the electorate, the elective body; *agent —,* canvasser.

electric *a.* electric; *maşină electrică;* electric machine; *baterie electrică,* electric battery.

electricitate *f.* electricity.

electriză (a) *va.* to electrify.

electrizare *f.* electrifying, electrization, electrification.

elefant *m.* elephant.

elegant *a.* elegant, quaint, smart, fashionable.

elegant *m.* fashionable man.

eleganţă *f.* fashionable woman.

eleganţă *f.* elegance, quaintness.

elegiac *a.* elegiac, melancholy.

elegie *f.* elegy.

element *n.* element.

elementar *a.* elementary.

Elen *m.* Hellene.

elen *a.* Hellenic.

eleşteu *n.* (fish-)pond, pool.

elev *m,* elevă *f.* pupil, scholar.

elibera (a) *va* 1. to deliver: 2. to free

elidă (a) *va. Gram.* to elide, to cut off.

elidare *f.* elision.

eligibil *a.* eligible.

eligibilitate *f.* eligibility.

elimină (a) *va.* 1. to eliminate; 2. expulse, to expulse, to dismiss.

eliminare *f.* elimination, expulsion, dismissal

Elin I. *m.* Grec. II. *a.* Grecian.

elipsă *f. Geom.* ellipsis, ellipse.

eliptic *a.* elliptic, elliptical; *în mod —,* elliptically.

elită *f.* choice, flower prime, selection.

elixir *n.* elixir.

eliziune *f.* elision.

elocvent *a.* eloquent.

elocvenţă *f.* eloquence.

elogiu *n.* eulogy praise, panegyric.

elucidă (a) *va.* to elucidate, to enlighten.

elucidare *f.* elucidation.

Elveţian I. *m.* Swiss. II. *a.* swiss.

emană (a) *va.* to emanate.

emanare, emanaţie *f.* emanation.

emancipă (a) *va.* to emancipate.

emancipare *f.* emancipatiou.

emancipat *a.* emancipated.

embatic I. *n.* emphyteusis. II. *a.* emphyteutic.

emblemă *f.* emblem.

emblematic *a.* emblematic.

embrion *n.* 1. embryo, foetus; 2. germ.

emfatic *a.* emphatic, emphatical, pompous.

emfază *f.* emphasis.

emigră (a) *vt.* to emigrate.

emigrare, emigraţie *f.* emigration.

emigrant *m.* emigrant.

eminent *a.* eminent, prominent.

Eminenţă *f.* Eminence, eminency, prominence, prominency.

emisar *m.* emissary.

emisferă *f.* hemisphere.

emistih *n.* hemistich.

emisie, emisiune *f.* emission, issue.

emite (a) *va.* to emit, to issue.

emoragie *f.* hemorrhage.

emoroide *f. pt.* hemorrhoids, piles.

emoţie, emoţiune *f.* emotion, affection.

empiric *a.* empiric.

empirism *n.* empiricism.

enciclică *f.* encyclical.
enciclopedic *a.* encyclopaedic en-
cyclopaedical.
enciclopedie *f.* encyclopaedia.
enciclopedist *m.* encyclopaedist.
endemic *a.* endemic.
energic *a.* 1. energetic, energetical;
2. pithy.
energie *f.* 1. energy; 2. pith, pithi-
ness.
enerva (a) I. *va.* to enervate II.
ref. a se —, to become enervated.
enervare *f.* enervation.
enervat *a.* enervate, enervated. -
Englez I. *m.* Englishman; II. *a.*
English.
Engleza *f.* English woman.
enigmă *f.* enigma, riddle.
enigmatic *a.* enigmatic, enigmatical.
enorias *m.* parishioner, parochian.
enorie *f.* parish.
enorm *a.* enormous huge (in di-
mension).
enormitate *f.* enormity, hugeness.
entitate *f.* entity.
entomologie *f.* entomology
entomologist *m.* entomologist.
entuziasm *n.* enthusiasm, rapture.
entuziazmă (a) *va.* to enrapture,
to inspire; *a se —*, to become en-
thusiastic.
entuziast I. *m.* enthusiast. II. *a.*
enthusiastic, enthusiastical.
enumără (a) *va.* to enumerate.
enumărare *f.* enumeration.
enunță (a) *va.* to enunciate, to ex-
press, to word.
enunțare *f.* enunciation, expression.
statement.
eparhial *a.* diocesan.
eparhie *f.* diocese, eparchy.
epic *a.* epic.
epicurian I. *m.* epicure. II. *a.* epi-
curean.
epicureism *n.* epicurism.
epidemic *a.* epidemic.
epidemie *f.* epidemy (disease).
epidermă *f.* epidermis.
epigraf *n.* epigraph.
epigramă *f.* epigram.
epigramatic *a.* epigrammatic.
epilepsie *f.* epilepsy.
epileptic *a.* epileptic.
epilog *n.* epilogue.
episcop *m.* bishop.
episcopal *a.* episcopal.
episcopat *n.* episcopacy, bishopric.
episcopie 1. *f.* bishopric; 2. epis-
copal palace, episcopate.
episod *n.* episode.

epistat *m.* 1. surveyor, overseer;
2. warden; 3 shoulder clapper.
epistolă *f.* 1. letter, hand-writing,
epistle; 2. missive.
epistolar *a.* epistolary.
epistolie *f.* epistle, letter, missive.
epitaf *n.* epitaph.
epitet *n.* epithet.
epitrop *m.* guardian, tutor, epitrope.
epitropie *f.* guardianship, tuition,
wardship.
epizootie *f.* epizooty, murrain, cat-
tleplague.
epocă *f.* epoch, period, era, time.
epolet *f.* epaulet, shoulder-piece,
shoulder-strap.
epopee *f.* epopee, epic poem.
equator *n.* equator.
equațiune *f.* equation.
equestru *a.* equestrian.
equilibru *n.* equilibrium.
equinocțiu *n.* equinox.
eră *f.* era, epoch, period.
erată *f.* erratum, errata.
erbariu *n.* herbarium, herbary.
erbivor I. *n.* herbivorous, grazing
animal. II. *a.* herbivorous, grazing.
ereditar *a.* hereditary.
ereditate *f.* heirship, inheritance.
eremit *m.* hermit, anchoret
eremitaj *n.* hermitage.
erete *m.* Zool. sparrow-hawk, tassel.
eretic I. *m.* heretic. II. *a.* heretical.
erezie *f.* heresy.
eroare *f.* error, mistake.
eroic *a.* heroic.
eroină *f.* heroine.
eroism *n.* heroism.
eronat *a.* erroneous.
erotic *a.* erotic.
erou *m.* hero.
erudit I. *m.* scholar, learned man. II.
a. erudite, learned, scientific, literary.
erudiție *f.*, **erudițiune** *f.* erudition
learning.
erupție, erupțiune *f.* eruption.
eruptiv *a.* eruptive.
eșafod *n.* scaffold.
eșantilion *n.* sample, pattern.
eșarpă *f.* scarf, sash.
escadră *f.* squadron (of ships), fleet.
escadron *n.* squadron (of horse).
escedent *n.* overplus, surplus.
escepta (a) *va.* to except.
escepțional *a.* exceptional.
escepție, escepțiune *f.* exception.
escortă *f.* escort, convoy.
escorta (a) *va.* to escort.
escroc *m.* swindler, deceiver, im-
postor.

escrocă (a) *va.* to cheat, to deceive.
escrocherie *f.* fraud, cheat, dece.t imposture.
escuadă *f.* squad.
esenţă *f.* essence.
esenţial *a.* essential.
est *n.* east.
estetic *a.* aesthetic.
estetică *f.* aesthetics.
estimaţie *f.* estimation.
estimp *adv.* this year.
etapă *f.* halting place.
etate *f.* age, time.
eter *n.* ether.
etern *a.* eternal.
eternitate *f.* eternity.
eterodox *a.* heterodox, heretical.
eterodoxie *f.* heterodoxy.
eterogen *a.* heterogeneous.
eşec *n.* failure, unsuccess fulress.
etică *f.* ethics.
etichetă *f.* label; ceremonies.
etimologic *a.* etymological.
etimologie *f.* etymology.
etimologist *m.* etymologist.
etnic *a.* ethnic, ethnical.
etnograf *m.* ethnographer.
etnografie *a.* ethnographical.
etnografie *f.* ethnography.
etnologie *f.* ethnology.
eu *pron.* I.
eufemism *n.* euphemism.
eufonic *a.* euphonic.
eufonie *f.* euphony.
eunuc *m.* eunuch.
evacuă (a) *va.* to evacuate, to void.
evacuare *f.* evacuation, voidance.
evadă (a) *vt.* to escape.
evaluă (a) *va.* to estimate, to tax.
evaluare *f.* the estimation, the valu tion.
evanghelie *f.* Gospel.
evanghelist *m.* evangelist.
evantai *r.* fan.
evaporă (a) *vt.* to evaporate; *a se —* to pass off in vapour.
evaporare *f.* evaporation.
evaziune *f.* evasion.
evaziv *a.* evasive.
ebeniment *n.* incident; event.
eventual *a.* eventual.
eventualitate *f.* eventuality.
evident *a.* evident.
evidenţă *f.* evidence.
evită (a) *va.* to avoid.
evlav.e *f.* devotion, devoutness, piety.
evlavios *a.* 1. devout; pious; 2. bigot.
evocă (a) *va.* to evoke, to call forth

evocare *f.* 1. evocation; 2. raising up (of spirits).
evoluţie, evoluţiune *f.* evolution.
Evreu *m.* Jew.
evreesc *a.* Jewish.
Evreică *f.* Jewess.
evul-mediu *n.* middle-ages.
exact *a.* exact.
exactitate *f.* ex.ctness, punctuality. accuracy.
exagerà (a) *va.* to exaggerate.
exagerare *f.* exaggeration.
exalà (a) *va.* to exhale, to evaporate.
exalare *f.* exhalation.
exaltà (a) *va.* to exalt.
examen *n.* examination; *juriu de —,* board of examination.
exametru *o.* hexameter.
examinà (a) *va.* 1. to examine, to inquire into, to scrutinise; 2. to inspect.
examinare *f.* examination; *după —,* on examination.
examinator *m.* examiner.
excedà (a) *va.* to exceed.
excedent *n.* surplus.
excelà *v.* to excel, to surpass.
excelent *a.* excellent.
excelenţă *f.* 1. excellence; 2. Excellency.
exceptà (a) *va.* to except.
exces *n.* excess, abuse.
excità (a) *va.* 1. to excite, to provoke. to animate, to stir up; 2. to stimulate, to urge.
excitare *f.* excitement, provocation.
exclamà (a) *vt.* to exclaim, to clamour.
exclamare, exclamaţie, exclamaţiune *f.* exclamation; *semn de exclamaţie,* note of exclamation.
exclude (a) *va.* to exclude.
excludere *f.* exclusion.
exclusiv *a.* exclusive; *în mod —,* exclusively.
excomunicà (a) *va.* to excommunicate.
excomunicare *f.* excommunication
excursiune *f.* excursion, ramble.
executà (a) *va.* 1. to execute, to periorm, to effect, to complete; 2. to put to death, to execute.
executare, execuţie, execuţiune *f.* 1. execution, performance; 2. capital punishment, execution.
executiv *a.* executive; *puterea executivă,* the executive.
executor *m.* 1. executor; 2. executioner, hangman.

executoriu a. executory.

exegesă f. exegesis.

exeget m. exegete.

exegetic a. exegetic, exegetical.

exemplar I. n. copy (of a book) model, specimen, sample. II. a. exemplary.

exemplu n. example; de —, for example, for instance.

exercită (a) va. 1. to exercise; to practise; to exert; 2. to follow; 3. Milit. to drill.

exercițiu n. exercise, use, practice, performance.

exergă f. exergue (of a coin).

exige (a) va. to demand, require.

exil n. exile.

exilă (a) va. to exile, to banish.

exilat m. 1. exile (person); 2. outlaw.

există (a) vi. to exist, to be.

existent a. existent, existing.

existență f. existence, being, subsistence, life.

exod n. ex ~dus, exode.

exorbitant a. exorbitant, excessive.

exorciză (a) va. to exorcise.

exorcism m. exorcism.

exord n. exordium.

exortă (a) va. to exhort.

exotic a. exotic.

expansiune f. expansion.

expectativă f. expectance, expectancy.

expedià (a) va. to expedite, to forward, to send off.

expediție f., **expedițiune** f. expedition, dispatch; dispatching, sending off.

expeditiv a. expeditious.

expeditor m. sender, comission-agent.

experiență f. experience, experiment.

experimentă (a) va. to experience, to try.

experimental a. experimental.

experimentat a. experinced.

experimentator m. experimentalist.

expert I. m. appraiser, expert, valuer. II. a. expert.

expertiză f. examination, estimate, valuation.

expirà (a) va. 1. to expire 2. to die.

expirare f. expiration.

explică (a) va. to explain, to declare, to expound, to illustrate, to interpret.

explicare f., **explicație** f., **explicațiune** f., explanation, interpretation, illustration.

explicativ a. explanatory.

explicit a. explicit; în mod —, explicitly.

exploată (a) va. 1. to farm, to cultivate; 2. to work; 3. to make use of.

exploatare f. 1. improving of lands; 2. felling of woods; 3. working of mines.

explodà (a) vi. to explode.

explorà (a) va. to explore.

explorare f. exploration.

explozie f., **exploziune** f. explosion.

export n. 1. exportation; 2. export, exported goods.

exportă (a) va. to export.

expoziție, expozițiune f. exposition, exhibition.

expozeu n. report, statement.

expres I. a. express; tren —, express train. II. aav. purposely, on purpose.

expresie, expresiune f. expression, expressiveness.

exprimă (a) vt. to express.

expulsă (a) va. to expulse, to expel.

expune (a) va. 1. to expose, to lay out, to display; 2. to venture, to risk.

expunere f. exposure.

extatic a. ecstasy.

extazià (a) vt. a se —, to fall into ecstasy.

extaziare f. ecstasy.

extensiune f. 1. extension, extent; 2. expansion, strain.

exterior I. a. exterior, external, outward. II. n. exterior, outside, outward surface, appearance.

extermina (a) va. to exterminate to destroy.

exterminare f. extermination.

exterminător m. exterminator.

extern a. extern, external, exterior.

externat n. day-school.

extract n. extract.

extracție, extracțiune f. 1. extraction; 2. descent, birth, origin.

extradà (a) va. to deliver, to surrender.

extradare f. extradition.

extrage (a) va. 1. to extract; 2. o select.

extragere f. extraction.

extraordinar I a. extraordinary, out of the common course. II. adv. extraordinarily.

extravagant a. extravagant, excessive.

extravaganță f. extravagance.

extrem I. m. extreme, extremity II. a. extreme, utmost.

xtremitate *f.* 1. extremity, extremé; 2. utmost parts; 3. utmost distress; 4. last moments.

azltă (a) *vt.* to hesitate.

F

fabrică *f.* fabric, factory, manufactory.

fabrică (a) *va.* 1. to fabricate, to manufacture; 2. — *bani*, to coin.

fabricant *m.* 1. manufacturer; 2. fabricator.

fabricare *f.* 1. fabrication, manufacturing; 2. — *de bani*, coinage.

fabricat *a.* manufactured.

fabulă fable.

fabulist *m.* fabulist.

făcăleţ *m.* mash-staff (stick).

fabulos I. *a.* fabulous. II. *adv.* fabulously.

făcător *m.* maker; — *de bine*, benefactor; — *de rele*, malefactor; — *de minune*, thaumaturgy.

face (a) I. *va.* 1. to make, to do, to be doing, to perform; 2. to execute, to accomplish, to create, to cause, to constitute; 3. to commit, to dispose, to practice, to arrange, to form, to deal, to act; 4. to compose (cards); 5. to lay (eggs); 6. *a — o târguială*, to make a purchase; *a — o pumbare*, to take a walk; *a —o plimbare cu trăsura*, to take a drive, to take an airing; *a — odaia*, to do the room; *a — bucate*, to cook; *a — greşeli*, to commit faults; *a — un copil*, to deliver (a woman), to bear a child; *a — un schimb*, to make an exchange; *a — o faptă bună*, to do a good action; *a — bine*, to do right, to do well; *a face rău*, to do wrong, to do ill; *ce mai faci?* how do you do? how are you? what are you doing? *D-ta ai făcut aceasta*, this is your doing; *a nu — ae căt*, to do nothing but; *fă ca şi mine*, do as I do; *a — patul*, to make the bed; *a — curte*, to make love to; *a — după capul său*, to have one's run. II. *ref.* 1. *a se —*, 1. to make one's self; 2. to be made, to be done; 3. to get, to become; 4. to turn; 5. to grow, to happen; 6. *a se — mai bine*, to get better; *a se — iubit*, to get beloved; *a se — nare*, to grow up; *a se — solaat*, to become a

soldier; *a'şi — datoria*, to do one's duty; *a'şi — o reputaţie*, to get credit; *ce să fac?* how can I help it; *să facă ce vrea!* let him go his own way!

facere *f.* 1. doing, making; 2. bearing, delivery, childbed.

facil *a.* easy, facile.

facilită (a) *va.* to facilitate, to make easy, to render easy.

facilitate *f.* facility, easiness, ease.

faclă *f.* torch.

făclaş *m.* torch-bearer, torcher, linkboy.

făclie *f.* 1. link, torch; 2. flambeau.

făclier *m.* link-maker, torch-maker.

facsimile *n.* fac-simile.

factice *a.* factitious.

factios *a.* factious.

facţiune *f.* faction, factiousness.

factor *m.* 1. factor, agent; 2. letter-carrier, postman; 3. *Mat.* factor, efficient.

factură *f.* invoice, bill of parcels.

facultate *f.* 1. faculty (of a university); 2. faculty; 3. power, virtue, property.

facultativ *a.* optional.

făcut I. *a.* done, made. II. *n.* making, doing.

faeton *n.* phaeton (carriage).

fag *m.* *Bot.* beech, beech-tree.

făgădui (a) I. *va.* to promise, to engage. II. *ref.* *a se —*, to promise oneself.

făgăduiala ă *f.* promise, promising.

făgăduinţă *f.* promise; *rămăntul făgăduinţei*, the Promised Land.

făgăduit *a.* promised; *pământul cel făgăduit*, the Promised Land.

făgaş *n.* rut, track (of a wheel).

fagur *m.*, **fagure** *m.* honey-comb.

faienţă *f.* earthenware, delf, taience.

faimă *f.* fame, rumour, repute.

faimos *a.* 1. famous, fameused; 2. famed.

făină *f.* meal, flour.

făinar *m.* meal-man, meal-monger.

făinărie *f.* trade in meal, in flour

făinos *a.* mealy, farinaceous.

fală *f.* pride, haughtiness, ostentation.

falangă *f.* phalanx.

falcă *f.* 1. jaw, jaw-bone; 2. cheek cheek-bags.

fâlfâi (a) *va.* to fly about, to flutter, to flirt.

făli (a) *v. ref. a se —*, to grow proud to be proud, to pride in, to boast of.

falliment *n.* failure, bankruptcy; *a da* —, to bankrupt, to become a bankrupt; *a fi declarat în stare de* —, to be declared a bankrupt.

failt *m.* bankrupt.

falnic *a.* haughty, proud.

fals I. *n.* falsehood, forgery. II. *a.* 1. false, wrong, untrue; 2. counterfeit, forged; 3. perfidious, deceitful. III. *adv.* falsely, erroneously, wrongfully.

falsifică (a) *va.* 1. to falsify; 2. to adulterate; 3. to debase (money).

falsificare *f.* 1. falsification; 2. forgery; 3. adulteration; 4. debasement.

falsificator *m.* 1. falsificator, falsifier; 2. adulterator; 3. debaser.

falsitate *f.* falsity, falseness, untruth.

famen *m.* androgynus, hermaphrodite.

familiar *a.* 1. familiar, at home; 2. free.

familiaritate *f.* familiarity.

familiarizà *v. ref. a se* —, to familiarise oneself, to accustom oneself to.

familie *f.* family; *om cu* —, a family man, a father of a family.

fân *n.* 1. hay; *a întoarce fânul*, to make hay, to spread hay; 2. *Bot.* fânul cămilei, water gladiole.

fanar *n.* lantern.

fânaț *n.* hay-field.

fanatic *m.* 1. fanatic; 2. bigoted, bigot.

fanatism *n.* fanaticism.

fandoseaă *f.* affectation.

fandosi *v. ref. a se* —, to strut, to flaunt.

fanfară *f.* flourish (of trumpets).

fanfaron *m.* bully, boaster, hector, swaggerer.

fanfaronadă *f.* bragging, boasting, hectoring, blustering.

fântână *f.* spring, fountain.

fântânar *m.* fountain-maker.

fântâneà *f.* fontanel.

fantasmă *f.* phantasm, phantom.

fantasmagorice *a.* phantasmogoric.

fantasmagorie *f.* phantasmagoria, dissolving view.

fantastic *a.* fantastic, fantastical, fanciful.

fantazie *f.* 1. fantasy; 2. fancy.

fante *m.* 1. knave (at cards); 2. fashionable gentleman.

fantomă *f.* phantom.

fapt *n.* 1. act, act, deed, doing;

matter, case, 2. *ae* —, *în* —, in reality, in fact, indeed.

faptă *f.* fact, act, action, deed.

făptaș *n.* author, architect.

făptui (a) *va.* 1. to act, to effect; 2. to do, to execute, to accomplish.

făptuire *f.* execution, achievement, action.

făptuitor *m.* author, founder.

făptură *f.* creation, creature, work.

fakir *m.* Fakir (monk).

far *n.* beacon, light-house.

fără *prep.* without. except, but; — *frică*, without fear; — *rușine*, without shame, past shame; — *grijă*, careless; — *bani*, without money; — *înțeles*, barren spirited.

fără-de-lege *f.* sacrilege, malefactor, trespasser.

fărâmă *f.* 1. crum, crumb of bread); 2. small piece.

fărâmă (a) I. *va.* to crumb, to crum. II. *ref. a se* —, to crumble.

Faraon *m.* Pharao.

făraș *n.* dustman's showel.

farfurie *f.* plate, dish; — *adâncă*, soup-plate; — *de lemn*, trencher.

farfurioară *f.* saucer.

fariseu *m.* 1. pharisee; 2. hypocrite.

farmaceutic *a.* pharmaceutical.

farmacie *f.* pharmacy, apothecary.

farmacist *m.* chemist, apothecary.

farmazoană *f.* sorceress, hag.

farmec *n.* charm, spell, enchantment.

fărmecă *v.*, V. *a. fermecă*.

fârnâi *v* to snuffle, to speak through the nose.

fârnâire *f.*, **fârnâit** *n.* snufiling.

farsă *f.* farce, trick, drollery sleight.

fașă *f.* swaddle, swaddling-clothes.

fâșă (a) *vt.* 1. to rustle; 2. to rush.

fâșâit *n.* 1. rustle, rustling; 2 whirring, whisper.

fasciculă *f.* 1. number (of publication); 2. fascicule.

fascioară *f.* V. *fasciculă*.

fâșie *f.* band, strip, streak.

fașine *f.* fascine, fagot.

fasole *f.* bean; — *verzi*, French beans, kidney-bean.

fasoli *v. ref. a se* —, to give one's self airs, to dandify.

fason *n.* 1. fashion, shape, making 2. appearance, look, mien.

fasonă (a) *va.* to fashion.

fast *n.* pomp, splendour.

fătă (a) *va.* 1. to breed; 2. — *căței* to whelp, to pup; — *capra* to kid — *ciuta*, to fawn; — *oaia*, to lamb — *iapă*, to foal; — *pisică*, to kit ten; — *scroafa* to pig, to farrow; *a* — *vaca*, to calve.

fată *f.* 1. girl, lass; 2. maid, daughter; 3. — *mare*, young lady, miss, virgin; — *în casă*, house-maid, waiting-maid, servant-girl.

față *f.* 1. face, visage, countenance 2. aspect; 3. front, colour, complection; 4. page (of a book); 5. — *de masă*, table-cloth, table-cover: — *de pernă*, pillow-case, pillow-bier; 6. *a da pe* — to expose; to unmask; 7. — *cu cineva*, face to face; *în* —, in the face, in front, in the sight; *în* — *cu*, front to front; 8. *a fi taler cu două fețe*, to carry two faces

fatadă *f.* front, frontage, fore front.

fatar *n.* thrashing-floor.

fățarnic I. *m.* hypocrite. II. *a.* hypocritic, hypocritical.

fățărnicie *f.* hypocrisy.

fățiș *adv.* 1. in the sight of; 2. openly.

fățul (a) *va.* to plane, to level.

fățuială *f.* planing.

făt *m.* foetus.

faun *m.* faun.

faună *f.* fauna.

faur *n.* blacksmith; *luna lui Faur*, the month of February.

făurar *m.* blacksmith, forger, iron master.

făurărie *f.* forge, stithy.

făuri (a) *va.* to forge, to stithy.

făurire *f.* forgery.

făuriște *f.* V. *făurărie*

făuritor *m.* V. *făurar*.

favor *n.*, **favoare** *f.* favour.

favorabil *a.* favourable.

favorit I. *m.* favourite. II. *a.* favourite, agreeable.

favorite *f. pl.* whiskers; *cu* —, whiskered.

favoritism *m.* favouritism.

favoriză (a) *va.* to favour, to befriend, to patronise.

fază *f.* phase, phasis.

fazan *m.* pheasant.

feară *f.* beast of prey.

feare *f. pl.* fetters, chains.

febră *f.* fever.

febril *a.* febrile.

Februarie *m.* February.

fecioară *f.* virgin, maid; *Sfânta* —, The Holy Virgin.

fecior *m.* 1. son, male child; 2. youth, young man; 3. domestic, servant.

feciorese *a.* virginal.

feciorie *f.* virginity, maidenhood.

fecund *a.* 1. fecund, prolific; 2. fruitful, fertile, productive.

fecunditate *f.* fecundity, fertility.

fedeleş *n.* 1. small cask, tub; 2. *a legă* —, to bind tast.

federal *a.* federal.

federalism *n.* federalism.

federat I. *m.* federary. II. *e.* federate.

federaţie *f.*, **fede.aţiune** *f.* federation.

federativ *a.* federative.

fee *f.* fairy.

feeric *a.* fairy-like.

fel *n.* 1. sort, kind, species, manner; *ce* —, what sort of, what of, what kind of? *două feluri de* —, two sorts of; 2. *de* —, not at all, by no means; *în nici un* —, in no wise; 3. — *de* —, manifold, various.

felcer *m.* surgeon.

felicità (a) *va.* to congratulate, to wish joy.

felicitare *f.* congratulation.

felie *f.* slice, collop, chop; *o felie de pâine cu unt*, a slice of bread and butter.

felinar *m.* lantern: — *de catarg* top-lantern, top-light.

felurime *f.* diversity, variety.

felonie *f.* breach of faith.

felurit *a.* 1. diverse; 2. different 3. various.

femeie *f.* 1. woman; 2. wife.

femeiesc *a.* feminine.

feminin *a.* feminine, feminal.

fenix *m.* phenix.

Fenicia *f.* Phenicia.

Fenician *m.* Phenician.

fenomen *n.* phenomenon.

fenomenal *a.* phenomenal.

fer *n.* 1. iron; — *topit*, cast-iron; — *călit*, wrought-iron; 2. — *de călcat*, flat-iron; 3. *turnător de* —, iron-founder; *turnătorie de* —, iron-foundery; 4. *sârmă de* —, iron-wire; 5. *drum de* —, railway, railroad; *şină de drum de* —, rail; 6. — *de frizat*, crisping-iron, (pin), curling-irons.

fercheş *a.* dressed out, dressed up trim.

fereastră *f.* window.

ferecà (a) *va* 1. to bind, to hoop with iron-work; 2. to tag; 3. to put in fetters.

ferecătură *f.* 1. iron-work; 2. ironing.

feregă *f. Bot.* 1. fern; 2. brake.

ferestrău *n.* 1. saw; 2. saw-mill, saw-yard; *a tăià cu* —, to saw.

ferestrea f. sawn-wood.

ferestrue f. skylight, dorner- window, garret-window.

ferfenița f. rag, tatter.

ferfenitos a. ragged, all in rags.

feri (a) I. va. 1. to guard, to preserve, to keep, to shield, to save from; 2. to turn aside, to turn away, to turn off; 3. *ferească Dzeu*, God forbid; *ferit-a D-zeu!* God preserve me! II. *ref. a se —*, 1. to preserve oneself from, to guard oneself, to beware of; 2. to turn aside, to deviate.

ferice a. happy, fortunate, lucky.

ferici (a) I. va. to make happy. II. *ref. a se —*, to be pleased with, to consider anyone happy.

fericire f. 1. happiness, felicity, prosperity; 2. blessedness.

fericit a. 1. happy, fortunate, lucky; 2. blessed; 3. felicitous.

fericiți m. pl. blessed; *cei —*, the blessed.

ferigă f. *Bot.* fern.

fermă f. farm, farmer's house.

fermeca (a) va. 1. to charm, to delight; 2. to enchant; 3. to bewitch, to fascinate.

fermecare f. 1. enchantment, charming; 2. bewitchment.

fermecătoare f. enchantress, sorceress.

fermecător I. m. magician, sorcerer, enchanter. II. a. 1. charming, enchanting; 2. bewitching.

fermecatorie f. magic, sorcery, witchcraft.

fermece pl. charm.

fertil a. fertile, fruitful.

fertilitate f. fertility, fruitfulness.

feruginos a. ferruginous.

fes n. fez, Turkey-cap.

festă f. trick, farce, prank; *a jucă culva o —*, to put a trick on, to run a rig upon.

festeli (a) va. to dirty, to soil, to foul.

festilă f. match, wick.

festiv a. festive.

festival n. festivity.

festivitate f. festivity.

fetică f. 1. young girl; 2. *Bot.* valerian.

fetie f. virginity, maidenhood.

fetiș n. fetich.

fetișcană f. young girl.

fetisism n. fetichism.

fetița f. young girl.

feud n. fief, fee.

feudal a. feudal.

feudalism n. feudalism.

feudalitate f. feudality.

feudator m. feudatory.

Fevruarie m. February.

fi vx. a —, to be, to exist.

fiară f. wild deer, wild beasts.

fiare n. pl. fetters, chains; *a pune la (în) —*, to put in fetters, to put into irons.

fiasco n. fiasco, failure.

fiastră f. stepdaughter.

fiastru m. stepson.

fibră f. fibre, string.

fibrină f. *Med.* fibrine.

fibros a. fibrous.

ficat n. liver; *pete de —*, liver-frecle, liver-spot; *boală de —*, liver complaint.

fictiv a. fictitious, fictive; *în mod* fictitiously.

fictiune f. fiction.

fideà f. vermicelli.

fidel a. faithful, true, loyal.

fide.itate f. fidelity, faithfulness, loyalty.

fie int. be it so! let be!

fie-care pron. each, each one, every, everybody.

fie-cine pron. each, everyone.

fier n. V. fer.

fierar m. iron monger, iron-smith.

fierărie f. 1. iron-mongery, iron-foundry; 2. iron-store.

fierbe (a) vt. to boil; — *în clocote*, to boil fast; 2. to ferment.

fierbere f. 1. boiling, bubbling; 2. fermentation, fermenting.

fierbinte a. hot, hot-steaming, ardent.

fierbințeală f. 1. heat; 2. ardour; 3. passion.

fiere f. 1 gall, bile; 2. *Bot. flerea-pământului*, centaury, sweet-sultan.

fiese a. filial.

figură f. 1. figure, form, shape; 2. image; 3. type.

figură (a) vi. to figure.

figurant m. super (numerary).

figurat a. figurative; *înțeles —*, figurative sense.

fiică f. daughter.

fiindcă conj. because.

ființă f. being, existence; *ființa suprémă*, the Supreme Being.

ființare f. existence, being, subsistence.

filă f. V. *pagină*.

filantrop m. philanthropist.

filantropie *f.* philanthropy.
fildeş *n.* ivory.
fileri *m. pl.* wooden shoes.
filial *a.* filial.
filială *f.* 1. parochial chapel, chapel of ease; 2. branch.
filigran *n.* filigree.
filolog *m.* philologer.
filologic *a.* philologic.
filologie *f.* philology.
filomelă *f.* nightingale, philomel, philomela.
filozof *m.* philosopher.
filozofic *a.* philosophic.
filozofie *f.* philosophy.
fin *m.* godson, godchild.
fin *a.* 1. fine, small, thin; 2. ingenious, delicate; 3. refined, subtle, sly, artful.
fină *f.* goddaughter.
final I. *a.* final. II. *n.* finale.
finanţe *f. pl.* finances; *ministru de ~,* minister of finance.
fînaţ *n.* meadow.
fine *f.* end, extremity.
fineţe *f.* 1. fineness, thinness, smallness; 2. finesse, artifice, stratagem; 3. elegance, beauty; 4. artfulness, ingenuity.
fini (a) *va.* 1. to finish, to end, to terminate.
fior *m.* shiver, shudder; *a fi cuprins de fiori,* to shudder; *m'au apucat fiorii,* a cold shiver ran through me.
florin *n.* florin.
fioros *a.* frightful.
fir *n.* 1. thread, blade; 2. slip, sprig; 3. morsel, bit; 4. staple.
fire *f.* 1. nature, temper; *— bună,* good nature; *— rea,* ill nature; 2. *a 'şi veni în —,* to recover, one's self; *a 'şi reveni în —,* to collect one's self; *a fi scos din —,* to be out of one's self; *a scoate pe cineva din —,* to put a person out of a patience; *a nu fi în toate firile lui,* to be out of one's head; *a ieşi din —,* to lose one's temper; *peste —,* beyond all bounds.
firesc *a.* natural.
fireşte *adv.* 1. surely, certainly; 2. naturally, easily.
firicel *n.* small stalk (blade).
firidă *f.* niche.
firmă *f.* firm; sign-board; *zugrav de firme,* sign-painter.
firmament *n.* firmament, sky.
firman *n.* firman.
firuţă *f. Bot.* meadow-grass.
fişă *f.* counter.

fisc *n.* fisc.
fiscal *a.* fiscal.
fistic *n.* 1. pistachio; 2 ground-nut.
fistichiu *a.* uncouth, strange; *îmbrăcat —,* clad in an uncouth garb.
fitil *m.* match, wick, link.
fiu *m.* son. male child.
fix *a.* fixed, settled.
fixa (a) *va.* 1. to fix, to settle, to appoint; 2. to stare at.
fizic *n.* physical.
fizică *f.* physics, natural philosophy.
fizionomic *a.* physiognomic, physiognomical.
fizionomică *f.* physiognomics.
fizionomist *m.* physiognomist.
fizionomie *f.* physiognomy.
flăcăiandru *m.* lad, young man.
flacără *f.* flame, bluze.
flăcăra (a) *vt.* to flame, to flare, to blaze.
flăcăraie *f.* flamelet, friar's lantern.
flăcău *m.* lad, young man, youth.
flagel *n.* plague.
flagrant *a.* flagrant; *în — delict,* in the very act.
flaimuc *f.* fop-doodle, simpleton.
flămând *a.* hungry, starveling.
flămânzi (a) *vt.* to famish, to hunger, to starve.
flămânzit *a.* starving.
flamură *f.* oriflamme, oriflamb.
flanelă *f.* flanel.
flaşnetă *f.* street organ, barrel-organ.
flaşnetar *m.* organ-man.
flaut *n.* flute; *a cânta din —* to play on the flute.
flautist *m.* flutist, flute-player.
fleac *n.* bauble, bawble, trifle.
fleandură *f.* rag, tatter.
flecar *m.* talker, tattler.
flecări *a.* *vt.* to talk, to tattle.
flecărie *f.* talk, prate.
flegmă *f.* phlegm.
flegmatic *a.* phlegmatic.
fleică *f.* roast-beef.
flexioil *a.* flexible, pliant.
flexibilitate *f.* flexibility.
flexiune *f.* flexion.
flintă *f.* musket.
floare *f.* 1. flower; 2. blossom; 3 *fig.* choice; 4. *floarea laptelui,* cream; *brânză cu floarea laptelui,* cream-cheese; 5. *Bot. floarea broştească* ranunculus, crow's toot; *floarea călugărului,* soapwort; *floarea frumoasă,* Easter-daisy; *floarea grâului,* corn-flower; *— de mazere,* vetch; *floarea soarelui,* sun-flower; *Floarea lui Sf. Ioan,* lady's bed

straw; — *de vloră* love-in-idleness; stock-gilly-flower; *floarea turcului,* lily of the valley; *floarea vîntului,* gladiole; *floarea vînată,* water-flag; 6. *a prinde* —, to grow mouldy (wine); 7. *copil ain flori,* bastard; 8. *desen de flori,* flower-work; 9. *floarea tinereţei,* the flowering youth; *ca o* —, flower-like.

floc *n.* 1. flake; 2. flock.

flocăi (a) to plume, to pluck.

flocos *a.* shaggy.

florar *m.* 1. florist; 2. flower-maker.

florărie *f.* 1. green-house; 2. conservatory.

floretă *f.* foil.

floricea *f.* floret, little flower.

floricică *f.* little flower.

Florii *f. pl.* Palm-Sunday.

flotă *f.* fleet.

flotilă *f.* little fleet.

fluctuaţie *f.,* **fluctuaţiune** *f,* fluctuation.

fluer *n.* 1. whistle; catcall; 3. pipe; 4. *fluierul piciorului,* shin, shinbone.

fluera (a) *vt.* 1. to whistle; 2. to hiss, to damn a play: *a fi fluerat,* to get hissed.

fluerare *f.,* **fluerat** *n.* 1. whistling; 2. hiss, hissing.

fluid *n.* şi *a.* fluid.

fluiditate *f.* fluidity.

fluier, etc. V. *fluer,* etc.

fluşturâ *v. a fluturâ.*

flutură (a) *va.* to fly about, to flutter about.

fluturaş *m.* spangle.

fluture *m.* 1. butterfly; 2. spangle.

fluviu *n.* river, ocean river, great stream.

flux *m.* 1. flow; *fluxul şi refluxul,* the ebb and flow; 2. flux.

foaie *f.* 1. leaf, foil; 2. newspaper; 3. — *de hârtie,* sheet of paper; 4. — *de zestre,* act of one's dowry, separate property; 5. *a o întoarce pe foaia cea-l'altă,* to change one's tone (note).

foale *m.* bellows; — *de făurărie,* smiths bellows; — *de orgă,* organ bellows; *foalele,* a pair of bellows,

foame *f.* hunger, *a muri de* —, to be dying of hunger; *a-i fi* —, to be hungry, to hunger.

foamete *f.* famine.

foarfece *n. pl.* scissors; — *mari,* shears; — *de grădinar,* pruningshears.

foarte *adv.* very, most; — *bun,* very

good; *e lucru* — *curios,* it is mos curious.

foc I. *n.* fire, burning; — *de artificiu,* fire-works; — *de bucurie,* bonfire; *a face focul,* to light the fire; *a da* —, to set fire to, to set on fire, *a lăsa focul să se stingă,* to let the fire go down; *a se arunca în* — *pentru,* to go through fire and water for; *arme de* —, firearms; II. *int.* fire!

fochist *m.* stoker.

focos *a.* fiery, ardent; *ochi focoşi,* fiery eyes.

focurele *n. pl.* flamelet, friar's lantern.

foileton *n.* feuilleton (bottom part of a newspaper, reserved for light literature of fiction).

foişor *n.* 1. turret; 2. — *de' foc* watch-tower.

foiţă *f.* 1. small leaf; 2. — *de ţigare* leaf of cigarette-paper.

folos *n.* 1. utility, usefulness; 2. profit; *a fi de* —, to profit.

folosi (a) I. *va.* 1. to be of use of service; 2. to be profitable, to avail. II. *ref. a se* —, to make use of, to profit; *mă voi* — *de bunătatea Dv.* I will avail myself of your kindness.

fometă (a) *va.* V. *a înfometă.*

fometos *a.* famished, starved.

fonchiu *m. Bot.* periwinkle.

fonciar *a.* land..., landed; *venit* —, land-rent, ground-rent; *proprietate fonciară,* land-estate.

fond *m.* 1. bottom, fundament; 2. chief thing, chief matter.

fonduri *n. pl.* fund.

foncieră *f.* tax on land.

fonetic *a.* phonetic, phonetical.

fonetică *f.* phonetics, phonics.

fontă *f.* cast-iron.

formă (a) *va.* to form, to fashion, to model.

formă *f.* 1. form, shape, figure, fashion; *în* — *de, cu* — *de,* shaped; 2. *de* —, *pentru* —, formal.

formal *a.* formal; *în mod* —, formally.

formalism *n.* formalism.

formalitate *f.* formality; *fără nici o altă* —, without any further formality.

formare *f.,* **formaţie** *f.,* **formaţiune** *f.* formation.

format *n.* size (of a book).

formidabil *a.* formidable, tremendous.

formulă *f.* formula, formule.

formular *n.* formulary.

fort *n.* fort, stronghold.

forţă *f.* force, strength; *cas de — majcră*, case of main force; *cu —*, by main force.

forţâ (a) *va.* to force.

fortăreaţă *f.* fortress, stronghold.

forte *a.* 1. strong; 2. *Muz.* forte.

fortifică (a) *va.* to fortify, to strengthen, to invigorate.

fortificaţie *f.* fortification.

fosfor *n.* phosphorus, phosphor; *a combină cu —*, to phosphorate.

fosforă (a) *va.* to phosphoresce.

fosil *n.* şi *a.* fossil.

foşni (a) *vi.* to rustle.

foşnit *n.* rustle, rustling noise.

fotoliu *n.* elbow-chair, arm-chair.

fotograf *m.* photographer.

fotografiă (a) *va.* to photograph.

fotografie *f.* ph tography.

frac *n* dress-coat, black coat, black dress.

fracţie *f.*, **fracţiune** *f.* fraction, breaking; *fracţiune zecimală*, decimal fraction.

fragă *f.* strawberry.

frăgar *m.* strawberry-plant.

fraged *a.* 1. tender, soft, mellow; 2. delicate.

frăgezime *f.* 1. tenderness; 2. delicacy.

fragil *a.* fragile, brittle.

fragment *n.* fragment.

fragmentar *a.* fragmentary.

fraht *n.* 1. freight; 2. bill of lading.

frământă (a) *va.* to knead.

frământare *f.* kneading.

frână *f.* 1. brake; 2. barnacle.

frânar *m.* brakes-man.

franc I. *m.* franc (silver coin worth about 10 pence). II. *a.* free.

francă (a) *va.* to pay the postage.

francare *f.* payment of postage.

Francez *m.* Frenchman.

francez *a.* French: *limba franceză*, the French language.

Franceză *f.* Frenchwoman.

francheţă *f.* frankness, openness.

francmason *m.* freemason, freemason.

frânge (a) I. *va.* 1. to splinter, to break, to rend; 2. fracture; 3. *fig.* to conquer. II. *ref. a se —*; 1. to break off; 2. to wring, *a'si — mâinile de desperare*, to wring one's hands in despair.

frânghie *f.* rope, cord.

frânghier *m.* rope-maker.

frântură *f.* 1. rupture, breaking, fracture; 2. shiver; 3. *— de om*, shrimp, dwarf.

Franţus *m.* Frenchman.

frantuzesc *a.* French.

frantuzi (a) I. *va.* to frenchify. II. *ref. a se —*, to take French manners, to take French ideas.

Frantuzoaică *f.* Frenchwoman.

franzelă *f.* roll, French bread, manchet-bread.

frasin *n. Bot.* ash, ash-tree; *— de munte*, mountain-ash.

frate *n.* 1. brother: *— vitreg*, brother by the father's side, brother by the mother's side; *ca un —*, brotherly: 2. fellow-christian.

fraternitate *f.* fraternity.

fraterniză (a) *vt.* to fraternise.

fraternizare *f.* fraternisation.

frătesc *a.* fraternal, brotherly.

frăteşte *adv.* brotherly.

frăţie *f.* frater ity, brotherhood.

frăţior *m.* little brother.

fratricid *m.* 1. fratricide (crime) 2. fratricide (person).

frâu *n.* bit, curb-rein, check.

fraudă *f.* fraud, deceit.

frază *f.* phrase, sentence.

frazeologie *f.* phraseology.

freamăt *n.* rustling noise.

frecă (a) I. *va.* to rub. to grind. II. *ref. a se —*, to rub oneself.

frecare *f.* 1. rubbing: 2. friction, rub.

frecătoare *f.* 1. rubbing-cloth; 2 rubber, scrubbing-brush.

frecătură *f.* rubbing, friction.

frecuş *n.* scolding.

fregată *f.* fregate.

frenetic *a.* frantic.

frenezie *f.* frenzy, franticness.

frică *f.* fear, fright, dread; *fără —*; fearless.

fricos *a.* timorous, fearful.

fricţiune *f.* friction, rub.

frig I. *n.* cold, cold weather, coldness, chilliness. II. *a.* cold; *a fi —*, to be cold; *mi e —*, I feel cold, I am cold.

frigare *f.* spit skewer; *a frige la —*, to roast by the spit.

frige (a) *va.* 1. to roast; 2. to broil; 3. to fry.

frigor *n. Bot* rever-wort.

friguri *f. pl.* fever, ague; *— galbene*, yellow-fever; *a avea —*, to be in a fever; *a da -*, to fever, fever, to put into a fever.

friguros a. 1. chilly; 2. cold, glacial.
fript a. roast.
frigărue f. joint roasted on the spit.
friptură f. roast-meat, roast; — de carne de vacă, roast-beef.
frivol a. frivolous.
frivolitate f. frivolity.
friză (a) va. to dress the hair, to frizzle.
frizat a. 1. curling, curly; 2. fer de —, curling-irons, curling-tongs.
frizer m. hair-dresser.
frizură f. curls.
front n. front.
frontieră f. frontier, border.
frontispiciu n. 1. frontispiece; 2. title-page.
fruct n. fruit, product pom cu fructe, fruit-tree; negoțul fructelor, fruit-trade.
fructifer a. fruit bearing.
fructifica (a) va. to fructify.
frugal a. frugal.
frugalitate f. frugality.
frumos I. a. 1. fine, beautiful, fair, handsome; vreme frumoasă, fine weather; 2. sexul frumos, the fair sex. II. adv. prettily.
frumușel I. a. pretty, neat, genteel. II. adv. prettily, nicely.
frumusețe f. 1. beauty, beauteousness; 2. fairness.
frumusică f. beauty.
fruntar n. 1. frontal; 2. frontlet, frontal (among the Jews).
fruntaș m. notable, leading man.
frunte f. 1. forehead, brow; 2. front, forepart.
frunză f. leaf; — de trandafir, rose leaf.
frunzar n. foliation.
frunziș n. foliage; ramuri cu —, leaf branches.
frunzos a. leafy, leaved.
frunzuliță f., frunzișoară f. leaflet
frustra (a) va. to defraud.
fizic a. phthisical, consumptive.
fizie f. phthisis, consumption.
fudul a. proud.
fudulache m. jack-a-dandy.
fuduli v. ref. a se —, to bridle up, to strut, to flaunt.
fudulie f. pride, haughtiness.
fugă I. f. flight, running away; a o croi (a o rupe, a o tuli la —), to take to flight; a pune pe —, to put to flight; d'a —, as fast as my legs would carry me. II. int. quick!
fugar I. m. 1. runaway; 2. turn-back; 3. race-horse. II. a. flying.

fugări (a) va. 1. to pursue, to run after; 2. to rout, to put to the rout.
fugi (a) vi. to fly, to flee, to run away, to escape.
fulg n. 1. down; 2. flock; 3. flake (of snow).
fulger n. lightning flash; un —, a flash of lightning; fulgeri de căldură, heat lightning, sheet-lightning.
fulgera (a) vi. to lighten, to fulminate.
fulgerare f. fulmination.
fulgerător a. fulminant, fulminating.
fulie f. Bot. narcissus.
fum n. smoke, fume; a face —, to smoke; nor de —, smoke-cloud.
fuma (a) vi. to smoke (tabacco).
fumat n. smoking; fumatul interzis, no smoking allowed.
fumător m. smoker.
fumega (a) vi. to smoke.
fumuriu a. inebriated, intoxicated.
funar m. rope-maker.
funcție f., function, office.
funcționa (a) vi. to work, to operate.
funcționar m. functionary.
funcțiune f. function.
fund n. 1. bottom, ground; a da de — to founder; fără —, bottomles; 2. depth, deepness.
funda (a) vi. to cast anchor.
fundac n. rick (of hay).
fundament n. 1. foundation; 2. ground, groundwork.
fundamental a. fundamental.
fundatoare f. foundress.
fundator m. founder.
fundație f., fundațiune f. 1. foundation; 2. endowment.
fundătură f. blind alley.
funebru a. funeral; ceremonie funebră, funeral service.
funeralii pl. funeral.
funerar a. funeral.
funest a. fatal.
funie f. 1. cord, cordage, hawser, rope; 2. funii, pl. Mar. tacle.
funier m. rope-maker.
funingine f. soot.
funinginos a. sooty.
funt n. pound.
fura (a) va. to rob, to steal.
furaj n. 1. forage; 2. fodder.
furcă f. 1. pitchfork; 2. — de tors, distaff.
furculiță f. fork.
furgon n. waggon, carriage for luggage.
furie f. fury, madness, rage, wrath.
furios a. furious, raging, wrath, wrathful.

furiş *a.* furtive, stealthy; *pe —*, furtively; *a se uitâ pe —*, to cast a sidelong glance.

furişà *v. ref. a se -* , to sneak, to creep, to steal in.

furnicà (a) *vt.* 1. to swarm (abound) with, to be full of; 2. to tingle.

furnicà *f.* ant, emmet; *— roşie*, wood-ant, horse-ant.

furnicar *m.* 1. ant-bear, ant-eater; 2. ant-hill, ant-hillock.

furnicare *f.* tingling.

furnicătură *f.* formication.

furnitură *f.* furnishing, providing.

furniză (a) *va.* 1. to deliver; 2 to furnish, to supply.

furnizor *m.* purveyor, provider, contractor.

furt *n.* robbery, theft, stealing.

furtişag *n.* V. *furt.*

furtună *f.* tempest, storm.

furtunatic *a.*, **furtunos** *a.* stormy, tempestuous.

fus *n.* spindle.

fustă *f.* petticoat.

fuzionà (a) *vt.* to amalgamate.

fuziune *f.* fusion, melting.

G

gâde *n.* hangman, executioner, jack-ketch.

gâdilà (a) *va.* to tickle, titillate.

gâdiliare *f.*, **gâdilătură** *f.* tickling, titillation.

gâdilător *a.* tickler.

gâdilicios *a.* ticklish.

gâfâi (a) *vt.* to pant, to be quite out of breath.

gâfâialâ *f.*, **gâfâit** *n.* pant.

gâgâi (a) *vt.* cackle (goose).

gâgâit *n.* cackle, cackling.

gâgâut *I. m.* simpleton, ninny, fop-doodle, wantwit. II. *a.* silly.

gâgâuţă *f.* silly girl, silly woman.

gaie *f.* Zool. glade, hen-harrier.

găină *f.* hen; *— moţată*, crested hen; *— îngrăşatâ*, fat pullet.

găinar *m.* 1. poulterer; 2. sparrow-hawk.

găinărie *f.* poultry-yard, hen-roost, hen-house.

găinaţ *n.* guano, hen-dung.

găinuşă *f.* 1. wood-hen; *— de apă*, moor-hen, water-hen; *— roşie, — alunară*, hazel-hen; 2. *Astr.* Pleiades.

gaiţă *f.* jay; *— de munte*, nut-pecker, nut jobber, nut-hatch.

găitan *n.* loop, twist, galloon, ribbon.

găitănar *m.* lacemaker.

gaj *n.* pledge, pawn.

galâ *f.* gala: *ţinutâ de galâ*, court-dress, full-dress.

gălăgie *f.* noise, row, racket; *a face —*, to make a noise, to racket.

gălăgios *a.* noisy, rackety.

ga ant *a.* 1. gallant; 2. courtly, civil.

galantar *n.* show-case, show-window.

galanterie *f.* compliment, gallantry.

galantom *a.* generous.

galantonie *f.* generosity.

gălbează *f.* rot (of sheep).

gălbegios *a.* wan, pale, pallid.

gălben I. *a.* 1. yellow; *— aeschis*, light yellow colour; 2. pale, pallid, wan. II. *n.* 1. yellowishness; 2. ducat, yellow-boy (coin).

gălbenatec *a.* yellowish.

gălbeneală *f.* 1. yellow colour, yellowishness; 2. wanness.

gălbinare *f.* jaundice, yellows; *bolnav de —*, jaundiced.

gălbinele *f. pl. Bot.* yellow-golds.

gălbiniţă *f. Bot.* yellow-wort.

gălbiniu *a.* light yellow colour.

gălbinuş *n.* yolk (of an egg).

gălbiu *a.*, **gălbuiu** *a.*, **gălbiniu** *a.*, **gălbinicios** *a.*, yellowish, sallow.

gâlcă *f.* tonsils.

gâlceavă *f.* quarrel, strife, wrangle, squable; *a căutà —*, to quarrel.

gâlcevi *v. ref. a se —*, to quarrel, to wrangle, to squabie.

gâlcevitor I. *m.* quarreler, wrangler, squabbler. II. *a.* quarrelsome.

găleată *f.* 1. pail, bucket; 2. *— pentru lapte*, milk-pail; *— de puţ*, water-pail, bucket; *— plinâ*, pailful bucketful; *— pentru cărbuni*, coal-scuttle; 3. *loc. a plouâ cu —*, to rain hard, to rain cats and dogs.

galenţi *n. pl.* wood shoes, clog.

galeră *f.* galley.

galerie *f.* gallery; *— de tablouri*, picture gallery.

galeş *a.* languishing.

gâlgâi (a) *vi.* to gurgle.

gâlgâit *n.* gurgle, gurgling.

Galia *f.* Gaul.

galic *a.* Gaulish.

galicism *n.* galicism.

galion *n.* printer's galley.

galon *n.* gallon.

galop *n.* gallop.

galopà (a) *vt.* to gallop, to gallopade.

galopant *a.* galloping.

galoş *m.* galosh, clog.

găluşcă f. dumpling.
galvanic a. galvanic.
galvanism n. galvanism.
galvaniză (a) va. to galvanise.
galvanop astie n. electro-typing.
gamă f. Muz. scale.
gămălie f. the head of a pin; ac
cu —, pin.
găman a. voracious, ravenous glut-
tonous.
gambă f. leg. shank.
gând n. 1. thought; 2. mind; 3. idea;
4. sentiment, meaning, design; 5.
intention, opinion; a aveă de —,
to intend, to design; a fi — la —,
to be of the same mind; a fi dus
cu gândurile, to fall into deep
thought; repede ca gândul, upon a
thought; cu gândul, with my mind's
eye.
gândac m. 1. cha'er, beetle; 2. — de
primăvară, maybug; — de mătasă,
silk-worm.
gândì (a) I. va. 1. to think, to be-
lieve; 2. to reflect, to imagine.
II. ref. a se —; 1. to think, to
muse, to meditate; 2. a se — la,
to consider, to think of; a se —
şi a se regândì la, to ruminate of
(on).
gândire f. 1. thinking, thought; 2.
sentiment, meaning.
gândit a. thought; bine —, well-
thought.
gânditor a. pensive, thoughtful.
gang n. 1. lobby, passage; 2. cor-
ridor.
gângav I. m. stutterer, stammerer.
II. a. stuttering, stammering.
gângăvì (a) vt. to stut, to stutter,
to stammer.
gângăvie f. stutter, stuttering.
gângăvire f., **gângăvit** n. stam-
mer, stammering.
gangrenă f. gangrene, mortifica-
tion, canker.
gangrenă v. ref. a se —, to gan-
grene, to mortify, to canker.
gânsac m. gander.
găoază f. anus, arse-hole.
gară f. railway station, terminus;
şef de —, station-master.
garafă f. jug, decanter, bottle.
garant m. guarantor, guarantee,
guaranty, warranter.
garantà (a) va. 1. guarantee, to
warrant, to answer for; 2. Jur. to
surety; 3. to indemnify.
garanţă f. Bot. madder, field-mad-
der.

garanţie f. 1. guaranty, warranty
2. surety.
gârb n. hump, bunch.
gârbăcì (a) va. 1. to whip; 2. to
scourge; 3. to flagellate.
gârbaciu n. wh'p, scourge.
gârbov a. round-shouldered.
gârbovì v. ref. a se —, to grow
round-shouldered,to stoop,to crook
gârbovit a. 1. round-shouldered,
crooked; 2. crook-shouldered.
gârbiţă f. packing-stick.
gârciant n. throat-pipe.
gard n. hedge, fence, inclosure.
gardă f. guard, ward; garda re-
gească, the king's guard; garda
naţională, the city guard; a fi de —
to be on guard.
garderobă f. wardrobe.
gardian m. guardian, warden.
gardist m. policeman, constable;
— de noapte, night-watcher.
gargară f. 1. gargle; 2. gargling.
gargarisì v. ref. a se —, to gargle,
to gargarize.
gărgăr,ţă f. weevil, rice-weevil;
mâncat de gărgări¿e, weevilled.
gărgăritos a. worm-eaten.
gărgăun m. fig. whim, fancy, ca-
price.
gârlă f. river; apă de —, river-
water.
garnisì (a) va. 1. to garnish; 2. to
adorn, to trim.
garniţă f. Bot. yoke-elm.
garnitură f. garniture, garnishment,
furniture.
garnizoană f. garrison; oraş cu —,
garr.son town.
garoafă f. Bot. pink, pink of my
yohn; — barboasă, sweet-William.
ilake.
gâscă f. 1. goose; 2. — sălba.ică,
wild goose, fen-goose; 3. boboc
ae —, gosling; 4. pană de —, goose-
quill.
gâscan m. gander.
găsì I. (a) 1. va. to find, to find out;
2. to meet with; 3 to contrive, to
discover; 4. to get, to obtain; 5
— cu cale, to approve of. II. ref.
a se —; 1. to find oneself; 2. to
be found, to meet.
găsire f. finding.
găsitor m. finder.
gastronom m. gastronome(r) gas-
tronomist.
gastronomie f. gastronomy.
gât n. 1. neck; 2. throat; 3. murele
gâtului, tonsils; 4. a strânge ae —

to strangle, to garrote: 5. *a se luă de* —, to collar each other.
îta *a.* și *adv.* 1. ready, prepared; 2. done, finished; 3. *bani* —, ready, money, cash; *cu bani* —, for cash; *a plăti cu bani* —, to pay ready money; 4. *haine* —, ready made clothes, slops.
găteală *f.* lady's attire.
găti (a) I. *va.* 1. to prepare, to make ready; 2. to adorn, to deck, to trick up; 3. to cook, to dress. II. *ref. a se* —: 1. to prepare one's self; 2. to adorn one's self, to dress one's self out.
gătire *f.* 1. preparation; 2. dressing; 3. adornment, trimming.
gâtlan *m. Zool.* penguin (bird).
gâtlej *n* throat, gullet.
gâtui (a) *va.* to strangle, to garrote, to throttle.
gâtuială *f.,* **gâtuire** *f.* strangling, strangulation.
gâtuit *a.* strangulated.
gâtuitor *m.* strangler, choker.
găunos *a.* hollow worm-eaten.
găunoșie *f.* caries cariosity.
gaură *f.* hole, bore, gap; *a face o* —, to make a hole.
găuri (a) *va.* to make a hole, to bore, to pierce, to perforate; — *cu un burghiu,* to thrill.
găurire *f.* boring, drilling, perforation.
găurit *a.* 1. with a hole in it; 2. full of holes, perforated; 3. *a fi* —, to have a hole in it.
găvan *n.* dish.
găvănat *a.* hollow, concave.
găvănătură *f.* pit, hole, hollow, cavity.
găvăni (a) *va.* to hollow, to excavate.
gaz *n.* 1. gas; 2. petrol, petroleum, lamp-oil.
gazdă *f.* 1. host, entertainer, landlord; 2. hostess, landlady; 3. *a trage în* —, to put up, to lodge, to inn.
găzdui (a) *va.* to lodge, to entertain, to harbour.
găzduire *f.* entertainment, sheltering.
gazelă *f. Zool.* gazelle.
gazetă *f.* gazette, newspaper.
gazetar *m.* gazetteer, news-writer, journalist, reporter.
gazos *a.* gaseous.
geabă *adv. de* —; a) gratuitously, gratis, for nothing; b) in vain, vainly.

geam *n.* pane, window pane.
geamantan *n.* cloak-bag, portmanteau, carpet-bag.
geambaș *m.* horse-jockey, horse-dealer.
geambașlâc *n.* horse-dealing, jockey's trade.
geamgiu *m.* glazier.
geamie *f.* mosque, mosk.
geamlîe *n.* glass-windows.
geană *f.* 1. eye-lash; 2. *geana zilei,* the dawn, aurora.
geantă *f.* 1. saddle-bag, money-bag; 2. courier-bag; 3. — *de vânat,* game-pouch.
gebreă *f.* wisp of straw, wiper.
ge'at *m.* fly-catcher.
gelatină *f.* gelatine.
gelatinos *a.* gelatine, gelatinous.
gelos *a.* jealous, envious.
gelozie *f.* jealousy, envy, enviousness.
gemă *f.* 1. gem; *sare* ~, rock-salt, common salt.
gemăt *n.* groan, moan, deep sigh, lamentation.
geme (a) *vt.* to groan, to moan, to make moans.
gemen I. *m.* twin. II. *a.* twin.
gemenii *m. pl. Astr.* Gemini Twins.
gemere *f.* groan, moan.
gen *n.* 1. genus; 2. *Gram.* gender; 3. sort, manner, kind.
genealogic *a.* genealogical.
genealogie *f.* genealogy, lineage.
general I. *m.* general, chief commander. II. *a.* general, universal *în mod* —, generally
genera'at *n.* generalship.
generalisim *m.* commander-in-chief, generalissimo.
generalitate *f.* generality.
generaliză (a) *va.* to generalise.
generalizare *f.* generalizing.
generație *f.,* **generațiune** *f.* generation, age.
generator *a.* generating.
genere *în* — *adv.* generally, in general.
generic *a.* generic, gener'cal.
generos *a.* generous; *în mod* —, generously.
generozitate *f.* generosity, liberality, bounty.
geneză *f.* Genesis.
genital *a.* genital; *părtile genitale,* genitals.
genitiv *n.* genitive (case).
geniu *m.* 1. genius, spirit; 2. engineering.

gentiană *f. Bot.* gentian.

genil *a.* genteel, elegant, pretty, pleasing.

gentileță *f.* prettiness, politeness.

gentilom *m.* gentleman, nobleman.

genunchiu *m.* 1. knee; *a cădeă în genunchi,* to fall on one's knees; 2. *osul genunchiului,* knee-pan.

genunchiu *m.* V. *genunchiu.*

genune *f.* abyss, gulf.

geodesie *f.* geodesy, geodaesia.

geograf *m.* geographer.

geografic *a.* geographical.

geografie *f.* geography.

geolog *m.* geologist.

geologic *a.* geological.

geologie *f.* geology.

geometrie *a.* geometrical; *în mod —,* geometrically.

geometrie *f.* geometry.

geometru *m.* geometrician.

ger *n.* frost, freezing, cold; *— mare,* hard frost; *a fi — mare,* to freeze hard; *a fi — de crapă pietrele,* to freeze as hard as can be.

Gerar *n. pop.* Ianuary.

gerg *n.* jargon.

German *m.* German.

german *a.* German.

Germană *f.* German woman.

Germania *f.* Germany.

germanic *a* German.

germanizm *n.* germanism.

germen *m.* 1. germ, sprout, shoot; 2. sperme.

geros *a.* frosty.

gest *n.* 1. gesture: 2. sign.

gesticulă (a) *vt.* to gesticulate.

gesticulare *f.* gesticu'ation.

get-beget *adv.* oiving on one's patrimony (inherited estate).

gheată *f.* half-boot, boot; *ghete de lac,* dress boots; *ghete cu șireturi,* lace boots; *curăță'or de ghete,* shoe-black, shoe-blacker.

gheb *n.* bunch, hunch.

ghebos *a.* hunchbacked.

gheenă *f.* hell.

ghem *u.* 1. small ball of worsted, c'ew of thread; 2. *a se face —,* to squat, to cower down.

ghemui (a) I. *va.* to w'nd up into a ball. II. *ref. a se —,* to squat, to cower down, to round (to gather) one's self into a ba.l.

gheonoaie *f.* wood-spite, (wood) pecker.

gherdan *n.* collar, necklace.

gheretă *f.* sentry-box, watch-box.

gherghef *a.* embroidery frame, em-

broidering frame.

gheridon *n.* stand for candlesticks, small round table.

gherlă *f.* prison, jail.

gheroc *n.* frock-coat.

gheșeft *n.* swindling business.

ghețar *n. etc.* V. *ghețar,* etc.

ghiară *f.* claw, talon, clutch.

ghiață *f.* 1. ice; *rece ca —,* as cold as ice: 2. *a se da pe —,* to slide, to skate.

ghiațară *f. Bot.* ice-plant.

ghiaur *m.* miscreant, infidel, christian.

ghici (a) *vt.* to guess, to divine;

ghicire *f.* guess.

ghicitoare *f.* 1. diviner, wise-woman; 2. charade, riddle, puzzle.

ghicitor *m.* guesser.

ghid *m.* guide, conductor.

gh(i)ețar *n* glacier.

gh(i)ețărie *f.* ice-house, ice-cellar.

gh(i)ețoiu *n.* icicle, piece of ice.

gh(i)ețuș *n.* glazed frost.

ghiftui (a) *va.* to overcloy. II. *ref. a se —,* to cram (with food), to overeat one's self.

ghi'ilie *n.* night-cap.

ghilemele *f. pl.* turned commas.

gh'lotină *f.* guillotine.

ghilotină (a) *va.* to guillotine, to behead.

ghimber *n.* ginger.

ghimpe *m.* thorn, prickle; *a sta pe ghimni,* to be on thorns.

ghimpos *a.* thorny, prickly, spiny, spinous.

ghiumpră *f.* bullfinch.

ghin *n.* gouge.

ghindă *f.* acorn.

ghindar *m. Bot.* oak.

ghindură *f.* 1. gland, kernel; 2 bump, boil.

ghinduros *a.* glandulous, botchy.

ghint *n.* rifle, groave.

ghintui (a) *va.* 1. to rifle (a gun); 2. to scratch.

ghintuit *a.* rifled; *pușcă ghintuită,* rified gun.

ghioacă *f.* shell (of nuts, eggs, etc.), husk.

ghioagă *f.* cudgel, club.

ghiocei *m. pl. Bot.* snow-trops; *— de grădină,* narcissus.

ghiont *n.* thump, punch, cuff, buffet.

ghionti (a) *va.* to thump; to punch, to cuff, to buffet.

ghiorăi (a) *vt.* to grumble (stomach).

ghiorlan *m.* clodhopper.

ghiorț *n.* belch, eructation, rising

of the stomach.

ghiorţăi (a) *vt.* to belch.

ghioturâ *f.* lump; *loc. adv. cu ghiotura*, in the lump, in (by) the gross, by wholesale.

ghiozdan *n.* bag, pouch, satchel.

ghipcan *m.* roadster (horse).

ghips *n.* plaster gypsum.

ghipsui (a) *va.* to plaster.

ghirlandă *f.* garland, wreath.

ghitară *f.* guitar.

ghiuleä *f.* bullet, cannon-ball.

ghionoaie *f.* wood-spite.

ghiunghiunele *f. pl.* mincing.

ghiurghiuliu *a.* fiery red, red-hot.

ghiveciu *n.* 1. flower-pot; 2. ragout.

gia aminä *f.* calamine.

gigant *m.* giant.

gigantă *f.* giant, giantess.

gigantic *a.* gigantic.

giletcă *f.* waistcoat.

gimnastică *f.* gymnastics.

gimnazial *a.* of a grammar-school.

gimnaziu *n.* grammar-school.

ginere *m.* son-in-law.

gingas *a.* 1. tender; 2. nice, pretty, quaint.

gingăşie *f.* 1. delicacy; 2. nicety, niceness, quaintness.

gingie *f.* gum; *abces la gingii*, gum-boil; *mă dor gingiile*, my gums are sore, I have sore gums.

ginte *f.* race, line, breed.

ginturä *f. Bot.* gentian.

gir *n.* endorsement, indorsement.

gira (a) *vt.* to endorse.

girafă *f.* giraffe, cameleopard.

girant *m.* endorser.

gireadă *f.* stack, rick.

giugiuleală *f.* wheedling, caressing.

giugiuli (ă) *va.* to wheedle, to caress, to cherish.

giulgiu *n.* 1. grave-clothes; 2. fine linen; 3. winding-sheet, shroud.

giuvaer *n.* jewel.

giuvaergiu *m.* jeweller.

giuvaerică *f.* jewel.

gladiator *m.* gladiator.

gladiş *m. Bot.* buck-thorn.

g.af *n.* groove; *cu —*, grooved.

glăfui (a) *va.* to groove.

glăfuit *a.* grooved.

glas *n.* voice.

glast *n. Bot.* woad.

giastră *f.* flower pot.

glăsui (a) *vt.* to sound, to run, to speak.

glavănită *f.* skull, cranium.

gleznă *f.* ankle, ankle-bone; *până la —*, ankle-deep, up to the ankle.

gloabă *f.* jade, cart-jade tit.

gloată *f.* the vulgar body, rout, mob.

glob *n.* sphere, (terestrial) globe.

globos *a.* globous.

globulă *f.* globule.

glod *n.* V. *noroiu*.

gioderos *a.* rough rugged.

gionţ, gionte I. *n.* ball, bullet, shot. II. *adv.* directly.

glorie *f.* glory.

glorifica (a) *va.* to glorify.

glorificare *f.* glorification.

glorios *a.* glorious; *în mod —*, gloriously.

glosă *f.* gloss.

glosar *n.* g.ossary.

glugă *f.* hood, cowl, capouch; *s'ş scoate gluga*, to uncowl.

glumă *f.* joke, jest, joking, jesting; *a şti de —*, to know how to take a joke; *erä numai o —*, it was all a joke; *în —*, in joking talk, jokingly; *a face o —*, to break a jest, to joke.

glumeţ I. *m.* joker, jester. II. *a.* joking, jesting.

glumi (a) *vt.* to joke, to jest, to be in sport.

goană *f.* 1. coursing; *în — mare*, whip and spur, at full speed; 2. pursuit, prosecution; *a luă la —* to drive out; 3. rut, covering season (of horses).

goangă *f.* beetle.

godac *m.* young pig.

goeletă *f.* schooner.

gogoşă *f.* 1. cocoon; 2. *Bot.* puff-ball; 3. *— de tufă*; *a) Bot.* gall-nut, oak-gall; *b) fig. fam.* fib; *a spune gogoşi (de tufă)* a vinde gogoşi, to tell fibs, to to k big of high.

gogoman *m.* sap, simpleton, ninn'y

gogomănie *f.* silliness, sottishness. duliness.

gogonat *a.* swelled, puffed up, turgescent.

gogoriţă *f.* scarecrow, bughear.

gol *a.* 1. naked, bare uncovered; *cu capul —*, bareheaded; *cu picioarele goale*, barefoot, barefooted; *— de tot, în pielea goală*, stark naked, quite bare; *cu gâtui —*, barenecked; *cu stomacul —*, have an empty belly; 2. empty, void; 3. *loc. a da de —*, to expose, to lay bare.

golan *m.* rag, tatterdemalion.

goiaş *a.* unfeathered, naked, bald.

goldană *f. Bot.* greengage.

ɾo`f *n.* gulf.
golf (a) *va.* 1. to empty, to make empty; 2. to void, to evacuate.
goliciune *f.* nudity, nakedness.
golire *f.* 1. emptying; 2. evacuation.
gologan *m.* 1. sou, halfpenny; 2. money.
gonaciu *m.* 1. persecutor, pursuer; 2. springer.
gondolă *f.* gondola.
gondolier *m.* gondolier.
goni (a) *va* 1. to drive out (away), to thrust (to push) out, to expel; to dislodge, to dispel. II. *ref. a se —*, to rut.
gonitoare *f.* heifer.
gorlī *m.* gorilla.
gorun *m. Bot.* rowan-tree, quickset.
goruniște *f.* oak-forest.
Got *m.* Goth.
gotic *a.* gothic.
grabă *f.* 1. haste, hurry, speed; *cu —*, hastily; *de —*, quickly; *mai de —*, rather, sooner; *cred mai de —*, I rather think; 2. *prov. graba strică treaba*, newer do things in a hurry.
grăbi (a) I. *va.* to hasten, to forward, to hurry, to urge. II. *ref. a se —*, to haste, to hasten, to make haste; *a nu se —*, to be in no haste; *nu te —*, don't be in haste.
grăbire *f.* hastiness.
grăbit *a.* in a hurry, hasty: *a fi —*, to be in a hurry.
grabnic *a.* urgent.
grad *n.* 1. grade; 2. rank; 3. degree.
grada (a) *va.* to graduate.
gradație *f.*, **gradațiune** *f.* 1. gradation ; 2. climax.
grădină *f.* garden; *— de legume*, kitchen-garden; *— de flori*, flowergarden.
grădinar *m.* gardener.
grădinăreasă *f.* gardener's wife.
grădinărie *f.*, **grădinărit** *n.* 1. gardening; 2. garden-stuff, garden ware.
grădiniță *f.* small garden.
grăi (a) *vt.* to utter, to discourse, to speak.
grăire *f.* utterance, speaking.
grăitor *m.* speaker.
graiu *n.* speech, language, voice; *prin — viu*, by word of mouth.
grajd *n.* stable, stall.
grăjdar *m.* groom, (h)ostler.
gram *n.* gram, gramme.
grămadă *f.* 1. heap, pile; 2. lot, set; 3. *— de zăpadă*, drift (snow).

grămădi (a) I. *va.* 1. to heap, to heap up; 2. to hoard up, to pile up, to agglomerate, to collect. II. *ref: a se —*, to throng, to heap together.
grămădire *f.* accumulation, heaping.
gramatic *m.* grammarian.
gramatică *f.* grammar.
gramatical *a.* grammatical; *în mod —*, grammatically.
grânar *n.* granary, corn-loft, garner.
grânar *m.* seedsman, corn-chandler, corn-dealer.
granată *f.* garnet.
grandios *a.* grand.
grandoman *m.* boaster.
grâne *n. pl.* cereal, corn, grain.
grangur *m. Zool.* gold-hammer (bird); *— negru*, rice-bird.
grănicer *m.* boundary-guard, marcher.
granit *n.* granite.
graniță *f.* 1. frontier, boundary, border; 2. limit.
grăpa (a) *vt* to harrow, to drag.
grapă *f.* harrow, drag.
grăpiș *adv. târiș-grăpiș*, hobbling along, hobblingly.
gras *a.* fat, plump.
grăsime *f.* grease, fat.
grăsuliu *a.* fatty, plump.
grăsun *m.* I. pig, hog. II. *a.* fattish.
grăsuț *a.* fattish.
grătar *n.* gridiron, roaster; *a frige la —*, to broil on the gridiron.
grația (a) *va.* to favour, to pardon.
gratie *f.* grate, wire-grate.
grație *f.* 1. grace; 2. favour, pardon; 3. quaintness.
gratifica (a) *va.* to favour, to confer, to bestow.
gratificație *f.* 1. gratuity; 2. reward, donation.
grațios *a.* 1. gracious; 2. pleasant, elegant; 3. graceful; 4. quaint.
grațiositate *f.* kindness, civility.
gratis *adv.* gratis, free, for nothing.
gratuit I. *a.* gratuitous; *instrucțiune gratuită*, gratuitous instruction. II. *adv.* gratis, for nothing, free of cost.
grâu *n.* wheat, corn; *spic de —*, wheat-ear; *snop de —*, wheat-sheaf; *câmp de —*, corn-field; *cultivator de —*, corn-farmer; *bob de —*, seed corn.
grăunte *m.* graiu, corn, berry, kernel.
grăunti (a) *vt.* to granulate.

grăunţos a. granular, granulous.

graur m. Zol. starling (bird).

grav a. grave, serious, weighty; *în mod* —, gravely.

gravă (a) va. şi nt. 1. to engrave, to impress; 2. to imprint (on).

gravitate f. 1. gravity; 2. graveness.

gravitaţie f., **gravitaţiune** f. gravitation.

gravor m. engraver, graver; — *în lemn*, wood engraver.

gravură f. engraving, gracing; — *săpată în lemn*, wood-cut.

grea a. 1. heavy, difficult; 2. pregnant, big with child, in the family way.

greaţă f. 1. qualmishness, qualm, sickness; 2. nausea; *'mi vine* —, I fell sick; *a-i vine* —, *a-i fi* —, to nauseate, to distaste, to be sick of.

greben n. withers.

grebenos a. gibbous (horse).

grebla (a) vt. to rake.

greblă f. rake.

Grec m. Greek.

grecesc a. Grecian.

greceşte adv. 1. Greek; 2. Greek fashion.

Grecia f. Greece.

Grecoaică f. Greek (woman).

greco-catolic a. belonging to the greek-church.

grei(l)er m. cricket.

grefă f. record-office.

grefier m. registrar, recorder.

greghetţa m. Bot. geranium.

grenadir m. grenadier.

greoiu a. heavy, dull.

greş n. fault, mistake, error; *a da* —, to be mistaken.

greşală f. 1. fault, error, mistake, blunder; 2. trespass, transgression.

greşi (a) vt. 1. to err, to mistake, to miss; 2. to be mistaken; 3. to transgress.

gresie f. grindstone, whetstone.

greşit a. 1. erroneous; 2. faulty, defective.

gretos a. 1. loathsome; 2. nauseous, nauseating.

greu a. şi adv. 1. heavy, weighty; 2. hard, difficult; 3. hardly, with difficulty; 4. loc. — *de cap*, fat-witted, fat-brained.

greutate f. 1. heaviness; 2. weight; 3. ponderousness, ponderousity; 4. strength; 5. hardness, 6. difficulty; 7. load, burden.

grevă f. strike (of workmen); *a face* —, to strike.

grijă f. 1. care; *a avea* — *de*, to take care of; 2. trouble.

grijanie f. 1. communion; 2. the Lord's supper, the Lord's table.

griji v. ref. *a se* —, to receive the communion.

grilaj n. V. *graţie*

grimază f. grimace, wry face.

grindă f. 1. beam; 2. joist.

grindeiu n. 1. plough-beam; 2. joke-arbour.

grindină f. hail; *a da* —, *a bate* —, to hail; *stricat de* —, ravaged with hail.

grindiş n. timber-work.

griş n. semolino, semoule, grit, groats.

griv a. speckled (dog).

groapă f. pit, grave, tomb.

groază f. fright, terror, horror, shudder.

groaznic a. terrific, dreadful, frightful.

grobian a. rude, clownish, boorish.

grohăi (a) vt. to grunt, to gruntle (swine).

grohăire f. **grohăit** n. grunt, grunting (swine).

grop n. sealed bag of money.

gropar m. **gropnicer** m. grave-maker, digger, sexton.

gropiţă f. dimple.

gros 1. a. big, bulky, coarse, thick, corpulent; *un om* —, a big man; *hârtie groasă*, thick paper; 2. *fig.* — *la ceafă*, clownish, unpolished. — *în ceafă*, — *la pungă*, rich; *în* — by the bulk. II. n. 1. dungeon; 2. log, block.

grosime f. 1. bigness, size; 2. bulk.

grosolan, **grosoman** a. coarse, unpolished, rustic, grossly.

grosolănie f. grossness, coarseness, rudeness.

grotă f. grot, grotto.

grotesc a. grotesque, antic.

grozamă f. Bot. broom, rush broom; — *mică*, prickly broom, dyer's broom.

grozav a. frightful, horrible, terrible.

grozăvie f. horror, terror.

grumăjer m. neck-piece.

grumaz u. nape, neck.

grunţ n. clot, lump, clump.

grunţuros a. clotty.

grup n. group.

grupă f. group.

grupă (a) va. to group.

grupare f. grouping.

gubav a. pale, wan, pallid.

gudron n. tar.

gudronă (a) va. to tar.

gudură v. ref. a se —, 1. to shake its tail; 2. fig. to cringe, to wheedle, to flatter servilely.

gudurare f. toadyam, wheedling.

gudurătură f. wheedling.

guguşciucă f. Zool. ring-dove, wood-pigeon (bird).

guiţă (a) vt. to grunt, to gruntle (swine).

guiţare f., **guiţătură** f. grunt, grunting (swine).

guler n. 1. stock, collar; 2. cape.

guleraş n. 1. collar, ruff; 2. frill.

gulerat a. ruffed.

gulie f. cole-rabi, turnip-cabbage.

gumă f. 1 ·gum-arabic; 2. india-rubber.

gunguri (a) vt. to coo (of pigeons).

gunguri f. cooing.

gunoi (a) vi. to dung, to manure.

gunoier m. scavenger.

gunoire f. dunging.

gunoişte f. manure, dung.

gunoiu n. 1. dunghill; 2. dirt, filth, smut.

gură f. 1. mouth; 2. mouth, jaw; 3. gab; 4. — de gârlă, mouth of a river; — sobei, mouth of an oven; gura lumei, common report; gura satului, chatter-box; o — strâmbă, a wry mouth; — cască, lounger, cockney, jackanapes; a căscă gura, to gap at; a rămânea cu gura căscată, to be at a stand-still; am rămas cu — căscată, I was struck all of a heap; a tăceă din —, to be silent; a'şi ţineă —, to keep one's tongue; a fi bun de —, to have the gift of the gab, to have a sharp tongue; a trage o —, to mouth, to cry out; gura lumei, everybody's mouth; în gura mare, loudly; a aveă o — rea, to have a sharp tongue, to have a filippant tongue; fără —, mouthless; 6. Bot gura leului, gura mielului, gura vacei, slap dragon, lion's mouth, calves snout.

guraliv a., **guraliu** a. bawler, talkative.

guriţă f. 1. little mouth; 2. kiss, buss.

gurluiu n. water-screw, water-sport, gutter-spout.

guşă f. 1. crop, craw; 2. maw (of birds); 3. Med. goiter, king's evil, wen.

guşat a. goîtrous.

---

gust n. 1. taste, palate, savour; 2. fancy, liking.

gustă (a) va. 1. to taste, to smell; 2. to relish; 3. to enjoy; 4. to delight in; 5. to eat something.

gustare f. 1. tasting, taste; 2. luncheon, late lunch, under-meal.

guster n. 1. Zool. lizard; 2. Med. croup.

gustos a. tasteful.

gută f. 1. Pat gout.

gutuie f. Bot. quince, quine·apple.

gutuiu m. Bot. quince-tree.

guturaiu n. coryza, cold in the head. -

guvern n. government, reign.

guvernă (a) I. va. to govern, to rule, to manage. II. ref. a se —, to govern one's self, to conduct one's self.

guvernamental a. 1. governmental. of the government.

guvernantă f. governess.

guvernare f. governorship.

guvernat a. governed, ruled, managed.

guvernator m. 1. governor, ruler; 2. governor (instructor); tutor; 3. governor, the king's High Commissioner·

guzgan m. rat.

H

H n. (the letter) h.

ha inter. ha! hah!; what?

habar n. even, care for; — n'aveam aespre aceasia, I was not even aware of it.

hăbăuc a. dolt, dunce.

habotnic I. a. bigoted. II. m. bigotry.

hăcui a. va. to hash mince, to hack, to chop.

hăcuitor m. chopper.

hagialâc n. pilgrimage.

hagimă f. Bot. shallot.

hagiu m. pilgrim, palmer.

haham m. 1. (kosher) butcher; 2. rabbi, rabbin.

hahambaşa m. first-rabbi(n), chief rabbi.

hai int. come! forth on! up! arise!

haidamac m. vagabond, vagrant.

haidău m. neat-herd.

haide int. 1. up arise! 2. come! forth on! 3. be it so!

haiduc m. bandit.

haiducesc a. of (like) brigands.

haimană f. stroller, loîteren, va

g**abond**; *a umblà —*, to stroll a-
bout, to bounge.
hainā *f.* cloth, dress, coat ; *un rând
de haine*, a suit of clothes ; *a scoale
hainele*, to undress one's self ;
haine vechi, worn out clothes.
hāinar *m.* dealer in clothes.
hāinārie *f.* clothes-store.
hais *int.* gee! *a trage la —*,
to gee, to geho!
haitā *f.* pack (of hounds).
hāitaş *m.* driver, beater, springer.
haitis *a.* wry, crooked, bent; *picior
— bandy-legged.
hāitucealā *f.* beating (enclosing)
of a wood for game.
hāitul *a. vt.* to surround a wood,
to drive game.
hal *n.* state, situation, posture; *în-
tr'un — fārā de —*, in a lamenta-
ble state.
halā *f.* market-place, market-house.
hālāciugā *f.* brushwood, place full
of brambles.
halal *a. iron.* pretty, fine, beautiful.
hāiālaie *f.* noise, clamour, tumult.
halat *n.* morning-gown.
halbā *f. o — de bere*, a pot of beer,
small-beer.
halcā *f.* bit, morsel, piece.
hālcitor *n.* jack-plane.
halea-malea *f.* child's-play.
hāli (a) *va.* to strike a ball, tu hurt.
haltā *f.* halt, halting-place.
ham *n.* horse-harness, horse-trap
pings.
hamae *n.* hammoch.
hāmāi (a) *va.* to yelp.
hāmāit *n.* yelping.
hamal *m.* porter, street-porter.
hambar *n.* 1. corn-floor, corn-loft,
granary; 2. barn.
hameiu *n.* hop, hops; *tulpinā de —*,
hop-bind; *cuptor pentru —*, hop-
oast.
han *n.* public-house, inntavern, ca-
ravansary.
hangiu *m.* inn-holder, inn-keeper,
tavern-keeper.
haos *n.* chaos.
haotic *a.* chaotic.
hap *n.* pill, pillule.
hāpāi *vt.* to snap up.
hapca *f.* hold, power; *a luà cu —*
to snatch away.
hapleà *m. pop.* simpleton, ninny.
hāpui (a) *vt.* to snap up.
har *n.* grace, favour.
harabà *f.* waggon, cart, great-car-
riage.

harabagiu *m.* waggoner, driver.
haram *a. de —*, injust, unfair.
hārb *n.* potsherd, shard, scarf.
harhuz *n.* water-melon.
hārcā *f.* 1. skull, cranium; 2. old
hag, haridan.
hārciog *m.* hamster, German mar-
mot.
hārdāu *n.* tub, wash-tub.
hardughie *f.* decayed house, crib,
ruin.
hardughit *a.* broken, ruinous, out
of repair.
harem *n.* harem.
hariā *f.* harp.
harfist *m.* harpist, harper.
hārleţ *n.* spade.
harnic *a.* active, industrious, dili-
gent, laborious.
hārnicie *f.* activeness, activity, la-
boriousness.
harşeà *f.* shabrack.
hartā *f.* map.
hartā *f.* skirmish.
hārţāgos *a.* quarrelsome.
hārtie *f.* paper; *— de scrisoi t*, note-
paper; *—sugātoaie*, blotting-paper;
— de figarā, cigarette-paper, smo-
king-paper; *— coloratā*, coloured-
paper, silver-paper; *— de scris*,
writing-paper; *—de desen*, drawing-
paper; *— timbratā*, stamped-paper;
coală de —, sheet of paper; *testea
dè —*, quire of paper; *— de îm-
pachetat*, wrapping-paper; *— lus-
truitā*, glazed-paper.
hārtiuţā *f.* small piece of paper.
hārţoagā *f.* old dusty paper, waste
paper.
hārţui (a) *va.* to skirmish.
hārţuire *f.* skirmishing.
hasà *f.* calico from Madapolam
batist.
haşiş *n.* hashish.
haşmā *f. Bot.* shallot.
hāţ *n.* rein, briddle-rein.
hāţānā (a) *va.* to shake, to swing,
to rock.
hatār *n.* favour, grace.
hāţiş *n.* bush, thicket, brake.
hatman *m.* hetman.
hāu *n.* gulf, abyss, chaos.
hāugas *n.* rut, trace (of a wheel).
havaiu *a.* sky-blue, sky-coloured.
havanā *f.* Havannah cigar.
havrā *f.* 1. synagogue; 2. Jewish-
school.
havuz *n.* reservoir, basin.
haz *n.* 1. fun, enticement, merri-
ment, charm; 2. *a face — de*, to

make merry with; *a avea* —, to be delightful; *n'are nici un* —, there is no fun in it.

hazard *n.* hazard, chance, risk.

hazardă (a) *va.* to hazard, to risk to run the risk of.

bazliu *a.* funny, comical.

haznă *f.* 1. water-drain; 2. cistern, tank.

hei *int.* hay ! halloo !

heleşteu *n.* pond, fish-pond.

hemeiu *n.* V. *hameiu.*

hengher *m.* hanger, hangman (killer of dogs).

herghelie *f.* stud, breeding-stud.

hidos *a.* horrible, hideous !

hidră *f.* hydra.

hidrogen *n.* hydrogen.

hienă *f.* hyena.

himeră *f.* chimera.

himeric *a.* chimerical; *in mod* —, chimerically.

himic *a.* chemic, chemical.

himie *f.* chemistry.

himist *m.* chemist.

hingherim V. *hengher.*

hipodrom *n.* hippodrome.

hipopotam *m.* hippopotamus.

hirotonie *f.* ordering, order of priesthood.

hirotonisi *v.* to ordain, to confer holy orders.

hliban *n.* roll, loaf; *un — de pâine*, a roll of bread.

hlizi *v. ref. a se* —, to titter, to giggle, to chuckle.

hloabă *f.* shaft (of a coach).

hlobar *m.* shaft-horse.

hoaşcă *f.* old hag.

hoaspă *f.* core.

hoață *f.* thief, female thief, robber.

hodoroagă *f.* lumber, rumbling, rattle (of coaches).

hodorone *int.* slap! bang! dash! — *tronc*, plump! bumb!

hohot *n.* burst out (a laughing); — *de râs*, loud laughter, laugh ; *a izbucni în hohote de râs*, to burst out laughing, to break out into laughter.

hoinar *m.* vagabond, stroller, rover.

hoinări (a) *vi.* to stroll, to rove about, to ramble.

hoit *n.* carrion, carcass, corpse, dead-body.

ho·bă (a) *va. a — ochii*, to open wide the eyes, to stare, to gaze.

holdă *f.* arable-field, seed-field.

holde *f. pl.* seed.

holeră *f.* choleră.

holercă *f.* brandy.

holteiu *m.* bachelor, single-man unmarried.

horă *f.* round (dance).

horbotă *f.* lace, point.

horcăi (a) *vt.* 1. to snore; 2. to rattle in the throat.

horcăit *n.*, **horcăitură** *f.* snoring snore, rattling in the throat.

horhăi (a) *vt.* to stroll about, to tramp about.

horn *n.* chimney.

hornar *m.* chimney-sweeper.

hoţ *m.* thief, robber; — *de codru*, highwayman; — *de cadavre*, resurrection-man; — *de mare*, pirate, freebooter; *cuib de hoţi*, nest of thieves (or) robbers: *bandă de hoţi*, gang (band) of thieves.

hotar *n.* 1. frontier, boundary, border; 2. *ftg.* limit, extremity.

hotărî (a) I. *va.* 1. to determine (upon), to conclude, to resolve (upon), to settle, to appoint; 2. to decide, to decide upon, to decree, to set a resolution; 3. to sentence. II. *ref. a se* —, to determine, to resolve, to come to a resolution, to be resolved (decided); *a se — a face*, to bring one's self to do.

hotărîre *f.* 1. resolution, determination; 2. decision, appointment; 3. resolve, decree; 4. verdict; 5. act (of public delib.ration); 6. *a iuà o* —, to take a resolution, to take a course, to come to a determination; 7. *a da o* —, to sentence.

hotărît *a.* 1. determined, determinate, appointed, decided, resolved; *a fi* —, to be determined; *la ceasul* —, at the appointed hour; *la ziua hotărîtă*, on the appointed day 2. irreversible; 3. sturdy.

hotărîtor *a.* determinant, decisive, definitive, final.

hotărnici (a) *vt.* to fix, to fix limits, to settle the boundaries of, to bound.

hotărnicie *f.* delimination, fixing of limits.

hotel *m.* hotel, lodging-house.

hoteş *a.* thievish.

hoţie *f.* theft, robbery, thievery.

hoţoman *m.* thief, robber sharper

hram *n.* wake (feast).

hrană *f.* 1. nourishment, food, living, livelihood; 2. nurture, nutriment.

hrăni (a) I. *va.* to nourish, to feed

to nurture, to entertain. II. *ref.*
a se —, to live (feed) upon, to support (keep) one's self.

hrănire *f.* nutrition.

hrănită *f. Bot.* water-cress.

hrănitor I. *a.* nutritive, nutritious, nourishing. II. *m.* nourisher, maintainer.

hrăpi (a) *va.* 1. to rap, to make rap of; 2. to rob, to ravish, to deprive.

hrăpire *f.* rape.

hrăpitor I. *a.* rapicios. II. *m.* extortioner.

hrean *n.* hors'-radish, sea-radish.

hrişcă, *t. Bot.* buckwheat.

Hristos *m.* Christ.

hromatic *a.* chromatic.

hronică *f.* chronicle.

hropot *n.* snoring, snore.

hropoti *v.* to snore.

hrubă *f.* 1. little vault; 2. cellar.

buhurez *m.* screech-owl.

huidui (a) *va.* to hoot after, to shout at.

huiduire *f.* hoot, hooting, shouting.

hulă *f.* defamation, slander, evil-speaking.

huli (a) *va.* 1. to disparage, to defame; 2. to slander, to vilify.

hulire *f.* slander.

hulitor I. *m.* slanderer; 2. vilifier, defamer. II *a.* slanderous.

hulub *m.* pigeon, dove.

hulubaş *m.* young turtle-dove.

humă *f.* clay, potter's clay, loam.

humos *a.* clayey.

hura *int.* hurrah! huzza!

hurmuz *n.* glass beads.

huruitoare *f.* rattle.

husar *m.* hussar.

huzur *n.* ease, comfort, good-life.

hyacintă *f.* hyacinth.

I

î *pron. î-am zis,* I told him.

iabaşă *f.* barnacle.

iac *m.* yac.

iacă *f.* grandmother.

iad *n.* hell.

iadeş *n.* 1. merry-thought. 2. bet.

iagod *m. Bot.* mulberry-tree.

iahnie *f.* ragout, stew.

iaht *n.* yacht, sloop.

iamb *m.* iamb, iambus, iambic.

ianicer *m.* janissary (or) janizarian.

ianot *n.* genet, genette.

Ianuar(ie) *m.* January.

iapă *f.* mare.

iar *adv.* again.

iarăş *adv.* again, afresh, anew.

iarbă *f.* grass, herb, herbage; — *verde,* turf, sod; — *ce puşcă,* gun powder; — *aspră,* spikenard; *iarba băii,* orpine; *iarba cânelui,* couch-grass; *iarba căprioarei, iarba ciutei,* house-beek, prick-madam; *iarba cocoşului* lady's smock, cuckoo-flower; *iarba de curcă,* fumatory, fumitory (or) fumiter; *iarba codrului,* mandrake, mandragora; *iarba datului şi a faptului,* ruoture-wort; *iarba fiarelor,* vervain, lemon-plant; *iarba de friguri,* horse gentian, fever-root, fever-wort; *iarba grasă,* purslain, purslane; *iarba împeratului,* evening-flower; *iarba lăptoasă,* procession flower; *iarba de lingoare,* lysimachia, loosestrife; *iarba măgarilor,* evening primrose; *iarba nebunilor,* hellebore, indian-poke; *iarba neagră,* fewer-weed; *iarba pisicelor,* cat-mint; *iarba porcului,* marsh-sampir, glass-wort; *iarba puricelui,* flea-bane, flea-wort; *iarba raiului,* worm-grass; *iarba sgaibei,* nipple-wort; — *scaioasă,* goose-tongue; *iarba lui Tatin,* viper's grass; *iarba usturoasă,* water-ger-mander; *iarba de vatăm,* kidney-yetch; *iarba vântului,* bent-grass.

iarmaroc *n.* fair, market.

iarnă *f.* winter.

iască *f.* tinder, touch-wood, spunk.

iasomie *f. Bot.* jasmin.

iasp *n. Min.* jasper.

iată *adv.* here is, there are, that is, behold; — *aici,* here is, here are; this is, these are; — *mă,* here I am; *iată-l,* there he is; *iată-ne,* here we are; — *cartea mea,* here is my book, (or) there is my book : — *omul,* behold the man; — *ceva nou,* that is something new; — *ceva nou pentru mine,* this is new to me.

iatac *n.* bed-room, sleeping-room.

iatagan *n.* yataghan (Turkish sword)

iaurgiu *m.* seller or vender of curd-led milk.

iaurt *n.* curdled milk.

iavaşa *f. V. iabaşă.*

iaz *n.* dam, mole; — *de moară,* mill-brook, mill-dam.

iazer *m.* mountain-loke.

iazmă *f.* puck, hobgoblin.

ibâncă *f.* shabrack, saddle-cloth.

ibis *m. Zool.* ibis (bird).

ibovnic *m.* lover, paramour.
ibovnică *f.* mistress, sweetheart.
ibric *n.* ewer, can.
ibrişim *n.* spun silk, sewing-threead.
ic *n.* wedge.
ichiu *n.* knuckle-bone,
ici *adv.* here; — *şi colo*, here and there, up and down.
icoană *f.* image, icon, image of a saint.
iconar *m.* dealer in icons, picture-vender.
iconoclast *m.* iconoclast.
iconograf *m.* iconographer.
iconografie *f.* iconography.
iconostas *n.* image-case, large three-doored screen betwen the altar and nave in greek churches.
icosaedru *n.* *Geom.* icosahedron.
icosar *m.* old turkish coin.
icre *f.* roe, caviare spawn, fry; — *negre*, — *tescuite*, caviare.
ictiofag *m.* ichthyophagous.
ictiologie *f.* ichthyology.
ictiosaur *m.* ichthyosaurus.
ideal I. *n.* ideal, ideality. II. *a.* ideal.
idealism *n.* idealism.
idealist *m.* idealist.
idealiză (a) *va.* to idealize, to render ideal.
idee *f.* idea.
identic *a.* identic, identical.
identifică (a) I. *va.* to identify. II. *ref. a se* — cu, to identify one's self, to be identified with.
identificare *f.* identification.
identitate *f.* identity.
ideolog *m.* ideologist.
ideologie *f.* ideology.
idilă *f.* idyl.
idilic *a.* idyllic.
idiomă *f.* idiom, dialect.
idiomatic *a.* idiomatic, idiomatical.
idiot I. *m.* idiot, simpleton. II. *a.* simple, silly.
idiotism *n.* 1. idiotism; 2. idiom.
idioţie *f.* idiocy, imbecility.
idol *m.* idol.
idolatrie *f.* idelatry, idol-worship.
idolatru *m.* idolater.
idolatră *f.* idolatress.
idră *f.* hydra.
idraulic *a.* hydraulic, hydraulical; *berbec* —, hydraulic ram.
idraulică *f.* hydraulics.
idrofobie *f.* hydrophobia.
idrogen *n.* hydrogen.
idrograf *m.* hydrographer.
drografie *f.* hydrography.

idrometru *m.* hydrometer.
idropică *f. Med.* dropsy.
idropicos *a. Med.* dropsical.
idrostatică *f.* hydrostatics.
ied *m.* kid, young goat.
iederă *f. Bot.* ivy; *iedera celor frumuşele, iedera zinelor*, five leaved-ivy, ivy grape; — *de pământ*, barren ivy, ground ivy.
ieftin *a.* cheap, cheaply.
ieftinătate *f.* cheapness.
ieftini (a) *va.* to lower, to reduce, to beat down, to depress, to diminish (the price).
ienupăr *m. Bot.* juniper-tree.
iepure *m.* hare; — *de casă*, rabbit, cony; *a alergă după doi iepuri*, to have too many irons on the fire; *a vână iepurele*, to hunt the hare.
iepuroaică *f.* doe-hare; — *de casă*, doe rabbit.
ierarh *m.* hierarch.
ierarhic *a.* hierarchic, hierarchical.
ierarhie *f.* hierarchy.
ierbărie *f.* herbarium, herbary, powder-mill, powder-room, powder store.
ierbărit *n.* 1. herbage; 2. pasture rent.
ierbos *a.* herbous, grassy.
iereu *m.* priest.
ieri *adv.* yesterday; *alaltăieri*, the day before yesterday.
iernă (a) *v.* to winter.
iernat *n.* wintering, winter-time winter-fallowing.
iernatec *a.* winterly, wintry.
ieroglif *n.* hieroglyph.
ieroglific *a.* hieroglyphic.
iertă (a) *va.* 1. to pardon, to forgive; 2. to excuse, to remit; *iartă-mă, iertaţi-mă!* excuse me! I beg your pardon! *Dumnezeu să mă ierte!* God forgive me!
iertare *f.* pardon, forgiveness, mercy; *a cere* — *cuiva*, to ask (or) beg pardon of.
iertător *a.* forgiving, pardonable, excusable.
ierugă *f.* trench; *a săpa o* —, to tanch.
ieruncă *f. Zool.* hazel-hen.
ieruşcă *f.* V. *ieruncă.*
ieşi (a) *vi.* 1. to go out, to go abroad. to come out; 2. to issue, to get out.
ieşire *f.* 1. going out, exit, way out, outlet. 2. issue.
iesle *f.* crib, manger.

lezar n. V. lazer.

lezătură f. dam, mole, dike.

lezî (a) va. to dam up (or) in.

lezuit m. jesuit.

lezuitic a. jesuitical.

lezuitism n. jesuitism.

ifos n. airs; a'şi da —, to give o-ne's self airs, to put on airs, to show airs.

igienă f. hygiene, preservation or care of health.

igienic a. hygienic.

igliță f. crotchet (or) crochet, cro-chet-needle.

ignoră (a) va. to be ignorant of, not to know, to be unaware of, to be unacquainted with.

ignorant I. m. ignoramus, ignorant, idiot II. a. ignorant.

ignoranţă f. ignorance.

igrasie f. humidity, dampness, moi-sture.

igrasios a. humid, damp, wet.

igumen m. abbot.

igumenie f. abbey.

ilaritate f. hilarity.

ilău n. anvil.

ilegal a. illegal, unlawful.

ilegalitate f. illegality, unlaw-fulness.

ilegitim a. illegitimate.

ilic n. close coat, jacket, jerkin.

ilice f. Bot. holly.

ilimitat a. unlimited.

iltis m. Zool. polecat.

ilumină (a) va. to illuminate, to enlighten, to light up lighting.

iluminare, iluminaţie, ilumina-ţiune f. illumination.

ilustră (a) va. 1. to illustrate; 2. to make illustrious.

ilustrare, ilustraţie, ilustraţi-une f. illustration, celebrity.

ilustru a. illustrious.

iluzi(un)e f. 1. illusion; 2. delusion.

iluzoriu a. illusive, illusory.

imaginà (a) I vt. to imagine, to conceive. II. ref. a'şi —, to ima-gine, to imagine one's self.

imaginar a. imaginary.

imaginare, imaginaţie, imagi-naţiune f. imagination, fancy, imagining.

imagine f. 1. image; 2. picture.

imam m., **iman** m. imam, iman, turkish priest.

imaş n. common, mead, pasturage, grazing ground.

imatriculà (a) va. to enter, to ma-triculate.

îmbăcsit a. 1. compact, stuffed; 2. dense, thick, bushy.

îmbăerà (a) va. to tie, to bind, to fasten.

îmbăià (a) I. va. to bathe, to wash. II. v. ref. a se —, to bath one's self.

îmbălà (a) va. to beslaver, to slab-ber.

îmbălegà v. to dirty, to stain.

îmbălsămà (a) va. to embalm.

îmbălsămare f. embalming, em-balment.

îmbărbătà (a) va. to encourage, to countenance, to embolden, rousing.

îmbărbătare f. encouragement, rousing.

îmbarcà (a) I. va. to embark, to ship. II. v. ref. a se —, to take ship, to embark, to go aboard.

îmbarcader n. wharf.

îmbarcare f. embarcation, shipping.

îmbătà (a) I. va. to make tipsy. II. ref. a se —, to get tipsy, to get drunk.

îmbătat a. tipsy, drunk.

îmbătrânì (a) vt. to get old, to grow old, to look old.

îmbătrânire f. growing old, getting aged.

imbecil m. şi a. imbecile, dunce.

imbecilitate f. imbecility, silliness, folly, duncery.

îmbelşugare f. abundance, plenty, opulence.

îmbelşugat a. abundant, plenty, superabundant.

imberb a. beardless.

îmbibà (a) va. to soak.

îmbinà (a) va. to join, to put to-gether, to unite.

îmbir n. ginger.

îmblănì (a) va. to fur.

îmblânzì (a) I. va. 1. to tame (ani-mals); 2. to calm, to soften II. v. ref. a se — to graw tame, to soften.

îmblânzire f. 1. taming, domesti-cation; 2. softening.

îmblânzitor m. tamer.

îmblătì (a) va. to thrash (şi fig.).

îmblătitor m. thrasher.

îmblojì (a) va. to wrap up, to wrap in, to envelop.

îmbobocì (a) vt. to bud, to put forth buds.

îmbobocire f. budding, blooming.

îmbobocit a. budding; un tranda-fir —, a budding rose.

îmboborosì (a) vt. to put on an odd costume, to disguise, to mask

2. to wrap (up), to inwrap, to infold.

Imbogăţi (a) I. *vt.* to enrich. II. *ref. a se —*, to become rich, to grow rich.

Imbogăţire *f.* enriching, enrichment.

Imboldi (a) *va.* to stimulate, to encourage, to incite; to excite.

Imboldire *f.* stimulation, encouragement, impulsion, incitement.

Imborţoşa (a) *va.* to make pregnant with child.

Imbrăcă (a) I. *va.* to dress, to cloth. to habit. II. *v. ref. a se —*, to dress oneself, to clothe one's self, to put one's clothes on.

Imbrăcăminte *f.* vestment, clothes, dress, clothing.

Imbrâncî (a) *va.* to shove, to push, to thrust down, to give a thrust; *— afară*, to thrust out.

Imbrâncire *f.* shove, push, thrust.

Imbrăţişă (a) I. *va.* 1. to embrace, to hug; 2. to comprise, to encompass. II. *v. ref. a se —*, to embrace each other.

Imbrăţisare *f.* embrace, embracing.

Imbrobodi (a) *va.* to wimple, to to wrap, to muffle up.

Imbucă (a) *va.* to mouth, to swallow.

Imbucăţi (a) *va.* to cut in pieces, to divide into small pieces.

Imbucătură *f.* mouthful; *dintr'o —*, at a mouthful.

Imbucură (a) I. *v.* 1. *ref. a se —*, to rejoice at, to be glad of; 2. to enjoy. II. *va.* to glad, to gladden.

Imbufna (a) *v. ref. a se —*, to pout, to sulk.

Imbuiba (a) I. *va.* to gorge. II. *v. ref. a se —*, to gorge one's self.

Imbulzeală *f.* crowd, throng, rout, agglomeration.

Imbulzi (a) I. *vt.* to crowd. II. *v. ref. a se —*, to throng, to press one another.

Imbulzire *f.* press, crowd.

Imbumba (a) *va.* to button (up).

Imbunătăţi (a) I. *va.* to improve, to better, to mend, to ameliorate. II. *ref. a se —*, to become better, to improve.

Imbunătăţire *f.* improvement, bettering, mending, amelioration.

Imediat I. *a.* immediate. II. *adv.* immediately.

Imemorial *a.* immemorial.

Imens *a.* immense.

Imensitate *f.* immensity.

Imigră (a) *vt.* to immigrate.

Imigrare *f.* immigration.

Imigrant *m.* immigrant.

Iminent *a.* imminent, impending.

Imită (a) *va.* to imitate.

Imitare, imitaţie, imitaţiune *f.* imitation.

Imitativ *a.* imitative.

Imitator *m.* imitator.

Imn *n.* hymn.

Imobil *a.* 1. immoveable; 2. motionless.

Imobiliar *a.* immoveable, real.

Imobilitate *f.* immobility.

Imoral *a.* immoral.

Imoralitate *f.* immorality.

Imortal *a.* immortal.

Impăcă, I. (a) *va.* to reconcile, to pacify, to bring to terms. II. *ref. a se —*, to reconci le, to come to terms.

Impăcăcios *a.* conciliatory.

Impăcare *f.* conciliation.

Impăcător I. *m.* conciliator. II. *a.* conciliative, conciliatory.

Impachetă (a) *va.* to pack, to pack up, to make up into a bundle, to packet.

Impachetare *f.* package, packing.

Impacienţă *f.* impatience.

Impăcii (a) *va.* to pacify, to reconcile.

Impăciuire *f.* pacification, reconciliation.

Impăciuitor *m.* pacificator, pacifier, conciliator.

Impământeni (a) *va.* to naturalize, to make a citizen.

Impământenire *f.* naturalization.

Impănă (a) *va.* to lard, to interlard.

Impăpuşă (a) *ref. Zool. v. a se —*, to change into a chrysalis.

Impărat *m.* 1. emperor; 2. *împăratul păsărilor*, wren (bird)

Impărăteasă *f.* 1. empress; 2. *Bot* bryony.

Impărătesc *a.* imperial.

Impărăţie *f.* empire.

Impărătuş *m.* 1. uvula; 2. *Zool. m.* wren (bird).

Impărtăşenie *f.* communion, the Lord's supper.

Impărtăşi (a) I. *vt.* to participate, to partake, to share. II. *ref. a se —*, to receive the communion, to go to the Lord's supper.

Impărtăşire *f.* 1. participation; 2. communion.

Impărteală *f.* distribution, partition, division.

împărţi (a) I. *va.* to distribute, to share, to divide, to part: *a — de o potrivă*, to share and share alike: *— în două*, to cut in two. II. *ref. a se —*, to be divided, to be separated. to separate.

imparţial *a.* impartial.

imparţialitate *f.* impartiality.

împărţire *f.* division, distribution, partition, partage.

împărţitor *m.* 1. divider, distributer; 2. *Arit.* divisor.

impas *n.* 1. blind alley; 2. hobble; 3. fix, dilemma, difficulty.

impasibil *a.* impassible, insensible.

împătri (a) *va.* to quadruplicate, to fourfold.

împătrire *f.* quadruplication.

împătrit *a.* quadruple, fourfold.

împătimire *f.* passion, ardour.

împătură (a) *va.* to fold (linen); *a o —*, to fly away, to make one's escape.

împedică (a) *va.* 1. to hinder, to prevent, to impede, to restrain; 2. to be an obstacle; *a — un cal*, to fetter a horse; *a — roata*, to put the dragon the wheel; 3. *ref. a se —*, to stumble.

împedicare *f.* hinderance, stopping, impediment, obstacle.

împedicătoare *f.* drag-chain, brake-motion.

împeliţa (a) *v. ref. a se —*, to incarnate.

împeliţat *a.* incarnated; *dracul —*, the very devil.

impenetrabil *a.* impenetrable, impervious.

impenetrabilitate *f.* impenetrability.

imperativ I. *m. Gram.* imperative. II. *a.* imperative.

imperceptibil *a.* imperceptible, insensible.

împerechiă (a) *va.* 1. to match (persons), to pair; 2. to couple (beasts); 3. to hair (birds), to yoke (oxen); 4. *v. ref. a se —*, to hair, to match, to couple.

împerechiere *f.* pairing, coupling; *timcul de* , pairing-time, coupling-time.

imperfect I. *m.* imperfect tense. II. *a.* imperfect.

imperfecţie *f.*, **imperfecţiune** *f.* imperfection.

imperial *a.* imperial.

imperios *a.* imperious.

imperiu *n.* 1. empire; 2. reigne.

impermeabil *a.* impervious, waterproof.

impermeabilitate *f.* impermeability.

impersonal *a.* impersonal.

impersonalitate *f.* impersonality.

impertinent I. *m.* saucy fellow. II. *a.* impertinent, insolent.

impertinenţă *f.* impertinency, insolence, sauciness.

imperturbabil *a.* imperturbable.

împestriţă (a) *va.* 1. to dapple, to spot, to speckle; 2. to frecle; 3. to variegate.

împestriţare *f.* 1. variegation, medley of colours; 2. speckle.

împestriţat *a.* variegated, dappled, versicoloured, speckled, spotted.

împeticâ (a) *va.* to piece, to patch.

impetuos *a.* impetuous.

impetuozitate *f.* impetuosity.

împiedică (a) V. *a împedică*.

împiegat *m.* person employed, functionary.

împietri (a) I. *vt.* to petrify. II. *v. ref. a se —*, to petrify.

împietrire *f.* petrification.

împilă (a) *va.* to oppress, to rack, to distress.

împilare *f.* opression, hardship.

împilator *m.* 1. oppressor; 2. exactor.

împingător *m.* pusher.

împinge (a) *va.* to push, to shove, to thrust; *a — la o parte*, to shove aside, to put aside.

împingere *f.* push, pushing, shove.

împlântâ (a) *va.* 1. to implant, to plant, to set up 2. to fix bayonets.

împlântare *f.* implantation.

împlătoşat *a.* breast-plated, harnessed, steel-clad.

împleti (a) *va.* to plat, to braid, to twist, to weave, to plait.

împletire *f.* interweaving, braiding, twisting, plaiting, knitting.

împletitor *m.* plaiter, knitter.

implicit *a.* implicit.

împlini (a) I. *va.* 1. to fulfil, to accomplish, to complete; 2. to perform, to execute; II. *ref. a se —*, to be fulfilled.

împlinire *f.* 1. fulfilment, fulfilling, accomplishment, completion; 2. performance, execution.

împodobi (a) *va.* to adorn, to embellish, to ornament, to decorate.

împodobire *f.* ornamentation, embellishment, decoration.

împoporă (a) I. *va.* to people, to populate. II. *ref.* to be peopled.

împoporare f. peopling, populating.
împopoţonà (a) va. to dress out, to dress up, to trim.
împopulă (a) va. to people, to populate.
împopulare f. peopling, populating.
imploră (a) va. to implore, to beseach.
împoliteţă f. incivility, rudeness, impoliteness.
Import n. import, importation.
importă (a) va. 1. to import goods; *nu importă*, it does not matter.
important a. important.
importanţă f. 1. importance; 2. consequence.
importare f. importation.
importun a. importunate, troublesome.
importunitate f. importunity.
împosesul (a) va. 1. to farm, to lease; 2. to put in posesion.
imposibil a. impossible.
imposibilitate f. impossibility.
impotent a. 1. impotent; 2. infirm.
împotrivă prep. against, on the contrary; *a fi —*, to be in opposition to, to be opposed to.
împotrivi (a) v. ref. *a se —*, to oppose, to be against, to be contrary, to withstand, to oppugn.
împotrivire f. opposition, resistance.
împovără (a) va. 1. to load, to burden; 2. to charge.
împovărare f. load, charge.
Impostor m. impostor, cheat, swindler.
impozant a. imposing, comanding.
impozit n. impost, tax, duty, toll.
impracticabil a. impracticable.
împrăştià (a) I. va. to disperse, to scatter, to disseminate, to spread. II. ref. *a se —*, to disperse, to be dispersed, to scatter.
împrăştiere f. dispersion, scattering, dissemination.
împrăştiat a. dispersed, scattered.
împrejmul (a) va. 1. to hedge in, to fence round, to enclose; 2. to surround.
împrejmuire f. enclosure, fence.
împrejur prep. around, round, about; *jur —*, all round, all around; *împrejurul casei*, all round the house; *a tăia —*, to circumcise; *tăierea —*, circumcision.
împrejură (a) va. to surround, to environ.
împrejurare f. circumstance; *după*

împrejurări, as circumstances require.
împrejurimi f. pl. environs.
impresionă (a) I. va. to make an impression upon, to move. II. ref. *a se —*, to be impressed (or) moved
impresionabil a. impressionable, impressive, excitable, sensitive.
impresie, impresiune f. impression; *a nu face nici o —*, to make no impression;
impresură (a) va. to surround, to environ, to invest (a fortress).
împresurare f. investment, siege (of a town).
împresurător m. besieger.
împreună adv. together.
împreună (a) va. I. to join, to put together, to unite. II. ref. *a se —*; 1. to join, to reunite one self, to combine; 2. to couple.
împreunare f. 1. joining, reunion, coalescence; 2. coupling.
împricinat m. Jur. party accused, prisoner.
împrieteni (a) v. ref. *a se —*, to befriend, to make friends.
imprimă (a) va. 1. to print, to imprint, to stamp; 2. to impress.
imprimare f. print, impression.
imprimat n. printed paper (or) book.
imprimerie f. printing-house, printing-office.
impropriu a. improper.
împroşcă (a) va. to throw, to splash, to cover with, to sprinkel.
împroşcătură f. splash.
improspătă (a) va. to extemporize, to improvise.
improvizare f., **improvizaţie** f. **improvizaţiune** f. 1. improvisation; 2. extemporaneous speaking, extempore.
improvizat a. extemporaneous, extemporary, extempore.
imprudent a. imprudent.
imprudenţă f. 1. imprudence; 2. indiscretion.
împrumut n. loan, borrowing; *a da cu —*, to make a loan.
împrumută (a) I. va. to loan, to lend. II. ref. *a se —*, to borrow, to take upon credit.
împrumutare f. 1. loan, money lent; 2. borrowing.
împrumutător m. 1. borrower; 2. lender.
impuls n. impuls, impulsion.
impunător a. imposing.
impune (a) I. va. 1. to impose upon

2. to prescribe. II. *ref. a se* —, to lay on one's self.

Impunge (a) *va.* to butt,

Impunitate *f.* impunity, guiltlessness.

Impur *a.* impure, unclean

Impuşcă (a) *va.* to shoot (to death).

Impuşcare, impuşcătură *f.* discharge of musketry, shooting.

Imputa (a) *va.* 1. to impute; 2. to reproach, to upbraid, to taunt.

Imputare *f.* imputation, reproach.

Imputernici (a) I. *va.* 1. to empower, to authorize, to entitle; 2. to invigorate. II. *ref. a se* —; 1. to grow strong; 2. to recovere one's self.

Imputernicire *f.* 1. full power, authorization; 2. recovery; 3. *Jur.* power of attorney.

Imputernicit *m.* 1. plenipotentiary; 2. *Jur.* attorney; 3. mandatory.

Impuţi (a) *va.* 1. to infect; 2. to stink horribly.

Impuţină (a) *va.* 1. to lessen, to diminish, to reduce; 2. to decrease.

Impuţinare *f.* lessening, diminution. decrease.

Impuţire *f.* fetidness, infection.

Impuţit *a.* fetid, stinking.

In *prep.* in, into, at, within, on, to, against, over; — *oraş*, in town; — *biserică*, in the church; *a trece* — *România*, to go to Roumania; — *rugăciune*, at prayers; — *pace*, at peace; — *casă*, within the house, at home; *cu pălăria* — *cap*, with one's hat on; *faţă* — *faţă*, face to face; *din gură* — *gură*, mouth to mouth; — *contra tuturor oamenilor*, against every man; — *timpul nopţii*, over night.

In *m.* flax; — *lucrat*, dressed flax; ~ *meliţat*, raw flax.

Inacceptabil *a.* unacceptable.

Inaccesibil *a.* inaccessible.

Inăcri (a) I. *va.* to sour. II. *ref. a se* —, to torn sour.

Inăcrire *f.* souring.

Inacţiune *f.*

Inactivitate *f.* inactivity.

Inădi (a) *va.* to patch, to piece.

Inădire *f.* patching, piecing.

Inadins *adv.* purposely, on purpose, intentionally.

Inadmisibil *a.* inadmissible, unallowable.

Inaintă (a) *va.* 1. to advance, to forward, to bring forward, to promote; 2. to go forward, to proceed.

Inaintare *f.* 1. advance, advancement, promotion; 2. progress; 3. improvement.

Inaintaş *m.* additional horse.

Inainte *prep.* şi *adv.* before, in former times, before, in front of; ahead of, forward: *Inaintea uşei*, before the door, without doors; — *şi înapoi*, backwards and forwards; — *de a ieşi*, before going out; *cu mult* —, long before; — *de amiazi*, forenoon, before noon, in the morning; *a merge* —, to go on, to advance; *a sosi* —, to come before; *a plăti* —, to pay in advance, to anticipate; *a merge* — *în fugă*, to run before; *a trece* —, to get ahead of; *a prezice* —, to foretell, to predict; *de azi* —, *de acum* —, henceforth; *mergi* —! go on! go ahead! walk on! forward!

Inălbi (a) *vt.* to whiten; 2. to grow gray.

Inălbire *f.* 1. whitening; 2. bleaching.

Inalienabil *a.* inalienable.

Inalt *a.* 1. high tall; 2. elevated; 3. eminent.

Inălţă (a) I. *va.* 1. to raise, to heighten, to erect; 2. to heave (dough); 3. to lift, to elevate; 4. to promote; 5. *fig.* to extol, to praise, to exalt. II. *ref. a se* —, 1. to rise up, to arise; 2. to exalt one's self; 3. to ascend, to mount; — *la cer*, to ascend into heaven.

Inălţare *f.* 1. raising, lifting up, elevation; 2. promotion; 3. exaltation; 4. ascension: *Inălţarea Domnului*, the Ascension-day; *Inălţarea Crucei*, Holy - rood - day, Holy - cross - day; *ziua Inălţărei*, Holy-Thursday.

Inălţime *f.* 1. height, hill; 2. elevation; 3. Highness (title).

Inamora *v. ref. a se* —, to fall in love with, to become enamoured of.

Inamorat *a.* in love, enamoured, fond of, smitten (with); *a fi* —, to be in love with.

Inamovibil *a.* unremovable.

Inaplicabil *a.* inapplicable.

Inapoi *adv.* back, backwards, behind, in arrears (cu plată); *a lua* —, to take back; *a chiema* —, to call back; *a cere* —, to redemand, to demand back (or) again; *a trimete* —, to send back, to remit, to return.

Inapoia (a) I. *va.* to render, to restore, to give back, to return, to send back, to remit. II. *ref. a se —*, to come again, to come back, to return.

Înapoiere *f.* rendering, returning, reddition, restitution.

Înapoiat *a.* 1. returned. restituted; 2. *fig.* simple, backward.

Inapt *a.* unfit, unapt.

Inar *m.* flax-dresser.

Înaripat *a.* winged, wingy.

Inariță *f. Bot.* toad-flax.

Înarmă (a) I. *va.* to arm. II. *ref. a se —*, to arm one's self.

Înarmare *f.* armament, arming.

Înăspri (a) *va.* 1. to rough, to roughen.

Inaugură (a) *va.* to inaugurate.

Inaugurare *f.* inauguration; *a face —*, to inaugurate.

Înăuntru *adv.* inward, internally, within, on the inside.

Înăvuți I. *va.* to enrich. II. *ref. a se —*, to grow rich, to enrich one's self.

Înăvuțire *f.* enrichment, enriching.

Încă *adv.* still, more, yet, as yet, again; — *o dată*, once more, once again: — *nu*, not yet.

Încadră (a) *va.* to frame.

Încăieră *v. ref. a se —*, to scuffle, to fight.

Încăierare *f.* scuffle, scuffling, fight, wrangle.

Încăina *v. ref. a se —*, to continue obstinate in.

Încâlci (a) I. *va.* to entangle. II. *ref. a se —*, to get (or) become entangled.

Încălecă (a) *va.* to mount (or get) on horseback, to ride, to bestride to horse.

Încălță (a) I. *va.* to put on shoes (or) boots. II. *ref. a se —*, to put on one's shoes (or) boots.

Încălțăminte *f.* shoes, boots.

Încăluși (a) *va.* to gag.

Încălzi (a) I. *va.* to heat, to warm, to warm up. II. *ref. a se —*, to warm one's self, to get hot (or) warm.

Încălzire *f.* warming, firing.

Încălzit *n.* fuel, warming, heating.

Încântă (a) *va.* to enchant, to delight, to ravish, to rencapture, to entrance.

Încântare *f.* enchantment, delight, rapture, ravishing.

Încântat *a.* delighted; *a fi —*, to be delighted.

Încântător *a.* rapturous, ravishing,

charming, delightful.

Incapabil *a.* incapable, unable, unfit.

Încăpățână (a) *v. ref. a se —*, to be obstinate, to continue obstinate in, to stubborn.

Încăpățânare *f.* obstinacy; *cu —*, obstinately, stubbornly.

Încăpățânat *a.* obstinate, stubborn.

Încăpător *a.* spacious, vast, roomy, capacious.

Încăpea (a) *va.* to comprise, to contain, to hold, to take in, to have place.

Încăpere *f.* room, apartment, space.

Încăpută (a) *va.* to vamp.

Încărcă (a) *va.* 1. to charge, to load, to burden; 2. to load with powder and ball; *a — peste măsură*, to o-verload; *a - o socoteală*, to inflame a bill.

Încărcare *f.* charge, cargo, loading, lading.

Încărcătură *f.* load, freight, shipment; cargo; — *a unei corăbii*, ship-load; — *a unei puști*, charge.

Încarceră (a) *va.* to incarcerate.

Încârliga (a) *va.* to hook. to curl, to crook.

Încârlionța (a) *va.* to curl, to crisp, to frizzle.

Încarnă (a) *va.* to embody, to incarnate.

Încărunti (a) *vt.* to get grey, to grow grey, to turn grey.

Încassa (a) *va.* to call in (money), to collect money.

Încătărămă (a) *va.* to buckle(in).

Încătifoli (a) *va.* to give the appearance of velvet.

Încătușa (a) *va.* to shakle, to iron, to fetter, to chain.

Incendiă (a) *va.* to burn, to set fire to, to set on fire.

Incendiu *n.* fire, conflagration.

Începător *m.* beginner, novice.

Începe (a) *va.* 1. to begin, to commence; 2. to open, to untertake, to start.

Începere *f.* 1. beginning, commencement. 2. start.

Început *n.* beginning, commencement.

Încercă (a) I. *va.* 1. to try, to attempt, to tempt; 2. to essay (metals) II. *ref. a se —*, to try one's self, one's powers (or) skill.

Încercare *f.* essay, proof, trial, attempt.

Incest *n.* incest.

Incestuos *a.* incestuous.

Incet *a.* slow, tardy, softly.

Incet, Incetișor *adv.* slow, slowly, smouthly, tardily.

Inceta (a) *va.* to cease, to discontinue; *a — cu plățile,* to stop payment; *a — din viață,* to die.

Incetare *f.* cession; *fără —,* ceaselessiy.

Incetățeni (a) *va.* to naturalise, to make a citizen.

Incetățenire *f.* naturalisation.

Incetneală *f.* slowness, tardiness.

Incetinel *adv.* slowly, softly.

Inchega (a) *vt.* to curdle, to coagulate, to clot.

Incheia (a) *va.* to close, to end, to finish; *a — pace,* to make peace *a — o afacere,* to conclude a bargain.

Incheiere *f.* conclusion, closure,end.

Incheietoare *f.* 1. *Bot.* myosotis, forget-me-not; 2. boot-buttoner.

Incheietură *f.* *Anat.* joint; (finger) knuckle; (hand) wrist; *— a genunchiului,* haugh.

Inchide (a) *va.* 1. to shut, to shut up, to close, to enclose; 2. to fasten; *a — cu zăvorul,* to bolt; *a — cu broasca ușei,* to latch; *a — pumnul,* to clinch the fist; 3. *a se —,* to shut; to be shut, to close; *a — o scrisoare,* to fold a letter.

Inchidere *f.* 1. closing; 2. fastening; 3. stoppage.

Inchlegà (a) *vt.* V. *inchegă.*

Inchlegătoare *f.* 1. tub for coagulating; 2. *Bot.* geranium.

Inchina (a) I. *va.* 1. to dedicate, to devote, to consecrate, to vow; 2. 2. to drink to, to toast. II. *ref. a se —.* 1. to cross one's self, to make the sign of the cross, to devote one's self; 3. to salute.

Inchinăciune *f.* 1. adoration, worship; 2. devotion, prostration; 3. salutation.

Inchinare *f.* dedication.

Inchinător *m.* adorer, worshipper.

Inchingà (a) *va.* to gird, to girdle.

Inchipul (a) *vt.* I. to imagine, to conceive, to contrive. II. *a'și —,* to imagine one's self, to ween; *inchipuește-ți,* imagine to yourself.

Inchipuire *f.* imagination, fancy, conception.

Inchipuit *a.* imagined, imaginary; *ușor de —,* easily imagined; *de —,* imaginable.

Inchiriă (a) *va.* to hire, to let, to rent.

Inchiriere *f.* letting, hiring, hire.

Inchiriat *a.* hired; *de —,* for hire, to let; *casă de —,* house to let.

Inchis *a.* 1. closed, shut up; 2. of a dark colour.

Inchisoare *f.* prison, prison-house, jail; *curte de —,* prison-yard.

Inchizitor *m.* inquisitor; *marele —,* the grand inquisitor.

Inchizitie *f.,* **Inchizitiune** *f.* inquisition.

Incident *n.* incident, occurent.

Incidental *a.* incidental.

Incinci (a) *va.* to quintuple, to multiply five-fold.

Incincit *a.* quintuple, five-fold.

Incingătoare *f.* girdle, sash, waist-band, belt.

Incinge (a) *va.* to gird round, to girdle.

Incintă *f.* interior, compass.

Incisiv *a.* incisive, incisory.

Inclei (a) *va.* to glue, to size, to paste.

Incleire *f.* sizing, pasting.

Incleștà (a) *va.* to clinch.

Inclinà (a) I. *vt.* to incline. II. *ref. a se —,* to incline, to bow down.

Inclinare *f.,* **Inclinatiune** *f.* inclination.

Inclusiv *a.* inclusive.

Incoace *adv.* here, hither, this way.

Incolăci (a) I. *va.* to meander, to wind, to twist, to roll up. II. *ref. a se —,* to wreathe, to twist round, to roll one's self up, to meander.

Incolăcit *a.* meandrous, meandering, wreathed, wreathy, tortuous.

Incolo *adv.* thither, there, that way, to that place, else.

Incolți (a) *vt.* 1. to germinate, to spring up, to pullulate; 2 to drive into a corner; 3. *a — pe cineva,* to bring to a stand-still.

Incolțire *f.* germination, budding, pullulation.

Incoltorà (a) *va.* to intend, to notch.

Incomod *a.* incommodious, inconvenient, troublesome.

Incomodà (a) *va.* to incommode, to annoy, to trouble, to inconvenience.

Incomoditate *f.* inconvenience, indisposition.

Incomparabil *a.* incomparable, peerless, matchless.

Incompatibil *a.* incompatible, inconsistent.

Incompatibilitate *f.* incompatibility, inconsistence.

Inconjur *n.* turning, by-way, round-about-way.

nconjură (a) *va.* to surround, to enclose, to environ, to invest. to besiege.

înconjurare *f.* siege.

încordă (a) *va.* 1. to stiffen; 2. to stretch, to strain.

încordare *f.* tension, tenseness, stiffening.

incorect *a.* incorrect.

încoronă (a) *va.* to crown.

încoronare *f.* coronation, crowning.

încorporă (a) *va.* to incorporate, to embody, to annex to.

încotro *adv.* whither, where, which way?

încovoiă (a) *vt.* to bend, to bow, to curve, to crook.

încrede (a) I. *va.* to intrust. II. *ref. a se* —, to confide in, to trust to, to rely on.

încredere *f.* trust, confidence.

încredinţă (a) I. *va.* to confide, to intrust, to trust. II. *ref. a se* —, to intrust with.

încremeni (a) *vt.* to stupefy, to a-maze.

încremenire *f.* stupefaction, stupor, amazement.

încremenit *a.* stupified, amazed.

încrestă (a) *va.* to notch, to score, to tally.

încrestare *f.* notch, gash, score.

încreţi (a) *va.* to curl, to crisp, to wrinkle; *a* — *fruntea,* to knit the brow.

încreţitură *f.* wrinkle, fold.

încrezător *a.* confident, confiding.

încriminã (a) *va.* to incriminate.

încropi (a) *va.* I. to make lukewarm. II. *ref. a se* —, to become lukewarm.

încropire *f.* lukewarmness, luke-warmth.

încropit *a.* lukewarm.

încrucişă (a) *va.* to cross; *a'şi* — (braţele), to fold; *cu braţele încru-cişate,* with folded arms.

încrucişător *n.* cruiser.

încruntă (a) *va.* I. to pucker. II. *ref. a se* —, to pucker up one's eye-brows.

încruntătură *f.* pucker.

încrustă (a) *va.* to incrust, to in-crustate.

încrustare *f.* incrustation.

încuiă (a) *va.* to lock up, to latch, to turn the key.

încuiat *a.* under lock and key, lo-cked up, shut.

încuibă (a) *va. a se* —, to nestle, to nestle one's self.

înculetoare *f.* latch.

încuipă (a) *va.* to accuse of, to char-ge with.

incult *a.* uncultivatet, uncivilised.

încumetă (a) *v. ref. a se* —, to have the audacity, to dare, to venture, to presume.

încunoştinţă (a) *va.* to acquaint, to inform, to notify, to make known.

încunoştinţare *f.* notification, ad-vertisement.

încununã (a) *va.* to wreathe, to fes-toon, to crown.

încununare *f.* coronation.

încurã (a) *va.* to race (horse).

încurabil *a.* incurable.

încurare *f.,* **încurătură** *f.* (horse) race.

încurajă (a) *va.* to encourage.

încurajare *f.* encouragement.

încurcă (a) I. *va.* to entangle, to perplex, to puzzle, to embroil. II. *ref. a se* —, to get entangled, to embroil one's self; *a se* — *unul pe altul,* to confound one another.

încurcare *f.* entanglement.

încurcătură *f.* entanglement, em-broilment, dilemma.

încursiune *f.* incursion.

încuseri *v. ref. a se* —, to become related by marriage.

încuscrire *f.* relationship by mar-riage, affinity.

încuscrit *a. a fi* —, related by mar-riage.

încuviinţă (a) *va.* to approve of, to allow, to consent to.

încuviinţare *f.* approbation, ap-proval.

îndărăt *adv.* behind, back; *a se uita* —, to look back; *pe d'* —, backwards, from behind.

îndărătnic *a.* obstinate, stubborn, wilful.

îndărătnicí (a) *vt. a se* —, to get obstinate, to be obstinate.

îndărătnicie *f.* obstinacy, stubbor-ness, wilfulness.

îndârji (a) *va. a se* —, to be obsti-nate, to persevere stubbornly in one's opinion.

îndârjire *f.* stubborness; *cu* — stubbornly.

îndârjit *a.* stubborn.

îndată *adv.* at once, immediately, directly, presently, in a moment, at a shortest notice; — *ce,* as soon as; *vot veni îndată,* I will come at once.

îndatoră (a) *va.* to oblige with, to bind.

îndatorat a. obliged; *o să vă fiu foarte — pentru aceasta,* I' shall be greatly obliged to you for it.

îndatorire f. obligation, obligingness.

îndătoritor a. obliging, kind.

îndecis a. undecided.

îndefinit a. undefined.

indecent a. undecent.

îndeletnici (a) v. 1. *ref. a se —,* to occupy one's self, to spend (his time); 2. to amuse one's self with (by, in).

îndeletnicire f. occupation, employment.

îndelung adv. long, a long time, a great while.

îndelungat a. of long duration protracted; *de un timp —,* for a long time past, for a long while.

îndemână adv. at hand, ready; *la —,* close at hand.

îndemânare f. ability, cleverness, dexterity, dexterousness.

îndemânatic a. able, clever, skilful, dexterous.

îndemn n. instigation, incitation, suggestion.

îndemnă (a) va. to induce, to instigate, to incite, to entice.

îndemnare f. inducement, instigation, incitement, enticement.

îndemnător m. instigator, inciter.

îndemniză a. to indemnify, to compensate.

îndeobște adv. generally.

îndepărtă (a) I. va. 1. to remove; to put away; to drive away, to banish; 2. to estrange. II. *ref. a se —,* to go away, to withdraw, to depart, to retire.

îndepărtare f. 1. remove, removal; 2. absence; 3. separation.

îndepărtat a. removed, distant, remote.

independenţă f. independence.

îndeplinî (a) va. to fulfil, to execute, to complete, to accomplish.

îndeplinire f. accomplishment, execution.

îndesă (a) va. to press, to thicken to compress.

îndestul adv. sufficiently.

îndestulare f. sufficiency; *cu —,* sufficiently.

îndestulător a. 1. sufficient 2. copious.

indică (a) va. to indicate.

indicare f. indication.

indicaţie f., **indicaţiune** f. indica-
tion, information.

indicativ n. Gram. indicative (mood).

indicator m. index-book, time-bill time-table.

indice n. index (of a book).

indiciu n. 1. sign, mark; 2. omen.

indiferent a. indifferent unconcerned.

indiferenţă f. indifference, unconcernedness, unconcern.

indigen I. m. indigene, native. II. a. indigenous, native.

indigenat n. right of a native (or) naturalized person, granting of naturalization.

indigest a. indigestible.

indigestiune f. indigestion.

indignà (a) v. ref. a se —, to be indignant, to become angry.

indignare f., **indignaţiune** f. indignation; *cu —,* indignantly.

indignat a. indignant, angry.

indirect a. indirect.

indiscret a. indiscreet.

indiscreţie f., **indiscreţiune** f. indiscretion, breach of confidence.

indiscutabil a. indisputable, un. controvertible.

indisolubil a. indissoluble.

indispensabil a. indispensable.

indispoziţiune f. indisposition.

indispus a. indisposed, unwell.

individ m. individual.

individual a. individual.

individualism m. individualism.

individualitate f. individuality.

îndobitoci (a) vt. to stultify, to brutify, to brutalize.

îndoi (a) va. 1. to double; 2. to fold, to fold up; 3. to bend, to bow.

îndoi (a se) v. ref. a se —; 1. to doubt; 2. to bend.

îndoială f. doubt; *fără —,* without any doubt; *fără nici o —,* beyond a doubt; *a sta la — dacă,* to be in doubt whether; *a pune la —,* to put in doubt.

îndoelnic a. V. *îndoios.*

îndoios a. doubtful, dubious, uncertain.

îndoit a. double.

îndoitură f. plait, folding.

indolenţă f. indolence.

îndopă (a) va. to cram with food; f. to overcloy, to glut.

îndosi (a) va. to hide, to conceal.

îndrăcit a. possessed, mad, furious.

îndrăgî (a) I. vt. to love, to be in love with. II. *ref. a se —,* to fall în love with, to be smitten with.

îndrăgostì (a) *vt. ref. a se* —, to fall in love with; *a fi îndrăgostit de*, to be in love with.

îndrăzneală *f.* boldness, hardiness, audacity.

îndrăzneț *a.* audacious, daring, bold.

îndrăzni (a) *vt.* to dare, to venture.

îndreptà (a) I. *va.* 1. to set right, to straighten; 2. to direct; 3. to correct. II. *ref. a se* —, 1. to recover oneself; 2. to correct oneself.

îndreptare *f.* rectification, correction.

îndreptăți (a) *va.* to entitle, to authorize.

îndreptățire *f.* title, right.

îndreptător *m.* improver, reformer, corrector.

îndrișaim *m. Bot.* geranium.

îndrumà (a) *va.* to lead, to guide, to direct; *a se* —, to direct one's self.

induce (a) *va.* to lead.

inductiv *a.* inductive.

inducție *f.*, **inducțiune** *f.* induction.

îndulioșà (a) I. *va.* to make tender, to move, to touch. II. *ref. a se* —, to be moved to pity, to relent.

înduioșare *f.* tenderness, emotion.

îndulcì (a) I. *va.* 1. to sweeten; 2. to soften, to calm, to moderate, to mitigate. II. *ref. a se* —, 1. to become sweet; 2. to soften.

indulgent *a.* indulgent.

indulgență *f.* indulgence, forbearance.

îndumnezeì (a) *va.* to deify.

îndumnezeire *f.* deification.

înduplecà (a) *va.* to convince, to persuade, to induce.

înduplecare *f.* persuasion, acquiescence.

îndurà (a) *va. a se* —, to commiserate, to pity.

îndurare *f.* mercy, commiseration, compassion, pity.

îndurător *a.* compassionate, pitiful, merciful, clement.

industrial I. *a.* industrial, manufacturing. II. *m.* manufacturer.

înebunì (a) *vt.* 1. to go mad, to run mad, to get crazy or foolish; 2. to infatuate, to make mad, to drive mad.

înebunire *f.* infatuation.

înecà (a) I. *vt.* 1. to drown; 2. to choke, to suffocate: 3. to inun

date. II. *ref. a se* —, 1. to drown one's self, to be drowned; 2. to be choked (or) suffocated.

înecare *f.* drowning, inundation.

inedit *a.* unpublished.

inegal *a.* unequal.

inegalitate *f.* 1. inequality, unequalness; 2. uneveness.

înegrì (a) *va.* 1. to blacken; 2. to asperse.

înegrire *f.* aspersion.

inel *n.* ring, link; — *de cununie*, joint-ring.

inelar *m.* ring-finger.

ineluș *n.* ringlet, annulet.

inept *a.* inept, unfipt.

ineptie *f.* ineptitude, awkwardness.

inerent *a.* inherent.

inert *a.* inert.

inerție *f.* inertia, inertness.

inevitabil *a.* inevitable, unavoidable.

infailibil *a.* infallible; *în mod* —, infallibly.

infailibilitate *f.* infallibility, infallibleness.

înfăìnà (a) *va.* to sprinkle with flour.

infam *a.* infamous.

infamant *a.* infamous, ignominious.

infamie *f.* infamy, infamous thing.

infante *m.* infant.

infantă *f.* infanta.

infanterie *f.* infantry, foot-soldiers.

infanterist *m.* foot-soldier.

înfășà (a) *va.* to swathe, to swaddle.

înfășurà (a) I. *va.* 1. to wrap, to wrap up, to cover round; 2. to wind up, to involve. II. *ref. a se* — to wrap one's self up.

înfățà (a) *va.* to change (or) shift the bed-linen, the bed-clothes.

înfățișà (a) I. *va.* to present, to introduce to a person. II. *ref. a se* —, to present one's self, to introduce one's self, to appear.

înfățișare *f.* presentation, appearance.

infect *a.* infectious.

infectà (a) *va.* to infect, to taint.

inferior *a.* inferior, lawer.

inferioritate *f.* inferiority.

infern *n.* hell.

infernal *a.* infernal, hellish.

infertil *a.* sterile, barren.

infestà (a) *va.* to infest.

înfeudà (a) *v. ref. a se* —, to înfeoff.

înfià (a) to adopt.

înfiare *f.* adoption.

înfiat a. adopted.

înfidel a. faithless, perfidious.

înfierà (a) va. to stigmatize, to brand.

înfierare f. 1. stigma; 2. brand, mark (burnt in).

înfierat a. stigmatic, stigmatical.

înfierbântà (a) I. va. 1. to heat; 2. to excite. II. ref. a se —, to overheat one's self, to grow hot or warm.

înfierbântare f. heating, heat.

înfierbântat a. heated.

înfige (a) va. to plant, to thrust, to thrust in, to ram in.

înfiià (a) va. V. a înfià.

înfiinţà (a) va. 1. to create, to found, to establish 2. to effect, to bring about.

înfiinţare f. creation, foundation.

înfiltrà (a) va. ref. a se —, to infiltrate.

înfiltrare f. infiltration.

înfinit, I. n. infinity. II. infinite.

înfinitiv n. Gram. infinitive.

înfioià (a) ref. a se —, to shiver to shudder, to tremble.

înfiorare f. shudder, shuddering.

înfiorător a. frightful, horrible.

înfirà (a) va. to thread.

înfirm I. m. weak, feeble person. II. a. infirm, sicky.

înfirmerie f. infirmary hospital.

înfirmier m. hospital-attendant.

înfirmitate f. infirmity.

înflăcărà (a) I. va. to inflame, to kindle. II. ref. a se —, to inflame, to glow.

înflăcărare f. conflagration, inflammation.

înflamabil a. inflammable.

înflamaţie f., **înflamaţiune** f. Med inflammation.

înflexibil a. inflexible.

înflorì (a) vt. 1. to flower, to blossom, to bloom.

înf or.re f. flowering, blossom-time, bloom.

înflorit a. flowering, flowery, blooming.

înfloritor a. flourishing, blooming.

influent a. influential.

influenţă f. influence, sway.

influenţà (a) va. to influence.

înfocà (a) va. 1. to fire; 2. to inflame, to inspirit.

înfoià (a) at. 1. to cover with leaves; 2. to swell, to puff up.

înfometà (a) va. to starve out, to famish.

înformà (a) I. va. to inform. II. ref. a se — to inquire.

înformare f., înformaţie f., **înformaţiune** f. information, inquiry.

înfracţie f., **înfracţiune** f infraction, breach, infringement.

înfrânà (a) va. 1. to bridle; 2. to subdue, to overcome.

înfrânge (a) va. to infringe, to defeat, to vanquish, to overcome, to rout.

înfrângere f. infringement, defeat rout.

înfrăţi (a) v. ref. a se —, to fraternize.

înfrăţire f. fraternization.

înfricoşà (a) I. va. to frighten, to intimidate; II. a se —, to be frightened.

înfricoşare f. fright, terror.

înfricoşat a. frightful.

înfrumuseţà (a) vt. to embellish.

înfrumuseţare f. embellishment.

înfruntà (a) va. to affront, to face, to brave, to defy.

înfruntare f. 1. insult, outrage; 2. defiance.

înfrunzì a) vt. to leaf, to grow green, to cover with leaves.

înfrunzit a. in leaves, leafy, leafed.

înfulică (a) va. to swallow.

înfumurà (a) v. ref. a se —. to be conceited, to presume.

înfumurare f. presumption, presumptuousness.

înfumurat a. presumptuous, conceited.

înfundà (a) va. 1. to put a botton to; 2. to ram down; a — pe cineva, to bring to a stand-still.

înfundătură f. blind-alley, by-street

înfunià (a) va. Mar. to rig.

înfurcì (a) v. ref. a se —, to be forked, bifurcated, to bifurcate.

înfurcit a. bifurcated, forked.

înfurià (a) v. ref. a se —, to become furious, to grow wrathful.

înfuriat a. furious, wrathful.

înfuzoriu n. infusory.

înfuziune f. infusion.

îngăduì (a) va. 1. to permit, to allow, to consent; 2. to tolerate, to bear, to wait; a — cu răbdare, to be patient in suffering.

îngăduinţă f. acquiescence, consent, permission, indulgence.

îngăduitor a. indulgent; a fì — to indulge.

îngălbenì (a) I. va. to colour yellow, to make yellow. II. ref. a se —, to grow yellow; to turn pale.

Îngânîă (a) v. ref. a se —, to bridle up, to strut.

Îngânîare f. strut, strutting.

Îngânfat I. m. self-conceited. II. a. conceited, arrogant.

Îngână (a) I. va. to stammer, to stutter, to murmur. II. ref. a se —, to mock, to ridicule, to deride, to ape.

Îngândurat v. pensive, thoughtful, reflecting.

Îngemănă (a) va. to twin, to unite, to join together.

Ingenios a. ingenious.

Ingeniozitate f. ingeniousness.

Îngenunchiă (a) va. to kneel down.

Îngenunchiare f. kneeling.

Inger m. angel; — păzitor, guardian angel.

Îngeresc a. angelic, angelical.

Înghemul (a) vt. to crowd.

Înghesuială f. press, crowd, throng.

Înghesuire f. press, crowd.

Înghet n. frost.

Înghetă (a) vt. to freeze, to chill, to congeal.

Înghetare f. freezing, congelation.

Înghetat a. frozen; a fi —, to be frozen.

Înghetată f. 1. ice; 2. ice-cream.

Înghimpă (a) va. to prick; to sting.

Înghiti (a) va. to swallow, to swallow up, to devour.

Înghititoare f. gullet, swallow.

Înghititură f. sup, sip.

Inginer m. engineer.

Inginerie f. engineering.

Înglodă (a) v. ref. a se —, to stick in the mud, to sink in the mud.

Îngloti (a) va to heap.

Îngrădeală f. enclosure, fence.

Îngrădi (a) va, to enclose, to fence.

Îngrădire f. enclosure, fence.

Îngrămădi (a) va. to heap up, to accumulate, to agglomerate.

Îngrămădire f. heaping, accumulation, agglomeration.

Îngrăşă (a) I. va. to fat, to fatten, to make fat. II. ref. a se —, to grow fat.

Îngrăşare f. fattening.

Îngrat a. ungrateful, unthankful.

Îngretoşă (a) va. to distaste, to disgust, to loathe, to nauseate, to sicken.

Îngreună (a) va. 1. to surcharge, to overcharge, to overload; 2. to agravate.

Îngrijă (a) v. ref. a se —, to be disquieted about.

Îngrijare f. care, disquiet, disquietude, uneasiness, restlessness.

Îngrijată. unquiet, uneasy, res'l ss, full of care.

Îngriji (a) I. va. to take care of; to attend, to tend, to nurse. II. ref. a se —, to take care of one's self.

Îngrijire f. care, keeping.

Îngrijitor m. keeper, surveyor, house-keeper, house-steward.

Îngrijoră v. ref. a se —, to be anxious, to be uneasy.

Îngropă (a) va. to inter, to bury, to entomb, to inhume.

Îngropare f. interment, funeral, burial.

Îngroşă (a) va. to thicken, to inspissate.

Îngroşare f. thickening.

Îngrozi (a) I. va. to fright, to frighten, to terrify. II. ref. a se —, to be frightened (or) terrified.

Îngrozire f. fright, terror, frightfulness.

Îngrozitor a. frightful, dreadful.

Îngurlui v. ref. a se —, to be smitten, to fall in love.

Îngust a. strait, narrow.

Îngustă (a) va. 1. to straiten, to narrow; 2. to shrink, to lesser.

Îngustare f. narrowness, straitening, shrinking.

Înhăită (a) vt. 1. to train hounds; 2. to hunt together; 3. to gather in a mob, to gather in a troop; a se —, to troop, to collect together.

Înhăitare f. rout, mob.

Înhămă (a) I. va. to harness, to put the (horses), to put the harness on (of horses), to team. II. ref. a se —, fig. to engage himself to do anything.

Înhăţă (a) va. to seize, to gripe, to snatch, to catch up, to snap up.

Înhăţare f. seizing, snatching.

Inimă f. 1. heart; 2. fig. courage, heart, spirit; durere de —, heartache; a'l durea inima, to have the stomach-ache; — de câine, hardhearted; bun la —, kind hearted; a avea —, to be good hearted; cu dragă —, din toată —, with all my heart; o — de aur, an excellent heart; a'şi deschide inima, to open one's heart to, to disburden one's mind to, to unbosom one's self to ; nu mă lasă inima să i-o fac, I cannot find it in my heart to do it; a'şi luă inima în dinţi, to take heart; *fii om de —*, keep a good heart; *rupere de —*, heart b eaking; *a vorbi din —*, to speak one's heart; *bătaie de —*, heart-beat, palpitation; *a fi fără —*, to have no bowels, to be heartless, unfeeling; *inima mea!* my love! my dear! my heart!

inimic I. *m.* enemy, foe. II. *a.* hostile.

inimiciţie *f.* 1. enmity; 2. hatred, aversion.

inimos *a.* courageous, bold.

iniţia (a) *va.* to initiate (into), to let in.

iniţial *a.* initial.

iniţiare *f.* initiation.

iniţiat *a.* initiated.

iniţiativă *f.* initiative; *a luá iniţiativa*, to take the initiative.

injectă (a) *va.* to inject.

injecţie *f.*, **injecţiune** *f.* injection.

injosi (a) I. *va.* 1 to lower, to depress; 2. to reduce, to diminish; 3. to humble, to humiliate; 4. to bring down, to fetch down; 5. to debase. II. *ref. a se —*, to humble one's self, to derogate from one's self.

injosire *f.* 1. lowering, depression; 2. humiliation, degradation, debasement, abasement.

injositor *a.* lowly, submissiv.humble.

injugă (a) *va.* to yoke (oxen).

injumătăţi (a) *va.* to cut in two, to divide into two parts, to halve.

injunghiă (a) *va.* to stab, to poniard.

injunghiare *f.* stab

injură (a) *va.* to insu t, to revile; to taunt, to abuse; *a se — unul pe altul*, to abuse each other.

injurător *a.* ins lting.

injurătură *f.* injury, insult, taunt.

inlănţui (a) *va.* to chain, to link, to put in chains.

inlănţuire *f.* enchainment.

inlătura (a) *va.* to put, to lay (or) set aside, to discar.

inlăturare *f.* putting aside.

inlăuntru *adv.* inside, inward, inwards.

inlemni (a) *vt.* to stupefy.

inlemnire *f.* stupor.

inlesni (a) *va.* 1. to facilitate; 2. to lighten, to ease.

inlesnire *f.* facilitation, lightening.

inlocui (a) to substitute, to replace.

inlocuire *f.* substitution, replacing.

inlocuitor *m.* substitute.

inmâna (a) *va.* to hand over, to deliver, to remit.

inmânare *f.* delivery.

inmărmuri (a) *vt.* to stupefy, to be astonished.

inmărmurire *f.* stupefaction, stupor, astonishment.

inmatriculă (a) *va.* to matriculate.

inmatriculare *f.* matriculation.

inmilt *a.* thousandfold.

inmormântă (a) *va.* to inter, to bury, to sepulchre.

inmormântare *f.* interment, funeral, burial, sepulture.

inmuguri (a) *vt.* to bud, to sprout.

inmulţi (a) I. *va.* to multiply. II. *ref. a se —*, to multiply, to increase, to breed.

inmulţire *f.* multiplication: *tabla de —*, the multiplication-table.

inăbuşi (a) *vt.* to stifle, to suffocate, to smother, to choke.

inăbuşire *f.* stifling, suffocation.

inăbuşitor *a.* sultry, suffocative; *căldură innăbuşitoare*, sultriness, stifling heat.

innăduşi (a) *vt.* to perspire, to sweat, to smother.

innădi *v.* V. *inădi.*

innăscut *a.* innate, inborn.

innebuni (a) *va.* V. *inebuni.*

innobili (a) *va.* to ennoble.

innobilire *f.* ennobling, ennoblement.

innodă (a) *va.* to tie, to knit, to tie together.

innoi (a) *va.* to innovate, to renew.

innoire *f.* innovation, renewal, renovation.

innomoli *v. ref. a se —*, to stick fast in the mud, to get silted up.

innoptă (a) *vt.* 1. to grew towards night; 2. to draw towards night; 3. to pass the night.

innotă (a) *vt.* to swim, to float, to wait.

innotare *f.* swimming.

innotat *n.* swimming; *profesor de —*, swimming-master; *scoala de —*, swimming-school; *cingătoare de —*, swimming-girdle; *pasere innotătoare. f.* swimming-bird.

innotător *m.* swimmer.

innoura (a) *v. ref. a se —*, to become overclouded, to be (or) to become overcast, to become cloudy.

inocent *a.* innocent.

inocenţă *f.* innocence.

inoculă (a) *va. Med.* to inoculate.

inoculare *f.* inoculation.

Inodă (a) *va.* V. *a* **înnodă.**

Inodor *a.* inodorous, scentless.

Inofensiv *a.* inofensive.

Inoportun *a.* 1. inopportune; 2. unseasonable.

Inoră *v. ref.* V. *a se* **înnoură.**

Inorog *m.* unicorn, rhinoceros.

Inovă (a) *va.* to innovate.

Inovare *f.,* **inovaţie** *f.,* **inovaţiune** *f.* innovation.

Inovator *m.* innovator.

Inrădăcină (a) I. *vt.* to root. II. *ref. a se* —, to take root, to be rooted.

Inrădăcinare *f.* rooting.

Inrădăcinat *a.* root-bound, rooted.

Inrăutăţi *v. ref. a se* —, to change for the worse.

Inregimentă (a) *va.* to form into regiments.

Inregistră (a) *va.* to register, to record, to enrol.

Inregistrare *f.* registering, enrolment, entry.

Inregistrator *m.* 1. registrar; 2. recorder.

Inrăuri (a) *va.* to influence.

Inrăurire *f.* influence.

Inrolă (a) I. *va.* to enlist, to enrol. II. *v. ref. a se* , to enlist, to enrol one's self.

Inrolare *f.* enlistment, enrolment.

Inroşi (a) I *va.* to blush, to redden. II. *v. ref. a se* —, to redden.

Inroşire *f.* blush, blushing.

Inrudi *v. ref. a se* —, to be related with.

Ins, însu *pron.* self; eu *însu-mi,* myself; *tu* însu-*ţi,* thyself; *el* însu-*şi,* himself, itself; *noi* înşi-ne, ourselves; *d-ta* însu-*ţi, d-voastră* înşi-ve, *voi* înşi-ve, yourselves.

Insă *conj.* but, however.

Insăcsănă (a) *va.* to bag.

Insăilă (a) *va.* to baste, to sew badly.

Insălbăticî (a) *va.* 1. to run wild; 2. *fig.* to become intractable.

Insănătoşi *v. ref. a se* —, to recover, to grow (or) get well, to restore to health.

Insănătoşire *f.* recovery, convalescence.

Insărcină (a) I. *va.* to commision, to charge, to intrust. II. *v. ref. a se* —, to take charge of, to take upon one's self.

Insărcinare *f.* 1. commission, charge, order; 2. *Med.* pregnance.

Insărcinat *a.* 1. charged; 2. *Med.* pregnant, with child.

Inscrie (a) I. *va.* to inscribe, to enter. II. *v. ref. a se* —, to inscribe one's name.

Inscripţie *f.,* **inscripţiune** *f.* inscription.

Inscris *n.* receipt, writing.

Insectă *f.* insect.

Inşelă (a) *va.* to saddle.

Inşelă (a) I. *va.* to deceive, to cheat, to delude, to dupe; — *la joc,* to cheat. II. *ref. a se* —, to deceive one's self, to delude one's self; to be mistaken; *vă* înşelaţi, you are mistaken.

Inşelăciune *f.* deceit, sheat.

Inşelător *m.,* **înşelătoare** *f.* deceiver, deluder, cheater.

Inşelătorie *f.* deceit, cheat, trickery.

Insemnă *a. va.* 1. to mark, to brand; 2. to note, to mark; 3. to signify, to mean.

Insemnare *f.* 1. mark, sign, note; 2. signification, meaning.

Insemnat *a.* considerable, important.

Insemnătate *f.* 1. weight, 2. importance.

Inseniná *v. ref. a se* —, to clear up, to become serene.

Insensibil *a.* insensible.

Inşeptí (a) *va.* to septuple.

Inseră (a) *vt.* to insert.

Inserţie *f.,* **inserţiune** *f.* insertion.

Inseta (a) *vt.* to be thirsty, to thirst.

Insetat *a.* thirsty; *a fi* —, to be thirsty, to thirst for.

Inşeuă (a) *va.* to saddle.

Insinuă (a) I. *va.* to insinuate, to suggest, to hint. II. *v. ref. a se* — to insinuate one's self, to wriggle one's self into.

Insinuaţie *f.,* **insinuaţiune** *f.* insinuation, suggestion, hint.

Insiră (a) *va.* to file, to set in a row, to string.

Insistă (a) *vt.* to insist upon.

Insistenţă *f.* insistence.

Insolaţie *f.,* **insolaţiune** *f.* insolation, sun-stroke.

Insolent *a.* insolent.

Insolenţă *f.* insolence, impude..ce.

Insomoltăcí (a) *va.* to twist, to wind up, to wrap up.

Insoră (a) I *va.* to marry. II. *v. re'. a se* —, 1. to marry; 2 to get married.

Insoţi (a) I. *va.* 1. to accompagny; 2. to join, to put together, to unite; *a* — *pe cineva la,* to take a person up to. II. *v. ref. a se* —, to match, to pair.

însoţitor *m.* attendant, companion, guiue.

înspăimântă (a) I. *va.* to fright, to terrify; to dismay; II. *v. ref.* a se—, to be frightened, to startle.

înspăimântare *f.* fright, terror.

înspăimântător *a.* frightful, dreadful.

inspectă (a) *va.* to inspect.

inspectare *f.*, **inspecţie** *f.*, **inspecţiune** *f.* inspection.

inspectoară *f.* inspectress.

inspector *m.* inspector.

inspectorat *n.* inspectorship.

inspiră (a) *va.* inspire.

inspirare *f.*, **irspiraţie** *f.*, **inspiraţiune** *f.* inspiration, suggestion.

inspirator I. *m.* inspirer. II. *a.* inspiring.

înspumat *a.* foamy, frothy.

instală (a) I. *va.* to install, to induct. II. *v. ref.* a se —, to settle one's self, to establish one's self.

instalare *f.* installation, instalment, induction.

instanţă *f.* degree of jurisdiction, instance, resort.

instantaneu *a.* instantaneous.

înstări (a) *va.* to enrich.

înstărit *a.* upstart, store, enriched.

înstelat *a.* starry, full of stars, starred.

instigă (a) *va.* to instigate.

instigaţie *f.*, **instigaţiune** *f.* instigation.

instigator *m.* instigator, inciter.

înştiinţă (a) *va.* to warm, to advise, to inform.

înştiinţare *f.* advertisement, information, warning.

instinct *n.* instinct.

instinctiv *a.* instinctive.

institui (a) *va.* to institute, to establish.

instituire *f.* institutio:.

institut *n.* institute.

instituţie *f.*, **instituţiune** *f.* institution.

institutoară *f.* institutor, tutoress, female teacher, instructres.

institutor *m.* institutor, instructor.

înstrăină (a) *va.* to estrange, to alienate.

înstrăinare *f.* alienation, estrangement.

instrucţie *f.*, **instrucţiune** *f.* instruction; *judecător de instrucţie*, examining magistrate.

instructiv *a.* instructive.

nstructor *m.* instructor.

instrui (a) *va.* 1. to instruct; 2. to educate, to teach; 3. to inforn.

instruit *a.* learned, well-informed.

instrument *n.* instrument, tool.

instrumental *a.* instrumental.

înstrună (a) *va.* to strain, to stretch.

insubordonat *a.* insubordinate.

insubordinaţie *f.* insubordination.

insuflă (a) *va.* to inspire, to suggest.

insuflare *f.* inspiration, suggestion.

însufleţi (a) I. *va.* to animate, to enliven, to encourage. II. *v. ref.* a se — to cheer up.

însufleţire . animation.

insulă *f.* island.

insular *m.* islander.

insultă (a) *va.* to insult, to affront.

insultă *f.* insult, affront.

insultător I. *m.* insulter. II *a.* insulting.

însumi *pron.* myself.

insuportabil *a.* insufferable, insupportable.

însură (a) I. *va.* to marry, to match. II. *v. ref.* a se —, to get married.

însurare *f.* marriage, nuptials.

însurătoare *f.* marriage, wedding, wedlock.

insurgent *m.* insurgent.

înşurupă (a) *va.* to screw.

însuşi *pron.* himself, itself.

însuşi *v. ref.* a'şi —, to appropriate, to adopt.

însuşire *f.* appropriateness.

însuşit *a.* appropriate.

însuti (a) *va.* to centuplicate.

însutit *a.* centuple.

intact *a.* intact, untouched.

întâietate *f.* priority.

întâiu *num.* first; *întâiul*, the first of all; *mai întâiu*, in the first place, at first; *întâiul născut*, *întâia născută*, first born; *cel d' — în clasă*, the top boy.

întâlni (a) I. *va.* to meet, to meet with, to find. II. *v. ref.* a se —, to meet together.

întâlnire *f.* 1. meeting, encounter 2. rencounter.

întâmpină (a) *va.* to go to meet.

întâmpinare *f.* 1. encounter; 2. rencounter; — *Maicei Domnului*, Candlemas.

întâmplă (a) *v. ref.* a se —, to happen, to befall. to chance; *dacă s'ar —*, should it happen so; *orice s'ar —*, happen what will, no matter what happens; *se întâmplă adesea*, it often happens.

întâmplare *f.* chance, accident, oceurence; *din —*, by chance, by accident, perchance; *a lăsa în voia întâmplării*, to l eave it to chance.

întâmplător *a.* accidental, casual.

întărâtă (a) *va.* 1. to excite, to provoke; 2. to urge.

întărâtare *f.* excitement.

întărcă (a) *va.* to wean.

întărcare *f.* weaning; *copilul de întărcare*, weanling.

întări (a) *va.* I. *va.* 1. to fortify, to strengthen, to invigorate; 2. to confirm. II. *v. ref. a se —*, 1. to grow strong, to fortify, to strengthen one's self; 2. to be confirmed.

întărire *f.* 1. fortification; 2. hardening, induration; 3. confirmation.

întăritură *f.* fortification.

întârzia (a) *va.* I. *va.* to retard, to delay, to loiter. II. *v. ref. a se —*, to be too late.

întârziere *f.* retardation, delay; *cu —*, behindhand.

integral *a.* integral, whole.

integrant *a.* integral, integrant.

integritate *f.* integrity, honesty.

integru *a.* upright, honest.

intelectual *a.* intellectual.

înțelege (a) *va.* to understand, to comprehend.

înțelegere *f.* understanding, comprehension.

înțeleni (a) *vt.* 1. to fallow; 2. to stupefy.

înțelenire *f.* fallow.

înțelepciune *f.* sageness, wisdom.

înțelept I. *m.* sage, wise man. II *a.* sage, wise.

înțeles *n.* sense, meaning, signification.

inteligent *a.* intelligent.

inteligență *f.* intelligence, understanding.

întâlni (a) *vt.* V. *a întâlni.*

întemeia (a) *va.* to lay the foundation, to ground, to ground on.

întemeietor *m.* founder, establisher.

întemeiere *f.* foundation.

întemnița (a) *va.* to imprison, to confine.

întemnițare *f.* imprisonment, confinement.

intendent *m.* intendent.

intendență *f.* intendancy.

intensitate *f.* intensity, intenseness.

intensiv *a.* intensive.

intentă (a) *va.* to bring in an action; *a — un proces cuiva*, to bring (in) a suit.

intenție *f.* **intențiune** *f.* intention, purpose, design; *a avea intenția* to have the intention, to purpose, to mean (to).

intenționat *a.* intentioned, designed.

înțepă (a) I. *va.* 1. to prick, to sting, to impale; 2. *fig.* to pique. II. *v. ref. a se —*, to prick one's self.

înțepător *a.* pricking, stinging, biting, tart.

înțepătură *f.* pricking, prick, sting, stitch.

înțepeni (a) *va.* 1. to fix, to fasten; 2. to stiffen.

intercală (a) *va.* to intercalate, to insert.

intercalare *f.* intercalation.

intercede (a) *vt.* to intercede (for).

intercepția (a) *va.* to intercept.

interceptare *f.* intercept on.

interdicțiune *f.* interdiction.

interes *n.* interest, concern.

interesă (a) I. *va.* 1. to interest; 2. to affect. II. *v. ref. a se —*, to take an interest in.

interesant *a.* interesting.

interesat *a.* interested.

interim *n.* interim.

interimar *a.* ad interim.

interior I. *n.* interior, inside; *interiorul*, the inner part. II. *a.* interior, inner, inward.

interjecție *f.*, **interjecțiune** *f.* interjection.

interliniar *a.* interlineary.

interlocutor *m.* interlocutor.

intermed *n.* interlude.

intermediar I. *n.* medium. II. *a.* intermediare.

interminabil *a.* V. *nesfârșit.*

intermitent *a.* intermittent, intermitting.

intern *m.* 1. house-surgeon, hospital, doctor's attendant; 2. *școlar* — boarder; *semi* —, dayboarder.

internă (a) *va.* to board at.

internat *n.* boarding-school.

internațional *a.* international.

internunțiu *m.* papal internuncio.

interogă (a) *va.* to interrogate, to examine, to question.

interogare *f.* interrogation, question.

interogativ *a.* interrogative.

interogatoriu *n.* interrogatory, examination, trial.

interpelă (a) *va.* to interpeal, to summon.

interpelare *f.* interpelation, summons, question in parliament.

Interpolă (a) *va.* 1. to interpolate; 2. to insert.

Interpoiare *f.* interpolation.

interpret *m* interpreter.

interpretă (a) *va.* to in'erpret.

interpretare *f.* interpretation.

interpune (a) I. *va.* to interpose. II. *v. ref. a se —*, to intervene.

interpunere *f.* interposition.

intersecţie *f.*, **intersecţiune** *f.* Geom. intersection.

interval *n.* interval.

interveni (a) *vt.* to intervene, to interfere; — *între*, to come between.

intervenire *f.* intervention.

intervenţie *f.*, **intervenţiune** *f.* intervention, interference.

intervertî (a) *va.* to invert, to o-verturn.

intervertire *f.* inversion.

interzice (a) *va.* to interdict, to forbid.

interzicere *f.* interdiction, prohibition.

interzis *a.* interdicted, forbidden.

intestine *n. pl.* intestines, bowels.

intestinal *a.* intestinal.

intim *a.* intimate; *a fi prieteni in-timi*, to be hand and glove together.

intimidă (a) *va.* to intimidate. II. *ref. a se —*, to feel intimidated.

intimidare *f.* intimidation.

intimidat *a.* intimidated; *a fi —*, to feel intimidated.

intimitate *f.* intimacy.

întâmpină (a) *va.* V. *a întâmpină.*

întâmplă (a) *vt.* V. *a se întâmplă.*

întină (a) *va.* to soil, to dirty.

întinde (a) I. *va.* 1. to bend; 2. to stretch, to extend. II. *v. ref. a se —*, to stretch, to extend, to dilate.

întindere *f.* 1. tension; 2. extension.

întineri (a) *vt.* 1. to make young again; 2. to grow young again.

întinerire *f.* growing again, rejuvenescence.

întinge (a) *va.* to dip in (sauce etc.)

întins *a.* 1. stretched, spread out, bent; 2. extensive.

întipări (a) *va.* 1. to print, to impress; 2. to enjoin.

întipărire *f.* 1. print; 2. impression.

întitulă (a) *va.* to entitle.

întoarce (a) I. *va.* 1. to turn, to turn up; 2. to restore, to give back. II. *v. ref. a se —*, to return, to go back, to come back.

întoarcere *f.* 1. return, coming

back; 2. restitution, giving back again.

întocmai *adv.* exactly.

intolerant *a.* intolerant.

întonă (a) *va.* to intone.

întonare *f.* intonation.

întors *a.* upside down.

întorsătură *f.* turn, turning.

întortochiă (a) *va.* to wrest, to twist.

întortochiare *f.* wrest, twisting.

întortoţel *n. Bot.* dodder.

întovărăşi (a) 1. *va.* to accompany. II. *v. ref. a se —*, to associate, to join in company, to enter into partnership.

întră (a) *vi.* to enter, to come in, to get in, to step in.

intransitiv *a.* intransitive.

intrare *f.* 1. entering, entry, entrance; 2. admission.

între *prep.* between, among, in, into; — *noi amânaoi*, between you and me; — *noi*, between ourselves; *într'o zi când*, once as.

întrebă (a) I. *va.* to ask, to interrogate, to question. II. *v. ref. a se —*, to ask one's self (or) each other.

întrebare *f.* question, interrogation, demand; *punct de —*, note of interrogation.

întrebător *a.* interrogative.

întrebuinţă (a) I. *va.* to employ, to use. II. *v. ref. a se —*, to be used.

întrebuinţare *f.* employ, application, use.

întrece (a) I. *va.* 1. to surpass, to excel, to overreach; 2. to vie in. II. *v. ref. a se —*, to rival, to vie with.

întrecere *f.* rivalry, competition.

întrecloeni (a) *v. ref. a se —*, to dash against each other, to clash.

întredeschide (a) *va.* to open a little.

întredeschis *a.* half open, ajar.

întreg *a.* entire, whole, complete; *o oră întreagă*, a whole hour; *o zi întreagă*, a whole day; *un număr —*, a whole number.

întregî (a) *va.* to complete.

întregime *f.* entireness, integrity, totality.

întregire *f.* completion.

întreî (a) *va.* to treble.

întreit *a.* treble.

întreamă *v. ref. a se —*, to recover (one's health), to recover one's self.

Intremare f. recovery, convalescence.

Intrepid a. intrepid.

Intrepozit n. mart, staple, storehouse.

Intreprinde (a) va. 1. to undertake, to enterprise; 2. to attempt

Intreprindere f. 1. undertaking, enterprise: 2. attempt.

Intreprinzător m. undertaker, enterpriser.

Intrerupe (a) va. to intrerupt, to breake off.

Intrerupere f. interruption.

Intretăià (a) va. to cut through.

Intreţese (a) va. to weave into.

Intreţine (a) va. 1. to keep in good order; to maintain; 2. to nourish; 3. to converse with

Intreţinere f. 1. maintenance, livelihood, keeping; 2. conversation.

Intrevedeà (a) va. 1. to have a glimpse of, to foresee; 2. to have an interwiew with.

Intrevedere f. interwiew.

Intrevorbì (a) vt. to converse, to confer.

Intrevorbire f. conversation, conierence.

Intrigà (a) vt. to intrigue.

Intrigă f. intrigue, plot.

Intrigant m. intriguer.

Intristà (a) va. to afflict, to grieve, to trouble.

Intristare f. affliction, sorrowfulness, grief.

Introduce (a) I. va. to introduce. II. v. ref. a se —, to introduce oneself.

Introducere f. introduction.

Intr'una adv. incessantly, continually.

Intruni (a) I. va. to reunite, to assemble, to join. II. v. ref. a se —, to rejoin, to assemble, to meet together.

Intrunire f. assembly, meeting; a convocà o —, to call a meeting.

Intrupà v. ref. a se —, to incarnate, to incorporate.

Intrupare f. incarnation, incorporation.

Intuiţie f., **Intuiţiune** f. intuition.

Intuitiv a. intuitive; metoda intuitivă, the intuitive method.

Intunecà (a) va. to darken, to incloud; a se —, to get (or grove) dark, to get gloomy.

Intunecare f. darkening, eclipse, darkness.

Intunecime f. 1. darkness; 2. fig. obscurity, obscureness.

Inundà (a) va. to inundate, to overflow, to deluge.

Inundare f., **Inundaţie**, **Inundaţiune** f. inundation, flood.

Inutil a. unnecessary.

Invadà (a) vt. to invade.

Invalid m. 1. invalid, disabled soldier; sick person.

Invalidà (a) va. to invalidate.

Invalidare f. invalidation.

Invălmăşeală f. confusion, press.

Invălmăşì v. ref. a se —, to get confused.

Invăluialà f. importunity, inconvenience, trouble.

Invălui (a) va. 1. to wrap, to envelop; 2. to importunate, to trouble.

Invărteji (a) vt. to whirl round.

Invârtì (a) va. to turn round, to wind, to revolve, to whirl.

Invârtire f., **Invârtitură** f. 1. turn; 2. rotation.

Invârtitoare f. 1. turnstile; 2. Mar. swivel, winch.

Invârtitor a. turning.

Invârtoşà (a) I. va. 1. to harden, to indurate; 2. to consolidate, to fortify. II. v. ref. a se —, 1. to grow hard, to become hardened; 2. to recover (one's health).

Invăţ n. custom, habit, use, want.

Invăţà (a) I. va. 1. to teach, to instruct; 2. to learn, to study. II. a. ref. a se —, to get accustomed, to get the habit.

Invăţăcel m. pupil, apprentice, disciple.

Invăţământ n. instruction, teaching.

Invăţat I. m. scholar, scientiolist, learned man. II. a. learned.

Invăţătoare f. female teacher, governess

Invăţător m. teacher, instructor, preceptor, master.

Invăţătură f. 1. instruction, teaching, learning; 2. accustoming, use.

Invazie f., **invaziune** f. invasion

Invechì v. ref. a se —, to become (or to grow) obsolete, to grow old, to become out of fashion.

Invechit a. obsolete; cuvânt —, obsolete word.

Invecinà v. ref. a se —, to be near, to border upon, to neighbour.

Invecinat a. neighbouring, bordering.

Invectivă f. invective

învederare f. evidence, manifestness.

învederat a. evident, manifest.

înveli (a) va. to envelop, to wrap up, to involve.

înveliş n. 1. envelope; 2. roof.

înveninà (a) I. va. envenom. II. v. ref. a se —, to fester; to rankle (a wound, an ulcer).

inventà (a) va. to invent, to contrive.

inventar n. inventory.

inventare f., **invenţie** f., **invenţiune** f. invention, contrivance.

inventiv a. inventive.

învergà (a) va. to hoop.

invers a. inverse, inverted.

inversiune f. inversion.

înverşunà (a) v. ref. a se —, to exasperate, to become (or) grow angry.

înverşunare f. fury, rage, animosity.

înverşunat a. implacable.

înverzi a. vt. to grow green.

înverzit a. verdant, green.

înveseli (a) I. va. to cheer, to exhilarate, to rejoice, to gladden. II. v. ref. a se —, to rejoice, to divert one's self, to be glad of.

înveselitor a. amusing.

investigaţiune f. investigation.

învesmântà (a) va. to invest.

învià (a) va. 1. to resuscitate; 2. to raise from the dead ; 3. to quicken.

invidià (a) va. to envy, to grudge.

invidie f. envy.

invidios a. envious.

înviere f. resuscitation, resurrection.

învietor a. quickening, enlivening.

înviforat a. tempestuous, stormy.

învineţi (a) I. va. to make blue, to turn blue, to blue. II. v. ref. a se —, to grow blue.

învingător I. m. conqueror, victor, vanquisher. II. a. victorious, conquering.

învinge (a) va. to vanquish, to conquer.

învingere f. victory.

învinovăţi (a) I. va. to accuse, to impeach, to incriminate. II. v. ref. a se —, to accuse one's self.

învinovăţire f. accusation, charge, impeachment.

învinui (a) va. to impeach, to accuse, to incriminate, to charge.

învinuire f. impeach, crimination, charge.

inviolabil a. inviolable.

inviolabilitate f. inviolability.

învioră (a) v. ref. a se —, 1. to vivify, to cheer up; 2. to revive.

înviorare f. vivification.

înviorător a. vivifical.

învioşà (a) va. to vivify, to quicken, to revive, to give new life to

învioşare f. vivification, recreation

invità (a) va. to invite.

invitare f., **invitaţiune** f. invitation, inviting.

invitat m. invited person, guest.

invizibil a. invisible.

invocà (a) va. to invoke.

invocare f. invocation.

învoi (a) va. 1. to consent, to assent, to agree; 2. to bring to terms a se —, 3. to come to an agreement, to come to terms.

învoială f. agreement, convention pact, compact.

învoire f. assent, consent.

învrăjbi (a) vt. to bear enmity, to set at variance.

înzăpezi (a) vt. to snow.

înzeci (a) va. to increase tenfold, to decuple.

înzestrà (a) va. 1. to portion; 2. to endow.

înzestrare f. endowment.

înzorzonà (a) va. to bedizen, to trick up.

iod n. iodine.

iodură f. ioduret.

iorgovan Bot. m. lilac.

iotă f. yot; nici o —, not a jot.

iperbolă f. hyperbole.

iperbolic a. hyperbolic, hyperbolical.

ipnotism m. hypnotism.

ipocondrie f. hypocondria.

ipocondru a. hypocondriac, hypocondriacal.

ipocrit I. m. hypocrite. II. a. hypo critic, hypocritical.

ipocrizie f. hypocrisy.

i p o d r o m n. hippodrome, race ground.

ipopotam m. river horse, hippopotamus.

ipotecă f. mortgage.

ipotecar a. hypothecary.

ipotetic a. hypothetical.

ipoteză f. hypothesis.

ipsos n. gypsum, plaster of Paris; lucrare de —, plaster-work.

irascibil a. irascible.

irascibilitate f. irascibility.

irealizabil a. unrealisable.

ireparabil *a.* irreparable, irretrievable.

irezistibil *adj.* irresistible.

irevocabil *a.* irrevocable.

irigà (a) *va.* to irrigate.

irigare *f.* irrigation.

iris *n.* iris, rainbow.

irità (a) I. *va.* to irritate, to exasperate, to excite. II. *v. ref. a se —*, to become irritated.

iritare *f.* irritation.

Irlanda *f.* Ireland.

Irlandez *m.* Irish.

irlandez *a.* irish.

irmos *n.* (church-) hymn.

ironic *a.* ironical.

ironie *f.* irony.

irupţie *f.*, **irupţiune** *f.* irruption.

Isaia-dănţueşte *n. (fam.) a cânta —, a iucà —,* to marry, to get married.

iscăli (a) *va.* to sign, to subscribe.

iscălitor *m.* signer, subscriber.

iscălitură *f.* signature.

iscusinţă *f.* ability, skill, dexterity, subtliness.

iscusit *a.* skilful, ingenious, intelligent, subtle.

isetru *n.* V. *nisetru.*

isgoni (a) *va.* to proscribe, to banish, to outlaw, to expel.

isgonire *f.* proscription, outlawry, expulsion.

islaz *n.* pasturage, common mead.

isop *m. Bot.* hyssop.

ispas *n.* Ascension-day.

ispăşi (a) *va.* to atone for, to expiate.

ispăşire *f.* expiation, atonement.

ispăşitor *m.* Saviour, Redeemer.

ispită *f.* temptation, attempt, trial.

ispiti (a) *va.* to tempt, to try.

ispitire *f.* temptation, attempt, trial.

ispititoare *f.* tempter, temptress.

ispititor *,l. m.* tempter. II. *a.* tempting.

ispravă *f.* 1. deed, action; 2. result, issue; *a face —*, to bring about; *om de —*, worty man; *fără —*, without success.

isprăvi (a) *va.* to finish, to end, to terminate.

isprăvire *f.* finishing.

isprăvit I. *n.* end, finishing. II. *a.* finite.

isteric *a.* hysteric, hysterical.

istericale *f. pl.* hysterics; *au apucat-o nişte —*, she fell into hysterics, she went into hysterics.

isteţ *a.* 1. ingenious; 2. subtle, cunning, perspicacious, sly.

isteţime *f.* ingeniousness, perspicacity.

istm *n.* isthmus.

istoric I. *m.* historian. II. *a.* historical.

istorie *f.* 1. history; 2. narration.

istorioară *f.* story.

istoriograf *m.* historiographer.

istorisi (a) *va.* 1. to relate, to tell; 2. to recount.

istorisire *f.* relation, account, narration.

istovi (a) *vt.* to exhaust.

Isus *m.* Jesus, Jesus Christ.

Italia *f.* Italy.

Italian *m.* Italian.

italian *a.*, **italianeste** *adv.* italian.

iţă *f.* spun yarn.

iţari *m. pl.* breeches.

itinerar *n.* itinerary.

iubì (a) I. *va.* to love, to like, to be fond of. II. *v. ref. a se —* to love each other (or) one another; *a se — pe sine însuşi*, to love one's self.

iubire *f.* love, passion, affection.

iubitor *m.* 1. lover; 2. virtuoso of the arts; *— de Dumnezeu*, pious.

iudaic *a.* judaic, jewish.

iudaism *n.* judaism.

iuft *n.* Russia leather.

Iulie *m.* July.

Iunie *m.* June.

iute *adv.* quick. II. *a.* quick, speedy, swift.

iuţeală *f.* quickness, nimbleness, swiftness, celerity; *a'şi mări —*, to gather way; *a'şi micşorà —*, to lose way.

iuţì (a) *va.* to accelerate.

ivăr *n.* latch (of a door).

ivì (a) *v. ref. a se —*, to rise, to peep, to appear.

ivire *f.* appearance.

izbândă *f.* victory, success.

izbândì (a) I. *vt.* to have good success, to thrive. II. *v. ref. a se —*, to revenge ones' self.

izbì (a) *va.* to strike against, to hit against, to clash.

izbire *f.* clash, clashing, stoke, shock.

izbitură *f.* shock, closh.

izbucnì (a) *v.* to break out.

izbutì (a) *vt.* to have good success, to thrive.

izbutire *f.* success, issue.

izgoni (a) *va.* V. *isgonì.*

izmă *f. Bot.* mint.

izmene *f. pl.* pair of drawers.

Iznovă f. de —, adv. anew.
Izolà (a) va. 1. to isolate; 2. to detach, to separate.
Izolare f. 1. isolation; 2. insulation.
Izvor n. 1. source, spring, fountain; 2. origin, source.
Izvorî (a) vt. (of water) to spring. to well op, to gush out.

J

Iachetă f. jacket, short coat.
Iad n. Min. jade.
Iaf n. plunder, rapine, robbing, pillage.
Iăful (a) va. to plunder, to pillage, to rob, to spoil.
Iăfuire f. plunder, plundering, pillage.
Iăfuitor m. plunderer, pillager.
Iaguar m. Zool. jaguar.
Iaibă f. petition, request, complaint.
Iale f. 1. mourning; 2. mournfulness 3. grief, affliction.
Ialeş m. Bot. sage; — lânos, woodsage.
Iainic I. a. mourning, mournful. II. adv. mournfully.
Iălul (a) va. şi ref. to complain.
Iăluire f. complaint.
Ialuzea f. Venetian blind, windowblind.
Iandarm m. armed policeman, police-soldier.
Iandarmerie f. armed police, constabulary.
Iăpcan m. plunderer, robber, pillager.
Iăratec n., Iar n. live embers, glowing embers.
Iaretieră f. garter.
Iargon n. jargon, gibberish.
Iărpan m. Iade, harridan.
Iavră f. 1. pug-dog; 2. Ielper.
Ider n. marten.
Ielì (a) va. to mourn, to mourn for, to lament.
Ielitoare f. mourner for.
Ielul v. ref. a se —, to lament, to complain.
Ienă f. embarrassment.
Ienă (a) va. şi ref. to molest, to trouble, to inconvenience; vă jenez? am I in your way; a se —, to be too timid; nu vă jenaţi, make yourself at home.
Ierpelit a. 1. wan, pale; 2. threadbare, shabby, worn-out.

Iertfă f. 1. sacrifice, immolation, offering; 2. fig. sacrifice.
Iertfì (a) I. va. to sacrifice, to immolate. II. ref. a se —; 1. to sacrifice one's self; 2. to immolate one's self.
Iertfire f. sacrifice, immolation, offering.
Iertfitor m. sacrificer.
Iet n. arm-chair, elbow-chair, easy-chair.
Ieu n. jet.
Ighiab n. gutter, angle-iron, spout, trench, channel.
Iidan m. Jew, Hebrew.
Iidancă f., **Iidoavcă** jewess.
Iidov m. Jew, Hebrew.
Iidovesc a. jewish.
Iidovime f. jewry, yews.
Iidovină f. ravine.
Iigări v. ref. a se —, to get, to grow lean, to take out in meat.
Iigărire f. emaciation.
Iigărit a. wan, lean, sickly, emaciate.
Iigni (a) va. to wrong, to damage.
Iiav a. damp, moist, humid, wet.
Iilăveală f. damp, dampness, moisture, humidity.
Iilăvì (a) I. va. to damp. II. ref. a se —, to dampen, to moisten.
Iiletcă f. vest, waistcoat.
Iilţ n. V. Ieţ.
Iimblă f. roll (bread).
Iinţură f. Bot. prick-madam.
Iir n. beech-nut.
Ioardă f. black-rod, switch.
Ioc n. 1. play, game, sport; 2. dance; 3. a 'şi bate — de, to mock, to make a mock at (or) of; 4. — de cărţi, pack (of cards).
Iocheu m. jockey.
Ioi f. 1. Thursday; Joia mare, Thursday before Easter; Joia verde, Corpus Christi; 2. fig. — după Paşti, to the Greek Calends.
Ios I. a. low, mean, base. II. adv. low, down, below; până —, down stairs; a se da — (de pe cal), to dismount; pe —, on foot; în josul paginei, at the foot of the page; colo —, down there.
Iosnic a. mean, low, base.
Iosnicie f. meanness, mean act.
Iubileu n. jubilee.
Iucă (a) I. vt. 1. to play, to sport, to perform; a — rolul seu, to play one's part; 2. to game; 3. to dance; 4. a — cuiva o festă, to put a trick on. II. ref. a se —,

1. to play, to sport, to amuse one's self; 2. to be played at.

jucărie *f.* plaything, toy.

jucător *m.* 1. gamester, player, gambler; 2. dancer.

judaic *a.* Judaic, Jewish.

judaism *n.* Judaism.

jude *m.* judge, judger, justicer.

judecă (a) *va.* 1. to judge; 2. to try; 3. to think; 4. to discern; 5. to deem.

judecată *f.* 1. judgment; 2. trial; *a trage (a da) în* —, to bring to trial, to put upon his trial, to go to law.

judecător *m.* judge, judger, justicier, justice; — *ae pace*, judge of the peace; — *de instrucție*, examining judge.

judecătoresc *a.* judicial.

judecătorie *f.* judge's bench, judicature.

județ *n.* district.

judiciar *a.* judicial.

jug *n.* 1. yoke; 2. ox-bow.

jugan *m.* gelding (horse).

juganar *m.* castrater.

jugăni (a) *va.* to castrate, to geld.

jugar *m.* draught-ox.

jugastru *m.* Bot. red maple, scarlet maple.

jumări *f. pl.* buttered eggs.

jumătate *f.* half, moiety; *o — ae ceas*, half an hour; *un ceas și* —, an hour and a half; *zece și* —, half past ten; *pe* —, by half, in half.

jumătăți (a) *va.* to halve.

jumuli (a) *va.* to plume, to pluck.

junc *m.* bullock.

juncă *f.* heifer.

juncan *m.* bullock.

june I. *m.* young man. II. *a.* young.

junețe *f.* youth, youthfulness.

junghiu *n.* shooting pain, pleurisy.

junime *f.* young people.

jupân *m.* master.

jupâneasă *f.* 1. master's wife; 2. chamber maid.

jupui (a) I. *va.* to flay, to skin ; *fig.* te fleece. II. *ref. a se* —, to tear one's skin off.

jupuială *f.* rubbing off of the skin.

jur *adv.* round, around; — *împrejur*, all around, in a circle.

jura (a) I. *va.* to swear, to take an oath; *a — pe Evanghelie*, to take one's Bible oath; *a — strâmb*, to swear false. II. *ref. a se* —, to swear, to swear an oath, to make oath.

jurământ *n.* oath, swearing; — *fals, strâmb*, oath-breaking; *prin* —, by an oath.

jurat *m.* juryman, juror; *jurații, jury; banca juraților*, jury-box; *domnilor jurați*, gentlemen of the jury!

juridic *a.* juridical.

jurisconsult *m.* jurisconsult, lawyer.

jurisdicție *f.*, **jurisdicțiune** *f.* jurisdiction.

jurisprudență *f.* jurisprudence.

jurist *m.* jurist.

juriu *n.* jury, board.

jurnal *n.* journal, diary, newspaper.

jurnalist *m.* journalist.

jurnalistică *f.* journalism.

jurubiță *f.* skein, skain.

jurui (a) *vt.* to promise solemnly.

juruință *f.* solemn promise.

just *a.* just, right, righteous.

justifica (a) I. *va.* to justify, to demonstrate. II. *ref. a se* —, to justify one's self.

justificare *f.* justification, justifying.

justiție *f.* justice, right; *palat de* —, court-house.

juvaer *n.* jewel.

juvenil *a.* juvenile, youthful.

L

L *n.* (the letter).

la I. *prep.* to, at, on, in ; *a merge — Londra*, to go to London ; — *școală*, at school, in school; — *unchiul meu*, at my uncle's; — *biserică*, at church; — *cinci ceasuri*, at five o clock; — *cererea mea*, at my request; — *țară*, in the country; — *sosirea sa*, on his arrival; *de* —, from; *de — un prieten*, from a friend's. II. *Muz.* la.

labă *f.* 1. paw; 2. claw.

lăbărța (a) *va.* to slach, to slacken, to loose.

lăbărțare *f.* slackness.

lăbărțat *a.* slack, lax, flaccid.

labial *a.* labial.

labirint *n.* labyrinth, maze.

laboare *f.* labour, toil.

laboratoriu *n.* laboratory.

laborios *a.* laborious, hard working.

lăbos *a.* broad-footed; *câine* — thick-footed young dog.

lac *n.* 1. lake, pool, marsh, swamp; 2. varnish; 3. lac, lake, gun-lac.

lăcaş n. lodging, dwelling, residence, home, house.
lacăt n. padlock, lock; *a închide cu —*, to padlock.
lăcătuş m. lock-smith.
lăcătuşerie lock-smith's work (trade).
lacherdă f. tunny (fish)
lacheu m. 1. lackey, footman; 2. flunkey.
lacom a. 1. covetous, eager; 2. greedy; 3. rapacious.
lăcomi v. ref. *a se —*. 1. to covet; 2. to lust after.
lăcomie f. 1. covetousness; 2. greediness, rapiciousness, eagerness.
laconic I. a. laconic, brief, concise. II. adv. laconically, briefly, concisely.
laconism n. laconism, laconicism.
lăcovişte f. pool, lake, puddle, slough.
lăcrămă (a) vt. to weep, to drop tears, to shed tears.
lacrimă f. tear, drop; *a vărsa lacrimi*, to drop tears; *a vărsa lacrimi fierbinţi*, to weep bitterly; *cu lacrimi în ochi*, all drowned in tears.
lacrimal a. lachrymal.
lacrimaţie f. complaint, lament.
lacrimătură f. watering of the eyes.
lăcrimioară f. Bot. Lily of the valley.
lacteu a. lacteal, lacteous, milky.
lacună f. gap, deficiency, hiatus.
lăcustă f. lacust, grasshopper.
lacustru a. lacustrine, lacustral, marshy, swampy.
ladă f. chest, box, trunk, case.
lăduncă f. pouch, cartridge-box.
laf n. prattling.
lăfăi v. ref. *a se —*, to take it easy, to live delightfully.
lagăr n. camp, encampment.
lagună f. lagoon.
laibăr n. jacket, jerkin, jippo, rough, great coat.
laic I. a. lay, laical. II. m. layman.
lăicer n. 1. foot-cloth; 2. coverlet, sheet.
laie f. gang of gipsies, band, company of gipsies.
lăieş m., **lăieţ** s. wandering gipsy.
lainic a. errant, wandering, rambling.
lăinici (a) vt. to be a vagabound, to wander, to stroll.
lălăi (a) vt. to trill, to hum an air.
lălău m. dodipole, cockney.

lalea f. Bot. tulip.
lamă f. plate (of metal).
lămâie f. lemon, citron; *coajă de —*, lemon-peel.
lămâier m. lemon-dealer.
lă-mă-mamă m. dodipole, cockney, ninny, simpleton.
lămâiu m. lemon-tree.
lamină (a) va. to roll.
lampă f. lamp.
lampagiu m. 1. lamp-maker; 2. lamp-lighter.
lampon n. illumination-lamp.
lampist m. 1. lamp-maker; 2. lamp-lighter.
lămură f. 1. starck; 2. fig. the best (part).
lămuri (a) I. va. 1. to purify, to clear (up), to clarify; 2. to elucidate, to disentangle II. ref. *a se —*, to clear up.
lămurire f. clearing up, explanation.
lămurit a. clear, distinct, perspicous.
lan n. field, plain.
lână f. wool; *— ţigaie* back-wool; *lână în —*, all wool; *— toarsă*, worsted, woolen yarn, bay-yarn; *stofe de —*: a) woolens, woolen-goods, worsted goods; b) stuffs; *fabrică de —*, factory of woolen goods, woolen manufacture; *— stogoşă*, kirsey.
lânar m. 1. wool-stapler; 2. wool-worker.
lânărie f. 1. woolen goods; 2. wool-market.
lânăriţă f. Bot. cotton-grass.
lance f. lance, spear.
lânced a. languishing, pining, faint, feeble.
lâncezeală f. languiguess, languor faintness.
lâncezi (a) vt. to languish, to linger, to pine away.
lâncezire f. pining away.
lăncier m. lancer, spearman.
landau n. landau.
lângă prep. 1. by, by the side of, at the side of, besides; 2. beside near, close to, hard! *— el, — dânsul*, by his side, by the side of each other, together.
lânged a. V. lânced.
lângoare f. 1. langour, languidness; 2. typhus fever.
lânos a. wooly, fleecy.
lansa (a) va. to spread (news).
lanţ n. 1. chain; 2. fetters; *în lan-*

furt, in fetters; — de ceasornic, watch-chain; — de gât, neck-chain; un câine in —, a dog a the-chain; 3. un lanţ de munţi, a rang of mountains.

lanţeţă f. lancet.

laolaltă adv. together.

lapidar a. lapidary.

lapoviţă f. snowy weather, snow-stom.

laptagiu m. dairy-man, milk-man.

lăptăr m. dairy-man, milk-man.

lăptreasă f. dairy-maid, milk-mad.

lăptărie f. dairy, dairy-house, milk-house.

lapte m. 1. milk; — bătut, butter-milk; — covăsit, curd, curd^m (of milk); strachină de —, milk-pan; găleată pentru —, milk-pail; soco-teală pentru —, milk-score; 2. dinţi de —, milk-teeth, the first teeth that children get; friguri de —, milk-fever; 3. Bot. laptele câinelui, dog's-fennel, dog's-grass, dog-wheat; laptele cucului, milk-wort, euphorbia.

lăpţi m. soft roe, milt.

lăptos a. milky.

lăptucă f. Bot. lettuce.

lăpturi pl. milk-food.

larg a. wide, broad, large; pe —, largely.

lărgi (a) va. to widen, to make wide, to stretch, to enlarge, to extend.

lărgime f. breadth, width, wideness.

lărgire f. widening, enlargement, extension.

larmă f. noise, uproar, turmoil.

larvă f. larva.

laş I. m. poltroon, coward, dastard. II. adj. cowardly, dastard, dastardly, faint-hearted.

laşitate f. cowardice, cowardliness, dastardliness, poltroonery.

lăsa (a) I. va. 1. to leave, to let; — în pace, to leave alone, to let alone; 2. to let, to quit; 3. to a-bandon, to foresake; 4. to allow, to bequeath. II. ref. a se — de, to relinguish; a se —, to collapse.

lăsare f. 1. abandonment, relinquishment; 2. collapse.

lăsat n. lăsatul secului, Shrove-tide, Shrove-Tuesday.

lăstar m. 1. sprit, sprout, rummer, offshoot, young shoot; 2. fig. off-spring.

lăstun m. Zool. martin, martinet, swift (bird).

lat a. wide, large broad; lung si —, far and wide.

laţ m. lath; lucrare de laţi, lath-work.

latent a. latent, hidden.

lateral I. a. lateral. II. ado. laterally.

lăţi (a) I. va. to widen, to make wi-de. II. ref. a se —, to stretch, to spread.

lăţime f. breadth, width, wideness.

latifundiu n. large estates.

Latin m. Latin.

latin a. Latin; limba latină, the La-tin language.

latinesc a. latin.

latinism n. latinism.

latinist m. latinist.

latinitate f. latinity.

latiniză (a) va. to latinise.

lăţire f. widening, spreading, spread.

latitudine f. latitude.

lăţos a. long-haired.

lătră (a) vt. to bark, to bay.

lătrare f., lătrat n. barking, bay, baying.

lătrător m. barker.

latrină f. privy, water-closet.

lăţul (a) va. to lath.

lăturalnic a. lateral, side.

lăturaş a. adjacent, contiguos, bor-dering upon; cal —, lead-horse.

lature f. side; în lături, sideways, sidewise.

lături f. pl. dishwater, rinsings.

lăudă (a) I. va. 1. to praise; 2. to make a show of; 3. to commend; 4. to cry up, to extol; 5. to boast. II. ref. a se —, to praise one's self, to brag, to boast one's self.

laudă f. 1. praise, commendation, eulogy; 2. boast, bragging.

lăudabil a. praiseworthy, laudable; în mod —, praiseworthily.

lăudăros I. a boasting, boastful. II. m. boaster.

lăudăroşie f. boasting.

lăudat a. de —, praiseworthy, lau-dable.

lăudător I. m. praiser. II. a. la datory.

lăudătură f. boasting.

lăuntric a. internal.

laur m. 1. laurel, bay, laurel-tree; 2. a mânca —, to be fool.

laureat m. prize-man, laureate.

lăută f. 1. lute; 2. violon, fiddle.

lăutar m. fiddler.

lăutaş m. 1. luter lutist, lutanist; 2. fiddler.

lăuză f. lying in (woman).

lăuzie f. childbed.

lavă f. lava.

lavină f. snow-slip, avalanche.

laviță f. bench.

lavoar n. wash-hand-stand, wash-stand.

lavră f. 1. cloister, convent; 2. synagogue; 3. loc. a tăiă la lavre și paiavre, to tattle, to tell cracks.

lazur n. Min. lapis-lazuli.

lazaret n. (military) hospital.

leac n. remedy, specific, cure.

leacă f. o ~, little, some.

leafă f. salary, hire, wages.

leagăn n. 1. cradle, cot, bassinet; 2. swinging cradle; 3. swing.

leal a. loyal, honest, fair, true.

lealitate f. loyalty, fairness, fidelity.

leandru m. Bot. rose-laurel.

leasă f. mat, hassock.

lebădă f. swan.

lector m. reader.

lectură f. reading.

lecție f., **lecțiune** f. 1. lesson; 2. lecture.

lecui (a) va. to cure, to heal, to remedy.

lecuire f. cure, recovery.

lefegiu functionary

lefter a. hardup.

legă (a) I. va. 1. to tie, to bind, to fasten, to attach; 2. to sinew; 3. to bind (books). II. ref. a se —, to bind one's self, to enter into a league with; a se — de, to attach one's self.

legal a. legal, lawful.

legalitate f. legality.

legaliză (a) va. to legalise.

legalizare f. legalisation.

legământ n. ligament.

legănă (a) va. 1. to rock, to lull asleep; 2. to swing.

legănare f. 1. rocking; 2. swing

legare f. ligation.

legat a. 1. tied, bound; — cu o sfoară, tied with a string; 2. a fi — de un jurământ, to be bound by oath.

legat I. m. legate. II. n. legacy, bequest.

legație f., **legațiune** f. legation, legateship.

legător m. ~ de cărți, bookbinder.

legătură f. 1. band, tie, bond; 2. bandage, truss; 3. bundle, truss, sheaf; — de nuele, fagot, bundle; 4. book-binding; 5. — de gât, neck-cloth; 6. — de ciorapi, garter.

lege f. 1. law; om de —, lawyer; 2. statute, maxim; 3. religion; 4.

pre legea mea! upon my faith.

legendă f. legend.

leghe f. league.

legionar m. legionary soldier.

legislativ a. legislative.

legislator m. 1. legislator; 2. law-giver.

legislație f., **legislațiune** f. 1. legislation; 2. law-giving.

legislatură f. legislature.

legist m. 1. legist, lawyer; 2. jurisconsult.

legitim a. legitimate, just, lawful, legal.

legitimă (a) va. to legitimate.

legitimare f., **legitimație** f., **legitimațiune** f. legitimation.

legiul (a) va. to legislate, to give laws, to make laws.

legiuire f. legislation, enactment of laws.

legiuitor I. a. legislative. II. m legislator.

legiune f. legion.

legumă f. vegetables, greens, legume, legumen.

leguminos a. leguminous.

lehuză f. V. lăuză.

lela adv. a bate —, to idle about a umblă — pe strade, to go idling about the streets.

lele f. 1. street-walker; 2. mistress; 3. fecior de~, bastard; 4. în dorul lelei, at random, at all adventures.

lemn n. 1. wood; 2. Bot. lemnul bobului, laburnum; — câinesc, spurge-laurel; — dulce, sweet-root; — galben, barberry-bush.

lemnar m. 1. wood-seller, timber-merchant; 2. worker in wood; 3 wood-cutter.

lemnărie f. 1. wainscot; 2. timber-work, wood-work.

lemnos a. ligneous, woody.

lene f. idleness, laziness, sloth, slothfulness.

leneș I. a. idle, lazy, slothful, sluggish. II. m. idler, lazy fellow.

lenevi v. ref. a se —, to idle, to be idle, to lounge.

lenevie f. idleness, sloth, laziness

lenevos a. V. leneș.

lentă f. scarf.

lentilă f. lens.

leoaică f. lioness.

leopard m. leopard.

lepădă (a) va. 1. to reject, to cast away; 2. to miscarry, to abort; 3. to abjure.

lepădare f. 1. rejection; 2. miscar-

riage, abortion; 3. abjuration.

lepădătură *f.* refuse, miscarriage, abortion, street-walker.

lepră *f.* leprosy.

lepros *a.* leprous.

leş *n.* carrion, carcass, corpse.

Leş *m.* Pole.

leşesc *a.* Polish.

leşie *f.* lye, lye-washing.

leşin *n.* fainting-fit, swoon, swooning.

leşina (a) *vt.* to faint, to swoon, to fall into a fainting-fit.

leşinare *f.* fainting, faintishness, swooning.

lesne *a.* easy.

lesnicioară *f.* Bot. nightshade.

lesnicios *a.* easy.

lespede *f.* flag-stone, slab of marble.

lespezi (a) *vt.* to pave with flag-stones.

lespezire *f.* flagging.

letargic *a.* lethargic.

letargie *f.* lethargy.

leţcae *f.* farthing.

leu *m.* 1. lion; 2. leu (Roumanian silver coin).

leusor *m.* lion's whelp, lion's cub, lionet.

levand *m.* Bot. lavender.

levantin *a.* Levantine.

levată *f.* trick, cut (at cards).

levenţică *f.* Bot. lavender, spike.

lexicograf *m.* lexicographer

lexicografie *f.* lexicography.

lexicologie *f.* lexicology.

lexicon *n.* lexicon, dictionary.

leziune *f.* hurt.

libaţie *f.*, **libaţiune** *f.* libation.

libelulă *f.* dragon-fly.

liber *a.* free.

libera (a) *va.* to free, to rid, to exempt.

liberal *a.* liberal.

liberalism *m.* liberalism.

liberalitate *f.* liberality.

liberare *f.* deliverance, discharge.

liberator *m.* 1. liberator; 2. deliverer.

libertate *f.* liberty, freedom.

librar *m.* bookseller.

librărie *f.* 1. book-trade; 2. bookseller's shop.

licăi (a) *vt.* to lap, to lick up.

licări (a) *vt.* to glimmer, to scintillate, to gleam, to glisten.

licărire *f.* glimmer, scintillation, glimmering.

licenţă *f.* 1. licence, license; 2. degree of licentiate.

liceal *a.* of college.

licenţia (a) *va.* to disband (soldiers).

licenţiat *m.* licentiate.

liceu *n.* lyceum, college.

licheă *m.* whipper-snapper.

lichid *a.* şi *n.* liquid.

lichida (a) *va.* to liquidate, to sell off.

lichidare *f.* liquidation, selling off.

licita (a) *va.* to sell by auction.

licitare *f.* auction, sale by auction.

licitaţie *f.*, **licitaţiune** *f.* auction, sale by auction.

licoare *f.* liquor, spirits.

licuri *v.* V. **licări.**

licuriciu *m.* glow-worm, fire-fly.

ligă *f.* league.

lighean *n.*, **lighian** *n.* wash-hand-basin, wash-bowl, wash-pot.

lighioană *f.* monster.

lihni (a) *vt.* to starve (out), to faint.

lihnire *f.* fainting.

lihnit *a.* faint, starved; — *de foame*, faint with hunger.

liliac I. *m.* Zool. bat (mammifer). **II.** *n.* Bot. lilac, pipe-tree.

liliachiu *a.* liliac, liliaceous.

liman *n.* haven, harbour.

limb *n.* limb, limbo, limbus.

limbă *f.* 1. tongue; 2. speech, language; *limba română,* the Roumanian language; 3. — *de pământ,* neck-land; — *(ae briceag, de cuţit, etc.),* blade; *un briceag cu două limbi,* two-bladed penknife; *un cuţit cu o —,* one bladed knife; 5. *limba calaramei,* the tongue of a buckle; 6. — *de clopot,* bell-clapper; 7. Bot. *limba boului,* oxtongue, borage; *limba broaştei,* water plantain; *limba câinelui,* hound's tongue; *limba cerbului,* scolopendra; *limba oaiei,* plantain; *limba peştelui,* statice; *limba vacei,* bugle comfrey; *limba vecinei,* scolopendra.

limbagiu *n.* language.

limbariţă *f.* Bot. water plantain.

limbist *m.* linguist.

limbistică *f.* philology.

limbric *m.* lob-worm, round worm.

limbricariţă *f.* vermifuge.

limburuş *n.* uvula.

limbut *a.* talkative, loquacious.

limbuţie *f.* talkativeness, loquaciousness.

limfă *f.* lymph.

limfatic *a.* lymphatic.

limită *f.* limit, boundary.

limita (a) *vt.* 1. to limit; 2. to bound.

limitare *f.* limitation.
limitat *a.* limited.
limitrof *a.* bordering upon.
limonadă *f.* lemonade.
limoniu *a.* lemon-coloured.
limpede *a.* limpid, clear.
limpezea'ă *f.* clarification.
limpezi (a) I. *va.* to clear, to clarify. to purify; *a—lichide*, to refine. II. *ref. a se —*, to grow clear, to clarify, to purify.
limpezime *f.* limpidness, clearness.
limpezire *f.* 1 clarification, purification; 2. refinement.
lin I. *m.* 1. *Zool.* tench (fish); 2 (wine) press. II. *a.* calm, quiet, soft, mild.
lindină *f.* nit.
lineament *n.* lineament.
linear *a.* linear, lineal.
lingări (a) *va.* to flatter servilely, to toady, to sponge.
lingău *m.* 1. toady, toad-eater; 2. parasite, sponger, trencher-fly, (friend-knight) smell-feast.
linge (a) *va.* 1. to lick; 2. to lick up; 3. *a'şi — degetele*, to lick one's fingers.
linge-taler *m.* V. *lingău*.
linguist *m.* linguist.
linguistică *f.* philology.
lingură *f.* 1. spoon, table-spoon; 2. ladle; *lingura plină*, spoonful, ladleful.
lingurea *f.* epigastrium.
lingurică *f. Bot.* scurvy-grass.
linguriță *f.* tea-spoon, dessert-spoon.
linguşeală *f.* flattery, toadyism.
linguşi (a) *va.* to fawn upon, to flatter, to coax.
linguşire *f.* flattery, adulation.
linguşitor I. *m.* flatterer, wheedler, adulator. II. *a.* flattering, adulatory.
linià (a) *va.* to rule, to draw lines on. to line with.
lin'e *f.* 1. ruler, rule; 2. line; 3. path; 4. way; 5. *în — dreaptă*, in a strait line; *hărtie liniată*, ruled paper; *prima —*, the first rank.
linişte *f.* 1. rest, repose, tranquillity, quietness; 2 stillness, appeasement; 3. calmness, serenity; 4. peace, silence.
linişti (a) I. *va.* to calm, to quiet, to tranquillize, to appease. II. *ref. a se —*, 1. to grow calm, to get calm, to become tranquil, quiet; 2. to tranquillize one's self.
liniştire *f.* 1. tranquillization, calming, appeasement; 2. tranquillity,

calmness.
liniştit *a.* calm, tranquil, quiet.
linte *f. Bot.* lentil; *— broştenscă, — de baltă*, duck-weed.
lintiţă *f.* 1. sun-burns, freckles; 2. *Bot. — de epă*, duck-weed.
linţoliu *n.* pall, winding-sheet.
lipan *m.* 1. *Bot.* burdock, ash-tree; 2. *Zool.* umber, grayling, char (fish).
lipi (a) I. *va.* 1. to paste on, to glue, to stik up; 2. to loam, to gum. II. *ref. a se —*, to cleave to.
lipicoasă *f. Bot.* 1. fly-trap; 2. Venus's fly-trap.
lipicios *a.* 1. sticky, viscous, slimy; 2. contagious.
lipiciu *n.* attraction, charm, enticement; *cu —*, attractive.
lipitoare *f.* 1. leech; *a pune lipitori*, to apply leeches; 2. *ig.* blood-sucker.
lipsă *f.* 1. want (of), deficiency, distress, scarcity, necessity, straitnes; 2. defect, miss; 3. *— de bani*, want, scarcity of money; *din —, în — de*, for want of, in default of; *în cea mai mare —*, in a state of utter destitution; *în cas de —*, in case of need.
lipscan *m.* haberdasher.
lipscănie *f.* haberdashery.
lipsi (a) I. *va.* 1. to fail, to miss; 2. to be absent; 3. to be wanting, to want to be due; 4. to have need of; 5. *a-i —*, to be wanting in; *a — de la datorie*, to fail in one's duty. II. *ref. a se —*, to renounce, to resign, to desist from.
liră *f.* lyre.
liric *a.* lyric, lyrical.
lirică *f.* lyrical poetry.
lisă *f.* 1. sugar-candy; 2. candied fruit.
lişiţă *f. Zool.* coot, teal, widgeon (bird.).
listă *f.* list, roll; *— civilă*, civil-list; *— de mâncare, (la restaurant)*, bill of fare; *a şterge de pe —*, to strike off the lists; *a 'ace o —*, to draw out a list.
litanie *f.* 1. litany; 2. *fig.* eedless story.
literă *f.* letter, character; *— mare*, capital letter; *licenţiat în litere*, Master-of-Arts.
literal *a.* literal.
literar *a.* literary.
literat I. *m.* literary man, man of litters; II. *a.* literate.
literatură *f.* literature.

litigiu *n.* dispute, conflict.

litograf *m.* lithographer.

litografiă (a) *va.* to lithograph.

litografiat *a.* lithographied.

litografie *a.* lithographic, lithographical.

litografie *f.* lithography.

litoral *a.* littoral.

litră *f.* pint.

litru *m.* litre (somewhat more than 1½ pint English).

liturghie *f.* mass, liturgy, common prayer; *a sluji liturghia*, to say mass.

liturghisi (a) *vt.* to say mass.

livadă *f.* 1. meadow, grass-field, prairie; 2. — *cu pomi*, orchard, fruit-garden.

livreă *f.* livery, (servant's dress).

livret *n.* 1. livret, small bork; 2. depopiter's book.

lizibil I. *a.* legible, readable. II. *adv.* legibly.

loavă *f.* profuseness, prof, profusion; *cu loava*, in profusion, profusely.

loază *f.* 1. small twig; 2. tendril, vine-branch; 3. *fig.* booby, simpleton; — *imbălerată*, foop-doodle.

lob *n.* lobe, ear-lap.

lobodă *f. Bot.* notch-weed, all-seed.

loc I. *n.* 1. place; 2. room; 3. spot; 4. stead: *în ~*, instead; 5. *pe —*, on, upon that spot; *a aveà —*, to take place, to have place; *a'şi luà locul*, to take one's place; *în locul său*, in its place; — *pentru*, room for; *în — de*, in place of, instead of; *a ţine — de*, to be instead of; *în locul meŭ*, in my stead; *a face —*, to stand out of the way, to give way, to clear the way (for); *din capul locului*, from the beginning; *în ori ce loc ar fi*, any where; *de —*, not at all. II. *int.* out of the way! make room!

local I. *n.* place, situation, habitation. house. II. *a.* local.

localitate *f.* locality.

localiză (a) *va.* to localize.

localizare *f.* localization.

localnic *a.* from that place, from that town.

locandă *f.* hostelry, inn, restaurant.

locaş *n.* V. *lăcaş.*

locatar *m.* tenant.

locomobilă *f.* portable steam-engine.

locomotivă *f.* locomotive engine.

locotenent *m.* lieutenant; *sub —*

second lieutenant; *~ colonel*, lieutenant-colonel.

locotenenţă *f.* lieutenancy.

locţiitor *m.* substitute, vicar.

locui (a) *va.* to live, to dwell, to reside, to lodge, to inhabite.

locuinţă *f.* dwelling, habitation residence, lodging, inhabitation.

locuitor *m.* inhabitant, dweller, resident.

lăcustă *f.* locust, grasshopper.

locuţie *f.*, **locuţiune** *f.* locution, form of speech, manner of speaking.

logaritm *m.* logarithm; *tabla de logaritmi*, table of logarithm.

logic *a.* logical.

logică *f.* logic.

logiceşte *adv.* logically.

logodi (a) I. *va.* to betroth, to affiance, to espouse II. *refl. a se —*, to promise (or) o contract in marriage, to get engaged.

logodnă *f.* betrothal, betrothment, engagement, affiance.

logodnic *m.* person affianced, betrothed.

logodnică *f.* affianced bride, betrothed.

logogrif *n.* logogriph (riddle).

logofăt *m.* stewart of an estate.

loitră *f.* carriage-pole.

Londra *f.* London.

Londonez *m.* Londoner.

lojă *f.* loge, box.

lojniţă *f.* rack, wattle, wattling.

longitudine *f.* longitude.

lopată *f.* 1. shovel, peel; 2. *Mar.* scoop; 3. oar, scull.

lopătar *m.* 1. rower; 2. *Zool.* spoon-bill (bird).

lopăţică *f.* 1. spatula; 2. fire-shovel, peel; 3. *lopăţica umerului*, scapula, shoulder-blade.

lornietă *f.* spy-glass, opera-glass.

lemnişor *m. Bot.* woody-nightshade.

lostopan *m.* clod.

lostriţă *f.* salmon-trout.

lot *n.* lot, share, prize.

loterie *f.* lottery; *bilet de —*, lottery-ticket; *a câştigà la —*, to win in the lottery.

lovi (a) I. *va.* 1. to strike, to strike at, to hit, to tap; *a — de moarte*, to strike dead; *a — tare*, to hit hard; 2. to knock; II. *refl. a se —*, to strike, to hit, to knock, to knock against.

lovitură *f.* strike, stroke, hit, knock, shock, blow, wound.

Ioz *n.* lot.

Iozie *f. Bot.* water-willow, osier.

Iozincă *f.* watch-word, signal-word.

Iuă (a) I. *va.* 1. to take, to se ze; 2. to receive; 3. *a — pe* turiș, to take from, to purloin, to steal; *a — de* su!let, to adopt; *a — cu îm-prumut*, to borrow, to take upon credit; *a — puteri*, to invigorate; *a — sânge*, to let blood, to bleed; *a — milă*, to take good-will; *a — la bătaie*, to thrash soundly; *a — asu-pra sa să*, to take upon one's self to; *a— asupră'și*, to take in hand; *a — în bine*, to take in good part; *a — în rău*, to take in ill part; *a o — la sănătoasa*, to fly away, to make one's escape. II. *a se — de gât, a se — de păr*, to scuffle, to to fall together by the ears.

Iuare *f.* taking; *— aminte*, atten-tion, carefulness; *a îi cu — a-minte*, to take care; *— de su!let* adoption.

Iubeniță *f.* water-melon.

Iuble *f.* whim.

Iuceafăr *m. Astr.* Venus.

Iuci (a) *vt.* to shine, to glister, to glitter, to glimmer.

Iucid *a.* lucid, clear.

Iuciditate *f.* lucidity.

Iucios *a.* brilliant, glittering, glim-mering.

Iucire *f.* gleam, glimmer, glimpse.

Iucitor *a.* brilliant, sleek, sleeky.

Iuciu I. *a.* sleek, sleeky, smooth. II. *n.* sleeknesss, smoothness.

Iucra (a) *va.* și *vt.* to work, to la-bour, to toil; 2. to make; 3. to act; 4. to do; 5. to operate; 6. *fig. a — pe cineva*, to dupe any one; 7. *a — cu ziua*, to do jour-ney-work, to char (of women); *femeie care lucrează cu ziua*, char-woman; 8. *a — la*, to work at, to work upon; *a — fierul*, to work iron.

Iucrare *f.* 1. work, working, labour, toil; 2. piece of work.

Iucrativ *a.* lucrative.

Iucrător I. *m.* worker, workman, labourer; *pl. lucrătorii*, the work-people, the work-folk. II. *a.* indus-trious.

Iucru *n.* 1. wo.k, labour, toil; 2. thing; 3 matter; 4. *zi de —*, work-day, working-day; *a face un —*, to do a thing; *toate lucrurile*, all things; *mare —*, great thing; *se vede — că*, it seems that; *școala*

de —, school of industry; *cutie pentru — de mână*, work-box; *sa-culeț pentru — de mână*, work-bag; *a se da la —*, to set one's self to work; *fără —*, out of work.

ușer *n.* stalk, stem; *lușerul verzet*, the stalk of a cabbage.

Iulachiu *m.* indigo.

Iuleă *f.* pipe, tobacco-pipe; *a luă luleaua Neamțului*, to get drunk, to get tipsy.

Iumânărar *m.* chandler, tallow-chandler; *fabricant de lumânări de ceară*, wax-chandler.

umânare *f.* candle, candle-light, light; *— de spermanței*, taper; *— de ceară*, wax-candle, wax-light, wax-taper; *a căuta ceartă cu lu-mânarea*, to pick a quarrell without cause; *drept ca lumânarea*, bolt upright, as straight as an arrow (a dart).

Iume *f.* 1. world, universe, earth; 2. people; 3. *toată lumea*, all the world; *nimic în —*, nothing upon earth; *pentru nimic în —*, not upon any terms, by no means, not at all; *lumea cealaltă*, the next world; *a trimete pe lumea cealaltă*, to send to kingdom come, to despatch; *de când lumea și pământul*, time out of mind; *de când e lumea*, since the beginning of the world; *cât lumea și pământul*, never, ne-ver-ending; *a'și luă lumea în cap*, to run away; *om de —*, man of the world, jolly companion; *așă-i lumea*, it's the way of the world, such is the world; *lumea înaltă*, high-life; *multă —*, many people; *ce o să crează lumea?* what will people think?

Iumesc *a.* worldly, earthly; *boală lumească*, veneral disease; *plăceri lumești*, worldly pleasures.

Iumină *f.* 1. light; 2. enlightment; 3. insight; 4. knowledge; 5. *lumina zilei*, daylight; *a vedea lumina zi-lei*, to see the light of day; *lumina ochiului*, eyball, pupil; *lumina soa-relui*, sunlight; *lumina lunei*, moon-light, moonshine; *la lumina soa-relui*, by the light of the sun; *la lumina lunei*, by the moonlight, in the moonlight; *a stinge o —*, to extenguish a light, to put out a light; *a da la —*, *a scoate la —*, to bring to light, to publish, to make known; *a ieși la —*, to come to light, to be discovered; *fără —*

unlighted, lightless.

luminâ (a) I. *va.* 1. to light, to enlighten, to illuminate; 2. to give light to; 3. to clear up, to shine. II. *ref. a se* —, to enlighten one's self; *a se — de ziua*, to dawn, to be light; *se luminează de ziuă*, it dawns, the day breaks.

luminaţie *f.* illumination, bengal lights.

luminiş *n.* forest glade, passage through a wood.

luminos *a.* 1. luminous, bright; 2. light, clear, smooth.

lună *f.* 1. moon; 2. month; 3. monthly, courses, menses; 4. — *plină*, full moon; *jumătate de* —, half-moon; — *nouă*, new-moon; *în fie care* —, every month; — *de miere*, honey-month, honey-moon.

lunar *a.* monthly.

lunărică, lunăriţă *f. Bot.* moon-seed.

lunatic *a.* lunatic, moon-struck.

luncă *f.* 1. mead meadow; 2. grove.

lunecă (a) *vi.* to glide, to slide, to slip.

lunecare *f.* slipping, gliding.

lunecos *a.* slippery.

lunecuş *a.* glazed frost.

lunetă *f.* 1. spy-glass; 2. eye-glass; 3. telescope.

lung I. *a.* long, large. II *n.* 1. length, long; 2. *de-a lungul*, along.

lungan *m.* a long, high man.

lungăreţ *a.* 1. somewhat long, longish; 2. oblong.

lungi (a) I. *va.* 1. to lengthen, to prolong, to extend; 2. to stretch out. II. *ref. a se* —, 1. to lengthen; 2. to stretch one's self; 3. to extend; 4. to grow longer.

lungime *f.* 1. length, length of days; *în* —, in length, all allong; *în* — *şi lăţime*, both in length and breth; 2. tallness.

lungire *f.* lengthening.

lungit *a.* stretched, spread out.

lungueţ *a.* longish.

Luni *f.* Monday.

luntraş *m.* 1. waterman, boatman, boatswain; 2. bargeman.

luntre *f.* 1. boat, wherry; 2. skiff; 3. sculler; 4. *fig. a se face — şi punte*, to make great efforts.

lup *m.* 1. wolf; 2. he-wolf; *puiu de* —, wolf's cub; 3. — *de mare*, wolf-fish; *lupul vrăbiilor*, shrike, red-backed.

lupă *f.* 1. knob of a tree; 2 eye-glass

lupanar *n.* house of ill fame.

lupare *f. Pat.* wen.

lupese *a.* wolfish.

lupiţă *f. Bot.* yellow rattle.

lupoaică *f.* she-wolf.

luptă *f.* 1. fight, battle, combat; 2. wrestling, wrestling-match, scuffle; 3. struggle; 4. strife.

luptă (a) *vi.* 1. to fight, to combat, to wrestle, to scuffle; 2. to struggle; 2. to have a match.

luptător *m.* 1. combatant, fighter; 2. wrestler, scuffler; 3. striver, struggler.

lustru *n.* 1. lustre, gloss, varnish; 2. splendour.

lustrui (a) *va.* 1. to give a lustre to give a gloss to; 3. to varnish; 4. to japan; 5. to polish; 6. to glaze.

lustruit *a.* 1. having a lustre; 2. glossy; 3. glazed.

lut *n.* loam, potter's clay, potter's earth.

lutărie *f.* loam-pit.

luţeran *a.* Lutheran.

lutos *a.* loamy, clayey.

lucernă *f. Bot.* lucern-grass.

lux *n.* luxury.

luxuriant *a.* luxuriant.

luxos *a.* luxurious.

M

măi *inter.* ho! halloo! I say;

mă *f.* mother; *mă-ta*, thy mother.

mă *pron.* I, me, to me.

mae *m. Bot.* poppy; — *roş*, — *te-puresc*, cornpoppy, cup-rose, cockle, — *sălbatec*, corn-rose, wild poppy.

macac *m. Zool.* macauco, baboon.

macadam *n.* macadam.

macadamizâ (a) *va.* to macadamize.

macagiu *m.* rail switchman, points-man.

măcăi (a) *vi.* to gabble, to chatter.

măcăleandru *m. Zool.* robin-red-breast (bird).

măcar *adv.* at least, at the least; all events; — *că*, though, although.

macară *f.* pulley, tackle, winch, windglass.

macaroane *f. pl.* macaroni.

macaronadă *f.* macaronic.

macaronic *a.* macaronic.

macat *n.* quilt, coverlet.

macaz *n.* (rail) points, switch.

Macedonia *f.* Macedonia, Macedon.

Macedonean I. *m.* Macedon. II. *a.* macedonean.

măcel *n.* slaughter, massacre, carnage.

măcelar *m.* butcher; scaun de —, butcher's stall.

măcelări (a) *va.* 1. to slaughter, to kill, to butcher; 2. to massacre.

măcelărie *f.* butchery, butcher's shop, butcher's stall, slaughter house.

măcelărire *f.* 1. slaughter; 2. massacre, carnage.

macera *v.* to macerate.

maceraţiune *f.* maceration.

machetă *f.* sword-mould, small, rough sculpturing model.

maceş *m. Bot.* briar, hip-tree.

măcieşă *f. Bot.* hip.

machiavelic *a.* machiavelian.

machiavelism *n.* machiavelism.

măcină (a) *va.* to grind, to mill, to flour.

măcinat I. *n.* grinding. II. *a.* 1. ground, milled; 2. bruised.

măciniş *n.* grinding.

măciucă *f.* 1. club, cudgel; 2. *Bot.* măciuca ciobanului, globe-thistle.

măciulie *f.* pommel, knob.

macriş *n. Bot.* sorrel. sour dock; — păsăresc. — de spini, barberry-bush; macrisul calului, field-sorrel, wood-sorrel.

macrişor *n. Bot.* field-sorrel, wood sorrel.

maculatură *f.* waste paper.

madam *f.* Madam, my Lady, Lady, Mrs. (Mistress).

madamă *f.* drynurse, lady's maid, waiting woman.

madepolon *n.* calico from Madapolam.

madonă *f.* Madona, image of the Virgin.

mădular *n.* 1. limb; 2. member (of an animal body); 3. a man's privy member, penis, membrum virile.

măduvă *f.* marrow; măduva spinării, spinal marrow

maestrie *f.* mastership superiority.

maestru *m.* 1. maester; 2. artist; 3. ledger.

mag *m.* magian.

măgădău *m.* dodipole.

măgar *m.* 1. ass, donkey; 2. *fig.* yackass, fool; — sălbatic, onager.

măgărie *f.* gross ignorance, stupidity, gross blunder.

măgăriţă *f.* she-ass.

măgăruş *m.* young ass, ass's colt.

magazie *f.* magazine, store-room, storehouse, ware-house.

magazin *m.* warehouse, shop.

magazinaj *n.* warehouse-rent, ware-housing, storage.

magaziner *m.* warehouse-keeper, warehouse-man.

magheran *m. Bot.* sweet-majoram, origan.

maghern'ţă *f.* 1. stall, shop; 2 penthouse.

Maghiar *m.* Hungarian.

maghiar *a.* Hungarian.

magic *a.* magical, magic.

magician *m.* magician.

magie *f.* magic.

magistral *a.* magisterial.

magistrat *m.* magistrate.

magistratură *f.* magistracy.

magiun *n.* pap, marmalade (of fruits).

măglisi (a) *va.* to wheedle, to lure, to coax, to seduce.

măglisitor *m.* wheedler, coaxer, seducer.

magnat *m.* magnate.

magnet *m.* magnet, loadstone

magnetic *a.* magnetic, magnetical; acul —, magnetic needle, compass needle.

magnetism *n.* magnetism; ştiinţa despre —, magnetics; prin —, magnetically.

magnetiză (a) *va.* to magnetize; a se —, to become magnetic.

magnetizator *m.* magnetiser, magnetist.

măguli (a) *va.* to flatter, to caress, to cajole, to wheedle, to adulate.

magnific *a.* magnifical.

măgulire *f.* flattery, addulation.

măgulitor I. *m.* adulator, wheedler, cajoler. II.*a.* flattering; în mod —, flatteringly.

mahala *f.* suburb, outskirt.

mahalagiu *m.*, mahalagioaică *f.* 1. suburban; 2. *fig.* uncivilized, uneducated man (woman).

mâhni (a) I. *va.* to trouble, to afflict, to grieve, to distress. II. *ref.* a se —. to afflict one's self, to be afflicted at, to take on to grieve (at, for, to), to grieve at, te sorrow for; nu te — aşa, don't take on so.

mâhnire *f.* trouble, grief, affliction, sorrow, desolation.

mâhnit *a.* afflicted, grievous, sorrowful, desolate, distressed.

mâhnitor *a.* grievous, afflicting, afflictive.

Mahomedan *m.* Mahometan, Mohammedan.

mahon *n.* mahogany: *lemn de* —, mahogany-wood.

mai *adv.* more; still; almost, nearly; — *mult*, more, any more; — *puţin*, less; — *curând*, sooner, rather; *nu* — *am nimic*, I have nothing more; *cât* — *curând* at the soonest; — *de vreme*, earlier, sooner; *scoală-te* — *devreme*, get up earlier; — *întâi*, firstly; — *târziu*, — *pe urmă*, later; — *deştept*, more intelligent; — *bun*, better; *cel* — *bun*, the best; *cei* — *bun dintre noi toţi*, the best of us all; — *bine*, better; *a îi* — *bine*, to be best; *ce e* — *bine de făcut*, what is best to be done? *ai face* — *bine să nu té amestecí*, you had best leave it alone; — *cu seamă*, — *ales*, especially, particularly; *ce e încă?* what else? *ce puteam să* — *facem?* what more could we do? *el e mai bogat de cât mine*, he is sti'l richer than I; *nu* — *mult*, no more, not any.

ma'că *f.* 1. mother; 2. religious, nun; *Maica Domnului, Maica prea curată, Maica Precistă*, the Holy Virgin, the Mother of our Lord.

maiculiţă *f.* **mălcuţă** *f.* mother, good woman.

maidan *n.* place, spot, ground; place; square.

Maiestate *f.* majesty: *Maiestatea Sa*, His Majesty, Her Majesty; *Maiestăţile Lor*, Their Majesties.

maiestos I. *a.* majestic, majestical. II. *adv.* majestically.

măiestre *f. pl.* fairies.

măiestrie *f.* art, shill, artfulness.

măiestru I. artist, master, proficient. II. *n...* artistic, artistical.

mai-marele *m.* the superior.

maimuţă *f.* ape, monkey.

maimuţări (a) *va.* to ape, to mimic, to imitate.

maimuţărie *f.* apish trick, grimace, apery, mimicry, monkeyism.

maimuţoiu *m.* dog-ape.

mâine *a.* to-morrow; — *dimineaţă*, to-morrow morning; — *seară*, to-morrow evening, to-morrow night; — *după prânz*, to morrow evening; *ziua de* —, to morrow; *de* — *într'o săptămână*, to-morrow a week.

maioneză *f.* culin mayonnaise (sauce).

maior *m.* commander, major; *sergent* —, sergeant-major.

maiu *m.* mall, beetle, pentle.

Maiu *m.* May; *luna lui* —, May-time.

major *a.* 1. major, of age, of full age; 2. *Muz.* major.

majorat *n.* majorat.

majoritate *f.* 1. majority; 2. full age.

mal *n.* shore, coast, bank.

malac *m.* young buffalo, buffalocalf.

măcel *m. Bot.* rock-rose.

malachie *f.* onanism.

malachită *f. Bot.* mountain-green.

malacov *n.* rinoline, hoop petticoat.

mălaiu *n.* maize-meal, indian-meal, meal from indian corn; — *mărunţel*, millet.

malaria *f.* malaria.

maldăr *m.* bundle, heap.

maleabil *a.* malleable.

mălin *m. Bot.* black alder, lilac — *negru*, privet.

măliniţă *f. Bot.* privet.

maliţie *f.* malice, maliciousness, mischief, wickedness.

maliţios *a.* malicious.

maltrată (a) *va.* to ill-treat, to treat harshly, to maltreat.

maltratare *f.* ill treatment, maltreatment.

maltratat *a.* il used, ill-treated.

mălură *f.* mildew, smut.

mălurit *a.* mildewed; *spic* —, mildewed ear.

mamă *f.* 1. mother; 2. dame; — grand-mother; — *vitrigă*, step-mother, step-dame; — *soacră*, mother-in-law.

mămăeaţă *f.* bugbear, scarecrow.

mămăligă *f.* hominy, mush, maize-bread.

mămăligar *m.* 1. eater of hominy 2. churl, boor, peasant.

mamelă *f.* udder, teat, dug.

mamelon *n.* nipple.

mamifer *n.* mammifer.

mamos *m.* accoucheur, man-midwife.

mămular *m.* peddlar, peddler (or) pedlar.

mămulărie *f.* pedlery, pedlar's trade.

manà *f.* manna, mildew, blight, honey-dew.

mână *f.* 1. hand; 2. hand-writing; 3. handle; *în* —, in hand, at hand, in his own hand; *a luă* —, to take in hand; *a cade sub* —, to come to hand; *din* — *în* —, from hand to hand; *în mâinele sale*, in ona's hands; *a scăpă din mâinele cuiva*, to go out of any one's hands; *a da o — de ajutor*, to lend a helping hand; *a pune — pe cineva*, to get hold of, to take posession of; *a sărută — cuiva*, to kiss any one's hands; *a fi lung la —*, to steal, to rob; *— spartă*, lavisher, spendthrift; *— strânsă*, miser, niggard; *cu mâinele pline*, with full hands, with one's hands full; *cu mâinele goale*, with one's hands empty; empty-handed; *cu dare de —*, opulent, wealthy; *jos mâinele!* hands off!

mână (a) *va.* 1. to lead, to conduct; 2. to drive a coach, to drive; 3. to direct, to guide; 4. to urge (on), to incite, to impel.

mânăstire *f.* cloister, convent, monastery; — *de călugărite*, nunnery.

mânăstiresc *a.* monasterial, cloisteral, conventual.

mânătărcă *f.* cow-spunk.

mâncă (a) I. *va.* to eat, te consume; to devour: *a — cu po'tă*, to eat with appetite; *a — la amiazi*, to dine; *a — de seară*, to sup; *a — pământul*, to drink the air; *a — frint pe cineva*, to eat any one out of house and home. II. *ref. a se —*, 1. to be eaten, to be eatable; 2. to destroy each other.

mâncă *f.* nurse, wet-nurse.

mâncăcios I. *m.* eater, great eater. II. *a.* gluttonous, voracious, greedy.

mâncare *f.* eating, victuals, food; *mâncări alese*, dainty dishes.

mâncărime *f.* itch, itching.

mâncat *n.* eating.

mâncător I. *m.* eater, feeder. II. *a.* greedy, gluttonous.

mâncătorie *f.* malversation, embezzlement, fraud.

mandalac *n.* earth-nut: *a cătă păcate în mandalaci*, to look for a mare's nest, to look for dificulties.

mandaneă *f.* cushion (of billiards).

mandarin *m.* mandarin.

mandat *n.* mandate, commission; — *postal*, money-order; *un — de arestare*, warrant.

mandator *m.* mandatary, proxy, attorney.

mandolină *f.* mandoline.

mândri *v. ref. a se —*, to pride one's self, to grow (or) be pride, to boast of, to boast one's self of.

mândrie *f.* haughtiness, pride.

mandril *m.* mandril.

mândru *a.* haughty, proud.

mânecă *f.* sleeve.

manechin *n.* manikin.

manej *n.* manege, riding-school.

mâner *n.* handle, haft, crank-arm; *mânerul săbiei*, the handle of a sword.

manevră *f.* manoeuvre, military evolution.

manevră (a) *va.* 1. to manoeuvre; 2. to work; 3. to act with finesse; 4. Milit. to drill.

mângâiă (a) I. *va.* 1. to caress, te fondle; 2. to console, to comfort. II. *ref. a se —*, to console one's self.

mângăiere *f.* 1. caress; 2; consolation.

mângâietor I. *m.* 1. consoler; 2 comforter. II. *adj.* caressing, consolatory, consoling.

mangal *n.* fire-pan, coal-pan.

mângălău *n.* 1. mangle; 2. calender, hot-press; 3. corn-weevil.

mângălui (a) *va.* to mangle, to calender, to hot-press.

mângăluire *f.* hot-pressing, glossiness, mangling.

mângăluitor *m.* calender, mangler.

mâniă *v. ref. a se —*, to feel (or get) angry, to grow wrathful, to chafe, to become irritated.

mâniat *a.* angry, in anger, wrathful: *a fi — cu*, to be angry with.

maniac I. *m.* maniac; II. —, *a.*

manie *f.* mania, madne s.

mânie *f* anger. wrath, passion.

manieră *f.* manners, good-breeding; *bunele maniere*, good manners; *maniere urîte*, forbidding manner.

manifest I. *n.* manifest; 2. *a.* manifest, evident.

manifestă (a) *va.* to manifest.

manifestare *f.* **manifestaţie** *f.*, **manifestaţiune** *f.* manifestation.

mânios *a.* angry, irritated.

manipulă (a) *va.* to manipulate.

manipulare *f.*, **manipulaţiune** *f.*, manipulation.

manivelă *f.* winch, crank, crooked handle.

mânji (a) *va.* to dirty, to soil, to sully.

manoperă *f.* manauvre.

mansardă *f.* garret, attic.

mangetă *f.* cuff, ruffle.

manşon *n.* muff.

manta *f.* mantle, cloak; — *cu glugă*, capuchin.

mântui (a) *va* to save, to rescue, to redeem.

mântuinţă *f.*. **mânţuire** *f.* deliverance, redemption, salvation.

mântuitor *m.* 1. Saviour; 2. deliverer, rescuer, redeemer.

manual *n.* manual, handbook, guide —, *a.* manual.

mănul (a) *va.* to handle. to manage, to conduct.

mănuire *f.* handling, managing, management, conduct.

mănunchiu *n.* bundle, (of hay), sheaf, bunch.

manuscript *n.* manuscript.

manuscris *n.* manuscript.

mănuşă *f.* 1. glove; 2. — *de fer,* gauntlet.

manuşă *f.* handle.

mănuşar *m.* glover.

mănuşerie *f.* glove-making, glove-trade.

mănuşiţă *f.* small hand, little hand.

mânz *m.* colt, foal.

mânzɩ *f.* filly.

măr *m.* apple-tree; — *pădureţ,* crab-apple-tree.

măr *n.* apple: — *pădureţ,* crab-apple; — *creţesc,* renette, queen-apple; — *tămâios,* musk apple; *Bot.* — *paradis,* nonpareil; *a bate* —; to beat to a mummy; *Bot. mărul lupului,* dog's bane.

mărăcine *m.* bramble, briar.

mărăcini *pl.* undergrowth.

mărăciniş *n.* place full of brambles, briers, brake.

mărăi (a) *vt.* to grumble, to growl, to snarl.

mărăială *f.,* **mărăit** *n.* grumbling, growl, growling, snarling.

mărar *m. Bot.* dill: *Bot. mărarul câinelui,* may-weed; *Bot. mărarul câmpului,* lark's sheel; *Bot. mărarul ursului,* spignel.

mărăraş *m. Bot.* water-hemlock, cow-bane.

marcă *f.* 1. mark, token; 2. counter; — *noştală,* postage-stamp; — *poştală de 10 bani,* penny-stamp; — *ţărei,* mark of the country.

marcă (a) *vt.* 1. to mark; to mark out; 2. to stamp; 3. to note down.

marcant *a* prominent.

mărceţi *n. pl. Bot.* Lords and ladies.

marchitan *m.* sutler, mercer,retailer.

marchiz *m.* marquis, marquess.

marchiză *f.* 1. marchioness. 2. marquee (a jutty tented).

marchizat *n.* marquisate.

mardă *f.* refuse, scum.

mare *a.* great, large, big, tall, grown up, grand; mighty; *un om mare.* (de geniu), a great man; *crescut* —, tall; *o sumă* —, a large (big) sum; *a creşte* —, *a se face* —, to grow tall; *un bălat* —, a big boy; *un om mare şi zdravăn,* a tall stout man; *cei mai* —, the great, people of rank and distinction; *marele vizir,*the grand-vizier;—*duce* grand-duke; — *ducesă,* grand duchess; — *cancelar,* lord high chancellor: *a se arăta* —, to swagger, to cut a figure, to boast; *frate mai* —, elder brother (sister, etc.)

mare *f.* sea: *Marea-Neagră,* the Black sea; *Marea-Roşie.* the Red sea; *Marea-Mediterană,* Mediterranean-sea; Marea-Moartă, the Dead sea; Marea îngheţată, The Frozen Ocean: *Marea Nordului,* The German Ocean; *largul mării,* main, high seas; *pe* —, at sea; *pe uscat şi pe* —, by sea and land; *peste nouă mări şi nouă ţări,* over hill and over dale; *adlere de* —, sea-breeze; *apă de* —, sea-water; *călătorie pe* —, sea-voyage; *furtună pe* —, sea-storm; *pasere de* —, sea-bird, sea-fowl; *peşte de* —, sea fish; *răul mărei, boală de* —, sea-sickness; *ţărmul mărei, coasta mărei,* sea cost, sea-side; *spumă de* —; 1. **sea** foam, sea-froth; 2. meerschaum.

mareşal *m.* marshal.

măreţ *a.* magnanimous; magnificent, splendid, sumptuous.

mărețle *f.* greatness, nobleness; magnanimity, magnificence, sumptuousness.

marfă *f.* ware, goods, merchandise, commodity; — *de mămular,* pedlar's wares, pedlery.

mariagiu *m.* pedlar, hawker.

margă *f. Min.* marl; — *tare,* marl-stone; *groacă de* —, marl-pit.

mărgărită *Bot.* daisy, Easter-daisy; china-aster.

mărgăritar *m.* 1. pearl; 2. — *de sticlă,* bead; 3. *Bot.* lily of the valley, May lily.

mărgeă *f.* glass bead.

mărgean *n.* coral.

marghioli *v. ref. a se* —, to dandify, to be affected.

marginal *a.* marginal.

mărginaş *a.* bordering upon, limiting.

margine *f.* 1. limit; border, frontier (= hotar); 2. border, strand shore (= ţarm); 3. verge; 4. bound boundary (drumului); 5. rim (de pahar, farfuri); 6. brim (de pălărie); 7. list (= chenar); 8. edge, skirt, border (de monedă); 9. — de pat, bed side; fără margine, limitless. boundless, unlimited.

mărginî a. I. vt. 1. to border; to confine, to bound, 2. to limit, to restrict; II. ref. a se —, to restrict one's self, to confine one's self; to content one's self (with).

mărginire 1. f. limitation, restriction; 2. restraint.

mărginit a. 1. limited, confined, bounded; 2. straitened.

mări (a) I. va. 1. to enlarge, to make (or render) larger, to aggrandise, to extend; 2. to augment, to increase; 3. to grow; 4. to magnify, to glorify, to praise. II. a se —, to enlarge. to grow larger, to augment.

Maria f. Maria; Sfânta Maria cea mare, the Assumption.

măricel a. pretty large, biggish, tallish.

Mărie f. Highness.

mărime f. 1. greatness, magnitude; 2. largeness, size, bigness.

marin a. marine, sea.

marină f. 1. marine, navy; 2. seapiece; căpitan de —, Captain in the navy; marina engleză, the British navy; băiat la —, sailor-boy.

marinar m. mariner, sailor, seaman; elev —, sailor-boy.

marinată pickle, pickled meat.

mărinimie f. magnanimity, generosity.

mărinimos a. magnanimous, generous.

marionetă f. puppet.

mărire f. increase, enlargement; 2. 2. glory, magnificence.

mărişor a. biggish, tallish, pretty, large.

mărită (a) I. to marry, to match with. II. ref. a se —, to get married.

măritat, măritiş n. marriage, match.

maritim a. maritim, naval.

măriuţă f. Zool. lady-bird, ladybug, lady-cow, lady-fly, — boul Domnului, buburuză, vacile Domnului, vacile popei, gărgăriţă.

marmură f. marble; — de carrara, carrara-marble.

marnă f. marl.

marochin n. morocco-leather.

marolă f. V. marulă.

marş m. march, journey; a face un —, to make a march.

mârşav a. vile, mean, low, ignoble, ignominious.

mârşăvie f. vileness, ignominy.

marţ a. (at game) capot.

marţafoiu m. ragamuffin, puppy.

Marţi f. Tuesday.

marţial a. martial; codul —, lege marţială, martial law.

Martie m. March.

martir m. martyr.

martiriu n. martyrdom.

martirizà (a) va. to martyr, to martyrize, to torture.

mărţoagă f. jade, cart-jade, harridan, tit.

martur m. 1. witness, deponent; 2. testifier; attester.

marturie f. 1. testimony, testification, witness; 2. attestation; a depune —, to bear testimony of.

mărturisì (a) I. va. 1. to testify, to give evidence, to attest, fo witness; 2. to avow, to confess, to own. II. ref. a se —, to confess one's sins.

mărturisire f. confession, evidence, avowal.

mărul lupului m. Bot. dog's bane.

marulă f. Bot. coss lettuce.

mărunt a. small, thin.

măruntaie n. pl. entrails, bowels.

mărunţel a. very little (or) small, tiny.

mărunţì (a) va. to divide into small pieces, to mince.

mărunţişuri n. pl. small wares, petty wares.

masă f. 1. table; 2. board, dinner, supper; faţă de —, table-cloth, table-cover; a pune masa, to lay out the table.

masaj n. shampooing.

masală f. torch, link.

măsălar m. V. măselariţă.

masat n. 1. grind-stone, grinding-stone; 2. sliness.

mască f. 1. mask; 2. masker (person) masquerade.

mască (a) I. va. 1. to mask, to disguise with a mask; 2. to hide. II. ref. a se —, 1. to put on a mask; 2. to disguise one's self.

mascara f. buffoon, harlequin.

mascaradă f. masquerade.

mascaralâc n. buffoonery.

masculin a. masculine, male; la genul —, in the masculine gender.

măseă *f.* mill-tooth, cheek-tooth, molar tooth; *durere de măsele*, tooth-ache; *măsclele minţii*, wisdom teeth; *a'şi încălzi măseaua*, *a'şi stropi măseaua*, to get drunk; *a trage la —*, to wet one's whistle, to tope.

măselariţă *f. Bot.* henbane.

maşină *f.* machine, engine.

maşinărie *f.* mechanism, gear.

maşinist *m.* 1. mechanist, machinist; 2. engine-driver, engine-man.

masiv *a.* massive, massy.

maslin *m. Bot.* olive-tree, olive.

maslină *f.* olive.

masliniu *a.* olive-coloured, olive-green.

masonerie *f.* (free—) masonry.

masonic *a.* masonic.

massă *f.* mass, heap, lump, bulk.

massiv *a.* massive, massy.

mastic *n.* mastic, putty.

măsură *f.* 1. measure; 2 proportion; 3. size; *a luă măsuri că*, to take measures to; *peste —*, beyond all measure.

măsură (a) *va.* I. to measure, to mete, to measure with a fathom; 2. to examine from head to foot; 3. to gauge. II *ref. a se —*, to measure one's self, to try one's strength with some one.

măsurare *f.* mensuration, measurement.

măsurător *m.* 1. measurer. 2. surveyor.

măsurătură *f.* 1. measuring; 2. surveying.

mat I. *a.* 1. dead (of colours); 2. dull (of metals); *aur —*, dead gold; II. — *n.* check- mate; *a face —*, to check-mate, to mate.

maţ *n.* intestine, gut; *maţe, pl.* intestines, bowels, guts; *rupere de maţe*, hernia.

mâţă *f.* cat; *mâţa popii*, wall-louse; *a face pe mâţa blândă*, to draw in one's claws; to fawn: *a cumpără — în sac*, to buy a pig in a poke.

matâ *pron.* you = *dumneata*.

mătăciune *f.* balm-mint.

matador *m.* matador.

mătăhăi (a) *vt.* to rock, to reel, to stagger, to tumble.

mătăhaiă *f.* ghost, spirit; bugbear spectre.

mătanie *f.* 1. genuflexion, kneeling, penance exercise of penitence.

mătănii *f. pl.* beads, rosary; *a se rugă cu —* to say over one's beads.

mătăsar *m.* silk-dealer, silk-spinner silk-weaver.

mătăsărie *f.* silk-trade, silk-manufacture, silk-warehouse, silk-stuff.

mătase *f.* silk; *rochie de —*, silk dress; *verme de —*. silkworm; *ţâţă de —*, silk-yarn; *depănăloare de —*. silk-reel; *ţesător de —*, silk-weaver.

mătăsos *a.* silken, silky, soft.

mătăsuri *f. pl.* silk-wares silk-stuffs, silks.

mătăuz *n.* 1. holy-water sprinkler; 2. botile-brush.

mateă *f.* 1. queen-bee; 2. womb; 3. matrix; 4. bed of a river; — *de registru*, counter foil.

matematic *I. m.* mathematician; II. *ref. a.* mathematical.

matematică *f.* mathematics.

material I. *n.* material; II. —, *a.* 1. material; 2. corporeal.

materialism *n.* materialism.

materialist *m.* materialist.

materialitate *f.* materiality.

materializă (a) *vt.* to materialise.

materie *f.* 1. matter; 2. materials; 3. body, subject; 4. *Med.* pus, matter.

matern *a.* maternal, motherly.

maternitate *f.* maternity.

matinal *a.* matin.

matostat *m. Bot.* red jasper.

mătrăgună *f. Bot.* mandrake, mandragora.

matrapazlic *n.* 1. broker's trade; 2. chaffering.

mătreaţă *f.* pellicle, scurf (of the head).

mătrice *f.* 1. colic, gripes; 2. *Bot.* fever-few.

matriculă *f.* matriculation, matriculation-book.

matrimonial *a.* matrimonial.

matrona *f.* matron.

matroz *m.* seaman, sailor.

matur *a. fig.* ripe, mature.

mătură *f.* broom, besom; — *de păr*, hair broom, house broom; — *de mesteacăn*, birch-broom; — *de pene*, feather-broom; *coadă de —*, broom-stick, broom-staff.

mătură (a) *va.* to sweep, to brush, to whisk.

măturător *m.* sweeper; — *de stradă*, street sweeper; — *de coşuri* chimney-sweeper.

măturică *f. Bot.* corn-flower, bottle-flower.

maturitate *f.* maturity.

mătuşa *f.* aunt.

mauso'eu n. mausoleum.

maxilar a. maxillary.

maximă f. maxim.

mazăre f. pea; — *verde*, green peas.

măzăriche f. 1. *Bot.* tufted-vetch; '. sleet; *a cădeă* —, to sleet.

măzgăli (a) va. to daub, to scribble.

măzgălitură f. daub, daubing, scribble, scribbling.

mea *pron.* my, mine; *mama* —, my mother: *surorile mele*, my sisters; *nu e vina* —, it is no fault of mine; *această carte e a* —, this book is mine.

mează-noapte f. 1. midnight; 2. north.

mează-zi f. 1. mid-day, noon; 2. south.

mecăi (a) vt. to sing in a tremulous voice.

mecanic I. m. mechanici n, machinist. II. *a* — *a*. mechanic, mechanical.

mecanica f. mechanics.

mecanicește adv. mechanically.

mecanism n. mechanism.

medaliat a. decorated, with a medal.

medalie f. medal.

medalion n. medallion.

medial a. medial; *littera medială*, medial.

mediațiune f. mediation.

mediator m. mediator.

medic m. physician, doctor.

medical a. medical, physical.

medicament n. medicine, medicament.

medicină f. medicine, physic; *doctor în* —, doctor of medicine; *student în* —, medical student, student of medicine.

medicinal a. medicinal.

medie f. average, medium.

medieval a. midioeval.

mediocru a. mediocre, mediocral, middling, tolerable.

n ediocritate f. 1. mediocrity; 2. small competency.

medită (a) vt. 1. to meditate; to project; 2. to give private lessons.

meditație f., **meditațiune** f. meditation; private tuition.

meditativ a. meditative, contemplative.

meditator m. tutor, private tutor.

meduză f. *Zool.* jelly-fish.

mehenghiu I. n. touch-stone. II. a. cunning.

meiu n. *Bot.* millet.

melancolic a. melancolic, dull.

melancolie f. melancholy.

mele m. *Zool.* snail; — *fără ghioacă*, slug.

melesteu n. hand-mill.

meliță (a) va. to scutch, to peel hemp or flax.

melițoiu n. scutch, scutching-mill.

melodie f. melody.

melodios a. melodious.

melodramă f. melodrama.

membrană f. 1. membrane; film; 2. web. (of palmipeds).

membranos a. membranous. membraneous.

membru I. n. member limb. II. m. member.

memorabil a. memorable.

memorand n. memorandum.

memorie f. memory, remembrance.

memoriu n. memoir, memorial.

menaj n. household, house-keeping.

menajă (a) va. to spare, to save.

menajeră f. housewife. house-keeper

menajerie f. menagery.

menghineă f. vice.

meni (a) va. 1. to predestine. to predestinate, to destine; 2. to wish.

menire f. 1. predestination, destiny; 2. doom; 3. mission.

mensual a. monthly

mental a. mental.

menționă (a) va. to mention.

menționare f., **mențiune** f. mention.

mentor m. mentor, guide, tutor.

mercantil a. mercantile, commercial.

mercenar I. m. mercenary, hireling. II. a. mercenary, venal.

mercuri f. Wednesday; *Mercurea păresimilor*, Ash-Wednesday.

mercuriu n. mercury, quick-silver.

mereu adv. continually, constantly, without interruption.

merge (a) vt. to go, to walk, to march; — *pe jos*, to go on foot; — *călare*, to ride on horseback; — *cu trăsura*, to go (or) ride in a carriage.

meridian n. meridian.

meridional a. meridional, southern.

merinde f. pl. provisions, store. victuals, bread stuffs.

merișor m. *Bot.* periwinkle.

merit n. merit, worth, desert.

merită (a) vt. to merit, to deserve

meritos a. meritorious.

merlă *f.* V. *mierlă*.

mers *n.* 1. going, walk, pace, gait; 2. progress.

mesaj *n.* message, errand.

mesager *m.*, **mesageră** *f.* messenger.

meschin *a.* stingy, shabby.

mescioară *f.* small table.

mesean *m.* mess-mate, fellow-boarder.

meseriaş *m.* handicraftsman, artisan, mechanic.

meserie *f.* trade handicraft, profession.

meşină *f.* sheepskin, sheep-leather.

mesteacăn *n.* birch-tree; *de —*, birch, birchen.

mestecă (a) *va.* 1. to chew, to masticate; 2. to mix, to mingle; *— tutun*, to chew tobacco.

mestecare *f.* 1. chewing, mastication; 2. mixing, mixtion.

meşter I. *m.* master of (fig); *a fi un adevărat — în*, to be a thorough master of; II. *a.* skilled.

meşteşug *n.* handicraft, trade; art, skill.

meşteşugar *m.* handicraftsman, artisan, mechanic.

metafizic *m.* metaphysician. II. *a.* metaphysic, metaphysical.

metafizică *f.* metaphysics.

metaforă *f.* metaphor.

metaforic *a.* metaphoric.

metal *n.* metal.

metalic *a.* metallic.

metalurgief. metallurgy.

metamorfoză *f.* metamorphosis transformation.

metamorfoză (a) I. *va.* to metamorphose, to transform. II. *ref. a se —*, to be metamorphosed.

metempsicoză *f.* metempsychosis.

meteor *m.* meteor, fire ball.

meteoric *a.* meteoric.

meteorologie *f.* meteorology.

meterez *n.* rampart, bulwark intrenchment, outwork.

metodă *f.* 1. method, system; 2. way, custom.

metodic *a.* methodic.

metodist *m.* methodist.

metric *a.* metrical.

metropolă *f.* metropolis, capital.

metru *m.* meter.

meu *a. pron.* my, mine; *ta al —*, my father; *este al —*, it is my own, it is mine.

mezat *n.* auction, sale; *a pune la —*, to put up for auction; *a vinde la —*, to auctioneer.

mezea *f.* V. *mezelic*.

mezelic *n. pl.* side-dishes, by-dishes.

miambal *m.* Spanish licorice.

miasmă *f.* miasma.

miaună (a) *vt. imp.* to mew. (the cat).

mic *a.* I. small, little; 2. short; 3. young, petty.

mică *f.* glimmer.

micime *f.* 1. smallness, littleness; 2. meanness, lowness.

microb *m.* microbe.

microscop *n.* microscope, magnifiering-glass.

microscopic *a.* microscopic.

micsandră *f. Bot.* gilly-flower; wallflower, Iuly-flower.

micşoră (a) *va.* 1. to lessen, to diminish, to decrease; 2. to shorten

micşorare *f.* 1. lessening, diminution, decrease; 2. shortening.

micşorime *f.* littleness, diminutiveness.

micşuneă *f. Bot.* violet; gilly-flower.

micşuniu *a.* violet colour.

midie *f. Zool.* mussel.

mie *pron.* me to me; *dă-mi*, give me.

mie *n.* thousand; *cu miile*, by thousands.

miel *m.* lamb.

mieluşel *n.* lambkin.

miercuri *f.* wednesday.

miere *f.* 1. honey; *dulce ca mierea*, honey-sweet; *faguri de —*, honey-comb; *luna de —*, honey-moon: 2 *Bot.* mierea ursului, pulmonary.

mierlă *f.* blackbird.

mieros *a.* honey-sweet; honeyed.

mierloiu *m.* blackbird.

mieruţă *f. Bot.* bugloss.

miez *a.* mid; *în — de iarnă*, in mid winter; *miezul zilei*, mid-day; *miezul nopţii*, midnight; *miezul verei*, midsummer.

miez *n.* 1. crumb of bread; 2. pulp (of fruit); kernel, pip, stone (of fruits)

migală *f.* minutiae.

migdal *f.* almond; *— amară*, bitter-almond; *— dulce*, sweet-almond; *lapte de migdale*, milk of almonds; *pastă de migdale*, almond-paste; *ulei de migdale*, almond-oil; *prăjitură cu migdale*. almond-cake; *coajă de —*, almond-glove.

migrenă *f.* megrim, head-ache, hemicrany.

migraţiune *f.* migration.

mihalt *m. Zool.* loach, groundling

(fish), lote, miller's thumb, eel-pout (fish).

mihoală f. V. *mihalţ.*

mi-ho-ho m. foal.

mihoni (a) *vi.* to neigh.

mijă f. twinkling (of an eye); *de-a miţiă*, hide-and-seek (game).

miji (a) *vi.* 1. to twinkle; 2. to dawn.

mijloc n. 1 middle, midst; middle 2. meens, way, expedient; 3. reins loins.

mijloci (a) *va.* to mediate, to intervene, to interfere, to intermeddle.

mijlocire f. mediation, intervention, interference, intermediation.

mijlocitoare f. 1. mediatress, mediatrix, go-between; 2. — *de fete*, pimp, pander.

mijlocitor m. 1. 1. mediator, interferer, go-between; 2. — *de fete*, pimp, pander.

mijlociu, f. average.

mijlociu a. middle, middling, average.

milă f. pity, compassion, mercy; *a-i fi milă de —*, to take pity upon; *fi-ţi — de mine!* do be merciful to poor me! *de —*, for mercy's sake; *a cere —*, to beg, to ask alms.

milenar a. millennial.

mileniu n. millennium.

miliard n. thousand millions.

miligram n. milligram.

milimetru m. millimeter.

milion n. million.

milionar m. millionnaire.

militant a. militant.

militar m militarist, soldier.

militar a. military.

milităresc a. military, soldierly.

militărie f. military state, soldiership.

miliţie f. militia; *un soldat de —*, a militiaman.

milog I. m. cripple, beggar. II. a. crippled.

milogi v. *ref. a se —*, to beg, to ask alms.

milogie f. mendicity, beggary.

milogime f. beggary.

milos a. compassionate, pitiful, merciful.

milostiv a. merciful, pitiful, piteous.

milostivi (a) v. *ref. a se —*, to commiserate, to pity.

mimic a. mimical, mimetical.

mimică f. mimicry, mimics.

mină f. mine (of minerals) ore.

minar m. 1. miner; 2. collier.

minaret n. minaret.

minavet n. bira-call.

mincinos I. m. liar II. a. 1. lying; 2. deceitful, false.

minciună f. lie falsehood; *a da de —*, to give one the lie; *a spune o —*, to tell a lie! *a cârpi, a tăia la minciuni*, to tell lies; *a-i pute gura a minciuni*, to lie in one's throat.

mindir n. mattress, straw-bed.

minor m. V. *minor.*

mineraiu n. ore, unrefined metal.

mineral I. n. mineral. II. a. mineral.

mineralogic a. mineralogic, mineralogical.

mineralogie f. mineralogy.

mineralogist m. mineralogist.

minge f. 1. trap-ball; 2. bowl.

miniatură f. miniature; *în —*, in miniature.

miniaturist m. miniature-painter.

minimum *adv.* at least.

minister n. 1. ministry; 2. department; — *de finanţe*, exchequer; — *de resbciu*, war department; *ministerul de interne*, home-department, home-secretary; *ministerul de externe, ministerul afacerilor străine*, the foreign office; *ministerul lucrărilor publice*, the board of public works.

ministru m. minister; — *de finanţe*, Chancellor of the exchequer; *ministerul justiţiei*, the keeper of the Great Seal, the Lord keeper; — *de resbel*, Secretary of War; — *de externe, afacerilor streine*, Secretary for Foreign affairs.

minor m. I. minor. II. — a. minor, under age.

minoritate f. minority.

minotaur m. minotaur.

mintă f. Bot. mint.

minte f. 1. mind; 2. sense, understanding; *cu o — sănătoasă*, of sound mind; *a fi în toate minţile*, to be in one's perfect mind; *a fi ieşit din —*, to be out of one's mind; *a-şi fi pierdut minţile*, to be out of one's senses; *cu —*, prudent; *a fi cu —*, to be prudent.

mintenţă f. Bot. chickweed.

minţi (a) *vi.* to lie, to fib.

minunare f. wonderment, astonishment.

minunat a. wonderful, wondrous.

minunaţie f. wonder, wonderful thing.

minune f. wonder, miracle, prodigy, marvel; *de —*, excellent, marvellously.

minusculă *f.* minuscule.
minut *n.* minute, moment.
minutar *n.* minute-hand.
minuţios *a.* minute.
miop I. *m.* short-sighted person.
II. — *a.* short-sighted.
miopie *f.* short-sightedness.
miorlăi (a) *vt.* to whine to whim-
per.
miosotis *n.* forget-me-not.
mir *n.* chrism, consecrated oil.
mira *v. ref. a se —,* to be astonis-
hed, to wonder at.
miraculos *a.* miraculous.
miracol *n.* miracle.
miraj *n.* looming (mar.). mirage.
mirare *f.* astonisment, wonder;
cu —, with wonder.
mire *m.* bridegroom.
mirean I. *m.* layman. II. *a.* lay,
laical, laic.
mireasă *f.* bride.
mireasmă *f.* odorousness, smell,
scent.
miriadă *f.* myriad, ten thousand.
miriametru *n.* myriametre, ten
thousand metres (10 kilometres).
miriapod *n.* millepede.
mirişte *f.* stubblefield.
mirodenie *f.* 1. aromatics; 2. *Bot.*
julian flower.
mirodie *f. Bot.* nard, spikenard.
miros *n.* odour, smell, scent, fra-
grance.
mirosi (a) *vt.* 1. to smell, to scent;
to feel; — *urît,* to smell n sty.
mirositor *a.* odorous, odoriferous,
fragrant.
mirt *n.* myrtle.
mirui (a) *va.* to anoint.
mişca (a) I. *va.* 1. to move, to bud-
ge; 2. to stir, to agitate. II. *ref.
a se —* to move, to stir, to bestir
one's self; *nu mă voiu — de aici,*
I will not budge an inch.
mişcare *f.* 1. motion, movement,
moving; 2. stir, agitation; *a pune
în —,* to set in motion, to bestir.
mişcător *a.* moving, mutable, mo-
vable, stirring.
mischet *n. Bot.* muscatel grape.
mişel I. *m.* coward, scoundrel ras-
cal knave, dastard. II. *a.* cowardly,
knavish.
mişelie *f.* cowardice, cowardliness,
dastardliness, dastardy; *ar fi o —
să,* it would be cowardly to.
mişină *f.* 1. swarm; 2. ant-hill.
mişina (a) *vt.* to swarm (sau)
abound w.th to be full of, to crowd.

misionar *m.* missionary.
misit *m.* broker, agent.
misiune *f.* mission.
misivă *f.* missive.
mister *n.* mystery.
misterios *a.* mysterious.
mistic *m.* mystic; II. *a.* mystic,
mystical.
misticism *n.* mysticism.
mistifica (a) *va.* to mystify, to
hoax.
mistificare *f.* mystification.
mistificător *m.* mistifier.
mistreaţă *f.* wild sow.
mistreţ *m.* wild-boar
mistrie *f.* trowel, ladle.
mistui (a) *va.* 1. to digest, to con-
sume; 2. to like.
mistuire *f.* digestion: consumption.
mişui (a) *vt.* V. *a mişina.*
mit *n.* myth, fable.
mită *f.* 1. bribe, bribery; *a.* good-
will.
mititel *a.* very small.
mitocan *m.* ragamuffin,clod-hopper.
mitocănime *f.* populace, mob.
mitologic *a.* mythology.
mitră *f.* 1. matrix; 2. mitre.
mitropolie *f.* cathedral church.
Mitropolit *m.* metropolitan.
mitui (a) *va* to bribe, to corrupt.
mituială, mituire *f.* bribery, bribe,
bribing.
mituitor *m.* briber.
mixt *a.* mixed.
mixtură *f.* mixture.
mizantrop *m.* misanthrope.
mizantropie *a.* misanthropic.
mizantropie *f.* misanthropy.
mişer *a.* poor, miserable, wretched
mizerabil *a.* miserable.
mizericordie *f.* mercy, pardon,
compassion.
mizerie *f.* misery, poverty wan',
distress.
mlădia (a) I. *va.* to supple, to make
supple, to bend, to fold. II. *ref.
a se —,* to supple.
mlădire *f.* suppleness, flexibility,
flexion, pliantness.
mlădios *a.* supple, flexible, pliable.
mlădoşie *f.* suppleness, flexibili y,
malleableness.
mlădiţă *f.* 1. scion, descendant *Bot.*
2. runner, offshoot, offset, young
shoot.
mlaştină *f.* marsh, fen, bog morass
mlaştinos *a.* marshy, boggy
swampy, morassy.
moale *a.* soft, tender, weak; *va*

moale, soft egg; *mo lele capului*, fontanel.

moară *f.* mill; — *de apă*, water-mill; — *de vînt*, windmill; *piatra morei*, mill-stone, grindstone.

moarte *f.* death, decease; *a fi pe —*, to be at the last gasp; *de —*, mortal, mortally.

moașă *f.* mid-wife.

Moaște *f. pl.* relic.

mobil *a.* 1. movable; 1. unsteady.

mobilă *a)* *va.* to furnish (a house).

mabilă *f.* piece of funiture.

mobilitate *f.* movableness.

mobiliză *(a)* *va.* to mobilise.

mobilizare *f.* mobilisation.

mocirlă *f.* slime, mud, mire, puddle.

mocirlos *a.* slimy, muddy, miry.

mocofan *m.* clown, churl.

mocru *m. Bot.* block-heart cherry-tree.

mod *n.* manner, fashion, mode, way; *în modul aces'a*, in this manner.

modă *f.* 1. fashion, mode; 2. millinery (pl.); *a fi la —*, to be in fashion, quite the fashion; *a ieşi din —*, to be out of fashion; *magazin de modе*, milliner's shop.

modalitate *f.* modality.

model *n.* model, pattern, copy.

modelă *(a)* *va.* to model.

moderă *(a)* I. *va.* to moderate, to temper, to abate, to restrain. II. *r(f.* *a se —*, to restrain one's self, to become temperate.

moderare *f.*, **moderaţie** *f.* moderaţiune *f.* moderation, temper, abatement.

moderat *a.* moderate.

modern *a.* modern.

moderniză *(h)* *va.* to modernise.

modest *a.* modest.

modestie *f.* modesty.

modic *a.* moderate, small.

modifică *(ă)* *va.* to modify.

modificare *f.* 1. modification; 2. restriction.

modist *m.* man-milliner.

modistă *f.* milliner; bonnet-maker.

modulă *(a)* *vt.* to modulate.

modulare *f.*, **modulaţie** *f.*, **modulaţiune** *f.* modulation.

mofluz *m.* bankrupt.

moft *n.* blarney, humbug.

mogândeaţă '. scarecrow, bugbear, crow-keeper.

mohoandă *f.* V, *mogândeaţă.*

moină *t.* Ahaw.

moină *(a)* *vt.* to thaw.

moisoă *f. Zool.* gudgeon, grundel.

mojic 1. *m* clown, churl, boor. II. clownish, unmannered, churlish, unpolished.

mojicie *f.* unmannerliness, churlishness.

molaş *m. Zool.* eel-pout, lote.

molatic *a.* effeminate.

Moldovean *m.* Moldovean.

moldovenesc *a.* moldovean.

moleculă *f.* molecule, particle, atom.

molecular *a.* .molecular.

moleşi *(a)* *vt.* to effeminate.

moleşire *f.* effeminacy, effeminateness.

moliciune *f.* effeminacy.

molid, molift *Bot. m.* fir, pine, pine-tree, *bot.* larch-tree *bot.*

molie *f.* mite, moth.

molipseală *f.* contagion, contamination.

molipsi *(a)* *v. ref.* *a se —*. to contaminate.

molipsire *f.* contamination, contagion.

molipsitor *a.* contagious.

molotru *m. Bot.* melilot, fennel.

moloz *n.* rubbish of plaster, rubbish (of buildings).

molusc *m.* mollusc, shell-fish.

momâie *f.* scarecrow, bugbear, bull-beggar, crow-keeper.

Moldova *f.* Moldovia.

momeală *f.* bait, decoy, lure; 2. enticement, allurement.

moment *r.* moment, instant.

momentan I. *a.* momentary; II. *adv.* momentarily.

momi *(s)* *va.* to bait, to allure, to entice, to decoy.

monah *m.* monk, fiar.

monahal *a.* monachal.

monarh *a.* monarchal.

monarhic *a.* monarhic.

monarhie *f.* monarchy.

monastic *a.* monastic.

monăstire *f.* monastery, convent.

monedă *f.* money, coin.

monetar *a.* monetary.

monetări *f.* mint, mint-smithery.

monitor *m.* monitor.

monoclu *n.* eye-glass.

monografie *f.* monography.

monogram *n.* monogram.

monolog *n.* soliloquy.

monopol *n.* monopoly.

monopoliză *(a)* *va.* monopol e.

monosilabă *f.* monosyllable.

monosilabic *a.* monosyllabic.

monoteist *m.* monotheist.

monoton a. monotonous.
monotonie f. monotony.
monstru m. monster.
monstruos a. monstrous.
monstruozitate f. monstrosity, monstrousness.
montă (a) va. to put together, to install.
monument n. monument, memorial.
monumental a. monumental, memorial.
mops m. pug-dog.
moral a. moral.
morală f. morality, morals.
moraliceşte adv. morally.
moralist m. moralist.
moralitate f. morality; morals.
moraliză (a) va. to moralise.
moralizator m. moraliser.
morar m. miller.
morăreasă f. miller's wife.
moravuri n. pl. manners; 2. morals, costums, ways, use.
morcov m. Bot. carrot; Bot. — porcesc, Jerusalem artichoke.
morfină f. morphia, morphine.
morişcă f. hand-mill: small mill.
mormăi (a) vi. to grumble, to growl, to murmur, to muffle.
mormăit n. grumbling, muttering.
mormăitor m. grumbler, grudger, growler.
morman n. pile, heap, mass.
mormânt n. sepulchre, sepulture, tomb, grave.
mormântă (a) va. înmormânta.
mormântal a. sepulchral, of the grave.
morga f. dead-house.
mormoloc m. 1. Zool. tadpole, young frog; 2. Fig. pigmy.
moroanţă f. Bot. nectarine.
morocănăs I. m. grumbler. II. a morose, peevish, sullen.
mort I. m. dead person, deceased person. II. a. deceased, dead, defunct; mai mult — decât viu, more dead than alive; e —, he is dead; — de foame, dead of hunger; o limbă moartă, a dead language; tăcere de moarte, dead silence.
mortăciune f. carrion, carcass.
mortal a. mortal.
mortalitate f. mortality.
mortifică (a) va. to mortify.
mortificare f., **mortificaţiune** f. mortification.
mortificat a mortified.
morţiş ada. doggedly, obstinately,

tenaciously.
mortuar n. mortuary.
morun m. Zool. sturgeon.
moş m. old man; grand-father: uncle — ajun, Christmas-eve: roşii, pl. All-souls' day; la moşii ăi verzi, never in the life; a spune moşi pe groşi, to tell lies.
mosc n. musk.
mossat a. musky.
moscuşăr m. Bot. moschatel.
moşi (a) va. to deliver (a woman); to midwife.
moşie f. landed property, landed estate, ground, farm, domain.
moşier m. proprietor of an estate, land-holder. land-owner, landlord.
moşit n. delivery, obstetrication.
moşmoală f. Bot. medlar.
moşmol m. Bot. medlar-tree.
moşmoană f. V. moşmoală.
moşmon m. V. moşmol.
moşneag m. old man, a senile man.
moşnean m. landed proprietor.
mosoc m. mastiff, shepherd's dog.
mosor n. bobbin, spool.
moşoroi (a) va. to bank up, to tump.
moşoroiu n. mole-cast, mole-hill.
moşteni (a) va. to inherit, to heir.
moştenire f. heritage, inheritance, succession, heirship; a căpăta o —, to come into some property by inheritance, to obtain an inheritance, to heir.
moştenitoare f. heiress, inheritress. inheritrix.
moştenitor m. inheritor.
mostră f. pattern, sample.
moţ n. 1. tuft, tuft (of hair); 2. crest, tuft (of birds); 3. tuft (of feathers); a spune mai cu —, to exaggerate.
moţăi a. 1. tufted, crested; 2. ciocărlan —, crested lark.
moţiune f. motion, action.
motiv n. motive, reason, ground, cause, account.
motivă (a) va. to relate the motive, to prove, to argue, to reason.
motor m. 1. motor; 2. propeller, mowing power.
motoşcă f. bottom of thread, clew, ball.
mototol n. 1. small ball of worsted, clew of thread; 2. clot, lump.
mototoli (a) va. to crumple, to rumple.
movilă f. hillock, mound.
mozaic n. 1. mosaic; 2. mosaic work, patch work.
mreajă f. toil, snare.

mreană *f.* Zool. lampery, lamprel.

muc *m.* srot, snivel; *aşi suflă mucii*, to blow one's nose.

muc *n.* 1. snuff (of a candle); *a luà mucul de la lumânare*, to snuff a candle; 2. *mucul ţiţei*, nipple.

mucări *f. pl.* snuffers.

mucavà *f.* pasteboard, cartoon.

muced *a.* 1. mouldy, musty; 2. hoary.

mucegăi (a) *vt. a se →*, to grow mouldy, to mould.

mucegăi *a.* mouldy, musty.

mucegaiu *n.* mould, mustiness.

mucenic *m.* martyr.

mucenicie *f.* martyrdom.

mucezeală *f.* mould, mouldiness, mustiness.

mucezì (a) I. *vt.* to mould. II. *ref. a se →*, to get mouldy, to grow mouldy.

mucezire *f.* mouldiness.

mucezit *a.* mouldy, musty.

muchie *f.* 1. border, brim, edge; 2. mill, milled edge, (at cloth); 3. ridge (ofa mountain).

muci *m. pl.* snot, snivel; *a'şi suflà mucii*, to blow one's nose.

mucos *a.* snotty, mucous.

mucositate *f.* mucus, mucosity.

muget *n.* roar, roaring, bellowing.

mugì (a) *vt.* to roar, to bellow, to bluster.

mugur *m.* bud, gem, button.

muguri (a) *vt.* V. *a inmuguri.*

mulà (a) I. *va.* 1. to mollify, to soften; 2. to wet, to water, to steep, to moisten, to soak, to drench; 3 to mellow (an ulcer). II. *ref. a se →*, 1. to become soft, to soften; 2. to become wet, to steep.

muieratic *a.* 1. womanish, woman-like; *fig.* 2. effeminate.

muierce *m.* fop, spark.

muiere *f.* 1. woman; 2. wife, spouse.

muieresc *a.* woman-like.

muieruşcă *f.* little woman (or) wife.

mujdeiu *n.* garlic sauce.

muiaj *n.* moulding.

mulatru *m.* mulatto.

mulge (a) *va.* to milk.

muls *n.*, mulsoare *f.* milking.

mult I. *a.* much; *pl.* many; a great deal, a good deal, a great many. II. *adv.* much far; — *curagiu*, much courage; *mulţi oameni*, many people, a great many people; *multe cărţi*, many books, a great many books; *de multe feluri*, of many kinds (or) sorts; *mulţi bani*, much-

money, a great deal of money; *nu e prea —*, it is not too much; *cu atât mai —*, so much the more; *cu —*, by far; *mult mai —*, far more; *de —*, long ago; *e — timp*, long ago, some time ago; *prea —*, too; *r.l. prea multă, prea mulţi*, too many.

multămì (a) *va.* V. *a mulţumì.*

mulţime *f.* 1. multitude, quantity, plenty; 2. crowd.

multiplicà (a) *va.* 1. to multiply; 2. to increase.

multiplicare *f.*, **multiplicatiune** *f.* multiplication.

multiplu *a.* multiple.

mulţumì (a) *va.* 1. to thank; to return thanks; 2. to reward; 3. to content, to satisfy; *vă mulţumesc*, thank you; *vă mulţumesc foarte mult*, many thanks; *mulţumesc lui Dumnezeu*, thank God; *a se —*, to please one's self; to content one's self with; to be satisfied.

mulţumire *f.* 1. thanks; 2. content, satisfaction; contentment at., joy; *muiţumirele mele*, many thanks; *plin de —*, full of gratitude; *scrisoare de —*, letter of acknowledgement.

mulţumit *a.* content, contented, satisfied.

mulţumitor *a.* thankful, grateful, satisfactory.

mumă *f.* 1. mother; 2. *muma-pădurei*, bugbear, bogey.

mumie *f.* mummy.

muncă *f.* labour, toil, work, travail; — *perdută*, labour in vain: *—grea*, hard labour; *a se duce la —*, to go work; *—silnică*, penal servitude, hard labour.

muncì (a) I. *vt.* 1. to work, to toil, to labour; 2. to pain, to rack. II. *ref. a se —*, to torment one's self, to trouble one's self, to turmoil, to labour.

muncì *f. pl.* 1. travail; 2. child-birth.

muncitor I. *m.* worker, workman, labourer. II. *a.* laborious, industrious, pains-taking.

municipal *a.* municipal; *consiliu —*, town council, common council.

municipalitate *f.* municipality; town-council.

muniţie *f.*, **muniţiune** *f.* ammunition.

munte *m.* mount, mountain; — *de ghiaţă*, ice-berg; *la poalele muntelui*, at the foot of the mountain; *munţi*, mountains; *peste munţi şi peste văl*, over hill and over dale; *lanț de munți*, chain of mountains; — *de pietate*, mount of piety.

muntean *m.* mountaineer; *tânăr —*, mountain-lad.

munteancă *f.* mountainer; *tânără —*, mountain-maid.

muntos *a.* mountainous, hilly.

mură *f.* 1. *Bot.* black-berry, bramble-berry; 2. *murele gâtului*, tonsils.

mură (a) *va.* to pickle, to brine.

murătură *f.* pickles.

murdar *a.* 1. dirty, filthy, nasty, soiled; 2. *fig.* sordid, foul, base.

murdări (a) I. *va.* to dirt, to soil, to foul. II. *ref. a se —*, to get, dirty, to soil one's self.

murdărie *f.* 1. dirt, dirtiness; 2. *fig.* nastiness, filthiness.

murg I. *m.* 1. bay (of horses): *cal —*, bay horse; — *închis*, dark bay; — *deschis*, bright bay; 2. dusk, twilight. II. *a.* 1. bay (horse); 2. twilight, dusk.

murgi (a) *vt.* to draw towards night.

muri (a) *vt.* to die, to expire; *el moare*, he is dying; *să mor dacă*, may I die if; *a — de foame*, to be dying with hunger, to starve.

muribundă *f.* the dying woman.

muribundul *m.* the dying man.

muritor I. *m.* mortal, man. II. *a.* mortal.

murmur *n.* murmur, muttering.

murmura (a) *vt.* to murmur, to grumble, to mutter.

mursă *f.* 1. patch, beauty-spot; 2 hydromel.

musafir *m.* guest.

mușama *f.* oil-cloth, floor-cloth, cere-cloth.

mușățel *m. Bot.* camomile.

muscă *f.* fly; *căcăței de —*, fly-blow; *apără-oi de muște*, fly-flap, fly-net; *fig.* a prinde pe cineva cu musca pe căciulă, to find (or to pick) a hole in one's coat.

muscà (a) I. *va.* 1. to bite; 2. to gnaw, II. *ref. a se —*, to bite one's self; *a-și — buzele*, to bite one's lips; *a se — unul pe altul*, to bite each other; *fig. a-și — degetele*, to repent of it.

mușcare *f.* biting.

mușcatul dracului *n. Bot.* scabious (bot.).

mușcătură *f.* bite, biting.

mușchiu *m.* muscle, fillet; — *de iepure*, ba k of a hare.

mușchiu *n. Bot.* moss; — *de co-*

pac tree-moss.

mușcoaia *f.* she-mule.

mușcoiu *m.* he-mule.

muscular *a.* muscular,

muselină *f.* muslin.

mușmulă *f.* medlar, vide *mosmoală*.

must *n.* must (wine).

mustăcios *a.* moustached.

muștar *n.* 1. mustard; 2. *Bot.* mustard-seed.

mustăreață *f.* juice, sap, birch-juice.

muștarniță *f.* mustard-pot.

mustață *f.* moustache, mustachio; *mustăți (de pisică etc.)*, whiskers (of animals); *a râde pe sub —*, to laugh in one' sleeve.

musteriu *m.* customer.

mustos *a.* juicy, sappy, succulent.

mustră *f.* pattern, model.

mustra (a) *va.* to reprimand, to reprove, to chide, to snub, to scold, to rebuke.

mustrare *f.* reprimand, reproof, chiding, rebuke; — *de cuget*, remorse, compunction.

mustuc *n.* 1. curb; 2. horse-bit.

musulman *m.* Mussulman, Mahometan.

mut I. *m.* dummy, dumby, mute; *a face pe mutul*, to act dummy, to sham dumb; II. *a.* dumb, mute; — *din naștere*, born dumb, dumb from one's birth.

muta (a) I. *va.* to turn to, to transfer, to move out, to remove, to displace; to shift; II. *ref. a se —*, to move, to change one's lodgings.

mutabil *a.* movable.

mutare *f.* removal; transfer (of property, etc.).

muteală *f.* dumbness.

mutenie *f.* dumbness.

mutila (a) *va.* to mutilate, to maim, to mangle.

mutilare *f.* mutilation, maiming.

mutism *n.* dumbness.

mutră *f.* phiz, face, grimace.

mutual I. *a.* mutual, reciprocal; II. *adv.* mutually, reciprocally.

muză *f.* muse.

muzeu *n.* museum.

muzică *f.* music; *a face —*, to play music; *profesor de —*, music-master; *profesoară de —*, music-mistress; *sală de —*, music-hall; *a pune în —*, to set to music.

muzical *a.* musical.

muzicant *m.* musician.

N

N *n.* (the lettre) n.

nabab *m.* nabob.

năbădăi *f. pl.* 1. epilepsy; 2. *fig* rage, fury.

năbădăios *a.* 1. epileptic, epileptical; 2. *fig.* raging, furious.

năboiu *n.* 1. breaking up of ice, 2. breaking of the ice.

năbușeală *f.* 1. stifling, suffocation; 2. sultriness; 3. pressure.

năbuși (a) *v'.* 1. to stifle, to suffocate, to choke; 2. to opress, to press.

năbușitor *a.* 1. sultry, sweltry; 2. oppressive, oppressing.

nadă *f.* 1. bait, lure; 2 piece jointed to another.

nădăjdui (a) *vt.* 1. to hope, to look for, to expect; 2. to trust to.

nădejde *f.* 1. hope, hopefulness, expectation; *a trage* —, to hope; *plin de* —, hopeful; 2. trust.

nădragi *m. pl.* breeches, knee smalls.

năduf *n.*, **naduh** *n.* 1. sultriness; 2. asthma.

nădușală *f.* 1. sweat, perspiration; 2. *fig.* labour, toil.

năduși (a) *vt.* 1. to sweat, to be in a sweat, to perspire; 2. to smother, to stifle, to suffocate.

nădușire *f.* perspiration, sweat.

nădușit *a.* 1. sweating; 2. dull, deaf.

năframă *f.* 1. neckerchief; 2. handkerchief.

naft *n.* naphta, earth-oil.

nafură *f.* consecrated bread.

nagâț *m.* *Zool.* lapwing, tirwit(bird.)

naiadă *f.* water-nymph.

naiba *f.* deuce, devil; *du-te la* —, go and be hanged!

naie *f.* ship, vessel.

naintaș *n.* *cal* —, fore-horse, leader.

naiv I. *a.* 1. artless; 2. ingenuous; 3. innocent; 4. simple, unaffected. II. *adv.* artlessly, ingenuously, innocently, simply, unaffectedly.

naivitate *f.* artlessness, ingenuousness, frankness, native simplicity.

najdac *n.* emery.

năjit *n.* ear-ache.

năibăl *f.* *Bot.* mallow; — *mare*, marshmallow.

nait *a.* high, elevated.

nălucă *f.* phantom spectre, ghost.

nămol *n.* mud, dirt, mire.

ămoli *v.* *ref.* *a se* —, to stick in the mud, to sink in mud, in dirt.

nană *f.* godmother!

nănaș *m.* godfather!

nani *n.* *a face* —, to go to sleep (children).

nap *m.* *Bot.* turnip; — *turcesc.* Jerusalem artichoke; — *porcesc*, cyclamen, sow-bread.

năpădi (a) *va.* 1. to fall upon; 2. to assail, to urge; 3. to surprise, to invade.

năpădire *f.* sudden attack, overfall, weir, surprise.

năpârcă *f.* viper.

năpârleală *f.* 1. moult, moulting; 2. mewing.

năpârli (a) *vt.* 1. to moult; 2. to mew; 3. to shed the feathers; 4. 4. to lose the hair, to unhair.

năpârlire *f.* mewing.

naprazna *f.* sudden; *de* —, in a sudden, all of a sudden, fortuitously.

năpraznic *a.* 1. sudden; 2. very great; 3. monstruous.

năpraznică *f.* *Bot.* 1. clematis; 2. crane's bill.

năpusti (a) I. *va.* to quit, to leave. II. *ref.* *a se* —, to rush upon, to aggress, to assail.

nara (a) *va.* 1. to narrate, to relate; 2. to recite.

nară *f.* nostril.

năramză *f.* sour orange.

narație *f.*, **narațiune** *f.* narration, narrative.

narator *m.* 1. narrator; 2. relater, reciter.

narav *n.* 1. habit, custom; 2. *fig* vice.

năravaș *a.* vicious; *cal* —, vicious horse.

nareiș *m.* *Bot.* narcissus.

narcotic *n.* și *a.* narcotic.

nard *n.* *Bot.* spikenard.

narghileă *f.* narghile, narghileh.

nas *n.* 1. nose; — *cârn* — *pleoștit*, snub-nose, pug-nose, flat-nose; — *covoiat*, — coroetic, aquiline-nose, Roman nose; 2. *fig.* *a duce de* —, to lead by the nose; *a fi dus de* — *de nevasta sa*, to be under petticoat government; 3. *a turli nasul cuiva*, to put any one's nose out of joint; *a vorbi pe* —, to speak through the nose; *a-și sufla nasul*, to blow one's nose; *nasul Vlăichei*. parson's nose; 3. smell.

naș *m.* god-father.

nașă *f.* god-mother.

nasal *a.* nasal.

năsălie f. hand-barrow, bier.
năsbâtie f. prank, drollery, roguish trick.
născare f. birth.
născătoare f. woman in labour.
născocl (a) va. to invent, to contrive, tă imagine, to conceive.
născocire f. invention, imagining, contrivance.
născocitor I. m. inventor, imaginer. II. a. inventive, imaginative.
născut a. born, innate, inborn. întâiul —, first-born; — din flori, bastard; — cu cămașă, born with a caul, born with a silver spoon in the mouth.
năsdrăvănie f. prank, drollery.
năşie f. sponsorship.
năsos a. long-nosed.
naşte (a) vt. to bear, to bring forth a se —, to be born, to come into the world.
naştere f. birth; ziua naşterii, birthday; a da — la, to give birth to: dela naşterea mea, since I was born.
nasture m. button; încheiat în nasturi, buttoned.
nătăfleț a. ninny, simpleton, booby.
natal a. natal.
natâng a. awkward, clumsy.
nătărău m. fool, blockhead, dullhead.
natie f. V. natiune.
national a. national.
nationalitate f. nationality.
nationaliză (a) va. to nationalise.
natiune f. nation, people; natiunea engleză, the English nation; natiunea română, the Roumanian nation.
natură f. nature; după —, from nature; din —, by nature.
natural I. a. natural. II. adv. naturally, by nature.
naturalism n. naturalism.
naturalist m. naturalist.
naturaliză (a) va. to naturalise.
naturalizare f. natural sation.
năuc m. noddy, dolt.
năucie f. imbecility.
naufragiă (a) vt. to suffer shipwreck.
naufragiat a. shipwrecked; un —, a shipwrecked man.
naufragiu n. shipwreck, wreckage; a face —, to be shipwrecked, to wreck, to be wrecked.
năut m. chick-pea.
navă f. ship, vessel.
naval a. naval; o bătălie navală, a naval engagement.
năvală f. 1. irruption, incursion, inbreaking; 2. inroad, aggression, assault; a da —, to rush upon.
năvăli (a) vt. to rush upon, to aggress, to assail.
năvălire f. irruption, incursion invasion.
năvălitor m. assaillant, aggressor, invader.
navigă (a) vt. to navigate, to sail.
navigabil a. navigable.
navigare f., **navigatie** f., **navigatiune** f. navigation.
navigator m. navigator.
năvod n. draw-net.
năzui (a) vt. to endeavour, to strive.
năzuintă f. striving, endeavour, aspiration.
năzuros a. capricious.
ne pron. us.
nea f. snow.
neaccentuat a. unaccented.
neacoperit a. uncovered.
neacrit a. unsoured.
neactivitate f. inactivity.
neadevăr n. untruth, falsehood, lie.
neadevărat a. untrue, false.
neadeverit a. uncertified.
neadormire f. watchfulness, vigilance.
neadormit a. watchful, vigilant.
neadmis a. unadmitted.
neadmisibil a. inadmissible.
neadmisibilitate f. inadmissibility.
neadoptat a. unadopted.
neadunat a. uncollected.
neafumat a. unfumed.
neagă f. obstinate, headstrong person.
neajuns n. insufficiency; 2. impleasantness.
nealbit a. unbleached.
neales a. 1. unchosen, unlected; 2. unsorted, unassorted.
neam n. 1 generation; 2. race, line; 3. nation, tribe; 4. kinsman, relation.
neamanetat a. unpawned.
neamenintat a. unmenaced, unthreatened.
neamestecat a. unmixed, unmingled, unblended.
neamt m. German of Austria.
neant n. nothingness, nothing, nought.
neaoş a. native, indigenous, homeborn, home-bred.
neapărat I. a. indispensable. II. adv. indispensably.
neaplecare f. disinclination, aversion.

neaplecat a. averse, disinclined disaffected.

neaprins a. unlighted, unkindled.

neaprobat a. unapproved.

neapropiat a. repulsive; *de —*, inaccesible.

nearat a. untilled, unploughed.

nearătat a. unshown.

nearmat a. unarmed.

nears a. unburned, unburnt.

nearticulat a. unarticulated.

neasculta (a) va. to disobey.

neascultare f. disobedience, insubordination.

neascultător a. disobedient, unsubordinate, unsubmissive, unlistening.

neasemănare f. dissimilarity, unlikeness.

neasemănat I. a. dissimilar. II. adv. incomparably.

neasemuit I. a. peerless, matchless unparagoned. II. adv. incomparably.

neaşezat a. 1. unquiet, restless; 2. unordered, unarranged; 3. unlocated.

neasigurat a. unassured.

neastâmpăr n. unquietness.

neastâmpărat a. unquiet, restless, turbulent, unruly; *un copil —*, a restless child.

neaşteptat a. unexpected, unhoped for, unlooked for; *pe neaşteptate*, unexpectedly, unlooked for.

neastupat a. unobstructed.

neatârnare f. independence.

neatârnat I. a. 1. independent ; 2. unsuspended. II. adv. independently.

neatent a. inattentive, unattending.

neatenţiune f. inattention.

neatins a. intact, untouched.

neaurit a. ungilded.

neautorizat a. 1. unauthorized, unempowered; 2. unlicensed.

neauzit a. unheard of; *un lucru —*, an unheard of thing.

neavenit a. *nul şi —*, null and void.

neavere f. poverty.

neavut a. poor.

nebăgare f. *~ de seamă*, inattention, heedlessness; *din —*. inadvertently, by oversight; *~ în seamă*, disregard.

nebăgător a. *~ de seamă*, 1. inattentive; 2. disdainful.

nebănuit a. unsuspected.

nebătut a. unbeaten.

nebiruit a. unvanquished, desr. invincible

neblamat a. unblamed.

neboit a. uncoloured.

nebotezat a. unbaptised, unchristened.

nebrăzdat a. unfurrowed.

nebulos a. nebulous.

nebun I. mad, foolish. II. *m.* madman, fool.

nebunatec a. 1.frolicsome, playful petulant; 2. foolish.

nebunie f. folly, imbecility of mind, insanity, madness.

necăinţă f. impenitence, obduracy.

necăji (a) I. vn. to anger, to make angry, to grieve, to trouble, to vex, to be a grief to. II. ref. a se —, to be grieved, to be vexed.

necăjit a. 1. angry, displeased; 2. sorry, vexed.

necălcat a. 1. untrod, untrodden, unbeaten, uninfringed; 2. unironed, unsmoothed.

necântărit a. unweighed.

necărturar a. illiterate unlearned.

necăsătorit a. unmarried, unwed, unwedded.

necâştigat a. ungained.

necăutat a. not sought for, unsought, unwooed.

necaz n. 1. plague, trouble; 2. vexation, anger.

necercetat a. unexamined.

necerut a. unsolicited, unasked.

necesar a. necessary.

necesitate f. necessity, exigence, indigence, want.

nechemat a. uncalled, uncalled for, unbidden.

nechez n. neighing.

necheza (a) vt. to neigh.

nechezare f. neighing.

nechibzuire f. unadvisedness, unthinkingness, unweighing.

necinste f. dishonour, shame, dishonesty, improbity.

necinsti (a) va. to dishonour, to disgrace.

necinstit a. dishonest.

necioplită unpolicied, unpolished.

necitet a. illegible. unreadable.

necitit a. unread, unperused.

neciuntit a. unmutilated.

neclintit a. unshaken, unwavering; *credinţă nrclintită*, unshaken faith.

necojit a. ungalled.

necomplect a. incomplete.

necompus a. uncompounded.

necondiţionat a. unconditional, absolute.

neconstituţional a. inconstitutional

necontenit a. continual, continuous, incessant.

necontestat a. ungainsaid, uncontested.

neconvins a. unconvicted, unconvinced.

necopt a. 1. unripe, immature, uncooked; 2. unbaked (bred.).

necorect a. incorrect.

necorupt a. uncorrupted.

necredincios I. a. incredulous, unbelieving; 2. unfaithful, faithless. II. m. miscreant, infidel. Unbeliever.

necredinţă f. 1. increculity, unbelief; 2. infidelity, unfaithfulness.

necrescut a. uneducated.

necrezător a. unbelieving.

necrezut a. incredible; de —, incredible.

necrolog m. necrologist, necrology.

necrologie f. necrology.

necropolă f. necropolis.

necruţător a. implacable.

nectar n. nectar; dulce ca —, nectareal, nectarean, nectareous.

necucernic a. undevout.

necugetat a. thoughtless.

neculese a. ungathered, uncropped.

necultivat a. untilled.

necum adv. much less.

necumpătare f. immoderateness, immoderation, intemperance.

necumpătat a. immoderate, intemperate.

necunoscut I. m. unknown, stranger. II. a. unknown, strange.

necunoscută f. Mat. the unknown quantity.

necunoştinţă f. ignorance.

necununat a. unmarried, unwed, unwedded.

necurmat a. unrelaxed.

necurat a. slovenly, impure, unclean.

necurăţenie f. slovenliness, uncleanliness, nastiness.

necurmat a. unintermitted, incessant.

necuviincios a. 1. unbecoming, improper, incongruous; 2. irreverent, indecent.

necuviinţă f. 1. unbecomingness, impropriety, incongruence; 2. irreverence, indecency.

nedefinit a. indefinite.

nedelicat a. indelicate.

nedemn a. indign, unworthy, undeserving.

nedeprins a. unpractised.

nedeschis a. unopened.

nedescurcat a. inextricable.

nedesfiinţat a. unabolished.

nedesluşit a. indistinct, vague.

nedespărţit I. a. 1. inseparable; 2. unseparated. II. adv. inseparably.

nedestăinuit a. unrevealed. -

nedeşteptat a. unawake(ne)d. unwaked.

nedestoinic a. incapable, unable.

nedestoinicie f. unskilfulness.

nedibăcie f. unskillulness, awkwardness.

nedibaciu a. unskilful, awkward.

nedisciplină f. insubordination.

nedisciplinat a. insubordinated.

nediscutat a. unargued.

nedobândit a. unacquired.

nedomesticit a. untamed.

nedorit a. unwished for.

nedormire f. sleeplessness.

nedospit a. unleavened.

nedovedit a. not proved.

nedrept a. unjust.

nedreptate f. 1. injustice; 2. iniquity.

nedreptăţi (a) va. to do an act of injustice.

neegal a. unequal.

neegalitate f. inequality, unequalness, unevenness.

neexact a. inexact, inaccurate.

neexactitate f. inaccuracy, inaccurateness.

nefăcut a. unmade.

nefalsificat a. unadulterated.

nefast a. inauspicious, unlucky.

nefavorabil a. unfavourable.

nefericire f. misfortune, unhappiness, unluckiness.

nefericit a. unhappy, unlucky.

nefermentat a. unfermented.

nefiert a. unboiled, uncooked.

nefiresc a. unnatural.

nefolosinţă f. unusefulness

nefolositor a. useless.

nefrancat a. unfranked, unpaid, not post-paid.

neg m. wart.

nega (a) vt. to deny, to disown.

negândit I. a. unthought, tought less. II. adv. pe negândite, unthought of, unawares.

negare f. negation, denial.

negătit a. 1. uncooked; 2. undressed, unattired.

negativ I. a. negative. II. adv. negatively.

negaţie f., **negaţiune** f. negation.

negel *m.* wart.
neghicit *a.* unguessed.
neghină *f. Bot.* 1. darnel. 2. blue-bottle.
neghiob I. *m.* simpleton, fool, ninny. II. *a.* foolish, blockish.
neghiobie *f.* silliness, simplicity, foolery.
neglijă (a) *va.* to neglect, to slight, to disregard.
neglijare *f.* neglect.
neglijenţă *f.* neglect, negligence, carelessness.
neglijent *a.* disregardful.
negociă (a) *va.* to negotiate, to trade.
negociare *f.* negotiation.
neghociator *m.* negotiator.
negoţ *n.* trade, trading, commerce.
negrăit *a.* unspeakable, inexpressible.
negreaţă *f.* blackness.
negreşit *adv.* certainly, by all means.
negricios *a.* blackish.
negrime *a.* blackish.
negru I. *m.* negro. II. *a.* 1. black, dark; 2. (of bread, meat, sauces) brown; *pâine neagră*, brown bread.
negură *f.* fog, mist.
neguros *a.* foggy.
negustor *m.* merchant
negustorie *f.* trade, trading, commerce.
negustorime *f.* body of merchants.
neguţător *m.* 1. merchant; 2. purchaser.
neguţătoresc *a.* mercantile, commercial.
neguţători (a) *vt.* to negotiate, to trade, to deal.
nehotărîre *f.* indecision.
nehotărît *a.* indecisive; *a ţ —*, to be neither on nor off.
nehrănit *a.* unfed, unnourished.
nehrănitor *a.* unnutritious.
neiertat *a.* unpardoned, unabsolved, unacquitted; *de —*, unpardonable.
neîmblânzit *a.* 1. untamed; 2. unmastered; 3. *de —*, untameable, unsubdued.
neîmbrăcat *a.* undressed.
neîmbunătăţit *a.* unimproved.
neîmpăcat *a.* 1. irreconciled; 2. irreconcilable, unpeaced; 3. *de —*, implacable.
neîmperechiat *a.* unassorted.
neîmpiedecat *a.* 1. unhindered, free; 2. unencumbered.
neîmpletit *a.* unplaited.

neîmplinit *a.* unfulfilled.
neîmpodobit *a.* unadorned. unornamented.
neîncălţat *a.* unshoed.
neîncăpător *a.* not spacious, narrow.
neîncărcat *a.* unfraught.
neîncercat *a.* untried, unessayed, unattempted.
neîncetat I. *a.* continual, perpetuat, incessant. II. *—, adv.* continually, incessantly.
neînchipuit I. *a.* unimaginable. II. *adv.* unimaginably.
neînchiriat *a.* unhired.
neînchis *a.* unclosed, open.
neîncredere *f.* mistrust, diffidence. distrust.
neîncrezător *a.* mistrustful, diffident, distrustfull.
neîndătoritor *a.* uncomplaisant.
neîndemânare *f.* inaptitude, unfitness, awkwardness.
neîndemânatic *a.* unskilful, unfit awkward.
neîndeplinire *f.* nonfulfilment.
neîndeplinit *a.* unfulfilled.
neîndestulare *f.* 1. insufficiency; 2. insatiableness.
neîndestulător *a.* insufficient, insatiable.
neîndoios *a.* indubitable.
neîndulcit *a.* unsweetened.
neînduplecare *f.* inflexibility, inexorability.
neînduplecat *a.* inflexible, inexorable.
neîndurare *f.* unmercifulness.
neîndurător *a.* unmerciful, pitiless.
neîndreptat *a.* unrectified.
neînfrânat *a.* unruly.
neîngăduit *a.* unallowed.
neînghiţit *a.* unswallowed.
neînghetat *a.* unfroze, unfrozen.
neîngrijire *f.* negligence, neglect.
neîngrijit *a.* neglected.
neînjosit *a.* unabased.
neîngropat *a.* unburied.
neiniţiat *a.* uninitiated.
neînmânat *a.* unfreed.
neînregistrat *a.* unregistered, unrecorded.
neînsemnat *a.* 1. insignificant, slight; 2. unmeaning.
neînsoţit *a.* unaccompanied.
neînştiinţat *a.* unapprised.
neînsufleţit *a.* unanimated, inanimate.
neînsurat *a.* unmarried, unbestowed.

neînţeles *n.* not understood; *de —*, unaccountable.

neînţercat *a.* unweaned.

neînţinat *a.* immaculate.

neîntrebuinţat *a.* unused, not in use.

neîntrerupt I. *a.* uninterrupted. II. *adv.* uninterruptedly.

neînvăţat *a.* 1. unlearned, illiterate, uncatechised; 2. unaccustomed.

neînvins *a.* unvanquished; *de —*, invincible.

neînvitat *a.* uninvited.

neînzestrat *a.* unaccommodated.

neiscusinţă *f.* unskilfulness.

neispăşit *a.* unpunished.

neisprăvit *a.* 1. unfinished, unended, unachieved; 2. unaccomplished.

neistorisit *a.* unrecounted.

neizbândă *f.* bad success.

nejudecat *a.* unjudged.

nelămurit *a.* indistinct.

nelaudabil *a.* uncommendable.

nelăudat *a.* uncommended.

nelegat *a.* unlooped, unattached.

nelegiuire *f.* impiety.

nelegiuit impious.

nelichidat *a.* unliquidated.

nelinişte *f.* disquiet, disquietude, unquietness.

nelinişti (a) *va.* to disquiet.

neliniştit *c.* 1. unquiet, uneasy, restless, anxious; 2. uncalm.

nelocuit *a.* uninhabited; *de —*, uninhabitable.

ne'ogodit *a.* unaffianced, unbetrothed, not eugaged.

ne uat *a.* untaken.

nelucrare *f.* inactivity.

nelucrat *a.* unwrought, in the native state.

nemăcinat *a.* unground.

nemâncat I. *a.* uneaten; *de —*, uneatable. II. *adv.* pe *nemâncate*, fasting, having not yet breakfasted.

nemângâiat *a.* unconsoled, inconsolable.

nemărginire *f.* unlimitedness.

nemărginit *a.* unlimited.

nemăritată *a.* unbestowed, unmarried.

nemăsurat *a.* unmeasured, unlimited.

nematerial *a.* immaterial.

nemeri (a) *va.* to hit.

nemerişori *m. pl. Bot.* lark-spur.

nemeritat *a.* unmerited.

nemernic I. *m.* good for nothing fellow. II. *a.* base, mean, abject.

nemernicie *f.* baseness.

nemestecat *a.* unchewed.

nemeşteşugit *a.* unartful.

nemete *m.* 1. avalanche, fall of snow, from the mountainys; 2. monster.

nemijlocit *a.* immediate, direct.

nemilos *a.* unmerciful, merciless.

nemilostiv *a.* inclement.

nemilostivire *f.* inclemency.

nemişcare *f.* immobility, immovability, immovableness.

nemişcat *a.* immoveable, motionless; unmoved.

nemistu.t *a.* undigested.

nemlădios *a.* unlimber.

nemobilat *a.* unfurnished.

nemodificat *a.* unmodified.

nemţese *a.*, **nemţeşte** *adv.* German.

nemţişor *m.* ~ *de grădină*, *Bot.* lark's heel.

nemulţumi (a) *va.* to discontent, to dissatisfy, to displease.

nemulţumire *f.* discontent, discontentedness, dissatisfaction, displeasure; ungratefulness.

nemulţumit *a.* dissatisfied, ill satisfied, discontent.

nemurire *f.* immortality.

nemuritor *a.* immortal, everlasting.

nenatural *a.* unnatural.

nene *m.* 1. little brother; 2 uncle.

nenoroc *m.* ill luck, misfortune, unhappiness.

nenoroci (a) *va.* to make unhappy.

nenorocire *f.* unhappiness, unluckiness.

nenorocit I. *a.* unhappied, unhappy, unlucky; II. *m.* poor wretch.

nenorocos *a.* unhappy, unlucky.

nenumărat *a.* 1. inumerable, numberless; 2. unnumbered.

neobişnuit *a.* unaccustomed.

neobişnuinţă *f.* want of habit (of practise).

neobosire *f.* indefatigableness.

neobosit *a.* indefatigable.

neobrăzat *a.* shameless, impudent.

neobservat *a.* unnoted, unnoticed.

neocupat *a.* unoccupied.

neodihnă *f.* 1. lasitude, weariness; 2. disquietude, uneasiness.

neodihnit *a.* unflagging.

neofit *m.* neophyte.

neologism *m.* neologism.

neom *m.* inhuman creature, savage.

neomenesc *a.* inhuman, brutal.

neomeneşte *adv.* inhumanly.

neomenie *f.* inhumanity.

neomenos *a.* inhuman.

neonest a. dishonest.
neorânduialǎ f. disorder, irregularity.
nepângǎrit a. unprofaned.
nepǎrtinire f. impartiality.
nepǎrtinitor a. impartial.
nepǎsare f. indifference, unconcernedness.
nepǎsǎtor a. care-defying.
nepǎtat a. unstained, unblotted, immaculate.
nepǎtruns a. impenetrable.
nepedepsire f. impunity.
nepedepsit a. unpunished.
neperitor a. imperishable.
nepieptenat a. uncombed.
neplǎcut a. disagreeable, unpleasant.
neplatǎ f. nonpayment.
neplǎtit a. unpaid.
nepocǎinţǎ f. impenitence, impenitency.
nepocǎit a. impenitent.
nepoetic a. unpoetic, unpoetical.
nepoftǎ f. ~ de — mâncare, inappetence, want of appetite.
nepoftit a. uninvited.
nepolitic a. impolitic.
nepoliticos a. uncivil, impolite.
nepomenit a. 1. unmentioned; 2. immemorial.
nepopular a. unpopular.
nepopularitate f. unpopularity.
neporoncit a. uncommanded.
nepot m. nephew.
nepotcovit a. unshod.
nepotism n. nepotism.
nepotrivire f. incompatibility, incompatibleness.
nepotrivit a, incompatible, unaccommodated to.
nepovestit a. unrecounted.
nepracticabil a. unpracticable.
nepregǎtit a. unprepared.
neprescurtat a. unabridged.
nepreţuit a. invaluable.
neprevǎzǎtor a. improvident.
neprevǎzut a. 1. unforeseen, unexpected; 2. unaccommodated.
neprevedere f. improvidence.
nepricepere f. want of judgement.
nepriceput a. unintelligible.
neprieten m. enemy.
neprietenie f. enmity, hatred, hostility.
neprihǎnit a. immaculate.
neprielcios a. unfavourable.
neprimejdios a. undangerous.
neprimitor a. 1. insusceptible; 2. inhospitable.

neprobabil a. improbable, unlikely.
neprobabilitate f. improbability.
nepublicat a. unpublished.
neputincios a. 1. impotent, powerless; 2. unable.
neputinţǎ f. 1. impotence; 2. inability, powerlessness.
nerǎbdare f. impatience.
nerǎbdǎtor a. impatient.
neras a. unshaven.
nerealizabil a. unrealisable.
nerecunoscǎtor a. ungrateful.
nerecunoştinţǎ f. ungratefulness, ingratitude.
neregulǎ f. disorder, confusion.
neregularitate f. irregularity.
neregulat a. irregular.
nerespectat a. unrespected.
nersplǎtit a. unrewarded.
nereuşitǎ f. miss.
nerezolvat a. unresolved.
nerod a. silly, foolish.
neroditor a. 1. sterile; 2. barren, unfruitful.
nerozie f. silliness, simplicity, foolery.
neruşinare f. impudence.
neruşinat a. 1. brazenfaced, shameless, impudent; 2. unabashed.
nerugat a. unasked.
nerv m. nerve strength, sinew.
nervos a. 1. nervous; 2. sinewy.
nervozitate f. nervousness.
nesǎbuit a. foolish, silly.
nesǎnǎtos a. unhealthy, sickly, unwholesome.
nesǎrat a. unsalted.
nesǎrutat a. unkissed.
nesǎţios v. insatiable.
nesaţiu n. insatiableness.
nesǎturare f. insatiableness.
nesǎturat a. insatiable.
neschimbare f. immutability, inalterability.
neschimbat a. unchanged, unaltered.
neschimbǎcios a., **neschimbǎtor** a. immutable, inalterable, unchangeable.
nescris a. unwritten.
nesecat a. inexhaustible.
nesfârşit a. unended, interminable.
nesigur a. 1. insecure, unsafe; 2. uncertain.
nesiguranţǎ f. insecurity, uncertainty.
nesilit a. unforced, unconstrained, unforbid.
nesilitor a. unbookish.
nesimţire insensibility.

nesimțitor *a.* insensible.
nesleit *a.* inexhaustible.
nesocoti (a) *va.* to slight, to disregard, to make (to think) light of.
nesocotință *f.* thoughtlessness, indiscretion, folly.
nesocotit *a.* thoughtless.
nespus *a.* unspeakable.
nestatornic *a.* instable, unstable.
nestatornicie *f.* instability, unstableness.
nestimat *a.* inestimable.
neștiință *f.* unacquaintedness, unconsciousness, ignorance.
nestins *a.* unextinguishable, unquenched.
neștire *f.* ignorance.
neștiutor *a.* unconscious.
neștrăbătut *a.* impassable.
neștrămutare *f.* immutability, immutableness.
neștrămutat *a.* immutable.
neștrăvăzător *a.* untransparent, opaque.
nestropit *a.* 1. unsprinkled; 2. unwatered.
nesuferit *a.* insufferable, insupportable.
nesupunere *f.* insubordination.
nesupus *a.* 1. insubordinate, unsubmissive; 2. unsubdued, unsubject (to).
netăgăduit *a.* undeniable.
netam-nesam *loc. adv.* without rhyme or reason.
netărmurit *a.* unlimited, limitless
neted *a.* smooth, sleek, neat.
netemeinic *a.* groundless.
netemeinicie *f.* groundlessness.
neterminat *a.* unfinished.
netezi (a) *va.* to polish, to smooth, to sleek.
netuns *a.* unshorn.
neturburat *a.* untroubled, clear.
neudat *a.* unwatered.
neuitat *a.* unforgot, unforgotten.
neumblat *a.* untrodden.
neunire *f.* disunion, discord, disagreement.
neunit *a.* disagreeing.
neuscat *a.* undried.
neutral *a.* neuter, neutral; *a rămâne*, to stand neuter.
neutralitate *f.* neutrality.
neutraliza (a) *va.* to neutralise.
neutralizare *f.* neutralisation.
neutru *a.* neuter, neutral, impartial
un verb —, a neuter verb.
nevândut *a.* unsold, on hand.
nevârstnic *a.* under age, minor.

nevastă *f.* spouse, wife.
nevăstuică *f. Zool.* waesel.
nevătămat *a.* safe and sound.
nevătămător *a.* innoxious, innocuous, harmless.
nevăzut *a.* invisible.
nevindecat *a.* uncured.
nevinovat *a* innocent, guiltless.
nevinovăție *f.* innocence.
nevoiaș *a.* needy.
nevoie *f.* need, want; necessity;
de —, unwillingly.
nevolnic *a.* involuntary.
nevralgie *f.* neuralgia.
nevrednic *a.* indign, unworthy.
nevrednicie *f.* indignity, worthlessness.
nevrut *a.* unwilled.
nicăiri *adv.* nowhere.
nici *conj.* neither .... nor.
nici de cum *adv.* not at all, by no means.
nici o dată *adv.* never.
nici unul *adv.* not any one, no one, none.
nicovală *f.* anvil.
nihilism *n.* nihilism.
nihilist *m.* nihilist; —, *adj.* nihilist, nihilistic.
nimb *n.* nimbus, glory.
nimeni *pron.* nobody, no one.
nimeri (a) I. *va.* 1. to strike; 2. *fig.* to hit; *a nu —,* to miss; II. *ref.* *a se —,* to happen.
nimfă *f.* nymph.
nimic *n.* nothing, nought, anything;
om de —, good for nothing; *a nu zice —,* not to say anything.
nimici (a) *va.* to destroy to annihilate.
nimicire *f.* annihilation.
ninge (a) *v. imp.* to snow.
ninsoare *f.* snow.
nisetru *m. Zool.* sturgeon.
nisip *n.* sand, gravel.
nisiparíță *f. Zool.* stickleback (fish.).
nisiperniță *f.* sand-box.
nisipos *a.* sandy.
niște *pron.* some, any.
nițel *a.* a little.
nitui (a) *va.* to rivet, to clinch.
nivel *n.* level.
nivela (a) *va.* to level.
noadă *f. Anat.* coccyx rump.
noapte *f.* night; *e —,* it is night;
noaptea, by night, in the night;
toată noantea, all night; *azi —,*
that night.
nobil I. *m.* nobleman. II. *a.* noble,
great, illustrious.

nobilime *f.* nobility.
noblețe *f.* nobleness.
nocturn *a.* nocturnal, nightly.
nod *n.* 1. knot; — *cu laț*, slip-knot: 2. node.
noduros *a.* knotty.
Noemvrie *n.* November.
noi *pron.* we.
noian *n.* immeasurableness.
noimă *f.* sense.
nomad I. *m.* nomad, nomade. II. *a.* nomadic, wandering, errant.
nomenclatură *f.* nomenclature.
nominal *a.* nominal.
nominativ I. *m.* nominative (case). II. *a.* nominative, of names.
nomol *n.* mud, dirt, mire.
nomolos *a.* miry, muddy, dirty.
noptiță *f. Bot.* marvel of Peru.
noptos *a.* nocturnal, nightly.
nor *m.* cloud.
noră *f.* daughter-in-law.
norcă *f.* otter.
nord *n.* north; *nord-est,* north-east; *nord-vest,* north-west.
nordic *a.* northerly.
normal *a.* normal.
noroc *n.* (good) luck, good fortune; *într'un —,* at a venture, at random; *la —,* hap-hazard, by haphazard.
norocit *a.* lucky, happy, fortunate.
norolos *a.* miry, muddy, dirty.
noroiu *m.* mud, dirt, mire.
noros *a.* cloudy.
nostalogie *f.* home-sickness.
nostim *a.* genteel, pleasing, droll, funny.
nostimadă *f.* drollery.
nostru *pron. a.* our.
not *n.* swimming.
notà (a) *va.* to note, to mark, to remark.
notă *f.* 1. note; 2. mark, remark.
notabil *m.* notable.
notabilitate *f.* 1. remarkable persons; 2. notability.
notar *m.* notary.
notariat *n.* notary's office.
notificà (a) *va.* to notify, to make known
notiță *f.* short account, short memoir.
noțiune *f.* notion, idea, conception.
notorietate *f.* notoriety.
nou *a.* new, fresh; raw; *ce e — ?,* what news?
nouă *adj. num.* nine; *nouă-zeci* ninety.
noutate *f.* newness, novelty; 2. news, tidings.

novac *m.* giant, colossus.
novelă *f.* novel.
novelist *m.* novelist, novel-writer.
novice *m.* novice, beginner.
nu *adi.* no, not, nay.
nuanță *f.* 1. shade; 2. gradation of colours.
nuanțà (a) *va.* to shade, to variegate.
nuc *m.* walnut-tree.
nucă *f.* nut, walnut.
nucșoară *f.* nutmeg.
nud *a.* naked, bare, nude.
nueà *f.* rod, twig.
nufăr *f. Bot.* water-lily.
nulă *f.* cipher, nought.
nulitate *f.* nullity.
numai *adv.* but; only; — *de câț,* on the spot, immediately.
număr *n.* number.
numărà (a) *va.* 1. to count, to reckon; 2. to numerate.
numeral *a.* numeral.
numerare *f.* counting, numeration.
numărătoare *f.* cash, ready money
numărător *m.* numerator.
nu-mă-uità *f. Bot.* forget-me-not, myosotis.
nume *n.* 1. name; — *de botez,* christian name; 2. noun; 3. fame, reputation, glory.
numerar *n.* ready cash (money).
numeric *a.* numerical.
numeros *a.* numerous.
numerotà (a) *va.* to number.
numi (a) I. *va.* to name; to call, to appoint. II. *ref. a se —,* to be called; *cum vă numiț?,* what is your name?
numire *f.* nomination, appointment.
numitor *m.* denominator.
nun *m.* witness to a marriage.
nunciu *m.* nuncio.
nuntă *f.* wedding, nuptials, bridal
nuntaș *m.* weddingguest.
nupțial *a.* nuptial, bridal.
nutreț *n.* forage, fodder.
nutri (a) *va.* to nourish, to nurture to nurse, to feed.
nutriment *n.* nourishment, food living, livelihood.
nutritiv *a.* nutritive, nutritious, nourishing.
nuvelă *f.* V. *novelă.*

O

O *n.* (the letter) o.
o I. *int.* oh! o! II. *num.* one, a, an III. *pron.* she.

oacheş *a.* brown, dark.

oaie *f.* 1. sheep, ewe; 2. *loc. prea e de* —, that is to hard to swallow: *a da oile în paza lupului*, to set the fox to keep one's geese; 3. *Zool. oaia morţilor*, snipe.

oală *f.* 1. pot; 2. pitcher.

oară *f.* time; *întâia* —, first time; *de câte ori*, how many times; *de mai multe ori*, several times.

oardă *f.* horde.

care *f. pl.* fowls, poultry.

oarecând *adv.* whenever.

oarecare, oarecine *pron.* some body, any-one, any body, some one.

oarecum *adv.* however, in a manner.

oarzîu *a.* early-ripe.

oaspe *m.* **oaspete** *m.* guest.

oaste *f.* host, army.

oază *f.* oasis.

obadă *f.* 1. felloe, felly (of a wheel); 2. *pl. obezi*, chains, fetters, irons.

obelisc *n.* obelisk.

obezitate *f.* obesity, corpulency.

ob a ă *f.* shred, rag.

obiceiu *n.* custom, habit, practice, use, usage; *ca de* —, as usual *de* —, usually, ordinarily, customarily; *din* —, by habit, by custom, habitually.

obicinui (a) I. *va,* to accustom, to use, to habituate. II. *ref. a se* —, to accustom one's self to, to get used (accustomed).

obicinuinţă *f.* habit, custom, usage.

obicinuire *f.* custom, habit; 2. familiarity.

obicinuit *a.* acustomed, used, habituated.

obidă *f.* grief, affliction, sorrow, care, trouble.

obidit *a.* sorrowful.

obiect *n.* object; thing, article.

obiectă (a) *vt.* to object, to reproach.

obiecţiune *f.* objection.

obiectiv I. *a.* objective. II. *adv.* objectively. III. *n.* object-glass.

obîjdui (a) *va,* to oppress.

obîjduire *f.* oppressing.

obişnui V. *a obicinui.*

oblădui (a) *va.* to govern, to rule, to administer.

oblăduire *f.* government, management, administration.

oblăduttor *m.* governor, ruler, tutor.

oblînc *n.* saddle-bow, holster.

obleagă *f.* fallow (ground).

obli (a) *va.* to plane, to level, to smooth.

oblic *a.* 1. oblique; 2. scaiene.

obligă (a) I. *vs.* to oblige, to obligate, to bind, to compel. II. *ref. a se* —, to obligate one's self, to bind one's self.

obligat *a.* obliged, bound.

obligaţie *f.,* **obligaţiune** *f.* obligation, duly, bond.

obligator I. *a.* obligatory (on) compulsory. II. *adv.* obligatorily, compulsorily.

obloji (a) *va.* 1. to dress wounds; 2. to apply (a cataplasm).

oblojire *f.* dressing of wounds.

oblon *n.* shutter, window-shutter; *închide obloanele*, close the shutters.

oblong *a.* oblong.

obloni (a) *va.* to close the shutters.

oblu *a.* 1. plane; 2. even; 3. straight.

obol *n.* obole, groat (coin).

obor *n.* cattle-fair, stock-fair.

oboroaco *f.,* **oboros** *n.* V. obroc.

oboseală *f.* fatigue, lassitude, tiredness.

obosi (a) I. *va.* to tire, to weary, to fatigue. II. *ref. a se* —, to grow tired, to fatigue one's self.

obosit *a.* weary, tired.

obositor *a.* tiresome, wearisome, fatiguing.

obraji *m. pl.* cheek.

obraz *m.* 1. face, sight, countenance; *a da pe* —, to fard (one's self); 2. *fig.* shame; *a nu aveà* —, *a fi fără* —, to be shameless, impudent, insolent.

obrază *f.* eye-flap, blinker.

obrăzar *n.* mask.

obraznic *a.* 1 shameless, brazen-faced, barefaced; 2. bold, impudent.

obrăznici *a. ref. a se* —, to dare, to have the impudence to.

obrăznicie *f.* effrontery, boldness, audaciousness, impudency.

obreajă *f.* high and dry ground.

obricariţă *f.* share, portion, ration.

obrinteală *f.* phlogosis, inflation, inflammation.

obrinti *v. re. a se* —, to inflame, to rankle.

obrintit *a.* inflated, swelled.

obroc *n.* bushel.

obroci (a) *va.* to bewitch.

obscen *a.* obscene.

obscenitate *f.* obscenity.

obscur *a.* dark obscure, gloomy.

obscuritate *f.* obscurity, obscurness, darkness.

obsedă (a) *va.* to beset; to possess (of spirits).

obsedare *f.* besetting; obsession.

observa (a) I. *va.* to observe, to take a view of, to behold; *s — mai de aproape*, to take a near view of; 2. to notice, to take notice of, to remark. II. *ref. a se —*, to observe each other.

observare *f.* observation, remark.

observație *f.*, **observațiune** *f.* 1. observation, remark; *a face o —*, to take an observation.

observat *a.* observed.

observator I. *m.* observer, remarker. II. *a.* observing.

observatoriu *n.* observatory.

obsesiune *f.* 1. obsession; 2. besetting.

obsingă *f.* Bot. cheven.

obstacol *n.* obstacle, h nderance.

obște *f.* community, commune, public; *de —*, a) always; b) general; *în de —*, in general, generally.

obștesc *a.* public, general, common.

obstrucțiune *f.* obstruction.

obține (a) *va.* to obtain, to get.

obținere *f.* obtaining, obtainment, getting.

obținut *a.* obtained.

obtuz *a.* obtuse.

obuz *n.* small bomb, shell. Howitzer shell.

ocà *f.* 1 old measure (for weights and to take liquids); 2. *a prinde cu ocaua mică*, in the very act.

ocăcăi (a) *vt.* to croak (froggy).

ocăcăit *n.* croak, croaking.

ocară *f.* invective, insult, affront; *vorbă de —*, invective, injurious word.

ocări (a) *va.* to inveigh, to insult, to revile.

ocăritor *a.* injurious, outrageous.

ocârmui (a) *va.* 1. to administer, to conduct, to manage; 2 to rule, to govern.

ocârmuire *f.* administration, management; 2. government.

ocaziena (a) *va.* to occasion, to cause.

ocazional I. *a.* occasional. II. *adv.* occasionally.

ocaziune *f.* occasion, opportunity; *a profita de —*, to avail one's self of an occasion; *a perde ocaziunea*, to miss an occasion.

ocazional *a.* occasional.

occident *m.* Occident, West.

occidental *a.* occidental, western.

---

ocean *n.* ocean, main sea.

oche ari *m. pl.* 1. spectacles, glass, eyeglass, 2. — *de hamuri*, eye-flap.

ochi (a) *va.* 1. to aim, to point; 2. to sight, to take sight, to have an eye to.

ochiadă *f.* ogling, glance, sheep's eye.

ochian *n.* 1. telescope, perspective; 2. spy-glass.

ochincee *pl.* Bot. lingsvort, angelica.

ochire *f.* ogling, leer, eye-beam, (glance).

ochiu *m.* 1. eye; 2. sight, look 3. *loc. ochiu pentru ochiu*, an eye for an eye; *a arunca ochii*, to look on, to glance (at, over, through); *sub ochii mei*, before my eyes (my sight); *a ți cu ochii în patru*, to keep one's eyes open, (about one); *a nu slăbi din ochi*, to not let out of one's sight; *a fi bolnav de ochi*, to have sore eyes, eye-ache; *a închide ochii asupra*, to overlook; *a mânca cu ochii*, to devour with one's eyes; *între patru ochi*, between two persons, between you and me; *cât ai clipi din ochi*, in the twinkling of an eye; *a avea ceva înaintea ochilor*, to have any thing before his (one) sight; *a se ui à cu coada ochiului*, to cast a sly glance at any one; *a face semn cuiva cu ochiul*, to give a wink to, to tip the wink: *cu ochii deschiși*, open-eyed; *cu ochii negri*, black-eyed; *cu ochii mari*, goggle-eyed; *pentru ochii lui*, for one's fair face; *pentru ochii lumei*, for appearances'sake; *a da ochi cu cine-va*, to meet with; *a privi cu ochi rău*, to look with an evil eye on; *doctor de ochi*, oculist; 4. *de fereastră*, pane, square, light, window-glass; — *de plasă*, mesh; — *de împletire*, stitch; — *de raft*, pigeon ho'e: 5. Bot. — *de stup*, cell; *ochiul-boului*, daisy, ox-eye; *ochiu șarpelui*, myosotis, forget-me-not; *ochiu broaștei*, gold-cup.

ochiuri *pl.* poached eggs; *ochiuri romănești*, fried eggs.

ocnă *f.* 1. salt-mine: 2. salt-works.

ocnaș *m.* 1. miner, salt worker; 2. convict.

ocniță *f.* small window (of a vault).

ocol *n.* 1. turn, turning round; *a face ocolul lumi*, to travel round world; 2. enclosure, hedge, fence:

3. farm-yard, stable; **4.** district, circumscription.

ocoli (a) *va.* 1. to go round; 2. to surround, to close in, *fig.* to avoid, to fly from, to flee from.

ocroli (a) *va.* 1. to protect, to safeguard, to preserve; 2. to patronage.

ocrotitor 1. protector, defender; ?. patronizer.

ocru *n.* ochre.

octaedru *n. Geom.* octohedron.

octavă *f. Mag.* octave.

octogenar *a.* octogenary.

octogon I. *n.* octogon. II. *a.* octagonal.

Octomvrie *m,* October.

ocular *a.* 1. ocular; 2. *martor —,* eye-witness.

oculist *m.* oculist

ocult *a.* occult.

ocupă (a) I. *va.* 1. to occupy; 2. to employ, to take up; 3. to possess. II. *ref. a se —,* 1. to occupy one's self; 2 to be busy. to apply one's self to; 3. to be engaged on.

ocupare *f.* **ocupaţie** *f.* **ocupaţiune** *f.* occupation, employment, work.

odă *f.* ode.

odălaş *m.* valet, servant.

odaie *f.* little room (chamber).

odăjdii *f. pl.* chasuble.

odalíscă *f.* odolisk, odalisque.

odată *adv.* 1. once, one time; 2. once, one day, formerly; 3. *de —,* all at once; *nici —,* never; *câ.e —,* sometimes, now and then.

odihnă *f.* rest, repose, quiet; *— eternă,* everlasting rest.

odihni *v. ref. a se —,* to repose, to rest, to sleep.

odihnit *a.* re reshed, sedate.

odinioară *adv.* formerly, not long since, once, one time.

od:os *a.* odious.

odoare *f.* odour, smell, scent, perfume.

odolean *m. Bot.* valerian.

odor *n.* 1. jewel; 2. treasure.

odraslă *f.* 1. sprout, sprig, shoot; 2. offspring, progeny.

of *int.* ah! alas!

ofensă (a) *va.* to offend, to outrage. to hurt.

ofensă *f.* offence, trespass, offending.

ofensiv *a.* offensive.

ofensivă *f.* offensive; *a luà ofensiva,* to take the offensive.

oferi (a) *va.* to offer, to tender, to present, propose.

ofertă *f.* offer, tender, proposal.

oficial I. *a.* official. II. *adv.* officially.

oficină *f.* laboratory.

oficinal *a.* officinal.

oficios *a.* officious; *în mod —,* officiously.

oficiu *n.* 1. office, function; 2. *~ divin.* divine, service.

ofili *v. ref. a se —,* to etiolate, to wither, to fade away.

ofilire *f.* etiolation, fading.

ofiţer *m.* officer; *— de marină,* officer in the navy.

ofiţeresc *a.* officer, officer's.

ofiţerime *f.* body (staff (of officers.

ofrandă *f.* offering.

oftă (a) *vt.* to sigh, to groan (for).

oftalmie *f. Med.* ophthalmia.

oftat *n.* sigh, groan.

oftică *f.* phthisis, consumption.

ofticos I. *m.* consumptive person. II. *a.* consumptive, phthisical.

ogar *m.* greyhound, harrier.

ogarcă *f.* (she) greyhound.

ogăroaică *f.* (she) greyhound.

ogeac *n.* chimney.

oglindă *f.* looking-glass, mirror; *a se uita în —,* to look at oneself in a looking-glass.

oglindar *m.* looking-glass-maker.

oglindi *v. ref. a se —,* to be reflected.

ogor *n.* fallow, acre, field.

ogradă *f.* 1. hedge, fence, ring-fence; 2. court (yard); 3. paddock.

ogur *n.* omen.

ogurliu *a.* of good omen.

oier *m.* shepherd.

oierie *f.* sheep-fold.

oină *f.* prisonbars, prison-base, tennis-court.

oişte *f.* beam, pole, shaft, thill.

oiţă *f.* 1. litle sheep; 2. *Bot.* pasqueflower; 3. *Zool.* siskin (bird).

olan *n.,* **olană** *f.* tile, pantile, gutter.

Olanda *f.* Holland.

olandă *f.* linen.

olar *m.* potter.

olandez *m.* Dutchman.

olandez *a.* Dutch.

olărie *f.* pottery.

Olimp *n.* Olympus.

olimpic *a.* olympian, olympic; *jocurile olimpice,* the Olympian games.

olocaust *n.* holocaust, burnt-offering.

olog *m.* şi *a.* cripple, lame.
om *m.* man; *pl. oameni*, men, people; *toţi oameni*, all men; *oamenii de jos*, low people; *oameni binè crescuţi*, genteel people.
omagiu *n:* homage.
omăt *n.* snow.
omătos *a.* snowy.
omeag *m. Bot.* wolf's bane.
omegă *f.* omega.
omenesc *a.* 1. human; 2. humanlike.
omenie *f.* humanity.
omenire *f.* humanity.
omenos *a.* polite.
omeopat *m.* homoeopathist.
omeopatie *a.* homoeopathic.
omidă *f.* caterpillar.
omilie *f.* homily.
omisiune *f.* omission.
omite (a) *va.* 1. to omit, to leave out; 2. to forget.
omitere *f.* omission.
omizi (a) *va.* to clear of caterpillars.
omleta *f.* omelet.
omnibus *n.* omnibus.
omnipotent *a.* omnipotent.
omnipotenţă *f.* omnipotence, omnipotency.
omnivor *a.* omnivorous.
omoaie *f.* virago.
omogen *a.* homogeneous, homogeneal.
omonim I. *n.* homonym, namesake. II. *a.* homonymous.
omonimie *f.* homonymy.
omoplat *n.* omoplate, scapula, shoulder-blade.
omor *n.* murder, homicide.
omorî (a) I. *va.* to kill, to slaughter, to slay. II. *ref. a se —*, to kill oneself, to commit suicide.
omorâtor I. *m.* murder, assassin. II. *a.* murderous, murdering.
omuleţ *m.* homunculus, little man.
omuşor *n. Anat.* uvula throat-flap.
onest *a.* honest, fair.
onestitate *f.* honesty, integrity, probity.
onix *n.* onyx.
onoare *f.* honour.
onomastică *f.* name-day.
onomatopee *f.* onomatopoeia, onomatopy.
onor *n.* onoare.
onora (a) *va.* to honour, to pay honour to.
onorabil *a. honourable*, respectable.
onorabilitate *f.* honesty.
onorar I. *n.* fee, salary. II. *a.* honorary.

onorific *a.* honorary.
opac *a.* opaque, opacous.
opări (a) I. *va.* 1. to scald; 2. to steep. II. *ref. a se —*, to scald one's self.
operă *f.* 1 work, performance, piece of work; 2. opera; 3. opera-house.
opera (a) *vt.* 1. to operate; 2. to work.
operare *f.* operation.
operaţie *f.*, **operaţiune** *f.* operation.
operator *m.* operator.
operetă *f.* operetta.
opincă *f.* sandal.
opinia (a) *vt.* to give one's opinion.
opinie *f.* **opiniune** *f.* opinion, thought, vote.
opinteală *f.* **opintire** *f.* effort, endeavour.
opiu *n.* opium.
oportun *a.* opportune, convenient, seasonable.
oportunitate *f.* oportunity, opportuneness; fitness of time.
opozant *a.* opposing.
opoziţie *f.* **opoziţiune** *f.* opposition, resistance; 2. protestation, stoppage.
opri (a) I. *va.* 1. to arest, to stop; 1. to detain, to withhold; 3. to forbid, to prohibit. II. *ref. a se —*, 1. to make a stand, a. stop, to stop, to halt, to stay; 2. to forbear.
oprire *f.* 1, arrest, stop; 2. defence prohibitio ., interdict; 3.-detention·
opritoare *f.* drag, skid.
opta (a) *vt.* to choose, to make one's choice.
optare *f.* option, choice.
optatare *f* option, choice.
optativ I. *m.* optative mood. II. *a.* optative.
optic *a.* optic, optical.
optică *f.* optics.
optician *m.* optician.
optime *f.* the eighth part.
optimism *n.* optimist.
opiune *f.* option, choice.
opt-spre-zece *num.* eighteen.
opt-spre-zecelea *num.* eighteenth.
optulea *num.* eighth.
opt-zecelea *num.* eightieth.
opt-zeci *num.* eighty.
opune (a) I. *va.* to oppose, to go (to stand) against, to resist II. *ref.*

a se —, to oppose, to be against,
to be contrary to.
opunere *f.* opposition, resistance
opus *a.* 1. opposite; 2. contrary.
opuscul *n.* small treatise.
oră *f.* 1. hour; *o jumătate de* —,
half an hour; 2. time.
oracol *n.* oracle.
oral *a.* oral, verbal.
orândui (a) *vt.* 1. to order, to set
in order; 2. to place, to set.
onangutan *m.* orang-outang.
orar I. *a.* horary, horal. II. *n.* time-
table.
oraş *n.* town, city.
orăşean *m.* townsman, citizen, in-
habit of a town.
orăşcancă *f.* townswoman.
orăşel *n.* small town.
orăşenesc *a.* town...... like a town.
oratie *f.* nuptial song.
oratiune *f.* speech, oration.
orator *m.* orator, public speaker.
orator *a.* oratorial, oratorical; *în
mod* —, oratorially, oratorically.
oratorie *f.* oratory.
oratoriu *n.* 1. oratorio; 2. oratory.
orb *a.* blind; *un om* —, a blind man
orbeşte *adv.* blindly, blindfolded
orbi (a) *vt.* 1. to blind; 2. to dazzle,
to fascinate.
orbire *f.* 1. blindness; 2. dazzle, daz-
zling.
orbiş *adv.* blindly.
orbită *f.* orbit.
orchestră *f.* orchestra.
ordine *f.* order, command, injunc-
tion.
ordinal *a.* ordinal.
ordinar *a.* ordinary, common.
ordine *f.* arrangement, order; *în* —
de bătălie, in order of battle.
ordonă (a) *va.* to order, to command.
ordonanţă *f.* 1. ordinance, orde-
ring, disposition; officer's man.
ordonanţare *f.* order for the pay-
ment of money.
orez *n.* rice.
orfan *m.*, **orfauă** *f.* orphan; *un or-
fan*, an orphan-boy; *o orfană*, an
orphan-girl.
orfelinat *n.* orphan asylum, or-
phan's institute.
orgă *f.* organ.
organ *n.* organ.
organic *a.* organic, organical.
organism *n.* organism.
organist *m.* organist.
organiză (a) *va.* to organise.
organizare *f.* organisation,

organisatie *f.*, **organizatiune** *f.*
organisation.
organtin *n.* look-muslin, crepon.
orgie *f.* debauch, revelry, orgy.
orgoliu *f.* pride, haughtiness, boast.
or *conj.* or, either; *ori atci, ori
acolo*, either here or there.
oricând *adv.* whenever, whensoe-
ver.
oricine *adv.* anybody.
oribil *a.* frightful.
oricum *adv.* in whatever manner.
oriunde *adv.* wherever.
orient *n.* Orient, East.
orientă (a) I. *va.* to orient, to set
towards the east. II. *a se* —, to
ascertain one's position, to disco-
ver the right road (way).
oriental *a.* Oriental, eastern.
orientalist *m.* orientalist.
orificiu *n.* orifice, aperture, hole.
origină *f.* origin, source; *de* —, by
one's origin.
original I. *a.* original. II. *m.* 1. ori-
ginal, first copy; 2. queer fellow;
3. oddity.
originalitate *f.* originality.
originar *a.* 1. originating, originary;
2. native.
orizont *n.* horizon.
orizontal *a.* horizontal.
ornament *n.* ornament.
ornitologie *f.* ornithology.
orologiu *n.* clock.
ortodox *a.* orthodox.
ortodoxie *f.* orthodoxy.
ortografie *a.* orthographic, ortho-
graphical.
ortografie *f.* orthography.
orz *m.* barley.
os *n.* bone.
osândă *f.* condemnation, punish-
ment.
osândi (a) *va.* to condemn, to sen-
tence.
osândire *f.* 1. condemnation 2. pu-
nishment.
osânză *f.* lard.
oscilă (a) *vt.* tă oscillate.
osciltaţiune *f.* oscillation.
oscilator *a.* os illatory.
osebi (a) *v.* V. *a deosebi.*
oseminte *n. pl.* bones.
os.e *f.* 1. axis; 2. axle, axle-tree.
osifică (a) I. *va.* to ossify. II. *ref.
a se* —, to become ossified.
osificare *f.* ossification.
osos *a.* osseous, bony.
ospăţ *n.* feast; entertainment.
ospătă (a) I. *va.* to host, to enter

tain, to treat. II. *ref. a se* ~ to feast, to banquet.

ospătar *m.* host, innkeeper.

ospătărie *f.* hostelry, inn.

ospătătoare *f.* hostess.

ospătător *m.* host.

ospătos *a.* hospitable.

ospeţie *f.* hospitality.

ospiciu *n.* hospital, alms-house (for monks).

ospitalier *a.* hospitable.

ospitalitate *f.* hospitality.

ostaş *m.* warrior, soldier, warfarer.

ostăşesc *a.* warlike, military.

ostatic *m.* hostage.

ostean *m.* soldier.

o s t e n e a l ă *f.* fatigue, lassitude, weariness.

osteni (a) I. *va.* to fatigue, to tire, to wear out. II. *ref. a se* —, 1. to fatigue one's self; 2. to get, (to grow) tired.

ostenit *a.* weary, tired.

ostenitor *a.* fatiguing, tiresome.

ostie *f.* host.

ostil *a.* hostile, inimical.

ostilitate *f.* hostility.

ostrov *n.* isle (of a river).

otavă *f.* after-math.

otel *n.* hotel, inn, lodging-house.

oţel *n.* steel.

otelier *m.* hotel-keeper, innkeeper, inn-holder.

oţelărie *f.* steel-works.

oţele *pl.* gun-lock.

oţeli (a) *vt.* 1. to steel; 2. to temper (iron).

oţelit *a.* steely.

oţet *n.* vinegar.

oţetar *n.* vinegar-merchant, vinegar-maker.

oţetar *n.* 1. cruet for vinegar, cruet-stand; 2. *Bot.* vinegar-tree.

oţetărie *f.* vinegar-manufactory.

oţeţi *v. ref. a se* —, to turn sour.

otgon *n.*, **odgon** *n.* mooring, hawser, cable.

otomană *f.* ottoman, sofa, divan.

otrăţel *m. Bot.* borage.

otravă *f.* poison, venom

otrăvi (a) I. *va.* to poison, to ewenom. II. *ref. a se* —, to take poison.

otrăvicios *a.* poisonous, venomous.

otrăvire *f.* poisoning.

otrăvit *a.* poisonous, poison-tainted.

otrăvitoare *f.* poisoner.

otrăvitor I. *m.* poisoner. II. *a.* 1. poisonous, venomous; 2. virulent, angry.

otreapă *f.* dish-cloth, dish-clout.

ou *n.* 1 egg; — *proaspet*, new-laid egg; — *fiert*, boiled egg, soft egg; — *răscopt*, hard egg; — *roş*, Easter-egg; 2. *prov. mai bine azi un* — *de cât mâine un bou*, a bird in the hand is worth two in the bush.

oua (a) *v.*. to lay eggs.

ouare *f.* egg-laying, laying-time.

oval *a.* oval.

ovaţie *f.*, **ovaţiune** *f.* ovation.

ovăz *n.*, oats.

ovipar *a.* oviparous.

ovreesc *a.* Jewish.

ovreică *f.* Jewess.

ovreiu *m.* Jew.

oxid *n.* oxide.

oxigen *n.* oxygen.

P

P *n.* (the letter) p.

păcăleală *f.* mischievous trick, hoax

păcală *m.* 1. buffoon, jester; 2. merry Andrew; 3. Jack pudding.

păcăli (a) I. *va.* to take in, to put a trick on, to deceive.

păcat *n.* 1. sin, trespass; *a cădeă în* —, to commit a sin. II. *ref. a se* —, to get the worse, to be disappointed; *mare* —, heavy sin; 2. pity; *ce* —, what a pity!; *e* —, tis a pity!.

păcătos *m.* sinner, offender, trespasser, transgressor.

păcătoşie *f.* sinfulness.

pace *f.* 1. peace; *a trăi în* —, to live in peace.

pachet *n.* packet, bundle, parcel.

pachiderm *m.* pachyderm.

pacient I. *m.* patient, sufferer. II. *a.* patient, enduring.

pacienţă *f.* patience, endurance, forbearance.

pacific *a.* pacific.

pacifică *v.* to pacify.

pacificare *f.* pacification, pacifyng.

pacificator *m.* pacificator, pacifier, peace-maker.

pacinic *a.* pacific, peaceable, peaceful.

păclă *f.* 1. mist, fog; 2. sultriness.

pacoste *f.* mishap, calamity, mischance.

pact *n.* pact, compact, agreement.

păcură *f.* pitumen, tar, coal-tar.

Padişah *m.* Padishah (Turc).

păduche *m.* louse; — *de lemn*, bug — *lat*, flesh-worm.

păducher m. Bot. louse-wort, lice-bane.

păduchiă (a) va. to louse.

păduchios a. lousy.

pădurar m. forester, gamekeeper, forest-ranger.

pădure f. wood forest, woodland.

pădurean I. a. forest. II. m. forester, inhabitant of a forest.

păduret m. wild stock, sprit; *măr ~, crab-apple.

pădurică f., **pădurice** f. grove, thicket.

păduros a. woody, wooded, busky, forest.

păită f. 1. buckle; 2. (door —) hinge; 3. clasp.

pag I. a. piebald. II. m. piebald (dappled) horse.

păgân m. și a. pagan, heathen.

păgânătate f. paganism.

păgânesc a. paganish.

păgânime f. paganism, heathenism.

pagină (a) va. to page.

pagină f. page (of a book).

paginare f. paging (of a book).

paginatie f. paging (of a book).

pagiu m. page.

pagodă f. pagoda.

pagubă f. loss, detriment, harm, prejudice; *în paguba*, to the detriment of; *nu e mare*, —, there is no great harm done.

păgubaș m. loser.

păgubi (a) vt. to injure; to lose by.

păgubitor a. prejudicial, injurious, mischievous.

pahar n. glass; *un pahar de apă*, a glass of water.

păiajen m. spider.

paiață f. clown, merry Andrew.

paie f. straw; *un fir de —*, a bit of straw; *scaun de —*, straw-chair; *pălărie de —*, straw-hat, straw-bonnet; *saltea de —*, straw-bed.

pâine f. bred, loaf; *— albă*, white bread; *— rece*, stale bread; *— caldă*, new bread; *— neagră*, brown bread; *— de secară*, rye-bread; *— nedospită*, azyme; *o pâine* a loaf of bread.

păinișoară f. roll.

paingăn m. V. *păianjen*.

păiș n. 1. stubble; 2. thatch; 3. laim.

paisprezece num. fourteen.

paiu n. stalk of a straw, thatch, blade, halm.

paj m. page.

pajiște f. lawn, grass-plot, meadow.

pajură f. 1. escutcheon, armorial

bearings; 2. tail, pile; *cu număr sau cu —*, head or tail.

pal a. V. *palid*.

paladin m. paladin.

paladiu n. palladium.

pălălăi (a) vt. to crepitate, to crackle, to blaze to flame.

pălălaie f. crackling, blaze.

pă ălăitură f. crepitation, crakling.

pălimar n. mooring, haw; er, halser, cable.

pălimar m. sexton, beadle.

pa'an n. paling, palisade.

pălărie f. hat; *— de damă*, bonnet; *a scoate pălăria din cap*, to take off one's hat.

pălărier m. hat-maker, hatter.

palat n. 1. palace; *— de justitie*, court-house, court of justice; 2. Anat. palate.

palatin a. palatine: *prințesa ɾalatină*, the Princess Palatine.

palatinat n. Palatinate.

palavră f. 1. palaver, brag, boasting; 2. prattling, tattle, tittle-tattle: *a tăia la lavre și palavre*, to tattle, to tell cracks.

palavragiu m. bragger, boaster braggard, humbug.

paleograf m. paleographer, paleographist.

paleografie f. paleography.

paleontolog m. paleontologist.

paleontologie f. paleontology.

paletă f. pallet, paint-pallet, spoon-bill.

paliativ n. palliative.

palid a. pale, wan.

pălimar m. V. *pălămar*.

palisadă f. 1. palisade, paling; 2 stockade.

palisandru m. rosewood.

pălit a. pale.

palita f. long pole.

palmă f. 1. palm (of a hand); 2 span (of the hand); 3. box on the ear, slap; *a da o — cuiva*, to box a person's ear; *a lua în palme*, to box one's ears.

palmes n. inch.

palmier m. Bot. palm-tree.

palmiped a. web-footed.

pălmui (a) va. to box one's ears to slap on the face; *— pe cineva* to box a person's ear.

pâlnie n. funnel.

paloș n. sword.

palpabil a. palpable.

pălpăi (a) vt. to flame, to blaze.

palpitatie f. palpitation, panting

palton n. great-coat.
paludean a. paludal, of marches.
paludism n. marsh-lever.
pământ n. 1, earth, ground, soil; 2. land; *Pământul Sfânt,* the Holy Land; 3. world.
pământean m. și a. native, indigen, indigenous.
pământesc a. terrestrial, earthly.
pământos a. earthly.
pământuf n. 1. puff; 2. shaving-brush; 3. sprinkle.
pamflet n. pamphlet.
pamfletar m. pamphleteer.
pană f. 1. plume; 2. feather; 3. quill, pen; — *de gâscă,* quill pen; 4. wedge.
până prep. until, till, to, as far as; — *acuma,* hitherto; — *când,* until some time as; *pân'astăzi,* till now; *pân'atunci,* till then; — *la,* as far as, even to; — *la zece,* to ten; — *aici,* thus far, so far.
panaceu n. panacea.
panas n. plume, bunch of feathers.
pancreas n. *Anat.* pancreas.
pancreatic a. pancreatic.
pândă f. wait, watch, lying in wait, ambuscade; — *la —,* in wait; *a sta (a fi) la —,* to lie in wait, to be on the watch.
pândar m. watcher, warder, warden, guard.
pândaș m. lurker, spy.
pândi (a) va. 1. to watch (for), to lie in wait for, to be on the watch for; 2. to lurk.
pâne f. V. *pâine.*
panegiric n. panegyric.
panegirist m. panegyrist.
paner n. pannier, basket, hamper.
pângări (a) va. 1. to profane, to desecrate; 2. to pollute.
pângărire f. 1. profaning; 2. pollutedness.
pângăritor m. profaner.
panglică f. 1. ribbon, riband; 2. taenia, tape-worm.
panglicar m. ribbon (riband)—weaver, riband-seller.
panglicărie f. 1. riband-weaving; 2. ribbon-trade, riband-trade.
panică f. panic, sudden fright.
panoplie f. panoply.
panorama f. panorama.
pansa (a) va. to dress (wounds).
pansament n. dressing (of wounds).
pantă n. f. 1. iron-work of a door hinge; 2. declivity; 3. slope.
pantaloni m. pl. 1. pantaloons, trow-

sers; *o pereche de —,* a pair of pantaloons; — *albi,* a pair of white ducks; 2. (for ladies) drawers.
pântece n. 1. belly; 2. abdomen; 3. womb.
pântecos a. big-bellied.
panteism n. pantheism.
panteist m. pantheist.
panteon m. pantheon.
panteră f. panther.
pantof m. shoe.
pantofar m. shoe-maker.
pantomimă f. pantomime; *prin —,* pantomimic, pantomimical.
pânză f. 1. linen, linen-cloth; *marfa de —,* linen-drapery; *cămașă de —,* linen-shirt; 2. — *de corabie,* sail.
pânzar m. 1. linen-cloth maker; 2. linen-draper.
pânzărie f. linen-draper's shop.
pânzeturi pl. linen-drapery; *prăvălie de —,* linen-ware-house.
Papa m. Pope.
papă f. 1. pap, stirabout, sowans, sowens; *papă-tot,* glutton; 3. *fig. papă-lapte,* tom-fool, tom-noddy.
păpădie f. *Bot.* dandelion.
papagai m. parrot.
papal a. papal.
papalitate f. papacy, popedom.
paparoane pl. *Bot.* wild poppy.
papism m. popery.
paporniță f. reed-basket.
papuc n. slipper.
papură f. *Bot.* sedge, rush; *a căuta nod în —,* to look for a mare's nest, to look for difficulties where are none.
păpușă f. 1. doll; 2. puppet.
păpușoiu n. V. *porumb.*
par n. stake, pile, pale.
păr m. pear-tree.
păr n. 1. hair; *a se luă de —,* to collar each other; 2. *Bot. părul porcului,* dutch rush; *părul fetei,* procession flower.
pară f. pear.
pâră f. accusation.
pară f. farthing; pl. *parale,* money.
parabolă f. 1. parable; 2. parabola.
parabolic a. parabolic.
paraclis n. chapel.
paraclizer m. beadle, sexton.
paradă f. parade, show, state, ostentation.
paradaism tomato, wolf's peach.
paradigmă f. paradigm.
paradis n. paradise; *paradisul pierdut,* paradise loss.
paradox n. paradox.

paradoxal *a.* paradoxical.
parafă *f.* paraph, flourish initials.
parafernă *f.* paraphernalia, wife's property.
parafrază *f.* paraphrase.
paragină *f.* untilled land, fallow.
paragraf *n.* paragraph.
părăi (a) *vt.* to crakle, to crepitate.
părăitură *f.* crackling, crepitation.
parale *f. pl.* money.
paralel *a.* parallel.
paralelă *f.* parallel.
paralelism *n.* parallelism.
paralitic *m.* și *a.* paralytic.
paraliză (a) *vt.* to paralyse.
paralizie *f.* paralysis, palsy.
parantezä *f.* parenthesis.
parapet *n.* parapet.
părăsi (a) *va.* to abandon, to forsake, to give over, to leave.
părăsire *f.* abandonment, relinquishment.
parastas *n.* requiem.
paratoner *n.* conductor, lightning-rod, lightning-conducter.
pârâu *n.* rivulet, brook, rill.
paravan *n.* screen, folding screen.
parazit *m.* parasite, sponger, trencher-friend.
parc *n.* park.
parcă *conj.* as if, it would seem that.
parcelă (a) *va.* to divide into lots.
parchet *n.* 1. inlaid floor; 2. bar (of a court of justice).
pardesiu *n.* overcoat, great-coat.
pardos *m.* panther.
pardoseală *f.* 1. floor; 2. flooring.
pardosi (a) *va.* 1. to floor, to board; 2. to pave.
părea (a) *vt.* to appear (to be), to seem, to look; *pare a ft.* appears to be; *după cum se pare,* as it seems, as it would seem; *a-i — bine,* to be glad; *a-i — rău,* to be sorry, to feel regret.
parecherniţă *f. Bot.* wall-wort.
părere *f.* opinion, thought, notion; *după părerea mea,* in my opinion; *nu sunt de aceaş —,* I am not of the same way of thinking; *a'şi da părerea,* to give one's opinion; *— de bine,* content, satisfaction, joy; *— de rău,* regret, sorrow; *cu — de rău,* with regret.
păresimi *f. pl.* Lent, quadragesima; *Duminaca Păresimilor,* first Sunday in Lent, quadragesima Sundy.
părete V. *perete.*
parfum *n.* perfume, scent.

parfumă (a) *va.* to perfume.
parfumărie *f.* perfumery.
pârgă *f.* first-fruits.
pârghie *f.* lever.
pârî (a) *va.* to accuse, to impeach.
pariă (a) *vt.* to wage, to bet.
paricid *m.* și *n.* parricide.
parimie *f.* proverb, adage.
părinte *m.* 1. father; 2. priest, parson; 3. *pl. părinţi,* parents.
părintesc *a.* 1. paternal; 2. fatherly.
pârîre *f.* accusation.
pârîş *m.* accuser.
pârît *m.* accused.
paritate *f.* parity, equality.
parizian *a.* Parisian.
pariu *n.* wager, bet.
pârjoală *f.* roast joint.
pârjol *f.* fire.
parlament *n.* parliament.
parlamentă (a) *vi.* to parley.
parlamentar I. *m.* (bearer of a) flag of truce. II. *a.* parliamentary.
pârleală *f.* 1. burnt smell; 2. deceiving.
pârlî (a) I. *va.* 1. to singe, to sear, to tan; 2. *fig.* to deceive, to delude, to dupe. II. *ref. a se —,* to be deceived.
pârlire *f.* singeing, singe.
pârlitură *f.* singe, singeing.
pârloagă *f.* untilled land, fallowground.
parmaclâc *n.* baluster, rail.
parmezan *n.* Parmesan cheese.
paroch *m.* parson, parish-priest.
parochial *a.* parochial; *biserică parochială,* parish-church.
parochie *f.* parish.
parodiă (a) *va.* to parody.
parodie *f.* parody.
parolă *f.* parole, word, speech, promise; *— de onoare,* parole, word of honour.
păros *a.* hairy.
paroxism *n.* paroxysm.
parşiv *a.* mean.
partaş *m.* partisan, adherent.
parte *f.* 1. part, portion, deal; 2. part, portion, share, quota; 3. concern; 4. side; 5. *a lua —,* to participate, to have a share in; *a lua — la:* u) to take a share in; b) to be concerned in; *a avea — la,* to have a part in; *a face — din,* to constitute a part of; *în —,* in part; *cu părţi egale,* on shares; *din toate părţile,* from (on) all sides; *în toate părţile,* every way; *a se uita în toate părţile,* to look

a thousand ways; *de o —; la o —,* aside; *a da la o —,* to turn aside; *a pune la o —,* to lay (to set, to put) aside; *a stă la o —,* to waive, to waive aside; *a se aa de o —,* to stand aside; *a se duce la o —,* to step aside.

parter *n.* 1. 'ground-floor; 2. parterre, pit of a theatre.

parțial *a.* partial.

parțialitate *f.* partiality.

particică *f.* particle.

participă (a) *vt.* to participate, to have a share in.

participare *f.* participation, share.

particulă *f.* Gram. particle.

particular *a.* 1. particular; 2. peculiar; 3. private.

particularitate *f.* particularity, peculiarity.

partid *n.* party; *om de —,* party-man; *șef de —,* leader of a party.

partidă *f.* 1. party, faction; 2. game, match.

părtini (a) *va.* to favour, to be partial to.

părtinire *f.* partiality.

părtinitor *a.* partial.

partitiv *a.* partitive.

partiție *f.,* **partițiune** *f.* Muz. partition.

partitură *f.* score.

partizan *m,* partisan; adherent.

parveni (a) *vt.* 1. to attain, to arrive, to reach; 2. to make one's fortune, to come to preferment.

parvenit *m.* upstart, snob.

pas *m.* 1. pace, step, footstep; 2. footing; 3. narrow passage, defile; 4. *— mare,* stride; *cu pași mari,* with hasty strides; *— cu —,* pace for pace; *la —,* at a slow step; *a face un —,* to step, to take a step.

pâsă *v. imp.* to be of consequence, to be of moments, to concern; *a-i —,* to care; *ce-mi pasă,* what do I care for that; *nu-mi pasă,* I don't care about it, (for it), *puțin îmi pasă,* fiend-may-care.

Pașa *m.* pasha, pacha.

pasager *m.* passenger.

pasaj *n.* 1. passage; 2. passing.

pașalâc *n.* pachalic.

pașaport *n.* passport.

păsărar *m.* 1. fowler, bird-catcher; 2. sparrow-hawk.

pasăre *f.* 1. bird, fowl; 2. poultry; 3. *— de casă, pasărea malaiului,* *— de munte,* sparrow; *— țigă-*

nească, wag-tail; *— tătărească,* lapwing, pewit, plover; *— domnească,* bullfinch; *— muscă,* humming-bird; *pasărea paradisului, pasărea raiului,* bird of Paradise.

păsărește *adv.* 1. bird's.., of bird; 2. unintelligible.

păsărică *f.* young bird, little bird.

păscut *n.* pasture.

păscuță *f.* Easter-daisy.

pâși (a) *vt.* to pace, to hold (keep) pace with.

pasionat *a.* passionate.

pasiune *f.* passion.

pasiv *n.* și *a.* passive; *la —,* in the passiv.

pasivitate *f.* passivity.

pâslă *f.* felt.

pâslar *m.* felt-maker.

pastă *f.* paste, pap.

păstaie *f.* pod, shell.

păstârnac *m.* Bot. parsnip.

Paște *f. pl.* 1. Easter; *ziua de —,* Easter-day; *sâmbâta Paștelor,* Easter-eve; 2. Passover.

paște (a) *va.* to pasture, to graze, to feed.

pastel *n.* pastel crayon.

pastilă *f.* pastille, lozenge, drop.

păstor *m.* 1. pastor; 2. shepherd; 3. parson.

pastoral *a.* pastoral.

păstoresc *a.* pastoral.

păstoriță *f.* shepherdess.

păstra (a) *va.* to preserve, to keep, to save, to conserve.

pastramă *f.* powdered, corned, pickled, salted meat.

păstrare *f.* conservation, preservation.

păstrător *m.* conservator, preserver.

pășuna (a) *vt.* to pasture, to graze.

pășune *f.* pasturage, pasturage-land, paddock; *a duce la —,* to pasture.

păstrăv *m.* Zool. trout.

păstrugă *f.* big trout.

păstură *f.* bee-bread.

pat *n.* 1. bed; *a primeni patul,* to make the bed; *pe patul morții,* on one's death bed; 2. *patul puștei,* gun-stock.

pată *f.* spot, stain, blot; *fără —,* without a spot; *a scoate o —,* to get out a stain.

pătă (a) *vt.* to spot, to stain.

pățanie *f.* mischange, mishap.

pataramă *f.* stretcher, litter.

patască *f.* litter, stretcher.

patentă *f.* license (to sell).
patentă (a) *va.* to grant letters-patent.
patern *a.* 1. paternal; 2. fatherly.
paternitate *f.* paternity.
patetic *a.* pathetic.
păți (a) *vt.* to suffer, to endure, to bear; 2. to meet with; 3. to experience.
patimă *f.* 1. suffering, pain, affliction; 2. passion, affection.
pătimaș *a.* passionate, affectionate.
pătimi (a) *va.* to suffer.
patină *f.* skate, patten.
patina (a) *vi.* to skate.
patinaj *m.* skating.
pătlăgea *f.* — *vânătă*, mad-apple; — *roșie*, paradise apple, tomato, wolf's peach.
pătlagină *f. Bot.* plantain; — *îngustă*, rib-grass, rib-wort.
patologic *a.* pathological.
patologie *f.* pathology.
patos *n.* pathos.
patrafir *n.* priestly-dress.
pătrar *n.* quarter.
patrat I. *n.* square, quadrat. II. *a* square; quadrate, quadratic; *rădăcină patrală*, square-root.
patriarh *m.* patriarch.
patriarhal *a.* patriarchal.
patriarhie *f.* patriarchate, patriarchship.
patrician *m.* patrician.
patrie *f.* native country, native land, birthplace, home.
pătrime *f.* fourth (part), quarter.
patrimonial *a.* patrimonial.
patrimoniu *n.* patrimony.
patriot *m.* patriot.
patriotic I. *a.* patriotic. II. *adv.* patriotically.
patriotism *n.* patriotism.
patron *m.* 1. patron, gardian, defender, protector; 2. *Mar.* master of a ship; 3. pattern, sample.
patrona (a) *va.* to patronize.
patronaj *n.* patronage, advowson.
patronal *a.* patronal.
patroneasă *f.* patroness.
patronimic *a.* patronimic.
patrontaș *n.* cartridge-pouch.
patru *num.* four; *al patrulea*, a patra, the fourth.
patrulă *f.* patrol.
pătrunde (a) *va.* și *vt.* 1. to penetrate, to pierce, to move; 2. to traverse, to pervade, to permeate; to search into, to enter into, to impregnate; *a — cu mintea*, to

search into, to apprehend, to conceive.
pătrundere *f.* 1, penetration, pervasion, permeation; 2. acuteness, sagacity, sharpness.
pătrunjel *m.* parsley; — *sălbatec*, mountain-parsley, pimpinella.
pătrunzător *a.* 1. penetrating, penetrative; 2. piercing; 3. sharp, acute, sharp-witted, shrewd.
patruped *m.* quadruped.
patrusprezece *num.* fourteen.
patruzeci *num.* forty.
pătucean *n.* bedstead, small bed.
pătul *n.* hay-loft, maize-loft.
pătuli (a) *va.* to house the corn, cereal.
pătură *f.* 1. layer, stratum, couch, 2. hair-quill, coverlet made of hair.
pătuț *n.* bedstead, small bed.
păun *m.* pea-cock; *pană de —*, peacock's feather.
păună *f.* pea-hen, peahen.
păunaș *m.* 1. young pea-cock; 2. *fig.* nice boy.
păuni *v. ref. a se —*, to strut, to flaunt.
pauperism *n.* pauperism.
paupertate *f.* poverty, indigence.
pauză *f.* 1. pause; 2. stop, rent, stand; 3. suspension.
pava (a) *va.* to pave.
pavaj *n.* 1. paving; 2. pavement.
pavăză *f.* shield, buckler, breast-plate.
pavilion *n.* 1. pavilion, summer-house; 2. standard, flag.
pavoaza (a) *va.* to dress (deck, adorn) with flags.
pază *f.* 1. guard, keeping, watching; 2. guard, watch, ward; 3. custody care, heed, attention; *a sta de —*, to watch, to look after, to have an eye upon; *a fi de —*, to be upon the watch; *a avea sub paza sa*, to have in one's charge, in one's keeping; *înger de —*, gardian angel.
pazar *n.* bazaar, market.
păzi (a) I. *va.* to keep, to watch, to look after, to have an eye upon. II. *ref. a se —*, to guard against, to be on one's guard, to preserve one's self from, to beware of.
păzire *f.* 1. keeping, watching; 2. guard, custody, care, heed; 3. attention.
păzitor *m.* guard, warden, keeper, custodian.
pe *prep.* 1. on, upon; 2. in, by, near.

about, over; 3. *ex.* — *masă*, on, upon, the table; — *strada*, in the street; — *măine*, by to-morrow; *era cât* — *ce să cadă*, he had near fallen; *cam* — *la amiazi*, about noon; ∼ *pămănt*, over the earth.

peatră V. *piatră*.

pecete *f.* seal.

pecetlui (a) *va.* to seal to set one's seal to.

pecingine *f. Pat.* tetter.

pecinginos *a.* tettered.

pectoral *a.* pectoral.

pecuniar *a.* pecuniary.

pedagog *m.* 1. pedagogue; 2. school-assistent.

pedagogic *a.* pedagogical.

pedagogie *f.* pedagogy.

pedală *f.* pedal, pedal-note.

pedant *m.* pedant.

pedantic *a.* pedantic.

pedantism *n.* pedantry.

pedeapsă *f.* punishment, chastisement. scourge.

pedecă *f.* V. *piedecă*.

pedepsi (a) *va.* 1. to punish; 2. to chastise.

pedestraş *m.* pedestrain, foot-passenger.

pedestru *a.* on foot.

peduncul *m.* stalk of a flower.

pehlivan *m.* mountebank, quack, rope-dancer.

peire *f.* ruin, calamity.

peizal *a.* landscape.

peizajist *m.* landscape-painter.

pelerin *m.* pilgrim.

pelerină *f.* tippet.

pelerinaj *n.* pilgrimage.

pelican *m.* pelican.

peliculă *f.* pellicle, cuticle.

pelin *m. Bot.* wormwood.

peliţă *f.* cuticle, pellicle.

peltea *f.* jelly, fruit-jelly.

peltic *a.* stammering; *a fi, a vorbi* —, to stammer.

pembè *a.* rosy, rose-red, pink.

penal *a.* penal; *codul* —, criminal code.

penalitate *f.* penalty.

pendulă *f.* 1. pendulum; 2. time-piece, clock.

penel *n.* 1. pencil, hair-pencil; 2. brush.

penibil I. *a.* painful. II. *adv.* painfully.

peninsulă *f.* peninsula.

peniş *n.* 1. plumage, feathers; 2. plume bunch of feathers.

peniţă *f.* 1. metallic pen, steel-pen; 2. *Bot.* spikenard.

penitenciar *n.* penitentiary, bridewell.

penitent *a.* repentant, contrite.

penitenţa *f.* 1. penitence, repentance; 2. penance.

penitenţiar *a.* penitentiary.

pensie *f.*, **pensiune** *f.* 1. pension; 2. annuity; *a scoate la* —, to pension of; *a ieşi la* —, to retire on a pension.

pension *n.* boarding-house, boarding-school.

pensionar *m.* pensioner (person receiving a pension).

pensionat *n.* boarding-school; — *de băeţi*, young gentlemen's boarding-school; — *de fete, de domnişoare*, young laidies boarding-school.

pensulă *f.* hair-pencil, brush.

pentagon *n.* pentagon.

pentateuh *m.* Pentateuch.

Penticostă *f.* Pentecost, Whitsuntide.

pentru *prep.* 1. for, on account of, for the sake of; 2. to, towards; — *că* because, in order to, in order that; — *aceea*, therefore, so, that is why; — *tine*, for your sake; — *sine însuşi*, for one's own sake; *cât* — *mine*, as for me, as for my part; *a muri* — *patrie*, to die for one's country; — *ce*, why? wherefore? upon what score? for what? — *Dumnezeu*, for God's sake.

penultim *a.* 1. last but one; 2. penultimate.

penumbră *f.* penumbra.

pepene *m.* 1. melon; — *verde*, water-melon; — *galben*, sweet-melon; 2. *loc. a ţine doi pepeni într'o mână*, to have too many irons on the fire.

pepinieră *f.* nursery.

percal *n.* cotton cambric, cambric muslin.

percalină *f.* glazed lining.

percepe (a) *va.* 1. to collect (taxes), to gather; 2. to notice, to perceive.

percepere *f.* 1. collection, gathering (taxes); 2. perceiving.

percepţie *f.* percepţiune *f.* 1. gathering, collection; 2. colectorship; 3. perception.

perceptor *m.* tax-gatherer, collector.

perchiziţie *f.*, **perchiziţiune** *f.* perquisition, search.

perchiziţiona (a) *va.* to search.

perciunat *a. şi m.* 1. with curls of hair; 2. *Iron.* yew.

perciuni *pl.* curls of hair (by Jews)

percurge (a) *va.* 1. to run over, to go over to look over; 2. to read over, to turn over the leaves (of book).

perdal *n.* 1. lustre; 2. censure, check; rebuke; 3. reprimand, admonit on.

perdea *f.* 1. curtain: veil; *a trage perdeana*, to draw the curtain; 2. *Pat: — în ochiu*, gutta-serena.

pereche *f.* 1. pair, couple; 2. brace; **3.** *o ~ fericiă*, a happy pair; *o ~ de mănuşi*, a pair of gloves; *o frumoasă —*, a handsome couple.

peregrin *m.* pilgrim.

peregrină (a) *vt.* to go on a pilgrimage, to make a pilgrimage.

peregrinare *f.* peregrination.

peremptoriu *a.* peremptory.

perete *f.* wall; *masă de —*, board; *ceasornic de —*, time-piece, clock; *oglindă de —*, pier-glass.

perfect I. *a.* 1. perfect; 2. complete. II. *adv.* perfectly, completety. III. *n.* Gram. perfect; *mai mult ca perfectul*, pluperfect (tense).

perfectibil *a.* susceptible of perfection.

perfectibilitate *f.* perfectibility.

perfecţiona (a) I. *va.* 1. to perfect. **2. to** be perfective of; 3. to improve. II. *ref. a se —*; 1. to perfect one's self; 2. to improve one's self.

perfecţionare *f.* improvement.

perfecţionat *a.* improved.

perfecţiune *f.* perfection.

perfid I. *a.* perfidious. II. *adv.* perfidiously.

perfidie *f.* perfidy, perfidiousness.

perforaţiune *f.* perforation.

pergament *n.* parchment.

pergamută *f.* bergamot-pear.

peria (a) *va.* to brush, to rub.

periclită (a) *va.* to be in danger, to be threatened with ruin.

pericol *n.* peril, danger, risk.

periculos I. *a.* dangerous, perilous II. *adv.* dangerously, perilously.

perie *f.* brush; *— de cap*, hair-brush; *— de dinţi*, tooth-brush; *— de pălărie*, hat-brush.

perier *m.* brush-maker.

periere *f.* brushing.

perietură *f.* brushing.

periferie *f.* periphety.

perifrază *f.* periphrasis, circumlocution.

perină *f.* V. *pernă*.

perindă *v. ref. a se ~*, to succeed

period *n.* period.

perindare *f.* succession.

periodic *a.* periodic, periodical.

peripeţie *f.* sudden turn of fortune, peripetia.

peristil *n.* peristyle.

peritoneu *n.* peritonium.

peritor *a.* perishable.

perjă *f.* V. *prună*.

perlă *f.* V. *mărgăritar*.

permanent *a.* permanent, lasting.

permanenţă *f.* permanence, permanency.

permis *a.* 1. allowed, lawful; 2. allowable; 3 permitted.

permisie *f.*, **permisiune** *f.* permission, allowance, leave.

permite (a) *va.* 1. to permit, to allow; 2. to suffer; 3. to give leave.

permută (a) *va.* to exchange.

permutare *f.* 1. exchange; 2. permutation.

pernă *f.* cushion, pillow; *faţă de —*, pillow-case, pillow-beer, pillow-slip.

peron *n.* platform.

perorá (a) *vt.* to hold forth, to speechify.

perpendicular *a.* perpendicular.

perpetuá (a) *va.* to perpetuate.

perpetuitate *f.* perpetuity.

perpetuu *a.* 1. perpetual; 2. everlasting, everduring.

persecută (a) *va.* to persecute, to importune.

persecuţie *f.*, **persecuţiune** *f.* persecution.

persecutor *m.* persecutor.

perseveră (a) *vt.* 1. to persevere; 2. to persist in one's opinion.

Persia *f.* Persia.

Persian *m.* Persian.

persian *a.* Persian.

persiană *f.* window-blind.

persistă (a) *vt.* to persist, to hold.

persistent *a.* persistent, persisting.

persistenţă *f.* persistance, persistence.

persoană *f.* person.

personaj *n.* personage.

personal *a.* 1. personal; 2. in person.

personalitate *f.* personality.

personifică (a) *va.* to personify.

personificare *f.* personification.

perspectivă *f.* 1. perspective; 2. prospect, view, vista.

perucă *f.* wig, periwig; *a pune o —*, to perwig; *cu o —*, perwig-pated.

peruchier *m.* wig-maker, wig-weaver, peruke-maker.

peruzeă *f.* turquoise, turkois.

pervaz n. frame, sash; — de uşă, door-case, door-frame.

pervers a. perverse.

perversitate f. perverseness, perversity.

peş n. slope, talus, declivity.

pescar m. 1. fisherman; 2. angler; barcă de —, fishing-boat, fishing-smack; 3. Zool. sea-crow.

pescărei m. Zool. 1. sea-gull, fishing-eagle; 2. plungeon, sea-diver.

pescărie f. 1. fishery, place for fishing, fish-kettle; 2. fish-market.

pescărit n. fishing, fishery.

pescăruş m. Zool. king-fisher, halcyon.

peşchir n. towel.

pescui (a) vt. 1. to fish; 2. to angle.

pescuină f. fish-pond.

pescuire f. fishing.

pescuit n. fishing, fishery; unelte de —, fishing tackle.

pescuitor m. fisherman (şi fig.).

pesimism n. pessimism.

pesemne adv. presumable.

pesimist n. pessimist.

peşin a. in cash, in ready cash; bani —, ready money, cash.

pesmet n. biscuit, rusk.

peste prep. 1. over; 2. on, upon, beyond, above; 3. — drum, over the way; a îngrămădi cărţi — cărţi, to pile books on books; — munţi şi — văi, over hill and over dale; — noapte, over night; a domni —, to reign over; — puterile mele, beyond my strength; a fi — şaptezeci de ani, to be above seventy years (of age); — o lună, this day a month.

peşte m. fish; — de rîu, fresh-water fish; — de mare, salt-water fish; măncare de —, fish-meat; icre de —, fry; — sărat, salt-fish vă zător de —, fish-monger; piaţă de —, fish-market.

peste.că f. apron, pinafore.

peşteră f. grot, grotto, burrow.

pestifer a. pestiferous.

pestilent a. pestilential.

pestilenţă f. pestilence.

pestilenţial a. pestilential.

pestriţ a. 1. spotted, speckled, variegated; 2. fig. — la maţe, wicked, mischievous.

pestriţă (a) va. to spot, to speckle, to freckle.

pestriţat a. spotted, speckled.

pestrui f. pl. freckles.

petală f. 1. petal; 2. flower-leaf.

petardă f. petard.

peteală f. bridal-garment.

petec n., **petic** n. 1. rag, tatter; 2. scrap, bit, morsel.

petecar m., **peticar** m. rag-gatherer, rag-picker.

peţi (a) va. to court, to sue (for), to solicit in marriage.

peţiţie f., **petiţiune** f. petition, demand.

petiţionă (a) vt. to petition.

petiţionar m. petitioner.

peţitoare f. matchmaker, suitor, soliciter, wooer.

petrece (a) vt. 1. to pass, to spend the time; — iarna, to spend the winter; 2. to amuse oneself, to tarry one's time; 3. to accompany

petrecere f. 1. entertainment, sport 2. pass-time; 3. escort.

petrifică (a) va. to petrify.

petrificare, f. petrification, petrescence.

petroleu n. petroleum, petrol.

pezevenchiu m. pander, procurer, mackarel.

pianist m. pianist, pianoforte-player.

pianistă f. pianist, pianoforte-player.

piano n. piano.

piaţă f. market (place), public place.

piatră f. 1. stone; 2. — acră, stone-butter; — vânăta, copperas 3. hail; a bate —, to hail.

piază f. omen; — bună, good omen; — rea, ill omen.

pic n. 1. drop; 2. bit, scrap, a little, some.

pică f. rancour, grudge, spite, malice; a avea — pe cineva, to bear any one a grudge for, to have (to bear, to owe) a spite to.

pică f. spade (at cards).

pică (a) vt. 1. to drop, to drip, to dribble; 2. to fall, (down), to drop.

picătoare f. dripping-pan.

picătură f. drop.

picher m. wipper-in, pricker.

pichet n. 1. picket, field-match, outpost; 2. piquet (at cards).

pichire f. V. bibiucă.

picior n. 1. foot; 2. leg; 3. ex. şi loc. a merge pe jos, to go on foot, fig. a lua peste —, to make game of, to make sport of; în picioare on foot, standing; din cap până în picioare, from head to foot; cu picioarele goale, bare-footed; fără picioare, feetless; 4. Bot. piciorul cocoşului, ranunculus; — viţelului, cuckoo-pint, calf's foot.

piciorong *n.* stilt.
piciu *m.* shrimp, dwarf, ugly, little fellow.
pieni (a) *va.* to strike, to reach.
pienie *n.* picnic, party.
picotă (a) *vi.* to drop asleep, to get asleep.
pictă (a) *va.* și *vt.* to paint, to draw.
pictor *m.* painter.
pictură *f.* 1. painting; 2. picture, colours; — *în aquarele,* painting-in water-colours.
pictură *a.* pictorial, pictural.
piculină *f.* hautboy (flute).
picură (a) *vt.* 1. to drop, to trickle down; 2. to drizzle; 3. to fall asleep, to get asleep.
pidosnic *n. Bot.* V. *somnoroasă.*
piedecă *f.* 1. impediment, hinderance, obstacle; 2. shackle; 3. tripping, up; 4. drag, drag-chain, jack-chain, staff; 6. horse-lock.
piedestal *n.* pedestal.
pielar *m.* i. skinner, fell-monger, pelt-monger; 2. leather-seller.
pielărie *f.* 1. peltry; fur-trade; 2. leather-trade.
piele *f.* 1. skin, hide; 2. pelt; 3. leather; 4. *ex.* și *loc. în piele: goală,* naked, bare, unde; *a fi în pielea cuiva,* to be in any one's shoes; *vai de pielea lui,* woe is to him!
pieliță *i.* cuticle, pellicle, thin skin.
piept *n.* 1. breast; 2. chest, bosom; 3. *ex.* și *loc. — de pământ,* neck of land; *a da — cu,* to oppose; *a-și sparge pieptul,* to talk oneself hoarse, — *la* —, hand to hand.
pieptar *n.* 1. plastron, drill-plate; 2. breast-plate.
pieptenă (a) I. *va.* 1. to comb; 2. to card, to tease (wool, etc.) II. *ref. a se* —, to comb one's self, to comb one's hair.
pieptenat *n.* combing.
pieptene *f.* comb; — *rar,* wide-toothed (large-toothed) comb; — *des,* small-toothed comb.
pieptos *a.* broad-breasted.
pierde (a) I. *va.* 1. to lose; 2. to undo, to ruin; 3. to debauch, to corrupt, to put out of the way; 4. to suffer a loss; 5. to fall off (in value). II. *ref. a se* —, 1. to lose oneself, to be lost; 2. to lose one's way; 3. to ruin one's self, to go to ruin; 4. to go to wreck and ruin; 5. to disappear, to die away, to die.

pierdere *f.* loss, damage, ruin; *a suferi o* —, to bear a loss.
pierde-vară *f.* loiterer, idler, good-fornothing fellow.
pierdut *a.* 1. lost; 2. ruined; 3. wasted.
pieri (a) *vt.* to perish, to die, to be destroyed, (lost).
pieritor *a.* perishable.
piersic *m.* peach-tree.
piersică *f.* peach.
piesă *f.* 1. piece, play; 2. piece (of money).
pietate *f.* 1. piety; 2. Godliness.
pieton *m.* pedestrian, foot-passenger.
pietrar *m.* pavier.
pietricică *f.* little stone.
pietriș *n.* gravel.
pietros *a.* stony.
pietroșel *m. Zool.* linnet.
piez *a.* oblique, slanting, inclined.
pieziș *adv.* obliquely, across, cross-wise, slanting.
piftie *f.* 1. jelly, gelatin; 2. *fig. a face pe cineva* —, to beat to a jelly.
pigmeu *m.* pigmy, dwarf.
pilă *f.* file.
pilaf *n.* pilau (Turkish).
pilastru *m.* pilaster, pier.
pildă *f.* parabola, example.
pili (a) *va.* to file.
pilitură *f.* filings, file-dust.
pilot *m.* pilot, steersman.
pilug *n.* pestle.
pilulă *f.* pill, pillule.
pimniță *f.* V. *pivniță.*
pimpinea *f. Bot.* burnet, pimpernel.
pin *m. Bot.* pine, pine-tree.
pinacotecă *f.* pinacotheca, picture-gallery.
pingea *f.* half-sole.
pingelui (a) *va.* to half-sole, to new-sole.
pingeluire *f.* new-soling.
pint *m.* marmot, mountain-rat.
pinten *m.* spur; *a da pinteni calului,* to set (to clap) spurs to one's horse.
pintenaș *m. Bot.* spurry.
pintenog *m.* white-foot (of horses).
pion *m.* pawn (at chess).
pionier *m.* pioneer.
pios I. *a.* pious, godly. II. *adv.* piously, godly.
pipă *f.* pipe, tobacco-pipe.
pipăi (a) *va.* to touch, to feel, to fumble, to grope.
pipăire *f.* touch, touching, feeling

pipăit f. feel, feeling, touch.

pipăite loc. adv. pe —, gropingly.

pipăitură f. feeling, groping.

pipărat a. peppered.

pipăruş n. alspice, pimeto.

piper m. pepper; — roşiu, all-spice, pimento.

pipernici v. ref. a se — to starve, to grow stunted.

pipernicire f. stunted growth.

piperniţă f. pepper-box.

piprig n. rush.

pipiriguţă f. turfy hair, grass.

pipotă f. gizzard.

pir n. Bot. couch-grass, dog's grass.

piramidă f. pyramid.

piramidal a. pyramidal.

pirat m. pirate, sea-robber.

piraterie f. piracy.

piripisi (a) va. to fondle.

piron n. large nail.

pironi (a) vt. 1. to nail; 2. fig. a — ochii, to fix one's eyes upon.

pirostrii f. pl. fire-dorgs, trivet.

piroteală f. slumber, doze.

pirotehnic a. pyrotechnic.

pirotehnie f. 1. pyrotechny; 2. pyrotechnics.

piroti (a) vt. to slumber, to doze.

pirpiriu a. 1. poor; 2. lean.

piruetă f. pirouette, rapid whirling round upon one foot.

pis int. a nu zice —, not to drop a word of it, (of that).

pisă (a) va. 1. to stamp; 2. to pulverate, to pulverize.

pisă v. ref. a se —, to piss, to pass, (to make) water.

pisăgeală f. drubbing.

pisăgi (a) va. 1. to stamp; 2. a — în bătăi, to beat soundly, to cudgel.

pisălog n. pestle.

pişat n. urine.

pişătoare f. urinal, dribbling jet.

pisc n. peak, top, summit.

pişcă (a) vt. to pinch, to nip, to twinge, to twitch.

pişcă'n-floare m. Zool. gold-hammer (bird).

pişcar m. elver.

pişcat a. nipped, picked; a fi — la limbă, to be a sheet or so, to be three sheets in the wind.

piscoiu n. hautboy.

pişcătură f. pinching.

pişcot n. biscuit.

pisică f. 1. cat; 2. prov. ce iese din —, şoareci prinde, that which is bred in the bone, will never out of the flesh.

pişoarcă f. pissabed.

pistol n. pistol.

piti (a) I. va. to hide, to conceal. II. ref. a se —, to hide oneself.

pitic m. dwarf.

pitigoiu m. titmouse, tom-t.t.

pitiş adv. furtively.

pitoresc a. picturesque.

pitpălac m. quail-call, quail-pipe.

pitulă (a) va. to hide, to conceal.

pitulice f. Zool. warbler (bird.); — de baltă, sedge-bird.

piuă f. 1. fulling-mill, fullery; 2. mortar.

piuar m. fuller.

piui (a) vt. to bawl, to squall, to warble.

piuliţă f. mortar.

pivnicer m. cellarman, butler.

pivniţă f. cellar.

pizmă f. envy.

pizmaş I. m. envier, grudger. II. a. envious, jealous.

pizmui (a) va. to envy.

pizmuire f. envy.

plac n. pleasure, liking; a face după placul său, to have one's own way.

placă f. plate (of metals), slab, veneer.

placard n. placard.

plăcea (a) vt. to please, to like, to be fond of.

plăcere f. pleasure, delight, jay, sport, diversion.

plăcintă f. tart, flat, thin cake, pastry; plăcintar, pastry-cook, pastry-man.

plăcut I. a. agreeable, pleasant. II. adv. agreeably.

plagă f. plague.

plagiat n. plagiarism.

plagiator m. plagiarist.

plămădi (a) va. 1. to knead; 2. to plot.

plămân m. lungs.

plan n. plan; a ridica un —, to take a plan, to raise a plan.

planetă f. planet.

planetar a. planetary.

plângător a. weeping, plaintive, doleful.

plânge (a) I. vt. 1. to weep, to cry; 2. to lament; — moartea cuiva, to weep for the death of; a — de bucurie, to weep for joy, to cry with joy. II. ref. a se —, to complain, to make complaints.

plângere f. complaint, recrimination.

plâns n., **plânset** n. 1 weeping; 2 tears.

planşetă f. little board, surveyor's table, plane-table.

plânsoare f. V. *plânset*.

plantă f. plant, herb, vegetable.

plantă (a) vt. 1. to plant; 2. to set plants.

plantaţie f., **plantaţiune** f. 1. planting; 2. plantation.

plantator m. planter.

planton m. officer's man.

plănui (a) vt. to plan, to scheme, to project.

plăpând a. delicate.

plapomă f. blanket.

plăpomar m. mattress-maker.

plasă f. 1. net, draw-net; 2. district.

plăsmui (a) va. to invent, to feign.

plastic a. plastic.

plasticitate f. plasticity.

plată f. payment, pay; *zi de —*, pay-day; *a înceta cu plăţile*, to stop payment; *fără —*, gratis free, for nothing.

platan m. Bot. platane, plane-tree.

plăti (a) vt. 1. to pay off; 2. to quit, to acquit.

plătică f. Zool. roach (fish).

platină f. platina.

plătit a. paid; *a fi —*, to be paid.

plătitor m. payer.

platitudine f. platitude.

platnic m. debitor.

platonic a. platonic, platonical.

plătoşă f. cuirass, breastplate.

pleaşcă f. vails.

pleasnă f. whip-lash.

pleată f. braid, plait.

pleavă f. chaff.

plebă f. the Plebs, common people.

plebeu m. plebeian.

plebiscit n. plebiscit.

plecă (a) I. vt. to depart, to set out, to go away; 2. to bend, to bow. II. *ref. a se —*, to bend one's self.

plecăciune f. bow, salute, salutation; *cu multe plecăciuni*, with many a bow.

plecare f. departure, setting-out.

pleda (a) va. to plead, to argue.

pleiadă f. pleiad.

plenar a. plenary.

plenipotenţiar m. plenipotentiary.

pleoapă f. eyelid.

pleonasm n. pleonasm.

pleoscăi (a) vt. to dabble to splash.

plesni (a) vt. 1. to burst; 2. to crackle, to crack, to split.

plesnitură f. crack, clap, bounce.

pleşuv 1. a. bald, hairless. II. m. baldhead

pleşuvie f. baldness, bald-pate.

pletos a. 1. long-haired; 2. Bot. *salcie pletoasă*, weeping willow.

pleurezie f. pleurisy.

plevră f. pleura.

plevuşcă f. fry, young fish, minnow.

plic n. cover, envelope wrapper.

plicticos a. tedious, tiresome, wearisome, dull.

plictiseală f. tediousness, weariness, tedium.

plictisi (a) I. va. to tire, to weary. II. *ref. a se —*, to be tired, to be weary.

plictisitor a. tedious, tiresome, annoying.

plimba (a) I. va. to walk, to lead about. II. *ref. a se —*, to walk about, to take a walk, to stroll about.

plimbare f. promenade, walk, walking.

plimbătoare f. water-closet.

plin a. full; *un pahar —*, a full glass; *luna plină*, full moon.

plin n. fullness.

plişă f. plush, shag.

plisc n. beak.

pliscul-cocoarei m. Bot. crane's bill.

plivi (a) va. to weed, to hoe.

plivitoare f. weeding-hook, weeding-fork, hoe.

plivitură f. weedings.

ploă (a) imp. to rain, to be raining; *plouă*, it rains, it is raining; *plouă cu doniţa, plouă cu găleata*, it rains hard, it rains cats and dogs, it showers.

ploaie f. rain; *repede, shower*; *apă de —*, rain-water.

ploios a. rainy, showery.

plop m. poplar; *— alb*, white poplar, silver poplar.

ploscă f. bottle-gourd.

ploşniţă f. bug, bed-bug, wall-louse.

plug n. plough.

plugar m. plough-man, tiller.

plugărit n. agriculture, tillage, farming.

plumb n. lead; *condeiu de —*, pencil.

plumbagină f. plumbago, black lead.

plumbar m. plumber.

plumbui (a) va. to lead, to fit with lead.

plumbuire f. lead-work.

plural n. plural.

plută f. 1. raft; 2. cork.

plutaş m. raftsman.

pluti (a) *vt.* 1. to float; 2. to waft; 3. to swim; 4. to sail.

plutonier *m.* file-leader.

pneumonie *f.* pneumonia.

pneumatic *a.* pneumatic.

poală *f.* 1. lap; 2. flap, lappet, skirt of a coat; 3. *poala muntelui*, the foot of the mountain; 4. *Pat.* — *albă*, whites.

poamă *f.* 1. fruit; 2. grape; 3. *prov. poama nu cade departe de tulpină*, like master, like man.

poartă *f.* gate, street-door, front door.

poate *adv.* 1. perhaps; 2. may-be.

pocăi (a) I. *va.* to repent, to rue. II. *ref. a se* —, to expiate, to mend.

pocăinţă *f.* repentance, penitence, penance, expiation.

pocăire *f.* repenting.

pocăit *m.* repentant, penitent.

pocăitor *m.* penitent, repentant.

poci (a) *va.* to disfigure, to deform, to deface.

pocnet *n.* crack, clap.

pocni (a) *va.* şi *vt.* 1. to crack; 2. — *din biciu*, to smack a whip.

pocnire *f.*, **pocnitură** *f.* crackling, crack, clap.

pod *n.* 1. bridge; 2. loft, garret.

podagră *f.* gout in the feet.

podar *m.* toll-gatherer, toller.

podărit *n.* pontage, toll.

podbeal *m.* *Bot.* colt's-foot.

podeală *f.* floor.

podeţ *n.* narrow bridge for foot-passengers.

podgorean *m.* 1. vine-dresser; 2. vine-grower.

podi (a) *va.* 1. to floor, to plank, to board.

podoabă *f.* ornament, dress, attire, finery.

poemă *f.* poem.

poet *m.* poet.

poetic *a.* poetical.

poetiza (a) *va.* to poetise.

poezie *f.* poesy, poetry.

poftă *f.* 1. appetite; 2. mind, desire, fancy; 3. relish.

pofti (a) *va.* şi *vt.* 1. to desire, to wish for; 2. to covet; 3. to invite.

pogon *n.* 1. acre; 2. yoke (of land).

pofticios *a.*, **poftitor** *a.* desirous, greedy.

poiană *f.* glade.

poimâine *adv.* the day after to-morrow.

pojar *m.* measles.

pojarniţă *f.* *Bot.* St. Jon's wort

poghiţă *f.* pod, paring, hull, pellicle.

po *m.* 1. pole; — *nord*, North pole: — *magnetic*, magnetic pol; 2. twenty franc piese.

polar *a.* polar; *stea polară* pole-star.

polcă *f.* 1. polka, (dance); 2. jippo.

Poleac *m.* Pole, Polack.

polei (a) *va.* 1. to polish; 2. to gild, to plate.

poleială *f.* gilding.

poleitor *m.* 1. gilder; 2. polisher.

poleiu *n.* glazed frost.

polemică *f.* polemics, controversy, paper-war.

polemist *m.* polemist.

polen *n.* 1. pollen; 2. flower-dust.

policandru *n.* candelabrum, lustre.

policar *m.* 1. thumb; 2. inch.

poligam *m.* polygamist.

poligamie *f.* polygamy.

poliglot *a.* polyglot.

poligon *n.* polygon.

poligraf *m.* manifold writer.

polip *m.* polypus.

poliţă *f.* 1. set of shelves; 2. bill of exchange.

poliţaiu *m.* direc or of police.

politechnic *a.* polytechnic.

politeism *n.* polytheism.

politeist *m.* polytheist.

politeţă *f.* politeness, elegance of manners, good breeding.

politic *m.* politician, statesman.

politică *f.* politics.

politician *m.* politician.

politicos *a.* polite.

poliţie *f.* police.

poliţist *m.* police-officer.

Polonez *m.* Pole.

polonez *a.* Polish.

Polonia *f.* Poland.

polonic *n.* soup-ladle, basting-ladle.

pom *m.* tree; — *roditor*, fruit-tree.

pomadă *f.* pomatum.

pomană *f.* alms, charity.

pomeni (a) *va.* 1. to mention, to name; 2. to live, to see.

pomenire *f.* mention.

pomet *n.* orchard.

pomologie *f.* training of fruit-trees.

pompă *f.* 1. pomp, state; 2. pump.

pompă (a) *va.* to pump, to pump out.

pompier *m.* fireman.

pompos *a.* pompous.

ponegri (a) *va.* to disparage.

ponevos *a.* squinting, squint, squint-eyed.

pontifică (a) *vt.* to pontificate.

pontifical I. **a**. pontific, pontifical. II. **auv.** pontifically.
pontifice m. pontiff.
ponton n. pontoon-bridge.
pontonier m. pontoon-soldier.
pop m. pop, support.
popă m. 1. clergyman, priest, parson; 2. pastor; 3. curate; 4. king (at cards); 5. loc. a da ortul popii, to die.
popăc int. plump! bump!
popândău m., **popânzac** m. screcrow, bugbear.
popas n. stand, halt, stop; a face un —, to make a stand, to make a stop, to halt.
popese a. priestly, sacerdotal.
popi v. ref. a se —, to grow clergymen.
popice n. pl. nine-pins; a se juca în —, to play at nine-pins, to bowl
popicar m. bowler.
popicărie f. bowling ground, skittle ground.
popie f. sacerdotal dignity.
popime f. 1. clergy; 2. priesthood.
popor n. people, nation; poporul român, the people of Roumania; poporul de jos, the common people, the vulgar populace.
poporă (a) va. to people, to populate.
poporan a. 1. popular; 2. of the people.
populă (a) va. to people, to populate.
popular a. popular, national, of the people.
popularitate f. popularity.
popularizà (a) va. to popularize.
populaţie f., **populaţiune** f. population.
poranie m. Bot. orchis, gandergoose, bee-flower.
porc m. 1. pig, hog, swine; carne de —, pork: — mistreţ, — sălbatec, wildboar, wild swine; 2. ftg: — de câine, rascal, scoundrel, rogue.
porcar m. swine-herd.
porcărie f. 1. filthiness, nastiness, hoggishness; 2. beastly thing, beastliness.
porcaş m. Zool. roach (fish).
porcină f. 1. pork; 2. purslain.
poreclă f. nick-name, by-name.
poreclì (a) va. 1. to name; 2. to give by-names, to nickname.
poreclit a. nicknamed.
pori m. pl. pores.
pornì (a) I. va. 1. to depart, to set

out (forth, off), to start; 2. to go on; 3. to get out of temper, to flare up. II. ref. a se —, to set out (forth, off).
pornire f. 1. setting out, departure; 2. ftg. inclination, passion; 3. pettiness, narrowness.
poros a. porous.
port n. 1. costume, dress; 2. postage; 3. port, haven, harbour.
portal n. portal, door-way, front gate.
portar m. porter, door-keeper.
portăreasă f. portress.
portal m. bailiff.
portativ a. portable.
porţelan n. porcelain, china-ware.
porţie f., **porţiune** f. 1. portion, part; 2. share, pittance.
portocal n. orange-tree.
portocală f. orange.
portocaliu a. orange-coloured.
portret n. portrait, picture.
porumb I. n. maize, indian-corn, sweet-corn. II. m. pigeon, dove.
porumbar m. 1. higeon-house, davehouse; 2. hawk (bird); 3. Bot. sloetree.
porumbeà f. Bot. sloe.
porumbel m., **porumbiţă** f. pigeon.
poruncă f. command, order, commission.
poruncì (a) vt. to command, to order, to send for.
poruncitor a. 1. commanding; 2. imperative, imperious, dictatorial.
posac a. sulky, sullen, morose.
posedà (a) va. to possess, to be possessed of, to have.
posesiune f. possession; a intrà în —, to come into possession.
posesiv a. possessive.
posesor m. 1. possessor, owner; 2. occupier.
posibil a. possible.
posibilitate f. possibility, utmost.
posnă f. sleight.
posomorî v. ref. a se —, to get gloomy, to become gloomy.
posomorît a. sulky, sullen, morose.
post n. foast lent, lean; postul Crăciumului, Advent; postul mare, postul Paştelor, Lent; a ţine —, to keep lent, to fast.
post n. 1. post, function; 2. Milit. post.
poştă f. post-office; — mare, General post-office; a pune o scrisoare la —, to put a letter in the post; post-restant, to be left at the post-office, to be left till called for.

poştal *a.* post; *mandat* —, money-order, post, office-order.

poştalion *m.* postilion.

postament *n.* pedestal, base.

poştar *m.*, **poştaş** *m.* courier, post-boy, postman, letter-carrier.

postav *n.* cloth; *fabrica de* —, cloth manufactory; *pantaloni de* —, cloth trousers.

postăvar *m.* draper, wollen-draper, clothier.

postăvărie *f.* drapery, cloth-trade, clothier's-trade.

posteritate *f.* posterity, issue, afterworld.

posti (a) *vi.* to fast.

postire *f.* fasting.

poştie *f.* distance between two post-stations (about 20 km).

postscript *n.* postscript.

postulant *m.* postulant, candidate.

postum *a.* posthumous.

potabil *a.* potable, drinkable.

potârniche *f.* partridge.

potaş *f.* buck, lye.

potcă *f.* mischance, mishap.

potcap *n.* cowl, hood.

potcoavă *f.* horse-shoe.

potcovar *m.* farrier, shoeing smith.

potcovi (a) *va.* to shoe (a horse).

potcovire *f.* shoeing (a horse).

potcovit I. *n.* shoeing (of horses). II. *a.* shoed.

potecă *f.* path, pathway, foot-path.

poteră *f. Milit.* watch scoreting-party.

poticni (a) *vt.* to stumble, to blunder.

poticnire *f.* stumble, trip.

potir *n.* 1. cup, chalice; 2. *Bot.* flower-cup, calyx.

potoli (a) *va.* 1. to calm, to appease, to quiet; 2. to quench; *a'şi* — *setea*, to quench one's thirst.

potop *n.* deluge, flood, inundation.

potrivă *f.* equality, conformity; *de o* —, equably; *din* —, on the contrary; *în* —, against.

potrivi (a) *va.* 1. to equal, to even, to plane, to flat; 2. to square, to put in order, to arrange.

potrivire *f.* equability, equal, equalness, likeness.

potrivit *a.* equable, equal, suitable; *o căsătorie potrivită*, a suitable match.

potroacă *f.* entrails, intestine (of poultry).

povară *f.* load, burden.

povarnă *f.* distillery.

povarnaglu *m.* distiller.

povârnis *n.* declivity, slope, proneness, descent.

povaţă *f.* counsel, advice, advising.

povăţul (a) *va.* to counsel, to give advice, to advise.

povăţuitor *m.* adviser, counsellor.

poveste *f.* tale, story, fable.

povesti (a) *va.* to relate, to tell, to recount, to narrate.

povestire *f.* narration, tale, story.

povestitor *m.* teller, relater, narrator.

poroin *n.* shower.

pozitie *f.*, **pozitiune** *f.* position, situation, posture.

pozitiv *a.* positive.

pozna *f.* 1. prank; 2. facetiousness, joke, jest; *a face pozne*, to play pranks.

prăbuşi (a) *v.ref. a se* —, to sag, to tumble down, to collapse, to fall to.

prăbuşire *f.* sag, sagging, downfall, tumble, falling in.

practic *a.* practical; *în mod* —, practically.

practică *f.* 1. practice, exercise; 2. use, habit.

practica (a) *va.* to practise, to exercise.

practicabil *a.* practicable, feasible.

practicant *m.* practitioner (in Law and in Medicine).

pradă *f.* 1. prey; 2. booty, plunder; 3. havoc.

prăda (a) *va.* 1. to prey, to depredate, to pillage, to havoc, to rifle.

prădare *f.* depredation, pillage, robbing.

prădător *m.* plunderer, pillager, preyer.

praf *n.* powder, dust; *a face* —, to powder; *a şterge praful*, to dust; — *de puşcă*, gunpowder, powder.

prăfos *a.* dusty, powdery.

prăful (a) *va.* to cover with dust; *a se* — to become dusty, to get covered with dust.

prag *n.* threshold, sill, door-sill.

prăji (a) *va.* 1. to toast (bread); 2. to roast (meat) 3. to fry, to broil, to grill, to burn (coffee).

prăjină *f.* perch, pole.

prăjitură *f.* cake, pastry.

prânz *n.* dinner, noon.

prânzi (a) *vi.* to dine.

prăpădi (a) I. *va.* to ruin, to destroy, to exterminate. II. *ref. a se* —, to lose one's self; to ruine one's self, to perish.

prăpăditor I. *m.* exterminator, destroyer.

prăpastie *f.* precipice, abyss.

prăgi (a) *vt.* to dig (a second time the maize) to hoe, to till.

prăsilă *f.* brood.

prăștiaș *m.* slinger.

prăștie *f.* sling.

prăvălie *f.* warehouse, shop, store.

praz *n. Bot.* leek.

praznic *n.* funeral repast.

prea *adv.* too, very, very much, much; — *mult*, too much, very much; *asta e — de tot*, that is too bad.

preajmă *f. vt.* environs.

prealabil I. *a.* previous; II. *adv.* previously.

precădere *f.* precedence.

precar *a.* precarious.

precautie *f.*,**precauțiune** *f.* precaution, prudence. caution. wariness.

preceda (a) *vt.* to precede.

precedent *a.* precedent, preceding, going before.

precept *n.* precept.

preceptor *m.* preceptor, instructor; master, teacher.

precista *f.* Madonna, image of the Virgin: *Maica —*, the Holy Virgin.

precipita (a) *va.* to hasten, to accelerate.

precis *a.* precise, exact, just.

preciza (a) *va.* to determine, to specify.

precizie *f.*, **preciziune** *f.* precision, preciseness.

precoce *a.* precocious, early.

preconiza (a) *va.* to predict.

precugeta (a) *va* to premeditate, to forecast.

precugetare *f.* premeditation, forethought.

precum *adv.* as, so as, even as.

precumpăni (a) *va.* to preponderate, to prevail.

precumpănire *f.* preponderation, overweight.

precumpănitor *a.* preponderant, prepondering.

precupeață *f.* huckstress.

precupeț *m.* huckster, costermonger.

precupeți (a) *va.* to huckster, to huck, to forestall.

precuvântare *f.* preface, preamble, introduction.

preda (a) *va.* 1. to deliver, to remit; 2. to surrender.

predare *f.* 1. delivery; 2. *Mil.* surrender.

predecesor *m.* predecessor.

predestina (a) *va.* to predestine, to predestinate.

predică *f.* sermon, preaching.

predica (a) *vt.* to preach.

predicat *n.* attribute, predicate.

predicator *m.* preacher.

predilecție *f.*, **predilecțiune** *f.* predilection.

predispozițiune *f.* predisposition.

predispune (a) *va.* to predispose.

predomina (a) *vt.* to predomin te, to prevail.

preeminent *a.* prominent.

prefăcătorie *f.* hypocrisy.

preface (a) I. *vt.* 1. to make again; 2. to alter, to remodel. II. *ref. a se —*. 1. to transform; 2. to feign, to dissemble, to sham; 3. to disguise one's self.

prefacere *f.* 1. feint, dissimulation, alteration, pretence, sham, change.

prefăcut *a.* hypocritical, sham false.

prefață *f.* preface, preamble.

prefect *m.* prefect.

prefectură *f.* prefecture.

prefera (a) *va.* to prefer, to like better.

preferabil *a.* preferable.

preferență *f.*, **preferință** *f.* preference.

preferi (a) *va.* V. *prefera*.

prefix *n.* prefix.

pregăti (a) I. *va.* to prepare, to fit, to make ready; II. *ref. a se —*, to prepare one's self ,to fit one's self to get ready.

pregătire *f.* preparation, preparative.

pregătitor I. *m.* preparer. II. *a.* preparatory.

preîntâmpina (a) *va.* to anticipate, to prevent, to come before.

preînoi (a) *va.* to renew.

preîntâmpina (a) *va.* to anticipate, to come before, to prevent.

prejudeca (a) *va.* to prejudge.

prejudecată *f.* prejudice.

prejudiciu *n.* prejudice, detriment.

prelat *m.* prelate.

preliminar I. *n. pl.* preliminaries. II. *a.* preliminary.

prelucra (a) *va.* 1. to work, to do over again; 2. to alter, to change, to modify.

preluda (a) *vt.* to prelude.

preludiu *n.* prelude.

prelungi (a) I. *va.* 1. to prolong; to protract; 2. to lengthen. II. *ref. a se —*, to change one's linen.

premergător I. *m.* 1. forerunner

pregoer; 2. predecessor. II. *a.* preceding, previous.

premiu *n.* premium, prize, bounty.

prenoi (a) *va* to renew.

prenume *n.* first name, christian name.

preocupă (a) *v. ref. a se —,* to be preoccupied.

preocupare *f.* preoccupation.

preopinent *m.* previous speaker.

preot *m.* priest, parson, clergyman.

preoteasă *f.* priestess.

preoţesc *a.* priestly, priestlike.

preoţie *f.* priesthood.

prepară (a) *va.* to prepare, to fit, to make ready.

preparare *f.,* **preparăţiune** *f.* preparation.

preparator *m.* 1. private tutor; 2. crammer.

prepelicar *m.* setting-dog pointer.

prepeliţă *f.* quail.

preponderă (a) *vt.* to preponderate, to prevail.

preponderant *a.* preponderating, preponderant.

preponderanţă *f.* preponderance, preponderancy.

prepoziţie *f.,* **prepoziţiune** *f.* preposition.

prerogativă *f.* prerogative.

presă (a) *va.* to press.

presără (a) *va.* 1. to sprinkle, to powder, to strew; 2. to scatter (flowers) 3. to frost (cu zahăr); to dredge (cu făină).

presbit *m.* presbyter, presbyope.

preschimbă (a) *va.* to change, to exchange, to modify.

prescrie (a) *va.* 1 to prescribe. 2. to copy out.

prescripţie *f.,* **prescripţiune** *f.* prescription.

prescurtă (a) *va.* to foreshorten, to shorten, to abridge.

prescurtare *f.* foreshortening, abridgment.

preşedinte *m.* 1. president; 2. chairman.

present *n.* I. present time. II. *a.* present.

presimţi (a) *va.* to have a presentiment, to forebode.

presimţire *f.* presentiment, foreboding.

presiune *f.* pressure.

prestă (a) *vt.* to take (an oath)

prestigiu *n.* 1. prestige; 2. charm, enchantment.

presupuncre *f.* presupposition, supposition.

presură *f.* Zool. bunting (bird); — *galbenă,* yellow hammer.

presus *adv.* above.

preţ *n.* 1. price, value, worth; 2. merit; *preţ-curent,* price-current; *cu nici un —,* not at any price: — *fix,* set-price, no abatement made.

pretă (a) *ref. a se —,* to lend oneself, to a thing.

pretendent *m.* pretender.

pretenţie *f.,* **pretenţiune** *f.* pretention, claim.

pretenţios *a.* pretentious, full of pretensions; assuming.

pretext *n.* 1. pretext, pretence; 2. excuse.

pretextă (a) *vt.* 1. to pretend; 2. to give as an excuse.

pretinde (a) *va.* to pretend, to claim, to lay claim to.

pretins *a.* pretended.

preţios *a.* precious, costly, valuable.

pretorian *a.* pretorian; *garda pretoriană,* the pretorian bands (or cohorts).

pretoriu *n.* pretorium.

preţui (a) *va.* 1. to appreciate, to value, to esteem; 2. to estimate, to appraise.

preţuire *f.* 1. appraisement, appraising; 2. valuation, estimate.

preţuitor *m.* appraiser, valuer, appreciator.

pretutindeni *adv.* everywhere (sau) every where, all along.

preumblă (a) *vt.* V. *a plimbă.*

preumblare *f.* V. *plimbare.*

preursit *a.* predestinated.

prevală (a) *vt.* to prevail.

prevaricaţiune *f.* prevarication.

prevaricator *m.* prevaricator.

prevăzător *a.* provident; wary.

prevedeă (a) *va.* to foresee, to foreknow.

prevedere *f.* foresight, forethought, precaution.

preveni (a) *va.* to inform, to warn, to prevent.

preveninţă *f.* kind attention.

prevenit *m.* forewarned, accused.

prevenitor *a.* obliging, kind engaging.

preventiv *a.* preventive.

prevesti (a) *va.* to foretell, to prophesy.

prevestitor *m.* foreteller.

prezent I. *n.* 1. present time; 2. present, gift. II. —, *a.* present, actual; *timpul —* the present time

prezentă (a) I. *va.* to present, to introduce to a person. II. *ref. a se* — to introduce one's self.

prezenţă *f.* presence; *în — cuiva*, in presence of.

prezentabil *a.* presentable.

prezentat *a.* introduced; *a fi* —, to be introduced.

prezentaţiune *f.* presentation, presentment.

prezervă (a) *va.* to preserve, to keep.

prezervare *f.* preservation.

prezervativ *n.* preservative.

prezică or *m.* foreteller, predictor.

prezice (a) *va.* to foretell, to predict.

prezicere *f.* prediction.

preziua *f.* eve.

pribegì (a) *vt.* to rove about, to wander.

priboiu *n.* mandrel, prick-punch.

price *f.* 1. litigation; 2. quarrel, dispute.

pricepe (a) I. *va.* to comprehend, to understand, to conceive. II. *ref. a se* —, to skill, to be skilful in; *a nu se — la*, to have no skill in.

pricepere *f.* comprehension, intelligence, understanding.

priceput *a.* skilled, intelligent.

pricină *f.* 1. cause, motive, reason, account; 2. quarrel, dispute; *din* —, on account of.

pricinuì (a) *va.* to cause, to occasion, to give occasion to.

priciu *n.* pallet.

pricoliciu *m.* were-wolf, tom poker.

pricopsì (a) *va.* to enrich.

prielnic *a.* propitious, opportune.

prieten *m.* friend; *a fi buni prieten*, to be hand and glove.

prietenă *f.* lady friend.

prietenesc *a.* friendly.

prietenie *f.* friendship, amity.

prietenos *a.* friendly, amicable, amiable, kind.

prieteşug *n.* friendship.

prigonì (a) *va.* to pursue, to persecute, to beset.

prigonire *f.* pursuit, persecution.

prigonitor *m.* persecutor.

prihoriu *m. Zool.* robin, robin-redbreast (bird).

prilucios *a.* propitious, favourable, opportune.

prilej *n.* occasion, opportunity; cause, motive; *a da* —, to occasion, to cause, to give occasion.

prim *a.* 1. first; 2. prime; *— ministru* prime-minister.

primar *a.* primary, elementary; *şcoală primară*, primary-school, elementary-school.

primar *m.* mayor, burgo-master, burger-master, Lord-mayor (of London).

primăreasă *f.* mayoress.

primărie *f.* town-hall, town-houuse; mayoralty, mayor's house.

primat *m.* primateship.

primăvară *f.* spring, spring-time.

primăvăratic *a.* spring, vernal.

primăvăriţă *f. Bot.* snow-drop.

primblă V. *a plimbă*.

primejdie *f.* danger, peril, risk, jeopardy.

primejdios *a.* dangerous, perilous, jeopardous.

primejduì (a) *va.* to hazard, to risk, to run danger, to jeopardize.

primejduire *f.* risking.

primeneală *f.* renewing, renewal.

primenì (a) I. *va.* to renew. II. *ref. a se* —, to change one's clothes or linen, to shift one's self; *a-şi primeni cămaşa*, to shift a shirt.

primenire *f.* 1. changing of one's dress; 2. renewal, renewing.

primì (a) *va.* 1. to receive, to get, to accept; 2. to allow, to admit; 3. to welcome; *primeşte sincerele mele mulţumiri*, receive my best thanks; *primiţi încredinţarea prea deosebitei mele consideraţiune*, I remain with high regards.

primire *f.* 1. receipt, reception, receiving; 2. acceptance, admittance.

primit *a.* 1. received; 2. allowed, admitted; 3. accepted.

primitiv *a.* primitive, native.

primogenitură *f.* primogeniture.

prin *prep.* 1. through; 2. by; 3. among, amongst.

principal I. *m.* principal, chief. II. *a.* principal, chief.

principat *n.* principality.

principe *m.* prince; *principele moştenitor*, the crown prince.

principesă *f.* princess; *— Maria*, the princess Mary.

principiu *n.* principle.

prinde (a) I. *va.* 1. to catch, to take, to lay hold of, to seize; 2. to entrap, to noose, to catch; *a — rădăcină*, to take root; *a prinde de veste* to hear from; *a — cu minciuna*, to take in a lie; *a — putere*, to recover (one's self) to get sound, strong; *a — mirare*, to be astonished. II. *ref. a se* —, to wage, to

lay a bet: *laptele se* —, to coagulate, to curdle (milk).

prindere *f.* catching, seizure, taking, capture.

prinde-muşte *m.* lounger, stroller.

prinos *n.* 1. offering; 2. sacrifice, holocaust.

prinsoare *f.* bet, wager; *a câştigà o* —, to win a bet; *a face o* —, to lay a bet, to make a wager.

prinţ *m.* V. *principe*.

prinţesă *f.* V. *principesă*.

printre *prep.* 1. through; 2. among, amongst, between.

prinzătoare *f.* snare, trap, springe bird-catching.

prioritate *f.* priority, anteriority.

pripă *f.* haste, speed, hurry; *în* —, hastily, with speed, in a hurry.

pripi (a) *v. a se* —, *ref.* to haste, to hasten, to speed, to hurry.

pripor *n.* proneness.

prismă *f.* prism.

prismatic *a.* prismatic, prismatical.

prisos I. *n.* overplus, surplus, superlux, superabundance. II. *adv. cu* —, superfluosly, superabundantly, over and above. III. *a. de* —, superflous, superabundant, plenteous.

prisosi (a) *vt.* to superabound, to abound in.

prisosinţă *f.* overplus, superflux, superabundance; *cu* —, superabundantly.

prispă *f.* open terrace (of a house in the country).

pristos *n.* V. *prisos*.

pritoci (a) *va.* 1. to rack (wine); 2. to recast.

priva (a) *va.* to deprive.

privat *a.* privy, private, particular.

privată *f.* water-closet.

priveghere *f.* watching.

priveghetoare *f.* nightingale.

priveşite *f.* show, view, vista, sight.

privi (a) *va.* 1. to look, to view; 2. to consider, to obse. ve.

privilegiat *a.* privileged.

privilegiu *n.* privilege.

privinţă *f.* regard, respect (to); *în* —, with regard to, with respect to; *în* — *această*, in this respect; *în ori-ce* —, in every respect.

privire *f.* look, view.

privitor *a.* referring to.

prizonier *m.* prisoner.

proaspăt *a.* new, recent, fresh.

probă *f.* 1. essay, trial; 2. test, proof; 3. pattern, sample.

probă (a) *va.* 1. to assay, to try. 2. to attempt; 3. to prove, to evince.

probabil *a.* probable; *în mod* —, probably.

probabilitate *f.* probability.

probitate *f.* probity, honesty.

problemă *f.* problem.

problematic *a.* problematic.

pobodi (a) *va.* to wrap up, to involve.

procedă (a) *vt.* to proceed, to act.

procedură *f. Jur.* proceedings, legal procedure.

procent *n.* interest, percentage.

proces *n.* process, lawsuit, action.

procesiune *f.* procession.

proclamă (a) *va.* proclaim.

proclamare *f.*, **proclamaţie** *f.*, **proclamaţiune** *f.* proclamation.

procopsi (a) *v. ref. a se* —, to grow rich, to get wealthy.

procură *f.* procuration, power of attorney.

procură (a) *va.* to procure, to provide.

procurare *f.* procuration, procure.

procurator *m.* procurator, attorney.

procuror *m.* proctor, attorney, public prosecutor.

producător *m.*, **producătoare** *f.* producer.

produce (a) *va.* to produce, to bring forth, to yield.

product *n.* 1. produce. product, result; 2. *Agron.* cereal.

productiv *a.* productive.

producţie *f.*, **producţiune** *f.* production.

produs *n.* V. *product*.

profan *a.* profane, unholy.

profan *m.* profane man (sau) woman.

profană (a) *va.* to profane, to desecrate, to pollute.

profanare *f.* profaning, profation.

profanator *m.* profaner.

profesă (a) *va.* 1. to profess, to declare publicly; 2. to profess, to exercise, to practise.

profesie *f.*, **profesiune** *f.* profession, trade, handicraft.

profesional *a.* professional.

profesor *m.* professor, teacher.

profesoral *a.* professorial.

profesorat *n.* professorship.

profet *m.* prophet, seer.

profetie *a.* prophetic, prophetical.

profeție *f.* prophecy, prophesying.
profetiză (a) *va.* to prophesy.
profil *n.* profile, side-face, side front.
profit *n.* 1. profit, gain; 2. interest.
profită (a) *va.* 1. to profit, to gain; 2. to improve.
profitabil *a.* profitable.
profund *a.* profound, deep.
profunditate *f.* depth, deepness.
profunzime *f.* V. *profunditate*.
progenitură *f.* progeny, offspring, descendant, posterity.
prognostic *n.* prognostic.
prognostică (a) *va.* to prognosticate.
program *n.* programme, list, bill.
progres *n.* 1. progress; 2. improvement.
progresă (a) *vt.* to progress.
progresist *m.* progressi nist.
progresiune *f.* progression, mathematical proportion.
progresiv *a.* progressive.
prohibi (a) *va.* to prohibit.
prohibită (a) *va.* Iur, to prohibit.
prohibiţionist *m.* prohibitionist.
prohibitiv *a.* prohibitive, prohibitory.
proiect *n.* 1. project, scheme; 2. design, plan.
proiectă (a) *va.* 1. to project, to scheme, to contrive; 2. to plan.
proiectil *n.* projectile.
proletar *m.* proletary.
prolific *a.* prolific, plorifical.
prolix *a.* prolix, diffuse, diffused.
prolixitate *f.* prolixity, prolixness.
prolog *n.* prologue.
promis *a.* promised.
promisiune *f.* promise.
promite (a) *va.* 1. to promise; 2. to engage.
promontoriu *n.* promontory.
promoţiune *f.* promotion, advancement.
promotor *m.* prompter.
promovă (a) *va.* to promote.
prompt *a.* prompt.
promptitudine *f.* promptiness.
promulgă (a) *va.* to promulgate.
promulgare *f.* promulgation.
pronominal *a.* pronominal.
pronume *n.* pronoun.
pronunţă (a) I. *va.* to pronounce, to express, to utter, to speak. II. *ref. a se —*, to speak one's mind, to pronounce.
pronunţare *f.* pronunciation.
propagă (a) *va.* 1. to propagate; 2. to spread.

propagandă *f.* propaganda, spreading.
propagare *f.* propagation, spreading.
propagator *m.* propagator, spreader.
propăşi (a) *vt.* to prosper.
propăşire *f.* V. *progres*.
proporţionă (a) *va.* to proportionate.
proporţional *a.* proportional.
proporţie *f.*, **proporţiune** *f.* proportion.
propovădui (a) *va.* to predicate.
propoziţie *f.*, **propoziţiune** *f.* 1. proposition, proposal; 2. Gram. proposition.
proprietar *m.* proprietor, owner landlord.
proprietăreasă *f.* proprietor, owner, landlady.
proprietate *f.* propriety, ownership.
propriu *a.* proper, own; *nume —* proper noun or name.
proptea *f.* prop, stay, support.
propti (a) I. *va.* to prop, to lean, to upbear, to support. II. *ref. a se —*, to stay.
propune (a) I. *va.* 1. to propose; 2. to motion. II. *ref. a se —*, to propose one's self, to design, to intend, to purpose.
propunere *f.* 1. proposition, proposal; 2. motion.
proră *f.* Med. prow.
proroacă *f.* prophetess.
proroc *m.* prophet, seer.
proroci (a) *va.* to prophesy.
prorocie *f.* prophecy.
proscrie (a) *va.* to proscribe, to outlaw; to banish.
proscriere *f.*, **proscripţie** *f.*, **proscripţiune** *f.* proscription, outlawry.
proscriptor *m.* proscriber.
proscris *m.* proscript, outlaw.
prosop *n.* 1. towel; 2. doily.
prospect *n.* prospectus, bill.
prosperă (a) *vt.* to prosper, to thrive.
prosperitate *f.* prosperity.
prost 1. *m.* imbecile, dunce, blockhead. II. *a.* 1. stupid, silly, stolid, foolish; 2. common, ordinary.
prostănac I. *m.* tom-fool. II. *a.* clumsy, awkward.
prosti (a) I. *vt.* to besot, to render stupid. II. *ref. a se —*, to become stupid.
prostie *f.* stupidity, stolidity, folly.
prostime *f.* populace, mob, rabble.

prostituată f. prostitute, strumpet.
prostitui (a) va. to prostitute, to strumpet.
prostituțiune f. prostitution.
prot m. printer's foreman.
protacăr m. tree-frog, green frog.
protap n. prop, beam of a cart.
protăpi (a) va. to prop, to lean.
protecție f., **protecțiune** f. protection, defence, tuition, patronage.
protecționist m. protectionist.
protectoare f. protectress.
protector I. m. protector, defender, patron. II. a. protective, patronising.
protectorat n. protectorship.
proteja (a) va. to protect, to patronize.
protejat I. m. protegee. II. a. protected.
protest n. protest.
protestă (a) va. to protest.
protestant m. protestant.
protestantism n. protestantism.
protestare f. protestation.
protivnic V. *potrivnic*.
protocol n. protocol, minutes.
protoiereu m. V. *protopop*.
protopop m. archpriest.
prototip m. prototype.
proveni (a) vi. to proceed, to arise from, to originate from.
proveniență f. origin, source, production.
proverb n. proverb, adage.
proverbial a. proverbial.
providență f. providence.
providențial a. providential.
provincial a. provincial. I. m. country person, countryman.
provincialism n. provincialism.
provincie f. province, country.
provizie f., **proviziune** f. provision, stock, store.
provizoriu a. provisional.
provoca va. to provoke, to challenge.
provocare f. provocation, challenge.
provocător m. provoker, challenger.
provocător a. provoking.
proximitate f. proximity, nearness.
proză f. prose.
prozaic a. prosaic.
prozaism n. prosaic form, prosaic poetry, vulgarity.
prozator m. prose-writer.
prozelit m. proselyte, convert.
prozelitism n. proselytism.
prozodie f. prosody.

prubă f. V. *probă*.
prudent a. prudent.
prudență f. prudence.
prun m. plum-tree.
prună f. plum; *prune uscate*, dried plums. french plums.
prunc m. infant, nursling, foster-child. suckling baby.
pruncie f. infancy.
pruncucidere f. infanticide.
prund n. 1. sandy shore: 2. gravel.
prundar m. Zool. wagtail, (bird).
Prusia f. Prussia.
Prusian m. Prussian.
prusian a. prussian.
psalm m. psalm.
psalmist m. psalmist.
psalmodia (a) vt. to chant psalms.
psalmodie f. psalmody.
psalt m. chanter, chorister (at church).
psaltire f. psalm-book.
pseudonim a. pseudonymous.
psiholog m. psychologis*.
psihologic a. psychologic, psychological.
psihologie f. psychology.
pubertate f. puberty.
public I. — n. public. II. a. public.
publică (a) va. to publish.
publicare f., **publicație** f., **publicațiune** f. publication.
publicist m. publicist.
publicitate f. publicity.
puchios, puchinos a. blear-eyed.
pucioasă f. 1. sulphur; 2. brimstone 3. Bot. buruiană —, coriander.
pucioasa f. Bot. coriander.
pudic a. chaste.
pudicitate f. chastity, chasteness.
pudoare f. bashfulness, decency shame.
pudră f. (hair-) powder.
pudra (a) va. to powder.
pueril a. puerile, childish.
puf n. down.
pufos a. downy.
puiu m. cub, whelp; — *de găină* chicken.
pulbere f. V. *praf*.
pulberărie f. factory of gun powder.
pulmonar a. pulmonary.
pulpă f. 1. calf (of the leg); 2. pulp.
pulpană f. lappet.
puls n. pulse; *a pipăi pulsul*, to feel the pulse.
pulsație f. pulsation.
pulveriza (a) va. to pulverize.
puma n. fist; *un* —, a cuff.

pumnal n. poniard, dagger.

punciu n. punch.

punct n. 1. stop; 2. point, dot; — *şi virgulă*, semicolon; *două puncie*, colon; *până la un punct oare care*, in some measure.

punctual a. punctual.

punctualitate f. punctuality, punctualness.

punctuare f., **punctuaţiune** f. punctuation.

pune (a) I. va. to put, to set, to lay, to place; *a — pe*, to put on; *a — în buzunar*, to pocket; *a — beţe în roate*, to put a spoke in the wheel. II. ref. *a se —*, to put, to lay, to place, to set oneself, to sit down.

pungă f. 1. purse, pouch; — *pentru tutun*, tobacco-pouch; *a fi gros la —*, *a ţi cald la —*, to have a well-lined purse; 2. *punga boaşelor*, scrotum.

pungaş m. cut-purse, pickpocket, sharper, swindler.

pungăşi (a) va. to pickpocket, to swindle.

pungăşie f. swindle, filching.

punte f. 1. deck (of a ship); 2. bridge.

pupă (a) va. to kiss.

pupă f. Mav. poop, stern (mar.).

pupăză f. Zool. hoop, peewit (bird.)

pupil m. *pupilă*, f. pupil.

pupilă f. pupil (of the eye).

pupitru n. desk.

pur a. 1. pure, clear; 2. unmingled.

purcea f. young sow; *a luă purceaua de coadă*, to get tipsy.

purcel m. sucking-pig.

purecă, puricà (a) va. to flea, to catch fleas.

purece, purice m. flea.

purgativ I. n. purgative. II. a. purgative.

purgatoriu m. purgatory.

purifica (a) va. to purify.

purificare f. purification.

purism n. purism.

purist m. purist.

puritate f. cleanness, purity, clearness.

purol (a) vt. Med. to suppurate.

puroios a. purulent.

puroiu n. Med. pus, matter.

purpură f. purple, purple colour.

purpuriu a. purple, of a purple

purtà (a) va. 1. to carry, to bear; to support (a burden); 3. to wear (cloth); *a se —*, *(bine, rău)* to be (well, ill, to conduct one's self, to behave one's self (as, like),

to demean one's self; *a se — rău*, to misbehave, to be misbehaving.

purtare f. conduct, behaviour deportment; — *rea*, misbehaviour.

purtăreţ a. portable.

purtător I. m. bearer. II. a. bearing, carrying.

pururea adv. for ever and ever, everlastingly.

puşcă f. gun, musket, firelock; — *cu două ţevi*, double-barrelled gun; *o bălaie de —*, a gun-shot, musket-shot.

puşcăriaş m. prisoner, jail-bird.

puşcărie f. prison, jail.

puşcaş m. shooter, shot, fusileer.

puşcătură f. shot musket-shot.

puşlamà m. good for nothing fellow.

pustie f. desert, wilderness.

pustietate f. 1. desert; 2. solitude.

pustii (a) va. to waste, to ravage, to desolate.

pustiire f. waste, devastion.

pustiit a. waste, desolate.

pustnic m. hermit, anchorite, anchoret.

puţ n. well.

puţar m. well-borer, well-digger.

puteà (a) I. vt. to be able, to may, to can II. ref. *a se —*, to be possible.

putere f. force, strength, power, vigour, might.

puternic a. strong, stout, robust, vigorous, powerful, mighty; *a-tot —*, omnipotent, almighty.

puternicie f. force, strenght, vigour, power, might; *a-tot —*, omnipotence, omnipotency, almightine.s.

puţi (a) vt. to stink, to smell badly.

puţin a. şi adv. little, few; *mai —*, less, minus, wanting; *puţin câte —*, by degrees; *cel —*, at least; *peste —*, in a short time; *puţin îmi pasă*, fiend-may-care.

puţină f. tub, bathing-tub; *a spălà —*, *a şterge —*, to run away, to escape, to decamp.

puţinătate f. littleness, smallness.

putineiu n. churn.

putinţă f. possibility.

putoare f. f. stink, bad smell, stench. II. a. mean and lazy person.

puţoiu m. little boy, brat.

putred a. putrid, rotten; *a fi — de bogat*, to be a nabob.

putrefacţiune *f.* putrefaction.
putregaiu *n.* mould, rottenness; *a miroşi a —*, to smell rotten.
putregiune *f.* rottenness, putrefaction.
putrezi (a) *vt.* to rot, to putrefy.
putaros *a.* stinking.
puturos *m.* polecat.

R

rabar *m.* sea-swallow, spur.
rabat *n.* Com. rebate, deduction, abatement, diminuition; *vânzare cu —*, sale at reduced prices.
răbdà (a) *vt.* to have patience; to tolerate, to endure, to suffer, to bear.
răbdare *f.* patience, sufferance, endurance, tolerance, forbearance; *a aveà —*, to have patience; *albi —*, be patient; *a scoate din răbdări*, to put one out of his patience; *a'şi pierde răbdarea*, to lose one's temper, to lose patience.
răbdător *a.* patient, tolerant, forbearing.
rabin '*m.* rabbi; *mare —*, chief rabbi.
rabinat *n.* rabbinism.
răbiţă *f.* Zool. gudgeon.
rablă *f.* jade, harridan.
răboj *n.* tally, score.
răbuş *m.* V. *răboj.*
rac *m.* 1. crawfish; *— de mare,* crab; *pictor de —,* claw; 2. Med. cancer; 3. *— de dopurl,* corkscrew, bottlescrew.
răcăi (a) *vt.* to scrape, to rake.
racan *m.* Mil. recruit.
răcănel *m.* Zool. tree-frog, tree-toad, greenfrog.
răcăni (a) *vt.* to croak.
răceală *f.* coldness, cooldess.
rachetă *f.* racket, battledoor.
rachier *m.* distiller.
rachierie *f.* distillery.
răchită *f.* Bot. osier, water-willow.
răchitan *m.* Bot. poley-grass, loosestrife.
rachiu *n.* brandy.
răci (a) I. *vt.* 1. to cool, to chill, to refrig rate; 2. to refresh; 3. to ice (wine). II. *ref. a se —*, 1. to cool, to grow cool, to get cold; 2. to catch cold, to take cold.
răcitoare *f.* 1. coaler; 2. refrigerator, ice safe.
răcitură *f.* jelly, cold meat, cold sausage.

raclă *f.* 1. reliquary; 2. coffin; 3. bier.
răcnet *n.* roar, cry, bawling, screaming.
răcni (a) *vt.* to roar, to bawl, to shout, to vociferate.
răcoare *f.* freshness, coolness; *a pune la —*, to put to cool; *a pune la — pe cineva*, to lay by the heels, to imprison; *a băga în răcori*, to frighten, to terrify.
răcoină *f.* Bot. chickweed.
răcoreală *f.* freshness, refreshment, cooling.
răcori (a) I. *vt.* 1. to refresh, to freshen, to cool; 2. to allay, to calm, to appease. II. *ref. a se —*, 1. to get cold, to grow cold; 2. to take the fresh air, to take an airing; 3. *fig.* to be appeased.
răcorire *f.* refreshment, cooling.
răcoritor I. *n.* refreshment. II. *a.* 1. refreshing, fresh; 2. cooly, cooling; *aerul —,* the fresh air.
răcoros *a.* fresh, cool.
radă *f.* roadstead.
rădăcină *f.* 1. root; 2. Gram. radix; *— dulce,* licorice, sweet-root; *a scoate din —,* to root out, to root up, to eradicate; 3. Bot. rădăcina ciumei, horseshoe, colt's foot; *rădăcina şarpelui,* snakeweed.
rădan *n.* redan, fort, bulwark.
rădaşcă *f.* Zool. stag-beetle.
rade (a) *va.* 1. to shave, to shave (off); 2. to graze (the grass); 3. to skim, (the milk), to lay flat, to level with the ground; 5. to scrape, to scrape off, to scale (the fishes); 6. to pare, (fruits); 7 Fig. to deceive.
râde (a) *vt.* to laugh, to jest, to titter; *a — pe sub mustaţă,* to titter, to laugh in one's sleve; *a — cu hohote,* to burst out laughing; *a — de'şi ţine pântecele,* to shake one's sides with laughing; *a — cu lacrămi,* to laugh till tears come into one's eyes; *a — cu un aer de dispreţ,* to laugh a scornful laugh; *a — în nasul cuiva,* to laugh in one's face.
râdere *f.* laugh, laughter.
radere *f.* 1. shave, shaving; 2. scrape, scraping.
radià (a) *va.* 1. to radiate, to beam; 2. to erase, to cancel.
radiare *f.* radiation, irradiation.
radical I. *m.* radical. II. *a.* radical.

radicalism *n.* radicalism.
rădiche *f.* V. *ridiche*.
radios *a.* radiant, beaming, bright, shining.
radvan *n.* calash.
rafină (a) *va.* to refine.
rafinare *f.* refinement, subtility.
rafinărie *f.* refining, refinery.
rafinat *a.* 1. refined; 2. clever, keen, subtle.
raft *n.* 1. shelf; 2. horse-harness, trappings.
răfueală *f.* 1. requital, retribution; 2. acquittance; 3. settlement (of accounts).
răful (a) I. *vt.* to liquidate. II. *ref. a se* —; 1. to repay, to pay home, to requite; 2. to settle.
răgace *f.* stag-beetle.
răgăi (a) *vt.* to belch, to eructate.
răgăeală *f.* belch, eructation.
răgăitură *f.* belch, eructation.
răgaz *n.* respite, delay, term, endurance; *a da* —, to respite.
rage (a) *vt.* to roar, to bellow.
raget *n.* roar, roaring, bellowing.
raglă *f.* carder.
raglă (a) *va.* to card, to hatchel.
răgușeală *f.* hoarseness, raucity, huskiness.
răguși (a) *vt.* to grow (or become) hoarse, to become raucous, husky.
răgușit *a.* hoarse, raucous, husky.
rahagiu *m.* comfit-maker.
rahat *n.* comfits, sweetmeats.
răie *f.* scab, mange, itch.
raion *f.* compass, environs.
răios *a.* scabby, scabbed, scabious; mangy, itchy; *om* —, scabby chap; *oaie răioasă,* scabby sheep; *broască răioasă,* toad.
raită *f.* round.
raiu *n.* paradise.
răjnică *f. Bot.* water-cress.
ralia (a) *va.* to rally.
raliu *n.* rail.
ram *n.* bough, branch, arm.
ramă *f.* frame, framing.
rāmă *f.* earth-worm, iob grub.
rămânea (a) *vt.* to remain, to be left, to stay, to stop, to stand; *a — acasă,* to remain at home, **to stay at home;** *a — singur,* to be left alone; *a — la masă,* to stop to supper; *rămân al d-voastre prea devotat,* I remain yours truly.
rămânere *f.* remaining, abode, stay, stopping.
rămas I. *n.* remaining, rest, remnant,

remainder; *a-și luà — bun de la,* to take one's farewell of, to take leave of. II. *a* remainder.
rămășag *n.* wager, bet; *a face un* —, to take a wager, to bet.
rămășiță *f.* rest, remainder, remains, residue, remnant.
rāmător *m.* boar, pig, hog.
rambleu *r.* 1. filling of a ditch; 2. (rail) embankment.
ramburs *n.* reimbursement.
rambursà (a) *va.* to reimburse.
ramifică (a) *v. ref. a se* —, to ramify, to branch (out, off).
ramificare *f.,* **ramificațiune** *f.* ramification.
ramoli (a) *v. ref. a se* —, to get weak minded, to relent.
rampă *f.* ramp, flight of stairs, hand-rail, baluster.
ramură *f.* bough, branch, arm.
rămuros *a.* ramous, branchy, branched.
rană *f.* wound, bruise, sore.
rână *f.* side, flank; *a stà într'o* — to be lazy, to be a lazy person.
rânced *a.* rancid, rank.
rancezeală *f.* rancidity, rancidness.
rancezi (a) *vt.* to grow rancid, to get rancid, to rank.
rânceză (a) *vt.* to neigh, to whinny.
rând *n.* 1. suite; 2. row, rank, line; 3. succession; *un — de haine,* a suit of clothes; *— pe* —, successive, by turns, turns about, one after another, by spells; *— la* —, in rotation; *de* —, common, vulgare, base, mean.
rândaș *m.* stable-man, stable boy, groom.
rândeà *f.* plane; *a da la* —, to plane.
rânduealà *f.* order.
rânduneà *f.* swallow; *— de poaie, — de maluri;* swift (bird).
rândunică *f. Zool.* swallow; *rândunica Domnului,* wag-tail (bird).
rang *n.* 1. rank, row, range; 2. class dignity.
răni (a) I. *va.* 1. to wound, to hurt; 2. to injure. II. *ref. a se* —, to hurt one's self, to wound one's self.
rănire *f.* wounding, hurting.
rănit *a.* wounded, hurt.
raniță *f.* 1. knapsac; 2. wallet.
rânji (a) *vt.* to grin, to sneer, to tleer, to simper.
rănunchiu *n.* V. *rărunchiu.*
rânză *f.* 1. gizzard; *Bot.* catkin.
răpă *f.* escarpment, a declivous (or steep) place, precipice, steep.

rapace *a* rapacious.

rapacitate *f.* rapacity, rapaciousness.

rapăn *n.* mange.

răpănos *a.* mangy, scabby.

răpciugă *f. Veter.* glanders.

răpciugos *a.* glandered.

răpi (a) *va.* to ravish, to rob, to plunder, to take away, to enrapture.

răpire *f.* 1. carrying off, rape, ravishment, rapture; 2. extasy.

rapiță *f.* rape, colza; *uleiu de —*, rape-oil, rape-seed oil.

răpitor I. *m.* ravisher, robber, despoiler. II. *a.* 1. rapacious; 2. ravishing.

raport *n.* 1. report, statement; 2. reference, relation.

raporta (a) I. *va.* 1. to report, to make a report; to relate, to state; 2. to refer. II. *a se —*, 1. to refer (to), to be in accordance (with), to relate, to concern; 2. to allude to.

raportor *m.* 1. reporter; 2. *Matem.* protractor.

răpos *a.* steep, steepy, declivous.

răposa (a) *vi.* to decease, to expire.

răposat *a.* deceased, late; *reposatul*, the deceased, the late.

rapsod *m.* rhapsodist.

rapsodie *f.* rhapsody.

răpune (a) *va.* 1. to vanquish, to overcome; 2. to kill, to exterminate; to destroy.

rar *a.* I. rare, scarce; II. *adv.* rarely, seldom, scarcely.

rarefacțiune *f.* rarefaction.

rareori *adv.* rarely, seldom.

rări (a) *va.* to rarefy, to take anything more rarely.

rariște *f.* glade.

raritate *f.* rarity, scarcity, rareness.

rărunchiu *m.* kidney, reins.

ras I. *n.* shave. II. *a.* shaved.

râs *n.* laugh, laughing, laughter; *a izbucni de —, a crăpă de —*, to burst out a laughing; *a se ține burta de —*, to shake one's sides with laughing; *a nu'și mai putea ține râsul*, to be suffocating with laughter; *a lua în —*, to laugh at, to ridicule, to laugh out; *a face de —*, to ridicule, to turn into ridicule; *a se face de —*, to make one's self ridiculous, to raise a laugh at one's own expense.

râs *m. Zool.* lynx.

răsad *n.* layer, slip, shoot plant, seedling.

răsădi (a) *va.* to set layers, to transplant, to replant.

răsadniță *f.* nursery.

răsălta (a) *vi.* to rebound.

răsări (a) *vi.* 1. to germinate, to shoot, to spring up, to sprout; 2. to rise (the sun), to dawn.

răsărit I. *n.* 1. Orient, East; 2. dawn, dawning (of the sun). II. *a.* 1. arisen; 2. growe, germinated.

răsăritean I. *m.* inhabitant of the east, Oriental. II. *a.* oriental, eastern.

răsbate (a) *vt.* to penetrate, to get through; to traverse, to pervade, to permeate.

răsbatere *f.* penetration, permeation.

răsbi (a) *vt.* 1. to pass through, to get through, to penetrate; 2. to break through.

răsbol (a) *v. ref. a se —*, to war, to wage war, to fight.

răsboinic I. *m.* warrior. II. *a.* warlike, martial.

răsboiu *n.* 1. war, warfare; 2. loom, weaver's frame; *a declara —*, to proclaim war, to declare war against; *a pune pe picior de —*, to put upon the war-establishment; *a purtă —*, to wage war against.

răsbuna (a) I. *va.* to revenge, to avenge. II. *ref. a se —*, to revenge one's self, to be revenged; *a se —de*, to take revenge for.

răsbunare *f.* vengeance, revenge.

răsbunător I. *m.* avenger. II. *a.* revengeful, vindicative, avenging.

răschitor *n.* reel, spindle.

răscoace (a) I. *va.* 1. to boil thoroughly; 2. to bake thoroughly. II. *ref. a se —*, to get overripe, to get drop-ripe.

răscoală *f.* revolt, insurrection.

răscoli (a) *va.* 1. to rummage, to shake up; 2. to dig, to rake up; 3. to root up.

răscolire *f.* raking up, stirring.

răscopt *a.* 1. over-ripe, drop-ripe; 2. hard boiled; *ou —*, hard egg, hard boiled egg.

răscruce *f.* 1. cross-way; 2. single-tree.

răscula (a) I. *va.* to revolt, to move. II. *ref. a se —*, to revolt, to rise in insurrection, to rebel.

răscumpăra (a) *va.* to buy back of, to repurchase, to redeem, to ransom.

răscumpărare *f.* repurchase; redemption, ransom.

răset n. laugh, laughet, laughing.

răsfăţă (a) va. 1. to spoil, to mistrain; 2. to fondle.

răsfăţat a. spoiled; copil —, spoiled child.

răsfiră (a) va. to scatter, to disperse, to spread.

răsfoi (a) va. to turn over, (the leaves or sheets), to peruse, to read cursorily.

răsfug n. sturdy, thwarter, gum-succory.

răsgăi (a) va. to spoil, to fondle, to wheedle, to miniardize.

răsgăit a. spoiled; un copil —, a spoiled child.

r ă s g â n d i (a) v. ref. a se —, to change one's mind, to bethink one's self.

răşină f. resin, rosin, gum-resin.

răşinos a. resinous, rosiny.

r ă s l e ţ i (a) v. ref. a se —, to go asunder, to sever, to disperse.

răsleg m. log wood. billet wood.

răşni (a) va. to mill, to grind.

răşniţă f. hand-mill; — de cafea, coffee-mill.

răsol n. boiled beef.

răspândi (a) I. va. 1. to diffuse, to spread, to disperse, to strew; 2. to scatter (leaves of flowers); 3. to divulge (news), to propagate. II. ref. a se —, to diffuse itself, to shed, to spread.

r ă s p â n d i r e f. diffusion, spread, propagation.

răspândit a. 1. spread; 2. spilled.

r ă s p â n t i e f. crossing, cross-way, cross-road, cross-path.

răspăr m. Zool. perch (fish); în —, against the hair; a lua în —, to treat roughly.

răspas f. n. respite.

răsplată f. 1. recompense, reward; 2. retribution; 3. reward, requital.

răsplăti (a) va. 1. to recompense, to reward; 2. to requite, to repay.

răspopi (a) I. va. -to unfrock. II. ref. a se — to throw off the monkish habit, to forsake one's monkish order, to apostatise.

răspunde (a) va. 1. to answer, to reply to; 2. to correspond; 3. to be answerable (or responsible) for, to warrant.

răspundere f. responsability; sub răspunderea mea, on my responsibility, on my risk.

răspuns n. answer, reply.

răspunzător a. responsible, ans-

werable, accountable, warrantable

rassă f. 1. race, breed; 2. cassock, monk's habit.

rast n. dilatation of the spleen.

răsti v. ref. a se —, to speak roughly, to use roughly, to snub some one.

răstigni (a) va. to crucify.

răstignire f. crucifixion.

răstimp n. interval, respite.

răstrişte f. misfortune.

răsturnă (a) II. va. to overthrow, to pull down, to turn upside down, to subvert, to upset, (a car). II ref. a se —, to overturn, to upset.

răsturnare f. overturning, overthrow, upset, subversion.

răsuci (a) va. to twist, to twine.

răsucire f. twisting, twining.

răsufla (a) vt. 1. to breathe, to respire, to puff; 2. to inhale.

răsuflare f. breath, breathing, respiration, puff, inhalation.

răsuflatoare f. 1. air-hole; 2. respirator.

răsună (a) vt. to resound, to ring, to re-echo.

răsunător a. resonant, sonorous, echoing.

răsunet n. resonance, echo.

răsur m. Bot. eglantine, dog-rose bush.

răsură f. Bot. briar; 2. shaving off.

răsuroiu m. raspings of bread.

răsvrăti (a) I. va. to incite to revolt (or) rebellion, to stir up against. II. ref. a se —, to revolt, to mutiny, to rebel.

răsvrătire f. revolt, rebellion, mutiny.

răsvrătitor I. m. revolter, instigator, inciter.

rât n. snout (of a hog).

rată f. Com. instalment; a plăti în rate, to pay by instalment.

raţă f. duck; boboci de —, young ducks.

rătăci (a) vt. to mislead, to lead astray, to stray. II. ref. a se —, to roam, to rove, to ramble, to err.

rătăcire f. 1. stray, roam, roaming; 2. fig. deviation.

rătăcit a. 1. stay mis, led, misguided 2. errant, wandering rambling.

rătăcitor a. wandering, rambling.

ratifică (a) va. to ratify.

ratificare f. ratification.

raţie f. ration, share, portion, allowance.

raţionabil *a.* rational, reasonable.

raţionament *n.* rationation.

răţişoară *f.* 1. duckling; 2. *Bot.* German iris.

raţiune *f.* 1. reason; ration; 2. portion.

răţoi *v. ref. a se —*, to prance, to strut, to boast.

răţoiu *m. Zool.* drake.

răŭ *n.* 1. evil; 2. disease; 3. harm, mischief, hurt; *a face vr'un —*, to do some mischief; *a face răul*, to do evil, to do mischief.

răŭ I. *a.* 1. bad, ill, evil; 2. wicked, malicious, perverse, mischievous. II. *adv.* ill, badly; *un om —*, a bad man; *oameni răi*, bad men; *— sfătuit*, ill advised; *de — augur*, ill-beliding, ill-omened, il-boding; *— chibzuit*, ill-devised; *— crescut*, ill-bred, ill-mannered, ill nurtured; *— dispus*, ill-affected; *— dobândit*, ill-gotten; *rea voinţă*, ill-will; *mai —*, worse; *din ce în ce mai —*, worse and worse; *cel mai —*, the worst.

răŭ *n.* river, stream.

răuleţ *n.* rill. rivulet, brook.

răurean *m.* borderer.

răuşor *n.* rill, rivulet.

răutăcios *a.* malicious, wicked.

răutate *f.* wickedness, mischievousness, malice.

răuvoitor I. *m.* ill-willer. ill-wisher. II. malevolent, evil-wishing.

răvaş *n.* 1. billet, letter, hand-writing; 2. *— de drum*, pass-bill, permit.

răvnă *f.* zeal, aspiration, ardour, eagerness.

răvni (a) *vt.* 1. to aspire, to be ambitious of; 2. to be envious of, to be jealous of.

răvnitor *a.* zealous, ardent.

rază *f.* 1. ray, beam; 2. *Geom.* radius; 3. wheelspoke; 4. compass, environs.

răzătoare *f.* 1. rasp, scraper, grater; 2. skiner-colter.

răzătură *f.* 1. raspings; 2. scrapings.

răzeş *m.* possessor of a small estate.

răzeşie *f.* small property, small estate.

razim *n.* V. **reazim**.

răzui (a) *va.* 1. to scrape, to rasp; 2. to scale (fishes); 3. to pare (fruits).

răzuitoare *f.* scraper, grater, rasp, scratching-knife.

razzia *f.* (a) 1. inroad, raid; 2. foray.

reabilită *va.* to rehabilitate, to re-instate, to restore to.

reabilitare *f.* rehabilitation.

reacţionar *m.* reactionist.

reacţiune *f.* reaction.

reactiv I. *n.* (chim) reagent. II. re-active, reacting.

readormi (a) *vi.* to fall asleep again.

readuce (a) *va.* to bring back, to retrieve.

real I. *a.* real, true. II. *adv.* indeed, really, truly.

realege (a) *va.* ro elect again, to reelect.

realism *n.* realism.

realist *m.* realist.

realitate *f.* reality; *în —*, in reality.

realiză (a) I. *va.* to realize. II. *ref. a se —*, to be realized.

realizare *f.* realization.

reaminti (a) I. *va* to remind. II. *a'şi —*, to remember, to recollect.

reamintire *f.* remembrance.

reapare (a) *vi.* to appear again, to reappear, to come out again, to show one's self again.

reapariţiune *f.* reappearance.

reavoinţă *f.* malevolence, ill-will.

reazem *n.* reazim *n.* 1. prop, stay, support; 2. leaning-stock; 3. pillar; 4. *fig.* supporter, stay, protection.

rebarbativ *a.* cross, peevish, gruff, repulsive.

rebegi (a) *vt.* 1. to freeze, to starve with cold; 2. to shiver with cold.

rebel I. *m.* rebel. II. *a.* rebellious, rebel.

rebeliune *f.* rebellion.

rebus *n.* rebus.

recădea (a) *vi.* to relapse.

recădere *f.* relapse.

recalcitrant *a.* refractory, stubborn.

recăpătă (a) *va.* to recover, to regain.

recapitulă (a) *va.* to recapitulate.

recapitulare *f.* recapitulation.

recâştigă (a) *va.* to regain, to recover, to get again.

rece *a.* cold, frigid; *— ca ghiaţa*, as cold as ice; *cu sânge —*, cold-blooded.

receală *f.* 1. coldness; 2. frigidity.

recensă (a) *va.* to critizise, to review.

recensământ *n.* census.

recent I. *a.* recent, new, fresh, late. II. *adv.* recently, lately.

recepisă *f.* receipt.

receptacul *n. Bot.* receptacle.

recepţiune *f.* reception.
rechemă (a) *va.* to recall, to call back, to call again, to call after.
rechemare *f.* recall, calling back.
rechin *m.* shark.
rechiziţiune *f.* 1. requisition, request, application.
rechizitoriu *f.* 1. speech, address, (to the court); 2. *Jur.* bill of indictment, indictment.
recidivă *f.* 1. *Jur.* second offense, reversion; 2. *Med.* relapse.
recidivist *m.* old offender.
recif *n.* reef, shelf of rocks.
recipiendar *m.* candidate for reception, new member.
recipient *n. Chim.* 1. receiver, recipient; *fig.* glass-bell.
reciproc I. *a.* reciprocal, mutual. II. *adv. în mod —*, reciprocally, mutually.
reciprocitate *f.* reciprocalness, reciprocality, reciprocity.
recita (a) *va.* to recite, to rehearse, to repeat.
recitare *f.* recitation, recital, rehearsal.
recitativ *Muz.* recitative.
reciti (a) *va.* to read over again.
reclamă *f.* 1. catch-word; 2. claim, complaint; 3. puffing-advertisement, puff.
reclama (a) *va.* to claim, to lay claim to, to reclaim, to claim back.
reclamant *m.* claimant, claimer.
reclamare *f.*, **reclamaţie** *f.*, **reclamaţiune** *f.* demand (upon), plaint.
recluziune *f.* reclusion, confinement.
recoltă *f.* harvest, crop, growth.
recoltă (a) *va.* to reap, to gather in to harvest.
recomanda (a) I. *va.* to recommend. II. *ref. a se —,* to recommend one's self.
recomandabil *a.* recommendable, commendable, praise-worthy.
recomandare *f.*, **recomandaţiune** *f.* 1. recommendation; 2. reference.
recomandat *a.* recommended.
recompensă *f.* recompense (for), reward, compensation, requital.
recompensă (a) *va.* to recompense, to reward, to repay, to requite.
reconcilia (a) *va.* to reconcile, to conciliate.
reconciliaţiune *f.* reconciliation, reconcilement.
reconduce (a) *va.* to reconduct, to

lead back, to attend to the door to see home.
reconfortă (a) *vt.* to comfort, to cheer up, to strengthen.
reconstitua (a) *va.* to reconstitute.
reconstrui (a) *va.* to rebuild.
reconstruire *f.* rebuilding.
recopiă (a) *va.* to copy again.
recreă (a) *v. ref. a se —,* to recreate, to divert one's self.
recreaţiune *f.* recreation, diversion.
recreativ *a.* recreative.
recrut *m.* recruit.
recrută (a) *va.* to recruit.
recrutare *f.*, **recrutaţie** *f.* recruiting, recruitment.
recrutor *m.* recruiter.
rectifică (a) *va.* to rectify.
rectificare *f.* 1. rectification; 2. amendment.
rector *m.* rector.
rectorat *n.* rectorship.
reculege (a) *va. a se —,* to collect one's self.
recunoaşte (a) I. *vz.* 1. to recognize, to acknowledge; 2. to reconnoitre. II. 1. *ref. a se —,* to know one's self again; 2. *a'şi —,* to own (one's faults), to acknowledge.
recunoaştere *f.* 1. reconnoitre, reconnoitring; 2. observation; *a trimite în —,* to reconnoitre.
recunoscător *a.* thankful, grateful; *o să vă ţiu foarte —,* I shall be very thankful to you.
recunoştinţă *f.* recognition, gratitude, thankfulness, gratefulness; *demn de —,* thankworthy.
recurge (a) *vt.* to have recourse to, to resort, to apply.
recurs *n.*, **recurgere** *f.* recourse, appeal; *— în casaţie,* appeal to the supreme court.
recuză (a) *va.* int. to challenge, to except again.
recuzare *f. Jur.* challenge.
redă (a) *va.* to give again, to give back, to return, to restore.
redactă (a) *va.* to indite, to edit to write down, to draw up.
redacţie *f.*, **redacţiune** *f.* editor's office.
redactor *m. m.* editor; *prim —* chief editor.
redan *n.* redan, bulwark, fort, fortin redoubt.
redeschide (a) *va.* to reopen, to open again.
redeschidere *f.* reopening.
redeveni (a) *vi.* to become again,

rediţă (a) *va.* to write down, to edit.

redingotă *f.* frock-coat.

redobândi (a) *va* to recover, to reobtain.

redobândire *f.* recovery.

reduce (a) *va.* to reduce, to diminish, to cut down, to abate; *a — la nimic.* to reduce to nothing.

reducere *f.* reduction, abatement.

reducţiune *f.* reduction.

reduplică (a) *va.* to reduplicate.

reduplicaţiune *f.*, **reduplicare** *f.* reduplication.

reduplicativ *a.* reduplicative.

redus *a.* reduced.

redută *f.* redoubt.

reediţă (a) *va.* to publish anew, to edit.

reeligibil *a.* re-eligible.

reface (a) *va.* to make again, to make anew; to do again, to remodel, to recast.

refec *n.* 1. hem; 2. rebuke, *a luă la —*, to rebuke, to take up.

refecă (a) *va.* to hem.

refectoriu *n.* refectory, dining-room.

refeneă *f.* reckoning. scot, score.

referat *n.* report, relation.

referendar *m.* referendary.

referenţă *f.* reference.

referi (a) I. *vt.* to refer; to report; to attribute; to relate. II. *a se —*, to refer, to have reference to, to have relation to, to refer the matter to.

referitor *a.* relative, related (to), relating to.

reflectă (a) I. *vt.* 1. to reflect: 2. to reflect upon, to consider attentively. II. *a se —*, to reflect.

reflex *n.* reflex.

reflexiune *f.* reflexion, thought.

reflux *n.* ebb, reflux; *fluxul şi refluxul*, the ebb and the flow.

reformă *f.* reform, reformation.

reformă (a) *va.* to reform.

reformator *m.* reformer.

refractar *a.* refractory.

refracţie *f.*, **refracţiune** *f.* refraction.

refren *n.* refrain, burden (of a song).

refugiă (a) *v. ref. a se —*, to take shelter, to take refuge.

refugiat *m.* refugee.

refugiu *n.* refuge, shelter.

refuz *n.* refusal. denial.

refuză (a) *va.* to refuse, to deny, to decline (not to accept).

regal *a.* regal, royal, kingly.

regalitate *f.* royalty.

regăsi (a) I. *va.* to find again. to retrieve, to meet again. II. *ref. a se —*, to find each other again, to find one's self again.

regat *n.* kingdom.

rege *m.* king.

regenera (a) *va.* to regenerate.

regent *m.* regent.

regenţă *f.* regency.

regesc *a.* regal, royal, kingly.

regicid *n.* regicide.

regie *f.* 1. excise office; 2. public administration; 3. management.

regim *n.* 1. regimen, diet, rule; 2. *Gram.* objective case; 3. *Jur.* administration, management, discipline.

regiment *n.* regiment.

regină *f.* queen; — *Elisabeta*, Queen Elizabeth.

registrator *m.* registrar, recorder, actuary.

registratură *f.* registry.

registru *n.* register, record, index, account-book.

regiune *f.* region, country.

reglementă (a) *va.* to regulate, to ordain.

reglementar *a.* regulating, regulations.

regres *n.* regress.

regret *n.* regret.

regretă (a) *va.* to regret.

regretabil *a.* deplorable.

regulă *f.* rule; *o — generală*, a general rule; — *de trei*, the rule of three.

regulă (a) *va.* to rule, to regulate, to set in order.

regulament *n.* regulation; *a face un —*, to draw up the regulations.

regularitate *f.* regularity.

regulat I. *a.* regular. II. *adv. în mod —*, regularly.

reîncepe (a) *va.* to recommence, to begin again, to renew, to resume.

reîncepere *f.* resumption, recommencement.

reînoi (a) *va.* 1. to renew; 2. to repair; 3. to reiterate.

reînoire *f.* 1. renewal, renewing; 2. reiteration.

reînsufleţi (a) *va.* to revive, to revivify.

reînsufleţire *f.* reviving. revivification.

reinstală (a) *va.* to reinstall.

reintegra (a) *va* to re-instate, to re-integrate.

reintegrare f. re-instatement, re-integration.

reîntineri (a) vt. to grow young again.

reîntoarce (a) I. va. to render, to restore, to return, to give back. II. ref. a se —, to come again, to come back, to return.

reîntoarcere f. return, coming back.

reînverzi (a) vt. to grow green again.

reînvià (a) vt. to revive.

relatà (a) va. to relate.

relaţie f., **relaţiune** f. 1. relation; 2. reference.

relativ a. relative.

relief n. relievo, embossment.

religie f., **religiune**, f. religion.

religios a. 1. religious; 2. devotional.

religiozitate f. religiousness.

religiune f. religion.

reluà (a) va. to retake, to take again.

reluare f. retaking.

remaniă (a) va. 1. to transform; 2. to recast.

remediă (a) va. to remedy, to cure.

remarcă (a) va. to remark.

remediu n. remedy.

reminiscenţă f. reminiscence.

remite (a) va. to remit.

remiză f. allowance.

remorcà (a) va. to tow a ship.

remorcare f. towage of a ship.

remorcor n. tow-boat, tug.

remunerà (a) va. to reward.

remuşcare f. remorse: a avea re-muşcări de cuget, to feel remorse.

ren m. reindeer.

renaşte (a) va. 1. to be born again, to come to life again, to revive; 2. to appear again, to spring up again.

renaştere f. regeneration; revival (of Lettres and Arts in the 15 th and 16 th century).

renegà (a) va. to deny, to disown, to abjure.

renegat m. renegade.

renghiu n. trick, prank, sleight.

renovà (a) va. to renew.

rentă f. rent, yearly income, revenue; rente de Stat, funds, funded property; — viageră, life annuity.

rentier m. fund-holder, stock-holder, capitalist.

renume m. renown, fame, reputation.

renumit a. renowned, famous.

renunţà (a) va. to renounce, to give up.

renunţare f. renunciation, renouncement.

reorganizà (a) va. to re-organise.

reorganizare f. re-organisation.

repaos n. 1. rest, repose; 2. quiet.

repaozà (a) v. ref. a se —, to rest, to repose.

reparà (a) va. to repair, to mend.

reparaţie f., **reparaţiune** f. repair, reparation, repairing.

repartizà (a) va. to distribute, to divide.

repartiţie f., **repartiţiune** f. repartition, division, distribution.

repede I. a. quick, rapid. II. adv. quickly, rapidly.

repercusiune f. repercussion.

repercutà (a) va. to repercuss.

repertoriu n. repertory.

repetà (a) va. 1. to repeat; 2. to rehearse (theatre).

repetent m. repeater.

repeţi (a) va. 1. to repeat; 2. to rehearse.

repetiţie f., **repetiţiune** f. 1. repetition; 2. rehearsal.

repetitor m. private tutor.

repezeală f. rapidity, swiftness.

repezi (a) vt. to precipitate, to hurry. II. ref. a se —, to precipitate one's self, to rush upon, to rush into, to bounce.

repeziciune f. rapidity, quickness, speed, fleetness, celerity.

repezig n. ravine, precipice.

replică f. 1. reply, repartee, answer; 2. Jur. rejoinder.

replicà (a) vt. 1. to reply, to repartee, to answer; 2. Jur. to rejoin.

reporter m. anewspaper reporter.

represiune f. repression.

reprezalii m. pl. 1. reprisal; 2. Jur. retaliation.

reprezentà (a) va. 1. to represent; 2. to perform, to play, to act.

reprezentant m. representative, re-presentant.

reprezentaţie f., **reprezentaţiune** f. representation, production, performance.

reprezentativ a. representative.

reprimandà f. reprimand, reproof.

reprobà (a) va. to reprobate.

reprobaţiune f. reprobation.

reproducător a. reproductive.

reproduce (a) I. va. to reproduce. II. ref. a se —, to be reproduced

reproducere *f.*, **reproducție** *f.* reproduction.

reproductiv *a.* reproductive.

reproș *n.* reproach.

reproșa (a) *va.* to reproach.

reptil *a.* reptile.

republică *f.* republic, commonwealth.

republican I. *m.* republican, commonwealthman. II. *a.* republican.

repudia (a) *va.* to repudiate.

repudiare *f.* repudiation.

reputație *f.*, **reputațiune** *f.* reputation, repute, name, fame.

resbel *n.* V. *răsboiu.*

reședință *f.* V. *rezidență.*

resfrânge (a) *vt.* to reflect, to throw back, to reverberate.

resfrângere *f.* reflection, reverberation.

resort *n.* 1. spring, elasticity; 2. resort

respect *n.* respect, reverence; *cu* —, respectfully, reverently; *fără* —, respectlessly.

respecta (a) I. *va.* to respect, to reverence. II. *ref. a se* —, to respect one's self, to respect each other.

respectabil *a.* respectable, venerable.

respectat *a.* respected; reverenced, revered.

respectiv I. *a.* respective. II. *adv.* respectively.

respectuos I. *a.* respectful, reverential; II. *adv.* respectfully, reverentially.

respingător *a.* repulsive, forbidding, repellent.

respinge (a) *va.* to repulse, to repel, to rebuff, to reject, to refuse.

respira (a) *vt.* to breathe, to inhale, to respire.

respirație *f.* **respirațiune** *f.* respiration, breathing; *fără* —, without respiration, breathless.

responsabil *a.* responsible, answerable, accountable, liable.

responsabilitate *f.* responsibility, accountableness, liability.

rest *n.* 1. rest, remainder, remains; 2. scraps (of bread, paper); 3. residue (of oil) 4. remnant (of stuff).

restabili (a) I. *va.* to re-establish, to restore, to re-instate, to do up. II. *ref. a se* —, to be restored to health, to recover from.

restabilire *f.* re-establishment, restoration, reinstatement.

restaură (a) *va.* to restore, to re-establish.

restaurant *n.* eating-house, restaurant, ta\ ern.

restaurare *f.* restoration, re-establishment.

restaurator *m.* eating-house keeper.

restitui (a) *va.* 1. to restore, to give back, to return; 2. to reinstate.

restituire *f.*, **restituțiune** *f.* restitution, giving-back again.

restrânge (a) I. *va.* to restrain, to restrict, to limit, to confine. II. *ref. a se* —, to restrain, to restrict, to limit, to confine one's self.

restrângere *f.* restriction, limitation.

restricțiune *f.* restriction, restraint.

resursă *f.* resource.

resuscita (a) *va.* resuscitate.

rețea *f.* 1. net; 2. netting, net-wort; 3. bag-net; 4. hair net.

rețetă *f.* medical prescription.

reteveiu *n.* club, cudgel, bludgeon, bat.

reteza (a) *va.* 1. to clip; 2. to cut short, to cut off; to strike off; 3. to trim (trees), to prune (trees); 4. to dock; 5. to crop (harvest).

reține (a) *va.* to retain, to detain, to keep from, to restrain, to refrain (from).

reținere *f.* 1. retention, withholding 2. stop (of payment).

retipări (a) *va.* to reprint.

retipărire *f.* 1. reprint; 2 new edition.

retiradă *f.* water-closet.

retor *m.* rhetor, rhetorician, orator.

retoric *a.* rhetorical.

retorică *f.* rhetoric.

retorician *m.* rhetorician.

retracta (a) I. *v.* to retract, to recant, to withdraw, to recall. II. *ref. a se* —, to retract, to recant.

retractare *f.* retractation, retraction, recantation.

retrage (a) I. *va.* 1. to retract; 2. *Com.* to redraw; 3. to take out; to take away. II. *ref. a se* —; 1. to draw back, to withdraw (from); 2. to retire; to retreat; 3. to retract.

retragere *f.* 1. retirement, retiring; 2. retreat; 3. superannuation.

retras *a.* 1. retired; 2. remote.

retribui (a) *va.* to retribute, to remunerate, to pay, to reward.

retribuție *f.*, **retribuțiune** *f.* retribution, remuneration, reward, recompense.

retrocedă (a) *va.* to give back, to return, to restore.

retrogrăd *a.* retrograde, recurrent.

retrogradă (a) *vt.* to retrograde.

retușă (a) *va.* to retouch up.

reumatism *n.* rheumatism.

reuni (a) I. *va.* 1. to reunite, to join again, to conjoin; 2. to annex; 3. to assemble. II. *ref. a se —*, to reunite, to gather, to meet again, to come together.

reunire *f.* reunion, union.

reuși (a) *vi.* 1. to succeed; 2. to prosper, to have good success, to thrive.

reușire *f.*, **reușită** *f.* success, issue, result.

revanșă *f.* revenge.

revanșă (a) *v. ref. a se —*, to revenge o's, to take vengeance.

revărsă (a) *v. ref. a se —*, to overfloat, to inundate; *a se — de ziuă*, to dawn.

revărsare *f.* overflow, inundation, submersion; *revărsatul zorilor*, dawning day, day-peep, day-break.

revedeă (a) I. *va.* 1. to see again; 2. to revise, to review. II. *re. a se —*, to see each other again.

revedere *f.* seeing again, review, meeting again.

revelă (a) *va.* to reveal.

revelațiune *f.* revelation.

revelion *n.* 1. midnight revel; 2. new year's eve.

revendică (a) *va.* to reclaim, to demand back.

reveni (a) *vi.* to come again, to come back, to return; *a-și — în fire*, to recover one's self, one's senses, to revive.

revenire *f.* coming back, return.

revent *m. Bot.* rhubarb.

reverență *f.* reverence, bow, obeisance, courtesy.

reverențios *a.* reverent, reverential.

revistă *f.* review, periodical.

revizie *f.*, **reviziune** *f.* revise, revision, revisal, examination.

revizor *m.* reviser, revisor, examiner.

revizui (a) *va.* to revise, to review, to examine.

revizuire *f.* revisal, revision, eview.

revocă (a) *va.* to revoke, to recall, to repeal.

revocabil *a.* revocable, repealable.

revocare *f.* revocation, revokement, recall, repeal.

revoltă *f.* revolt, rebellion, mutiny.

revoltă (a) I. *vt.* 1. to incite to revolt (or) rebel, to stir up against; 2. to excite indignation. II. *ref. a se —*, to revolt, to rebel, to mutiny.

revoltător *a.* revolting.

revoluționar I. *m.* revolutionist. II. *— a.* revolutionary.

revoluțiune *f.*, **revoluție** *f.* revolution.

revolver *n.* revolver.

rezedă *f. Bot.* mignonette.

rezemă (a) I. *va.* 1. to prop up, to support; 2. to press upon, to lean, to rest. II. *a se —*, 1. to lean upon (or) against; 2. to rely upon.

rezemătoare *f.* 1. support back, prop; 2. railing.

rezervă *f.* reserve, reservation; *de —*, spare; *în —*, in store, on the retired list.

rezervă (a) *va.* to reserve, to lay by, to keep in store.

rezervat *a.* 1. reserved; 2. cautious; 3. modest.

rezervoriu *n.* reservoir, tank.

rezidă (a) *vi.* to reside, to dwell, to live.

rezidență *f.* residence, residency.

rezignă (a) *vi.* to resign.

rezil *n.* hair-net.

rezilă (a) *va.* to cancel.

reziliare *f.* cancelling.

rezistă (a) *vt.* to resist, to oppose, to withstand.

rezistența *f.* resistance, opposition.

rezolut *a.* resolute.

rezoluțiune *f.* resolution.

rezolvă (a) *va.* to resolve, to solve.

rezonabil *a.* reasonable.

rezultă (a) *vt.* to result, to follow.

rezultat *n.* result.

rezumă (a) *va.* to sum up, to recapitulate.

rezumat *n.* summary, recapitulation, summing up, sum.

ricin *m. Bot.* castor-oil plant; *unt de —*, castor-oil.

ricoșă (a) *vt.* to rebound, to bound back.

ridică (a) *va.* 1. to lift, to lift up, to heave, to raise up; 2. to elevate, to erect; 3. to pick up; *a — de jos*, to gather; to arise; II. *ref. a se —*, to raise one's self up, to rise, to stand up.

ridicare *f.* lift, lifting, heaving, raising.

ridicată *cu* —, *adv.* in the lump.

ridiche *f.* radish.

ridicul I. *n.* ridicule. II. ridiculous.

ridiculiză (a) *va.* to ridicule, to render ridiculous.

rigă *m.* king (at cards).

rigid *a.* rigid, severe.

rigoare *f.* 1. rigour, severity; 2. strictness.

riguros I. *a.* 1. rigorous, severe; 2. strict. II. *adv.* rigorously, strictly.

rimă *f.* 1. rhyme; verse; 2. earthworm.

rimă (a) *va.* to rhyme.

rinichiu *n.* kidney; *rinichii la gătai*, skewered kidneys, devilled kidneys; *boală de rinichi*, disease of the kidneys.

rinocer *m.* rhinoceros.

ripostă (a) *vt.* to repartee, to reply.

risc *n.* risk, hazard, venture.

riscă (a) *va.* to risk, to hazard, to venture.

risipă *f.* prodigality, lavishness, dissipation squandering.

risipi (a) *va.* 1. to lavish away, to scatter, to scatter away.

risipitor *m.* lavisher, squanderer spendthrift.

rit *n.* rite.

ritm *n.* rhythm.

ritmic *a.* rhythmical.

ritual *a.* ritual.

rival I. *m.* rival, competitor. II. *a.* rival.

rivalitate *f.* rivalry, rivalship, competition.

rivaliză (a) *vt.* to rival, to emulate, to vie with.

rizibil *a.* risible, laughable.

rizic *n.* V. *risc.*

roabă *f.* 1. slave (female), drudge; 2. wheel-barrow, barrow.

roadă *f.* V. *rod.*

roade (a) *va.* to gnaw, to nibble; to corrode, to eat; *a — frâul*, to champ the bit; *a'şi — unghile*, to bite one's nails.

roadere *f.* gnawing.

roată *f.* wheel.

roabă *f.* robe, coat, gown.

rob *m.* slave, drudge; *a munci ca un —*, to work like a cart-horse.

robi (a) *va.* 1. to enslave, to make a slave of; 2. *fig.* to captivate, to insnare, to subdue.

robie *f.* slavery.

robire *f.* enslavement.

robinet *n.* tap, cock.

robotă *f.* base service, statute-labour.

robust *a.* robust, strong, stout.

rochie *f.* robe, gown, dress; — *de nuntă*, wedding gown.

rochiţă *f.* 1. small dress (for children), frock; 2. *Bot.* rochiţa rândunelii, convolvulus, bind-weed.

rociu *n.* fishing-net.

rocoţel *n. Bot.* umbelliferous mounsear.

rod *n.* fruit, harvest, product.

rodan *n.* spinning-wheel, wheel.

rodăni (a) *va.* to break on the wheel.

rodi (a) *vt.* 1. to fruit, to bear fruit; 2. to produce good effect.

rodie *f.* pomegranate.

rodire *f.* fertileness, fertility, fruitfulness.

roditor *a.* fertile, fruitful, productive; *pom* —, fruit-tree.

rodin *n.* pomegranate-tree.

rodnic *a.* fertile, fruitful.

rogojină *f.* straw-plat, mat, strawmat, rush-mat, hassock.

rogojinar *m.* straw-platter.

rodnicie *f.* fruitfulness.

rogoz *n.* rush.

roi (a) *vt.* to swarm (bees).

roib I. *m.* bright chestnut horse. II. *a.* madder-coloured, sorrel.

roibă *f.* madder.

roiu *n.* swarm of bees.

rol *n.* 1. roll, list; 2. part, character (in a play).

Roman I. *m.* Roman. II. *n.* romance, novel.

Român *m.*, **Romancă** *f.* I. Rouman, Roumanian. II. *a.* Rouman.

românesc *a.* Rouman, Roumanian.

România *f.* Roumania; *M. S. Carol I, regele Români*, H. M. Charles the First, king of Roumania.

românică *f. Bot.* fever-few.

romaniţă *f. Bot.* camomile.

romanţ *n.* V. *roman.*

romanţă *f.* ballad.

romantic *a.* romantic, fanciful.

romanţier *m.* romancer, novel-writer, novelist.

ronţăi (a) *va.* to nibble.

ros *a.* dewy.

roş *a.* red.

roşatec *a.* reddish, russet.

roşcat *a.* russet, reddish.

roşcov *n.* carob-tree.

roşcovă *f.* carob.

roşcovan *a.* 1. reddish, reddish brown, red-haired; 2. blowzed.

roşeală *f.* 1. redness; 2. ruddiness.

roşeaţă *f.* 1. redness; 2. ruddiness & flush.

roşi (a) I. *vt.* to redden, to make red, to ilush. II. *ref. a se* —, 1. to grow red; 2. to blush, to ilush; 3. to be ashamed.

roşioară *f. Bot. f. Bot.* marigold.

roşior I. *m.* roumanian hussar. II. *a.* reddish.

roşiu *a.* V. *roş.*

rosmar ı *n.* 1. rosemary; 2. *Bot.* — *sălbatic*, marsh-rosemary.

rost *n.* 1. speech, utterance; 2. sens, meaning, signification; *pe de* —, by heart, by rote; *fără* —, useless, to no use.

rosti (a) *vt.* to speak, to utter, to pronounce.

rostire *f.* utterance.

rostogoli (a) I. *va.* to roll. II. *ref. a se* —, to roll, to fall down.

rostopască *f. Bot.* pilewort.

rotar *m.* wheelwright.

rotaş *a. cal* —, wheel-horse, shaft horse, thiller.

rotat *a.* dapple, piebald; *cal vânăt* —, dapple-grey horse; *cal murg* —, dapple-bay horse, a piebald-horse.

rotaţie *f.*, **rotaţiune** *f.* rotation.

rotativ *a.* rotativy.

roti (a) *va.* to roll, to revolve, to turn; *a roti ochii* —, to roll the eyes.

rotilă *f.* small wheel.

rotiţă *f.* small wheel.

rotund *a.* round, spherical, rotund.

rotunjală *f.* roundness, rotundity.

rotunji (a) I. *va.* to round. II. *ref. a se* —, to round, to grow round.

rotunjime *f.* roundness, rotundity.

rotunzime *f.* V. *rotunjime.*

rouă *f.* dew; *rua dimineţei*, the morning dew.

roura (va) *vt.* to dew.

roză *f. Bot.* rose; *roza vânturilor*, 1. windrose; 2. compass card.

rozător *a.* gnawing, biting.

rozătură *f.* erosion.

rozetă *f.* rosette, rose.

rubedenie *f.* relation, kinsman, relationship.

rubin *n.* ruby.

rublă *f.* rouble.

rudă *f.* kinswoman, relation, relative.

rude *m.* kinsman, relation.

rudenie *f.* relationship, kindred.

rubrică *f.* rubric.

rudimentar *a.* rudimentary, elementary.

rufărie *f.* 1. linendrapery; 2. linentrade.

rufe *f. pl.* linen; *a'şi primeni rufele*, to put on clean linen; *a spăla rufele*, to wash the linen.

rug *n.* 1. funeral pile, stake 2. *Bot.* bramble.

rugă (a) *va.* to pray, to implore, to entreat; to beg; *a — fierbinte*, to supplicate; *spune-mi te rog*, pray, tell me.

rugăciune 1. *f.* prayer, praying; 2. entreaty, request.

rugăminte *f.* 1. prayer; 2. request; — *fierbinte*, supplication.

rugător *a.* suppliant suppliant.

rugină *f.* 1. rust; 2. *Agr.* fire blast

rugini (a) *ref. a se* —, to rust, to grow rusty.

ruină *f.* ruin, fall, overthrow, decay.

ruina (a) to ruin, to destroy.

ruiadă *f.* quaver, trill.

Rumân *m.* V. *Român.*

rumegă (a) *va.* to ruminate, to chew the cud.

rumegare *f.* rumination, chewing.

rumegător I. *m.* ruminant. II. ruminating, ruminant, chewing the cud.

rumen *a.* rosy, rubicond, ruddy; *buze rumene*, rosy-lips; *ca obrajii rumenii*, rosy-cheeked.

rumenele *f. pl.* madder.

rupe (a) *va.* to tear, to rend.

ruptură *f.* rupture, breaking, tear.

rural *a.* rural.

Rus I. *m.* Russian. II. *a.* russian.

Rusalii *f. pl.* Witsuntide; *Duminica Rusaliilor*, Whitsunday.

rusesc *a.* Russian.

ruşina (a) I. *va.* to shame. II. *ref. a se* —, to shame, to be ashamed, to feel ashamed.

ruşinat *a.* shameful, ashamed.

ruşine *f.* shame, bashfulness, shyness; *a face de* —, to turn to the shame of.

ruşinos *a.* shameful, ashamed, shy.

ruşioară *f. Bot.* peony.

rustic *a.* rustic.

rută *f. Bot.* rue.

rutină *f.* routine, rote.

rutişor *m. Bot.* meadow rue.

S Ş

sa *a.* her, its.

să *conj.* that, but, but that; *ca* —, so that; *pentru ca* —, in order that.

sabat *n.* sabbath.

sable *f.* sabre, broad sword.

săbluţă f., **săbioară** f. 1. little sword; 2. Bot. gladiole.

şablon n. model, pattern.

sac n. sack, bag; a prinde cu măţă în —, to take in the very act.

saca f. water-cart.

sacagiu m. water-carrier.

săcăi (a) va. to incommode, to torment, to tease.

şacal m. jackal.

sacâz n. 1. mastic; 2 — de gamgiu, putty; 3. — de vioară, colophony, rosin.

sacerdotal a. sacerdotal, priestly.

sacerdoţiu n. priesthood.

sacră (a) va. to anoint, to consecrate.

sacrament n. sacrament.

sacramental I. a. sacramental. II. adv. sacramentally.

sacrifică (a) I. va. to sacrifice. II. ref. a se —, to sacrifice one's self.

sacrificator m. sacrificer.

sacrificiu n. sacrifice, offering.

sacrileg I. m. sacrilege. II. a. sacrilegious.

sacrilegiu n. sacrilege.

sacristie f. vestry, sacristy.

sacru a. sacred; holy, sainted.

săculeţ n. sachel, satchel, little bag.

săculeaţă f. purse (with money).

săculeţ n. V. săculeţ.

sad n. plant.

sadea I. a. simple; pure, unmingled. II. a. simply, nothing but, only.

sădelcă f. saddle-cushionet.

sădi (a) va. to plant.

sădire f. planting, plantation.

sădit a. planted.

safir n. sapphire.

saftea f. first sale.

safterea f. V. sefterea.

saftian n. morocco-leather.

şagă f. pleasantry, raillery, jest, joke.

sagacitate f. sagaciousness, sagacity.

şăgalnic a. jesting, funny, comic, jocular, jovial.

săgeată f. 1. arrow, dart, bolt; 2 Bot. săgeata apei, gladiole.

săgetă (a) va. 1. to shoot with an arrow; 2. fig. to pierce.

săgetător m. archer, bowman.

săgetătură f. stab (or stitch) with an arrow.

săgeţea f. Bot. gladiole.

săgui (a) vi. to jest, to joke, to banter, to play.

şah m. 1. shah of Persia; 2. Gram

chess; — ş mat, check-mate; n fucă —, to play at chess; tablă de —, chess-board; figuri la — chess-men.

şaizeci num. sixty.

şaisprezece num. sixteen.

şal n. shawl.

sală f. 1. hall, large room; 2. — de aşteptare, waiting-room; 3. — de arme, armoury, fencing-school; 4. — de bal, ball-room; 5. — de biliard, billiard-room; 6. — de danţ, dancing-room; 7. — de mâncare, dining-room; 8. — de muzica, music-room.

salahor m. day-labourer.

salahori (a) vi. to work hard; to toil.

salahorie f. labouring at daily pay.

salam n. thick sausage.

salamandră f. salamander.

sălămâzdră f. V. salamandră.

salariă (a) va. to pay, to pay wages.

salariat a. paid.

salariu n. 1. salary, wages; 2. pay, payment; 3. hire.

sălaş n. habitation, residence, abode, spelter.

salată f. 1. salad; 2. Bot. salata mielului, valerian; 3. — de iarnă, salsify, goat-marjoram.

salatieră f. salad-dish.

sălău m. Zool. perch.

salbă f. 1. necklace; 2. Bot. salba dracului, black alder: — moale, prick-wood.

sălbatic I. m. wild, savage, fierce, savage. II. a. wild, savage, fierce.

sălbătici (a) I. va. to rend or to make wild, savage. II. ref. a se — to grow wild, savage.

sălbăticie f. wildness, savageness, fierceness, ferocity.

salcâm m. Bot. 1. acacia; 2. — galben, laburnum, golden rod-tree.

salcie f. Bot. willow-tree; —pletoase, weeping-willow.

sălciu a. unsavoury, flavourless.

şale f. pl. reins, loins; mă doare şalele, I have a pain in the loins, I have lumbago.

salep n. salep.

salină f. salt-pan, salt-pit, salt-works.

salitră f. saltpetre.

salivă f. saliva, spittle, slobber.

salmiac a. ammonia.

salon n. saloon, drawing-room, assembly-room.

salpetru n. saltpetre.

salt n. ju p, leap, spring, bound; — mortal, somerset, somersault.

sălta (a) vt. to jump, to leap, to spring.

saltar n. V. sertar.

săltătură f. jump, spring, leap.

saltea f. mattress; — de pale, straw-mattress, straw-bed.

saltimbanc m. mountebank, quack.

salubritate f. salubrity, healthfulness, wholesomeness.

salubru a. salubrious, healthy, wholesome.

şalupă f. sloop, boat, launch; şaiupă canonieră, gun-boat.

salut n. salute, salutation, greeting.

saluta (a) va. to salute, to greet, to bow, to present one's compliments to.

salutar a. salutary, wholesome.

salutare f. salute, salutation, bow, greeting, regard; — int! your humble servant! good day! good morning! good-bye! salutările mele prietenește, my kindest regards.

salvă f. volley, discharge; — de aplause, round of applause.

salvă (a) va. 1. to save; 2. to ransom; 3. to deliver.

şalvari m. pl. large-trousers, large-breeches.

salvator m. saviour, redeemer.

salvie f. Bot. sage.

samaniu a. straw-coloured.

samar n. pack-sadle.

samavolnicie f. arbitrariness.

sâmbătă f. Saturday; — morților, Allsouls'day; sâmbăta Paștelor, Easter-eve.

sambelan m. chamberlain; Marele —, the Lord Great Chamberlain.

sâmbure m. stone (of a fruit), kernel, pip (of pulpy fuit); fruct cu —, stone-fruit.

samcă f. amulet.

sameş m. cashier.

samovar n. tea-kettle.

samsar m. broker; jobber.

samsarlâc m. brokerage.

samur m. sable.

sân m. bosom.

sănătate f. health, healthiness, soundness; a bea în sănătatea cuiva, to drink to, to drink the health of; în sănătatea d-tale! here's your health! good health to you.

sănătoasă (la —) adv. a o tuă la —, to run away, to take one's self off, to make one's escape.

sanatoriu n. medical establishment

sănătos a. sound, healthy, healthful wholesome, să ne vedem sănătoşi good-bye; rămâi —, farewell.

sanchiu a. morose, taciturn, silent, sulky, sullen.

sanctifica (a) va. to sanctify.

şancru n. Med. shanker.

sancţiona (a) va. to sanction.

sancţie f., **sancţiune** f. sanction.

sanctuar n. sanctuary.

sandală f. sandal. (shoe).

şandrama f. shed, barrack, penthouse.

sânge n. blood; a lua —, to breathe a vein: a curge — din nas, to bleed at the nose; până la —, till blood comes; — rece, coolness, cold blood; a'şi face — rău, to breed ill blood; Bot. sângele-voiniculul, stork's bill, stork's bill hemlock.

sângera (a) vt. to bleed; to let blood, to take blood off.

sângerariţă f. Boot. snake-root

sângerete m. black-pudding.

sângeriu a. sanguine, blood-red.

sângeros a. bloody, sanguine.

sanie f. sledge, sled, sleigh; o plimbare cu —, a drive in a sledge; transport cu —, sledging.

sanitar a. sanitary, sanatory.

şanşă f. V. noroc.

sancriţă f. Sansrit.

şanţ n. ditch, moat, trench, dike, foss.

sapă f. pick-axe, mattock, hoe; a lucra cu sapa, to dig with a pick-axe.

sapă f. 1. hoe, mattock; 2. crupper, croup, rump.

sapă (a) va. to dig, to delve, to hoe, to sap, to trench.

săpăligă f. mattock, hoe.

săpare f. digging.

săpător m. digger; delver, ditcher.

săpătură f. 1. digging, cutting; 2. engraving.

şapcă f. cap.

saplaie f. soup-ladle.

săptămână f. week; săptămâna mare, Holy-week; într'o —, in a week's time; dela începutul săptămânei până la sfârşit, from week's end to week's end; week in, week out; în fiecare —, weekly, every week.

săptămânal a. weekly, every week

şapte num. seven.

saptelea num. seventh.

şaptesprezece *num.* seventeen.

şaptezecì *num.* seventy.

săpun *n.* soap; *clăbuc de* —, soap-bubble; *calup de* —, cake of soap; *bucată de* —, soap-ball; *apă de* —, soap-suds; *a da cu* —, *a spăla cu* —, to wash with soap, to lather.

săpunar *m.* soap-boiler, soap-maker.

săpunărică *f. Bot.* soap-wort.

săpunărie *f.* soap-house, soap-manufectory, soap-works, soapery.

săpunel *n.* V. *săpunărică.*

săpunì (a) *va.* to wash with soap, to lather.

săpunit *n.* washing with soap.

săra (a) *va.* 1. to salt; 2. lo pickle, to corn.

sărac I. *m.* poor man, beggar. II. *a.* poor, indigent; — *lipit,* extremely poor, beggarly.

sărăcăcios *a.* poorly, poor, miserable.

sărăcì (a) *vt.* 1. to impoverish, to pauperise; 2. to grow poor.

sărăcie *f.* poverty, neediness, misery, poorness, want.

sărăcire *f.* impoverishment.

sărăcime *f.* poor people.

sărăcuţul *m.,* **sărăcuţă** *f.,* poor litle fellow, poor creature.

şaradă *f.* charade.

saraiu *n.* seraglio.

şarampou *n.* pile, stake.

saramură *f.* brine, pickle.

sărat *a.* 1. salt, salted; 2. *ftg.* dear; *apă sărată,* salt water.

sărătură *f.* salting; salt meat.

Sârb I. *m.* Servian. II. *a.* servian.

sărbătoare *f.* feast, holiday; *zi de* —, feast-day, holiday.

sărbători (a) *va.* to keep as a holida̅; to feast, to celebrate.

sârbesc *a.* servian.

sarcasm *n.* sarcasm.

sarcină *f.* 1. load, charge, burden, weight; 2. mission; 3. pregnancy.

sarcofag *n.* sarcophagus.

sardeà *f.* anchovy, sard'ne.

sare *f.* salt; — *de bucete,* kitchen-salt; — *amară,* Epsom salts; *sarea pisicei,* antimony.

sarg *a.* dun; *cal* —, yellow dun.

sârguinţă *f.* diligence, assiduity.

sârguitor *a.* diligent, assiduous.

sări (a) *vt.* 1. to leap, to jump, to skip, to hop, to spring, to rush; 2. to omit, to pass over.

sărit *a.* cracked, infatuated.

săritură *f.* leap, jump, skip, hop, spring; *a face o* —, to take a leap,

to fetch a skip; *dintr'o singură* — at a single bound; *în trei sărituri,* with a hop, skip and a jump.

şarjă *f.* attack, assault, charge.

şarlă *f.* pug-dog, yelping-dog, barking dog.

şarlatan *m.* quack, mountebank, quacksalver.

şarlatanie *f.* quackery.

sârmă *f.* wire.

sărman *a.* poor.

şarpe *m.* snake, serpent; — *sună-tor,* — *cu clopoţei,* rattlesnake.

şârpui (a) *va.* to wind about, to meander, to serpentize, to snake.

sarpun *m. Bot.* wild thyme.

sărută (a) I. *va.* to kiss, to buss, to hug. II. *ref. a se* —, to hug each other.

sărutare *f.* kissing, buss; — *de mână,* hand-kissing.

sărutat *n.* kiss.

Sas I. *m.* Saxon. II. *a.* saxon.

saschiu *m. Bot.* periwinkle.

şase *num.* six; — (la zări), sice.

şasea *a* —, *num. f.* the sixth.

şaselea *a* —, *num. m.* the sixth.

şasesprezece *num.* sixteen.

saşiu *a.* squint, squint-eyed; *a se uita* —, to have a squint.

sat *n.* village.

satana *m.* Satan.

satanic *a.* satanic, satanical.

sătean *m.* villager, country-man.

săteancă *f.* villager, country-woman.

satelit *m.* satellite:

sătesc *a.* countrified.

satir *m.* satyr.

satir *m.* chopper, chopping-knife.

satiră *f.* satire, lampoon.

satiric *a.* satirical.

satisfăcător *a.* satisfactory.

satisface (a) *va.* to satisfy, to content, to please, to gratify.

satisfacţie *f.,* **satisfacţiune** *f.* 1. satisfaction, gratification; 2. satisfaction, amends.

satră *f.* shed, booth.

satrap *m.* satrap.

sătul *a.* satiated, full, glutted.

sătură (a) *va.* to satiate, to fill, to satisfy, to glut, to saturate. II. *ref. a se*, to be satisfied, to glut one's self.

săturare *f.* satiety, satiation, glut.

săturat *a.* satiated, satiate, full, glutted.

sau *conj.* or, either.

şaucă *f.* crupper, croup, rump.

săvârşi (a) *vt.* 1. to complete, to accomplish, to perform, to do, to execute; 2. to commit.

saxon *m.* saxon — *a.* saxon.

sbârci (a) *vt. ref. a se —.* to wrinkle, to shrink up, to shrivel.

sbârcioc *m.*, **sbârciog** *m.* Bot. morel, moril.

sbârcit *a.* wrinkled; *fruntea-i sbârcită*, his wrinkled brow.

sbârcitură *f.* wrinkle.

sbârli (a) *v. ref. a se —*, to bristle, to bristle up.

sbârnăi (a) *vt.* to buzz, to hum.

sbârnăitoare *f.* humming-top.

sbârnăitură *f.* buzzing, humming.

sbate (a) *v. ref. a se —*, to struggle, to strive, to sprawl. to flounder.

sbierà (a) *vt.* to roar, to squeak, to squeal, to bellow, to bray.

sbierat *n.* roaring, squeak. squeal.

sbir *m.* thief-catcher, bailiff, catchpoll.

sbor *n.* flight, flying, wing, soar; *în —*, on the wing; *a'şi luà sborul*, to take wing, to wing one's flight.

sbură (a) *vt.* to fly away, to soar.

sburătoare *f. pl.* winged creatures, fowl.

sburdalnic *a.* 1. petulant, pert; 2. frolicsome, playful, merry, sprightly.

sburdalnicie *f.* petulance, petulancy, sprightliness.

scade (a) *va.* 1. to lower, to diminish, to reduce; 2. to decrease; 3. to subtract, to deduct; 4. to fall, to sink.

scadenţă *f.* term of payment.

scădere *f.* lowering, diminution, reduction, decrease, subtraction.

scaiu *n.*, **scaiete** *m.* Bot. thistle; *— dracului*, star-thistle (bot).

scaî *m.* dog-fish.

scală *f.* Muz. scale, gamut.

scălcià (a) *va.* 1. to tread down (the heel of); 2. to mangle (a language).

scăldà (a) I. *vt.* to bathe. II. *ref. a se —*, to bathe.

scăldare *f.* bathing.

scăldătoare *f.* bather; place for bathing; bathing-tub, bathing-house.

scăldător *m.* bather.

scalpel *n.* scalpel.

scăluş *n.* gag.

scamă *f.* lint (surgery).

scamator *m.* juggler; light-fingered gentleman.

scamatorie *f.* juggle, jugglery, juggling; *a face scamatorie*, to juggle.

scandal *n.* scandal.

scandalizà (a) I. *vt.* to scandalize. II. *ref. a se —*, to be scandalized.

scandalos *a.* scandalous.

scândură *f.* plank, board; *cumpănă cu o —*, see-saw; *a acoperi cu scânduri*, to plank, to board.

scânteie *f.* spark, sparkle.

scânteià (a) *va.* to sparkle, to scintillate; to glint, to glisten, to glitter.

scânteios, **scânteitor** *a.* sparkling.

scânteuţă *f.* 1. Bot. sparklet. 2. Bot. *— roşie*, winco pipe.

scăpà (a) *va.* 1. to escape, to save, to rescue, to deliver; to loose, to slip; 2. to slip from one's hold, to quit one's hold, to get rid of, to extricate one's self from, to shift of; 3. to miss (the train); *— de la*, to make one's escape; *— de moarte*, to escape death.

scăpără (a) *vt.* to strike fire.

scăpare *f.* 1. escape, safety; 2. rescue, deliverance; 3. riddance, extrication.

scăpătà (a) *vt.* to decay, to come down in straitened circumstances.

scară *f.* 1. ladder; 2. staircase; 3. scale; 4. *— de la şea*, stirrup, stirrup-iron; 5. *— de trăsură*, footstool, foot-board; 6. *— de frânghie*, rope-ladder; 7. *— de şea pentru dame*, foot-stall.

scârbă *f.* distaste, repugnance, aversion, detestation, disgust, dislike; *a-i fie —*, to distaste, to loathe; *mi-e —*, I feel loath to; *mi-e — să*, I have (or) I feel a repugnance to.

scârbì (a) I. *va.* to distaste, to disgust, to nauseate. II. *ref. a se —*, to take a dislike to, to get disgusted.

scârbos *a.* repugnant, execrable, loathsome, nauseous, detestable.

sacrificà (a) *va.* to sacrify.

sacrificător *m.* sacrificator.

scarlatină *f.* scarlet-fever, scarlatina.

scărmănà (a) *va.* to card wool.

scârnă *f.* filth, dirt.

scârnav *a.* unclean, foul, stingy, sordid.

scârnăvie *f.* dirtiness.

scărpinà (a) *va.* to scratch, to scrape.

scârşnì (a) *vt.* to gnash one's teeth, to grind.

scârşire *f.* gnashing, grinding (one's teeth).

scârţăi (a) vt. to creak; to grate.
scârţăi-scârţăi m. scrawler.
scârţâit n. creaking, grating.
scârţâitoare f. rattle.
scârţâitor m. scraper, bad fiddler.
scatiu m. Zool. siskin, yellow-bird.
scaun n. 1. chair, seat, stool; 2. seat, throne; — de pâine, straw-chair.
scăunaş n. 1. stool, foot-stool; 2. (violin's) bridge.
scăzămînt n. deducting, allowance. decrease; cu un — de, after deducting.
scăzut a. deducted, reducted, diminished.
scelerat I. m. villain, profligate. II. a. knavish, rascally.
scenă f. 1. scene, stage; 2. scenery 3. quarrel, uproar.
scenic a. scenic.
sceptic I. m. sceptic. II. a. sceptical.
scepticism n. scepticisme.
sceptru n. sceptre, sway.
schelă f. landing-place; scaffolding.
schelet n. skeleton.
schilod a. crippled, maimed.
schilodi (a) va. v. to maim, to cripple, to mutilate.
schimb n. 1. exchange; 2. barter, truck, interchange; 3. change; a face un —, to make an exchange; casă de —, exchange-office; schimbul cailor, relay, change of horses.
schimba (a) va. 1. to change, to exchange; 2. to barter, to truck; 3. to alter, to turn; 4. to shift; 5. to convert.
schimbăcios a. changeable.
schimbare f. change, alteration.
schimbător a. changeable, variable, unsteady, inconstant.
schimonosi (a) va. to distort, to disfigure.
schimonosire f. distortion, disfiguration.
schingiuire f. 1. torture; 2. rack for torture.
schingiui (a) va. to torture, to rack, to put to the torture.
schingiuitor m. tormenter. torturer.
schioapă f. span (of the hand).
schiop a. lame, limping; a fi —, to be lame; un om --, a lame man; o femeie schioapă, a lame woman.
schiopăta (a) va. to limp, to halt, to hitch.
schismă f. schisme.
schismatic a. schismatic.
schiţă f. sketch, outline, rough-sketch.

schiţa (a) va. to sketch, to rough out.
seiziune f. 1. dissension, disunion; 2. Biserica, schism.
sclav m. slave, drudge.
sclavie f. slavery.
scîlcîosi (a) v. ref. a se —, 1. to whine, to whimper; 2. to behave affectedly.
sclimpus n. peg (for linen).
sclipeală f. glimmer, glimpse, glitter.
sclipet n. Bot. tormentil.
sclipi (a) vt. to glimmer, to gleam, to glisten; 2. to blink, to twinkle.
sclipicios a. glimmering, glittering.
sclivisi (a) va. to polish, to sleek, to gloss.
sclivisire f. polishing.
sclivisit I. n. polish, polishing. II. a. polished.
sclivisitoare f. polishing-iron, sleek-stone.
scoabă f. 1. cramp (tool); 2. — de broasca, staple.
scoală f. school; — secundară, high school.
scoarţă f. 1. bark, rind, peel; 2. shell; 3. cover (of a book).
scoate (a) va. to take away, out off, to pull off; to draw; to remove; to move out; to tear out; — masa, to take away the table-cloth (or-cover), to clear the table; — pălăria din cap, to take off one's hat; scoateţi pălăriile! off hats! — afară, to pull out, to pull off; — un dinte, to draw a tooth; — afară, to pull out, to pull off; — un ghimpe din, to draw a thorn from; — din buzunar, to take from one's pocket; — din slujbă, to discharge, to dismiss; — măruntaiele, to gut, to disembowel, to eviscerate; — un ţipăt, to scream, to scream out, to cry out — tipete de durere, to scream with pain; — din minte pe o fată, to seduce a girl; — la minciuni, to tell lies.
scobi (a) I va. 1. to hollow out, to excavate; 2. — cu dalta, to chisel; 3. — în dinţi, to cleanse, to pick the teeth. II. ref. a se — în nas, to pick one's nose.
scobitoare f. toothpick.
scobitor m. 1. cutter, carver; 2. engraver (on copper).
scoborî (a) I. va. to descend, to bring down, to move down. II. ref. a se — to go down, to come

down, to decrease, to be derived, to dérive.

scoborire *f.* 1. descent, going down; 2. *Fig.* descent, descension; *scoborârea depe cruce*, the descent from the cross.

scoboritor *m.* descendant, offspring.

scoc *n.* waste-weir, whirl-pool.

scofâlcit *a.* decayed.

scoică *f.* 1. muscle, mussel; 2. shell; 3. — *de mare*, oyster.

scolar *m.* school-boy, pupil, scholar.

scolăriță *f.* school-girl, pupil.

scolastic *a.* scholastic, scholastical.

scolastică *f.* scholasticism; scholastic philosophy; school-divinity.

scont *n.* discount, trade-allowance; *cu un — de*, with a discount of; *de scontat*, discountable.

sconta (a) *va.* 1. to discount; 2. to cash; *nu se poate —*, it' is not discountable.

scop *n.* purpose, aim, design, intention, scheme; *scopurile lui Dumnezeu*, the ways of God.

scopi (a) *va.* to castrate, to geld.

scopire *f.* castration, gelding.

scopit *m.* 1. castrato; 2. eunuch. II. *a.* castrated.

scorbură *f.* hollow tree.

scorbut *n.* scurvy.

scormoni (a) *va.* to rummage, to search, to ransack.

scorpie *f.* 1. scorpion; harpy, shrew (babă hârcă, etc).

scortar *m. Zool.* wall-creeper.

scortișoară *f.* cinnamon.

scortișor *m. Bot.* cinnamon-tree.

scotoci (a) *va.* to rummage, to ransack, to search.

scrânciob *n.* merry-go round, see-saw rotative.

scrâșni (a) *vt.* V. *scârșni.*

scrie (a) *va.* 1. to write; 2. to compose; 3. to spell; — *repede*, to write off; — *înainte*, to write on.

scriere *f.* hand, hand-writing, writing; *a avea o — frumoasă*, to write a good hand; *invențiune scrierei*, the invention of writing.

scriitor *m.* 1. writer; 2. author; 3. scribe, copier.

scriitură *f.* handwriting.

scrimă *f* fencing; *sală de —*, fencing-school; *profesor de —*, fencing-master.

scrin *n.* chest of drawers.

scrinteală *f.*, **scrintire** *f.* sprain, dislocation.

scrinti (a) I. *va.* to wrench, to sprain to disjoint, to dislocate. II. *ref.* a'și — *piciorul*, to catch a wrench, to sprain his foot.

scrintitură *f.* wrench. V. *scrinteală.*

scripcă *f.* fiddle, violin.

scripcar *m.* fiddler.

scripete *m.* pulley. tackle.

scriptură *f.* Scripture; *Sânta —*, Holy writ. the sacred writings.

scris *a.* written; *în —*, in writing; *de —*, writing; *hârtie de —*, writing-paper; *masă de —*, writing-table.

scris *n.* writing; *a pune în —*, to set down in writing.

scrisoare *f.* letter, epistle; hand-writing.

scroață *f.* sow.

scrobeală *f.* starch.

scrobi (a) *va.* to starch.

scrobit *a.* starched.

scrofule *f. pl.* scrofula.

scrofulos *a.* scrofulous.

scrum *n.* tabacco-ashes.

scrumbie *f.* mackerel (fish), herring; — *de mare*, sprat; — *afumată*, red herring.

scrumieră *f.* ash-cup.

scrupul *n.* scruple, qualm.

scrupulos *a.* scrupulous.

scrupulozitate *f.* scrupulosity.

scruta (a) *vt.* to scrutinize.

scrutator I. *m.* scrutineer, scrutinizer, searcher. II. — *a.* scrutinizing.

scrutin *n.* ballot-box.

scufie *f.* night-cap.

scufiță *f.* child's caul.

scufunda (a) I. *va.* to sink, to plunge II. *ref. a se —*, to sink, to sink down to subside.

scufundare *f.* sinking.

sculpa (a) *n.* 1. spit, to spit out, to sputter, to salivate.

sculpare *f.* spitting.

sculpat *n.* 1. spit, spittle, sputter; 2. salivation.

sculpătoare *f.* spit-box, spitting-box, spittoon.

scul *n.* skein.

sculă *f.* 1. tool, implement, instrument; 2. jewel, gem; 3. — *de mică valoare*, trinket.

scula (a) *va.* 1. to rouse, to awake, to awaken; 2. *ref. a se —*, to rise, to arise, to awake, to get up, to stand up; *a se — în picioare*, to stand up; *a se — dela locul său*, to rise from one's seat; — *de di-*

mineaţă, to rise early; *a se — des de diminaţă*, to get up early in the morning, to be up with the lark; *sculaţ!* up!

sculament *n. Med.* blenorrhoea (gonorrhoea).

sculare *f.* rising.

sculat *a.* up; *a fi —*, to be up.

sculptă (a) *va.* to carve, to sculpture.

sculptor *m.* carver, sculptor.

sculptură *f.* carving, sculpture.

scumbrie *f.* V. *scrumbie*.

scump *a.* 1. dear, expensive; 2. costly, costful, precious, valuable, beloved.

scumpă tate *f.* dearness.

scumpet e *f.* dearness, dearth.

scumpi (a) I. *va.* to make dearer, to raise the price of, to increase in value. II. *ref. a se —*, to grow dearer.

scund *a.* stubbed, stumpy, squat.

scurge (a) I. *va.* to drain, to drop. II. *ref. a se —*, to flow, to flow out, to run out; to slip away.

scurgere *f.* 1. drain, flowingout; 2. dysentery, bloody flux; 3. lapse.

scursoare *f.* drain, waste-pipe.

scurt *a.* 1. short; 2. concise, brief; *pe —*, concisely, in short; shortly.

scurtà (a) I. *va.* to shorten, to abreviate, to m ke shorter. II. *ref. a se —*, to sho rten, to become shorter, to shrink.

scurtare *f.* shortening.

scurtime *f.* shortness.

scut *n.* buckler, shield, shelter.

scutec *n.* swaddle, swaddling-clout, swaddling-cloth, swaddling-clothes, swathe.

scuti (a) *va.* 1. to exempt from; 2. to free from, to dispense with; 3. to protect, to preserve.

scutire *f.* exemption, dispensation.

scutit *a.* exempt from, free from.

scutură (a) *va.* 1. to shake, to jolt, 2. to toss; 3. *— de praf*, to dust; 4. to switch.

scuturare *f.* shaking.

scuturătură *f.* shake.

scuză *f.* excuse, apology, allowance; *ca —*, by way of excuse; *fără —*, excuseless.

scuză (a) I. *va.* to excuse, to apologise. II. *ref. a se —*, to make an excuse, to excuse one's self.

sdravăn *a.* vigorous, robust, strong, stout.

drenţă *f.* tatter, rag; *în sdrenţe*, tattered. all in tatters.

sdrenţaros I. *m.* tatterdemalion. II. *a.* tattered, all in tatters.

sdrobi (a) *va.* to crush, to crash, to squash.

sdruncină (a) *va.* to jolt, to shake to move, to shock.

sdruncinare *f.* shaking.

sdruncinat I. *n.* jolt, jolting. II. *a.* shake, shock, shaking.

sdruncinătură *f.* shake, shock, shaking.

se *pron.* (to) one's self, himself, herself, itself, themselves, one another, each other; *a se iubi*, to love one another, to love each other; *a se iubi (pe sine însuşi)*, to love one's self.

sea *f.* saddle; *a pune seaua pe*, to saddle.

seamă *f.* account; *băgare de —*, attention, notice, heed; *dare de —*, report, reporting; *a nu ţine —*, to make no account of, to take little notice of; *a da —*, to account for; *a băga de —*, to give (or pay) attention, to take care of, to attend, to look, to heed, to notice, to mind; *bagă de — la cuvintele d-tale*, mind what you say; *nu face ca să ţineţi —*, It is beneath your notice; *a face o dare de —*, to give an account of a thing, to make a report; *mai cu —*, especially, above all.

seamăn *m.* fellow-being, fellow, fellow-brother, fellow-creature, match, *fără —*, matchless, incomparable.

seară *f.* evening, eve, night; *seara*, in the evening; *de seară*, this evening.

searpe *m.* snake, serpent.

sec I. *n.* lean; *lăsatul de —*, *lăsata secului*, Shrove-tide, Shrove-Tuesday. II. *—, a.* empty, dry, dried, arid; *o pungă seacă*, an empty purse; *cap —*, empty-headed; *spicuri seci*, empty ears.

secă (a) *va.* to dry, to dry up, to drain.

secară *f. Bot.* rye, *Bot. — dulce*, fennel; *pâine de —*, rye-bread.

secătură *f.* whipper-snapper, scoundrel, rascal.

seceră (a) *va.* to reap, to cut corn, to harvest, to crop; *cum vei semăna, aşa vei secera*, you have made your bed, now lie upon it.

secerare *f.* reaping.

secerat *n.* 1. harvest, crop; 2. harvest-time.

secerătoare *f.* 1. female reaper; 2. reaping-machine, harvesting-machine, reaper.

secerător *m.* reaper, harvest-man, harvester.

secere *f.* sickle, reaping-hook.

secer.ş *n* reaping-time, harvest, reaping, crop.

secesiune *f.* secession.

secetă *f.* dryness, aridity, drought.

sec.stos *a.* droughty, dry, arid.

sechestra (a) *va.* to sequester, to distrain, to seize, to seize on.

sechestrare *f.* sequestration.

sechestru *n.* sequestration, seizure, seizing, distraint.

secol *n.* century, age.

secret I. *n.* secret, secrecy: *în* —, secrecy, privately, privily. II. — *a.* secret.

secreta (a) *va.* to secrete, to secern.

secretar *m.* 1. secretary; z. writing-table, secretary; — *de Stat,* Secretary of State.

secretariat *n.* 1. secretaryship; 2. secretary's office.

secreţiune *f. Med.* secretion.

sectă *f.* sect.

sectar *m.* sectarian, sectary.

sectator *m.* follower, adherent, votary.

secţiune *f.* 1. section; 2. police-station.

sector *n. Geom.* sector.

secular *a.* 1. secular; 2. worldly.

seculariza (a) *va.* to secularize.

secularizare *f.* secularization.

secundă *f.* second (of time).

secunda (a) *va.* to second.

secundant *m.* second (in duels).

secundar *a.* secondary; *şcoală secundară,* high school.

secure *f.* hatchet, axe.

sedea (a) *vt.* 1. to sit, to sit down; 2. to reside, to inhabit, to dwell in, to live in; 3. to stay; 4. to suit, to become, to fit.

sedentar *a.* sedentary, settled, located.

şedere *f.* 1. sitting; 2. habitation, residence, domicile, abode; 3. sejourn, stay; 4. delay, stop.

sediment *n.* 1. sediment; 2. residuum; 3. dreggs, lees.

şedinţă *f.* 1. sitting, session; 2. seat.

sediţie *f.* sediţiune *f.* sedition, riot.

sediţios *a.* seditious, riotous.

sediu *n.* seat.

seducător I. *m.* seducer, allurer, enticer, misleader. II. *a.* seducing,

seductive, alluring, charming.

seduce (a) *va.* to seduce, to allure, to entice, to corrupt.

seducţie *f.,* seducţiune *f.* seduction, allurement, alluringness.

şef *m.* 1. chief, header, leader: 2. headman, principal; foreman; fagend : — *de partid,* leader of a party.

seftea *f.* V. *saltea.*

sefterea *f. Bot.* fumitory.

segment *n.* segment.

seik *m.* sheik.

selar *m.* saddler, saddle-maker.

selărie *f.* saddlers trade; saddlery.

selecţiune *f.* selection.

selină *f. Bot.* smallage.

semăn *m.* V. *seamăn.*

semăna (a) I. *vt.* to resemble. II. *ref. a se* — *semănă ca două picături de apă,* to be as like as two peas.

semăna (a) *va.* 1. to sow, to seed; 2. to strew.

semănare *f.* resemblance, likeness, likelihood, similitude.

semănat *n.* sowing; seed.

semănătoare *f.* drill (machine), sowing-machine.

semănător *m.* sower.

semănătură *f.* sowing; sown field.

semânţă *f.* 1. seed; 2. sperm.

semestrial *a.* half-yearly, semi-annual.

semestru *n.* six months; half a year.

semeţ *eaţă a.* rash, bold, daring, audacious.

semeţie *f.* rashness, boldness, audacity, audaciousness.

semi *a.* semi, half; *semi-barbar,* semi-barbarian.

semicerc *n.* semicircle; *în formă de,* semicircled, semicircular.

semilună *f.* half-moon, crescent (of the moon).

seminar *n.* seminary, priests college.

seminarist *m.* seminarist.

semineer *n.* staddle.

semleţie *f.* tribe, race; *Seminţiile lui Israel,* the tribe of Israel.

semitic *a.* semitic.

semitism *n.* semitism.

semivocală *f.* semi-vowel.

şemizetă *f.* shirtfront chemisette.

semizeu *m.* demi-god.

semn *n.* 1. sign, mark; 2. indication; 3. token; 4. trace; 5. wink: 6. symbol: *a face cuiva* — *cu ochiul,* to give a wink to, to tip the wink; a face semnul crucii, to cross (one's self); e — bun, it signs well; pe semne, likely, probably, presumably.

semnă (a) va. 1. to sign, to subscribe.

semnal n. signal, sign.

semnala (a) va. to signalize, to describe.

semnalment n. description.

semnătură f. signature.

semnifică (a) vt. to signify, to mean.

semnificare f. signification, meaning, purport.

semnificativ a. significative, meaning.

senamichie f. Bot. senna.

senat n. senate, senate-house.

senator m. senator.

senatorial a. senatorial.

senil a. senile.

senin I. m. 1. sereneness; 2. sky-blue. II. a. serene, clear, halcyon; ain —, suddenly, on a sudden, unexpectedly.

seninătate f. serenity, sereneness, calmness.

sens n. signification, meaning, purport.

sensaţie f, sensaţiune f. sensation, sense.

sensibil a. sensible, V. simţitor.

sensibilitate f. sensibility.

sensitivă f. Bot. sensitive plant.

sensual a. sensual.

sensualitate f. sensuality.

sentinţă f. sentence, saying axiom.

sentiment n. sentiment, mind, sense, feeling.

sentimental a. sentimental.

sentimentalism a. sentimentality.

sentinelă f. sentinel, sentry.

sentinţă f. sentence, udgment, ver dict.

separă (a) va. V. despărţi.

Septemvrie m. September.

septentrional a. northern.

septime a. I. seventh part. II. a seventh. III. num. seventh.

ser n. serum.

serafic a. seraphic, seraphical.

serafim m. seraph.

seraiu n. V. saraiu.

serată f. evening party.

serb m. serf.

serbă (a) va. 1. to keep as a holiday; 2. to celebrate; 3. to feast.

serbare f. feast, festival, festivity,

serbi (a) va. to enslave.

serenadă f. serenade.

serenissim a. Most Serêne; Alteţa Sa Serenissimă, His Serene Highness.

sergent m. sergeant; sergent-major, sefgeant-major; sergent-furier, pay-sergent, quatermaster sergeant.

sericicultura f. sericiculture.

serie f. series.

serios a. 1. serious, earnest; 2. solemn, grave; a lua în —, to take for serious; II. adv. seriously, earnestly.

seriozitate f. seriousness.

serlaiu n. Bot. sage.

serpăriţă f. Bot. serpentine.

serpoaică f. serpent, snake.

serpui (a) vt. to meander, to wind about, to serpentize, to snake.

serta-ferta adv. to and fro.

sertar n. drawer (of a table, etc.).

şervet n. napkin.

servi (a) va. 1. to serve, to wait u-pon, to attend; 2. to be in service; 3. to serve in the army; 4. to be of use, to be useful.

serviabil a. obliging.

serviciu n. 1. service; 2. attendance; 3. office, employment; 4. set of dishes and plates; 5. course of dishes.

servietă f. portofolio.

servil a. servile, slavish.

servitoare f. maid servant, domestic, female attendant.

servitor m. servant, domestic, serving-man, attendant.

servitudine f. servitude.

şes I. m. plain, level. II. a. even, plain, level, smooth, flat.

şesime I. f. sixth part. II. a. sixth.

sesiune f. session, sitting, term; în timpul —, during term-time.

sete f. thirst; a-i fi —, to thirst, to be thirsty.

setos a. thirsty.

seu n. 1. tallow; 2. — de vacă, suet; lumânare de —, tallow-candle.

seu pron. şi a. his, her, its.

sever a. 1. severe, sharp, rigorous, strict; 2. austere, stern.

severitate f. 1. severity, rigour, strictness; 2. austerity, sternness.

sex n. sex; sexul frumos, the fair sex.

sexagenar m. sexagenarian.

sexual a. sexual.

sezătoare f. 1. vigil; 2. wake; 3. a social meeting of spinners in a room.

seziune *f.* session, sitting.

sezon *n.* season, time.

şezut *n.* 1. backside, posteriors, bum, breech.

sfânt I. *m.* saint. II. *a.* holy, sainted, sacred; *sfânta Cruce*, Holyrood.

sfântul (a) *va.* to bribe, to corrupt.

sfărâmă (a) I. *va.* to dash, to shatter, to crusk, to shiver, to rend; — *în bucăţi*, to dash in pieces. II. *ref. a se* —, to break, to split, to shiver, to splinter.

sfărâmătură *f.* 1. remains; 2. wreck (of a ship).

sfârc *n.* 1. — *(de ţâţă)*, nipple, pap; 2. — *(de biciu)*, whip-lash.

sfârlă *f.* fillip.

sfârlează *f.* 1. top gig; 2. — *de vânt*, weathercock, vane.

sfaramă-piatră *m.* bully.

sfârşi (a) I. *va.* to end, to finish, to have done. II. *ref. a se* —, to end, to terminate.

sfârşit *n.* end, finishing; *fără* —, without end, never ending, endless; *în* —, at last, lastly, finally, on the whole. II. *a.* ended, finished, terminated.

sfâşiă (a) *va.* 1. to tear, to lacerate, to tear to pieces; 2. to rend; 3. to rip.

sfâşiere *f.* tearing, rending, lacerating.

sfâşietor *a.* heart-breaking, heart-rending, heart-wounding.

sfat *n.* counsel, advice.

sfătui (a) *v.* to counsel, to advise, to give advice.

sfătuitor *m.* adviser.

sfeclă *f.* 1. beet, beet-root; 2. mangel-wurzel; 3. *zahăr de* —, beet root-sugar.

sfecli (a) *vt.* 1. to blush, to be ashamed; 2. to stick fast, to stop short.

sferă *f.* sphere, globe.

sferic *a.* spherical, spheric.

sfert *n.* quarter, fourth part.

sfeşnic *n.* candlestick.

sfeştanie *f.* sprinkling, holy watersprinkling.

sfeştoc *n.* sprinkler, holy-water sprinkler.

sfidă (a) *va.* to defy.

sfidare *f.* defiance.

sfieală *f.* shyness, timidity, timorousness, diffidence.

sfiicios *a.* shy, timid, timorous.

sfint V. *sfânt*.

sfinţenie *f.* sanctity, holiness, sacredness.

sfinţi (a) *va.* 1. to sanctify, to hallow, to make holy; 2. to consecrate (a bishop); 3. to anoint (a king, etc).

sfinţie *f.* sanctity, holiness.

sfinţire *f.* consecration, sanctification.

sfinţit *a.* sanctified.

sflos *a.* V. *sfiicios*.

sfistoc *n.* V. *sfeştoc*.

sfoară *f.* string, twine, pack-thread; *a trage pe* —, to deceive, to palter.

sforăi (a) *vt.* to snore; — *(cai)*, to snort (of horses).

sforăiala *f.* snore, snoring.

sforăit *n.* snore, snoring; *a trage la* —, to snore.

sforţă (a) *va.* to endeavour.

sforţare *f.* effort, endeavour, exertion of strenghth, striving; *a face o* —, to make an effort, to endeavour, to strain; *fără* —, effortless.

sfrancioc *m.*, **sfranciog** *m. Zool.* shrike (bird).

sfredel *n.* gimlet, piercer, borer, drill.

sfredeli (a) *va.* to bore, to drill, to perforate.

sfredeloiu *n.* wimble, auger.

sfredeluş *m. Zool.* wren.

sfruntat *a.* frontless, impertinent, pert.

sgâi (a) *vt.* to open wide the eyes, to gaze at, to stare at.

sgârcenie *f.* avarice, covetousness, stinginess, parsimony, niggardness.

sgârci (a) *v. ref. a se* —, to shrivel up, to contract, to writhe, to shrink up.

sgârcit I. *m.* niggard, miser, stingy fellow, curmudgeon; II. *a.* niggard, stingy, avaricious, parsimonious, sordid.

sgârciu *n.* gristle, cartilage, tendon, sinew.

sgardă *f.* collar, training-collar, dog's collar.

sgârlă (a) *va.* to scratch, to scratch (with the claws), to graze.

sgârie-brânză *m.* skin-flint, grasp all, gripe-penny, niggard.

sgârietură *f.* scratch.

sgău *n.* 1. womb; 2. matrse.

sgomot *n.* noise, bustle, tumult, alarm clamour, row; *a face* —, to make anoise, to noise.

sgomotos *a.* noisy, clamorous, tumultuous.

sgorni (a) *va.* 1. to drive out; 2. to stir up.

sgripţoroaica *f.* shrew, witch, hag.

sgudui (a) *va.* to shake, to shock, to toss.

sgură *f.* scoria, dross.

şi *conj.* and, also.

şicana *f.* chicane, pettifogging.

şicana (a) *va.* to chicane, to pettifog.

sicomor *m.* Bot. scamore, sycamine.

sicriu *n.* coffin, bier.

sidef *n.* mother-of-pearl.

siestă *f.* afternoon nap.

şif *n.* printers galley.

sifon *n.* siphon.

sifonieră *f.* cupboard for linen.

sigil *m.* seal, signet; *a pune —,* to seal.

sigila (a) *va.* to seal, to seal on, to seat one's seal.

signal *n.* signal.

sigur *a.* sure, certain, secure of, safe; assured; *a fi —,* to be sure; *de —,* sure, surely, certainly, to be sure.

siguranţă *f.* surety, security, safety, sureness, certainty, assuredness; *cu —,* sure, surely, certainly, assuredly; *în —,* in security, safely.

sihastru *m.* hermit, anachoret.

silă *f.* compulsion, constraint, force; *cu —,* under compulsion, by compulsion, compulsively, by constraint, on constraint, by main force, with a strong hand; *a lua cu —,* to take by force.

silabă *f.* syllable.

silabisi (a) *va.* to spell.

silabisire *f.* spelling.

Silesia *f.* Silesia.

Silesian I. *m.* Silesian. II. *a.* silesian.

silex *n.* silex, flint.

silf *m.*, **silfidă** *f.* sylph, sylphid.

sili (a) I. *va.* to force, to compel, to press, to constrain. II. *ref. a se —,* to force to, to strive, to strain, to endeavour.

silinţă *f.* diligence, assiduity, application, industry, effort.

silitor *a.* diligent, assiduous, industrious.

silitră *f.* salpetre, nitre.

silnic *a.* forcible, violent.

siluetă *f.* silhouette, shade.

silui (a) *va.* to force, to do violence to; to violate, to pollute.

siluire *f.* violation, rape.

silvicultor *m.* forester.

simbol *n.* symbol.

simbolic *a.* symbolic, symbolical.

simboliza (a) *vt.* to symbolize.

simbolizare *f.* symbolization.

simbrie *f.* 1. wages, salary; 2. hire; 3. earnings, appointment.

simetric *a.* symmetric.

simetrie *f.* symmetry.

simpatic *a.* 1. sympathetic; 2. congenial.

simpatie *f.* sympathy.

simpatiza (a) *vt.* to sympathise.

simplicitate *f.*, **simplitate** *f.* 1. simplicity; 2. simplemindedness, plainness; 3. silliness.

simplu I. *a.* 1. simple, mere; 2. simple-hearted; 3. simple-minded; 4. silly. II. *adv.* simply, merely.

simplifică (a) *va.* to simplify.

simptomă *f.* symptom.

simptomă *f.* V. *simptom.*

simţ *n.* sense; *cele cinci simţuri,* the five senses.

simţi (a) I. *va.* to feel, to perceive; to be sensible of. II. *ref. a se —;* 1. to feel one's self; to know one's self; 3. to be sensible of one's condition, to know one's resources, to be felt.

simţimânt *n.* sentiment; feeling sensation, perception.

simţire *f.* sensation, sensibility.

simţitor *a.* sensible, susceptible of, sensitive; perceptive; feeling; *a aveà o inimă simţitoare,* to have a feeling-soul.

şină *f.* rail.

sinagogă *f.* synagogue.

sincer *a.* 1. sincere, unfeigned, hearty, open (or single) hearted; *al d-tale foarte —,* yours very faithfully.

sinceritate *f.* sincerity, sincereness, unfeignedness, single-heartedness.

sinchisi (a) *vt.* 1. to care for; 2. to mind.

sindic *m.* 1. syndic; 2. assignee.

sindical *a.* syndical.

sindicat *n.* syndicate.

şindrilă *f.* shingle.

sindrofie *f.* society, reception, entertainment.

sinecură *f.* sinecure.

singeap *n.* miniver, Russian squirrel.

singular *n.* Gram. singular.

singularitate *f.* singularity.

singur *a.* alone, by himself, single, solitary; *— de tot, — singurel,* all alone, quite alone.

singurătate *f.* loneliness, solitariness, solitude, retiredness.

sinistru *a.* calamitous, disastrous.

singuratec *a.* solitary, lonely, single, retired.

sinod *n.* synod.

sinodal *a.* synodial.

sinonim I. *m.* synonym. II. *a.* synonimous.

sinonimie *f.* synonymy.

sinoptic *a.* synoptical.

sintactic *a.* syntactic, syntactical.

sintaxă *f.* sintax.

sinteză *f.* synthesis.

sinucide (a) *v. ref.* a se —, to commit suicide.

sinucidere *f.* suicide, self-murder.

șipcă *f.* lath, batten.

șipcui (a) *vt.* to lath.

șipet *n.* trunk coffer.

șipică *f.* Bot. scabious.

șir *n.* suit, file, row, range, tier.

șiră *f.* 1. file, row, series; 2 small heap, rick (of hay); 3. shock (of sheaves); — *spinărei*, ridge-bone, spine, chine.

sirenă *f.* siren, mermaid, sea-maid.

șiret *-. m.* 1. cunning man; 2. an artful dog, sly-dog, dodger, tricker. II. *a.* cunning, artful, sly, crafty.

șiret *n.* lace, band, string, twist; — *de corset*, stay-lace; — *de pantofi*, tie.

șiretenie *f.* cunning, artfulness, craftiness.

șiretlic *n.* V. *șiretenie.*

șiroiu *n.* torrent, current, running.

sirop *n.* syrup.

șirui (a) *vt.* to stream.

șiruire *f.* streaming, trickling.

sistemă *f.* system.

sistematic *a.* systematic.

sită *f.* sieve, bolt.

sitar *m.* Zool. woodcock, wheatbird, wheat-ear.

situat *a.* situate, situated.

situație *f.*, **situațiune** *f.* 1. situation, state, condition; 2. statement.

slab *a.* 1. meagre, lean, thin, lank; 2. feeble, weak, faint, slight, debile, slack.

slăbănog *a.* impotent, infirm, crippled.

slăbi (a) *vt.* to grow lean, to grow weak, to slacken; *slăbește-mă*, let me alone.

slăbiciune *f.* weakness, feebleness, weak side.

slăbire *f.* growing lean, slackening.

slăbit *a.* slack, weakened.

slăbuț *a.* rather lean.

slănină *f.* bacon, lard.

slav *m.* Slav, Slavonic.

slavă *f.* glorification, magnificence, worship; — *Domnului*, God be tnanked.

slăvi (a) *va.* to praise, to glorify, to worship.

slăvire *f.* glorification.

șleau *m.* ridge-band, draw-latch.

slei (a) *vt.* to exhaust, to waste, to use up.

sleire *f.* exhaustion.

slobod *a.* free.

slobozi (a) *va.* to free, to deliver; — *o pușcă*, to fire a gun, to discharge.

sloiu *n.* clump; — *de ghiață*, icicle, piece of ice.

slovă *f.* letter, character.

slugă *f.* domestic, servant, servant-maid, servant' man; *a Domniei Voastre — prea plecată*, your most obedient humble servant; *sluga dumnitale domnule*, your servant, Sir; *cum e — și stăpânul*, like master like man.

slugarnic *a.* servile, mean.

sluger *m.* trencher.

slujbă *f.* 1. service, place, employment, office; 2. (divine) service, office; *a întra în —*, to come into office; *a nu fi în —*, to be out of office.

slujbaș *m.* officer, functionary, a man employed.

sluji (a) *vt.* to serve; — *la cineva*, to be in one's service.

slujitor *m.* server.

slujnică *f.* servant, maid-servant.

slujnicuță *f.* servant-girl, chambermaid.

slut *a.* mutilated, deformed.

smăcina (a) *va.* to shake.

smalț *n.* enamel.

smălțui (a) *va.* to enamel.

smălțuire *f.* enamelling.

smălțuit *a.* enamelled.

smălțuitor *m.* enameller.

smălțuitură *f.* enamelling.

smângăli (a) *va.* to daub, to besmear, to scrawl, to scribble.

smângălitor *m.* dauber, scribber.

smângălitură *f.* daub.

smântână *f.* 1. cream; 2. custard; *fig.* the best; *a lua smântâna*, to cream off, to take off the cream, to skim (milk).

smaragd *n.* emerald.

smarald *n.* emerald (poet.).

smarant *n.* emerald (pop.).

smârc *n.* slough, plash, marsh, bog, mire.

smecher a. sly, sharp.
smecherie f. slyness, trickery.
smerenie f. humility, meekness, humbleness.
smeu m. dragon; — de hârtie, paper-kite.
smeur m. raspberry-tree, raspberry-bush.
smeură f. raspbery.
smintit a. crazy, mad, deranged; a fi cam —, to be out of one's head.
smirnă f. myrrh.
smoală f. pitch.
smechin m. fig-tree.
smochină f. fig.
smorcăi (a) vt. to snuffle, to sniff, to sniffle.
smorcăială f., **smorcăit** n. sniff, sniffing.
smuci (a) va. 1. to wrest, to tear away, to snatch away; a se —, to tear oneself away; to detach oneself from.
smulge (a) I. va. 1. to tear, to tear out, to pluck up, to wrest up, to root up; 2. to twitch, to twitch off, to pull away, to rend off, to snatch off. II. ref. a'şi — părul din cap, to tear one's hair, to rend.
snoavă f. anecdote.
snop m. sheaf, — de grâu wheatsheaf; a lega în snopi, to bind in sheaves.
spopeală f. fig. drubbing.
snopi (a) va. 1. to sheaf, to bind in sheaves; 2. to shower; — în bătăi, to shower blows, to thrash soundly, to give a drubbing.
şnur n. string, twine.
şoacătă f. rat.
soacră f. mother-in-law.
şoaldă f. trickery; a umbla cu şoalda to shuffle.
şoaptă f. whispering.
soarbă f. Bot. sorb-apple, beamberry.
soarbe-zeamă m. simpleton.
soare m. sun; rază de —, sunbeam; lumina soarelui, sun-light; soarele străluceşte, the sun shines; la —, under the sun.
soare-apune m. sunset, sundown.
soare-răsare m. sun-rise.
soare-sec n. sun-stroke.
şoarece m. şoarice m. mouse; a prinde şoareci, to mouse, to catch mice.
soarte f. fate, destiny, lot, chance, fortune.

sobă f. stove.
sobar m. stove-maker.
sobol m Zool. mole, mole-warp.
şobolan m. Zool. rat.
sobrietate f. sobriety.
soc n. Bot. elder, elder-tree; — mic, dwarf-elder; — aquatic, marsh-elder.
sociabil a. sociable.
seocietar m. partner.
societate f. 1. society, company, party, 2. partnership; 3. fellowship.
socoteală f. 1. account, reckoning 2. computation, calculation; 3. bill, note, count.
socoti (a) vt. 1. to account, to reckon; 2. to count, to number, to calculate, to cipher; a — că, to make account that.
socru m. father-in-law.
sodă f. soda.
sofà f. sofa.
sofism n. sophism, fallacy.
sofist m. sophist.
sofistic a. sophistical.
sofragerie f. dining-room.
şofran n. Bot. saffron.
şofraniu a. saffrony.
şoim m. falcon, hawk.
şoimar m. falconer.
soios a. filthy, dirty.
soiu n. 1. sort, kind, race, species; 2. race, family.
sol n. ground, soil.
sol m. envoy, ambassador, messenger.
solar a. solar.
şold n. hip, haunch; — de cal, crupper, croup, rump.
soldă f. soldier's pay.
soldă (a) va. to balance.
soldat m. soldier.
soldăţesc a. soldier-like, soldierly
soldăţime f. soldiery.
şoldină f. (disease) gout.
şoldit a. broken-backed, hip-shot.
solecism n. solecism.
solemn a. solemn.
solemnitate f. solemnity.
solfegiu n. solfeggio.
solicità (a) vt. to solicit, to entreat.
solicitare f., **solicitaţiune** f. solicitation, entreaty.
solicitator m. solicitor.
solicitudine f. care, carefulness, attention.
solid a. solid.
solidar a. 1. jointly and severally responsible; 2. jur. conjointly answerable.

solidaritate *f. jur.* joint responsibility.

soliditate *f.* solidity, steadfastness, firmness, strength, soundness.

solitar *a.* solitary.

solnită *f.* salt-cellar

solomoni (a) *va* to bewitch, to enchant.

solomonie *f.* sorcery, witchcraft.

solovârf *m. Bot.* origan.

solstiţiu *n.* solstice.

solubil *a.* soluble, dissoluble.

soluţie *f.,* **soluţiune** *f.* solution.

solvabil *a.* solvent, able to pay.

solvabilitate solvency.

solz *m.* scale.

solzos *a.* scaly.

somá (a) *va.* to summon, to challenge.

somare *f.* summons.

somaţie *f.,* **somaţiune** *f.* summons, challenge.

somieră *f.* spring mattress.

somn *n.* sleep, nap; *mi-e —;* I am sleepy, I feel sleepy; *a trage un pulu de —,* to take a nap, to nap; *a fura somnul,* to fall asleep.

somnambul *m.* somnambulist, sleep-walker.

somnambulism *n.* somnambulism, sleep-walking.

somnişor *n.* nap; *un — după prânz,* an afternoon nap.

somnişor *m. Bot.* poppy.

somnolent *a.* somnolent.

somnolenţă *f.* somnolency.

somnoros I. *m.* sleepy fellow. II. *a.* sleepy.

sonată *f. Mus.* sonata.

sondă *f.* 1. sound, fathom-line; probe, sounding lead, plummet; 2. mechanical well.

sondà (a) *va.* 1. to sound, to try the depth of, to plumb; 2. (chir) to probe (a wound); 3. to search, to scrutinise.

zon dare *f.* 1. *Mar.* sounding; 2. probing; 3. searching.

sonerie *f.* bell.

sonet *n.* sonnet.

sonete *pl.* sonneting.

sonor *a.* sonorific, sonorous.

sonoritate *f.* sonorousness, sonority.

şont *a.* 1. lame, limping; 2. bandy-legged.

şontăcăi (a) *vt.* to hobble, to limp, to halt, to go lame.

şontăcăit *a.* hobbling along.

şontic-şontic *adv.* hobbling along.

şontorog *a.* bandy-legged, lame, limping.

sopá *f.* cudgel.

şopârlă *f.* lizard.

şopârlar *m. Zool.* hen-harrier.

şopron *n.* 1. shed, penthouse; coach-house. cart-house.

şopti (a) *vt.* to whisper in the ear.

soră *f.* 1. sister; 2. nun.

sora-soarelui *f. Bot.* sun-flower.

sorb *m.* 1. whirl-pool; 2. *Bot.* service-tree, sorb. sorb-tree.

sorbi (a) *va.* to suck in, to inhale; to sup, to sip.

sorecar *m. Zool.* kite.

şoric *n.* pork-rind.

şoriciu *n.* rind; *a.* mouse-gray.

soroc *n.* respite, term of payment, delay.

soroc *n. Med.* courses.

şorţ *n.* apron, pinafore.

sorţi *n. pl.* lots; *a trage la —,* to cast lots, to draw lots; *la —,* by lots.

sos *n.* sauce.

şosea *f.* 1. causeway, causey, high-road, highway; *inginer de la podurl şi şosele,* civil engineer.

sosi (a) *vi.* to arrive, to come, to come to.

sosieră *f.* sauce-boat, sauce-tureen.

sosire *f.* arrival, coming.

soţ I. *m.* spouse, husband, consort. II. *a. cu —,* even, par; *fără —,* odd, uneven; *soţ ort fără —,* odd or even.

soţie *f.* spouse, wife, consort.

şovăí (a) *vi.* to hesitate, to waver, to vacillate, to totter, to stagger.

şovăire *f.* hesitation, waveringness, vacillation, staggering.

şovăitor *a.* wavering, vacillating, tottering, unsteady, staggering.

şovăicăi (a) *vt.* 1. to warble (of larks); 2. to reel.

spadă *f.* sword.

spaimă *f.* fright, terror.

spăimântà (a) *va.* V. *înspăimântà.*

spălá (a) I. *va.* to wash, to clean, to launder, to bath. II. *ref. a se —,* to wash, to wash (or) clean one's self.

spăăcioasă *f. Bot.* groundsel, rag-weed, rag-wort.

spălare *f.* 1. washing, wash; 2. bleaching.

spălat I. *n.* wash, washing; *a trimite la —,* to send to the wash. II. — *a.* washed.

spălătoare *f.* wash-leather, dish-cloth, dish-clout, washing-clout.

spălător *m.* washer, bleacher, washerman, launderer.

spălătoreasă *f.* washer, washerwoman, launder, laundress.

spălătorie *f.* wash-house, bleaching field, bleaching house, laundry.

spălă.ură *f.* slop; — *de ploscă*, slop, washymess.

spân *a.* beardless, smooth-thinned, smooth-faced.

spanae *n. Bot.* spinage, spinach.

Spania *f.* Spain.

Spaniol *m.* Spaniard.

Spanioală *f.* Spaniard.

spaniol, spaniolesc *a.* spanish.

spânt *m.* seton.

spânzura (a) I. *va.* to hang (on), to hang up, to suspend. II. *ref. a se* —, hang one's self up.

spânzurat I. *m.* hanged person, gallows bird; hangdog, *bun de* —, jail-bird. II. hanged.

spânzurătoare *f.* gallows, gallows-tree, gibbet.

spânzurătură *f.* hanging (on the gallows).

sparanghel *m. Bot.* asparagus.

spărgăcios *a.* shattery, brittle, fragile.

spărgător *m.* 1. breaker; 2. burglar; 3. thief; — *de nuci, de alune*, nut-cracker.

sparge (a) I. *va.* to break, to crack, to split, to fracture, to rupture; — *o ușă*, to break down, to break open a door; — *nuci*, to crack nuts; — *lemne*, to split wood; — *capul*, to beat out the brains; — *capul cuiva*, to dash out a person's brains, to knock out a person's brains. II. *ref. a se* —, to break, to rupture; — *în bucăți*, to shatter; *a'și* — *pieptul*, to talk oneself hoarse.

spargere *f.* breaking; breaking open; *furt prin* —, robbery with house-breaking; *hoție noaptea cu*—, burglary.

spart *a.* broken; splitted, cracked; *mână spartă*, lavisher.

spărtură *f.* shatter; fracture, rupture.

spasm *n.* spasm, twich, twitching.

spasmodic *a.* spasmodic, spasmodical.

spate *n.* 1. back; 2. shoulder; 3. ridge; *a întoarce spatele*, to turn one's back on.

spatie *f.* club (at playing-cards).

spatios *a.* spacious, roomy.

spatiu *n.* space, room.

spătos *a.* broad-shouldered.

special *a.* special, particular, peculiar; *în mod* —, specially.

specialist *m.* specialist.

specialitate *f.* 1. speciality; 2. special study (or) branch (or) trade.

specializa (a) *va.* to specialize.

specie *f.* species, sort, kind, cast.

specific I. *n.* specific remedy. II. *a.* specific (al).

specifica (a) *va.* to specify.

specificare *f.* specification.

specimen *n.* specimen.

specios *a.* specious.

spectacol *n.* 1. spectacle, show; 2. play, theatrical representation, entertainment; *sală de*—, play-house.

spectator *m.* spectator, looker-on: bystander.

spectral *a.* spectral.

spectru *n.* 1. spectre, apparition, ghost; 2. *spectru solar*, spectrum.

specul *m. Med.* speculum.

speculă *f.* speculation.

speculă (a) *va.* to speculate.

speculant *m.* speculator.

speculațiune *f.* speculation.

speculativ *a.* speculative.

speiu *m.* lichen.

spelcă *f.* hair-pin, hair-needle.

speluncă *f.* den of robbers, low pothouse.

spera (a) *vt.* to hope; to expect, to trust, to be of good hope; — *că*, to be in hope of; *sper că*. I am hopeful of, that; *sper că ești bine*, I trust you are well; *sper că o să te văd*, I trust to see you.

speranță *f.* hope, expectation, trust; *în* — *că*, in hopes that; *plin de* —, hopeful.

speria (a) I. *va.* to fright, to frighten, to terrify, to scare; II. *ref. a se*, to be frightened, to startle, to scare, to take fright.

speriat *a.* frightened, afraid.

sperietoare *f.* scarecrow, bugbear.

sperietură *f.* fright, terror.

sperios *a.* 1. shy, timid; 2. unsociable.

sperjur *n.* perjury, oath-breaking.

spermanțet *n.* spermaceti; *lumânare de* —, taper.

speze *f. pl.* expenses.

speță *f.* species.

spic *n.* ear spike; — *de grâu*, wheatear, spike.

spicui (a) *vt.* to glean, to lease

spicuire *f.* glean, gleaning.

spicuitor *m.* gleaner, leaser.

spin *m.* thorn, prickle.

spinare *f.* back; *fira spinărei*, spine ridge, ridge-bone, bakbone; *a sta pe spinarea cuiva*, to be a burden to; *a'şi luă picioarele la* —, to show one's heels, to run away.

spinet *vr.* V. *spiniş*.

spiniş *n.* thorn bush.

spinos *a.* spinous, thorny, prickly, *fig.* thorny, difficult.

spintecă (a) I. *va.* to split, to slit, to rive, to rip up, to cut open. II. *ref. a se* —, to rip open one's belly.

spintecător *m.* ripper; *Jack spintecătorul*, Jack the ripper.

spion *m.* spy, scout; *ca* —, for a spy.

spionă (a) *va.* to spy.

spionare *f.* espionage.

spiral *a.* spiral.

spirală *f.* 1. spiral line; 2. spire.

spirit *n.* 1. spirit; 2. soul, ghost; 3. apparition; 4. genius, ingenuity; 5. mind; 6. wit, mother-wit.

spiritism *n.* spirit-rapping.

spiritual *a.* 1. spiritual; 2. intellectual, mental; 3. spirituous, witty.

spiritualism *n.* spiritualism.

spirt *n.* spirits of wine.

spirtoase *f. pl.* ardent spirits, *debit de* —, spirit-vaults.

spiţă *f.* spake.

spital *n.* hospital.

spitelnic *n.* wimble.

spiţer *m.* apothecary.

spiţerie *f.* 1. apothecary's shop; 2. pharmacy.

splaiu *n.* quay, wharf.

splendid *ad.* splendid.

splendoare *f.* splendour, brightness, lustre; *cu* —, splendidly.

splină *f.* spleen, milt.

splinatic *a.* spleeny, spleenish, hyporhondrical.

spoeală *f.* 1. whitewashing, varnish; 2. *fig.* varnish; 3. paint, rouge.

spoi (a) *va.* 1. to lime-wash, to whitewash; 2. — *tingire*, to tin; — *cu lapte de var*, to white-wash, to give a coat of whitewash; 3. *fig.* to varnish.

spoire *f.* tinning.

spoitor *m.* 1. witewasher; 2. tinner.

spoilă (a) *va.* to deprive.

spor *n.* 1. productiveness, profit; 2. increase.

spori (a) *va.* to increase.

sporire *f.* increase, augmentation.

sport *n.* sport.

spovedanie *f.* shriving, confession.

spovedi (a) *v. ref. a se* —, to confess, to shrive.

spoveditor *m.* confessor, shriver vide *duhovnic*.

sprânceană *f.* eye-brow.

spre *prep.* towards, to.

sprijin *n.* prop, stay, support, help, protection.

sprijini (a) *va.* 1. to prop, to stay, to uphold, to hold up, to support; 2. to help, to stand to.

spoliaţiune *f.* deprivation.

spontan *a.* spontaneous.

sprinceană *f.* V. *sprânceană*.

sprinten *a.* nimble, brisk, quick, agile.

sprintenie *f.* nimbleness, quickness, agility; *cu* —, nimbly.

spulberă (a) I. *va.* 1. to grind, to powder; 2. *fig.* to destroy, to bring to nothing, to reduce to dust. II. *ref. a se* —, to come to nothing.

spumă *f.* 1. froth, foam, scum, spume; 2. yeast; 3. lather; *a face* —, to spume, to lather; *a lua* —, to skim, to scum.

spumar *n.* skimmer.

spumătoare *f.* skimmer.

spumegă (a) *vi.* to foam, to froth, to spume, to lather.

spumegând *a.* spumous, foaming.

spumegător *a.* frothy, spumous, foamy.

spumos *a.* spumous, frothy.

spune (a) *va.* to tell, to say, to relate, to speak; —, *drept* —, *adevărul*, to speak the truth; — *la minciuni*, to tell lies; — *verzi şi uscate*, — *la palavre*, — *la braşoave*, to tell crasks; — *lămurit*, — *pe faţă*, to speak one's mind, to speak openly.

spurcă (a) *va.* to desecrate, to profane, to soil, to dirty.

spurcăciune *f.* desecration.

spusă *f.* say, hearsay.

sta (a) *vi.* 1. to remain, to stay, to lodge; 2. to stay, to stand, to stop; — *acasă*, to remain at home, to stay in; — *în picioare*, to stand to stand up; — *pe vine*, to squat, to lie squat; *ceasornicul a stat*, the watch has stopped; — *în potrivă*, to stand against, to be against, to be contrary to; — *pe ghimpi* to be on thorns; — *la îndoială (dacă)*, to hesitate, to doubt, to be in doubt (whether); — *la pândă*, to lie in wait.

stabil *a.* stable, firm, steadfast.

stabili (a) I. *va.* to establish, to settle, to erect. II. *ref. a se* —, to settle, to set up.

stabiliment *n.* establishment.

stabilire *f.* settling, settlement.

stabilitate *f.* stability, settlement, standing.

stacoj *m.* lobster.

stacojiu *a.* scarlet.

stadiu *n.* stadium, stade.

stafetă *m.* express messenger.

stafidă *f.* raisin, currant.

stafie *f.* spectre, ghost, phantom, sprite, spright.

stagiu *n.* term, time of probation; *a'şi face stagiul,* to keep one's terms.

stagiune *f.* (theatrical) season.

stagnant *a.* stagnant.

stal *n.* stall (in a church or theatre).

stâlp *m.* 1. post, pillar, stake; 2. *fig.* pillar, support, prop, stay; 3. — *de stradă,* street post; 4. — *de pod,* pier.

stambă *f.* printed calico.

stamină *f. Bot.* stamen, stam'n (bot.).

stampă *f.* stamp, print.

stampilă *f.* stamp.

stampila *a va.* to stamp.

stână *f.* sheep-fold, sheep-cot, sheep-pen.

stâncă *f.* V. *coto'ană.*

stâncă *f.* rock, cliff.

stâncos *a.* rocky.

stâng *a.* left; *mâna stângă,* the left hand.

stânga *f.* left hand (or) side; *la stânga,* at the left, on the left, on the left hand.

stângăcie *f.* awkwardness, clumsiness, uncouthness, unskilfulness; *a lucra cu* —, to roughwork.

stângaciu *a.* awkward, uncouth, unhandy, gawky.

stângaciu *m.* 1. left handed; 2. sinister-handed; bungler.

stânjen *m.* 1. fathom; 2. cord, (wood).

stânjeni (a) *va.* to hinder, to trouble.

stânjeniţă *f. Bot.* honey-suckle (bot.).

stanţă *f.* stanza.

stăpân *m.* 1. master; 2. owner, proprietor; 3. governor, landlord; *stăpânul casei,* the master of the house.

stăpână *f.* 1. mistress; owner, proprietress; 3. governess, landlady.

stăpâni (a) I. *va.* 1. to domineer (over), to dominate, to rule, to

govern; 2. to overcome, to subdue, to control; 3. to restrain, to keep under restraint; 4. to possess, to hold. II. *ref. a se* —, to be master of one's self, to put a restraint upon one's self; *a'şi — pofta,* to restrain one's appetite.

stăpânire *f.* 1. domination; 2. government; 3. possession.

stăpânitor *m.* 1. ruler; 2. governer; 3. sovereign.

stare *f.* 1. state, condition, repair; 2. estate, possession (= avere); *în bună* —, in good repair; *a fi în* —, to be able (to).

stareţ *m.* prior, superior (eccles).

stariţă *f.* prioress, superioress.

staroste *m.* provost.

starostie *f.* provostship.

stârpi (a) *va.* to extirpate, to root out, to root up, to destroy root and branch.

stârpiciune *f.* sterility, unfruitfulness, barrenness.

stârpire *f.* extirpation, rooting out, roding up.

stârpitură *f.* abortion, monster.

stărui (a) *v.* 1. to insist, to continue, to persevere, to persist; 2. — *pe lângă* (cineva să), to urge to.

stăruinţă *f.* insistence, persistence, perseverance, constancy; *cu* — persistingly, perseveringly.

stăruitor *a.* persevering, persistive, persistent, constant.

stârv *n.* carrion, carcass.

stârvos *a.* cadaverous.

stat *n.* State, Estate; *Statele Unite,* the United States; *om de* —, statesman; *hârtie de* —, State-papers.

stat *n.* — *de lefuri,* pay-bill, pay-list, pay-roll; *stat-major,* staff; *ofiţer de stat-major,* staff-officer.

stătător *a.* stagnant, stationary.

staţie *f.,* **staţiune** *f.* station, stand.

staţionar *a.* stationary.

static *m.* statistician.

statistică *f.* statistics.

statornic *a.* constant, firm, steady, steadfast, persistive, persevering; *a fi* —, to persevere, to persever, to persist.

statornicie *f.* constancy, steadiness, perseverence; *cu* —, constantly, persistingly, perseveringly.

statuă *f.* statue, figure.

statură *f.* stature.

stătut *a.* stagnant, putrid, withered.

statut *n.* statute, by-law, written law.

staul n. stall, stable for sheep, fold, pen.

stavilă f. dam, sluice; sluice-gate, flood-gate, dike, mole.

stăvilar m. lock, sluice; *supraveghietor al unui* —, lock-keeper.

stea f. 1. star; *steaua porcului, steaua ciobanului, steaua diminetei*, the morning star; — *strălucitoare*, flaming star; — 2. *Zool.* — *de mare* star-fish, star-stone; 3. astrolog-astronom — star-gazer; astrologie; astronomie — star-gazing; 4. *stea căzătoare*, shooting-star.

steag n. standard, ensign, colours, banner, flag.

stegar m. standard-bearer, ensign-bearer.

stejar m. oak, oak-tree; *lemn de* —, oak-timber *(pentru construcție)*; *coaja de* —, oak-bark; *gogoș de* —, oak-apple, acorn.

stelniță f. bug, V. *păduche de lemn.*

stenograf m. stenographer, short-hand-writer.

stenografic a. stenographical.

stenografia (a) *va.* to write in short hand, to take down in short hand.

stenografie f. stenography, short-hand-writing.

stepă f. steppe, desert.

ster m. cubic metre.

stereotipă (a) *va.* to stereotype.

stereotipie f. stereotype.

stergar n. towel.

șterge (a) I. *va.* 1. to wipe, to wipe away, to wipe off, to wipe out; — 2. *(frecând)*, to rub away, to rub off, to rub out; 3. — *(praf)*, to dust; 4. — *(o datorie, etc.)*, to efface, to cancel, to deface, to strike out; 5. — *(de pe o listă)*, to strike off; 6. — *(ceea ce s'a scris)*, to blot out, to erase, to cancel, to scratch out, to scrape; 7. *(ghetele)*, to scrape; *ștergeți-vă ghetele*, scrape your shoes. II. *ref. a'și* — *nasul*, to wipe one's nose; *a'și* — *ochii*, to wipe one's eyes; *a o* —, — *putină*, to tramp out, to run away, to take one's self off.

stergere f. wipe, obliteration.

steril a. V. *sterp.*

sterp a. sterile, barren, unfruitful.

sterpeli (a) *va.* to rob, to steal.

sterpelire f. robbery, stealing.

sterpiciune f. sterility, barrenness.

șters a. 1. wiped; 2. rubbed; 3. dusted; 4. cancelled; 5. scraped; 6. pale wan (colour).

stersătură f. erasure.

ști (a) *va.* 1. to know, to understand, to have knowledge of; 2. to be skilled, to be able; 3. to be aware of, to have in memory; *după cât știu*, for all I know; *nu știu de loc*, I do not know at all (sau) I do'nt know at all; *a nu ști*, not to know, to be ignorant of-

sticlă f. glass, *ca sticla*, glasslike.

sticlă f. bottle; — *pentru vin*, wine-bottle.

sticlar m. 1. glass-maker, glass-founder, glass-man; 2. glass-seller.

sticlărie f. 1. glass-house; 2. glass-works; 3. glass-wares.

sticlete, sticleț m. 1. *Zool.* goldfinch, thistle finch. *fig.* 2. whim.

stîcli (a) *vt.* to glisten, to glister, to glitter, to glint.

sticluță f. phial, flagon, small bottle.

stiglete m. V. *sticlete.*

stigmat n. stigma, mark, brand.

stigmatiză (a) *va.* to stigmatise, to brand.

stihar n. surplice, alb.

știință f. 1. learning, erudition, science, lore, scholarship; 2. knowledge.

științific a. scientific, scientifical; *în mod* —, scientifically.

stil n. style, language; — *vechiu*, old style; — *nou*, new style.

stilet n. stylet, stiletto.

stilețel n. stiletto.

stiliză (a) *va.* to write (or express) in proper language.

stimă f. esteem, estimation; *a avea* — *pentru*, to entertain esteem for.

stimă (a) *va.* to esteem, to estimate, to value. II. *ref. a se* —, to esteem one's self, to esteem each other.

stimabil a. estimable.

stimat a. esteemed; *foarte* —, highly esteemed.

stimula (a) *va.* to stimulate.

stimulent n. stimulant.

stindard n. standard. V. *steag.*

stinge (a) I. *va.* to extinguish, to put out, to quench; 2. to strike out; 3. to destroy; — *o lumânare, o lampă*, to blow out. II. *ref. a se* —, 1. to go out, to become extinct; 2. to die.

stingere f. extinguishment, extinction.

stinghie f. transom.

stins a. 1. extinct; 2. quenched; 3. blown out.

stipendist *m.* foundation-scholar, scholar on the foundation, stipendiary.

stipendiu *n.* scholarship, foundation.

stipulà (a) *va.* to stipulate, to covenant.

stipulare *f.* stipulaliou, term.

stir *a. Bot* amaranthus. (bot.).

ştirb *a.* gap-toothed, toothless.

ştire *f.* intelligence, news, tidings, novelty; *ultimile ştiri,* latest intelligence.

ştiuşă *f. Zool.* pike, jack (fish).

ştiut *a.* known, sure.

stoarce (a) *va.* to squeeze, to press (grapes, etc); to squeeze, to extorl by force, to wring out.

stoarcere *f.* squeeze, squeezing, extorlion, wringing out.

stofă *f.* 1. stuff, cloth; 2. matter.

stog *n.* small heap, rick(of hay).

stoic *a.* stoic, stoical.

stoic *m.* stoician *m.* stoic.

stoicism *n.* stoicism.

stol *n.* flight (of birds) cluster.

stoler *m.* V. *tâmplar.*

somak *n.* stomach *a. încărca stomacul,* to lie on the stomach.

stor *n.* roller-blind.

stos *n.* pharaon (game at cards).

străbate (a) *vt.* 1. to pass through, to pass over, to travel over; 2. to traverse, to penetrate; 3. *Mil.* — (o *fară etc.),* to beat up.

străbun *m.* great-grand-father; *străbuni, pl.* ancestors, forerunners.

strachină *f.* bowl, earthen pan, porringer; *a călca în —,* lo be high-minded, proud.

străcură (a) *v.* V. *strecura.*

stradă *f.* street; — *mare,* High street.

stradelă *f.* lane.

strădui (a) *v. ref. a se —,* to endeavour.

străin I. *m.* foreigner, stranger outlander; II. *a.* foreign, strange, outlandish, outland; *Ministrul afacerilor streine,* the foreign office.

străinătate *f.* foreign country; *în —,* abroad.

straiu *n.* V. *haină.*

strajă *f.* watch, sentinel, sentry, guard.

străjer *m.* watchman.

străluci (a) *vt.* to shine, to brighten, to be resplendent, to be bright, to glare, to glint to glisten, to glitter.

strălucire *f.* shining, brightr.ess resplendence, glitter, glister.

strălucitor *a.* shining, shiny, bright resplendent, glaring, glowing, glittering; *în mod —,* brightly, resplendently, glitteringly.

strâmb *a.* 1. crooked, wry; 2. false; *o gură strâmbă,* a wry mou'h; *gât —,* wryneck; *cu gâtul —,* wrynecked; *a jură —,* to swear false.

strâmbà (a) I. *va.* to crook, to bend, to bow. II. *ref. a se —,* to wry, to grimace, to make a wry face, to grin; *a se — de râs,* to split one's side with laughing.

strâmbătură *f.* crookedness; grimace, wry face, grin.

strămoş *m.* great-grand-father; *strămoşi, pl.* ancestors, forerunners, first parents.

strămoşesc *a.* ancestorial, ancestral.

strâmt *a.* 1. strait, close; 2. narrow (= îngust); 3. tight (haine, etc.); *pantaloni strâmţi,* tight trousers, tights.

strâmtà (a) I. *va.* to straiten, to narrow, to shrink, to contract. II. *ref. a se —,* to narrow, to grow narrow, to shrink, to shrink up.

strâmtare *f.* shrink, shrinking, contracting.

strâmtoare *f.* 1. narrowness, tightness, straitness, closeness; 2. (narrow) pass, narrow, glennarrows, strait (= defileu); 3. *în —,* in straitened circumstances.

strâmtorà (a) *va.* to straiten, to constrain.

strâmtorat *a.* strait, straitened.

strămutà (a) *va.* to transport, to transfer, to remove, to displace, to make over.

strămutare *f.* transport, transfer, remove. displacing.

strană *f.* stall (in a church).

strănepoate *f.* great-grand-daughter.

strănepot *m.* great-grandson; grand-nephew.

strânge (a) I. *va.* 1. to press, to press close, to put close together; 2. to tighten, to bind close; 3. to squeeze; 4. to grasp, to clasp, to embrace; 5. to heap up, to hoard up; to gather, to collect, to stock; 6. to strangle; 7. — *mâna cuiva,* to shake hands with; — *în braţe,* to embrace, to clasp; — *de gât,* to strangle; — *bani,* to hoard up money; — *masa*, to remove, to take away the cloth. II. *ref. a se* —, to assemble, to gather; to flock. together.

strângere *f.* 1. tying close; 2. pressing, squeeze, squeezing; 3. clasp, embrace; — *de mână*, shaking-hands.

strângulă (a) *va.* to strangle.

straniu *a.* strange, odd.

strâns *a.* close, strait.

strănut *n.* sneezing.

strănută (a) *vt.* to sneeze.

strănutare *f.*, **strănutat** *n.* sneez, sneezing.

străpunge (a) *va.* to pierce through, to transpierce, to thrust through.

strasnic *a.* severe, stern, harsh, rigid, strict.

strâsnicie *f.* severity, sternness, harshness, rigorousness, strictness; *cu* —, severely, sternly.

strat *n.* layer, bed, stratum.

stratagemă *f.* stratagém, trick, artifice

strateg *m.* strategist.

strategic *a.* strategic, strategical.

strategie *f.* strategy, art of war, military science.

strategist *m.* strategist.

stratificaţiune *f.* different kinds of layers.

straveChiu *a.* very old, very ancient.

străvedeă (a) *vt.* to look through, to see through.

străvesti (a) *va.* to travesty, to disguise.

străveziu, străvăzător *a.* transparent, diaphanous.

streajă *f.* V. *strajă*.

streang *n.* rope, string; *cu — la gât*, with ropes round their necks; *bun de* —, a hangdog, deserve hangings.

streasnă *f.* (house-) eaves.

strechie *f.*, **streche** *f.* ox-fly, gadfly, breese.

strecură (a) I. *va.* to filter, to strain, to slide. II. *ref. a se* —, to slip, to slip in, to glide through, (în) to edge one's self into.

strecurare *f.* filtering.

strecurătoare *f.* filter, strainer.

strejar *m.* guard, guardian, keeper, warden, sentinel, sentry.

strejui (a) *va.* to watch.

strengar *m.* whipper-snapper, blackguard, rogue, street-boy.

strengărie *f.* prank, waggish trick, waggishness; *a face strengării*, to

play one's pranks, to play the young blackguard.

strepede *f.* Zool. skipper, cheesemite.

strepezeală *f.* setting on edge of (teeth).

sterpezi (a) *v. ref. a se* —, to set on edge; — *dinţii*, to set one's teeth on edge.

strică (a) I. *va.* 1. to break, to spoil, to scath, to damage; 2. to corrupt, to demoralise, to spoil, to pervert; 3. to corrupt, to deflower. II. *a se* —, 1. to break; 2. to decay; 3. to get damaged; 4. — *dinţii*, to rot, to get rotten.

stricăciune *f.* waste, damage, scath; *a face multe stricăciuni*, to do great damages.

stricat *a.* 1. broken, spoiled; 2. foul, ruined; 3. decayed; 4. vicious, depraved.

strict *a.* strict.

stricteţă *f.* strictness.

strident *a.* shrill, grating (voice).

stridie *f.* oyster.

strigă (a) *vt.* 1. to cry, to clamour, to exclaim; 2. to scream, to squeak, to squeal, to shriek, to screech, to shout.

strigăt *n.* cry, scream, squeak, squeal, screech, clamour, exclamation.

strigăte *n. pl.* crying, shrieking.

strigoiu *m.* wampir, blood-sucker.

stringe (a) *va.* V. *strânge*.

strivi (a) *va.* to crush, to bruise, to squash, to crunch.

strivire *f.* crushing; bruise.

strofă *f.* strophe.

strop *m.* drop.

stropi (a) *va.* to sprinkle (with), to splash, to besprinkle.

stropire *f.* sprinkling, splashing.

stropitoare *f.* watering-pot; holy-water sprinkler.

stropitură *f.* splash, dirt.

structură *f.* structure.

strug *n.* V. *strung*.

strugure *m.* grapes; *bob de* —, grape; *ciorchină de* —, bunch of grapes, (or) cluster of grapes; *sămânţă de* —, grape-stone; *a face culesul strugurilor*, to gather the grapes.

strună *f.* violin-string, chord.

strung *n.* turner's lathe.

strungar *m.* turner.

strungărie *f.* turning.

struţ *m.* Zool. ostrich; *pană de* —, ostrich feather; *ou de* —, ostrich egg.

student *m.* student; — *în drept,* law student; — *în medicină,* medical student.

studentă *f.* female student.

studiá (a) *vt.* to study.

studiare *f.* studying.

studios *a.* studious.

studiu *n.* study, learning.

stuf *n. Bot.* rush, sedge; — *de baltă, Bot.* rush-broom.

stufat *n.* ragout.

stufiş *a.* bush, thicket.

stufos *a.* tufted, thick, bushy.

stuh *n.* V. stuf.

stup *n.* bee-hive.

stupar *m.* apiarist, bee-master.

stupărie *f.* apiary, stand for bees.

stupefacţie *f.* stupefaction.

stupid *a.* stupid, stolid.

stupiditate *f.* stupidity, stupidness, stolidity.

stupină *f.* apiary, bee-garden, bee-house.

sturz *m. Zool.* thrush.

suav *a.* savoury, sweet, soft.

suavitate *f.* suavity, sweetness.

sub, subt, supt, *prep.* under, underneath, beneath, below, (in composi prefin) sub assistant: — *masă,* under the table; *sub-bibliotecar,* sublibrarian.

şubă *f.* (long) pelisse, long furred cloak.

subaltern *a.* subaltern, inferior, subordinate.

sub-comisar *m.* issuing-commissary.

subdivizie *f.,* **subdiviziune** *f.* subdivision.

subiect *n.* subjective.

sub-înţeles *a.* understood; *ceva —,* something understood.

subit *a.* sudden.

subjonctiv *n.* subjunctive (mood).

subjugă (a) *va.* to subjugate, to subdue, V. supune.

subjugare *f.* subjugation, subduing.

subjugat *a.* subdued, subjugated.

sublim I. *m.* sublime. II. *a.* sublime.

sublinià (a) *va.* to underline.

sublocotenent *m.* sub-lieutenant.

submarin *a.* sub-marine.

sub-ofiţer *m.* non-commissioned officer.

subordină (a) *va.* to subordinate.

subordinare *f.* subordination.

subpământean *a.* subterranean, subterraneous.

subprefect *m.* sub-prefect.

subprefectură *f.* sub-prefecture.

subred *a.* fragile, brittle, weak, feeble.

subreţă *f.* chamber-maid, lady's maid.

subscrie (a) *va.* to subscribe, to set one's hand to, to underwrite.

subscriere *f.* subscribtion.

subscriitor *m.* subscriber.

subscripţiune *f.* V. subscriere.

subsemnă (a) *va.* to subscribe one's name, to underwrite.

subsemnat *a.* underwritten, undersigned; *subsemnatul, subsemnaţii,* the undersigned, the underwritten.

subsidiar *a. Jur.* subsidiary, auxiliary.

subsidiu *n.* subsidy.

subsistă (a) *vt.* to subsist, to exist; to live upon, to have means of living.

subsistenţă *f.* subsistence, maintenance, livelihood, competence.

subsol *n.* subsoil.

substanţă *f.* substance, real being; subject.

substanţial *a.* substantial.

substantiv *n. Gram.* substantive.

substitui (a) *va.* 1. to substitute; 2. *Jur.* to entail.

substituire *f.,* **substituţie** *f.,* **substituţiune** *f.* 1. substitution; 2. *Jur.* entail; *moştenire prin suvstituţie,* heir of entail.

substitut *m.* substitute.

substrat *n.* substratum.

subsuoară *f.,* **subţioară** *f.* armhole, armpit.

subt *prep.* V. sub.

subterfugiu *n.* subterfuge, evasion.

subţiă (a) *va.* I. to thin, to make thin. II. *ref. a se —,* to grow thin, to become thin.

subţiere *f.* thinness.

subtil *a.* subtile, subtle, fine.

subtilitate *f.* subtility, subtileness; cunningness, sagacity.

subîmpărţi (a) *va.* to subdivide.

subîmpărţire *f.* subdivision.

subţioară *f.* armhole, armpit.

subţire *a.* thin, fine; *hârtie —,* thin paper.

subţirime *f.* 1. thinness; 2. subtileness; 3. rareness.

suburbie *f.* suburb.

subvenţionă (a) *va.* to subsidise, to subvene.

subvenţione *f.* subvention, subsidy, aid.

suc *n.* 1. juice; 2. sap (of a tree)

sucală *f.* reel, spooling wheel.

succede (a) *va.* to succeed, to follow in order.

succes *n.* success, event, issue.

succesiv *a.* successive; *în mod —,* successively.

succesor *m.* successor, succeeder.

succesiune *f.* succession.

suci (a) *va.* to twist, to writhe, to wring; *— un cuvînt, înţelesul,* to wrest.

sucire *f.* twisting.

sucit I. *m.* queer, crazy fellow. II. *a.* queer, crazy.

sucursală *f.* 1. chapel of ease; 2. *— de bancă,* branch, branch establishment.

sud *n.* south; *polul —,* the south pole; *sud-vest,* south-west.

sudit *m.* subject.

sudoare *f.* perspiration, sweat.

suerà (a) *vi.* to whistle, to hiss, to whiz, to fizz, to fizzle.

suerăt *n.* **suerătură** *f.* whistling hissing, whizzing, fizz, sibilation.

suferi (a) *vt.* to suffer, to bear, to endure, to tolerate, to undergo.

suferinţă *f.* suffering, pain, affliction, trouble, torment.

suficient *a.* sufficient. V. *îndestulător.*

sufix *n.* suffix (gr.)

suflà (a) I. *va.* 1. to blow; 2. to breathe; *— unui actor, unui şcolar,* to prompt, to whisper; 3. to puff; *— o luminare,* tó blow out. II. *ref. a'şi — nasul,* to blow one's nose; *— de osteneală,* to be out of breath.

sufleca (a) *va.* to turn up, to tuck up, to cock up.

sufler *m.* prompter (in the theatre).

suflet *n.* soul, spirit, mind, conscience; *copil de —,* adopted child; *fără —,* heartless, insensible; *el e sufletul societăţei noastre,* he is the soul of our society; *pe sufletul meu,* upon my faith! *sufletul meu,* my dear; *a'şi da sufletul,* to expire, to die.

sufloiu *n.* smiths bellows.

sufocà (a) *va.* to choke, to suffocate.

sufragerie *f.* dining-room, mess-room.

sufrăgiu *n.* suffrage, vote; *sufragiul universal,* universal suffrage.

sugaciu *m.* 1. sucker; 2. sucking cub; *la animal.*

sugaciu *a.* sucking.

sugar *a.* V. *sugaciu.*

sugător *a.* 1. sucking; 2. *hărtie*

sugătoare, blotting-paper.

suge (a) *vt.* 1. to suck; — 2. *(buretele, hărtie, etc.),* to soak, to blot; 3. *— (a bea),* to tope; *această hărtie —,* this paper blots.

suge-bute *m.* soaker, toper, toss-pot.

sugel *n.* V. *sugiu.*

sugere *f.* suction, suck.

sugerà (a) *va.* to suggest, to prompt.

sugestiune *f.* suggestion, hint, prompting.

sugestiv *a.* suggestive.

sughiţ *n.* 1. hiccough, hickup; 2. sob, sobbing; 3. yux; *a avea sughiţul,* to have the hiccoughs, to stop the hiccoughs.

sughiţà (a) *vt.* 1. to hiccough, to have the hiccoughs; 2. to sob.

sugiu *n.* whitlow.

sugrumà (a *va.* to strangle, to garrote.

sugrumare *f.* strangulation, strangling.

sugrumat *a.* strangulated.

sui (a) *vt.* I. to carry up, to move up. II. *a se —,* to mount, to go up, to ascend, to get up, to climb; *a se — în ceriu,* to ascend into heaven.

suiş *n.* ascent.

suită *f.* attendants, followers.

sul *n.* 1. rolling-pin; 2. roller.

sulă *f.* awl.

sulcină *f.* Bot. melilot.

sulemeni *v. ref. a se —,* to paint one's self, to rouge.

sulfină *f.* V. *sulcină.*

sulfur *m.* sulphur, brimstone.

suliman *n.* paint, rouge, flake-white.

suliţă *f.* lance, spear, pike, javelin.

sultan *m.* sultan.

sultană *f.* sultana.

sumă *f.* sum, amount, total.

suman *n.* hocqueton, peasant's smock-frock.

sumedenie *f.* quantity, infinite number.

sumete (a) *va.* to turn up, to tuck up, to cock up.

sumptuos *a.* splendid, pompous.

suna (a) *vt.* 1. to sound, to yield a sound; 2. *— clopoţelul,* to ring, to ring the bell; 3. *— (clopot),* to toll; 4. *— (ceasul),* to strike (the clock); 5. *— (argint, aur),* to chink; 6. *— din corn,* to wind the horn.

sunare *f.* ringing.

sunătoare *f.* Bot. St. Yohn's wort

sunător a. sounding, resounding.

şuncă f. ham, gammon.

şuncar m. pork-bntcher.

sunet n. ring, sound, tone.

supă f. soup. pottage, porridge.

supapă f. valve.

supăra (a) va. 1. to anger, to make angry, to vex, to grieve, to afflict; 2. to incommode. to importune, to disturb, to trouble. II. ref. a se —, to be angry, to feel angry, to get angry, to be sorry; to vex (at, for), to be grieved, to be displeased; to incommode one's self, to inconvenience one's self.

supărăcios a. angry, touchy.

supărare f. 1. grief, affliction; 2. so. row, vexation; 3. cumbersomeness, trouble.

supărat a. angry, displeased; sorry, vexed; a ft — cu, to be angry with.

supărător a. 1. grievous, afflictive, afflicting; 2. vexatious; cumbersome, incomodious, trouble-some.

superb a. 1. superb, sumptuous; 2. haughty. proud.

superficial a. superficial, shallow; în mod —, superficially.

superficialitate f. superficialness, superficiality.

suprefluu a. superfluous.

superior I. a. superior, upper, prevalent, preferable. II. m. superior.

superioritate f. superiority.

superlativ n. Gram. superlative degree.

superstițios a. superstitious.

superstiție f., **superstitiune** f. superstition.

supin n. Gram. supine.

supleant m. V. suplinitor.

suplică f. petition, address.

supliciu n. 1. corporal punishment; 2. pain, torment.

supliment n. supplement, addition.

suplimentar a. supplementary, additional.

suplini (a) va. 1. to supply; 2. to make up.

suplinitor m. substitute, assistant.

suportă (a) va. to suffer, to endure, to bear.

supoziție f., **supozițiune** f. supposition, supposal.

suprafață f. surface, superficies, area.

supranatural a. supernatural.

supranumerar m. supernumerary.

supranumi (a) va. to surname, to by-name, to nickname.

supraomenesc a. superhuman.

suprapune (a) va. to superimpose.

suprapus a. superincumbent.

supraveghea (a) va. to survey, to overlook, to oversee, to supervise; — de aproape, to keep close watch upon.

supravegheare f. superintendence, supervision, watch.

supraveghetor m. surveyor, supervisor, inspector, overseer.

supraviețui (a) vt. to survive, to outlive, to outlast.

supraviețuire f. 1. survival, survivance; 2. Jur. survivorship.

suprem a. supreme, highest.

supremație f. supremacy.

suprimă (a) va. V. a desființă.

supt prep. V. subt.

supune (a) I. va. to subdue, to submit. II. ref. a se —, to submit, to yield.

supunere f. 1. submission, submissiveness, obedience; 2. subjection.

supus I. a. 1. submissive; 2. submitted; 3. humble; 4. subject. II. m. subject.

sur a. grey.

şură f. barn; arla şurei, barn-floor; a aşeză în —, to barn.

surcea f. shaving, chip; surcele, pl. sticks, shavings.

surd I. m. deaf person. II. a. 1. deaf; 2. dull; 3. fig. insensible; 4. — din naştere, deaf from his birth; a se face —, to turn a deaf ear.

surda (de-a) adv. vainly, in vain.

surdilă m. deaf person.

surdină f. Muz. damper, mute.

surdo-mut m. deaf and dumb.

surghiun n. exile (place).

surghiuni (a) va. to exile, to banish.

surghinuit I. m. exile. II. a. exiled.

surâde (a) vt. to smile.

surâdere f. surâs n. smile.

surpă (a) I. vt. to crumble, to demolish, to tumble down. II. ref. a se —, to crumble (away), to tumble, to fall in (down), to maulder.

surpare f. fall, ruin.

surprinde (a) va. 1. to surprise, to take by surprise; 2. to amaze, to astonish, to intercept, to catch on the hip.

surprindere f. 1. surprise, trick; 2. astonishment.

surprinzător a. surprising.

sursă f. spring, source.

surtuc n. surcoat, surtout.

surugiu m. postilion, post-boy.

șurul (a) *vt.* to stream (with).

șurup *n.* screw, male-screw; — *de dop*, bottle-screw.

șurupă (a) *vt.* to screw.

șurupelniță *f.* turnscrew, screw-diver.

șurupi (a) *v.* V. *a șurupă*.

surzenie *f.* deafness.

surzi (a) *vt.* to deafen.

surzilă *m.* person hard of hearing.

surzime *f.* deafness.

sus *adv.* above, upstairs, abovestairs, overhead; *de —*, upper, top; *partea de —*, the upper part; *odăile de —*, the top set of rooms; *etajul de —*, the upper story.

sus *n.* top, upper end; *de — până jos*, from top to bottom; *în susul*, at the top of; *Cel de —*, God.

sus *int.* up! up with...!

susaiu *m. Bot.* sow-thistle, hare's-lettuce.

susan *m. Bot.* sesame.

susceptibil *a.* susceptible, sensitive, touchy.

susceptibilitate *f.* susceptibility, irritability, touchiness.

suspect *a.* suspected, suspicious.

suspendă (a) *va.* to suspend, to put off, to delay, to hinder.

suspendare *f.* suspension, cessation.

suspendat *a.* suspended.

suspensoriu *n.* suspensory bandage, truss.

suspin *n.* sigh, groan.

suspină (a) *vt.* to sigh.

suspinare *f.* sighing.

susține (a) *va.* 1. to maintain, to keep, to bear; 2. to sustain, to up-hold, to assert; 3. to favour, to help, to assist.

sustrage (a) *va.* to withdraw, to purloin.

sustragere *f.* purloining.

sută *num.* hundred, cent; *de o — de ori*, hundred-fold, centuple; *cu sutele*, by hundreds.

sutar *m.* hundred.

sutaș *m.* centurion.

suteran *a.* 1. subterranean, subterraneous; 2. underground.

sutime *f.* the hundredth part.

suveică *f.*, **suvelniță** *f.* 1. netting-needle; 2. weaver's shuttle.

suvenir *n.* remembrance, memory.

suveran I. *a.* sovereign. II. *m.* sovereign.

suveranitate *f.* sovereignty, supremacy.

șuyiță *f.* 1. lock, tuft (of hair), bunch; 2. stripe, streak.

șuvoiu *n.* 1. current; 2. stream.

suzeran I. *m.* suzerain, lord paramount. II. *a.* paramount.

suzeranitate *f.* suzerainty.

șvab *m.* moth, black-beetle.

svâcni (a) *vt.* to stir, to give a start, to make a sudden movement, to quiver, to flutter.

svâcnire *f.* pant, panting.

svântă (a) 1. *va.* 1. to dry, to dry in the air; 2. *fig.* to exterminate, to destroy; 3. *loc. fugeă de — pământul*, he ran at full speed. II. *ref. a se —*, to dry.

svânturatec *a.* light-headed.

svârcoli *v. ref. a se —*, to twist, to writh, to flounder (to whirl) about.

svârcolire *f.* twist, twisting.

svârli *v.* V. *a asvârli*.

svelt *a.* slender.

svon *n.* 1. report, common report; 2. current; 3. report, talk.

svoni *v. ref. a se —*, to report; *se svonește că*, it is reported that, there goes a report that.

T

T *n.* (the letter) t.

ta I. *a.* thy, your. II. *pron.* *a ta*, yours.

tabac *n.* snuff; *a trage —*, to take, to be a snuff-taker.

tăbăcar *m.* 1. tanner, currier; 2. leather-dresser.

tăbăcărie *f.* tannery, tan-yard, tan-house.

tăbăceală *f.* tanning.

tabachere *f.* snuff-box.

tăbăci (a) *va.* to tan, to curry; *a — pielea cuiva*, to pummel soundly, to thrash.

tăbăcit *n.* tanning.

tabără *f.* 1. camp; 2. encampment.

tăbărî *v.* 1. to (en) camp, to pitch a camp, to bivouac; 2. to rush upon, to fall upon.

tabelă *f.* table(s), index.

tablă *f.* table, board, slab; *— neagră*, black-board; *tabla de înmulțire*, the multiplication-table; *cele 12 Table*, the Twelve Tables; *a jucă table*, to play at tables; *joc de table*, backgammon.

tablie *f. Arhit.* panel.

tăbliță *f.* tablet, small table, shelf.

tablou *n.* 1. picture, painting; 2

description, representation, table, list.

tac *int.* tictack!

tac *n.* cue (of billiards), billiard-stick.

tacâm *n.* 1. trappings, harness; 2. set of dishes and plates; 3. cover (plate with knife, fork and spoon).

tăcăni (a) *vt.* to clash, to jingle.

tăcea (a) *vt.* 1. to be silent, to keep silence, to hold one's tongue; 2. to remain silent on, to say nothing of; *tact din gură, tacă-ţi gură*, cut it short! hold your jaw!

tăcere *f.* silence, stillness; *în —*, in silence; *a păstra tăcerea*, to be silent, to remain silent.

tachină (a) *va.* to tease, to torment.

tăchinărie *f.* teasing.

taciturn *a.* taciturn.

tăciune *m.* 1. charcoal, brand, firebrand; 2. *Agr.* mildew, blight, blast.

tact *n.* 1. tact; 2. *Muz.* measure, time; *a cânta cu tact*, to sing in tune.

tactică *f.* tactics.

tactician *m.* tactician.

tacticos I. *a.* tactical; II. *adv.* tactically.

tăcut I. *a.* mute, silent, still, taciturn. II. *adv.* silently.

tafandache *m.* fop, spark.

taftă *f.* taffeta.

taftur *m.*, **taft** *m.* girth.

făgădul (a) *va.* 1. to deny, to disown, to disavow; 2. *Jur.* to traverse.

făgăduire *f.* denial, negation, disavowal.

făgăduitor I. *a.* denying, disowning. II. *m.* denier.

tăgârţă *f.* wallet, sack.

tagmă *f.* religious order.

tăia (a) I. *va.* 1. to cut; 2. to cut out; 3. to cut down; 4. to hew (out of); 5. to carve; to fell, to beat down; 6. *— părul, barba, pomi*, to shear, to crop, to trim, to lop; *a — tăia jur împrejur*, to pink, to cut up; 7. *— (un animal)* to kill, to slaughter, to butcher; *a — în bucăţi*, to cut to pieces, to cut up; *a — mărunt*, to cut small; *a — în*, to hew out of; *a — capul*, to behead, to decapitate; *a face după cum ţi taie capul*, to have one's own way; *a — gâtul*, to cut the throat of; *a — (un picior, un braţ, etc.)*, to cut off, to amputate; *a — un copac*, to fell a tree; *a — cu ferestreul*, to saw;

a — o gravură, to carve an Image; *a — împrejur*, to circumcise; *a — cărţile de joc*, to deal the cards; *a — în carne vie*, to cut to the quick *fig.*; *a — vorba*, to cut short, to interrupt; *a — la minciuni, a — la palavre*, to tell lies, to swagger, to tell big or high; *a — câinilor frunză*, to stand gaping, to star-gaze. II. *ref. a se —*, 1. to cut one's self; 2. to intersect.

tăiat I. *a.* cut. II. *m.* cutting.

taică *m.* dad, daddy.

tăiere *f.* 1. cutting, cut, section; 2. *— împrejur*, circumcision; *tăierea capului*, beheading.

tăietor *m.* cutter (person); *— de lemne*, feller, wood-cutter, woodman.

tăietor *n.* chopping board.

tăietură *f.* 1. cut, slit; 2. cut, slash, gash; 3. incision; 4. section.

tăieţei *m. pl.* ribbon, vermicelli.

taifas *n. fam.* talk, conversation, chat; *a sta la —*, to talk, to talk over, to chat, to chatter.

tain *n.* ration.

taină *f.* secret, secrecy, mystery; *în —*, in secret, in (with) secrecy, secretly.

tainic *a.* secret.

tăinui (a) *v.* 1. to conceal, to keep secret; 2. to hide.

tăinuitor *m.* receiver of stolen goods.

tăiş *n.* edge (of a knife etc.).

tăios *a.* sharp, cutting.

talaz *n.* wave, billow, surge.

tălcui (a) *va.* to explain, to interpret, to translate.

tălcuitor *m.* translator; *— de vise*, oneirocritic.

talent *n.* talent, faculty, power, genius.

talentat *a.* talented.

taler *m.* crown (coin).

taler *n.* 1. plate, trencher; 2. *— cu două feţe*, hypocrite.

taleraş *n.* saucer.

tâlhar *m.* robber, bandit, ruffian, highway-man.

tâlhărea *f. Bot.* sow-thistle.

tâlhăresc *a.* thievish.

tâlhări (a) *vt.* to rob, to plunder.

tâlhărie *f.* robbery.

talie *f.* shape, waist, size, stature

talisman *n.* talisman.

tălmăci (a) *va.* 1. to interpret; 2. to explain, to translate.

tălmăcire *f.* interpretation, translation.

tălmăcitor *f.* **tălmaciu** *m.* interpreter.

talmeş-balmeş *adv.* pell-mell, helter-skelter.

talmud *n.* talmud.

talmud'st *m.* talmudist.

talpă *f.* 1. sole (of the foot, of the shoe); 2. ground-plate (= *grindă*), *a pune tălpi noui*,to new-sole; 3. *loc. a o luă la tălpi*, to show one's heels, to run away.

tălpui (a) *va.* to new-sole.

tam-nesam *adv.* point-blank.

tămădui (a) *va.* to cure, to heal.

tămâlă (a) *va.* to incense.

tămâie *f.* incense; *a arde —*, to burn incense on; *a ajumă cu —*, to incense.

tămâielniţă *f.* censer.

tămâioasă *f.* muscadel, muscat, muscatel grape.

tămâiţă *f. Bot.* ground-pine.

taman *adv.* V. *tocmal.*

tămărişcă *f. Bot.* tamarisk.

tambal *n.* cymbal.

tămbăláu *n.* great noise, tumult, uproar.

tâmpenie *f.* imbecility.

tâmpi (a) *vt.* to stultify, to blunt, to dull.

tâmpit *a.* blunt-witted, dull witted (brained).

tâmplă *n.* temple of the head.

tâmplar *m.* joiner.

tâmplărie *f.* joinery.

tânăr I. *m.* youth, young man, lad. II. young.

tândală *m.* slow-coach.

tanda-manda *adv.* pell-mell, helter-skelter.

ţandără *f.* splinter, shiver.

tânji (a) *vt.* to languish, to linger, to pine away.

ţânţar *m.* gnat.

ţap *m.* 1. he-goat; 2. pint.

tapot *n.* room-paper.

tapiţă (a) *va.* to paper (a room).

tapiţerie *f.* tapestry, tapestry-hangings.

tapiţer *m.* upholsterer.

Ţar *m.* Tzar.

ţâr *n.* red herring, bloater.

ţară *f.* country, region, native land (country); *a merge la —*, to go into the country; *ţara mea natală*, my native land.

ţâră *f. o ~*, a little while, a bit.

tarabă *f.* (retail) shop, stall.

tărăboantă *f.* wheel-barrow.

tărăboiu *n.* great noise, turmoil, tumult, uproar.

tarac *n.* stake, pile.

tărăgăni (a) *va.* to protract, to defer, to put off.

ţăran *m.* peasant, countryman, country fellow.

ţărancă *f.* peasant, country-woman.

ţărancuţă *f.* country lass, country girl.

ţărănesc *a.* country, peasant-like.

ţărănime *f.* peasantry.

ţărănoiu *m.* dunce, blockhead.

tărâţe *f. pl.* bran.

tărbăci (a) *va.* to beat soundly.

ţarc *n.* park, fold, pen (of•sheep).

tare I. *a.* 1. strong, robust, vigorous, able bodied; 2. thick; 3. hard; 4. *apa —*, aqua fortis; *— de ureche*, thick of hearing, hardhearing; II. *adv.* very, much, very much.

târg *n.* 1. market, mart, market-place; *— de oi*, sheep-market; 2. fair; 3. bargain.

targă *f.* hand-barrow.

târgueală *f.* purchase.

târgui (a) *va.* to purchase, to bargain, to buy in.

târguitor *m.* buyer, purchaser.

tărie *f.* solidity, firmness, fortitude, force; *cu —*, firmly, steadily, stoutly, resolutely.

tarină *f.* Tzarina.

ţarină *f.* tilled land.

târlă *f.* sheep-cot, sheep-fold, sheep-pen.

ţărm *m.* shore, coast, bank, side; *de alungul ţărmului*, along the coasts.

ţărmurean *m.* borderer.

târnăcop *n.* pick-axe.

tarniţă *f.* pack-saddle.

târnosi (a) *va.* to consecrate.

tartan *n.* tartan.

târtan *m.* tron. Jew.

târtiţă *f* rump, parson's nose.

ţăruş *m.* picket, stake, pile.

târziu *a, şi adv.* late; *mai —*, later; *cel mai —*, latest, at (the) latest; *prea —*, too late; *mai curând sau mai —*, sooner or later; *a întrâ —*, to keep late hours; *a se face —*, to grow late, to get late; *se face —*, it grows late; *nu veni —*, don't be late.

taşcă *f.* bag.

tâsni (a) *vt.* to spout, (out) to gush out, to spring, to squirt.

tâsnitură *f.* spouting out, gush, gushing out.

tată *m.* 1. father; 2. papa, dad, daddy; *tatăl meu*, my father; *tata moşu*, grand-father; *Tatăl nostru*, the Lord's prayer.

tâță *f.* breast of a woman, teat, udder, pap, dug; *sfârc de* —, nipple; *la* —, at the breast; *a suge ţâţa*, to suck; *a da* —, to suckle, to nurse, to give suck; *copil de* —, nursling.

ţâţână *f.* hinge.

ţâţeica *f.* see-saw.

tatuà (a) *va.* to tattoo.

tăun *m.* ox-fly, gad-fly.

taur *m.* bull.

tavă *f.* 1. tray, tea-board, salver; 2. tart-pan, pie-dish.

tăvăli (a) I. to roll. II. *ref. a se* —, to wallow, to welter.

tăvăluc *n.* rolling-pin, roller.

tavan *n.* ceiling; *până la* —, up to the ceiling.

tavernà *f.* tavern, ale-house.

taxă *f.* tax, (set) rate, imposit, duty.

taxà (a) *va.* to tax, to set a rate upon, to lay a tax on, to rate.

taxare *f.* taxation.

taxator *m.* valuer, appraiser.

teacă *f.* 1. sheath, case; 2. case, cover, scabbard; 3. *a băgà în* —, to sheathe; *a băgà sabia în* —, to sheathe the sword; *a scoate sabia din* —, to unsheathe, to draw the sword.

teafăr *a.* safe and sound, in good health.

teamă *f.* fear, dread, awe; *mi-e* —, I fear; *de* —, for fear of.

teanc *n.* bale (of goods), pile, heap.

ţeapă *f.* licking, class.

ţeapă *f.* stake, pile, picket; *a trage în* —, to stake, to empale, to impale.

ţeapăn *a.* 1. stiff; 2. stark, rigid.

teasc *a.* press, press-house, wine-press.

ţeastă *f.* scull, skull, cranium: 2. carapace.

teatral *a.* theatrical.

teatru *n.* theatre, stage, play-house.

ţeavă *f.* 1. tube, pipe, spout; 2. — *de puşcă*, barrel of a gun.

techer-mecher *adv.* whether one whether not.

tecneîes *n. Vet.* roaring pursiness, broken wind (of horses).

tedeum *n.* Te Deum.

tedulă *f.* bill, note, cedula.

tehnic *a.* technical.

tehnologie *f.* technology.

teism *n.* theism.

teist *m.* theist.

teiu *m. Bot.* lime-tree, linden-tree.

tejghea *f.* till, counter.

ţei *n.* aim, design, intention, purpose.

telal *m.* second-hand clothier, fripper.

telefon *n.* telephone.

telefonà (a) *vi.* to telephone.

telegraf *n.* telegraph, wire.

telegrafià (a) *vt.* to telegraph, to wire.

telegrafic *a.* telegraphic.

telegrafie *f.* telegraphy.

telegramă *f.* telegram.

telescop *n.* telescope.

telescopic *a.* telescopic, telescopical.

teletin *n.* jufts, Russian leather.

ţelină *f.* 1. *Bot.* celery; 2. fallow; 3. fallow-ground.

temă *f.* 1. theme, exercise; 2. task.

temător *a.* 1. fearful, timid; 2. jealous, envious.

tembel *a.* indolent, hazy, careless.

teme *v. ref. a se* —, to fear, to dread, to be afraid of.

temeiu *n.* base, basis, ground; *a pune* —, to build, to depend upon, to rely upon.

temelie *f.* base, ground, ground work; *a da jos din* —, to lay level with the ground.

temere *f.* fear.

temnicer *m.* jailer, gaoler.

temniţă *f.* jail, gaol.

temperament *n.* temper, complexion, constitution, nature.

temperat *a.* temperate, moderate.

temperatură *f.* temperature, climate.

templu *n.* temple church.

temut *a. de* —, redoubtable, dreadful.

tenace *a.* tenacious.

tenacitate *f.* tenacity.

tencuială *f.* roughcast, mortar.

tencuî (a) *va.* to roughcast, to do over with, to plaster, to coat with.

tendinţă *f.* tendency.

tenghelîţă *f.* goldfinch.

tenor *m.* tenor.

tentà (a) *va.* to tempt, to attempt, to try.

tentaţiune *f.* temptation.

tentativă *f.* tentative, attempt, trial, endeavour.

teocratic a. theocratical.
teocrație f. theocracy.
teogonie f. theogony.
teolog m. theologian, divine.
teologie a. theological;.în mod —, theologically.
teologie f. theology.
teoremă f. theorem.
teoretic a. theoretic, theoretical.
teorie f. theory, speculations.
țep m. prickle, thorn.
țepeș m. empaler.
țepușă f. picket, stake.
terapeutică f. therapeutics.
terasament n. earthwork.
terasă f. terrace, platform.
teren n. ground, ground-plot, soil.
terfeleală f. spot of dirt, filth, stain.
terfeli (a) va. to soil, to dirty, to dirt.
teribil a. dreadful, terrible.
teritorial a. territorial.
teritoriu n. territory.
termen n. term of time, appointed time.
termen m. word, expression, term.
termină (a) va. V. a sfârși.
termometru n. thermometer.
teroare f. terror, great fear.
terpentin n. turpentine, terebint.
terțiar a. tertiary.
țesală f. curry-comb.
țesălă (a) va. to curry.
țesătoare f. weaver.
țesător m. weaver.
țesătorie f. weaver's trade.
țesătură f. tissue, woof, weft.
tescovină f. husks of grapes.
tescui (a) va. to press (grapes).
tescuit n. wine-pressing.
țese (a) vt. to weave.
țegi (a). va. to slant, to slope.
teslă f. adze.
teslar m. carpenter.
testă (a) va. to make one's will.
testament n. testament, last will.
testătoare f. testatrix.
testator m. testator.
testea f. quire (of paper).
testemel n. kerchief.
testicul n. testicle.
teu a. și pron. thy; thine; al teu din inimă, most truly yours.
text n. text.
textual I. a. textual. II. adv. textually.
teză f. thesis, proposition, disputation.
tezaur n. treasure, hoard.
tezaurar m. treasurer.

tiară f. tiara, triple crown.
tibișir n. chalk.
ticălos a. wretched.
ticăloșie f. baseness.
tîclui (a) va. to manage, to arrange.
ticnă f. comfort, rest, quiet, tranquillity.
ținit a. shatter-brained, shatter-pated, crack-brained.
tie pron. to thee, to you.
tifoid a. typhoid; frigurile tifoide, the typhus fever.
tifos n. typhus, ship-fever.
țifră f. cipher, figure; a scrie în țifre, to cipher, to write by ciphers.
țifră (a) vt. to cipher, to write in ciphers.
țigaie f. pan, frying-pan.
țigan m. gypsy, gipsy.
țigancă f. gypsy, gipsy.
țigănesc a. gipsy-like.
țigară f. cigarette; — de foi, cheroot, cigar.
țigaretă f. cigarette, cigar-tube.
tigheli n. wrist band-stitches; a da —, to stitch.
tigheli (a) va. to quilt, to stitch.
țiglă f. tile; — îndoită, pentile.
țiglean m. Zool. tom-tit (bird).
tigroaică f. tigress.
tigru m. tiger.
țiitoare f. concubine, kept, bed-fellow, bed-mate.
țimbală f. tymbale, kettle-drum.
timbră (a) va. to stamp.
timbrat a. stamped.
timbrișoare f. Bot. wild thyme.
timbru m. stamp; — poștal, post-mark, stamp; legea timbrului, stamp-act.
timid a. timid, timorous, shy.
timiditate f. timidity, timorousness, shyness.
timp n. 1. time; 2. weather; 3. season; 4. opportunity; 5. leisure; 6. Gram. tense; 7. ex. câtva —, for a time; după câtva —, after a time; în același —, all the while; timpul de față, the present time; în timpul acesta: a) for the time; b) meantime, meanwhile; la —, in time; e — frumos, it is fine weather, it is good weather; e — urît, it is bad weather; a avea —, to be at leisure; de vreme ce avem destul —, as we have leisure enough; timpul presinte, the present tense Gram.
timpuriu a. 1. precious, early; 2. hasty, forward (fruits).

tînă *f.* mud, dirt, mire.

tinc *m. Zool.* țincul pământului, ground-squirrel.

tinctură *f.* tincture.

tindă *f.* floor (entrance) hall.

tinde (a) *vt.* ,to tend, to tend to; — la acelaș scop, to tend to the same end.

tine (a) I. *va.* 1. to hold, to keep; 2. to last, to continue; 3. to contain, to hold, to comprise; 4. to observe; to maintain; 5. to stop, to hinder; 6. *ax. și loc.* a ține piept, to hold one's ground, to withstand, to resist; — la distanță, to hold off; — în respect, to hold in awe; — tare, to hold fast, to hold off; — bine în mână, to keep one's hold; — în frâu, to restrain, to contain, to domineer; — minte, to bear in mind, to remember; II. *ref.* a se — , to hold, to be holden; a se — fine la distanță, to hold off; a se — de cuvânt, to keep one's word, to keep one's promise.

tinerel *a.* very young.

tineret *n.* young people.

tinerețe *f.* youth, youthfulness, în tinerețea mea, in my early youth.

tingire *f.* saucepan, stew-pan; — de tinicheà, *f.* tin, saucepan.

tinicheà *f.* tin, tin-plate, latten; lucruri de —, tin-wares.

tinichigerie *f.* tin-ware.

tinichigiu *m.* tinman, tin smith.

tintă *f.* 1. mark, aim, design, purpose; 2. target; 3. tack.

tintaură *f. Bot.* centaury.

tinterim *n.* churchyard.

tintì (a) *vt.* 1. to aim, to take one's aim, to have in view, to tend, to view; 2. — la, to take aim at.

tintuì (a) *va.* to rivet, to clinch, to tack, to nail, to spike.

tintuire *f.* rivet.

tinut *n.* district, country, region, province.

tinută *f.* uniform, regimentals.

tip *n.* type, figure, model.

tîpă (a) *vt.* to cry, to scream, to shriek, to squeak, to squeel.

tipar *n.* 1. impression, printing, print; a da la —, to print; 2. press; gregală de —, error of the press.

tipar *m. Zool.* eel; — de mare, tobacco-pipe fish.

tipărì (a) *va.* 1. to impress, to imprint, to print; 2. to prime (cloth).

tipărire *f.* impression, print.

tipărit *a.* printed; bun de —, signature for the press.

tipăt *n.* cry, shriek, scream, squeak; a scoate (a da) un —, to give (to utter) o shriek, to scream out tipete, *pl.* screaming; a scoate tipete de durere, to scream with pain.

tipenie *f. loc.* nici — de om, not a living creature.

tiperig *m.* ammonia.

tipic *a.* typical.

tipograf *n.* typographer, printer.

tipografic *a.* typographical, typographic.

tipografie *f.* 1. typography, printing; 2. printing-house, printing-office.

tiptil *a.* slily, by stealth, with stealthy step; a umblà —, to go with stealthy step.

tir *n.* shooting-gallery, shooting-grounds.

tir *n.* V. țâr.

tiraj *n.* press-work.

tiran *m.* tyrant.

tiranic *a.* tyrannical.

tiranie *f.* tyranny, cruelty.

tiranisì (a) *va.* to tyranise (over).

tisă *f. Bot.* yew, yew-tree.

tignì *v.* V. a țâgnì.

tâtă *f.* V. țâță.

titeiu *n.* native naphta earthoil.

titirez *n.* peg-top.

titlu *n.* 1. title; 2. title-page, title-leaf; 3. — falș, half title; a da un —, to title, to give a title; fără — titleless.

titrat *a.* titled.

titular I. *a.* titular; în mod —, titularly. II. *m.* titular, incumbent.

țiuì (a) *vt.* to tingle.

țiuit *n.*, țiuitură *f.* tingling (in the ear).

țivì (a) *va.* to hem.

țivitură *f.* hem.

țivlì (a) *va.* to catch birds with a a bird-call.

țivlitoare *f.* bird-call.

toacă *f.* vesper-bell.

toacă-gură *m.* babbler, gossip, chatterer, prattler.

toaie *f. Bot.* aconite, wolf's bane.

toaletă *f.* toilet, dressing-table, lady's attire.

toamna *f.* autumn.

toană *f.* whim, fancy, caprice; a avea toane, a fi cu toane, to whim.

toarce (a) *vt.* to spin.

toarcere *f.* spinning.

toast *n.* toast, health; *a închină un —*, to propose a toast, to propose the health of, to drink to.

tobă *f.* drum, tambour; *a bate —*, to drum.

toboșar *m.* drummer.

toc *n.* 1. pen-holder; 2. heel; 3. case, box.

tocă (a) I. *va.* 1. to hew with an axe, to hash, to mince; 2. to waste, to dissipate.

tocană *f.* stew; *— de berbec bătui*, hash of mutton.

tocătoare *f.* chopping-knife, chopper.

tocător *n.* chopping-board.

tocătură *f.* hash, minced meat.

toci (a) I. *va.* 1. to blunt, to dull the edge, to dull the point; 2. *a'și — gura în zadar*, to speak to no purpose; II. *ref. a se —*, to grow blunt (dull).

tocilă *f.* whetstone; *a da la —*, to whet, to sharpen.

tocilar *m.* grinder.

tocitoare *f.* vat, tub.

tocmag *m.* mallet.

tocmai *adv.* just, just so, exactly, even so; *— acuma*, just now, but just, even now; *— așa*, just so, precisely so; *— la timp*, just in time (for); *nu știu —*, I don't exactly know.

tocmeală *f.* 1. bargain, bargaining; 2. condition, stipulation, arrangement, accord, convention; *a face o —*, to make a bargain.

tocmi (a) *va.* 1. to hire, to engage 2. to bargain.

tocsin *n.* alarm-bell.

tolag *n.* sheep-hook.

toiu *n.* thick; *în toiul luptei*, in the thick of the battle.

tol *n.* rug, waggon-tilt, tarpauling.

tolăni *v. ref. a se —*, to lie down at full length.

tolbă *f.* 1. quiver; 2. cartridge-box, game-bag.

toleră (a) *va.* to tolerate, to suffer, to bear.

tolerant *a.* tolerating.

toleranță *f.* tolerance, toleration, sufferance.

tologean *m.* idler.

tom *n.* tome, volume.

tombac *n.* bronze, brass.

tombolă *f.* tombola (lottery).

tomnatic *a.* autumnal.

ton *n.* tune, note, sound, voice.

tonă *f.* tun (= 1.000 kilogr.) ton.

tont I. *m.* blockhead, booby, simpleton, ninny. II. *a.* silly, foolish.

top *n.* ream (of paper).

topăi (a) *vi.* to hop.

topaz *n.* topaz.

topi (a) I. *va.* 1. to melt, to cast, to liquefy, to dissolve; 2. to smelt, to found; 3. to ret. II. *ref. a se —*, to melt.

topire *f.* 1. melting, casting; 2. mixture of metals, brass; 3. mixture of colours.

topilă *f.* retting-pool.

topitoare *f.* 1. retting-pool; 2. crucible.

topitor *m.* founder.

topografic *a.* topographical.

topografie *f.* topography.

topor *n.* 1. hatchet, axe; *— de oase*, drudge.

toporaș *n.* 1. hatchet; 2. *Bot.* violet; *— de munte*, cyclamen.

toptan *adv.* *cu toptanul*, by wholesale, in the lump, all of a heap, in the gross (by).

toptangiu *m.* wholesale dealer.

torace *m.* thorax.

torcătoare *f.* spinner.

torcător *m.* spinner.

torent *d.* torrent, violent current, stream.

torențial *a.* torrential, falling in torrents.

toroipan *n.* club, heavy stick.

toroipăni (a) *va.* to beat soundly, to cudgel.

torosi (a) *vi.* to blab, to babble, to gossip.

torpilor *n.* torpedo-boat.

tors I. *n.* spinning; *mașină de —*, spinning-machine (frame jenny); *atelier de —*, spinning-mill. II. *a.* spun.

tort *n.* tow.

tortă *f.* torch, link.

tortură *f.* torture, rack.

tortură (a) *va.* 1. to torture, to rack; 2. to torment.

tot *(toată, toți, toate)* *a.* și *adv.* 1. all, whole, every, quite; 2. *ex.* și *loc.* *toți oamenii*, all men, *toată ziua*, all day; *toată lumea:* a) the whole world; b) every body, every one; *tot ce*, whatever; *tot ce e nou*, whatever is new; *în toate locurile*, every where; *în toți anii*, every year; *hainele mele de toate zilele*, my every day clothes; *de tot*, all; *singur de tot*, all alone, quite alone; *tot ce, tot cea*, all that *tot ce s'a zis.* all that was said; *toți acei, toate acele,* all those; *noi toți, noi toate,* all of us; *este tot ce am,* it is all that I have; *tot astfel,* likewise; *tot de odată,* at the same time; *tot una,* of the same kind, one and the same; *cu toate acestea,* yet, however, nevertheless, in the mean time (while); *cu totul,* quite; *gata cu totul,* quite ready; *a tot puternic,* omnipotent.

total I. *a.* total, whole, entire. II. *n.* totality. whole sum.

totalitate *f.* totality, whole.

totdeauna *adv.* always, ever, evermore.

totuş *adv.* nevertheless, yet, however.

tovarăş *m.* companion, associate, partner, fellow mate; *— de drum,* fellow-traveller.

tovărăşie *f.* companionship, association, partnership, trades-union.

taxicologie *f.* toxicology.

tractat *n.* 1. treaty; 2. treatise.

tractir *n.* brothel.

trădă (a) I. *va.* to betray. II. *ref. a se —,* to betray one's self.

trădare *f.* betraying, betrayal, treason, treachery; *înaltă —,* High treason.

trădător *m.* betrayer, traitor, treachour.

tradiţie *f.,* **tradiţiune** *f.* tradition.

tradiţional *a* traditional.

traducător *m.* translator.

traduce (a) *va.* to translate.

traducere *f.,* **traducţiune** *f.* translation.

trafic *n.* traffic, trade.

trafică (a) *vt.* to traffic, to trade, to deal.

traficant *m.* trafficker, trade.

trăgace *n.* tumbler (of a musket).

trăgaciu *m.* sharp-shooter trigger.

trăgănă (a) *va.* to postpone, to defer.

trăgător *m.* shooter.

trage (a) I. *va.* 1. to draw, to pull, to lug, to pluck; 2. to trace; 3. *— tutun,* to smoke tobacco; *— tabac,* to take snuff; 4. *— în judecată,* to sue at law; 5. *— o palmă,* to give a box on the ears, to give a slap on the face; *— cu puşca,* to fire a gun, to discharge, to shoot; *— cu urechea,* to hearken; *— din vioară,* to play on the fiddle; *— la măsea,* to tope. II. *ref. a se —,* to get out of.

tragedian *m.* tragedian.

tragedie *f.* tragedy.

tragere *f.* drawing, draught, pull; 2. *— de intmă,* inclination; *— pe sfoara,* cheating.

tragic *a.* tragical.

trăi (a) *vt.* to live, to be alive, to exist.

trainic *a.* durable, solid.

trăinicie *f.* durability, durableness.

traistă *f.* wallet.

traiu *n.* life, livelihood, living: *— bun,* welfare; *lupta pentru —,* the struggle for life.

trâmbiţă *f.* trumpet, sackbut.

trâmbiţă (a) *va.* şi *vt* to trumpet.

trâmbiţaş *m.* trumpeter.

trampă *f.* truck. exchange.

trancanale *f. pl.* chatter, tittle-tatile.

trăncăni (a) *vt.* to prattle, to chatterer, prattler.

trandafir *m.* 1. rose-bush, rose-tree; 2. rose; 3. *boboc de —,* rose-bud; *apă de —,* rose-water.

trandafiriu *a.* rosy.

trândav *a.* bazy, indolent, idle.

trândăvie *f.* baziness, indolence.

trânji *m. pl.* piles.

transacţie *f.,* **transacţiune** *f. transaction.*

transcrie (a) *va.* 1. to transcribe; 2. to copy.

transcriere *f.,* **transcripţiune** *f.* transcription.

transferă (a) *va.* to transfer, to remove.

transferare *f.* removel.

transfigurare *f.* transfiguration.

transformă (a) *va.* to transform.

transformare *f.,* **transformaţie** *f.,* **transformaţiune** *f.* transformation.

Transilvania *f.* Transylvania.

transitiv *a.* V. *tranzitiv.*

translator *m.* translator.

transmite (a) *va.* to transmit, to transfer, to convey.

transmitere *f.* transmitance.

transparent *a.* transparent.

transpiră (a) *vt.* to transpire, to perspire.

transpirare *f.,* **transpiraţie** *f.* transpiration.

transplantă (a) *va.* to transplant.

transplantare *f.* transplantation.

transport *n.* 1. transportage; 2. exportation, carriage.

transportă (a) *va.* to transport, to transfer, to forward, to ship.

tranzacţie f., **tranzacţiune** f. transaction, convention, agreement.
trântă (wreatling) match.
trânteală f. drubbing, hiding; *a da o trânteală*, to cudgel, to beat, to thrash soundly.
trânti (a) *vs*. 1. to throw down: — *jos*, to shake down; 2. to trip.
trântor m. drone.
tranzitiv a. *Gram.* transitive.
tranzitoriu a. transitory, transient.
tranzițiune f. transition.
trap n. trot; *a merge la —*, to trot.
trapăt n. trot.
trapez n. 1. trapeze; 2. *Geom.* trapezium (geom.); 3. trapezius.
tras n. massage.
trăsătură f. stroke, stripe, line: — — *subţire*, thin stroke, up stroke; — *groasă*, thick stroke, down stroke.
trăsnet n. thunder, bolt, thunderbolt, arrow; *lovitură de —*, thunder-claps (burst stroke, crack) *furtună cu trăsnet—*, thunder-storm.
trăsni (a) *vs*. 1. to thunderstrike, to fulminate; 2. to batter down.
trăsnit a. thunderstruck, thunderblasted.
trăsură f. carriage, coach, equipage; *a face o plimbare cu trăsura*, to take a drive.
trata (a) *va*. 1. to treat, to treat to, to entertain; — *de*, to treat on; — *despre*, to treat upon (for, about, with); 2. to handle.
tratament n. treatment.
tratare f. usage.
tratat I. n. 1. treaty; 2. treatise (on). II. a. treated; *a fl bine —*, to meet with good treatment, to have good usage; *a fi rău —*, to meet with hard usage.
treabă f. 1. business, affair, occupation, work, matter; 2. *ex*. şi *loc. a avea —*, to have business to do; *e care — d-tale?* what business is that of yours; *ocupă-te de treburile d-tale*, mind your business; *om de —*, upright man; *se vede treaba*, it seems.
treacăt adv. *în —*, 1. by the way, by the way of; 2. *fig.* in passage.
treaptă f. 1. stair, step, degree; 2. stage.
treaz s. 1. awake, awaked; 2. sober (not tipsy).
trebui (a) *vt*. 1. to need, to be necessary, to want; 2. to require; 3. to be obliged, must, ought; 4. *ex. şi loc. dacă trebuĕ*, if need be, if

necessary; *trebue să ies*, I am obliged to go out; *trebuia, ar trebui*, ought; *ar trebui să citiţi*, you ought to read; *trebue*, you must; *trebue să învăţaţi*, you must learn; *trebue ca cineva să-şi facă datoria*, one must do one's duty; *trebue o mare îngrijire*, it requires great care; *îmi trebue*, I must have.
trebuincios a. necessary; *lucruri trebuincioase*, things necessary.
trebuinţă f. necessity, need, want; *de —*, necessary, fit for use.
trecătoare f. pass, strait, narrow pass, narrow passage.
trecător I. m. passer-by, passenger. II. a. transient, not lasting, temporary.
trece (a) *vt*. şi *va*. 1. to pass, to go by, to go over; 2. to go away, to pass away; 3. — *prin*, to pass by, to pass through; — *de*, to pass for; — *o gârlă*, to pass a river; — *de a lungul*, to pass along.
trecere f. passing, passage; *notă de —*, passing-note.
trecut I. a. past, gone, over; *zilele trecute*, these days past; *în —*, in times past; *un timp —*, a past tense. II. n. past, past time, things past.
treeră (a) *vs*. to thrash.
treerat n. thrashing.
treerătoare f. thrashing-machine; **treerător** m. thrasher.
treeriş n. thrashing-season.
treflă f. club (at cards).
trei *num.* three; *al treilea* the third; *a treia parte*, the third part; *treizeci*, thirty.
treime f. 1. third part; 2. Trinity.
treisprezece *num.* thirteen; *al treisprezecelea*, the thirteenth.
tremă f. *Gram.* dieresis.
tremur n. trembling, shaking, shivering.
tremura (a) *vt*. to tremble, to shiver, to shake.
tremurătoare f. *Bot.* meadow's queen, meadow-wort.
tremurieiu n. shivering, shaking with cold, with fear.
tren n. train: — *accelerat*, fast train; — *de persoane*, slow-train; — *de marfă*, luggage-train, goods-train; — *de călători*, passenger train; — *cu preţuri reduse*, parliamentary train; *a scăpă trenul*, to miss the train.
treptat I. a. gradual. II. *adv.* gradually.

tresă f. galloon, lace.
tresări (a) vt. to start (up), to give a sudden leap, to leap.
tresăritură f. start, starting, startle.
trestie f. Bot. 1. reed; 2. — de zahăr, sugar-cane.
trezi (a) I. va. 1. to awake(n), to arouse from sleep; 2. to sober. II. ref. a se —, to awake, to wake, to get sober.
trib n. tribe.
tribun m. tribune.
tribună f. 1. tribune; 2. gallery.
tribunal n. tribunal, court (of justice).
tribut n. tribute.
tributar a. tributary.
triciclu n. tricycle.
tricolor a. tricoloured.
trictrac n. backgammon.
trienal a. triennial.
trifoiu m. Bot. trefoil.
trigonometrie f. trigonometry.
trimestrial a. quarterly.
trimestru n. quarter, three months.
trimis I. m. envoy, messenger. II. a. sent.
trimite (a) va. to send, to dispatch; — după, to send for, to call for; — pretutindent, to send about.
trimitere f. sending.
trinitate f. Trinity.
trio n. Muz. trio.
triped n. tripod.
triplu a. triple.
tripou n. gambling-hell.
trisilabă f. trisyllable.
trist I. a. sad, dull. II. adv. sadly.
tristeţă f. sadness, grief.
triumf n. triumph; de —, triumphal.
triumfa (a) vt. to triumph.
triumfal a. triumphal.
triumfător m. triumpher.
triumvir m. triumvir.
triumvirat n. triumvirate.
triunghiu n. triangle.
triunghiular a. triangular.
trivial a. trivial, trite.
trivialitate f. triviality, trivialness.
troaca f. trough.
troahnă f. cold in the head.
trofeu n. trophy.
troiţă f. Trinity.
trompetă f. trump, trumpet.
tron n. throne.
tropăi (a) vt. to trot.
tropic n. tropic.
tropical a. tropical.
trosni (a) vt. to crack, to crakle.

trosnitură f. crack, crash.
trotuar n. foot-way, pavement.
trudă f. pains, trouble, plague.
trudi v. ref. a se —, to work hard, to toil.
trufandă f. first-fruits.
trufaş a. proud.
trufi v. ref. a se —, to be proud.
trufie f. pride, arrogance, vain-glory.
trunchia (a) va. to truncate, to mutilate.
trunchiu n. trunk, stump, stem.
trup n. body.
trupă f. troop, company.
trupeş a. corpulent.
trupesc a. corporeal.
trupeşie f. corpulence, corpulency.
tu pron. thou.
tub n. tube, pipe.
tuberculă f. 1. Pat. tubercle, pimple; 2. Bot. tubercle.
tuberculos a. tuberculous.
tuberculoză f. tuberculosis.
ţucal n. chamber-pot.
tuciu n. cast iron.
tufă f. bush, thicket.
tufan m. holm-oak.
tufar n. shrub.
tufiş n. thicket.
tufos a. tuffed, thick, bushy.
ţuică f. plum-brandy.
tuli v. a o —, to tramp out, to pack off, to be off.
tulipan m. Bot. tulip.
tuinic n. speaking-trumpet.
tulpan n. muslin; rochie de —, muslin-dress; — de gât, wimple.
tulpină f. stem, stalk, shank.
tulumbă f. fire-engine.
tumbă f. somerset, somersault; a se da de-a tumba, to turn a somerset.
tumoare f. abscess, ulcer.
tun n. cannon.
tuna (a) imp. to thunder, to roar.
tunar m. gunner, artilleryman.
tunde (a) vt. 1. to shear; 2. to crop, to trim, to lop, to poll.
tunel n. tunnel.
tunet n. thunder.
tunică f. tunic, coat.
tunsoare f. tuns n shearing; tunsul oilor, sheep-shearing.
tunsură f. fleece.
tupila v. ref. a se —, to hide.
turba (a) vt. to rage, to be in rage, to be mad.
turban n. turban.
turbat a. mad, enraged, furious.
turbura (a) I. va. 1. to trouble, to

make thick (muddy); 2. to disorder, to confound, to agitate, to ruffle. II. ref. a se —; 1. to grow thick (muddy), to turn; 2. to be disturbed, to be confounded.

turbure a. troubled, thick, muddy.

Turc m. Turk.

turcesc a. Turkish.

Turcia f. Turkey.

Turcoaică f. Turk woman.

turist m. tourist.

turlă f. turret, steeple, cupola

turmă f. flock, herd.

turmac m. young buffalo.

turn n. tower, (at chess) castle, rook.

turnă (a) va. 1. to pour; 2. to fill out, to melt, to cast.

turnător m. founder.

turnătorie f. foundry, melting-house.

turneu n. round, circuit, walk, turn.

turtă f. 1. flat thin cake, oil-cake, pie; — cu mere, apple pie; 2. — dulce, ginger-bread.

turti (a) va. to flatten, to crush.

turturel m. young turtle-dove.

turturică f. turtle-dove.

tușă f. aunt.

tuse f. cough; — măgărească, whooping-cough, hooping-cough.

tuși (a) vi. to cough.

tutelă f. guardianship, wardship, trusteeship.

tutelar a. tutelar.

tutor m. guardian, tutor.

tutui (a) vt. to thou and thee.

tutuială f. thouing.

tutun n. tobacco.

tutungerie f. tobacco-shop.

tutungiu m. tobacco-man, tobacconist.

U

u n. (the letter) n.

ucaz n. ukase.

ucenic m. 1. apprentice; 2. disciple; 3. apostle.

ucenicie f. apprenticeship.

ucide (a) l. va. to kill, to slaughter to assassinate, to murder; — cu pietre, to stone to death.. II. ref. a se —, 1. to kill one's self, to commit suicide; 2. to kill each other.

ucidere f. killing.

ucigaș m. murderer, assassin.

ucigător a. murderous.

ud I. n. urine. II. a. humid, moist, wet, damp.

udă (a) va. to water, to wet, to soak, to moisten.

uf int. phew! oh!

udătură f. watering, moistening.

uger m. udder, dug.

ugui (a) vi. to coo.

uguit n. cooing of the dove.

ule f. Zool. (moor-) buzzard, eagle owl.

ulmă f. tumour, swelling.

ulmi (a) va. to astonish, to amaze, to stupefy.

ulmire f. astonishment, stupefaction

uită (a) va. și vt. to forget, to omit, to leave. II. ref. a se —, to forget ones self.

uită v. ref. a se ~, to look at (on, upon), to behold, to see, to consider.

uitare f. oblivion, forgetfulness, neglect.

uitare f. beholding, seeing.

uităcios a., **uituc** a. forgetful.

ulan m. ulan, lancer.

ulcică f. small pot (mug, jar).

ulcior m. Mod. stye.

uleios a. oily.

uleiu n. oil; — de candelă, lamp oil; a pictà cu —, to paint in oil-colours.

uleiu n. bee-hive.

ulicioară f. lane, by-street.

uligaie f. Zool. sparrow-hawk.

uliță f. street.

uliu m. goshawk; uliul-găinilor, sparrow-hawk.

ulm m. Bot. elm.

ulterior a. ulterior, further.

ultim a. last, utmost.

ultimat n. ultimatum, final decision.

ulubă f. thill, shaft.

uluc n. (house-) gutter.

uman a. human.

umanitate f. humanity.

umăr m. shoulder.

umblă (a) vt. to go, to walk, to march; — pe jos, to go on foot.

umblătoare f. water-closet.

umblet n. 1. walk; 2. motion.

umbră f. shade, shadow.

umbra-nopții f. Bot. night-shade.

umbrar n. arbour, bower.

umbrelă f. parasol and umbrella; — de ploaie, umbrella; — de soare, parasol.

umbri (a) va. to shade, to shadow.

umbrire f. shading.

umbros a. shady.

umed a. moist, humid, damp.

umezeală f. moisture, humidity, dampness.

umezi (a) va. to moisten, to water.

umflă (a) I. va. 1. to swell up; 2. to puff up; 3. to inflate. II. ref. a se —; 1. to swell; 2. to be puffed up.

umflătură f. swelling, tumour.

umil a. humble.

umili (a) va. to humiliate, to humble.

umilinţă f. humility, meekness.

umilire f. humiliation.

umoristic a. humoristic.

umplea (a) I. va. to fill, to fill up, to fill in. II. ref. a se —, to fill.

umplutură f. filling up.

un num. one, the number one; unul şi altul, both, each other; unul câte unul, one by one; unul după altul, one after onother; nici unul nici altul, nici unul, neither.

unanim a. unanimous.

unanimitate f. unanimity.

unchiaş m. old man.

unchiu m. uncle.

uncţiune f. 1. oiling; 2. ointment.

undă f. wave, billow.

undă (a) va. to undulate, to wave, to rise in waves.

unde adv. where, whither; — te duci? where are you going? ori unde, whithersoever; de —, whence, from whence.

undevă adv. somewhere.

undi (a) va. to angle.

undiţă f. fishing-line, fishing-rod

undreá f. 1. knitting needle; 2. clavicle.

unealtă f. tool, implement.

unelti (a) vt. to plot, to hatch, to machinate, to plan, to contrive.

uneltire f. machination, contrivance, intrigue, plot, cabal.

uneltitor m. instigator, inciter.

uneori adv. sometimes, now and then.

unge (a) va. 1. to oil; 2. to grease, to anoint; 3. fig. to bribe.

ungere f. unction, anointing.

unghie f. 1. nail; 2. hoof; 3. claw; perie de unghii, nail-brush; 4. fig. cât negru sub —, not a bit of it, not at all.

unghiu m. Geom. angle, corner.

unghiular a. angular.

Ungaria f. Hungary.

Ungur m., **Unguroaică** f. Hungarian.

Ungurean m., **Ungureancă** f. Hungarian.

unguresc a. Hungarian.

uni (a) va. 1. to unite, to join together; 2. to combine.

unic a. unique, sole.

unicorn m. Zool. unicorn.

unificare f. unification.

uniformă f. uniform, regimentals.

unilateral a. unilateral.

unime f. unity, unit.

unire f. union, unison.

unitate f. unity.

univers n. universe.

universal a. universal.

universitate f. university.

unsoare f. 1. grease, ointment; 2 salve, unguent.

unsprezece num. eleven.

unsprezecelea num. eleventh part.

unsuros a. greasy.

unt n. butter.

untdelemn n. olive oil.

untură f. fat, grease; — de peşte, fish-oil. train-oil.

ura int. hurrah!

ura (a) va. to congratulate, to wish joy.

ură f. hate, hatred.

urâcios a. ugly.

urâciune f. ugliness.

urât I. a. ugly. II. n. tediousness.

uragan n. hurricane.

uranisc n. baldachin.

urare f. congratulation.

urban a. urban.

urbanitate f. urbanity, politeness.

urbe f. town, city.

urcă (a) va. ref. a se —, 1. to mount, to go up, to ascend, to get up, to climb; 2. to rise, to be on the rise; fondurile se urcă, the funds are rising.

urcare f. rise.

urcior n. pitcher, jug, mug.

urcuş n. ascent.

urdă f. whey-cheese.

urdoare f. lippitude.

urduros a. blear-eyed.

urechelniţă f. earwig (insect), ear-piercer.

ureche f. ear, hearing; a avea urechia fină, to have a correct ear; până la urechi, up to one's ears; ceara urechilor, earwax; lobul urechilor, oar-lap; durere de urecht, ear-ache.

urechiţa-ursului m. Bot. auricula.

urgent a. urgent, pressing.

urgenţă f. urgency.

uriaş I. m. giant, colossus. II. a gigantic, colossal.

urlă *a. vt.* to howl, to roar, to yell.
urlat *n.*, **urflet** *n.* howl, howling, roar, roaring, yelling.
urloiu *n.* tube, pipe, conduit, funnel.
urmă *f.* 1. trace, mark, step, footstep; 2. *cel din —*, the last, *la —*, at the last; *pe —*, afterwards, then, after; *până la cel din —*, to the very last; *din —*, last; *cel din — elev din clasă*, the last boy in the class; *la urma urmei*, *la urma urmelor*, on the hole, at the very last.
urmă (a) *vt.* 1. to follow, to go to come (after), to proceed, to succeed, to pursue; 2. to keep pace with; 3. to keep up; 4. to attend, to accompany; 5. to result; 6. to observe, to frequent; 7. to continue, to go on with, to prolong; 8. to imitate; 6. *— de aproape*, to follow close upon, to follow up; *după cum urmează*, as follows; *de unde urmează că*, thence it follows that; *a'şi urmă drumul*, to proceed on one's way, to proceed forward; *— după*, to succeed; *— înainte*, to pursue.
urmare *f.* 1. consequence, sequel, succession; 2. continuation; 3. *prin —*, consequently, then.
urmări (a) *va.* 1. to pursue, to follow, to run after, to chase; 2. *Jur.* to prosecute.
urmărire *f.* 1. pursuit, running after; 2. *~ judiciară*, prosecution.
urmaş *m.* 1. continuer; 2. offspring, descendant.
următor *a.* following.
urnă *f.* urn.
urs *m.* bear.
ursar *m.* bear-leader.
ursoaică *f.* she-bear.
ursuz *a.* sulky, sullen, dull, morose.
urzi (a) *va.* to plot, to hatch, to contrive.
urzică *f. Bot.* nettle; *— crăiască*, stinging nettle.
urzicătură *f.* nettle-rash.
urzitor *m.* author, instigator.
uşdlor *n.* door-post.
uşă *f.* door, gate; *cineva bate la —*, there came a knock at the door; *a bate la —*, to hit (to knock) at the door; *a înşoţi până la —*, to see (to show) to the door.
uscă (a) I. *va.* to dry, to wither, to wither up. II. *ref. a se —*, to dry, to wither, to dry one's self.
uscat *a.* dry.

uscăţiv *a.* meagre, lean, haggard lank.
uscătură *f.* fire-wood.
uşier *m.* 1. door-keeper; 2. usher of the Court.
uşor I. *a.* 1. light, not heavy, nimble; 2. easy. II. *adv.* 1. lightly, swifly nimbly; 2. easily.
ustură (a) *vt.* to smart; *mă ustură ochii*, my eyes smart.
usturare *f.* smart.
usturoiu *n. Bot.* garlic.
uşură (a) *va.* to lighten, to ease.
uşuratic *a.* frivolous.
uşurinţă *f.* levity, lightness, swiftness, nimbleness.
util *a.* V. *folositor.*
utiliză (a) *va.* to apply to.
utrenie *f.* matins.
uz *n.* usage, use, practice, custom, way.
uză (a) *va.* 1. to wear out (off), to waste, to consume; 2. to use, to make use of.
uzină *f.* works, manufactory.
uzual *a.* usual.
uzufruct *n.* usufruct.
uzură *f.* usury.
uzurpare *f.* usurpation, encroachment.
uzurpător *m.* usurper, intruder, encroacher.
uzurpă (a) *va.* to usurp, to encroach.

V

V (the letter) *v.*
va *vx.* shall; *el — fi*, he shall be; *— să zică*, that is to say.
vă *pron.* to you, you; *— văd*, I see you.
vacă *f.* 1. cow; 2. *Zool.* vaca *Domnului*, lady-bird (coccinella).
vacant *a.* 1. vacant, empty; 2. unoccupied.
vacanţă *f.* 1. vacancy: 2. holiday; 3. vacation (of Courts).
văcar *m.* cow-herd, cow-keeper, ox-driver.
văcărică *f. Bot.* bruise-wort, soap-wort.
văcăriţă *f.* yellow wagtail.
vacaţiune *f.* vacation.
vaccin *n. Med.* vaccine-matter (med.).
vaccină *f.* 1. cow-pox; 2. vaccination.
vaccină (a) *va.* to vaccinate.
vaccinare *f.* vaccination.
vaccinator *m.* vaccinator, vaccinist

vad n. ford; *a trece apă la —*, to ford.

vadană f. V. *văduvă*.

vadeà f. term of payment.

vădì (a) I. *va*. to denounce, to divulge. II. *ref. a se —*, to become manifest, to appear.

vădit *a.* manifest, clear, evident, apparent.

vadră f. measure of 13 litres.

vădărit n. wine-tax, impost for wine.

văduv m. widower.

văduvă f. widow.

văduvìe f. widowhood.

văduvìță f. young widow.

vag I. *a.* vague, indefinite, indeterminate, inconfined. II. *adv.* vaguely.

vagabond I. m. vagabond, vagrant, rogue. II. *a.* vagabond.

vagabondà (a) *vt.* to vagabondize, to be (a) vagabond, to wander.

văgăună f. ravine, dale, gorge.

vagmistru m. baggage-master.

vagon n. railway carriage, wagon.

vai *int.* alas! woe! dear! *— de mine!* woe is me! woe to me! *— de mine, ce târziu este!* dear me, how late it is! *cu chiu cu —*, with difficulty.

văìcăreală f. lamentation, bewailing

văìcărì v. *ref. a se —*, to lament, to mourn, to bewail, to moan.

vaìet n., **văìetat** n. lamentation, wail, (be) wailing, moan.

văìtà v. *ref. a se —*, to lament, to (be) wail, to moan, to mourn.

văjăi (a) *vt.* to bluster, to roar (wind).

văjăit n., **văjăitură** f. bluster, roar.

val n. 1. wave, billow; 2. *Mec.* cylinder, roller; 3. wall, rampart.

văl n. veil.

valabil *a.* valid.

vălătuc m. cylinder, roller.

vălătucì (a) *va* to whirl, to wheel, to turn with a cylinder upon.

vălceà f. small valley, dale, glen.

vale f. valley, valle, glen.

vălean m. inhabitant of a valley.

valerìană f. *Bot.* valerian.

valet n. knave (at cards).

valìu *int.* wo! woe!

valìd *a.* valid.

validà (a) *va.* to render valid.

validare f. rendering valid.

validitate f. validity.

valìză f. 1. valise; 2. mail-bag.

valma I. f. confusion. II. *adv. de a —*, pell-mell, promiscuously, helter-skelter.

vălmăşeag n, **vălmăşeală** f. confusion, disorder, entanglement.

valmeş *adv.* pell-mell, helter-skelter.

valoare f. 1. value; 2. worth, price. *lucruri de —*, valuables; *a aveà —*, to be valuable; *fără —*, worthless, of no worth, of no value.

valorà *vt.* 1. to be worth, to be of value, to have the value of; 2. to bring in, to yield; *a nu — nimic*, to be good for nothing, to be of no worth.

valoros *a.* valuable, valorous.

vals n. waltz.

valsà (a) *vt.* to waltz.

valsator m. waltzer.

valsatoare f. waltzer.

valţ n. waltz.

valvă f. valve, valvula.

vălvă f. noise.

val-vârtej *adv.* head over heels.

văìvătaìe f. flame, blaze.

vălvoìu *a.* disordered (of hair).

vamă f. 1. custom-house; 2. duty upon goods, toll, toll-money.

vameş m. custom-house officer.

vampir m. vampire, blood-sucker.

vână f. 1. vein; *a şedea pe vine*, to lie squat; 2. lead (vein) of metal lode.

vânà (a) *vt.* to hunt.

vânat n. game, venison.

vânătaìe f. bruise.

vânătoare f. hunting, hunting-match; *a merge la —*, to go a hunting.

vânător m. huntsman, hunter.

vândut *a.* sold.

vanilie f. vanilla.

vanìtate f. vanity.

vanìtos *a.* vain, foolishly vain.

vânjos *a.* sinewy, stringy.

vânos *a.* veiny, veined.

vânt n. wind, air.

vânturà (a) *va.* to winnow, to fan, to ventilate.

vânturat n. winnowing, ventilation.

vânturătoare f. winnowing-basket, fan.

vânturăror m. winnower.

vânzare f. sale.

vânzătoare f. seller.

vânzător m. seller.

văpăì (a) *vt.* to blaze, to flame.

văpaìe f. flame, blaze.

vapor n. 1. steam; 2. steamer, steamboat.

văpseà f. colour.

văpsìtor m. 1. (house-) painter; 2 dyer.

var n. lime.

vâr *m.* cousin.

vară *f.* summer; *a petrece vara*, to summer.

vară *f.* female cousin.

vărar *m.* lime-burner.

vărărie *f.* lime-kiln.

văratec *a.* summer.....

vardist *m.* police-man.

vârf *n.* 1. summit, top; 2. ridge; 3. end, tip.

vargă *f.* rod, wand, switch.

vărgà (a) *va.* to streak, to stripe, to vary, to variegate.

vărgat *a.* striate, striated, streaky.

varià (a) *vt.* to vary, to variegate, to alter.

variabil *a.* variable, changeable.

variantă *f.* various reading.

variaţie *f.*, **variaţiune** *f.* variation, alteration.

varietate *f.* variety.

vârlan *m.* Zool. eel.

vârlugă *f.* Zool. loach, groundling (fish).

varniţă *f.* lime-kiln.

văros *a.* limy, calcareous.

vârşă *f.* fish-basket.

vărsà (a) I. *va.* to pour, to spill, to shed. II. *vt.* to vomit.

vărsare *f.* 1. pouring out, shedding; 2. vomiting.

vărsat *n.* small-pox; — *de vânt*, chicken-pox.

vărsătură *f.* vomiting.

vârstă *f.* age; *a fi în —*, to be of age: *la — de*, at the age of; *în —*, aged.

vârstnic *a.* full of age.

vârstnicie *f.* full age, majority.

vârtecuş *n.* whirling round.

vârtej *n.* 1. whirlwind; 2. whirl, vortex.

vârtelniţă *f.* re.l.

vârtos *a.* strong, stable, vigorous, robust.

vârtoşie *f.* solidity, vigour, strength.

văruì (a) *va.* to whitewash, to lime.

văruitor *m.* whitewasher.

varză *f.* cabbage; — *acră*, sourcrout.

vas *n.* 1. vessel, ship; — *de resbel*, ship of war; 2. vessel, cask; 3. vase, vessel, dishes and plates, table-utensils.

vasal *m.* vassal.

vasalitate *f.* vassalage.

vâsc *n.* mistletoe.

vasilisc *m.* basilisk.

vâslă *f.* oar, scull, sweep.

vâslaş *m.* rower, sculler, oarsman.

vâslì (a) *vt.* to row, to oar, to scull, to be at the oar.

vast *a.* vast, spacious, great.

vată *f.* wad, wadding.

vătămà (a) *va.* to hurt, to injure, to damage.

vătămare *f.* damage, hurt, injury, detriment, loss.

vătămător *a.* hurtful, detrimental, prejudicial, noxious, injurious.

vatră *f.* 1. hearth, fire-place; 2. *fig.* home.

vătraiu *n.* poker (in forges).

vătuì (a) *va.* to wad, to stuff with wadding, to pad.

vax *n.* waxing, shoe-blacking, black-ball.

văxuì (a) *va.* to blacken, to wax, to japan (boots).

văxuitor *m.* shoe-black, shoe-blacker, boots.

vază *f.* consideration, authority, respect.

văzduh *n.* air, ether.

văzut *a.* seen.

veac *n.* 1. generation of men, age; 2. century.

vecernie *f.* vespers, evening-prayers (at church).

vechime *f.* antiquity, ancientness.

vechitură *f.* old clothes, old goods, rubbish, old stuff.

vechiu *a.* 1. old, ancient; 2. out of fashion, obsolete; 3. spoiled, worn out, of old standing.

vecie *f.* eternity.

vecin I. *m.* neighbour. II. neighbouring, bordering.

vecină *f.* neighbour.

vecinătate *f.* neighbourhood, vicinity.

vecinic *a.* eternal, everlasting, perpetual.

vecinicie *f.* eternity.

vedeà (a) *va.* to see, to behold, to look, to view.

vedenie *f.* vision, apparition, phantom.

vedere *f.* sight, eyesight, view; *a cunoaşte din —*, to know by sight; *având în ~*, seeing, considering that.

vegetà (a) *vt.* to vegetate.

vegetal *a.* vegetable.

vegetarian *m.* vegetarian.

vegetaţie *f.*, **vegetaţiune** *f.* vegetation.

veghe *f.* watching, sitting up, watch.

vegheà (a) *vt.* 1. to watch, to wake; 2. to have an eye upon.

veghiare *f.* watchfulness.

veghietor *m.* watcher.

veleitate f. velleity.

velociped n. velocipede, bicycle.

velodrom n. cycling-ground, cycling-track.

venal a. venal, vendible, mercenary.

venalitate f. venality.

venera (a) va. to venerate.

venerabil a. venerable, reverend.

veni (a) vt. to come, to be coming, to arrive.

venin n. 1. bile, gall; 2. poison, venom.

veninos a. poisonous, venomous.

venire f. coming, arrival.

venit I. n. income, revenue. II. a. come.

ventilator n. ventilator.

ventriloc m. ventriloquist.

ventuză f. cupping-glass.

verb n. verb.

verbal a. verbal.

verbină f. Bot. vervain.

verde a. green.

verdeaţă f. 1. verdure, green; 2. greens.

verdict n. verdict, finding.

verifica (a) va. to verify, to prove, to ascertain.

verificare f. verification, proving, examining.

verificator m. verifier, examiner.

verigă f. ring, ferrule, link (of a chain).

verişoară f. cousin, female cousin.

verişor m. cousin, male cousin.

vers n. verse.

versatil a. versatile.

versatilitate f. versatility.

versifica (a) va. to versify.

versificator m. versifier.

versiune f. version, translation.

verstă f. verst.

vertebră f. vertebra.

vertebral a. vertebral.

vertebrat a. vertebrate, vertebrated.

vertical a. vertical.

vervă f. flight.

verzulu a. greenish.

vesel a. gay, joyful, glad, merry.

veseli v. ref. a se —, to rejoice, to gladden, to exhilarate, to cheer, to cheer up, to divert oneself, to make oneself merry, to be glad of.

veselie f. rejoicing, gladness, merriment, cheerfulness, joy, gaiety.

veşnic a. eternal.

veşmânt n. garment, vestment.

vespa f. V. viespe.

vest n. West, Occident.

vestă f. vest, waistcoat.

vestală f. vestal.

veste f. news, intelligence, tidings; — bună, good news; o --, a piece of news; a da de —, to inform, to warn, to advise; a prinde de —, to hear from, to learn; fără —, unawares, on a sudden, unprovided.

veşted a. faded.

veşteji (a) I. va. to fade, to wither, up II. ref. a se —, to fade away, to lose colour, to wither.

veştejire f. fading, decaying, withering.

vesti (a) va. to announce, to make known, to inform.

vestire f. announcement, advertisement; Buna —, Lady-day, Annunciation.

vestit a. celebrated, renowned, famous.

veşmânt n. vestment, clothes, garment.

veteran m. veteran, old soldier.

veterinar m. veterinary surgeon.

vetrice f. Bot. tansy.

vetri ă f. sail.

veveriţă f. Zool. squirrel.

vezicătoare f. blistering plaster, vesicatory.

viajer a. for life; rentă viajeră, life-annuity.

viaţă f. 1. life, lifetime, days, existence; 2. livelihood, food, bread; 3. ne —, for life, life-long; a înceta din —, to decease, to die.

vibra (a) vt. to vibrate.

vibraţie f, **vibraţiune** f. vibration.

vicar m. vicar.

vicariat n. vicarship.

vice part. vice; vice-rege; vice-roy; vice-consul, vice-consul; vice-preşedinte, vice-president; vice-versa, vice-versa.

vicinal a. drum —, field-wag, country-road.

viclean a. crafty, cunning, sly, m. sly person.

viclenie f. slyness, artifice, trick.

victimă f. victim.

victorie f. victory.

victorios a. victorious.

vidră f. otter.

vie f. vine, vineyard.

Viena f. Vienna.

vier m. vine-dresser.

vierme m. worm; — de mătasă silk-worm.

viermănos a. worm-eaten.
viermuleţ m. small worm.
vlespar n. wasp's nest.
vlespe f. wasp.
vieţul (a) vt. to live, to be alive, to exist.
vleţuitor m. living.
vlfor n. snow-storm, storm, tempest.
vlforos a. stormy, tempestuous.
vigoare '. vigour, strength, stoutness, force.
viguros a. vigorous.
vlitor I. a. next, future; *săptămâna viitoare*, next week; *luna viitoare*, next month. II. n. 1. future, posterity; 2. future (tense); *pe* —, for the future. in future; *la timpul viitor*, in the future tense.
vijelie f. storm, tempest, squall.
vijelios a. stormy, tempestuous.
vllă f. villa.
vileag n. publicity, notoriety; *a da în* —, to publish.
vilegiatură f. stay at a country-place.
vin n. wine; — *alb*, white wine: — *negru*, — *roşiu*, red wine; — *dulce*, unfermented wine; — *tare*, heavy wine; — *obişnuit*, — *de masă*, table-wine; — *de Bordeaux*, claret; — *de Rin*, Rhinish wine, hock'.
vina f. fault, offence: *cine e de* —, whose fault is it? *de* —, faulty.
vinde (a) I. va. 1. to sell, to part with, to vend; 2. to betray; 3. *a — cu toptanul*, to sell in the gross, by the gross, by wholesale; *a — cu mărunţişul*, to sell by retail. II. *ref. a se* —, 1. to sell, to be sold, to go off; 2. to sell oneself.
vindecă (a) I. va. to cure, to heal, to recover of. II. *ref. a se* —, to cure, to heal, to get cured, to be healed.
vindecare f. cure, recovery, healing, curing.
vindecător a. curative.
vinderea m. kite, vulture.
Vineri f. Friday; *Vinerea mare*, Good Fridy; *în fiecare* —. on Fridays.
vineţea f. Bot. corn-flower.
vingălac n. composing-stick.
vino-încoace n. charm, allurement.
vinovat I. a. faulty, culpable, guilty of. II. m. culprit.
vinovăţie f. culpability.
vioară f. violin, fiddle.
vioiciune f. vivacity, vivaciousness, liveliness, sprightliness, briskness.
vioiu a. quick, lively, brisk, sprightly.

viol n. violation, rape.
violă (a) va. to violate.
violent a. violent, vehement.
violenţă f. violence, vehemence.
violet a. of a violet colour.
violină f. violin, fiddle.
violoncel n. violoncello, bass-viol
violonist m. fiddler. violin-player.
viorele f. pl. sweet violets.
viorist m. fiddler. violin-player.
viorlu a. of a violet colour.
viperă f. viper.
viran a. void (-place).
virgină f. virgin, maid.
virginal a. virginal, maidenly.
virginitate f. virginity, maidenhood.
virgulă f. comma; *punct şi* —, semi-colon.
viril a. manly.
virtuos I. a. virtuous. II. m. **virtuoso.**
virtuozitate f. virtuosity.
virtute f. virtue, probity, chastity.
vis n. dream.
visă (a) v . to dream.
visător m. 1. dreamer; 2. visionary.
viscol n. snow-storm, storm, tempest.
viscolos a. stormy, tempestuous.
visect a. bissextile; *un an* —, a leap-year.
vişin m. black-cherry tree; — *sălbatec*, wild cherry-tree.
vişină f. black-cherry, black-heart cherry, erigot.
vişinată f. cherry-brandy.
vişinel m. Bot. sloe-tree.
vişiniu a. dark red.
vită f. 1. cattle, neat; *vite cornute*, horned cattle; *vite mari*, black cattle; *vite mici*, small cattle; 2. *fig.* ~ *încălţată*, dunce.
viţă f. vine; *butuc de* —, vine-plant, vine-stock; *foaie de* —, vine-leaf.
vital a. vital.
vitalitate f. vitality.
viteaz m. hero.
vitejesc a. heroic, brave, valiant, valorous.
vitejie f. bravery, valour.
viţel m. calf; *carne de* —, veal; *viţelul de aur*, the golden calf.
viteză f. swiftness, speed, rapidity.
viticultor m. wine-grower.
viţios a. vicious.
viţiu n. vice.
vitreg a. *mamă vitregă*, step-mother, step-dame; *tată vitreg*, step-father; *frate vitreg*, step-brother; *soră vitregă*, step-sister: *fiu vitreg*, step-son; *fată vitregă*, step-daughter;

copil vitreg, copilă vitregă, step-child.

vitriol *n.* vitriol.

viu *a.* living, lively, alive.

vivandieră *f.* sutler.

vizibil *a.* visible, discernible, plain, clear.

vizir *m.* vizier.

vizită (a) *va.* 1. to visit, to go to see; 2. to inspect, to search.

vizită *f.* 1. visit; 2. search, searching, visitation.

vizitare *f.* visitation, searching.

vizitator *m.* visitor.

vizitiu *m.* coachman, driver.

viziune *f.* vision, sight.

vizuină *f.* den, burrow, rabb t-burrow

vlădică *m.* bishop.

vlăduţă *m.* booby, simpleton.

vlagă *f.* energy.

vlăstar *m.* offspring, sucker, young shoot, layer.

vocabular *n.* vocabulary.

vocal *a.* vocal, oral.

vocală *f.* vowel.

vocaţie *f.*, **vocaţiune** *f.* vocation, calling.

vocativ *n.* vocative case.

voce *f.* voice, cry; *cu — tare*, loudly.

vociferă (a) *vt.* to vociferate, to brawl.

vodă *f.* prince, sovereign.

vodevil *n.* vaudeville.

voi *pron.* you.

voi (a) *va.* to will, to be willing, to intend.

voie *f.* 1. permission, allowance, leave; 2. will; *8 a da. —*, to permit, to allow; *de bună —*, at one's will, willingly, voluntary; *fără —, fără de —*, involuntarily; *de voie de nevoie*, whether one will or not.

voinic *a.* brave, valiant, valorous, courageous.

voinicesc *a.*, **voiniceşte** *adv.* valiantly, courageously.

voinicie *f.* valour, courage, bravery.

voinţă *f.* will; *bună —*, good will; *rea —*, ill will; *după —*, at will, at pleasure.

voios *a.* gay, lively, brisk, nimble.

voioşie *f.* gaiety, mirth, cheerfulness.

volan *(de rochie) n.* flounce.

volatil *a. Chim.* volatile.

volatiliză (a) *vt.* to volatilise.

volbură *f.* 1. whirlwind; 2. whirl, vortex, tornado.

voloc *n.* draw-net.

volum *n.* 1. volume, (book); 2. bulk, volume.

voluminos *a.* voluminous, bulky.

voluntar *m.* volunteer.

voluptate *f.* voluptuousness, sensual pleasure.

voluptos *a.* voluptuous.

volvură *f. Bot.* bind-weed.

vomită (a) *vt.* to vomit.

vomitiv *n. Med.* emetic.

vopsi (a) *va.* to paint.

vopsitor *m.* painter.

vorbă *t. f.* word, speech, saying.

vorbăreţ *a.* loquacious, talkative, chatty.

vorbi (a) I. *va.* to speak, to talk. II. *ref. a se —*; 1. to be spoken; 2. to concert, to agree upon.

vorbire *f.* language idiom, dialect; *— de rău*, slander, evil-speaking.

vorbitor *m.* orator, public speaker.

vornic *m. Bot.* horehound.

vostru *a. pos.* your; *tatăl —*, your father.

vot *n.* vote, suffrage.

votă (a) *va.* to vote.

votant *m.* voter.

votare *f.* voting.

vrabie *f.* sparrow.

vrajă *f.* magic, sorcery, witchcraft.

vrajbă *f.* dissension, discord, enmity, hatred.

vrăji (a) *va.* to. witch, to enchant.

vrăjitoare *f.* sorceress, witch, enchantress, magician.

vrăjitor *m.* sorcerer, wizard, enchanter, magician.

vrăjitorie *f.* sorcery, witchcraft.

vrăjmaş I. *m.* enemy, foe. II. *a.* hostile.

vrăjmăşi (a) I. *va.* to hate, to bear. enmity, to bear ill will to. II. *ref. a se —*, to hate one's self, to hate each other.

vrăjmăşie *f.* enmity, hatred.

vrană *f.* bung-hole.

vre *pron.* some, any.

vrednic *a.* worthy, deserving (of), meritorious, capable.

vreme *f.* weather, time, season; *ce — e*, how is the weather; *vremea e frumoasă*, it is good weather, it is fine weather; *vremea e rea*, it is bad weather, it is rough weather; *— furtunoasă*, wild weather: *— furtunoasă pe mare*, rough sea; *din — în —*, from time to time; *în vremurile trecute*, in the old good times; *vremurile sunt grele*, these are hard times; *n'am —*, I have no time; *de —*, early; *prea de —*, too early; *scoală-te mai de —*, get up earlier; *de — ce*, as much as, since.

vremelnic *a.* temporal, transient, transitory.

vuet *n.* noise, hubbub, din.

vulcan *m.* volcano.

vulgar *a.* vulgar, common.

vulnerabil *a.* vulnerable.

vulpe *f.* 1. fox; *coadă de —*, fox-tail; *piele de —*, fox-case, skin, fur of a fox; *vânătoare de vulpi*, fox-hunting; 2. *fig.* cunning fellow.

vulpişoară *f.* fox-cub.

vulpoaică *f.* she-fox.

vulpoiu *m.* old fox.

vultur *m.* eagle, vulture.

Z

Z *n.* (the letter) z.

za *f.* link (of a chain).

zăbală *f.* 1. bit, horse-bit; 2. curb.

zăbăluţă *f.* curb, curb-chain.

zăbavă *f.* stay, delay, retardation.

zăbovi (a) *vi.* to retard, to delay, to loiter, to put off.

zăbovire *f.* V. *zăbavă.*

zăbrele *f. pl.* trellis, grate, lattice.

zace (a) *vi.* to lie, to be ill; *aici —*, here lies.

zăcămănt *n.* layer, bed.

zadă *f. Bot.* larch-tree.

zadar *adv. în —*, in vain, vainly.

zădarnic *a.* vain, useless, frustrate.

zădărnici (a) *va.* to frustrate.

zădărnicie *f.* vanity, uselessness.

zăduf *n.* sultriness.

zăgan *m. Zool.* kite, vulture.

zăgaz *n.* dam, dike, mole.

zahăr *n.* sugar; *trestie de —*, sugar-cane; *o căpăţâ.ă de —*, a sugar-loaf; *— de trestie*, cane sugar, colonial-sugar; *— de sfeclă*, beet root sugar; *a pune —*, to sugar, to sweeten.

zaharicale *f. pl.* sweetmeats.

zaharisi (a) *va.* to sugar.

zaharniţă *f.* sugar-basin.

zălog *n.* pawn, pledge.

zălogi (a) *va.* to pawn, to pledge, to put in pledge.

zălogire *f.* pledge.

zâmbet *n.*, **zâmbire** *f.* smile.

zâmbi (a) *vi.* to smile.

zâmbitor *a.* smiling.

zambilă *f. Bot.* hyacinth.

zamfir *n.* sapphire.

zămisli (a) *va.* to produce.

zămos I. *a.* juicy. II. *m.* melon.

zămoşiţă *f. Bot.* marsh-mallow.

zână *f.* fairy, fay.

zănatic *a.* silly, mad.

zanfir *n.* sapphire.

zăngăni (a) *vi.* to tingle, to tinkle, to jingle.

zăngănit *n.*, **zăngănitură** *f.* tinkling, jingling.

zăpăceală *f.* confusion, confusedness.

zăpăci (a) I. *va.* to confuse, to disconcert, to embroil. II. *ref. a se —*, to get confused, to be disconcerted.

zăpadă *f.* snow; *fulg de —*, snow-flake; *bulgăre de —*, snow-ball; *grămadă de —*, snow-drift; *a da —*, to snow.

zar *m.* die.

zară *f.* butter-milk.

zaraf *m.* money-changer.

zări (a) *va.* to perceive, to descry.

zarvă *f.* tumult, brawl, bustle, noise.

zarzăr *m.* apricot-tree.

zarzără *f.* apricot.

zărzăţeă *f.* ginger.

zarzavagiu *m.* kitchen-gardener.

zarzavat *n.* vegetable, pot-herb; *grădină de zarzavaturi*, kitchen-garden.

zău *int.* on my soul.

zăvod *m.* bulldog, mastiff.

zăvor *n.* bolt.

zăvorî (a) *va.* to bolt.

zăzăi (a) *vi.* to lisp.

zăzâire *f.* lisp.

zeamă *f.* juice; *— de carne*, broth, gravy, sauce.

zebru *m.* zebra.

zece *num.* ten; *al zecelea*, the tenth.

zecimal *a.* decimal.

zecime *f.* ten.

zeciuială *f.* tithe.

zefir *m.* zephyr.

zeflemeă *f.* mocking, mockery, derision.

zeflemisi (a) *va.* to scoff, to deride.

zeiţă *f.* goddess; *ca o —*, goddess-like.

zeitate *f.* divinity, godhead.

zel *n.* zeal, warmth; *cu —*, zealously.

zelos *a.* zealous.

zer *n.* whey.

zero *n.* zero, cipher, nought.

zestre *f.* portion, dowry, dower.

zeţar *m.* composer (print).

zeu *m.* idol.

zi *m.* day, daylight; *într'o* —, one day; *din — în* —, from day to day; *pe* —, a day; *zece lei pe* —, ten francs a day; — *şi noapte*, day and night; *în fie care* —, *în toate zilele*, every day; *din două în două zile*, every other day; *de azi în cincisprezece zile*, this day a fortnight; *zilele acestea*, one of these days; *în timpul zilei*, by day, in the day-time; *în zori de* —, at (by) daybreak, at daylight; — *mare*, — *de serbătoare*, holiday; — *de post*, fast day; — *de dulce*, flesh-day.

ziar *n.* newspaper, diary, journal; — *zilnic*, daily newspaper; — *săptămânal*, weekly newspaper.

ziarist *m.* newspaper-writer, journalist.

zice (a) *vt. şi vz.* to say, to tell, to relate; *se* —, it is said; *aşa se* —, it is said so; *ni se — că*, we are told that; *va să zică*, that is to say; *a'şi zice unul altuia*, to say to one another.

zicală *f.* saying, adage, proverb.

zicătoare *f.* saying, proverb, adage; *cum zice zicătoarea*, as the saying goes, as the saying is.

zicere *f.* term, word, expression.

zid *n.* wall.

zidar *m.* mason, bricklayer.

zidări (a) *vz.* to wall, to wall up, to build.

zidărie *f.* masonry, bricklayer's work.

zidi (a) *vz.* to build, (with stone or brick) to construct, to wall, (up), to edify.

zidire *f.* building, construction; — *cu cărămizi*, brickwork.

ziditor *m.* 1. builder; 2. creator.

zigzag *n.* zigzag.

zilnic *a.* daily.

zimberec *n.* spring (of a watch)

zimbru *m.* aurochs.

zimţi *m. pl.* engrailed ring (of money).

zinc *n.* zinc.

zis *a.* spoken.

ziuă *f.* 1. V. *zi*; day, day-time, daylight; *toată* —, all day long; *ziuă d'apoi*, day of judgment, last judgment; *bună* —, good day; *cu* —, by the day; *e ziua mare*, it is broad daylight; *se face* —, the day breaks, it grows light, it dawns.

ziulică *f. toată* —, all day long.

zizanie *f.* dissension.

zmeu *m.* 1. kite; 2. dragon.

zodiac *n. Astr.* zodiac.

zodiaş *m.* astrologer.

zof *n.* fustian.

zonă *f.* zone.

zoolog *m.* zoologist.

zoo'ogic *a.* zoological.

zoologie *f.* zoology.

zor *n.* haste, speed, hurry.

zorea *f. Bot.* convulvulus.

zorean *m. Zool.* bleak, ablet (fish)

zori *f. pl.* ~ *de zi*, dawn, dawning break of day.

zori (a) *vt.* to hasten, to make haste to hurry.

zornăi (a) *vt.* to clink, to clatter.

zorzoane *f. pl.* cheap finery, trinkets.

zugrav *m.* painter.

zugrăvi (a) *vz.* to paint.

zuliar *a.* jealous, envious.

zuluf *n.* curl of hair, ringlet.

zurgălăi *n. pl.* little-bells.

zvon *n.* noise, rumour.

ENGLISH-RUMANIAN

A

A *ei* particulă pusă înainte pentru *at, in, on, to;* —, articol ne hotărît; un, o; *a boy,* un băiat; *a girl,* o fată; —, (*t. mar.*) de clasa I; (*fig.*) de calitatea I.

A, B *ei, bi* = *able bodied,* tare, voinic, robust.

aback *ăbác* ad. pe dinapoi, pe dindărăt; prin surprindere; — (*t. mar.*) pe catarg; *to be taken all* —, a luà pe cineva pe neașteptate, fără de veste; (*fig*) a fi surprins; consternat.

Abacus *ăbăcŏs* s. arta de a face socoteli cu cifre arabe; tăbliță de calcul.

Abaft *ăbăft* s. (*t. mar.*) pupă, partea de dinapoi a corăbiei; —, ad. înapoi, spre pupă.

abandon *ăbándŏn* v. a. a părăsì, a lăsà; *to—ane's self,* a se dedà, a se lăsà în voie, a se supune.

Abandoned *ăbándŏnt* a. părăsit, lăsat; nenorocit, blestemat.

Abandoning - *ăbándŏning,* **abandonment** *ăbándŏnment* s. părăsire, lăsare (*fig.*) nepăsare; (*t. com.* și *t. mar.*) delăsare, părăsire.

Abase *ăbéis* v. a. a coborî, a lăsà în jos; a scădeà; (*fig.*) a înjosi, a umili.

Abasement *ăbéisment* s. coborîre; înjosire, umilire.

Abash *ăbaș* v. a. a face pe cineva să-și peardă cumpătul; a face de rușine; a umili.

Abashment *ăbáșment* s. confuziune, zăpăceală; rușine.

Abate *ăbéit* v. a. a desființă, a anulà; a scădeà, a lăsà; a micșorà; a calmà, a potoli; —, v. n. a lăsà din preț, a scădeà, a

micșorà; (*lege*) a fi anulat; (*fig*) a se liniști, a se potolì.

Abatement *ăbéilment* s. micșorare, scădere, reducere, rabat; (*lege*) anulare; *no*—, preț fix.

Abattis *ăbátis* s. (*t. mil.*) palancă.

Abb *ăb* s. urzeală de lână, lanț.

Abbacy *ăbăsi* s. abație, mănăstire; demnitatea de abate, administrația unei mănăstire.

Abbatial *ăbéișăl,* **abbatical** *ăbéiticăl* a. mănăstiresc, al abației.

Abbess *ăbăs* s. stariță.

Abbey *ăbi* s. mănăstire, schit.

Abbot *ăbot* s. abate, stareț, egumen.

Abbotship *ăbŏtship* s. demnitatea de stareț sau de stariță.

Abbreviate *ăbríviit* v. a. a scurtà, a prescurtà.

Abbreviation - *ăbríviéișŏn* s. scurtare, prescurtare.

Abbreviature - *ăbríviéiciŏr* s. prescurtare.

ABC *ei bi si* s. alfabetul; *abc-book,* abecedar.

Abdicate - *ăbdíkeit* v. a. a abdicà; a renunță, a luà (cuiva) stăpânirea peste un lucru, a deposedà; *to — the throne,* a abdicà la tron.

Abdication - *ăbdíkéișŏn* s. abdicare, renunțare.

Abdomen - *ăbdŏmen* s. abdomen, pântece; *lower part of the* —, partea de jos a pântecelui, burtă.

Abdominal - *ăbdŏminăl* a. abdominal, ce ține de pântece.

Abduct *ăbdŏct* v. a. a răpì, a luà cu de a sila.

Abduction - *ăbdŏcșŏn* s. dare în jos, despărțire (*anat.*); răpire (*jur*).

Abecedarian - *eibisédéiriăn* s. care predă alfabetul; învățător,

Învăţătoare, şcolar care învaţă alfabetul.

Abecedary-*eibisidări* s. abecedar.

Abed *ābéd* ad. în pat, culcat; în facere.

Abernethy-*ābernithi* s pesmet uscat.

Aberrance-*ābérāns*, **aberration** s. aberaţiune, rătăcire; (*optic.*) împrăştierea razelor luminoase; (*astr.*) abatere aparentă a stelelor; (*fig.*) nebunie.

Abet-*ābét* v. a. a instigă, a aţâţă, a îndemnă; a ajută, a sprijini; a încurajă.

Abetment *abétment* s. aţâţare; ajutor, sprijin.

Abætter-*ābéter*,**abettor**-*ābettōr* s. instigator, aţâţător; îmboldi-tor, sprijinitor.

Abeyance-*ābéiāns* s. (*jur.*) vacanţă; (*fig.*) aşteptare; *in*—, în nehotărirea (unui proces); *to fall into*—, a se pierde prin prescriere (un proces), a se pierde prin neurmărire la timp; *to be in*—, a fi vacant.

Abhor-*ābhór* v. a urî, a detestă.

Abhorrence-*ābhórens* s. ură neîmpăcată.

Abhorrent-*ābhórent* a. contrariu, opus; cuprins de ură; desgustător; *to be* — *to*, a simţi sau a-i fi scârbă.

Abide-*ābáid* v. n. (ner. Imperf. *abode*, ptr. *abode*), a locui, a sta, a şedeă; a se supune la; a aş-teptă, a ţine piept; a suferi; — v. a. a şedeă, a sta, a susţine, a menţine; (*fig.*) a stăruì.

Abiding-*ābáiding* s. statornicie, trăinicie, permanenţă; stăruin-ţă; locuinţă, şedere; — a. statornic, neschimbat, neschimbăcios.

Abigail-*ábigheil* s. subretă, servitoare în comedie; cocoşneaţă.

Ability-*ābíliti* s. îndemânare, di-băcie; *abilities*, pl. talente, inte-ligenţă, mijloace; *to the best of one's*—, pe cât poate cineva mai bine.

Abject *ábject* a. mârşav, jos- nic; — *ly*, ad. în mod josnic.

Abjection-*ābjécşōn* s. mârşăvie, înjosire.

Abjectness-*ābjéctnes* s. înjosi-re, mârşăvie, josnicie.

Abjuration *abjiuréişōn* s. abju-raţiune, renegarea credinţei, le-pădare.

Abjure-*ābjúr* v. a. a abjură, a renegă, a'şi renegă credinţa, a se lepădă de, a tăgădui.

Ablative-*áblátiv* a. şi s. abla-tiv (*gram.*).

Ablaze-*ābléis* a. cu flacără,aprins.

Able-*éibel* a. capabil, vrednic, meşter, în stare de; *to be*—*to*, a puteă, a fi în stare de; *as far as one is*—, după putere, după mijloacele sale; *able-bodied*, ro-bust, tare, sdravăn.

Abluent-*ábliuent* a. care cură-ţă, care şterge (rănile).

Ablution s. abluţiune, spălare, spălat; spălare religioasă.

Ably-*éibli* ad. cu iscusinţă, cu îndemânare, cu pricepere, cu meş-teşug, în mod dibaciu.

Abnegate-*ábnegheit* v. a. a re-fuză, a tăgădui.

Abnegation-*ābneghéişōn* s. ab-negaţiune, renunţare de bună voe; supunere soartei.

Abnormal *ābnōrmăl* a. neregu-lat, anormal; pocit; —*ly*, ad. în mod neregulat.

Abnormity *ābnórmiti* s. nere-gularitate; pocitură, sluţenie, di-formitate.

Aboard *ābórd* ad. pe bordul u-nei corăbii; *to go*—, a se îm-barcă; *to take*—, a îmbarcă, a luă în corabie; *to fall*—*of*, a cioc-ni; a trage la ţărm.

Abode-*ābóud* s. locuinţă, şede-re; *to take up one's*—, a se in-stală, a se stabili.

Abolish *ābóliş* v. a. a desfiinţă; a anulă, a suprimă; a nimici.

Abolishment-*ābólişment*, **abo-lition**-*ābólişōn* s. desfiinţare, a-nulare; suprimare; nimicire.

Abolitionist-*ăbŏlişenist* s. abolitionist.

Abominnable-*ăbóminăbl* a. abominabil, u(a)cios, scârbos

Abominableness *ăbóminăblnes* s_ scârbă, ură.

Abominate-*ăbominéit* v. a. a. urì, a detestă; *to be abominated by*, a fi urìt de.

Abomination - *abominéişŏn* s ură.

Aboriginal-*ăboridjinăl* a. cu originul din, primitiv de baştină.

Aborigines-*ăbŏriginis* s pl. băştinaşi indigeni.

Abort-*ăbórt* v. n. a avortă, a naşte înainte de vreme, a lepădă

Abortion-*ăbórşŏn* s avort, lepădare.

Abortive-*ăbórtiv* a. avortat, lepădat; abortiv, care face să lepede; născut înainto de vreme; *(fig.)* ceeace n'a reuşit nu a is butit;—*ly*, ad. înainte de termen *(fig.)* prea de timpuriu.

Abound-*ăbăund* v. n. a abundă, a fi din belşug, a aveà din belşug

Abounding - *ăbăunding* s. îmbelşugare, abundenţă; *(fig.)* revărsare

Abont *ăbáut* prep. şi ad împrejur, de jur împrejur; lângă, a proape, cam spre; ici-colea; vr'o, privitor la, despre, pentru; în circumferinţă; în, prin; gata să; — *all*, peste tot; *all* —, pretutindeni;—*one*, pe sine *round*—, de jur împrejur; *left*—, stânga; împrejur; — *noon*, cam pe la amiazi, *to come* —, a fi isprăvit; a se schimbà *somervhere*—*here*, undeva aproape de aci; — *that* — *it*, privitor la aceasta; *What are you* —? ce faci? *What are you talking* —? Despre ce vorbiţi? *to be*—*to*, a fi pe ducă.

Above-*ăbŏv* prep. şi ad deasu pra, sus, mai sus, peste, mai pre sus, mai cu seamă; *to be*—, a fi mai presus de; *above all*, mai cu seamă; peste tot; — *his*

strength, peste putinţa lui; *as*—, ca mai sus; — *mentioned*, sus menţionat, mai sus zis.

Abrade-*ăbréid* v. a. a şterge, a trecă.

Abrasion - *ăbrájŏn* s. ştergere, frecare.

Abreast *ăbrést* ad alăturea, pe aceeaş linie.

Abridge-*ăbridj* v. a prescurtă; a restrânge, a mărgini, a reduce; a supără.

Abridgment-*ăbridjment* s. prescurtare; reducere, micşorare; constrângere; lipsă.

Abroach-*ăbrôtş* ad. dat cep; *to set*—, a da cep; *(fig.)* a răspândi.

Abroad-*ăbród* ad (în) afară, în străinătate; pe dinafară; *to go* —, a se duce în străinătate; *to realk*—, a se plimbă afară; *to be all*—, a se răspândì; *there is a report* —, umblă zvonul; *to set*—, a publică, a propagă.

Abrogate-*ăbroghéit* v. a. a abrogă, a anulă prin lege, a desfiinţa

Abrogation-*ăbróghéişŏn*, s. abrogare, desfiinţare; suprimare.

Abrupt *ăbrŏpt* a. prăpăstios, râpos; pietros; aspru; fără de veste; — *ly*, ad. pe neaşteptate.

Abruptness-*abrŏptnes* s. asprime; iuţeală: *(fig.)* moşicie, grosolănie.

Abscess-*ăbsess* s. abces.

Abscind-*ăbsind* v. a. a tăià, a tăià în două; a despărţi.

Abscission-*ăbsişŏn* s. tăiere.

Abscond-*ăbscónd* v. n. a se ascunde, a fuji pe furiş.

Absence-*ăbsens* s. absenţă, lipsă;—*of mind*, distracţiune; *leave of*—, concediu

Absent *ăbsent* a. absent, lipsind, îndepărtat (fig) — *minded*, distrat; *to*—*one's self*, a absenta, a se depărta.

Absentee-*ăbsentí* s absenţa, absent.

Absenter-*ăbsénter* s. cel (cea) care lipseşte.

Absentment *abséntment* s ab-
sénţă.

Absinth *absínth* s. absint (bău-
tură).

Absolute *ábsoliut* a. absolut, ar-
bitrar, nemărginit; —*ly*, ad. în
mod absolut.

Absoluteness *absoliútnes* s.
despotism, putere absolută.

Absolution *ábsoliúşŏn* s. abso-
luţiune, iertare de păcate.

Absolutism *ábsoliutizm*, s. ab-
solutism.

Absolutist *ábsoliutist* s. abso-
lutist.

Absolutory *ábsoliutori*, a. cel
care iartă păcatele.

Absolve *absólv* v. a. a iertă, a
deslegă; a desvinovăţi; a isprăvi.

Absorb *absórb* v. a. a sorbi, a
înghiţi, a preocupă.

Absorbent *absórbent* a. şi s. ab-
sorbant, absorbitor, sugător.

Absorption *absórpşŏn* s. absor-
bire, înghiţire.

Abstain *abstéin* v. n. a se ab-
ţine, a se lipsi de.

Abstaining *abstéining* s. absti-
nenţă, înfrânare.

Abstemious *abstímiŏs* a. cum-
pătat; —*ly*, ad. cu cumpătare.

Abstention *absténşŏn* s. abţi-
nere.

Abstergent *abstérgent* s. şi a.
(*med.*) abstergent, leac care spală
rănile.

Abstinence *ábstinens* s post;
day of—, zi de post.

Abstinent *abstinent* a. absti-
nent, cumpătat; —*ly*, a. cu cum-
pătare.

Abstract *abstráct* s. prescurtare,
rezumat, (*fig.*) abstracţiune: *in
the*—, în mod abstract; —, v. a
a prescurtă, a despărţi, a des-
legă, a sustrage, a face abstrac-
ţiune de; —, a. abstract.

Abstracted *abstrácted* a. ab-
stract; despărţit, deslegat; dis-
tras; —*ly*, ad. în mod abstract.

Abstraction *abstracşŏn* s. ab-
stracţiune;nepăsare;răpire, furt.

Abstractive *abstráctiv* a. ab-
stract.

Abstractively *abstráctivli*, ab-
stractly *ábstráctli* ad. în mod
abstract, prin abstracţiune.

Abstractness *abstráctnes* s. ab-
stracţie, subtilitate.

Abstruse *abstrús* a ascuns, greu
de înţeles: (*fig.*) întunecat; —*ly*,
ad. într'un mod obscur; incurcat.

Abstruseness *abstrúsnes* s. gre-
utate, stare necunoscută; întu-
necime.

Absurd *absórd* a. absurd; —*ly*,
ad. în mod absurd.

Absurdity *absórditi* s. absurdi-
tate.

Abundance *ábŏndáns* s. îmbel-
şugare, belşug.

Abundant *ábŏndánt* a. îmbel-
şugat, abundent; —*ly*, ad. cu a-
bundenţă, cu prisosinţă, cu îm-
belşugare.

Abuse *ábiuz* s. abuz, întrebuin-
ţare rea; ocară, insultă gravă;
amăgeală, seducere;—, v. a. a
abuză, a întrebuinţă peste mă-
sură ceva; a vorbi de rău; a în-
şelă; a seduce.

Abuser *abiuzŏr* s care abuzează
de; seducător; insultător; cleve-
titor.

Abusive *abiúsiv* a. abuziv; in-
sultător, ocărâtor.

Abusiveness *abiúsivenes* s a-
buz; insultă; obrăznicie.

Abut *abŏt* v. n. a ajunge la, a
se ramifică prin, a se mărgini cu.

Abutment s. margine (a pod);
stâlp de boltă; zidăria care prop-
teşte capetele unui pod.

Abuttal s. hotar, frontieră, gra-
niţă.

Abutting *abŏtting* s. ramificaţie;
—, a. ieşit, ce înaintează.

Abysmal *abizmăl* a. fără fun l.

Abyss *abis* s. abis, prăpastie, iad,
infern.

Acacia *ákéişia* s. salcâm.

Academian *acádimian* s. aca-
demician.

Academic(al) *acádémic(ál)* a.

academic —*ly*, ad. în mod academic.

Academy-*ăcădemi* s academie; şcoală; pension, institut.

Acanthus-*ăcăntŏs* s (*bot*.) pălămidă, talpa găştei, laba ursului.

Accede-*ăcsid* v n a aderă, a primi, a se învoĭ

Accelerate-*acsélereit* v. a. a accelerà, a grăbi.

Acceleration-*ăcselereișăn* s grăbire.

Accelera ory-*ăcsélerăteri* a. grăbitor, grăbitoare.

Accent-*ăcsent* v. a. a accentuà; —, s. accent, cuvânt.

Accentuate-*acséntiueit* v a. a accentuà.

Accentuation-*acsentiuéișăn* s. accentuare.

Accept-*ăcsépt* v a. a acceptà, a primi, a înțelege.

Acceptable-*ăcséptăbl* a. de primit, plăcut.

Acceptably-*acséptăbli* ad. în mod plăcut

Acceptance-*ăcséptăns* s primire, aprobare; *to find*—, a găsì primire bună; *absolute*—, primire complectă; *quali'fed*—, primire cu condiție.

Acceptation-*acsepteișăn* s. primire; recepțiune, primire.

Accepter şi **acceptor**-*ăcséptr* s primitor, care primeşte.

Accepti on-*ăcsépșăn* s. precădere, preferință; accepțiune; sens.

Access-*ăcses* s. acces; intrare, apropiere; *to ha e*—*to one*, a aveà trecere pe lângă cineva; *easy of*—, de care poți să te apropii

Accessarily-*ăcséserile* ad. în mod accesoriu, secundar.

Accessariness-*ăcsesărines* s. complicitate, participare.

Accessary-*ăcsesări* s. complice, părtaş la o crimă, accesoriu; —, a. în complicitate.

Accessib e-*ăcsésibl* a accesibil; om cu care te poți înțelege

Accession-*acséșŏn* s adaos, apropiere adesiune, suire pe tron

Accessional *acséșiundl* a. de a-dăogat.

Accessorily *ăcésoreli* a. accesoriu, ca complice.

Accessory-*acséseri* s. complice; —, a. accesoriu.

Accident-*ăcsident* s. accident, întâmplare, nenorocire; *by*—, din întâmplare.

Accidental-*ăcsidéntăl* s. accident; —, a. accidental, întâmplător.

Accipient-*ăcsipieni* s. primitor.

Acclaim-*acléim* v. a. a aclamà, a aplaudă; a proclamà, a aproba.

Acclamation-*ăclăméișŏn* s. aclamare, alegere prin aclamație, proclamare, aplaudare, aplaus.

Acclamatory-*ăclămatori* a. prin aclamație.

Acclimatisation-*ăclimătiséișăn* s. adaptare la o climă.

Acclimatise-*ăclimătaiz* v. a. a aclimatizà, a obişnuì cu altă climă.

Acclivity-*ăcliviti* s. povârniş, suiş.

Acclivous-*ăclăivŏs* a. în deal.

Accommodable-*ăcŏmŏdăbĕl* a. care se poate împăcà, învoì.

Accommodate-*ăcómodeit* v. a. a potrivì, a orânduì, a împăcà; —, v. n. a se obişnuì.

Accommodating *ăcómodeiting* a. învoitor, uşor.

Accommodation-*ăcŏmŏdéișŏn* s. învoire; potriveală, potolire; locuință; comoditate, uşurință.

Accompaniment *acŭmpăniment* s. însoțire.

Accompanist-*ăcŭmpănist* s. acompaniator.

Accompany-*ăcŭmpani* v. a. a însoțì; v. n. a se întovărăşì.

Accomplice-*ăcómplis* s. complice.

Accomplish *ăcómpliş* v. a. a îndeplinì, a executà; *to*—*a purpose*, a atinge un scop.

Accomplished - *ăcómplişd* a. îndeplinit; perfect, distins.

Accomplisher *ăcómplişher* s. care îndeplineşte.

Accomplishment-*ăcómplĭşměnt* s. indeplinire; pcrfecţiune, talent; îndemânare.

Accord-*ăcórd* v. a. şi n. a acordă, a primì; a potrivì, a se potrivì;—, s. învoială, unire; *of one's own*—, de bună voe; *with one*—, printr'o înţelegere comună.

Accordance-*ăcórdăns* s. învoială; *in—with*, conform cu.

Accordant *ăcórdănt* a în întelegere cu

Accoarding-*ăcórdīng* pr. conform;—*as*, după cum;—*ly*, prin urmare.

Accordion-*ăcórdĭon* s. armonică.

A·cost-*ăcóst* v. a. a acostă.

Account-*ăcáunt* s. socoteală; valoare, consideraţie; importanţă; notă; caz; povestire; cauză; *on*—, pe termen; *on—of*, pentru; în consideraţie că, din cauză de; *on all—s*, în toate privinţele; *according to his*—, după părerea lui; *on no*—, cu niciun chip, sub niciun pretext; *on that*—, pentru acest motiv; *to take—of*, a luă notă de; *to take into*—, a ţine socoteală de; *to make no*—*of*, a nu face niciun caz de; *current* sau *running*—, cont curent; *to keep—s*, a ţine condicile;—*book*, condică de contabilitate;—*sales*, socoteală de vânzare (*t. com.*);—v. a. a socotì, a numără; a stimă; a preţuì;—, v. n. a da seamă de, a fi răspunzător.

Accountability -*ăkauntăbălĭti*, s. responsabilitate, răspundere.

Accountable-*ăcáuntăbl* a. răspunzător: *to be—to one*, a fi dator să dea socoteală cuiva.

Accountant-*ăcáuntănt* s. contabil; *public*—, expert contabil.

Accoutre-*ăcútăr* v. a a echipă a găti, a îmbrăcă; a aprovizionă.

Accoutrement- *ăcútĕrment* s. echipare; gătirea cu cele trebuincioase, îmbrăcăminte, podoabă.

Accredit-*ăcrédĭt* v. a. a acreditā, a crede.

Accreditation-*ăkrediteişŏn* s. scrisoare de acreditare; acreditare.

Accrue-*ăcríu* v. n. a sporì, a înmulţì; a rezultă.

Accumulate-*ăchiúmuleĭt* v. a. şi n. a grămădì, a se grămădì.

Accumulation-*ăchiumileĭşŏn* s. gramadire.

Accumulative- *ăchiumiúlătĭv* a. care grămădeşte.

Accuracy-*ăchiurăsi* s. exactitate, băgare de seamă · acurateţă.

Accurate-*ăchiureĭt* a. exact, precis, îngrijit;—*ly*, ad. în mod exact.

Accuratness-*ăchiureĭtnĕs* s. exactitate.

Accurse-*ăcŏrs* v. a. a blestemă, a afurisì.

Accursed-*ăcŏrstsau* **accurst**·-*ăcŏrst* a. blestemat, afurisit.

Accusable *achiúz·bl* a acuzabil; culpabil.

Accusation-*achiuzeĭşŏn* s. acuzaţiune, pâră; învinovăţire.

Accusative-*ăchiúzătĭv* s. acuzativ.

Accusatory-*ăchiúzătŏri* a. de acuzare.

Accuse-*achiúz* v. a a acuză; a critică.

Accuser-*ăchiúzer* s. acuzator.

Accustom-*achŏstŏm* v a. a obişnuì.

Accustomed-*ăchiústŏmd* a. obişnuit.

Ace-*éis* z. as (la joc); bagatelă; —(*fig.*) punct, nimic; pas; *to be within an—of*, a fi la doi paşi de...

Acephalous-*ăséfălŏs* s. (*bot.* şi *anat.*) acefal.

Acerbity-*ăsŏrbĭti* s. acrime; asprime.

Acetate-*ăsctéĭt* (*chim.*) acetat, sare din acid acetic şi o bază.

Acetic-*ăsétic* a. acetic.

Ache-*éic* s. durere —, v. n. a suferì, a dureă; *my head—s*, am durere de cap.

Achievable-*achivăbl* a. de exe
cutat, de săvârșit.

Achieve-*âchiv* v. a. a isprăvi,
a sfârși, a dobândi, a câștiga;
to—a victory, a câștigă o victorie.

Achievement-*âșivment* s. pro-
ducțiune, executare, faptă mare,
ispravă.

Aching-*ôching* s durere, sufe-
rință.

Achor-*éichôr* s. bubă dulce.

Achromatic-*âcromăiic* a. acro-
matic, care arată obiectele fără
culori străine.

Acid-*ăsid* s. acid; —, a. acru

Acidity-*âsidity* s. aciditate.

Acidulate-*âsidiuleit* v. a. a înă-
cri, a oțeți, a acidulă

Acidulous-*âsidiulôs* a. acricios.

Acknowledge-*âcnôledj* v. a. a
recunoaște, a mărturisi, a fi re-
cunoscător.

Acknowledgement - *âcnôledj-
ment* s. recunoaștere, mărturisi-
re, concesiune, gratitudine, mul-
țumire, recunoștință; *my war-
mest—*, s. viile mele mulțumiri.

Acme-*âcmi* s. culme, vârf, creștet,
înălțime; apogeu; criză (*t. med.*).

Acolyte-*âcolait* s. paracliser

Aconite-*âkonait* s. (*bot.*) omeag,
mărul lupului, aconit.

Acorn-*éicorn* s. ghindă.

Acoustic-*aôôstic* a. acustic

Acoustics-*acôstics*.pl. acustică.

Acquaint-*âcuéint* v. a. a înștiin-
ță, a informa, a face cunoscut;
to—oneself with, a se informa de

Acquaintance-*acuéintăns* s.
cunoștință, legătură; *upon furt-
her—*, după o cunoștință de mult
timp; *to claim—with one*, a decla-
ră că îl cunoaște cineva

Acquiesce-*âkuies* v. n. a con-
simți, a se învoi la; a se supune;
a se înduplecă; a primi.

Acquiescence-*aciuesens* s. con-
simțimânt; supunere.

Acquirable-*acuáirăbl* a. de do-
bândit

Acquire-*âcuáiŭr* v. a. a dobân-
di, a obține.

Acquisition *âcuizișôns*. doban
dire.

Acquisitive-*âcuizitiv* a. doban
dit, câștigat.

Acquit-*âcuit* v. a. a achită, 1
deslegă; *to — oneself*. a se achi
tă, a se scăpă.

Acquittal-*âcuittăl* s. achitare.

Acquittance-*âcuităns*s. chitan
ță, recipisă.

Acre-*éiker* s. pogon, acru.

Acreage-*ékreidj* s. măsurătoari
cu pogonul.

Acred-*éicherd* a. posesor de po
goane de pământ.

Acrid-*âcrid* a. acru, înăsprit, în
țepător; (*fig.*) aspru, crud.

Acridity-*acríditi* s. acrime.

Acrimonious-*âcrimôniôs* a. as
pru, amarnic; răutăcios;—*ly*, cu
răutate, cu pizmă.

Acrimony-*âcrimoni* s. acrime,
amărăciune, iuțeală; (*fig.*) rău
tate, asprime.

Acrity-*âcriti* s. asprime.

Acrobat-*âcrubât* s. acrobat, ju
cător pe funie.

Acropolis-*âcrópolis* s. acropolă
fortăreață.

Across-*âcrôs* ad. cruciș, de-a
curmezișul; prin; peste; de asu
pra, în, pe; — *the room*, prin o
dae; — *the table*, peste masă; *t*
come —, a cădea pe, a da peste

Acrostic-*âcróstic* s. acrostih
versuri ale căror litere dela în
ceput reunite dau un cuvânt.

Act-*âct* s. act; acțiune; faptă; joc
judecată; titlu; teză, *in the very*
—, asupra faptei, în flagrant de
lict; — *of Parliament*, lege; —, v
a. și n. a lucra, a face, o operă, a
se purta; a juca, a reprezentă;
to — on one's advice, a lucra du
pă sfatul cuiva.

Acting-*âcting* s. acțiune, încru,
faptă; luptă; proces; cotă-parte
într'o întreprindere; *to bring in-
to—*, a pune în lucrare, *to enter
*sau *bring an—*, a face un proces.

Actionable *âcșănăbl* a. supus
la urmărire,

Active-*áctiv* a. activ, muncitor, harnic, silitor; sprinten; — *ly*, adv. în mod activ.

Activeness *áctiienes* și **activity** *áctiviti* s. activitate, muncă; silință, agerime.

Actor *ácter* s. actor.

Actres-*áctres* s. actriță.

Actual-*ácciual* a. actual, acum; real

Actuality - *ácciuáliti* **actualnes**-*ácciuálnes* s. actualitate, realitate.

Actuary-*ácciuari* s. expert-contabil; secretar.

Actuate-*ácciueit* v. a. a pune în mișcare; a împinge.

Acumen-*ákiúmen* s. vârf; *(fig)* istețime; subtilitate, finețâ de spirit.

Acute-*ákiút* a. ascuțit; cu vârf; *(fig.)* pătrunzător, ager, iscusit; violent; arzător; *very* —, prea ascuțit; — *accent*, accent ascuțit.

Acuteness-*ákiútnes* s. vârf, ascuțime; *(fig.)* pătrundere, subtilitate; violență.

Adage-*ádéidj* s. adagiu, zicătoare, proverb.

Adagial-*ádéijiál* a. proverbial.

Adamant-*ádámánt* s. diamant.

Adamantine-*ádámántin*, a. de diamant, ca diamantul; *(fig.)* puternic tare.

Adapt-*ádápt* v. a. a adaptă, a potrivi, a acomodă; a ochi.

Adaptability-*ádáptábel* a. ce se poate aplică ce poate fi potrivit.

Adaptation-*ádáptéișon* s. conveniența, bună cuviință; potrivire, comoditate.

Add-*ád* v. a. a adăugă, a uni; *to — up*, a adună; — *ed to which*, afară de.

Adder-*áder* s. viperă; —'s-*vort*, s. *(bot.)* varietate de boranță, rădăcina șarpelui, cârligată.

Addible-*ádibl* a ce poate fi ajutat.

Addict-*ádict* v. *to — oneself to*, **a se da**, a se dedă, a se consacră.

Addictedness-*ádictednes* și **addiction**-*ádicșón* s. devotament; dragoste; gust; adjudecare.

Addition-*ádișón* s adunare, creștere, înmulțire; *in* —, afară de; *in — to*, peste, pe deasupra; *compound* —, adunarea numerelor compuse.

Additonal-*ádișónál* a. de adaos, adaos; *an*—*proof*, o dovadă nouă; —*ly*, ad. în plus.

Addle-*ádl* a. neroditor, sterp; clocit, împuțit — *headed* — *pated*, descreerat.

Addled *ádelt* a. stricat, împuțit, clocit; *(fig.)* turburat.

Address-*ádrés* s. adresă; alocuțiune; petiție; cerere în căsătorie; profesiune de credință; cerere, jalbă; discurs de apărare rostit de un advocat; dexteritate, abilitate; ținută; omagiu, respect; curte; *to pay one's*—*es*, a'și face curtea; —, v. a. a adresă cuiva cuvântul; a vorbi cu cineva.

Addressee *ádresi* s. destinatar.

Addresser-*ádréser* s. care dă o jalbă, o petiție.

Adduce-*ádius* v. a. a produce, a înaintă.

Adducible *ádiúsibl* a. ce poate fi pretextat.

Adept-*ádépt* s. adept; —, a. dibaciu, iscusit; învățat.

Adequacy-*ádicuási* s. egalitate; proporție.

Adequate *ádicueit* a. egal, proporționat; — *ly*, ad. proporțional.

Adhere-*ádhier* v. n. a aderă, a fi lipit; a se învoi cu.

Adherence *ádhirens* s. aderență, alipire, legătură; prietenie, unire intimă; învoire.

Adherent *ádhírent* s partizan; —, a. aderent, atașat; alipit de, partizan.

Adhesion-*ádhizón* s. lipire, aderență

Adhesive-*ádhiziv* a. lipicios pe hârtie sau pe pânză.

Adhesiveness *ádhisivnes* s. încleire, vâscozie.

Adieu-*ădíu* ad. şi s. adio, rămas bun; *to bid — to one*, a'şi luă rămas bun dela cineva.

Ad infinitum-*ădinfinítŏm* ad. de veci.

Ad-interim-*ădínterim* ad. adinterim.

Adipose-*ădípuz* a. (*anat.*) adipos, ca grăsimea.

Adjacent-*ădjéisént* a. alăturat, in vecinătate, adiacent.

Adjective-*ădjectiv* s. adiectiv; *— ly*, in mod adiectival.

Adjoin-*ădjóin* v. a. a alătură, a adăuga; v. n. a fi alături de, a fi vecin cu.

Adjoining-*adjóining* a. alăturat, vecin cu.

Adjourn-*ădjórn* v. a. a amână.

Adjournment-*adjérnment* s. amânare.

Adjudge-*ăddjiuj* v. a. a judecă, a osândi.

Adjudgment-*ădgiudgiment* s. adjudecare; deciziune, decret.

Adjudicate-*ădgiudikeit* v. a. a hotărî prin judecată, a judecă; a adjudecă.

Adjudication *ădgiudikéişŏn* s. judecată; licitaţiune.

Adjudicator-*adgiudiqeter* s. judecător.

Adjunct-*ădgiunct* s. ajutor, accesor.

Adjuration-*ădgiuréişŏn* s. adjuraţiune, rugăminte.

Adjure-*ădjiúr* v. a. a rugă călduros.

Adjust-*ădgiust* v. a. a potrivi a aranja; a regulă.

Adjustment-*ădgiústment* s. potrivire; regulare.

Adjutancy-*adjiútănsi* s. grad de adjutant.

Adjutant-*ădgiutănt* s. adjutant; (*fig.*) ajutor.

Admeasurement-*adméjŭrments*. măsurătoare, orânduecală

Administer-*ădminister* v. a. a administră, a îngriji; v. n a ajută, a contribui.

Administrate-*ădmínistreit* v. a. a administră.

Administration-*ădministréişŭn* s. administraţiune, guvernământ.

Administrative-*ădministrativ* a. administrativ.

Administrator-*ădministreitŏr* s administrator.

Administratrix-*administréitriẋ* s. administratoare.

Admirable-*ădmirăbl* a. admirabil, minunat.

Admirableness-*ădmirăblnes* s. frumuseţe.

Admirably-*ădmirăbli* ad. adu i-rabil.

Admiral-*ădmirăl* s. amiral; *Lord high —*, amiral suprem ; *Rear —*, contra-amiral.

Admiralship-*ădmirălşip* s. grad de amiral.

Admiralty *ădmirălti* s. amiralitate; *First Lord of the —*, ministru de marină.

Admiration *ădmiréişŏn* s. admiraţiune, surprindere; *note of —*, semn de exclamare; *to —*, admirabil; *struck with —*, cuprins do admiraţiune.

Admire-*ădmáir* v. a. şi n. a admiră; a se mira; a adorà.

Admirer-*ădmáirer* s. admirator.

Admiringly-*admáiringli* ad. cu admiraţiune.

Admissibility - *ădmisibíliti* s. admisibilitate.

Admissible-*ădmísibl* a. admisibil.

Admission *ădmíşŭn* s. primire, admitere; concesiune; intrare; — *by border, free —*, intrare liberă; *ticket of —*, bilet de intrare; *to make an —*, a mărturisi.

Admit-*ădmit* v. a. a admite, a primi, a acordă, a permite; ts *— of*, a admite, a permite.

Admittance-*ădmităns* s. intrare, concesiune; *no — l* intrare interzisă; *no — except on business*, interzis publicului de a intra aici; *to beg —*, a se rugà să fie admis;

to refuse one— a refuză cuiva intrarea.

Admixture-admíxciur s. amestecătură.

Admonish-admóniș v. a. a înștiința, a sfătui, a povățul.

Admonisher-admónișer s. povățuitor.

Admonition-admoníșon s mustrare, îndemnare.

Admonitor-admónitor s. povățuitor.

Ado-adú s. supărare; greutate, sgomot, ceremonie; to make on more— a nu face nici una nici două; without more—, fără multă ceremonie; to have much—to, a avea n.ultă greutate la; much — about nothing, multă gălăgie pentru nimic.

Adolescence-adolésens s adolescență, tinerețe.

Adolescent-adolésent s. adolescent, tânăr.

Adoors-adórs ad. afară.

Adopt-adópt v. a. a adoptă.

Adopted-adópted a. de adopțiune; —ly, ad. prin adopțiune.

Adoption-adópșion s. adopțiune.

Adoptive-adóptiv a. de adopțiune

Adorable-adórabl a adorabil.

Adorably-adórăbli ad. în mod adorabil.

Adoration-adoréișon s adorațiune, cult, închinare.

Adore-adór v. a. a adoră, a se închină, a iubi cu aprindere; a onoră.

Adorn-adórn v: a. a împodobi, a ornă, a înfrumuseță.

Adornment-adórnment s. podoabă, găteală.

Adrift-adríft ad. la noroc; (mar.) în voia valurilor.

Adroit-adróit a. dibaciu; —ly, ad. cu dibăcie.

Adroitness-adróitnes s. dibăcie.

Adulation-adiuléișon s. lingușire josnică, măgulire.

Adulator-adiuléiter s. lingușitor, măgulitor.

Adulatory-udiuleiteri a adulator, de linguşire.

Adulatress-ádiuleitres s. adulatoare

Adult-ádólt s. adulter; —, a. adult, vârstnic.

Adulterate-ádóltereit v. a. a alteră, a falșifică, a comite un adulter; (fig.) a conrupe; —, a. adulter, falșificat.

Adulteration-ádólleréișon s. alterare, falșificare, conrupere.

Adulterator-ádólteréiter s. falșificator (de băuturi).

Adulterer-adólterer s. adulter.

Adulteress-ádólleres s adulteră.

Adulterous-ádólterós s. adulter, conrupt, (fig.); —ly, ad. prin adulter.

Adultery-ádólteri s. adulter.

Advance-ádváns 's. avans, distanță înainte; înaintare, mers înainte, avans; sumă dată înainte; progres; in—, dinainte; —; s. pl. (com.) concesiune înainte; — guard, avan-gardă; —, v. a. a înaintă, a grăbi, a iuți, a propune, a ridică, a înălță; a da bani înainte; v. n. a face să înainteze; a face progrese.

Advanced-ádvănst a. înaintat.

Advancement-ádvănsment s. înaintare, avans (de bani); progres

Advantage-ádvănteidj s. avantaj, folos, profit; to take—of, a trage folos de; a abuză;—ground, poziție avantajoasă; —, v. a. a trage folos, a favoriză.

Advantageous-ádvănléijós a. avantajos, folositor, convenabil; —ly, ad. în mod avantajos.

Advantageousness-ádvăntéidjnes s. avantaj, folos, profit.

Advent-ádvent s. postul Crăciunului; venire, sosire.

Adventitious-ádvenlișós s. întâmplător, ce vine din afară; —ly, ad. din întâmplare.

Adventure-ádvénlciur s. întâmplare, accident, speculațiune; (t.

mar.) mariă ce pot luă cu i spre vânzare oamenii unei corăbii; *to seek—s*, a căută aventuri; v. a. şi v. n. a riscà, a se riscà, a'şi încercà norocul.

Adventurer-*ădvénciurer* s. aventurier, indrăzneţ.

Adventuress-*ădvénciures* s. aventurieră.

Adventurous-*advénciuro* a. îndrăzneţ.

Adverb-*ădverb* s. adverb.

Adverbial-*ădvérbiăl* a. adverbial;—*ly*, ad. cu adverb.

Adversary-*ădverseri* s. adversar.

Adverse-*ădvers* a. contrariu;—*ly*, ad. dimpotrivă.

Adversity-*ădvérsiti* s. adversitate; restriște, nefericire, mizerie.

Advert-*ădvért* v. n. a vorbì de; a băgà de seamă; a face aluzie la; a considerà; a observà.

Advertence-*ădvértens* s. atenţiune.

Advertise-*ădvertáis* v. a. a înştiinţă, a informà; a afişà.

Advertisement-*ădvértaizment* s. inştiinţare; aviz; anunţ, reclamă.

Advertiser-*ădvertaizer* s. anunţător; ziar; foaie cu anunţuri.

Advertising-agent - *ădvertáieigent* s. agent de publicitate.

Advisability-*ădvaizăbiliti* s. prudenţă, inţelepciune potrivire, convenire.

Advisable-*ădvăizăbl* a. înţelept, judicios: potrivit.

Advise-*ădváis* s. povaţă; *piece of—*, părere, sfat, informaţie; *letter of—*, scrisoare de avizare; *to take one's—*, a urmă sfatul; *—boat*, aviso, corăbioară de răsboiu pentru ordine sau depeşi.

Advise-*ădváis* v. a. şi n. a sfătui, a se sfătui; a deliberà.

Advised-*ădváiz* t participie) şi a. cu minte; deştept; *be by — me*, crede-mă; *ill—*, nesocotit.

Advisedness-*ădvăizednes* s. deliberare.

Adviser-*ădváizer* s. povăţuitor.

Advocacy-*ădvckeisi* s. apărare.

Advocate-*ăd okeit* s. advocat, apărător; *Judge-*, raportor; *Lord—*, (în Scoţia) procuror general;—, v. a. a apără.

Advocation-*advokéişon* s. apărare; mijlocire.

Advowee-*ădváui* s. patron; privilegiu.

Advowson-*ădváuson* s. patronaj.

Adze-*ădz* s. oblu, rândeă, teslă.

Aegis-*égis* s. scut.

Aerated-waters - *éiereited-uăters* s.. apă minerală.

Aerial-*éi idl* a. aerian.

Aeriform-*éiriform* a. aeriform.

Aerolite-*éiroltt* s. aerolit.

Aerometer-*eirómeter* s. aerometru.

Aeronaut-*éironot* s. aeronaut.

Aeronautics-*eironótics* s. pl. aeronautică.

Aerostat-*éirostăt* s. aerostat;—*ic*, aerostatic.

Aerostation-*eirostéişon* s. aerostaţie.

Aesthetic-*esthétic* s. estet.

Aesthetics-*esthétics* s. estetică.

Afar-*ăfár* a t. de departe; —*off* în depărtare.

Affability-*ăfabiliti* s. afabilitate.

Affable-*ăfăbl* a. afabil.

Affably-*ăfăbli* ad. cu afabilitate.

Affair-*aféir* s. afacere, întreprindere.

Affect-*ăféct* v. a. a afectà, a lucrà asupra; a mişcà, a iubì, a se preface; a aspirà la.

Affectation *afectéişon* s. afectaţiune.

Affected-*ăfécted* a. afectat;—*ly*, ad. cu afecţiune.

Affecting-*ăfécting* a. mişcător; —*ly*, ad. în mod mişcător.

Affection-*ăfécşon* s. afecţiune, iubire.

Affectionate-*ăfecşőneit* afectuos, iubitor;—*ly*, cu dragoste.

Affiance-*ăfáiens* s. logodnă;—, v. a. a logodì; a se încredinţà.

Affidavit *afidéivit* s depoziție (cu jurământ) înaintea tribunalelor

Affiliate *afilieit* v. a. a adopta; a primì ca membru.

Affiliation *afilieișön* s. adopțiune, adoptare (a unui copil).

Affirm *afirm* v. a. a afirmă, a confirmă.

Affirmation *afirméișön* s. afirmațiune.

Affirmative *afirmătiv* s. afirmativ, afirmare; —, a. afirmativ; —ly, ad. în mod afirmativ.

Affix *afixs* s. (gr.) afix, apendice, supliment.

Affix *afiks* v. a. a adăugă, a atașă.

Afflatus *afléitös* s. răsuflare, insuflare; (fig.) insuflare, însuflețire.

Afflict *aflikt* v. a. a întristă.

Affliction *aflikșön* s. întristare, nenorocire mare, năpaste.

Affluence *afluens* s. îmbelșugare, bogăție.

Affluent *afluent* s. afluent; —, a. bogat.

Afford *afórd* v. a. a produce, a procură; a permite.

Affray *afréi* s. ceartă, turburare.

Affright *afráit* s. frică, spaimă; —, v. a. a înfricoșă, a înspăimântă.

Affrightedly *afráitedli* ad. cu frică, cu spaimă.

Affront *afrŏnt* s. afront, ocară, insultă, necinste; to brook an —, a suferì o insultă; —, v. a. a insultă; a necinstì.

Afield *afild* ad. pe câmp.

Afire *afáier*, **aflame** *afléim* ad. în foc.

Afloat *aflóut* ad. plutind; to set —, a face să plutească.

Afoot *afút* ad. pe jos.

Afore *afór* pr. și ad. înainte, pe dinainte, odinioară; —mentioned, —said, sus menționat, sus zis; —thought, chibzuit dinainte, precugetat; with malice — thought, cu plan chibzuit; —time, altădată, odinioară.

Afraid *afréid* a. speriat, înspăimântat; to be—of, a se teme de;

to make one—, a speriă pe cineva.

Afresh *afréș* ad. din nou.

Aft *aft* ad. (t. mar.) îndărăt, partea de dinapoi a corăbiei.

After *after* pr. și ad. după, în urmă; —all, după toate acestea; What are you—? Ce faceți? — ages, generațiunile viitoare, posteritate; —burden, —birth, placenta (mitrei), casa copilului.

Aftermath *aftermáth* s. otavă.

Aftermost *aftermost* a. ultimul.

Afternoon *afternŏn* s. după amiazi.

Afterpiece *afterpis* s. mică piesă de teatru.

Aftertaste *afterteist* s. gustul cel din urmă.

Afterthought *afterthot* s. răsgândire, schimbare de părere.

Afterwards *afteruarts* ad. pe urmă, mai târziu.

Again *aghéin* ad. iar, din nou; over—, încă odată; as much—, încă atâta; —and—, iarăși și iarăși.

Against *aghéinst* pr. în contra, în spre; —the grain, în răspăr, de-a îndoaselea; over—, vizavi.

Agape *aghéip* ad. cu gura căscată.

Agate *aghéit* s. agată, piatră prețioasă.

Agave *aghéiv* s. (bot.) agava (o plantă).

Age *eidj* s. vârstă, bătrânețe, generație; to be under—, a fi minor; to be of—, a fi major; over—, prea bătrân; in the flower of one's—, în floarea vârstei; to be ten years of—, a fi de zece ani.

Aged *éidjed* a. bătrân, în vârstă; the—, cei bătrâni.

Agency *éigensi* s. agenție; acțiune, mijlocire.

Agent *éigents* agent, comisionar.

Agglomerate *aglómereit* v. a. și n. a îngrămădi, a se îngrămădi, a adună, a se adună.

Agglomeration *aglomeréișön* s. îngrămădire.

Agglutinate *agliutineit* v. a. a lipi, a aglutină.

Agglutiuation-*aglutinéişŏn* s. aglutinare, lipire.

Aggrandise-*ăgrăndaiz* v. a. a mări, a înmulţi, a creşte.

Aggrandisement - *ăgrăndăiz ment* s. mărire, creştere.

Agravate-*ăgrăveit* v. a. a agra vă, a îngreună, a împovără, exageră.

Agravation-*ăgrăvéişŏn* s. agra vare, circumstanţă agravantă îngreunare; înrăutăţire; exage rare; provocare.

Aggregate-*ăgrigheit* s. agregat (grad academic); adunare; *in the* —, cu toţii:—, v. a. a agregă, a asociă, a adună, a uni;—, împreunat, adunat; —*ly*, ad. în mod colectiv, în total.

Aggregation *ăgrighéişŏn* s. a gregaţiune, adunare, împreuna re, asociaţiune; (*chim.*) agrega re, amestecare.

Agress-*ăgrés* v. a. a atacă cel dintâiu; a provocă la luptă.

Aggression *ăgréşŏn* s agresiu ne, atac, primul atac.

Aggressive *ăgrésiv* a. agresiv, care atacă, ostil.

Aggressiveness-*agrésivnes* s agresivitate, ostilitate.

Aggressor-*ăgréser* s. agresor.

Aggrieve-*ăgrív* v. a. a supără, a face nedreptate cuiva;—v. n a se supără, a se necăji.

Aghast-*ăgóst* a. speriat, înspăi mântat.

Agile-*ădjil* a. agil, sprinten; ac tiv, uşor.

Agility-*ăgíliti* s. agilitate, sprin teneţală, uşurinţă, agerime.

Aglo-*éigio* s. agiu.

Agitate-*ădjiteit* v. a. a agită, a mişcă; a desbate; (*fig.*) a tur bură.

Agitation-*ăgitéişŏn* s. agitaţie, mişcare; discuţie, turburare, no linişte.

Agitator-*ăgiteiter* s. agitator, răsvrătitor, aţăţător.

Agnate *ăgnat* s. (*jur.*) rudă du pă tată.

Ago-*ăgó* ad. trecut; *long*—, de mult; *a year*—, de un an

Agog-*ăgóg* ad. cu grabă, cu râvnă; *to be*—, a fi cam ţicnit.

Agoing-*ăgóing* a. şi ad în miş care, înainte.

Agone-*ăgón* ad. vide, *ago*.

Agonise-*ăgonais* v. a. a fi pe moarte a suferi grozav; v. n. a fi în agonie, a trage de moarte.

Agonisi-*gly* - *ăgonáizingli* ad. cu o nelinişte sufletească extremă.

Agony-*ăgoni* s agoni*,*

Agrariau-*ăgrărian* a. agrar.

Agree-*ăgrì* v. a. a împăcă; v. n. a se înţelege, a conveni

Agreeable - *ăgriábl* a plăcut, convenabil; *to be*—*to*, a binevoi a primi, a consimţi.

Agreeableuess - *ăgriáblnes* s. plăcere.

Agreeab y-*ăgriábli* ad. în mod plăcut.

Agreement-*ăgriment* s înţele gere, tocmeală; *to come to an*—, a cădeă de acord, a se învoi; *by private*—, prin bună învoeală.

Agricultural-*ăgrikúltciurăl* a. agricol, de agricultură.

Agriculture-*ăgrikúltciur* s. a griculturá, cultura pământului.

Agricultur-al-ist-*ăgricúltciurăl-ist* s. agricultor, agronom.

Agrimony-*ăgrimŏni* s. (*bot*) câ nepioară.

Aground,*ăgráund* ad. (*t. mar*) izbit de o stâncă, de o bancă de nisip; *to run*—, a se aruncă pe coastă (*t. mar*)

Ague-*éighiu* s. friguri (intermi tente ; *rove*, picături în con tra frigurilor.

Aguish *éighiuş* bolnav de friguri.

Ah-a-*aha* ahă! ah! vai!

Ahead-*ŏhéd* a. (*t. mar.*) înainte; (*fig.*) în cap; *ço*—, înainte! *to get* —*of*, a întrece.

Ahoy-*ăhói* (*t. mar.*) eh!

Aid-*éid* s. ajutor: *in*—*of* în be neficiu; *by th*—*of*, cu ajutorul lui; —*de camp*, adjutant,—, v a. a ajută.

Alder-*éider* s. azistent, ajutor
aliat.

Ail-*éil* v. a. a avea supărare, du-
rere, neliniște; *wohat ails you?*
ce vă doare?

Ailing-*éiling* a bolnăvicios, su-
ferind.

Ailment-*éilment* s. suferință,
rea, indispoziție.

Aim-*éim* țintă; scop; plan; pă-
trundere; *to miss ane's*—, a gre-
și lovitura; *to take*—*at*, a ținti
la;—, v. a. și n. a dirijă, a ținti
la, a aspiră.

Aimless-*éimles* a. fără scop.

Air-*éir* s. aer, vânt ușor; arie
(cântec), cântec, înfățișare, aer;
in the open—, în aer liber; *to
take the fresh*—, a se răcori; *to
vanish into thin*—, a se alege
praf, a. nu izbuti; *to beat the*,—,
a fi de o vitejie zadarnică: *a
castle in the*—, iluzii zadarnice;
to give oneself—*s*, a'și da ifose;
—*ball*, balonaș;—*balloon*;—*cus-
hion*, perină mică umplută cu
aer;—*hole*, răsuflătoare de piv-
niță;—*pump*, mașină cu care se
scoate aerul, mașină pneumati-
că;—*tight*, prin care aerul nu
poate pătrunde; impermeabil;—
trap, ventilator; —, v a. a ae-
risi, a uscă.

Aired-*éird* a. uscat (rufe).

Airily-*éirili* ad. ușor, liniștit.

Airiness-*éirines* s. aerisire; *(fig.)*
vioiciune, ușurință.

Airing-*éiring* s. preumblare; a-
erisire; *to take an*—, a luă aer

Airless-*éirles* a. lipsit de aer.

Airling-*éirling* s. tânăr zăpăcit.

Airy-*éiri* a. aerian, din aer, ae-
risit; delicat, sburdalnic.

Aisle-*áil* s. aripă (a unei bise-
rici).

Ajar *rjür* ad. întredeschis.

Akimbo-*akimbo* ad. încovoiat;
with ane's arms—, cu mâinile
în șolduri.

Akin-*ákin* a. rudă; aliat.

Alabaster-*álăbáster* s. si a. a-
labastru, de alabastru.

Alack!-*dlăk*, vai!

Alacrity *álăoriti* s. vioiciune;
veselie, bucurie; *wih*—, cu gra-
bă; cu sârguință.

Alarm-*álárm* s. alarmă, spaimă,
deșteptare;— *bell*, clopot de a-
larmă;—*clock*, deșteptător (cea-
sornic); —, v. a. a da alarma, a
neliniști.

Alarming-*álárming* a. îngriji-
tor; —*ly*, ad. sperios.

Alarmist *álármist* s. dătător de
alarmă.

Alarum-*álárm* s. vide, *alarm*.

Alas!-*dlăs* vai!

Alb, **albe**-*álb* s. stihar (vest-
mânt alb de slujbă la preoții ca-
tolici).

Albatross-*álbatros* s. albatros
(pasăre palmipedă foarte vorace).

Albeit-*olbéit* ad. deși, cu toate că.

Albino-*álbino* s. om albineț la
față.

Album *álbăm* s. album.

Albumen *álbimen* s. albumină.

Alburnum *álbérnem* s. albeț.

Alcaic *alkéiik* s. alcaic; —, a.
alcaic.

Alchemist-*élkemit* s. alchimist.

Alchemy-*álkemi* s. alchimie.

Alcohol-*álkool* s. alcool, spirt.

Alcoholic-*álcohólic* a. alcoolic.

Alcove *álcov* s. alcov, pat mare
cu polog; iatac; boltă acoperită
cu verdeață, umbrar.

Alder-*álder* s. anin;—*bush*, tufiș.

Alderman *áldermăn* s. consilier
municipal.

Ale-*éil* s. bere tare (în Anglia);
—*brewer*, care vinde bere tare;—
house, cârciumă; — *house* — *kee-
per*, cârciumar.

Alee-*áli* ad. *(t. mar.)* sub vânt.

Alembic-*álémbic* s. alambic.

Alert-*álért* a. sprinten, vigilent
on the—, cu ochii în patru.

Alertnes *alértnes* s. vioiciune
sprintenie, agerime; repeziciune
grabă.

Alga-*álgă* s. *(bot.)* algă, iarbă de
mare.

Algebra *áljebră* s. algebră.

Algebraic(al) *álgebráic(ăl)* a. algebric; —*ly*, ad. după regulile algebrei.

Algebraist-*álgebréist* s. algebrist.

Alias-*éiliăs* s. poreclă;—, ad. altfel zis.

Alibi-*álibai* s. (*t. jur.*) alibi.

Alien-*éilien* s. străin; a. străin.

Alienate-*éilieneit* v. a. a înstrăină; a vinde; a alienă; a îndepărtă.

Alienation-*álienéișŏn* s. înstrăinare, alienațiune, nebunie;—*of mind*, nebunie.

Alight-*aláit* v. n. a se coborî, a se da jos; a cădeà, a cădeà la pământ (pasăre).

Alight-*aláit* a. aprins.

Alike-*aláic* a. și ad. la fel, asemenea, egal, tot așa; *they are much*—, ei se aseamănă mult.

Aliment *áliment* s. aliment, hrană.

Alimental-*aliméntăl* a. hrănitor; —*ly*, ad. într-un mod hrănitor.

Alimentary-*aliménteri* a. de hrană, pentru hrană, hrănitor.

Alimentation-*alimentéișŏn* s. hrănire.

Alimony *álimoni* s. pensiune alimentară.

Aliquot-*álicuot* a.(*mat.*) aliquotă.

Alive-*aláiv* în viață; vesel; *no mann*—, nimeni în lume; *to be* —*to one's faults*, a-și cunoaște greșelile sale.

Alkali-*álkali* s. sare alcalină.

Alkaline-*álkălain* a. alcalin, de sodă.

Alkaloid-*álcăloig* s. alcaloid.

All-*ol* s. toți, toate lucrurile; *my* —, tot ce posed.

All-*ol* a. și ad. tot, cu totul, întreg;—*of a sudden*, de odată;—*of us*, noi toți; *not at*—, de loc; *nottung at*—, absolut nimic;— *along*, tot timpul;—*at once*, deodată;—*once for*, odată pentru totdeauna;—*but*, afară de, aproape de; *by*—*means*, cu orice

preț: *one and*—, toți fără deosebire; *that is*—, iată totul; *above*—, mai cu seamă, mai ales; —*the same*, tot așa, tot astfel; —*saints'day*, sărbătoarea tuturor sfinților;—*souls'day*, sâmbăta morților.

Allay-*áléi* s. aliaj, amestec; (*fig.*) slăbiciune, slăbire; —, v. a. a liniști; a moderă.

Allayment-*áléiment* s. veselie, ușurare.

Allegation-*áleghéișŭm* s. alegațiune, citare, aducerea unei dovezi.

Allege-*álej* v. a. a alegă, a citá, a aduce; a pretinde; a afirmă.

Allegiance-*álijans* s. credință, supunere.

Allegoric(al) *álegórik(ăl)* a. alegoric.

Allegorist-*álegorist* s. alegorist.

Allegory *álegori* s. alegorie, exprimare în imagini.

Allegro-*álégro* s. (*t. mus.*) alegro, timp mai repede decât cel ordinar.

Allelulah-*álelúiă* s. aleluia.

Alleviate-*alivieit* v. a. a ușură, a alină.

Alleviation-*áliviéișŏn* s. ușurare, alinare.

Alley-*áli* s. alee, ulicioară; *blind* —, fundătură.

Alliance-*áláiăns* s. alianță, rudenie.

Allied-*áláid* a. aliat, înrudit.

Alligator-*álegheiter* s. aligator, crocodil.

Alliteration-*áliteréișŏn* s. aliterație.

Allocation-*álokéișŏn* s. alocațiune; acordarea unei sume.

Allocution *álokiușŏn* s. cuvântare scurtă.

Allodial *álódiăl* a. alodial, scutit de orice dare.

Allodium *álódium* s. bun creditor scutit de orice impozite

Allonge-*álŏnj* s. (*of horses*) curea pentru cal, bucată adăogită; —, v. a. a lungi.

All — 16 — **Alt**

Allopathic-ă opăthic a. alopatic.
Allopathist-ălópathıst s. alopat, medic care vindecă cu leacuri contrarii firei boalelor.
Allot-ălót v. a. a împărţi; a acordă, a chemă la judecată.
Allotment-ălótment s reparti-ţiune.
Allow-dláu v. a. a acordă, a încuviinţă, a permite, a autoriză, a recunoaşte, a mărturisi; to—of, a admite, a toleră; to—for, a ţine seamă de, a luă în seamă
Allowable-dláuăbl a. permis.
Allowableness dláuăblnes, s. admisibilitate, legitimare.
Allowably-ălóuăbli ad. în mod admisibil, în mod legitim.
Allwance-ălóuăns s. admitere; permisiune, învoire, consimţire, porţiune; scuză, indulgenţă; (t. com.) despăgubire; on short—, la regim; to put on short—, a pune la regim; —, v. a. a împărţi în porţii.
Alloy-ălói s. aliaj; —, v. a. a amestecă (metale); a alteră, a micşoră.
Allude-ăliúd v. a. a face aluziune, a bate şaua... (fam.).
Allure-ăliúr v. a. a atrage; a seduce, a amăgi.
Allurement aliúrment s. atragere; momeală, seducţiune, farmec.
Alluring aliúring a. atrăgător; seducător; —ly, ad. în mod atrăgător.
Alluringness-aliúringnes s. se-ducţiune, atragere.
Allusion-dliúziun s. aluziune; in—to, prin aluziune la; to make an—, a face aluziune.
Allusive-aliúsiv a. cel care fa ce aluzie;—ly, ad. prin aluziune.
Alluvial aliúviăl a. aluviu, aluvial.
Alluvion-aliúviŏn, **alluvium** aliúviŏm s. aluviune, teren format prin retragerea apelor.
Ally-ălái s. aliat; —, v. a. a lia, a uui,

Almanach-ólmanăc s. almanah
Almightiness olmáilines s. a totputernicie.
A.mighty-olmáiti a. atotputer nic.
Almond ámŏnd s. migdală; burni —, cofeturi, migdală zaharisită; —.melk sirop de migdale, lapte de migdale; — -tree, migdal.
Almoner ălmoner s. duhovnic.
Almonry.ălmonri s. milostenie.
Almost-ólmoust ad. aproape.
Alms-ámz s. pl. pomană, milostenie, caritate; —house, spital de caritate, ospiciu.
Almage-álneij s. măsurătoare cu cotul.
Aloe(-s) ălo-(·z) s. aloe, sabor (aloe.).
Aloft-ălóft ad. sus, în aer.
Alone-ălóun a. şi ad. singur: let me— l, lasă-mă în pace.
Along-ălóng ad. în întreg, înainte; dealungul; all—, dealungul, tot timpul; go—with you! plecati! duceti-vă!
Aloof-ălúf ad. de departe; (t. mar.) din partea despre vânt; to hold sau to keep—, a se ţine în departare.
Aloud ăláud ad. cu voce tare.
Alpaca ălpăcă s. alpaca.
Alphabet-álfabet s. alfabet.
Alphabetic(al) álfăbétic(ăl) a. alfabetic; — ly, ad. în mod alfabetic.
Alpine-(álpbin) a. din Alpi.
Already-ólredi ad. deja.
Also-ólsou ad. deasemenea, şı.
Altar-ólter s. altar; high—, pristol.
Alter-olter v. a. şi n. a alteră, a schimbă, a se schimbă.
Alterable ólterăbl a. care se poate schimbă, alterabil.
Alterably-ólterăbli ad. în mod schimbător.
Alteration-olteréişŏn s. schimbare.
Altercation.ălterkéişŏn s. al tercaţie; ceartă, sfadă desbatere.
Alternate-altérneit v. a. şi n.

a alternă, a face pe rând, a se urma alternativ.

Alternate-*altérneit* a alternativ; *(bot)* altern, dispus pe ambele părţi ale ramurei dar fără a corespunde; — *ly*, ad. alternativ, pe rând, unul după altul.

Alternation-*alternéişŏn* s. alternaţiune, alternare, repeţire.

Alternativ-*altérnativ* a. alternativ, pe rând, unul după altul; —, s. alternativă, schimbare pe rând; — *ly*, ad. pe rând.

Althea-*altiá* s. altea, nalbă mare.

Although-*olthóu* c deşi cu toate că.

Altitude-*altitiud* s. înălţime.

Alto-*altou* s. (t. mus.) alto, vioară la bas.

Altogether-*oltughéther* ad împreună, cu totul împreună.

Alum-*ălum* s peatră acră.

Alumina *ă iumină* s. argil, lut

Aluminium-*ăliuminium* s. aluminiu

Always-*ólueis* ad totdeauna.

A M-*ántimeridian* antimeridian.

Amain *ăméin* ad. cu violenţă.

Amalgam-*ămălgăm* s amalgam, amestecătură.

Amalgamate *ămălgămeit* v. a. a amestecă, a amalgamă.

Amalgamation-*ămălgămeişŏn* s. amalgamare, ameste are des compunere prin mercur.

Amanuensis-*ămăniuensis* s. secretar, copist

Amaranth - *ămărănth* s. amarant, şir, coloare; purpuriu.

Amarillyss *ămărilis* s bot) a marilis, un fel de crin

Amass-*amăs* v a a îngrămădi.

Amateur-*ămătĕr* s amator.

Amatory *ămateri* a de amor

Amaze-*ăméis* v. a. a încremeni; a surprinde, a mirá.

Amazedly-*ăm·izedli* ad. cu mirare

Amazement *ămeizment*, s mirare, încremenire.

Amazingly - *ămeizingli* ad. în mod îngrozitor, groaznic, uimitor.

Amazon-*ămăzon* s. amazoană

Amazonian-*ămăzóniăn* a de amazoană.

Ambassador *ămbăsădor* s ambasador.

Ambassadress-*ămbă·ădres* s. ambasadoare

Amber *ămber* s. chilibar; —, a. de chilimbar.

Ambergris *ămbergris* s chilimbar cenusiu.

Ambient-*ămbient* a. înconjurător

Ambiguity-*ămbighiuiti* s nehotărîre, nesiguranţă.

Ambiguous *ămbighiuŏs* a. îndoelnic, echivoc; — *ly*, ad. în mod îndoelnic echivoc.

Ambit-*ămbit* s. ocol contur.

Ambition-*ămbişŏn* s ambiţiune, râvnă.

Ambitious-*ămbişŏs* a. ambiţios; *to be—of*, a aveá ambiţiunea de a ajunge, a râvni la; —*ly*, ad. cu ambiţie.

Amble-*ămbl* s. buestru; —, v. a. a umblá în buestru; a umblá în trap uşor.

Ambler-*ămbler* s cal care umblă în buestru

Ambling-*ămbling* s buestru

Ambrosia-*ambi·óziă* s. ambrozie (băutura zeilor); *(fig)* dulceaţă, suavitate.

Ambrosial-*ambróziă* a de ambrozie, delicios.

Ambsace-*éimzeis* s. dub'a de u-nu, dubeş (la table)

Ambulance-*ămbulăns* s ambulanţă

Ambury *ămbiuri* s buboiu

Ambuscade - *ămbóskeid*, ambush *ămbuş* s cursă; *(mil.)* trupă la pândă.

Ambush *ămbuş* v a. a pune la pândă; — *ed*, pus la pândă

Ameliorate-*ămilieirot* v. a. a îmbunătăţi; v. n a se ameliorá a se perfecţionă

Amelioration - *ămilioréişŏn* s. îmbunătăţire.

Amenable *ăminábl* a. răspun

punzător, supus la amendă; jus-
tiţiabil.

Amend-*ămênd* v. a. şi n. a în-
dreptă, a îmbunătăţi a se în-
dreptă, a se reformă.

Amendable-*ămêndăbl* a. care
se poate îndreptă.

Amendment-*ămêndment* s.ame-
liorare, îmbunătăţire, reformă.

Amends-*ămêndz* s. pl. compen-
sare, despăgubire.

Amenity-*ămêniti* s. amiciţie,
prietenie, graţie, farmec, frumu
seţe; (*fig.*) blândeţe, plăcere.

Amerce-*ămêrs* v. a. a pune la
amendă.

Americanism-*ămêricănizm* s.
prostia americană.

Amethyst-*ămethist* s. ametist.

Amiability-*eimiăbiliti* s. amabi-
litate.

Amiable-*éimiăbl* a. amabil.

Amiably *éimiăbli* ad. în mod a-
mabil.

Amianth(us)-*ămianth(ŏs)* s. a-
miant.

Amicable-*ămikăbl* a. amical,
îndatoritor.

Amicably-*ămikăbli* ad. în mod
amical.

Amice-*ămis* s. patrahir (la po-
pii catolici).

Amid(st) *ămid(st)* pr. prin mij-
locul, printre, prin.

Amidships *ămidşips*, ad. prin
mijloc.

Amiss-*ămis* ad. rău, în rău, la
timp nepotrivit; *to come* —, a
jenă, a supără; *to put* —, a perde.

Amity *ămiti* s. amiciţia.

Ammonia-*ămóniă* s. amoniac.

Amonite-*ămonait* s. amonită.

Ammonium-*amónium* s. săruri
amoniacale.

Ammunition-*amiuniţŏn* s. mu-
niţiune, provizie de răsboi; —
bredă, pâine soldăţească.

Amnesty-*ămnesti* s. amnistie;—
v. a. a amnistiă, a acordă am-
nistia

Amongst - *ămŭngst*, *among* pr
prin,printre; *form* —, dela, din, de

Amorous *ămorŏs* a. amorézat;
—*ly*, ad. cu amor.

Amorousnes-*ămorŏsnes* s. fire
amoroasă, amor.

Amorphous-*ămorŏrfŏs* a.amorf,
fără formă hotărîtă.

Amortisation · *ămortizéişŏn* s.
amortizare, stingere cu încetul.

Amount-*ămuunt* s. sumă, total,
cantitate, rezultat; *the* —*of*, ridi-
cându-se la suma de; —, v. n. a
se urcă, a se ridică (o sumă, un
număr), a se reduce la.

Amour-*ămŏr* s. iubire trecătoare,
amoraş, intrigă.

Amphibian - *ămfúibiăn* s. am-
fibiu.

Amphibious - *ămfibiŏs* a. am-
fibiu.

Amphitheatre - *ămfithéuter* s.
amfiteatru.

Ample-*ămpl* a. larg, întins; spa-
ţios.

Ampleness-*ămplnes* s. lărgime,
întindere.

Amplification · *amplifikéişŏn* s.
amplificare, lărgire; desvoltare;
exagerare.

Amplifier · *amplifáier* s. ampli-
ficator, care mărește; lăudătorul
cuiva, panegirist.

Amplify-*ămplifai* v. a. şi n. a
mări, a lărgi, a întinde, a dilatâ,
a se întinde.

Amplitude-*ămplitiud* s. lărgime,
întindere.

Amply-*ămpli* ad. cu prisosinţă,
cu îmbelşugare.

Amputate-*ămpiuteit* v. a. a am-
putâ, a tăiă (un braţ, un picior);
a curăţi de ramuri nefolositoare
(un copac); *to—ane's limb*, a tă-
iă cuiva un membru.

Amputation-*ămpiutéişŏn* s.am-
putare, tăierea (unui membru).

Amuck-*ămŏk* ad ca un nebun.în-
furiat; *torum* —,a alergă ca nebun

Amulet-*ămiulet* s. amuletă, ba-
ier, talisman.

Amuse-*ămiuz* v. a. a amuza, a
face să petreacă, a înveseli, a
înşelă.

Amusement-amiúsement s. a-
muzament, petrecere, desfátare,
înveselire.

Amusing-ămiúzing a. amuzant,
înveselitor; — ly, ad. în mod
hazliu.

An-ăn art. un, o; —, c. dácă, ca
şi cum.

Anabaptist-ănăbăptist s. ana-
baptist, cel ce se boteazá din nou.

Anachronism-ănăcronizm s a-
nacronizm, greşalá de timp, lu-
cru învechit.

Anacreontic-ănăcreóntic s. po-
ezie anacreonticá; —, a. anacre-
ontic.

Anaemia-ănimia s. anemie.

Anaesthetic-ănăstélic s. anes-
tezie, adormitor.

Anagram-ănăgrăm s. anagra-
má, schimbarea ordinei literelor

Anal-éinăl s. anal.

Analogical-ănălojicăl a. ana-
logic, asemănător; —ly, ad. prin
analogie, prin asemănare.

Analogous-ănălogŏs a. analog,
asemănător; —ly, ad. prin ana-
logie, prin asemănare.

Analogy-ănălogie s. analogie, a-
semănare.

Analyse-ănălais v. a. a analiză.

Analysis-ănălisis s. analizá.

Analyst-ănălist s. analist.

Analytic(al)-analític-(ăl) ana-
litic.

Anarchic(al)-ănărkik(ăl) a. a-
narhic.

Anarchist-ănărckist s. anarhist

Anarchy-ănarki s. anarhie.

Anathema - ănăthemă s. ana-
temá.

Anathematise-auáthemataĭs v.
ᴑ a lovi cu anatemá, a afurisi;
--ă, a. de afurisenie.

Anatomical-ănătómicăl a. ana-
tomic.

Anatomise-ănătomaĭs v. a. a
disecă, a face anatomia.

Anatomist-ănătomist a. anato-
mist.

Anatomy-ănătomi s. anatomie;
schelet.

Aucestor-ánsesteĭ s străbun·
—, s. pl. strămoşi.

Ancestral-ăneĭstral a. de strá-
bun, ereditar.

Anchor-ánker s. ancorá; sheet—,
ancorá principalá; to cast —, a
aruncă ancora; —, v. a. a ancorá;
a aruncă ancora; —, v. n. a se
fixá.

Anchorage-ănckereidj s. anco-
rare, drept de ancorare, loc pen-
tru ancorat.

Anchoring-ănkering s. la an-
corá; — ground, loc pentru an-
corat.

Anchorite-ănkerait s. ancorat;
puternic.

Anchovy-ancóvi s. căciugá (peş-
tişor).

Ancient-éinsent a. bătrân, ve-
chiu; —ly, ad. de mult; altá-
datá.

Ancientry-éinşentri s. vechime
(de familie).

And-ănd c. şi; better—better, din
ce în ce mai bun.

Audiron-ăndáirn s. grătar (la
sobá).

Anecdote-ănecdot s. anecdotá.

Anecdotic(al)-ănecdótic(ăl) a.
ca o anecdotă.

Anemometer-ănămómeteĭ s. a-
nemometru.

Anemone - ănémoni s. dedeţel,
floarea vântului (plantă).

Anent-ănént pr. privitor la,
despre.

Aneurism-ăniurizm s. anevrism.

Anew-ăniú ad. din nou, încá,
iarăşi, în stare nouă.

Angel-ăndjel s. înger;—fish, cal-
can (peşte)

Angelic-ăndiélic a. îngeresc;—
ally, ad. în mod îngeresc.

Angelus-ăngelus s. angelus (ru-
găciune).

Anger-ángher s. mânie; —, v. a.
a supără, a mâniá; to provoko
one to—, a întărâtá pe cineva.

Angel-ăngl s. unghiťu, colţ; —, v.
a. a pescuĭ cu undiţa.

Angled-ăngled a. cu unghiuri.

Anglican-*ánglicăn* a. anglican.

Anglicise-*ánglisaiz* v. a. a anglicanizà.

Anglicism *ánglisizm* s. anglicanism.

Angling-*ángling* s. pescuitul cu undiţa; — *rod*, vargă de undiţă.

Anglomania *ánglomèiniă* s. anglomanie.

Angrily-*ángrili* ad. cu mânie.

Angry-*ángri* a. supărat, necăjit, iritat.

Anguish-*ánguiş* s. spaimă, neliniște adâncă, tortură sufletească; durere.

Angular-*ánhiulăr* a. unghiular.

Angularity *ánghiuláriti* s. formă unghiulară.

Anhidrous-*ánháirŏs* a. *(Chim.)* fără apă.

Anil-*ánil* s. *(bot.)* anil (planta din care se extrage indigo).

Aniline-*ánilain* s. *(Chim.)* anilină.

Animadversion-*ánimădvérsăn* s. jenă, observaţiune, critică, censură.

Animadvert-*ánimădvért* v. n. a censura, a dojeni, a mustra.

Animal-*ánimăl* s. animal; —, a de animal, dobitocesc.

Animalcule-*animálkiul* s. animalcul.

Animality-*ánimáliti* s. animalitate.

Animate-*ánimeit* v. a. a anima, a însufleţi, a încuraja.

Animate(d) - *ánimeit(ed)* a. însufleţit.

Animation *ánimèişŏn* s. animaţiune, însufleţire; *(fig.)* vioiciune.

Animosity *ánimósiti* s. animositate, ură.

Animus-*ánimŏs* s. voinţă, intenţiune, scop.

Anise *ánis* s. s. anason.

Aniseed *ánisid* s. sămânţă de anason, vutcă cu anason.

Anker-*ánker* s. veche măsură de capacitate de 38 litri.

Ankle-*ánkl* s. glezna piciorului ;— *bone*,glezna ;--*deep*,până la gleznă.

Annals-*ánăls* s. pl. anale.

Anneal-*ánîl* v. a. a ferbe din nou.

Annex-*ánéks* s. anexă; —, v. a. şi n. a anexa, a lipi, a alătura.

Annexation *ánekséişŏn* s. anexare, alipire.

Annexed-*ánéxt* a. anexat, alăturat.

Annihilate-*ánáihilsit* v. a. a nimici, a zădărnici.

Annihilation-*ánaihiléişŏn* s. anihilare, nimicire.

Anniversary-*ánivérseri* s. zi onomastică; —, a. aniversare.

Annotate *ánoteit* v. a. a nota, a însemna cu note explicative (un text).

Annotation-*ánotéişŏn* s. adnotare, însemnare cu note.

Annotator-*ánotéiter* s. adnotator.

Announce-*ánáuns* v. a. a anunţa.

Announcement-*ánuánsment* s. anunţ.

Annoy *anói* v. a. a plictisi, a turbura, a necăji, a supăra.

Annoyance-*ánóuans* s. plictiseală, chin.

Annual *ániuăl* s. anuar; plantă anuală; —, a. anual; —*ly*, ad. pe an, în toţi anii.

Annuitant-*ániuităñt* s. proprietarul unei rente pe viaţă.

Annuity *ániuiti* s. rentă anuală.

Annul-*ánŭl* v. n. a anula, a desfiinţa.

Annular *ániuler* a. în formă de inel.

Annulated-*ániuleited* a. inelat.

Annulet-*ániulet* s. ineluş.

Annulment-*ánŭlment* s. anulare, desfiinţare.

Annunciation - *ánŏnşiéişŏn* s. proclamaţiune, vestire, prevestire; Buna-Vestire.

Anodyne-*ánodain* s. medicament care face să înceteze durerea; —, a. fără durere.

Anoint-*ánóint* v. a. a unge cu mir; *(fig.)* a burduşi, a bate.

Anomalos-*ánómálos* a. anormal, neregulat.

Anomaly ănŏmăli s anomalie neregula.

Anon-ănon ad. îndată, acuma; ever and—, din când în când.

Anonymous ănŏnimŏs a. anonim; —ly, ad. în mod anonim.

Another anŏther a. prn. un, o, alt, încă unul; altul, deosebit; one —, unul cu altul, laolaltă; one after —, unul după altul; — and —, şi încă alţii.

Answer ánser s. răspuns; socoteală, adresă;—s, motiv; —, v. a. n. a răspunde cuiva, a răspunde, a da un răspuns; a reuşi a satisface; to — for, a răspunde, a fi răspunzător.

Answerable ánserăbl a. răspunzător, convenabil.

Answerableness ánserŏlnes s. răspundere, convenienţă.

Answerably ánserăbli ad. potrivit cu; după.

Ant-ánt s. furnică;—bear,—eater, furnicar (pasăre);—hill, furnicar.

Antagonism ántăgonisms antagonism.

Antagonist-ántăgonist s. antagonist.

Antagonistic-ántăgonistic a. antagonistic.

Antarctic ántarklika.antarctic.

Antecedence-antesédens s. anterioritate, prioritate.

Antecedent-antesédent a. antecedent; — ly, ad. mai înainte de, anterior.

Antechamber-ántişéimbre s. anticameră.

Antedate ántedeit v. a. a antidată, a pune o dată mai veche.

Antediluvian ántidiliúvien a. antideluvian.

Antelope-ántelop s. antilopă.

Antemeridian-ántemeridián a. înainte de prânz.

Antenna ánténi s. pl. coarne de insecte; mustăţi; prăjină orizontală pe catarg care susţine o pânză.

Antenuptial-ántenŏpsăl a. înainte de nuntă.

Antepenultimate - antepenúltimut s. şi a antepenultima (silaba), a treia dela sfârşit.

Anterior antírier a. anterior, de dinainte.

Anteriority ántirióriti s. anterioritate, prioritate.

Anteroom-ánterum s. anticameră.

Anthem-ántem s. imn în onoarea Fecioarei.

Anther ánter s. (bot.) anteră, săculeţ cu polen (la floare).

Anthology antólodji s. antologie, culegere de bucăţi alese în versuri.

Athony's fire-ántoniz/air, s. (med.) orbalaţ, foc viu.

Anthracite-ánthrăsit s. (min) antracit.

Anthrax ánthraks s. (med.) antrax, sarpengea.

Anthropology-ánthrpŏlodji s. antropologie.

Anthropophagus anthropófagus s. antropofag.

Antic-ántic s. caraghioslâc, bufonerie, festă; —, a. bufon, grotesc.

Antichrist-ántikraist s. anticrist.

Anticipate-ántisipeit v. a. a anticipă, a preîntâmpină.

Anticipation antisipéişŏns. anticipaţie; luare înainte.

Anticipatory - ántisipeiter a. prin anticipaţie, de demnitate.

Anticlimax - antikláimachs s. gradaţie de sus în jos.

Anticonstitutional - ánticonstituşŏnăl a. anticonstituţional.

Antidotul ántidotăl a. antidot.

Antidote-ántidot s. antidot, contra-otravă.

Antifebrile-ántifébril a. care taie frigurile.

Antimonarchical-ántimonárkikăl a. antimonarhie, contra monarhiei.

Antimonial - antimóniăl a. cu antimoniu.

Antimony ántimoni s. antimoniu.

Antipathetic-*ántipăthétic* a. antipatic

Antipathy-*ántipathi* s. antipatie, scârbă, ură.

Antiphrasis-*ăn'ifrăsis* s. antifrază.

Antipodes-*ántipodis* s. pl. antipod.

Antipope *ántipod* s. papă fals.

Antiquarian-*antikuéiriăn*, **antiquary** *ántikiuóiri* s. anticar.

Antiquated-*ántikuóited* a. învechit, vechiu.

Antique-*ántic* s antichitate, vechitură; —, a. antic, vechiu.

Antiquity-*antícuiti* s. antichitate.

Antiseptic-*ántiséptic* s. şi a. antiseptic.

Antithesis-*ánti'hesis* s. antiteză.

Antler-*ántler* s. rămuricâ de corn (la cerb); —s, pl. coarnele cerbului.

Anus-*einŭs* s. (*ana'*) anus, gaura şezutului.

Anvil-*ánvil* s. nicovală; (*fig*) meşteşug; —, v. a. a lucra pe nicovală.

Anxiety-*ángzăieti* s. mare nelinişte, îngrijorare, dorinţă.

Anxious *ángkşŏs* a. neliniştit, îngrijat; —*ly*, ad. cu nelinişte, cu grijă.

Any-*éni* pr. şi a. nişte, câţiva cineva, orice; — *thing*, ceva; — *where*, oriunde; — *body* — *one*, vreo persoană oarecare; — *how* ori cum; —*and every*, fiecare; —*ore*, încă.

Aorta-*éiórtă* s. (*anat.*) aortă.

Apace-*ăpéis* ad. repede, iute, cât vezi cu ochii.

Apart-*ăpárt* ad. a parte, în deosebi.

Apartment-*ăpártment* s. cameră, odaie; *a suite of*—*s*, un apartament.

Apathetic-*ăpăthétic* a. apatic, nesimţitor, nepăsător.

Apathy-*ăpáthi* s. apatie, nesimţire, nepăsare.

Ape-*éip* s. maimuţă; imitator;

—, v. a. a maimuţi, a imită.

Apenk *ăpie* ad. drept în jos.

Apelient-*ăpírient* a. şi s. aperitiv, deschizător.

Aperture *ăperoiur* s. deschizătură.

Apery-*éiperi* s. maimuţărie.

Apex-*éipics* s. vârf, culme.

Aphorism-*ă'orizm* s. aforism.

Apiary-*éipiă*i s. stup.

Apiece-*ăpis* a cu bucăţi pentru fiecare can.

Apish-*éipiş* a. de maimuţă — *trick*, maimuţărie.

Apishne s-*éipişnes* s. maimuţărie.

Apocalypse-*ăpókalips*, s. apocalips.

Apocrypha-*ăpókri* ă s. cărţi oculte.

Apocriphal *ăpocri,ăl* a. ocult.

Apogee-*ăpogi* s. apogen, culme.

Apologetic-*ăpolojétic* s. apologetic.

Apologise-*ăpólojais* v. n. a face o apologie (discurs) de apărare.

Apologis-*ăpólogist* s. apologist.

Apologue-*ăpolog* s. apolog.

Apology-*ăpólogi* s. apologie, discurs, de apărare, scuză.

Apo(ph)thegm-*ăpo(f)ehem* s. apo.tegmă, sentinţă aleasă.

Apoplectic(ul)-*ăpopléctic(ăl)*a, apoplectic, damblagiu.

Apoplexy-*ăpoplezi* s. (*med*) apoplexie, damblă.

Apostasy-*ăpóstasi* s. apostazie, lepădare în public de o religiune.

Apostate-*ăpósteit* s. apostat.

Apostatise-*ăpóstătais* v. n a renunţa la religia sa.

Apostle-*ăpósl* s. apostol.

Apostleship *ăpóslşip* s. apostolat, apostolie.

Apostolic(al) *ăpostólic(ăl)* a. apostolicesc.

Apostrophe-*ăpóstropi* s. apostrof.

Apostrophise-*ăpóstro/ais* v. a. a apostrofă.

Apothecary-*ăpóthecări* s. farmacist; —*'s shop*, farmacie.

Apotheosis *apotheósis* s. apoteoză.

Appal-*apól* v. a. a înspăimântă, a sperià; v. n. a îngălbenì, a se înspăimântă.

Appalling - *apóling* a. înspăimântător, sperietor.

Appanage-*apánéij* s. apanaj; *to endow with an*—, a da un apanaj.

Apparatus-*apăréitŭs* s. aparat, unelte.

Apparel-*apárel* s. haine, îmbrăcăminte; —, v. a. a îmbrăcă, a găti, a echipà.

Apparent-*apéirent* a aparent, vizibil; *(of heirs)*, prezumtiv; — *ly*, ad. în mod vădit, după cum se vede.

Apparition-*apărişŏn* s. viziune, spectru.

Apparitor-*apáriter* s. pedel, paracliser.

Appel - *apíl* s. apel; —, v n. a face apel la curte.

Appear-*apír* v n a păreà, a se înfățișă.

Appearance-*apírens* s. apariţiune, înfățișare înaintea (unui judecător); probabilitate, perspectivă; *at first*—, mai întâiu, din capul locului; *for—sake*, pentru aparenţă: *to judge by—s*, a judecà după aparenţă

Appease-*apís* v a. a potolì, a calmà.

Appeaser-*apízer* s. împăciuitor.

Appellant-*apélant* s. apelantul, provocător.

Appellate-*apéleit* s. acuzatul.

Appellation-*apeléişŏn* s. denumire.

Appellative-*apélătiv* a. apelativ

Appellee-*apéli* s. apelat.

Appellor-*apéler* s. apelant.

Append-*apénd* v. a. a aplicà, a adăogà.

Appendage *apéndeij* s dependenţă, accesor.

Appendix-*apéndics* s. apendice, adaos.

Appertain-*apértein* v. n. a aparţine cuiva.

Appetence-*ápetens*, **appeten-cy**-*apétensi*, poftă, înclinare, dorinţă.

Appetiser-*ápetaizer* s. care aţâţă pofta.

Appetising-*ápétaising* a. care face poftă.

Applaud-*apláud* v. a. a aplaudà.

Applause-*apláuz* s. aplaus.

Apple - *apl* s. măr; porumbrea; *crab*—, măr sălbatic; *oak*—, gogoaşe; *pine*—, ananas; — -*dumpling*, soson, prăjitură cu dulceaţă de mere; — -*fritter*, clătită cu mere; — -*orchard*, livadă de meri; — -*parling*, — -*peel*, coajă de mere; — -*tree*, măr.

Appliance-*apláiáns* s. întrebuinţare, mijloc, remediu.

Applicability-*aplicăbíliti* s. aplicabilitate, alipire, convenienţă.

Applicable-*aplicăbl* a. aplicabil, ce se poate întrebuinţà.

Applicant-*áplicănt* s. petiţionar, solicitator.

Application-*aplikéişŏn* s. aplicaţiune, întrebuinţare, usagiu; atenţiune, impunere; plasare, procedeu; petiţiune, jalbă; demers; *to make an*—*to*, a se adresà la.

Apply-*aplái* v a. & n. a. a aplicà, a întrebuinţà; a se adresà la, a se aplicà, a se potrivì; a'şi da silinţa.

Appoint-*apóint* v. a. şi n. a fixà, a numì, a desemnà, a hotărî, a poruncì; *well*—*ted*, *ill*—*ted*, bine, rău echipat.

Appointment-*apóintment* s. decret, ordin, 'ntâlnire; leafă, echipare, îngrijirea cu cele trebuincioase; *to make an*—, a da o întâlnire.

Apportion-*apórşŏn* v. a. a împărţì.

Apportionment - *apórşonment* s. împărţire.

Apposite-*ápozait* a, convenabil, bine aplicat, la timp; —*ly*, ad, care se cuvine, la timp.

Appositeness-*ápozítnes* s. potrivire.

Apposition-*ápozíşŏn* s. apoziţie, anexare, adăogire.

Appraise-*ápréiz* v. a. a preţui, a aprecià.

Appraisement-*ápréizment* s. apreciare, evaluare, estimare, preţuire, expertiză.

Appraiser-*ápréizer* s. preţuitor, funcţionar însărcinat cu preţuirea şi vinderea la mezat a mobilierelor.

Appreciable-*ápríşíăbl* a. de apreciat

Appreciate-*ápríşieit* v. a. a aprecià, a preţuì, a evaluà;—, v. n. a mări preţul, a mări în valoare.

Appreciation-*ápríşiéişŏn* s. apreciare, preţuire, evaluare.

Apprehend-*ápríhénd* v. a. a se teme, a pricepe, a concepe, a înţelege, a apucà.

Apprehension-*ápríhénşŏn* s. teamă, pricepere, concepţiune, presupunere, arestare; *to be dull of*—, a fi greu de cap, a înţelege cu greu.

Apprehensive-*áprehénsív* a. inteligent, foarte simţitor, temător.

Apprehensiveness - *aprehénsiones* s. uşurinţă, teamă, pricepere.

Apprentice *ápréntis* s. ucenic, elev; —, v. a. a băgà la ucenicie.

Apprenticeship-*ápréntişip* s. ucenicie.

Apprise *ápráiz* v. a. a învăţà pe, a înştiinţà, a informà.

Approach-*ápróuci* s. apropiere, acces, primire; v. a & n. a (se) apropià de.

Approachable - *ápróóşíăbl* a. accesibil, de apropiat.

Approaching-*ápróuşing* a. viitor.

Approbation-*áprobéişŏn* s. aprobare.

Approbative - *áprobeitív* a. de aprobare, de încuviinţare.

Appropriate-*áprópríeit* v. a. a potrivì, a însuşì, a'şi însuşì.

Appropriateness - *ápropriéit-nes* s. potrivire, cuvenire.

Appropriation-*apropriéişŏn* s. apropriaţiune, potrivire, însuşire, întrebuinţare, acordare de bani.

Approvable-*áprúvăbl* a. demn de aprobat, preţuitor.

Approval-*áprúvăl* s. aprobare.

Approve-*áprúv* v. a aprobà, a îmbunătăţì.

Approver-*áprúver* s. aprobator, încuviinţător; (*jur.*) destăinuitor.

Approving-*áprúvíng* a. de aprobare; —*ly*, ad. cu aprobare.

Aproximate-*apróksimeit* v. a. & n. a (se) apropià de; —, a. aproximativ.

Aproximation - *áprocsiméişŏn* s. apropriere.

Aproximativ - *áprócsimátív* a. aproximativ.

Appurtenance - *ápértenăns* s. dependenţă, atârnare.

Appurtenant-*ápértenănt* a. dependent.

Apricot-*éipricot* s. caisă; —*tree*, cais.

April *éipril* s. Aprilie; —*fool*, păcălitul de întâiu Aprilie; —*shower*, ploaie repede (*vulg.*) babele din Martie.

Apron-*éiprŏn* s. sorţi; viziera pentru apărarea ochilor.

Apsis *ápsis* s. apsidă.

Apt-*ápt* a..apt; propriu, potrivit, la timp potrivit.

Aptitude-*áptitiud* s. aptitudine, dispoziţiune.

Aptness-*áptnes* s. potrivire; destoinicie, dispoziţie.

Aqua-*ăkuă* s. apă;—*fortis*, apă tare;—*vitæ*, coniac, spirt brut.

Aquarium-*áquărium* s. aquariu.

Aquarius-*áquăriŏs* s. vărsătorul (zodie).

Aquatic-*áquătic* a. aquatic, de apă.

Aqueduct-*ăqueduct* s. apeduct.

Aqueous-*áquiŏs* a. apătos.

Aquiline-*áquilin* a. acvilin, coroiat.

Arabesque-*árăbesc* a. arab.

Arable áră... .ă arabil. de arat.
Arbalist-árbălist s. balistă.
Arbiter-árbiter s. arbitru.
Arbitrament-árbitrăment s. arbitraj.
Arbitrarily-árbitrărili ad. în mod arbitrar.
Arbitrariness-árbitrărines s. arbitrariul.
Arbitrary-árbitreri a. arbitrar.
Arbitration-árbitréişŏn s. arbitraj.
Arbitrator-árbitreiter s. arbitru.
Arbitrement-árbitrăment s. hoiărire, decizie, transacţie.
Arbitress-árbitres s. arbitră.
Arborescent arborésent a. arborescent.
Arboriculturist-árborikúltciurist s. pomicultor.
Arbour-árber s. leagăn, crânguleţ, boschet.
Arbute árbiut, **arbutus** árbiutŏs s. pomişor; — -berry, fructul pomişorului.
Arc-ark s. arc, boltă.
Arcade-arkéid s. arcadă, arcuitură, galerie, pasagiu.
Arcanum-árkéinŏm s. lucru sau mijloc tainic, operaţie misterioasă, secret.
Arch-ártş s arc, boltă, arcă; —, v. a. a boltí; —, fin, şiret.
Archaeologic(al) - arkiológic (ăl) a. arheologic.
Archaeologist-arkiólŏjist s arheolog.
Archaeology-árkiólŏji s. arheologie.
Archaism-árkeizm s. arhaism.
Archangel arkéinjel s arhanghel.
Archbishop-artşbíşop s. arhiepiscop.
Archdeacon-artşdícen s arhidiacon.
Archdeaconship -artşdíconşip arhidiaconie.
Archducal-artşdíucăl a. de arhiduce.
Archduchess-artşidŏces s. arhiducesă.

Archidukedom -artşdúkoჭŏm s. arhiducat.
Arched-árced a. boltit.
Archer-árcer s. arcaş.
Archery-árceri s. tragere cu arcul sau cu arcuşul.
Archfiend árcfind s. arhidiavolul.
Archiepiscopacy - arkiepiscopăsi s. arhiepiscopat.
Archiepiscopal arkiepiscopăl a. arhiepiscopal.
Arching-ártşing s. boltă, arcadă.
Archipelago-arkipélago s. arhipelag.
Architect-árkitect s. arhitect.
Architecture-árkitecciur s. arhitectură.
Archives árkaivz s. arhivă.
Archivist árkiviot s. arhivar.
Archness-árcines s. năzbâtie, şiretenie, istețime.
Archway-ártşuei s. boltă, arcadă.
Archwise-úrtsiuaiz a. în formă de boltă.
Arctic-árctic s. arctic.
Ardency-árdenci s. ardere, violenţă.
Ardent-árdent a. arzător, violent; —ly, ad. cu fierbinţeală, cu căldură, cu patimă.
Ardour-árder s. căldură, ardere, pasiune.
Arduous-árdiuŏs a. anevoie de urcat, anevoie de înţeles, greu, aspru; —ly, ad. în mod greu.
Area éiriă s. arie, arenă, suprafaţă, piaţă în faţa unei biserici, tinda unui templu.
Areal-éiriăl a. la suprafaţă, pe deasupra.
Arena-árină s arenă, nisip.
Arenaceous-árenéişŏs a. nisipos, fărămicios.
Areopagus-áriopágos s. areopag (tribunal grecesc vechiu); adunare de savanţi.
Argent-árjent a. argintiu, de argint.
Argentation-árgentéişŏn s. argintare.

Argil-*árgil* s argilă, humă, lut.

Argonaut-*árgonaut* s. argonaut.

Argosy-*argosi* s. galeră, corabie cu lopeţi şi pânze.

Argue-*árgheu* v. a. şi n. a argumenta, a disputa, a pleda, a acuză.

Arguer-*árghiuer* s. argumentator, controversă.

Argument:*árghiument* s. argument, discuţie, subiect; *to hold an—*, a întreţine o discuţie.

Argumentative - *arghiuméntativ* a. argumentator, demonstrativ; *—ly*, ad. prin demonstraţiune, ca argument.

Arian-*éirián* s. arian, sectă de eretici.

Arid - *árid* a. arid, uscat, (*fig.*) sterp.

Aridity-*áriditi* s ariditate, uscăciune, secetă.

Arietta-*ariéta* s. muzica unei cantonete.

Aright-*áráit* ad. drept, bine.

Arise-*áráis* v. n. (ner.perf. *arose*, ptr. *arisen*), a se sculă, a răsări, a se ridică, a proveni.

Aristocracy-*áristócrăsi* s. aristocraţie.

Aristocrat-*áristócrat* s. aristocrat.

Aristocratic-*áristocrátic* a. aristocratic; *—ly*, ad. în mod aristocratic.

Arithmetic-*arithmetic* s. aritmetică.

Arithmetical - *árithmeticăl* a. aritmetic; *—ly*, ad. în mod aritmetic.

Arithmetician-*arithmetişŏn* s. aritmetician.

Arq-*ark* s. arcă, corabia (lui Noe) *—of the covenant*, chivotul legii (la Ebrei).

Arm-*árm* s. braţ; ramură de pom; armă; *—in—*, braţ la braţ; *at—s length*, la distanţă cât ţine braţul; *to fold one's—s*, a încrucişă braţele; *to hold out one's—s*, a întinde braţele; *— -chair*, fotoliu; *— hole* subsuoară, gaura hainei în care se pune mâneca; *—*, v. a. şi n. a înarmă, a se înarmă.

Armada-*arméidă* s. armada (flotă spaniolă).

Armadillo-*ármadilo* s. o mică escadră; tatu, mamifer nedinţat cu solzi din America de Sud.

Armament-*ármăment* s. înarmare.

Armature-*ármăciur* s. armură, armătură (arhaic).

Armed-*armd* a. înarmat, cu braţele.

Armful-*ármful* s. un braţ plin cu ceva.

Armillary-*ármileri* a. armilar.

Armistice-*ármistis* s. armistiţiu

Armless-*ármles* a. fără braţe, fără arme.

Armlet-*ármlet* s. brăţară; mic braţ de mare.

Armorial-*armóriăl* a. armorial.

Armorist-*ármorist* s armorist.

Armour-*ármer* s. armură; *chain —*, zevelcă ce purtau cavalerii deasupra armurei; *suit of—*, armură complectă, *to case in—*, a cuirasă, a acoperi cu o învălitoare metalică; *— -bearer*, gentilom ce duceă povara unui cavaler.

Armoured-*ármered* a. cuirasat, îmbrăcat cu armură.

Armourer-*ármerer* s. armurier.

Armoury-*ármeri* s. arsenal, sală de arme, armură, armării, marcă (a unei familii, a unui oraş)

Arms-*arms* s. pl. arme; *fire —*, arme de foc; *to beat to—*, a bate în retragere, *ground—*, jos armele!

Army-*ármi* s. armată; *standing —*, armată permanentă.

Arnica-*árnică* s. (*bot.*) arnică, sunătoare.

Aroma-*áromă* s. aromă.

Aromatic-*áromátic* a. aromatic.

Around-*áraund* pr. şi ad. împrejur; pe lângă, în cerc.

Arouse-*áráus* v. a. a ridică, a deştepta, a aţâţă.

Arpeggio-*árpédjo* s. arpegiu (muz.)

Arquebuse-*árkebus* s. archebuză.

Arquebusier-*árkebuzer* s. soldat cu archebuză.

Arrack *árac* s. arac.

Arraign-*aréin* s. a aranjà, a aşezà, a redactà, a acuzà, a da în judecată.

Arraignment-*aréinment* s. acuzare.

Arrange-*aréinj* v. a. a aranjà, a regulà;—, v. n. a se înţelege.

Arrangement-*aréinjment* s. aranjament, înţelegere, măsură, *to come to an—with*, a se înţelege cu.

Arrant-*áránt* a. însemnat, de -frunte; şiret, pişicher, infam.

Arras-*áras* s. tapiţerie.

Array-*aréi* s. ordine de bătălie, rang, şir, haine, vestmânt, podoabă; tablou de juraţi;—, v. a. a aşezà în linie de bătălie, a îmbrăcà, a gătì.

Arrear(s)-*arier's*) s. o rămăşiţă de plată, rest.

Arrest-*arést* s. arestare, oprire; *to place under—*, a băgà la arest;—, v. a. a arestà, a apucà, a înhăţà, a oprì.

Arrival-*áráivăl* s. sosire, ajungere la mal.

Arrive *aráiv* v. n. a sosì, a isbutì.

Arrogance-*árogans* aroganţă.

Arrogant *árogant* a. arogant —*ly*, ad. cu aroganţă.

Arrogate-*árogheit* v. n. a-şi însuşì, a pretinde mai mult decât se cade, a răpì, a-şi însuşì pe nedrept.

Arrogation *árogheişön* s. pretenţiune.

Arrow *áro* s. săgeată.

Arrowy-*ároi* a. în formă de săgeată.

Arsenal-*ársenal* s. arsenal.

Arsenic-*ársnic* s. arsenic;—*al*, de arsenic.

Arson-*árson* s. incediu din rea voinţă.

Art-*art* s. artă, îndemânare, meşteşug.

Arterial-*artiriăl* a. arterial.

Artery *árteri* s. arteră.

Artesian-*artișön* s. artezian.

Artful-*ártful* a. făcut cu artă; —*ly*, ad. făcut în mod artistic.

Artfulness-*ártfulnes* s. dibăcie.

Artichoke-*ártíciok* s. anghinare; *Ierusalem—*, gulie, nap.

Article-*ártícl* s. articol (de lege, de ziar); articol, subiect, chestie; (*gram.*) articol, parte, stipulaţiune, punct; *leading—s*, articol de fond —, v. a. & n. a. articulă, a compune articol cu articol, a expune, a explicà, a angajà, a stipulà, a prevede o clauză o condiţie (într'un contract); a acuzà

Articled-*ártícled* s. scris ca articol, articulat.

Articulate-*artikiuleit* v. a. a articulă, a pronunţà desluşit (sau) a citì desluşit, a stipulà;—, a. articulat;—*ly*, ad. în mod distinct, lămurit, desluşit, articol după articol.

Articulation - *ártikiuléişön* s. articulaţiune, încheetura oaselor; articulare, pronunţare.

Artifice-*ártifis* s. artificiu, meşteşug, vicleşug, şiretenie, fraudă înşelăciune.

Artificer-*artifiser* s. meseriaş lucrător.

Artificial-*artifişăl* a. artificial cu artă;—*ly*, ad. în mod artificial, cu artă.

Artificiality-*artifişăliti* s. stare artificială

Artillerist-*artilerist* şi **artilleryman**-*ártilerimän* s. artilerist.

Artillery-*artileri* s. artilerie.

Artisan *ártizan* s. meşteşugar.

Artist-*ártist* s. artist, sculptor pictor, etc.

Artistic-*ártís io* a. artistic; — *ly*, ad. cu artă, cu măestrie.

Artless-*ártles* a. fără de artă neîndemnatic.

Artlessness-*ártlesnes* s simplicitate, naivitate.

Arum *éiröm* s. (*bot*) rodu-pământului, cocoşoaică

As-*ăz* c. p ecum ca, in calitate de, fiindcă; — *for*. — *to*, cât despre; — *soon*, îndată ce; — *tall*—, aşă de mare ca.

Asafoetida-*ă ăfetidă* s. (*bot*.) aicrul, căcat de drac.

Asbes'os-*ăsbéstos* s asbest (mineral).

Ascent-*ăsénd* v. a. & n. a se urcă, a se sui, a se ridică, a ajunge.

Ascendant-*aséndănt* s. ascendent (suitor), din care cineva î şi trage origina, superioritate;— a superior; *jur*.) ascendent· *to be in the*—, a predomină; a se mări, a creşte.

Ascendency-*ăséndenzi* s. superioritate, putere, înălţime; *to gain an*—*over*, a, obţine o superioritate, a ieşi învingător.

Ascension-*asénşön* s. suire, urcare, Inălţarea Domnului.

Ascent *ăsént* s. suiş, urcuş, înălţare.

Ascertain-*ăsertéin* v. a. a asigură, a se asigura de, a arătă, a constată, a recunoaşte, a verifică, a regula.

Ascetic-*ăsétic* s. ascet, sihastru, pustnic — a. de sihastru, de pustnic.

Asceti m-*ă·étizism* s. ascetism viaţă de pustnic.

Ascribable-*ăskráibăbl* a. care se poate atribui.

Ascribe-*ărkráib* v. a. a atribui.

Ash-*aş* s. frasin; *montain*--, sorb de păsări; *cigar*—, cenuşă de tutun; — *hole*, cenuşar; — *wednesday*, Mercurea mare.

Ashamed-*ăşéimd* a. ruşinos, incurcat.

Ashen-*ăshen* a. din lemn de frasin

Ashes-*ăşéa* s. pl. cenuşă.

Ashore-*ăşór* ad. pe uscat; *to get*—, a debarcă; *to run*—, a se izb i de ţărm.

Ashy-*aşi* a. cenuşiu, de cenuşă.

Aside-*ăsáid* ad. laoparte, deoparte, entru sine; *to lay*— a pune laoparte; *to draw*—, a trage laoparte, *to turn*—, a indepărtă, a se depărtă de ceva.

Asinine-*ăsin ìn* a. de măgar.

Ask *ăsk* v. a. a intrebă, a cere, a reclamă, a interogă, a chemă *ta*—*out*, a invită.

Askuu..ce *ăskáns* ad. obic, laoparte, alăturea; rău; cu dispreţ.

Askew-*ăskiu* ad. oblic, pieziş, de-a curmezişul, cruciş.

Asland-*ăslănd* ad. pieziş cruci ş, laoparte.

Asleep-*ăs'i'* ad. adormit; *fa·t* — adormit dus; *to fall*—, a adormi.

Aslope-*ăslóp* ad. povârnit, prăpăstios.

Asp-*ăsp* s. (*zool*.) aspidă.

Asparagus-*ăspărăgös* s. sparanghel.

Aspect-*ă pect* s. aspect, înlăţişare, faţă.

Aspen-*ăspen* s. tremurătură;—, a. tremurător.

Asperity-*ăspériti* s. asprime, străşnicie.

Asperse *as érs* v. a. a stropi uşor; a defăimă, a calomniă.

Aspersion-*ăspérşön* s. stropire cu aghiasmă, defăimare.

Asphalt(um) *asfált(öm)* s. asfalt.

Asphodel-*ás odel* s. (*bot*) aişor

Asphyxia-*ăsfixiă* s. asfixie.

Asphyxiated-*ăsfixi itet* a. asfixiat.

Aspirant-*ăspáirănt* s. aspirant.

Aspi ate-*ăspireit* s. cap necioplit —, v. a. a aspiră.

Aspiration-*ăspi·éişön*, s. aspiraţiune, aorinţă arzătoare.

Aspire-*ăspair* v. n. a dori cu înfocare, a pretinde, a ambiţioná

Aspiring-*ăspáiring* a. ambiţios

Ass-*ăs* s. măgar, prost; *the*—, măgăriţă; *juk·*—s, măgăruş sau măgar mic; —*'s oal*, măgăruş; — *driver*, conducător de măgari.

Assail *ăséil* v. a. a atacă.

Assailable *ăséilăbl* a. atacabil, ce poate fi atacat.

Assailant *ăséilănt*, **assailer** *ăséiler* s. năvălitor, cel ce atacă, agresor.

Assassin *ăsăsin* s. asasin, uci gaș.

Assassinate *ăsăsineit* v. a. a asasina, a ucide.

Assassination *asăsinéișŏn* s asasinat, omor.

Assault *ăsólt* s. asalt, atac; *ag gravated—*, *—and battery* (*jur.*) violențe; *to take by —*, (*mil.*) a luă cu asalt; *—*, v. n. a atacă. (*jur.*) a comite violențe asupra.

Assay *ăséi* s. incercare, probă; *—*, v. a. a incercă, a pune la probă

Assayer *ăséier* s. care incearcă, care face probă.

Assemblage *ăsémbleidj* s. adu nare.

Assemble *ăsémbl* v. a. & n. a (se) adună.

Assembly *ăsémbli* s. intrunire, adunare, colegiu; *—room*, sală de intrunire.

Assent *ăsént* s. consimțire, voie, invoire, sancțiune, incuviințare; *—*, v. n. a consimți, a da voie, a se invoi, a aproba.

Assentingly *ăséntingli* ad. cu aprobare, in semn de consimțire.

Assert *asért* v. a. a afirmă, a susține, a apără, a asigura, a revendică.

Assertion *ăsérșŏn* s. aserțiune, afirmare, apărare.

Assertive *ăsértiv* a. confirma tiv, de confirmare, care confirmă.

Assess *ăsés* v. a. a taxă, a pu ne o taxă, a supune la impozite.

Assessable *ăsésăbl* a. care poa te fi impus, taxat.

Assessed *ăsest* a. impozit direct.

Assessment *ăsésment* s. taxă, impozit, recensămănt, cadastru.

Assessor *aséser* s. asesor, aju tor, ajutor de primar, ajutor de judecător.

Assets *ăsets* s. pl. fondurile unei

succesiuni; stare activă, datorii le active; *—and debts*, datoriile active și pasive.

Asseverate *ăséverreit* v. a. a a firmă in mod solemn.

Asseveration *ăseveréișŏn* s. a firmațiune solemnă.

Ass-head *ăshed* s. cap de bou.

Assiduity *ăsidúiti* s. sărguință.

Assiduous *ăsidĭŏus* a. sărguitor, silitor; *—ly*, ad. cu sărguință.

Assign *ăsáin* v. a. a desemnă, a hotări, a transferă.

Assignable *ăsáinăbl* a. hotărit, ce poate fi determinat cu preci ziune, ce poate fi cedat, ce poa te fi determinat.

Assignation *ăsignéișŏn* s. ho tărire de fonduri, mandat de pla tă, cedarea unui lucru altcuiva; intălnire.

Assignee *ăsaini* s. delegat, ce sionar, sindic de faliment.

Assigner *ăsáiner* s. cel ce in sărcineză pe un altul cu ingriji jirea intereselor sale.

Assignment *asáinment* s. man dat de plată, hotărire de fonduri pentru o plată; cedarea unui lu cru altcuiva; cesiune, fixare.

Assimilate *ăsimileit* v. a. a a similă, a asemui.

Assimilation *ăsimiléișŏn* s. a similare, insușire.

Assist *ăsist* v. a. a azistă, a fi de față, a ajută, a ingriji, a proteja.

Assistance *ăsistăns* s azisten ță, ajutor, ingrijire.

Assistant *ăsistănt* s. azistent, a jutor, adjunct; *—*, a. ajutător.

Assizes *ăsáiz* v. a. a taxă.

Assizes *ăsáizes* s. pl. sesiune, curtea cu jurați; taxa asupra proviziunilor.

Associate *ăsóșieit* s. tovarăș, a sociat; *—*, v. a. & n. a (se) asociă.

Association *ăsoșiéișŏn* s. aso ciațiune, tovărășie, alianță; *—s*, pl. asociațiune de idei, noțiuni, amintire.

Assonance *ăsonăns* s. asonan ță, potrivire de sunete.

Assort-*ăsórt* v. a. a asortă.

Assortment s. *asórtment* s. asortiment, asortare, colecţiune.

Assuage-*ăsiueidj* v. a. & n. a (se) potoli.

Assuagement - *ăsiuéidjment* s. potolire, uşurare, îndulcire.

Assume-*ăsíum* v. a. & n. a luà, a'şi atribuì, a se încrede în sine prea mult; a fi arogant, a întreprinde, a se însărcina, a luà a-supraşi.

Assuming-*ăsíuming* a. pretenţios, cutezător.

Assumption-*ăsămşŏn* s. presupunere, Adormirea Maicei-Domnului; înălţare, ridicare.

Assurance-*ăşúrăns* s. asigurare, convingere, încredere, siguranţă.

Assure-*ăşur* v. a. a asigurà, a garantà.

Assuredly-*ăşúredli* ad. de sigur.

Aster-*ăster* s. (bot.) steluţă vânătă, limba vrăbiei; *China*—, rujă de toamnă.

Asterisk-*ăsterix* s. asterisc, steluţă.

Astern-*ăstern* ad. (mar.) la pupă.

Asthma-*ăstmă* s. astm, greutate de a respirà.

Asthmatic(al) *ăstmătic(al)* astmatic.

Astir-*ăstér* ad. în mişcare, emoţionat.

Astonish-*ăstónish* v. a. a mirà, a surprinde.

Astonishing y-*ăstónişingii* ad în mod minunat.

Astonishment - *ăstónişment* s. mirare, surprindere.

Astound-*ăstáund* v. a. a mirà, a incremenì.

Astraddle-*ă trădl* ad. călare

Astragul *ăstăgăl* s. ciubuc la partea de sus a unei coloane.

Astral *ăstrăl* a. astral.

Astray *ăstrei* ad afară din drum

Astriction *ăstricşŏn* s compre-se; (med) strângere, strânsoare

Astride *ă trăid* ad călaie, sta-rea cu picioarele crăcite.

Astringent-*ăstrínjent* s. astrin-gent.

Astrolabe-*ăstroleib* s. (astr.) as-trolab.

Astrologer-*astróloger* s. astrolog.

Astrologic(al)-*ăstrológic(ăl)* a. astrologic.

Astrology-*ăstrólogie* s. astrologie.

Astronomical-*ăstronómicăl* a. astronomic.

Astronomy-*astrónomi* s. astronomie.

Astute-*astiut* a. şiret, viclean;— *ly*, ad. cu viclenie.

Asunder-*asŏnder* ad. în două părţi, despărţit.

Asylum-*ăsáilum* s. azil, ospiciu; — *lunatic*, casă de nebuni; *private lunatic*—, casă de sănătate.

At-*ăt* pr. la, în pe, asupra, contra, lângă;—*home*, acasă; *what are yan*—? ce faceţi;—*nine o clock*, la 9 ore.

Atheism-*ătheizm* s. ateizm.

Atheist-*ătheist* s. ateu.

Atheistic *ătheístic* a. cu ateism.

Athenaeum-*athíneum* s. ateneu.

Athirst-*atherest* ad. setos, însetat

Athlete-*ăthlet* s. atlet.

athletic-*athlétic* a. atletic.

Athletics-*athlétics* s. atlet.

Athwart *athóart* ad. şi pr. razna prin, împotriva; oblic, strâmb încurcat

Atilt-*ătilt* ad. luptând cu lancea

Atlas-*ătlăs* s. atlas (hartă), atlas (materie).

Atmosphere-*ătmos/er* s. atmosferă.

Atmospheric *ătmosféric* a. at mosferic.

Atom-*ătom* s. atom

Atomic(a) *ătŏmic ăl)* a atomic

Atone-*ătón* v. a a expia, a is păşi, a răscumpără

Atonement-*ătón ent* s. ispăşire

Atop-*ătó* ad sus, în sus

Atrabilio as-*ătrăbtliŏs* a poso morât, trist, melancolic.

Atrocious-*ătró ŏs* a atroce,

crunt, cumplit, lioros; — *ly*, ad. într'un mod cumplit, etc.

Atrocity-*átrósiti* s. atrocitate, cruzime nespusă, grozăvie.

Astrophy-*ástrofi* s. atrofie, uscarea unei părți a corpului.

Attach-*átáts* v. a. a legă, a apucă, a arestă a face prizonier; *to be—ed to*, a se legă, a se atârnă de.

Attachment-*átătsment* s. dragoste, sechestru, arestare.

Attack-*átác* s. atac, asalt; —, v. a. a atacă.

Attain-*átéin* v. a. a atinge; a ajunge; a obține; a parveni.

Attainable-*átéiábl* a. care se poate ajunge.

Attainder-*átéinder* s. convingere de o crimă, perderea drepturilor civile; pată.

Attainment-*átéinment* s. achizițiune, talent.

Attaint-*átéint* s. atingere, pată; —, v. a. a găsi vinovat, a murdări.

Attar-*átar* s. esență de trandafiri.

Attempt-*átémpt* s. încercare, atac, atentat; *to—ane's life*, a atentă la viață; *to perish in the* —, a muri muncind; —, v. a. a atentă, a atacă.

Attend-*átend* v. a. și n. a fi în serviciu, a servi, a așteptă, a asistă, a însoți, a îngriji, a ascultă, a deschide, a băgă de seamă, a îndeplini, a merge la, a'și da silința la; *to—to busines*, a'și vedeă de treabă.

Attendance-*áténdáns* s. serviciu, îngrijire, băgare de seamă, urmare; *in* —, în serviciu.

Attendant-*aténdánt* s. servitor; —, a. dependinte de, care atârnă de; *to be—upon*, a însoți.

Attention-*áténșon* s. atențiune, băgare de seamă.

Attentive-*atentiv* a. atent; —*ly*, ad. cu atențiune.

Attenuate-*áténiueit* v. a. a atenuă, a micșoră, a ușură.

Attenuation *atenueișon* s. atenuare, ușurare, micșorare.

Attest *átést* v. a. a atestă, a dovedi, a adeveri.

Attestation-*átestășon* s. adeverință, dovadă în scris.

Attic-*átic* s. mansardă, pod; —, a. atic, atenian, clasic.

Attire-*átáir* s. vestminte, haine, găteală, împodobire; —, v. a. a îmbracă, a găti.

Attitude-*átitiud* s. atitudine, ținută.

Attitudinise-*atitiudinais* v. n. a se întinde, a se sprijini pe; a luă o ținută oarecare.

Attorney-*atérni* s. procuror, cel însărcinat a reprezentă părțile în fața tribunalului și a face procedura, împuternicit; —*general*, procuror general.

Attract-*átráct* v. a. a atrage, a trage după sine; *(fig.)* a momi, a prinde în mreji.

Attraction-*átrácșon* s. atracțiune, atragere, farmec, nuri, lipiciu.

Attractive-*átráctiv* a. atrăgător; —*ly*, ad. în mod atrăgător.

Attributable-*átribiutábl* a. de tribuit, ce se poate atribui.

Attribute-*átribiut* s. atribut, însușire ce aparține subiectului.

Attribute-*átribiut* v. a. a atribui, a pune pe seama cuiva; a însuși.

Attrition-*átrișon* s. tocire prin frecare; *(teol.)* căință.

Attune-*átiun* v. a. a acordă (instrumente).

Auburn-*óbern* a. deschis, castaniu deschis.

Auction-*ócșon* s. vânzare la mezat.

Auctioneer-*ocșónier* s. funcționar însărcinat cu prețuirea și vinderea la mezat a lucrurilor.

Audacious-*odéișo* a. îndrăzneț, obraznic, —*ly*, ad. cu îndrăzneală, cu nerușinare.

Audacity-*odásiti* s. îndrăzneală, nerușinare, obrăznicie.

Audible-*ódibl* a. care se poate auzi, de înțeles.

Audibly-ódibli ad. cu voce tare.

Audience-ódiens s. audiență, ascultare.

Audit-ódit s. audițiune, auzire, ascultare, cercetarea unei socoteli; — office, curte de conturi; —, v. a. a cercetà cu deamănuntul o socoteală.

Auditing-óditing s. cercetare amănunțită a unei socoteli.

Auditor-óditer s. auditor, ascultător.

Auditory-óditori, s. auditoriu, sala unde se ține un discurs, o pledoarie, etc.

Auger-ógher s. sfredel, burghiu.

Aught-ot, pr. ceva.

Augment-ogmént v. a. & n. a sporì, a mărì, a crește, a se mărì.

Augur-ógher v. n. a augurà, a prevestì, a presupune.

Augury-óghiuri s. augur, semn prevestitor, proorocire.

August-ógăst s. August.

August-ogóst a. august, măreț, înalt, majestos.

Auk-oo pinguin (pasăre de mare palmipedă).

Aulic-ólic a. aulic, de Curte.

Aunt-ant s. mătușă.

Aura-óră s. abur, zefir, boare, adiere.

Aureole-óreol s. aureolă, nimb.

Auricle-óricl s. auriculă, pavilionul urechei.

Auricular oríkiuler a. auricular, al auzului.

Auriferous-órifarŏs a. aurifer.

Aurora-óróră s. aurora, zorile; — borealis, aurora boreală.

Auscultation-oskŏltéișor s. (med.) ascultare cu urechea.

Auspices-óspises s. pl. ocrotire, protecție, prevestire.

Auspicious-ospíșos a. prielnic, dispus, favorabil; —ly, ad. în mod favorabil.

Austere-óster a. aspru, sever;—ly, cu asprime.

Austerity-ósteriti s. severitate, asprime.

Austral óstrăl a. austral, de miază zi.

Authentic-othéntic a. autentic, învestit cu forme legale; — ally, ad. în mod autentic, adevărat.

Autenticate-othéntikeit v. a. a autentificà, a adeverì, a legalizà, a constatà.

Authenticity otentisiti s. autenticitate, adevăr.

Author-óther s. autor.

Authoress-ótherĕs s. femee-autor.

Authorisation - otorizéișăn s. autorizațiune.

Authorise-othoraiz v. a. a autorizà.

Authoritative-othóriteitiv a. autorizat; —ly, ad. cu autoritate.

Authoritativeness - othórileitivnes s. aer autoritar.

Authority-othóriti s. autoritate; of good —, din izvor sigur.

Authorship-óthershĭp s. calitate de autor.

Autobiography-otobáiógrafi s. autobiografie.

Autocracy-otócrăsi s. autocrație.

Autocrat-ótocrăt s. autocrat.

Autocratic-otocrátic a. autocratic; —ally, ad. în mod autocratic.

Autograph-ótográf s. autograf.

Autographic-ótográfic a. autografic.

Authography-otógráfi s. autografie.

Automatic-otomátic a. automatic;—ally, ad. în mod automatic.

Automaton-otómăton s. automat.

Autonomous-otónomŏs a. autonom.

Autopsy-ótopsi s. autopsie.

Autumn-ótŏm s. toamnă.

Autumnal-otămnăl a. de toamnă.

Auxiliaries-oxiliáris s. pl. trupe auxiliare.

Auxiliary oxiliări a. auxiliar, ajutor.

Avail-ăvéil s. avantagiu, profit; —, v. a. și n. a servì a fi foloaltor; *to — oneself of*, a profilă de.

Available-*ăvéilăbl* a. avantajos, profitabil; valabil; disponibil.

Avalauche *ăvălănş* s. avalanşă.

Avarice-*ăvăris* s. avariţie, sgărcenie.

Avaricious-*ăvărişŏs* a. sgârcit; —*ly*, ad. cu sgârcenie

Avast!-*ăvăst* (*mar.*) destul! opreşte! ţine tare!

Avaunt!-*ăvŏnt* îndărăt!

Ave Maria-*éivmărăiŏ* s. Ave Maria.

Avenge-*ăvénj* v. a. a răzbună, a pedepsi.

Avenue-*ăveniu* s. aleea principală.

Aver-*ăvér* v. a. a afirmă.

Average-*ăverej* (*mar.*) s. avarie, pagubă, stricăciune; termen mediu; —, v. a. a luà termenul de mijloc.

Averse-*ăters* a. opus; *to be—to*, a fi scârbit de.

Aversion-*ăvérşŏn* s. scârbă.

Avert-*ăvért* v. a. şi n. a bate, a depărta, a se depărta, a se abate (din drum).

Aviary-*éivieri* s. colivie mare.

Avidity-*ăvíditi* s. lăcomie.

Avocation-*ăvokéişŏn* s. ocupaţiune, distracţie.

Avoid-*ăvóid* v. a. a evità, a se feri de ceva; (*jur.*) a declină, a tăgădui, a nu recunoaşte (competinţa unui tribunal).

Avoidable *ăvóidăbl* a. evitabil, ce poate fi evitat

Avoidance-*ăvóidăns* s. pretext de scăpare, ferire, înconjur, vacanţă; *jur.*) anulare, casare (a unui act, etc.).

Avoirdupois-*ăverdiupéis* s greutate de 453 gr.

Avouch *ăvóitş* v. a. a afirmă, a arătă, a produce.

Avow-*ăvóu* v. a. a mărturisì.

Avowal-*ăvóuăl* s. mărturisire.

Avowedly-*ăvóuedti* ad făţiş

Avuncular-*avúnkiulăr* a. de unchiu.

Await-*awéil* v. a. a aşteptă.

Awake-*auéik* v. (ner. perf. şi ptr. **awok**-*auóuk*) a se deşteptă; —, a. deştept; vesel; veghetor.

Awaken-*ăuéiken* v. a. a deştepta, a redeşteptă.

Awak(en)ing-*ăuéi(en)king* s. deşteptare.

Award *auárd* s. judecare, hotărire; v. a. n. a adjudecă, a da o sentinţă, a se hotărî.

Awarder *ăuárder* s. arbitru.

Aware *ăuéir* a. veghetor, atent, băgător de seamă; *to be—that*, a şti, a aveà cunoştinţă de.

Away-*ăuéi* a. & ad. absent, care nu e de faţă, lipsă, departe, afară de aici! *to carry* —, a luà cu sine; *to fly*—, a'şi lua sborul; *to go*—, a se duce, a plecà; *to take* —, a scoate, a luà; *send*—, a da drumu, a goni.

Awe *ŏ* s. teamă, respect; —, v. a. a impune.

Awesome-*ŏsŏm*, **awful** *ŏfŏl* a. impunător, respectabil; teribil, groaznic, foarte.

Awfulness *ófulnes* s. caracter impunător, teribil.

Awhile-*ăuáil* ad. câtva timp.

Awkward-*ókuard* a. stângaciu, stricat, mojic

Awkwardness-*ókuerdnes* s. stângăcie, nedibăcie, neîndemânare.

Awl-*ol* s. sulă.

Awn-*on* s barbă, mustăţile unor spice; os de peşte.

Awning-*óning* s cort; streaşină (deasupra uşei de intrare .

Awry-*ări* ad. dea'ndoaselea, prefăcut

Axe-*ăks* s topor, secure.

Axiom-*ăksiăm* s. axiomă

Axle(-tree)-*ăks l.-tri*) s. osie

Ay(.)-*ái* s vot pentru, bilă albă; —, ad da, de sigur.

Aya-*áya* şi *éia* s. bonă, femee în casă indiană.

Azalea-*ăzálea* s (*bot*) azalee plantă exotică.

Azimuth-*ăzimuth* s. azimut, un.

ghiul cuprins între un plan vertical şi cercul meridian luat ca origine.

Azote-*ăzot* s. azot (corp gazos).

Azure-*ézur* s. azur, albastru, coloarea albastră, piatră care dă un albastru frumos; —, a. azuriu, de coloarea azurului.

B

B-*bi* bemol *(mus.)*; — *sharp becar (mus.)*.

B. A. *Bachelor of Arts* bacalaureat.

Baa *ba* v. n. a behăi.

Babble-*băbl* s. flecărire; —, v. n. a flecări; a bolborosi; *(fig.)* a ciripi.

Babler *băbler* s. flecar.

Babling-*băblings*. flecărire; *(fig.)* ciripire.

Babe *béib*, s. copilaş.

Baboon-*băbŏn* s. pavian, mai muţă cu botul lung.

Baby-*béibi* s. copilaş; copil de ţâţă;— -*linen*, rufăria unui copil de ţâţă; —, a. de copil.

Babyhood- *béibihud* s. copilărie.

Babyish-*béibiiş* a. copilăresc; de copil.

Bacchanal-*băcănăl* s. bacanală.

Bacchanalian-*băcănéiliăn* a. bachic.

Bachelor-*băcelor* s. becher, flăcăṷ ; bacalaureat ; —*'s button*, *(bot.)* albăstrele.

Bachelorship-*băcelŏrşip* s. celibat; bacalaureat.

Back-*băc* s. spate, dosul; partea din dos (a unui lucru), spatele (unui scaun); fund;—*of a hare*, spatele, şalele unui iepure; *to turn one's*—*on one*, a întoarce spatele cuiva;— -*door*, uşa dosnică, uşa din fund;—*payment*, rămăşiţă, rest (de plată);— *bos het*, coşniţă; —, v. a. şi n. a se suí pe cal, a călări; a da îndarăt; *(fig.)* a sprijini; *to be*—, a se fi întors, a se înapoiă; *to come*—, a se întoarce: *to—out*, a se retrage, a ieşi de a îndărătelea; —, ad. îndărăt, dindărăt, în urmă, înapoi; pe la spate; în schimb.

Backbite *băcbait* v. a. a vorbi de rău, a bârfi pe socoteala cuiva; a muşcă dela spate *(fig.)*.

Backbiter-*băcbaiter* s. calomniator, defăimător.

Backboard-*băckbord* s. spatole (unui scaun), răzămătoare.

Backbone *băcbon* s. şira spinărei; *to the*—, *(fig.)* până în măduvă

Backed-*băct* a. răzămat, cu spatele.

Backer *băker* s. apărător, sprijin; prieten; cel care face prinsoare pentru.

Backgammon *băcgămŏn* s. table (joc).

Background-*băcgraund* s. loc în dos, fund; *in the*—, la umbră.

Backhanded-*băkhănded* a. (lovitură) dată cu dosul mânei.

Backing *băking* s. masiv.

Backslide-*băcslaid* s. partea din dărăt; şezut; —, v. n. a se lepădă (de o religiune).

Backslider-*băcslaider* s. apostat.

Backsliding *băcslaiding* s. apostazie.

Backstairs-*băcsteirs* s. pl. scara din dos, ascunsă, scară dosnică.

Backward-*băcuard* a. leneş, prost; —*ly*, ad. în silă, contra voinţei.

Backwardness -*băcuardnes* s. lenevie, lene, trândăvie; scârbă.

Backward(s) *băcuard(s)* ad. înapoi, îndărăt, pe spate, de-a berbeleaca;—*and forwards*, înainte şi înapoi, în lung şi în lat.

Backwoodsman- *băcuudsmăn*

s. locuitor din pădurile Americei.

Bacon-*béicŏn* s. slănină.

Bad-*băd* a. rău, răutăcios; *too*—, prea din cale afară! *to go to the*—, a sta prost de tot; —*ly*, ad. rău, prost.

Badge *bădj* s. semn.

Badger-*bădjer* s. bursuc; —, v. a. a hărțuì, a necăjì; a urmărì cu inverșunare.

Badness-*bădnes* s. stare rea; răutate.

Baffle-*băfl* v. a. a zădărnicì, a lăsă la o parte; a înșelă, a păgubì pe cineva.

Bag-*băg* s. sac; buzunar; *to make a good*—, a prinde mult vânat; —, v. a. și n. a pune în sac; a băgă o bilă într'o pungă; a se umflă.

Bagatelle-board *băgătel-bord* s. măsuță de biliard.

Baggage-*băghedj* s. bagaj; femee cu moravuri ușoare; *to be off bag and*—, a'și luă tălpășița, a o șterge.

Bagging-*băghing* s. pânză pentru saci.

Baggy-*băghi* ad. ca un sac, încăpător.

Bagman *băgmăn* s. colportor.

Bagnio-*bănio* s. baie; bordel.

Bagpipe-*băgpaip* s. cimpoiu.

Bagpiper *băgpaiper* s. cimpoiaș.

Bail-*béil* s. cauțiune; —, v. a. a depune cauțiune, a da chezășie, a garantă.

Bailee-*béile* s. depozitar.

Bailiff-*béilif* s. ușier; epistat; subintendent; bailiv (judecător în evul mediu); *water*—, ofițer de port.

Bailiwick *béiliuik* s. magistratura de bailiv.

Bait-*béit* s. momeală; băutură răcoritoare; —, v. a. și n. a momì, a prinde în mreji, a se oprì pentru a'și potolì setea.

Baiting-*béiting* s. momeală.

Bake-*béik* v. a. și n. a coace în cuptor; a face pâine.

Bakehouse-*béichaus*, **bakery** *béikeri* s. brutărie.

Baker-*béiker* s. brutar.

Balance-*bălăns* s. balanță, cântar; echilibru; pendula unui ceasornic; bilanț, socoteala intrărilor și eșirilor;— -*sheet*, bilanț; —, v. a. și n. a cântărì; a sta la îndoială, a șovăì.

Balancing-pole-*bălănsing-poul* s. prăjina de echilibrare a mergătorilor pe funii.

Balconied-*bălconid* a. cu balcon.

Balcony-*bălkoni* s. balcon.

Bald-*bold* a. chel; *(fig.)* gol, sec; —*ly*, ad. în toată goliciunea.

Baldachin *băldăkin* s. baldachin.

Balderdash *bólderdăș* s. vorbire alandala, fără șir.

Baldness *bóldness* s. pleșuvie, chelie.

Bale-*béil* s. teanc de mărfuri. pachet; —, v. a. a împachetă, a pune în lăzi; *(mar.)* a scoate apa din corabie cu lopata.

Balearic *bălăric* a. balearic (d'n Insulele Baleare).

Baleful *béileful* a. trist, funest, fatal; —*ly*, ad. în mod funest.

Balk-*bok* s. grindă, căprior; desamăgire, speranță înșelată; v. a. a înșelă speranțele cuiva; a nimicì.

Ball-*bol* s. bilă, minge; glob; bal; *masket*—, bal mascat; *fancy dress* —, bal costumat; *to load with*—, a încărcă cu gloanțe; v. n. a se ghemuì.

Ballad-*bălad* s. baladă.

Ballast *bălăst* s. balast *(mar.)*; nisip; v. a. a îngropă în nisip; a încărcă.

Ballet-*bălet* s. balet, dans; — *girl*, baletistă, dănțuitoare.

Balloon-*bălún* s. balon.

Ballot-*bălot* s. scrutin, bilă de vot, buletin;—*box*, urnă de vot; v. n. a votă, a decide prin bile sau r°in scrutin între doi candidați.

Balm *bam* s. balsam; *(fig.)* ușurare.

Balmy-*bámi* a. balsamic, de balsam, mirositor; cu balsam; (*bot.*) slăbănog, brie.

Balustrade-*bălŏstréid* s. balustradă.

Bamboo *'ámbu* s. bambu (plantă).

Bamboozle-*bămbúzl* v. a. a înșelà; a păcălì.

Ban-*bǎn* s. anunțare publică pentru o căsătorie, anatemă, afurisenie, isgonire.

Banana *bǎnǎnǎs.* banană(fruct și arbore).

Band-*bǎnd* s. legătură; șiret, panglică; bandaj; bandă de muzicanți; — *box*, cutie de carton; — *master*, șef de muzică; —; v. a. a adunà în bandă.

Bandage *bǎndéij* s. bandaj, legătură;—*maker*, bandajist, fabricant sau vânzător de bandaje.

Bandit-*bǎndit* s. bandit, tâlhar.

Bandog-*bǎndog* s. dulău.

Bandsman-*bǎndsmǎn* s. muzicant.

Bandy-*bǎndi* v. a. și n. a aruncà înapoi mingea; a se certà, a discutà; *to—worts with*, a se luà la ceartă; —, i. turtit, strâmb, sucit; — *legged*, cu picioarele strâmbe.

Bane-*béin* s.otravă;ruină;ciumă.

Baneful-*béinful* a. veninos;—*ly*, ad. în mod otrăvitor; de moarte.

Banewort-*béinuert* s. (*bot.*) zârnă, umbra nopții.

Bang-*bǎng* s. lovitură, palmă;—, v. a. a bate, a burdușì, a croì; a închide cu sgomot ușa; tronc!

Bangle *bǎngl* s. gabară, fluturi; brățară indiană.

Banian-tree-*bǎniǎntri* s. (*bot.*) smochi .

Banish-*bǎniș* v. a. a izgonì, a exilà.

Banishment-*bǎnișment* s. izgonire, exil.

Banister-*bǎnister* s. rampă, balustrada scării.

Bank *bǎnc* s. zăgaz; mal, țărm;

bancă; casă de bancă;— *note*, bilet de bancă; —, v. a. a propti cu pământ (un zid); a pune bani la o bancă; *to—with*, a aveà ca bancher pe cineva.

Banker-*bǎnker* s. bancher.

Banking-house-*bǎnkinghous* s. casă de bancă.

Bankrupt-*bǎncrŏpt* s. falit, mofluz; (*fig.*) ruinat; —, a. în stare de faliment; (*fig.*) ruinat.

Bankruptcy-*bǎncrŏptri* s. faliment.

Banns-*bǎns* s. pl.—**of marriage**, strigare de nuntă.

Banquet-*bǎnket* s. banchet; —, v. n. a benchetuì.

Banshee-*bǎnsi* s. stafie prevestitoare de moarte.

Bantam-*bǎntǎm* s. cocoș de Bantam.

Banter-*bǎnter* s. bătae de joc; glumă; —, v. a. a luà în râs; a glumì.

Banterer-*bǎnterer* s. batjocoritor; glumeț.

Bantling-*bǎntling* s. băiețel durduliu, copilaș.

Baptise-*bǎptaiz* v. a. a botezà.

Baptism-*bǎptizm* s. botez; *certificate of*—, act de naștere.

Baptismal-*bǎptizmǎl* a. de botez.

Baptist-*bǎptist* s. anabaptist.

Baptistery-*bǎptisteri* s. locul unde se botează.

Bar-*bǎr* s. drug, vargă; zăvor; barieră; bara (justiției); (*muz.*) măsură; barou; tejgheà; banca acuzaților; (*fig.*) piedică, oprire; *to be called to the*—, a fi chemat la judecată;— *iron*. vargă de fier; —, v. a. a închide (drumul); a împiedicà, a oprì prin lege, a interzice.

Barb-*bǎrb* s. barbă; barba spicului (la orz, ovăz, etc.); cal din Barbaria; —, v. a. a ascuți; a acoperì cu armătură pieptul unui cal.

Barbarian-*barbéiriǎn* s. barbar, sălbatic, crud.

Barbarism-*bărbarizm* s. barbarism, expresiune necorectă.

Barbarity *barbăriti* s. barbarie, sălbăticie, cruzime.

Barbarous-*bárbărŏs* a. barbar, sălbatec; —*ly*, ad. în mod barbar.

Barbecue-*bárbekiu* v. a. a frige întreg (un miel sau porc).

Barbel *bárbel* s. mreană (pește).

Barber *bárber* s. bărbier; —'*s block*, cap cu perucă.

Barberry-*bárberi* s. (*bot.*) dracilă, măcriș de spin.

Barbet-*bárbet* s. câine cu părul flocos, creț.

Barbican-*bárbicăn* s. deschizătură la o terasă pe unde se scurg apele.

Bard-*bard* s. bard, poet.

Bare *béir* v. a. a despuia, a desveli, a desgoli; —, a. gol, despuiat; simplu; —*ly*, ad. gol; simplu; în mod sărăcăsios.

Bareback-*béirbăo* ad. descoperit, gol.

Barebone-*béirbon* s. schelet.

Barefaced-*béirfeist* a. obraznic, nerușinat.

Barefood(ed) *béirfut(et)* a. descult.

Bareheaded *béirhedet* a. cu capul gol.

Barelegged *béirlegd* a. cu picioarele goale.

Bareness-*béirnes* s. goliciune; sărăcie.

Bargain-*bárghcn* s. târg, târguială; învoială; afacere bună; '*tis a*—, afacerea e făcută; *dead* —, pe un preț de nimic; *into the*—, pe deasupra, peste aceasta, afară de aceasta; *to make, strike a*—, a se învoi prin tocmeală; —, v. n. a se înțelege, a se învoi, a se tócmì.

Barge-*barj* s. luntre, barcă.

Bargee-*bá·gi*, **bargeman**-*bárjmăn* s. luntraș.

Baritone *báriton* s. bariton.

Bark-*barc* s. scoarță; barcă, corabie;—, v. a. a jupuì de scoarță, a da jos coaja; —, v. n. a lătra.

Barley-*bárli* s. orz;—·*sick* a. îmbătat; *pearl*—, arpacaș; —, *water* ceai de orz.

Barm-*barm* s. drojdie de bere.

Barmaid-*bármeid* s. casieriță.

Barn-*barn* s. șură, hambar; —·*floor*, arie (pentru bătutul grăului).

Barnacle *bárnăcl* s. gâscă sălbatică; —*s*, pl. iabașă.

Barometer.*bárómeter* s. barometru.

Baron-*báron* s. baron; *Lord chief*—, prim-președinte.

Baronage-*bároneidj* s. demnitatea de baron.

Baroness·*bárones* s. baroneasă.

Baronet-*báronet* s. baronet.

Baronetcy-*báronetsi* s. rang de baronet.

Baronial-*báróniăl* a. de baron.

Barony-*bároni* s. baronie.

Barouche-*bárúș* s. caleașcă.

Barrack-*bárac* s. baracă; —, s. cazarmă.

Barracoon-*bărăcum* s. depou de negri.

Barell-*bárel* s. butie, butoiaș; țeava (unei arme de foc); cilindru; cavitatea timpanului urechei; —*organ*, minavet, flașnetă; —, v. a. a pune în butoiu; —*ed*, a. cilindru în formă de butoiu; *duble*—*ed*, cu două țevi.

Barren-*băren* a. sterp.

Barrenness-*bărenes* s. sterpiciune, nerodire.

Barricade-*bărikeid* s. baricadă; —, v. a. a baricadà.

Barrier-*bárier* s. barieră; obstacol.

Barrister-*bărister* s. advocat.

Barrow-*bárous* s. roabă; *tumulus*.

Barrowman-*băroumăn* s. muncitor care lucrează cu roaba.

Barter-*bárter* v. a. și n. a traficà, a schimbà.

Basalt *băsolt* s. bazalt.

Base-*béis* s. bază; —, a. jos, infam; —*ly*, ad. înjositor.

Basement-*béisment* s. temelie, fundament.

Baseness-*béisness*. injosire; mârşâvie.

Bashaw-*bâşo* s. Paşă.

Bashful-*bâşful* a. ruşinos; — *ly*, ad. în mod ruşinos.

Bushfulness-*bâşfulnes* s. timiditate, modestie.

Basilica-*bâzilicâ* s. basilica.

Basilisck-*bâsilisc* s. basilisc (reptilă; tun).

Basin-*béisn* s. bazin, lighean.

Basis-*béisis* s. bază, temelie.

Basc-*basc* v. a. şi n. a încălzì, a se încălzì; (*fig.*) a adormì.

Basket-*bâsket* s. coş; *waste=paper*,—, coş de gunoiu; — -*maker*, lucrător de coşuri; — *work*, meseria sau negoţul de coşuri de nuiele.

Bass-*bâs* s. rogojină; bas (*muz*.)

Bass-*béis* a. jos; — -*viol*, s. bas (*mus*.).

Bassinette-*bâsinet* s. leagăn mic.

Bassock-*bâsoc* s. rogojină, împletitură.

Bassoon-*basûn* s. bas (*muz*.).

Bastard-*âsterd* s. bastard;—, bastard, nelegitim.

Bastardise-*bâsterdaiz* v. a. a declară nelegitim.

Bastardy-*bâsterdi* s. naştere nelegitimă.

Baste-*béist* v. a. a bate; a turnă unt cald pe friptură.

Bastinado-*bâstinéido* s. bastonadă, bătae cu bastonul;—, v. a. a bate cu bastonul.

Basting-*béisting* s. bastonadă, bătae cu bastonul.

Bastion-*bâstion* s. bastion, întăritură eşită în afară.

Bat-*bât* s. liliac; băţ, cârjă; bătătoare, lopăţică (la jocul cu mingea); v. a. a se jucă cu bastonul, a bate cu bastonul.

Batch-*bâtş* s. cuptor.

Bate-*béit* v. a. a scădea, a lăsa din preţ;—, s. desbatere, ceartă.

Bath-*bâth* s. bae; *shower*—, duş; *sponge* sau *splash*-—, scăldătoare;— -*keepe*, băeaş; v. a. şi n.

a scăldă, a udă, a face o bae; a se scăldă.

Bather *béilher* s. băeaş.

Bathing - *béilhing* s. scăldare; bae;—*drawers*, pantalon de baie; —*gown*, cămaşă de bae; — *man*, băiaş; — *place*, loc de scăldat; —*room*, odae de baie.

Bathos-*béithos* s. patos; vorbire alandala.

Bating-*béiting* pr. afară de; — *a triffle*, vreo, cam, aproape.

Battalion-*bâtâlion* s. batalion.

Batten-*bătn* s. scândură subţire, laţ (de acoperit), dulap de ţesător; —, v. a. a pune un laţ; v. n. a (se) îngrăşa, a face roditor;—, *to—down the hatches* (*mar*), a închide căptuşeală deschizăturii punţei pentru a nu se mai servì de ea.

Batter-*bâter* s. cocă (din făină, ouă şi lapte); v. a. a bate, a răsturnă.

Battering *bâtering*;— -*ram* s. berbec;— -*train*, artilerie de asediu.

Battery *bâteri* s. baterie (*fiz.*) pilă; (*jur.*) violenţe; *galvanic*—, coloana lui Volta.

Battle-*bâtl* s. bătălie, luptă; *pitched*—, bătălie în regulă; — -*array*, ordine de bătaie; v. n. a da o bătălie, a a se luptă.

Battledore-*bâtldôr* s. rachetă.

Battlement-*bâtlment* s. creastă; —*ed*, a. crestat.

Bavin-*bâvin* s. legătură de surcele, de nuiele.

Bawble-*bobl* s. jucărie de copii, lucru de nimic.

Bawl-*bol* v. n. a ţipa, a zbierà într'una.

Bawling *-biling* s. ţipete.

Bay-*béi* s. laur; bob; golf; — *tree*, laur; *to be, to stand at*—a fi la extremitate; v. n. a lătră.

Bayonet *béionet* s. baionetă;— *belt*, port-baionetă;—, v. a. s străpunge cu baioneta.

Bazar *bâzár* s. bazar.

B. C. (before Christ) înainte de Cristos.

Be-bi v. n. ir: *to be*, a fi, a exista; *so—it*, amin; *he is not to know it*, nu trebue să o ştie; *I am warm, cold*, etc. mie cald, frig; *to let be*, a lăsa.

Beach-*bitş* s. mal, ţărm.

Beacon-*biken* s. semnal, fanar.

Bead-*bid* s. mărgea; *to tell one's —s*, a bate mătănii.

Beadle-*bidel* s. paracliser.

Beagle-*bighel* s. cotei, câne de vânătoare; amnar.

Beak-*bio* s. cioc; pisc; *(mar.)* ciocul de dinainte (la unele corăbii).

Beaked-*bict* a. cu cioc.

Beaker-*biker* s. cupă.

Beam-*bim* s. grindă; *(of machines)*, vergea de cântar; oiște; rază de soare; *to be an (her) -ends, (mar.)*, a zăcea răsturnat; —, v. n. a radia, a trimite raze.

Bean-*bin* s. bob; *broad—*, fasole mare: *reno—*, fasole verde.

Bear-*béir* s. urs; *he—*, ursoaică — *garden*, loc pentru luptele de urşi.

Bear-*beir* v. a şi n. (ir perf. *bore bare*, part *borne*), a duce; a suferi; a produce, a naşte; a rătă; a se află; a se raportă la; a conduce; a aduce; *to—one in hand*, a înşelă pe cineva; *to—co pary*, a ţineă tovărăşie *to—all before one*, a învinge totul; *—away*, a duce mai departe, încolo; *—bak*, a goni îndărăt; *to —down*, a birui; *to— orward*, a goni mai înainte; *to—in*, a năzui: *to—off*, a duce; *to with*, a aveă răbdare; *to—witness* a depune mărturie, a servi ca martor.

Bearable-*béirăbel* a. care se poate suferi.

Beard-*bird* s. barbă; vârf de săgeată; —, v. a a se opune pe faţă; a desfide, a-şi râde de cineva.

Bearded-*bérdet* a. bărbos.

Beardless-*birdles* a. fără barbă.

Bearer-*béirer* s. aducător.

Bearing-*béiring* s. situaţie; înfăţişare; naştere, facere; *(of a coast)* înălţime; aer; *(of land)*, zăcământ; conduită; blazon, marcă (a unei familii); *past—*, de nesuportat, de nesuferit.

Beast-*bist* s. bestie, animal; —s, pl. vite cornute; — *of burden*, vită de povară.

Beastliness-*bistlines* s. bestialitate, brutalitate, murdărie.

Beastly-*bistli* a. brutal, bestial, murdar.

Beat-*bit* s. lovitură; întâlnire; v. a. şi n. (ir. perf. *beat*, prt. *beaten*,) a bate, a lovi; a învinge; s se agită; *to—back, to—off*, a respinge; *to—about the bush*, a umblă cu gând rău, cu şoalda.

Beater *biter* s. maiu, lopată de bătut; treerătoare.

Beatification -*biătifikéişön* s. canonizare, beatificare.

Beatify-*biătifai* v. a. a beatifică, a aşeză în numărul fericiţilor, a ferici.

Beating-*béting* s. lovituri, bătaie; *(of drums)*, bătând tobele

Beatitude-*biătitiud* s. fericire cerească.

Beau-*bo* s. elegant, coconaş.

Beauteous-*biútiös* a. frumos.

Beautifier-*biútifaier* s. persona sau lucrul care înfrumuseţează.

Beautiful-*biútiful* a. frumos, plăcut; *—ly*, ad. de minunè.

Beautify-*biútifai* v. a. a înfrumuseţa

Beauty-*biúti* s. frumuseţe; —*spot*, henghiu.

Beaver-*biver* s. castor; pălărie de castor.

Becalm-*becám* v. a. a calmă, a potoli, a linişti.

Because-*bicős* ad. fiindcă, pentrucă, din pricină.

Beck-*beo* s. semn cu capul; râuleţ; *to be at one's—(and call)*, a fi la ordinele cuiva.

Beckon *becón* v. a. si n. a înviță; a face semn cu capul.

Become-*bécŏm* v. a. și n. (ir. perf. *became*; ptr. *become*), a devenì; a se cuvenì, a se cădeà; a sta, a venì (o haină); *to—of*, a devenì, a se face.

Becoming-*bicŏming* a. care șade bine; cumsecade;—*ly*, ad. cumsecade, cuviincios.

Becomingness-*becŏmingnes* s. bunăcuviință, grație.

Bed-*bed* s. pat, așternut; brazdă cu flori, strat, pătul (de flori); *mariage—*, pat nupțial; *to put to—*, a culcà;—*-chamber*, odae de dormit;—*-clothes*, așternutul patului;—*-head*, căpătăiul patului;—*-time*, ora de culcare; v. a. a pune în pat, a culcà.

Bedabble-*bidábl* v. a. a udà; a stropì.

Bedaub-*bidób* v. a. a murdărì.

Bedazzle-*bidázl* v. a. a luà vederile, a orbì.

Bedding-*béding* s. așternut de pat.

Bedeck-*bidéc* v. n. a acoperì; a găti, a împodobì.

Bedevil-*bedévl* v. a. a vrăjì, a fermecà.

Bedew-*bedíŭ* v. a. a umezì, a muià, a udà, a stropì.

Bedim-*bedim* v. a. a întunecà.

Bedizn-*bedizn* v. a. a găti, a dichisì.

Bedlam-*bédlam* s. casă de nebuni.

Bedlamite-*bédlămaĭt* s. nebun, furios.

Bedridden-*bédridn* a. culcat în pat; îmbolnăvit.

Bedroom-*bédrum* s. odaie de dormit.

Bedside-*bédsaid* s. margine de pat.

Bedstead-*bédsted* s. lemn de pat; pat mic.

Bee-*bi* s. albină;—*-hive*, stup;—*-*, apicultor.

Beech-*bitș* s. fag;—*-nut*, jir.

Beechen-*bitșn* a. de fag.

Beef-*bif* s. carne de vacă; *beeves*,

pl. boi;—*-steak*, biftec;—*-tea* bulion.

Beefeater-*bifiter* s. soldat de gardă.

Beer-*bir* s. bere.

Beet-*bit* s. sfeclă.

Beetle-*bitl* s. cărăbuș; ciocan de lemn, maiu; *black—*, libarcă (insectă);—*-browed*, sprâncene dese; v. n. a atârnà peste; a întrece; a ieșì din, a fi ieșit, scos în afară.

Beetroot-*bitrut* s. sfeclă (roșie).

Befall-*bifól* v. n. (ir. perf. *befel*, ptr. *befallen*), a se întâmplà.

Befit-*bifit* v. a se cuvenì, a se cădeà, a ședeà.

Befitting-*bifiting* a. potrivit, convenabil.

Befool-*biful* v. a. a fi înamorat nebunește; a înșelà, a păcălì.

Before-*bifór* pr. și ad. înainte, înainte de; pe dinainte; odinioară.

Beforehand-*bifórhând* ad. înainte, cu anticipație; *to be — with one*, a o luà înaintea (cuiva), a-l întrece;—*in the world*, în bună stare, în situațiune bună.

Beforetime-*bifórtaim* ad. altădată, odinioară, odată.

Befoul-*bifól* v. a. a murdărì.

Befriend-*bifrénd* v. a. a favorizà, a tratà pe cineva ca pe un amic, a fi prietenul cuiva.

Beg-*beg* v. a. a cere, a rugà; a rugà cu stăruință, a rugà fierbinte; *to go—ging*, a se rugà să fie primit; *to go a'—ging*, a cerși; —, v. a. a cerșetorì, a se milogì.

Beget-*bighét* v. a. (ir. perf. *begot*, ptr. *begotten*), a naște; a produce, a da naștere.

Beggar-*bégher* s. cerșetor, calic;—*my neighbour*, (joc) bătălie; —, v. a. a reduce la cerșetorie.

Beggarliness-*bégherlines* s. cerșetorie, calicie.

Beggarly-*bégherli* a. și ad. de

cerşetor, sărac, in mod sărac.

Begin *bighin* v. a. & n. (ir. perf. *began*, ptr. *begun*), a începe.

Beginner-*beghiner* s. începător, novice.

Beginning *bighining* s. început; origine; *in the—*, la început.

Begone?-*bigón* du-te! duceţi-vă! pleacă!

Begotten v. *beget*.

Begrime-*bigráim* v. a. a mânji; a vopsì; a umple.

Beguile-*bigáil* v. a. a înşelà, a păcăli; a surprinde; a petrece timpul.

Behalf-*biháf* s. favoare; (com.) câştig; *on—of*, în numele; *in—of*, în favoarea, în profit.

Behave-*biháiv* v. n. a se purtà, a se conduce.

Behaviour *bihéivier* s. purtare, conduită; *to be on one's best—*, a fi silit să fii cu băgare de seamă.

Behead-*bihéd* v. a. a decapità.

Beheading-*bihéding* s. decapitare.

Behest-*bihést* s. ordin, poruncă.

Behind-*biháind* pr. şi ad. după, îndărăt, pe dindărăt.

Behindhand-*biháindhand* a. îndărăt, în urmă, cu întârziere.

Behold-*bihold* v. a. (ir. perf. şi ptr. *behold*), a vedeà, a privì, a zări; a contemplà; —! iată! iată! iată!

Beholden-*bihoulden* a. îndatorat, obligat.

Beholder-*bihóulder* s. spectator, observator; martor.

Behoof-*bihúf* s. profit, câştig

Behoove-*bihúv* v. n. impers; *it behoves*, e de mare trebuinţă, e important, în interesul, se cuvine, se cade.

Being *biing* s. fiinţă, existenţă; *to call into—*, a chemà la viaţă.

Being *biing* (gerundiv) fiind; *for the time—*, (fiind) pentru momentul de faţă; *—at home*, liind acasă...

Belabour-*biléiber* v. a. a bate, a croi, a buchisì.

Belated-*biléited* a. întârziat, apucat de noapte.

Belch-*bélţ* s. răgăială, ghiorţ; vărsare; —, v. n. a răgăì; a vărsà.

Beldame-*bildăm* s. femeie bătrână; vrăjitoare.

Beleaguer *bilígher* v. a. a asedià.

Belfry *bélfri* s. clopotniţă.

Belie-*bilái* v. a. a contraface; a calomnià; a desminţi, a da o desminţire cuiva.

Belief *bilíf* s. încredere, credinţă; *past all—*, de necrezut; *to the be t of one's—*, după cât se crede; *to exceed—*, a întrece orice încredere; *to put one's—in*, a aveà încredere în.

Believable *biliveibl* a. de crezut.

Believe *biliv* v. a. & n. a crede, a crede în.

Believer *biliver* s. credinciosul, persoana care crede.

Bell-*bel* s. clopot; clopoţel;— -*cord*, şnur de clopoţel;— -*flower*, (bot.) clopoţel;— -*founder*, turnător de clopote;— -*pull*,— -*rope*, frânghie de clopoţel;— -*wether*, vită care merge cu talangă la gât înainte; *to bear the—*, a fi cel dintâiu; —, v. n. a înflorì în formă de clopot.

Belladonna *béladonă* s. (bot.) beladonă.

Bellicose-*belicos* a. răsboinic.

Belligerent *beligerent* s. & a. luptător.

Bell-mouthed-*bélmauthed* a. părăsit, gol.

Bellow *bélou* v. n. a mugì; a rage, a sbierà.

Bellows-*bélo:z* s. foale (unealtă cu care se suflă);— -*blower*, suflător de orgă.

Belly-*béli* s. burtă; —, v. a. & n. a (se) umflà.

Bellyful *béliful* s. burtă plină; sătul, săturare.

Belong *bilóng* v. n. a aparţine; a concernà, a privì.

Belovet *bilóved* a. iubit, mult iubit.

Below *bilóu* pr. şi ad. jos, mai jos, dedesupt; mai prejos; aicea pe pământ; subt, în jos de, sub; aici.

Belt-*belt* s. cingătoare; lenta spadei; brâu; bandaj;— -*maker*, fabricant de centure, centiroane, brâie; —, v. a. a încinge.

Belvedere *bélvedir* s. belvedere, terasă, chiosc.

Bemoan-*bimóun* v. a. a deplânge, a-i părea rău.

Bench-*bénţş* s. bancă; masa de lucru (a meseriaşilor); tribunal, curte; *King's*—, curtea regală; închisoare la Londra; —, v. a. & n. a prevedeà cu bănci; a aşezà pe o bancă.

Bend-*bend* s. îndoitură, încovoiare; (*fig.*) înclinare, aplecare; latură de corabie.

Bend v. a. & n. ir. perf. şi ptr. *bent*, a legà; a îndoì; a conduce; a se îndoì; a se încovoià; a se înclinà, a se plecà.

Beneath-*binith* pr. & ad. sub; dedesubt; în jos.

Benediction-*benedicşön* s. binecuvântare.

Benefacton-*benefăcşön* s. binefacere.

Benefactor-*benefăcter* s. binefăcător.

Benefactress-*benefăctres* s. binefăcătoare.

Benefice-*bénefis* s. beneficiu.

Beneficience-*benéfisens* s. binefacere, generozitate.

Beneficient-*benéfisent* a. binefăcător, generos; —*ly*, ad. în mod darnic, generos.

Beneficial-*benefişöl* a. favorabil, folositor.

Benefit-*bénefit* s. binefacere, beneficiu; câştig;— -*night*, reprezentaţie în beneficiu;— -*society*, societate de ajutor mutual; —, v. a. & n. a face bine cuiva, a servì; a trage folos, a profità de.

Benevolence-*benévolens* s. bună voinţă, bunătate, favoare.

Benevolent-*benévolent* a. binevoitor, binefăcător; —*ly*, ad. cu bunăvoinţă.

Bengal-lights-*bengólaits* s. foc bengal.

Benighted-*bináited* a. apucat de noapte.

Benign-*benáin* a. blând, blăjin, bun; îndurător, milostiv; salubru, sănătos; —*ly*, ad. cu blândeţe, blajin, binevoitor.

Benignity-*beníngniti* s. blândeţe, bunătate, îngăduire.

Bent-*bent* s. încovoitură; curbă; povârniş; coastă; —, a. curbat, încovoiat; determinat, hotărît.

Benumb-*binöm* v. a. a amorţì.

Benzine-*bénzain* s. benzină.

Bepraise-*bipréis* v. a. a lăudà peste măsură.

Bequeath-*bicúith* v. a. a lăsà prin testament.

Bequeather-*bicúither* s. testator, care lasă prin testament (moştenire).

Bequest-*bicuést* s. legat, dar făcut prin testament.

Bereave-*beriv* v. a. (ir. perf. şi ptr. *bereft* sau *bereaved*), a jupuì, a răpì; a lipsì de (un folos), a nu da.

Bereavement-*berívment* s. lipsă, pierdere, privatiune.

Bereft vide *bereave*.

Bergamot-*bérgămot* s. pergamută (pară).

Berlin-*bérlin* s. berlină, trăsură cu două funduri, droaşcă;—*wool*, lână de brodat.

Berry-*béri* s. bob, sămânţă.

Berth-*bérth* s. (*mar.*) locuinţă; cabină; loc pentru ancorat.

Beryl-*béril* s. beril (*bot.*) smarald verde.

Beseech-*bisíţş* v. a. (ir. perf. şi ptr. *besought*-*bişöt*), a rugà ferbinte.

Beseechingly *besiţşingli* ad. cu un ton rugător.

Beseem-*bisím* v. n. a se cuvenì, a se cădeà; a şedeà (bine, rău).

Beset-*besét* v. a. (ir. perf. şi ptr. *beset*), a ocupà, a asedià, a înconjurà; a plictisì, a chinuì.

Besetting-*beséting* a. obisnuit.

Beside(s) *besáid(z)* pr. & ad. pe lângă; lângă, aproape de; amintrelea; afară de aceasta;—*oneself*, afară de sine.

Besiege-*bisíj* v. a. a asediă.

Besmear-*bismér* v. a. a murdări cu, a umple cu.

Besom-*bizŏm* s. mătură.

Besot-*besŏt* v. a. a prostì, a dobitocì.

Bespangle-*bispăngl* v. a. a împodobì cu fluturi.

Bespatter-*bispăter* v. a. a stropì, a umple cu noroiu; (*fig.*) a defăimă, a face de ocară.

Bespeak-*bispío* v. a. (ir. perf. *bespoke*, ptr. *bespoken*), a cere; a cere dinainte, înainte; a cere cuiva ceva; a închiriă; a se adresă; a arătă; a prezìce; a anunçă.

Besprinkle-*besprincl* v. a. a udă, a stropì.

Best-*best* a. şi ad. cel mai bun; cei mai buni; mai bine; *to do one's*—, a face cât îi stă cuiva în putinçă; *to make the*—*of a bad business*, a ascunde nemulţumire, supărare.

Bestial-*béstiăl* a. bestial, brutal·—*ly*, ad. în mod bestial, dobitocesc, în mod brutal.

Bestiality-*béstiáliti* s. bestialitate, dobitocie, brutalitate.

Bestir-*bistér* v. a. a pune în mişcare, a se mişcă; *to*—*one's self*, a se pune în mişcare.

Bestow-*bestó* v. a. a da, a acordă; a scutì; a da în căsătorie; a întrebuinçă la; *to*—*oneself*, a se ocupă, a se aşeză într'o casă.

Bestowal *bistóuăl* s dispoziçiune, aşezare

Bestride-*bestráid* v. a (ir. perf. *bestrode* sau *bestrid* ptr. *bestridden* sau *bestrid*) a stă călare a încălică; a călcă, a trece peste

Bet-*bet* s prinsoare; —, v. a. a pariă.

Betake-*bitéic* v. a. (ir. perf. *betook*, ptr. *betaken*, a se da cu totul la ceva, a se da în voie;

a recurge la; a se ţine; a da, a înmână; a se refugiă, a se duce la; *to*—*one's self*, a se îndreptă către, a se refugiă la.

Bethink *bethíno* v. n. (ir. perf. şi ptr. *bethought*), a se gândì; a privì bine; a examină; *to*—*oneself*, a'şi aduce aminte; a se gândì la.

Betide-*bitáid* v. a. a se întâmplă.

Betimes-*bitaims* ad. în curând, de vreme, la timp.

Betoken-*bitókn* v. a. a arătă; a anunçă; a proorocì.

Betray-*bitréi* v. a. a trădă, a denunçă; a descoperì; a înşelă.

Betrayer-*bitréier* s. trădător; trădătoare.

Betroth-*bitróth* v. a. a logodì, a da în căsătorie.

Betrothal-*betróthăl* s. logodnă.

Better-*béter* a. & ad. mai bun; mai bine; *so much the*—, cu atât mai bine; —, s. ceeace este mai bun; superior; superioritate; avantaj; *for*—, *for worse*, într'un noroc; —, v. a. a îmbunătăţi; a înaintă, a întrece; a susţine.

Bettering-*bétering* s. îmbunătăţire.

Betting-*béting* s. prinsoare.

Bettor-*béter* s. care face prinsoare.

Between-*bitúin*, **betwext**-*bitúikst* pr. între, în mijlocul; *betwixt and*—, acelaş lucru.

Bevel-*bével* s. daltă; unghiu, care nu e drept; v. a. a tăiă în unghiu ascuţit; v. n. a tăiă pieziş; —, a. pieziş, ascuţit.

Beverage-*biveiredj* s. băutură.

Bevy-*bévi* s. sbor (de păsare); societate.

Bewail-*beuéil* v. a. a deplânge; v. n. a se plânge, a geme.

Beware-*biuér* v. n. a se păzì de, a băgă de seamă.

Bewilder-*biuílder* v. a. a zăpăcì, a rătăcì; a încurcă; a turbură.

Bewilderment-*biuílderment* s.

rătăcire, turburare, încurcare.

Bewitch *beuits* v. a. vrăjl, a fermecă.

Beyond *biiónd* pr. dincolo de, peste; mai departe, afară, de cât; acolo.

Bezel *bézl* s. piatra inelului.

Bias *báias* s. piezășie, linie oblică; înclinație; prejudiţiu; —, v. a. a se apleca într'o parte, a se povârni; a influența.

Bib *bib* s. pestelcuţă, bavetă; —, v. n. a bea.

Bible *báibl* s. biblie; vechiul testament.

Biblical *biblicál* a. biblic.

Bibliophile *bibliofil* s. bibliofil.

Bibulous *bibiulós* a. spongios, ca buretele; —*paper*, hârtie sugătoare.

Bicker *biker* v. n. a se certă, a hărțul.

Bickering *bikering* s. hărțuială.

Bid *bid* v. a. (ir. perf. *bade*, sau *bid*, ptr. *bidden*, sau *bid*), a rugă, a porunci; a cere; a invită; a oferi (un preţ); *to—adieu*, a'şi luă rămas bun.

Bidder *bider* s. cel care concurează la o licitaţie; *highest—*, cel care dă preţul cel mai mare.

Bidding *biding* s. poruncă; invitaţiune; oferta mai mare la mezat.

Bide *báid* v. a. & n. a răbdă, a suferi; a locui; *to—one's time*, a aşteptă ocaziunea, momentul.

Biennial *báienial* a. bienal, care durează doi ani; *(bot.)* care ţine numai doi ani.

Bier *ber* s. cosciug; targă.

Biffin *bifin* s. măr uscat.

Bifurcated *báifurkeited* a. bifurcat.

Big *big* a. gros, mare; umflat; mândru; însărcinată.

Bigamist *bigámist* s. bigam.

Bigamy *bigámi* s. bigamie.

Bight *bait* s. sân mic de mare, golf mic.

Bigness *bignes* s. grosime, mărime.

Bigot *bigot* s. bigot, evlavios.

Bigoted *bigóted* a. bigot, fanatic; —*ly*, ad. în mod fanatic.

Bigotry *bigotri* s. bigotism; fățărnicie.

Bigwig *biguig* s. căciulă mare.

Bilateral *bailáteral* a. bilateral.

Bilberry *bílbori* s. afină.

Bile *báil* s. fiere.

Bilge *bilj* s. fundul corăbiei, hasnă; —, v. a. a desfundă; —, v. n. *(mar.)* a luă apă (o corabie găurită).

Bilious *bíliós* a. fieros, veninos.

Bilk *bilc* v. a. a furá, a înşelă, a frustră, a escrocă; —, s. înşelăciune, pungăşie, cursă.

Bill *bil* s. cioc, pisc (la pasări); cosor; secure, bardă; act scris; poliţă; socoteală, afiş, aviz, program; factură; bilet; bil t de închiriat, de vânzare, cerere; proiect de lege; —*of exchange*, poliţă; —*of fare*, listă de mâncare; —*of healthe*, certificat de sănătate eliberat unei corăbii ce care; —*of indictment*, act de acuzare; —*of lading*, fraht; *(mar.)* —*of mortality*, registru de mortalitate; —*of parcels*, factură, socoteală de mărfuri vândute; *doctor's—*, reţetă; —*payable to bearer*, efecte de plătit la purtător; *to find a true—against*, a găsi motive de dare în judecată; *stick no — s!* oprit de a afişă! —*broker*, agent de schimb; —*poster*,—*sticker*, afişer, lipitor de afişe.

Billet *bílet* s. bilet; butuc; —, v. a. u găzdul; a instală.

Billhook *bílhuc* s. cosor.

Billiard *biliard* s. biliard; —*ball*, bilă; —*cue*, (kíu) tac, achiu; —*pocket*, pungă, gaură mărginaşă la biliard; —*room*, sală de biliard; —*table*, biliard; —*player*, jucător de biliard.

Billiards *biliards* s. pl. biliard; *game of—*, partidă de biliard.

Billingsgate *bilingsgheit* s. lim-

bajiul femeilor din piaţa de peş-
te din Londra.

Billion-*bĭliŏn* s. bilion, miliard.

Billow-*bĭlo* s. val de mare; —,
v. n. a se ridică ca valurile; a
ondulă.

Billowy-*bĭlo̤i* a. vijelios, fur-
tunos.

Bimetallism-*bimétălizm* s. bi-
metalism.

Bin-*bin* s. căpistere; despărţă-
mintele (unui dulap, unei cutii);
cufăr.

Bind-*báind* v. a. & n. (ir. perf. şi
ptr. *bound*), a legă; a legă o car-
te; a sili; a se obligă; a se în-
datoră, a se obligă la ceva; *to
be bound to*, a fi legat la; *to —
apprentice*, a da la ucenicie.

Binder-*báindĕr* s. legător de
cărţi: bandaj, legătură.

Binding-*báinding* s. bandaj, le-
gătură; legătură de carte; ti-
veală.

Bindweed-*báinduid* s. (bot.) vol-
bură, forfecari, rochiţa rându-
nicei.

Binnacle-*bínacl* s. dulap de a-
şezat busola.

Binocle-*bĭnocl* s. binoclu.

Binocular-*bainŏkiulár* a. pen-
tru ambii ochi.

Binomial bainómial a. binom,
cătime algebrică de doi termeni
separaţi prin + sau —; *—theorem*,
binomul lui Newton.

Biographer-*baiŏgráfer* s. bio-
graf.

Biographical - *baiográficăl* a.
biografic.

Biography-*baiógrăfi* s.biografic.

Biology-*baiólogi* s. biologie.

Biped-*báiped* s. biped.

Birch-*bérţş* s. mesteacăn; joardă.

Birchen-*bércen* a. de mesteacăn.

Bird-*bărd* s. pasăre; — *cage*, co-
livie; — *call*, flueraş; — *calcher*,
păsărar; — *catching*, prindere de
pasări; — *lime*, cleiu; — *of pas-
sage*, pasăre călătoare.

Birdseye-*bérdzai* a. văzut de
sus; — *view*, în linie dreaptă.

Birdsnest-*bérdznest* v. a. a stri-
că cuiburile pasărilor.

Birth-*bérth* s. naştere; facere.

Berthday-*bérthdei* s. ziua naş-
terii.

Birthplace-*bérthpleis* s. locul
naşterei.

Birthright-*bérthrait* s. dreptul
de moştenire.

Biscuit-*biskit* s. pişcot, pesmet.

Bisect-*báisect* v.a. a tăiă în două.

Bishop-*bişop* s. episcop; nebun
(la jocul de şah).

Bishopric *bişopric* s. eparhia e-
piscopului.

Bismuth *bizmŏth* s. bismut.

Bison-*báisŏn* s. bizon.

Bit-*bit* s. zăbală, frâu; bucată,
îmbucătură; fir; floarea cheei;
not a — of it, nici de cum, pen-
tru nimic în lume; —, v. a. a
înfrână un cal.

Bitch *bitş* s. căţea; gloabă.

Bite-*báit* s. muşcătură, îmbucă-
tură; înşelăciune.

Bite-*báit* v. a. (ir. perf. *bit*, ptr.
bitten sau *bit*), a muşcă; *(fig.)* a
înţepă.

Bitter *biter* a. amar; muşcător,
pişcător; crud; satiric; —*ly*, cu
amărăciune, cu cruzime.

Bitterish-*biteriş* a. amăriu.

Bittern-*bitern* s. bătlan de stuh.

Bitterness-*biternes* s. amără-
ciune; acrime; înverşunare.

Bitters-*biters* s. pl. absinth, biter.

Bitumen-*bitiúmen* s. păcură.

Bituminous-*bitiúminŏs* a. pă-
curos.

Bivalve-*báivălv* s. cu două buze.

Bivouac-*bívuac* s. bivuac; —, v.
n. a tăbărî în câmp deschis.

Blab *blăb* s. flecar, limbut; —,
v. a. & n. a flecări; a divulgă,
a destăinui, a trădă.

Black-*blăc* s. culoare neagră;
doliu; —, a. negru, întuneric, în-
tunecat; trist; crunt, cumplit;
to beat — and blue, a bate până
devine negru şi vânăt; — *book*,
carte de pedepse; carte de fer-
mece; — *eye*, un ochiu negru; un

ochiu lovit și umflat; — -lead, substanța minerală din care se fac creioane; — -letter, litere gotice; — -pudding, cârnat de sânge de porc; — -thorn, porumbel (bot.).

Black(en)-blak(en) v. a. a înegri, a văcsui; a întuneca; a defăimă, a face de ocară; a deveni negru.

Blackmoor-blăcmur s. negru.

Blackball-blăcbol s. bilă neagră; —, v. a. a respinge, a refuză.

Blackberry - blăcberi s. dudă sălbatică; — -bush, dud sălbatic

Blackbird blăcberd s. mierloiu.

Blackguard-blăcgard s. ștrengar, mojic, pungaș.

Blacking-blăking s. vax.

Blackish-blăkiș a. negricios.

Blackleg-blăcleg s. escroc, pungaș, hoț.

Blackmail-blăcmeil s. stoarcere, luare cu sila.

Blackness-blăcnes s. negreală, negreață.

Blacksheep-blăckșip s un om de care fug toți.

Blacksmith-blăcsmith s. fierar, covaciu.

Bladder blăder s. bășică; pustulă.

Blade-bleid s. limbă de cuțit; omoplat; (poetic) spadă; fir de iarbă; —, v. a. a pune o limbă de cuțit.

Blain-blein s. pustulă, bășică; umflătură, buboiu.

Blamable-bleimăbel a. de blamat, de dojenit.

Blame-bleim s. blam, mustrare; —, v. a. a blamă, a mustrà, a dojeni, a censură.

Blameless-bleimles a. scutit de orice blam, mustrare; —ly, ad. scutit de orice blam.

Blameworthy - bleimuerthi a. blamabil.

Blanch blănș v. a. a albi: (fig.) a îngălbeni; a face să îngălbenească.

Bland-blănd a. blând, dulce; lin gușitor.

Blandish - blăndiș v. a. a desmierdà, a linguși.

Blandishment blăndișment s. mângăiere, desmierdare, lingușire.

Blanc-blănc s. alb, culoarea albă, hârtie cu loc liber pentru iscălitură; —, v. a. a încurcà, a șterge; —, a. alb; palid, galben; fără rimă.

Blanket-blănket s. plapomă; —, v. a. a înveli cu plapoma.

Blankness-blănknes s. gol.

Blarney-blărni s. sentimente și promisiuni mincinoase ; fleac, moft.

Blaspheme blăsfim v. a. a blestemă.

Blasphemer-blăsfimer s. blestemător.

Blasphemous a. blestemător, nelegiuit.

Blasphemy blăsfemi s. blestem afurisire.

Blast-blăst s. suflare de vânt ; sunet; arderea vegetalelor de către soare; putoare; molipsire; explozine; — -furnace, cuptorul pentru topitul minereielor de fier; —, v. a. a arde, a distruge; a uscă; a plesni, a trosni.

Blasting- blăsting s. explozie ; —, a. distrugător.

Blaze-bleiz s. flacără; sgomot, veste; albeață, paliditate; —, v. a. a publicà; a arde; a străluci, a scânteià.

Blazon-bleizn s. blazon, armorii, marcă; —, v. a. a zugrăvì sau a descifrà armorii; a lăudà; a proclamă.

Blazonry - bleiznri s. blazon ; (fig.) strălucire.

Bleach-bliț v. a. & n. a albi, a înălbi.

Bleacher-blițer s. spălător.

Bleak-blic a. palid; gol; rece, înghețat; expus la vânturi; posomorit.

Bleakness-*blicnes* s. frig; răcoa-re; aspect posomorît.

Blear(-eyed)-*blir*(-*aid*) a. urdu-ros, cu urdoare la ochi; palid; rece.

Bleat-*blit* s. behăit; —, v. n. a behăi.

Bleed-*blid* v. a. & n. (ir. perf. şi ptr. *bleed*), a sângera, a vărsă sânge.

Bleeding-*bliding* u. curgere de sânge; luare de sânge.

Blemish-*blémiş* s. pată, priha-nă; defect, cusur; dezonoare, ne-cinste; —, v. a. a mânji, a pătă, a defăimă; a dezonoră; a des-figură.

Blend-*blend* s. blendă, minerai de sulfură de zinc; amestecătu-ră; —, v. a. a amestecă, a face confuziune.

Bless-*bles* v. a. a binecuvântă, a face fericit; — *my soul!* Dum-nezeu să mă binecuvânteze!

Blessedness-*blésednes* s. feri-cire desăvârşită, sfinţenie.

Blessing-*blésing* s. binecuvân-tare.

Blight-*blait* s. mană, rugină; —, v. a. a arde, a pârli, a rugini; a vesteji.

Blind-*blaind* s. stor, transperant, perdea mică; *Venetian*- —, per-siană; oblon de fereastră; —, v. a. a orbi, a întunecă; a acoperi cu plăci de fier (un vapor); —, a. orbi; întunecos; —*ly*, ad. or-beşte, ca un orb.

Blindfold,-*blainsfold* v. a. a le-gă la ochi; —, a. cu ochii legaţi

Blindman's-buff - *bláindman bŏſ* s. baba-oarba (joc).

Blindness-*bláindnes* s orbire.

Blindworm-*bláinduerm* s. ceci-liz, şarpe orb.

Blink-*blink* s clipeală, licărire, zare; —, v. n. a clipi des, a da din ochi.

Blinker-*blinker* s. persoană ca-re clipeşte; obraz (la cai).

Bliss-*blis* s. fericire, fericire ne turburată.

Blissful-*blisful* a. fericit, foarte fericit; —*ly*, ad. în mod fericit.

Blister-*blister* s. pustulă, băşi-că; (*med.*) vesicătoare; v. a. & n. a pune vesicătoare, a se băşică.

Blistering *blistering* s. punere de vesicătoare.

Blith-*bláith* a. vesel.

Bloat-*blot* v. a. & n. a (se) um-flă, a se mări; —*ed herring* vi-de *bloater*.

Bloatedness-*blóutednes* s. um-flătură.

Bloater-*blóuter* s. scrumbie a-fumată.

Block-*bloc* s. bloc, butuc; obsta-col, pedică; om greoiu; formă pentru pălărie; cap de lemn cu perucă; mănunchiu de case; —-*house*, fort, întăritură de lemn; *shoe*—, galoş; *sentinced to the*—, osândit la spânzurătoare; —, v. a. a blocă, a împresura din toa-te părţile; a înconjură.

Blockade-*blókeid* s. blocare, îm-presurare totală a unui loc în-tărit; *to run the*—, a forţă întă-ritura; —, v. a. a blocă, a îm-presură din toate părţile, a în-conjură.

Blockhead - *blóched* s. butuc prost, neghiob.

Blockship-*blócşip* s. vas car păzeşte coastele.

Blonde-*blond* s. blond.

Blood-*blud* s. sânge; rudenie rasă; *loss of*—, emoragie; *to bre ed ill*—, a pricinui neînţelegere a'şi face sânge rău; *to ake e ne's*—*ı un cold*, a îngheţa sânge le; —-*horse*, cal cu sânge curat —*hound*, copoi; —*pudding*, cai taboş; —, v. a. a sângera, a um ple de sânge.

Bloodgiltiness - *blŏdghil ines* s. omor, asasinat.

Bloodguilty-*blŏdghilti* a. oul pabil de asasinat.

Bloodhound-*bludhaund* s cc ƿoi, câne de vânătoare.

Bloodily-*blŏdili* ad. în mod sâ geros. crud.

Bloodiness - *blŏdines* s. stare sângeroasă.

Bloodless-*blŏdles* a. fără sânge.

Bloodletter *blŏdleter* s. cel care lasă sânge.

Bloodletting *blŏdleting* s. lăsare de sânge.

Bloodred - *blŏdred* a. roşiu ca sângele.

Bloodshed - *blŏdşed* s. vărsare de sânge, măcel.

Bloodshot - *blŏdşot* a. injectat de sânge; sgăriat.

Bloodstained - *blŏdsteind* a. sângerând.

Bloodstone-*blŏdstoun* s. piatră preţioasă de culoarea sângelui.

Bloodsucker-*blŏdsŏker* s. lipitoare; (fig.) omorîtor.

Bloodthirstiness - *blŏdthirstines* s. sete de sânge.

Bloodthirsty-*blŏdthirsti* a. setos de sânge.

Bloody-*blŏdi* a. plin cu sânge; sângeros;—*flux*, disenterie.

Bloom-*blum* s. floare; (fig.) frăgezime; —, v. n. a înflori.

Blossom-*blŏsŏm* s. floare; —, v. n. a înflori.

Blot *blŏt* s. pată de cerneală; prihană; v. a. a şterge; a pătă; —, v. n. a suge (hârtie).

Blotch-*blotş* s. bubă, pustulă; —, v. a. a înegrì.

Blotting *blŏting* s. pată;— *case*, caiet cu hârtie sugătoare;— *paper*, hârtie sugătoare.

Blouse *blóus* s. bluză.

Blow-*blóu* s. lovitură; *at a*—, dintr'o lovitură; *to come to* — *s*, a se încăiera, a se luà la bătaie; — *fly*, muscă de carne;— *pipe*, cimpoiu;—— *up* scandal.

Blow *blŏ* v. a. & n. (ir. perf. *blew*, ptr. *blown*), a suflà, a umflà; a se deschide, a îmbobocì; a sună; a înflorì; a'şi suflà nasul; *to*—*up*, a fi aruncat în aer; a trage o săpuneală, a trage un perdaf; *full*—*n*, în toată strălucirea sa.

Blowzy *blóuzi* a. despletit, cu părul în vânt; ars, pârlit.

Blubber-*blŏber* s. untură de peşte de balenă; —, v. n. a'şi umflà obrazul de plâns.

Blubbering *blŏbering* s. lacrimă.

Bluchers-*blucers* s. pl. ghete cu tocuri înalte.

Bludgeon-*blŏdgiŏn* s. bâzdoagă, măciucă, bâtă, ciomag.

Blue-*blu* a. albastru; —*s*, boală; —, v. a. a vopsì în albastru;— *black*, negru vânăt; — *bottle*, albăstrele; — (*coat*)*boy*, orfan; — *devils*, melancolie, tristeţe; — *stocking*, femee literată.

Bluejacket - *blúgiaket* s. marinar.

Blueness-*blúnes* s. coloare albastră.

Bluff-*blŏf* a. gros; grosolan, obraznic.

Bluffness *blŏfnes* s. umflătură; răstire, mojicie.

Bluish-*blúiş* a. albăstriu.

Blunder-*blŏnder* s. greşeală boacână, prostie; v. a. şi n. a face o greşeală boacână; a face o prostie; a se înşelà într'un mol prostesc, prosteşte.

Blunderbuss *blŏnderbŏs* s. puşcă scurtă cu gura largă,

Blunderhead *blŏnderhed* s. noghiob, prost.

Blunt-*blŏnt* v. a. a tocì, a bonti; —, a. tocit: prost, grosolan; — *ly*, ad. în mod brusc, răstit.

Bluntness-*blŏntnes* s. stare de tocire; mojicie, tâmpire.

Blur-*blĕr* s. pată; vestejire; —, v. a. a pătă; a şterge, a desfigurà.

Blurt-*blĕrt* v. a. *to*—*out*, a spune fără să se gândească, a spune la noroc.

Blush-*blŏş* s. înroşire, ruşinare; —, v. n. a se înroşi.

Bluster-*bliúster* s. furtună, vijelie; sgomot; fanfaronadă; a face gălăgie mare, a trăsnì, a bubuì.

Blusterer *blŏsterer* s. lăudăros, fanfaron.

Blustering *blŏstering* a. furtunos; sgomotos; lăudăros, fan faron.

Boar-*bóer* s. mistreț;—'s *head*, căpățană tăiată a unui mistreț.

Board-*bord* s. scândură; masă; tablă; hrană; bord; consiliu; carton; întrunire, adunare;—*and lodging*, masa și casă, pensiudea; *on*—, pe bord;—*of trade*, cameră de comerț;—*wages*, costul pensiunei: —, v. a. & n. a pardosi, a podi; a hrăni. a pune în pensiune; a fi în pensiune, în gazdă.

Boarder-*bórder* s. pensionar; *day*·—, semi-intern.

Boarding-*bórding* s. apropiere de corăbii; ciocnire; —, a. ·*house*, pensiune (unde se dă masă și casă cu luna);—*school*, pensionat.

Boast-*bóust* s. lăudăroșie, fală, fudulie; —, v. a. a lăuda mult, a se lăuda.

Boaster *bóuster* s. fanfaron; instrumentul sculptorilor, pentru a începe schiţa; dalta.

Boastful-*bóustful* a. lăudăros. —*ly*, ad. în mod lăudăros.

Boat-*bot* s. barcă, caic; *advice*—, avizo; *long*—, șalupă, luntre mare;—*hook*, cange.

Boating-*bóuting* s transport cu șalupa, cu corabia; piimbare cu barca cu luntrea.

Boatman-*bótman* s. luntraș. corăbier.

Boatswain-*bósn* s. șef de echipaj;—'s *mate*, subofiţer de marină.

Bob-*bob* s. cercei; refren; lovitură; balancier; perucă rotundă; *(fam.)* shilling (1 fr. 25 bani); —, v. a. & n. a bate; a înșelă; a face nebunii; a legănă, a fi atârnat și a se bălăbăni.

Bobine-*bóbin* s. mosor; șiret, bucmeá;—*net*, fus.

Bobtail-*bóbteil* s. coadă scurtă; —*wig*, perucă rotundă.

Bode-*bód* v. a. & n. a prooroci, a prevesti.

Bodice-*bód's* s. corset, bust.

Bodiless-*bódiles* a. fără corp, fără trup.

Bodily-*bódili* a. trupesc; ad. în mod corporal, real.

Bodkin-*bódkin* s. sulă; fier de de frizat; ac mare de petrecut un șiret în gaura (unui corset, unei ghete); ac de păr.

Body-*bódi* s. corp; substanţă, materie; persoană; societate, adunare;—*clothes*, abac, faţă de învelit mobilele;—*servant*, argat, fecior, om de încredere; spion, favorit; —, v. a. a întrupă, a da o formă trupească, a da un corp.

Bodyguard-*bódigard* s. gardicnii regelui.

Bog-*bog* s. mlaștină, băltoacă; —, v. a. a înglodă, a înnămoli.

Boggle-*bogl* v a. & n. a încurcă, a amestecă, a încâlci: a încremeni, a se ului; a șoväi, a stă la îndoială.

Boggy *bóghi* a. mlăștinos.

Bogy-*boghi* s. *old*—, gogoriţă, moșu (sperietoarea copiilor).

Bohea-*bohi* s. ceaiu negru (fr. thé bou).

Boil-*bóil* s. furuncul, buboi, ulcer; —, v. a. & n. a fierbe; a face să fiarbă.

Boiler-*bóiler* s. căldare; cazan.

Boiling-point - *bóiling-point* s. grad de fierbere.

Boisterous-*bóisterŏs* a. poruncitor, trufaș; violent, aprig; —*ly*, ad. în mod sgomotos.

Bold-*bold* a. îndrăzneţ; curagios; nerușinat, o b r a z n i c; *as*—*as brass*, îndrăzneţ ca un paj.

Boldness-*bóldnes* s. îndrăznealǎ, nerușinare.

Bole-*bol* s. trunchiu; ceașcă mare rotundă fără toartă; lulea.

Bolster-*bólster* s. pernă de căpătăiu; pernă; căpătăiu; compres, oblojealǎ; —, v. a. a căptuși cu perne; a sprijini capul pe un căpătăiu; a pune comprese; *(fig)* a rezămă, a protejă.

Bolt-*bólt* s. săgeată; suliţă de as-
vârlit; săgeată de trăsnit; piron
cu căpătăiul rotund (de susţinut
grinzile unei case); zăvor; sac cu
sită de cernut; —, v. a. a ză-
vorì, a închide cu zăvorul; a în-
ghiţì fără să mestece; a zice, a
scăpà cuvântul; a cerne făina;
—, v. n. a scăpà, a fugì; a ple-
cà pe nesimţite.

Bolter-*bóulter* s. sită

Bolus-*bóulus* s ceaşoă

Bomb-*bomb* s. bombă;— -*ketch*,
— -*vessel*. corabie mică cu bom-
be; veche maşină de răsboiu
care aruncă pietre.

Bombard-*bŏmbárd* v. a. a bom-
bardă.

Bombardier-*bombardier* s. ar-
tileristul care bombardează.

Bombardment-*bombŏrdment* s
bombardar .

Bombast-*bŏmbăst* s. umflătură
de stil, stil intunecos şi umflat.

Bombastic-*bombástic* a. um-
flat (stil).

Bombazine-*bon.băzin* s. bazea,
stofă de mătase.

Bomb-proof- *bómpruf* s. ceva
făcut pentru a rezistà la bombă.

Bona-fide-*bóra-/áidi* a. & ad
serios şi de bună credinţă.

Bond-*bond* s. lanţ; legătură; o-
bligaţiune, titlu de rentă emis
de o societate comercială etc.;
înscris, adeverinţă;— -*holder*, po-
sesor de obligaţii; deţinător de
obligaţii; *in*—, în antrepozit;—,
v. a. a depune intr'un antrepo-
zit (mărfuri).

Bondage-*bŏndeidj* s. robie, şer-
bie, captivitate.

Bondsman-*bondzmăn* s. sclav;
chezaş, garant.

Bone-*bon* s. os; os de peşte; *to
have a — to pick with one*, a a-
veà ceva de împărţit cu cineva;
to make no—*s about*, a nu face
nelinişte sufletească;— -*blac* ne-
gru animal, praf negru de calci-
narea oaselor; —, v. a. a scoate
oasele; —*less*, a. fără oase.

Bonesetter-*bónseter* s. vinde-
cător prin leacuri băbeşti; chi-
rurg.

Bonfire-*bónfair* s. foc de bucurie.

Bonnet-*bónet* s pălărie de da-
mă; cuşmă, tichie — *box*, cutie
de carton

Bonnily-*bónili* ad. voios, cu ve-
selie, plăcut.

Bonny-*bóni* a. vesel, drăguţ, fru-
muşel; gentil.

Bonus-*bónŏs* s. prisos excedent
sumă peste cheltueli; b a c ş i ş,
sfânţuială, mită; aldămaş.

Bony-*bóni* a. osos; plin de oase;
slab de tot.

Booby-*búbi* s. găgăuţă, gogoman,
prost

Book-*buc* s. carte; carnet; caiet;
— *binder* - *báinder*, legător de
cărţi;— -*case*, bibliotecă, dulap
de cărţi; — *keeper*, contabil;—
-*marker*, panglică în foile unei
cărţi (de însemnat o pagină);—
-*seller*, librar; — -*shelf*, raft;—
-*stand*, policioară de cărţi; —-*tra-
de*, — *store*, librărie; —, v. a. a
înscrie, a înregistră;— -*ing-office*,
biroul de înregistrare; ghişeu, bi-
rou unde se vând bilete de drum.

Bookbinding-*búcbainding* s. le-
gătură, legatul unei cărţi.

Bookkeeping - *búckiping* s
contabilitate.

Bookshop-*búcşop* s. librărie.

Bookworm-*búkwerm* s. molie;
(fig.) om foarte silitor la studiu.

Boom-*búm* v. n. a sbârnăi, a
bâzăi, a bubuì; —, s. stâlp pră-
jină; bubuit, vuet

Boon-*bun* s. dar, favoare; —, a.
vesel, hazliu, glumeţ; drăguţ.

Boor-*bur* s. ţăran; bădăran.

Boorish-*buriş* a. ţărănesc; mo-
jic;—*ness*, s. mojicie.

Boot-*but* s pradă; folos, câştig,
profit.

Boot-*but* s. cismă; gheată; *to*—,
pe deasupra;— -*jack*, cârlig de
tras cismele; —, v. a. a încâlţà
cismele; — -*leg*, carâmb, tureat-
că de cismă;—*less*, fără cisme;

zadarnic; — *maker*, cismar; — *strap*, urechea de gheaţă;—*tops*, rever, răsfrântură, partea sumeasă a unei cisme; —*tree*, calapod.

Booted-*buted* a. încălţat.

Booth-*budth* s. cort, baracă.

Boots-*buts* s. curăţitor de ghete.

Booty-*buti* s. pradă.

Booze-*buz* v. n. a cheful, a se îmbăta.

Borax-*borax* s. borax.

Border-*border* n. margine; ţărm, mal; bordură; cadru, ramă; frontieră; v. a. & n. a mărgini, a fi vecin; a se mărgini.

Borderer-*borderer* s. locuitor la hotare; vecin.

Bordering-*bordeging* a. învecinat cu, alăturat; —, s. bordură, margine de jur împrejur.

Bore-*bor* s. gaură; calibru; burghiu mare; sondă; persoană plictisitoare; plictiseală; drug; —, v. a. a găuri, a străpunge; a sondă; a plictisi.

Boreal-*boriăl* a. boreal.

Borer-*borer* s. burghiu.

Boring-*boring* s. sondaj, cercetare cu sonda; găuritul.

Born-*born*, ptr. dela *to bear*, a naşte; născut; *high*—, *low*—, de neam mare, de neam prost.

Borough-*boro* s. sat cu târg.

Borrow-*borou* v. a. a se împrumuta.

Borrower-*boroer* s. împrumutător, care cere împrumut.

Borrowing-*boroing* s. împrumut; împrumutare.

Boscage-*boskedj* s, crâng, dumbravă.

Bosh-*boş* s. absurditate, nerozie; gogoşi, minciuni; fleacuri, mofturi.

Bosam-*buzŏm* s. sân; inimă; simţ; —, a. intim, din inimă; —*friend*, prieten intim, foarte iubit; —, v. a. a închide în sânul său, a ţine secret.

Boss-*boss*. cocoaşă ;eşitură ;(Am) şef, stăpân.

Botanical-*botănicăl* a. botanic.

Botanist-*bŏtănist* s. botanist.

Botanize-*bótanaiz* v. n. a erboriză.

Botany-*bótăni* s. botanică.

Botch *bóţ* s. rană care roade; cărpeală, dres, reparaţie; —, v. a. a cârpi, a gătì în pripă (o lucrare).

Botcher *bóţşer* s. cărpaciu.

Botching-*bóţşing* s. cărpitul, cărpăceală.

Both-*bóuth* pr. amândouă, unul şi altul;—*alike*, unul ca şi altul.

Bother -*bóther* s. încurcătură; plictiseală; —, v. a. a încurca; a plictisi; a necăji.

Bottle-*bótl* s. sticlă; mână de fân; — *brush*, periuţa pentru curăţit; — *flower*, albăstriţă; — *holder*,partizan;martor;—*screw*, destupătoare, tirbuşon; —, v. a. a puna în sticlă; a legă o mână de fân.

Bottom *bótŏm* s. fund, temelie; ghem; drojdie; carenă; partea din apă a unei corăbii încărcate; bastiment, corabie; vâlcea —, v. a. a pune temelie, a zidi pe, a întemeeă; a sondă; a găuri, a pătrunde; —, v. n. a se întemecă, a pune temei; a se aşeză; a se sprijini.

Bottomless-*botómles* a. fără fund.

Bottomry-*botómri* s. dobândă mare.

Boudoir-*búduŏr* s. budoar, o daia de toaletă a unei femei.

Bough-*báu* s. ramură.

Boughshade-*báuşeid* s. gheretă de pază (pe o înălţime).

Bought-*bót* perf. şi ptr. dela *buy*.

Boulder-*bóulder* s. piatră ro tunjită; bloc.

Bounce-*báuns* s. săritură; sgomot, pocnet; palavre, gogoşi, minciună gogonată; —, v. n. a să rì; a se lăuda, a se făli, a se lăudă grozav; —, v. a. a pocnì, a izbì cu violenţă; a face să sară în sus o minge.

Bouncer-*báunser* s. fanfaron, lăudăros, palavragiu.

Bouncing-*báunsing* s. săritură; —, a. puternic, mare; sgomotos; —*ly*, ad. cu sgomot; fanfaron.

Bound-*báund* s. semn de hotar, limita; săritură, sbor; —, v. a. a limită, a însemnă hotarele; a mărgini; a sări.

Boundary-*báunderi* s. hotar, limită.

Boundless-*báundles* a. nemărginit;—*ness*, imensitate, nemărginire.

Bounteous-*báuntiŏs*, **bountiful**-*báuntiful* a. bun, binefăcător; generos; —*ly*, ad. în mod generos.

Bounty-*báunti* s. bunătate, mare dărnicie;*(com)*premiu;arvună.

Bourn-*burn* s. hotar, limită; pârău.

Bout-*báut* s. lovitură, festă, renghiu; dată; treabă; partidă; încercare; *drinking*- —, orgie, beție, desfrânare.

Bovine-*bóvain* a. bovină.

Bow-*báu* s. salutare, reverență; partea de dinainte a unei corăbii; —, v. a. & n. a îndoì; a se aplecà, a se plecà; a salutà.

Bow *bó* s. arc; arcuș; curcubeu; nod, nod de panglică în formă de roză; oblânc de șea; — *man*, arcuș; *to draw the long* —, a spune minciuni, a spune motturi.

Bowels-*báuelz* s. pl. mațe; com pătimire; dragoste.

Bower-*báuer* s. boltă; crâng; buduar, odaia de toaletă a unei femei; cafasul catargului.

Bowie-knife-*bóinaif* s. cuțit-pumnal.

Bowl-*bol* s. ceașcă mare; pahar fără picior; strachină; minge; —, v. n. a se jucà cu mingea.

Bowline-*bólin* sau *báulin* s. bulină, otgon la o pânză care o ține piezis.

Bowling-green-*bóling-grin* s. strat de iarbă, loc cu iarbă într'o grădină.

Bowsprit-*bósprit* s. catargul de dinainte aplecat.

Bow-wow-*báu-uau* s. cuțu, nume ce se dă cânilor de către copii.

Box-*box* s. cimșir; cutie; cufăr; carton; capră de vizitiu; lojă de teatru;—*on the ear*, palmă; — *-keeper* lojier; v. a. a închide într'o cutie; a pălmuì; a se luptà cu pumnii.

Boxer-*bóxer* s. boxeur.

Boxing-*bóxing*; —*day*, —*night* ziua și seara a doua de Crăciun; — *-match*, luptă cu pumnii.

Boy-*bói* s. băiat, copil; *day*- — externe.

Boycott-*bóicot* v. a. a complectà, a pedepsì (dela complotul făcut în contra unui căpitan Boycott, om foate rău).

Boycotting-*bóicoting* s. faptul de a complotà (ca în contra lui Boycott).

Boyhood-*bóihud* s. copilărie, tinerețe.

Boyish-*bóiș* a. copilăresc, de copil.

Boyishness-*bóișnes* s. copilărie.

Brace-*bréis* s. legătură; bandaj; curele late de sprijinit o trăsură; bretele; pereche; —, v. n. a întinde; a legà; a strânge.

Bracelet-*bréislet* s. brățara.

Brachial-*bréikiăl* a. brachial, ce ține de braț.

Bracing-*bréising* a. întăritor, sănătos.

Bracken-*bráken* s. (*bot*) buruieni,bălării,spata dracului,ferigă.

Bracket-*bráket* s. scândurica ce susține o policioară; c o n s o l ă; cârlig.

Bracketed *bráketed* a. deopotrivă.

Brackish-*brákiș* a. sărat, sălciu.

Brad-*bród* s. cuì fără cap, țintă;—*awl* sulă.

Bradshaw-*brádșou* s. itinerar; englez universal.

Brag-*brăg* v. n. a se lăudà; —, s. lăudăroșie.

Braggadocio-*brăgădócio* s. palavragiu, fanfaron.

Baraggart-*brăghert* s. lăudăros, fanfaron.

Braid-*bréid* s. pleată, cosiţă; ţesătură; găitan, şiret; —, v. a. a împleti; a împletecì.

Brain-*bréin* s. creerii; minte, judecată, cap; *to blow out one's* —*s*, a'şi sburà creerii; *to rack one's*—*s*, a'şi sparge capul;—*pan*, craniu;—*sick*, nebun, smintit;—*less*, descreerat;—*sicly*, ad. în mod nebunatec;—*sickness*, boală de creeri; —, v. a. a sparge capul cuiva.

Braising-pan-*bréizingpăn* s. tigae cu capac.

Brake-*bréis* s. feregă, mărăciniş; copac, căpistere; meliţă; pârghie de pompă; piedică; frâu, zăbală;—*van*, frână de drum de fier.

Brakesman *bréiksmăn* s. frânar.

Bramble-*brămbl* s. măceş, mărăcine, mărăciniş.

Bran-*brăn* s. tărâţă.

Branch *brantş* s. ramură, creacă; neam, seminţie; braţ; linie; sucursală; legătură de drum de fier; — *house*, comandită, societate de negustorii;— *line*, ramificaţie de drum de fier, răspântie; —, v. a. & n. a împărţi în ramuri; a da crăci; a se ramifică.

Brand-*brănd* s. tăciune aprins; ardere; incendiu; trăsnet; semn; stigmatizare; marcă;—*new*, nou de tot; —, v. a. a însemnà cu un fier roşiu, a stigmatizà; a însemnà; a defăimà, a necinstì.

Brandied *brăndit* a. amestecat cu ţuică.

Brandish *brăndiş* v. a. a învârti în mână (o sabie, etc.); a scuturà, a mişcà.

Brandy-*brăndi* s. ţuică, rachiu, coniac.

Brass-*bras* s. alamă, bronz; neruşinare, obrăznicie; *red*—, tombac, aramă galbenă;—*band*, instrument muzical de suflat; — *founder*, turnător de aramă; — *foundry*, turnătorie de aramă; — *wire*, sârmă de aramă;— *wares*, arămărie.

Brassy-*brási* a. de aramă; obraznic.

Brat-*brăt* s. copilaş, piciu, puţoi.

Bravado-*brăvádo* s. bravadă, desfidere, fanfaronadă.

Brave-*bréiv* a. brav, viteaz; curagios; —*ly*, ad. vitejeşte; —, v. a. a bravà, a desfide.

Bravery - *bréiveri* s. bravură, vitejie, bărbăţie.

Bravo-*brávo* s. assasin de meserie, plătit; —, bravo! foarte bine!

Brawl-*brols* s. ţipete, gălăgie, ceartă; —, v. n. a ţipà într'una, a face gălăgie, a se certà.

Brawler-*bróler* s. cel ce ţipă într'una, certăreţ.

Brawn-*brón* s. forţa musculară; carne de porc de curând sărată.

Brawniness-*brónines* s. forţă, tărie.

Brawny-*bróni* a. cărnos, musculos.

Bray-*bréi* s. sbieretul măgarului; —, v. n. a sbierà (despre măgari).

Braze-*bréis* v. a. a lipì două bucăţi de metal, a îmbinà topind.

Brazen-*bréizen* v. n. a fi obraznic, neruşinat;—*face*, obraz neruşinat;—*faced*, obraznic; *to it* —*out*, a fi obraznic; —*ly*, ad. cu obrăznicie, cu neruşinare.

Brazenness-*bréiznes* s. asemănător cu cuprul; obrăznicie, neruşinare.

Brazier-*bréizier* s. căldărar, alămar.

Breach-*britş* s. spărtură făcută într'un zid sau gard, deschizătură, crăpătură; infracţiune, călcare (a unei legi, etc.), violare; ceartă, desbinare.

Bread-*bred* s. pâine, hrană; *brown*—, pâine neagră; *household*—, pâine de casă.

Breadstuff-*brédstŏf* s. grâu.

Breadth-*bredth* s. lărgime; foaie, latul (unei stofe).

Break-*bréik* s. ruptură, deschizătură; pauză; crăpătură: aliniat; schimbare; revărsatul zorilor; frână (de drum de fier).

Break-*bréik* v. a. şi n. (ir. perf. *brok*, ptr. *broken*), a rupe, a strică, a sparge, a sfărâmă în bucăţi; a îmblânzi; a da faliment; a violă, a călcă; a întrerupe; a interceptă; a plesni; *to—down*, a doborî, a trânti; *to—in*, a intră cu forţa; a domestici; a îmblânzi; *to—up*, a deschide spărgând sau rupând; a da drumul, o goni; *to—away*, a se smulge, a se smuci; *to—with one*, a se certă; a încetă cu.

Breakage *bréicăj* s. spargere.

Breakdown-*bréikdaun* s. ruină totală; stricare; neizbândă; accident, întâmplare.

Breaker-*bréiker* s. spărgător; (*fig.*) călcător, violator; stâncă la suprafaţa apei; sfărâmător de ghiaţă (la poduri); (aparat) care pisează.

Breakfast-*brekfăst* s. dejun; —, v. n. a dejuna.

Breaking-*bréiking* s. spargere; sfărâmare; *—up*, desfacere; risipire; despărţire; sfârşit; începerea vacanţei; *—(ofice)*, ruperea gheţei.

Bream-*brim* s. bremă (peşte de apă dulce).

Breakwater *bréicuater* s. stâncă; zăgaz de piatră la intrarea unui port.

Breast-*brest* s. piept; (*fig.*) suflet; conştiinţă; *— bone*, sternul ; *— pin*, ac cu gămălie, broşă; *to make a clean—of it*, a scăpă de o grijă, a şti cum stau lucrurile; —, v. a. a da piept, a rezistă; a luptă în frunte.

Breastplate-*bréstpleit* s. cuirasă, platoşă.

Breastwork *bréstuerk* s. parapet.

Breath-*bréth* s. răsuflare, respiraţie; suflare; întrerupere.

Breathe-*brith* v. a. şi n. a respira, a răsuflă; a suflă; a exală.

Breathing-*brithing* s. aspiraţiune, suflare; răsuflătoare (la pivniţă).

Breathless-*bréthles* a. gâfăind, fără să respire.

Breech-*britş* s. dinapoi, şezut, posterior;—es, pantalon, nădragi: *knee—es*, pantaloni scurţi.

Breed-*brid* s. rasă, gintă, specie; pui eşiţi din ouă; sămânţă (de peşte).

Breed-*brid* v. a. şi n. (ir. perf. şi ptr. *bred*), a da naştere; a produce; a creşte; a se naşte; a fi însărcinat.

Breeder-*brider* s. producător; crescător de vite; tată.

Breeding-*briding* s. educaţie, instrucţiune.

Breeze-*bris* s. adiere, zefir.

Breezy-*brizi* a. răcorit de zefir.

Brethren-*bréthrn* s. (*poet.*) fraţi, confraţi.

Breviary-*brivieri* s. breviar, ceaslov; lectură obişnuită.

Brevity-*bréviti* s. scurtime, preciziune.

Brew-*bru* v. a. şi n. a amestecă cu braţele; a amestecă; a face bere, a fi berar; a preparà, a pregăti; a urzi, a făuri, a născoci.

Brewer-*bruer* s. berar.

Brewery-*brueri* s. berărie.

Bribe-*braib* s. dar; mită; (*fig.* momeală; —, v. a. a corrupe a mitui.

Briber *bráiber* s. corupător, seducător. mituitor.

Bribery-*bráiberi* s. mituire, corupţiune.

Brick-*bric* s. cărămidă; — *klin*, cuptor de cărămidă, cărămidărie; —, v. a. a tencui imitând cărămida.

Bricklayer-*bricleier* s. zidar.

Bridal-*bráidăl* a. şi s. nuntă, de nuntă, de cununie.

Bride-*braid* s. mireasă, logodnică.

Bridegroom-*bráidgrum* s. logodnic, mire, soţ, bărbat.

Bridesmaid-*bráidesmeid* s. domnişoară de onoare.

Bridewell-*bráiduel* s. casă de corecţiune.

Bridge-*brij* s. pod; —, v. a. a construi un pod.

Bridle-*rráidl* s. frâu; hăţ; —, v. a. a pune hăţurile; a guvernă, a cârmul; *to—up*, a se ţine drept.

Brief-*brif* s. dosar; epistolă pastorală a Papei; *in—*, scurt, într'un cuvânt; —, a. scurt; concis: *—ly*, ad. pe scurt.

Briefless-*brifles* a. fără motiv.

Brier-*bráier* s. mărăcine, spin.

Brig-*brig* s. corabie mică armată.

Brigade-*brighéid* s. brigadă.

Brigand-*brigŏnd* s. bandit.

Bright-*brait* strălucitor, luminos; inteligent;*—ly*, ad. într'un mod strălucit.

Brighten-*bráitn* v. a. şi n. a face să strălucească; a deveni strălucitor; a face ilustru; a se lumină.

Brightness s. lustru; lumină; splendoare; strălucire.

Brill-*bril* s. bărboae (un peşte).

Brilliancy-*briliansi* s. strălucire, splendoare.

Brilliant-*briliant* s. strălucire; briliant (piatră preţioasă); a. strălucitor.

Brim-*brim* s. margine; capăt, sfârşit; —, v. a. şi n. a umple până sus; a fi plin până la urechi.

Brimful-*brimful* a.plin până sus.

Brimming-*briming* a.plin de tot.

Brimstone-*brimstons* pucioasă.

Brindled-*brindld* a. bălţat, breaz, pestriţat.

Brine-*bráin* s. salamură; mare; lacrămi; —, v. a. a muiă în salamură;*—pit*, ocnă.

Bring-*bring* v. a. (ner. perf. ptr. *brought*), a aduce, a conduce; a fi mai presus de; a duce cu sine; a transportà; a produce; a a-

duce venit; *to—down*, a coborî; *to—forward*, a face să înainteze; *sum brought forward*, report, înapoierea unei sume; *to—to*, a aduce la bun simţ; a potrivì astfel pânzele unei corăbii încât corabia să stea nemişcată.

Bringing-up-*bringing ŏp* s. creştere, educaţie.

Brink-*brinc* s. margine; ţărm; *(fig.)* povârniş.

Briny-*bráini* a. amar, sărat.

Brisk-*brisc* a. viguros, sdravăn, vioiu, sprinten, deştept;*—ly*, ad. cu vioiciune, într'un mod activ.

Brisket-*brisket* s. piept (al unui animal).

Briskness-*brisknes* s. vioiciune; veselie; iuţeală; vigoare, activitate.

Bristle-*brisl* s. păr de mistreţ; *(bot.)* păr (la plante); —, v. a. şi n. a (se) zbârli.

Bristly-*brisli* a. zbârlit.

Britannia-metal-*británimetl* s. metal alb englezesc.

Britanic-*británic* a. britanic.

British-*britiş* a. şi s. englezesc.

Brittle-*britl* a. slăbuţ, care se sparge, fragil.

Brittleness-*britlnes* s. fragilitate, însuşirea de a se frânge, sparge.

Broach-*brouts* v. a. a pune în frigare; a străpunge; a face cunoscut; a născoci, a inventà; —, s. frigare; broşă.

Broad-*brod* a. larg, mare, întins; plin, întreg; grosolan; obscen, murdar.

Broadside-*bródsaid* s. laturea unei corăbii; salvă de tunuri pe acelaş bord al vasului.

Broadsword-*brodsord* s. sabie mare şi lată.

Brocade-*brokéid* s. brocat (stofă scumpă).

Broccoli-*brócoli* s. conopidă.

Brogue-*bróug* s. pantof de lemn dialect.

Broider-*bróider* v. a. vide, *embroider*.

Broil-*bróil* s. supărare, neînțelegere, ceartă, tumult; —, v. a. și n. a frige la grătar; a se frige la grătar; a se încălzì prea tare.

Broken-*bróuken* (ptr. dela *to break*), spart; întrerupt, sgâriat; —*week*, săptămână cu o zi de sărbătoare;— -*winded*, cu respirație grea, cu năduf.

Broker-*bróker* s. samsar; vânzător de haine vechi; negustor de lucruri de ocazie; *outside*—, samsar de ocazie.

Brokerage-*brókereidj* s. samsarlâc.

Bronchial-*brónkiăl* a. privitor la bronchii.

Bronchitis-*bronkáitis* s. bronșită.

Bronze-*bronz* s. bronz; —, v. a. a bronză.

Brooch-*brouts* s. broșă; pictură, monogram; piatră scumpă.

Brood-*brud* s. clocitură; seminție, rasă, soiu;— -*hen*, cloșcă;—, v. a. și n. a hrănì, a îngrijì; a clocì.

Brook-*bruc* s. pâriu; —, v. a. și n. a îndura, a răbdà, a suferì.

Brooklet *bruclet* s. râuleț, părăiaș.

Brooky-*brúki* a. udat de numeroase râulețe.

Broom *brum* s. mătură; (*bot.*) arbore mic cu flori galbene; — -*stick*, coadă de mătură.

Broth-*broth* s. bulion; *a basin of*—, un bulion.

Brothel *brothel* s. bordel, casă de prostituție.

Brother *brother* s. frate;— -*in law*, cumnat.

Brotherhood-*brotherhud* s. frăție, fraternitate.

Brotherly-*brotherli* a. și ad. frățesc, de frate, ca un frate.

Brougham *brúăm* s. cupeu.

Brow *bráu* s. sprânceană; frunte, față; *to knit one's*—, a încruntà sprâncenele, a'și arătà nemulțumirea.

Browbeat-*bráubit* v. a. a aruncà o privire cruntă cuiva.

Brown *bráun* s. coloare brună, oacheș; —, v. a. a prăjì în pesmet; a se lipì de fundul tigăiei; —, a. brun, oacheș; —, *paper*, hârtie de strecurat;—*sugar*, zahăr rafinat o singură dată.

Brownish a. negricios, cam oacheș.

Brownness-*bráunes* s. coloare brună.

Browse-*bráuz* v. a. a paște.

Bruise-*bruz* s. striveală, vânătaie; —, v. a. a strivì, a lovì, a zdrobì, a învineți.

Bruit *brúit* s. sgomot; raport; —, v. a. a împrăștià, a zvonì, a lățì o știre.

Brummagem-*brŏmăjem* a. falș.

Brunt-*brŏnt* s. ciocnire, violență; foc (de armă).

Brush- *brŏș* s. perie; pensulă; coadă de vulpe; asalt; atac; —, v. a. și n. a atinge numai pe deasupra; a ridicà lagărul; *to*—*off*, a dezertà.

Brushwood *brúșuud* s. desiș de spini; legătură de vergele.

Brutal.*brútăl* a. brutal, crud; —*ly*, ad. în mod brutal, cu cruzime.

Brutalise *brútálaiz* v. a. și n. a dobitocì.

Brutality-*brutáliti* s. brutalitate, cruzime.

Brute *brut* s. bestie; —, a. brutal; sensual, supus poftelor trupești.

Brutish-*brutiș* a. brutal etc.

Bryony *bráioni* s. (*bŏt.*) cucurbețeà.

Bubble *búble* s. bășică de aer; lucru de nimic; (*fig.*) himeră, îl chipuire deșartă; înșelătorie; —, v. a. și n. a înșelà; a clocotì, fierbe.

Buccaneer *bŏcanir* s. vână? de bivoli; pirat american.

Buc-*bŏc* s. căprior; om veseḷ coconaș, (*pop.*) ghigherì; iepr de casă; leșie (pentru rufe;

basket, coş pentru rufe;—*'s-shorn*, coarne de căprior;—*-shot*, piele tăbăcită de căprior;—*-thorn* (*bot.*) neprun, paţachină;—*wheat*, hrişcă; —, v. a. şi n. a spăla cu leşie; a fi în goană; a sparge minerale.

Bucket-*bŏket* s. găleată.

Bucking-*bŏking* s. leşie.

Buckle-*bŏcl* s. cataramă; buclă, cârlionţ; —, v. a. şi n. a încataramă, a pune sau a strânge cu o cataramă; a se pune la ceva; a fi copleşit.

Buckler-*bŏcler* s. scut.

Buckram-*bŏcrăm* s. pânză groasă şi gumată.

Buckskin-*bŏcskin* s. piele de căprioară.

Bucolic-*biucólic* a. bucolic, pastoral.

Bud-*bŏd* s. mugur, boboc de floare, de trandafir, de sămânţă.

Buddhist-*bŏdhist* s. budist.

Budge-*bŏdj* v. n. a se mişcă; a palpită, a vibra.

Budget-*bŏget* s. buget; sac, raniţă; provizie.

Buff-*bŏf* s. piele de bivol;—, a. de piele de bivol; de culoare galbenă deschisă.

Buffalo-*bŏfălou* s. bivol.

Buffer-*bŏfer* s. tampon (dr. de fer).

Buffet-*bŏfet* s. lovitură de pumn; —, v. a. şi n. a (se) bate cu lovituri de pumn.

Buffoon *bŏfun* s. bufon.

Buffoonery-*bŏfúneri* s. bufonerie.

Bug-*bŏg* s. păduche de lemn, stelniţă.

Bugbear-*bŏgbeir* s. matahală, momăie.

Buggy-*bŏghi* s. trăsură americană.

Bugle-*biŭgl* s. corn de vânătoare.

Bugler-*liŭgler* s. goarnă.

Buhl-*biŭl* s. mozaic de lemn, de marmură (de la Boule).

Build-*bild* s. construcţiune, formă.

Build-*bild* v. a. şi n. (nereg. perf. şi ptr. *biult*), a zidì, a clădi; a se lăsà în grija cuiva, a aveà încredere în.

Builder *bilder* s. antreprenor de clădire; (*fig.*) fundator, întemeietor.

Building-*bilding* s. clădire; edificiu, construcţiune.

Bulb *bŭlb* s. bulb, ceapă (de floare);—*of the eye*, pupilă, lumina ochiului.

Bulbous-*bŏlbŏs* a bulbos, cepos.

Bulfinch *bŭlfinţs* s. bot-roşu.

Bulge-*bŏlj* s. (*mar.*) fund mic; —, v. n. a se duce la fund, a intrà apă.

Bulk-*bŏlc* s. mărime, cantitate; încărcarea unui vas; calibru; *by the*—, cu toptanul.

Bulkiness-*bŏlkines* s. grosime, corpolenţă.

Bulky-*bŭlki* a. mare; corpolent: voluminos.

Bull-*bul* s. taur; greşală boacănă; prostie;—*-baiting*,—*-fight*, luptă cu tauri;—*-dog*, mops; —, *s eye*, ferestruie rotundă;—*-fly*, pui de ciută, căprior;—*-head*, bădăran

Bullet-*bŭlet* s. ghiulea, glonţ.

Bulletin-*bŭletin* s. buletin.

Bullion-*bŭliŏn* s. aur sau argint în drugi.

Bullock-*bŭlock* s. bouşor; boa.

Bully-*bŭli* s. gălăgios, fanfaron; —, v. n. a face pe fanfaronul.

Bulrush-*bŭlrŏşs* s. papură, trestie.

Bulwark-*bŭluerk* s. bulevard, întăritură; v. a. a fortificà, a întări.

Bumboat-*bŏmbot* s. luntre de proviziuni.

Bump-*bŏmp* s. umflătură; lovitură; —, v. a. a lovì cu forţa.

Bumper-*bŏmper* s. pahar plin până sus; —*after*—, pahar după pahar.

Bumpkin-*bŏmpkin* s. mojic, grosolan.

Bumptious *bŏmşos* a. îngâmfat; arogant.

Bun-*bŏn* s. cozonac cu stafide şi rom.

Bunch-*bŏntş* s. cocoașă, umflătură; mănunchiu, ciorchină; buchet; nod.; v. n. a bombà, a se rotunzì în formă de ghiulea.

Bunchy-*bŏntşi* a. în ciorchine, noduros, în grămezi.

Bundle-*bŏndl* s. pachet; mănunchiu; legătură de nuele; măner; — -*hole*, vrană.

Bungalow-*bŏngălo* s. baracă indiană.

Bungle-*bŏngl* s. greșeală boacănă;— v. a. a cărpăcì, a lucrà fără îngrijire.

Bungler-*bŏngler* s. lucrător de pantofi de lemn.

Bunion-*bŏnion* s bătătură la picioare.

Bunker-*bŏnker* s. cămară de cărbuni în fundul corăbiei.

Bunting-*bŏnting* s. pânză subțire pentru drapele.

Buoy-*bŏii* s butoiu gol (ce plutește deasupra locului unde s'a aruncat ancora); —, v. n. şi a. a face să plutească, a susține.

Buoyancy-*bóiănsi* s. ușurime de a pluti; (*fig.*) ușurința, nesoco tință.

Buoyant-*bóianta*. plutitor, uşor.

Burden-*bĕrdn* s. sarcină, greutate; refren; *beast ɵf*—, vită de povară;—, v. n. a încărca peste măsură.

Burdensome-*bĕrdnsŏm* a. greu, împovărător.

Burdock-*bĕrdocs*.(*bot.*) brusture.

Burgess-*bĕrges* s. burghez.

Burgher-*bĕrgher* s. cetățean.

Burglar-*bĕrgler* s. tâlhar, hoț de noapte.

Burglarious-*bĕrglăriŏs* a. hoție de noapte.

Burglary-*bĕrgleri* s. spargere în timpul nopței.

Burgmaster-*bĕrgmaster* s. primar.

Burial-*bĕriăl* s. înmormântare; — -*ground*, cimitir.

Burlesque-*bĕrlesc* s. caraghios; —, a. caraghios, de râs; —, v. a. a'şi bate joc de.

Burly-*bĕrli* a. gros şi gras.

Burn-*bĕrn* s. arsură.

Burn-*bĕrn* v. a. şi n. (ner. perf. şi ptr. *burnt, burned*), a arde, a incendià.

Burner-*bĕrner* s. care dă foc.

Burning-glass *bĕrning-glass* s. lentilă.

Burnish-*bĕrniş* v. a. a polel; a vopsì închis; a lustruì.

Burrow-*bŏro* s. gaură de epure; v. n. a'şi face o vizuină, o gaură.

Bursar-*bĕrser* s. bursier; econom.

Bursarship-*bĕrsersip* s. economist.

Burst-*berst* s. exploziune, izbucnire; plesnire; tunet; (*fig.*) mişcare, explozie.

Burst-*berst* v. n. (ner. perf. şi ptr. *burst*), a plesnì; a se crăpà; a se rupe; a face explozie.

Burthen-*bĕrthen* s. vide: *burden*.

Bury-*bĕri* v. a. a înmormântà; a ascunde; a îngropà.

Burying-ground -*bĕriing ground* s. cimitir.

Bus-*bŏs* s. omnibus.

Busby-*bŏsbi* s. căciulă militărească, calpac.

Bush-*buş* s. desiş, crâng; smoc; copac mic; *to beat abo*' a da târcoale.

Bushel-*buşel* s. baniţă↗

Bushy *buşi* a. stufos.

Busily-*bizili* ad. cu sârguinţă, zelos, harnic, în mod activ.

Business-*biznes* s. afacere, ocupaţie; *mind your own*—! ocupaţi-vă de cu treburile D-voastră!

Busk-*bŏse* s. os, balenă de corset.

Buskin-*bŏskin* s. coturn, încălţămintea cu tocuri înalte a actorilor greci în vechime, brodechin.

Buss-*bŏs* s. sărutare;—, v. a. a sărutà.

Bust-*bŏst* s. bust.

Bustard-*bŏsterd* s. dropie.

Bustle-*bŏsl* s. tumult, zarvă, tărăboi; sgomot; mişcare; întorsătură;—, v. a. a se grăbì; a se mişcà, a nu stà locului.

Busy-*bízi* v. a. a ocupă, a întrebuinţă; a se ocupă cu; a fi silitor, sirguitor, activ; —, a. ocupat, plin de treburi; grăbit.

Busybody-*bízbodi* s. neastâmpărat.

But-*bŏt* c. dar, însă; afară de; dacă nu; cu exceptiune; —*yet*, totuş, cu toate acestea.

Butcher-*butşer* s. măcelar; —, v. a. a măcelări; a tăiă vite.

Butchery-*búceri* s. măcelărie; măcel.

Butler-*bŏtler* s. chelar, îngrijitorul pivniţei, al sufrageriei; intendent peste servitori.

Butt-*bŏt* s. colnic pentru tir, ţintă; împunsătură cu coarnele; strat de puşcă; lovitură de sabie; —, v. n. a se izbi cu capul (se zice despre capre, berbeci etc.).

Butter-*bŏter* s. unt; *bread and* —, felie de pâine cu unt; — *-cup*, bulbuc, gălbior (floarea); —*dish*, vas în care se ţine untul; —*-fly*, fluture; —*man*, untar; —*milk*, zer; —*tub*, putinică pentru unt; —*woman*, untăreasă.

Buttery-*bŏteri* a. untos.

Buttock-*bŏtoc* s. şezutul, cur; bucată de carne din pulpa de dinapoi.

Button-*bŏton* s. nasture; mugur; — *-hole*, butonieră; — *-hook*, în-

cheetoare de ghete; —, v. a. şi n. a încheia, a se încheia.

Buttress-*bŏtres* s. arc de proptea; v. a. a propti.

Buxom-*bŏcsŏm* a. vesel; mlădios; moale; amorezat; frumos; — *ly*, cu blândeţe, cu supunere; în mod drăgăstos.

Buy-*bái* v. a. (ner. perf. şi ptr. *bought-bot.*) a cumpără.

Buzz-*bŏs* s. bâzâit; —, v. n. a bâzâi.

By-*bái* pr. ad. prin; lângă, aproape de; de faţă; la; *one*—*one*, unul câte unul, unul după altul; —*the pound*, cu kilogramul; —*and* —în curând; —*the by*, apropò!; —*night*, în noapte, la noapte; —*day*, în timpul zilei; —*all means*, cu ori ce chip; —*no means*, nici de cum; —*blow*, lovitură dată din întâmplare; — *-name* poreclă; — *path*, potecă retrasă; — *-street*, înfundătură.

Bye-*bái* s. adio! *good*—, la revedere!

Bygone-*báigon* a. trecut; *let*—*s be*—*s!* trecutul să fie uitat!

Bystander-*báistănder* s. spectator.

Byword-*báiuerd* s. proverb.

Byzantine-*bizántin* a. şi s. bizantin.

C

Cab-*cáb* s. cabrioletă, trăsurică pe două roţi; birje; — *man*, — *driver*, birjar; —*stand*, staţiune pentru birji.

Cabal-*căbăl* s. uneltire, intrigi; —*ler*, uneltitor de intrigi, intrigant; —, v. n. a u neltì, a face intrigi contra cuiva.

Cabbage-*căbeidj* s. varză; — *-head*, căpăţână de varză; *savoy* —, varză cu foile creţe; — *-stump*, cocean de varză; — *-lettuce*, lăptucă.

Cablu *căbin* s. cabină; colibă,

bordei; — *-boy*, băiat de marină; — *-passanger*, pasager de clasa 1; —, v. a. şi n. a închide într'o colibă; a trăì într'o colibă.

Cabinet-*căbinet* s. cabinet; dulap; ministru; — *-Council*, consiliu de miniştri; — *-maker*, tâmplar de mobile; — *-work*. lucrările de mobile în abanos.

Cable-*kéible* s. cablu; *(mar.)* —*'s length*, distanţă de 200 metri; —, v. a. a face cabluri, șțoane din funii răsucite; a t....șță priu cablu.

Caboose-*căbús* s. *(mar.)* bucătărie.

Cachou-*cășu* s. cateșu (vopsea extrasă dintr'un copac indian).

Cackle-*căcl* s. cotcodăcitul (găinei care ouă); cloncănit; flecărire, trăncăneală; —, v. n. a cotcodăcì; a cărăì, a cloncănì (găina); a fleoncănì, a trăncănì; a rânji.

Cackler-*căcler* s. flecar, fleoncănitor.

Cactus-*căctŏs* s. *(bot.)* cactus (plantă grasă și spinoasă).

Cad-*căd* s. conducător de omnibus; știrengar.

Cadaverous-*cădăverŏs* a. cadaveric.

Caddy-*cădi* s. cutie pentru ceaiu.

Cadence-*kéidens* m. *(mus.)* cadență, tact, ritm.

Cadet-*cădèt* s. cadet; voluntar.

Caesura-*seziúră* s. cezură, oprire în mijlocul unui vers.

Cage-*kéij* s. colivie; închisoare; —, v. a. a pune în colivie; a băga la închisoare.

Caitiff-*kéitif* s. ticălos; nenorocit, mizerabil.

Cajole-*kăjól* v. a. a linguși; a mângâià.

Cajolery-*căjóleri* s. lingușire; mângâere.

Cake-*kéic* s. prăjitură, plăcintă, cozonac; turtă de ceară (etc.); — *bread*, pâine albă; —, v. a. a se întărì; a se formà o coajă.

Calabash-*călăbăș* s. tidvă, curcubete.

Calamitous-*călămitŏs* a. de restriște, foarte nenorocit.

Calamity-*călămiti* s. calamitate, nenorocire, mare năpaste; mizerie.

Calash-*călăș* s. caleașcă, trăsură.

Calcareous-*călkéiriŏs* a. calcaros, văros.

Calcine-*călsain* v. a. și n. a (se) calcinà.

Calculable-*kălkiulăbl* a. calculabil.

Calculate-*călkiuleit* v. a. a calculà, a socotì; a se bizui pe; a presupune; a potrivì.

Calculated-*călkiuleited* a. calculat, potrivit.

Calculation-*călkiuléișŏn* s. calcul, socoteală.

Calculator-*călkiuleiter* s. calculator.

Calculus-*călkiulŏs* s. *(med.)* calcul, piatra (udului).

Caldron-*căldron* s. căldare.

Calefactor-*kălefăcter* s. cazan ermetic închis, cu temperatură înaltă, în care se fierb unele substanțe.

Calendar-*călendar* s. calendar.

Calender-*călender* s. mângălău; —, mângăluitor; v. a. a mângălui.

Calf-*căf* s. vițel; pulpă.

Calibre-*căliber* s. calibru.

Calico-*călico* s. americă; stambă, cit.

Calisthenics-*călisthénics*. exercițiu de gimnastică (pentru fcte).

Calk-*coo* v. a. a calafatuì, a astupà cu călți și a cătrănì găurile dintr'o corabie.

Call-*col* s. apel; invitațiune; poruncă, ordin; cerere; vizită; — *-bell*, clopoțel de masă; — *bird*, flueraș; — *boy*, servitor; —, v. a. a. chemà; a numì; a aduce aminte; a cità; a adunà; a poruncì; *to—aside*, a luà la o parte; *to—down*, a lăsà să se scoboare; *to—for*, a cere, a reclamà; a trimite după; *to—forth*, a lăsà să se nască, a lăsà să iasă; *to—in*, a chemà înăuntru; *(to—together)*, a adunà, a convocà; *to—up*, a deșteptà; *to—on*, a trece pela; *to—out*, a strigà, a exclamà; *to—upon*, a vizità.

Calligraphy-*căligrăfi* s. caligrafie.

Calling-*côling* s. vocațiune; profesiune, meserie; funcțiune.

Callosity-*călósiti* s. învârtoșarea și îngroșarea pielei; bătătură.

Callous *călŏs* a. cu negi, învârtoșat, îngroșat·

Callow-*edloú* a. fără pene; tânăr.

Calm-*cám* s. linişte;—*dead*, nici o suflare de aer; v. a. a linişti: —, a. liniştit; — *ly*, ad. în mod liniştit.

Calmness-*cúmnes* s. linişte.

Calomel-*cálomel* s. calomel.

Caloric-*călório* s. caloric.

Caltrop-*căltrŏp* s. capcană pentru vulpi; grapă.

Calumniate-*călŏmnieit* v. a. a calomnià.

Calumniation-*călŏmniéişŏn* s. calomnie, defăimare.

Calumniatory-*călŏmnieiteri* a. calomniator, defăimător.

Calumny-*cálvări* s. muntele Golgotha.

Calumny-*cálŏmni* s. calomnie, defăimare.

Calvary-*cálvări* s. muntele Golgotha.

Calve-*cav* v. n. a fătă (se zice despre animale); *(fig.)* a produce, a iscodì.

Calvinism-*cálvinizm* s. doctrina lui Calvin.

Cambric-*kéimbric* s. dantelă de Cambrai; batistă.

Camel-*cámel* s. cămilă.

Cameleopard-*cámelepards* girafă.

Camellia-*cámélia* s. *(bot.)* camelio.

Cameo-*cámio* camee.

Camera-*cámeră* s. cameră fotografică.

Camomile-*cámomaíl* s. muşeţel, romaniţă.

Camp-*cámp* s. tabără; — *stool*, scaun care se îndoaie; —, v. n. a aşeză lagărul, tabăra.

Campaign-*cámpéin* s. expediţiune militară; a face campanie.

Campaigner-*kámpéiner* s. soldat bătrân.

Camphor-*kámfer* s. camfor.

Camphorated - *cámferéited* a. camforat.

Can-*cán* s. bidon, garniţă.

Can-*cán* v. n. (ner. def. pres. viit. şi ind. dela *to be able*. perf. *could*), a puteà, a şti, a fi în stare.

Canal-*cánăl* s. canal.

Canary(bird) - *kănéiríberd* s. canar (pasăre).

Cancel-*cánsel* v. a. a anulà; a şterge.

Cancer-*cánser* s. cancer.

Cancerous-*cánserŏs* a. canceros.

Candelabrum-*cándelăibrum* s. candelabru.

Candid-*cándid* a. candid, sincer; curat la suflet; naiv; —*ly*, ad. în mod sincer, fără şovăire.

Candidate-*cándideit* s. candidat, aspirant.

Candled-*cánded* a. zaharisit.

Candle-*cándel* s. lumânare de seu; — *end*, muc de lumânare; — *light*, lumină de lumânare.

Candlemas-*cándelmăss*.Întâmpinarea Maicei Domnului.

Candlestick-*cándlstio* s. sfeşnic; faclă; candelabru.

Candour-*gánder* s. candoare, sinceritate.

Candy-*cándi* s. zahăr, candel; —, v. a. & n. a (se) zaharisi.

Cane-*cáin* s. baston; trestie;— *bottom(ed) chair*, scaun de trestie; —, v. a. a da cuiva lovituri cu bastonul.

Canicular-*cánikiulăr* a. canicular.

Canine-*cánain* a. câinesc; dinte câinesc.

Caning-*cáning* s. lovituri cu bastonul.

Canister-*cánister* s. cutie cu ceaiu; — *shot*, mitralie.

Canker-*cánker* s. şancăr; *(fig)* vierme rozător; —, v. a. & n. a roade, a infectà; a se putrezì; a se conrupe.

Cankerous - *cánkerŏs* a. şancăros.

Canibal-*cánibăl* s. canibal, antropofag.

Cannibalism-*cánibălizm* s. antropofagie.

Cannon-*cánon* s. tun; *(at billiards)*, carambol:— *ball*, ghiulea;— *shot*, detunătură; —, v. a. a carambolà.

Cannonade-*cánonéid* s. detunătură; —, v. n. a trage cu tunul.

Cannoncer-*cánoncer* s. tunar.

Cannot şi **can not**-*cant'* (vide: *can* şi *not*), a nu puteà.

Canny-*cáni* a. prudent.

Canoe-*cánou* s. luntre.

Canon-*cánon* ordin, canon, canonic;— -*law*, dreptul canonic.

Canoness-*cánoness* s. canonică.

Canonical-*cánonecál* a. canonic;—*s*, mare costum de ceremonie.

Canonisation-*cánonizéişön* s. canonizare.

Canonise-*sánonaiz* v. a. a sfinţi, a pune în numărul sfinţilor.

Canonry-*cánonri*, **canonship**-*cánonşip* s. canonicat, beneficiul unui canonicat.

Canopy-*cánopi* s. uranisc (peste un tron, altar), baldachin; —, v. a. a acoperi cu un uranisc.

Cant-*cant* s. argou, graiul particular al calicilor şi al hoţilor, jargon; ipocrizie, făţărnicie, prefăcătorie; —, v. a. & n. a vorbi un jargon; a face pe ipocritul.

Cantab-*cántǎb* s. student al universităţii Cambridge.

Cantankerous-*cántánkrŏs* a. răutăcios,supărăcios;neprietenos.

Canteen-*cántîn* s. cantină; bidon, vas de tinichea.

Canter-*cánter* s. ipocrit; trap mic; —, v. n. a merge în trap mic.

Cantharides-*cánthǎrides* s. pl. cantaridă.

Canticle-*cántikel* s. cântec.

Canting-*cánting* a. ipocrit; pe nas (voce).

Canto-*cántou* s. cântec.

Canton-*cánton* s. canton; ţinut, loc; —, v. a. & n. a împărţi în cantoane, a încartiera.

Cantonment-*cántónment* s. cantonare.

Canvas-*cánvǎs* s. canevà; cerere de votari, c nditatură;— *backed duck*, raţa americană; pânză de cânepă, de corabie; —, v. a. a examinà, a desbate; a cere votari.

Canvaser-*cánvǎser* s. stîrvitori examinator.

Caoutchouc *cáuciuc* s. cauciuc.

Cap *cáp* s. căciulă, şapcă; scutie, bonei; capsulă (fulminantă); capac;—*of percussion*, capsulă;—*a-pic*, din cap până în picioare; —*maker*, fabricant de bonete, scufi ·, (etc.); *fool's*—, chivără de hârtie; —, v. a. & n.; a acoperì capul; a scoate pălăria; a pune iască, fitilul (la o armă).

Capability-*keipǎbiliti* s. capacitate.

Capable-*kéipǎbl* a. capabil, aplicat la.

Capacious-*cǎpéişŏs* a. spaţios, larg, mare.

Capacitate-*cǎpǎsiteit* v. a. a pune în stare.

Capacity-*kǎpǎsiti* s. capacitate, inteligenţă.

Caparison-*kǎpǎrison* s. cioltar, pătură de cal; —, v. a. a pune o pătură pe cal; a acoperì cu pătura.

Cape-*kéip* s. cap, promontoriu, limbă de pământ înaintată în mare; guler de manta, peierină.

Caper-*kéiper* s. săritură (ca a caprei), săritură în sus cu izbirea picioarelor unul de altul; caperă; —, v. n. a face sărituri la danţ, a sări.

Capillary-*cápilǎr* a. capilar, subţire ca un fir de păr.

Capital-*kǎpitǎl* s. capitală, metropolă; majusculă; capitel; capital; —, a. capital, principal; minunat, excelent; —*ly*, ad. ca vinovat de o crimă, în mod criminal; minunat, de minune.

Capitalise - *cǎpitǎlaiz* v. a. a capitaliză.

Capitalist *cǎpitǎlist* a. capitalist.

Capitation -*cǎpitéişön* s. taxă pe cap.

Capitol *cǎpitol* s. capitoliu.

Capitular-*cǎpitiulǎr* s. memb u al unui sinod.

Capitulate-*cǎpitiuleit* v. n. a capitulă.

C pitulation-*căpitiuléişŏn* s
capitulare.

Capon *kắpn* s. clapon.

Caprice-*cắpris* s. capriciu, ciu-
dăţenie

Cap icious-*cắprişŏs* a. capri-
ţios; —*ly*, ad. în mod capriţios.

Capricorn-*cắpricorn* s. (*str*)
capricorn.

Capsize-*cắpsăiz* v. a. a răsturnă.

Capstan-*cắpstăn* s. scripet, ma-
cară: vârtej vertical cu parghii.

Capsule-*cắpsiul* s. capsulă.

Captain-*cắptin* s. căpitan, şet,
—*of foot*, căpitan de infanterie
—*of horse*, căpitan de cavalerie

Cap aincy-*cắpteinsi* s. grad de
căpitan, căpetenie.

Captainship-*cắptinşip* s. grad
de căpitan, talent militar.

Captious-*cắppşŏs* a. viclean în-
şelător, şiret: cârciocar; —*ly*,
ad în mod viclean.

Captiousness-*cắpşusnes* s. na-
tură amăgitoare, vicleană.

Captivate-*cắptiveit* v. a. a cap-
tivă; a încântă.

Captive-*cắptiv* s. captiv, prins
în răsboiu, rob; —, a. captiv,
prins; *to take*—, a lace prizonier.

Cap ivity-*cắptivitis*.captivitate

Capto :-*cắpter* s. prinzător, cel
care prinde.

Capture-*cắpciur* s. captură,
prindere; —, v. a. a captură, a
prinde.

Capuchi...-*cắpiuşin* s. Capuţin
călugăr; manta cu glugă.

Car-*cắr* s. car, căruţă; nacelă:
luntre.

Car(a)bineer-*carbinir* s. cara-
binier.

Caramel-*cắrămel* s. caramelă,
acadea.

Carat-*cắrăt* s. cărat.

Caravan-*cắrdvăn* s. han pen-
tru conăcitul caravanelor, cara-
vanserai.

Caraway-*cắruei* s. (*bot.*) chi-
mion.

Carbine-*cắrbain* s. carabină.

Carbolic-*carbólic* a. carbolic.

Carbon-*cắrban* s. (*chim.*) carl on
(corp simplu solid).

Carbonate-*cắrboneit* s. carl o-
nat, sare compusă din acid car-
bonic şi o bază.

Carbonise-*cắrbonaiz* v. a. a
carbonizà.

Carbuncle-*cắrbŏncl* s. rubin ro-
şiu aprins;—*d.* impodobit cu ru-
bine;= *of the nose*). cu coş, bu-
ton pe obraz.

Carbuncular-*carbŏnclăr* a. de
rubin roş aprins; (*med*) de bu-
bă neagră.

Carcass-*cắcăs* s. schelet, ca-
davru.

Card-*cắrd* s. cărţi de joc; carte,
adresă; dărac; *pack of*—*s.* oc
de cărţi; *marked*—*s.* carte mar-
cată; *visiting*—. carte de vizită;
trump—, atù; *to shuffle the*—*s*,
a da cărţile; —*player*, jucător
de cărţi;—*rack*, vas în care se
ţin cărţi de vizită; —, v. a. &
n. a dărăci, a pieptena; a jucă
în cărţi;—*sharper*, măsluitor de
cărţi, înşelător;—*board*, carton.

Carder-*cắrder* s. dărăcitor.

Cardinal-*cắrdinăl* s. cardinal,
—, a. principal, important.

Care-*kéir* s. grije; îngri ire; a-
tenţiune; , v. n. a se îngrijì,
a se sinchisì, a-i păsă a se ne-
linişti; a se ocupă de.

Careen-*kerin* v. a. (*mar.*) a cul-
că o corabie pe o parte pentru
a o reparà.

Career-*cắrîr* s. carieră, alerga-
re, hipodrom.

Careful-*kéirjuţ* a. îngri at, a-
tent; prevăzător. cu luare amin-
te; —*ly*, ad. cu îngrijì.

Carefulness-*kéirfulnes* s. grijă,
băgare de seamă.

Careless-*kéirles* a. nepăsător,
neglijent; —*ly*, ad. fără grijă,
cu neglijenţă.

Carelessness-*kéirlesnes* s. ne-
păsare, negligenţă, indiferenţă.

Caress-*cắrés* s. mângâiere, lin-
guşire; —, v. a. a mângâià, a
linguşì.

Cargo-cárgo s. încărcare.

Caricature-caricaciúr s. caricatură; —, v. a. a face caricaturi.

Caricaturist - caricaciúrist s. caricaturist.

Caries-cáris s. carie, mâncătură a oaselor.

Carious kéiriŏs a. cariat, ros.

Carking(care)-carking(keer) s. mâhnire, supărare.

Curman-cármăn s. căruţaş.

Carminativ - carmínătiv a. (med.) carminativ.

Carmine-cármain s. cârmâz.

Carnage-cárneiǰ s. masacru, măcel.

Carnal-cárnăl a. sensual, trupesc; —ly, ad. în mod sensual.

Carnaliti-carnăliti s. sensualitate.

Carnation-cărnéişŏn s. carnaţiune, întrupare ;(bot)garoafă roşie.

Carnellan-cărniliăn s. cornalină.

Carnival-cárnivăl s. carnaval, câşlegi.

Carnivorous-carnivorŏs a. carnivor.

Carol-cárol s. cântec; —, v. a. a cânta; a şovălcăi; a cânta (ciocârlia).

Carousal-kăróuzăl s. carusel.

Carouse-cáróus v. n. a chefui; a beà.

Carp-carp s. crap; —, v. n. a critica.

Carpenter-cárpenter s. dulgher, tâmplar;—'s besnch, masa de lucru.

Carpentry - cárpentri s. dulgherie.

Carper cárper s. critic, răutăcios, defăimător.

Carpet-cárpet s. covor;— -bag, geamantan;— -knight, om de salon; —, v. a. a acoperi cu covoare, a tapetă.

Carpeting - cárpeting s. covor, tapiţerie.

Carping-cárping a. critic; —ly, ad. cu răutate.

Carriage - kéirij s. transport; trăsură; vagon; pat de tun; ţinută, port; conduită;—and four, trăsură cu patru cai;—and pair, trăsură cu doi cai;— -free,—paid, transport plătit.

Carrier-cárier s. aducător, care aduce; cărăuş.

Carrion-cárion s. mortăciune.

Carrot-cárot s. morcovi.

Carroty a. cároti a. roşiatic.

Carry-kári v. a. şi n. a duce, a conduce, a purtă; a biruì, a obţine; a arătă; a se purtă;— -all, omnibus.

Carrying-business kèiriingbiznes s. comerţ de expediere, de transport.

Cart-cart s. căruţă, trăsură; to put the -before the horse, a pune plugul,— -horse, cal de căruţă;— -load, o căruţă plină;— -shed, şopron; —, v. a. a cără, a transportă.

Cartage-cárteiǰ s. preţ de transport.

Cartel-cártel s. cartel.

Carter-cárter s. căruţaş.

Carthusian.cárthiúziăn s. călugăr din ordinul Saint-Bruno, călugăr şartrez.

Cartilage-cártileidǰ s. cartilagiu, sgârciu.

Cartoon-cártún s. carton.

Cartridge-cártridǰ s. cartuşă; — -box, cartuşieră, cutia cu cartuşe; (mil.) patrontaş, lăduncă, cartuşieră.

Cartwright-cártreit s. fierar, rotar.

Carve-carv v. a. şi n. a sculptà, a tăià, a gravà; a tăià în bucăţi.

Carver-cárver s. sculptor, gravor; şeful chelnerilor la o masă mare.

Carving-cárving s. sculptură, gravură; tăiere în bucăţi (friptură).

Case-kéis s. caz; poziţiune; cutie; cufăr; cutiuţă, cufăraş cu sau pentru scule; in—, în caz că, în cazul când; *in the—of*, în caz de;— *knife*, cuțit de bucătărie; —, v. a. a încassă; a înfășură.

Casemate-*kéismeit* s. cazamată, suterană boltită (care re zistă ghiulelelor); —, v. a. a întări cu cazamată.

Casement-*kéisment* s. fereastră mică.

Cash-*caș* s. bani gata; bani pe șin; *to pay—*, a plătì cu bani gata;— *book*, registru de cassă; — *box*, cassă; —, v. a. a scontă.

Cashier-*kășier* s. cassier; —, v. a. a concedià, a da drumul, a da afară, a gonì.

Cashmere-*cășmir* s. cașmir.

Cask-*casc* s. balercă, butoiu; —, v. a. a pune în butoiu.

Casket-*cásket* s. cassetă; —, v. a. a pune în cassetă.

Cassation *kăséișăn* s. casare.

Cassock-*cásoc* s. antereu, tagmă popească.

Cassowary-*cásoueirì* s. cazuar (pasăre alergătoare).

Cast-*kast* s. aruncătură, lovitură; privire; formă, tipar; nuanță; topire; distribuțiune de roluri; înfățișare, fizionomie, caracter; —*iron*, tuciu; fier turnat.

Cast-*cast* v. a. și n. (perf. și ptr. *cast*), a aruncă, a asvârlì, a vărsă; a răsturnà, a respinge; a învinge, a birui; a calculà; a tragè la sort, a ghicì; a topì, a turnà metale; a modelà, a potrivì după; a se aruncà; a judecà, a considerà; a examinà; *to—up*, a adună, a face socoteală; a da afară.

Castanet *cástănet* s. castanietă.

Castaway-*cástăuei* s. afurisit, blestemat.

Castellan *cástelăn* s. castelan.

Castellated *cásteleited* a. crestat.

Caster-*cáster* s. calculator; aruncător, care aruncă; topitor, care topește; oțetar.

Castigate-*cástigheit* v. a. a pedepsì.

Castigation-*cástighéișăn* s. pedeapsă.

Castings-*cástings* s. obiecte de turnare.

Casting-vote *săstingvot* s. vot dublu; voce hotărîtoare.

Castle-*cásl* s. castel, întăritură; turn (la șah); *to build—s in the air*, a face planuri zadarnice ; —, v. n. (la șah) a așeză turnul în locul regelui și pe rege în partea cealaltă a turnului; a face rocadă.

Castled-*cástld* a. cu castele.

Castor-*cáster* s. castor;—*oil*, unt de reținà

Castrade-*cástreit* v. a. a castrà, a scopì.

Castration-*cástréișăn* s. castrare, scopire, jugănire.

Casual-*căajiual* a. întâmplător, accidental; —*ward*, azil pentru vagabonzi; —*ly*, ad. din întâmplare.

Casualty-*cájiualtì* s. întâmplare; accident; întâmplare nenorocită; caz de moarte; —, pl. pierdere, pagubă.

Casuist *cajuist* s. cazuist, teolog care rezolvă chestiile de conștiință.

Casuistry-*cájuistrì* s. știința cazuistului.

Cat-*cát* s. pisică;—*o'nine tails*, gârbaciu; sfeșnic scund cu toartă; —*call*, fluer; fluerat, șuerat: *to let the—out of the bag*, a destăinui un complot; a scăpà o vorbă secretă; *to rain—s and dogs*, a plouà cu găleți;—*'s cradle*, ferestrău; —*'s paw*, boare, adiere; pui de mierlă; persoană întrebuințată ca unealtă.

Cataclysm *cátăclizm* s. cataclism.

Catacombs-*cátăcoums* s. catacombe.

Catalepsy-*cátălepsì* s catalepsie.

Catalogue *cátălog* s. catalog.

Catamount-*cátămount* s. pisică sălbatică.

Cataplasm *călăplăzm* s. cataplasmă.

Catapult *călăpult* s. catapult, maşina de războiu ce asvârleă bolovani.

Cataract *călărăct* s. cataractă, căderea unei ape dela o mare înnălţime ; (*med.*) cataractă, albeaţă în ochi.

Catarrh *cătăr* s. catar, guturaiu, troahnă;—*al*, a. de guturaiu.

Catastrophe *călăstrouf* s. catastrofă.

Catch *cătş* s prindere, capturare; pradă; cârlig; clanţă; zăvor; câştig, avantaj; tertip; refren, un interval scurt; mişcare neaşteptată; pândă; frază spirituală; adumbrire, idee, bănuială; molipsire.

Catch *cătş* v. a. şi n. (perf. şi ptr. *caught*), a prinde, a agăţa; a ajunge; a se agăţa; a se angajă; a se luă; a fi contagios; *to—cold*, a se răci; *to—hold of*, a apucă; *to—wind*, a se apucă, a se încurcă;—*me!* nici prin gând nu'mi trece! *to—up*, a prinde, a apucă, a înhăţă;—*penny*, glumă proastă, fără valoare.

Catcher *căcer* s. lingău.

Catching *căcing* a. contagios, seducător.

Catchword *cătşuerd* s. replică, răspuns; vorbă înţepătoare.

Catechise *cătekais* v. a. a învăţă pe cineva dogmele religiunii creştine; a examină.

Catechism *cătekizm* s. catechism.

Catechist *cătekist* s. catechet, cel ce predă copiilor catechismul.

Categorical *cătegórical* a. categoric.

Category *cătegori* s. categorie.

Cater *kéiter* v. a. a procură pro viziuni, a îngriji cu merinde.

Caterer *kéiterer* s. furnizoare, îngrijitoare de merinde.

Caterpillar *căterpilar* s.omidă.

Caterwaul *căteruol* s. zarvă, gălăgie mare; urlet, miorlăitu-

rile pisicilor; muzică drăcească; —, v. n. a miorlăi.

Catgut *cătgöt* s. coardă de maţ.

Catharlue-wheel *cătherainuil* s. fereastră în formă de trandafir sau de stea.

Cathedral *cathédrăl* s. catedrală.

Catholic *cătholic* a. catolic.

Catholicism *cătholiseam* s. catolicism.

Catkin *cătkin* s. măţişor (*bot*).

Catlike *cătlaie* a. ca o pisică.

Catsup *cătsöp* s. ciuperci murate.

Cattle *cătl* s. vite, vite cu coarne; — *plague*, pesta bovină; — *show*, expoziţiune de vite.

Cacus *cócös* s. adunare electorală în America.

Caught *cot* perf. şi ptr. dela *to catch*.

Caul *col* s. broboadă; bonetă; căiţă, cămaşa noului născut.

Causal *cózăl* a. cauzal, cauzativ, care arătă cauza.

Cause *coz* s. cauză, motiv; sorginte; bază, proces;—, v. a. a cauză, a pricinui;—*less*, a. fară cauză, fară motiv;—*lessly*, ad. fară cauză, fară pricină.

Causeway *cózuei* s. şosea.

Caustic *cóslic* s. caustic; *lunar* —, piatra iadului, azotat de argint; —, a. caustic.

Cauterisation *cóterizeişön* s. cauterizare.

Cauterise *cóterais* v. a. a cauteriză.

Caution *cóşön* s. precauţiune, prevedere, înţelepciune, înştiinţare; —, v. a. a înştiinţă, a luă măsuri.

Cautious *cóşös* a. prudent, circumspect; —*ly*, ad. cu precauţiune.

Cavalcade *căvălkeid* s. cavalcadă.

Cavalier *căvălier* s. cavaler.

Cavalry *căvălri* s. cavalerie.

Cave *kéiv* s. pesteră, vizuină.

Caveat *kéiviăt* s. peşteră.

Cavernous *kăvernŏs* a. plin de peşteri.

Caviare-*căviăr* s. icre negre.

Cavil *căvil* s şicană, subţirime, agerime; —, v. n. a lucrà în puncte, a falşifica, a sofistica.

Caviller-*căviler* s. boclucaş, cărciocar.

Cavity *căviti* s. găunoşie.

Caw-*co* v. n. a croncăni.

Cayenne-pepper *keiénpeiper* s. piper de Caiena.

Cayman-*kéimăn* s. reptil de ape din America, asemenea crocodilului.

Cease-*siz* v. a. şi n. a încetà, a face să înceteze.

Ceaseless-*sizles* a neîncetat; —*ly*, ad. fără încetare.

Cedar-*sider* s. cedru.

Cede-*sid* v. a. şi n. a cedà, a da, a lăsa cuiva; a se supune, a nu se împotrivì.

Ceiling *siling* s. tavan.

Celebrate-*sélebreit* v. a. a ce lebrà, a sărbătorì.

Celebration *selebréişŏn* s. celebrare, serbare, sărbătorire.

Celebrity-*selébriti* s. celebritate, renume, faimă.

Celerity *selériti* s. iuţeală, repeziciune.

Celery-*séleri* s. ţelină (*bot.*); *oundle, head of*—, legătură de ţelină.

Celestial-*selestiăl* s. locuitor al cerului; —, a. ceresc.

Celibacy-*selibăsi* s. celibat.

Celibate-*sélibeit* a de celibat.

Cell-*sel* s. celulă; cavitate, gaură; carceră la închisori.

Cellar *séler* s. pivniţă.

Cellarage *sélereidj* s. pivniţe.

Cellaret-*séleret* s. cameră cu deale mâncării.

Cellular-*séliulăr* a. celular, cu celule, cu chilii.

Cellule-*séliul* s. celulă.

Celluloid *séliuloid* s. celuloid

Cement-*siment* s. ciment, legătură; —, v. a. a cimentà; v. n. a se întruni, a se adună.

Cemetery-*sémeteri* s. cimitir.

Cenotaph-*sénotăf* s. mormânt gol, monument ridicat în amintirea unui mort.

Censer *sénser* s. cădelniţă.

Censor *sénsŏr* s. censor, critic.

Censorious-*sensŏriŏs* a. critic, caustic, satiric; —*ly*, ad. ca un censor.

Censorship-*sénsorşip* s. cenzură, funcţiunea de cenzor.

Censurable-*sénsiurăbl* a. cenzurabil, bun de dojenit, de certat.

Censure *sénsiur* s. cenzură, dojană, critică; —, v. a. a cenzurà, a dojenì, a blamà, a critica.

Census *sénşŭs* s. recensământ.

Cent-*sent* s. sută; *per*—, procent.

Centaur-*séntor* s. centaur.

Centenarian - *sentinéiriăn* s. centenar, vreo sută.

Centennial - *senténiăl* a. de o sută de ani.

Centesimal - *sentézimăl* s. sutime.

Centipede-*séntipid* s. năvalnic, urechelniţă.

Central-*séntrăl* a. central; —*ly*, ad. în centru.

Centralise - *séntrălais* v. a. a centraliza.

Centre *séntr* s. centru; v. a. & n. a (se) concentra.

Centric *séntric* a. în centru; —*al*, central.

Centrifugal *sentrifiugăl* a. cen trifug.

Centripetal *sentripetăl* a. centripet.

Centuple-*séntiupl* v. a. a însuti; —, a. însutit.

Centurion-*sentiúrion* s. centurion; sutaş.

Century - *séntiuri* s. centurie; veac, secol.

Ceramic *serămic* s ceramică.

Cerate-*séreit* s. alifie cu ceară.

Cereal-*sirial* a. cereal; —*grasses*, s. cerealele, bacatele.

Cerebral *sérebrăl* a. cerebral.

Cerecloth *sіércloth* s. muşama.

Cerement-*sierment* s. giulgiu.

Ceremonial-sere: óniăl s. ceremonial, regulile ceremoniei, etichetă; — a. de ceremonie; —ly, ad. după ceremonie.

Ceremonious-seremóniŏs a. ceremonios; —ly, ad. cu ceremonie.

Ceremony-seremoni s. ceremonie; pl. nazuri; to stand upon—, a ține eticheă; a face moituri.

Certain-sértăn a. sigur; —ly, ad. cu siguranță.

Certainty-sér inty s. siguranță, lucru sigur.

Certificat..-serti'keit s. certificat.

Certification-serti ikeişŏn s. certificare, adeverire, dovadă scrisă, atestare.

Certify-sértifai v. a. a certifica, a dovedi, a adeveri, a recunoaște în scris.

Certitude-sertitiud s. siguranță.

Cerulean-serúliăn s. albastrul cerului, azuriu.

Cesarian- izéiriăn a. cezarian; —section, operaţione cezariană.

Cess-ses s. impozit, bir.

Cessation-seséişŏn s. încetare; suspendare; —of arms, armistiţiu.

Cessible-sésibl a. (jur.) care poate fi cedat.

Cession-séşŏn s. cesiune, cedarea unui lucru altuia.

Cesspool-séspul s. haznă; groapă pentru lături.

Cestus-séstus s. cest, mănușă plumbuită (a atleților).

Cetacean-sitéişiăn s. cetaceu, mamifer în formă de pește.

Chad-tşăd s. arin, costreş spinos peste.

Chafe-céif s. în ălzire, aprindere, furie; — v. a. & n. a încălzi, a aprinde; a freca; a irita; a se înfuria; a se aprinde.

Chafer-céifer s. cărăbuş.

Chaff-ciáfs. paie tăiate mărunt, paie cu care se înfășură grăunțele; bătaie de joc; — cutter, mașină de tocat paie; —, v. a. a ride de, a-și bate joc.

Chaffer-ciáfer v. n. a șovăi, a se codi; a face târg; a traiica.

Chaffinch-ciáfinci s. pițigoiu.

Chagrin-şăgrín s. supărare, necaz.

Chain-céin s. lanț; —s pl. fiare, lanțuri; —bridge, pod suspendat; —gang, lanț de ocnași; —lace, șiretel, șnur suoțire; —shot, legatul cu lanț; —, v. a. a lega cu un lanț, a pune în fiare; a înlănțui.

Chair-céer s. scaun; fotoliu; perniță de drum de fier; —I la ordine! t to take the—, a primi prezdenția; a deschide ședința; bath —, trăsurică pe două roate trasă de un om; —, v. a. a purta în triumf.

Chairman-céermăn s. președinte.

Chaise-şes s. cărucioară de poştă, diligență; cabrioletă.

Chalcedony-kalsédoni s. agată de culoare lăptoasă.

Chalice-tşális s. potir; cupă; caliciu.

Chalk-ciok s. cretă; —pit, groapă de marnă, mină de cretă; —, v. a. a însemna cu cretă; a schiță, a calchià; to—out, a schiță; to—up, a no à, a scrie o socoteală.

Chalky-cioki a. cretos, de cretă.

Challenge-ciálendj s. cartel; provocare; pretenţiune; (jur.) recuzare; (mil.) «—?» «cine e?» —, v. a. a provocà la duel; a reclamà; a-și atribuì; a recuzà; a strigà «cine ce?» (mil.).

Challenger-ciálenjer s. provocator; pretendent.

Chalybeate-kálibieit a. ferugiuos.

Chamber-cieimber s. cameră; cabinet; —s, pl. birouri; in—s, provizoriu; —maid, fată în casă; —robe, halat; —pot, scaun de noapte.

Chamberlain-cieimberlăn s. șambelan, ofiţer de ordonanță al unui prinț.

Chamberlainship - *ciéimber-
lăn,ip* s. funcţiunea de şambelan.
Chameleon *kămíleŏn* s. came-
leon.
Chamois *şámoa* s. capră neagră;
—*leather*, piele de capră neagră.
Champ - *ciámp* v. a. & n. a a-
mestecă; a roade.
Champagne - *şámpéin* s. câm-
pie, ţară; vin de şampanie; —,
a. neted; deschis; cu câmpii.
Champion - *ciámpion* s. apără-
tor, luptător; —, v. a. a da un
cartel.
Chance - *ciáns* s. noroc, risc; în-
tâmplare, nenorocire; —*ly*, din
întâmplare ; — *-customer*, client
din întâmplare; —, v. n. a se
întâmplă ; —, a. întâmplător ;
—, ad. din întâmplare.
Chancel - *ciánsel* s. sanctuar.
Chancellor *ciánselŏr* s. cance-
lar; *Lord High*—, marele cance-
lar; —*of the Exchequer*, ministru
de finanţe; —*ship*, funcţiunea de
cancelar.
Chancery - *ciánseri* s. curtea cu
juri.
Chandelier *şăndelier* s. lustru,
candelabru.
Chandler - *ciándler* s. fabricant
de lumânări; cel care vinde lu-
cruri cumpărate şi în detail.
Change - *céingi* s. schimbare; al-
teraţiune; bursă; bani mărunţi;
—, v. a. & n. a schimbă; a face
trampă, schimb; a se schimbă.
Changeable - *céingiábel* a.
schimbăcios, schimbător; nesta-
tornic
Changeableness - *céingeibelnes*
s. nestatornicie.
Changeably *céingiábli* ad. în-
tr'un mod nestatornic.
Changeless *céingeles* a. fără
schimbare.
Changeling - *céingiling* s. copil
schimbat la naştere; spirit schim-
băcios.
Changer *céinger* s. zaraf; care
schimbă.
Channel - *ciánel* s. canal; trecă-

toare îngustă pentru bastimente
(la intrarea unui port); matcă,
albie de râu; jghiab, canal de
bucătărie; cale; dungă în zid,
ciubuc; —, v. a. a săpă; a brăz-
dă; a împodobi cu ciubuce, cu
dungi scobite.
Chant - *ciánt* s. cântare, cântec,
melodie; —, v. a. & n. a cântă.
Chanter *ciánter* s. cântăreţ.
Chanticleer - *ciánticlier* s. co-
coşul.
Chaos - *kéios* s. haos.
Chaotic - *kéiotic* a. haotic.
Chap - *ciáp* s. crăpătură ; falcă;
—, v. a. & n. a crăpă, a se cră-
pă (pielea, buzele, etc.).
Chapel *ciápel* s. capelă ; — *of
ease*, sucursală.
Chapfallen - *ciápfolen* a. încre-
menit.
Chaplain - *ciáplăn* s. capelan;—
cy, demnitate de capelan.
Chaplet - *ciáplet* s. capelă mică;
ghirlandă.
Chapter - *ciápter* s. capitol; adu-
nare, sinod.
Char *ciár* s. muncă cu ziua; —,
v. a. & n. a munci cu ziua; a
face cărbuni de lemn.
Character - *cárácter* s. caracter;
scriere; renume, reputaţie; rol,
personagiu; soiu, fel; certificaí;
condiţie, calitate; descriere; ce-
rere; procură; portret; onoare;
informaţie; *to take away one's*—,
a strică reputaţia cuiva.
Characterise sau **Charac-
terize** - *cáráoterais* v. a. a ca-
racterizá.
Characteristic *cárácterístic* a.
caracteristic, care arată însuşirea.
Charade - *şárád* s. şaradă, ghi-
citoare.
Charcoal *ciárcoul* s. carbune de
lemn; — *-burner*, cărbunar.
Charge - *ciárgi* s. sarcină, greu-
tate; îngrijire; pază; acuzaţiune;
cerere; ordin; funcţiune; atac;
cap, punct principal; preţ; *to ta-
ke*—*of*, a se însărcină cu, a luá
asupră'şi ; —*s*, pl. cheltueli ; —

-**sheet**, livret de consemnare —, v. a. a încărcă; a însărcină a impune; a încredință; a învinovăți de; a atacă; a atribuì; a cere.

Chargeable-*ciărgiăbl* a. supus la o taxă; în socoteală... pe spinare...; costisitor; care se poate acuză.

Charger-*ciărger* s. farfurio mare de bucate; cal de răsboiu.

Charily-*ceirili* ad. cu îngrijire cu băgare de seamă, cu economie

Chariot-*ciăriot* s. car; cupeu, caretă; —, v. n. a cără; a duce cu trăsura.

Charioteer-*ciăriotér* s. conductor de car, caruțaș.

Charitable-*ciărităbl* a. milostiv, de binefacere.

Charitableness - *ciărităbelnes* s. milostenie.

Charitably-*ciărităbli* ad. în mod milostiv.

Charity-*ciăriti* s. milostenie; miluire; binefacere;— -*school*, școală gratuită.

Charlatan-*șărlătăn* s. șarlatan.

Charlataury-*șărlătănri* s. șarlatanie.

Charles's-Wain - *ciărlzuein* s. carul mare, ursă mare (*astr.*).

Charm-*ciărm* s. farmec, încântare; breloc; sculă fără preț; —, v. a. a încântă, a fermecă.

Charmer *ciărmer* s. fermecător; fermecătoare.

Charming-*ciărming* a. încântător; —*ly*, ad. fermecător, în mod încântător.

Charnel-*ciărnel* a. cărnos; plin de oase de oameni morți; — -*house*, bolniță.

Chart *ciărt* s. hartă, hartă marină.

Charter *ciărter* s. hrisov, act înscris; act, privilegiu; —, v. a. a privilegiă; a stabilì printr'un hrisov; a închiriă (o corabie).

Chartist *ciărtist* s. membru al unei societăți socialiste din Londra.

Charwoman *ciăruumăn* s. tomeo cu ziua.

Chary-*ciări* a. îngrijat; cu băgare de seamă; econom; cumpătat.

Chase-*ciéis* s. vânătoare, urmărire; teren pentru vânat; pradă; corabie urmărită; *to geve*— *to*, a urmărì pe; *wild-goose*—, urmărire zad.rnică; —, v. a. a vână; a urmărì; a dăltuì; —, s. cadru, pervaz.

Chasm-*kăsm* s despicătură, crăpătură; prăpastie; gaură.

Chaste *céist* a. cast, curat, neprihănit; rușinos; onest; —, *ly*, ad. cu castitate, neprihănit, cu inima curată; rușinos, modest.

Chasten *céisn* v. a. a pedepsì.

Chastise-*ciăstais* v. n. a pedepsì; a îndreptă; a corijă.

Chastity *ciăstiti* s. castitate, curățenie de inimă, puritate.

Chasuble *ciăziuble* s. patrafir.

Chat-*ciăt* s trăncăneli, bârfeli, flecărie; —, v. n. a fleoncănì, a sta de vorbă.

Chattel-*ciătel* s. avere mișcătoare; *goods and*—*s*, avere și mobile.

Chatter *ciăter* s. bârfire, flecărie; —, v. n. a bârfì, a flecărì, a fleoncănì, a sta la palavre, a taiă la palavre.

Chatterbox - *ciăterbox*, **chatterer** *ciăterer* s. flecar, moară spartă, limbut.

Chatty-*ciăti* a. bârfitor, limbut.

Chaw-*cio* s. falcă; îmbucătură; —, v. a. a mestecă.

Cheap-*cip* a. ieftin;—*ly*, ad. ieftin.

Cheapen *cipn* v. a. a tocmì; a ieftinì.

Cheapness-*cipnes* s. ieftinătate.

Cheat-*cit* s. înșelătorie, fraudă, pungășie; cotcărie;—v. a. și n. a înșelă, a buzunărì, a șterpelì.

Cheating -*citing* s. înșelăciune, șmecherie.

Check-*cec* s. șah (joc); piedic1, obstacol; bon; contra-marcă; pânză de bu mbac cadrilată; chemare în judecată; mustrare as-

pră, dojană, imputare; —, v a.
şi n. a împedică, a oprì; a re-
luà; a potoli; a mustrà; a con-
trolà; a se slăbi: a se oprì; a
se opune;— *string*, sfoară de tră-
sură;—*taker*, controlor.

Chekmate-*cécmeit* s şahşimat;
—, v. a. a da şah şi mat.

Check-*cic* s. obraz; obrăznicie;
—*by jowl*, întrevedere între patru
ochi.

Cheeky-*ciki* a. obraznic, neru
şinat; *to be*—, a fi obraznic.

Cheer-*cier* s. mâncare, ospăta-
re; banchet; veselie; aplaudare,
aclamaţiune;—*up!* curaj! *to be*
of good—, a nu pierde curajul,
a prinde curaj; —, v. a. şi n. a
bucurà; a încurajà; a se bucu
rà; a se învescli.

Cheerful-*cirful* a vesel, plin
de veselie;—*ly*, ad în mod vesel.

Cheerily-*cirili* ad. cu veselie,
cu dragă inimă, cu curaj.

Cheering-*ciering* s. aplaudare

Cheerless-*cierles* a. trist, me
lancolic.

Cheery-*cieri* a. vesel.

Cheese-*ciz* s. brânză;—*dairy*,
brânzărie ;— *hopper*, —-*mite*,
verme de brânză;—*paring*, cum
plit de sgârcit.

Cheesemonger *cizmöngher* s
brânzar.

Cheetah *cită* s. unţă, leopard
vânător.

Chemical *kémical* s. producte
chimice; —, a. chimic; —*ly*, ad
în mod chimic.

Chemise-*şemis* s. cămaşă de
damă, de zidar.

Chemist *kémist* s. chimist.

Chemistry *kémistri* s. chimie.

Cheque *cek* s. cec;— *book*, car-
net de mandate pentru bancheri.

Chequer-*céker* v. a. a împes-
triţă; a vărgà, a bălţà, a da cu
diferite colori;—*ed*, variat;—
board, masa jocului de dame;
— -*work*, căptuşeală cu tăbliţe
de diferite colori; încrustare.

Cherish-*cériş* v. a. a iubì; a

proteja, a apără; a nutrì, a hrăni.

Cheroot-*cierut* s. ţigară de foi.

Cherry-*céri* s. cireaşă;— *stone*,
sâmbure de cireaşă;— *tree*, cireş.

Chervil-*cervil* s. (*bot.*) asmaţui.
stir.

Ches-*ces* s. shah; —*board*, tablă
de şah;— *man*, pion figură la
şah).

Chest-*cest* s. ladă, cufăr; piept;
— -*of-drawers*, scrin.

Chestnut-*céstnöt* s. castană;—
tree, castan.

Cheval-glass-*şevălglds* s o-
glindă mare.

Chew-*ciü* v. a. şi n. a meste-
că; a mestecà tutun (în gură ;
a meditâ, a se gândi la

Chicane-*şikein* s. şicană; —, v.
n a şicanà

Chicanery-*şikeineri* s şicane.

Ch k-*cik* v. n a incolţi, a creşte.

Chickabidy-*cikăbidi* s. tigae;
gaină (în limba copiilor).

Chick(en)- *ik(en)* s puiu de gă-
ină

Chicken-hearted-*cikenhărled*
a. timid, sfiicios, temător.

Chicken-pox *cikenpoχ* s. văr-
sat.

Chickory *cikori* s. cicoare.

Chick-weed-*cikuid* s. (*bot.*)
minteuţă.

Chide-*ciáid* v. a. şi n. (ner. perf.
chid, ptr. *chidden*), a dojenì, a
mustrà; a certă; a criticà; a se
certà.

Chief-*cif* s. şef, comandant ;
Lord—*Justice*, prim-preşedinte;
—*of staff*, şef al statului major;
—, a. prim, principal;—*ly*, ad.
în mod principal.

Chieftain-*ciften* s. şef, căpitan.

Chilblain-*cilblein* s. degerătu-
ră; —, v. a. a degerà.

Child-*ciáild* s. copil ; pl. **chil-**
dren-*cildren*, *fro n a*—, din copi-
lărie; *with*—, însărcinată; *no to*
be a—, a nu face copilării; —*in*
arms, copil de ţâţă;—*birth*, face-
re, naştere;—*bearing*, sarcină (la
femee).

Childbed-*ciáildbed* s. lăuzie.

Childhood-*ciáildhud* s. copilărie.

Childish *ciáildiş* a. copilăresc; —*ly*, ad. ca un copil.

Childless *ciáildles* a. fără copil.

Childlike-*ciáildlaic* a. ca un copil, copilăresc.

Chili-*cíli* s. ardeiu.

Chill-*cil* s. frig; răceală; fior; *to catch a* —, a luă un guturaiu; —. v. a. şi n. a răci; a îngheţă; a da fiori în; —, a. frig; îngheţat; răcoros; nesimţitor.

Chilliness-*cílines* s. fior, frig; -*ly*, ad. friguros, simţitor la frig; rece.

Chime-*ciaim* s. armonie, acord; adunătură de clopote de diferite tonuri; bătaie de ceasornic; rimă; —, v. a. şi n. a trage clopotele după un anumit mod; a se pune de acord.

Chimera-*himíră* s. himeră.

Chimerical-*himérical* a. himeric;—*ly*, ad. în mod himeric.

Chimney-*címni* s. camin; coş; —*-corner*, la gura sobei;—*-piece*, vatră;—*-pot*, vârful coşului;—*-sweep*, coşar.

Chimpanzee *chimpănzi* s. cimpanzeu.

Chin-*cin* s. bărbie; —, *cough*, tuse măgărească.

China *ciáină* s. porţelan de China.

Chink-*cinc* s. crăpătură; —, v. a. şi n. a zăngăni; a face să sune bani; a crăpà; a se crăpă.

Chintz-*cinţ* s. stofe persane; creton.

Chip *cip* s. bărdac; talaş; surcele; sfărâmătură; mostră; —, v. a. a tăià în bucăţele.

Chiropodist *kirópodist* s. pedicur.

Chirp-*cerp*, **chirrup** *cerŏp* v. v. a. şi n. a cântà ca greerele; a ciripì; a cântà; a animà.

Chirping-*círping* s. ciripit; cântec de pasăre; strigăt vesel.

Chirurgion *kirúrgien* s. vide *surgeon*.

Chisel-*cizel* s. daltă; —, v. a. a dăltui; a cizelà; a sculptă.

Chit-*cit* s. copilaş; germen; aluniţe, pete pe obraz; pistrui.

Chit-chat-*citciat* s. bârfire, vorbă.

Chitterlings *cíterlings* s. cârnat de purcel. drob, bojogi; maţ.

Chivalrous *şiválrŏs* a. cavaleresc.

Chivalry-*şiválri* s. cavalerizm.

Chive-*ciáiv* s. haşmă turcească. arpagic, ceapă.

Chloral-*clórál* s. cloral.

Chloride-*clóraid* s. clorură.

Chlorine-*clórain* s. clor.

Chloroform-*clóroform* s. cloroform.

Chocolate-*ciócoleit* s. ciocolată.

Choise-*ciŏis* s. alegere; ceeace este mai bun, mai frumos; *Hobson's* —, alegere silită; —, a. ales, excelent; —, ad. cu alegere, minunat, cu îngrijire.

Choiceless-*ciŏsles* a. care nu poate alege.

Choiceness-*ciŏcsnes* s. lucru ales, căutat; delicateţă.

Choir-*cuair* s. cor.

Choke-*ciŏuk* v. a. a sugrumà, a înăbuşì, a înecà; a astupà;—*-pear*, pară foarte amară.

Choker-*ciŏuker* s. cravată; argument fără replică.

Choler-*cóler* s. fiere, mânie.

Cholera-*cóleră* s. holeră.

Choleraic-*coleréio* a. holeric.

Choleric-*cólerio* a. fioros; mânios.

Choose-*ciúz* v. a. şi n. (ner. perf. *chose*, ptr. *chosen*), a alege, a'şi alege; a preferà.

Chop-*ciŏp* s. costiţă; felie; crăpătură; bot;—*s*, gura unui fluviu, etc.;— *stiks*, băţişori (furculiţa chinezilor); —, v. a. şi n. a tocà, a tăià mărunt; a crăpă; a schimbà, a face trampă.

Chopper *ciŏper* s. satâr.

Chopping-*ciŏping* a. gros şi

gras; care se izbeşte cu freamăt (despre mare); schimbător (de vânt);— *block*, tocător;— *knife*, satâr;— *board*, tocător, scândură pentru tocat.

Choral-*córal* a. în cor;—*ly*, ad cântat în cor.

Chord *cord* s. coardă; —, v. a. a pune coarde la.

Chorister-*córister* s. corist.

Chouse *cíous* v. a. a pungaşi, a înşela, a trage pe sfoară.

Chrism *crîzm* s. mir, untdelemn sfinţit.

Christ-*cráist* s. Christos.

Christen *crîsn* v. a. a boteza.

Christendom-*crísndom* s. creştinătatea.

Christening-*crísning* s. botez.

Christian-*crístián* s. şi a creştin; —*name*, numele de botez.

Christianity *cristiăniti* s. creş tinismul.

Christianise-*cristiánais* v a. creştină.

Christmas-*crísmăs* s. Crăciun; — *box*, cadou de anul nou;— *eve*, ajunul crăciunului.

Chromatic *cromátic* a. cromatic.

Chrom-*cróm*, **chromium**-*crómiŏm* s crom (metal).

Chrom(-lithograph) *crómo* (*litograf*), s. cromolitografie.

Chronic *crónic* a. cronic, care durează mult.

Chronicle-*crónicl* s. cronică; v. a. a inscrie în anale.

Chronicler *crónicler* s. cronicar.

Chronological *cronológicăl* a. cronologic; — *ly*, ad. cronologiceşte.

Chronology *cronólogi* s. cronologie.

Chronometer *cronómeter* s. cronometru.

Chrysalis-*crísalis* s. crisalidă.

Chrysanthemum *crisántémŏm* s. (*bot.*) crisantemă, dimitriţă.

Chubby *ciŭbi* a. bucălat; —*faced*, bucălat; gras.

Chuck-*ciŏc* s. cloncănitul găinei; —, v. n. a da cuiva o mică lovitură sub bărbie; a mângăiă; a cloncăni (găina).

Chuckle *ciŭcl* v. a. & n. a mângăiă; a ride pe sub ascuns; a ride încet.

Chum *cíum* s. tutun de mestecat; tovarăş de odae, camarad.

Chump *ciúmp*, **chunk** *ciúnc*, s. trunchiu, bucată de lemn scurtă şi groasă; bolovan.

Church *ciŏrţ* s. biserică, templu; *High*—, biserica anglicană.

Churching-*ciŏrcing* s. molitfă, eşire la biserică după lăuzie.

Churchman-*ciŏrţşmăn* s. preot, om de biserică.

Churchwarden-*ciŏrţşuardn* s. epitrop al bisericii.

Churchyard-*ciŏrţşard* s.cimitir.

Churl-*ciŏrl* s. ţăran; bădăran, mojic; sgârcit.

Churlish *ciŏrliş* a. mojic; grosolan; brutal; sgârcit; —*ly*, ad. în mod grosolan; aspru; sgârcit.

Churn-*ciurn* s. putinei; —, v. a. a bate putineiul.

Cider *sáider* s.cidru, vin de mere.

Cigar *sigár* s. ţigară de foi;— *case*, tabachere: port-ţigări ;— *divan*, salon de fumat;— *holder*, ţigaretă.

Cincture-*sinciur* s. cingătoare.

Cinder-*sínder* s. cenuşă;— *pail*,— *sifter*, cernetor.

Cinderella-*sinderéla* s. cenuşereasă.

Cinerary-*sínereri* a. cenuşoasă, pentru cenuşă.

Cinnabar *sinăbăr* s. chinovar.

Cinnamon - *sinănion* s. scorţişoară.

Cipher-*sáifer* s. cifră, zero; —, v. a. & n. a scrie în cifre, a numără în cifre; a calculă.

Circle-*sérkl* s. cerc; adunare; —, v. a. & n. a înconjură; a se mişca în cerc jur împrejur.

Circlet *sérclet* s. cerc mic.

Circling-*sércling* a. circular, în cerc.

Circuit-*sérkiuit* s. ocol jur împrejur; rotaţiun; circumferinţă, turneu.

Circuitous-s.rkiulős a. cu ocol, cu înconjur; —*ly*, ad. în mod indirect.

Circular-*sérkiuler* s. circulară; —, a. circular

Circulate-*sérkiuileit* v. a. & n. a circulă; a face să circule.

Circulating *serkiuleiting* (. ;— -*library*, s. cabinet de lectură; — -*meaium*, agent monetar, agent de circulaţie.

Circulation-*serkiuléişon* s. circulaţiune.

Circulatory-*serkiuléiteri* a. circular, în cerc;—decimal, fracţiu ne periodică.

Circumcise-*sercómis ix* v a. a tăiă împrejur.

Circumcision - *sercómsıziön* s. circumcziune, tăiere împrejur.

Circumflex - *sércómflex* s. accent circumflex.

Circumjacent-*sercumjeisent* a. inconjurător;vecin,împrejmuitor.

Circumlocution - *sercumlokiuşön* s. circumlocuţiune, peri ra-ză, ocolire.

Circumlocutory - *sercu .lókiutori* a. printr'o perifrază, indirect

Circumnavigation *sercóm năvighéişön* s. circumnaviga-ţiune, călătorie în jurul lumei

Circumnavigator-*sercómnei vighéitör* s care călătoreşte în jurul lumei

Circumscribe-*sercómscráib* v. a. a circumscrie, a mărgini; a inscrie împrejur.

Circumscription-*sercómscrip şön* s. circumscripţie; circum-scriere, mărginire.

Circumspect - *sércúmspect* a. circumspect, prevăzător, cu lu-are aminte; înţelept.

Circumspection *sercómspéc şön* s. circumspecţiune, băgare de seamă; înţelepciune.

Circumstance *sercómstăns* s.

circumstanţă, împrejurare.

Circumstanced - *sércomstănst* a. într'o poziţiune, situat; *well*—, bine în afacerile sale.

Circumstantial *sercómstănşi öl* a. circumstanţial, întâmplă-tor; amănunţit; —*ly*, ad. din întâmplare; cu amănuntul.

Circumvallation *sercómvâléi şon* s. circumvalaţie,întăritură cu redute în jurul unui loc asediat.

Circumvention *sercómvénşön* s. fraudă; înşelăciune.

Circus *sercös* s. circ.

Cistern-*sistérn* s. cisternă haz-na de apă; rezervor.

Citadel-*sitădel* s. citadelă, ce-tăţuie.

Citation *saitéişön* s citaţiune; amânare.

Cite-*sáit* v. a. a cită, a chemă la judecată; a amână.

Citizen-*sitizn* s. cetăţean, bur-ghez; *fellow*—, concetăţean.

Citizenship *sitizenşip* s. drept de cetăţenie.

Citrin *sitrin* a. de coloarea lă-maiei.

Citron-*sitron* s. lămâie; chitră.

City-*siti* s. oraş;— -*article*, bu-letin financiar.

Civet-*sivet* s. civetă;—*cat*, cive-ta, pisică sălbatecă.

Civic-*sivic* a civic, cetăţenesc.

Civil-*sivil* a. civil; civilizat, o-nest; —*ly*, ad. în mod civil; o-nest, civilizat.

Civilian-*sivilián* s legist, juris-consult; burghez.

Civilisation-*siviliséişön* s ci-vilizaţiune.

Civilise-*civilais* v. a. a civiliză, a face politicos.

Civility-*siviliti* s. civilitate, po-liteţă, buna creştere.

Clack-*clac* s. titirezul morii ; clapă; flecărire; —, v. n. a clon-căni; a dârdăi (moara); a flecări.

Clad-*clăd* a. îmbrăcat, acoperit.

Claim-*cléim* s cerere; pretenţiu-ne; drept; revendicare; —, v a. a reclamă; a cere; a pretinde, a cere ca un drept al său; a revendică.

Claimant-*cléimănt*s reclamant; pretendent, având dreptul; cel ce cere.

Clam *klăm* v. a. & n. a se înclei, a se lipì.

Clamber-*clămber* v. n. a se agăţa, a se sui.

Clamminess *klă-nines* s. vâscositate, lipicioşie. calitatea lucrului cleios.

Clamorous *clămerăs* a. sgomotos;—*ly*, ad. în mod sgomotos.

Clamour-*clămor* s. strigăt, sgomot; v. a. a face sgomot; a strigă, a vociferă.

Clamp-*clămp* s. scoabă; îmbucătură; proptea, sprijin; pas greoiu;—, v. a. a îmbucă, a încleştă; a umblă greu.

Clan-*clăn* s. trib; rasă; familie; clică.

Clandestine-*clăndéstin* a. clandestin, pe ascuns şi împotriva legilor; secret;—*ly*, ad. în mod clandestin, pe ascuns şi împotriva leg.lor; secret.

Clang-*clăng* s. sunet ascuţit; zăngănit, clăncănit;—, v. n. a da un sunet ascuţit, a clăncănì; a face să răsune.

Clangorous *clăngorôs* a. răsunător.

Clank-*klank* s. zăngănit, zornăit. *zdrănganit;* —, v. n. a zăngănì, a zornăì, a zdrănganì.

Clap *klăp* s. lovitură; palmă (cu latul mânei); pocnitură; sgomot; aplaus;— *-trap,* înşelătorie proastă;—, v. a. a lovì, a bate; a trântì, a închide uşa; a aplaudă; a aplică; *to—to,* a închide; *to—up,* a duce repede la capăt; *to —into prison,* a închide la închisoare (fără nici o vorbă).

Clapper-*cláper* s. persoană plătită ca să aplaudă; limbă de clopot; pârâitoare, fusul morii.

Clapping-*clăping* s aplause, bătae din palme.

Clare-obscure *cléerobskiur* s.

clar obscur, desen cu umbre, în tunecos şi luminos

Claret-*clăret* s. vin de Bordeaux.

Clarification-*clărifikéişŏn* s. clarificare, limpezire.

Clarify-*clărifai* v. a. & n. a clarifică, a limpezì; a lumină; a se limpezì, a se lumină.

Clarinet-*clărinet* s. clarinetă.

Clarion-*clărion* s. trâmbiţă, goarnă.

Clash-*claş* s. zăngănit; ciocnire; *(fig.)* nepotrivire de păreri;—, v. a. a răsună; a ciocnì cu sgomot; a se lovì, a se izbì; a se împotrivì, a contrarià.

Clasp *clăsp* s. copcă, cataramă; încuetoare (a unei cărţi); îmbrăţişare;— *-knife,* bulicher, cuţit care se îndoaie în plăsele;—, v. a. a închide cu copcă; a strânge în braţe, a sărută.

Class-*clas* s. clasă; rang; *upper —es,* clasele superioare; *middle —es,* clasele mijlocii; *lower—es,* clasele inferioare;—, v. a. a clasă, a împărţi în clase.

Classic-*clăsic* c. clasic; autor clasic

Classic(al) *clasic(ăl)* a. clasic.

Classification-*clasifikéişŏn* s. clasificare.

Classify-*clăsifai* v. a. a clasifică.

Classing *clăsing* s. aşezare pe clase.

Clatter-*clăter* s. sgomot, vuet, larmă; trosnitură; flecărire;—, v. a & n a face să răsune; a zăngăni, a zornăì; a flecări.

Clause *clos* s. clauză, sentinţă; cugetare profundă exprimată pe scurt.

Claustral-*clóstrăl* a. mă...ăstiresc.

Clavicle *clăviel* s. claviculă.

Claw-*clo* s. ghiară, unghie, foarfece de rac;—, v. a. a sgârià; a scoate cu unghiile; a mângâià.

Clawed *clod* a. cu unghie la fie. care deget (animal).

Clay-*oléi* s. humă, lut; pământ, noroiu;— *-pit,* groapă de marnă;

—, v. a. a îngrăşă ou marnă.

Clayey-*clĕi*, **clayish** *clĕiiş* a. humos.

Clean-*clin* v. a a curăţi; —, a. curat, neted; —*ly*, ad. curat.

Cleanliness *clînlenes* s. curăţenie.

Cleanse-*clens* v. a. a curăţi, a purifica, a curăţi de murdării.

Clear *clir* v. a. a lumină; a clarifică, a limpezi; a da o curăţenie; a curăţi; a lichi·lă; a certă; a desvinovăţi, a achită, a câştigă; a descurcă; a justifică.

Clear-*clir* a. clar; senin; curat; învederat; fără greşală, desăvârşit; liber; *to get*—, a scăpă din încurcătură; *to make*—, a lumină; *to keep·of*, a se feri de ceva; — *·headed*, deştept; — *·sighted*, pătrunzător; —, ad. în mod clar, limpede, curat.

Clearance-*clierăns* s (com.) plată, (vamă); scăpare, liberare.

Clearing *cliring* s. justificare; scăpare; achitare; — *·house*, bancă generală de virimente (de·trecerea unei datorii active asupra unui alt creditor); bursa din Londra.

Clearness-*clirnes* s. lumină, splendoare, strălucire; evidentă; curăţenie; nevinovăţie.

Cleave-*cliv* v. a. &·n (ner perf. *clove* sau *cleft*, ptr. *cloven* sau *cleft*) a despică; a se despică; a se întredeschide; a se lipi.

Cleaver *cliver* s. satâr, cuţit mare de tocat; despicător; plantă agăţătoare.

Cleft-*cleft* s. crăpătură.

Clematis-*clĕmătis* s. (bot.) clematită, clocotici.

Clemency-*clĕmensi* s clemenţă, îndurare; (*fig.*) blândeţe, dul ceaţă.

Clement *clĕment* s. clement, îndurător; blând; —*ly*, ad cu clemenţă.

Clench *clĕntş* vide *clinch*

Clergy-*clĕrgi* s. cler.

Clergyman *clĕgimen* s preot, cleric.

Clerical-*clĕrical* a clerical, ecle·siastic.

Clerk *klark* s ecleziast, preot; literat, scriitor, învăţat; impiegat; băiat de prăvălie; secretar; paracliser.

Clerkship *clĕrkşip* s funcţiunea scriitorului papei sau ori·cărui scriitor sau impiegat clerical

Clever *clĕver* a. îndemânatic, dibaciu; —*ly*, ad. cu dibăcie, cu îndemânare.

Cleverness-*clĕvernes* s. îndemânare, iscusinţă.

Clew-*clu* s. ghem; fir; îndreptar; —, v. a. (*mar.*) a strânge; *to* — *up*, a strânge pânzele.

Click-*clic* s. clanţă; piedică de roată; —, v. a scârţâi; a bate tic-tac (un ceasornic).

Client *clăient* s. client.

Cliff-*clif* s. mal râpos, râpe, stânci râpoase pe marginea mării.

Climate *clăimet* s. climă.

Climacteric-*clăimăcteric* s. an climateric.

Climatic *claimătic* a. climatic.

Climb-*clăim* v. a. şi n. (pərf. *clomb,*) a se sui, a se acăţă; a urcă (un munte); a sări.

Clinch *clintş* v. a. a strânge, a strânge pumnul; a ţintul un cuiu, a nitul.

Clincher-*clinçer* s. cârlig, hiо; vorbă fără răspuns.

Cling-*cling* v. n. (ner. perf. *clung*), a se acăţă de, a se lipi.

Clinic(al) *clinic(ăl)* a. clinic.

Clink-*clinc* s răsunet, zângănit; —, v. a. şi n. a răsună, a zăngăni; a face să răsune.

Clinker-*clinker* s zgură.

Clip p-*clip* s. pumn; strângere în braţe; tuns; —, v. a. a strânge în braţe; a tăia; a tunde

Clipper-*cliper* s care roade monedele (cu acid, etc.); acel care tunde; corabie r pede cu pânze.

Clipping-*cliping* s. curăţitură, bucăţele tăiate.

Cloak-*clóuc* s. manta; (*fig*) mască; — *·room*, vestiar; depozitul de bagaie la drum de ier —, v. a. a acoperì cu o mantă; a mască.

Clock-*clocs.* ceasornic, pendulă; colţ; de ciorap; — *dial,* cadran; — *maker* ceasornicar; — *making,* ceasornicărie; —*work,* ceasornicărie sonerie; bătaie de ceasornic.

Clod-*clod* s. bulgăre de pământ; butuc; —, v. n. a se închega.

C og-*clog* s. butuc; greutate, sarcină; *fig*) piedică; copită; galoş; —, v. a şi n. a încurcà a se lipì, a se împreună

C oister-*clóister* s. mânăstire; —, v. a. a călugări; a închide într'o mânăstire

Close-*clóuz* s. încuiare, ulicioară; sfârşit; (*mus.*) cadenţă; —, v. a şi n. a închide, a astupà; a încheià; a reînchide. a întărì; a terminà; a se intărì; a se unì; —, a. şi ad. —*ly* închis; scurt cuprinzător; solid; strâmt; retras; ascuns discret; lipicios; de aproape; exact; intim; cu băgare de seamă; în mod laconic; —*isted,* sgârcit.

Closeness-*clóusness* s închidere; îngrădire; singurătate; trăinicie; tărie; sgârcenie; secret.

Closet-*clózet* s. cabinet; dulap, garderobă; v a. a închide în cabinet; a se închide în biurou.

Closure-*clóusiur* s. încheiere; încheietură; sfârşit.

Clot-*clot* s. concreţiune; închegare (de sânge, de lapte); —, v. n. a se închegà.

Cloth-*clóth* s. pânză, postav faţă de masă; covor; cergă de trăsură haină; rufe.

Cloth-*clóuth* v a. şi n. (ner. perf. şi ptr *clothed,* poetic) *clad,* a îmbrăcà; a se îmbrăcà.

Clothes-*clóuthes* s. pl haine, îmbrăcăminte; rufe; *suit o'*—, un rând de haine; — *basket,* coş pentru rufe; — *horse* pod, şură, pentru uscat; — *peg,* cuier; —*pres,* dulap de rufe.

Clothier-*clóuthier* s. fabricant sau vânzător de postavuri.

Clothing-*clóuthing* s. haine, îmbrăcăminte

Cloud-*cláud* s. nor, (*fig.*) ceaţă; stol; baider, caşneu; mulţime, îmbulzeală; —, v. a şi n. a întunecà (cerul ; a se întunecà; —*ly,* ad. în mod întunecat.

Cloudiness-*cláudines* s. nori, întuneric, beznă.

Cloudless-*cláudles* a. fără nori; senin.

Cloudy-*cláudi* a. înorat, nourat; întunecat.

Clout-*cláut* s. cârpă; faşă; scutec; bucata; petec; palmă; cui mic; —, v. a. a cârpì; a înfăşurà cu o bucată de cârpă murdară; a pălmuì, a lovì; a bate cu un cui mic.

Clove-*clóu* s. cuişoare; căţel de usturoiu.

Cloven-*clóuven* a. despicat, crăcănat.

Clover-*clóuver* s. trifoiu ; *tho li e in*—, a trăi bine, a trăi în belşug.

Clown-*cláun* s. ţăran; paiaţă, panglicar; grosolan.

Clownish-*cláuniş* a. ţărănesc, grosolan

Cloy-*clói* v. a. a ţintuì un tun; a săturà, a îndopà; a supràîncărcà; a îngreţoşà.

Club-*clób* s. bâtă, măciucă; treflă, trifoiu; club; cerc; — *law,* dreptul celui mai tare; — *room,* salonul clubului; —, v. n. a se adunà; a se apropià; a se cotizà.

Cluck-*clóc* v. n. a cârâì; a cloncănì (găina).

Clue-*cliú* s. aţă; semn, dovadă, funie de strâns pă zele (*mar.*)

Clump-*clómp* s. bloc; bolovan; buştean, buturugă; boschet; desiş; — *soles,* pingea de talpă groasă

Clumsily-*clómsili* a stângaciu.

Clumsiness-*clómsines* s. stângăcie; mojicie.

Clumsi-*clómsi* a. stângaciu, grosolan; rău făcut.

Cluster-*clóster* s.a.lunătură,morman, grămadă; ciorchină; — v. a. şi n. a pune în grămadă; a adună; a se adună; a se formă în ciorchină; a se formă în roiu.

Clutch-*clötş* s. apucare, strângere; ghiară; copită; labă; v. a. a apucă; a închide mâna; a ţine ascuns în mână; *in his—es*, în ghiarele sale.

Clyster-piş*e*-*clisterpaip* s. canulă, ţeavă adaptată la o seringă.

Coach-*cóuci* s. trăsură, caretă; — *-house*, şopron; *mail—*, poştă, diligenţă; — *-box*, capră; — *-maker*, caretaş; — *-office*, biuroul diligenţei; —, v. a. a merge cu trăsura; *(fig.)* a pregăti.

Coachman-*cóuḑmăn* s vizitiu.

Coadjutor *koădjúter* s. ajutorul unui prelat şi destinat a-i luă locul; tovarăş.

Coagulate-*coăghiuleit* v. a. şi n. a închegă; a se închegă.

Coagulation-*coăghiuléişön* s. închegare.

Coal-*cóul* s. cărbune de piatră, huilă; — *-cellar*, — *-hole*, — *-house*, depou de cărbuni; *—man*, cărbunar; — *-heaver*, care duce cărbuni; — *-mine*, mină de cărbuni; — *-miner*, miner, lucrător în mine de cărbuni; — *-pit*, mină de huilă; — *-scuttle*, — *-shoot*, găleată pentru cărbuni; — *-tar*, păcură.

Coalesce-*coăles* v. n. a se coaliză, a se uni cu alţii împotriva cuiva.

Coalescence-*coălésens* s. unire, împreunare.

Coalition-*coălişön* s. confederaţie, unire, contopire.

Coaly-*cóuli* a. bogat în cărbuni.

Coarse-*cors* a. grosolan, mojic, nepoliticos; — *-ly*, ad. în mod grosolan; nepoliticos, necuviincios.

Coarseness-*córsnes* s. grosolănie, mojicie, nepoliteţă.

Coast-*cost* s. coastă, ţărm; —, v. a. şi n. a merge de alungul ţărmului, a înaintă spre.

Coaster-*cóuster* s. costaş, pilot care cunoaşte ţărmul.

Coastguard *cóustgard* s. santinelă de ţărm; bastiment înarmat pentru paza ţărmului.

Coasting-*cóusting* a. de pe ţărmuri; — *-trade*, cabotajul; — *-vessel*, corabie care face cabotaj.

Coat-*cóut* s. haină; jachetă; tunică; păr(de animale); blană; piele; *dress—*, haină; *frook—*, redingotă; *aver —*, *great —*, pardisiu, palton; — *of arms*, zale, cămaşă de fier; — *of arms*, pajură, **Coating**-*couting* s. stofă pentru haine; strat de vopsea.

Coax-*cóux* v. a. a mângâiă, a linguşi.

Cob-*cob* s. păianjen; căluşel, mânz; spic de porumb; ghiulea mică, cocoloş; (orice corp rotund) sgârcit; —*web*, ţesătură de păianjen; *(fig.)* laţ.

Cobble-*cóbl* s. caic, navă; —, v. a. a cârpăci.

Cobbler-*cóbler* s. cârpaciu.

Concentric-*conséntric* a. concentric.

Cochineal-*cócinil* s. cârmâz.

Cock-*coc* s. cocoş; bărbăţel (de pasere); robinet; sfârlează de vânt; cocoş de puşcă; clae; formă de pălărie; arătătorul unui cadran solar; acul unei balanţe; *pea—*, păun: *turkey—*, curcan; *weather—*, sfârlează de vânt; — *-horse*, căluţ (în limbajul copilăresc); — *-loft*, hambar, pod; — *-a-doodle-doo*, cutcurigu; — *-boat*, şalupă; — *-chafer*, cărăbuş; — *-crow*, cântecul cocoşului; — *-fight*, luptă între 2 cocoşi; —*'s comb*, creasta cocoşului.

Cock *cóc* v. a. şi n. a ridică cocoşul unei puşti; a face clae de fân; a se cocoşi; —, a. călare.

Cockade *cókeid* s. cocardă.

Cockatoo *cocătu* s. cocadu, papagal din Australia.

Cockatrice-*cócatris* s. bazilic.

Cock-a-doodle-doo-*cócădúdledú* vide **cook**.

Cocker-cóker v. a. a guguli, a cocoli; a îngriji cu dragoste.

Cockerel-cókerel s. cocoşel.

Cockle-cókle s. bot. neghină, coajă bivalvă; gogoaşă; — shell, scoică; —, v. a. şi n. a dungi, a face îndoituri; a încreţi; a se sbârci; (mar.) a se mişcă ondulând.

Cockney.cócni s. gură cască din Londra.

Cockpit cócpit s. (mar.) loc pentru bolnavi; arenă pentru lupte de cocoşi.

Cockroach-cócrouci s. şvab; cărăbuş, gândac de bucătărie.

Cockswain cócsen s. căpitan de şalupă.

Cocktail-cócteil a. şi s. metis, caricatură, născut dintr'un alb şi o Indiană; rău crescut, mojic; băutură americană de rachiu cu diferite amestecuri.

Cocoa.cócou s. cocotier, arborele ce produce fructul cocos; — -nut, cocoş nucă de cocos.

Cocoon-cócun s. gogoaşă.

Cod-cod s. batog (peşte); păstae, pojghiţa, coajă a unor legume; dried—, cured—, batog uscat şi zvântat; — -liver oil, untură de batog, de peşte.

Coddle-códle v. a. a fierbe; a mângâiă.

Code-códd s. cod.

Codger-kojer s. sgârcit; mojic, bădăran; om ciudat.

Codicil kódisil s. codicil, adaus la un testament sau modificare.

Codify-códifai v. a codifică.

Codling-códling s. măr copt înainte de timp; batog mic (peşte).

Coerce coérs v. a. a constrânge, a înfrână, a sili.

Coercion coérşön s. constrângere, silă.

Coercive-coérsiv a. coercitiv, constrângător.

Coeval coivăl s. contimporan; —, a. contimporan.

Coexist coexíst v. n a exista în acelaş timp cu...

Coffee-cófi s. cafea; —with milk, cafea cu lapte; black—, cafea neagră; — -berry, bob de cafea; — -cup, ceaşcă de cafea; — grounds, drojdii de cafea; — -house, cafenea; — -mill, râşniţă de cafea; — -pot, ibric pentru cafeă; — -roaster, maşină de prăjit cafea; — -room, salon de hotel; — -set, tacâm de cafea; — -tree, pomul de cafea.

Coffer-cófer s. cufăr; cassă do bani.

Coffin cófin s, coşciug; cornet de hârtie; —, v. a. a aşeză în coşciug.

Cog-cog s. dinte de roată; şiretlic; — -wheel, roată dinţată; —, v. a. a dinţa; a mângâiă, a însemnă zarii spre a înşelă.

Cogency-cógensi s. putere, forţă.

Cogent-cógent a. tare, puternic; —ly, într'un chip irezistibil.

Cogitate-cójiteit v. n. a cugetă, a se gândi, a medită.

Cognate-cógneit a. înrudit; analog, de acelaş origină.

Cognation-cognéişön s. înrudire; legătură de rudenie de pe tată.

Cognition-cognişön s. cunoştinţă; convingere.

Cognizance - cógnizăns s. cunoştinţă; competinţă; jurisdicţiune; semn distinctiv.

Cognizant cógnizant a. instruit de; competinte, în drept de a judecă.

Cohabit cohăbit v. n. a locui împreună.

Cohabitation cohăbitéişön s. traiu împreună.

Coheir-coeer s. comoştenitor.

Coheiress-coéires s. comoştenitoare.

Cohere-cohir v. n. a se lipi de, a se ţine împreună; a se potrivi; a se învoi.

Coherence-cohírens s. coesiune, legătură.

Coherent-cohírent a. lipit de; aderent; de acord; de acelaş părere; —ly, ad. in mod potrivit.

Cohesion-*cohijŏn* s. coesiune; aderență; lipire, relație.

Coif-*cóif* s. bonetă, scufie.

Coil-*cóil* s. frânghie incolăcită; gălăgie, zgomot; —, v. a, a pune pe ghem; a face sul; a încolăci, a învălui.

Coin-*cóin* s. colț; unghier; monedă; —, v. a. a bate monedă; a inventă, a născoci.

Coinage-*cóineigi* s. fabricare de bani; invențiune; născocire.

Coincide-*coinsáid* v. a. a coincide, a se potrivi; a fi de acord.

Coincidence *coínsidens* s. coincidență.

Coincident coincident, de acord.

Coiner-*cóiner* s. bătător de bani; falsificator de monedă; născocitor.

Coke-*cóuc* s. cocs.

Colander-*cúlănder* s. strecurătoare.

Cold-*cóuld* s. guturaiu cu tuse; frig, răceală; *to catch*—, a luă un guturaiu, a fi răcit; —, a rece; nepăsător; *to be*—, a fi frig; —*ly*, ad. cu răceală.

Coldness-*cóuldnes* s. frig, răceală; nepăsare.

Cole-*cóule* s. varza;—*wort*, varză nemțească; — *-rabi*, gulie.

Colic-*cólic* s. colică.

Collaborate-*colăboreit* v. n. a lucră împreună.

Collaboration - *colăborēișŏn* s. colaborare.

Collaborator-*colăboreiter* s. colaborator.

Collapse - *colŏps* s. apropiere; desumflare; prăbușire, surpare; —, v. n. a surpă; a slăbi; a lăsa în jos; a ciocni; a cădea unul pe altul; a se desumflă; a pieri.

Collar-*cólăr* s. guler; guleraș; sgardă; salbă; obiect strâns în formă de sul; chingă la hamuri; curea de hamal;— *-bone*, undrea (os la piept); —, v. a. a luă de guler; a pune sgardă, o salbă.

Collate-*coléit* v. a. a colecționă; a numi; a compara.

Collateral *colăteral* a. colateral, de alături, lateral; lângă; indirect; —*ly*, ad. unul lângă altul; în mod indirect.

Collation-*coléișŏn* s. colaționare; dar; gustare.

Colleague - *colíg* s. coleg, camarad.

Collect-*cólect* s. colectă; —, v. a. & n. a colecționă; a adună; a conchide; a se adună; a se îngrămădi.

Collected-*colécted* a calm, liniștit.

Collection-*colécșŏn* s. colecțiune; chetă; culegere; adunare; compilație.

Collective-*coléctiv* a. colectiv; adunat; —*ly*, ad. în grămadă; colectiv.

Collector - *colécter* s. colector, perceptor.

College-*colégi* s. colegiu; comunitate; corp.

Collegian *colígiăn* s membru al unui colegiu.

Collegiate-*colígieit* s. școlar, student; —, a. colegial.

Collide-*coláid* v. n. a se lovi.

Collie - *cóli* s. câne de cioban scoțian.

Collier-*colier* s. cărbunar; vânzător de cărbuni; corabie cu cărbuni; munți cu cărbuni.

Colliery-*cólieri* s. mină de cărbuni; comerț cu cărbuni.

Collision - *colíjŏn* s. ciocnire; strivire; lovitură.

Collodion-*colóudion* s. colodiu.

Collop-*cólop* s. felie, bucată.

Colloquial-*colókuiăl* a. vorbit, familiar;—*powers*,talent la vorbit.

Colloquy-*cólokui* s. sfat între două tabere politice sau religioase: conversație.

Collum-*cólăm* s. (*bot.*) collet.

Collusion *coliŭzŏn* s. înțelegere pe ascuns între două persoane pentru a înșelă pe o a treia; complicitate.

Collusive *collúsiv* a. coluzoriu, făcut în înţelegere secretă; —*ly*, ad. prin înţelegere secretă.

Colon-*cólon* s. două puncte (*gr.*).

Colonade *coloneíd* s. colonadă.

Colonel *kérnel* s. colonel.

Colonelcy-*kérnelsi* s. grad de colonel.

Colonial-*colónial* s. colonial, din colonii.

Colonisation - *colonizéişŏn* s. colonizare.

Colonise-*cólonaiz* v.a. a coloniza

Colonist *cólonist* s. colonist.

Colony *cóloni* s. colonie.

Colophony *colófoni* s. sacaz.

Colossal *cólosăl* a. colosal.

Colosseum-*colosíum* s. coliseu.

Colossus *colósŏs* s. colos.

Colour-*cŏler* s. culoare ; faţă ; pretext ;— *sergeant*, stegar, portdrapel ; —*s*, pl. steag; *with flying*—*s*, cu steagurile desfăşurate; *to come of with flying*—*s*, a ieşi învingător; —, v. a. & n. a colora; a vopsi; a se ascunde sub aparenţă falşă; a înroşi, a se co lora, a se coace (fructe).

Colouring-*cŏlering* s. colorare; colorit; (*fig.*) aparenţă, înfăţişare; pretext.

Colourless- *cŏlerles* a. fără coloare, palid.

Colt-*cŏult* s. mânz; zăpăcit; dinte de lapte.

Colum-*cŏlŏm* s. placenta, casa copilului.

Columbine-*cŏlŏmbain* s. porumbaş, ca guşa porumbielului, roşpătlăginiu; (*bot*.) călduruşe.

Column-*cŏlŏmn* s. coloană.

Columnar *cŏlŏmner* a. în formă de coloană.

Coma-*cŏmă* s. coma; somn adânc, aţipire.

Comatoze-*cŏmătos* a. de somn adânc.

Comb-*cŏum(b)* s. pieptene; creasta cocoşului; fagure; ţesală; dărac; —, v. a. a pieptenă; a ţesălă; a dărăci; —, v: n. a se răsfrânge (valurile).

Combat-*cŏmbat* s. luptă; *single*—, *private*—, duel; —, v. a. & n. a (se) luptă; a combate.

Combatant *cŏmbătănt* s. luptător, răsboinic.

Comber-*cŏumber* s. dărăcitor.

Combination - *combinéişon* s. combinaţie; complot, conspiraţie.

Combine-*combáin* v. a. & n. a combină, a uni; a se combină; a se coaliză.

Combustible-*cŏmbŏstibl* s. combustibil, orice materie care arde; —, a. combustibil, care poate arde, arzător.

Combustion - *combŏstiŏn* s. aprindere, ardere, înflăcărare.

Come-*cŏm* v. n. (ner. perf. *came*, ptr. *come*), a veni, a sosi; a deveni; a procedă; a ridică, a se urcă la; a se constrânge; a se mulţumi cu; —! haide! *to*—*again*, a veni din nou, a veni îcăodată, a se întoarce; *to*—*at*, a obţine, a ajunge la; *to*—*back*, a veni îndărăt, a se întoarce înapoi; *to*—*about*, a se întâmplă; a schimba; a înconjură; *to*—*down*, a se coborî; *to*—*in*, a intră; *to* —*off*, a scăpa; a se duce; a părăsi; *to*—*out*, a ieşi; a apărea în jurnale; *to*—*into fortune*, a da de noroc; a face avere; *to*—*round*, a ocoli, a schimbă hotărîrea; *to*—*to*, a reîncepe; a se pune din nou; a deveni; a'şi aminti; *to*—*up*, a se urcă; *to*—*up with*, a ajunge; a atinge; a reuşi; *to*—*upon*, a se întâmplă; a găsi; a întâlni; a surprinde; — *what may!* fie ce o fi!

Comedian - *comídiăn* s. comediant.

Comedy-*cómedi* s. comedie.

Comeliness *cŏmlines* s. frumuseţe; graţie.

Comely *cŏmli* a. graţios; cuviincios; cum se cade; nemerit; —, ad. cu graţie; în mod onest.

Comer-*cŏmer* s. cel care vine, venit; *new*—, noul venit.

Comet *cómet* s. cometă.

Comfit-cŏmfit s. cofetură;— -ma-ker, cofetar: —, v. a. a zaharisì.

Comfort cŏmfert s. confort, a-jutor, sprijin; mângăiere, ínles-nire; plăcere; —, v. a. a întărì; a mângăià; a uşură; a îndemnă.

Comfortable-cŏmfertăbl a. con-fortabil, care face traiul plăcut; plăcut; fericit; mângăietor.

Confortably-cŏmfertabli ad. co-mod, plăcut.

Comforter-kŏmferter s. mân-găietor, consolator; caşneu, glu-gă; Job's—, mângăiere tristă.

Comfortless-cŏmfertles a. ne-mângăiat; neplăcut, trist; lipsit de mângăiere.

Comic(al)-kŏmic(ăl) a. comic; —ly, ad. in mod comic.

Coming-cŏming s. sosire, veni-re; —, ad. viitor.

Comma-cŏma s. virgulă; inver-ted—, ghilemele, semnul cita-ţiei « ».

Command-commánd s. porun-că, ordín; —, v. a. & n. a co-mandă; a guvernă; a se conduce

Commandant-komándănt s. co-mandant.

Commander-cŏmănder s. co-mandant, general, şef.

Commandment-comándment s. comănduire, ordin; poruncă.

Commemorate-cŏmémoreit v. a. a comemoră, a aduce aminte.

Commemoration - comemoréi-şŏn s. comemoraţiune, solemni-zare.

Commemorative-comémŏrătiv a. care aduce aminte, care a-minteşte.

Commence-coméns v. a. & n. a íncepe; a deveni; a se face.

Commencement cŏménsment s. íncepút, debut.

Commend coménd v. a. a lău-dă; a recomandă.

Commendable - coméndăbl a. de recomandat; lăudabil.

Commendably - cŏméndăbli ad. ín mod lăudabil.

Commendatory coméndători a. spre laudă.

Commensurable - cŏménşiur-ăbl, ceeace se poate măsură.

Commensurate coménsiureit v. a. a reduce la o măsură co-mună, egal, proporţionat; —,.a. egal, proporţional.

Comment comént, **commen-tary**-cŏmentări s. comentar; —, v. a. a comentă, a criticà, a ze-flemisì.

Commentator cŏmenteitŏr s. comentator.

Commerce cómers s. comerţ, negoţ.

Commercial comérşăl a. co-mercial, de comerţ; — directory, anuar comercial; —traveller, vo-iajor de comerţ.

Comminatory cominători a. a-meninţător.

Commingle comíngl v. a. & n. a amestecă; a se amestecă.

Commiserate comizereit v. a. a aveà milă de, a plânge.

Commiseration - comizeréişŏn s. compătimire, milă.

Commissariat - cŏmiséiriăt s. intendenţă militară; secţie.

Commissary-cŏmiśări s. comi-sar; delegat; intendent militar.

Commission comişŏn s. comi-siune, sarcină, funcţie; brevet;— -agent, comisionar; on—, ín co-misiune; to charge a—, a plă-tì, a lăsă să plătească comi-siunea; to discharge a—, a ím-plini o comisiune; —, v. a. a însărcină, a împuternicì; a tri-mite.

Commissioner-cŏmişŏner s.co-misar; comisionar; judecător-comisar.

Commit comit v. a. a comite; a íncredinţă; a predà, a da ín primire; a predà, a trimite la ínchisoare; a compromite; a an-gajà; a retrimete la o comisiune.

Committal-comităl **commit-ment**-cŏmitment s. băgare ín ín-chisoare, arestare; mandat de arestare.

Committee comíti s. comitet;

(jur.)curator,epitrop;însărcinare.

Commodious-comŏudiŏs a. comod, înlesnitor; plăcut; convenabil; —ly, ad. în mod comod, plăcut.

Commodity-comŏditi s. comoditate; marfă; câştig.

Commodore cŏmodor s. comodor, grad între căpitan şi contra amiral în marina englezâ; vas de războiu care escorteazâ un vas comercial.

Common-cŏmŏn s. izlaz, imaş pe care păscutul e liber; —s, burghezie; House of—s, camera comunelor;— -council, consiliu municipal;— -hall, primăria;— -law, dreptul comun; —, a. comun, obişnuit; simplu; —ly, ad. de obiceiu.

Commonalty-cŏmŏnălti s. burghezime, oamĕni de rând.

Commoner-cŏmoner s. burghez, om de rând,. hădăran; membru la camera comunelor.

Commoness cŏmŏnes s. comunitate.

Commonplace - cŏmŏnpleis s. loc comun; cugetare josnicâ; —, a. banal, trival.

Commonsense cŏmŏnsens s. şi a. gând de rând; bun simţ.

Commonwealth cŏmonwellh s republicâ; avere publicâ.

Commotion-comŏuşŏn s. comoţiune; revoltâ.

Communal-cŏmiunăl a. comunal.

Commune-cŏmiun v. n. a discutâ, a conversâ, a sta de vorbă; to—with oneself, a cugetâ, a reflecta.

Communicable-comiúnicăbl a. care se poate comunicâ.

Communicant comiúnicănt s. cel care se cuminecâ, care se împărtăşeşte, care se grijeşte

Communicate - comiúnikeit v a. şi n. a comunicâ; a se în treţine; a se împărtăşi.

Communication comiunikéişŏn, s. comunicaţiune.

Communicative comiúnicătiv a. comunicativ, social.

Communicativeness comiu nicătivnes s. fi recomunicativă.

Communion-comiúnion s. co municaţie; grijanie, cina cea de tainâ; relaţiune; cuminecături (la protestanţi); to take the—, a primi taina lui Christos;— -ta ble, Sf. Masă.

Communist-comiúnist s. comunist.

Comiúnity c. comunitate, to văraşie; potrivire; societate.

Commutable comiútăbl s. ca re se poate uşurâ (pedeapsă), ca re se poate schimbâ.

Commutation comiutéişŏn s schimbare, uşurare de pedeapsâ

Commute cŏmiút v. a. a schim bâ sau -a micşorâ o pedeapsâ a înlocuì.

Compact compăct s pact, în voialâ (între douâ persoane); con venţiune; contract; —, a. înto vărăşit; legat; compus; compac indesat; unit; —ly, ad. în mod indesat, compact.

Compactness compăctnes s. în suşire de a fi compact, desime

Companion cŏmpăniŏn s. to varăş, tovarăşe.

Companionable compăniună bl a. sociabil.

Companionship compăniun şip s. tovărăşie; societate, com panie; camaraderie, prietenie.

Company kŏmpăni s. adunare companie; cerc; club; trupă.

Comparable-cŏmpărăbl a. com parabil.

Comparativ cŏmpărativ a.com parativ; —ly, ad. prin compa raţiune.

Comparison.cŏmpărizn s. com paraţiune; in—with, în compa raţie cu; beyond—, fără com paraţie.

Compartment cŏmpărtment s compartiment.

Compass cŏmpăs s. cerc, ocol jur împrejur; intindere; circum-

ferință: busolă; — -card, roza
vânturilor; — es, pl. compas;—,
v. a. a ocoli, a înconjura; a com-
plotă; a blocă.

Compassion-cŏmpăşŏn s. com-
pătimire, milă.

Compassionate - kompăşŏneit
v. a. a compătimi, a avea milă
de;—, a. compătimitor, de com-
pătimire.

Compatibility-cŏmpătibiliti s.
compatibilitate putința de a se
potrivi.

Compatible-cŏmpatibl a. com-
patibil, ce se potriveşte.

Compatriot-cŏmpătriot s. com-
patriot.

Compeer-compir s cumătru;
tovarăş

Compel-kŏmpél v. a. a forța, a
constrânge, a sili: a luă cu sila

Compend(ium)-cŏm éndiŏm s.
prescurtare

Compensate-cŏmpenseit v. a.
& n. a compensă; a despăgubi

Compensation-co npenséişŏn s.
compensare;—-balance, compen-
sător.

Compete compit v. a. & n. a
concură, a fi în concurență.

Competence cŏmpetens, com-
petency-co mpé ensi s compe-
tență; cantitate suficientă; ca-
pacitate; cele trebuincioase pen-
tru trai.

Competent-cŏmpet nt a. com-
petent; îndestulător, convenabil;
potrivit;—ly ad. în mod îndes-
tulător.

Competition-competişŏn s. con-
curență, rivalitate.

Competi.or-compétiter s. com-
petitor, concurent aspirant; can-
didat.

Compilation-cŏ mpiléişŏn s.
compilare.

Compile-compáil v. a. a com-
pilă, a compune.

Compiler-compáiler s. compi-
lator.

Complacence-compléisens
complacency-cŏmpléisensi s.

multumire, com lezență; poli-
teță; bună voință.

Complacent compléisent a. po-
liticos, cu bună-voință;bine-cres-
cut;—ly, ad. cu bună voință.

Complain-compléin v. n. a se
plânge.

Complainant - compléinânt s.
jeluitor, jeluitoare.

Complainingly - compléiningli
ad. în mod plângător.

Complain - compléint s. plân-
gere; jeluire; boală.

Complaisance cŏmpleisăns
sau compleizăns s. politeță.

Complaisant-cŏmpleizănt a.po-
liticos;—ly, ad. cu bunatate, cu
complezență, cu bună-voință.

Complement-cŏmplement s.
sfârşire; complectare; împlinire;
perfecțiune; podoabă; culme.

Complete-compét v. a. a com-
plectă a împlini a sfârşi;—, a.
complect, deplin, sfârşit;—ly, ad.
pe deplin, cu totul.

Completion-cŏmplişŏn s. înde-
plinire, sfârşire culme.

Complex-cómplex a. complex,
compus.

Complexion-complécşŏn s.com-
plexiune; fire, temperament; fa-
tă; înfăţişare; culoare.

Complexioned compléişiŏnd a.
cu înfăţişare.

Complexity-complésiti s. com-
plexitate, complicație.

Compliance-complái ns s. con-
descendență, complicație; in —
with, conform cu

Compliant-compláiânt a. poli-
ticos, îndatoritor, ascultător; su-
pus.

Compl.cate-cómplikeit v. a. a
com lică, a compune, a împleti;
a încurcă.

Complication-complikéişŏn s.
complicație, încurcătură.

Compliment-cómpliments.com-
pliment; ceremonie, lingușire;
măgulire; politeță; to pay a—,
a face un compliment;—s of the
season, urări de anul nou,—,

v. a. a face complimente, a felicità, a măguli.

Complimentary *compliménte-ri* a. cel ce face prea multe complimente, liugușitor

Compline-*cómplin* s ultima slujbă după vecernie, pavecerniță.

Comply-*komplái* v n. a condescin le, a îngădui, a cedà cu bună voință; a se supune.

Component-*compönent* s. membru al unei adunări constituante; —, a. care întocmește, care alcăluește.

Comport-*compórt* v. n. a conveni, a se învoi.

Compose-*compóuz* v. a. a compune, a orândui; a liniști; a îm păcà; a se învoi.

Composed *compóuzd* a. liniștit; —*ly*, ad. în mod liniștit.

Composer *compóuzer* s. compozitor; scriitor, autor.

Composing-*compözing* a. *(med.)* care calmează, alinà; — *draught*, leac de alinare, care liniștește durerea; — *-stick*, vingălac *(tipogr.)*.

Composite-*cónpozait* s. lumànare de stearină; —, a. compus.

Composition-*compozișön* s. compunere; natură; *(jur)* concordat, înțelegere, învoială.

Compositor-*compöziter* s. compozitor.

Compost-*cómpost* s. gunoiu, îngrășământ, gunoiște, băligar.

Composure *compóuziur* s. compunere, compoziție, structură; liniște; învoială; înțelegere; împăcare.

Compound-*cómpaånd* s. compus, amestec; *(gr)* cuvântul compus din mai multe cuvinte; —, v. a. și n. a compune; a aranjà; a se învoi; a împàcà, a se împàcà; —, a. compus

Comprehend-*comprihén l* v a a înțelege; a pricepe; a conține

Comprehensible - *comprihénsibl* a. în înțeles foarte larg.

Comprehension-*comprihénșön*

s. pricepere; concepere; inteligență; rezumat.

Comprehensive-*comprihénsiv* a. deslușit; inteligent; energic; —*ly*, ad. în mod foarte larg.

Comprehensiveness - *com-prehénsivnes* s. preciziuue; exactitate; putere; energie.

Compress *cómpres* s. compresă; —, v. a. a comprimà; a strânge.

Compressibility *cömpresibili-ti* s compresibilitate.

Compressible *comprésibl* a.care se poate comprimà.

Compression-*compréșön* s. compresiune, îndesare; strângere.

Comprise-*compráis* v. a. a coprinde, a conține.

Compromise-*cómpromaiz* s. compromis; transacțiune; —, v. a. a face transacțiune; a ajunge la o înțelegere, la o învoială.

Compulsion-*compölșön* s. constrângere; silă.

Compulsory-*cómpölsări* a. obligat, silit.

Compunction - *cömpöncșön* s. căință, părere de rău; remușcaro.

Computation-*cömpiutéișön* s. calcul, socoteală.

Compute *compiút* v. a. a calculà, a socoti.

Comrade-*comréid* s. camarad.

Con *con* s. contra; *pros and*—*s*, afirmativul și negativul; —, v. a. a repetà pe din afară; a învățà; —, prep. contra, împotrivă.

Concatenation - *concătinéișon* s. șir, înlănțuire; succesiune.

Concave *cónkeiv* a. concav; a-dânc.

Concavity-*concăviti* s. concavitate.

Conceal-*consíl* v. a. a ascunde, a preface.

Concealer *consíler* s. persoană care ascunde.

Concealment *concilment* s. ascundere (de lucruri furate); retragere, ascunzătoare.

Concede *consíd* v. a. a cedà; a concedà; a acordà.

Conceit-*consit* s. gând, părere, idee; deşertăciune.

Conceited-*consiled* a. îngâmfat, vanitos, înfumurat;—*ly*, ad. cu îngâmfare.

Conceivable *consivābl* a. de înţeles, de priceput, de conceput; de închipuit.

Conceive-*consiv* v. a. şi n. a primi; a concepe, a rămâneâ grea (o femee); a înţelege, a pricepe; a'şi închipuî; a se gândi; a crede; a închipuî.

Concentrate-*cónsentreit* v. a. concentrâ.

Concentration-*consentréişŏn* s. concentrare.

Concentre-*consénter* v. a. şi n. a concentrâ, a se concentrâ.

Concentric-*conséntric* a. concentric.

Conception-*cansépşŏn* s. concepţiune.

Concern-*consérn* s. afacere, cauză; luare în seamă; îngrijire; importanţă; —, v. a. a privî; a atinge; a ţine de; a interesâ; a se nelinişti.

Concerned *consérned* a. care 'şi iubeşte prea mult interesele; interesat; neliniştit, supărat;—*ly*, ad. cu nelinişte.

Concerning *consérning* pr. relativ la; despre; asupra.

Concert-*cónsert* s. concert; simfonie; *in* —, de concert; —, v. a. a pune la cale, a plănui; a chibzuî; a se înţelege.

Conch-*conc* s. scoică.

Conciliate-*consílieit* v. a. a împăcă.

Conciliation-*consiliéişŏn* s. împăcare.

Conciliatory-*consílieitori* a. împăcător.

Concise-*consáiz* a. concis, scurt; —*ly*, ad. pe scurt, laconic.

Conciseness *consáisnes* s. concesiune; laconism, scurtime.

Conclave-*cóncleiv* s. adunare.

Conclude *concliúd* v. a. a con-

chide, a fi de părere; a hotărî; a judecâ.

Concluding *concliúding* a. care conchide, care dovedeşte; din urmă.

Conclusion-*concliúşŏn* s. concluzie; hotărîre.

Conclusive-*concliúsiv* a. doveditor, hotăîtor;—*ly*, ad în mod hotărîtor.

Concoct *concóct* v. a. a coace; a urzî un complot; a mistuî.

Concomitant-*concómitănt* s. tovarăş; —, a. coexistent, care întovărăşeşte.

Concord *cóncord* s. pace; armonie; concordanţă; (*muz.*) conzonanţă.

Concordance-*concórdăns* s. concordanţă.

Concordant-*concórdănt* a. care se potriveşte.

Concourse-*cóncors* s. concurs; mulţime.

Concrete-*cóncrit* v. n. a se uni; a se solidificâ, a se condensâ; —, a. concret.

Concretion *concrìşŏn* s. concreţiune.

Concubinage-*concliúbineidj* s. concubinaj; ţiitoare.

Concubine *cónkiubain* s. concubină, ţiitoare.

Concupiscence *conkiúpisens* s. râvnă de plăceri trupeşti, desfrânare.

Concur-*cónker* v. n. a concurâ; a conlucrâ; a fi de acord.

Concurrence-*cóncŏrens* s. concurenţă; concurs; consimţimânt.

Concurrent-*conkórent* s. competitor; candidat; —, a. concurent.

Concussion-*concóşŏn* s. ciocnire, izbire; zguduitură.

Condemn *condém* v. a. a condamnâ; a osândî; a criticâ.

Condemnation-*condemnéişŏn* s. condamnare, osândire.

Condemnatory-*condémnători* a. condamnatoare, osânditoare.

Condensation *condenséişŏn* s. condensare

Condens-*condéns* v. a. şi n. a condensà; a se condensà.

Condesceud *condisênd* v. n. a condescinde; a consimţì; a se supune; a se conformà.

Condescendiug - *condisénding* a. condescendent, ingăduitor, binevoitor.

Condign-*condáin* a. meritat, drept.

Condiment-*cóndiment* s. dresuri de bucate.

Condition-*condíşön* s. condiţiune, stare, rang.

Conditional-*condíşönăl* a. condiţional;—*ly*, ad în mod condiţional.

Conditioned-*condíşönă* a. condiţionat.

Condone- *condóun* v. a. a iertà.

Conducive *condiúsiv* a. care contribueşte; folositor, favorabil.

Conduct-*cóndöct* s. conducere; direcţiune; escortă; —, v. a. a conduce, a duce; a indreptà.

Conductor-*condŏctŏr* s. conductor, călăuză; director; paratrăsnet.

Conductress-*condŏctres* s. conducătoare.

Conduit *căndit* s. canal; ţeavă; urloiu, tub.

Cone-*coun* s. con.

Coney-*cóni* s. epure de casă.

Confabulate-*confăbiuleit* v. n. a sta de vorbă.

Confabulation - *cönfăbiuléişön* s. convorbire.

Confection - *cönfécşön* s. du¹-ceaţă; compoziţie; opiat.

Confectioner *confécsŏner* s. cofetar.

Confectionery-*confécsŏneri* s. cofetărie.

Confederacy · *conféderăsi* a. confederaţie, ligă, alianţă.

Confederate · *cönféderëit* s. confederat, aliat; —, v. n. a se confederă, a se aliă; —, a. confederat, aliat.

Confederation *cönfederéişön* s. confederaţie.

Confer-*confér* v. a. şi n. a conferì; a acordă; a comparà; a deliberà; a contribuì; *to—on one*, a gratifică pe cineva cu.

Conference-*cónferens* s. conferinţă.

Confess-*confés* v. a. şi n. a spovedì; a mărturisì; *to stand—ed*, a recunoaşte.

Confessedly-*conféssdli* ad. după propria sa mărturisire.

Confession-*conféşön* s. spovedire.

Confessional *conféşönăl* s. spovedire.

Confessor *conféser* s. spovednic, duhovnic.

Confidant(e) *cónfidant* s. confident, depozitar.

Confide-*confáid* v. a. şi n. a (se) incredinţà.

Confidence-*cónfidens* s. confidenţă, incredere, credinţă; siguranţă.

Confident-*cónfident* a. sigur, asigurat;—*ly*, ad. cu incredere.

Confidential-*confidénşăl* a. confidenţial; — *ly*, ad. in mod confidenţial.

Confiding *confáiding* a. increzător;—*ly*. ad. cu deplină incredere.

Configuration *confighiuréişön* s. configuraţie.

Confine-*cönfáin* s. margine, hotar, frontieră, graniţă;—v. a. a mărginì, a limità; a inchide, a intemniţà.

Confinement *confinment* s. constrângere, silă; băgare in inchisoare, arestare; lăuzie; facere; *solitary—*, carcere.

Confirm-*confírm* v. a a confirmà, a asigurà; a intărì; a stabilì.

Confirmation-*confermeíşön* s. confirmare, ratificare, intărire, invederare

Confirmative *conférmătiv*-**confirmatory** *cönférmăteri* a. confirmativ, de confirmare, a, deveritor.

Confirmed *conférmd* a. sigur; înrădăcinat; conic; incorigibil, ce nu se poate îndreptă; *to be —*, a face prima sa grijanie;— *invalid*, ipochondriac; plăpând, slăbuţ.

Confiscate-*cénfiskeit* v. a. a confiscă.

Confiscation *cŏnfiskéişŏn* s. confiscare.

Conflagration - *conflăgréişŏn*, s. incendiu, foc mare.

Conflict-*cŏnflict* s, conflict, ciocnire, luptă; —, v. n. a luptă.

Conflicting - *conflicting* a. în contrazicere, contrariu.

Confluence-*cŏnfluens* s. confluenţă (unirea a două ape); îmbulzeală.

Conform-*cŏnfórm* v. a. şi n. a duce la înţelegere; a conformă; a se conformă; a se potrivi la.

Conformable - *confórmăbl* a. conform, potrivit.

Conformably-*confórmabli* ad conform, întocmai cu, potrivit cu.

Conformation-*conforméişŏn* s. conformaţiune; înţelegere.

Conformity-*confórmiti* s. conformitate, egalitate; *in — with*, conform cu, în conformitate.

Confound-*confóund* v. a. a confundă.

Confraternity-*cŏnfratérniti* s. confrăţie.

Confront-*kŏnfrónt* v. a. confruntă, a compară.

Confuse-*cŏnfiús* v. a. a încurcă, a confundă; a face să roşească.

Confusedly-*cŏnfiúzedli* ad. în mod confuz, încurcat, nelămurit.

Confusion-*confiúşŏn* s. confuziune, încurcătură, învălmăşeală; ruşine; răsturnare, ruină; *to put to—*, a da de ruşine.

Confute - *cŏnfiút* v. a. a refutà, a combate cu motive puternice.

Congeal *congil* v. a. şi n. a închegà, a înghieţă; a răci; a înghieţă (un rău); a se închiegă (laptele).

Congelation *conjeléişŏn* s. înghieţare; degerare.

Congenial *congíniál* a omogen; potrivit, identic.

Congeniality *cŏnginiălili* s. afinitate, înrudire, cuscrenie, legătură; analogie, asemănare.

Conger *cónger* s. ţipar de mare.

Congest-*conjést* v. a. a grămădi; *(med.)* a astupă, a obstruà, a umpleà peste măsură, cu fluide

Congestion *conjéstşŏn* s. îngrămădire; *(med.)* congestie, îngrămădire de sânge (într'un loc al corpului).

Conglutinate - *conglútineit* v. a. a încheì, a lipì.

Congratulate-*congrătiuleit* v. a. a felicità.

Congratulation *congrătiuléişŏn* s. felicitare.

Congratulatory *congrătiulătóri* a. de felicitat.

Congregate-*cóngrigheit* v. a. şi n. a (se) adunà.

Congregation *congreyhéişŏn* s. congregaţie, adunare religioasă, comunitate religioasă.

Congress *cóngres* s. congres; întrunire.

Congruity-*congrúiti* s. cuvenire, potrivire; convenienţă, bună-cuviinţă.

Congruous - *cóngriuŏs* a. conform (cu);—*ly*, ad. potrivit, conform.

Conic(al) *cónic(ăl)* a. conic.

Conics-*cónics* s. pl. secţiunile conice.

Coniferous *coniferŏs* a. conifer *(bot.)*

Conjectural-*conjéctiurăl* a. întemeiat pe păreri; —*ly*, ad. în mod nesigur.

Conjecture-*conjéctiur* s. conjectură, probabilitate, ipoteză; —, v. a. a conjecturà, a presupune; a judecà după ipoteze.

Conjoin-*congioin* v. a. şi n. a uni; a căsători; a fi lipit.

Conjoint *conjóint* a. unit; —*ly*,

ad. cu unire; cu împreunare.

Conjugal *cóngiugăl* a. conjugal; —*ly*, ad. conjugal, în căsnicie.

Conjugate-*cóngiughéit* v. a. a conjugă.

Conjugation-*conjughéişŏn* s. conjugare.

Conjunction *conjŏncşŏn* s. conjuncţie, unire.

Conjunctive-*conjŏnctiv* s. conjunctiv, subjonctiv; —, a. conjunctiv.

Conjuncture-*congiúnctiur* s. întâmplare; ocazie; împreunare, legătură, unire.

Conjuration *conjuréişŏn* s. conjuraţie, complot.

Conjure-*congiúr* v. a. a conjură, a complotă; a conspiră; a evocă, a chemă spiritele *(fig.)*.

Conjurer-*conjurer* s. vrăjitor, scamator.

Connate-*conéit* a. înnăscut; inerent, nedespărţit.

Connect-*conéct* v. a. a legă; a uni.

Connectedly-*conéctedli* ad. în sir, neîncetat; în legătură cu.

Connexion *conécşŏn* s. conexiune, legătură; rudenie; şir, serie; împreunare.

Connivance-*cónivens* s. conivenţă, înţelegere; complicitate.

Connive-*conáiv* v. n. a fi înţeles cu cineva; a închide ochii asupra unui lucru; a fi complice; a toleră.

Connoisseur-*cóniser* s. cunoscător.

Connubial-*coniúbiăl* a. conjugal.

Conquer-*cónker* v. a. şi n. a cuceri; a învinge.

Conqueror-*cónkerer* s. cuceritor; învingător.

Conquest-*cóncuest* s. cucerire, victorie.

Consanguineous *consănguiniŏs* a. de acelaş sânge.

Consanguinity-*consănguiniti* s. rudenie de sânge, după tată.

Conscience-*cónsiens* s. cons-

ciinţă; *qualm of*—, strigătul cons ciinţei; — *-smitten*, — *-stricken*, cuprins de remuşcări.

Conscientious-*conşiénşŏs* a. conştiincios : — *ly*, ad. în mod conştiincios.

Conscientiousness-*consién şŏsnes* s. conştienţă.

Conscious-*cónşŏs* a. convins de; conştient; —*ly*, ad. cu ştiinţă, cu dinadinsul.

Conscript-*cónscript* s. recrut, care are să tragă la sorţi.

Conscription *conscrípşŏn* s. recrutare.

Consecrate-*cónsecreit* v. a. a consacră, a bincuvântă.

Consecration - *consecréişŏn* s. consacrare, consfinţire

Consecutive *consékiutiv* a. consecutiv, necurmat—*ly*, ad.în mod consecutiv.

Consent-*consént* v. n. a consimţi; a aprobă; —, s. consimţimânt; alianţă; simpatie; acord.

Consentient *consénsient* a. care consimte, de acord.

Consequence *cónsicuens* s. consecinţă, importanţă; *ly* —, *in* —, prin urmare, aşa dar;—*ly*, în mod consecvent, prin urmare.

Consequent-*cónsicuent* a. consecinte.

Consequential *consicuénsăl* a. important, de importanţă;—*ly*, ad. cu un aer important.

Conservation-*conservéişŏn* s. conservare, păstrare.

Conservative *conservătivs*, conservator; —, a. conservator.

Conservator-*consérvător* s. conservator.

Conservatory-*consérvătŏri* s. şcoală de muzică; depozit; cabinet; florărie; care conservă.

Consider-*consíder* v. a. şi n. a consideră, a stimă; a se gândi la.

Considerable-*consíderăbl* a. considerabil, însemnat.

Considerably-*consíderăbli* ad. considerabil, foarte mult.

Considerate-*consídereit* a. prevăzător, cu luare aminte; pru dent; atent; moderat; indulgent; —ly, ad. cu băgare de seamă.

Consideration *consideréișŏn* s. considerațiune; importanță; res pect; *out of—for you*, din con siderație pentru d-ta.

Considering *considering* prep. considerând că; fiindcă; *conj.* vă zând că.

Consign *consáin* v. a. și n. a consemnà; a transferà; a predà; a consimți; a se supune.

Consignee *consáini* s. consem natar, cel însărcinat cu păstra rea depozitelor și a consemnații lor; depozitar de mărfuri.

Consigner *consáiner* s. consem nator, cel ce consemnează măr furi spre păstrare.

Consignment *consáinment* s. trimitere; consemnație, depune re spre păstrare, marfă sau su me consemnate.

Consist *consist* v. n. a conzistà, a fi, a existà; a fi compus.

Consistence *consístens*, **con sistency** *consístenci* s. conzis tență, substanță; permanență, stabilitate; neschimbare.

Consistent *consístent* a. conzis tent; conform cu, potrivit, de a cord; stabil; —ly, ad. in confor mitate; în mod consecvent; prin urmare.

Consistory *consístori* s. consis toriu, adunare de prelați superiori.

Consolable *consóuldbl* a. de mângăiat.

Consolation *consoléișŏn* s. mângăietor, de mângăere.

Console *consóul* s. consolă (mo bilă); —, v. a. a mângâià.

Consolidate *consólideit* v. a și n. a consolidà; a (se) întări.

Consolidation *consolidéișŏn* s. consolidare; întărire; unire; (*jur.*) adunare, reunire.

Consols *cónsols* s. pl. scrisuri ale datoriei publice engleze.

Consonance *cúnsonáns* s. consonanță; conformitate.

Consonant *cónsonants*. consoa nă; —, a. conform cu; potrivit cu.

Consort *cónsort* s. tovarăș, to varășe; soț, soție; —, v. n. a se asocià.

Conspicuous *conspíkiuŏs* a. vi zibil, ce poate fi văzut; însem nat, remarcabil; —ly, ad. în mod vădit.

Conspiracy *conspíracy* s. con spirațiune, complot.

Conspirator *cónspírătŏr* s. conspirator, conjurat.

Conspire *conspáir* v. n. a con spirà, a complotà.

Constable *cónstăbl* s. constab l; conetabil; *chief—*, comisar de poliție.

Constabulary *constăbiulării* s. poliție; jandarmerie.

Constancy *cónstănsi* s. cons tanță, stătornicie, bărbăție; stă ruință.

Constant *cónstănt* a. statornic, neschimbător; —ly, ad. neînce tat, stătornic.

Constellation *consteléișŏn* s. constelație.

Consternation *consternéișŏn* s. consternație, **incremenire**, spaimă.

Constipate *cónstipeit* v. a. a constipà, a condensà, a astupà.

Constipation *constipéișŏn* s. constipație; strângere, ingustare.

Constituency *constítiuensi* s. circumscripție electorală; cole giul electoral; alegătorii.

Constituent *constítuent* s. membru al unei adunări consti tuante; alegător; —, a. care in locueşte, care formează; esențial.

Constitute *cónstitiut* v. a. a al cătui, a întocmi; a organizà.

Constitution *constitiușŏn* s. constituție; temperament; ca racter, fire.

Constitutional *constitiușnăl* a. constituțional; —, ly, ad. în mod constituțional.

Constrain *constréin* v. a. a constrânge, a sili.

Constrainable-*constréinabl* a. care poate fi constrâns, obligat, silit.

Constrained-*constréind* a. strâmtorat, silit; incomodat; rușinos; —, *ly*, ad. cu sila; cu un aer incurcat.

Constraint *constréint* s. constrângere.

Constrict-*constrict* v. a. a constrânge, a contrcclà.

Constrictor-*consl. ictòr* s. șarpele boa.

Constringent *constríngent* a. care strânge.

Construct-*constrúct* v. a. a zidì, a construl.

Construction-*constrúcșòn* s. construcție; (*fig.*), interpretare, deslușire; *to put good—on*, a interpretà în bine.

Constructive-*constrúctiv* a. prin inducțiune, implicit; —*ly*, ad. în mod implicit.

Constructor-*constrŏctor* s. constructor.

Construe-*cŏnstru* v. a. a construl; a explicà; a comentà; a compune; a formà cuvinte; a combinà.

Consul *cŏnsŏl* s. consul.

Consular *cŏnsiular* a. consular.

Consulate-*cŏnsiuleit*, **consulship**-*cŏnsŏlșip* s. consulat.

Consult-*consŏlt* v. a. și n. a (se) consultà.

Consultation-*consultéișòn* s. consultație, sfat; consult, consfătuire.

Consultative-*consŏltátiv* a. consultativ; de consultare.

Consulter *consŏlter* s. cel ce cere sau dă consultații.

Consumable *consiúmábl* a. care poate fi consumat.

Consume-*consiúm* v. a. și n a (se) consumà; a mistul, a distruge; a arde; a ispràvì; a cheltuì.

Consumer-*consiúmer* s. consumator; cheltuitor; risipitor.

Consummate-*cŏnsiumeit* v. a. a ispràvì; a scoate la capàt; a sàvârșì, a îndeplinì; a uzà; —, a. ispràvit; complect; perfect — *ly*, ad. complect; perfect.

Consummation-*consŏméișòn* s. sfârșire; sfârșit; îndeplinìro.

Consumption-*consŏmșŏn* s. mistuire; slàbire; boalà uscatà; pràpàdire înceatà și treptatà a organismului, ftizie; consumațiune, pierdere; risipà; sfârșit.

Consumptive *consŏmtiv* a. distrugàtor; ftizic, oftìcos.

Contact *cŏntact* s. atingere; contact.

Contagion-*contéigiòn* s. contagiune, molipsire, molimà; infectare.

Contagious-*contéigiŏs* a. contag'os, molipsitor.

Contain.*contéin* v. a. a conține, a coprinde; —, v. n. a se stàpânì.

Contaminate-*contámineit* v. a. a feștelì, a mânjì; a conrupe, a stricà; —, a feștelit, mânjit; stricat.

Contamination-*contàmineișŏn* s. patà, mânjiturà; spurcàciune; murdàrie.

Contemn-*contém*(n) v. a. a disprețuì.

Contemplate-*cŏntempleit* v. a. și n. a considerà, a contemplà; a medità; a se gândì.

Contemplation *contempléișŏn* s. contemplare, privire amànunțìtà; proect, scop, țintà

Contemplative *contémplátiv* a. contemplativ, gânditor, adâncit în gânduri; —*ly*, ad. în contemplare.

Contemporaneous *contemporéiniŏs* a. contemporan; din aceași vreme; —*ly*, în aceași epocà.

Contemporary *contémporári* s. contimporan; confrate; —, a. din aceaș vreme; confrate.

Contempt.*contémt* s. dispreț; defàimare, ocarà; *in—of*, în ciudà; *to hold iu—*, a disprețuì.

Contemptible *contémtibl*, a. de dispreţuit; —*ness*, s. dispreţuire.

Contemptibly - *contémtibli* ad. într'un mod mişelesc.

Contemptuous *contémciuŏs* a. de dispreţ, dispreţuitor; —*ly*, ad. cu dispreţ.

Contend - *conténd* v. a. şi n. a tăgădui, a nu recunoşte, a disputà, a combate; a pretinde, a susţine.

Content - *contént* s. mulţumire, vot pentru; —*s*, pl. conţinutul; —, v. a. a mulţumì.

Content(ed) - *contént(ed)* a. mulţumit; —*ly*, ad. cu mulţumire.

Contentedness - *conténtednec* s. mulţumire, satisfacţie.

Contention - *conténşŏn* s. dezbatere, ceartă; emulaţiune, râvnă de a întrece; *bone of* —, mărul discordiei; subiect de ceartă, de neînţelegere.

Contentious - *conténşos* a. gâlcevitor, certăreţ; —*ly*, în mod certăreţ.

Contentiousness - *conténşŏsnes* s. fire certăreaţă.

Contentment - *conténtment* s. mulţumire.

Contest - *contést* s. dispută, ceartă, contestare—, v. a. a luptà, a disputà, a contestà.

Contestable - *contéstăbl* a. con testabil, ce se poate tăgăduì.

Context *cóntext* s. context, tot conţinutul unui act; sens.

Contexture - *contéxtiur* s. ţesătură, împletitură.

Contiguity - *contighiúiti* s. învecinare, atingere între mai multe lucruri.

Contiguous - *contíghiuŏs* a. învecinat cu, alăturat cu; —*ly*, ad. alăturea.

Continence - *cóntinens* s. continenţă, înfrânare, curăţenie desăvârşită; cumpătare.

Continent - *cóntinent* s. continent; —, a. înfrânat, curat la inimă; cumpătat; —*ly*, ad. cu cumpătare.

Continental - *continéntăl* a. continental.

Contingency - *contíngensi* s. eventualitate, întâmplare, hazard.

Contingent - *contínggnt* s. caz întâmplător; contingent; —, a. întâmplător, neprevăzut; —*ly*, ad. din întâmplare.

Continual - *continuăl* a. neîncetat; —*ly*, ad. continuu, într'una, neîncetat.

Continuance - *continiuăns* s. continuare; stăruinţă, perseveranţă, sârguinţa; şedere; durată.

Continuation - *continiuéişŏn* s. continuare —*s*, pl. pantaloni.

Continue - *continiu* v. a. & n. a continuà, a urmà.

Continuedly - *continiuedli* ad. neîncetat, necurmat, într'una.

Continuity - *continiúiti* s. continuitate, urmare.

Continous *continiuŏs* a. neîncetat, neîntrerupt, continuu; —*ly*, ad. fără întrerupere.

Contort *contórt* v. a. a răsuci, a suci, a împleti.

Contortion *contórşŏn* s. contorsiune, strâmbătură, zvârcoleală.

Contour *contúr* s. margine; circomferinţă, contur.

Contraband *cóntrăbánd* s. contrabandă; —, a. de contrabandă.

Contract - *cóntrăct* s. contract, pact, convenţie; —, v. a. & .n. a contractà; a scurtà; a strânge; a se strâmtà; a face un contract.

Contraction *contrăcşŏn* s. contracţiune, scurtare.

Contractor *contrăetŏr* s. contractant, furnizor.

Contradict v. a. a contrazice; a contrarià; a zice sau a face împotrivă.

Contradiction *contrădicşŏn* s. contrazicere.

Contradictorily - *contrădíctorili* ad. în mod contrazicător.

Contradictoriness *contrădíctoriness* s contrazicere, impotrivire.

Contradictory-*contrădători* s. propunere contrazicătoare; —, a. contrazicător

Contradistinction-*cŏntrădistîncșŏn's* opozițiune; *in—to*, prin opoziție la.

Contralto-*cŏntrá:to* s. (*m u z.* contralto, vocea cea mai groasă de femee.

Contrariety-*cŏntrăi áieti* s. contrarietate, împotrivire.

Contrarily-*cŏntrărili* ad în mod contrar

Contrariness - *contrărines* s. contrarietate, piedică.

Contrary-*contrări* s. potrivnicul care se opune; cel care éste contra; contrar, opus; *on the—dia* contră; *to the—*, dimpotrivă; —, a. contrar, opus; *—minded*, care e de o părere contrară

Contrast-*cŏntrăst* s. contrast; —, v. a. contrastă, a fi în nepotrivire, a nu se potrivi.

Contravene-*cŏntărin* v. a. a contraveni, a călcă lege.

Cont avention-*contrăcénșon*s. contravenție, călcare de lege.

Contributary-*contribiutări* a. contribuabil.

Contribute-*contribiut* v. a. & n. a contribui, a plăti.

Contribution - *contribiúșŏn* s. contriouție.

Contributive - *contribiutiv* a. contributiv.

Contributor-*contribiutor* s. colaborator; corespondent.

Contributory - *contribiuteri* a. contributiv.

Contrite-*contrăit* a tare mâhnit; căit; *—ly*, ad. cu căință, pocăință.

Contrition - *contrișŏn* s. pocăință.

Contrivance-*contrăivăns* s. invențiune; plan; șiretlic.

Contrive-*contrăiv* v. a & n a. inventă, a proectă; a încercă; a pune la cale; a isbuti; a lua măsuri; a se înțelege; *to—to do*, a ști să facă.

Contriver-*contraicer* s. inventator, născocitor.

Control *cantrŏl* s. control; inspecție, autoritate; —, a. a controlă; a stăpâni; a supraveghiă; *to—ones lf*, a se stăpâni

Controllable-*contrŏlăbl* a ușor de controlat; supus la control.

Controller-*contrŏuler* s. controlor

Controversial-*controvérsăl* a. de controversă

Controversy-*controvérsi*s. controversă, contestație

Controvert-*cŏntrovert* v. a. a desbate, a contrazice, a discută.

Controvertible-*controvér:tibl*a. contestabil

Contumac ous-*contiumeșŏs* a încăpățanat, îndărătnic;—*ly*. ad. cu îndărătnicie.

Contumacy-*contiumăsi* s. încăpățanare, îndărătnicie;(*jur*) persoană condamnată în lipsă.

Contumelious-*contiuméliŏŏs* a. insultător; *—ly*. ad. in mod insultător.

Contumely-*contiumeli* s. insultă; dispreț.

Contuse-*contiús* v. a. a contuzionă, a stâlci, a face vânătăi.

Contusion-*contiúșŏn* s. contuziune, lovitură, vânătaie.

Conundrum-*conúndrŏm* s glumă proastă, de rând.

Convalescence-*con ălesens* s. convalescență.

Convalescent - *convále:ent* a. convalescent.

Convene-*convin* v a. & n. a adună; a convocă; a se întruni, a se adună

Convenience-*convíniens*s. conveniență, ușurință; comoditate, înlesnire.

Convenie t-*con inient* a. convenabil, ușor, comod; *—ly*, ai în mod ușor, comod; *to make it —to*, a aranjă astfel că

Convent-*cŏnvent* s. mânăstire

Conventicle-*convéntici* s. conventicul, mică întrunire pe sub ascuns.

Convention-*convenşŏn* s. convenţiune; adunare; contract.

Conventional-*convénşŏnal* a. convenţional; —*ly* în mod convenţional.

Conventionality-*convenşŭnăliti* s. afacere de convenţiune.

Conventual *convéntciual* a. mănăstiresc.

Convergence-*convérjens* s. convergenţă.

Convergent-*convérjent* a. convergent.

Conversable *convérsăbl* a. sociabil.

Cunversant-*convérsănt* a. familiar; cu experienţă, priceput.

Conversation-*convérséişŏn* s. conversaţie; comerţ; întreţinere, convorbire.

Conversationalist *converséişunalist* s. persoană care conversează bine, vorbitor.

Conversazione-*converséişione* s. adunare, reunire.

Converse-*cónvers* s. convorbire; familiaritate; relaţiune; propoziţie întoarsă; —, v. n. a sta de vorbă, a se întreţine; —, a. reciproc; —*ly*, ad. în mod reciproc.

Conversion-*convérşŏn* s. conversiune.

Convert *cónvert* s. convertit, cel care a trecut la altă religie; —, v. a. & n. a (se) converti; a preface, a schimba în alt ceva; a face pe cineva să-şi schimbe-credinţa.

Convertibility-*convertíbiliti* s. putinţa de a fi întors la o religie, de a fi convertit.

Convex-*cónvecs* a. convex; —*ly*, ad. de o formă convexă.

Convexiti *convéxiti* s. formă convexă.

Convey-*convéi* v. a. a duce, a transporta; a spune; a comuni că, a enunţa, a exprimà prin vorbă sau prin scris.

Conveyance-*convéiăns* s. transport, trimitere (lucru trimis); transmitere; comunicare; cedare.

Conveyancer-*convéiănser* s. notar.

Convict-*convíct* s. condamnat, osândit; ocnaş; —, v. a. a găsi culpabil; a convinge; —, a. condamnat, osândit la ocnă.

Conviction-*convícşŏn* s. condamnare, osândire; convingere.

Convince-*convíns* v. a. a convinge.

Convincing-*convíncing* a. convingător; —*ly*, ad. în mod convingător.

Convivial-*convivial* a. vesel; sociabil.

Conviviality-*conviviăliti* s. veselie, sociabilitate.

Convocation-*convokéişŏn* s convocare, adunare.

Convoke-*convóuc* v. a. a convocă.

Convolvulus *convólvŏlŏs* s. (bot.) rochiţa rândunicii, barba împăratului.

Convoy *convéi* s. convoiu; escortă; —, v. a. a escortà; a însoţi pentru apărare.

Convulse-*convúls* v. a. a aveà convulsiuni, a fi cuprins de spasmuri, a turbură.

Convulsion-*convólşŏn* s. convulsiune, spasm; *to be taken with* —*s*, a fi cuprins de convulsiuni, de spasmuri.

Convulsive *convúlsiv* a. cuprins de spasmuri; convulsiv; —*ly*, ad. în mod convulsiv.

Coo-*cu* v. n, a guruì, a uguì, a gongoni; — *dove*, porumbel răzător (columba risoria).

Cook-*cuc* s. bucătar, bucătăreasă; —*maid*, bucătăreasă; —'*s shop*, birt, restaurant; v. a. a gătì, a face bucate; a fierbe; a coace; *to* —*up*, a reîncălzì.

Cookery *cúkeri* s. arta culinară; artă de bucătar, bucătăcrasă; — *book*, carte de bucate, de buci tărie.

Cool *cul* s. răcoare, răcoreală;
—, v. a. & n. a răcori; a se ră-
cori; a răci; a se răci; —, a.
răcoros; friguros; nesimțitor, ne-
rușinat; —*ly*, ad. cu răceală; ră-
coare; cu sânge rece.

Cooler *cúler* s. răcoritor, răco-
ritoare; vasul care conține ser-
pentinul unui alambic.

Coolish *cúliș* a. cam răcoare.

Coolness *cúlnes* s. răcoare; ne-
păsare.

Coom *cum* s. funingine; unsoare
pentru roate.

Cooner *cúner* s. (*Am.*) luntre,
barcă.

Coop *cup* s. butoiu, poloboc; co-
livie, cotețul găinilor; —, v. a.
(—*up*) a închide.

Cooper *cúper* s. dogar.

Cooperate *coŏpereit* v. n. a
cooperà, a contribuì.

Cooperation *coŏper eișŏn* s.
cooperare.

Cooperative *coŏpereitiv* a. coo-
perativ.

Cooperator-*coŏpereiter* s. coo-
perator.

Coordination - *coŏrdineișŏn* s.
egalitate, persoană de acelaș
rang; coordinare.

Copalva-*copáivă* s. copaiv, bal
sam.

Cope-*coup* s. scufie; fes ce poartă
preoțimea catolică; reverendă;
bolta cerului; —, v. a. & n. a
acoperì capul; a luptà.

Copier *vópier* s. copist.

Coping *cóping* s. creștet, vârf,
culme.

Copious-*cópiŏs* a. îndestulător,
cu belșug, bogat; —*ly*, ad. cu
îmbelșugare.

Copiousness-*cópiŏsnes* s. bel-
șug, bogăție.

Copper-*cóper* s. aramă, cupru;
monedă de aramă; cazan; —*s*,
pl. unelte, vase de bucătărie; go-
logani; —-*plate*, săpătură în me-
tel fără apă tare, stampă, gra-
vură; —-*work*, atelier, uzină un-
de se lucrează arama.

Copperas *cóperŏs* s. apă de a-
ramă; nume dat unor sulfați
metalici.

Coppersmith *cópersmith* s. căl
dărar.

Coppery *cóperi* a. de aramă, a-
rămit.

Coppice-*cópis*, **copse**-*cóps* s.
pădure ce se taie; crâng.

Copse *cops* v. a. a tăià.

Copy-*cópi* s. copie; exemplar;
model; *rough*—, ciornă, copie;
fair—, scris pe curat; — -*book*,
caiet; *to make fair*—, a scrie pe
curat; —, v. a. & n. a prescrie,
a transcrie; a copià; a imità.

Copyhold *cópihold* s. plata cen
sului, arendă (în Anglia).

Copyng-press -*cóping -pres* s
mașină de copiat.

Copyst-*copíist* s. copist.

Copyright-*cópirait* s. drepturi
de autor, drepturi de propri-
etate literară; drept de tipă-
rire.

Coquet *cŏkét* v. n. a cochetà.

Coquetry-*cóketri* s. cochetărie

Coquettish-*cokétis* a. cochet.

Coracle-*córăcl* s. caic de pescar.

Coral *córăl* s. mărgean; titirez.

Coralline-*córălain* s. coralină.

Cord - *cord* s. frânghie; funie;
sfoară; *spinal*—, măduva spină-
rii; —, v. a. a legà cu frânghii.

Cordage *córdeidj* s. funiile u-
nei corăbii.

Cordial-*córdiăl* s. cordial, leac
întăritor; —, a. din toată inima;
cordial; —*ly*, ad. în mod cordial,
din toată inima.

Cordiality-*cordiáliti* s. cordia-
litate.

Corduroy - *córduroi* s. catifcă
de bumbac.

Cordwain *córduein* s. piele de
capră din Spania.

Core-*cor* s. inimă, interiorul;
sâmburele unui fruct.

Co-respondent - *corespóndent*
s. coacuzat, vinovat de acelaș
delict.

Cork-*córc* s. plută, dop de plută;

—, v. a. a astupă; *to—a bottle*, a astupă o sticlă.

Corkscrew-*córcscru* s. şurup de scos dopuri.

Corky-*corki* a. de plută.

Cormorant-*córmouránt* s. cocostârc alb; corb de mare; mâncăcios.

Corn-*córn* s grâu, cereale, grăunţe; bătătură la picioare; — *-brandy*, rachiu de grâne; — *-drill*, semănător; — *-exchange*, piaţă de grâu; — *-field*, câmp de grâu; — *-floor*, hambar; — *-trade*, comerţ de cereale; —, v. a. a săra, a presăra; a preface în grăunţe; —*ed beef*, pastramă.

Corncutter-*córncőter*, s. pedicur, operator de bătături.

Cornelian-*cornilián* s. cornalină.

Corner-*córner* s. colţ, unghiu; capăt; extremitate; — *-house*, casă din colţ; — *-stone*, piatră fundamentală.

Cornered-*córnerd* a. unghiular, cu unghiuri, cu colţuri.

Cornet-*córnet* s. corn cu plisc (instrument muzical), trâmbiţă mică; cornet (de hârtie); cornetă, legătură de cap femeiască; steag de cavalerie, port-stindard (în vechime).

Cornetcy-*córnetsi* s. grad de gornist.

Cornice-*córnis* s. ciubuc, chenar la un zid, cornişă.

Corollary-*corólări* s. corolar.

Coronation s. încoronare.

Coroner-*córoner* s. judecător de instrucţie, ofiţer de justiţie (în Anglia).

Coronet *córonet* s. coroană mică

Corporal-*córpordl* s. corporal; —, a. trupesc, corporal; —*ly* ad. trupeşte, corporal.

Corporate-*córporeit* a. încorporat, constituit.

Corporation-*corporéişun* s. corporaţie; obşte.

Corporeal *corpóriál* a. corporal, trupesc, material.

Corpse *córps* s. cadavru.

Corpulence-*córpiulens* s. corpolenţă; stare bună a corpului, îngrăşare.

Corpulent-*corpiulent* a. corpolent, gras.

Corpuscle *córpőskel* s. corpuscul, atom.

Correct-*coréct* v. a. a corectă, a îndreptă; a pedepsi; a desfiinţă, a stavili (un abuz); —, a. corect, exact; —*ly*, ad. corect, exact.

Correction-*corécşőn* s. corectare; pedeapsă, amendament.

Corrective-*córéctiv* s. corectiv, leac înducitor; —, a. corectiv.

Correctness-*coréctnes* s. corectitudine, exactitate, acurateţă.

Corelative-*corelátiv* s. corelativ.

Correspond-*corispónd* v. n. a corespunde, a fi conform; a corespondă, a fi în corespondenţă cu cineva; a ţine corespondenţă.

Correspondence-*corispóndens* s. corespondenţă; conformitate, concordanţă, legătură, potrivire; relaţiune amicală; inteligenţă.

Correspondent-*corispóndent* s. corespondent; —, a. corespunzător, conform.

Corrigible-*córigibl* a. de corectat; de pedepsit.

Corroborate-*coróbereit* v. a. a întări; a confirmă.

Corroboration *coroboréişőn* s. întărire; confirmare.

Corroborative *corobórátiv* a. întăritor; —, s. leac întăritor.

Corrode-*coróud* v. a. a roade, a mistul.

Corrodent *coróudent* a. corosiv, care roade.

Corrodible - *coródible* a. care poate fi ros.

Corrosion-*coróuşőn* s. coroziune, roadere.

Corrosive-*coróusiv* s. corosiv; —a. corosiv, care roade.

Corrugate-*córiugheit* v. a. a

Increţi, a face cute, a sbârci, a plisă.

Corrupt-*cerŏpt* v. a. & n. a corupe, a strică, a seduce, a ademeni ; a se corupe, a se strică ; —, a. corupt, stricat ; sedus; ademenit; — *ly* ad. prin corupţie; prin rea credinţă.

Corruptible *corŏptibl* a. coruptibil ; venal, care se poate vinde, care se cumpără cu bani; slugarnic.

Corruption-*corŏpşŏn* s. corupţie, depravare; putrezire.

Corruptive-*corŏptiv* a. care corupe.

Corruptness-*corŏptnes* s. corupţie; putrezire.

Corsair-*córseir* s. corsar, hoţ de mare.

Corselet *corslet* s. scut de piept.

Corset-*córset* s. corset; —*maker*, corsetier.

Costly-*cóuzili* ad. comod; în mod plăcut.

Cosmetic-*cozmétic* s. cosmetic; —, a. care înfrumuseţează, curăţă (pielea, părul).

Cosmopolitan-*cozmopólităn* s. cosmopolit, cetăţean al lumii.

Cosmopolitan-*cozmopólităn*, **cosmopolite**-*cozmópolait* a. când într'o ţară când în alta.

Cossack-*cósac* s. cazac.

Cost-*cost* s. preţ, cheltuească ; —*s*, pl. pagubă *free*; —, gratis; *net* —, preţul costului, preţul fabricei; *first* —, preţul cât a costat; *at price*, cu preţul de cumpărare; —, v. a. a costă.

Costa-*cóstă* s. (bot.) nervură.

Costermonger-*cóstermŏngher* s. vânzător de fructe.

Costive-*cóstiv* a. constipat, încuiat.

Costiveness-*cóstivnes* s. constipaţie.

Costliness-*cóstlines* s. cheltuealăă mare, cheltuească enormă.

Costly-*cóstli* a. costisitor, scump.

Costum *costúm* s. costum.

Cosy-*cóusi* a. plăcut, confortabil.

Co-trustee-*cŏtrŏsti* s. curator, epitrop.

Cottage-*cotcij* s. bordeiu, colibă; casă de ţară; vilă.

Cottager *cótegĕr* s. sătean care şade într'o colibă.

Cotton-*cótŏn* s. bumbac; pânză de bumbac; *gun*—, fulmicoton, bumbac care face explozie; *printed*—, stambă; — *mill*, bumbăcărie;— *shrub*,— *tree* bumbac (arbore);— *wool*, vată—*yarn*, bumbăcel; —, v. n. a se acoperi cu tuleie (bărbia); cu pufuleţ (unele plante); a se lănoşi (unele stofe); a se potrivi, a ajunge la o înţelegere.

Couch *cáuci* s. pat, culcuş; canapea cu un căpătăiu ridicat dar fără spate; —, v. a. a (se) culcă; a ascunde; a închide; a scoate albeaţa din ochi.

Coucher *cáucer* oculist, doctor de ochi.

Cough-*cof* s. tuse; *fit of*—*ing*, acces de tusă; —; v. a. a tuşi.

Council *cáunsil* s. consiliu; sfat; (*Am.*) senat; *common* —, consiliu municipal, comunal;— *board*, consiliu de administraţie.

Counsel *cáunsel* s. sfat, sfătuire; consfătuire; decret; plan; advocat; —, v. a. a sfătui.

Counsellor *cáunseler* consilier, advocat; *privy* —, membru al consiliului particular.

Count *cáunt* s. număr, socoteală; conte; (*jur.*) punct de acuzare; —, v. a. a numără, a socoti ; a preţui; a considera; a trece în socoteală; *to*—*out*, a numără.

Countenance-*cáuntenăns* s. faţă, chip; obraz; mină, aer; cumpăt; înfăţişare; protecţiune; confirmare; ţinută; *to put out of* —, a face să'şi piardă cumpătul —, v. a. a sprijini; a protejă, a susţine; a favoriză; a confirmă; a îngădui, a permite.

Countenancer *cáuntenănser* s. sprijin, protector; binefăcător

pafron; ocrolitor, sprijinitor; a·
ţaţător, uneltitor.

Counter-cáunter s. contoar; tejghcă; calculator; fisă (la cărţi);
maşină numărătoare; (muz.) alto,
glasul cel mai gros la femee sau
copil; vioară de bas; —, ad. contra, împotrivă;—·action, opunere,
opoziţie, acţiune contrarie; tobalance, a contrabalanţă, a ţine
în· cumpănă;— ·balance, contragreutate, echilibru;— ·bond, subgaranţie;— ·charge, recriminare,
acuzare reciprocă;— ·check, dojană; to—check, a stânjini, a se
împotrivì

Counteract-cáuteráct v. a. a
se opune, a se împotrivì.

Counterfeit-cáunterfeit s. contrafacere; monedă falsă; înşelător; —, v. a. a contraface, a
imità;— , a. contrafăcut, imitat.

Countermand-cáuntermând s.
contra-ordin, contra-poruncă; —,
v. a. a contramandà, a da un
contra-ordin, a se opune.

Counterpane-cáunterpein
s. macat.

Counterpart-cóunterpart s.
(mus.) secundă; copie de act (dublu); imitaţie.

Counterpoint-cáunterpoint s.
(mus.) contra-punct.

Countersign-cóuntersain s.
contra-iscălitură; —, v. a. contrasemnà.

Countertenor-cáuntertenor s.
voce de tenor lejer.

Countervail-cáunterveil v a.
a cumpănì; a fi echivalent.

Countess-cáuntes s. contesă.

Counting-house· cáunting-house s. contor.

Countless· cáuntles a. nenumărat.

Country-cántri s. ţară; ţinut;
câmpie;— ·life, viaţă de ţară, de
provincie;— ·seat, casă de ţară; castel; —, a. ţărănesc; mojic.

Countryman-cóntrimăn s. sătean; compatriot.

Countrywoman-cóntriumăn s.
ţărancă; compatrioată.

County-cáunti s. comitat; departament, district, judeţ; conte.

Couple-cápl s. pereche; legătură;
sgardă; —, v. a. & n. a împerech à,
a împreunà; a se împerechià.

Couplet-cóplet s. distih, două
versuri unite prin înţeles; cântec, cântecel; strofă.

Coupling-cópling s. —·trons,—
·chains, s. lanţ de înhămare, tacăm de cai, boi sau alte animale.

Courage-curij sau córej s. curaj, vitejie; to damp one's—, a
intimidà pe cine-va.

Courageous córéjös a. curagios; —ly. ad. în mod curagios.

Courier-cúrier s. curier.

Course-cors s. cursă; curs; alergare; ipodrom; drum; carieră;
ordin; şir; timp; viaţă; mijloc;
artă de a trăì; conduită; of. —,
fără îndoială; negreşit; prin urmare; —s. pl. pânză; perioadă
(la fem.); —, v. a. & n. a urmărì; a gonì; a fugì, a alergà.

Courser-córser s. fugar; armăsar; vânător.

Coursing-córsing s goană, vânătoare mare.

Court-córt s. curte; tribunal;
pasaj; fundătură; in open—,
în faţa tribunalului; —of high
commission, tribunal excepţional
(care judecă fără drept de apel);
— ·day, zi de recepţie la curte,
zi de audienţă;— ·lady, damă de
onoare;— ·martial, consiliul de
rezbel;— · plaster, plastur:—
yard, vestibul; —, v. a. a face
curte; a umblà să ia în căsătorie; a linguşì.

Courteous córcios a. afabil, politicos; —ly, ad. cu politeţă.

Courtesan· córtizán s. curtezană.

Courtesy-córtsi s. curtenie, politeţă; reverenţă; —, v. n. a face
reverenţă.

Courtier-córtier s. curtezan;
linguşitor.

Courtliness-*córtlines* s. politeță; eleganță, grație.

Courtly-*córtli* a. de curte; elegant.

Courtship-*córtṣip* s. curte; politeță, complezență.

Cousin *cŏzn* s. văr, vară; *first* —, văr primar.

Cousinship-*cŏznṣip* s. rudenie.

Cove-*cov* s. golf, sân de mare; *(fig.)* adăpost; *(archi.)* boltă; —, v. a. a boltì.

Covenant-*cŏvenant* s. contract, înțelegere, convenție; —, v. a. & n. a stipulà; a se învoì, a se înțelege.

Covenanter-*cŏvenanter* s. parte contractantă.

Coventry-*cŏventri* s. *to send to* —, a izgonì; a pune în carantină.

Cover-*cŏver* s. copertă, plic; capac; adăpost, protecție; pretext; tacâm; *to lay a*—, a pune un tacâm; — v. a. a acoperì; a ascunde; a se învelì; a projeà; *pray sir be—ed!* vă rog, domnule, păstrați pălăria; nu vă descoperiți.

Covering *cŏvering* s. învelíș; ṣoc, cutie; îmbrăcăminte; acoperire.

Coverlet-*cŏverlet* s. macat, cergă.

Covert *cŏvert* s. adăpost; crâng, desíș; culcuș; ascunzătoare; —, a. acoperit; ascuns; adăpostit; —*ly*, ad. în mod secret.

Coverture-*cŏverciur* s. adăpost; apărare; loc de scăpare; *(jur.)* stăpânire de soț.

Covet-*cŏvet* v. a. & n. a poftì, a râmnì la ceva; a se lăcomì; a dorì foarte mult.

Covetous *cŏvetŏs* a. lacom; ambițios; sgârcit; —*ly*, ad. cu lăcomie; murdar, scârnav.

Covetousness s. lăcomie; sgârcenie.

Covey-*cŏvi* s. pui eșiți din ouă; sbor de potârnici.

Cow-*cău* s. vacă; — *herd*, văcar;

— *house*, staul de vaci; — *pox*, altoiu; —, v. a. a intimidà, a înfricoșà.

Coward *cáuerd* s. poltron, laș, fricos.

Cowardice *cáuerdis* s. lașitate frică de mișel.

Cowardly *cáuerdli* a. mișelesc, fricos; —, ad. ca un mișel.

Cower-*cáuer* v. n. a se ghemuì; a se plecà.

Cowl-*cául* s. glugă.

Cowslip-*cáuslip* s. *(bot.)* viorică, agliciu, ciuboțica cucului.

Coxa-*coxă* s. osul coxal, de șold.

Coxcomb-*cóxcŏm* s. înfumurat, coconaș, țafandache. *(bot.)* creasta cocoșului.

Coxwain vide *cockswain*.

Coy-*cói* a. modest; rezervat sfiicios; —*ly*, ad. în mod modest, rezervat.

Coyness-*cóines* s. modestie, rezervare; rușine.

Coz-*cŏs* s. verișor; verișoară.

Cozen-*cŏzen* v. a. a pungăși, a înșelà.

Cozenage-*cŏzeniǵe* s. înșelăciune.

Cozener-*cŏzener* s. înșelător.

Crab-*crăb* s. rac de mare; măr sălbatic; persoană arțăgoasă.

Crabbed *crăbed* a. arțăgos, morocănos, neprietenos; spinos, greu; —*ly*, ad. cu un aer neprietenos, în mod aspru.

Crabbedness-*crăbednes* s. aer neprietenos; dificultate, greutate.

Crack-*crăc* s. crăpătură; defect; sgomot; fanfaron; lăudăroșie; nebunie; —, v. a. & n. a sparge; a smintì; —*brained*, smintit, sărit la minte; —, a. vestit; dibaciu; crăpat.

Cracker *crăker* s. plesnitoare, petardă; fanfaron, palavragiu; *(Am.)* pișcot tare.

Crackle-*crăkcl* s. pocnitură, sgomot; —, v. n. a pocnì, a trosnì; a scânteià.

Crackling-*cracling* s. pocnitură.

Cracknel-*cràcnel*, s. pişcot tare care trosneşte la mâncare; eşodé (prăjitură).

Cradle-*créidl* s. leagăn; —, v. a. a legăna.

Craft-*craft* s. meşteşug, profesiune; vicleşug; dibăcie; pungăşie; barcă.

Craftili *crăftili* ad. cu vicleşug, cu şiretlic.

Craftiness-*craftines* s. şiretenie, vicleşug, înşelătorie, stratagemă.

Craftsman *craftsmăn* s. meşter, meşteşugar; lucrător.

Crafti-*crăfti* a. şiret, viclean.

Crag-*crăg* s. stâncă, răpă; gât.

Cragged - *crăghed*, **craggy**-*crăghi* a. răpos. plin de stânci; noduros.

Craginess-*crăgines* s. natură pietroasă.

Crake-*créic* s. (zool.) cristeiu.

Cram-*crăm* v. a. & n. a băga, a umple; a îndopa (o gâscă, o curcă); a îngrăşă; a sătură; a medită, a pregăti (pentru examen).

Crambo *crămbo* s. *dumb*—, poezie compusă după rime date; joc de cuvinte.

Crammer-*crămăr* s meditator.

Cramp *crămp* s.cârceiu;piedecă, silă; scoabă;— *iron*, cârcee, hac, cârlig; —, v. n. a avea cârcee; a împiedecă; a strânge; a înţepeni cu cârlige —, a. greu; neregulat.

Cranberry - *crănberi* s. afină; —*bush*, afin.

Crane-*créin* s. cocor; sifon.

Cranium-*créinium* s. (*anat*) craniu.

Crank-*crănc* s. mâner, manivelă; ocol, înconjur; hac.

Crannied-*crănid*, a. crăpat, plin de crăpături.

Cranny-*crăni* s. crăpătură.

Crape-*créip* s. crep (stofă).

Crash-*crăş* s. plesnitură, pocnitură; (*fig.*) catastrofă; —, v. a. & n. a frânge, a sfărâma, a stri-

că; a face zgomot de plesuř.. a sdrobi.

Crass-*crăs* a. gros; mojic.

Crate-*créit* s. coş, împachetare în coşuri.

Crater *créiter* s. crater.

Cravat-*crăvăt* s. cravată.

Crave-*créiv* v. a ruga fierbinte, a implora, a cere cu stăruinţă.

Craven-*créiven* v. a. intimidă, a înfricoşa; —, s. laş, fricos; mişel.

Craving *créiving* s. dor, dorinţă; —, a. nesăţios.

Craw-*cro* s. guşă (de pasăre).

Crawfish-*crófiş*, **cray-fish** *créifiş* s. rac.

Crawl-*crol* v. n. a se furişa, a se strecura; a se târî.

Crayon-*créion* s. pastel, creion; —, v. a. a creiona.

Craze-*créis* v. a. a sdrobi, a sparge, a sfărâma; a turbura, a înebuni.

Craziness - *créisines* s. dobitocie; nebunie.

Crazy-*créizi* a. slab, bătrân; gârbovit; nebun.

Creak-*crìc* v. n. a scârţâi; a cânta (greeri).

Creak(ing) *criking* s. scârţăit; ţipăt.

Cream-*crim* s. caimac, smântână; — *coloured*, cafeniu; — *faced*, vânăt la faţă; — *jug*, vas cu smântână.

Creamy-*crimi* a. plin de smântână; ca smântâna.

Creas *cris* s. încreţitură, cută; —, v. a. a face încreţitură, cută.

Create-*criéit* v. a. a creă; a face; a produce, a pricinui.

Creation *criéişon* s. creaţiune.

Creative-*criétiv* a creator, născocitor.

Creature - *oriciur* s. creatură; fiinţă, animal; —*comforts*, hrană.

Credence-*cridens* s. credinţă, religie; creanţă.

Credentials-*credensiăls* s. pl. scrisori de acreditare.

Credibility-*credibiliti* s. credibilitate, încredere.

Cr.dible-*cr dibel* a. de crezut; demn de încredere.

Credibly-*crédibli* ad. in mod demn de încredere.

Credit-*crédit* s. credit; credinţă încredere; mărturie, dovadă; influenţă; *to be a — to* a face o noare cuiva - —, v. a. a crede, a da crezământ; a credita; a pune la credit.

Creditable-*cré ditbl* a. cinstit; de stimat, onorabil.

Creditableness-*créd tablnss,* s. stimă, reputaţie

Creditably-*crédit bli* ad. în mod cinstit.

Creditor-*créditor* s creditor.

Credulity-*credimiliti* s. creduli-tate.

Credulous-*cr ediulŏs* a. increză-tor; credul; —, ad. .cu .creduli-tate.

Creed-*crid* s. credinţă; profesi une de credinţă; *the—,* crezul.

Creek-*crik* s. sân, golf mic de mare; *(Am.)* râuleţ.

Creel-*cril* s coş de peşte.

Creep-*crip* v. n. ner (perf. şi ptr. *crept*), a se tarî, a se furişă; a se strecură.

Creeper-*criper* s. plantă târî-toare; reptil.

Creeping - *criping* s. furnică-tură; tărîtură.

Cremate-*crimeit* v. a a arde in cuptor (cadavre .

Cremation-*crim eişon* s. crema-tiune, arde.ea cadavrelor.

Crenellated-*créneleited* a. zim-ţit, increstat.

Creosote-*criozot* s. creozotă (li-chid antiseptic .

Crepuscular - *crepiůskiular* a. crepuscular.

Crescent-*cré ent,* s. semilună; —, a. care creşte, care se mă-reşte.

Cress-*kres* s. cardana (salată.

Crest-*crest* s. creastă de cocoş; moţ, peniş; vioiciune; mândrie; creasta coifului.

Crested-*crésted* a. cu creastă;

moţat; împodobit cu un moţ.

Crestfallen-*crest/olen* a. abă tut, descurajiat.

Cretaceous-*critéişŏ* a creta-ceu, cretos.

Crevice-*krevis* s. crăpătură.

Crew-*cru* s. trupă; ceată; echi-pajul unei corăbii.

Crew l *cruil* s. ghemotoc; ghem de lână.

Crib-*crib* s. iesle; grajd de vite; coşar; bordeiu; pat de lemn (pentru copii); tradu ere (de cărţi clasice), călăuză învăţătură, re-gule) de urmat; —, v a a bu-zunăi, a înşelă la joc), a furâ; a trage la fit ; a inchide.

Cribbage-*cribedj* s. joc de cărţi

Crick-*cric* s. înţepeneală, cârce-iu; *—in the neek,* înţepeneală a gâtului; troscplosc!

Cricket-*crik t* s. cricket (joc englezesc); greere de vatră *(gryl-lus domes icus .*

Crier-*cr ier* s. strigător; pristav, crainic.

Crime-*cráim* s. crimă.

Criminal-*créminál* s. criminal, —, a. criminal; *—ly,* în mod criminal.

Criminality-*criminăli t* s. cri-minalitate.

Crimp-*crim.p* s. *mil)* inrolător (de soluaţi).

Crimp(le)-*crimpl* v. a. a frizâ, a încreţi: a imprimă stofă, piele, cu anumite tiparuri incălzite; a recrutâ soldaţi cu silă sau ademenindu-i

Crimson-*crimzn* s. cârmâz, cu loare de un roş inchis; —, a. cârmâziu, roş-inchis.

Cringe-*crinj* v. n. a se tarî; a se injosi; a se umili; a linguşi in mod josnic.

Crinkle-*crinkl* s. indoitură; în-torsătură: cotitură; sbârcitură. incretitură; —, v. a. a face să se incovoaie; a şerpui; a face cotituri; a rotunji.

Cripple-*cripel* s. schilod, ciunt; —, v. a. a schilodi, a ciuntì.

Crisis-*cráisis* s crizǎ: *(fig.)* minutul hotǎrâtor.

Crisp-*crisp* v. a. & n. a frizǎ, a încreţi; a tǎiǎ cu colţuri; a se încreţi; —, a. creţ; cotit; fǎrǎmicios.

Criterion-*cráitirion* s. criteriu, semn dupǎ care se deosebeşte adevǎrul.

Critic-*critic* s. critic; —*al*, a. critic, dé criticǎ.

Criticise-*critisais* v. a & n. a criticǎ, a cenzurǎ, a satirizǎ, a 'şi bate joc.

Criticism *critisizm* s. criticǎ.

Croak-*crok* v. a. a orǎcǎi; a croncǎni.

Croaker-*cróuker* s. morocǎnos, ursuz; piazǎ-rea.

Crockery-*cróckeri* s. olǎrie.

Crocodile-*crócodail* s. crocodil.

Crocus-*crocôs* s. şofran

Croft-*croft* s. micǎ bucatǎ de pǎmânt cultivat şi închis.

Crofter-*crófter* s. arendaş mic.

Crony-*cróuni* s. prieten intim.

Crook-*cruc* s. îndoiturǎ; întorsǎturǎ; toiag, bâtǎ ciobǎneascǎ; cange; cârlig; - *back*, cocoşat, ghebos; —, v. a. & n. a (se) încovoiǎ, a îndoi.

Crooked-*cruked* a. încovoiat; curb; sucit; strâmb; pervers, pocit la fire; —*ly*, ad. întortochiat.

Crookedness-*crúkednes* s. încovoieturǎ, naturǎ sucitǎ; sluţenie, pociturǎ.

Crop-*crop* s. guşǎ, stomac de pasǎre; seceriş, recoltǎ; —, v. a. & n. a tǎiǎ, a scurtǎ prea mult; a secerǎ, a recoltǎ; a tunde; a paşte.

Cropper-*cróper* s. porumbel guşat; secerǎtor; coasǎ; *to come a* —, a cǎdeǎ, a se lǎţi, întins pe pǎmânt.

Crosier-*crójier* s. toiag, cârje, bâtǎ ciobǎneascǎ.

Cross-*cros* s. cruce; *(fig.)* nenorocire, durere; —, v. a. a cruci; a'şi face cruce; a trece peste, prin, dincolo; a contrazice; —, a.

pieziş; contrariu; supǎrat; de-a'n-doasele; — *beam*, traversǎ; — *bow*, arc cu balistǎ; — *bowman*, balistar, arcaş înarmat cu arbaletǎ; — *breed*, rasǎ de corcituri; — *examine*, v. a. a interogǎ contradictoriu; — *eyed*, ciacâr; — *legged*, cu picioarele încrucişate; — *line*, linie transversalǎ; —*way*, —*road*, rǎscruce, rǎspântie; — *wise*, ad. crucíş; —*ly*, ad. crucíş; din nenorocire.

Cross-*cros* pr. & ad. peste; deasupra; dincolo de.

Crossing - *crósing* s. rǎscruce, rǎspântie; schimbare de drum; trecere; încrucişare; *level*, - —pasaj la nivel; — *sweeper*, mǎturǎtor de stradǎ.

Crossness *crósnes* s. necaz, supǎrare.

Crotchet-*crócet* s. cârlig; capriciu, toanǎ; neagrǎ, notǎ de muzicǎ.

Crotchety-*crocéti* a. capricios, cu nǎbǎdǎi.

Crouch-*cráuci*, v. n. a se târî; a se ghemui.

Croup-*crup*, s. noada şezutului; partea de dindǎrǎt a calului; *(med.)* anghinǎ diftericǎ.

Crow-*crǎu* s. corb, cioarǎ; pârghie; cântec de cocoş; *carion* —, cioarǎ; *to have a—to pluck with one*, a aveǎ ceva de împǎrţit cu cineva; *as the—flies*, pe sus în linie dreaptǎ; într'o clipǎ.

Crow-*crǎu* v. n. ner. (per. *crowed, crew*, ptr. *crowed*), a imitǎ cântecul cocoşului: a se lǎudǎ grozav.

Crowd-*cráud* s. mulţime, gloatǎ; îmbulzealǎ; —, v. a. & n. a îmbulzi; a veni în; a'şi face drum; *to—on all sail*, a desfǎşurǎ toate pânzele corǎbiei.

Crown-*crǎun* s. coroanǎ; ghirlandǎ; vârf; forma unei pǎlǎrii; regalitate; o piesǎ de cinci şilingi *(monedǎ engl.)* ; — *glass*, pahar de cristal; — *land*, domeniile coroanei; — *prince*, prin pricee gal; —, v. a. a incoronà; a intrece; *to—all*, ca culme a nenorocirei.

Crowing-*cráuing* a. cel mai înalt, suprem.

Crow's foot—*cráuz fut*, s. răscruci, răspântie; sbârcituri la coada ochiului.

Crow's nest-*cráuznest*, s. *(mar.)* supraveghere, marinar de sentinelă; vârfuri de stânci izolate şi la suprafaţa mărei.

Crucial-*crósial* a. în cruce.

Crucible-*crósibil* s. tocitoare.

Crucifix-*crósifix* s. crucifix.

Crucifixion-*crucifíciẹờn* s. răs tignire.

Crucify-*crúsifai* v. a. a răstigni.

Crude-*crud* a. crud; acru; greu, rău mistuit; necopt; *—ly*, ad. într'o stare de necoacere; verde.

Crudity-*crúditi* s. cruzime; necoacere.

Cruel-*crúel* a. crud; sălbatec, neomenos; *—ly*, ad. cu cruzime; în mod crud.

Cruelty-*crúelti* s. cruzime, barbarie.

Cruet-*crúet* s. sticluţă pentru oţet sau undelemn; *oil—*, sticluţă de undelemn; *— -stand*, oţetar.

Cruise-*krus* s. cupă mică; *(mar.)* turneul unei nave de rezbel; —, v. n. a călători pe mare cruciş şi curmeziş.

Cruiser-*crúzer* s. crucişător *(corabie)*.

Crumb-*cróm* s. miez, fărâmitură; *— -scopp* tavă pentru fărămiturile culese dela masă.

Crumble -*crómbel* v. a. & n. a sfărâmà, a fărâmiţà, a face praf; a se sfărâmà; a se face praf; a dărâmà.

Crump-*crómp* a. cocoşat, încovoiat; strâmb.

Crumple-*rómpl* v. a. a mototoli; a încreţi.

Crunch-*crónts* v. a. a sfărâmà cu dinţii, a ronţài; a scârţài; a scrâşni cu dinţii.

Crupper-*cróper* s. şoldul calului; partea de dindărăt; profil; sapă.

Crusade-*cruséid* s. cruciadă.

Crusader-*cruséider* s. cruciat.

Crush-*cróş* s. ciocnire, izbire, izbitură, vânătaie; îmbulzeală, înghesueală, gloată; —, v. a. & n. a sfărâmà; a sdrobi; a apărà; a ciocni paharele; a ruinà; a turti o pălărie; a se îndesà, a se strânge, a se condensà.

Crushing - mill-*cróşingmil* s. piuă în care se pisează mineraiul înainte de a fi topit; maşină de măcinat.

Crust-*cróst* s. coaje; *kissing-* —, partea de care s'au lipit două pâini; margine; pieziş; —, v. a & n. a acoperi cu o coaje.

Crustaceous-*cróstéişơs* a. crustaceu.

Crustily-*cróstili* aḍ. rău dispus; cu o voce arţăgoasă.

Crustiness-*cróstines* s. natură cojoasă; asprime; fiinţă îmbufnată, ursuză, arţăgoasă.

Crusty-*crósti* a. acoperit cu o coajă; *(fig.)* ursuz, arţăgos.

Crutch-*cróts* s. cârje.

Cry-*crái* s. strigăt; aclamaţiune; ţipăt; plâns; —, v. a. & n. a strigà, a ţipà într'una; a proclamà; a plânge; *to—down*, a scoate nume rău; a plânge; *to—off* a se dezice; a renunţà; *to—out*, a strigà în gura mare; *to—to*, a strigà, a chemà; *to—up*, a lăudà, a glorificà; a da mai mult, a urcà; *to—out for help*, a chemà în ajutor; *to—one's eyes out*, a plânge cu şiroae de lacrămi.

Crying-*cráing* s. ţipete, strigăte.

Crypt-*cript* s. criptă.

Crystal-*cristăl* s. cristal; —, a. de cristal.

Crystalline-*cristălain* s. cristalin.

Crystallisation - *cristălizéişơn* s. cristalizare.

Crystallise-*cristălaiz*, v. a. & n. a cristalizà.

Cub-*cŏb* s. puiu de animal; —, v. n. a fătă.

Cubature-*kiúbăciur* s. cubaj.

Cu. c-*kiub* s. cub; —, v. a. a cubă.

Cubic-*kiubic* a. cubic.

Cubicle-*kiúbicl* s. s. părete subțire între camere; odăiță de dormit.

Cubit-*kiúbit* s. cot (măsură), o palmă (măsură), două șchioape; (ante-braț, după Langenscheidt și Dr Köler).

Cuckoo-*kúku* s. cuc.

Cucumber-*kiúcumber* s. castravete.

Cud-*cŭd* s. hrana celui dintâiu stomac al rumegătoarelor ; *to chew the*, a rumegă.

Cuddle-*cŭdl* v. a. & n. a strânge; a se strânge, a se adună; a răsgâiă; a legănă.

Cuddy-*cŏdi* s. (*mar.*) cameră în partea anterioară a corăbiei.

Cudgel-*cŏgel* s. ciomag, baston; *to take up the*—*s for one*, a luă apărarea cuiva, (*fig.*) a intrà în discuţie cu cineva; — *player*, cel ce ştie să mânuiască bine un baston; —, v. a. a burduşi, a sminti în bătaie.

Cue-*kiŭ* s. coadă; coadă de păr; tac, capăt, achiu; frază spirituală; semn cu ochiul; replică (teatru); capriciu; *to give the*—, a da o replică; *to give a person his*—, a pune cuiva cuvintele în gură; *to take the*—*from a person*, a luă pe cineva ca model.

Cuff-*cŏf* s. lovitură cu pumnul; margine îndoită (la haină, la pălărie); manşetă; —, v. a. & n. a (se) bate cu pumnii.

Cuirass-*kiurăs* s. cuirasă, platoşă, armură.

Cuirassier-*kiurăsier* s. călăreţ îmbrăcat în platoşă.

Culinary-*kiulinări* a. culinar, de bucătărie.

Cull-*cŭl* v. a. a culege; a alege.

Cullender-*cúlender* s. strecurătoare.

Culminate-*kiúlmineit* v. n. a atinge punctul cel mai înalt de pe orizont.

Culpability-*cólpăbiliti* s. culpabilitate.

Culpable *cúlpăbel* a. culpabil.

Culpably *cólpabli* ad. în mod culpabil.

Culprit-*cólprit* s. vinovat, acuzat.

Cultivate-*cóltiveit* v. a. a cultivà; a îmbunătăţi.

Cultivation-*cóltivéişŏn* s. cultivarea, lucrarea pământului.

Cultivator-*cóltiveitŏr* s. cultivator.

Culture-*cúlciur* s. cultură.

Cumber-*cómber* v. a. a încurcà, a împiedecà; a închide; a încărcà; a astupà.

Cumbersome-*cómbersŏm*, **cumbrous**-*cómbrŏs* a. supărător.

Cumin-*cómin* s. chimion.

Cunning-*cŏning* s. şiretenie, viclenie; —, a. îndemânatos; şiret, viclean; —*ly*; ad. cu şiretenie, cu viclenie, cu îndemânare.

Cup-*cŏp* s. ceaşcă; cupă; caliciu (de floare); păhărel; borcănel; ventuze; —, *board*, dulap; placard; bufet.

Cupidity-*kiúpiditi* s. lăcomie.

Cupola-*kiúpolă* s. cupolă.

Cupping-glass-*cŏpinglas* s. ventuze.

Cur-*kŏr* s. câine rău; ticălos.

Curable-*kiurăbel* a. curabil, de vindecat.

Curacy-*kiurasi* s. parohie.

Curate-*kiúreit* s. vicar, ajutor de preot.

Curative-*kiúrătiv* a. vindecător.

Curator-*kiurélŏr* s. curator, epitrop.

Curb-*cŏrb* s. frâu; strună (la cai); piedică; restrângere; —, v. a. a înfrânà; a pune zăbale; a pune strună unui cal; a restrânge, a ţine în frâu.

Curd-*cŏrd* s. lapte covăsit; — v. a. a covăsi.

Cardle *cŏrdel* v. a. & n. a covă-
sı, a inchegă.

Care *kiúre* s. cură; vindecare;
căutare; —, v. a. a vindecă; a
mură; (a prepară carnea sau peș-
tele în apă sărată).

Curer *kiúrer* s. medic; acel care
sărează cărnurile, sărător.

Curfew *kŏrfiu* s. semnal de stin-
gere (a luminilor).

Curling *kiúrling* s. vindecare;
saramură.

Curiosity *kiuriósiti* s. curiosi-
tate, raritate; — *-shop*, prăvălie
de lucruri antice

Curious *kiúrious* a. curios; ex-
act, cu îngrijire, scrupulos; de-
licat, grațios, elegant ; ciudat,
bizar, curios ; —*ly*, ad. cu cu-
riositate; în mod artistic; cu gust.

Curiousness *kuriŏsnes* s. curi-
ozitate; îngrijire, delicateță, gra-
țiozitate, eleganță.

Curl *kerl* s. cârlionț, buclă, fri-
zură, crețuri; *(fig.)* ondulațiuni,
mișcarea valurilor; —, v. a. și n.
a (se) încârlionță, a friză; a în-
colăci; a ondulă, a face talazuri,
a (se) mișcă apa.

Curlew *kerliu* s. corlă, pescar
(pasăre).

Curling-iron *kérlingairon* s.
fier de frizat.

Curling paper *kérlingpeiper* s.
papilotă, bucățică de hârtie de
înfășurat părul buclat.

Curly *kérli* a. buclat, încrețit,
frizat.

Curmudgeon *kirmŏgiun* s. ca-
lic, sgârcit.

Currant *kŏrant* s. agrișă, coa-
căză; stafidă (de Corint); (se zice
și) *dried*—, stafidă

Currency *cŏrensi* s. circulație,
răspândire (a unui svon; circu-
lație, curs 'de monedă) șir, con-
tinuitate; hârtie-monedă.

Current *cŏrent* s. curent; curs;
curgere (de apă); ourentă (din a-
ceastă lună; decurs; scriere cur-
sivă; —, a. curent, obișnuit; co-
mun, general; —*ly*, ad. de obiceiu.

Curricle *kŏricl* s. trăsură des-
chisă, brișcă, cabrioletă.

Curriculum *cŏricŏlŏm* s. curs
de studiu.

Currier *cŏrirér* s. tăbăcar.

Currish *cŏriș* a. arțăgos, brutal.

Curry *cŏri* s. mâncare cu sos,
tocană ;— *comb*, țesală ; — *-pow-
der*, un praf care servește la pre-
pararea mâncărei ; —, v. a. a
țesălă; a tăbăci; a bate, a bu-
chisi, a chelfăni; *to—favour with*,
a câștigă încrederea cuiva prin
viclenie.

Curse *kers* s. blestem; —, v. a.
și n. a blestemă, a afurisi.

Cursedly *kérsedli* ad. în mod
groaznic, îngrozitor, scârbos.

Cursorily *kérserili* ad. în gra-
bă; în pripă.

Cursory *kŏrsŏri* a. iute; ușor.

Curt *kert* a. scurt.

Curtail *kertéil* v. a. a tăiă, a
prescurtă; a desmembră, a ciu-
lăvi.

Curtain *kerten* s. perdeă, corti-
nă; —, v. a. a împodobi cu perdele.

Curts(e)y *kértsi* s. reverență;
—, v. n. a face reverență; *to
drop a*—, a salută pe cineva.

Curvated *kérveited* a. arcuit;
încovoiat; îndoit.

Curvature *kérvŏciur* s. arcui-
tură; încovoiare.

Curve *kerv* s. curbă, arcuitură;
—, v. a. a curbă; a arcui; a în-
covoiă.

Curvet *kérvet* s. ridicarea calu-
lui pe picioarele dinapoi; —, v.
n. a face curbete; a face plecă-
ciune cuiva; a se înjosi.

Curvilinear *kervilíner* a. curbi-
liniu, format din linii curbe.

Cushion *cŏșŏn* s. pernă; bandă
de biliard.

Custard *cŏstŏrd* s. clătită, un
fle de prăjitură.

Custodian *cŏstódiăn* s. păzitor.

Custody *kŭstodi* s. pază; închi-
soare; captivitate; *to give one
into*—, a băgă în închisoare, a a-
restă.

Custom *cŏstŏm* s. obiceiu; clientelă; vamă, taxă; drept de intrare; —*free*, scutit de vamă, liber; — -*house*, biurou de vamă; — -*house officer*, vameş; — *s Union*, asociaţiunea vămilor «*Zollverein*».

Customarily *cŏstŏmărili* ad. de obiceiu.

Customary-*cŏstămări* a. obişnuit, de obiceiu.

Customer-*cŏstomer* s. muşteriu, client.

Cut-*cŏt* s. tăietură; tăiere; tăietură, croială; gravură; canal; drum prescurtat; imagine scoasă prin întipărire după o scândură săpată; formă; — -*purse*, pungaş; — -*throat*, asasin, ucigaş; *a—* -*throat place*, un loc primejdios, cuib de hoţi (*fr. coupe gorge*).

Cut-*cŏt* v. a. şi n. (ner. perf. şi ptr. cut.) a tăia; a rupe; a despică; a croi; a sculptă; a găuri; a'şi tăiă; a trece peste; *to—a-way*, a fugi; a despică; *to—down*, a doborî, a da jos; a tăiă; *to—one's teeth*, a'i eşi dinţii; *to—short*, a întrerupe; a prescurtă; *to—under*, a vinde sub preţ; — -*and dry*, gata (făcut); — -*away coat*, a împachetă.

Cutaneous-*kiútéinĕŏs* a. cutaneu, de piele.

Cuticle-*kiútikel* s. pieliţă, epidermă.

Cutlass *cŏtlas* s. sabie scurtă şi lată cu un singur tăiş, cuţit de vânat.

Cutler-*cŏtler* s. cuţitar.

Cutlery-*cŏtleri* s. cuţitărie.

Cutlet *cŏtlet* s. costiţă.

Cutter *cŏter* s. croitor care croeşte; tăietor; foarfeci de tăiat metale, instrument tăietor; dinte incisiv; coter, corăbioară de război cu un singur catart.

Cutting *cŏting* s. tăiere; răzătură, bucăţele tăiate; —*of teeth*, e-sirea dinţilor.

Cuttle-*cŏtl* s. sepie (peşte).

Cutty-*cŏti* s. pipă scurtă.

Cycle-*sáicl* s. ciclu; cerc.

Cyclone-*sáiclon* s. ciclon, trombă; furtună mare.

Cyclopaedia-*saicloupédia* s. enciclopedie.

Cyclopaedic-*saiclópedic* a. enciclopedic.

Cygnet-*signet* s. lebădă.

Cylinder-*silinder* s. cilindru.

Cylindrical *silindricăl* a. cilindric.

Cymbal-*simbăl* s. cimbal.

Cynic-*sinic* s. cinic; neruşinat; misantrop.

Cynical-*sinicăl* a. cinic; —*ly*, ad. în mod cinic.

Cypres-*sáipres* s. chiparos; cipru.

Czar *zar* s. ţar.

Czarina-*zarínă* s. ţarină.

D

Dab-*dăb* s. lovitură uşoară; stropitură cu noroiu; limandă (peşte cu corpul oval şi turtit); —, v. a. a atinge uşor; a sterioti pă; a murdări.

Dabble-*dăbel* v. a. a udă; a stropi cu noroiu; a fleşcăi, a bălăci, a mâzgăli, a mânji; a lucra în paiantă; *to—with*, a se amestecă în.

Dabbler-*dăbler* s. cârpaciu.

Dad(dy) *dăd(di)* s tată, tătică;

— -*long-legs*, cosaş, păianjen cu picioarele lungi, care nu face pânză.

Daffodil-*dăfodil* s, (*bot*.) narcis; curpen de pădure.

Daft-*daft* a. idiot, nebun.

Dagger *dăgher* s. pumnal; *at—s drawn*, a fi duşmani înversunaţi.

Daguerreotype-*dăghéreotaip* s. daghereotip.

Dahlia-*déilă* s. (*bot*.) dalie.

Daily-*déili* s. zilnic, de toate zilele; —, a. de fiecare zi; —, ad. în toate zilele.

Daintily-*déintili* ad. în mod delicat.

Daintiness-*déintines* s. delicateţă; poftă pentru mâncările gustoase.

Dainty-*déinti* s. delicateţă; mâncare aleasă; —, a. delicat, ales, plăcut.

Dairy-*déiri* s. lăptărie;—*maid*, lăptăreasă.

Dais-*déis* s. uranisc (pentru un tron, un altar); baldachin.

Daisy-*déizi* s. (*bot.*) mărgărită.

Dale-*déil* s. vale.

Dalliance-*dáliáns* s. mângâiere, desmierdare; glumă delicată, glumă conjugală.

Dally-*dáli* v. n. a glumì, a face glume, a se jucà, a se amuzà; a întârzià.

Dam-*dăm* s. stavilă de râu; —, v. a. a închide cu stavile.

Damage-*dámdj* s. daună, pagubă, prejudiţiu; — s. despăgubire; stricăciune; —, v. a. a pricinuì pagubă.

Damascus-*dámăscŏs* s. sabie de Damasc.

Damask-*dámăsc* s. stofă, damasc.

Damask-*dă măsc*, **damaskeen**-*dámăskin* v. a. a călì oţelul foarte fin; a fabricà pânzeturi, stofe cu desenuri, cu flori; a încrustà cu aur sau cu argint (oţelul, fierul).

Dame-*déim* s. damă, doamnă, femeie.

Damn-*dăm* v. a. a afurisì; a blestemà; a condamnà, a fluerà.

Damnable-*dámnăbĕl* a. de afurisit, de blestemat.

Damnation-*dámnéişŏn* s. afurisire, blestem.

Damp-*dămp* s. umezeală, ceaţă, negură; descurajare; —, v. a. a udà; a doborì; a descurajà; —, a. umed, igrasios; abătut.

Damper-*dámper* s. (*mus*) sur-

dină; pricină de mâhnire; st`n-gătoare.

Dampness-*dámpnes* s. umezeală; igrasie.

Damsel-*dámzel* s. domnişoară, faeă mare.

Damson-*dámzĕn* s. prună de Damasc.

Dance-*dans* s. danţ; — ; v. a. şi n. a dănţuì, a jucà cu.

Dancer-*dánser* s. dănţuitor; dănţuitoare.

Dancing-*dánsing* a. de danţ;—*party*, serată danţantă;—*school*, şcoală de dans.

Dandelion-*dándilaiŏn* s. (*bot.*) dintele leului, păpădie.

Dandle-*dándl* v. a. a legănà; a cocolì; a alintà, a răsfăţà.

Dandruff-*dándrŏf* s. râie învechită, coajă la cap; poşghiţă.

Dandy-*dándi* s. coconaş; elegant.

Danger-*deinjĕr* s. pericol, primejdie.

Dangerous-*déingerŏs* a. periculos, primejdios; — *ly*, ad. în mod periculos, primejdios.

Dangle-*dánghel* v. a. a atârnà, a fi atârnat.

Dangler-*dángler* s. coconaş; ghigherl, care face curte damelor.

Dank-*dăng* a. umed, igrasios.

Dapper-*dáper* a. vioiu, foarte sprinten; elegant şi cochet; bine făcut; harnic.

Dapple-*dăpl* v. a. a împestriţà, a se pătà, a se acoperì cu norişori rotunzi; —, a. împestriţat; de diferite colori.

Dare-*déer* s. om îndrăzneţ; crap (peşte).

Dare-*déer* v. a. şi n. ncr. (perf. *dared*, *durst*, ptr. *dared*), a provocà; a desfide; a înfruntà; a îndrăznì; a aveà dreptul, voia; a puteà; a se cade; I—*say*, aşa cred; pot să zic; —*devil*, care îndrăzneşte.

Daring-*déering* a. îndrăzneţ, cutezător, întreprinzător; *ly*, ad.

cu îndrăzneală, cu cutezanța vitejește.

Dark-*darc* s. întunecime; ignoranța:—. a în uneric, întunecos; posomorît; negru; ignorant; — *ly* ad. în mod obscur, încurcat.

Darken-*dárken* v. a. & n. a (se) întun ĝ à.

Darkle-*dárki* s. *(Am.)* negru arap.

Darkness *dárones* s. întunecime, întuneric; culoare închisă.

Darksome-*dá cșǒm* a. întunecos, întunecat.

Darling-*dárling* s. favorit, favorită; drăguț, drăguță; iubit iubită.

Darn-*dárn* v. a. a drege. a cârpi.

Darnel-*dárnel* s. *(bot)* neghină.

Dart-*dárt* s. dardă; vargă cu vârf de fier; săgeată; acul unor insecte; —, v. a. & n. a lovi cu darda; a asvârli cu putere; a sburà; a se repezi; a se aruncà; a sburà ca o săgeată.

Dash-*dăș* s. atac neprevăzut; izbire; amestecătură; puțin;—, v. a. & n a asvârli a stropi cu noroiu, a udà; a răsturna; a izbi; a sfărâmă, a amestecà; to—*away*, a respinge, a alungà to—*off*, a schiță, a ridicà un plan a face în grabă; to—*to pieces*, a sfărâmà în bucăți; to—*out*, a șterge ce este scris; a zădărnici; a țâșni; a se scurge.

Dashing-*dășing* a. strălucitor; gătit, spilcuit; îndrăzneț; iute, aprig.

Dastard-*dăstard* s. & n. laș, fricos;—*ly*, ad. în mod fricos; laș

Data *déită* s. dată, lucru dat.

Date *deit* s. dată; epocă; durată; sfârșit; curmală (fruct); out o.—, învechit;—*tree*, curmal (pom); —, v. a. a datà.

Dative-*déitiv* s. & a. dativ.

Daub-*dob* s. mâzgălitor; tablou prost;—, v. a. a mâzgălì, a mânjì; a deghizà;—, v n. a linguși în mod înjositor.

Dauber-*dóber* s. mâzgălitor;

pictor prost; *fig)* lingușitor, jos. nic.

Daughter-*dótér* s. fiică;— *in law*, noră.

Daught r *y*-*dótérli* s. ad. de fiică, ca o fiică, filial.

Daunt-*d nt* v. a. a îmblânzì a intimidà, a sperià, a băgà frica în cineva; a descurajà.

Dauntless-*óntles* a. neîricos, foarte curagios, cutezător; ce nu poate fi îmblânzit.

Daunt essness-*dóntlesnes* s. intrepiditate, curaj neclintit.

Davenport-*dăvenport* s birou, masă de scris.

Daw-*do* s. ciocă stancă, *(corvus m nedu a)*

Dawdle-*dódl* v. n a hoinărì, a umblà haimana, a'și pierde vremea cu nimicuri.

Dawdler-*dódler* s. trântor, haimanà, pierde-vară; *(fig.)* scufie de noapte.

Dawn-*don* s. amurg, crepuscul; revărsatul zilei; zorile; auroră; —, v. n. a se ivì ziua, a se crăpà de zi, a amurgì, a se revărsà de ziuă.

Day-*déi* s. zi; lumină; — *by*—, zilnic; zi cu zi; *every*—, în flecare zi; în toate zilele; *next*—, a doua zi; ziua următoare; *some—or other*, într'o bună dimineață; *the—be ore*, în ajunul; *by*—, în timpul zilei; *to lose the* — a pierde bătălia; *to win the* —, a biruì a înfrânge; *for many* a—, multe zile; *from—to*—, din zi în zi; *this week*, de azi într'o săptămână; *thi —fortnight*. de azi în două săptămâni; *in broad*—, *broad—light*, ziua nămiază mare; *all — long*, toată ziua; *by the*—, cu ziua · — *s*. *earning* câștigul zilei; — *'s va-ges*, plata zilei; — *bed*, canapeà; *break o*/—, revărsatul zorilor; — *book*, jurnal; — *la-bourer*, lucrător cu ziua; —*ǝ ght*, lumina zilei; — *scholar* școlar extern; — *star*, astrul zilei; —

time, cuprinsul unei zile; *to* —, *this* —, astăzi; *the other* —, nu de mult, acum de curănd.

Daybreac-*déibreic* s. revărsa-tul zorilor.

Daydream-*déidrim* s. visul u-nui om deştept; halucinaţie.

Daylight-*déilait* s. lumina zilei.

Daze-*déis,* **dazzle** *dăzl* v. a. a orbì, a lua vederile.

Deacon-*décon* s. diacon.

Dead-*ded* s. linişte, nemişcare; tăcere; mijloc, toiu, putere; in *the—of winter,* în toiul, în pute-rea iernei; — -*house,* morgă; — *bargain,* preţ de batjocură; chi-lipir; —*wall,* zid fără fereastră; *the—s,* pl. morţi.

Dead *ded* a. mort, neînsufleţit, fără viaţă; nesimţitor; uscat (plantă); nelocuit, pustiu (o ţa-ră); liniştit stătător (apă); în-tunecos, ofilit (culoare); stins, fără strălucire (ochi); stins (fo-cul); searbăd, neplăcut (băutu-ră); adânc (somn); neproductiv, mort (capital); nerecomandat (scrisoare); *(jur)* mort cetăţe-neşte; *to come to a* — *stop,* a oprì deodată; *a—shot,* ţintaş ca-re nu greşeşte; — *drunk,* beat mort.

Deaden-*déden* v. a. a amorţì; a slăbì, a istovì; a tocì; a mic-şorà; a deslustrul.

Deadeye-*dédai* s. funiile cele groase care leagă catargurile va-selor.

Deadhead-*dédhed* s. pasager gratuit, nepoftit.

Deadlight-*dédlait,* s. deschiză-tură în corabie pentru gura tu-nului.

Deadlock-*dédloc* s. întrerupere, stagnare; drum nebătut.

Deadly-*dédli* a. mortal; — *pa-le,* palid de moarte, paloare de moarte; — *enemy,* duşman ne-împăcat; —, ad. de moarte.

Deadness-*dédnes* s. moarte; stare mortală; amorţire; nesim-ţire; răceală; lîngoare, lâncezea-lă; insipiditate, lipsă de gust, anosteală.

Deaf-*def* a. surd; *(fig.)* nesim, ţitor; *stone* —, surd cu desă-vărşire; —*and dumb,*'surdo-mut.

Deafen-*défen* v. a. a asurzì; a zăpăci.

Deafness-*défnes* s. surzenie.

Deal-*dil* s. parte; cantitate; scândură, podeà; lemn de mo-lift; deal; facerea sau împărţi-rea cărţilor (de joc); *a gread* —, *a good* —, o mare parte, mult; *it is your* —, d-ta trebue să faci (cărţile); —, v. a. & n. a împărţì şi a amestecà cărţile; a tratà; a face comerţ, a face afacere; a aveà treabă; a se purtà; a se amestecà; a intervenì; a stà în legături.

Dealer-*díler* s. negustor, trafi-cant; cel care împarte cărţile; *general* —, negustor; telal, pre-cupeţ; *double*—, om fals; *plain*—, om cinstit.

Dealing *díling* s. comerţ, ne-goţ; conduită, purtare.

Dean-*din* s. decan.

Deauery-*dineri* s. decanat.

Dear-*dir* a. scump, iubit; drag; favorizat; costisitor; odios, foarte neplăcut, vătămător; *o* —! o doamne!; —*ly.* ad. scump, cu drag, din inimă.

Dearness *dirnes* s. dragoste; gingăşie, scumpete.

Dearth-*dérth* s. scumpete, foa-mete.

Death-*déth* s. moarte; *at* — *'s door,* aproape de moarte; — -*bed,* pat de moarte; — -*blow,* lovitură de moarte; — -*hunter,* cioclu; —*'s head,* cap de mort; —*rattle,* horcăire, horcăit; — -*blow,* lovitură de moarte; — -*warrant,* ordin de execuţiune; — -*wound,* rană de moarte; *to do to* —, a ucide; *to be the*—*of,* a fi moartea cuiva.

Deathlike-*déthlaic,* a. ca moar-tea; de moarte.

Debar-*debár* v. a. a esclude, a

interzice; a impicdecă să; a se împotrivi.

Debarkation-*dibarkéișŏn* vide *disembarkation*.

Debase-*dibéis* v. n. a se înjosì; a degradà; a falșificà.

Debasement-*debéisment* s. înjosire, degradare; falșificare.

Debatable-*dibéităbel* a. de contestat.

Debate-*dibéit* s. desbatere, ceartă, discuție; —, v. a. & n. a desbate, a disputà, a discutà, a agità.

Debater-*debéiter* s. orator parlamentar; argumentator.

Debauch-*debóțș* s. desfrâu, desfrânare; —, v. a. a desfrânà, a strică, a corupe.

Debauchery-*debótșeri* s. desfrâu, desfrânare.

Debenture-*dibénciur* s. înscris de datorie, obligațiune; certificat de ramburs; —*d goods*, mărfurile cu rambars.

Debilitate-*debíliteit* v. a. a slăbì.

Debility-*debíliti* s. slăbiciune.

Debit-*débit* s debit, datorie; socoteală, cont; —, v. a. a trece în socoteală cuiva.

Debouch-*debúș* v. n. a eșì la larg (*mil.*), a înaintà (trupele).

Debt-*det* s. datorie; *to run, get into*—*s*, a se înfundà în datorii; *to contract*—*s*, a face datorii.

Debtor-*détor* s. datornic.

Decade-*dékeid* s. decadă.

Decadence *dicáidens* s. decadență.

Decalogue-*décălog* s. decalog.

Decamp-*dicámp* v. a. a ridicà lagărul; a o șterge repede, a o luà la sănătoasa.

Decant-*decánt* v. a. a transvază, a turnà dintr'un vas într'-altul; (*chim*) a turnà încet în altă sticlă un lichid care a făcut drojdii.

Decanter-*dicánter* s. garafă.

Decapitate *dicăpiteit* v. a. a decapità, a tăià capul.

Decapitation · *decapitéișŏn* s. decapitare, tăierea capului.

Decay-*dikái* s. decădere; prăpădire; sfârșit; —, v. n. a decădeà; a vestejì; a pierì, fr. périr, a slăbì; a se sdruncinà; a se putrezì; a se uzà; a leșinà; —*ed with age*, slăbit de bătrânețe.

Decease-*disís* s. moarte, deces; —, v. n. a murì.

Deceit-*desit* s. înșelătorie, înșelăciune; fraudă; vicleșug.

Deceitful-*disítful* a. înșelător, fraudulos; fals; —*ly*, ad. în mod fraudulos; fals, perfid.

Deceive-*disív* v. a. a înșelà, a amăgì; *to be*—*d*, a se înșelà; —*r*, s. înșelător.

December-*disémbsr* s. Decemvrie.

Decency-*disensi* s. decență; buna-cuviință.

Decennial-*desénial* a. de deceniu, timp de zece ani.

Decent-*disent* a. cuviincios, cum se cade; modest, rezervat; de bună-cuviință; *ly*, ad. binișor, cum se cade, cu bună-cuviință.

Decentralise-*diséntrelais* v a. a descentralizà.

Deception-*disépșŏn* s. decepție, dispus a fi înșelat.

Deceptive-*diséptiv* a. amăgitor, înșelător.

Decide-*disáid* v. a. a decide, a hotărì.

Decidedly · *disáidedli* ad negreșit, sigur.

Deciduous-*disídiuŭs* a. peritor, căzător; (*bot.*) cu frunze vestejite.

Decimal-*désimal* s. zecimal.

Decimate-*désimeit* v. a. a decimà.

Decimation *desiméișŏn* s decimare; dijmă.

Decipher-*desáifer* v. a. a descifrà; a descrie.

Decision-*desíjŏn* s. deciziune, hotărîre; tărie, rezoluțiune; *to come to a*—, a luà o hotărîre.

Decisive-*disáisiv* a. hotărîtor;

decisiv; hotărit, energic, ferm, neclintit; —*ly*, ad. în mod hotărîtor.

Deck-*dec* s. punte de corabie.

Declaim-*dicleim* v. a. a declamă; a adresă o cuvântare.

Declaimer-*dicléimer* s. declamator, vorbitor emfatic, retor.

Declamation - *declăméişŏn* s. declamaţie.

Declamatory - *declămători* a. declamator.

Declaration-*declăréişŏn* s. declaraţie.

Declare *dicléir* v. a. & n. a (se) declară.

Declension-*declénşŏn* s. sfârşit; declinare.

Declinabil-*declăinăbl* a. declinabil.

Declination *declinéişŏn* s. declinare; sfârşit, decadenţă; a-batere, depărtare dela ceva.

Decline-*d'iclăin* s. decadenţă, sfârşit; *(med.)* slăbiciune foarte mare, istovire, oftică; *to be in*—, *to go into a*—, a li atacat; —, v. a. & n. a aplecă, a inclină; a declină; a refuză; a se aplecă, a se inclină; a contestă; a în-lăturâ; a fugi; a se abate; a se feri.

Declivity-*declíviti* s. povârniş, costiş, mal.

Declivous *diclăivŭs* a povâr-nit, în pantă.

Decoction-*decŏcşŏn* s. decoct, băutură medicinală.

Decollate *decoléit* v a a tăiă capul.

Decompose *d'icompóuz* v. a. a descompune, a analiză.

Decomposition *decompozişŏn* s. descompunere, analiză.

Decorate-*décoreit* v. a. a decorá, a împodobi.

Decoration-*decoréişŏn* s. deco-rare, decoraţie.

Decorative *décorativ* a deco-rativ.

Decorator-*decoréiter* s. deco-rator.

Decorous-*decórŭs* a. cuviincios, cum se cade; —*ly*, ad. în mod cum se cade, cuviincios.

Decorum *decórŏm* s. buna-cu-viinţă.

Decoy-*dicói* s. momeală, sedu-cere; cursă, amăgire;— -*bir d*, flueraş de momit pasările; —, v. a. a ademeni, a momi.

Decrease-*dicrís* s. micşorare; scădere; —. v. n. a micşorá; a scădeă.

Decree-*decri* s. decret; edict; lege; hotărîre; —, v. a. & n. a decretà, a hotărî.

Decrepit *decrépit* a gârbovit; îmbătrânit.

Decrial-*dicráiăl* s. strigăte.

Decrier-*dicráier* s. defăimător.

Decry-*dicrái* v. a. a strigà con-tra, a cenzură.

Dedicate *dédikeit* v. a. a dedi-că, a închină.

Dedication-*dedikéişŏn* s. dedi-care, închinare.

Dedicatory - *dédikeitŏri* a. de dedicat.

Deduce *didiŭs* v. a. a deduce, a conchide, a trage din; a scă-deă dintr'o sumă; a strămută.

Deduction-*didócşŏn* s. conclu-ziune, urmare; scădere dintr'o sumă; reducere; remiză.

Deductive-*didóctiv* a. de scă-zut; —*ly*, adv. prin urmare.

Deed-*did* s. faptă; ispravă, fap-tă strălucită; document, dovadă scrisă; contract; *in*—, în adevăr.

Deem-*dim* v. n. a judecà, a gândi.

Deep-*dip* a. adânc; pătrunzător, ager la minte; şiret; intens, foar-te tare; întunecat; ascuns; se-rios; închis (colori);— -*rooted*, adânc înrădăcinat; *a deep one*, un şiret;— -*laid*, urzit cu înde-mânare; —*ly*, ad. adânc; **serios**; —, s. adâncime, mare, ocean.

Deepen-*dipen* v. a. a adânci, a se adânci; a întunecà; a se mări (superare).

Deeps-*dips* s. adâncime; ocean,

Deer-*dier* s. cerb; căprioară;— -*stalking*, vânătoare de fiare săl-batice.

Deface-*diféis* v. a. a desfigurà, a mutilà, a strica; a ruina; a şterge (o scriere).

Defalcate-*difálkeit* v. a. a sus-trage; a scădeà dintr'o sumă.

Defalcation *difálkeişŏn* s. sus-tragere; scădere dintr'o sumă.

Defamation *difámeişŏn* s. de-făimare, calomnie.

Defamatory *difámători* a. de-făimător.

Defame-*diféim* v. a. a defăimà.

Default-*difólt* s. defect; cusur; greşeală; crimă; —, v. a. & n. a călcà, a violà; a lipsì la; a fi osândit în lipsă.

Defaulter-*difólter* s. delincvent, vinovat; (*jur.*) lipsă, neînfăţi-şare; întârziere.

Defeasance-*difizăns* s. anu-lare.

Defeat-*difit* s. înfrângere; ruină desăvârşită; —, v. a. a înfrânge; a distruge; a bate; a păgubì; a preface; a scăpà.

Defect-*diféct* s. defect, cusur; (*jur.*) viţiu.

Defective-*diféctiv* a. imperfect; (*gram.*) defectiv.

Defens-*diféns* s. apărare, pro-tecţie; apologie.

Defenceless-*difénsles*, a fără apărare, slab.

Defend *difend* v. a. a apărà, a protejà; a oprì; a înterzice.

Defendant *diféndánt* s. apără-tor, advocat.

Defensible-*difénsibel* a. de a-părat.

Defensive-*difénsiv* s. defensiv; a. defensiv; —*ly*, ad. în defen-sivă.

Defer *difer* v. a. & n. a amâ-nà; a întârzià; a pune din nou; a se supune părerii.

Deference-*diferens* s. îngădu-ire, bună-voinţă; respect, con-sideraţie.

Defiance-*difáiăns* s. desfidere,

dispreţ; provocare la duel, *to bid—to*, a înfruntà.

Deficiency-*difişensi* s. defect, lipsă.

Deficient-*difişent* a. defectuos; imperfect; lipsit; neîndestulător.

Deficit-*défisit* s. deficit; *to co-ver a—*, a acoperì un deficit.

Defile-*défail* s. defileu, potecă îngustă între doi munţi; defi-lare; —, v. a. & n. a murdărì, a mânjì; a desfrâna, a strica; a necinstì, a pângărì; a defilà.

Definable-*difáinăbel* a. ce se poate definì.

Define-*defáin* v. a. & n. a de-finì, a hotărî; a eşì la iveală; a mărginì; a determinà.

Definite-*définit* a. definit, hotă-rît; desluşit; exact; —*ly*, ad. în mod definit, hotărît.

Definition-*definişŏn* s. defini-ţiune; lămurire.

Definitive-*definitiv* a definitiv, sigur, pozitiv.

Deflect-*diflect* v. n. a se abate din drumul său; a se depărtà de meridian.

Deflection-*difflecşŏn* s. abatere; îndepărtare (a acului magnetic).

Deflorate-*deflóréit* a. vestejit.

Deflower-*diflauer*, v. a. deflo-rà; a necinstì, a pângărì.

Defoliation *defoliéişon*, s că-derea frunzelor.

Deform-*difŏrm* v. a. a desfi-gurà, a pocì, a schimonosì.

Deformity-*defórmiti* s. difor-mitate, sluţenie, pocitură.

Defraud *difród* v. a. a înşelà; a păgubì; a sustrage (bani).

Defrauder *difróder* s. înşelător.

Defray-*diféi* v. a. a plătì chel-tuiala cuiva.

Deft-*deft* a. îndemânatic; cum se cade; —*ly*, ad. cu îndemânare; cum se cade.

Deftness-*déftnes* s. gentileţe, drăgălăşie.

Defunct *defŏnct* a. răposat.

Defy-*difái* v. a. provocà; a în-fruntà.

Degeneracy-*digénerăsi* s. degenerare.

Degenerate-*degénereit* v. a. a degenerà; —, a. degenerat.

Degeneration-*degeneréişŏn* s. degenerare.

Deglutinate-*deglútineit* v. a. a deslipì, a desclei, a curăţi de clei.

Degradation-*digrădéişŏn* s. degradare.

Degrade-*digréid* v. a. a degradà, a înjosì.

Degree-*digri* s. grad; pas; treaptă (de scară); rang, condiţiune; interval; *in some*—, până la un punct oarecare ; *by*—s, puţin câte puţin ; —*of latitude, longitude*, grade de latitudine, grad de longitudine.

Deification-*difikéişŏn* s. dumnezeire.

Deify-*diifai* v. a. a dumnezeì, a ridicà în slavă.

Deign-*déin* v. n. a binevoì, a admite.

Deity-*diiti* s. dumnezeire, divinitate.

Deject-*dejéct* v. a. a descurajà, a mâhnì.

Dejection-*dejécşŏn* s. descurajare, mâhnire, întristare; (*med.*) slăbire (fizică).

Delay-*deléi* s. întârziare, amânare; —, v. a. & n. a întârzià, a amânà; a frustrà, a păgubì cu ceva.

Delectable-*diléctăbl* a. desfătător, încântător.

Delectation-*dilectéişŏn* s. desfătare, petrecere.

Delegate-*délegheit* s. delegat; —, v. a. a delegà.

Delegation-*deleghéişŏn* s. delegaţiune, deputăţie.

Deliterious-*diletiriós* a. vătămător, deleter.

Delf(t) *delf* s. faianţă (dela Delft).

Deliberate-*delíbereit* v. n. a deliberà, a chibzuì; —, a. prevăzător, cu luare-aminte, înţelept, domol, încet; —*ly*, ad. pe ştiute, cu gândul.

Deliberateness-*delíbereitnes* s. băgare de seamă, cuminţenie.

Deliberation-*deliberéişŏn* s. deliberare.

Delicacy-*délikăsi* s. delicatese, mezeluri, articole gustoase de masă; eleganţă, delicateţă; desfătare; slăbiciune; politeţă, cuminţenie.

Delicate-*délikeit* a. delicat; ales, gustos; gingaş; (fig.) slab; spinos; blând; —*ly*, ad. în mod delicat; în mod ales.

Delicious-*delişŏs* a. delicios, ales; —*ly*, ad. în mod delicios, în mod ales.

Deliciousness-*delişŏsnes* s. deliciu; desfătare; gust; plăcere.

Delight-*dilàit* s. deliciu, desfătare; plăcere; farmec; —, v. a. & n. a (se) desfătà, a încântà; a înveselì; a petrece; a face plăcere; *to be*—*ed*, a fi încântat.

Delightful-*dilàitful* a. încântător; desfătător; delicios; răpitor; —*ly*, ad. în mod delicios, încântător.

Delineate-*delíneăt* v. a. a schiţà; a trage liniile unui plan; a pictà, a zugrăvì; a descrie.

Delineation-*deliniéişŏn* s. schiţă, descriere; însemnarea conturului cu o trăsătură.

Delinquency-*delíncuensi* s. delict; crimă, vină.

Delinquent-*delíncuent* s. delincvent, vinovat, făptuitorul unei crime.

Delirious-*delíriŏs* a. aiuritor, în delir; din delir, nebun.

Delirium-*delíriŏm* s. delir.

Deliver-*deliver* v. a. a liberà; a predà, a înmânà; a distribuì (scrisori); a naşte, a face (copil); a pronunţà, a ţine (un discurs); a da (o petiţiune); a îndeplinì (un mandat); a manifestà (o opiniune); *goods to be*—*ed*, mărfuri de predat.

Deliverance-*deliverăns* s. liberare; rostire; îndeplinire; zicere, dicțiune; facere (la femei); scăpare.

Deliverer *deliverer* s. liberator, mântuitor.

Delivery-*diliveri* s. liberare; scăpare; mântuire; naștere, facere (la femei); înmânare; îndeplinire; împărțire; debit; distribuire.

Dell *del* s. vale strâmtă; strâmtoare, văgăună; scorbură.

Delude-*delud* v. a. a înșelă, a amăgi; a abuzà.

Deluge-*deliudj* n. potop, deluviu; —, v. a. a inundà, a înecà.

Delusion-*deliújön* s. amăgire, iluzie; minciună; eroare.

Delusible-*delúsible* a. înșelător, amăgitor.

Delve-*delv* v. a a săpà, a găurì.

Demagogic(al) - *demăgójic(ăl)* a. demagogic.

Demagogue-*demăgog* s. demagog.

Demand-*demánd* s. cerere; petiție; rugăciune; reclamație; trebuință; întrebare; (*jur.*) pretențiune legitimă; *in*—, se cere; se caută; *on*—, după cerere; la prezentare; *in great*—, foarte căutat; —, v. a. a cere; a rugà; a întrebà.

Demarcation-*dimarkćișön* s. demarcare, hotărnicire, despărțire; *line* o —, linie hotarnică.

Demean-*aimin* v n —*onesel*, a se purtà; a se înjosì.

Demeanour-*diminör* s. conduită, purtare.

Demented-*diménted* a. smintit, nebun.

Demerit-*demerit* s. vină, greșală; lipsă de merit.

Demense-*demins* s. domeniu, moșie.

Demigod-*démigod* s. semi-zeu.

Demijohn-*démijön* s. damigeană (sticlă mare).

Demise-*demáis* s. demisiune; moarte, deces; translațiune, trecerea unei proprietăți asupra altuia (prin testament sau arenda-

dare; —, v. a. a lăsà prin testament; a da cu chirie.

Democracy *democrăsi* s. democrație.

Democrat-*démocrăt* s. democrat.

Democratic *democrătic* a. democratic; —*ally*, ad. în mod democratic.

Demolish-*demólish* v. a. a dărâmà.

Demolition-*demoliyön* s. dărâmătură.

Demon-*dímön* s. demon, drac.

Demoniac-*demóniac* a. & s. îndrăcit.

Demonstrable *demónstrabl* a. de demonstrat.

Demonstrably-*demónstrăbli* a. în mod necontestat.

Demonstrate *démonstreit* sau *demónstreit* v. a. a demonstrà, a dovedì.

Demonstration-*demonstréișön* demonstrare, evidență.

Demonstrative - *demónstrăttiv* a. demonstrativ; —*ly*, ad. în mod demonstrativ.

Demoralisation - *demorălizéișön* s. demoralizare.

Demoralise-*demorălaiz* v. a. a demoralizà.

Demur-*demur* s. sovăire, nehotărîre; îndoială; —, v. a. & n. a sta la îndoială; a se îndoi de; a șovăi; a amânà.

Demure-*dimiur* a. năzuros; serios; cuviincios, modest; cumpătat; —*ly*, ad. cu modestie; cu fățărnicie.

Demureness-*diúrness*. seriositate; prefăcătorie; modestie; deșteptăciune.

Demurrage-*démŏreidji* s. despăgubire pentru oprirea unei corăbii peste timpul cuvenit.

Demurrer-*demórer* s. (*jur.*) obiecțiune (în ce privește forma sau amânarea).

Den-*den* s. vizuină, gaură, culcuș; lojă (la grădina zoologică).

Deniable-*dináiăbl* a. de negat.

Denial-*diniáil* s. denegare, refuz.

Denizen *dénizăn* s. celățean, —, v. a. a naturaliză.

Denominate-*denómineit* v. a. a numi, a arătă sub numele de.

Denomination-*denominéișŏn* s. denumire.

Denominative-*denóminătiv* a. care dă un nume, o denumire.

Denominator-*denómineiter* s. numitor.

Denote-*dinóut* v. a. a indică, a arătă.

Denounce *dináuns* v. a. a denunță, a acuză; a anunță.

Denouncer-*dinaunser* s. cel care anunță, care vestește.

Dense-*dens* a. des, gros; îndesat.

Density-*dénsiti* s. desime, grosime; îndesare.

Dent *dent* s. dinte (de roată); crestătură; umflătură; —, v. a. a crestă, a dantelă, a tăiă sau crestă în forma dinților; a face umflături pe vase, a scofâlci.

Dental-*déntal* a. dental, ce se pronunță cu dinții.

Dentifrice-*déntrifis* s. praf de dinți.

Dentist *déntist* s. dentist.

Dentistry-*déntistri* s. arta dentară; vindecare de dinți.

Dentition-*dentișŏn* s. eșirea din ților.

Denudation-*deniudéișŏn* s. lipsă desăvârșită, sărăcie.

Denude-*diniúd* v. a. a despuiă, a jupui, a jumuli; a desbrăcă; a jăfui.

Denunciation-*denonsiéișŏn* s. denunțare.

Deny-*dinái* v. a. a negă; a tăgădui; a refuză, a nu admite; a se lepădă de.

Deodorise *deóderais* v. a. a dezinfectă.

Deodoriser *deódŏraizer* s. ce dezinfectează; aparat de dezinfectare.

Depart-*dipárt* v. a. a plecă; a se duce; a părăsi; a se lăsă de, a renunță la cevă; a muri; to—

this live, a muri; *the—ed*, răposatul.

Department *dipártment* s. departament, district; minister.

Departure-*dipárciur* s. plecare; moarte.

Depend-*dipénd* v. n. a depinde, a atârnă; a rezultă; a se încrede în, a se încredință; *—upon it*, să fiți sigur.

Dependant *dipéndănt* s. cel, cea care depinde, atârnă, ține de.

Dependency-*dipéndensi* s. dependență; atârnare; încredere; colonie; suspensiune; *—on one*, încredere în cineva.

Dependency *dipéndensi* s. *foreign—*, colonie; (*jur.*) dependență.

Dependent *dipéndent* a. depinzând de, atârnat de.

Depict *dipíct* v. a. a pictă; a descrie.

Depilation *depiléișŏns* s. căderea părului.

Depletion *diplészŏn* s. glorie.

Deplorable-*diplórăbl* a. de plâns, deplorabil.

Deplorably-*diplórăbli* ad. de plâns, în mod deplorabil.

Deplore *diplór* v. a. a plânge, a deplânge.

Deploy *diplói* v. a. a desfășură.

Deponent-*dipóunent* s martor, deponent.

Depopulate-*dipópiuleit* v. a. a despopulă.

Depopulation *dipopiuléișŏn* s. despopulare.

Deportation-*diportéișŏn* s. surghiun, exil.

Deportment-*dipórtment* s. mers purtare; înfățișare.

Depose-*dipóuz* v. a. a depune; a luă ca martor; a dovedi.

Deposit *depózit* s. depozit; amanet; depunere; —, v. a. a depune; a pune amanet; a da în păstrare; *to leave a—*, a lăsă arvună.

Depositary-*depóziteri* s. depozitar.

Deposition-*depozişŏn* s. depunere, mărturie.

Depositor *depózitŏr* s. cel care depune.

Depository *depóziteri* s. depunere; magazin

Depravation-*diprăvéişŏn* s. depravare, corupere.

Deprave-*dipréio* v. a. a depravă, a corupe.

Depravity-*dipráviti* s. corupere, răutate.

Deprecate-*deprékeit* v. a. u descântă; a cere ertare; a rugă să nu facă ceva.

Deprecation-*deprekéişŏn* s. descântec, rugăciune

Deprecatory-*díprecăteri*, a. rugător, de rugăciune; de desfătuire.

Depreciate-*deprişieit* v. a. a disprețuì, a defăimă.

Depreciation-*diprişéişŏn* s. disprețuire.

Depredation-*depredéişŏn* s. jefuire, prădare.

Depredator-*deprédeitor* s. jefuitor, prădător.

Depress-*diprés* v. a. a deprimă; a lăsă jos, a coborî; a umilì; a mortificà.

Depression-*diprêşŏn* s. depresiune; coborîre; înjosire, umilire; dejecțiune, deşertare (a pântecelui).

Deprivation-*deprivéişŏn* s. privațiune; lipsă, pierdere; revocațiune, destituire.

Deprive-*dipráiv* v. a. a privà, a lipsì de (un folos); a scoate din funcție, a destituì.

Depth-*depth* s. adâncime, abiz; înălțime; întuneric; mijloc.

Deputation-*depiutéişŏn*, s. deputație, delegațiune.

Depute *depiút* v. a. a delegà; a numì, a însărcinà.

Deputy-*dépiuti*, s. deputat, delegat; trimis; însărcinat;— *chairman*, vice-preşedinte.

Derange-*diréinge* v. a. a deranjà, a pune în neorânduialà.

Derangement-*deréingiment* s. neorânduială; nebunie.

Derelict-*dérelict* s. lucru părăsit; sfărâmături de corabie, părăsită pe mare; marfà părăsità; —, a. părăsit, fără stăpân.

Dereliction-*derelicşŏn* s. părăsire; renunțare.

Deride-*diráid* v. a. a râ le de; a batjocorì; a'şi bate joc de.

Derider *d.ráider* s. batjocoritor.

Derision-*derijŏn* s. râs; batjocurì; *to bring into;* —, a face de râs.

Derisive *diráisiv* a de râs, batjocoritor; —, *ly*, ad. în râs, în batjocură.

Derivable *diráivăbl* a. ce poate fi abătut din cale; care se poate derivă.

Derivation-*derivéişŏn* s. derivațiune, tragere (*gram.*); abaterea din drumul ei; sorginte.

Derivativ-*dérivătiv* s. & a. derivat; —*ly*, ad. prin derivațiune.

Derive *diráiv* v. a. & n. a derivà; a provenì; a izvorì; a se trage de; a procedà; a pornì.

Derogate v. a. & n. a se abate dela; a înjosì, a vorbì de rău; călcà o lege.

Derogation-*deroghéişŏn* s.derogare, abatere, călcare; defăimare, vorbire de rău; lovitură; atingere.

Derogatory *derógători* a. de abatere, de călcare; păgubitor; nedemn.

Derrick *dério* s. maşìnă pentru ridicat corpurile grele; — *boom*, catarg de încărcare.

Dervish-*dérviş* s. derviş.

Descant *déscant* s. (*muz.*) contra-punct, compunere cu două părți; melodie, cântec.

Descant-*descánt* v. n. a discutà, a stà de vorbà, a se abate din vorbà.

Descend-*disend* v. a. & n a (se) scoborì, a (se) da jos; a se retrage din.

Descendant *diséndent* s. descendent, scoboritor.

Des endant-*disénden!* a. ca- ıo descinde (dc origină); **care** cade.

Descent-*disénts.* descindere, sco- boıîre origiuă; urmaşi; şir; in- vaziune; —, v. a. a da jos; a scobori.

Describe-*disc. áıb* v. a. a des- crie.

Description-*descripşon* s. des criere; *to beggar*— a face o des criere imposibilă.

Descriptive-*descriptiv* a. des- cirptiv; —*ly,* ad. într'un mod descriptiv.

Descry-*descrái* v. a. a descoperi, ҡ zări.

Desecrate-*desécreit* v. a. a pro- fană.

Desecration-*desecréişon* s. pro- fanare.

Desert-*dézert* s. desert, ultimul ìel de mâncare; merit;— v. a. a dezertă, a părăsi, a lăsă.

Deserter-*dizérter* s. dezertor.

Desertion-*dizérşon* s. dezertare.

Deserve-*dizérv* v. a. a merită, a fi demn

Deservedly-*dezervédlı,* ad. cu drept cuvânt.

Deserving-*dezérving* a. de me- rit, meritos.

Desiderate-*desídereit* v. a. a aveă trebuinţă, a lipsì (cevă cuiva).

Desideratum - *desi ˈereitum* s. lucru trebuincios, lucru care lip- seşte.

Desing-*dizáin* s. ţintă scop; gând, plan, proiect; desemn;—, v. a. a aveă intenţiune, a hotă- rì; a concepe; a desemnă, a descrie.

Designate-*dézigneit* v a. a ară- tă, a desemnă; a deosebì.

Designation-*dezigníşon* s. des- tinare, desemnare, arătare; in- semnare.

Designedly-*dizáinedlı* ad. cu scop, intr'adins.

Designer-*dizáiner* s desemna- tor; autor, născocitor.

Designing-*dizáining* a. şìret, vi- clean; Inşelător, mişel · — *ly,* ad. cu şiretlic, în mod viclean.

Desirable-*dizáirǎbel* a. de do- rit, ce se poate dorì.

Desirably-*dizáirǎbli* ad. după dorinţă.

Desire-*dizáir* s. dorinţă, poftă; —, v. a. a dorì, a poftì; a ıugă; a ură.

Desirous-*dizáirŏs* a doritor; la- com, avid; —*lg,* ad. cu dor, cu înfocare.

Desist-*dezíst* v. n. a se dezistă de, a renunţă; a încetă.

Desistance - *dezístǎns* s. înce- tare; *jur)* renunţare la ceva.

Desk-*desk* s. pupitru; strană; catedră.

Desolate *dézoleit* v. a. a pustiì, a prăpădì; a dezolă, a mâhni ìoarte; a amări; a despopulă; —, a. pustiìt, nelocuit, părăsit, singuratic; ìoarte mânnit; ruinat.

Desolation-*dezo'éişon* s. pustii- re, prăpădire; dezolare, jale, mâhnire, mizerie.

Despair-*di péer* s. disperare; —, v. n. a (sc) desperă, a desnă- dăjdui.

Despairingly-*dispéeringlı,* ad. cu desperare.

Despatch-*dispáci* s. expediţìu ne; grabă, iuţeală; telegramă; —*b o a t,* corăbioară de războiu pentru ordine sau telegrame;—, v. a. a expedià, a trimite; a te- legrafià a depeşă.

Desperado-*disperéido* s. despe- rat

Desperate *déspereit* a. despe- rat; Indrăzneţ; infuriat, turbat; teribil; —*ly,* ad. ca un desperat; ca un turbat.

Desperatio-*desperéişon* s. des- perare, desnădejde.

Despicable - *déspicǎble* a. de despreţuit.

Despicably-*déspicǎbli* ad. în mo despreţuitor.

Despise-*dispáis* v. a a des- preţuì.

Despoil *dispóil* v. a. a despoià a jăluì.

Despon *.t-dispónd* v. n. a desperà; a fi abătut, a se descurajà.

Despondency *dispóndensi* s. desperare.

Despot-*déspot* tiran.

Despotic *despótic* a. despotic; —*aly*, ad. în mo·l despotic.

Despotism *déspotizm* s. despotism.

Dessert-*desért* s. desert.

Destination *destinéişŏn* s. destinaţie.

Destine-*desíáin* v. a. a destină; a menì, a hotărî.

Destiny-*déstini* s. soartă, menire, ursită.

Destitute-*déstitiut* a. destituit; părăsit; lipsit de.

Destitution-*destitiúşŏn* s. părăsire; lipsă desăvârşită; sărăcie.

Destroy-*distrói* v. a. a distruge; a devastà; a omorî; a extermină.

Destructible-*distrŏctibl* a. care se poate distruge.

Destruction-*distrŏcşŏn* s. distrugere; ruină, pierdere.

Destructive-*distrŏcti‚v* a. distructiv; vătămător; —ˡy, ad. în tr'un mod distructiv, periculos.

Desultorily-*disŏltorili* ad. fără şir.

Desultoriness *-désŏltérinés* s. lipsă de legătură, de metodă, de spirit; fără şir; nestatornicie.

Desultory-*desúlteri* a. neregulat, superficial; nestatornic.

Detach-*ditáci* v. a. a detaşà, a deslegà; a despărţi, a deslipi.

**Detached - ** *ditáced* a. detaşat; înconjurat de grădină (casă).

Detachment *ditáciment* s. detaşament.

Detail-*ditéil* s. amănunt; (*Am*) recrutare; —s, particularităţi;—, v. a. a amănunţì, a detalià.

Detain-*ditéin* v. a. a deţine; a reţine, a oprì; a întârzià.

Detect-*ditéct* v. a. a descoperì; a deosebì, a distinge.

Detection-*detécşŏn* s. descoperire.

Detectiv-*ditéctiv* s. detectiv, agent al poliţiei secrete.

Detention *deténşŏn* s. deţinere, ţinere în închisoare.

Deter-*ditér* v. a. a speriă, a descurajà; a împiedicà.

Deterge-*ditérj* v. a. a curăţì prin medicamente.

Deteriorate-*ditírioreit* v. a. a strică, a deteriorà.

Deterioration-*deterioréişŏn* s. stricăciune.

Determinable-*detérminăbl* a. care se poate hotărî.

Determinate-*détermineit* a. hotărît, decis, deciziv; —ly, ad. hotărîtor, deciziv.

**Determination - ** *determinéişŏn* s. hotărîre, deciziune.

**Determinative - ** *déterminátiv* a. hotărîtor, deciziv.

Determine-*ditérmin* v. a. & n. a determină, a hotărî, a decide; a fixà.

Deteste-*ditést* v. a. a detestà; a urì, a fi cuiva groază (de cineva sau de ceva).

Detestable-*ditéstăbl* a. detestabil; urîcios; abominabil.

**Detestably · ** *ditéstăbly* ad. în mod detestabil.

Detestation-*detestéişŏn* s. ură, groază; scârbă.

Dethrone-*dethrón* v. a a detronà.

Dethronement-*dithrónment* s. detronare.

Detonate-*détoneit* v. a. a detună, a trăsni; a face explozie.

Detour-*detúr* s. întorsătură, cotitură.

Detract-*ditrăct* v. a. a abate dela; a defăimà; a călcà; a scoate, a răpì; a vorbì de rău, a înjosì; a hulì.

De racter-*ditrăcter* s. defăimător, hulitor, clevetitor.

Detraction *ditrăcţŏn* s. defăimare, hulire, clevetire.

Detriment-*détriment* s. pagubă.

Detrimental-*detriméntăl* a. în pagubă; păgubitor.

Deuce *diús* s. carta sau piatra de domino cu două puncte (joc); drac; —*d*, îndrăcit.

Devastate *dévăsteit* v. a. a devastă, a pustiî.

Devastation-*devăstéişŏn* s. devastare, pustiire.

Develop-*devélop* v. a. a desvelî, a desfășură.

Deviate-*divieit* v.n. a se abate din drumul său; a deviă, a rătăci.

Deviation-*diviéişŏn* s. abatere, deviațiune, rătăcire.

Divice-*diváis* s. invențiune, mijloc de scăpare; plan, proect; de viz.

Devil-*dévil* s. drac; *printer's*—, băiat de tipografie; *blue*—*s*, splen, desgust de viață; urit; —, v. a. a frige pe grătar cu piper și muștar.

Devilish-*dévliş* a. diabolic, drăcos; —*ly*, ad. drăcos.

Devilment-*dévilment* s. importunitate, cerere; stăruință supărătoare.

Devilry-*dévilri* s. drăcovenie, drăcie.

Devious-*diviŏs* a. neregulat; crucis; îndepărtat; rătăcind.

Devise-*diváis* v. a. & n. a născoci, a chibzuî, a închipui; a se gândi; a lăsă prin testament.

Deviser-*diváizer* s. născocitor, autor.

Devisor-*diváizor* s. testator, cel care face un testament.

Devold-*divóid* a. gol, lipsit de; scutit.

Devolve-*divolv* v. a. & n. a desfășură; a transmite, a se rostogoli; a cădea în partea (cuiva).

Devote-*diváut* v. a. a devotă; a închină, a consacră; a uri de moarte; a avea groază; a blestemă.

Devotedly-*divóutedli* ad. cu respect, cu devotament.

Devotedness-*divóutednes* s. devotament.

Devotee-*dévouti* s. evlavios, fă țarnic, ipocrit.

Devotion *divóuşŏn* s. devoțiune, cucernicie; rugăciune, abnegațiune.

Devotional-*divóuşŏnăl* a. evlavios.

Devour-*diváuer* v. a. a devoră, a înghiți.

Devout-*deváut* a. evlavios, cucernic; —*ly*, ad. evlavios, cu evlavie.

Devoutness *diváutnes* s. evlavie, cucernicie.

Dew-*diú* s. rouă; *evening*—, boarea umedă a serei; — *-drop*, picătură de rouă; —*lap*, pielea ce atârnă sub gât (la boi).

Dewy-*diúi* a. umed (acoperit) de rouă.

Dexter-*déxter* a. drept, partea dreaptă, mâna dreaptă.

Dexterity-*dextériti* s. iscusință, îndemânare.

Dexterous-*déxterous* a. îndemnatic, dibaciu; —*ly*, ad. cu îndemânare.

Dextrine — *déxtrin* s. dextrină, substanță cleioasă extrasă din scrobeală.

Diabetes-*daiăbites* s. diabet, boală de zahăr.

Diabolic(al) *daiăbólic(ăl)* a. drăcos, infernal; —*ly*, ad. drăcește.

Diachylon-*dáiăkilon* s. talion (un fel de plastur).

Diadem-*dáiădem* s. diademă.

Diagnose *daiagnóz* v. a. a diagnosticá, a arătă natura unei boale.

Diagnosis-*dáiăgnosis* s. diagnoză.

Diagnostic-*daiăgnostic* a. diagnostic.

Diagonal - *daiăgonal* a. diagonal; —, s. diagonală—*ly*, ad. în diagonală.

Diagram-*dáiăgrăm* s. diagramă.

Dial *dáiăl* s. cadran solar; *-plate*, cadran de ceasornic.

Dialect- *áiáléct* s. dialect.

Dialectic(.al)-*daiáléctic(al,* a. dialectic, de dialect.

Dialogue-*dáiălog* s. dialog.

Diameter-*dáiăméter* s. diametru.

Diametrica - *daiă étricăl* a. diametral; —*ly*, ad. diametral.

Diamond-*dáimund* s. diamant; — ·*cutter*, tăietor de diamante

Diaper-*ddipăr* s. pânză țesută cu flori, cu desemnuri; —, v. a. a bălța, a pestriță; a fabrică pânzeturi în felul damascus.

Diaphragm-*dáiă'răgm* s. diafragmă.

Diarrhoea-*daiăriă* eșire afară deasă.

Diary-*daiări* s. jurnal.

Dibble-*dibel* v. a. a sădi.

Dibb.er-*dibler* s cotonoagă; care plantează; plantator, colon.

Dice-*dáis* s. (pl. dela *die*) zar; — ·*lose*, păharel pentru zar; — *player*, jucător, jucător in zar.

Dick.ns! *diks! the—!* drace!

Dicky-*diki* s. capra de dinapoi a trăsurii, șorț de piele; cămășuță.

Dictate-*dicteit* s. regulă, precept, ordin; —, v. a. a dictă; a ordonă; a impune.

Dictation-*dictéișŏn* s. dictare.

Dictator-*dictéiter* s. dictator.

Dictatorial a. dictatorial; dictatoresc; —*ly*, ad. ca un dictator.

Dictatorship-*dictéitershĭp,* s. dictatură; autoritate

Diction-*dicșŏn* s. dicțiune, stil

Dictionary-*dicșŏnări* s. dicționar.

Didact c *didáctic* a. didáctic

Diddle-*didle* v. a. a inșelă; v. n. a se clătină.

Die-*dai* s. boiă, văpseă; zar; tipar (pentru baterea monezilor); stampilă.

Die-*dai* v. n. ner. perf. și ptr. *died.*) a muri; a pieri; a se stinge; a se sfârși; a se nimici; a se uscă; a lâncezi, a dori cu înfocare;

to—away, a se slăbi (vântul); a se pierde (tonul, colorile); a se stinge (lumina); a leșină; *to—hard*, a muri fără frică de moarte; *never say—!* să nu desperezi niciodată!

Diet-*dáiet* s. dietă, regim, traiu anumit; hrană; merinde; dietă, adunare obștească; —, v n. a se supune unui regim (la mâncări și băuturi); a prescrie un traiu, regim anumit; a se hrăni.

Dietary-*dáietări* s. regim de dietă; ceeace ține de dietă; —, a. de dietă.

Differ-*difer* v. n. a se deosebi, a nu fi de o potrivă; a nu impărtăși.

Difference *diferens* s. deosebire; neințelegere, ceartă; cestiune controversată.

Different-*diferent* a. deosebit, diferit; —*ly*, ad. in mod diferit, deosebit.

Differentiate-*diferénsieit* v. a. a diferenția, a deosebi, a stabili o deosebire.

Difficult-*difficult* a. greu, obositor.

Difficulty-*dificŏlti* s. dificultate, greutate; piedecă, obstacol; opunere; nedumerire, incurcare.

Diffidence *difidens* s. neincredere.

Diffident-*difident* a. neincrezător.

Diffuse-*difiús* v. a. a răspândi; a intinde; a vărsă; —, a. răspândit, imprăștiat peste tot, difuz; intins; —*ly*, ad. difuz, prea intins, cu vorbe multe.

Diffusion-*difiúșŏn* s. difuziune, imprăștiere, intindere; lungime prea mare in idei, voibă multă; răspândire; propagare.

Diffusive-*di iúsiv* a. imprăștiat, răspândit; — *ly* ad in mod prea intins, cu vorbe multe.

Dig-*dig* v. a. a săpă.

Digest-*di ést* v. a. & n. a digeră, a mistui; a inghiți; a se digeră, a se mistui; a se coace; a stoarce puroiul.

Digester-*digésters*. cel care mistuește; doctorie digestivă.

Digestible-*digéstibl* a. ușor de mistuit.

Digestion-*digéstion* a. mistuire, digerare.

Digestive-*digéstiv* a. digestiv.

Digger-*digher* s. săpător.

Diggings *dighings* s. pl. exploatare de pământuri aurifere.

Digit-*digit* s deget, măsură de lungime ci ră (*astr*.) palmac, policar; —*al*. a dela degete.

Dignified-*dignifaid* a. demn, plin de demnitate.

Dignify-*dignifai* v. a. a ridică la o demnita'e, a da demnitate, a onoră; a glorifică.

Dignitary-*dignităris*. demnitar.

Dignity-*di niti* s. demnitate, rang.

Digress-*digrés* v. n. a face d gresiune, a se abate dela subiect.

Digression-*digréșŏn* s. digresiune, abatere.

Digressive-*digrésiv* a. digresiune.

Dike-*dáik* s. șanț, canal; stavilă; zăgaz.

Dilapidate-*dilápideit* v. a a delapidă, a prăpădi; a dărâmă; a prăpădi.

Delapidation-*dilápideișŏn* s delapidare, risipire, ruină.

Dilate-*dailéit* v. a. & n. a (se) dilată· a (se) întinde.

Dilatorily-*diláterili* ad. trăgănitor, întârzietor cu întârziere; amânător

Dilatory-*diláteri* a. trăgănitor, care amână o pricină.

Dilemma-*diléma* s. dilemă.

Diligence-*díligens* s. silință, hărnicie; în rijire, grijă; grăbire; diligență, poștă.

Diligent-*diligent* a. silitor; cu îngrijire; —*ly*, ad· cu silință.

Dilly-dally-*dílidăli* v. n. a pierde vremea în zadar; a zăbovi; v. a a spune fleacuri.

Dilute-*dálliut* v. a. a subția, a rări; a topi într'un lich'd; a descăli (oțelul); a înmuiă; a slăbi.

Dilution-*dailiúșŏn* s subțiere; topire

Dim-*dim* v a. a întunecă (vederea), a o bi; a turbură; —, a. s'ab (la vedere; întunecos; *my cyes grow* —, vederea mea slabește; —*ly*, ad, slab; întunecat; — *ly lighted*, s'ab; luminat

Dime-*dáim* s. monedă, s (*Am.*) piesă de 10 «cents» (50 de bani).

Dimension-*diménșŏn* s. dimensiune, mărime.

Diminish-*dimi iș* v a. & n. a (se) micș ră, a scădeă

Diminut on-*di iniúșŏn* s micș rare; scăd re, degradare; defăimare, înegrire.

Diminutive-*diminúiiv* s. diminutiv; —, a. micșorat; mărunt; slab.

Dimity-*dimiti* s bazeă, stofă din bumbac și ață.

Dimness-*dimnes* s. slăbiciune la vedere; de lumină; întunecime: culoare închisă; tâmpenie.

Dimple-*dimpel* s. gropiță; —, v. n. a se formă în gropițe; a se încreți.

Din-*ain* s sgomot, tărăboiu, zarvă; vuet; —, v. a. a asurzi; a zăpăci.

Dine-*dáin* v a & n. a da masă cuivă; a luă masa.

Diner-out-*dáinerăut* s care 'și la masa la birt: lingău

Ding-dong-*dindóng* s. din-dan! bann bann.

Dingey-*dingi* s. strigăt de răstoiu.

Dingy-*dingi* a. întunecos; murdar.

Dining-*dáining* s. — *hall* — *room*, sofragerie; birt.

Dinner-*diner* s. prânz, masă; — -*party*, un mare prânz; — -*time*, ceasul mesi; — -*wa•gon*, servantă, măsuță pentru farfurii etc. (într'o sofragerie)

Dint-*dint* s. lovitură; vănătaie,

umflătură; semn; întipărire; for-
ță, violență; *by—of*, în virtutea
în numele...; cu sprijinul...

Diocese-*dáiosiz* s. eparhie.

Dip-*dip* s. înmuiere, câtă cer-
neală poate luă condeiul; lumâ-
nare de seu; afundare; decli-
nație magnetică.

Diphteria-*diftéria* s. difterie.

Diphthong-*difthong* s. diftong.

Diploma-*diplómă* s. diplomă.

Diplomacy-*diplómăsi* s. diplo-
mație.

Diplomatic - *diplomátic* a. di-
plomatic.

Diplomatist-*diplómátist* s. di-
plomat.

Dipper-*díper* s. cufundător; lin-
gură (de supă).

Dire-*dáier* a. groaznic, îngro-
zitor.

Direct-*diréct* v. a. a dirijă, a
cârmui; a conduce; a însărcină;
a îndreptă; a adresă; —, a.
drept, direct; cinstit, sincer; di-
rect, imediat; hotărît, pozitiv;
—*ly*, ad. direct; drept; deadrep-
tul; fără înconjur; îndată, ime-
diat.

Direction-*dirécșon* s. direcție;
direcțiune, conducere; regulare;
poruncă, înștiințare; drum; țin-
ta; parte; sfat; adresă; *every*—,
în toate părțile.

Directness-*directness* s. direc-
țiune dreaptă; dreptate; cinste,
sinceritate.

Director-*diréctor* s. director.

Directory-*diréctori* s. direcțiu-
ne; anuar; almanah de adrese.

Directress - *diréctres* s. direc-
toare.

Direful-*dáirful* s. vide **dire**.

Dirge-*dérj* s. cântec de jale.

Dirk-*dérk* s. pumnal lung.

Dirt-*dírt* s. noroiu, murdărie;
(*Americ.*) pământ moale; —*ily*,
ad. în mod murdar, mârșav.

Dirtiness-*dértines* s. murdărie;
mârșăvie.

Dirty-*dérti* v. a. a murdări, a
umpleă de noroiu; a pătă —, a.

murdar, umplut cu noroiu; or-
dinar, uricios.

Disability-*dizăbíliti* s. neputin-
ță; incapacitate.

Disable-*dizéibl* v. a. a face ne-
putincios; a face incapabil; a
strică o corabie; a slăbi.

Disabuse-*dizăbiùs* v. a. a do-
zamăgi, a scoate din eroare, a
deschide ochii cuiva.

Disaccustom-*dizăcŏstŏm* v. a.
a desobişnui.

Disadvantage *dizădvântădj* s.
pagubă; —, v. a. a aduce pa-
gubă cuiva.

Disadvantageous - *dizădvăn-
téigiŏs* a. păgubitor; —*ly*, ad. în
mod păgubitor.

Disaffect-*dizăféct* v. a. a supă-
ră, a nemulțumi; a fi antipatic.

Disaffection *dizăfécșŏn* s. pier-
derea dragostei; aversiune; ne-
mulțumire; neprietenie.

Disagree-*dizăgri* (*with*) v. a. a
nu se înțelege cu, a nu fi de a-
cord; a se certă; a contrazice,
a stă împotrivă; a nu fi priin-
cios (mâncările).

Disagreeable - *dizăgriăbel* a.
neplăcut.

Disagreeably - *dizăgriăbli* ad.
în mod neplăcut.

Disagreement - *dizagriment* s.
neînțelegere; nepotrivire; învrăj-
bire, ceartă.

Disallow-*dizălău* v. a. a deza-
probă; a nu admite; a respin-
ge; a nu permite; a opri.

Disappear *disăpier* v. a. a dis-
pare.

Disappearance - *disăpierans*
s. disparițiune.

Disappoint-*dezăpóint* v. a a
înşelă speranțele (cuiva); a a-
măgi; a nu se ține de cuvânt;
a păgubi cu ceva.

Disappointment *dizăpóint-
ment* s. dezamăgire, speranțe
înşelate; piedecă.

Disapprobation - *dizăprobéi-
şŏn*, **disapproval** *dizăprúvăl*
s. dezaprobare.

Disapprove-*dizăprúv* v. a. a dezaprobă.

Disarm-*dizárm* v. a. a dezarmă.

Disarmament-*dizármement* s. dezarmare.

Disarrange-*dizăréinj* v. a. a deranjă, a pune în neorânduealâ.

Disarry *disăréi* s. neorânduealâ; —, v. a. a face neorânduealâ; a desbrăcă.

Disaster *dizáster* s. dezastru, nenorocire.

Disastrous-*dizástrŏs* a. dezastros, funest; —*ly*, ad. dezastros.

Disavow-*dizăváu* v. a. a tăgăduí, a negă.

Disavowal-*dizăváuăl* s. tăgăduire, negare.

Disband-*disbánd* v. a. & n. a licenţiă, a da drumul, a congediă; a se împrăştiă.

Disbar-*disbar* v. a. a şterge din lista advocaţilor.

Disbelief-*disbilíf* s. neîncredere.

Disbelieve *disbilív* v. a. a nu crede.

Disbeliever-*disbeliver* s. necredincios, infidel.

Disburden-*disbérden* v. a. a descărcă, a scăpă dintr'o greutate.

Disburse-*disbérs* v. a. a debursă, a plătí; a cheltuí; a avansă (bani).

Disbursement-*disbérsment* s. plată, debursare, avans (bani); — s. pl. cheltueli.

Disc-*disc* s. disc, placă.

Discard-*discard* s. o carte de joc înlăturată; —, v. n. a aruncă cărţile pentru a luă altele (la joc); a aruncă, a da afară; a congediă.

Discern-*disérn* v. a. a deosebí; a recunoaşte; a zărí, a vedeă; a judecă.

Discernible *disérnibl* a. ce se poate percepe; de văzut, vizibil.

Discerning-*disérning* a. cu judecată; înţelept, pătrunzător; —*ly*, ad. cu judecată.

Discernment-*disérnment* s.

deosebire; pricepere; pătrundere.

Discharge *disciárgi* s. descărcare(mărfuri); descărcare (puşti); liberare, punere în libertate, vânzare repede; achitarea unui vinovat; concediù; chitanţă; coacere (bube); administrare; îndeplinire; —, v. a. & n. a descărcă; a trago cu arma; a uşură; a scăpă; a vindecă, a azvârlí; a pune în libertate; a curge; a se vărsă; a mulţumí; a se achită; a da o chitanţă; a se împrăştiă.

Disciple-*disáipel* s. discipol; elev; *the 12*—s, cei 12 apostoli ai lui Christos.

Disciplinarian - *disiplinéiriăn* s. om de disciplină; pregătitor de exerciţii militare; presbiterian.

Disciplinary-*disíplinări* a. disciplinar.

Discipline-*disiplin* s. disciplină; —, v. a. a disciplină, a instruí.

Disclaim *discléim* v. a. a tăgăduí, a negă.

Disclaimer-*discléimer* s. tăgăduitor.

Disclose *disclóus* v. a. a descoperí, a desvelí.

Disclosure-*disclóujŏr* s. descoperire; dare pe faţă; destăinuire; relevaţiune.

Discoloration-*discoloréişŏn* s. decolorare.

Discolour-*discólour* v. a. a decolorà; a schimbă, a alteră; *to become*—*ed*, a se decolorà.

Discomfit-*discómfit* v. a. a împrăştiă, a învinge; a descurajă.

Discomfiture - *discómficiur* s. înfrângere.

Discomfort-*discómfŏrt* s. durere; mâhnire; supărare.

Discompose-*discompóus* v. a a face neorânduealâ; a supără, a mâhni.

Discomposure - *discompóuzur* s. neorânduealâ; nelinişte, turburare.

Disconcert-*disconsért* v. a. a deconcertà; a zăpăci, a turbură.

Disconnect-*disconéct* v. a. a dezuni, a despărți.

Disconnection-*disconéctión* s. dezunire, despărțire.

Disconsolate-*discónsoleit* a. inconsolabil; de nemângâiat;—*ly* ad. în mod nemângâiat.

Disconsolateness *discónsolatines*, s. dezolare; jale, mâhnire nemângâiere.

Discontent-*discontént* s. nemulțumire.

Discontented - *disconténted* a. nemulțumit;— *ly*. ad. cu nemulțumire.

Discontinu-*discontíniu* v. a. & n. a întrerupe, a se întrerupe; a încetà.

Discord-*discord*, **discordance**-*discórdăns* s. discordie, neînțelegere; nepotrivire.

Discordant-*discórdănt* a. discordant; contrar; nepotrivit; — *ly*, ad. discordant, în mod nepotrivit.

Discount-*dis.áunt* s. scont; rabat;—, v a. a scontà, a face reducere.

Discourage-*discórădj* v. a. a descurajà; a intimidà; a băgà frică; a despovățui.

Di couragement-*diskórijment* s. descurajare.

Discourse-*discórs* s.discurs ;convorbire; tractat; predică;—, v. a. & n. a vorbì, a sta de vorbă; a (se) discutà; a convorbì despre ceva; a ține un discurs a tratà; a judecà.

Discursive-*discórsiv* a. discursiv, care deduce în mod logic, prin vorbă.

Discourteous-*discórcioŭs* a. nepoliticos;—*ly*, ad. în mod nepoliticos.

Discourtesy-*discórtsi* s. lipsă de politeță; mojicie.

Discover-*discóver* v. a. a descoperì; a divulgà; a observà; a destăinui.

Discoverable - *discóverăbl* a. care se poate descoperì; vizibil

Discoverer *discóvérer* s des. coperitor; spion.

Discovery-*discóveri* s. descoperire; revelațiune.

Discredit-*discrédit* s d scredit, nume rău; rușine, ocară;—, v. a. a discredità; a face de rușine, a dezonorà.

Disc.edi.able - *discréditabl* a. dezonorat, compromițător.

Discreet *discrt* a. discret; prevăzător; — *ly* ad. în mod discret.

Discrepancy-*discrepănsi* s. diferență, deosebire; contrazicere.

Discrepant-*discrepánt* a. oilerit; contrar.

Discretion-*discréșón* s. discrețiune; *to surrender at*—, a se predà la discrețiune, cu orice condiție (*mil.*).

Discretionary - *discréșóneri* a lăsat la discreția cuiva; nemărginit.

Discriminate-*discrimin'it* v a. a deosebì; a despărți;—, a. deosebit;—*ly*, ad cu deosebire; cu pricepere.

Discrimination-*discriminei-șón* s. deosebire; distincțiune; diferență; pătrundere; pricepere.

Discriminative - *disbrimindtiv* a. distinctiv, deosebitor; ager la minte, pătrunzător.

Discrown-*discráun* v.a a descoronà, a luà coroana, a detronà.

Discursive-*discórsiv* a. discursiv, care deduce în mod logic; argumentând, dovedind prin argumente; conchizând; rătă itor; — *ly*. ad. pe calea rațiunei, argumentărei.

Discuss-*discós* v. a. a oiscutà, a disputà, a desbate; a agità; a cercetà, a examinà, a probà; (vin, carne etc.).

Discussion-*discóșón* s. discuție; cercetare.

Disdain-*disdéin* s. despreț;—, v. a. a de prețui; —*ful*, a desprețuitor; —*fully*, ad. cu des-preț.

Disease-*dietz* s. boală rea.

Diseased-*dezisd* a. bolnav.

Disembarcation-*dizembărkéi-șŏn* s. debarcare.

Disembark-*dizembáro* v. a. & n. a debarcă.

Disembarrass - *dizembărăs* v. a. a scăpă dintr'o greutate; a descurcă.

Disembody *dizembódi* v. a. a descorporă.

Disembowel-*dizembáuel* v. a. a scoate măruntaiele.

Disenchant-*dizenceánt* v. a, a deslegă un farmec, a descântă; a zamăgî.

Disenchantment - *dizenciántment* s. deslegare de farmec; descântare.

Disencumber-*disencŏmber* v. a. a liberă, a scăpă.

Disencumbrance - *disencŏmbrăns* s. scăpare, liberare.

Disengage *dizenghéĭ* v. a. & n. a liberă, a scăpă; a ușură; a scoate; a'și luă cuvântul în-dărăt; a se despărți; —*d*, a. liber, neocupat, vacant.

Disengagement - *dizenghéigement* s. liberare, scăpare; des-cărcare (de datorii); scoatere; răgaz.

Disentangle-*dizentánghel* v. a. a descurcă, a eșì dintr'o încur-cătură; a scoate din încurcătu-ră; a scăpă; a scutì.

Disfavour-*disféivŏr* s. defavor, disgrație; —, v. a vedeà cu de-favoare; a se face urît.

Disfiguration - *disfighiuréișŏn*, **disfigurement** - *disfighérment* s. desfigurare, deformațiune, u-rîție.

Disfigure *disfigher* v. a. a des-figură, a diformă.

Disfranchise-*disfránșiaiz* v. a. a luă dreptul său electoral, pri-vilegiile sale.

Disgorge-*disgorj* v. a. a scui-pă; a vărsă afară.

Disgrace-*disgréis* s. disgrație, defavoare; rușine; dezonorare; —, v. a. a dizgrațià; a dezono-ră; —*ful*, a. rușinos; —*ly*, ad. în mod rușinos.

Disguise-*disgáis* s. deghizare, prefacere; față falșă; —, v. a. a preface; a mască; a schimbă.

Disgust *disgŏst* s. aversiune, scârbă; —, v. a. a desgustă.

Dish-*diș* s. farfurie; bucate; — *cloth*, — *clout*, cârpe de șters va-sele; — *cover*, capac; — *war-mer*, mangal; —, v. a. *to*— (— *up*), a da bucatele la masă; a înșelă.

Dishearten-*dișhárten* v. a. a descurajă.

Dishevel-*dișhivel* v. a. a face cuiva părul vâlvoiu, a despleti; —*led*, cu părul despletit; vâl-voiu; *(fig.)* în dezordine.

Dishful-*dișful* s. farfurie plină.

Dishonest-*disónest* a. necinstit; —*ly*, ad. în mod necinstit.

Dishonesty-*disónesti* s. necins-te, lipsă de cinste.

Dishonour-*disóner* s. dezonoa-re; —, v. a. a' dezonoră; a se duce, a necinstì, a pângări; *(com.)* a lăsă o poliță să fie protestată. *a*—*ed bill*, o poliță protestată;

Dishonourable-*disónŏrăbĕl* a. necinstit.

Dishonourably-*disónerăbli* ad. în mod rușinos.

Disillusion-*diziliúĭŏn* v. a. de-ziluzionă, a dezamăgì.

Disinclination-*disinclinéĭșŏn* s. aversiune, antipatie.

Disincline-*disincláin* v. a. a desgustă, a scârbì; a face anti-patic.

Disinfect-*disinféct* v. a. a de-zinfectă.

Disinfectant *dizinfectant* s. de-zinfectant.

Disinfection-*dizinfécșŏn* s. de-zinfectare.

Disingenuous - *dizingĭniuós* a. de reă credință; necinstit, vi-clean.

Disinherit-*disinhérit* v. a. a desmoşteni.

Disintegrate-*disíntegreit* v. a. a dezagregă, a desface în părțile lor, a fărâmă.

Disinter-*dizintér* v. a. a desgropă.

Disinterested-*dizinterésted* a. dezinteresat; —*ly*, ad. cu dezinteresare.

Disinterestedness-*dizinteres tedness* s. dezinteresare.

Disinterment-*dizintérment* s. desgropare.

Disjoin-*disgióin* v. a. a dezuni, a despărți.

Disjoint-*disgióint* v. a. a dislocă; a desmembra; a scrânti (un braț); a desface; —*ed speech*, un discurs fără şir.

Dislike-*dizláic* s. desgust, aversiune, scârbă; dezaprobare; — v. a. a nu iubi; a nu găsi drept; a nu suferi; a dezaprobă.

Dislocate-*dizlok.it* v. a. a dislocă, a desface.

Dislocation-*dizlokéişön* s. dislocare; deplasare; mutare, strămutare; *comnound*—. scrântire.

Dislodge-*dizlögi* v. a. şi n. a mută; a stămută; a da afară; a goni; a sgorni (vânatul), a schimbă locuința.

Disloyal-*dislóiăl* a. necinstit, neleal; fără credință; trădător; viclean; —*ly*, ad. în mod necinstit, de rea credință.

Disloyalty-*dislóiălti* s. necredință, nelealitate, necinste; viclenie.

Dismal-*dizmăl* a. trist; funest, nenorocit; întunecat, posomorât; grozav, înfiorător.

Dismantle-*dizmántel* v. a. a descoperi, a desveli, a desbrăca; a dărâmă zidurile unei cetăți întărite; a dezarmă; a desfunia (o corabie).

Dismast-*dizmăst* v. a. a da jos catargurile.

Dismay-*dizméi* s. groază, spaimă, înspăimântare; descurajare;

—, v. a. a înspăimântă, a încremeni; a descurajă.

Dismember-*dizmémber* v. a. a desmembra.

Dismiss-*dismis* v. a. a da afară, a da drumul; a licenția (armată), a concedia.

Dismissal-*dismisăl* s. darea drumul; demisiune; concediare.

Dismount-*di·máunt* v a. & n. a da jos de pe şcă; a descălecă, a se dă jos de pe cal; a demontă, a scoate din serviciu (un tun).

Disobedience - *disobidiens* s. neascultare, nesupunere.

Disobedient-*disobídient* a. neascultător.

Disobey-*dizobéi* v. a nu asculta, a nu se supune.

Disoblige-*dizobláiġ* v. a. a dezobligă, a nu îndatoră; a supără; a displace.

Disobliging-*dizobláiging* a. neîndatoritor; supărător; —*ly*, ad. într'un chip neîndatoritor.

Disobligingness-*dizobláiging nes* s. neîndatorare; neplăcere.

Disorder-*dizórder* s. dezordine, neorândueală; răscoală, turburare; boală; *mental* —, alienațiune mintală; —, v. a. a pune în dezordine; a înbolnăvi.

Disorderly-*dizórderli* a. în neorândueală, încurcat; desfrânat; răsvrătitor.

Disorganisation - *dizorgáni séişön* s. dezorganizare.

Disorganise-*dizórgănaiz* v. a. a dezorganiză.

Disown-*dizóun* v. a. a tăgădui; a negă; a nu admite; a renunță la.

Disparage-*dispărag* v. a. a desprețui, a discredita; a defăimă, a vorbi de rău; a căsători (pe cineva) cu o persoană de condiție inferioară.

Disparagement-*dispărăgiment* s. dezonorare, vorbire de rău; defăimare; căsătorie nepotrivită.

Disparity *dispáriti* s. nepotrivire.

Dispassionate *dispásioneit* a. liniştit; rece, calm; —*ly*, ad. cu linişte, fără pasiune.

Dispel *dispél* v. a. a risipi, a împrăştià.

Dispensary *dispénsări* s. dispensariu, loc unde se împart gratis consultaţii şi medicamente; farmacie; laborator (la spital).

Dispensation *dispenséişŏn* s. distribuire, împărţire, dare; dispensă, scutire; comunicare.

Dispense *dispéns* v. a. a distribui, a împărţi; a dispensă, a scuti.

Dispeople *dispípel* v. a. a despopulà.

Disperse *dispérs* v. a. a împrăştià, a risipi; a distribui.

Dispersion *dispérşŏn* s. împrăştiare.

Dispirit *dispírit* v. a. a descurajà.

Displace *displéis* v. a. a deplasà, a mutà; a destituì.

Displant *displant* v. a. a desplantà, a transplantà, a răsădi; a strămutà.

Display *displéi* s. desfăşurare; expunere, punere în vederea tuturor; întindere; desvoltare; privelişte; —, v. n. a desfăşurà; a întinde; a desvoltà; a arătà; a se făli cu.

Displease *displís* v. a. & n. a. displace; a supărà; a ofensà; —*d*, a supărat; nemulţumit.

Displeasure *displéjŏr* s neplăcere; nemulţumire; indignare; necaz, mânie.

Disport *disport* v. a. & n. a petrece; a (se) amuzà; a se jucà.

Disposable *dispóuzăbl* a. disponibil.

Disposal *dispóuzăl* s. dispoziţie; cedare; vânzare; lăsare.

Dispose *dispóus* v. a. & n. a dispune; a aranjà; a aşezà; a se aşezà; a hotărî; a conduce; a distribul; a întrebuinţà; a vinde; a supune; a se tocmi; a face; a încheià; —*d*, a. dispus; preparat; *to be—d of!* de vânzare! *well—d*, bine dispus; *ill—d*, rău dispus.

Disposer *dispóuzer* s. ordonator, cel care dă ordin de platà; dispensator; aranjatorul (unei mese); conducător.

Disposition *dispozişŏn* s. dispoziţie; poruncă; naturà, fire, caracter.

Dispossess *dispózes* v. a. a deposedà, a exproprià.

Dispraise *dispréiz* v. a. a blamà, a criticà.

Disproof *disprúf* s. refutaţiune.

Disproportion *dispropórşŏn* s. disproporţie.

Disproportionate *dispropórşŏneit* a. disproporţionat; —*ly*, ad. în mod disproporţionat.

Disprove *disprúv* v. a. a refutà, a dezaprobà.

Disputable *dispiútăbl* a. de disputat.

Disputant *dispiútănt* s. disputător, certător.

Disputation *dispiutéişŏn* s. disputà, ceartà.

Disputatious *dispiutéişŏs* a. care cautà ceartà; disputativ, certăreţ.

Dispute *dispiút* s. disputà, ceartă; discuţie; —, v. a. & n, a disputà, a discutà; a argumentà; a se certà; a dovedi.

Disqualification *discuălifikéişŏn* s. incapacitate, nedestoinicie.

Disqualify *discuălifai* v. a. a face incapabil, a face neîndemânatec.

Disquiet *disqáiet* s. nelinişte, turburare; —, v. a. a nelinişti, a turburà.

Disquisition *disquizişŏn* s. cercetare; disertaţiune.

Disregard *disrigárd* s. despreţ, nebăgare în seamă; neglijenţà; —, v. a. a despreţui, a nu băgà în scamà; a neglijà.

Disregardful-*disrigărdfŭl* a. despreţuitor; negljent; —*ly*, ad. cu despreţ.

Disrelish-*disrélish* s. gust neplăcut, desgust; —, v. a. a desgustà; a da un gust rău; a nu-i place.

Disrepair-*dizripéer* s. dărăpănătură, stare proastă.

Disreputable-*dizrépiutăble* a. necinstit, cu rea reputaţie.

Disrepute-*dizripiuút* s. urgie, dezonoare; rea reputaţie; discreditare.

Disrespect *dizrespéct* s. lipsă de respect, de politeţă; mojicie; —*ful*, a. nerespectuos, necuviincios; —*fully*, fără respect, necuviincios.

Disrobe-*dizróub* v. a. a desbrăcà; a despuià.

Disruption-*dizrŏpşŏn* s. rupere, ruptură.

Dissatisfaction-*disătisfăcşŏn* s. nemulţumire, neplăcere.

Dissatisfied-*disătisfaid* a. nemulţumit.

Dissatisfy-*disătisfai* v. a. a nemulţumi; a displace.

Dissect-*diséct* v. a. a disecà.

Dissecting-*disécting* — -*knife*, s. scalpel, cuţit de disecat;— -*room*, amfiteatru, sală de disecţie.

Dissector-*disécter* s. anatomist.

Dissemble-*disémbel* v. a. & n. a (se) preface; a ascunde.

Dissembler-*disémbler* s. ipocrit, cel care se preface.

Dissemblingly-*disemblingli* ad. prefăcându-se.

Disseminate *disémineit* v. a. a împrăştià.

Dissension-*disénşŏn* s. desbinare, neînţelegere.

Dissent-*disént* s. deosebire (în vederi, în simţiri) desbinare religioasă; schismă; —, v. n. a se deosebì în păreri; a se deosebì.

Dissenter-*disénter* s. disident, care profesează o opiniune diferită de a majorităţii; care nu ţine de Biserica oficială a Statului.

Dissentient-*disénşient* s. opunător; potrivnic; —, a. împotrivitor; deosebit.

Dissertation *disertéişŏn* s. disertaţie.

Dissever-*disevér* v. a. a despărţì; a separà, a deosebì: a împărţì.

Dissidence-*disídens* s. disidenţă, neunire.

Dissident-*disídent* s. disident.

Dissimilar-*disimilăr* a. neasemănat; de natură diferită, eterogen.

Dissimulation-*disimiuléişŏn* s. prefacere. ipocrizie.

Dissipate-*disipeit* v. a. a risipì; a cheltuì.

Dissipation-*disipéişon* s risipire; împrăştiere.

Dissolubility *disoliubility* s. solubilitate.

Dissoluble-*disóliubl* a. care se poate disolvà.

Dissolute-*disoliut* a. desfrânat; —*ly*, ad. în mod desfrânat.

Dissolution *disoliúşŏn* s. disoluţie; disolvare; distrugere; moarte.

Dissolve-*dizólv* v. a. & n. a (se) topì.

Dissolving views-*dizólving viuz* s. pl. fantasmagorie, proecţiune pe zid, pânză etc. figurile arătate de lanterna magică. (ger. *Nebelbilder*, fr. *ombres chinois*, Ital. *giochi di lanterna magica*), umbre proiectate.

Dissonance *dizonăns* s. disonanţă, discordanţă, reunire neplăcută de suncte.

Dissonant-*dizonănt* a. disonant, discordant.

Dissuade *disuéd* v. a. a despovăţuì, a întoarce dela o hotărîre.

Dissuasion *disŏéişŏn* s. desfătuire.

Dissuasive *disuéisiv* a. care

... afă.ciesço; —*ly*, ad. desfătător.
Dissyllable-*disilābic* a. disila-
bic, de câte două silabe; disilab,
de două silabe.

Dissyllable-*disilābl* s. disilab.

Distaff-*distáf* s. furcă de tors.

Distance -*distăns* s. distanţă;
depărtare; respect; rezervă; *to
keep one's*—, a se ţine la locul
său; *at a*—, de departe; —, v.
a. a îndepărtă, a lăsă în urmă.

Distant-*distănt* a. îndepărtat.

Distaste-*distéist* s. desgust; su-
părare; nemul(umire, —*d*, a
fără gust.

Distasteful - *distéistful* a. des-
gustător; neplăcut; scârbos.

Distemper-*distémper* s. boală
(mai ales la animale); indispo-
ziţie, rea dispoziţie; mânie; beţie;
văpseă cu apă şi cleiu; zugră-
veală cu această văpseă; —, v.
a. a îmbolnăvi; a turbură; a zu-
gravi cu văpseă cu apă.

Distend-*distend* v. a. a întinde;
a lărgi, a lăţi; a dilată.

Distention - *distensŏn* s. întin-
dere; dilatare.

Distich-*distic* s. distih, două ver-
suri unite prin înţeles.

Distil-*distil* v. a. a distilă, a
picură; a desfăşură (o idee),

Distillation *distiléişŏn* s. disti-
lare.

Distillery-*distileri* s. fabrică
unde se distilează.

Distinct-*distinct* a. distinct, de-
osebit; limpede.

Distinction-*distincşŏn* s. dis-
tincţie, deosebire; despărţire.

Distinctive-*distinctiv* a. deose-
bit; —*ly*, ad. în mod deosebit;
despărţit.

Distinctness-*distinctnes* s. lim-
peziciune; claritate.

Distinguish *distinguiş* v. a. &
n. a deosebi, a face deosebire;
a arătă anume, a specifică.

Distinguishable - *distinguişă-
bel* a. care se poate deosebi,

Distort-*distórt* v. a. a răsuci; a
poci, a desfigură; a se strâmbă,

Distortion *distórşŏn* s. contor
siune, strâmbătură; sucire, desfi-
gurare.

Distract-*distráct* v. a. ner.(perf.
distracted, ptr. *distraught*), a dis-
trage, a întoarce gândul dela ce-
va; a turbură, a necăji; a ză-
păci, a încurcă; a înebuni; —*ed*,
a. distrat; turburat; nebun; —*ed
with pain*, nebun de durerea; *to
drive one*—, a zăpăci pe cineva;
—*ly*, ad. nebuneşte.

Distracting *distrácting* a.crunt;
cumplit; fioros.

Distraction - *distrácşŏn* s. dis-
tragere; confuziune, încurcare;
nebunie; desperare; distraeţie,
petrecere; *to love to*—, a iubi la
nebunie.

Distrain-*distréin* v. a pune mâ-
na pe ceva; a apucă repede;
a'şi însuşi; a lua în stăpânire;
a sechestră.

Distraint-*distréint* s. seches-
trare.

Distraught *distrót* a. vide *dis-
tracted*.

Distress *distrés* s. (jur.) seches-
tru; nenorocire, mizerie; —, v.
a. a pune sechestru; a întristă;
a fi în lipsă, în mizerie.

Distribute *distribiut* v. a. a dis-
tribui, a împărţi.

Distribution-*distribiúşŏn* s. dis-
tribuţie, împărţire.

Distributiv *distribiutiv* a. dis-
tributiv.

District *district* s. district; ju-
deţ; plasă; departament.

Distrust *distróst* s. neîncredere;
bănuealâ; —, v. a. a nu se în-
crede, a nu aveă încredere în;
a bănui; —*ful*, a. neîncrezător;
bănuitor; —*ly*, ad. cu neîncredere.

Disturb *distórb* v. a. a turbură;
a deranjă; a nelinişti; a supără.

Disturbance-*distórbăns* s. de-
ranjare; nelinişte; turburare, răs-
coală; —*er*, turburător.

Disunion-*diziúniŏn* s. dezunire,
desbinare; vrajbă, ceartă; neîn-
ţelegere.

Disunite-*disiunáit* v. a. & n. a (se) dezuni; a (se) despărţi; a învrăjbi.

Disuse-*disiús* s. neîntrebuinţare; neobișnuinţă; —, *to fall into* —, a ieşi din uz; —, v. a. a nu mai întrebuinţa; a desobişnul.

Ditch-*dici* s. groapă, şanţ; —, v. a. a închide cu şanţuri; —, v. n. a săpa un şanţ.

Ditto-*dito* a. idem, asemenea.

Ditty-*diti* s. cântec.

Diuratic-*daiurătic* a. (*med.*) diuratec, care pricinueşte urinare.

Diurnal-*diurnăl* s. ziar, jurnal; —, a. zilnic, al zilei.

Divan-*diván* s. divan, consiliu.

Dive-*dáiv* v. a. & n. a cufundă, a băga în apă; a se cufundă; a pătrunde; a se strecură; — *into*, a adânci, a cercetă cu deamăruntul.

Diver-*dáiver* s. cufundător, a-dundător.

Diverge-*divérgi* v. n. a diverge, a se depărtă unul de altul; a se abate; a se deosebi.

Divergence-*divérgiens* s. divergenţă, depărtare (a unei linii de alta); deosebire.

Divergent-*divérgent* a. divergent.

Divers-*dáivers* a. divers, diferit, deosebit.

Diverse-*dáivers* a. diferit, deosebit; —*ly*, ad. în mod diferit; în diferite direcţiuni.

Diversification-*diversifikéişön* s. diversitate, schimbare.

Diversify-*divérsifai* v. a. a varià; a distinge, a deosebi.

Diversion-*divérşön* s. diversiune, abatere; petrecere.

Diversity-*divérsiti* s. diversitate; varietate.

Divert-*divért* v. a. a abate, a îndreptă într'altă parte, a distrage; a petrece.

Divest-*divést* v. a. a desbrăcă; (*fig.*) a despuià, a jefui; *to* — *oneself*, a se lipsi de toate, a renuntá.

Divide-*diváit* v. a. & n. a (se) împărţi; a (se) despărţi; a se dezuni.

Divident-*divídeni* s. dividendă.

Divination-*divinéişön* s. proorocie; prevestire; ghicire.

Divine-*diváin* s. preot, eclesiastic; —, v. a. & n. a prooroci; a ghici; —, a. divin, dumnezeesc; —*ly*, ad. minunat.

Diving-bell-*dáivingbel* s. clopot cu lucrători care se cufundă în apă.

Diving-rod-*diváiningrod* s. baghetă magică.

Divinity-*divíniti* s. divinitate; dumnezeire; *doctor of* —, doctor în teologie.

Divisible-*divízibel* a. divizibil, de împărţit.

Division-*divíjön* s. diviziune; împărţire; secţiune, parte; desbinare; vot.

Divisior-*diváizör* s. divizor, împărţitor.

Divorce-*divors* s. divorţ; —, v. a. a divorţà, a se despărţi.

Divulge-*devúlj* v. a. a divulgă, a scoate la lumină.

Dizziness-*dízines* s. ameţeală.

Dizzy-*dizi* a. ameţit; zăpăcit.

Do-*dú* s. sgomot, tărăboiu; — -*all*, fac-totum; om însărcinat a face toate; (*iron.*) om care se amestecă în toate.

Do-*dú* v. a. & n. ner. (perf. *did*, ptr. *done*), a face; a executà, a compune; a efectuà; a sfârşi; a găti (*oook*); *to* — *away with*, a desfiinţà; a distruge; *to* — *again*, a reface, a face din nou; iar; *to* — *good*, *wroug*, a face bine, rău; *to* — *London*, a vizità Londra; *to* — *a person*, a îngrijì pe cineva, a ospătà, a întreţine; *to* — *a person credit*, a onorà, pe cineva; *what is to be done?* ce e de făcut? *I have done*, am isprăvit; *to* — *into*, a traduce; *to* — *over*, a unge cu ceva; *to* — *up*, a îndoi o hârtie; a face un pachet; *to* — *a person*, *up*, a obosì pe cineva de tot;

that will—, e de ajuns: e bine
așă; *that won't—*, nu merge;
how—you—, ce mai faceți? *to-
badly*, a face afaceri rele; *have
done* i încetează! ; *to—for*, a se po-
trivì pentru: *I have done with
him*, nu mai voie c să am ala-
ce cu el; sunt gata cu el: *—you
know him?* il cunoașteți *I do
feel better*, mă simt mai bine;
—come and see me, vizitează-mă
o dată; — *bequick*, grăbește te
deci! *what is to be done?* ce e
de făcut? *him dead*, omoară-l;
will that—? e bine așa?

Docile-*dósil* a. docil, cu minte
ascultător.

Ducility-*cosiliti* s. docilitate;
ascultare.

Dock-*doc* s. 1) coadă scurtată;
2, macriș (*bot.*); 3) crâmpeiu, bu-
cată ruptă (din ceva); 4) doc, a)
antrepozit de mărfuri; b) bazen
mărginit de cheiuri pentru des-
cărcarea și încărcarea vaselor; 5,
banca acuzaților ; 6) schelele pen-
tru construirea corăbiilor; —, v.
a. a scurtă; a introduce o cora
bie in basin.

Docket-*dóket* s. etichetă (pe
mărfuri); *com.* bilet de bancă,
inscris: extract; recepisă de co-
mandă; —, v. a. a etichetă: *to
strike a—*, a declară insolvența
unei persoane prin judecată.

Dockyard-*dókiard* s. arsenal de
marină.

Doctor-*dóctŏr* s. doctor, medic;
—o' laws, doctor în drept; —, v.
a. prescrie, a da medicamente.

Doctorate - *doctoreit* **doctor-
ship**-*dóctŏrșip* s. doctorat, grad
de doctor.

Doctrinal-*dóctrinal* a. doctri-
nal, de doctrină, dogmatic.

Doctrine-*dóctrin*, s. doctrină,
învățământ; știință.

Document-*dóckiument* s. docu-
ment.

Dodge-*dój* s. codire; farsă, festă,
șiretlic; —, v. n. a întoarce spa-

tele; a merge pieziș; a se înde-
pălta; a se codì.

Dadger-*dóger* s. cârcotaș, câr-
ciocar, buclucaș; intrigant.

Doe-*dóu* s. ciută, căprioară;—*ra-
bit*, iepuroaică de casă.

Doer-*dúer* s. făcător, actor.

Doff-*dóf* v. a. a scoate (haina,
pălăria, etc.)

Dog-*dog* câine; grătar (la sobă ;
a sad—, o secătură, un ticălos
a sly—, un pișicher; — *-bolt*, pun-
gaș;— *-cart*, căruță ușoaiă de vâ-
nat;— *-days*, zilele lui Cuptor;
—*-fancier*, amator de câini;—
fish, cal de mare: —*'s ear*, în-
doitură la o pagină;— *grass*, (*bot.*)
pir, iarbă câinească;— *-kennel*,
coteț de câini;— *-rosc*, (*bot.*) cin-
ci coade;— *-star*, zodia câinelui;
— *-teeth* dinți canini; *to go to
the—s*, a se pierde; a se rătăcì;
a fi al cioarelor; a se duce la
dracu;— *-weary*, foarte ostenit.

Dog-*dog* v. a. a pândì, a spiona,
a observa, pe furiș.

Doge-*dóugi* s. doge (în Veneția).

Dogged-*dóghet* a. arțăgos; gro-
solan; —*ly*, ad. în mod grosolan.

Doggeuness- *óghedness* s fire
arțăgoasă.

Doggerel-*dógrel* s. vers neregu-
lat; —, a. rău; liber; versuri de
diferite măsuri.

Doggie-*doghi* s. nume ce dau
copiii câinilor.

Dogghish-*dóghiș* a. câine, de
câine.

Dogma-*dógmă* s. dogmă; —, a.
dogmatic; —*ly*, ad. dogmaticește.

Dogmat se-*dogmătaiz* v. a. a
dogmatiza.

Doily-*dóili* s. șervet ; stofă de lână

Doiug-*dúing* s. acțiune, faptă,
lucru.

Dole-*dóul* s. parte, împărțire;
da: ;—, v. a. a distribuì, a îm-
pălțì.

Dolelul *dóul ul* a. trist, jalnic;
—*ly*, ad. într'un mod dureros
plângă'or.

Doll-*dol* s. păpușă.

Dollar-*dólăr* s. dolar.

Dolphin-*délfin* s. delfin.

Dolt-*dolt* s. prost, mojic.

Doltish-*dóltiș* a. dobitoc, prost; tâmpit.

Domain-*doméin* s. domeniu.

Dome-*dóum* s. dom, cupolă.

Domestic-*doméstic* a. domestic, casnic; intern;—*ally*, ad. în mod domestic; în interior.

Domesticate-*domestikeit* v. a a domestici.

Domestication - *domestikéișŏn* s. domesticire.

Domicile-*dómiesil* s. domiciliu; —, v. a. a'și luă casă, a se stabili, a se așeză.

Domiciled-*dómisaild* a. domiciliat.

Domiciliary-*domisileri* a. domiciliar.

Dominant-*dóminănt* s. dominanță; —, a. dominant.

Dominate-*dómineit*-v. a. a domină, a stăpâni.

Domination-*domineișŏn* s. dominare, stăpânire.

Domineer-*dominier* v. n. a domină, a stăpâni.

Dominion-*dominiŏn* s. dominare; imperiu; stat; teritoriu.

Domino-*dóminou* s. domino, anteriu scurt cu glugă la popii catolici.

Don-*don* s. don (titlul de Domn); —, v. a. a pune, a se îmbrăcă.

Donation-*donéișŏn* s. donație; dar.

Donkey-*dónki* s. măgar.

Donor-*dónŏr* s. donator.

Doom-*dúm* s. judecată; soartă; v. a. a judecă; a condamnă; a destină.

Doomsday-*dúmzdei* s. ziua judecății; (*prov.*) *to wait till*—, culcă-te pe cea urechie; la sfântul așteaptă.

Door-*dóer* s. ușă, intrare; *out of*—*s*, afară din casă; extern; *n*—*s*, *within*—*s*, acasă; *next*—*toi*, ușa de alături; *to turn out*

of—*s*, a da afară din casă;—*hangings*, perdeă de ușă;— *keeper*— *porter*, portar;—*mat*, rogojină;—*scraper*, răzuitoare, fier de curățit încălțămintea;—*still*, pragul ușei;—*pin*, mânerul ușei; *to show the*—. a da afară.

Doorcase *dórkeis* s. pervaz, chenar (pe uși).

Doorstep-*dórstep* s. prag.

Doorway-*dóruei* s. portal.

Dormant *dórmănt* a. dormind; adormit; învechit; secret.

Dormer-window-*dórmĕr*, *uindou*, s. ferestruie în pod.

Dormitory-*dórmiteri* s dormitor.

Dormouse-*dórmaus* s. pinț, țincul pământului.

Dorsal-*dórsăl* a. dorsal, dela spate.

Dose-*dóus* s. doză; —, v. a. a împărți în doze.

Dot-*dot* s. punct; —, v. a. a punctă; a impestriță, a presărà.

Dotage *dóteiș* s. fleoncănit, nebunie, neghiobie.

Dotard-*dóterd* s. bătrân toacăgură, fleoncănitor.

Dotation-*dotéișŏn* s. dotare, înzestrare.

Dote-*dóut* v. n. a fleoncăni, a spune lucruri fără șir; a se înnebuni după; *to dote one*, a fi nebun după.

Doting-*dóuting* a. pasionat, plin de patimă; extravagant, nebun; —*ly*, ad. cu înfocare, nebunește.

Double-*dóbl* s. dublul, îndoitul; cută, încrețitură; duplicat, copie; chip, asemănare, duplicitate, falsitate; —*s*, pl. intrigi, uneltire; *at the*—, în stenografic; —*that*, îndoitul unui lucru; —*barelled*, armă cu două țevi; —*breasted*, cu două rânduri de nasturi; —*dealer*, ipocrit, înșelător;—*dealing*, (taler) cu două fețe;—*entry*, partidă dublă(contabilitate);—*faced*, cu două fețe, fals;—*lock*, lacăt cu două încuietoare;—*quick*, în pas accelerat, iniiliăresc; . v. a. & n. a (se) îndoi; a (se) întoarce înapoi; a face o cută; a umblă cu şiretlicuri; a repetă; to—back, a se întoarce pe acelaş drum; to—upon, (t. mar. şi mil.) a aduce între două focuri; —, a. îndoit; şiret, prefăcut; fals.

Doublet dăblet s. pereche; pieptar, camizol; dubletă.

Doubloon dŏblŭn s. dublon, monedă spaniolă.

Doubly dŏbli ad. îndoit, de două ori atât de...

Doubt dáut s. îndoială; nesiguranţă; no—, fără îndoială; —, v. a. & n. a se îndoi, a sta la îndoială, a nu crede; —ful, a. îndoios, nesigur; —fully, ad. în mod îndoios.

Doubtless dáutles a. & ad. fără îndoială; sigur, negreşit; fără teamă.

Dough dóu s. cocă, aluat.

Doughty dóuti a. voinic, viteaz.

Doughy dóut a. ca coca, ca aluatul.

Douse dóuz v. a. & n. a aruncă sau a cădeă în apă.

Dove dŏv s. porumbel; —cot, porumbar.

Dovelike dŏvlaic a. blând ca porumbelul.

Dovetail dŏvteil s. în forma cozii rândunelei.

Dowager dáudgĕr s. văduvă nobilă şi moştenitoare.

Dowdy dáudi s. murdar, om foarte murdar, spurcăciune.

Dower dáuer s. dotă, zestre; avere cuvenită soţiei după moartea bărbatului; —ed, a. dotat, înzestrat.

Dowlas dáulăs s. pânză groasă.

Down dáun s. puf; drâmb (de nisip); câmpie; şes; —hill, povârniş.

Down dáun pr. în josul, spre partea de jos; —, ad. jos, spre partea de jos, la pământ; up and—, sus şi jos; ici-colo.

Downcast dáuncăst a. abătut; aplecat spre pământ.

Downfall dáunfol s. cădere ruină.

Downhearted dáuharted a. bătut, descurajat.

Downright dáunrait a. drept, sincer; evident, neîndoios; —, ad. drept; cu totul; de tot; curat; cu sinceritate; în adevăr.

Downtrodden dáunt:oden a. călcat în picioare.

Downward dáunuard a. spre partea de jos; de sus în jos; înclinat, plecat; posomorât; —, ad. jos, în jos; spre pământ, la vale.

Downy dáuni a. acoperit cu puf.

Doze dóuz s. aţipeală, somn pe jumătate; —, v. a. & n. a adormi; a moţăi.

Dozen dŏzn s. duzină

Drab drăb s. postav cenuşiu galben; prostituată, femeie publică; —, a. de postav cenuşiu galben închis (culoare).

Draft dra t s. poliţă; mobilizare (de armată); —. v. a. a expedià; a desemnà, a scoate (trupe mil.); a detaşa (mil.).

Drague drăg s. curăţitoare de nămol; laţ cu trei reţele; cange; cârlig mic; grapă; —ch in, piedecă la roţi; —, v a. & n a trage, a trage cu forţă: a târî; a se târî; a curăţi, a scoate nămol dintr'o apă; a grăpà; a pune piedeca la roţi; a pescui cu un năvod.

Draggle drăghel v. a. & n a trage în noroiu; a umpleà de noroiu; a (se) târî; —tailed, tărît în noroiu.

Dragoman drăgomăn s. dragoman.

Dragon drăgon s. zmeu, balaur: —fly, libelulă, calul-dracu ui insectă).

Dragoon drăgún s. dragon (soldat).

Drain dráin s. şanţ de scurgere

canal; —, v. a. a scurge; a us-
că; a scurge apă din ceva.
Drainage *dréineij* s. scurgere;
uscare, svântare.
Drake *dréic* s. rățoiu.
Dram *drăm* s. drahmă; puțin,
un păhărel de rom, o înghițitu-
ră de țuică.
Drama *dréimă* s. dramă.
Dramatic *drămátic* a. drama-
tic; —*ally*, ad. in mod drama-
tic.
Dramatise *drămătaiz* v. a. a
da o formă dramatică, mișcă-
toare.
Dramatist *drămatist* s. autor
dramatic.
Drape *dréip* v. n. a fabrică pos-
tavuri; a îmbrăcă cu postav.
Draper *dréiper* s. vânzător de
postavuri.
Drapery *dréiperi* s. draperie.
Drastic *drăstic* a. drastic.
Draught *drăft* s. tragere; tră-
sătură; curent (de aer); băutu-
ră; doctorie; ruptură; *(mil.)* de-
tașament; desen; plan, schiță;
poliță comercială; trăgătoare (la
hamuri); lucrare pe murdar;—
-*board*, tablă la jocul de dame;
—*s*, joc de dame; —*cattle*, vita
de ham;— -*horse*, cal de povară,
cal de ham; —*sman*, desenător.
Draw *dro* s. lotul tras; *draw
well*, puț adânc.
Draw *dró* v. a. & n. ner. (perf.
drew, ptr. *drawn*) a trage; a tâ-
rî; a trage o linie, a desemnă;
a atrage; a respiră, a deschide;
a descoperi; a tencui, a unge
cu ceva; a scoate măruntaele;
a pescui; a se îndreptă spre; a
se depărtă; a se retrage; *to —a
sigh*, a scoate un oftat; *to —bre-
ath*, a trage aer, a respiră; *to—
away*, a șterpeli; *to—up, to —on,
to—upon*, a trage o poliță.
Drawback *dróbăc* s. bani plă-
tiți înapoi de vamă; pagubă;
piedecă; greșală de calcul; ne-
ajuns.
Drawbridge *dróbridj* s. pod

umblător care se trage, podișcă
care se lasă în jos peste un
sanț.
Drawer *dróer* s. trăgător, cel
ce trage o poliță asupra altuia;
băiat de cârciumă; cutie, ser-
tar; desemnator; —*s*, pl. izme-
ne; *chest of—s*, scrin.
Drawing *dróing* s. tragere; de-
semn, desemnare;— -*b o a r d*,
planșetă de desemnat;— -*book*,
caiet de desemn;— -*master*, pro-
fesor de desemn;— -*pencil*, tră-
gător de linii;— -*room*, sală de
adunare, salon.
Drawl *drol* s. gângăvire, bâlbă-
ire (la citit, la vorbit); —, v. a.
a gângăvi, a mormăi la citit
sau vorbit.
Dray(-cart) *dréicărt* s. car lung
și îngust pe două roate; sanie;
năvod.
Drayhorse *dréihors*, cal de că-
ruță mică.
Drayman *dréimăn* s. căruțaș.
Dread *dred* s. frică, teamă, spai-
mă; —, v. a. & n. a (se) teme
de; —, a. de temut.
Dreadful *drédful* a. groaznic,
înspăimântător; —*ly*, ad. în mod
înspăimântător.
Dreadnought *drédnot* s. în-
drăzneț.
Dream *drim* s. vis.
Dream *drim* v. a. & n. ner.
(perf. și ptr. *dreamel* sau *dre-
amet*), a visă.
Dreamy *drimi* a. himeric.
Drearily *dririli* ad. cu întristare.
Dreary *driri* a. îngrozitor; trist.
Dredge *dредj* s. undiță de pes-
cuit; instrument pentru a scoa-
te nisip din râuri.
Dredger *dréger* s. pescar de
stridii; cutie de făină.
Dredging *drégin* s. curățire de
nămol a unei ape.
Dregs *dregs* s. pl. drojdii; strat,
depozit de fund.
Drench *drenci* v. a. a udă, a
muiă; a adăpă; —*ing*, s. udare;
băutură.

Dress-dres s. haine; îmbrăcă-
minte; rochie; găteală; *full*—,
toaletă de gală; *high*—, rochie des-
chisă; *low*—, rochie decoltată;
fancy—, toaletă costumată (mas-
cată); —, v. a. & n. a (se) îm-
brăca; a face o toaletă; a pan-
să (o rană; a dresă (un cal); a
alinia; a găti (bucate).

Dresser-drésser s. acel sau a-
ceea care îmbracă; fecior de ca-
să; fata din casă, c»»for; eta-
jeră pentru vase; bufet.

Dressing-drésing s. găteală,
toaletă; bandaj;— -*case*, cutie
de toaletă;— -*lass*, oglindă ma-
re pentru toaletă;— -*gown*, ca-
pot, halat;— -*room*, cabinet de
toaletă;— -*table*, masă de toa-
letă.

Dressmaker-drésméiker s. cu-
sătoreasă.

Dressy-drési a. cochet, scos din
cutie; (stofă) la modă; luxos
îmbrăcat; impodobit.

Dribble-dríbel v. a. & n. a (se)
scurge apa din ceva; a lăsă să-i
curgă balele; a (se) uscă.

Driblet-dríblét s. sumă mică;
lucru de nimic.

Drift-dri f t s. impulsiune; scop,
ţintă; morman de zăpadă; vâr-
tej de praf; ploaie cu băşici;
grindină; grămadă;— -*ice*, ghe-
ţoaie plutitoare;— -*wood*, lemn
plutitor; —, v. a. & n. a îm-
pinge; a goni; a pluti; a se în-
grămădi.

Drill-dril s. burghiu, sfredel;
brazdă (pentru semănătură); sa-
cul cu grăunţe; semănătoare
(maşina); (*mil.*) exerciţiu;— -*box*,
— -*plaugh*, semănătoare; —, v.
a. a sfredeli; a face exerciţiu
militar, a face să manevreze; a
instrui; a semănă în brazde.

Drink-drinc s. băutură; beţie.

Drink-drinc v. a. & n. ner. (perf.
drink, ptr. *drunk*), a bea; a ab-
sorbi, a înghiţi.

Drinkable-brínkábl a. de băut.

Drinker-drínker s. băutor.

Drip-drip s. picătură, picăturică;
straşină, jghiab; —, v. a. & n.
a lăsă să cadă picătură cu pi-
cătură, a picà.

Dripping-dripping s. untură de
friptură;— -*pan*, picătoare.

Drive-dráiv s. plimbare cu tră-
sura; alee mare (pentru trăsuri);
cursă.

Drive v. a. & n. ner. perf. (*dro-
ve*, ptr. *driven*), a goni; a urmă-
ri; a înaintă; a merge cu tră-
sură; a mână; a alergă; a so
duce la; a se repezi; a ţinti, a
urmări un scop; —*on!* porneşte!

Drivel-drivel s. bale; v. n a
curge bale; a fleoncăni, a spune
lucruri fără şir

Driveller-driveler s. trăncăni-
tor, toacă-gură, vorbă-lungă.

Driver-dráiver s. birjar, vizitiu;
conductor.

Driving-wheel - dráivinguil s.
roată motrice.

Drizzle-drizel v. a lăsă să ca-
dă picătură cu picătură; a bură,
a cădeă o ploaie măruntă şi reco.

Drizzling-rain-drizling-rein s.
bură de ploaie.

Droll-drol s. bufon, glumă; —,
a. caraghios, comic.

Drollery-drólery s. bufonerie,
farsă.

Dromedary-dró nederi s. dro-
mader.

Drone-dróun s. trântor bondar;
trândav; —, v. n. a bâzăi; a trăi
în lene

Droop-drü,p v. a. & n. a lân-
cezi, a slăbi puţin câte puţin; a
leşină; a se vesteji; a cădeă; a
se aplecă.

Drooping-drúping s. lânce-
zeală.

Drop-drop s. picătură; pastilă;
cercel;— -*scene*, cortină de an-
tract; —, v. a. & n. a (se) scurge
apa din (ceva); a picurà, a că-
deă picătură cu picătură; a scă-
pă, a lăsă să cadă; a leşină; a
vărsă lacrămi; a aruncă; a re-
nunţă la (ceva); *to—in at a fri-*

end's, a intrà la un amic pe negândite.

Dropsical-*drópsicăl* s. idropic.

Dross *dros* s. scorie, sgură, murdărie, necurăţenie.

Drought-*drot* s. secetă; sete.

Drove-*dróuv* perf. dela v. *to drive*.

Drove-*dróuv* s. turmă; mulţime.

Drover-*dróuver* s. văcar.

Drown-*drăun* v. a. & n. a (se) înnecà; a inundà; a cufundà; *(fig.)* a ameţì.

Drowse-*drăuz* v. a. & n. a aţipì, a moţăì.

Drowsily-*drăuzili* ad. ca adormit; cu nepăsare.

Drowsiness-*drăuzines* s. aţipeală, amorţire; nesimţire morală.

Drowsy-*drăuzi* a. adormit; *he feels quite* —, îi e somn.

Drubbing-*drúbing* s. bătaie sdravănă cu băţul.

Drudge-*drój* v. n. a lucrà din răsputeri, a muncì greu.

Drudge(r)-*dróger* s. salahor.

Drudgery-*drógeri* s. muncă grea.

Drug-*drŏg* s. doctorie; —, v. a. a amestecà cu doctorie; a da gust.

Drugget-*dróghet* s. stofă din lână şi aţă; bumbac şi mătase.

Druggist-*dróghist* s. droghist.

Druid-*drúid* s. druid, preot la Gali.

Drum-*drŏm* s. tobă; *(anat.)* timpan (de ureche); — *-head court martial*, consiliul de răsboiu; — *-stick*, baghetă de tobă; picior de pasăre; —, v. a. & n. a bate cu toba; a bate; a lovì cu limba numai într'o parte (un clopot); *to—out of*, a gonì cu bătaie de tobă.

Drummer-*drómer* s. toboşar.

Drunkard-*drónkerd* s. beţiv.

Drunk(en)-*drŏnk(ĕn)* a. beat;— *ly*, ad. ca un beţiv.

Drunkenness-*drónkenes* s. beţie.

Dry-*drái* v. a. & n. a (se) uscà; a secà; a şterge;—, a. sterp, uscat; insetat; —, ad. fără umezeală; cu răceală;— *-nurse*, îngrijitoare de copii mici;— *-shod*, pe uscat.

Drying-*dráing*— *-lines*, s. frânghiile pentru uscarea rufelor;— *-room*, uscătorie.

Dryness-*dráines* s. secetă.

Dual-*diúăl* a. dual.

Dub-*dŏb* v. a. a da semn de unire; atingerea peste umăr cu sabia la înălţarea cuiva la gradul de cavaler.

Dubious-*diúbiŏs* a. nesigur, îndoios, nehotărît; — *ly*, ad. cu îndoială, îndoios.

Ducal-*diucăl* a. ducal, de duce.

Ducat-*dúcăt* s. galben (monedă de aur).

Duchess-*dóces* s. ducesă.

Duchy-*dóki* s. ducat.

Duck-*dŏc* s. raţă; *(fig.)* puiu; plecăciune; mişcare din cap; drăguţă, inimioară; pânză pentru pânză de corabie; *Joung—s*, boboci; *lams—*, raţă şchioapă;— *s and drakes*, săritură inapoi (joc de copii); *to make play—s and drakes of*, bun de aruncat; —, v. a. & n. a se aruncà cu capul în apă; a se aruncà pe fereastră; a se cufundà; a plecà capul;— *-weed*, linte de baltă *(bot.)*.

Ducking-*dóking* s. cufundare, afundare.

Duckling-*dócling* s. boboc de raţă.

Ducky-*dóki* s. *(fam.)* *my little*—, puiul meu.

Duct-*dŏct* s. conducere; canal; tub, ţeavă.

Ductile-*dŏctil* a. ductil, cu care te învoeşti uşor; blând.

Ductility-*dŏctiliti* s. ductibilitate; ascultare.

Dudgeon-*dógiŏn* s. ceartă, învrăjbire, pică, ură (ascunsă); indispoziţie; *in high*—, supărat foc.

Due-*diu* s. ceeaca se datoreşte cuiva; drept cuvenit; pretenţiu-

Dne

ne dreaptă; impozit; —, a. da-
torit, cuvenit, care se datoreşte,
se cuvine; exact, potrivit; —,
ad. direct, drept.

Duel-*diúel* s. duel;— v. n. a se
bate în duel.

Duellist-*diúelist* s. duelist.

Duenna-*diúená* s. însoţitoarea
unei fete tinere.

Duet *diúet* s. *(mus.)* duet.

Duffer-*dŏfer* s. cursă; maşină
hodorogită; înşelător, nătărău.

Dug-*dŏg* s. ţâţă, uger.

Dug-out-*dŏgaut* s. *(Am.)* pirogă,
ciobăcă.

Duke *diúc* s. duce.

Dukedom *diúcdŏm* s. ducat.

Dulcet-*dŏlset* a. dulce.

Dulcimer *dŏlsimer* s. liră; tim-
pan, ţimbală.

Dull-*dŏl* v. a. a năuci, a slăbi;
a toci; a plictisi;—, a. stupid;
tocit; slăbit; amorţit; trist; plic-
tisit; surd; încet; *as—as ditch-
water*, trist parcă i s'ar fi înne-
cat corăbiile; *—witted*, năucit;
greu.

Dullard-*dŏlard* s. bădăran.

Dulness-*dŏlnes* s. stupiditate,
prostie; greutate, încetineală, ne-
păsare; lipsă de strălucire; ca-
racter plictisitor.

Duly-*diúly* ad. potrivit cu;'exact,
în mod cuvenit.

Dumb-*dŏm* a. mut;— *bell*, hal-
tere (instrument de gimnastică);
— *wai'er*, tavă pe care se pun
mâncările calde; servitor mut;
masă învârtitoare; —*show*, pan-
tomim.

Dumbfound-*dŏmfaund* v a. a
amuţi; a zăpăci.

Dumbness-*dŏmnes* s. amuţire,
tăcere.

Dummy-*dŏmi* s. mut; păpuşă;
to play —, al patrulea jucător la
Whist (joc de cărţi), care joacă
cu cărţile pe masă.

Dump-*dŏmp* s. tristeţă, întris-
tare, melancolie; fisă (de plumb);
I don't care u—foil it, nu'mi
pasă de fel.

Dut

Dumpling-*dŏmpling* s. găluşcă;
prăjitură cu dulceaţă de mere.

Dumpy-*dŏmpi* a. scund, bondoc,
gros.

Dun-*dŏn* s. creditor importun;
cal murg; —, v. a. a supăra un
debitor; —, a. brun, oacheş, în-
chis; (cal) galben foarte deschis;
şarg; *(fig.)* întunecos.

Dunce-*dŏns* s. prost; ignorant.

Dung *dŏng* s. gunoişte, băligar,
baligă; — *-cart*, căruţă pe două
roate;— *-fork*, furcă;— *-hill*, bă-
ligar, grămadă de gunoiu.

Dungeon-*dăngiŏn* s. închisoare.

Dup-*diúp* s. persoană înşelată;
—, v. a. a înşela.

Duplicate *diúplikeit* s. dupli-
cat, copie.

Durable-*diúrábel* a. durabil, so-
lid.

Durance-*diúrăns* s. captivitate;
in—vile, în cuşcă.

Duration-*diuréişŏn* s. durată.

Duress-*diúres* s. constrângere.

During *diúring* prep. în timp...
pe când...

Dusk-*dŏsc* s. brunet, oacheş; —
ily, ad. într'un mod obscur.

Duskiness-*dŏskines* s. întune-
cime.

Dusky-*dŏski* a. întunecos, negri-
cios; pârlit.

Dust-*dŏst* s. praf; *to trample in
the* —, a călca în picioare;— *-
bin*,— *-hole*, gaură unde se var-
să murdăria; —, v. a. a şterge
praful.

Duster-*dŏster* s cârpă; perie
pentru cai.

Dustiness-*dŏstines* s. praf.

Dusting-brush-*dŏstingbruş* s.
perie de haine; mătură de pene.

Dusty-*dŏsti* a. acoperit cu praf.

Duteous-*diúteos*, **dutiful**-*diúti-
ful* a. ascultător, supus; respec-
tuos; *Your dutiful son*, fiul
D-voastră respectuos; —*ly*, ad.
cu supunere.

Dutifulness - *diútifulnes* s. su-
punere.

Duty *diúti* s. datorie; taxă, bir;

onoruri, respect; *to du one's—*,
a'şi face datoria; *in—to*, din res
pect pentru; *to do—*, a fi de ser-
viciu

Dwarf-*auórf* s. pitic; —, v a.
a micşoră; a face mai mic; a
injosî.

Dwarfish-*duắrịş* a. pitic, mic.

Dwell-*duél* v. n. ner. (perf. & ptr.
dwelt sau *dwelled*), a locuì; a se
oprì.

Dweller-*duéler* s. locuitor.

Dwelling(-place). *duélling-
pleis* s. locuinţă, casă.

Dwindle-*duindl* v. a. & n. a (se)
reduce; a (se) micşoră; a pierì;
a seduce; a descreşte; a dege-
neră.

Dye-*dái* s. boià; tinctură; culoa-
re; —, v. a. a vopsì, a coloră.

Dying-*dáing* s. & a. muribund,
mort, dela v. *to die.*

Dyke-*dáic* s. groapă.

Dynamics-*dáinămics* s. pl. di-
namică.

Dynamite-*dáinămait* s. dina-
mită.

Dynamo-*dáinămo* s. dynamo
maşină electrică.

Dynasty-*dínăsti* s. dinastie.

Dysentery - *disenteri* s disen-
terie.

Dyspepsia-*dispépsiă* s dispep
sie.

Dyspeptic-*dịsp ptic* a. dispep
tic.

E

Each-*itş* prn fiecare, fiecine;
—other, unul pe altul; unii pe
alţii; *on—side*, de ambele părţi
to – other, unul altuia.

Eager-*igher* a. înfocat; viol,ent,
aspru; doritor; grabnic; nerăb-
dător; lacom; *—ly*, ad. cu lăco-
mie, cu nesaţiu; cu patimă; cu
nerăbdare.

Eagerness -*ighernes* s. grăbi-
re, repeziciune; lăcomie, poftă
nesăţioasă; nerăbdare; voiciune,
ardoare, râvnă; dorinţă înfocată
(după).

Eagle-*ighl* s. vultur; steag; o
piesă de aur (zece dolari);— -
eyed, cu ochi de vultur.

Eaglet-*iglet* s. pui de vultur,
vulturaş.

Ear-*ier* s. ureche; mâner; spic;
— -ache, durere de ureche; —
lap, lobul urechei; *— ring*, cercel;
quick sharp—, ureche fină; *to
h;ve about one's— s*, a aveà pe
cap; *to turn a dea —* a te face
că n'auzi; *to give—to*, a ascultă;
box on the—, palmă.

Earache-*tereic* s. durere de u-
rechi.

Eesred-*ierd* a. având urechi
în spice.

Earl-*érl* s. conte.

Earldom-*érldöm* s. comitat.

Earless-*ierles* a. fără ureche;
surd

Earliness-*érlines* s. oră puţin
înaintată; precocitate; creştere
timpurie.

Early-*érli* a. & ad. de vreme;
dimineaţă; timpuriu.

Earn-*ern* v. a. a câştigà, a ob-
ţine; a merità.

Earnest-*érnest* s. seriozitate, lu-
cru serios; amanet, zălog; *— -mo-
ney*, arvună; —, a înfocat; căl-
duros; plin de râvnă, zelos; se-
rios; *—ly*, ad. serios; stăruitor,
cu stăruinţă, cu căldură.

Earnestness-*érnestnes* s. serio-
zitate; râvnă, sârguinţă, ardoare;
căldură şi energie.

Earnings-*érnings* s. pl. câşti-
guri; leafa, simbria.

Earth-*érth* s. pământ; tărâm;
loc, pământ; *(astr)* globul pă-
mântesc; *— -born*, pământesc; —
quake, cutremur de pământ; —
shaking, sguduire; *— -worm*, vier-

mę đe pământ; *(fig)* om ordi-
nar; —, v. a. & n. a (se) îngro-
pă (despre animale); a se as-
cunde sub pământ.

Earthen-*érthen* a. de pământ;
pământos; —*ware*, olărie; fa-
ianţă.

Earthliness-*érthlines* s. deşer-
tăciune lumească; gustul pentru
plăcerile lumei.

Earthquake-*érthcueic*, vide
Earth quake, (la *earth*).

Earth-work-*érthuero* s. terasa-
ment, grămădire de pământ.

Earthy-*érthi* a. pământesc; pă-
mântos; grosolan.

Earwig-*ieruig* s. urechelniţă.

Ease *is* s. comoditate, ticnă; li-
nişte, odihnă; uşurinţă; *at*—, co-
mod; *ill at*—, nepriincios, neli-
niştit; —, v. a a uşură; a alină;
a linişti.

Easel-*izel* s. şevalet, căluş.

Easement-*izment* s. uşurare,
ticnă; *(jur.)* servitudine

Easily-*izili* ad. uşor, cu uşu-
rinţă.

Easiness-*izines* s. uşurinţă; co-
moditate; linişte; —*of belief*, cre-
dulitate.

East-*ist* s. est, orient; —, a. de
est, oriental, răsăritean.

Easter-*ister* s. Paşte; —*day*,
ziua de Paşte;— *eve*, Sâmbăta
Paştelor.

Easterly-*isterli* ad. đe est, ăl
estului, răsăritului.

Eastern-*istern* a. de est, spre
est, oriental, de orient, spre ră-
sărit.

Eastward-*istuărd* ad. spre o-
rient, răsărit.

Easy-*izi* a. uşor; comod; liniş-
tit; mulţumit; îndatoritor; încre-
zător; fără grijă; gata, dispus;
in—circumstances, avut, cu stare;
—*chair*, fotoliu;—*tempered*, bla-
jin; *take it*—! ia-o uşor!

Eat-*it* v. a. & n. (ner. perf. *ate*,
ptr. *eaten*), a mâncă; a devoră;
a crăpă; a consumă; a roade;
to—*up*, a mâncă tot, a devoră.

Eatable *ităbl* a. de mâncat; co-
mestibil; —*s*, s. pl. merinde.

Eating house *itinghaus* s. birt,
restaurant.

Eaves-*ics* s. pl. jghiab, uluc;
streaşină;— *dropper*, ascultător
la uşi, spion.

Ebb *éb* s. (germ. Ebbe) reflux; *the*
—*and flow*, fluxul şi refluxul;
—*tide*, reflux; *(fig.)* decadenţă;
—, v. n. a scădeă (despre mare),
a se vărsă înapoi, a curge îndă-
răt; *(fig.)* a decădeă.

Ebon-*ébôn* s. abanos.

Ebony-*éboni* s. de abanos.

Ebullition-*ibôliзôn* s. clocotire,
ferbere, fervescenţă; *(fig.)* vio-
lenţă.

Eccentric *exéntric* s. excentric;
(fam.) original; *(geom.)* cerc ex-
centric; —, a. excentric; ciudat.

Eccentricity-*exentrisiti* s. éx-
centricitate; ciudăţenie.

Ecclesiastic-*eclisiăstic* s. ecle-
ziastic, popă.

Ecclesiastic(al) - *eclisiăstic-ăl*
a. bisericesc, clerical.

Echo-*écou* s. ecou; —, v. a & n.
a repetă; a fi repetat; a răsună.

Eclectic-*ecléctic* s. eclectic, par-
tizan al eclectismului; —, a. ec-
lectic, care alege.

Eclipse-*eclips* s. eclipsă; v. a
a eclipsă, a întunecă.

Ecliptic-*ecliptic* s. ecliptică.

Economic(al) - *iconómic(ăl)* a.
economic; —*ly*, ad. cu economie.

Economies *iconómies* s. ştiinţa
economică.

Economise - *icónomaiz* v. a. a
economisi.

Economist-*icónomist* s. econo-
mist.

Economy *icónomy* s. economie.

Ecstasy-*écstăsi* s. extaz.

Eddy-*édi* s. vârtej, volbură; —v.
n. a se vârteji.

Edge-*édj* s. tăiş; margine, ca-
păt; dungă; muchea foilor tă-
iate (la o carte); agerime a
minţei, sagacitate; vioiciune, tă-
rie, iuţeală; *to put an—on*, a as-

cuţi; *to set one's teeth on—*, a strepezi dinţii; *— -tool* uneltă tăioasă; v. a. & n a ascuţi, a toci; a ţivi; a aţâţa, a excita, a înăspri; a înainta; *to—in*, a vârî împingând; *to— orwards*, a împinge înainte

Edged-*égid* a. ascuţit.

Edging-*édging* s. ascuţire; dungă, margine; chenar, şiret; garnitură.

Edible-*édibl* a. bun de mâncat

Edict-*ídict* s. edict.

Edification-*ed.fikéişŏn* s adificare.

Edifice-*édifis* s. edificiu.

Edify-*edifai*, v. a. a edifica, a povăţui spre bine; a întări moralul, a învăţa.

Edit-*édit* v. a. a edita, a redacta.

Edition-*cdişŏn* s. ediţie tipărire.

Editor-*éditĕr* s. editor; redactor; *—office*, redacţie.

Editorial-*editóriăl* s. articol de fond; —, a. dela redacţie.

Editorship-*éditerşhip* s. post de redactor.

Educate-*édiuk=it* v. a. a creşte; a instrui.

Education-*ediukéişŏn* s. educaţie, creştere.

Educational-*ediukéişŏnăl* a. de educaţie.

Educator-*é kueiter* s. educator, învăţător.

Educe-*ediús* v. a. a trage, a scoate; a extrage; a desvoltă.

Eel-*il* s. ţipar; *— -pout* mihalţ (peşte); *— -spear*, furcă cu trei dinţi.

E'en-*íen*, **e'er**-*éir* ad. vide, *e. en ever*

Efface-*eféis* v. a. a şterge; *(fig.)* a nimici.

Effect *e/ect* s. efect; rezultatul; realitate; putere, putinţa; conţinutul, sens; *—s*, pl. efecte, a vere mobilă; *to take—*, a aveă efect, a reuşi; *of no—*, în zadar; *in—*, de fapt; *to this—*, cu intenţiune, de aceea; —, v. a. a efectuă; a îndeplini, a executa

Effective *eféctiv* a. efectiv, real; folositor; activ; *—ly*, ad. cu eficacitate, cu folos

Effectiveness *eféctivnes* s efect, calitatea de a produce efect.

Effectivess-*eféctivs* s. pl efectiv, trupă de răsboiu.

Effectual-*efectiuăl*, a eficace, folositor; *—ly*, ad în mod eficace

Effeminate *efémineit* v. a. & n. a afemeia, a (se) moleşi; —, a. afemeiat, moleşit, voluptos; *—ly*, ad. în mod afemeiat, cu moleşire.

Effervesce *eférves* v. n. a fi sau a intră în efervescenţă, în fierbere.

Effervescence *eférvesens* s. efervescenţă, fierbere, clocotire.

Effervescent-*efervésent* a. efervescent, în fierbere, clocotitor.

Effete *efít* a sterp, neroditor; sleit, secat; uzat.

Efficacious *efikéişŏs* a. eficace, care produce efectul voit; salutar, folositor.

Efficacy-*éficăsi* s. eficacitate, putere de a'şi produce efectul; folos; stare bună.

Efficiency *efisiensi* s. eficacitate.

Efficient-*efişént* s. agent, principiu, cauză pricinuitoare; eficient; *(mat.)* factor, fiecare membru al unui produs; —, a. eficace, folositor; *—ly* ad. în mod eficace.

Effigy-*éfigi* s. efigie, chipul unei persoane.

Efflorescence-*éflóresens* s. *(med. şi chim.)* acoperire cu o materie prăfoasă, mucezire; pulberea însăşi; spuzeală pe piele; eflorescenţă; începutul de înflorire.

Effluvium *eflúviŏm* s aburire, miasmă.

Effort *éfort* s. sforţare.

Eff — 141 — **Ele**

Effrontery-*efrŏnteri* s. obrăznicie.

Effulgence-*efŏlgens* s. strălucire.

Effulgent-*efŏlgent* a. strălucitor.

Effusion *efŭjon* s. vărsare, revărsare.

Eft-*eft* s. salamandră, șopârlă.

Egg-*eg* s. ou; *new-laid*—, ou proaspăt; *soft-boiled*—*s*, —*s in the shell*, ouă fierte; *poached*—*s*, ochiuri la capac; *hard*—, *boiled*—*s*, ouă tari; *scrambled*—*s*, *buttered*—*s*, jumări;— *boiler*, tigae;— *cup*, cescuță pentru ouă fierte;— *flip*, lapte de pasăre; — *shell*, coaje de ou.

Eglantine-*eglăntain* s. (*bot.*) trandafir sălbatic, răsur, măceș

Egotism *égotizm* s. egotism, sentimentul exagerat al personalității sale; egoism.

Egotist-*égotist*, **egoist**-*égoist* s. egotist, partizan al egotismului, egoist.

Egotistic(al) *egotistic(ăl)* a. vanitos, egoist.

Egregious-*egrégiŏs* a. eminent, înalt; însemnat, perfect;— *ly*, ad. în mod însemnat.

Egress-*igres*, s. eșire.

Egriot-*igriot* s. vișină..

Egyptology *igiptŏlogi* s. egiptologie.

Elder-*áider* s. eider, rață sălbatecă.

Eiderdown-*iderdaun* s. puf fin de rață (numită eider); cuvertură din astfel de puf.

Eight-*éit* a. opt.

Eightfold-*éitfould* a. de opt ori.

Eighteen-*éitin* ad. optsprezece.

Eighteenth-*éitinth* a. al optspre-zecelea.

Eighth *éith*, a. al optulea;— *ly*, ad. al optulea.

Eightieth-*éitietth*, a. a optzecea.

Eighty-*éithi* a. optzeci.

Either *íther* sau *áiter* conj. fie; s'u, nici; *either you or your father*, sau d-ta sau tatăl d-tale; fie d-ta, fie tatăl d-tale; a. și pr.

unul sau altul, fie unul, fie altul; fiecare, fiecine.

Ejaculation-*igiăkiuléișŏn* s. ejaculare, rugăciune ferbinte.

Eject-*ijéct* v. a. a arunca, a da afară, a goni; (*med.*) a scoate afară, a vărsă

Ejection-*ijécșŏn* s. dare afară; (*med.*) vărsare.

Eke-*ik* v. a. a mări, a înmulți; a prelungi a lărgi; *to*—*out*, a întregi, a complectă, a prelungi; *to*—*out a miserable existence*, a se luptă cu greul vieții.

Elaborate-*éláboreit* v. a. a elaboră; —, a. a lucră cu îngrijire; —*ly*, ad. cu îngrijire.

Elaboration-*eláboréișŏn* s. elaborare.

Elapse-*iláps* v. n. a se scurge, a trece (timp); *six months had not elapsed*, nu trecuseră șase luni.

Elastic-*elástic* a. elastic.

Elasticity-*eláslísiti* s. elasticitate.

Elate-*eléit* v. a. a se îngâmfă; —*d*, mândru, îngâmfat.

Elation-*eléișŏn* s. mândrie, îngâmfare.

Elbow-*élbou* s. cot; unghiu;— *chair*, fotoliu;— *rest*, rezemătoarea (unui scaun); —, v. a. & n. a lovi cu cotul; a face o întorsătură.

Elder-*élder* s. întâiul născut; cel mai mare; bătrân; (*bot.*) soc; —, a. mai mare; în vârstă; întâiu născut.

Elderly-*élderli* a. cam bătrân; de o vârstă oarecare.

Eldership-*élderșip* s. primogenitură, întâia etate de naștere; vechime.

Eldest-*eldest* a. cel mai în vârstă; *the*—*born*, primul născut.

Elect *iléct* v. a. a alege; —, a. ales.

Election-*ilécșŏn* s. alegere.

Electioneering-*elecșŏniering* s. manoperă electorală.

Elective-*iléctiv* a. electiv; —*ly*, ad. prin alegere; —*affinity*, (*chim.*) afinitate elective, atragere între molecule de natură diferită.

Elector-*eléctor* s. alegător.

Electoral-*eléctorăl* a. electoral.

Electorate-*eléctoreit* s. electorat; corpul electoral.

Electric(al)-*eléctric(ăl)* a. electric.

Electricity-*electrísiti* s. electricitate.

Electrify-*electrífai* v. a. a electriză

Electro-*électro*— *gilding*, pole, ire cu aur prin foc;— *plating* galvanoplastie;— *type*, v. a. a reproduce gravuri etc. prin electricitate.

Electuary-*eléctiuări* s. lictar (doctorie); electoar. magiun.

Fleemosynary-*elimózinări* a. de milostivire, care trăieşte din miluire.

Elegance-*élegans* s. eleganţă.

Elegant-*élegănt* a. elegante.— ad. cu eleganţă.

Elegiac-*elegiáiac* a. elegiac.

Elegist-*élegist* s. poet de elegii.

Elegy-*élegi* s. elegie.

Element-*element* s. element.

Elemental-*elementăl*, **elementary**-*eléméntări* a. elementar.

Elephant-*élfănt* s. elefant;— *-driver*, cornac, conducătorul unui elefant.

Elephantine *elefántin* a. de elefant.

Elevate-*éleveit* v. a. a ridică, a înălţă; (*fig*) a se îngâmfă.

Elevation-*elevéişŏn* s. ridicare, înălţare; înălţime, demnitate.

Elevator-*eleveitŏr* s. maşină de ridicat greutăţi;— (*Am.*) ascensor.

Eleven-*elévn* a. unsprezece.

Elf-*elf* s. fee, zână; morom, izmă; stafie; pitic; *elves* pl. ielele, zânele.

Elfin-*élfin*, **elfish**-*élfiş* a. de drac; de pitic.

Elicit-*elisit* v. a. a face să iasă; a face să ţâşnească, să izvorească.

Eligibility-*eligibiliti* s. eligibilitate, însuşire de a put à fi ales.

Eligible *eligibl* a. eligibil, care poate fi ales.

Eliminate *eli uincit* v. a. a elimină, a da afară.

Elk-*elc* s. elan (*cervus alces*), cerb dela Nord

Ell-*el* s. cot (măsură)=²/₃ metru.

Ellipse-*elips*, **ellipsis**-*elipsis* s. elipsă, (*geom.*) curbă obţinută prin tăierea oblică a unui con drept.

Elliptic(al) *eliptic(ăl)* a. elipt c.

Elm-*elm* s. ulm.

Elocution-*elokiúşŏn* s. elocuţiune, vorbire.

Elocutionist-*elokiúşŏnist* s. profesor de elocuţine, de declamaţiune.

Elongate-*ilongheit* v. a. & n. a lungi, a (se) prelungi; a (se) depărta.

Elongation *ilonghéişŏn* s. lungire, prelungire; distanţă, depărtare.

Elope-*elóup* v. a. a fugì (cu amorez); a evadă.

Elopement-*elópment* s. fugă; evadare.

Eloquence-*élocuens* s elocinţă.

Eloquent-*eloquent* a. elocvent;— *ly*, ad. în mod elocvent.

Else-*els* prn. şi ad. alt, altceva? almintrelea; eau; *any one*—vreun altul; *what*—? ce încă? —*where*, aiurea.

Elucidate *eliuşideit* v. a. a desluşi, a descurcă, a explică.

Elucidation-*eliusidéişŏn* s. desluşire, descurcare, explicaţie.

Elude-*elud* v. a. a înlătura cu dibăcie, a zădărnicì.

Elusive *eliusiv* a. ocolitor, ferindu-se, care se fereşte.

Emaciate *emăşiăt* v. a. & n. a slăbi, a stricà din lipsă de aer, a gălbejì; a se slăbi; a se stricà, a se gălbejì.

Emaciation-*emăcieişŏn* s. slăbire; slăbiciune, gălbejire.

Emanate-*emăneit* v. a. a emana, a izvorî, a eşî; a proveni.

Emanation-*emănéişon* s. emanare, izvorire, provenire.

Emancipate-*evănsipeit* v. a. a emancipă, a eliberă.

Emancipation - *emănsipéişŏn* s. emancipare.

Emasculatc-*e năzkiuleit* v. a. a scopi; a moleşi, a enervă.

Embalm-*embám* v. a. a îmbălsămă.

Embalment-*embáment* s. îmbălsămare.

Embank-*embánc* v. a. a astupă o groapă, a înălţă un teren cu rambleu; a strânge între maluri înalte. a stăvăli o apă.

Embankment - *embáncment* s. rambleu, pământ adus spre a înălţă un teren sau a astupă o groapă; construire de cheiuri.

Embargo-*embárgo* s. oprire provizorie de a eşi din port (a unei corăbii străine; confiscare; *to lay an—*, a confiscă.

Embark-*embárc* v. a. & n. a îmbarcă, a se îmbarcă.

Embarkation - *embarkéişŏn* s. îmbarcare.

Embarras-*embárăs* v. a. a încurcă.

Embarrassment - *e m b ă r a s m e n t* s. încurcare.

Embassader-*embásădŏr* s. ambasador.

Embassy-*émbăsi* s. ambasadă.

Embattle-*embáĭl* v. a. a aşeză în linie de bătaie.

Embed-*embéd* v. a. a îmbucă, a încleştă (un lucru într'altul); a înţepeni; a culcă.

Embellish-*embéliş* v. a. a înfrumuseţă; a împodobi.

Ember-*émber*— *d a y s*, s. trei zile de post la începutul unui anotimp— *week.* săptămână cu cele trei zile de post.

Embers-*embers* s. pl. cenuşe, jeratec.

Embezzle *embezl* v. a. a sfeterisì, a'şi însuşì un lucru.

Embezzlement-*embézlment* s. sfeterisire, însuşire.

Embitter-*embiter* a. a amărî; *(fig.)* a inveninà, a acrì.

Emblazon-*embléizen* v. a. a zugrăvì armele unei familii nobile.

Emblem-*émblem* s. emblemă.

Emblematic(al) - *emblemătio-(ăl)* a. emblematic.

Embodiment-*embódiment* s. personificare; întrupare.

Embody-*embódi* v. a. a întrupà, a incorporà; a împreunà, a adunà.

Embogue-*embóug* v. n. a se vărsă în ceva; a se îmbucà.

Embolden-*embóulden* v. a. a încurajà, a îmbărbătà.

Emboss-*embós* v. a. a lucrà în zarfuri, în relief.

Embossment-*embósment* s. lucrătură în zarfuri, în relief.

Embrace-*embréis* s. îmbrăţişare; strângere;—, v. a. a îmbrăţişă; a strânge în braţe; —, v. n. a se îmbrăţişă.

Embrasure-*embréişŏr* s. gaură în ziduri (pentru gura tunului); deschizătură.

Embrocation - *embrokéişŏn* s. *(med.)* picurare de lichid peste o' parte bolnavă.

Embroider-*embróider* v. a. a brodà; *(fig.)* a înfrumuseţă, a împodobi.

Embroiderer - *embróiderer* s. cel, ceea care brodează.

Embroidery-*embróideri* s. broderie.

Embroil-*embróil* v. a. a încurcă; a zăpăci.

Embroilment - *embróilment* s. încurcătură, confuziune.

Embryo-*embrío* s. embrion, făt; *(fig.)* germen, primul început (al unei lucrări);—, a. de embrion; *in—*, în germen.

Emendation-*emendéişŏn* s. îndreptare; corecţiune.

Emerald-*émerold* s. smaragd.

Emerge-*emérj* v. n. a eşi la

suprafață; a se ivì, a izvorì; a eșì; a se ridică; a reapărcă.

Emergency-*emérgensi* s. eșire la suprafață; accident, întâmplare fără de veste; nevoie mare; *in case of*—, în caz de nevoie.

Emery-*émeri* s. smirghel, najdac (piatră de sclivisit).

Emetic-*emétic* s. doctorie pentru vărsare, vomitiv.

Emigrant-*émigrănt* s. emigrant.

Emigrate-*émigreit* v. n. a emigrà.

Emigration-*emigréișon* s. emigrare.

Eminence-*éminens* s. eminență; celebritate.

Eminent-*éminent* a. eminent, distins; ilustru, renumit, faimos; *most*—, eminentism, prea înalt; —*ly*, ad. în mod eminent.

Emissary-*émisări* s. emisar, trimis.

Emission-*émișon* s. emisiune.

Emit-*emit* v. a. trimite (rază, etc.); a revărsă, a radià; a manifestà (opiniune); a da la lumînă; a pune în circulație (hârtie-monedă); a aruncà, a asvârlì.

Emmet-*émet* s. furnică.

Emollient *emóllient* s. & a. emolient, leac care moaie.

Emolument *emóliument* s. folos, câștig; leafă; —*s*, s. pl. venituri eventuale, întâmplătoare.

Emotion-*emóușon* s. emoțiune, agitațiune.

Emperor-*émperor* s. împărat.

Emphasis *émfăsis* s. tărie, vigoare; îngâmfare în vorbă, în stil.

Emphasise - *émfăsais* v. a. a apăsà pe, a accentuà cu tărie.

Emphatic-*émfătic* a. emfatic; —*ally*, ad. cu tărie; cu emfază.

Empire-*émpaier* s. imperiu.

Empiric - *empíric* s. empiric, practicat, filozof ce se bazează pe observațiune; șarlatan.

Empiric(al) *empíric(ăl)* a. empiric, întemeiat numai pe observațiune și nu pe teorie; neștiințific; —*ly*, ad. în mod empiric.

Empiricism-*empírisizm* s. empirism, sistem întemeiat numai pe observațiune; șarlatanie.

Employ-*emplói* v. a. a întrebuință.

Employe-*emploĭ* s. impiegat, slujbaș.

Employer-*emplóier* stăpân, patron; maestru, meșter; cometant, cel ce însărcinează pe un altul cu îngrijire intereselor (*t. com*).

Employ(ment) *emplói(měnt)* s. întrebuințare; ocupațiune; slujbă; condițiune; plasare (de capital); *to throw out of*—, a. lipsì de lucru.

Emporium *empóriŏm* s. magazie pentru depunerea mărfurilor; antrepozit; piață.

Empower-*empáuer* v. a. a autoriză, a da deplină putere, a împuternicì.

Empress-*émpres* s. împărăteasă.

Emptiness-*émtines* s. gol; (*fig.*) goliciune; deșertăciune, nulitate.

Empty-*émti* v. a. a golì, a deșertă; —, a. gol, deșert; ignorant; frivol, de nimic.

Empyrean - *empirián* s. empireu, partea cea mai înaltă a cerului unde credeau anticii că se stingea lumina.

Emu-*imiu* s. casuar, pasăre alergătoare de aproape doi metri înălțime din Australia.

Emulate-*émiuleit* v. a. a rivaliză; a întrece.

Emulation-*emiuléișon* s. rivalizare, rivalitate, râvnă de a întrece.

Emulous - *émiulŏs* a. ambițios, care caută să întreacă; —*ly*, ad. cu emulațiune, cu râvnă de a întrece.

Emulsion-*emŏlșon* s. emulsiune, băutură lăptoasă din grăunțe.

Enable-*encíbel* v. a. a pune în stare de.

Enact-*enáct* v. a. a decretă; a execută; a pune în execuție.

Enactment - *enáciment* s. decret, ordonanță.

Enamel-*enámel* s. smalț; —, v. a. a smălțui.

Enamour-*enámor* v. a. a îndrăgi; *to be—ed of*, a se amoreză de.

Encage-*enkeij* v. a. a închide, a băga în colivie.

Encamp-*encámp* v. a. & n. a tăbărî, a așeza lagărul.

Encampment - *encámpment* s. tăbărire, tabără.

Encaustic-*encóstic* s. picturi cu colori topite în ceară; unsoare cu care se lustruește marmura; amestec din ceară și esență de terebentină pentru lustruitul mobilelor, scăndurilor, etc.; —, a. ancostic.

Enchant *enciánt* v. a. încântă; a fermecă.

Enchantingly-*enciántingli* ad. de încântat, în mod încântător.

Enchantment - *enciántment* s. fermecare, farmec.

Enchantress-*enciántres* s. fermecătoare, vrăjitoare.

Enchase-*encieis* v. a. a băgă, a înțepeni în ceva.

Encircle-*ensérkl* v. a. a înconjurà, a îngrădi.

Enclose-*enclóuz* v. a. a îngrădi, a împrejmui, a închide; a anexă, a alătura (la scrisoare); —*d*, aici alăturat.

Enclosure-*enclóujiör* s. îngrădire cu șanț, cu zid, etc., închidere; (scrisoare) alăturată.

Encomiast-*encómiäst* s. panegirist.

Encomium *encómiöm* s. panegiric discurs public în lauda cuiva, elogiu excesiv.

Encompass-*encómpäs* v. a. a înconjurà, a împresură.

Encore *encór* v. a. a cere din nou,

a strigă «bis»—,

Enconnter *encáunter* s. întâlnire, luptă, ciocnire; —, v. a. & n. a (se) întâlni, a (se) atacă.

Encourage-*encóreidj* v. a. a încurajà, a îmbărbătă; a îndemnă.

Encouragement-*encóreigiment* s. încurajare.

Encroach-*encróuci* v. n. a călcà; a contopi, a luă cu de-a sila; a abuzà de; a uzurpă.

Encroachment - *encróuciment* s. călcare; uzurpare.

Encumber-*encómber* v. a. a îngrămădi; a încurcà; a împiedecà; a oprì; a încărcă.

Encumbrance - *encómbräns* s. îmbulzeală; încurcare; sarcină; piedecă; datorie ipotecară, pe i-potecă.

Encyclopaedia - *ensaiclopídiä* s. enciclopedie.

End-*end* s. sfârșit; capăt; vârf; scop; țintă; urmare; *in the*—, la sfârșit, la urma urmelor; *on*—, în picioare, drept (în sus); *to the*—*that*, ca să; *to no*—, în zadar; *to this*—, în acest scop: *at an*—,isprăvit; *to come to a bad*—, a sfârșì rău; *to make both*—*s meet*, a ajunge cu cheltuiala până la sfârșit, a trăi cu măsură, după veniturile sale; *to stand on*—(*hair*), a se ridică în sus (părul); —, v. a. & n. a isprăvì, a sfârșì; a încetà; a se isprăvì.

Endanger-*endéinger* v. a. a pune în primejdie.

Endear - *endíer* v. a. a face scump; a face să iubească; a mângâià, a desmierdă.

Endearing-*endíering* a. iubitor, gingaș; prietenos; mângâietor.

Endearment-*endíerment* s. des mierdare; gingășie; iubire, dra goste.

Endeavour-*endévör* s. sforțare încercare; —, v. a. a se sforță a se sili; a încercă; a căută să

Endemic-*endémic* a. endemic propriu unei țări.

Ending-*énding* s. sfârșit;închei

re, concluziune; *(gram.)* terminațiune.

Endive-*éndiv* s. cicoare de iarnă *(bot.)*.

Endless *éndles* a. nesfârșit, nemărginit; veșnic; —*ly*, ad. veșnic.

Endorse-*endórs* v. a. a girà, a andosà, a'și pune semnătura în dosul unei polițe.

Endorsee-*endorsée* s. andosare, girare.

Endorsement-*endórsement* s. andosare, girare.

Endorser-*endórser* s. îndosator, girant.

Endow-*endáu* v. a. a înzestrà; *(fig.)* a împodobì.

Endowment-*endáument* s. înzestrare; donațiune; talent.

Endurable-*endiúrăbel* a. de suferit. de răbdat, suportabil.

Endurance-*endiúrăns* s. durată; răbdare: suferință, îngăduire; *past*—, de nesuferit.

Endure-*endiúr* v. a. a răbdà; a suferì, a îngăduì; a ține; a durà; a continuà.

Endways-*éndueiz*, **endwise**-*enduaiz* ad. în mod perpendicular, drept (în sus).

Enema-*enimă* s. spălare, clistir, tulumbă de clistir.

Enemy-*énemi* s. inamic; drac; *how goes the*—? ce oră este?

Energetic-*enerjétic* a. energic; —*ally*, ad. în mod energic.

Energy-*énergi* s. energie, tărie.

Enervate-*énerveit* v. a. a enervà, a moleșì.

Enfeeble-*enfíbel* v. a. a slăbì.

Enfilade-*enfiléid* s. *(mil.)* șir lung, în direcția lungimii unei trupe ce se atacă; —, v. a. a înșirà; a tăià un drum drept.

Enfold-*enfóld* v. a. a învelì, a înfășurà; a îmbrățișà.

Enforce *enfórs* v. a. & n. a întărì; a constrânge, a silì; a stărruì; a face să simtă; a demonstrà, a dovedì, a probà.

Enforcement-*enfórsment* s. vi-

olență, constrângere; încuviințare, aprobare.

Enfranchise-*enfrănșaiz* v. a. a liberà; a naturalizà.

Engage-*engéij* v. a. & n. a obligà; a angajà în (toate sensurile: servitori, la dans, etc.); a câștigà; a băgà; a pune amanet; a încurcà (în ceva); a dobândì: a tocmì; a ocupà; a închirià, a lua cu chirie; a se obligà; a se înțelege; a combate; a se bate, a se luptà a se logodì; a făgăduì; a se izbì unul de altul; a se legà cu! *to*—*d*, a fi invitat sau angajat; *to be*—*d* *to be married*, a fi logodit.

Engagement-*enghéijment* s. angajament; obligațiune; ocupațiune; logodire, promisiune de căsătorie; invitare (la masă); înțelegere; luptă; *to meet óne's* —*s*, a'și împlinì obligațiunile.

Engaging-*enghéiging* a. câștigând; îngăduitor; atrăgător, îndatoritor.

Engender-*engénder* v a. & n. a naște, a da naștere (la ceva); a se naște; *(fig.)* a produce.

Engine-*éngin* s. mașină; locomotivă; *(fig.)* șiretlic; tulumbă, și *fire*—, tulumbă (de stins foc); — -*driver*, mecanic; — -*builder*, mașinist constructor de mașini; —*house*, depozit de pompe de foc.

Engineer - *inginíer* s. inginer; ofițer de geniu.

Engineering-*inginíeriny* s. geniu, arta inginerului.

Engrave-*engréiv* v. a. a gravà; a gravà metalele cu dalta, cu priboiul.

Engraver *engréiver* s. gravor.

Engraving - *engréiving* s. gravură.

Engross-*engrós* v. a. a îngroșà, a mărì; a scrie sau a face copia unui act; a prescrie acte pe curat, a copià; a'și însușì; a acaparà; a trage la sine.

Engrosser *engróser* s. copist; acaparator.

Engulf-*engölf* v. a. a aruncă in tr'o prăpastie; a afundă in prăpastie; (*fig.*) a inghiți.

Enhance-*enhăns* v. a. a scumpi, a urca prețul; a mări; a su pralicită; a exageră.

Enigma-*enigmă* s. enigmă.

Enigmatic(*al*) *enigmătic*(*ăl*) a. enigmatic: —*lu.* ad. in mod e nigmatic.

Enjoin-*enjóin* v. a. a recomandă; a porunci cu dinadinsul; a ordonă.

Enjoy-*enjói* v. a. & n. a se bucură de; a se folosi de; a se bucură; a fi fericit; a găsi plăcere; —*oneself*, a petrece bine.

Enjoyment-*enjóiment* s. bucu rie; plăcere.

Enkindle-*enkindl* v. a. a aprinde; a excită; —, v. n. a se aprinde, a inflăcără.

Enlarge-*enlárj* v. a. & n. a (se largi; a (se) intinde; a (se) lăți; a (se) mări.

Enlargement - *enlárgiment* s. lățire; mărire; intindere; (*med.*) ipertrofie, umflarea unui organ; slobozire, liberare.

Enlighten-*enláiten* v. a. a lumi nă; a lămuri; a instrui.

Enlist-*enlist* v. a. & n. a se in rolă; a (se) inscrie.

Enlistment-*enlistment* s. inrolare.

Enliven-*enláiven* v. a. a animă, a insufleți; a inveseli.

Enmity-*énmiti* s. dușmănie, u ră; ostilitate.

Enroble-*enóubl* v. a. a innobili, a da-un titlu de nobleță; a nobilă.

Enormity-*enórmiti* s. enormitate.

Enormous-*enórmös* a. enorm; —*ly*, ad. enorm, peste măsură de mare.

Enough-*enöf* s. indestulare; un număr destul de mare; —, ad. destul, ajunge; *sure*—*l* de sigur, ce-i drept; *well*—, destul de bine; *more than*—, mai mult decât trebuie.

Enquire-*encuáier* v. n. a se in formă, a cercetă despre; *to*—*a bout, after, for*, a se informă despre; *to*—*into*, a cercetă; *to*—*into*, a cercetă; *to*—*within l*, a se adresă aci! —, v. a. a cere.

Enquiring-*encuáiering* a. cer cetător; —*ly*, prin interogare, intrebare.

Enquiry-*encuáiri* s. cerere; in trebare; cercetare; *to make en quiries*, a se informă; — *office*, birou de informațiune.

Enrage-*enreij* v. a. a irită, a aprinde de mânie, a infuria;—*d*, a. furios.

Enrapture-*enrăpciur* v. a. a incântă, a răpi, a fermecă.

Enrich-*enrici*, *enrilț* v. a. a im bogăți; a impodobi.

Enrol-*enróul* v. a. a inrolă; a inscrie, a inregistră=*enlist*.

Ensconce-*encóns* v. a. & n. a (se) ascunde; a acoperi, a intări cu șanțuri.

Enshrine-*ensráin* v. a. a in chide, a pune in ladă; a păstră ca un lucru sfânt.

Ensign-*ensain* s. semn distinc tiv, insigniu; steag; stegar; sub locotenent (de infanterie) (*mar.*) stindard, steag (pe corăbii); — *-bearer*, stegar, port-drapel.

Enslave-*ensléiv* v. a. a robi, a face rob; a asupri; a degradă.

Enslavement - *ensléivment* s. sclavie, robie.

Ensnare-*ensnéer* v. a. a prinde intr'o cursă; a surprinde; a in curcă; (*fig.*) a seduce.

Ensue-*ensiú* v. n. a. a urmă, a eși, a rezultă; (*fig.*) a eși, a is vori.

Ensuing-*ensiúing* a. următor, viitor.

Ensure-*ensiúr* v. a. a asigură, a fi sigur, vide *insure*.

Entablature-*entăblăciur* s. (*arch.*) partea de sus a zidului care susține acoperișul.

Entail-*entéil* s. substituire, in locuire; avere substituită; cedarea unui lucru altuia; succesiu ne; —, v. a. a moșteni, a trans mite.

Entangle-*entánghel* v. a. a în curcă.

Enter-*énter* v. a. & n. a intră; a admite, a înscrie, a înregistrà; a pătrunde; a începe; a între prinde; a inițià; a împărți; a lua parte la; *to—into*, a veni înăuntru; *to—college*, a intrà în colegiu.

Enterprise *énterpraiz* s. intre prindere.

Enterprising-*enterpráizing* a. intreprinzător; —*ly*, ad. cu spi rit intreprinzător.

Entertain-*entertéin* v. a. a în treține; a găzdui, a ospătà; a desfătà, a tratà, a cinsti cu ce va; a primì; a petrece; a concepe.

Entertainer *entertéiner* s. gazdă, persoană care primește, care petrece.

Entertainment - *entertéinment* s. întreținere; găzduire; conver sație; masă; petrecere; primire; admitere.

Enthral-*enthról* v. a. a subjugà, a robì; a supune; (*fig.*) a în cântà.

Euthrone *enthróun* v. a. a în tronà, a așezà pe tron.

Enthusiasm - *enthuziázm* s. en tuziasm.

Enthusiast-*enthuziást* s. entu ziast.

Enthusiastic - *enthuziástic* a. entuziast, pliu pe entuziasm; —*ally*, ad. de entuziasm.

Entice-*entáis* v. a. a atrage, a ademeni, a seduce, a ispiti, a momì.

Enticement *entáisment* s. în demnare, ademenire, seducere; ispită; farmec.

Entire-*entáir* a. întreg, com plect; sincer; —*ly*, ad. cu totul, pe deplin.

Entireness *entáirnes*, **enti rety** *en'áiriti* s. tota'itate; ade văr, s nceritate, loalitate.

Entitle-*entáitel* v. a. a întitulà; a da drept la.

Entity *éntiti* s. entitate, ființa sau esența unui lucru.

Entomb-*entóm(b)* v. a. a înmor mântà.

Entomology-*entomólogi* s. en tomologie.

Entrails-*éntreils* s. pl. mațe, măruntaie.

Entrance - *entráns* s. intrare; inceput; inițiare; — *hall*, antreu; — *money*, preț de intrare.

Entrance *éntráns* v. a. a în cântă, a fermecà.

Entrap-*éntráp* v. a. a prinde în cursă.

Entreat-*entrit* v. a. a rugà; a cere cu stăruință.

Entreaty - *entrits*. cerere; rugà minte.

Entrust-*entróst* v. a. a încredin ță; a însărcinà.

Entry - *éntri* s. intrare, drum; înregistrare; *double—*, partidă dublă.

Entwine-*entuain* v. a. a împletì unul într'altul, a încolăci; a înfășurà în ceva.

Enumerate-*eniúmereit* v. a. a enumără, a numără.

Enumeration - *eniumeréișŏn* s. enumărare, numărătoare.

Enunciate *enŏnșieit* v. a. a e nunță; a pronunță.

Enunciation *enŏnsiéișŏn* s. c nunțare; pronunțare; explicare.

Euvelop-*envélop* v. a. a se în veli, a înfășurà; a acoperi.

Envelope - *énveloup* s. înveliș, plic.

Envenom-*envénŏm* v. a. a în veninà; a acri.

Enviable - *énviábl*. a. de invi diat.

Envious *énviŏs* a. invidios, ge los; —*ly*, cu invidie.

Environs - *envái rons* s. împro jurimi.

Envoy-*énvoi* s. trimis, sol.

Envy-*énvi* s. invidie, gelozie; —, v. a. u invidià.

Epaulet *épolet* s. epoletă.

Epergne-*epérn* s. tacâm de masă; vas mare cu fructe, etc., tavă.

Ephemeral-*efémerăl* a. efemer, , trecător.

Epic *epic* a. epic (poemă epică).

Epicure-*épikiuer* s. epicurian.

Epidemic-*epidémic* s. epidemie; —, a. epidemic.

Epigram-*épigrăm* s. epigramă.

Epilepsi-*épilepsi* s. epilepsie.

Epileptic-*epiléptic* a. epileptic.

Epiphany-*épifăni* s. Bobotează

Episcopacy - *episcóupăsi* s. episcopat.

Episcopal - *épiscopăl* a. episcopal.

Episode-*épisod* s. epizod.

Epistle *epis(t)el* s. epistolă, scrisoare.

Epitaph-*épitaf* s. epitaf.

Epitome-*épitoum* s. extract, prescurtare.

Epitomise - *epitomais* v. a a prescurta.

Epoch-*épou* s. epocă.

Equal-*icuăl* s. egal, semen, tovarăș; —, v. a a egala, a fi egal; —, a. egal, proporționat la înălțime; în stare; drept, cum se cade; —*on the situation*, la înălțimea stării sale.

Equalisation-*icuălisăișin* s e galizare, potrivire la fel.

Equalise-*icuălaiz* v. a. a egaliză, a face egal.

Equality *icuăliti* s. egalitate.

Equanimity-*icuănimiti* s. potrivire de suflet.

Equation-*icueișin* s. ecuațiune.

Equator-*ecuéitor* s. ecuator.

Equatorial-*ecuătóriăl* a. ecuatorial.

Equerry *écueri* s. îngrijitor de grajduri.

Equestrian-*ecuéstriăn* a. călare; —*performer*, călăreț.

Equilibrium-*icuilibróm* s. echilibru.

Equine-*ecuin* a. de cal.

Equinoctial *equinócșăl* a. ecvinoxial.

Equinox-*icuinox* s. ecvinoxiu.

Equip-*ecuip* v. a. a. echipă.

Equipage *écuipeidj* s. echipament; suită; trăsură de lux.

Equipment-*ecuipment* s. echipament, echipare.

Equipoise *icuipoiz* s. echilibru.

Equitable - *écuităbel* a. drept, cum se cade.

Equitably-*écuităbli* ad. cu dreptate, cu cinste.

Equity-*écuiti*, s. dreptate, cuviință, nepărtinire.

Equivalence-*ecuivălăns*, s. echivalență.

Equivalent *ecuivălent* s. echivalent, lucru de acelaș preț.

Equivocal *ecuivócăl* a. echivoc, îndoios; —*ly*, ad. în mod echivoc.

Equivocate-*ecuivokeit* v. n a vorbi în echivocuri.

Equivocation *ecuivokéișăn* s. echivocitate, îndoială.

Era *iră* s. eră.

Eradicate *erădikeit* v. a. a desrădăcină; a stropi, a smulge.

Eradication-*er ădikéișăn* s. desrădăcinare; stârpire, smulgere din rădăcin ă.

Erase-*eréis* v. a. a rade, a șterge; a dărâmă până la temelie; a stârpi.

Eraser-*eréizer* s. briceag de răzuit, de șters scrisul; răzuitoare.

Erasure *eréijör* s. ștersătură.

Ere *éir* ad. & pr. înainte, înainte de; înainte, mai înainte; inainte, dinainte; —*this*, dejă mai inainte; —*long*, în curând, peste puțin; —*now*, mai nainte, odinioară; —*while*, nu de mult.

Erect *eréct* v. a. a ridică; a clădi; a stabili, a întemeiă; —, a. drept, ridicat, sus.

Erection *erécșön* s. ridicare; clădire; stabiliment.

Ermine *érmin* s. hermelin; —*d*, căptușit cu hermelin.

Erotic-*erótic* a. erotic.

Err *ér* v. n. a rătăci; a greși; a se înșela.

Errand-*ĕrănd* s. mesaj, însăr-
cinare, misiune;— -*boy*, băiat de
prăvălie, comisionar.

Errant *ĕrănt* **erring**-*ĕring*; ră-
tăcitor, vagabond; *knight*—, ca-
valerie rătăcitoare.

Errantry *ĕrăntri* s. rătăcire.

Errata-*ĕrĕită* s. erată, lista gre-
şelilor de tipar (într'o carte).

Erratic-*ĕrătic* a. rătăcitor; ne-
regulat.

Erroneous-*erĕniŏs* a. greşit; ră-
tăcit.

Error-*ĕror* s. eroare, greşală:
—*s excepted*, cu dreptul de a re-
veni dacă s'a greşit (socoteala).

Eructation-*erŏcteişŏn* s. răgăi-
tură, ghiorţăială.

Erudite *ĕriudait* a. erudit, în-
văţat.

Erudition-*eriudĕşiŏn* s. erudi-
ţiune, învăţătură, ştiinţă.

Eruption-*irŏpşon* s. erupţiune,
(de lavă, etc.); (*med.*) spargere,
eşire de spuzeală, bube, etc.

Erysipelas-*erisipelăs* s. (*med.*)
orbalţ, foc viu, brâncă.

Escape-*eschéip* s. fugă, scăpare;
scurgere, gaura pe unde se scur-
ge gazul; regulator (la maşini);
to make one's—, a fugi; a scăpă;
to have a marrow—, a scăpă tea-
făr, eftin; —, v. a. a scăpă de;
a fugi dela; a evadă.

Escapement *escăpiment* s. scă-
pare.

Eschalot-*eşciălot* s. (*bot.*) vide
shallot.

Escheat-*escit* s. întoarcerea la
întâiul proprietar; lipsă de moş-
tenitori la o avere; dreptul Sta-
tului la o avere fără moşteni-
tori.

Eschew-*esciú* v. n. a se feri de,
a evită.

Escort-*éscort* s. escortă; —, v. a.
a escortă; a însoţi, a întovărăşi.

Esculent-*éskiulent* a. de mân-
cat.

Escutcheon *escutciŏn* s. bla-
zon.

Especially *espéşăli* ad. în spe-

cial; mai ales, mai cu seamă,
în deoscbi.

Espousals-*espóuzăsl* s. pl. lo-
godnă; căsătorie.

Espouse-*espóuz* v. a. a logodi
(*to*, cu); a căsători, a însură.

Espy-*espái* v. a. a pândi; a spi-
onă; a descoperi.

Esquire-*escuaier* s. cavaler; cas-
telan, proprietarul unui castel
(titlu englez care se da proprie-
tarilor etc.) domn; *Thomas Mi-
ller Esq.*

Essay-*ései* s. încercare; compo-
ziţie; probă.

Essay-*eséi* v. a. a încercà, a pu-
ne la încercare, a ispiti.

Essayist *éseist* s. autor de în-
cercări (literare).

Essence-*ésens* s. esenţă; par-
fum.

Essential *esénşăl* s. lucru esen-
ţial; —, a. esenţial; —*ly*, ad. în
mod esenţial.

Establish *estăbliş* v. a. a sta-
bili, a întemeià; a întări, a ra-
tifică; a confirmà; a îngriji.

Establishment *estăblişment* s.
stabiliment; aşezământ; institu-
ţiune; locuinţă; temelie; încu-
viinţare, aprobare; *military* —,
armată regulată.

Estate-*estéit* s. stare, condiţie;
rang; avere; proprietate; moşie;
domeniu; —*for life*, drept de po-
sesie pe viaţă; *to come to man's*
—, a deveni nobil, în vârstă de
a se însură; *personal*—, avere
mişcătoare; *real*—, avere nemiş-
cătoare;— -*agent*, samsar.

Esteem-*estim* s. stimă, respect;
—, v. a. a stimă.

Estimate-*estimeit*, **estimati-
on**-*estiméişŏn* s. preţuire; eva-
luare; socoteală; părere; —, v.
a. a preţui, a aprecià; a evaluà;
a socoti.

Estrange- *estreinj* v. v. a în-
străină; a îndepărtă.

Estrangement- *estréingiment*
s. înstrăinare; îndepărtare.

Estuary-*esciŭări* s. golf (la im-

bucătura unui fluviu); braţ de mare.

E ch-*éci* v. a a gravà cu apă tare.

Etching-*écing* s. gravură cu apă tare.

Eternal-*itérnăl* s. etern; — *ly*, veşnic, în vecii vecilor.

Eternity-*itérniti* s. eternitate, veşnicie

Ether-*ither* s. eter.

Ethereal-*ithiriăl* a. cu eter; ceresc.

Ethial-*éthicăl* a. de etică, moral —, *ly*, ad. după morală.

Ethics-*éthics* s. pl. morală.

Etymological - *etimólogicăl* a etimologic.

Etymology-*etimólogi* s. etimologie.

Eucharist-*iúcărist* s. eucharistie, sfânta grijanie.

Eulogise-*iúlogiais* v. a a lăudà, a face elogiul.

Eulogistic-*iulogistic* a lăudător, de laudă.

Eulogy-*iúlogi* s. elogiu, laudă.

Eunuch-*iúnòc* s. eunuc.

Euphony *iúfoni* s. eufonie.

Evacuate-*ezăkiueit* v. a. a evacuà.

Evacuation-*evăkiuéişon* s. evacuare.

Evade-*ivéid* v. a. & n. a scăpà dela (din), a fugi; a întrebuinţà mijloace şirete pentru a scăpà din încurcătură.

Evanescent-*tănés ănt* a. trecător.

Evangelical-*ivăngélicăl* a. evanghelic.

Evaporate-*evăpóreit* v. a & n. a (se) evaporà.

Evaporation-*evăporéişon* s. evaporare.

Evasion-*ivéişön* s. evadare, fugă, mijloc şiret de a scăpà.

Evasive-*ivéi* iv a. evaziv, ocolitor; —*ly*, ad. în mod evaziv.

Eve-*iv* s. ajun, seară.

E e(ning)-*iv ning*) s. seară.

Even-*iven* v. a. a netezi; a obli,

a nivelà;—, a. neted, şes; nivelat, egal, potrivit; — *han ed*, imparţial. nepărtinitor; — *ly*, ad. potrivit în mod nepărtinitor; chiar, tocmai; — *now*, tocmai a-cum; — *so*, tocmai; — *that*, în tot cazu'-—*thou h*, chiar dacă.

Evenness *ivenes* s. egalitate, imparţialitate, seninătate.

Evensong *ivensong* s. cântecul serii.

Event-*irént* s. întâmplare.

Eventual-*ivént ul* a. plin de întâmplări.

Eventide-*iventaid* s. sfârşitul zilei; seară.

Eventual-*ivénciuăl* a. eventual; —*ly*, ad. eventual.

Ever-*éver* ad. totdeauna, neîncetat; vreodată; niciodată; oricât; *or* —, pentru totdeauna, neîncetat.

Evergreen-*évergrin* s. (bot) urechelniţă;—, a. veşnic verde.

Everlasting-*everlàsting* a. veşnic, nemuritor.

Evermore-*evermór* ad. totdeauna, veşnic.

Every *éveri* a. fiecare; fiece; tot.

Everybody-*éveribódi*, **everyone**-*éveriuăn* toată lumea; fiecare.

Everywhere-*éveriuer* ad. pretutindeni; în toate locurile.

Evict-*eriot* v. a. a scoate dintr'o stăpânire; a da afară dintr'o funcţie prin intrigă.

Eviction-*evicşon* s. scoatere din stăpânirea unui lucru.

Evidence-*évidens* s. evidenţă; mărturisire probă; martor;—, v. a. a arătà; a aprobà; *to turn Queen's*— a da pe faţă pe complicii săi.

Evident-*évident* a. evident, învederat; clar;—*ly*, ad. evident, negreşit; de sigur.

Evil-*ivel* s. rău, răutate; nenorocire; boală; — -*doer* făcător de rele;— -*speaking*, vorbire de rău; —, a. rău, răutăcios; — -*minded*, rău-voitor; — *ly*, ad. rău.

Evince-*evins* v. a. a arătă; a dovedì; a demonstrà.

Evocation-*evokéișŏn* s. evocare.

Evoke-*evŏuo* v. a. a evocă, a face să apară.

Evolution-*ivoliŭsŏn* s. evoluție, desvoltare.

Evolve-*ivŏlv* v. a & n. a desvoltă; a desfășură; a se întinde.

Ewe-*iŭs* oaie; — *la* b, mielușea

Ewer-*iŭer* s. ib ic

Exact-*exăct* v. a & n. a cere; a stoarce; a scoate cu de-a s la; —, a. exact, punctual hotărît; —*ly*, ad. exact, tocmai; punct

Exaction-*exăcșŏn* s. stoarcere.

Exactitude-*exăctitiud*, **exactness**-*exăctness*, exactitate, regularitate.

Exaggerate-*exăgereit* v a a exageră, a lărgì.

Exaggeration-*exăgereișŏn* s. exagerare.

Exalt-*exŏlt* v a. a ridică, a înălță; a lăudă.

Exaltation-*exoltéișŏn* s. ridicare, înălțare.

Examination-*exăminéișŏn* s. examen, ascultare; cercetare; verificare; inspecțiune; instrucțiune; *competitive*—, concurs; *postmortem*—, autopsie; *on*—, după examinare; *yearly*—, examen de sfârșit de an.

Examine-*exămin* v. a. a examină; a întrebă; a ascultă; a luă în cercetare mai de aproape.

Examiner-*exăminer* s. examinato .

Example-*exămpel* s. exemplu; model; *for*—, de ex mplu; de pildă.

Exasperate-*exáspereit* v. a. a exasperă, a înverșună; a irită foarte; a ațâță, a întărì.

Exasperation *exasperéișŏn* s exasperare, înverșunare; întărâtare.

Excavate-*excăveit* v. a. a săpă, a găurì.

Excavation-*excaveișŏn* s. scobire; săpare; găuire; ridicare 'a

pământului scos de undeva)

Exceed-*excid* v. a. & n. a trece peste limită; a ir.trece; a fi superior

Exceeding-*excsiding* a. covârșitor, prisoselnic; —*ly*, ad excesiv, peste măsură.

Excel-*ecsél* v. a. & n. a excelă, a întrece; a se deosebì; a se distinge.

Excellence-*exelens* s. excelentă (titlu) *His*—, Excelența Sa.

Excellent-*exelent* a. excelent, eminent; — *ly*, ad. perfect; în mod eminent; prin excelență.

Except-*exépt* v. a & n. a exceptă; a face obiecțiune, a se opune; a se împotrivì; a recuză, a refuză un judecător (un martor, un expert, etc.).

Excepting-*exépting* pr. afară de, dacă, numai dacă.

Exception-*exépșŏn* s. excepție, excludere; *with the—o*', cu cxcepțiune; *to take — at, to* a se formaliză; a se supără; a se simțì ofensat.

Exceptionable *exépșunăbl* a. recuzabil; de criticat, de blamat.

Exceptional-*exépșunăl* a. excepțional; —*ly*, ad excepțional.

Excess-*exes* s exces capăt.

Excessive-*exsésiv* a. excesiv; peste măsură, din cale afară de mare; *ly* — ad prea, foarte, peste măsură.

Exchange-*excieinj* s schimb; bursă; *in*—, în schimbul; *bill of* —, poliță; *rate of*— curs, preturile; *account of*—, scont de poliță; —*office*, cassă de schimb; —, v. a. a schimbă; a permută.

Exchangeable-*excieingiě bl* a. de schimbat.

Exchequer-*excieker* s. cassa tezaurului; *Chancellor of the*—, ministru de finanțe.

Excise-*exsáis* s. acciz; — *duty* drept de rege; — *man*, accizar.

Excitable-*exăităbel* a. de excitat, de ațâțat; nervos.

Excite-*exáit* v. a. a excità, a aţâţà; a imboldì.

Excitement-*exáitment* s. excitare, aţâţare; motiv.

Exclaim-*excléim* v. a. a strigà, a ţipà.

Exclamation - *exclăméişŏn* s. exclamare, exclamaţie.

Exclude-*excliud* v. a. a exclude, a da afarà, a înlăturà.

Exclusion-*excliuşŏn* s. excludere.

Exclusive-*excliúsiv* a. excluziv; —*ly*, ad. in mod excluziv.

Excommunicate - *excomiúnikeit* v. a. a excomunicà.

Excommunication - *excomiunikéişŏn* s. excomunicare.

Excoriation *excoriéişŏn* s. jupuiturà, sgârieturà.

Excrement-*éxcrement* s. excremente.

Excrescence-*éxcresens* s. crescăturà, umflăturà.

Excretion-*ex rişŏn* s. excreţiune, scoatere afarà; materie datà afarà.

Excruciate-*e crúsiet* v. a a chinuì, a torturà.

Excruciating - *excruşieiting* a. crunt, fioros, îngrozitor; *pain*, durere îngrozitoare; —*ly*, ad. in mod îngrozitor.

Exculpate-*excólpeit* v. a. a desvinovăţì, a justificà.

Exculpation-*exculpéişŏn* s. desvinovăţire, justi ficare.

Exculpatory-*exculpători* a. de desvinovăţire, justificativ.

Excursion-*exkiúrşŏn* s. excursiune; digresiune, abatere dela subiect; –*ticket*, bilet de tren de plăcere.

Excursionis-*exkérşŏni.t* s. turist, cel ce călătoreşte de plăcere.

Excusable-*exkiúzăbl* a. scuzabil, de scuzat.

Excuse-*exkiús* s. scuzà; —, v a. a scuzà, a ertà; a desvinovăţì; a dispensà;—*me!*ertaţi mă!

Execrable-*execrăbl* a. scârl os, foarte urât.

Execrate-*execreit* v. a a urì a face să urască; a blestemà.

Execration-*execréişŏn* s. scârbă; groaza, ură; blestem.

Execute-*éxekiut* v. a. a executà, a împlinì; a îndeplinì; a săvârşì, a face; a executà, a cântà, a jucà (o bucată muzicală ; a executà (un condamnat); a electuà.

Execution-*exekiúşŏn* s executare, îndeplinire, săvârşire; execuţia, omor re a unui condamnat la moarte; execuţie, sechestrarea şi vânzarea mobilelor (unui datornic).

Executioner-*exek úşŏner* s. călău.

Executive-*exékiutiv* s. puterea executivă; —, a. executiv.

Executor-*exékiutor* s. executor; —*of the will*, executor testamentar.

Exemplary-*éxemplări* s exemplar.

Exempt-*exempt* v. a. a scutì.

Exemption-*exéŏ şŏn* s. scutire.

Exercise-*éxersaiz* s. exerciţiu; tema; (*mil*) mişcarea unei trupe; —, v a. & n. a exercità; a deprinde; a face exerciţii.

Exert-*exért* v. a. a întrebuinţà; a arătà, a revela; a face să prevaleze; a exersà; *to*—*oneself*, a face sforţare, a încercà să.

Exertion - *exérşŏn* s. sforţare; întrebuinţare.

Exfoliate-*exfólieit* v. n. a se scuturà de frunze.

Exhalation-*exhőléişŏn* s. evaporare; du oare.

Exhale-*exéil* v. a. & n. a exalà; a răspândì mirosuri, a eşì; (*fig.*) a se revărsà

Exhaust-*exőst* v. a. a obosì, a sleì; a deşertà; a micşorà

Exhaustion- *xősciŏn* s obosealà, sleire.

Exhaustless-*exőstles* a. nesleit nesecat.

Exhibit-*exibit* v. a. a aduce înaintea justiţiei; a înaintà; a produce.

Exhibition-*exhibişön* s. arătare; expoziţie; expunere; bursă pensie; salon.

Exhibitioner-*exhibişöner* s. bursier.

Exhibitor-*exibitör* s.. cel, cea care arată; expozant.

Exhilarate-*exilăreit* v a. a inveseli, a bucură; a petrece.

Exhilaration-*exilărăişön* s. inveselire, petrecere, plăcere.

Exhort-*exört* v. a. a indemnă (la lucruri bune); a intărâtă, a a excită.

Exhortation-*exortéişön* s. indemnare.

Exhume-*exiúm* v. a. a desgropă

Exigency-*éxigensi* s. cerere, trebuinţă, nevoe.

Exigent-*éxigent*, a. exigent, pretenţios, care cere prea mult; grabnic.

Exile-*éxail* s. exil; exilat;—, v. a. a exilă.

Exist-*exist* v. n. a există; a fi; —*ing*. a. care există.

Existence-*existens* s. existenţă.

Existent *existent* a. existent.

Exit-*éxit* s. eşire, plecare.

Exodus-*exódös* s. eşire din Egipt.; a doua carte a lui Moise.

Exonerate-*exóneréit* v. a. a descărcă, a deslegă.

Exoneration-*exonéreişön* s descărcare; justificare.

Exorbitance - *exórbitäns* s. enormitate, mărime extraordinară; exces.

Exorbitant-*exórbitänt* a. peste măsură de mare; —*ly* ad. in mod exorbitant.

Exorcise-*éxorsais* v. a. a goni prin vrăji, a descântă.

Exorcism-*éxorsism* s. vrăji pentru gonirea diavolului, descântec.

Exordium-*exordiöm* s. exord, introducerea unei cuvântări.

Exotic-*exótic* s. plantă exotică; —, a. exotic.

Expand-*expănd* v. a. a intinde, a desvoltă.

Expanse-*expăns* s. intindere, dimensiune, mărime.

Expansion-*expănşön* s. intindere; deschidere, imbobocire, inveselire.

Expansive-*expănsiv* a. impărtăşitor; —*ly*, ad. cu expansiune.

Expatiate-*expéisиit* v. n. a se intinde asupră; a se lungi, a se tolăni.

Expatriation - *expeitriéişön* s. expatriare.

Expect-*expéct* v. a. a aşteptă; a speră

Expectancy-*expéctănsi* s. aşteptare; speranţă.

Expectant-*expéctănt* s. aspirant, candidat; —, a. aşteptând, in expectativă.

Expectation-*expecteişön* v. aşteptare; speranţă; —*s*, pretenţiune; *to be in momentary*—*of*, a aşteaptă dintr'un moment in tr'altul.

Expectorate-*ex,éctoreit* v. a. a scuipă; a scoaté flegmă.

Expectoration - *expectoréişön* s. scuipat, scuipare

Expediency-*expediensi* s. expedient, mijloc (de scăpare); convenienţă, potrivire; folos; grabă.

Expedient-*expidient* a. cu cale, folositor, potrivit, convenabil; —*ly*, ad. potrivit, in mod folositor.

Expedite-*éxpidait* v a. a expedia; a uşură; a grăbi.

Expedition-*expedişön* s. expediţie; călătorie, grabă, repeziciune.

Expeditious-*expedişös* a. expeditiv; iute, repede; —*ly*, ad. repede, cu grabă, iute.

Expel-*expél* v. a. a expulză, goni, a aruncă.

Expend-*expénd* v. a. a cheltui, a risipi.

Expenditure-*expéndiciür* s. cheltuială; consumaţiune.

Expense-*expéns* s. cheltuială; *free of*—, fără cheltuieli.

Expensive-*expénsiv* a. risipitor; costisitor, prea scump; —*ly*, în mod costisitor.

Experience *expíriens* s. experiență, practică, drept de a uzà; obiceiu; *to speak from*—, a vorbì din experiență; —, v. a. a experimentà, a încercà.

Experiment-*expériment* s. experiență, încercare; —, v. a. a experimentà, a încercà.

Experimental - *experimental* a. experimentator, cel care face experiență.

Expert-*expért* s. & a. expert, cunoscător; —*ly*, ad. în mod expert, cu dibăcie.

Expertness-*expértnes* s. dibăcie, îndemânare.

Expiate-*éxpieit* v. a. a expià, a ispășì.

Expiation-*expiéișŏn* s. expiare, ispășire.

Expiatory-*expiéitori* a. expiator, de ispășire.

Expiration- *expiréișŏn* s. expirare, evaporare; răsuflare; moarte.

Expire-*expáier* v. a. & n. a răsuflà, a exalà; a expirà, a murì; a se stinge.

Explain-*expléin* v. a. a explicà, a desluși; a comentà.

Explanation-*explănéișŏn* s. explicare.

Explanatory - *explănátori* a. explicativ.

Expletive *éxpletiv* s. expletiv, împlinitor.

Explicit *explísit* a. explicit, lămurit; —*ly*, ad. în mod explicit, deslușit.

Explode *explóud* v. a. & n. a criticà, a condamnà, a dezaprobà; a face explozie; a plesnì.

Exploit-*explóit* s. ispravă, faptă strălucită.

Exploration-*exploréișŏn* s. explorare, cercetare.

Explore-*explóer* v. a. a explorà, a cercetà; a examinà; a sondà.

Explorer-*explóurer* s. explorator.

Explosion-*explóújŏn* s. explozie.

Explosive - *explóusiv* a. exploziv, care face explozie.

Exponent *expóunent* s. jeluitor, expunător; interpret; reprezentant.

Export-*expórt* v. a. a exportà; —*-duty*, drept de eșire; —*-trade*, comerț de exportare.

Export(ation) *éxpórt(éișŏn)* s. exportare.

Exporter *expórter* s. exportator.

Expose-*expóus* v. a. a expune; a da pe față; a compromite.

Exposition-*expozișŏn* s. expunere; explicație; expoziție.

Expositor *expozitŏr* s. interpret; acel ce expune la o expoziție (expozant).

Expostulate-*expóstiuleit* v. a. a dojenì; a se plânge; a discutà; a contestà, a tăgădui.

Expostulation - *expostiuléișŏr* s. desbatere, discuție; ceartă; plângere.

Exposure-*expóujur* s. expunere; dare pe față; situațiune; scandal.

Expound *expáund* v. a. a expune; a desluși, a tălmăcì; a explicà.

Expounder-*expáunder* s. interpret.

Express-*exprés* s. expres, tren de mare iuțeală, fulger; mesager; depeșă; —, v. a. a exprimà; a reprezentà; a stoarce; a imità; a reproduce; a da la lumină; —, a. hotăritor, formal; lămurit, la fel cu; —, ad. expres, într'adins, intenționat.

Expressible - *exprésibel* a. de exprimat.

Expression-*exprégŏn* s. expresie.

Expressive *exprésiv* a. expresiv; —, ad. în mod expresiv.

Expropriate-*expróprieit* v. a.

a expropriâ, a scoate din proprietate (în interes; public);

Expulsion-*expólşŏn* s. expulzare, isgonire.

Expunge-*expónj* v. a. a şterge, a nimici.

Expurgate-*expórgheit* v. a. a curăţi, a limpezì; ɔ da curăţenie.

Exquisite-*écxuizit* s. om scos ca din cutie, om fercheş; —, a. ales; elegant; graţios; delicios; perfect; foarte delicat; —*ly*, ad. în mod foarte delicat; ales.

Exquisiteness-*écxuizitness* s. bunătate absolută (a unui lucru); delicateţă, gust ales; violenţă (de durere).

Extant-*éxtănt* a. înalt, eminent; care există.

Extemporary-*extémporări* a. improvizat, compus în grabă şi pe nepregătite.

Extempore-*extempor* ad. în mod improvizat, pe nepregătite.

Extemporise v. a. a improvizâ, a compune in grabă şi pe nepregătite.

Extend-*exténd* v. a. & n. a întinde; a lungì, a prelungì; a comunicà; a se întinde.

Extension-*extension* s. extensiune, întindere; prelungire.

Extensive-*exténsiv* a. întins; spaţios, larg; —*ly*, ad. în mod întins.

Extent *extént* s. întindere, lungime, mărime; grad; sumă; punct; scară; *to the*—*of*, până la suma de; *to a certain*—, până la un punct (grad) oarecare; *to a great*—, pe o scară întinsă.

Extenuate-*exténiueit* v. a. a obosì peste măsură; ɔ slăbì; a uşurà; a micşorà.

Extenuation-*exteniuéişŏn* s. slăbire, secare de putere; micşorare, uşurare; *in*—*of*, pentru micşorare, ca să micşoreze.

Exterior-*extérior* s. exterior; —, a. exterior, extern; —*ly*, ad. la exterior; pe din afară.

Exterminate-*extérminell* v. a. exterminà, a stârpì.

Extermination - *extérmineişŏn* s. exterminare.

External-*extérnăl* a. extern, pe din afară; —*s*, s. pl. lucrurile exterioare.

Extinct-*extínct* a. stins.

Extinction-*extíncşŏn* s. stingere; desfiinţare.

Extinguish-*extinguiş* v. a. a stinge; a desfiinţà; a distruge.

Extinguisher-*extínguişer* s. cel ce stinge; stingătoare de lumănări (uneltă); cutie în care se stinge jăraticul.

Extirpate-*extírpeit* v. a. a stârpì; a distruge.

Extirpation-*extírpéişŏn* s. stârpire; distrugere.

Extol-*extól* v. a. a exaltà, a ridicà în slava cerului, a lăudà peste măsură.

Extort *extórt* v. a. a stoarce.

Extorsion-*extórgŏn* s. stoarcere.

Extortioner *extórşŏner* s. storcător.

Extra-*éxtră* s. extra; —, n. extraordinar; suplimentar, in plus.

Extract-*extráct* s. extract; extragere; scoatere; —, v. a. a extrage, a scoate; a alege.

Extraction-*extrácşŏn* s. tragere; origină; *of French*—, de origină; franceză.

Extradition-*extrădíşŏn* s. extrădare.

Extraneous-*extréiniŏs* a. streiu.

Extraordinarily-*extraórdineărili* ad. în mod extraordinar.

Extraordinery - *extraórdineri* a. extraordinar.

Extravagance-*extăvăgăns* s. extrăvăgăns s. extravaganţă; nobunie, ciudăţenie.

Extravagant - *extrăvăgănt* a. extravagant; din cale afară; fără judecată; nebun; —*ly*, ad. in mod extravagant; nebuneşte.

Extreme-*extrim* s. extrem, extermitate; —, a. extrem; —*ly*, ad. prea exagerat.

Extremity-extrémiti s. extremitate; culme; extrem; situaţie desperată.

Extricate-éxtrikeit v. n. a se descurcă; a scoate; a lua.

Exuberance-exiübăräns s. exuberanţă, al un.lenţă prea mare.

Exuberant-exiüberant a. din belşug, cu prisosinţă.

Exude exiüd v. n. a asudă, a năduşi.

Exalt-exält v. n. a chinui, a nu mai puteà de bucurie; a tresări.

Exultation exultéişon s. bucurie, triumf.

Exultingly exöltingli ad. cu bucurie, cu un aer de triumf.

gur, boboc; ureche de ac; *before*; gur, boboc; ureche de ac; *before one's—s*, sub ochii cuiva; *to cast an over*, a aruncă o privire; *black—*, un ochiu umflat; — *ball*, lumina ochiului; — *brow* sprânceană; — *glass*, ochean mic de teatru; — *lash*, geană; — *lid*, pleoapă— *witness*, martor ocular.

Eye-ái v. a. a privi, a se uită, a observà.

Eyed-áid a. cu ochii.

Eyelet-áielet s. lumină; ochiu; găurice.

Eyrie-áiri s. arie (pentru bătut grâul); cuib (de pasăre răpitoare).

F

Fable-féibăl s. fabulă.

Fabric-fábric s. fabrică; clădire, zidire; ştofă; ţesăt; lu.rare.

Fabricate-fábrikeit v. a. a fabrică; a construi.

Fabrication fabrikéişon s. fabricare; clădire, construcţiune.

Fabricator-fábrikeitor s. făcător; constructor, inventator, născocitor.

Fabulous-fábiulös a. fabulos; — *ly* ad. în mod fabulos.

Face-féis s. faţă, obraz; faţadă; suprafaţă; îndrăzneală; obrăznicie; strâmbătură din obraz; aparenţă, înfăţişare; exterior; cadran (de ceasornic; *to make faces*, a face strâmbături, nişte grimase; *to put a good—on the matter*, a'şi păstra cumpătul; *to my very—*, sub ochii mei; — *ache*, dureros; —, v. a. & n. a fi în faţa (cui-va; a privi în faţă; a ţine pept; a înfruntà; a nesocoti; a se strâmbà; a sepreface; *to—it out*, a se impune prin îndrăzneală; a fi îndrăzneţ; obraznic.

Faced-féist a. cu faţă.

Facer-féiser s. pahar plin până sus; palmă; obraznic.

Facet-fáset s. faţadă, feţişoară.

Facetious-fásişös a. poznaş; glumeţ, hazliu; — *ly*, ad. în glumă.

Facile-fásil a. uşor, lesne; mlădios.

Facility-fásiliti s. uşurinţă; dibăcie; credulitate; blândeţe.

Facing-féising s. partea din dos a mânecii; po.loabă; (mil.) front, faţadă; —, a. în faţă, vizavi.

Facsimile-facsimile s. facsimil autograf.

Fact-fáct, s. faptă, acţiune; realitate; *in—*, de fapt; *in point of—*, într'adevăr; *as a matter of—*, este adevărat.

Faction-fácşon s. facţiune, partid răsvrătitor; uneltire; vrajbă; turburare.

Factionist-fácsiönist s. şef de partizani; răsvrătitor.

Factious-fácciös a. facţios; res-vrătitor.

Factitious-fáctişös a. factice, făcut sau imitat cu artă; prefăcut, meşteşugit.

Factor-fáctor, s. agent însărcinat cu vânzarea; (mat.) factor.

Factory-fáctori s. agenţia unei companii de comerţ în ţară străînă; fabrică; — -*hand*, lucrător de l. brică.

Faculty-*făcölti* s. facultate; putere; talent; privilegiu; capacitate: dispensă.

Fad-*făd* s. capriciu, toană; predilecţiune, gust, plăcere favorită.

Fade-*féid* v. n. a se vesteji; a se şterge; *to—awag*, a se stinge, a peri.

Fag-*fåg* s. om răbdător, cal de bătae; salahor, lucrător cu sapa; — v. n. a munci (cu sapa); a se obosi

Faggot-*făgot* s. legătură (de surcele, uscături).

Fail-*féil* s. lipsă; omisiune; defect; greşală; moarte;—, v. a. & n. a lipsi; a nu nimeri, a nu izbuti; a omite; a părăsi; a da cu fundul corăbiei de o stâncă; a da faliment; a decădea; a slăbi într'una; a peri; *without—*, neapărat, de sigur.

Failure-*féiliur* s. lipsă; defect; faliment.

Fain-*féin* a. mulţumit; fericit; silit;—, ad. bucuros, cu plăcere.

Faint-*éint* v. n. a slăbi, a deveni slao; a leşina; a se descuraja; a dispărea;—, a. slab, slăbit; abătut; trist; *—hearted*, fricos; sfios; descurajat.

Fainting-*féinting* s. leşin; slăbiciune; *in n— t, in a (dead) faint*, leşinat.

Faintuess-*féintnes* s. leşin slăbiciune.

Fair *féir* s. frumuseţe; bâlciu; —, a. frumos; drăguţ; plăcut; curat; senin; bălan, blond; favorabil; bun; credincios; amabil; convenabil; cuviincios; drept; *—haired*, blond; *dealing*, loalitate, onestitate;—*and softly*, binişor, încet; — *maid*, fată frumoasă; — *weather*, vreme frumoasă;—*ly*, ad. în mod plăcut; în mod cinstit; bine; curat; onest.

Fairing-*féering* s. târg, bâlciu; cadou dat în târg.

Fairness-*féernes* s. frumuseţe; coloare blondă; cinste, probitate; nevinovăţie

Fairy- *éeri* s. zână; —, a. de zână; feeric; fermecător.

Faith-*féith* s. credinţă; *to pin one's — on*, a jură pe; *to put—in*, a se încrede în.

Faithful-*féithful* a. credincios; sincer;—*ly*, ad. în mod credincios.

Faithless-*féithles* a. necredincios; necinstit; înşelător, perfid; —*ly*, ad. în mod necinstit; fără credinţă.

Falcon-*fócon* s. şoim.

Falconer *fóconer* s. crescător de şoimi.

Falconry-*fóconri* s. creştere de şoimi.

Fall-*fol* s. cădere; scădere de preţ; cădere de apă, cascadă; îmbucătură, revărsare a două ape; povârniş; decădere; decadenţă; destituire; degradare;—, v. a. & n. a cădea; a scădea; a lăsa din preţuri; a scăpă, a lăsa să cadă; a da jos; a lăsa jos, a micşora, a descreşte; a se scurge; a deveni; a potoli; a se întrista; *to — asleep*, a adormi; *to — away*, a descreşte; a slăbi; a părăsi pe cineva; *to — back*, a cădea îndărăt; a se arunca îndărăt; a se da înapoi; *to — behind*, a rămânea în urmă; *to —due*, a ajunge la scadenţă; a fi împlinit termenul de plătit; *to — ill, to — sick*, a se îmbolnăvi; *to — in*, a se înşira, a se aşeză; *to — in with*, a întâlni din întâmplare; *to—in love with*, a se amoreză de; *to —off*, a decădea; *to—out*, a se certă; a se întâmplă; *to—short of*, a greşi, a nu ajunge; a rămânea îndărăt; *to—to*, a începe; a se apuca de; *to —through*, a scăpă, a nu nimeri.

Fallacious-*caléişon* a. fals; înşelător, viclean;—*ly* ad. în mod înşelător, în mod fals; in mod sofistic.

Fallacy-*fălasi* s. falşitate; înşelăciune; iluzie; sofizm.

Fallibility-*fălibiliti* s. aplecare la greşeli.

Fallible-*fălibl* a. care poate greşi.

Falling-*fóling* s. cădere; fugire;— -*sickness*, epilepsie;— -*star*, cometă;— -*stone*, aerolit.

Fallow-*fălou* a. roşcat, care bate în roşu, în obleagă, în ţelină;— -*deer*, ciută.

False-*fols* a. falş, perfid, trădător; — -*ly*, ad. falş, în mod perfid.

Falsehood-*fólshud* s. falşitate; înşelătorie; minciună.

Falsification - *folsifikéişŏn* s. falşificare, prefacere.

Falsifier-*fólsifaier* s. falşificător.

Falsify-*fólsifai* v. a. a falşifică; a minţi.

Falsity-*fólsiti* s. falşitate; minciună.

Falter-*fólter* v. n. a gângăvi, a se turbură, a se zăpăci; a se poticni, a tremură.

Fame-*féim* s. renume, faimă; reputaţie: veste, ştire.

Famed-*féimd* a. renumit, vestit.

Familiar-*fămiliĕr* s. amic intim;—, a. familiar, casnic.

Familiarise-*fămiliărais* v. a. a familiarizã, a depinde.

Familiarity-*fămiliăriti* s. familiaritate.

Family-*fămili* s. familie; categorie, specie; *in the*—*way*, într'o poziţie interesantă (însărcinată) — -*tree*, arbore genealogic.

Famine-*fămin* s. foamete.

Famish-*fămiş* v. a. & n. a înfometã, a muri de foame.

Famous-*féimŏs* a. faimos, vestit; — -*ly*, ad. într'un mod strălucit; foarte.

Fan-*făn* s. evantaliu; ventilator; foale; —, v. a. a face vânt cu evantaliul; a vânturã grâul.

Fanatic-*fănătic* s. & a. fanatic.

Fanaticism-*fănătisism* s. fanatism.

Fancier-*fănsier* s. amator; negustor de mode.

Fanciful-*fănsiful* a. fantastic, ciudat, bizar; —-*ly*, ad. în mod ciudat, bizar.

Fancy-*fănsi* s. fantazie, închipuire, imaginaţie; capriciu; gust; — -*articles*, — -*goods*, lucruri de lux, de mode; — (*dess*)*ball*, bal mascat; —-*fair*, bazar de binefacere; *to strike, suit one's*—, a fi după gustul cuiva, după pofta cuiva; *to take a*—*to*, a lua pe cineva în bine; —, v. a. a înfăţişă, a'şi închipui; a socoti, a crede.

Fang-*făng* s. colţ (la unele animale); ghiară.

Fanged-*făngd* a. armat cu dinţi, cu ghiare.

Fangled-*făngheld* a. inventat; —-*new*—, de invenţie nouă.

Fantastic(al) - *fantăstic(ăl)* a. fantastic; închipuit, straniu, ciudat; —-*ly*, ad. în mod fantastic, în mod capricios, ciudat.

Fantasy-*făntăzi* s. fantazie, vide *fancy*.

Far-*far* a. îndepărtat; ad. *farther*, *further*, mai departe; *farthest*, *furthest*, cel mai departe, foarte departe; *by* —, cu mult; *how*—*is it?* cât de departe e? *as* —*as*, atât de departe cât; *so*—, aşa de departe; —*and wide*, în toate părţile; *so*—*so good*, prea bine până aci.

Farce-*fars* s. farsă.

Farcical-*fársical* a. caraghios.

Fare-*féer* s. preţ de călătorie; cursă; trecere; *bill of* —, listă de mâncări; —, v. n. a se află: a fi; a mâncă; a călători; a trece; —*well!* vide *farewell*.

Farewell-*féeruel* s. adio; —, a de adio.

Farinaceous-*fărinéişŏs* a. făinos.

Farm-*farm* s. arendă; moşie în arendă; —, v. a. a da în arendă; a ţine în arendă; a cultivă; — -*house*, conac, casa arendaşului; — -*yard*, curte dosnică; găinărie.

Farmer-*fármer* s. arendaş

Farming-*fárming* s. agricultură.
Farmost-*fármoust* a. cel mai îndepărtat.
Farrago-*fáréiga* s. amestecătură de tot felul de grăunţe.
Farrier *fárier* s. potcovar, ferar.
Farrow-*fárou* s. purcel; —, v. n. a fătă purcei.
Farther-*fárther* a. mai îndepărtat, mai departe; —, ad. mai departe; dincolo de; mai mult încă.
Farthest *fárthest* a. & ad. cel mai îndepărtat; mai departe.
Farthing-*fárthing* s. pară, gologan englezesc (trei parale).
Farthingale-*fárthingheil* s. materie din păr de cal.
Fascinate-*fáşineit* v. a a fascină; a fermecă; a lua vederile.
Fashion-*fáşŏn* s fason; croială; modă; chip; rând; rang; formă; manieră, bunăcuviinţă; *in*—, la modă; *out of*—, eşit din modă; *to be the*—, a fi la modă; *to be in the*—, a fi după ultima modă.
Fashionable-*fáşunăbli* ad. la modă; de bon-ton.
Fashionaby *fáşunăbli* ad. la modă, în mod elegant.
Fast-*fast* a. tare, ce nu poate fi luat; repede, iute, cu tărie; —, v. n. a posti, a ţine post.
Fasten-*fás(t)en* v a. & n. a (se) băgă; a se aşeză; a închide; a strânge.
Faster-*fáster* s. cel care posteşte.
Dastidious-*fástidiŏs* a. despreţuitor; —*ly*, adv. în mod despreţuitor, cu dispreţ.
Fastness-*fástnes* s. tărie, trăinicie; iuţeală.
Fat-*fát* a. gras; gros; —, s. grosime; —, v. a. a îngrăşă; a hrăni; —, v. n. a se îngrăşă.
Fatal-*féităl* a fatal, funest; —*ly*, ad. în mod fatal.
Fatalism-*féitălism* s. fatalism.
Fatalist-*féitălist* s. fatalist.
Fatality *fátăliti* s. fatalitate

Fate-*féit* s. soartă, destin; —*o* pl. moarte.
Fated-*féited* a. menit, ales do soartă.
Father-*fádher* s. tată; —*in-law*, socru.
Fatherhood *fádheehŏd* s. paternitate.
Fatherland-*fádherländ* s. patria, ţară natală.
Fatherless-*fádherles* a fără tată, orfan.
Fatherly-*fádherli* a. & ad. părintesc; în mod părintesc.
Fathom-*fádhŏm* măsură de 1.62 m.; stânjen —, v. a. a sondă; a adânci, a pătrunde; —*s of the sea*, adâncimea mării.
Fathomless-*fádhŏmles* a. fără fund.
Fatigue-*fátig* s. osteneală, oboseală; —, v. a. a ostenì, a obosì.
Fatling-*fátling* s. animal gras; vită îngrăşată.
Fatness-*fótnes* s. grăsime, untură.
Fatten-*fáten* v. a. & n. a se îngrăşă.
Fattening *fátning* s. îngrăşare.
Fatty-*fáti* a. gras; uleios.
Fatuity-*fáciŭiti* s. neguŏb, prost, nătărău.
Fault-*fólt* s. greşală; dobitocie; defect; crimă; delict; vină; *to find—with*, a găsi ceva de zis; —*-finder*, censor; —*ily*, ad. în mod necuviincios; greşit.
Faultily-*fóltili* ad în mod greşit.
Faultiness-*fóltines* s. vină; defect, cusur; ofensă.
Faultless-*fóltles* a. fără defect; ce se poate învinuì.
Faulty *fólti* a. culpabil, vinovat; de blamat.
Fauna-*fóna* s. faună, totalitatea animalelor dintr'o ţară.
Favour *féivor* s. favoare; afecţiune, bunăvoinţă; ocrotire; serviciu, plăcere; coardă, semn do prietenie, colori; amintire; păstinire; aer, înfăţişare; graţie; (com.) *Your,*—, (onorată) D v. scrì-

soace; *balance in your*—, so!i în favoarea D-v.; *with (under)*—, cu voia D-v.; —, v. a. a favori- ză; a protejă; a face onoarea să.

Favourable-*féivorăbl* a. favo rabil, cuvenit.

Favourably-*féivorăbli* ad. în mod favorabil.

Favoured-*féivord* a. favorizat; *well*—, de o înfățișare plăcută.

Favourite-*féivorit* s. favorit, fa- vorită.

Fawn-*fón* s. puiu de ciută;— *-co- loured*, coloare roșiatică; —, v. n. a fătă (ciuta); a linguși, a mângâiă.

Fay-*féi* s. zână.

Fealty *fiălti* s. credință,lealitate

Fear-*fier* s. spaimă, frică; neli- niște; v. a. & n. a se teme.

Fearful-*fierful* a. fricos, care se teme; înspăimântător; —*ly*, ad. în mod înspăimântător.

Fearless-*fierles* a. foarte cura- gios; fără frică; îndrăzneț.

Feasibility *fizibiliti* s. lucru cu putință.

Feasible-*fi:ibl* a. cu putință; de făcut.

Feast-*fist* s. serbare; sărbătoa- re; masă, banchet; v. a. & n. a serbă; a sărbători; a banchetă; a ospătă, a găzdui.

Feat-*fit* s. faptă, ispravă, lucru.

Feather-*fédher* s. pană (de pa- săre); podoabă; specie; sbor; *(fig.)* bagatelă; *to show the white*—, a da îndărăt;— *-bed*, pat de puf;— *-broom*, măturică de pene; *in high*—, foarte vesel; *—brained*, nebunesc, prostește; —, v. a. a împodobi cu pene; *(fig.)* a îm- bogăți.

Feathery-*fédheri* ad. cu pene; ușor ca pana.

Feature-*ficiur* s. trăsătură; fa- ță; fizionomie; formă.

Featured-*ficiurd* a. cu trăsă- turile.

Febrifuge-*fibrifiugi* s. febrifug; care gonește frigurile.

Febril-*fibrail* a. febril,de friguri.

February-*fébruĕri* s. Februarie. **Fecula**-*fekiulă* s. leculă făină. **Fecundation**-*fecundéișōn* s. fe- cundare.

Fecundity-*fecúuditi* s. fecun- tate, fertilitate.

Federal-*féderăl* a. federal.

Federate-*fédereit* s. & a. c federat, aliat.

Federation-*federéișōn* s. fedo rație.

Fee-*fi* s. feud, stăpânirea unui vasal; onorar; salariu; leafă; bacșiș; —, v. a. a plăti onora- rii; a mitui.

Feeble-*fibel* a. slab, debil.

Feebleness s. slăbiciune; im- becilitate.

Feebly-*fibli* ad. în mod slab.

Feed-*fid* s. hrană; pășune.

Feed-*fid* v. a. & n. ner. (perf. și ptr. *fed*), a hrăni, a nutri; a se hrăni; a mâncă; a paște; a îngrășă.

Feeder-*fider* s. care dă mânca- re; mâncăcios; aparatul de nu- trițiune; instigator, urzitor.

Feeding-bottle-*fidingbotl* s. bi- beron, sugătoare.

Feel-*fil* s. pipăit.

Feel-*fil* v. a. & n. ner. (perf. și ptr. *felt*), a (se) simți; a p:păi; a cunoaște, a pricepe; *how do you*—? cum vă aflați? cum vă simțiți; *do you*—*cold?* vă e frig?

Feeler-*filer* s. antene, (cornițe la insecte; *(fig.)* încercare (pentru a sondă terenul).

Feeling-*filing* s. sentiment; sen- sibilitate; —, simțitor, atingător; —*ly*, ad. cu sentiment.

Feign-*féin* v. a. & n. a (se) pre- face; a inventă; a ascunde.

Feint-*féint* s. prefacere, prefăcă- torie; atac prefăcut (în scrimă).

Felicitate-*felisiteit* v. a. a fe- licită; a face fericit.

Felicitation-*felisiléișōn* s. feli- citare, urare.

Felisiti *felisiti* s fericire.

Feline-*filáin* a. de pisică.

Fell-*fel* s. piele, blană; —*-mon-*

ger pielar, tăbăcar;—, v. a. a da os; a trânti jos; a tăia, a omorî;—, a. crud, vărsător de sânge;—, ad. cu cruzime, în mod crud.

Fellow-*félou* s. tovarăș, coleg; calic, ticălos, golan;— -*citizen*, concetățean;— -*creature*, semen; — -*feeling*, simpatie;— -*traveller*, tovară de drum.

Fellowship-*félouşip* s. tovără- șie; companie; societate; rela- țiune.

Felly-*féli* s. obadă.

Felon-*félŏn* s. criminal.

Felonious-*félúniŏs* ad. crimi- nal; trădător; crud, perfid;—*ly*, ad. în mod criminal; cu înşelă- ciune

Felony-*féloni* s. călcarea cre- dinței, trădare. nelegiuire.

Felt-*felt* s. pâslă.

Felucca-*elŏcă* s. felucă, corâ- bioară lungă cu pânze şi lopeţi

Female-*fimeil* s. femelă; femeie; —, a. feminin, de femeie, femei- esc;— *screw* matricea şurubului.

Feminine-*féminin* a. de femeie; efeminat, afemeiat, muieratic; delicat, blând.

Fen-*fen* s. baltă, mlaştină, mo- cirlă.

Fence-*fens* s. meterez, zid de apărare; barieră; gard; scrimă; —, v. a. & n. îngrădi, a împrej- mui, a închide, a înconjura cu uluci; a face arme, a învăța mânuirea armelor.

Fencing-*fénsing* s. scrimă; — -*gloves*, mănuşi de scrimă; — -*jacket*, pieptar la scrimă; — -*match*, asalt de arme;— -*school*, sală de arme, de scrimă.

Fend-*fend* v. a. a se apără, a se păzi; a îndepărta; *to— of*, a se apără, a se feri de; *to — for*, a îngriji.

Fender-*fénder* s. galerie, para- van dinaintea sobei.

Fennel-*énel* s. molotru, secă- reă de grădină; (*bot.* phoenicu- lum vulgare).

Ferment-*férmĕnt*, **fermenta- tion**-*fermentéişŏn* s fermentare fierbere.

Ferment-*férment* v. a. & n. a fierbe. a fermentă, a face să fiarbă.

Fern-*fern* s. feregă (*bot* filix);— -*plot*, loc sădit cu feregă— -*col- lection*, colecţie de feregă.

Fernery-*férneri* s. loc sădit cu feregă.

Ferocious-*feróuşŏs* a. fieroe; —*ly*, ad. cu ferocitate.

Ferocity-*ferósiti* s. feroc tate.

Ferret-*feret* s nevăstuică mică —, v. a. a vânâ iepuri cu ne- văstuica; a scormoni, a scotoci *to—out*, a hă tui vânatul, a pri- goni.

Ferruginous-*ferúginŏs* a. fe ruginos.

Ferrule-*férul* s. verigă lată de metal în jurul mânerului unei unelte; (la baston) inel, verigă

Ferry-*féri* s. pod umblător; tre cere;—, v. a. a trece cu un pod umblător;— -*man* luntraş.

Fertile-*fértail* a. fertil, roditor

Fertilise-*fértil..iz* v. a. a fertili ză, a face să rodească, a rodnici

Fertility-*fértiliti* s. fertilitate, rodnicie

Ferule-*férul* s. vargă (de pe depsit), nuia.

Fervency-*férvensi* s. evlavie râvnă

Fervent-*érvent* a. evlav os; ze los;—*ly*, ad. cu evlavie.

Fervid-*érvid* a arzător, căldu ros, fierbin e.

Fervour-*férvŏr* s. evlavie; căl dură.

Fester-*féster* v. n. a se strica a se putrezi; a se scurge puro iul, a se invenina.

Festival-*féstival* s. serbare mu zicală;—, a. de sărbătoare, vesel

Festivity-*féstiviti* s. serbare bucurie.

Festoon-*festún* s langavie, ghir landă de flori;—, v. a. a impo dobi cu ghirlande.

Fetch-*fetş* v. a. a aduce: a produce; a ajunge la; a pre(ul; *to*—*a high price*, a ajunge la un preţ mare {*o*—*a sigh*, a oftă; *to*—*a glass*, a duce un pahar.

Fetich-*fitici* s. fetiş.

Fetid-*fitid* a. împuţit puturos

Fetidness-*ftidness* s. împuţire, utoare

Fetlock-*fetlock* s smoc de păr (la piciorul calului)

Fetter-*feter* v a. a pune în lanţuri; (*fig*) a opri, a împiedecă.

Fetters-*feters* s. pl lanţuri; piedica (la vite) robie.

Feud-*fiud* s feud; ceartă; ură

Feudal-*fiudăl* a. fedual.

Feudalism-*fiudălism* s. feudalism

Feudatory-*fiudători* s feuda tor, stăpânul unui feud

Fever-*fiver* s friguri, febră.

Feverish-*fiveriş* a. bolnav de friguri; arzător.

Few-*fiu* a. puţini, puţin; *a*—, câţiva; câteva.

Fib-*fib* s. minciună; poveste; —, v. a. a minţi.

Fibre-*faibr* s. fibră.

Fibrin-*faibrin* s fibrină.

Fibrous-*faibrŏs* a fibros

Fickle-*fikel* a schimbăcios nestatornic.

Fickleness-*fiklenes* n. nestatornicie; fire schimbăcioasă.

Fiction-*fioşŏn* s ficţiune.

Fictitious-*fictişŏs* a. fictiv, fals; —*ly*, ad. în mod fictiv

Fiddle-*fidl* s vioară; v. a. a cânta din vioară; a'şi pierde vremea cu nimicuri; —*stick*, arcuş; —*sticks*, fleac; *that is all*—, e o prostie! e un fleac!

Fiddler-*fidler* s viorist, lăutar

Fidelity-*faidăliti* s. fidelitate, credinţă, onestitate.

Fidget-*figet* s nelinişte nervoasă; nerăbdare; agitare; —, v. a. a se mişca; a se fâţâi; a se agită

Fidgety *figieti* a. neastâmpărat nelinişti.

Fie-*fái* interj. p uil ruşine!

F.ei-*s* feud.

Field-*fild* s. câmp, câmp de bătaie; —*day*, zi de p radă; —*glass*, ochean; —*officer*, oliţer superior; —*piece*, tun; —*practice*, mare manevră;—*works*, lucrări.

Fieldfare-*fildfeer* s. sturz cu cap cenuşiu.

Fiend-*find* s. drac, duşman.

Fiendish-*findiş* a. diabolic, drăcesc, infernal

Fierce-*fi rs* a. fieros crud; —*ly*, ad. cu ferocitate, cu cruzime.

Fierceness-*fiersnes* s. ferocitate, cruzime.

Fieriness *faiernes* s căldură; iuţeală, mişcare, violenţă.

Fiery-*fáiri* a. de foc; infocat, aprig.

Fife-*fáif* s. fluer, tilincă, sârlă.

Fifteen-*fiftin* a. cincisprezece.

Fifteenth *fi tinth* a. al cincisprezecelea; —*of the month*, 15 ale lunei.

Fiftieth-*tiftieth* a. al cinciz celea, u cincizecea.

Fig-*fig* s smochină; bagatelă —*leaf* frunză de smochin; —*tree*, smochin.

Fight-*fáit* s. bătălie, luptă; încăerare; —, v. a, & n. ner. (perf. şi ptr. *fought*), a luptă; a se luptă; a combate; a se bate.

Fighter-*fáiter* s. luptător, războinic.

Figment-*figment* s. ficţiune; invenţiune.

Figurativ *fighiurătiv* a. figurativ, figurat, închipuit; —*ly*, ad. în mod figurat, închipuit.

Figure-*figher* s. figură; formă; înfăţişare, aparenţă; cifră; —, v. a. a figură, a închipui; a reprezentă; —*of speech*, figură re retorică.

Filament-*filăment* s. filament, firicel, aţişoară.

Filbert-*filbert* s. alună groasă.

Filch-*filui* v a a pungăşi, a fura.

Filcher-*filcier* s pungaş.

Fi'e-*fáil* s. pilă; teanc de (hârtie); listă; catalog; —, v. a. a pili; a înşirà; a defilà; — *dust*, pilitură.

Filial-*filial* a. filial, fiesc; — *ly*, ad. în mod filial, ca un fiu.

Filiatiou *fi ieişõn* s filiaţiune, coborire oin tată in fiu, inruaire.

Filibuster *filibõster* s pirat, hoţ de mare.

Fillgree *`ligri* s. filigran.

Filings-*áilings* s. pilitură.

Fill-*fil* s. indestulare; —, v. a. & n. a umple, a'şi umple; a sătură; a sătură până în gât.

Filler- *tler* s. umplere, umplutură; prisos.

Fillet-*filet* s. legătură; felie rotundă de viţel; tresă (de păr).

Filling *filing* s. umplere; plumbuitul (măseielor).

Fillip-*filip* s. bobârnac.

Filly *fuli* s. iapă mică.

Film-*fi'm* s pelită, membrană.

Filter-*filter* s. filtru, strecurătoare; —, v. a. a filitrà, a strecură.

Filth (Iness) *filth (ines)* s. murdării, gunoae.

Filthy-*filthi* a. murdar, necurat.

Filtrate-*filtreit* v. a. a filtrà.

Fin-*fin* s. aripă de peşte; labă.

Fiual-*fáinal* s. final; definitiv, decisiv; — *ly*, ad. în fine, în sfârşit; in mod hotărât, definitiv.

Finauce(s)-*finánse(s)* s. pl. finanţe.

Financial-*finánşăl* a. financiar, de finanţe.

Financier-*finánsier* s. financiar.

Finch-*finci* s. piţigoiu.

Find-*fáind* v. a. & n. ner. (perf. şi ptr. *found*), a găsì; a descoperì; a inventà; a prinde; a înzestrà; a dărui; a se găsì, a aflà.

Fine-*fáin* s. amendă: *in* —, în fine.

Fine-*fáin* v. a. &. n. a curăţì, a inclaì (vin); a pedepsì cu o amendă; —, a. frumos; fin; subţire; ascuţit; curat; elegant (Im-

brăcat): graţios; curat; delicat excelent; dibaciu; şiret; *you aie* *a—fellow*, eşti un băiatbun; —*ly* ad. în mod subţire; cu eleganţă.

Finedraw-*fáindrau* v. a. a coase un petec fără a se vedeì cusătura.

Finedrawer-*fáindrauer* s. cel ce coase aşa încât să nu se vază cusătura.

Fineness-*fáines* s. fineţă, eleganţă; delicateţă; curăţitorie de metale.

Finery-*fáineri* s. toaletă bogat., podoabă; zorzoane femeieşti.

Finger *fingher* s. deget; *for—*, degetul arătător; *ring—*, degetul inelar; — *board*, gât de (vioară); clapele (pianului); — *post*, stâlp arătător, — *stall*, ceget ce mănuşă; v. a a atinge cu degetul; a cântà (*mus*) a jucà cu degetele pe un instrument

Fingering-*finghering* s. mânuirea, punerea degetelor (*muz*.)

Fiuical-*finicăl* a. care se crede; afectat, pretenţios.

Fining-*fáining* s. incleire de vinuri; —*s*, cleiu.

Finish *finiş* v. a. a isprăvì, a sfârşi.

Finite-*fáinait* a. isprăvit, s'ărşit; limitat.

Fir (-tree) *fir(-tri)*, s. brad; — *-cone*, — *appie*, gogoaşă de brad de molift.

Fire *fáir* s. foc, incendiu; — *arms*, armă de foc;— *ball*, glob de foc; granată; glonţ plin de praf (ce se asvârlea cu mâna), meteor;—*br.ind*, tăciune aprins; băţ cu fitil la vârf; — *b.ick*, cărămidă refractară — *b r i g a d e*, corpul pompierilor; — *brig.de*, *station*, cazarmă de pompieri;— *damp*, gaz detunător; — *eater*, om căruia îi place să se bată; *ticălos;—*engine*, pompă de incendiu; — *escape*, plasă de scăpare (la incendiu);— *fly*, licuriciu;— *office*, birou de asigurare contra incendiului;— *plug*,

rubinet de incendiu;— -proo^f,
ceeace asigură în contra focului;
— -screen paravan;— -ship, cora-
bie încărcată cu materii inflama-
bile;— water, rachiu;— -wood,
lemne de ars,— -running, foc
neîntrerupt de puşti; on—, a-
prins; to miss—, a nu luà foc;
to set on—, a da foc, a incen-
dià,—, v. a. & n. a da foc, a
(se) aprinde; a inflăcără; to
catch—, a se aprinde, a luà foc.
Fire-faier s foc! (mil) a trage
foc
Firelock-faierloc s puşcă.
Fireman-faiermăn s. pompier;
maşinist.
Fireplace faierpléis s. cămin,
vatră.
Fireside-faiersaid s. gura so-
bei.
Fireworks faieruerks s. foc de
artificiu.
Firing-faiering s. combustibil,
material de ars; încălzitul; (mil)
foc, împuşcare.
Firkin-ferkin s. butoiaş
Firm ferm s casă de comerţ; a-
tare, hotărît; —ly, ad. cu tărie
Firmament-fer ăment s. fir-
mament.
Firmness fermnes s. tărie, trăi-
nicie, soliditate.
First-férst a & ad. prim, întâiu,
mai întâiu; at—, mai întâiu,
la început; —of all, în primul
loc; înainte de toate; (com) —of
exchange, întâia poliţă, prima
poliţă; from de—, dela început
First-born · férst · born **first-
ling**-férstling s. cel dintâiu năs-
cut
Firth-férth vide frith
Fiscal-fiscăl s. & a. fiscal, fisc.
Fish-fiş s. peşte; fişă (la joc);
(fig) individ;— -bone, os de peş-
te:— -carver, cuţit de tăiat peş-
tele la masă;— -day, zi de post;
— -hook, cârlig de undiţă;—
-line, undiţă;— -market, pescă-
rie — -mongher, pescar, negus-
tor de peşte;— -pond, eleşteu;—

wife, pescăriţă, vânzătoare de
peşte.
Fisher(man) fişer(măn) s. pes-
car.
Fishery-fişeri s. pescărie; pes
cuire, pescuit.
Fishing-fişing s. pescuitul.
Fishy-fişi a. de peşte, plin de
peşte.
Fissure-fişör s crăpătură.
Fist-fist s. pumn.
Fisticuffs-fisticöfs s. pl. ghion-
turi.
Fistula fisciulă s. fistulă, bubă.
Fit fit s. atac, cicenire; acces
(de boală); toană, capriţiu;
by—s and starts, sărind ici ci-
lea; prin sărituri;—, v. a. & n.
a (se potrivì; a şedeà (cuiva);
a convenì (cuiva);—, a. cuviin-
cios, stân i bine; potrivit; co-
mod; bun; capabil; it is not—,
nu e cuvincios, nu e frumos
—ly, ad. potrivit, întocmai, co-
mod; bine.
Fitful-fitful a. schimbăcios; ne-
regulat; ciudat, fantastic, nesi-
gur.
Fitness-fitness s. potrivire; bună-
cuviinţă.
Fitting-fiting s potrivire; —,
a. potrivit, care se potriveşte;
drept.
Five-faiv a. cinci.
Fix-fix v. a. & n. a înţepenì, a
pironì; a prinde; a fixà (preţul,
timp, etc.); a legà, a atârnà; a
se aţintì; a se fixà; a se stabilì
(cu locuinţa); to—upon, a fixà
ochii (asupra): to—on, a se ho-
tărî; —ed, a fix, fixat; —ed y,
ad în moi hotărît, nemişcat;
sigur.
Fixture-fixciör s stabilire; aşe-
zare; timp hotărît, fixat; mo-
bilă ce trebu!e pentru casă; po-
ziţie
Fizzle-izl v. n. a fluerà, a şuerà.
Flabbiness flăbines s. fleşcă-
ială; moliciune, lâncezeală.
Flabby-flăbi a. moleşit, moale.
Flaccid flăcsid a. slab, moale.

Flag-*flăg* s. drapel; *to hang out the red*—, a provocà la luptă; *black*— drapel de pirati de mare.

Flag-*flăg* s. lespede, placă, pardoseală de pietre; — v. a. a pavă cu lespezi

Flag-*flăg* s stânjen; —, v a. & n. a fâlfâì la catarg; a atârnà slab; a pierde curajul;—*officer*, şef de escadră; —, *estone*, piatră de pardoseală.

Flagellate-*flăgeleit* v.a.a biciuì.

Flagitious-*flădgișős* a răutăcios, pornit spre rele; ticălos; —*ly*, ad. în mod infam.

Flagon-*flăgon* s. sticluță.

Flagrancy-*fléigrănsi* s. notorietate; foc, ardere; lucru scârbos.

Flagrant *fléigrănt* a. învederat; arzător; scârbos, flagrant.

Flail-*fléil* s. îmblăciu, hădărag, trior.

Flake *fleik* s. fulg (de zăpadă); sloiu de ghiață; placă; culcuş; scânteie;—*ofice*, sloiu de ghiață; —, v n. a se cojì; —, a. cojit; —*y*, a. cu fulgi; cojit; solzos.

Flambeau-*flămbou* s, făclie.

Flame *fléim* s flacără; foc; *(fig.)* căldură, pasiune; amorez;—, v. n. a arde, a flăcără.

Flaming *fléiming* a care flăcărează; strălucitor, sclipitor.

Flamingo *flămingou* s. flamingo (pasăre călătoare).

Flange *flănj* s. şină (de roată); margine.

Flank-*flăno* s. flanc; aripă de clădire; coastă, lature: —, v. a. a înconjurà; a atacà într'o parte, în flanc.

Flannel *flănel* s flanelă.

Flap *flăp* s. lobul urechii; poală; pulpană; marginea (răsfrântă a pălăriei); o lovitură uşoară; piron de atârnat; —, v. a. a bate; a da din aripi; a atârnà— *cared*, care are urechi pleoştite.

Flare *fléer* s. lumină orbitoare; flacără; —, v. n. a flăcără; a licărì, a străluci, a orbi.

Flaring-*fléiring* a. orbitor.

Flash-*flăş* s fulger, strălucìre; foc; flacăre; licărìre; lustru mincinos; —*of wìt*, scânteie de spirit; idee de spirit;— *words*, graiul particular al calicilor şi al hoţilor, argou;—*money*, monedă falşă; —, v. a. a flăcără; a scânteià; a lucì, a strălucì; —, v. n. a trece ca un fulger; a aruncà; a face să ţâşnească, a face să isbucnească; a da strălucire; a face să pătrundă; —, a. falş, supus la îndoială; cu reputaţie rea, de calitate rea; suspect.

Flashy-*flăşi* a. uşurel, superficial; cu efect frivol; fără gust.

Flask-*flăsc* s. sticlă; pungă pentru praf de puşcă

Flat *flăt* s. şes; câmpie, teren neted; etaj; latul săbiei; *(mus.)* bemol; —, a. şes, neted; întins; abătut, întristat; *to fall*—, a nu face nicio impresie; *to sing*—, a cântà falş; *ly*, ad. în lung; neted; fățiş; curat; în mod hotărît.

Flatness-*flătness* s turtire, aplanare; lipsă de gust; slăbiciune; înjosire.

Flatten *flăten* v. a. &n. a turtì a netezì; a se turtì, a se netezì; a îngreţoşà; a se răsuflà; a abate, a întristà.

Flatter-*flăter* s maşină de turtit metalele; linguşitor; —, v. a. a linguşì, a mângâià, a desmierdà.

Flattery-*flăteri* s. linguşire, linguşire josnică.

Flattlug - mill-*flătling - mil* s. maşină de turtit metalele.

Flatulency *flătulensi* s vânturi în pântece

Flatulent-*flătulent* a. care produce vânturi în pântece; supus la vânturi; *(fig.)* îngâmfat, umflat, vanitos.

Flaunt *flónt* s. paradă, fală; obrăznicie, impertinenţă; —, v n. a'şi da aere, a se păunì; a fâlfâì, a plutì.

Flavour-fléivŏr s. gust, miros plăcut; buchet (de vinuri); —, v. a a da un gust, un miros plăcut.

Flaw-flo s. crăpătură, plesnitură; defect; (mar) izbitură de vânt fr. bauffée de vent, ger, Bŏ, Win'lstoss).

Flawless flóles a. fără crăpătură; fără d fect

Flax-flæx s in;— -comb, darac; — -field. iniște, câmp de in;— -seed. sămân'ă de in.

Flaxen-flãæen, a de in; bălaiu, blond; —-hairé i, cu păr bălaiu

Flay-fléi v. a. a jupui (pielea); a beli

Flea-fli s purice;— -b ne, puricariță (bot inula pulicaria);— -bite, pișcătură de purice; (fig) de nimic.

Fledge-flédj v. a. a împănă, a impodobi cu pene —d, a acoperit cu pene; în stare de a sbură.

Flee-fli v. a & n ner (perf. și ptr. fled, a fugi; tó—fro , a se feri, a evită

Fleece-flis s. lâna (oilor și a a tor mamifere ; —, v. a a tunde, a jupui, a despuiă.

Fleecy-flisi a. lânos.

Fleet-flit s. flotă; —, a. repede, iute, sprinten; —, v. n. a fugi; a trece; v. a a spumegă; —ly, ad. cu repeziciune.

Fleeting-fliting a. fugă'or; trecător.

Fleetness-flitnes s. repeziciune, iuțeală.

Flesh-fleș s. carne (viu); trupeșie;— -brush, perie de fricțiune; — -broth, bulion zeamă de carne;— -colour, coloritul cărnii în pictură;— -coloured, a. roșu aprins, sta ojiu, — day, zi de dulce; —, v. a. a hrăni cu carne (animalele); a întărâtă, a cărnoși (animalele); a ingrășă; a incercà.

Fleshings-fleșings s. tricou pentru tot corpul, tricou (la baletiste).

Fleshless-fleșles a. sl b, uscat; j gărit.

Fleshy-fleși a. că nos, gras.

Fl xibility-fl æibiliti s. flexibil l'tate. puterea de a se mlădià.

Flexible-flæxibel a. flexibil mlădios

Flexion-flecșŏn s. flexiune, îndo'r°. mlădiere.

Flicker-fliker v. n. a flutură, a fâlfâi, a da din aripi; a tremură; a se clătina

Flight-flàit s. fugă; sbor; roiu; transport; acces; treaptă; — -time, timpul plecărei pasărilor; to put to—, a pune pe fugă.

Flighty-flàiti a. flușturatic; fugitiv, trecător; repede.

Flimsiness-flimzines s. ușurință, trivialitate, josnicie; slăbiciune; neînsemnătate.

Flimsy-flimzi a. slab; moale de tot; trivial; fără spirit.

Flinch-flintș v. n. a se da innapoi; fig) a șovăi, a stà la îndoială

Fling-fling s. aruncătură; lovitură (cu copitele ; vorbă înțepătoare, bat'ocură.

Fling fling v. a. & n. ner. (perf. și ptr fung), a aruncă; a (se) asvârli asupra; a a vârli cu copitele; a sări în sus; a se repezi.

Flint-flint s. cremene; care produce scântei;— -glas s, s. cristal; — -heardet, nesimțitor, aspru.

Flinty flinti a. a pietros, aspru, neînduplecat.

Flippancy-flipănsi s iuțeală în vorbire, vorbă multă, pulologhie obrăznicie; sburdălnicie, neastâmpăr

Flippant-flipănt a. vorbăreț, limbut; vânturatic; șiret; sprinten.

Flirt-flért s. cochetă; cochetat; curtat; glumă (galantă); mișcare repede; bobârnac; aruncătură (violentă); idee nos'imă; —, v a. & n. a cochetă; a umblà după curte; a glumi; a arunca repede, a asvârli; a mică repede; a batjocorì; a luà peste picior.

Flirtation-*fiertéișŏn* s. cochetărie, rel(țiuni intime, amoruri; curte; mișcare repede.

Flit-*flit* v. n. a trece repede; a fugì; a fluturà; *to—away* a dispăreà.

Flitch-*fliță* s. șuviță de slănină.

Flutter-*fliter* s. zdreanță; —, v. n a fă făl.

Float-*flóut* s. plută; plută de undiță, dop; flux, val, talazuri; —, v. a. & n. a plutì, a face să plutească; a inundà.

Floating-*flóuting* a. plutitor; în circulație; circulător; — *-bridge*, pod plutitor; — *-capital*, (com.) capital rulant; — *-debt*, (com.) datorie flotantă; — *-ice*, sloiu de ghiață— *-light*, far plutitor.

Flock-*floc* s. turmă; comunitate, enorie; stol (de pasări); mulțime; fulg (de lână); —, v. n. a se adunà, a se strânge în gloată.

Floe-*flóu* s. sloiu de ghiață.

Flog *flog* v. a. a biciuì.

Flood-*flud* s. deluviu, potop; inundațiune; flux; torent; râu; fluviu; — *-gate*, stavilă; —, v. a. a inundà.

Floor-*flóer* s. pardoseală, parchet; —, v. a. a pardosì; a parchetà (o cameră); a trântì la pământ.

Flooring-*flóering* s. parchetatul (unei camere); pardoseală.

Floral-*flóral* a. floral, ce ține de flori.

Florid *flórid* a. înflorit, rumen.

Floridity - *floríditi* s. culoarea rumenă a feței.

Florin-*flórin* s. florin.

Florist-*flórist* s. florar.

Floss-*flos* s. câlți; — *-silk*, borangic.

Flotilla-*flotílă* s. flotilă.

Flounce-*flåuns* s. farbală, volan; ciucure; moț; —, v. a. & n. a împodobì cu volane; a se mișcă greu; a se mișcă de colo până colo; a sburdà.

Flaunder *flåunder* s. bărboae, pește de mare (l. pleuronectes); —, v. n. a se abate, a da din mâini și din picioare.

Flour-*flóuer* s. făină; floare de făină.

Flourish-*flóriș* s. înflorire; ornament în formă de spirală; vinietă (mic desen ca ornament la cărți); parafă, coada iscăliturei; trăsătură de condeiu; fanfară; —, v. a. & n. a înflorì; a prosperà; a împodobì cu flori, a înfrumuseță; a cântà o fanfară; a scrie într'un stil frumos.

Flourishing - *flåurișing* a. înfloritor, în bună stare; — *ly*, ad. într'un mod înfloritor; cu fală.

Flout *flóut* s. bătaie de joc, batjocură; —, v. n. a batjocorì; a'și bate joc.

Flow-*flóu* s. flux; râu, fluviu; revărsare; abundență, belșug; (fig.) îngrămădire de cuvinte; —, v. a. & n. a curge; a se scurge; a inundà, a se vărsà, a se revărsà: *to—from*, a provenì din.

Flower-*flåuer* s. floare; podoabă; făină; (fig.) elită; —, v. n. a înflorì; —, v. a. a împodobì cu flori; — *-de luce*, crin pe armării; — *-garden*, grădină cu flori; — *-girl*, florăreasă; — *-pot*, ghiveciu; — *-show*, expozițiune de flori; — *-stand*, jardinieră, glastră cu flori servind ca mobilă de ornament; — *-ing*, s. înflorire; înfloritul.

Floweret *flåueret* s. floricică; —, a. garnisit cu flori.

Flowery-*flåueri* a. înflorit, îmbobocit.

Flowing *flóuing* a. curgător; (fig.) ușor.

Fluctuate *flŏcciueit* v. n. a se legănà ca undele, a se clătinà; (fig.) a șovăì, a stà la îndoială.

Fluctuation-*flŏcciuéișŏn* s. fluctuațiune; șovăire.

Flue-*fiu* s. puf; coș de sobă.

Fluency - *fiuensi* s. fluiditatea

discursului; uşurinţă; *with—*, cu uşurinţă.

Fluent *flúent* a. curgător; uşor. cu vorbirea uşoără; *—ly*, ad. cu uşurinţă

Fluid-*fluid* s. & a. fluid, corp curgător; curgător

Fluidity-*fluiditi* s. fluiditate.

Fluke-*fluo* s. peşte din mările temperate (l. pleuronectes); a-ripa (ancorei); lovitură noro-coasă (la biliard); *by a—*, prin-tr'o întâmplare fericită.

Flummery-*flŏmeri* s. papă, co-că din lapte şi făină; pelteă din fructe; *(fig.)* gogoşi, minciuni

Flunkey-*flŏnki* s. lacheu: ser-vitor înarmat şi îmbrăcat cu mantă; licheă, linguşitor josnic.

Flurry-*flúri* s. izbitură de vânt, vânt repede; grabă; emoţiune, turburare; consternare, încreme-nire; *—of snow*, viscol; —, v. a. a consternă, a încremeni; a ză-păci.

Flush *flŏş* s. roşeaţă; afluenţă; abundenţă; scursoare; frăgezi-me; —, v. a. & n. a roşi; a curge repede; a se sui; a face să în-roşească; a se aprinde; a veni repede; —, a. fraged, sdravăn, viguros; strălucitor; bogat; ge-neros; la nivel; *—of money*, bani în abundenţă.

Fluster *flŏster* v. a. a exercită, a întărâtă; a ameţi, a îmbătă; a zăpăci.

Flute-*flut* s. flaut; dungă în zid, ciubuc; —, v. a. a ornă cu ciu-buce; —, v. n. a cântă din flaut; *—player*, *flutist*, flautist, cântă-reţ din flaut.

Flutter *flúter* s. fluturatul; făl-făire, fâlfâitul; mişcare, neas-tâmpăr; nelinişte, turburare; tremurare; resunare; ondula-ţiune; —, v. a. & n. a flutură, a fâlfâi; a nelinişti; a turbură; a zăpăci; a bate (inima).

Flux-*flŏks* s. flux; scurgere; di-senterie, *— and reflux*, flux şi reflux.

Fly-*flái* s muscă; cumpănă; tră-sură; vaporaş (accelerat);— *-blow*, murdărie de muscă;— *flap*, apărătoare de muşte;— *-man*, vizitiu; *spanis-* — cantă ridă; — *-wheel*. roată mişcătoare

Fly-*flái* v. a. & n. niır (perf *flew*. ptr. *flown*), a sbură; a'şi luă sbo-rul; a fugi; a părăsi; a scăpă; a se feri de; *to—into a passion*, a se mânia.

Foal-*fol* s. mânz; iapă tânără, mânzată; —, v. a. a fătă mânzi; a gângăvi, a mormăi (la citit sau vorbit).

Foam-*fóum* s. spumă; bale; — v. a. a spumegă.

Foamy - *fóumi* a. spumegând; spumos. plin de spumă.

Fob-*fob* s. buzunăraş la cing, toarea pantalonilor.

F. o. b (com.) = *free on board*.

Focus-*fócus* s. focar; vatră, c.. min.

Fodder-*fóder* s. nutreţ.

Foe-*fóu* s. duşman; adversar.

Fog-*fog* s. ceaţă, negură.

Foggy-*fóghi* a. neguros.

Fogy şi **fogey**-*fógi* s. om pros ticel; *old —*, dobitoc bătrân.

Foible-*fóibĕl* a. (fig.) slăbiciune, parte slabă.

Foil-*fóail* s. folie, foaie subţire; spadă, floretă; înfrângere; lus-tru mincinos; contrast; —, v. a. a înfrânge; a învinge; a ză-dărnici; a nimici.

Foiler-*fóailer* s. învingător.

Foist-*fóist* v. a. a băgă, a în-seră cuvinte, fraze străine (în-tr'un text).

Fold-*fóuld* s. cută (îndoită), în-doitură; canat (de uşă); ocol de vite; strungă, staul de oi; —, v. a. a închide într'un ţarc; a îndoi; a face cute.

Folding-*fóulding* s. îndoitură; şederea oilor in ţarc; strângere (în braţe);— *-bed*, pat cu chin-gă;— *-chair*, scăunaş care se în-doaie;— *door*, uşă cu două ca-naturi;— *-hat*, clac, pălărie ce se strânţe; — -screen, paravan.

Foiia e-fóliej s. frunziş, foiş.

Foio-fólio s. folio; in -olio; paginä.

Folk(s)-fóc s) pl. popor, oameni, lume

Fo..ow-ólou v. a. & n. a urmà, a se luà dupä; a insoţi; a se dedà cu totul; a se lipì, a prinde dra oste; a observà; a rezulà; to—the law, a urmà dieptul studiul; it does not —that, nu rezu tă din aceasta că..

Follower- ólouer s. tovaräş; partizan (ai unor opiniuni); a morez; imitator.

Folly-fóli s. nebunie; neghiobie;

Foment-fóment v. a. a oblojì; a aţâţà la; a indemnà la ceva.

Fomentation- omentéişón s. oblojire; aţâtare la ceva.

Fond-fend a. gingaş; ingäduitor; iubitor; pasionat; inamorat de; care-i place; to be — of, a plăceà; a iubì; I am not—of wine, nu'mi place vinul; — ly, ad. cu drag, cu iubire; cu patimä

Fondie-fóndl v. a. & n a mângâià; a räsgäià; a iubì la nebunie.

Fondness-fóndnes s. gingäşie; predi.ecţiune; dragoste, iubire; patimä; gust.

Fon -,ont s. cristelniţä.

Food-fud s. hranä; mâncare, nutriment; päşune; articles of—, merinde.

Fool-,ul s nebun; neghiob, prost; paiaţä; to make a—of a person, a'şi bate joc; a glumì; a face nebu..ii.

Foolery-fúleris.net unie,t rostie.

Foolhardiness-fulhárdines s. temeritate

Foolish-fuliş a. smintit, dobitoc; de râs, ridicul;—ly, ad. nebuneşte, dob toceşte, prosteşte.

Foolscap-fúlscáp s. -tichie de nebun; o pälärie mare de härtie, ce se pune in şcolile engleze pe capul copiilor cari nu'şi invaţä lecţia.

Foet-fut s. picior; labä; (mil.) infanterie; infanterist; bazä, temelie; partea de jos; treaptä; on—, in picioare, pe jos; to—it, a merge pe jos; — -bo rd, scara träsurii; — -ioy, grum, lacheu mic;— -bridge, punte ingusä;— -light:, rampä—-man, slugä care insoţeşte pe stäpânul säu; — -pace, pas;— -path, trotoar; potecä, cärare;— -pint, urmä de pas; -race, alergare pe jos; — -soldier, infanterist;— -step, urmä; pas;— -marmer, mangal de incälzit picioare.e;—, v. a. & n. a cälcà in picioare; a merge pe jos; a lovì cu piciorul; a umbla.

Footbal-fútbol s. un joc de-a mingea

Footho.d-futhould s. locul cälat de picior.

Forting- úting s. pas; picior; bazä, temelie; sta:e; pun.t de sprijin; sprijin; drept de cetäţenie; locuinţä in trecere.

Footman vide: **foot.**

Footpad-fútpäd s. tâlhar de drumuri.

Footstep- útstep s. pas; urmä; to tread in one's—s, a cälcà pe urmele cuiva.

Footstoo.-fútstul s. scäunaş; scarä de träsurä.

Fop-fop s om infumurat; coconaş, ţalandache.

Foppery-fópery s. gäteală; nebunie; infumurare.

Foppish-fópiş a. prost, infumurat, care se crede.

For-,or prep şi conj. pentru; cä; pentrucä; färä; din pricinä; ca sä; cäci; de oarece; fiindcä; afarä de aceasta; as—, cât despre; —all that, cu toate acestea; — example,—instance, de pildä, de exemplu; — shame! sä-ţi fie ruşine! as—me, in ceeace mä priveşte pe mine.

Forage-fórei s. nutreţ;—v. a. & n a stiânge nutreţul la; a se duce dupä nutreţ.

Forager-*fórjger* s. strângător de nutreț.

Forbear-*forbéer* v. a. & n. ner. (perf. *forbore, forbare*, ptr. *forborne*), a, se abține; a încetă a se feri; a răbdă; a tratá cu indulgență; a aveà indulgență pentru; a scuti, — ! păzește!

Forbearance *forbéerăns* s. abținere; indulgență; îndurare.

Forbid-*forbid* v. a. & n. ner. (perf. *forbade, forbid*, ptr. *forbidden, forbid*), a oprì; a interzice; a împiedicà; *god*—, ferit-a D-zeu.

Force-*fórs* s. forță, putere; eficacitate;—*s*, trupe;—, v a & n. a sili, a constrânge; a forța; a se sili;—*a march*, marș forțat.

Forcemeat-*fórsmit* s. carne umplută.

Forceps-*fórseps* s. pl. clește

Forcible-*fórsible* a. puternic; violent; forțat.

Forcibly *fórsibli* ad. cu putere; cu silă.

Ford-*ford* s. vad;—, v a. a trece prin vad.

Fordable *fordăbl* a. trecător.

Fore-*fóer* a. și s. anterior, dinainte; luturi, înainte.

Forearm *foerarm* s. (*anat*) antebraț.

Forebode *fóerbóud* v. a. a prorocì, a prezice.

Forecast-*fóercást* s. plan; precuget; prevedere; —, v. a. a prevedeà; a calculà mai de înainte; a proiectà.

Forecastle-*fóercus(t.els*, partea dinainte a unei corăbii.

Foreclose-*fóerclóus* v. a. a exclude; a oprì; a alungà (dintr'o societate); (*jur.*) a resp nge o înfățișare care după termen.

Foreclosure-*foreclóujŏr* s. (*jur.*) pierderea dreptului de a se judecà din cauza trecerei termenului legal.

Foredoom-*fóerdŏm* v. a. a predestinà, a preursì; a meni.

Forefather *foerfadher* s. bunic, strămoș.

Forefend-*fóerfend* v. a. a interzice, a oprì.

Forefinger-*fóer'íngher* s. degetul arătător.

Forego-*fóergóu* v. a. & n ner. perf. (*orevent*, plr *joregono*), a merge înainte, a precede; a renunță la; a se lăsà (de ceva); a se lepădà.

Foregone-*foer,ón* a. trecut; *days*—, zilele trecute.

Foreground *fóergraund* s. partea dinainte; primul plan.

Forehead-*fóréd* s. frunte; obrăznicie.

Foreign *órin* a. străin; — *office*, ministerul afacerilor străine.

Foreigner-*fóriner* s. străin; străină.

Foreknowledge - *foeróledj* s. prevedere; cunoașterea viitorului; preștiință.

Foreland *fóerland* s. cap, limbă de pământ în mare

Forelok-*fóerloc* s moț pe frunte.

Foreman-*fóermăn* s. șef; șef de atelier; supraveghetor; inspector.

Foremast-*fóer'măst* s. catarg de mizenă.

Forementioned - *foerménșŏnd* a. sus zis.

Foremost-*fóermoust* s. întâiu; în cap, în frunte; mai înaintat.

Forenoon-*fóernŏn* s. înainte de amiazi.

Forensic-*forénsic* a judiciar, juridic, legal.

Forepart-*fóerpart* s partea de înainte.

Foreunner-*fóróner* s. înaintemergător; prevestitor; premergător.

Foresee-*foérsi* v. a. a prevedeà.

Foreshadow *fóerșădou* v. a a închipuì mai dinainte.

Foreshorten-*foerșórten* v. a. a prescurtà

Foresight-*fóersait* s. prevedere.

Forest-*fórest* s pădure.

Forestall *fóerstál* v. a. a anticîpă; a eşi înainte; a întrece; a face să se urce preţurile, a acaparà de mai înainte.

Forester-, *órester* s. pădurar.

Forestry-*fórestri* s. silvicultură; cultura pădurilor.

Foretaste-*fóerteist* s gust dinainte.

Foretell-*foertel* v. a. ner (perf şi ptr. *foretold*), a proorocì, a prezice.

Foreteller-*fóerteler* s prooroc, profet.

Forethought-*fóerthot* s. pre meditare; prevedere.

Foretop-*fóertop* s moţ de păr pe frunte; platformă de mizenă

Forewarn-*foeruărn* v a a feri cu sfaturi, a înştiinţa mai dinainte.

Forewoman-*fóeruumăn* s în tâia lucrătoare.

Forfeit-*fórfit* s. amendă; plată în caz de nerespectare a unui contract; pierderea unui drept; —*s*, pl. gaj (la joc) ;—, v a. a'şi călca datoria (cinstea, etc.); a confiscà; a pierde dreptul prin confiscare; a aveà de plătit o a mendă ;—, a. confiscat; pierdut prin confiscare.

Forfeiture-*fórficiŏr* s călcarea datoriei (în exerciţiul funcţiunei); amendă; confiscare.

Forfend-*forfend* v a. a prevenì; a veni înainte; a ferì (de ceva); a interzice; a îndepărtà.

Forge-*fórjs* făurărie; cuptor de topit; v. a. a făurì (*fig*) a născocì; a falsificà; a imità; *to—coin*, a falsificà bani.

Forger-*fórger* s. făurar; potcovar; falsificator.

Forgery-*fórgeri* s lucrare de făurire; falsificare.

Forget-*forghét* v. a. ner. (perf *forgot*, ptr. *forgoten*, *forgot*), a uità;— *-me-not*, (bot) miozotis «nu-mă uità».

Forgetful-*forghét/ul* a. uitător, care se uită; negligent.

Forgive-*forghiv* v. a. ner. (perf

forgave ptr. *for;iven*), a iertà.

Forgiveness-*forghírnes* a. iertare.

Fork-*forc* s. furculiţă; furcă.

Forked-*fórked* a. crăcănat; în zigzag.

Forlorn-*orlórn* a pierdut; părăsit; dezolat.

Forlornnes-*forlórnes* s părăsire; dezolare, nemângâiere.

Form-*fórm* s. formă, înfăţişare; model; formalitate; metoda, regulă; bancă (de clasă); clasă;—, v. a. & n a (se) formà.

Formal-*fórmăl* a. formal; regulat;—*ly*, ad. în mod formal; regulat.

Formality-*formăliti* s. formalitate.

Formation-*forméişŏn* s. formaţiune; formare

Former-*fórmér* a. întâiu; precedent; de dinainte; vechiu.

Formerly-*fórmerli* ad. altă dată; în vremurile trecute; odinioară

Formidable-*fórmiddăbl* a. formidabil; groaznic.

Formula-*fórmiulă* s formulă.

Formulary- *órmiuleri* s. formular.

Forsake-*forséik* v. a. ner. (perf *forsook*, ptr *forsaken*), a părăsì; a lăsà; a renunţà.

Forsooth-*forsút'i* ad într'a le văr; aşa.

Forswear - *forsuéer* v a & n. ner. (perf *forswore* ptr *forsworn*), a tăgădui: a jurà fals; a'şi călcà jurământul.

Fort-*órt* s fort. cetate; redută.

Forth-*fórth* a. & ad afară de; afară, din afară; înainte; *form this day* —, de azi înainte; *to be —coming*, a se ivì. a se arătà; —*with*, îndată, numai decât

Forthcoming-*fórthcóming* ad. gata să se arate, să apară.

Forthwith - *forthuith* ad. vide *forth.*

Fortieth-*fórtieth* a. al patruzecelea.

Fortification-*fortifikéișŏn* s. fortificație.

Fortify *órtifai* v. a. a fortifică, a întări.

Fortitude - *fóiticiud* s. putere morală; tărie de caracter.

Fortnight-*fórtnait* s cincisprezece zile, două săptămâni.

Fortress-*fórtres* sf. fortăreață

Fortuitous-*forciúitŏs* a. întâmplător; fără veste; —*ly*, ad. din întâmplare; pe neașteptate.

Fortunate-*fórciunet* a. fericit; —*ly*, ad. din fericire, în mod fericit.

Fortune-*fórciŭn* s fericire, noroc; bogăție; soartă; întâmplare; zestre; *good*, noroc; *bad*—, *ill*—, nenorocire; *by*—, din întâmplare; *by good*—, din fericire; *to come into a*—, a întră într'o avere moștenită; — *teller*, ghicitor, ghicitoare.

Forty-*fórti* a. patruzeci.

Forward-*fóruard* v. a. a înaintă; a expediă; a grăbi, a ajută; a înmână; a face să crească; —, a. dinainte, naintaș; gata; grăbit; impetuos; înfocat; presumțios, timpuriu, îngâmfat; —, ad. înainte; —*ly*. ad grabnic, cu grabă.

Forwardness - *fóruardnes* s. grabă, grăbire; zel; stare înaintată; desvoltarea timpuriu; îndrăzneală.

Forward(s)-*fóruard(s)* ad. înainte, drept înainte.

Foos-*fos* s. groapă, șanț.

Fossil-*fósil* s. & a. fosil.

Foster-*fóster* v. a. a hrăni, a nutri; a îngriji; a crește; *to*—*up*, a crește; — *brother*, frate de lapte; — *child*, copilul luat de suflet; — *father*, tată adoptiv; — *mother*, — *nurse*, doică; — *sister*, soră de lapte; — *son*, fiul adoptiv.

Fosterer - *fósterer* s. nutritor, tată adoptiv.

Foul-*fáu* v. a. a murdări; a necinsti; a strică; (*mar*) a trage la mal; —, a. înnorat; murdar;

necurat; urît, batjocoritor, insultător; stricat; încărcat (limbă); nelegiuit, ticălos; ordinar necinstit; fals (la joc); — *tongue*, limbă încărcată; rău de gură; —*ly*, ad. în mod murdar; necinstit; rușinos.

Foulness-*fáulnes* s. murdărie; necurățenie, necinste; urăciune.

Found-*fáund* v. a. a fundă; a întemeiă; a așeză, a topi.

Foundation-*foundéișŏn* s fundațiune; întemeiere; așezământ; temelie; bursier; *to be on the*—, a fi bursier— *stone*, piatră fundamentală.

Foundationer-*foundéișŏner* s. bursier.

Founder-*fáunder* s. fundator; întemeietor; turnător; —, v. a. a obosi peste măsură (un cal), a înțepeni de oboseală; —, v. n a se duce la fund, a se cufundă; a face naufragiu.

Foundered-*fáundered* a. vătămat la copită (despre cai, măgari).

Foundling - *fáundling* s, copil găsit.

Foundry-*fáundri* s. turnătorie.

Fount(ain) *fáunt(ăn)* s. fântână; izvor; fântână săritoare; —*head*, obârșia; izvorul primitiv; sorginte.

Four-*fóer* s. patru; *cn all*—*s* de-a bușelea; — *footed*, patruped.

Fourfold-*fóer/ould* a. împătrit, de patru ori atât.

Fourscore-*fórscoer* a. vide *eighty*.

Fourteen - *fórtin* a. patrusprezece.

Fourteenth-*fortinth* a. patrusprezecelea.

Fourth-*fórth* s stert; —, a. al patrulea; —*ly*, ad. al patrulea.

Fowl-*fául* s. pasăre de curte (găină, gâscă, rață, etc.); găină

Fowler-*fáuler* s. păsărar

Fowling-*fáuling* s. vânătoare de pasări; — *piece*, pușcă de vânătoare.

Fox *fox* s. vulpe; *(fig.)* şiret;— -*earth*, vizuină de vulpe;— *brush*, coadă de vulpe;— *glove*, *(fig.)* degeţel;— *hound*, câine care se ţine de lup;— *hunting*,— *hunt* vânătoare de vulpi;— *hunter*, vânător de vulpi.

F. O. (= „*fire-plug*") ajutor con tra incendiului.

Fraction *frácşŏn* s. fracţiune; împărţire.

Fractional *frácşunăl* a frac ţionar.

Fractious *frácşŏs* a. arţăgos, hârţuitor.

Fracture *frácciŏr* s. fractură; ruptură; —, v. a. a fractura, a sparge.

Fragile *frágil* a. fragil, slab.
⁓ ·*··ility frăgiliti* s. fragilitate.

Fragmen' -*frágment* s frag ment.

Fragmentary -*frăgmentari* a. compus din fragmente.

Fragrance -*fréijrăns* s. miros plăcut.

Fragrant -*fréigrănt* a mirosi tor; —*ly*, ad. cu un miros plă cut.

Fraii -*fréil* s. coşuleţ de papura; —, a. fragil, slab.

Frailty -*fréilti* s fragilitate, slă biciune.

Frame -*fréim* s. cherestea; co şul, cheresteaua (unei trăsuri); organizaţiune (a corpului); fire; dispoziţiune; cadru; ramă; for mă; războiu (de ţesut); gherghef; invenţiune; — *of mind*, dispozi ţiune sufletească; — *knitter*, vân zător de ciorapi; — *work*, îngră dire de lemnărie; războiu; gher ghef.

Framer -*fréimer* s. cel ce înră mează, polcitor; constructor; in ventator.

Franchise -*frănsiz* s. sinceritate ; scutire; drept electoral.

Frank -*frăno* s. franc; scrisoare francată; —, v. a. a francă o scrisoare; —, a. sincer; generos, liberal; —*ly*, ad. cu sinceritate

Frankincense -*frănkinsens* s. tămâie.

Frankness -*frănones* s. sinceri tate, generositate.

Frantik -*frăntic* a. furios; —*ly*, ad. cu frenezie.

Fraternal -*frătérnal* a. frăţesc; —*ly*, ad. frăţeşte, ca un frate.

Fraternise -*frátérnaiz* v. a. a fraternizã.

Fraternity -*frătérniti* s. frater nitate.

Fratricide -*frătrisaid* s. fratri cid.

Fraud -*frod* s.fraudă,înşelăciune

Fraudulent -*fródiulent* a. frau dulos.

Fraught *frot* a. încărcat, plin.

Fray -*fréi* s. bătălie, luptă, ceartă.

Freak -*fric* s. capriciu, gust ciu dat.

Freckle *frékel* s. roşaţă; — *d*, pistrui, împestriţat.

Free -*fri* v. a. a liberã, a pune în libertate; —, a. liber; liberal; darnic; sincer; scutit; *to get*— *from*, a se scăpă de; *to set*—, a liberã; *to make* -*with*, a luă pes te picior;— *hearted*, liberal, ge neros; s!ncer;— *spoken*, vorbire din inimă ;— *stone*, piatră de construcţiune ;— *trade*, liber schimb ;— *will*, voinţă liberă; liber arbitru.

Freebooter -*frĭbuter* s. bandit; pirat, hoţ de mare.

Freedom -*frídăm* s. libertate; sinceritate.

Freehold -*frihould* s. bun alo dial scutit de orice taxă.

Freeholder -*frihoulder* s aren daş, scutit de orice dare.

Freemason -*friméisen* s. franc mason.

Freemasonry -*friméisenri* s. francmasonerie.

Freethinker -*frithinker* s liber cugetător.

Freeze -*friz* v a. & ner. (per! *froze*, ptr *frozen*), a îngheţă; a degenerã

Freezing - machine -*frizing*-

Mașin s. ghețărie; mașină de făcut înghețată.

Freight-*freit* s. încărcare; chirie de transport;—, v. a. a îmbarcă (spre transportare; a închiriă o co abie.

Freighter-*fréiter* s. închirietorul unei corăbii.

French-*frénţ* a. franceză; *to take—leave*, a plecă pe ascuns; — *beans*, fasole verde; — *horn*, corn de vânătoare;—*man*, francez; *woman*, franceză.

Frenchily-*frénci*, *ai* v. a franţuzi.

Frenzi-*frénzi* s. frenezie; ardoare nebună; furie.

Frequency-*fricuensi* s. repetire deasă, îrecvenţă.

Frequent-*fricuent* a. frecvent, des, repeţit; numeros; — *ly*, ad. adesea, adeseori.

Frequent-*fricuént* v. a. a frecventă, a vizită des.

Frequenter-*fricuenter* s. cel care frecventează.

Fresco-*frésco* s. frescă, pictură de à dreptul pe tencueală.

Fresh-*freş* a. proaspăt; nou voinic; viu; rece; răcoros; — *water*, apă dulce (de râu);— *ly* ad. de curând; în mo1 răcoritor.

Freshen-*fréşen* v. a & n. a (se) răcori.

Freshet-; *réşet* s curent de apă dulce; (*Am*) inundaţie.

Freshness *fréşnes* s. răcoare; noutate; frăgezime, nexxperienţă.

Freshwater-*fréşuater* s. apă dulce; neexperimentat, novice.

Fret-*fret* s. agitare; mișcare; fierbere; strămutorare; clapă (*muz.*); supărare, mânie;—*work*, (*arch*) ornament din linii drepte închipuind unghiuri; roadere;—, v. a. & n. a lucră în zarturi (relief); a frecă; a'și frecă; a roade, a fi ros; a se agită; a chinuì; a se chinuì; a supără; a se necăji.

Fretful-*fré'ful* a. necăjit, rău dispus — *y*, ad. cu un aer supărat; rău dispus.

Friable-*fráiăbl* a. fărămăcios, care se sparge, se rupe lesne.

Friar-*fráier* s. călugăr:—*'s lantern*, licuriciu, flăcăraie.

Friction-*'ricşŏn* s. frictiune, frecare.

Friday-*fráidei* s. Vineri, *Good* —, Vinerea mare.

Friend-*frénd* s. amic.

Friendless-*fréndles* a. fără prieten.

Friendliness-*fréndlines* s. amiciție; bună-voință.

Friendly-*fréndli* a. amical; — *society*, societate de ajutor mutual.

Friendship-*fréndşip* s. amiciție.

Frieze - *friz* s. friză (stofă și arch).

Frigate-*frigheit* s. fregată.

Fright-*fráit* s. frică, spaimă.

Frighten-*fráiten* v. a. a înfricoşă, a înspăimântă.

Frightful-*fráit'ul* a. înspăimântător; — *ly*, ad. în mod înspăimântător.

Frigid-*frigid* a. rece, friguros; *ly*, ad. cu răceală.

Frigidity-*frigidíti* s. frig; răceală; indiferenţă.

Frill-*fril* s. ornament de muselină ce se pune la pieptar, la cămăşi bărbăteşti.

Fringe-*fringi* s. ciucure ţesut; —, v. a. a ciucuri, a pune ciucuri.

Frippery-*friperi* ş. haine vechī, vechituri.

Frisk-*frisc* v. n. a sări, a săltă; a se făţăi; a nu aveă; astâmpăr.

Frisky-*friski* a. sărind săltând; neastâmpărat; foarte vioiu; vesel; nebunatec.

Frith-*frith* s. strâmtoare; gură de râu.

Fritter-*friter* s. clătită, nn fel de prăjitură cu lapte, ouă şi mere;—, v. a. a îmbucătăţì; a nimicì; a pune în dezordine; *to away*, a pierde, a petrece (t mpul) cu fleacuri; a risipì.

Frivolity-*frivóliti* s. frivolitate.

Frivolous *frivolŏs* s. frivol; u.

furalic; fără va'oare; —*ly*, ad.
în mod frivol.

Friz*z-friz*, **frizzle-** *rizl* v. a. a
froză, a încreți

Frizzle-*frizl·*.freză,buclă,pleată.

Fro-*róu* ad. înapoi; îndărăt; *to
go to and*—, a umbla încoace și
încolo.

Frock *frocs*. rochie; bluză; sa-
rică, zeghe;—*coat*, redingotă.

Frog-*frog* s. broască; partea co-
pitei care intră în cavitatea pi-
ciorului (la cai)..

Frolic-*frólic* s. veselie; petrece-
re; nebunie; —, v. n. a glumi,
a face nebunii.

Frolicsome-*frólicsŏm* a. vesel,
vesel peste măsură; nebunatic,

From-*from* pr. dela; din; dela
cineva; după.

Frond-*frond* s. (*bot.*) frunzet,
frunziș.

Front-*front* s. trunte; față; par-
tea din față (a unei clădiri), fa-
țadă; front; galantarul (unei fe-
restre de magazin); partea din
afară;—*box*, lojă din față; *in*—,
în față; —, v. a. a ataca în
front; a înfrunta; a se împotrivi.

Frontage-*frónteidj* s. fațadă;
galantarul unei ferestre.

Frontal-*fróntăl* s. fruntar, fron-
ton, ornament deasupra ușii, fe-
restrii.

Frontier-*frontíer* s. frontieră,
margine.

Frontispiece-*fróntispis* s. fron-
tispiciu.

Frontlet-*fróntlet* s. frontal, dia-
demă.

Frost-*fróst* s. ger; brumă; *gla-
zed*—, ghețuș, alunecuș; *hoar*—,
white—, brumă, promoroacă;—
-bite, degărătură;— *-bitten*, a. în-
ghețat;— *-flower*, cristal de ghia-
ță pe fereastră; —, v. a. a în-
gheța; a încrusta cu aur sau ar-
gint (în cuțitărie).

Frostily-*fróstili* ad. cu gerul,
cu frigul.

Frosty-*frósti* a. înghețat; (*fig.*)
rece.

Froth-*fróth* s. spumă, —, v. n.
a spumega.

Frothy-*fróthi* a. spumegător;
gol, frivol.

Frouzy-*fráuzi* a. murdar; mu-
cezit, urât.

Froward-*fróuard* a. îndărătnic;
arțăgos; neascultător; supără-
cios; —*ly*, ad. cu îndărătnicie;
cu supărare.

Frowardness-*fróuardnes* s.
îndărătnicie; arțăgoșie; răutate.

Frown-*fráun* s. încrețire din
sprâncene; —, v. n. a'și încreți
sprâncenele; a'și încreți fruntea;
a se posomori; *to*—*down*, a do-
borî dintr'o privire.

Frozen-*fróuzen* a. înghețat.

Fructify-*fróctifai* v. a. & n. a
fructifica, a fertiliza.

Frugal-*frúgăl* a. frugal; cum-
pătat; econom; —*ly*, ad. cu fru-
galitate.

Frugality-*frugăliti* s. frugali-
tate.

Fruit-*frút* s. fruct; product;—
-bearer, pom;— *bearing*, fructi-
fer ;— *-grove*, pomet;— *-grower*,
grădinar, posesorul unei pepinie-
re;— *-tree*, pom fructifer.

Fruiterer-*frúterer* s. vânzător
de fructe; —*'s shop*, prăvălie cu
fructe.

Fruitful-*frútful* a. fertil, fecund,
îmbelșugat; —*ly*, ad. cu belșug,
cu fertilitate.

Fruition-*fruiṣŏn* s. bucurie.

Fruitless-*frútles* a. neroditor,
sterp.

Framp-*frŏmp* s. bătrână arțâ-
goasă.

Frustrate-*fróstreit* v. a. a frus-
tra; a păgubi cu ceva; a anula.

Frustration-*fróstrétṣŏn* s. de-
zamăgire; zădărnicie.

Fry-*frái* s. bătaia peștelui, tim-
pul în care peștii depun icrele;
baboiul, bibanul, pește mărunt;
(*fig.*) grămadă; friptură de peș-
te; —, v. a. & n. a frige; *fried
eggs*, ochiuri de ouă; *small*—,
pește mărunt; *lamb's*—, pieliță

ce inconjoară maţele la miel.

Frylug-pan- *ráinpŏn* s. tigae; *out of the—into the fire* a sări din lac in puţ; a fugi de dracu şi dai peste tată-său; a cădeà din rău in mai rău.

Fuchsia *fiúşiă* s. *(bot.)* cerceluş.

Fuddle-*fŏdl* v. a. & n. a se im bătă.

Fudge-*fŏdj* s. gogoşi; minciuni, palavre; prostie! ba! aşi!

Fuel-*fiúel* s. combustibil, orice materie care arde; incălzit; *to add—to the fire, (fig.)* a stinge focul cu gaz.

Fugitive *fiúgitiv* a fugitiv, trecător; —, s. fugar.

Fague-*fiúg* s. *(mus.)* fugă, bucată ale cărei părţi diferite se succed repetând acelaş motiv după regule stabilite.

Fulcrum *fúlcrŏm* s. rezemătoare; sprijin, proptea.

Fulfil-*fŏlfil* v. a indeplinl.

Fulfilment-*fulfilment* s. indeplinire, săvârşire.

Full-*fŏl* s. plin, plenitudine; intreg; complect; gras; *chock—*, plin pănă sus; *to the—*, mai mult decât trebue, cu prisos;—*blown*, in plină inflorire;—*bodied*, prea gras;—*dress*, în mare ţinută;—*stop*, punct.

Fuller-*fúler* s. piuar, călcător (de pei, postavuri, etc.).

Fulling-mill-*fúling-mil* s. piuă de călcat

Fulminate-*fúlmineit* v. a. & n. a trăsnì; a face explozie; a detună.

Fulness-*fúlnes* s. plenitudine, deplinătate; săturare; lărgime (de haină).

Fulsome-*fúlsŏm* a. desgustător; —*ly*, în mod desgustător.

Fumble-*fŏmbl* v. a. & n. a pipăì; a atinge; a lucrà în mod stângaciu.

Fume *fiúm* s. fum; abur; mănie; vanitate; —, v. a. & n. a afumà; a face fum; a parfumà; a se mânià.

Fumigate-*fiúmigheil* v. n. a afumă cu.

Fumigation-*fiumighéişŏn* s. afumare; fumegare.

Fun-*fŏn* s. glumă; veselie; haz.

Function *fóncşŏn* s. funcţiune; putinţă.

Functional *fúncşunŏl* a. privitor la lucrarea organelor.

Functionary-*fŏncşunări* s. funcţionar.

Fund-*fŏnd* s. fonduri, capital; *sinking—*, casă de amortizare; —*s*, pl. fonduri publice; —, v. a. a da bani cu dobândă.

Fundament-*fúndăment* s. fundament.

Fundamental-*fundăméntăl* s. fundament, principiu fundamental; —*ly*, ad. în mod fundamental.

Funded -*fŏnded* a. consolidat, întărit.

Funeral-*fiúnerăl* s. înmormântare.

Funereal-*fiunériăl* a. funebru, trist, jalnic.

Fungous *fŏngos* a. spongios, ca bureţele.

Fungus *fŏngŏs* s. ciupercă ;*(med.)* umflătură moale şi cărnoasă.

Funk-*fŏnc* s. spaimă, groază.

Funnel-*fŏnel* s. pâlnie; urloiu; olan.

Funny-*fŏni* a. caraghios, hazliu; ciudat.

Fur-*fŏr* s. blană, piele; *(med.)* necurăţenie în stomac;— *cap*, căciulă; —, v. a. a blănì.

Furbelow *férbelou* s. farbala, volan.

Furbish-*fúrbiş* v. a. a curăţì, a lustruì.

Furios *fiúriŏs* a. furios, manios; —*ly*, ad. cu furie.

Furl-*férl* v. a. a indoì, a strânge; *(mar.)* a strânge pânzele şi a legà de prăjiui.

Furlong-*férlong* a. a opta parte a unei mile engleze «furlong».

Furlough *férlou* s. concediu.

Furnace-*fŏrneis* s. cuptor.

Furnish-*fernis* v. a. a aprovizionă; a îngriji pe cineva cu ceva; a mobilă; a echipă.

Furnisher-*ferniser* s furnizor.

Furniture-*feruiciur* s. mobilier; mobile; echipaj; —-*broker*, negustor de lucruri de ocazie.

Farrier-*forier* s. blănar.

Furrow-*forou* s. brazdă; sbârcitură; scobitură; ogor, țarină; —, v. a. a brăzdă; a face ciubuce (la un zid); a face scobituri.

Furry-*feri* a. blănit, de blană.

Further-*ferdher* v. a. a înaintă; a ajută; —, a. comp. mai depărtat; viitor; —, ad. mai departe; peste; dincolo; încă mai mult; *nothing*—, nimic mai departe.

Furtherance-*ferdherăns* s. înnaintare; protecție; ajutor.

Furtherer *ferdherer* s. promotor; protector; inițiator.

Furthermore-*ferdhermoer* ad. peste, mai mult încă.

Furthest-*fer hest* a. cel mai depărtat, v de *farthest*.

Furtive-*fertiv* a. ascuns; —*ly* pe sub ascuns, pe furiș.

Fury-*fluri* s furie, turbare.

Furze-*firz* s. grozamă (*bot.*)

Fuse-*fius* v. a. & n. a se) topi.

Fusee-*fiuzi* s. fus de ceasornic; pușcă fitil.

Fusel-bil-*flus loil* s. ulei empireumat c. făcut din rachiu de drojdie.

Fusilier-*fiuzi ier*, **fuselier**-*fiuzilier* s. pușcaș soldat); infanterist.

Fusion- *iușon* s. fuziune.

Fuss-*ös* s. sgomot, larmă.

Fussy-*özi* s. cel care face mare caz de ceva; molturos.

Fu tian-*jöstian* s. barchet; umflătură; îngâmfare.

Fustiness-*föstines* s. mucigaiu; putoare.

Fusty-*fusti* a. mirosind a mucigaiu.

Futile-*flútail* a. de nimic.

Futility-*fiutiliti* s. neînsemnătate, nimie.

Future-*fiuciur* s. viitor; *or the* —, *in the*—, pe viitor; —, a. la viitor.

Futurity-*fiuciúriti* s. viitorul.

Fy(e)! *jái!* fui!

G

Gab *gåb* s fleoncănire; gură; —, v. n. a flecări; *to have the gift of the*—, a fi bun de gură.

Gabble-*gåbl* s. bălăcărire; flecărie; —, v. n. a flecări, a trăncăni.

Gabbler-*ğåbler* s. flecar.

Gabion-*gheibiăn* s. gabion, coș cu pământ servind la facerea de parapete imediat.

Gable(-end) *ğhéibel(-end)* s. creasta coama (unui zid).

Gaby *ğheibi* s. gură-cască, găgăuță.

Gad-*gåd* s. drug de oțel, vergeà —, v. n a rătăcì; a umblă fă ră căpătă u, a hoinărì; a alergà ici-colcà *to—about*, a alergà în toate părțile; — *fly*, tăun.

Gaff-*gå*, s. cange; vargă crăcănată (la corăbieri); cârlig mic.

Gag-*gåg* s. căluș; —, v. n. a pune căluș.

Gage-*gheij* s. amanet; prinsoare.

Gaiety *ğheiti* s. veselie; podoabă.

Gaily-*ğheili* a d. cu veselie, în mod vesel.

Gain-*ghéin* s. câștig, folos; —, v. a. & n. a câștigà, a folosì.

Gainer-*ğhéiner* s. cel care câștigă, câștigător.

Gainless-*ğhéinles* a. fără câștig; nefolositor.

Gainsay-*ğhéinsei* v. a. a contrazice; a negà.

Gainst *ghéin t* pr. contra; vi o *against*.

Gait *ğhéil* s. drum; mcrs, umblare; go-your—, urmează-ţi drumul.

Galters-ghéiterz s. pl. ghetre.

Galaxy gắlăxi s. calea lui Traian, drumul robilor.

Gale ghéil s. boare, adiere.

Galiot-găliot s. galeotă, corăbioară uşoară; luntre acoperită.

Gall-gol s. fiere; pizmă; amărăciune; — nut, gogoşi de ristic; —, v. n. a sgâriă; a scărpină; a se supără.

Gallant gălant a. viteaz; elegant; galant; — ly, ad. vitejeşte; în mod galant.

Gallantry-gălantri s. vitejie; măreţie; galanterie; nobleţă.

Galleon găleon s. galeon, corabie mare de transport.

Gallery-găleri s. galerie; tribună; balcon; picture—, galerie de tablouri.

Galley-găli s galeră; — slave, ocnaş.

Gallic-gălic a. galic.

Galling-góling a. neplăcut; supărător; necuviincios; foc de artilerie distrugător.

Gallipot-gălipot s borcan; răşină de molift maritim

Gallon-gălön s. măsură engleză (patru litri şi jumătate).

Galop-gălóp s. galop; —, v a. & n. a galopă, a merge în galop.

Gallows-gălous s. spânzurătoare.

Galvanic gălvănic a. galvanic.

Galvanise-gălvănaiz v. a. a galvaniză

Galvanism-gălvănizm s. galvanism.

Gamble-gămbel v n a jucă; to—away, a pierde la joc.

Gambler-gămbler s. jucător.

Gambling gămbling s. joc; —-house, — hell, casă de joc; —, a. de joc.

Gambol-jămbol s. săritură repede şi neregulată; —, v n a. face gambade.

Game ghéim s. joc; partidă; petrecere; vânat prădă; to make

— of, a-şi bate joc de; —-bag geantă de vânat; black—, cocoş sălbatic, găinuşă; — cock, cocoş dresat pentru luptă; — keeper, păzitorul vânatului (unei proprietăţi); pădurar, forestier; — laws, legi asupra vânatului; — leg. picior şchiop; —, v. a, a se jucă.

Gamesome-ghéimsöm a vesel, hazliu.

Gamester ghéimster s. jucător.

Gaming-ghéiming s. jocul; jucatul

Gammon gămön s. şuncă; pul (un fel pe joc); minciuni, gogoşi; back—, tablă (joc); —, v. a. a spune prostii.

Gamut-gămut s gamă (mus.).

Gander-gănder s. gâscan.

Gang-găng s. trupă; bandă, ceată.

Ganger-gángher s. şef de lucrători.

Ganglion-gánglion s. ganglion; nod.

Gangrene gángrin s. cangrenă.

Gangway gánguei s drug de despărţire; loc de trecere peste un pod, etc.).

Gantlet-gántlet, **gauntlet**-gön tlet s. mănuşă de oţel; (mil) var gă; nuiă; trecere printre vergi.

Gaol-ghéil s. închisoare; — bird, om vrednic de ştreang; un ştrengar şi jumătate.

Gap-găp. s deschizătură, crăpătură; spărtură făcută într'un zid sau gard; lacună, gol; gaură; — toothed, ştirb; —, v. a. & n. a răscă gura; a crăpă, a plesni

Gape-ghéip v. n. a căscă

Garb-garb s haină; costum; modă; mutră, mină.

Garbage gárbeij s. măruntaie, maţe.

Garble-gárbl v. a a alege; a cirul; a ciuntî; a slutî; a formă, a fasoná.

Garden-gárden s grădină; — engine, tulumbă de stropire; — plot, florăria (unei grădine; — stuff, zarzavaturi, verdeţuri —, v a a cultivă o grădină.

Gardener-*gárdner* s grădinar.

Gardening *gárdning* s. grădinărie.

Garfish-*gárfiş* s. ţipar de mare.

Gargle-*gárghel* s. gargară; — v. a. a (se) gargarisi.

Gargoyle-*gárgoil* s. jghiab.

Garish-*ghéiriş* a. strălucitor.

Garland-*gárlănd* s. ghirlandă

Garlic-*gárlic* s. usturoiu.

Garment-*gárment* s. îmbrăcăminte

Garner-*gárner* v. a. a pune în grânar; a îngrămădi.

Garnet-*gárnet* s. granat.

Garnish(ing)-*garniş(ing)*s garnitură; podoabă

Garnish-*gárniş* v. a. a garnisi. a împodobi; a găti.

Garotter-*gáioter* s. sugrumător; călău de altădată în Portugalia şi Spania.

Garret-*gáret* s. mansardă; podul casei.

Garrison-*gárissön* s. garnizoană; —, v. a. a pune garnizoană în; a apăra.

Garrote-*gárot* v. a. a sugrumă.

Garruilty-*gáriuiti* s. flecărire.

Garrulous-*gáriulŏs* a. flecar, limbut.

Garter-*gárter* s jaretieră, legătură de ciorapi

Gas-*gâs* s. gaz;—*burner*, bec de gaz; —*fitter*, lucrător de gaz; —*light*, lumina gazului;— *meter*, gazometru; — *tar*, smoală, păcură de cărbuni de piatră; —*works*, uzină de gaz.

Gaseous-*ghéiziŏs* a. gazos.

Gush-*găş* s. rană mare pe obraz, tăietură; cicatrice; —, v. a. a face o rană mare pe obraz.

Gasometer-*gázómiter* s. gazometru.

Gasp-*gásp* s. gâfăeală, respiraţie grea; *to the last* —, până la ultimul suspin : —, v. n. a respiră cu greu; a gâfăi; *to—after,* a dormi mult.

Gastric-*gástric* a. gastric ;—*je*-*ter*, friguri gastrice.

Gastritis-*gástráitis* s. gastrită

Gastronomist-*gástrónomist* s gastronom.

Gastronomy-*gástrónomi* s. gastronomie.

Gate-*ghéit* s. uşă; poartă;—*-man,* cantonier;—*-keeper*, portar; paznic de barieră (la drumul de fier); —*-way*, poarta cea mare pe unde intră trăsurile

Gather-*gádher* v. a. & n. a aduna, a strânge; a se adună, (se) întruni ; a secera, a strânge bucatele; a culege; a alege; a ridică; a se uni, a conchide: *(med.) to gather to a head,* a se puroiă, a se coace (bubă); a se face un abces, a se scurge puroiul; —, a. creţ.

Gatherer-*gádherer*s culegător; culegător de struguri

Gathering-*gádhering* s. cules; recoltă, umflătură; puroiare.

Gaudily-*gódili* ad. cu fală, cu fast.

Gaudiness-*gódines* s. fast, fală ; sclipire, strălucire.

Gaudy-*gódi* a. falnic; strălucitor, bătător la ochi.

Gauffer-*gó/er* v. a. a imprimă pe o stofă sau piele.

Gauge-*ghái* s. măsură justă; vargă, dreptar, metru, cot ; lăţime (a liniei ferate); cale (ferată); —, v. a. a măsură, a coti

Gaunt-*gont* a. slab, jigărit, prăpădit

Gauntlet-*góntlet* s. mănuşă de fier.

Gauze-*gos* s. materie foarte uşoară şi transparentă.

Gavot-*gáıŏt*, **gavot**'**e**-*gavót* s. gavotă (dáns).

Gawky-*góki* a. & s. stângaciu; neghiob

Gay-*ghéi* a. vesel, bucuros.

Gaze-*ghéis* s. privire; ochii ţintă; —, v. a. & n. a sgăi ochii, a privi cu ochii aţintiţi, a privi cu deamăruntul; a se uită cu mirare.

Gazelle-*gásél* s. gazelă.

Gazer-*ghéizer* s. spectator.

Gazette-*gazét* s. gazetă «monitorul oficial»; —, v. a. a publică în »Monitorul Oficial»; a fi declarát în stare de faliment.

Gazetteer-*găzetier* s. gazetar, jurnalist; dicţionar bibliografic.

Gazogene-*găzodjin* s. gazogen. aparat pentru fabricarea apei de Seltz.

Gear-*ghir* s îmbrăcăminte, port; costum; găteala; lucruri; harnaşament de cai; unelte de a-părat; afacere.

Gelatin-*gélatin* s. gelatină.

Gelatinous *gelătinŏs* a. gelatinos.

Geld-*gheld* v. a ner, (perf. şi ptr. *gelt*), a scopi, a jugăni.

Gelding-*ghélding* s. scopire, jugănire.

Gem-*gem* s. piatră preţioasă, sculă; (*bot.*) mugur.

Gender-*génder* s. gen, sex.

Genealogical-*genealójical* a. genealogic.

Genealogy-*genealogi* s. genealogie.

General-*général* s. general; generalitate; —, a. general, universal, comun, public; —*ly*, ad în general, în mod general.

Generalise-*gén°rălaiz* v. a. a generaliza.

Generality-*generăliti* s. generalitate, mulţime.

Generalship-*générălşip* s. demnitate de general, durată a ei.

Generate-*génereit* v a a da naştere; a produce.

Generation-*generéişŏn* s. generaţie, neam.

Generic-*genéric* a. generic.

Generosity-*genérŏziti* s. generositate.

Generous-*génerŏs* a generos, făcător de bine; —*ly*, ad. în mod generos.

Genial-*giniăl* a. din naştere, natural; înăscut; vesel, îmbucurător; —*ly*, ad cu simpatie.

Geniality-*geniăliti* s. dar firesc; talent; veselie.

Genitive *genitiv* s. genitiv

Genius-*giniŏs* s. geniu; geniu tutelar.

Genteel *gentil* a. graţios; elegant, de bun gust; politicos bine crescut, cum se cade.

Gentian-*génşiăn* s. (*bot.*) genţiană.

Gentile-*géntail* s. păgân.

Gentility-*gentiliti* s. naştere bună; politeţă; eleganţă.

Gentle-*géntl* a blând, paşnic; binevoitor.

Gentlefolk-*géntlefolk* s. oameni cum se cade.

Gentleman-*géntlmăn* s. domn; om de onoare; om cinstit; om cum se cade.

Gentlemanlike *géntlmănlaik*, **gentlemanly**-*géntlmăn'i* a. de bun gust; bine crescut; cum se cade.

Gentleness-*géntlnes* s. nobleţă; omenie; purtare de om bine crescut; politică.

Gentlewoman *géntleumăn* s. doamnă; femeie din societate; damă de onoare.

Gently-*géntli* ad. cu blândeţe, în mod liniştit.

Gentry-*géntri* s. de nobleţă; familie bună.

Genuflection-*geniuflécşŏn* s. îngenunchiare.

Genuine-*géniuin* a. adevărat; ce există; sincer; curat.

Genuineness-*géniuines* s. curăţenie; adevăr; sinceritate.

Genus-*ginŏs* s. gen, specie.

Geographer-*giogrăfer* s. geograf.

Geografi (al) *giográfic(ăl)* a geografic, de geografie.

Geography-*giográfis*.geografic.

Geological-*giológicăl* a. geologic.

Geologist-*giólogist* s. geolog.

Geology-*giólogi* s. geologie.

Geometrical-*geométricăl* a. geometric, de geometrie.

Geometrician - *geometrițŏn* s. geometru.

Geometry - *ʒiómetris* geometrie.

Germ *ğérm* s. germen; mugur.

German - *ğérmăn* a. german; înrudit.

Germande - *germănder* s (*bot.*) dâmbeț, jugărel.

Germinate - *ğérmineit* v n. a încolți.

Gesticulate - *gestikiuleit* v. n. a gesticulă, a face gesturi.

Gesticulation - *gest kiuléișŏn* s. gesticulare.

Gesture *ğésciur* s. gest, mișcare a mâinilor, a trupului; —, v. a. a gesticulă.

Get *ghet* v. a. & n. ner. (perf. și ptr. *got*, a primì; a căpătă; a obține; a'și procură; a dobândì, a ajunge la; a merită; a câștigă; a îndemnă; a înduplecă; a apucă, a luà; a găsì; a se duce după ceva; a răpì; a d. venì; a se așeză, a da naștere la ceva; a publică; a gonì; *to — a wife*, a luà în căsătorie o femeie; *to have got*, a posedă; *you have got to obey*, trebuie să asculți; — *you gone!* pleacă de aici! *to—one's hair cut*, a'și tăià părul; *to—with child*, a fi însărcinată; *to—away*, a luà, a duce, *to—down*, a duce jos; a înghiți; *to—in*, a aduce înăuntru; *to—by heart*, a învăță pe dinafară; *to—off*, a desbrăcă (haine; *to—on*, a îmbrăcă; *to—in to a bad habit*, a luà un obiceiu rău; *to—along*, a înaintă, a pășì; *—along with you!* fugi de aici! *to—out*, a aduce afară; *to—away*, a fugì; *to—off*, a ieșì din încurcătură; *to over it*, a se însănătoșì; a se mângâià; *to—up*, a se sculà; a se suì; a ieșì; a se înțelege împreună dinainte.

Getter-up *gheterŏp* s. promotor, conducător (al unei afaceri); cel care instalează.

Gewgaw *ghiúgo* s. jucărie; bagatelă, nimic.

Ghastliness *găstlines* s. aspect îngrozitor; gălbeneală.

Ghastly *găstli* a. grozav, îngrozitor; palid.

Gherkin *ghérkin* s. castravete mic.

Ghost *ğóust* s. suflet, duh; stafie; fantomă, nălucă; *The Ho y* —, Sfântul Duh.

Ghostly *óusli* a. sufletesc, spiritual.

Giant *ğiáiănt* s. gigant, uriaș —, a. gigantic.

Giantess *ğiaiăntes* s. uriașă.

Gibberish *ghiberiș* s. vorbire neînțeleasă · blogodorire.

Gibbet *ğibet* s. spânzurătoare; —, v. a. a legà la spânzurătoare.

Gibe *ğiăb* s. bătaie de joc; —, v. a. & n. a glumì, a'și bate joc de.

Giblets *ğiblets* s. măruntaie de gâscă.

Giddily *ghidili* ad. de zăpăceală.

Giddiness *ghidines* s amețeală, zăpăceală; nestatornicie.

Giddy *ghidi* a. zăpăcit, amețit; nestatornic.

Gift *ghift* s. dar, cadou; talent.

Gifted *ghifted* s. înzestrat; talentat; iluminat.

Gig *ghig* s. cabrioletă; luntre; sfârlează.

Gigantic *ğiăigăntic* a. gigantic.

Giggle *ğighel* v. n. a rânjì; a chicoti.

Gild *ghild* v. a. ner. (perf. și ptr. *gilt* sau *gilded*), a auri; a colorà.

Gilder *ghilder* s. aurar; florin.

Gilding *ghilding* s. aurire.

Gill *ğil* s. bronchii la pești: cinzeacă (măsură); gușă de pasăre; bere (de ederă); strâmtoare;—, fetiță, drăguță.

Gilliflower *giliflauer* s. micșunea (*bot*).

Gilt *ghiit* s. aurit, aureală; aur.

Gimcrak *ğimerăc* s. mașină hodorogită, mecanism rău; vorbă de ciacă; fleac.

Gimlet *ghimlet* s. burghiu, sfredel.

Glimp *ghimp* s. cespraz, găilan sau broderie pe haine.

Gin-*gin* s. cursă de păsări; ienuper; mașina de ridicat greutăți; mașina de despărțit bumbacul de sămânță;— -*palace*, măciucă; —, v. a. a scoate grăunțele, semințele (din ceva); a scoate grăunțe din bumdac; a prinde in cursă.

Ginger-*ginger* s. ghimber, zărzățea, zinzifil; — *bread*, turtă dulce.

Gingerly *gingerli* ad. în mod delicat; cu frică.

Gipsy-*gipsi* s. țigan.

Giraffe-*giráf* s girafă.

Girandole *jirándol* s. sfeșnic inalt cu mai multe brațe.

Gird *gherd* v. a. & n. ner. (perf. și ptr. *girt*), girded, a incinge; a imbrăca; a inarmà; a batjocori, a'și bate joc, a luà in râs.

Girder *ghérder* s. bârnă, grindă.

Girdle-*ghérdl* s, incingătoare, râu —, v. a. a incinge.

Girl *ghérl* s. fată.

Girlhood-*ghérlhud* s. copilărie (de fată).

Girlish *ghérliș* a. de tânără fată.

Girt-*ghérth* s. cingă; circumferința.

Gist-*gi:t* s cuvânt hotăritor; temeiu, fond, esență, miez (partea cea mai bună a unui lucru).

Give-*ghiv* v. a. & n. ner. (perf. *gave*, ptr. *given*, a da; a predà; a cedà; a pronunțà; a împinge; a ingăduì; a hotărì; a privì; a se muià; a se silì; a se intinde; a se lăsà; a lovì; *to — attention to*, a băgà de seamă la; *to — chase to*, a urmărì; *to — credit to*, a incredințà; a aveà incredere; *to — ear to*, a ascultà; *to — it to a person*, a buchi sì, a chelfănì pe cineva; a spune verde părerea sa; *I'll — it to you!* am să te regulez eu! *to — in*, *to — up*, a depune; a predà; a cedà; *to — over*, a incetà; a renunțà; a se retrage din; *to — away the bride*, a fi

naș; *to — back*, a da indărăt, a restituì; *to — out*, a cheltuì (bani, etc.); a face cunoscut.

Giving *ghíting* s. dar, dăruire.

Gizzard-*ghízerd* s ghețar.

Glad-*glád* vesel; bucuros; mulțumit.—*ly*, ad. cu plăcere.

Gladden-*gládden* v. a. & n a (se) bucurà; a inveseli.

Glade-*gléid* s. drum plantat cu arbori; luminiș intr'o pădure (*Am.*) alunecuș, ghețuș.

Gladiator-*glódieitcr*s.gladiator.

Gladness-*gládnes* s. bucurie, plăcere.

Glamour-*glámer* s. fermecare.

Glance-*glăns* s. fulger; clipire; privire, ochiadă,—, v. a. & n. a strălucì; a scânteià; a'și aruncă privirile; a atinge in treacăt.

Gland-*glánd* s ghindă.

Glanders *glándérz* s pl. răpciugă (la cai).

Glare-*gléer* s. lumină strălucitoare (orbitoare); privire ațintită; privire sălbatică;—, v. a. & n. a strălucì; a orbì;- a aruncă priviri infocate; a se uità cu un aer sălbatic.

Glaring-*gleering* a. strălucitor; —*ly*, ad. cu prea multă străiucire.

Glass-*gl.s* s. pahar; sticlă; oglindă, geam; telescop; barometru; nisiparniță; *magnifung*—, microscop ;— *house*, sticlărie ;—, s. pl. ochelari.

Glassy *glăsi* a. sticlos, ca sticla.

Glaze-*gléis* s. lustru, smalț;—, a. a lustrui (metalele); a glănțuì (sticlele ; a pune geamuri.

Glazier *gléijcr* s. geamgiu.

Gleam-*glim* s. rază; lucire;—, v. n. a luci, a luminà.

Gleaming *gliming* a. strălucitor; lucitor; scânteitor.

Glean *glin* v. a. a spiculà; a culege.

Glebe-land *glíblănd* s. moșie bisericească; bucată de pământ.

Glee-*gli* s. veselie; cântece pe mai multe voci.

Gleeful-*ghi/ul* a. vesel;—*ly*, ad. într'un mod curgător.

Glen-*glen* s. vale, vâlcea.

Glib-*glib* a. curgător; alunecos; (limbu)deslegat;—*ly*, ad. într'un mod curgător.

Glide-*glaid* v. n. a curge; a alunecà; a se strecurà.

Glimmer-*glimer* s. lumină slabă;—, v. n. a aruncà o lumină slabă.

Glimpse-*glimps* s. lumină slabă; strălucire; licăreală;—, v. n. a zărì.

Glint-*glint*, **glitter**-*gliter* s. strălucire; rază de lumină.

Glisten-*glis(t)én*, **glitter**-*gliter* v. n. a strălucì; a scânteià; a lucì

Gloaming-*glóuming* s. amurg, crepuscul.

Gloat-*glóut* v. n. a privì cu dor, a se uità galeş; a boldì ochii.

Globe-*glóub* s. glob, sferă.

Globular *glóbiuler* a. globulos, sferic.

Globule-*glóbiul* s. globulă.

Gloom-*glúm*, **gloomines**-*glúmines* s. întunecime; tristeţă.

Gloomily-*glúmili* ad. în mod trist, posomorît.

Gloomy-*glúmi* a. întunecos; posomorît, trist.

Glorification - *glorifikéişön* s. glorificare.

Glorify-*glórifai* v. a. a glorificà; a lăudà prea mult.

Glorious-*glóriös* a. glorios;—*ly*, ad. în mod glorios, cu glorie.

Glory-*glóri* s. glorie; splendoare, strălucire, mândreţe; celebritate; admiraţiune; aureolă; *heavenly* —, fericire supremă; aureolă, nimb.

Gloss-*glos* s. glosă, explicarea cuvintelor grele; lustru; strălucire; prefacere;—, v. a. & n. a explicà, a tălmăcì; a lustruì; a ascunde; a preface.

Glossary-*glósări* s. glosar, dicţionar (explicator).

Glossy-*glósi* a. lucios; strălucitor.

Glove-*glöv* s. mănuşă.

Glover-*g'över* s. mănuşar.

Glow-*glóu* s. strălucire; flacără; căldură;— *worm*, li uriciu;—. v. n. a străl. cì; a lucì; a arde; a se înflăcărà; a fì înflăcărat; a se roşì.

Gloze-*glóus* v. n. a linguşì.

Glue-*gliú* s. cleiu; gumă;—, v. n. a lipì.

Gluey *gliúi* a. cleios, vâscos, tare.

Glueyness-*gliúines* s. stare văscoasă, cleioasă.

Glum-*glöm*, **glummy** *glömi* a. mâhnit, trist; supărat; posomorât.

Glut-*glöt* s. supra-abundenţă, prisos; săturare, îmbuibare;—, v. a. a îmbuibà, a îndopà; a săturà.

Glutinous - *glútinös* a. lipicios, cleios.

Glutton-*glöten* s. mâncăcios; lacom.

Gluttony-*glúteni* s. lăcomie la mâncare.

Glycerine-*gliserin* s. glicerină.

Gnarled-*nárled* a. noduros.

Gnash-*năş* v. a. & n. a scrâşnì din dinţi; a sfărâmà.

Gnat-*(g)nat* s. ţânţar.

Gnaw-*(g)no* v. a. & n. a roade.

Gnome-*(g)nóum* s. spiriduş; duh.

Go *góu* s. modă; pahar (de vin); glumă; mişcare; energie.

Go-*góu* v. n. ner. (perf. *vent*, ptr. *gone*), a merge, a se duce; a călători; a alergà; a se mişcà; a trece (timp); a ajunge; a se conduce; a se aflà; a se întinde; a devenì; *to let*—, a lăsà să meargă; a da drumul; *to—abroad*, a merge în străinătate; *to—again*, a întoarce; *to—along*, a urmà drumul său; *to—along with*, a însoţì; *to—astray*, a se rătăcì; *to—away*, a plecà; *to—back*, a se întoarce; *to—backward* a merge d'andăratele; *to—between*, a se interpune; a se pune-între; *to—by*, a trece pe; *to—*

se da jos, a se coborî; *it won't-down with me!* nu pot să sufăr aceasta! *to—for*, a merge să a-ducă; *to—forward*, a înaintă; *to—in*, a intră;—*it!* du țel *to-near*, a se apropià; *to—off*, a plecà; a se descărcà (o pușcă): —*on!* haide, înainte! *to—on at one*, a trage cuiva o gură; *to-out*, a eși; a se stinge, a murì încet; *to—through*, a trece prin; a pătrunde; a încercà; a'și înde-plinì (o datorie); a eși la ca-păt; *to — right through with*, a merge până la sfârșit; *to—under* a trece sub; *to—up*, a urcà; *to without*, a merge fără; a se lipì de; *who goes there?* cine? cine e acolo? *— betwen*, mediator, samsar *— -cart*, căruță (de co-pil); *a fine—*, o afacere frumoa-să; *here 's..—*, iată o g`umă, iată o farsă.

Goad-*gód* s. ghimpe, țeapă; — v. a. înțepà; a ațâță.

Goal-*góul* s. semn, țintă; scop; barieră; stâlp de barieră; *to get a—*, a câștigà un joc.

Goat *góut* s capră; *he—*, -țap; *she —*, capră.

Gobelin-*góblin* s. țesătură cu-noscută sub numele de gobe-lin.

Goblet *góblet* s. cupă, pocal; pa-har de metal.

Goblin *goblin* s. noroiu, fee, zâ-nă; stafie.

God *god* s Dumnezeu; — *child*, fin ; fină ; — -*daughter*, fină;—-*tather*, naș; — -*mother*, nașă;—*son*, fin.

Goddess *gódes* s. zeiță.

Godhead-*gódhed* s. divinitate.

Godless *gódles*, a. nelegiuit.

Godliness *gódlines* s. evlavie, cucernicie.

Godly-*gódli* a evlavios, religios ; —*ly*, ad. cu evlavie.

Godsend *gódsend* s. dar dela Dumnezeu; chilipir

Goer *góer* s. cel care umblă; a-lergător.

Goggle-eye-*góglai* s. care se uită chioraș.

Going-*góuing* s. mers, umblet; demers.

Gold *góuld* s. aur;— -*fish*, pește roș.

Gold(en) *góuld(en)* a. de aur.

Goldfinch *góuldfinci* s. sticlete.

Goldsmith *góuldsmith* s. giuva-ergiu.

Golosh *góloș* s. galoși.

Gondola *góndolă* s. gondolă.

Gondolier-*gondolier* s. gondo-lier.

Gone-*gon* ptr. dela *go*, trecut; înaintat; adjudecat; mort; pier-dut.

Gonorrhoea -*gonoriă* s. gono-ree, sculament.

Good-*gud* a. bun; binevoitor; solid; —*bye!* adio!

Goodly-*gudli* a. frumos, plăcut.

Goodness-*gúdnes* s bunătate.

Goods-*gúds* s. pl. obiecte miș-cătoare; mobile; mărfuri; — -*de par.ment*, mesageriile ; — -*office*, birou de mesagerii.

Goose-*gus* gâscă; fier de calcat (la croitori).

Gooseberry-*gúsberi* s. coacăză; — *bush*, cocăz.

Gordian-knot-*górdian(k) not* s. nod gordian, nod încurcat.

Gore-*góer* s. sânge; limbă (de pământ); clin; —, v. a. lovi cu coarnele; a străpunge; a rănì.

Gorge *górj* s. gât; gâtlej; —, v. a. a imbuibà, a îndopà; a sătură.

Gorgeous *górgiös* a talnic, mă-reț, pompos; —*ly*, ad. cu fală, cu măreție.

Gormandise *górmăndais* v. a. a mâncà cu lăcomie; a se în-dopà.

Gorse *gors* s. (bot.) măceș.

Gory-*góri* a. sângeros; plin cu sânge.

Goshawk *gózhoc* s. uliu (pasă-re de pradă).

Gosling *gósling* s. boboc de gâscă.

Gospel-*góspel* s. Evanghelie

Gossamer-*gósamer* s. fulg; puf de plante; ůr, firicele; —, a subțirel; ușor; aerian.

Gossip-*gósip* s. flecărire, fleoncănire; trăncăneli, vorbe de cumătră; palavragioaică; —, v. n. a flecări.

Gothic-*góthic* a. gotic.

Gouge-*gúdj* s. daltă; scobitoare; —, v. a. a scobi cu dalta; a cizela.

Gourd-*urd* s. dov ecel; tivgă.

Gout-*gáut* s. p cătură; podagră.

Gouty-*gáuti* s. podagros.

Govern-*góvern* v. a. & n a guvernă; a cârmui; a regulă.

Governable-*góvernăbl* a. de cârmuit; cu care te învoiești ușor.

Governess-*gócernes* s. guvernantă.

Government-*góvernment* s. guvern, stăpânire; cârmuire; regim; incunoștiințare.

Governmental - *guvernémntăl* a. guvernamental.

Governor-*gáverner* s. guvernor; stăpân; cârmaciu, pilot.

Gown-*gáun* s. rochie; orning capot (de femeie); halat (de bărbat ; *night*—, cămașă de noapte ; —*sman*, student (universitar

Grace-*greis* s grație, favoare; binefacere; voe; rugăciune; —, v a. a da grație; a favoriză; a înfrumuseță.

Graces-*gréises* s. pl. cele trei grații.

Graceful - *gréisful* a. grațios, plin de grație; elegant; —*ly*, ad. cu grație.

Graceless *gréisles* a. fără grație; negrațiat; neplăcut; nelegiuit; părăsit.

Gracious-*gréișos* a. grațios; evlavios; —*ly*, ad. cu grație.

Gradation - *grădéișon* s. gradație.

Grade-*gréid* s. grad.

Gradien -*gréidient* s. parmaclâc, ridicare din nou; a. care merge, povârnit.

Gradual-*grădiual* a. treptat, —*ly* ad gradat, puțin-câte puțin

Graduate-*grădiueit* v. a. & n. a gradă; a împărți în grade; a inaintă tr.ptă'.

Graduation-*grădiuéișon*, s. gradare, gradație.

Graft-*graft* v. a. & n. a altoi.

Grain-*grein* s. grăunte; bob dispoziţiune sufletească; —*s*, pl. drojdie de bere, borhot; —, v. a. a da grăunţe multe; a fărâmă; a face grăunţos; a pictă (la decoruri).

Grammar-*grămăr* s. gramatică.

Grammarian-*grămeiriăn* s. gramatic.

Grammatical-*grămăticăl* a gramatical; —*ly*, ad. în mod gramatical.

Grampus-*grámpos* s. un fel de delfin.

Granary-*grănări* s. grânar.

Grand-*gránd* a. mare; măreț, sublim; —*child*, nepot; —*daughter*, nepoată, —*ather*, bunic, moș; —*mother*, bunică; —*son*, nepot; —*ly*, ad. în mod măreț.

Grandam-*grándăm* s. bătrână.

Grandee-*grándi* s. nobil.

Grandeur-*grándier* s. măreție, nobleță.

Grandiloquent-*gvăn 'ilocuent* a. care vorbește cu emfază, cu îngâmfare.

Grange-*gréinj* s. hambar; moșioară, arendă mică.

Granite-*grănit* s. granit.

Granny-*grăni* s. bunică.

Grant-*grant* s. a ordare, concesie; — v. a. a acordă; a încuviință; a conveni; a cedă; a admite; *to take for*—*ed*, admis; învoit; a privi ca conve it.

Granular-*grăniulăr* s. grăuntos, grăunțit.

Granulate-*grăniuleit* v. a. & n. a preface în grăunțe mici; a se preface în grăunțe.

Grape-*greip* s. struguri; *bunch*

of—s, ciorchină de struguri;— *sho'*, mitralie;— *stone*, sămânță de struguri.

Graphic-*gráfic* a. grafic; pito- resc; —*ly*, ad. în mod grafic; în mod pitoresc

Grapnel-*gránei* s. cange; (de prins corabia dușmanului); lup- tă; —, v. a. a apucă cu amân- două brațele; a prinde cu câr- ligul; a apucă; —, v. n. a se luptă; a luptă contra; a atacă.

Grappling-iron-*grápling áirón* s. cange; cârlig.

Grasp *grasp* s. strângere, apu- care; —, v. a. & n. a strânge; a apucă; a căută să aibă.

Grasping-*grásping* a. lacom; avar, sgârcit.

Grass-*gras* s. iarbă; iarbă verde, brazdă —*plot*, pajiște;— *green*, inverzit.

Grasshopper *gràshoper*, s. lă- custă; greere.

Grassy-*grasi* a. ierbos; înver- zit.

Grate-*gréit* s. gratii, zăbrele; grătar; v. a. & n. a pune gratii la fereastră; a frecă, a rade; a lovi urechile cu un sunet discor- dant; a scârțâi (ușa); a'și stre- pezi dinții; *to—the teeth*, a scrâș- ni din dinți.

Grateful-*gréitful* a. recunoscă- tor; plăcut; —*ly*, ad. cu recu- noștință; în mod plăcut.

Grater-*gréiter* s. răzuitoare.

Gratification - *grátifikéișón* s. gratificație; mulțumire; plăcere; dar, recompensă.

Gratify *grátifai* v. a. a gratifică, a dărui, a recompensă; a satis- face; a îngădui, a face pe voie

Grating-*gréiting* s. gratii, ză- brele: —, a. neplăcut; supără- tor; necuviincios.

Gratis-*gréits* ad. gratis.

Gratitude-*gráticiud* s. recunoș- tință.

Gratuitous-*grátciútiós* a. gra- tuit; de bună voie.

Gratuity-*grátciúiti* s. dar; re- compensă.

Gratulatory-*grátciuleiteri* a. fe- licitând, urân i noroc.

Grave - *gréiv* s. groapă; mor- mânt; —, v. a & n. a gravă; a sculptă; a cizelă; a săpă; a în- gropă; a înmormântă; —, a. grav; serios; — *accent*, accent grav;—*clothes*, giulgiu;— *digger* cioclu, gropaș;— *stone*, piatră mormântală;—*yard*, cim[,]tir.

Gravel-*grável* s. pietriș, prund; (boală) nisip, peatră;— *pit*, loc din care se scoate nisip fin;— *walk*, alee cu nisip.

Graveless-*gréivles* a fără mor- mânt.

Gravelly-*gráveli* a. amestecat cu pietriș; nisipos.

Gravitate-*gráviteit* v. n. a gra- vită.

Gravitation-*gráviteișon* s. gra- vitație.

Gravity-*gráviti* s. gravitate; gre- utate.

Gravy-*gréivi* s. zeamă; sos;— *boat*, sosieră, ceașcă pentru sos

Gray *gréi* s. & a. coloare cenu- șie— *beard*, barbă căruntă; bă- trân; —*haired*, păr cărunt.

Grayish-*gréiș* a. care bat în cenușiu.

Grayness - *gréines*, s. coloare cenușie.

Graze-*gréiz* v. a. a paște, a duce la păscut; a atinge numai pe deasupra.

Grazier-*gréijer* s. crescător de vite.

Grease-*gris* s. grăsime; untu- ră; —, v. a. a unge; a mirui.

Greasy *gris* a. gras; murdar; scârbcs.

Great-*gréit* a. mare; important; eminent; puternic; măreț; no- bil; — *Britain*, Marea Britanie; —*grandchild*,strănepot;—*gran* *father*, străbunic, tatăl bunicu- lui;— *grand-mother*, străbunică, mama bunicului ; — *grandson*, strănepot;—*daughter*,strănepoa.

ta; *a—deal*, foarte mult *a—ma ny*, foarte mulţi.

Greatnes *gréitnes* s. mărime demnitate; măreţie; putere.

Greedily *grídili* ad cu lăcomie.

Greediness *gridiness* s. lăcomie

Greedy *grídi* a. lacom.

Greek *gríc* s limbă greacă; grec, grecoaică;— *fire*, foc grecesc (foc cu care ardeau Genovezii corăbiile flotelor inamice)

Green *grin* s. coloare verde, verdeaţă, —, a. verde, proaspăt; tânăr; de curând; novice; palid; —*s*, pl. legume; —*finch*, scatiu, —*gage*, goldană (prună); —*gro cer*, vânzător de fructe; —*horn*, tânăr agemiu; ţincău; — *house*, seră, florărie: *-room*, foaierul actorilor —*-sickness*, gălbeneală.

Greenback *grinbăc* s. broască verde; —*s* pl (*Am*) bani în hârtie

Greenish *grrnish* a verzuiu

Greenness *grines* s verdeaţă

Greensward *grrnsuard* s, pajişte : verde,ţă

Greet *grit* v. a & n. a (se) salută

Greeting *grrting* s. salut, salutare.

Gregarious *gri,héiriös* a. trăind în cârduri, în cireadă

Grenade *greneid* s. grenată; glonţ plin de praf ce s'asvârle cu mâna.

Grey *grei* vide gray.

Greihound *gréihound* s ogar.

Gridiron *gridairon* s grătar.

Grief *grif* s durere; mâhnire, supărare; năcaz; *to come to—*, a cădea în nenorocire : a da de ceva dureros

Grievance *grícăns* s. jeluire, motiv de plângere; neajuns, incovenient, nevoie.

Grieve *griv* v. a & n. a (se) intristă; a (se) mâhni.

Grievous *grivös* a. supărător, mâhnitor; dureros; simţitor; apăsător, copleşitor; —*ly*, ad. în mod dureros, supărător; crud; grav.

Griffin *grifin* s. grif (pasăre mitologică).

Grig *grig* s ţipar mic; greer; *merry as a—*, vesel ca un piţigoiu.

Grill *gril* v. a a frige pe grătar; —, s. grătar, pârjoală; — *-room*, local unde se frige pe grătar.

Grim *grim* a. înverşunat, turbat (de mânie); hidos, înspăimântător, sălbatic, —*ly*, ad. cu un aer sălbatic, îngrozitor.

Grimace *griméis* s. strâmbătură, grimasă, *to make a—*, a face o stâmbătură

Grimalkin *grimălkin* s cotoiu bătrân.

Grime *grăim* s murcărie; noroiu; mânjire; —, v. a a murdări, a mânji; a măzgăli.

Grimness *grimnes* s. aer sălbatic; aspect în rozitor.

Grimy *grăimi* a, mânjit; funinginos, înegrit.

Grin *grin* s rânjire, rânjit; strâmbătură; scrâşnire (din dinţi ; —, v. a. n. a rânji; a se strmbă; a scrâşni (din dinţi).

Grind *grăind* v. a. ner. (perf şi ptr. *ground*), a măcină; a pisa, a strivi; a ascuţi; a polei; a învârti (orga); a supăra, a năcăji; a apăra; a strânge; *to— the teeth*, a scrâşni din dinţi.

Grinder *grăinder* s. tocitor, cel ce pisează; tocilă; măsea; meditator

Grindstone *grăindstoun* s. tocilă; piatră de moară.

Grinning *grining* a. care face grimaze, strâmbături, mofturi.

Grip *grip* s mâner de sabie. (Ital. elsa della spada).

Gripe *grăip* s. o mână de, un pumn (de ceva) atât cât poate cineva luà sau ţineà cu o mână închisă; înhăţare; apucare; strângere de mână; ghiară; mâhnire, întristare; —*s*, pl. *med*) colici, tăieturi violente în stomac; —, v. a a înhăţa; a apucă, a pune mâna pe; a strange; v. n. a avea colici, tăieturi violente în stomac.

Griper-*griper* s. sgârcit, avar.

Gripsack-*gripsáo* s. (*Am.*) geamantan.

Griskin-*griskin* s. friptură de porc la grătar; spatele porcului.

Grisly-*grisli* a. grozav, oribil îngrozitor; uricios; care începe a cărunți.

Grist-*grist* s. grâu, grâne de măcinat; (*fig.*) câştig, pâine; *to bring —to the mill*, a fi de mare folos, a aduce folos.

Gristle-*grisl* s. sgârciu, cartilaj.

Gristly-*gristli* a. cu sgârciu, cartilaginos.

Grit-*grit* s. pietriş, prund; gresie; curaj, — *stone*, gresie; — *s*, pl. griş, arpacaş.

Gritty-*griti* a. amestecat cu pietriş; prundos, nisipos.

Grizzle-*grisl* s. cărunţeală; coloare cenuşie.

Grizzled-*grisled*, **grizzly**-*grisli* a cărunt.

Groan-*gróun* s. gemăt; oftat; mărăit, mormăit; — v. n. a geme; a oftà; a mârâì, a mormăì; *to groan for*, a dori foarte.

Groat-*gróut* s. (monedă engleză de 40 b.); *not worth a —*, a nu face niciun ban.

Groats-*gróuts* s. arpacaş.—

Grocer-*gróuser* s. băcan.

Grocery *gróuseri* s. băcănie.

Grog-*grog* s. grog (licher).

Groggy-*gróghi* a. ameţit, beat.

Groin-*gróin* s. stinghii, vintre; stăvilar de port (care înfrână valurile).

Groom-*grum* s. rândaş; —, v. n a îngrijì, a ţesălà şi perià un cal.

Groove-*gruv* s. scobitură; dungă în zid, ciubuc; peştere; —, v. a. a face o scobitură; a împodobì cu ciubuce.

Grope-*gróup* v. a & n. a dibuì, a bâjbâì, a umblà pe pipăite, a căutà pe pipăite.

Gross-*gros* s. top (12 duzini); grămadă; *in the —*, cu toptanul; —, a. gros; des; mojic; —*ly*, ad. mitocăneşte.

Grossness-*grósnes* s. grosime; desime; grosolănie.

Grotesque-*grótesk* a. caraghios.

Grotto-*gróton* s. peşteră.

Ground-*gróund* s. teren; tarâm; loc; ţară; câmp; moşie; bază; —*s*, pl. sediment, drojdie; —*ficor*, parter ; — *ivy*, ederă de pământ; — *plot*, teren; planul unei zidiri; — *rent*, venit fonciar; — *tackle*, ancorele şi accesoriile lor; *above—*, deasupra pământului; *below—*, pe sub pământ; *to give—*, a lăsà locul liber; a da îndărăt; a fugì.

Groundless-*gróundles* a fără temeiu; fără motiv; —*ly*, ad. neîntemeiat, fără motiv.

Groundlessness s-*gróundlesnes* s. neînsemnătate.

Group-*grup* s. grupă, grup; —, v. a. a grupà.

Grouse-*gráus* s. cocoş de munte.

Grove -*gróuv* s. dumbravă; crâng; pădurice; alee.

Grovel-*grótel* v. n. a se târî; a se bălăci.

Grow-*gróu* v. n. ner. (perf. *grew*, ptr. *grown*), a creşte; a cultivà; a produce; a provenì; a devenì; a se mărì; a se desvoltà; a face progres; *to—into fashion*, a devenì la modă; *to—out of use*, a nu se mai întrebuinţà; *to— up*, a creşte; a ajunge la maturitate; *to—better*, a se însănătoşi; a se află mai bine; *to old—*, a îmbătrânì; *to—worse*, a înrăutăţì, a merge mai rău; *he is much—n*, a crescut mare; *full—n*, mare, desvoltat.

Grower *gróuer* s. cultivator.

Growl-*grául* s. mormăit, mărăit; —, v. a. a mârâì, a mormăì.

Growth-*gróuth* s. creştere; producere.

Grub-*grŏb* s. larvă (de gândaci);

vierme; păduche de copaci. o fărâmă de om; pitic —, v. a. a săpă, a deștelenì.

Grudg-*grŏģĭ* s. ură pizmă, invidie; *to owe one a*—, a aveà necaz pe cineva'; —, v a. & n. a invidià; a face ceva cu inimă ·rea; a refuză; a fi antipatic.

Gruel-*grŭel* s. bulgăr (din grâu secară etc ; fiertură de ovăz

Gruff-*grŏf* a. posomorit; morcănos; mojic; brusc; —*ly* ad cu un ton brusc.

Gruffness *grŭģnes* s. bruscheță mojicie

Grumble-*grŏṁbl* v. a. a mârâì a mormăì, a bembănì.

Grunt-*grŭnt* s grohăìt, —, v. n. a grohăì.

Guano *guáno* s. guano, îngrășământ din excremente

Guarantee *gărănti* s. garanție, cauțiune; —, v. a. a garantă.

Guard-*garŝ* s apărare; gardă, santinelă; păzitor; conductor (de tren, de tramvai); *to be on one's* —, a se păzì; *to be off o ne's* —, a nu se păzì; —, v. a. & n a vegheà; a se apără de; a proteja, a se păzì

Guarded-*gárded* a păzit; pre văzător cu luare aminte.

Guardian-*gárdiăn* s păzitor, epitrop; —. păzitor; — *angel*, înger păzitor.

Guardianship · *gárdiănșip* s tutelă

Gudgeon-*gŭdjŏn* s. vârlugă plevușă înșelat; neciuste; —, v. a. a înșelà.

Guerdon-*ģherdon* s răsplată

Guerilla · warfare — *ģherilă uárfeer* s luptă de guerilla (în Spania).

Guess-*ģhes* s părere nesigură ghicire —, v a & n a ghicì, a se gândì; a presupune

Guesser *ģheser* s. ghicitor; ghicitoare.

Guest-*ģhest* s musafir

Guidance-*ģáidăns* s conducere; direcție, conduită.

Guide-*ģáid* s conducător; călăuză; —·*post*, stâlp arătător; —, v a a călăuzì; a conduce.

Guild *ģhild* s societate; corporație.

Guildhall *ģhildhol* s. primărie la Londra.

Guile-*ģáil* s. înș.lătorie murdară

Guileful-*ģáilful* a mișelesc; viclean

Guileless *ģáiles* a. sin'er; —*ly*, ad fără șiretenie; cu sinceritate.

Guillotine *ģhi'otín* v. a. a ghilotină; a tăià capul; a execută —, s ghilotină, spânzurătoare.

Guilt-*ģhilt* s crimă.

Guiltless *ģhiltles* a inocent

Guilty *ģhilti* a. vinovat, criminal, *to be*—*of*, a fi vinovat de.

Guinea-*ģhini* s guinee (21 de schilings, lei 26, 25);— ·*hen*, bibilică.

Guise-*ģáiz* s. chip, mod; obiceiu; aparență.

Guitar *ģhi'ár* s ghitară.

Gulf-*gŏlf* s golf; abis.

Gull-*gŏl* s. pescar (pasăre, larus ; înșelătorie; —, v. a. a înșelà.

Gullet-*gŏlet* s gâtlej, gât

Gullibility *gŏlibiliti* s. credulitate.

Gullible-*gŏlibel* a. ușor de înșelat

Gully *gŭli* s. râpă.

Gulp-*gŏlp* s. înghițitură, îmbucătură; —, v. a. a înghiți cu lăcomie

Gum-*gŏm* s gumă; gingie;—*tree*, salcâ n care dă guma arabică; —, a distilă gumă; (*Am.*) a dință (o roată).

Gummi *gŏmi* a. gumos.

Gumption-*gŏmcion* s spirit; iscusință, creier.

Gun-*gŏn* s. pușcă;—s. pl. artilerie; — ·*barrel*, țeavă de pușcă;— *carriage*, pat de tun,—·*port*, sabord; — ·*shot* descărcătură de pușcă.

Gun ooat-*gŏnbout* s. canonieră.

Gunner-*gŏners* artilerist; tunar.

Gunnery-*gŏneri* s. exercițiu de tir; artilerie.

Gunpowder-*gŏnpauder* s. praf de pușcă.

Gunsmith-*gŏnsmith* s. armurier.

Gunwale-*gŏuncl* s. parmalăcul de pe marginile podului (unei corăbii).

Gurgle-*ghérhel* v. a. a murmură; a curge vâjâind.

Gurnet-*ghérnet* s. ochian; roșioară (pește).

Gush-*găș* s. isvorâre, țâșnitură; flux;—, v. n. a țâșni; a izvorî; a curge ca un pârâu; a șiroi.

Gushing-*gŏșing* a. torențial; cu șiroaie.

Gusset- *gŏset* s adâncitură; buzunar la giletcă; clin de mânec; în dreptul subțioarei; subțioară.

Gust-*gŏst* s. gust; izbitură de vânt, vânt tare.

Gusto-*gŏs'o* s. gust.

Gusty-*gŏsti* a. fortunos

Gut-*gŏt* s mațe, măruntaie; lă-

comie;—, v. a. a spintecă, a scoate măruntaiele (de găină), de pește etc; (fig) a despoi, a jefui.

Gutter-*gŏter* s. jghiaburi; streașină; v. a. a săpă canale; a curge (lumânări).

Guttural-*gŏteral* a. gutural din gât.

Guy-*găi* s. vâsc; păpușe cu sfori; caricatură; eperietoare (de pasări).

Guzzle-*gŏzel* v. a. & n. a înghiți, a da pe gât; a mâncă să scapere fălcile; a se îmbătă; a suge.

Gymnasium-*gimnéiziŏm* s. gim naziu.

Gymnastic-*gimnăstic* a. gimnastic.

Gymnastics-*gimnăstics* s pl. gimnastică.

Gypsum-*gipsom* s ipsos, ghips.

Gyrate-*girei* v. n. a se vârteji, a se învârti împrejur.

Gyration-*giairéișŏn* s. mișcare circulară, circulatorie; mișcare rotitoare, învârtitoare.

H

H *éici* (litera h; *silent*—, h mut

Ha-*ha!* interj. a! ha!

Haberdasher-*hăberdășer* s negustor de mărunțișuri; lipscan

Haberdashery-*hăberdășeri* s. prăvălie de mărunțișuri; lipscănie.

Habiliment-*habiliment* s. îmbrăcăminte, haine.

Habit-*hăbit* s. haină; costum, obiceiu, nărav; stare; fire; ri ning— haină de călărit; *to be in the*—*of*, a aveă obiceiul de; *to get into a*—, a luă obiceiul;—, v a a îmbrăcă

Habitable-*hăbităbel* a. de locuit.

Habitant-*hăbitănt* s. locuitor.

Habitat-*hăbităt* s. locuință; domciliu.

Habitation-*hăbiteișŏn* s. locuin'ă, domiciliu.

Habited-*hăbited* a obișnuit.

Habitual-*hăbiciuăl* a. obișnuit, de obiceiu;—*ly*, ad. după obiceiu.

Habituate-*hăbitiueit* v. a. a obișnui.

Habitude-*hăbitiud* s. obiceiu.

Hack-*hăc* s. tăietură, crestătură; lovitură, lovitură de picior; cal cu chirie, tocmit pe bani; mârțoagă, gloabă; trăsură cu chirie; om tocmit pe bani; —, v. a. a tocă, a tăiă mărunt; a știrbi; a vorbì rău o limbă; *to — down*, a doborî cu o lovitură de topor.

Hackle-*hăcl* s darac, meliță; mătase crudă, nelucrată;—, v. a. a meliță cânepă, a dărăci, a tăiă mărunt.

Hackney-*hăcni* s cal cu chirie, tocmit cu bani; gloabă, cal buestras — *-coach*, birje.

Haddock-*hădoc* s. hatog (nesărat).

Haft-*haft* s. mâner, coadă.

Hag-*hăg* s. vrăjitoare; femeie foarte rea.

Haggard-*hăgărd* a. sălbatic, sperios; slab, uscățiv.

Haggle-*hăghel* v. n. a se tocmì; a șovăi, a se codì, a stà la îndoială;—, v. a. a tocà, a pocì, a strică, a ciopârțì, a mutilà.

Haggler-*hăgler* s. sgârcit; care se tocmește; care stă la îndoială; cel care toacă.

Ha-ha-*hă ha* s. șanț cu care se înconjoară o proprietate; văgăună imitată într'un mod artistic într'o grădină.

Hail-*hèil* s. grindină; salut, salutare, închinăciune; sănătate; — -*fellow*, amic intim;— -*stone*, grindină, piatră mare; —, v. a. & n. a da grindină; a bate piatra; a salutà; —! salutare! să trăiască!

Hair-*hèer* s. păr; păr (pe trup, de porc, etc.) fir; de păr; — -*brained*, descreierat;— -*breadth*, grosimea unui fir de păr; — -*brush*, perie de cap:— -*cutting*, tăierea părului;— -*dresser*, frizer; — -*pin*, ac de păr,— -*net*, rețeà; — -*spliting*, cârcoteală.

Hairless-*hèerles* a. chel; fără păr.

Hairpin-*hèerpin* s. ac de păr

Hairy-*hèeri* a. păros

Halberd-*hălbărd* s. halebardă (un fel de suliță).

Halberdier-*hălberdier* s. halebardier.

Halcyon-*hălsion* s. alcion (pasăre);—, a. senin; pacinic; fericit.

Hale-*hèil* a. sănătos, voinic.

Half-*haf* s. jumătate;—, a. jumătate; *by halves*, pe jumătate; —, ad. pe jumătate; — -*blood*, frate vitreg;— -*bred*, corcitură; — -*breed*, de sânge amestecat.

Halfpenny-*hèipeni* s. gologan (6 parale).

Halfway-*halfuéi* ad. jumătatea drumului.

Hall-*hol* s. sală; vestibul; palat de justiție.

Hallo!-*hălou*, allou! ho!—, v. n. a strigà; a huidul.

Hallow-*hălou* v. n. a consacrà; a sfinți; *Alls—s*, sărbătoarea tuturor sfinților.

Halo-*hèllo* s. cerc luminos, aureolă.

Halt-*holt* s. haltă, popas; stațiune;—, v. n. a face o haltă, a se oprì; a stà la îndoială; a schiopătà;—, a. șchiop, milog.

Halter-*hólter* s. funie, frînghie legată în jurul gâtului (la vite); căpăstru.

Halve-*halv* v. a. a împărțì în două părți.

Ham-*hăm* s. încheietura genuchiului; șuncă.

Hamlet-*hămlet* s. cătun.

Hammer-*hămer* s. ciocan; mezat;—, v a. & n. a ciocăni; a lucrà cu ciocanul; a făurì; a gângăvì; *to come to the—*, a fi vândut la mezat,— -*cloth*, arșea, cioltar, învelìș.

Hammock-*hămoc* s. hamac, pat atârnat.

Hamper-*hămper* s. coș mare; —, v. a. a încurcà; a implicà.

Hamstring-*hămstring* s. nuca genunchiului tendon;—, v. a. a tăià încheietura genunchiului.

Hand-*hănd* s. mână; manuscris; palmă; parte; arătător de ceasornic; ajutor; talent; lucrător; *at—*, la îndemână; aproape de tot; lângă; *by—*, la mână; *under—*, sub mână, pe furiș; *rom —to mouth*, de azi pe mâine;— *in—*, mână în mână;—*to—*, corp la corp; *out of—*, îndată, numai decât, pe loc; *money out of—*, plătit bani peșin; *to be a good— at*, a fi dibaciu în; *to bear a—*, a da o mână de ajutor; *to be— in glove with one*, a fi în bune relții cu cineva; *to have a—in*, a fi interesat la; a fi părtaș la; *on—*, în mână; *on one's—s*, în sarcina cuiva; *to lend a—*, a a-

jută; *to keep a firm—over*, a ți-
ne in frău; *on all—s*, în toate
părțile; *with a strong—*, cu for-
ță;—*barrow*, targă;— *bell*, clo-
poțel;— *-bill*, prospect; afiș, a-
nunciu; —, v. a. a da din mâ-
nă; a transmite; a mânuì, a luà
în mână; a conduce de mână
a călăuzì; *to—down*, a transmite.
Handbook-*hăndbuc* s. manual.
Handcuffs *hăndcŏfs* s pl. că-
tușe.
Handful-*hăndful* s. mână pli-
nă; palmă (măsură).
Handicap-*hăndicăp* s. handi-
cap, cursă în care caii sunt e-
galați prin greutăți; —, v. a. a
determină greutatea ce trebuie
să poarte sau distanța ce tre-
buie să parcurgă un concurent.
Handicraft-*hăndicraft* s. meș-
teșugar; meșteșug.
Handily *hăndili* ad. cu dibăcie;
cu iscusință.
Handiness-*hăndines* s. dibă-
cie, iscusință.
Handwork-*hăndiuerc* s. lucra-
re: lucru manual.
Handkerciel-*hăndkercif* s. ba
tistă.
Handle-*hăndel* s. mâner; coadă
de tigaie; —, v. a. a mânuì; a
luà în mână; a tratà; a exer-
cità; a practicà.
Handlind-*hăndling* s. mânuire
Handmaid-*hăndmeid* s. servi-
toare; subretă; servitoare tână-
ră în piesele de teatru
Handrail - *hăndreil* s. rampă,
parmalâc dealungul unei scări.
Handsom, -*hăndsŏm* a. frumos,
elegant; grațios; generos; —*ly*,
ad cu eleganță; frumos, frumu-
șel; bine.
Handspike *hăndspaic* s. pâr-
ghie; un fel de pârghie cu care
se mișcă tunurile unei corăbii.
Handwriting - *hăndraiting* s.
scriere.
Handy-*hăndi* a. dibaciu, înde-
mânatec; maniabil; la îndemâ-
nă; de mână; lucrat cu mâna

Hang-*hăng* v. a & miner. (per-
și ptr. *hung, hanged*, a atârnă
a spânzurà; a tapeta; a garnisì
a fi atârnat; a fi spânzurat: a
stanehotărît, nesigur; —*it* /să se
ducă la naiba! *to hang about*, a
umblà haimanà, a se da trân-
dăviei.
Hanger-*hăngher* s. călău, gâde;
sabie scurtă cu un sigur ascu-
tiș; cuțit de vânat.
Hanger-on-*hăngheron* s. para-
zit, lingău.
Hangings *hănghings* s. atârna-
re, spânzurare; spânzurătoare;
tapițerie.
Hangman-*hăngmăn* s. călău;
ticălos
Hank-*hănc* s. ghem; frâu; juru-
biță.
Hanker-*hănker* v. n. a dori
foarte mult, a suspinà după.
Hansom *hănsŏm* s. cabrioletă
(un fel de cupeu pe două roate
cu vizitiul înapoi); să zice și
—*cab*.
Hap-*hap* s. întâmplare: noroc:
at— hazard, la întâmplare.
Hapless *hăplés* a. nenorocit.
Haply *hăpli* ad. din întâmpla-
re; poate.
Happen-*hăpen* v. n. a se în-
tâmplà, a se petrece; *he happe-
ned to be at home*, din întâm-
plare el erea acasă.
Happily-*hăpili* ad. din fericire.
Happiness *hăpines* s. fericire.
Happy *hăpi* a. fericit.
Harangue *hărŏng* v. a. a ține
un discurs
Harass-*hărăs* v. a. a chinuì; a
supăra; a obosì peste măsură; a
ațâța.
Harbinger *hărbingher* s. pre-
vestitor.
Harbour *hărbor* s port: azil;
gazdă; —, v. a. & n. a găzduì;
a se retrage undeva spre a fi
în siguranță.
Hard-*hard* a. tare; greu; obosi-
tor; aspru: trist; neamical; a-
var; —*of hearing*, tare de ure-

chi;— -hearted, nemilostiv, ne-
simţitor, crud;— fisted, avar.

Harden hárden v. a. & n a
se) întări; a (se) face nesimţitor

Hardihood-hárdihud s. îndrăz
neală, curaj.

Hardily háráili ad. cu îndrăz-
neală, cu curaj.

Hardiness hárdines s. îndrăz-
neală; tărie; vitejie.

Hardness-hárdues s. tărie, greu-
tate, cruzime; asprime;sgârcenie.

Hardship hárdşip s. osteneală;
necaz; mâhnire; nedreptate; ne-
norocire.

Hardware hárdueer s. marfă
sau negoţ de arămuri, fierării
mărunte.

Hardy hárdi a. îndrăzneţ; voi-
nic, viteaz; curagios.

Hare héer s. iepure;— brained,
smintit, nebun;— -lip. buză cră-
pată.

Hark!-hárc. ascultă! ascultaţi!

Harlequin-hárlekuin s. paiaţă
măscarici.

Harlequinade-harle:huinéid s.
mascaralăc.

Harlot-hárlot s. prostituată, fe-
meie publică.

Harm-harm s. rău: nedreptate;
nenorocire; pagubă to keep out
of —'s way, a se feri de nenoro-
cire; —, v. a. a face rău cuiva;
a vătăma.

Harmful hármful a. răufăcător;
vătămător: —ly, ad. în mod vă-
tămător; într'un mod primejdios.

Harmless harmles a. nevino-
vat; nevătămător; —ly, ad. în-
tr'un mod nevinovat.

Harmonic harmónic a. armonic.

Harmonious harmóniŏs a. ar-
monios; —ly, ad. în mod armo-
nios.

Harmonise-hármonais v. a. &
n. a (se) armoniză; a fi în ar-
monie; a (se) potrivi.

Harmony harmóni s. armonie.

Harness-harnes s. ham, harna-
şament de cai armură; —, v.
a. a înhăma; a înarmă.

Harp harp s. hartă;—, v. n. a
cântă d n harfă; a spune mereu
acelaş lucru

Harpist hárpist s. harpist.

Harpoon harpún s. cange; —,
v. a. a prinde cu cangea.

Harpsichord hárpsicord s. cla-
vir.

Harpy-hárpi s. (mit.) monstru
cu chip de femeie şi cu trupul
de pasăre răpitoare; (fig) scorpie.

Harridon hárridän s. mârţoagă;
maimuţă bătrână.

Harrie -hárier s. ogor.

Harrow hárou s. grapă; —, v.
a. a grăpa; a tortură

Harrowing-hároing s grăpatul.

Harry hári v. a. a jefui a chinui.

Harsh harş a. aspru; acru; straş-
nic, riguros; — y, ad. cu asprime.

Harshness-hárşnes s. asprime,
severitate; acrime.

Hart hărt s. cerb.

Harvest hárvest s. secerişul, re-
coltă;— -home, sărbatoarea se-
cerişului; —, v. a. a seceră, a
strânge bucatele.

Hash-hăş s. tocană; —, v a a
tocă, a tăiă mărunt.

Hasp hasp s. agrafă, copcă; ca-
taramă; igliţă; clanţă; —, v. a.
a prinde cu o agrafă; a agăţă de
ceva.

Hassock - hăsoc s. pernă; mic
scăunaş de îngenunchiat.

Haste-héist s. grabă, iuţeală; zel;
to make—, a grăbi; in—, cu (în)
grabă.

Hasten héisten v. a. & n. a (se)
grăbi; a (se) repezi.

Hastily-héistili ad. în grabă, cu
iuţeală, repede.

Hastiness héistines s. grabă, iu-
ţeală.

Hasty-héisti a. grăbit; timpuriu;
viu;—-pudding, o prăjitură fă-
cută în pripă din lapte şi făină.

Hat hăt s. pălărie —s off! scoa-
teţi pălăriile; opera —, joben ce
se poate turti, clac;— -box,—
-case, cutie de pălărie;— -re i-
ver, perie de pălărie.

Hatch-*hătş* s clocitură, puĭ e-
şiţĭ din ouă; descoperire; zăbre-
le; —, v. a. & n. a cloci, a scoa-
te puĭ; a face liniĭ încrucişate
care arată umbre; a urzì.
Hatchet-*hătcet* s. toporaş; băr-
duţă.
Hatchment-*hăţşment* s. armă-
rie, marca de armărie.
Hate-*héit* s ură; —, v. a. a urì.
Hateful-*héitful* a. de ură; de
urît; —*ly*, ad. în mod odios.
Hater-*héiter* s. duşman, care u-
răşte.
Hatred-*héitred* s. ură, duşmănie.
Hatter *hăter* s. pălărier.
Haughtily *hótĭlĭ* ad. cu mân-
drie.
Haughtiness-*hótĭnes* s. mân-
drie.
Haughty-*hótĭ* a. mândru.
Haul-*hol* s. tragere; luare; —
v. a. a trage; a trage la edec;
a târì.
Haunch-*honcĭ* s. şold.
Haunt-*hont* s. loc frecventat; lo-
cul de oprire; vizuină, vizunie;
retragere; —, v. a. a vizità des;
a frecventà.
Haunter-*hónter* s. vizitator o-
bişnuit; muşteriu.
Hautboy-*hótboĭ* s. hoboe, pis-
coĭu (*instr. mus.*).
Have-*hăv.* v. a. ajut.; ner. (perf.
şi ptr. *had,*) a aveà; a posedà;
a coprinde; a conţine; a dorì;
a căpătà; a suferì; a trebuì; a
fi obligat; — *my hair cut,* las
să mi se taie părul; *I would—
you know,* trebuie să ştiţĭ; *to
—rather,* a preferà; *I had bet-
ter,* ar fi maĭ bine, că...; —*at
you!* bagă de seamă! *to—by heart,*
a ştì pe dinafară.
Haven-*héiven* s. port.
Haversack-*hăversăo* s. raniţă.
Havock-*hăvoc* s. pustiire; pa-
gubă; stricăciune.
Haw-*ho* s. poama rugului; sco-
ruşă; gard, loc îngrădit; gângă-
vire; albeaţă în ochi; vâlcea;
—, v. n. a gângăvì.

Hawk-*hoc* s. şoim; uliu;— *spa-
row,* uliu; —, v. n. a vână cu
şoimul; a colportà; a scuipà
flegmă.
Hawker-*hóker* s. colportor.
Hawse-*hoz,* **hawser**-*hózer* s.
cablu; (*mar.*) funie maĭ subţire.
Hawthorn-*hóthorn* s. gheorghin,
păducel (*bot.*).
Hay-*héi* s. fân;— *-cock,* căpiţă;—
-loĭt, fânărie;— *-maker,* fânar;—
-rick, — *-stack,* claie.
Hazard-*hăzerd* s. întâmplare;
noroc; risc; —, v. a. a pune în
joc, în primejdie, la noroc; a
riscà.
Hazardous *hăzărdŏs* a. pericu-
los, primejdios, riscat; —*ly,* ad.
în mod periculos.
Haze-*héiz* s. ceaţă, negură.
Hazel-*héizel* s. alun;— *-nut,* alună.
Hazy-*héizĭ* a. neguros.
He-*hi* pron. el; acel, acela; —
goat, un ţap; *a she goat,* o capră.
Head-*hed* s. cap; şef; căpăţână;
căpăţână de mistreţ; ramurile
cerbului; pajură depe monedă;
capitol; articol; vârf; fund; izvor;
over—and ears, peste cap; *to go—
over heels,* a se da de-a-berbelea-
ca, a se da peste cap; *to get in-
to one's—,* a'şi băga în cap;—
-ache, durere de cap;— *-dress,* —
-gear, coafură, găteală de cap;
bonetă;— *-land,* cap, margine;—
-office, birou principal; direcţiu-
ne;— *-piece,* coif;— *-quarters,* cu-
artir-general;— *-s t o n e,* piatră
fundamentală; piatră pusă în
colţul temeliei; —, v. a. n. a fi
în cap; a comandà; a conduce.
Head-*héd* a. principal, de căpe-
tenie.
Header-*héder* s. şef de partid:
to t ke a—, a se aruncà cu ca-
pul în apă.
Headiness-*hédĭnes* s. încăpăţâ-
nare.
Headless *hédles* a. fără cap; de-
capitat; fără şef; zăpăcit; —,
ad. pe negândite; cu inimă ve-
selă.

Headlong-*hédlŏng* a. temerar; îndrăzneţ; nechibzuit, buimăcit; orb; —, ad. orbeşte, fără cruţare; în grabă.

Headmost-*hédmoust* a. în cap; înainte; întâiu.

Headship-*hedşip* s. întâietate; autoritate.

Headsman *hédzmăn* s. călău.

Headstall-*hedstol* s. scufiţă; cureaua dela frâul calului.

Headstrong-*hédstrong* a. încăpăţânat.

Heady-*hédi* a. puternic; aprig; aprins; (vin) ameţitor, ce se urcă la cap.

Heal-*hil* v. a. & n. a (se) vindecă.

Healer-*híler* s. care vindecă; mijloc de vindecare.

Health(iness)-*hélth(ines)* s. sănătate.

Healthy-*hélthi* a. sănătos.

Heap-*hip* s. grămadă; adunare; mulţime; —, v. a. a îngrămădi; a adună.

Hear-*hier* v. a. & n. ner. (perf. şi ptr. *heard*,) a auzi; a ascultă; a află; a primi.

Hearer-*hierer* s. ascultător; auditor.

Hearing-*hiering* s. auzul; audienţă; *hard of*—, cam surd; *to obtain a*—, a obţine audienţă.

Hearken-*hárken* v. n. a ascultă; a auzi.

Hearsay-*hiersei* s auzite; zvonul.

Hearse-*hers* s dric, car funebru.

Heart-*hárt* s. inimă; curaj; iubire; energie; centru; interior; *by*—, pe dinafară, pe de rost; —*ache*, mâhnire, supărare, necaz; —*breaking*, sfâşietor; — -*brok n*, inimă ruptă; — -*burn*, durere de inimă; —*burning*, ură; —*ease*, mulţumire; *dear*—, *sweet*—, drăguţă, iubită, puică; *in good*—, în bună stare; *out of*—, descurajat; *to lose*—, a pierde curajul; *to set one's*—*on*, a dori cin inimă, a tine la ceva; *tto ake*

to—, a'şi face inimă rea; a se mâhni.

Heartfelt-*hártfelt* s. simţit în fundul inimei; sincer.

Hearth-*hérth* s. vatră, cămin; —*stone*, vatra căminului.

Heartily-*hártili* ad. din inimă, din fundul inimei; cu înfocare.

Heartiness -*hartines* s sinceritate; cordialitate; dragoste sinceră.

Heartless *hártles* a. fără inimă, timid; —*ly*, ad. fără inimă, fără milă.

Heartrending - *hartrending* a. mâhnitor.

Heart's ease-*hárţs* s (bot.) pansea, catifeluţă.

Hearty-*harti* a. sincer, intim; sănătos.

Heat-*hit* s. căldură; înfocare; anomozitate; ură mare; —, v. a. & n. a (se) încălzi.

Heath-*hilh*, **heather**-*hithers*. (bot.) buruieni, bălării.

Heathen-*hithen* s. păgân; — a. păgân.

Heathenish-*hitheniş* a. păgân, barbar.

Heave-*hiv* s. ridicare; mişcare; legănare; v. a. & n. ner. (perf. *heaved, hove.* ptr. *heaved, hoven*), a ridică; a înălţă; a scoate suspine; a se ridică; a se umflă; a aruncă; a respiră cu greutate; a avea palpitaţie; a avea scârbă; *to* —*the anchor*, a ridică ancora; *to* —*for breath*, a gâfâi, a suflă greu.

Heaven-*heven* s. cerul.

Heavenly - *hévenli* a. ceresc; dumnezeiesc; ad in mod ceresc; dumnezeiesc.

Heavily-*hévili* ad. cu greu; încet; trist.

Heaviness-*hévines* s. greutate; lâncezeală; plictiseală; tristeţă.

Heavy-*héci* a. greu; posomorât; supărat; trândav; trist; obositor; dureros.

Hebrew-*hibru* s. evreu.

Hecatomb - *hécătŏm* s hecatombă.

Heck-*hec* s. darac (de in); esle; clanţă.

Hectic-*hécti* a. ofticos; jigărit.

Hector-*héctor* v. n. a se lău là, a face pe palavragiul.

Hedje *hédj* s. gard; —, v. a. a îngrădi; *to—a bet*, a parià pentru şi contra;—*bill*, cosor,—*hog*, ariciu;—*row*, gar i (din mără-cini, din ramuri);—*school*, şcoa-lă neautorizată.

Heed *hid* s. grijă; atenţie, bă-gare de seamă;—, v. a. a băgà de seamă; a observà a ascultà; a se păzi de; *I—ed not*, n'am băgat de seamă.

Heedful-*hidful* a. atent, luător aminte; cu băgare de seamă; îngrijat; prevăzător, prudent; —*ly*, ad. cu băgare de seamă; cu îngrijire.

Heedles-*hidles* a. neglijent, ne-păsător; nesocotit; distrat;—*ly* ad. cu negligenţă, cu nepăsare.

Heel-*hil* s. călcâiu; capăt; co-pită; *to take to one's—s*, a fugi; *to be out at—s*, a aveà ciorapi găuriţi, (fig.) a nu aveà parà chioară; *to be at the—o'*, a ur-màri de aproape; *to have the—of*, a alergà mai repede ca; *to kick one's—s*, a încrucişà bra-ţele; —, v. n. a pune căl:âiu; a jucà, a dansà.

Heller *héfer* s junincă.

Height-*háit* s. înălţime; creştet; vârf.

Heighten-*háiten* v. a. a înălţà; a ridicà; a înfrumuseţà, a per-fecţionà.

Heinous *héinös* a. odios, scâr-bos; —*ly*, ad. în mod odios, scârbos.

Heir-*éer* s. moştenitor;—*at law*, moştenitor natural; *to be—to*, a moşteni.

Heiress-*éeres* s. moştenitoare.

Heirless-*éerles* a. fără moşte-nitori.

Heirloom *éerlum* s. mobilă moş-tenită.

Heirship *éerşip* s. moştenire.

Heliotrope-*híliotrop* s. vanilie; (bot.) floarea soarelui.

Hell-*hel* s. iad :—*cat*, femeie iute şi rea; ciumă; —*hound*, cerber, câinele ce păzeşte iadul; *fig*) cerber, portar mojic; păzitor sever.

Hellish *héliş* a. infernal; —*ly*, ad. în mod infernal.

Helm-*helm* s. cârmă; coif; *to answer the—*, a merge bine după cârmă

Helmet-*hélmet* s. coif.

Helmsman-*hélmsmän* s. câr-maciu.

Help *help* s. ajutor; *help! help! help!* ajutor! ajutor!—, v. a. & n. a ajutà; a sprijinì: a dà, a procurà (la masă): a oferì; a se ferì; a se oprì; *I can't help-it*, nu pot face nimic, nu pot face altfel.

Helper-*hélper* s. ajutor; asis-tent.

Helpful-*hélpful* a. folositor, care ajută.

Helpless-*hélples* a. fără ajutor; fără mijloace de traiu; slab.

Helpma e-*hélpmeit* s. m. & f. tovaràş; tovarăşe; ajutor.

Helter-skelter-*hélter-skelter* ad. în pripă, în grabă; talmeş-balmeş, alandala.

Hem-*hem* s. tivitură; margine; mal; —. v. a. & n. a tivì; a tuşì uşor; a face hm!

Hemisphere *hémisfer* s emis-feră.

Hemlock-*hémloc* s. cucută.

Hemorrhage-*hémoreidj* s. e-moragie.

Hemorrhoids-*hémoroids* s. pl. trânji.

Hemp-*hemp* s. cânepă, câlţi.

Hempen-*hémpen* a. de cânepă.

Hemstich-*hémstici* s. emistih, jumătate de vers.

Hen-*hen* s. găină; femela (la pă-sări);—*coop*, coteţ de găini;—*house*, găinărie.

Henbane-*hénbein* s. (bot.) ne-bunariţă, măselariţă.

Hence *hens* ad de azi înainte;

de aici; de această; go—*l* pleacă de aici!

Henceforth-*hénsforth*, **henceforward**-*hóns'oruerd* ad. pe viitor: de azi înainte.

Honchman-*hencimăn* s. slugă de încredere.

Henpeck-*hŏnpeo* v. a. a stăpâni; a maltrata; a năcăji.

Her-*her* pron. ea, dânsa, o, ei, aceea;—, a pos ei, său, sa; săi, sale.

Herald-*hérald* s. trimis, sol.

Heraldic-*heráldic* a. erăldic, a armăriilór.

Heraldry-*héráldri* a. armării; blason; știință eraldică.

Herb-*erb* s. iarbă; — *s.* pl. legume.

Herbaceous *herbéiŝŏs*a ierbos.

Herba *c-erbéidj* s. ierburi, ierbărit, pășune.

Herbalist *érbălist* s. botanist.

Herb vorous -*érbivorŏs* a. erbivor.

Herculean *herkiúliăn* a. erculean, foarte puternic.

Herd-*herd* s. turmă; trupă;—, v. n. a trăi în turme.

Herdsman *hérdsmăn* s. păstor, cioban.

Here-*hier* ad. aici, iată!

Hereabout -*hiérăbaut* ad. aproape de aici, pe aici.

Hereafter-*hiérá ter* ad. pe viitor; mai târziu; pe urmă.

Hereat-*hierăt* ad. la acesta, de (din) aceasta.

Hereby-*hiérbaĭ* ad. prin aceasta.

Hereditary-*eréditări* a, ereditar; moștenit; strămoșesc.

Herein *hierin* ad. în aceasta; în cele de față.

Hereof-*hierŏf* ad. de aceasta; de unde.

Hereon-*hieron* ad. după aceasta; și atunci.

Heresy-*herézi* s erezie.

Heretic-*hérelic* s. eretic.

Heretical *heréticăl* a. cretic.

Heretofore-*hiertu,ŏr* a. până acum; până aici.

Hereupon-*hierŏpŏn* ad. aceasta; și acuma.

Herewith - *hieruŝth* ad. cu aceasta.

Heritage-*ériteidj* s. moștenire.

Hermetic *hérmetic* a. ermetic; —*ally,* ad. în mod ermetic.

Hermit-*hérmit* s. pustnic.

Hermitage-*hérmiteidj* s. sihăstrie, schit.

Hernia-*hérniă* s. (*med.*) hernie, boșorogie, surpare; vătămătură.

Hero-*irou* s. erou.

Heroi-*iróic* a. eroic;—*ally,* ad. cu eroism.

Heroine-*iroin* s. eroină.

Heroism-*iroizm* s. eroism.

Heron-*hérŏn* s. erete.

Heronry-*hérŏnri* s locul unde se încuibează eretii.

Herpes-*hérpis* s. (*med.*) materie, pecingine, boală de piele.

Herring-*héring* s. scrumbie.

Hers *herz* pron. a sa, a ei, al ei; ai săi, ale sale.

Herself-*herself* pron. se, ea însăși, ea.

Hesitate-*hézitcit* v. n. a eziţă, a sta la îndoială.

Hesitation-*hézitéişŏn* s. ezitare, șovăire, îndoială.

Heterodox-*hétcrodox* a. eterodox.

Heterogeneous-*heteroginiŏs* a eterogen.

Hew-*hiú* v. a. ner. (perf. *hewed*, ptr. *hewed*, *hewn*), a tăiă arbori.

Hexagon *héxăgŏn* s. exagon; —*al.* exagonal.

Heyday-*héidei* bre! măi drace! —, s. veselie, voioșie;—*of youth*, veselie nebună a tinereței.

Hiatus-*haiéitŏs* s. hiat, întâlnire a două vocale în două vorbe; lacună, lipsă.

Hibernate *há.berneit* v. n. a iernă, a petrece iarna la adăpost (undeva).

Hiccoug *hikŏg* s. sughiţ; —, v. n. a sughiţă.

Hickory-*hicori* s. nuc din America.

Hide-*háid* s. lan, întindere de pământ (deosebită în diferite țări), piele, piele tăbăcită.

Hide-*háid* v. a. & n. ner. (perf. *hid* ptr. *hid. hidden*). a. (se) ascunde; a bate, a. burduși: *to play (at)—and seek*, a se jucà de a ascunselea.

Hideous *hidiŏs* s. urît; îngrozitor, înspăimântător.

Hiding-**place**-*háiding*-*pléis* s. ascunzătoare.

Hieroglyph-*háieroglif* s. ieroglif.

Higgle-*hĭghel* v. n. a umblà cu mărfuri din loc în loc, a face comerț ambulant; a. se tocmì.

Higgledy-**piggledy**-*higledi*-*pígledi* a. talmeș-balmeș.

Higgler-*higler* s. vânzător de mărunțișuri.

High-*hái* s. înălțime; cerul; —, a. înalt, sus: mare: pretențios: puternic; mândru; violent; complect; fanfaron; vioiu: *on—*, sus, în cer; *Most—*, Cel de sus, Dumnezeu; *—born*, de nobleță; *— crowned*, de formă înaltă (pălăriel; *—flown*, mândru, îngâmfat; *—and*, țară muntoasă: munte; *mun'ii* Scoției; *— lander*, muntean-*life*, societatea înaltă; *— -n inded* nobil mărinimos: *—priest*, mare preot, pontifice; *—street*, stradă mare; *—water*, fluxul; *— way*, drumul mare; *—way man*, tâlhar, bandit; *—ly*, ad sus; tare; *it is—time*, a venit momentul.

Highness-*háines* s. înălțime; Alteță (titlu).

Hilarious-*hiléiriŏs* a. vesel.

Hilarity-*hildriti* s. veselie.

Hill-*hil* s. povârniș.

Hillock-*hiloc* s. movilă.

Hilly-*hili* a. muntos.

Hilt-*hilt* s. mâner (de sabie).

Him-*him* pron. lui, pe el; dânsul.

Himself-*himself* pron. se; el însuși.

Hind-*háind* s. ciută; argat de plug: țăran; —*calf*. cerboaică.

Hind-*háind* **hinder**-*háinder* a. înapoi dindărăt.

Hinder *hinder* v. u. a. înpiedccà.

Hinderance-*hinderans* s. piedecă: obstacol.

Hindermost *háindermŏst*, **hindmost**-*hámdmŏst* a. din lărăt, dinapoi; din urmă.

Hinge-*hindj* s. țâțână; balamà; —, v. a. a pune balamale sau țâțâne la; a'indeplinì; —, v. n. a atârnà de.

Hint-*hint* s. insuflare; îndemn; sfat; idee, aluzie, sugestie; notiță: *to give a—, to drop a—*, a da un sfat bun; *to take a—*, a primì un sfat; —, v a. a da să înteleagă; a sugerà a însuflà.

Hip *hip* s. șold; floare de răsură, de căcăduș; —, v. a. a deșelà, a rupe șalele; —*gout*, durere de șale: *—bath*, baie de șezut.

Hip-*hip* v. a. a face trist, melancolic.

Hipped-*hipt* a. trist, melancolic: deșelat, spetit.

Hippodrome-*hipodrom* s. ipodrom.

Hippopotamus -*hipopótămŏs*: s. Ipopotam.

Hire-*háier* s chirie; închiriere; leafă; —, v. a. a închiriià; a da cu chirie; a angajà; *to—out*, a da cu chirie.

Hireling-*háierling* s. mercenar. om tocmit pe bani; —, a. mercenar, tocmit pe bani, pentru bani.

Hirer-*háirer* s închirietor.

Hirsute-*hersiŭt* a. păros spinos

His-*hiz* pron. lui, său, sa, săi, sale; al lui, al său, a sa, ai săi, ale sale.

Hiss-*his* v. s. & n. a fluierà; a șuerà (șarpele).

Hist? *hist!* sst! tăcere!

Historian-*histórian* s istoric.

Historic(al) *histório(ál)* a. istoric; —*ly*, ad. istoricește; într'un mod adevărat.

History-*histori* s. istorie.

Histrionic-histriónic s. scenic;
(jucauş) de bâlciu.

Hit-hît s. lovitură; întâmplare;
nemerire la timpul şi locul său;
noroc; succes, câştig mare; luc-
ky—, câştig neaşteptat; chilipir;
şansă, noroc; —, v a & n. ner.
(perf. şi ptr. hit), a lovi, a bate;
a da o lovitură; a atinge; a se
lovi; a se nemeri; a conveni.

Hitch-hici s. piedecă; obstacol;
şovăire, nehotărire; greutate;—,
v. a. & n. a se svârcoli; a şchio-
pătă; a se agăţă de ceva; a se
strămută; a alege; a înodă fu-
nia (mar).

Hither-hîl er a. aici, mai apro-
piat; —and thither, ici şi colo.

Hitherto hîtheriu ad până acum.

Hive-háiv s. stup; roiu; —, v.
a. & n. a pune într'un stup; a
trăi împreună.

Hoar-hóer a. alb, cărunt, că-
runţit.

Hoard hócrd s. grămadă; co-
moară; —, v. a. a ing ămădi;
a strânge comori.

Hoardinr-hóerding s. îngrămă-
dire.

Hoarse-hors a. răguşil; — ly,
ad. cu o voce răguşită.

Hoarseness-hórsnes s răgu-
şeală.

Hoary hóeri a. alb, albicios; că-
runt; acoperit cu ghiaţă; mu-
cezit.

Hoax-hóux s. mistificare;—, v.
a. a mistifică.

Hob-hob s. ţăran; mojic, bădă-
ran; butuc de roată.

Hobble hóbel v. n. a şchiopătă.

Hobbledeboy-hóbelde boi s tâ-
năr, stângaciu încă.

Hobby-hóbi s găgăuţ, nătăfl ţ
căluşel (în limba copiilor)—horse,
mânz; băţ (servind de cal .

Hobgoblin-hobgóblin s. stafie,
fantomă

Hobnail hóbneil s căpăţână;
cui de potcovit; mojic.

Hob-nob-hóbnob v. a. a ciocni
paharul său (în sănătatea cuiva).

Hock-hoc s. încheietura genun`
chiului; vin de Rin.

Hockey-stick-hókistic s. cârjă
patelită

Hocus hócös s. pungaş; —, v.
n. a pungăşi; a falşifică (bău-
turile); — pocus, s. scamator,
scamatorie.

Hodge-bodge-hógipógr s. mân-
care din resturi de carne încăl-
zite; miş-mas.

Hoe-hóu s. târnăcop; —, v. a.
a săpă cu târnăcopul.

Hog-hog s. porc, purcel.

Hoggish-hóghiş a ca porcul;
dobiroceşte —ly, ad. ca un porc.

Hogshead hógshed s. butoiu de
vre-o 10 vedre

Hoi-t-hóist v. a. a înălţă, a ridi-
dică (cu funii); a ridică în sus,
a înălţă (cu un scripete); to—out
a boat, a sloborî în mare o lun-
tre.

Hold-hóuld s. luare; ţinere; strân-
gere; sprijin; putere; influenţă;
arestare; închisoare; fortăreaţă;
to take—of, to seize—o', to lay
—of, a apucă; a luă; a pune
mâna pe; —, v. a. & n. ncr.
(perf. şi ptr. held), a ţine, a luă;
a deţine; a menţine; a susţine;
a opri; a posedă; a crede; a
dură; a sprijini; a preţul a ce-
lebră; a continuă; a se ţine; a
se susţine; a se menţine; a de-
prinde; a se abate; a se agăţă;
to—an argument, a disputá; to
—one's own, a ţineá vârtos, a'şi
apără drepturile; a se împotri-
vi to—a wager, a pariá; to—
back, a opri; to—forth, a adre-
să cuvinte cuiva; a prezintă;
a oferi, a propune; to—good,
a face, a fi valabil; a se confir-
mă; to—in, a se opri; a opri un
cal; to—off, a se ţine îndepăr-
tat; to—on, a persistá; a conti-
nuă; to—out against, a rezistá;
to—up, a ţineá în sus; a sprijini;
ni; a se menţine; to—out, a re-
zistá; a răbdá; a înduráa; a o-
feri; —! opreşte!

Holder-*hóulder* s. chiriaș; arendaș; proprietar.

Holding-*hóulding* s. posesiune; stăpânire.

Hole-*hóul* s. gaură; peșteră.

Holiday-*hólidéi* s. sărbătoare; serbare; concediu, vacanță; —*s*, vacanțele.

Holily-*hóulili* ad. cu sfințenie.

Holiness-*hóulines* s. sfințenie.

Hollow *hóulou* s. cavitate; gaură; peșteră; adâncime; —(*out*), v. a. a găuri; a scobi; —a. găurit; adâncit; (*fig*.) prefăcut, fățarnic, fals.

Hollowness-*hóulouness* s. cavitate; gaură; necredință.

Holly-*hóli* s. (*bot*.) ilice (arbore).

Holyhock-*hólihoc* s (*bot*.) dârmoz

Holster-*hólster* s. oblânc.

Holy *houli* a. sfânt; religios; —*day*, sărbătoare; —*Thursday*, A-dormirea Maicei-prea-curate; —*water*, aghiasmă — *Week*, săptămâna mare.

Homage-*hómeij* s. omagiu.

Home-*hóum* s. casă, locuință; gazdă; patria; *at*—, acasă; *from* —, eșit; —*born*, pământean;—*bred*, crescut acasă; natural; (*fig*) prost, naiv;— *made*, făcut acasă; —*sick*, care are dor de țară;— *sickness*, dor de țară; —, a. casnic, de acasă; —, ad. acasă

Homeless-*hóumles* a. fără casă fără azil.

Homeliness-*hóumlines* s. simplitate; mojicie.

Homely-*hóumli* a. simplu; mojic

Homespun-*hóumspŏn* a. tors acasă; mojic.

Homeward(s)-*hóumurăd(s)* ad. acasă, spre casă; spre patria sa.

Homicide-*hómisaid* s. ucidere. omor; ucigaș.

Homily-*hónili* s. cazanie, predică pliotisitoare

Homoeopathi -*homiopáthic* a. omeopatic.

Homoeopathy *homiópaihi* s. omeopatie.

Homogeneous *homoginiŏs* a omegen, de acelaș fel.

Hone-*héum* s. arcer, ascuțitoare de briciu.

Honest-*ónest* a. cinstit; leal, sincer; curat; neprihănit; —*!y* ad. in mod cinstit.

Honesty-*ónesti* s. cin tite; curățenie de inimă; sinceritate.

Honey-*hóni* s miere; blândețe; drăguț; puică; —*comb*, faguri de miere.

Honeymoon-*hónimŏn* s. luna de miere.

Honeysuckle-*hŏnisŏkel* s. (*bot*). capritoiu, curpen alb

Honied-*hónid* a. indulcit cu miere.

Honorarium *ónoreiriŏ* . s. onorariu leafă.

Honorary-*ónorări* s. onorariu, plată.

Honour-*ónor* s. onoare; demnitate; —, v. a. a onora, a respecta profund

Honourable-*ónorăbel* a. cinstit.

Honourably -*ónorăbli* ad. in mod onorabil; cu onoare; în mod cinstit.

Hood-*hud* s. glugă; găteală femeiască de cap (bonetă, broboadă, testimel, pălărie); coșul unei trăsuri; —, v. a. a pune o glugă; a acoperi.

Hoodwink *húduino* v. a. a legă ochii; a orbi a înșela.

Hoof-*huf* s. copită; —*bound*, întărit prea mult (copita unui cal).

Hook *huk* s. cârlig de undiță; cârlig; cange; secere; *shepherds* —, băta ciobănească; —*and eye*, cheotoare de copcă; *by — r by croock*, orcum o fi; așă și așă; —, v. a. a prinde cu o agrafă; a prinde cu undița; a încârligă.

Hooked-*huct* a. încârligat; incovoiat; —*nose*, nas acvilin.

Hoop-*hup* s. cerc; verigă; s. obadă de roată; malacov; țipete la vânătoare de lupi; —, v. a. & n a cercui; a strânge în cercuri; a țipă, a strigă;— *maker*, do.

gar;—*net* plasă pătrată pentru râescuit.

Hooper-*húper* s. dogar.

Hooping-*húping* s. strigăt, țipăt; cercuitul (butoaielor); —*cough.* tusă măgărească.

Hoopoo *húpu* s. moț.; pupăză (pasăre).

hoot-*hut* s. huiduire; —, v. a a huidui·a striga (bufnița); *to*—*at,* a fluiera, a huidui.

Hop *hop* s. hameiu; săritură;— *picker,* culegător de hameiu;—*pole,* prăjină pentru hameiu, lungan;— v a. & n. a. culege hameiu: a sări: a sălta.

Hope-*hóup* s. speranță; —, v. a & n. a. sperà.

Hopeful-*hóup'ul* a. plin de speranță; fericit;— *ly,* ad. cu speranță.

Hopeless-*hóupeles* a. fără speranță; — *ly,* fără speranță, cu desperare.

Hopper-*hóper* s. săritor; coș la moară.

Horde-*hord* s. ceată, trupă.

Horizon-*horáizen* s. orizont.

Horizontal-*horizóntăl* a. orizontal;—*ly,* ad. în mod orizontal.

Horn-*horn* s. corn; goarnă, trâmbiță; antenă (la insecte); — *beetle,* rădașcă (insect ;—*book,* abecedar;—*fish,*— *pike,* țipar de mare;—*pipe.* cimpoiu; dans englezesc foarte viu.

Horned *horned* a. cornut.

Hornet-*hórnet* s. bondar.

Horny-*hórni* a de corn; cu coarne.

Horrible-*hóribel* a. îngrozitor, înspăimântător.

Horribly-*hóribli* ad. în mod îngrozitor.

Horrid-*hórid* a. vide *horrible.*

Horrific-*hórific* a. înspăimântător.

Horror-*hóror* s. groază, spaimă; — *struck,* încremenit.

Horse *hors* s. cal; cavalerie; șevalet; — *ant,* furnică roșie; —

bean, bob sălbatic —*boy* rândaș de grajd —*breaker,* dresor de cai:— *chesnut,* castan sălbatic; — *cloth,* arșea, cioltar; — *colt,* mânz; — *couser,* vânzător de cai (sau) — *dealear,* negustor de cai; —*doctor,* veterinar, doctor de cai, de animale:— *dung,* baligă de cal;— *fly,* tăun, streche; — *guard,* gardă călare;— *hair,* păr de cal;— *keeper,* grăjdar; — *laugh* râs cu hohote;— *beech,* lipitoare mare, potcovarveterinar; — *man,* călăreț; — *manship,* călăritul, călăria ;— *meat,* furaj; — *pond,* adăpătoare;—*power,* de un cal putere — *race,*— *racing.* alergare de cai; — *radish* hrean: —*shoe,* potcoavă:— *whip,* biciușcă; — *woman,* călăreață; *to*—*whip,* a biciui; *to take*—, a încălică;—, v. a. a încălică a se pune călare pe.

Horseback *hórsbăc* ad. on—, că lare.

Horticultural *horticólciurăl* a. horticultural.

Horticulture *horticólciur* s. horticultură.

Horticulturist *horticólciurist* s horticultor.

Hose-*hóus* s. pantaloni până la genuuchi, nădragi, ciorap lung.

Hosier *hóuier* s. ciorăpar, fabricant sau vânzător de ciorapi.

Hosiery *hóujeri* s. prăvălie de ciorapi.

Hospitable *óspi'dbel* a. ospitalier.

Hospitably *ospităbli* ad. cu ospitalitate

Hospital-*óspit il* s. spital ; casă de sănătate

Hospitality-*ospităliti* s. ospitalitate

Host *houst* s. ospetar; birtaș; otelier, oaste, armată; (*ecl.*) ostie

Hostage *hosteij* s. ostatic, zălog.

Hostel(ry) *ostel(ri)* s. ospătărie.

Hostess *hou teu* s. ospătătoare; ospătar, gazdă.

Hostile-*hóstail* a. ostil; dușman; —*ly.* ad. ca un dușman.

Hostilfty *hostíliti* s. ostilitate.

Hot-*hot* a. cald; fierbinte; arzător; violent; vioiu; pipărat; *to be*—, a avea căldură;—*bed* strat de gunoiu; focar; — *-headed*, supărăcios, iute; violent; — *-cockles*, jocul d'a țurca; — *house*, seră, florărie; —*ly*, ad. cu căldură, cu înfocare; cu vioiciune; cu violență.

Hotchpotch - *hócipoci* s. vide *hodge—podge.*

Hotel-*hotél* s. hotel.

Hotspur-*hótsper* s. om iute; violent.

Hound-*háund* s. câine de vânat

Hour-*aŭer* s. oră, ceas: *to keep late*—*s*, a se întoarce acasă noaptea târziu - —*glass*, nisipermiță.

Hourly-*aŭerli* a. și ad. de fiecare ceas, la orice ceas; din ceas în ceas.

House-*háus* s. casă; locuință; familie; căsnicie, gospodărie; *to have a*—*of one's own*, a avea casa sa; *to have neither*—*nor home*, a nu avea nic casă; *to make a clear*—, a goni toate slugile din casă; —*breaker*, spărgător (hoț); — *-dog*, dulău;—, v. a. & n. a găzdui, a ospăta; a locui; adăposti.

Household-*háushoulds* familie; menaj;— *bread*, pâine de casă.

Householder - *háushoulder* s. cap de familie.

Housekeeper *háuskiper* s. cap de familie, stăpân; stăpână de casă, menajeră.

Housekeeping - *háuskiping* s menajul, întreținerea unei case.

Houseless *háusles* a. fără adăpost.

Housemaid-*háusmeid*, s. fată în casă, servitoare.

Housewife-*háuswaif* sau *húsif* s. stăpân de casă; menajeră.

Housing-*háusing* s magazinaj; aflare în depozit;—s. pl arșea, cioltar.

Hovel-*hoŭel* s. colibă, bordeiu; baracă; v. a. a găzdui, a ospăta prost.

Hover-*hoŭver* v. n. a flutura, a fâlfâi; a ezita, a sta la îndoială.

Hov-*hóŭ* ad. cum;—*much?* cât?

How(so)ever-*háŭ'sóŭ)ever*, conj. însă; cu toate acestea; cel puțin; în orice caz; de a min. trelea.

Howitzer *hóŭitser* s. obuzier; piesă de artilerie ce aruncă o-buze.

Howl-*háŭl* v. n. a urla.

Howl(ing) *háŭl(ing)* s. urlet.

Hoyden-*hóiden* s. năucă; fată rău crescută.

Hub-*hŏb* s. butucul roții.

Hubbub-*hŏbŏb*- s. tumult, zgomot agitație; răscolă.

Huckster-*hŭcster* s. precupeț; telal.

Huddle-*hŏdel* v. a. a cârpi, a face în pripă; a amestaca, a încurcă; a zăpăci; a aruncă claie peste grămadă, v. n. a se înghesui, a se îmbluzi.

Hue-*hiu* s. coloare; față; stri gât;—*and cry*, țipete la vânătoare de lupi, huideo!

Huff-*hof* s. mânie; violență; a-pucătură; a. lăudăros, fanfaron; om trufaș;—, v. a. & n. a se umflâ, a trata cu aroganță; a face pe lăudărosul; a dojeni.

Hug-*hŏg* s. îmbrățișare; strângere;—, v a. a îmbrățișâ; a strânge; a iubi; a desmierdâ, a mângâiâ; *to*—*one's self*, a se felicită.

Huge-*hiúj* a. întins, mare, e-norm, imens;—*ly*, ad. enorm.

Hugeness-*hiúgines* s. mărime enormă.

Hulk-*hŏlc* s carenă, partea din apă a unei corăbii; ponton.

Hull-*hŏl* s coajă; pojghiță; cheresteaua corăbiei.

Hum-*hŏm* s. sbârnăit, bâzâit; murmur; tremurătura vocei;—, v. a & n. a sbârnâi; a murmură; a bombăni; a cânta cu glas

Incet; **to**— *and haw*, a gângăvì, a bolborosi; a şovăl în vorbire, a sta pe gânduri; — l a face hâm;

Human-*iúmăn* a. omenesc;**§** *the* — *body*, corpul omenesc; — *ly*, ad omeneşte, cu omenie.

Humane *iuméin* a. omenos, afabil; politicos; binevoitor; binefăcător.

Humanise· *iúmănaiz* v. a. a omeni, a face mai blând, mai bun, a civiliza

Humanity *iumăniti* s. umanitate; natură omenească; omenie, bunătate.

Humank'nd-*iúmăncaind* s. geniul omenesc.

Humble-*hămbel* v. a. a umilì, a înjosì; —, a plecat, umilit; modest; — *bee*, bondar, trântor.

Humbleness-*hómblenes* s. umilinţă; smerenie, supunere.

Humbly-*hámbli* ad. cu umilinţă, cu supunere, cu smerenie în mod plecat.

Humbug-*hómbog* s. înşelătorie, tragere pe sfoară; minciuni, gogoşi; şarlatan; —, v a. a înşelà, a trage pe sfoară

Hamdrum-*hómdróm* a. năuc, tâmpit; plictisitor.

Hamid-*hiúmid* a. umed, jilav.

Humidity-*hiumíditis* umezeală.

Humiliate-*hiumílieit* v. a. a umilì, a înjosì.

Humiliation-*hiumíliéişŏn* s. umilire, înjosire.

Humility-*hiumíliti* s. umilinţă, plecăciune, supunere.

Hamming-*hóming* s. bâzăit; — *bird*, colibri, pasărea-muscă.

Humorous-*hiúmerŏs* a. glumeţ, hazliu; cu toane, ciudat, capricios; —*ly*, ad. cu haz, în mod capricios.

Humour-*hiúmour* s. umoarea, umezeală; umoare, dispoziţie, fire; veselie; umor, haz; *in a good*—, bine dispus; *ill*—, rău dispus; —, v. a. a îngădui, a face pe voie; a linguşì.

Humourist-*hiúmŏrist* s. scriitor umorist; glumeţ.

Hump *hŏmp* s. cocoaşe; —·*bac k d*, cocoşat.

Hunch *hŏnţ* s. cocoaşă; bucată mare;brânciu;—·*backed*, cocoşat.

Hunchbuck·*hŏncibăc* s.cocoşat.

Hundred-*hŏndred* s sută; su time —, a. sută.

Hundredfold - *hŏndredfŏld* a. însutit.

Hundreath-*hŏn ireth* a. al o sutelea.

Hundredweight *hŏndredueit* s. un cântar de 50 de kilograme.

Hung-beel-*hŏngbif* s carne de vacă afumată.

Hunger-*hŏngher* s. foame; —, v. n. a'i fi foame.

Hungrily-*hŏngrili* ad. flămând; cu foame, cu lăcomie.

Hungry *hŏngri* a. flămând.

Hunt-*hŏnt* v. a. & n. a vânà; a goni; a urmări; a cercetà

Hunter-*hŏnter* s. vânător; cal de vânătoare; câine de vânătoare.

Hunting-*hŏnting* s. vânatul, vânătoare;—·*box*, loc de întâlnire la vânătoare; —·*horn*, corn de vânătoare.

Huntress-*hŏntres* s. vânătoriţă.

Huntsman-*hŏntsmăn* s. gonitor de copoi; vânător; servitor care duce câinii de vânat

Hurdle-*hérdl* s. împletitură de salcie, leasă; gabion; faşină; ţarc, ocol; —·*race*, alergare (de cai) de garduri.

Hurdy-gurdy-*hérdighérdi* s. flaşnetă; dibla.

Hurl -*herl* v. a. a asvârlì, a aruncà; a aruncà de sus, în jos

Hurly bur.y *herlibérli* s. tărăboiu, gălăgie, arababură.

Hurricane-*hŏricăn* s. uragán, vijelie mare.

Hurry *hŏri* s. grabă, iuţeală foarte mare; tumul, sgomot, zarvă; *to be in a*—, a fi grăbit; *there is no*—, nu e nicio grabă; —, v. a. & n. a da zor, a (se) grăbì.

Hurt *hert* s. rău, rană; nedrep-

tate, daună; —, v. a. a răni; a
vătămà; a face nedreptate; a
ofensă.
Hartful-*hártful* a vătămător;
—*ly*, ad în mod vătămător.
Husband-*hózbănd* s. soț, băr-
bat; —, v. a. a cununà, a că-
sătorì; a cu tivà.
Husbandman-*húsbăndmăn* s.
cultivator, agricultor.
Husbandry-*húsbăndri* s. agri-
cultură; economie.
Hush-*hóș* s. tăcere;—, v. a. & n.
a tăceà, a face să tacă; *to*—*up*,
a face mușamà;—*-money*, bani
dați pentru a cumpără tăcerea;
—*l* tăcere!
Husk-*hósc* s. coajă, pojghiță;
căței.
Huskiness-*l óskiness* s.răgușeală.
Husky-*hóski* a. răgușit; cu poj-
ghiță groasă.
Hussar *husár* s. husar, călăraș.
Hussy *húsi* s. fată stricată, ti-
căloasă; pungășoaică; ștrengar.
Hustle-*hós t'el* v. a. a împinge,
a împinge din toate părțile; a
se înghesuì.
Hut-*hŏt* s. colibă, bordeiu.
Hutch *hŏtș* s. ladă; căpistere;
viziuină, coteț de iepuri de casă.
Hyacinth *hái sinth* s zambilă
Hibrid-*hái rid* s. cuvânt alcă-
tuit din două limbi; —, a ibrid
corcit.
Hydrant - *háidrănt* s. cișmeà,
robinet; pompă de foc.
Hydraulic-*haidrólic* a. idrau-
lic; —*s*, s. idraulică.

Hydrogen-*háidrogeu*s.hidrogen.
Hydropathic - *haidropáthic* a.
hidropatică.
Hyhropathy *haidrópăthi* s hi-
dropatie.
Hidrophobia-*hai rofóbiă* s hi-
drofobie.
Hydrostatics-*haidrostátics*;
—*s*, pl. hidrostatică.
Hyena-*haiină* s. hienă.
Hygiene-*háigiin* s. higienă.
Hymeneal-*haimeniăl* a. de nun-
tă, nupțial.
Hymu-*him(n)* s imn.
Hyperbole-*hăipérbóul* s. iper-
bolă.
Hyperbolic-*haiperbólic* a iper-
bolic; —*ally*, ad. în mod iper-
bolic.
Hyphen-*háifen* s. trăsătură de
unire; liniuță.
Hypnotic-*hipnólic* a. hinoptic.
Hppnotism - *hipnotizm* s. hip-
notism.
Hypochondriac *haipocón-
driac* s. ipohondru, ipohondriac.
Hypocrisy-*hipócriss* s. ipocrizie.
Hypocrite-*hipocrit* s. ipocrit.
Hyopocritical - *hipocriticăl* a.
ipocrit.
Hypothesis-*haipóthesis* s. ipo-
teză.
Hypothetic-*haipothétio* a. ipo-
tetic.
Hyssop-*hisóp* s isop.
Hysterical-*histéricăl* a. isteric;
—*ly*, ad. în mod isteric.
Hysterics-*histérics* s. pl. isterie,
spasm, svârcolire.

1

I-*ai* eu; *it is*—, eu sunt.
Iambic-*aiámbic* a. iambic, com-
pus din iambi.
Ice-*ais* s. ghiață;— *-berg*, ghețar,
munte de ghiață;— *-bound*, în-
conjurat de ghiață;— *-cream* în-
ghețată;— *-house*, — *-safe*, ghe-
țărie.
Ichneumon-*icniŭmon* s ichne-

umon, un fel de mamifer cât pi-
sica venerat de Egipteni; insec-
tă cu patru aripi și un bold de
înțepat.
Icicle-*áisikel* s. s'oiu de ghiață
Iciness-*áisines* s. ger.
Icy-*aisi* a. înghețat, de ghiață;
—*sea*, mare glacială.
Idea-*aidiă* s. idee.

Ideal-*idĭál* s. şi a. ideal.

Identic(al) *aidéntic'ăl)* a identic; —*ly*, ad. în mod identic.

Identify-*aidéntifai* v. a. a iden tifică, a face identic, la fel.

Identity-*aidéntiti* s. identitate

Idiocy-*i iosi* s. idioţie, prostie.

Idiom-*idiŏm* s. idiom, dialect.

Idiomatic *idiomătic* a. idiomatic.

Idiosyncrasy - *idiosincrăsi* s idiosincrazie.

Idiot *idiot* s. idiot, nătăfleţ, prost.

Idiotic-*idiŏtic* a. tâmpit, smintit, idiot.

Idiotism *idiotizm* s. idiotism, construcţie sau expresie proprie unei limbi.

Idle-*áidel* v. n. a se lenevi, a'şi petrece vremea în lenevie, a trândăvi; —, a. leneş, trândav; za darnic; —*talk* vorbă multă, pologhie.

Idleness-*áidelnes* s. trândăvie, lenevie.

Idler-*ăidler* s. trândav, leneş.

Idly-*ăidli* ad. cu lenevie, în lenevie.

Idol-*áidol* s. idol.

Idolater-*aidólăter*,**idolatress** -*aidólătres* s. idolatru; idolatră.

Idolatrous-*aidólătrŏs* s. idolatrie.

Idolatry-*aidólŏtri* s. ido'atrie.

Idolise-*áidolaiz* v. a. a idolatră, a se închină, la idolĭ; *(fig)* a. a iubi cu înfocare.

Idolize-*áidolaiz* vide *Idolise*.

Idyl-*áidil* s. idilă.

If-*if* conj. dacă, chiar dacă; numai să.

Igneous-*igniŏs* a. alcătuit din foc, înflăcărat.

Ignite-*ignait* v. a. & n a (se) aprinde, a pune foc, a (se) înflăcără.

Ignoble-*ignóbel* a. mârşav, josnic; fără valoare.

Ignobly-*ignóbli* ad. în mod necinstit, cu mârşăvie.

Ignominous-*ignomíniŏs* a ru şinos, de ocară; —*ly*, adv. în mod ruşinos; cu mârşăvie.

Ignominy-*ignómini* s. mârşăvie, infamie.

Ignoramus-*ignoréimŏs* s. prost, dobitoc.

Ignorance - *ignorăns* s. igno ranţă.

Ignorant *ignorănt* a. ignora t; —*ly*, ad. în ignoranţă; —*man*, un om ignorant.

Ignore *ignóer* v. a. a nu ştie; a pronunţa un verdict de ne-ur mărire.

Ilex-*áilex* v. s. *(bot.)* tufan, stejar verde.

Ill-*il* s. rău, nenorocire; —, a. bolnav; rău; *to be taken—*, *to fall—*, a cădea bolnav:—*bred*, rău crescut; —*at ease*, nepriin cios;—*natured*, răutăcios;— *-treat*,— *use*, a maltrată; —*ly*, ad. rău; cu greu.

Illegal-*ilégăl* a. ilegal; —*ly*, ad. în mod ilegal.

Illegality-*ilegăliti* s. ilegalitate.

Illegible-*ilégibl* a. de necitit.

Illegitimacy-*ilegitimăsi* s. ne legitimitate.

Illegitimate-*ilegĭtimeit* a ne legitim, din flori; —*ly*, ad. în mod nelegal.

Illiberal-*iliberăl* a. neliberal; ţigănos, scârnav; —*ly*, ad. cu un spirit puţin liberal; cu pu ţină dărnicie.

Illicit-*ilisit* a. ilicit, nepermis.

Illimitable-*ilimităbel* a. nemăr ginit.

Illiterate-*ilitereit* a neliterat, fără învăţătură, prost.

Illness-*ilnes* s. boală; indispo ziţie.

Illogical-*ilógicăl* a. nelogic.

Illuminate-*iliúmneit*, **illumine**-*iliúmin* v. a. a lumină, a ilumină.

Illumination *iliuminéişŏn* s. i luminaţie.

Illusion-*iliújŏn* s. iluzie, amăgire.

Illusive-*iliúsiv*, **illusory** *iliúseri* a. iluzoriu, amăgitor.

Illustrate *ilŏstreit* v. a. a ilustrà; a desluşì, a iluminà.

Illustration-*ilŏstréişŏn* s. ilustraţie; desluşire; explicaţie, lămurire.

Illustrative-*ilŏstrătiv* a. desluşitor.

Illustrious-*ilŏstriŏs* a. ilustru, vestit;—*ly,* ad. în mod ilustru, cu strălucire; cu renume.

Image-*imădj* s, imagine; portret; gravură; icoană;—, v. a. a reprezentà prin icoane; a'şi închipuì.

Imagery *imăgeri* s. imagine, imaginaţie; fantomă; închipuire.

Imaginable - *imăginăbl* a. de închipuit.

Imaginary-*imăgineri* a. închipuit, imaginar.

Imagination-*imăginéişŏn* s. imaginaţie, închipuire, gând.

Imaginative-*imăginătiv* a. imaginativ, născocitor.

Imagine-*imăʒin* v. a. a imagină, a'şi închipuì.

Imbecile *imbesil* a. imbecil, idiot, prost;—, a imbecil, prost.

Imbecility-*imbesiliti* s. imbecilitate, becisnicie, neghiobie.

Imbibe-*imbáib* v. a. a imbibà, a muià; a absorbì.

Imbibition *imbibişŏn* s. imbibare, muiare (în ceva).

Imbody-*imbódi,* **embody,** v. a. & n. a încorporà, a întrupà; a se încorporà; a se unì.

Imbosom-*imbúz n,* **embosom** *embuzm,* v. a. a primì în sânul său; a iubì mult.

Imbroglio - *imbró/io* s. imbroglio, încurcătură.

Imbue-*imbiŭ* v. a muià; a pătà; a vopsì; (*fig*) a întipărì, a pătrunde, a inspirà.

Imitate *imitéit* v. a. a imità.

Imitation-*imitéişŏn* s. imitaţie; *in—of,* imitat după.

Imitative-*imiteitiv* a. imitativ.

Imitator-*imiteităr* s. imitator.

Immaculate-*imăkiuleit* a. imaculat, nepătat.

Immaterial - *imătiriăl* a. nematerial, neunit cu materia.

Immature-*imăciur* a. necopt, verde; prea timpuriu.

Immeasurable-*iméşiurăbl* a. nemăsurat.

Immeasurably-*iméşurăbli* ad. nemăsurat; peste măsură; in mo1 abundent.

Immediate-*imidiieit* a. imediat, grăbit; —*ly.* ad. numai de cât.

Immemorial-*memoriăl* a. imemorial, străvechiu.

Immens-*iméns* a. imens, foarte intins; —*ly,* ad. nemăsurat, enorm.

Immensity-*imensiti* s. imensitate.

Immerse-*imers* v. a muià, a cufundà în apă.

Immersion-*imérşŏn* s. cufundare.

Immigrant-*imigrănts.*imigrant

Imminence-*imineins* s. iminenţă; amenintare apropiată.

Imminent-*iminent* a. iminent: ameninţător, apropiat.

Imobility *imobiliti* s. imobilitate, nemişcare.

Immoderate-*imódereit* a. necumpătat; —*ly,* ad. cu necumpătare; la exces.

Immodest-*imódest* a. fără modestie; —*ly,* ad. fără modestie, cu nerusinare.

Immodesty-*imódesti* s. lipsă de modestie; necuviinţă.

Immolate-*imoleit* v. a. a jertfì.

Immolation-*imoléişŏn* s. jertfă.

Immoral-*i..órăl* a imoral.

Immorality-*imorăliti* s. imoralitate.

Immortal-*imórtăl* a. nemuritor.

Immortalize-*imórtălais* v. a imortalizà, a face nemuritor.

Immortality-*imortăliti* s. imortalitate, nemurire.

Immovable-*imŭvăbel* a. imobil, nemişcat, neclintit.

Immovably - *imŭvăbli* ad. în mod neclintit.

Immunity - *imiŭniti* s. imunitate, scutire (de impozite, etc.); rezistență la o boală; privilegiu.

Immure-*imiúr* v. a. închide; a înconjură cu ziduri.

Immutability - *imiutăbíliti* s. nestrămutare:

Immutable-*imiútăbel* a. neschimbător, nestrămutat.

Imp-*imp* s. mlădiță, vlăstar; ștrengar, drăcușor.

Impact-*impăct* s. impulsie; lovire ciocnire; mișcare.

Impair *împeer* v. a. a slăbi (sănătate, etc.) a micșoră; a aeteriorá, a strică.

Impalpable-*im, ălpăbel*, a. de nepipăit; de nesimțit.

Impart-*impárt* v. a. a acordá, dă; a comunică.

Impartial-*impărșiăl* a. imparțial;—*ly*. ad. în mod imparțial.

Impartiality - *imparșiăliti* s. imparțialitate, nepărtinire.

Impassable *impăsăbel* a. imposibil de umblat, de trecut (drumul).

Impassibility - *impăsibíliti* s. nesimțire insensibilitate.

Impassioned-*impășónd* a. pasionat, plin de patimă.

Impassive *impăsiv* a. nesimțitor.

Impatience *impéișens* s. nerăbdare.

Impatient *impéișent* a. nerăbdător; grabnic; — *ly*, ad. cu nerăbdare.

Impeach-*impíci* v. a. a·scuză

Impeachment - *impíciment* s. acuzare.

Impecuniosity - *impekiuniósiti* s săracie extremă.

Impecunious-*ipekiúniŏs* a. sărac, nevoiaș.

Impede-*impíd* v. a. a împedică, a opri

Impediment-*impédiment* s impiedecare, obstacol.

Impel *impél* v. a. a împinge.

Impend-*impénd* v. n. a aplecă, a se aplecá intr'o parte, a amenință.

Impenetrable-*impénetrăbel* a. impenetrabil, nepătrunzător.

Impenetrably *impénetrăbli* ad. în mod impenetrabil.

Impenitence-*impéninlens* s. nepocăință.

Impenitent-*impénitent* a. nepocăit.

Imperative-*impérătiv* a. imperativ, poruncitor; — *ly*, ad. în mod poruncitor.

Imperceptible-*impersέptibel* a. imperceptibil.

Imperceptibly *impersέptibli* ad. în mod imperceptibil.

Imperfect *împerfect* s. imperfect;—, a. imperfect; — *ly*, ad. în mod imperfect.

Imperfection - *imper écșŏn* s. imperfecție.

Imperial-*impíriăl* s. imperială; —, a. imperial, împărătesc.

Imperil-*impéril* v. a. a expune la primejdie.

Imperious-*impíriŏs* a. imperios, pretențios; — *ly*, ad. în mod imperios.

Imperishable - *impérișăbel* a. nemuritor.

Impermeable-*impérmiăble* a. impermeabil.

Impersonal-*impérsŏnăl* a. impersonal; — *ly*, ad. în mod impersonal.

Impersonality - *impersonăliti* s impersonalitate.

Impersonate-*împérson·it* v. a. a personifică.

Impersonation- *impersŏnéișăn* s. personagiul dintr'o piesă jucat de un actor; reprezentațiune.

Impertinence - *impértinens* s. impertinență, obrăznicie; necu viință.

Impert nent-*impértinent* a. impertinent, obraznic, neobrăzat; necuviincios; — *ly*, ad. în mod obrazni ; necuviincios.

Imperturbability - *impertăr-băbíliti* s. netulburare, neclintire.

Imperturbable - *impertórbăbel* a. neturbat, neclintit.

Impervious-*impérviŏs* a. nepă-
trunzător, (de) nepătruns.

Impetuosity-*impetiuósiti* s. im-
petuos tate, repeziciune, iuţeală.

Impetuous-*impéciuos* a. impe-
tuos;—*ly*, în mod impetuos.

Impetus-*impetŏs* s. impulsiune,
impu s; putere; avânt.

Impiety-*impáieti* s. nelegiuire

Impinge-*impinj* v. a. a. izbì, a
lovì; *to—on* a înfrânge; a călcă.

Impious-*impiŏs* a. nelegiuit, fă-
ră de lege;—*ly*, ad. cu nelegiui-
re, fără de lege.

Implacable-*imrlácăbel* a. ne-
împăcat.

Implacably-*implácabli* ad. în
mod neînduplecat.

Implant-*implănt* v a. a îm-
plântă; a întipări.

Implement-*implin ent* s. uneal-
tă; instrument

Implicate *implikeit* v. a. im
plică, a băgă; a amestecă; a
compromite.

Implication-*implikéişŏn* s im-
plicare, amestecare, băgare; în-
curcare.

Implicit-*implisit* a amestecat;
încurcat;—*ly*, în mod încurcat.

Implore-*implóer* v. a. a implo-
ră, a rugă fierbinte; a cere cu
umilinţă (ceva).

Imply-*implái* v. a. a implică;
a încheià; a însemnă; a trage
o urmare. .

Impolicy-*impólisi* s. inconveni-
enţă, lipsă de cuviinţă; nesoco-
tinţă.

Impolite-*impoláit* a. nepoliti-
cos;—*ly*, ad. în mod nepoliti-
cos.

Impoliteness - *impoláiĭnes* s.
impoliteţă, lipsă de politeţă.

Impolitic-*impolitic* a. impolitic;
neînţelept.

Import-*împort* s. import; înţe-
les; însemnare justă; importan-
ţă;—*duty*, drept de import;—
-*trade*, comerţ de import.

Import - *impórt* v. a importă
(mărfuri), a introduce.

Importance - *impórtăns* s. im-
portanţă.

Important-*importánt* a impor-
tant.

Importation-*importéişŏn* s. im-
port; importaţie.

Importunate - *impórcirneit* a
importun, incomod;—*ly*, ad. în
mod importun, supărător.

Importune-*imporciŭn* v. a. a
importună, a turbură, a supără,
a plictisì

Importunity - *imporciŭniti* s.
importunitate; stăruinţă supă-
rătoare.

Impose-*impóuz* v. a. a impune;
a supune la impozite, la taxe;
to—laws, a supune legei *to—on*
to—upon, a umblă să înşele.

Imposer - *impóuzer* s. care im-
pune; înşelător.

Imposing-*impóuzing* a. impu
nător; amăgitor, înşelător.

Imposition-*impozíşŏn* s. impu-
nere, punere (de nume, biruri
taxe); bir, taxe, impozit; înşe-
lăciune.

Impossibility - *impósibilíti* s.
imposibilitate

Impossible-*impósibel* a. impo-
sibil, cu neputinţă.

Impost-*impóust* s. impozit, da-
re, bir.

Impostor-*impóster* s. Înşelător

Imposture-*impósciur* s. înşelă-
ciune, fraudă.

Impotence-*impotens* s. nepu-
tinţă, incapacitate.

Impotent-*impotent* a. impotent,
neputincios; —*ly*, ad. fără pu-
tere.

Impound-*impáund* v. a. a în-
chide la arest (un loc pentru tră-
surile şi animalele găsite pe
drum); a confiscă; a luă.

Impoverish-*impóve iş* v. a. a
sărăci.

Impracticability -*imprăcticá-
bíliti* s. imposibilitate, neputinţă
neputinţă de a trăi cu alţi i.

Impracticable-*imprăcticăbl* a
impracticabil, ce nu se poate

pune în lucrare; pe care nu se poate trece.

Imprecate-*imprikeit* v. a. a blestemă.

Imprecation-*imprikéişón* s. blestemare.

Impreguable-*imprįnăbel* a. ce nu poate fi luat.

Impregnate *impįégneit* v. a. a impregnă, a îmbibă, a pătrunde; a fecundă.

Impress-*impres* s. întipărire; impresiune; deviză: —, v. a. a tipări; a gravă; a înrolá cu sila.

Impression-*impréşón* s. tipar; impresiune.

Impressionable-*impréşŏnŏbel* a. impresionabil, lesne de impresionat.

Impressive-*imprésiv* a. impresionabil; care face impresiune; izbitor; —*ly*, ad. tare; ca să facă impresie.

Imprint-*imprint* v. a. a tipări; a întipări; a gravă.

Impresion-*imprizen* v. a. a închide, a băgá la închisoare.

Imprisonment-*imprizenment* s. băgare la închisoare.

Improbability *improbăbiliti* s. improbabilitate.

Improbable-*impróbăbel* a. improbabil.

Improbably-*impróbăb.i* ad. puţin probab.l.

Improper-*impróper* a. impropriu, nepotrivit; care nu se cuvine; necuviincios; —*ly*, ad in mod nepotrivit; în mod necuviincios.

Impropriety-*impropráieti* s. nepotrivire; însuşirea de a fi impropriu; necuviinţă.

Improve-*imprův* v. a. & n. a face progrese; a face să progreseze; a (se) îmbunătăţi; a (se) perfecţionă; a trage folos; a întrebuinţa; a exploatá; a învăţă.

Improvement-*imprúvment* s îmbunătăţire perfecţionare, progres, înaintare; instrucţiune.

Improvidence-*impróvi'ens* s. neprevedere.

Improvident-*impróvident* a. neprevăzător; —*ly*, ad. cu neprevedere.

Improvisation-*improvaiséişón* s improvizaţie, s. bucată compusă pe nepregătite.

Improvise-*improváiz* v. a. & n. a improviză, a compune pe nepregătite; a pregăti în grabă.

Imprudence-*imprú lens* s. imprudenţă, nesocotinţă.

Imprudent-*imprúdent* s. imprudent, nesocotit; —*ly*, ad. în mod nesocotit.

Impudence-*inpiudens* s. obrăznicie, neruşinare.

Impudent-*impudent* a. obraznic, neruşinat; —*ly*, ad. în mod obraznic, neruşinat.

Impugn-*impiún* v. a. a atacă, a contestă, a combate.

Impulse-*implús*, **impulsion**-*imvŏlşón* s. impulsiune, mişcare, aţâţare.

Impulsive-*impólsiv* a. împingăt.r.

Impunity-*impiuniti* s. nepedepsire

Impure-*impiur* a. necurat; —*ly*, ad. în mod necurat.

Impurity-*imp úriti* s. necurăţenie, desfrâu.

Imputation-*impiu'éişón* s. imputare, învinuire; dojană.

Impute-*impiút* v. a. a imputa, a atribui.

Iu-*in* pron. & ad in; la; pe; între, sub; înăuntru; *to be in*, a fi acasă.

Inability-*inăbiliti* s. nevrednicie, nedestoinicie.

Inaccessible-*inăccésibel* a. de neapropiat

Inaccuracy-*inăkiurăsi* s. neexact; —*ly*, ad. în mod neexact.

Inaction-*inăcşón* s. nelucrare.

Inactiv-*inácti* a. inactiv, neocupat, ce nu lucrează.

Inactivity-*inăcliviti* s. neactivitate.

Inadequacy-*inădikuăsi* s. insuficiență, neindestulare.

Inadequate-*inădicueit* a. insuficient, neindestulător; nepotrivit.

Inadmissible-*inădn..ibl* a. neadmisibil.

Inadvertence-*inădvértens* s. nebăgare de seamă, scăpare din vedere.

Inadvertently-*inădvértentli* ad. din nebăgare de seamă.

Inalienable-*inéilienăbli* a inalienabil, ce nu se poate instrăina

Inanimate-*inănimeit* a. neînsufleţit, mort.

Inanition-*inc̃nișŏn* s. inaniţie, istovire (din lipsă de mâncare).

Inapplicable-*inăplicăbel* a. inaplicabil, ce nu se poate aplică.

Inapposite-*inăpozit* a. fără legătură, nepotrivit, ne la locul lui.

Inappreciable-*inăprişiăbel* a. de nepreţuit, fără preţ.

Inaptitude-*inăpcitiu i* s. nedestoinicie.

Inarticulate - *inărtikiuleit* a. nearticulat; —*ly*, ad. în mod. nearticulat.

Inasmuch-*inăzmŏci* ad. deoarece, fiindcă, având în vedere că; căci, de vreme ce.

Inattention-*inătényŏn* s. nebăgare de seamă, negligenţă.

Inattentive-*inătĕntiv* a. neatent, nebăgător de seamă; negligent.

Inaudible-*inódibel* a. care nu poate fi auzit, pe neauzit.

Inaugural-*inóghiurăl* a. inaugural, de deschidere; —*address*, discurs de inaugurare.

Inaugurate-*inóghiureit* v. a. a inaugură.

Inauguration-*inoghiuréișŏn* s inaugurare.

Inauspicious-*inospișŏs* a. de rău augur, semn rău.

Inborn-*inborn*, **Inbred**-*înbred* a. înnăscut.

Incalculable-*incălkiu'ăbel* a.

incalculabil, ce nu se poate calculă; nenumărat.

Incandescent - *ir.cŏndésent* a. incandescent, aprins.

Incantation-*incăntéișŏn* s. încântare, vrăjire.

Incapability - *inckeipăbiliti* incapabilitate, neputinţă.

Incapable-*inkéipăbel* a. incapabil, neputincios.

Incapacitate-*incăpăsiti* s. incapacitate, nedestoinicie; nevrednicie.

Incarcerate-*incărsereit* v. a. a băgă în carceră; a întemniţă.

Incarnate-*incărneit* a. întrupat.

Incarnation-*incarnéișŏn* s. întrupare.

Incase-*inkéis* v. a. a încasă; a încuiă.

Incautious-*incŏșŏs* a. nechibzuit, nesocotit, fără judecată; negligent, nepăsător; —*ly*, ad. prosteşte, fără socoteală.

Incendiary-*inćéndiări* s. incendiar, cel ce pune foc; —, a. incendiator, aprinzător.

Incence-*insens* s. tămâie;—, a. a afumă cu tămâie; a irită foarte, a înverșună, a întărâtă; a exasperă.

Incentive-*insĕntiv* s. aţâţare; îmbo!dire, încurajare.

Incessant-*insésănt* a. neîncetat:—*ly*, ad. într'una, necurmat, fără preget.

Incest-*inćest* s. incest; împreunare nelegiuită între consângeni.

Incestuous-*insésciuŏs* a. incestuos, vinovat de incest; —*ly*, ad. în mod incestuos.

Inch-*intș* s. palmac, şchioapă, (măsură de 0.255); —(*fig.*) bagatelă; —*by*—, puţin câte puţin; *by*—*es*, treptat; cu încetul; *at a* —, foarte exact; *within an*—*of*, aproape de...

Incident-*insident* s. incident; întâmplare; —, a. întâmplător.

Incidental-*insidéntăl* a. întâmplător; incidental; (*gram.*) legat cu o propoziţie principală; —

expenses, cheltuieli mărunte, ne-
prevăzute; —*ly, ad.* din întâm-
plare, pe neașteptate.

Incinerate-*incinereit* v. a. a
preface în cenușe; a arde un
cadavru.

Incineration-*incineréișŏn* s.
prefacere în cenușe; arderea ca-
davrelor.

Incipient-*insipient* a. începând,
care începe.

Incise-*insáis* v. a. a face o in-
ciziune, a tăià (în lung).

Incision-*insijŏn* s. inciziune, tă-
ietură (în lungime).

Incite-*insáit* v. a. a ațâță, a
întărâtă, a întețì.

Incivility-*insiviliti* s. lipsă de
politeță, mojicie.

Inclemency-*inclémensi* s. in-
clemență, neîndurare; asprime.

Inclement-*inclément* a. neîndu-
rat, sever, foarte aspru; fără
milă.

Inclination-*inclinéișŏn* s. în-
clinare; aplecare, povârnire.

Incline-*inclain* s. înclinare; po-
vârniș, plan înclinat (al unui
drum, al unei căi ferate); —,
v. a. & n. a. (se) înclinà; a fa-
ce să plece; a plecà; a'și îndrep-
tà (pașii): a ascultà.

Include-*includ* v. a. a cuprin-
de, a conține.

Including-*incluîding* a. sub în-
țeles, cuprinzându-se în.

Inclusion-*inclujŏn* s. coprinde-
re, conținere.

Inclusive-*incluziv* a. coprins
înăuntru, băgat; —*ly, ad.* inclu-
siv, coprinzân-iu-se și (aceasta).

Incoherence-*incohirens* s. in-
coerență, lipsă de legătură, de șir.

Incoherent-*incohirent* a inco-
erent, fără șir; —*ly, ad.* fără
legătură.

Incombustibility-*incombusti-
biliti* s. incombustibilitate, însu-
șirea de a nu fì combustibil

Incombustible - *incombústibel,*
a. incombustibil, ce nu poate
arde.

Income-*incŏm* s. venit, dobân-
dă anuală a unui capital pla-
sat; —*tax,* impozit asupra ve-
nitului.

Incoming-*incŏming* a. care intră.

Incommensurable - *inco nén-
șiurăbel* a. incomensurabil, ne-
măsurat, foarte mare; (*mat*) ce
nu se poate măsurà (cu aceeaș
măsură).

Incommode-*incon.ŏud* v a. a
incomodà, a supărà.

Incommodious-*incomŏudiŏs* a.
incomod, supărător.

Incomparable - *incómpărăbel*
a. incomparabil.

Incomparably - *incómparabli*
ad. fără comparație.

Incompatibility - *incompătibi-
liti* s. incompatibilitate; nepo-
trivire.

Incompatible - *incompțăbil* a
incompatibil, nepotrivit.

Incompetence-*incómpetens* s.
incompetență, nepricepere.

Incompetent-*incómpetent* a. in-
competent, incapabil.

Incomplete-*incomplit* a. incom-
plect.

Incompleteness - *incomplitnes*
s. stare incomplectă; defect, cu-
sur; lipsă.

Incomprehensibility-*incom-
prehensibiliti* s. neputință de a
pricepe.

Incomprehens ble *incompre-
hénsibl* a. de neînțeles, cu ne-
putință (sau greu) de înțeles.

Inconceivable-*inconsivăbel* a
care nu se poate concepe, înțe-
lege.

Inconclusive *inconclusiv* a. ca-
re nu e doveditor

Incongruity-*incongruiti* s. ne-
cuviință, mojicie, nepotrivire.

Incongruous-*incóngriŏs* a. ne-
cuviincios; —*ly, ad.* în mod ne-
cuviincios

Inconsequent-*incónsiquent* a.
inconsecvent; nelogic, nesocotit.

Inconsiderable - *inconsiderăbl*
a. neînsemnat, de nimic.

Inconsiderate *inconsídereit* a.
nesocotit; —*ly*, ad. cù nesoco-
tinţă.

Inconsistency *inconsístensi* s.
nepotrivire, lipsă de consistenţă;
necuvinţă.

Inconsistent *inconsístent* a. lip-
sit de consistenţă; lipsit de şir în
ideile sale; ce nu se poate po-
trivì; —*ly*, ad. în mod contra-
zicător.

Inconsolable *inconsóulabl* a.
inconsolabil, de nemângăiat;

Inconstancy *inconstánsi* s. ne-
statornicie.

Inconstant *inconstánt* a. nesta-
tornic.

Incontestable *incóntestábel* a
de netăgăduit.

Incontestably *incóntestáblí* ad.
de netăgăduit; fără îndoială, ne-
greşit.

Incontinence *incóntinens* s. ne
înfrânare; desfrâu, destrăbălare,
desfrânare.

Incontinent *incóntinent* a. ne-
înfrânat; destrăbălat, desfrânat;
—*ly*, ad. cu neînfrânare, cu des-
frânare.

Incontrovertible *incontrovér-
tibál* a. vide *incontestable*.

Inconvenience *inconvíniens* s
incomoditate, supărare; neplă-
cere; încurcătură; —, v. a. a
turbura; a deranjà; a supără.

Inconvenient *inconvínient* a.
incomod, care jenează; neplăcut;
supărător; —*ly*, ad. nepotrivit
rău.

Incorporate *incórporeit* v. a
& n. a (se) incorporà, a băgà în-
tr'un corp de trupă; —, a. in-
corporat.

Incorporation *incorporéişőn* s
întrupare, incorporare; băgare
într'un corp de trupă.

Incorporeal *incorpórial* a. in-
corporal, nematerial, fără corp.

Incorrect *incorect* a. incorect
—*ly*, ad. într'un mod incorect

Incorrigible *incórigíbel* ce nu
se poate îndreptà

Incorruptibility *incorőptibili
ti* s. incoruptibilitate, însuşirea
de a nu se conrupe, de a nu se
strica.

Incorruptible *incorőptibel* a
incoruptibil, care nu poate fi
conrupt; ce nu se poate strica.

Increase *incrís* s creştere; spo-
rire; înmulţire; răspândire; câş-
tig, produs; —, v. a. & n.a.creş-
te, a (se) mări.

Incredibility *incredibíliti* s in-
credibilitate, neputinţă de a fi
crezut.

Incredible *incrédibel* a. de ne-
crezut.

Incredibly *incrédibli* ad. în mod
de necrezut

Incredulity *incrediúliti* s. ne-
credinţă.

Incredulous *incrédiulos* a. in-
credul, ce nu crede.

Incremation *incriméişőn* s cre-
maţiune, arderea cadavrelor.

Increment *íncrement* s. creşte-
re; mărire; sporire; rod, pro-
duct.

Incriminate *incrímineit* v. a.
a inculpà, a învinovăţì; a pârì

Incrust *incróst* v. a. a încrustà
a acoperì cu ornamente supra-
faţa unui obiect; a acoperì cu
cu coajă, cu un strat pietros.

Incubate *inkiubeit* v. a. a clocì.

Incubus *inkiubős* s. vis îngro-
zitor; răutate

Inculcate *incúlkeit* v. a a în-
tipărì; a băgà în cap, a inculcà.

Incumbency *incómbensi* s. cul-
care; poziţie culcată, parohie;
posesiunea unui beneficiu; gre-
utate.

Incumbent *incómbent* s. pose-
sor; titular; —, a. culcat, care
se odihneşt e; apăsător; impus
ca o datorie; susţinut, sprijinit.

Incur *inkér* v. a. a'şi atrage;
se expune la ceva.

Incurability *inkiurábíliti* s. în-
ţuşirea de a nu se puteà vindecà

Incurable *inkiurábel* a. incu-
rabil, ce nu se poate vindecà.

Incurably- *inkiúrăbli* ad. fără leac.

Incursion-*iukér͜şŏn* s năvălire; revărsare.

Incurvation-*inkervéişŏn* s. curbură; îndoitură.

Indebted-*indéted* a. dator, care datoreşte; (fig) îndatorat.

Indecency-*indísensi* a. indecenţă, lipsă de cuviinţă; necuviinţă, vorbă sau faptă necuviincioasă.

Indecent-*indísent* a indecent, necuviincios;—*ly*, ad. în mod necuviincios.

Indecision-*indisíjŏn* s. nehotărîre.

Indecisive-*indesáisiv* a. nedecis, nehotărît.

Indecorous-*indecórŏs* a. necuviincios;—*ly*, ad. în mod necuvincios.

Indeed-*indíd* ad. cu adevărat; în adevăr.

Indefatigable-*indifătigăbel* a. neobosit.

Indefensible-*indifénsibĕl* a. ce nu se poate apăra.

Indefinite-*indéfinit* a. nehotărît; —*ly*, ad. în mod nehotărît.

Indelible-*indélibel* a. neşters.

Indelicacy-*idélicăsi* s. indelicateţă, lipsa de delicateţă; mojicie.

Indelicate-*indélikeit* a. nedelicat, lipsit de delicateţă, mojicie.

Indemnification-*indemnifikéişŏn*, **Indemnity**-*indemniti* s. indemnitate, despăgubire.

Indemnify-*indémnifai* v. a. a despăgubi.

Indent-*indént* v. a a dinţa, a tăia, a cresta în forma dinţilor.

Indentation *indentéişŏn* s tăietură, crestătură în forma de dinţi.

Indenture *indenoiur* s contract; brevet de ucenicie.

Independence-*indipéndens* s. independenţă, neatârnare.

Independent-*indipéndent* a. independent, neatârnat; —*ly*, ad.

în independenţă, în neatârnare.

Indescribable · *indescrătbăbel* ad. indescriptibil, de nedescris.

Indestructible *indistrŏctibel* a. ce nu se poate distruge.

Indeterminate · *inditărmineit* a. nedcterminat, nehotărît, nedecis; —*ly*, ad. în mod nehotărît.

Index-*index* s. index, tablă de materie (a unei cărţi; degetul arătător; ac de cadran).

India-*indía*, — *man*, s. corabie care face comerţ cu India; —*rubler*, gumă elastică; —*n summer* (Am.) vară târzie.

Indicate-*indikeit* v. a. a indica, a arăta.

Indication-*indikéişŏn* s indicare, arătare; semn.

Indicative-*indicativ* s. indicativul (mod); —, a. arătător;—of. care arată.

Indictment-*indáictment* s. act de acuzaţie.

Indifference-*indiferens* s indiferenţă, nepăsare; imparţialitate; nepărtinire.

Indifferent-*indiferent* a. indiferent, nepăsător; imparţial;—*ly* ad. cu indiferenţă, cu nepăsare; fără deosebire; într'un chip mediocru.

Indigenous-*indigenŏs* a. indigen, născut.

Indigent-*éndigent* a. sărac, nevoiaş.

Indigestible *indigéstibel* a. de nemistuit.

Indigestion *indigéstiŏn* s. ne mistuire.

Indignant-*indignănt* a. indignat.

Indignation *indignéişŏn* s. indignare mânie, necaz

Indignity-*indigniti* s nedemnitate, nevrednicie; nemernicie, ocară, necinste.

Indigo-*indigo* s indigo materie colorantă — *tree* indigotier, plantă din care se extrage in digo.

Indirect - *indireot* a. indirect — *lu*, ad. în mod indirect.

Indirectuess-*indireclnes* s. ne-cuvinţă, necinste.

Indiscreet-*indisérit* a. indis-cret; nesocotit; necuviincios·
— *ly* ad. în mod indiscret, în mod nesocotit.

Indiscretion-*indiscreşón* s. în discreţiune nesocotinţă.

Indiscriminate *indiscrimineit* a. nedesluşit; incurcat, confus.
— *ly* ad. fără deosebire.

Indispensable *indispénsábel* a indispensabil absolut trebuincios

Indispensably *indispénsábli* ad. în mod indispensabil

Indispose *indispóuz* v a. a in-dispune, a îmbolnăvi puţin; a supără a nemulţumi a se sili, a'şi da osteneală.

Indisposition *indispozişón* s. indispoziţie, boală uşoară.

Indisputably-*indispiutabli* ad. în mod netăgăduit.

Indistinc -*indis'inct* a. nedes-luşit; — *ly* ad. nedesluşit.

Indite-*indáit* v. a. a dictă; a redactă, a compune.

Individual *individuál* s. indi-vidual; —, a. individual; —*ly* ad în mod. individual; socotit a parte.

Individuality-*individiuáliti* s. individualitate.

Indivisible *indivizibel* a. indi-vizibil, ce nu se poate despărţi

Indivisibly-*indivizibli* ad. de nedespărţit

Indolence-*indolens* s. indolenţă nesimţire (morală), nepăsare, trândăvie a minţii.

Indolent-*indolent* a. indolent, nepăsător, nesimţitor, trândav; — *ly* ad. cu nesimţire, cu trân-dăvie.

Iudorse-*indórs* v. a vide en-dorse.

Indubitable - *indiubitábel* ad. fără îndoială.

Induce-*indiús* v. a. a induce; a indemnă; a convinge pe deplin; a înduplecă; a pricinui; a în-curcă.

Inducement-*indiúsment* s con-cludere, încheiere; motiv.

Inductiv-*indóctiv* a. inductiv, de inducţie.

Induc-*indiú* v. a. a îmbrăca

Indulge-*indólgi* v. a. &. n. a avea indulgenţă, a fi indulgent; a se deda, a se lăsă în voie.

Indulgence-*indó'gens* s. indul-genţă, îngăduire dragoste.

Indulgent *indólgént* a, în·dul-gent, îngădui·or, ieitător; —*ly* ad. cu indulgenţă.

Indurate-*in·lureit* v.a a întări.

Industrial *indóstriál* a. indus-trial.

Industrious *indóstriós* a. mun-citor, harnic; dibaciu, iscusit; — *ly* ad. cu silinţă, cu hărnicie; cu stăruinţă.

Industry-*indústri* s dibăcie, si-linţă; muncă, hărnicie; sârgu-inţă

Inebriate-*inébreit* v a. & n. a (se) îmbăta.

Ineffable-*inéfábel* a. ne pus, ce nu se poate exprima.

Ineffective-*ine/eotiv*, **Ineffec-tual** *inefecciuál* a neputincios fără efect; nefolositor —*ly*, ad: fără efect,

Inefficacious-*ine/ikéişós* a. fă-ră efect ; ineficace, neputincios

Inefficiency-*ine/ćişónsi* s. ine-ficacitate, neputinţă de efect.

Inefficient-*inefişent* a. fără e-fect neputincios.

Inelegand-*inelegant* a. fără ele-ganţă, mojic.

Inequality *inicuáliti* s inega-litate, nepotrivire; deosebire, di-ferenţă.

Inert-*inért* a. inert, fără viaţă; nemişcat; greoiu; —*ly*, ad. cu-inerţie, greoiu.

Inertness *inértnes* s. inerţie, ne-mişcare; lipsă de activitate, trân-dăvie.

Inestimable *inéstimábel* a ne-preţuit.

Inevitable-*inévitábel* a. inevitabil, ce nu se poate evită; —*ly*, cu siguranţă.

Inexcusable - *inexkiusăbel* a. inexcuzabil, de neiertat.

Inexcusably - *inexkiuzăbli* ad. fără scuză.

Inexhaustible - *inexóstibel* a. nesilit.

Inexorab.e *inéxorăbel* a. neînduplecat.

Inexorably-*ine- órăbli* ad. în mod neînduplecat.

Iuexpedience - *inexpidiens* s. necuviinţă, lipsă de cuviinţă; nepotrivire.

Inexperience - *inexpidiens* s. lipsă de experienţă.

Inexpiable-*inéxpiăbel* a. ce nu se poate ispăsi.

Inexplicable - *inéxplicăbel* a. inexplicabil, neînţeles.

Inexpressible-*inexprésibel* a. inexpresibil, ce nu se poate exprima, de nespus.

Inextricable-*inéxtricăbel* a. ce nu poate fi descurcat.

Infallibility *infălibiliti* s. însuşirea de a fi infailibil, neputinta de a greşi.

Infallible-*infălibel* a. infailibil, sigur

Infallibly *infălibli* ad. în mod infailibil; negreşit

Infamous-*infămŏs* a. infam, ruşinos; scărbos;—*ly* ad. în mod infam

Infamy-*infămi* s. infamie.

Infancy-*infănsi* s. copilărie; minoritate

Infant-*infant* s. copil; minor, — *like*, ca un copil; — *school*, grădină de copii.

Infanta-*in'ántă* s. infant, fiul mijlociu al regilor Spaniei.

Infanticide - *infántisaid* s. infanticid, pruncucidere.

Infantine - *in'ántain* a. copilăros, copilăresc.

Infantry-*infántri* s. infanterie.

Infatuate-*in ăciuiet* v. a. a fi înamorat nebuneşte de; a scoate din minţi.

Infatuation-*infăciuéişŏn* s. patimă ridicolă pentru cineva sau ceva; smomire.

Infect-*inféct* v a. a infectă, a împuţi; a strică.

Infection-*infécşŏn* s infecţiune, putoare, molipsire.

Infectious-*in'écşŏs* a. infectat; — *ly*, ad. de infecţiune, de putoaie.

Infer-*infér* v. a. a presupune, a conchide, a deduce din.

Inference-*inferens* s concluziune, consecinţă.

Inferior-*inférior* s cel ce este mai prejos; —, a. inferior, de jos.

Inferiority-*inferióriti* s. inferioritate.

Infernal - *inférnal* a. infernal. al iadului; — *ly*, ad în mod infernal.

Infest-*infést* v a. a călcă, a pustii.

Infidel-*infidel* a. neoredincios, păgân.

Infidelity *infidéliti* s. necredinţă

Infinite - *infinit* a infinit, nemărginit, foarte.

Infinitive - *infinitiv* s. infinitivul (mod); —, a. de natura infinitivului.

Infirm - *infirm* a. infirm, slă bănog, beteag.

Infirmary *infirmări* s. infirmerie, ospiciu.

Infirmity-*infirmiti* s infirmitate, slăbiciune

Inflix-*infix* v. a a înfige, a întepeni; a băgă în cap.

Inflame-*infléim* v. a. & n. a (se) înflăcără; a excită, a irită, a aprinde.

Inflame-*infléim* v. a. & n a (se) înflăcără; a excită, a irită, a aprinde.

Inflammable-*infléimăbel* a. in flamabil, ce se aprinde uşor.

Inflammation - *i flămăişŏn* s aprindere, inflamaţie, umflă tură.

Inflammatory-*inflămători* a. ce produce inflamație.

Inflate-*infléit* v. a. a umflă; a suflă in

Inflation-*infléișön* s umflare; umflătură (de stil); *(fig.)* fală, mândrie.

Inflect-*infléct* v. a. a îndoì; a se abate; a declină, a conjugă

Inflection-*inflécșön* s. îndoire, mlădiere; modulare; conjugare

Inflexib.e-*infléxibel* a. inflexi bil. neînduplecat.

Inflexibly-*infléxibli* ad. în mod neînduplecat.

Inflict-*inflict* v. a. a aplică; a da o pedeapsă; a impune.

Influence-*influens* s. influență. înrâurire; —, v. a. a influență, a înrâurì.

Influential-*influénșăl* a. influ ent, cu trecere.

Influenza-*influénză* s influență (boală).

Influx-*influx* s. inrâurire, influ ență; introducere; afluență.

Inform-*inform* v. a. a informă, a înștiință; a instruì; a da pe față.

Informal - *infórmăl* a. inform, fără formă; neregulat, neobiș nuit; —*ly*, ad. în mod nere gulat.

Informality - *informăliti* s. ne regularitate.

Informant-*infórmant* s. cel care înștiințează; corespondent; denunțător.

Information *informéișön* s. in formațiune, înștiințare; acuzare, pâră; cercetare judecătorească; *to lo`ge*—*against*, a denunță, a da pe față.

Informer-*infórmer* s. denunță tor.

Infrequent - *infrícuent* a. rar; —*ly*, ad rareori.

Infringe-*infringi* v a. a în frânge, a călcă.

Infuriate-*infúrieit* v a. a în furià

Infuse-*in'úz* v. a. a infuză, a

turnă; a opărì (ceaiu); a povă țul, a îndemnă; a inspiră.

Infusion-*inflúșön* s. infuziune, turnare (de apă ferbinte peste ceva); îndemnare, sugestiune, insuflare.

Ingathering-*ingăthering* s. se ceriș, cules; secerat.

Ingenious-*inginiös* a. ingenios; născocitor, îndemânatec; —*ly*, în mod ingenios; dibaciu.

Ingenuity-*ingenióiti* s. ingenu itate, spirit ingenios; geniu; di băcie; naivitate.

Ingenuous-*inginiös* a. ingenu; naiv; darnic, generos; *ly*, ad. cu naivitate.

Ingle-*inghel* s foc, flacără; sobă; vatră, cămin.

Inglorious-*inglóriös* a. fără glo rie; rușinos; —*ly*, ad. fără glo rie; într'un mod rușinos.

Ingot-*ingot* s. drug de metal topit.

Ingraft-*ingráft* v. a. a altoì; a intipărì.

Ingrain-*ingréin* v. a. a vopsì, a boì; —*ed*, a. *(fig.)* (cal) de ra să, de soiu bun.

Ingrate-*ingréit* s. ingrat, nere cunoscător; —. v. & s. antipa tic, nesuferit; respingător.

Ingratiate *ingréișieit* v. a. a'și câștigă favoarea, a face să fie iubit.

Ingratitude *ingrăticiud* s. ne recunoș`ință.

Ingredient *ingrídient* s. ingre dient, element ce intră în ceva.

Ingress-*ingres* s. intrare.

Ingulf-*ingölf* v. a. a înghiți, a aruncă într'o prăpastie.

Inhabit-*inhăbit* v. a. a locuì, a ședeà.

Inhabitant-*inhăbitănt* s. locui tor.

Inhale-*inhéil* v. a. a insuflà, a inspiră; a respiră; a răsuflă.

Inharmonious *inharmóniös* a. nearmonios, di cordant.

Inherent-*inhírent* a. inerent, ne despărțit, unit; —*ly*, ad. prin inerență.

Inherit-*inérit* v. a. a moşteni.

Inheritance-*ir.érităns* s. moştenire, patrimoniu.

Inheritor-*inérilor* s. moştenitor.

Inhibit-*inhíbit* v. a. a prohibi, a opri, a interzice.

Inhospitable-*inóspităbel* a. neospitalier; neprimitor.

Inhospitality -*inospităliti* s. neospitalitate.

Inhuman-*iniúmăn* a. neomenos; —*ly*, ad. neomeneşte, cu neomenie.

Inhume *iniúm* v. a a îngropa, a înmormânta.

Inimical-*inímicăl* a. inimic, duşmănos, duşmăneşte.

Inimitable-*inimităble* a. inimitabil, ce nu se poa'e imita.

Iniquitous *inicuitős* a. nedrept.

Iniquity-*inicuiti* s inichitate, nedreptate; nelegiuire.

Initial-*iníşăi* s. inițială; prima literă (a unui cuvânt); —, a. inițial, începător —*ly*, ad. la începere.

Initiate-*iníşiel* v. a. a inițiă, a admite la cunoştința tainelor (unui cult, etc.); a împărtăşi, a pune în curent cu ceva.

Initiation-*inisiéişŏn* s. inițiare, admitere la cunoştința tainelor (unui cult, etc); împărtăşire.

Inject-*inject* v a. a injectă, a băgă un lichid (într'o cavitate a corpului); a stropi; a îngrămădi.

Injection-*injécşŏn* s. injecție; spălare, stropire.

Injudicious *ingiudișŏs* a. fără judecată, neînțelept, cu lipsă de judecată.

Injunction-*ingiúncşŏn* s poruncă formală.

Injure-*ingiure* v. a. a vătămă, a jigni, a păgubi; a nedreptăți, a slăbi; a înjură, a ocări.

Injurious *ingiuriŏs* a. injur.os, ocăritor; vătămător; —*ly* ad. cu pagubă, cu nedreptate; în mod ocăritor.

Injury-*ingiuri* s nedreptate; pa-

gubă, stricăciune; lovitură; insultă.

Injustice-*ingiústis* s nedreptate.

Ink-*inc* s. cerneală; —, v. a. a pătă cu cerneală; a măzgăli cu cerneală

Inkling-*incling* s. sgomot surd; semn cu och i; înştiințare; veste, sfat.

Inkstand *incstănd* s. călimară.

Inky *inki* a. de cerneală; negru ca cerneala; pătat cu cerneală.

Inlaid *inléid* a. împestrițat, căptuşit cu tăblițe multicolore; parchetat, pardosit (o cameră).

Inland-*inlănd* s. interiorul (țărei); —, a. interior, în interiorul țărei; —, *duty*, acciz; — *trade*, comerțul dinăuntru.

Inlay-*inléi* v. a & n. ner. (perf. şi ptr. *inlaid*,) a împestriță.

Inlet-*inlet* s. cale; pasaj; intrare.

Inmate *inmeit* s. pensionar, cel ce plăteşte hrană şi locuință; chiriaş.

Inmost-*inmoust* a. cel mai dinăuntru; cel mai retras; interior.

Inn-*in* s. han, ospătărie; — *of court*, şcoală de drept; —*keeper*, hang'u, otelier.

Innate *inăit* a. înnăscut.

Innavigable *inăvigăbei* a. ne plutitor, care nu e navigabil.

Inner-*iner* a. interior, interiorul.

Inning-*inning* s. strângerea recoltei, a culegerii, a secerişului: —*s*, rândul de a ține bătătorul (la jocul de crochet).

Innocence-*inosens* s. inocență

Innocent *inosent* s. inocent; nevătămător; prost, idiot; —*ly*, ad. în mod inocent; prosteşte.

Innocuous - *inokiuŏs* a. inofensiv, nevătămător; —*ly*, ad. fără a face vreun rău.

Innovation-*inoviişŏn* s. inovațiune, înnoire, introducere a ceva nou.

Innovator-*inoveitŏr* s. inovator, locuitor.

Innuendo-*iniuéndo* s. aluzie, insinuație.

Innumerable *iniúmerŏbel* a. nenumăra.

Inoculate-*inókiuleit* v. a. a inoculă, a altoi.

Inoculation-*inokiuléişŏn* s. inoculare, altoire.

Inodorous *inódorŏs* s. inodor, fără miros.

Inoffensive-*inofénsiv* a. inofensiv, nevătămător.

Inoperative *inoperéitiv* a. fără efect.

Inopportune *inóporciúk* a. inoportun, la timp nepotrivit; —*ly*, ad. în mod inoportun.

Inordinate-*inórdineit* a. neorânduit, neregulat; —*ly*. ad. în mod neregulat.

Inorganic *inorgănic* a anorganic.

Inquire *incuáier* v. a. a cercetă, a se informă despre; *to—after*, a întrebă de, a se informă despre.

Inquiry-*incuáeri* s. anchetă, cercetare; cerere, întrebare; —*office*, biurou de informaţiuni; *to make inquiries*, a cercetă, a face anchetă.

Inquisition · *incuizişŏn* s. percheziţie; anchetă, cercetare; inchiziţie.

Inquisitive-*incuizitiv* a. curios; —*y*, ad. cu curiositate.

Inroad-*inroud* s incursiune, năvălire.

Insane -*inséin* a nebun, smintit; —*ly*, ad. nebuneşte, ca un nebun

Insanity *insăniti* a. nebunie.

Insatiable-*inséişiebel* a nesăturat, nesăţios, lacom.

Inscribe-*inscrăib* v. a. a înscrie; a târnosi; a tăiă în; a gravă.

Inscription-*inscripşŏn* s. inscripţie; dedicare.

Inscrutable-*inscrútăbel* a. ce nu poate fi scrutat, nepătruns.

Insect-*insect*, s insectă; —*destroyer*, insecticid.

Insectivorous-*insecéivorŏs* a. insectivor.

Insecure-*insikiúer* a. nesigur

Insecurity-*insikúriti* s. nesigu ranţă, pericol.

Insensate-*insenseit* a. nebun, smintit.

Insensibility-*insensibiliti* s. insensibilitate; nesimţire, stupiditate.

Insensible-*insénsibel* a. nesimţitor.

Insensibly-*insénsibli* ad. pe nesimţite, într'un mod nesimţitor.

Inseparable-*insépărăbel* a. nedespărţit.

Insert *insért* v. a. a inseră, a. introduce.

Insertion *insérşŏn* s. inserare, inserţiune.

Inside-*insaid* s interior, partea dinăuntru; —, a. interior, dinăuntru.

Insidious *insidious* a. viclean, şiret; —*ly*, ad. în mod viclean.

Insight-*insait* s. cunoştinţă; inspecţie.

Insignia-*insignă* s. semne deosebitoare.

Insignificant-*insigniăcănt* a neînsemnat, de nimic; —*ly*, ad. în mod neînsemnat, fără importanţă.

Insincere-*insinsier* a. puţin sincer; fals, prefăcut; —*ly*, ad. fără sinceritate.

Insincerity-*insinsériti* s. lipsă de sinceritate, falşitate.

Insinuate-*insiniueit* v. a. a insinuă; a insultă; a strecură.

Insinuation-*insiniuéişŏn* s. insinuare; insuflare.

Insipid-*insipid* a. insipid, anost, fără gust; —*ly*, ad. an st, fără gust.

Insipidity-*insipiditi* s. insipiditate, lipsă de gust.

Insist-*insist* v. n. a insistă; a persistă; a stărui.

Insolence-*insolens* s. insolenţă, obrăznicie.

Insolent-*in:olent* a. insolent, obraznic; —*ly*, ad obrăzniceşte.

Insolubility-*insoliubiliti* s. insolubilitate, însuşirea de a nu se topi.

Insoluble-*insóliubel* a. insolubil, ce nu se poate disolvă. ce nu poate fi resolvat.

Insolvency-*insólvensi* s. insolvabilitate, neputinţă de a plăti

Insolvent *insólvent* a. insolvabil, neplatnic.

Insomuch-*insoumóţş* ad. încât, într'astfel. la un aşa grad, aşa fel, în aşa chip...

Inspect-*inspéct* v. a. a inspectă; a examină; a vizită; a supraveghea.

Inspection-*inspécşön* s. inspecţie; cercetare; supraveghere.

Inspector - *inspéctor* s. inspector; cercetător; supraveghetor.

Inspiration-*inspiréişön* s. inspiraţie; respirare, răsuflare.

Inspire-*inspáier* v. a. a anima, a însufleţi; a încurajă, a îndemnă.

Instability -*instábiliti* s. instabilitate, nestatornicie.

Iustall *instól* v. a. a instală, a aşeză.

Installation - *instóléişön*, **Instalment** *instólment* s. instalaţie, instalare; aşezare; plată la termen.

Instance-*instáns* s. cerere; rugăciune; împrejurare; *for* —, de exemplu; *at the—of*; la cerere de; —, v. n. a da un exemplu; a cită un exemplu.

Instant-*instánt* s. moment; —, a. grabnic, curent; —*ly*, ad. îndată, imediat.

Instantaneous-*instántéinös* a. instantaneu; —*ly*, ad. în mod instantaneu.

Instead *instéd* prep. în loc de.

Instep *instep* s. îndoitura genunchiului.

Instigate *instighéit* v. a. a împboldi, a aţâţă.

Instigation-*instighéişön* s. instigator, aţâţător.

Instil-*instil* v. a. a turnă picătură cu picătură; a inculcă, a băga în cap.

Instinct-*instinct* s. irstinct; —, a. însufleţit.

Instinctive-*instínctiv* a. instinctiv.

Institute - *instítiut* s. institut; principiu, prefect; —, v. a. instituì; a stabilì; a pune temelia; a instruì.

Institution-*instiţiuşön* s. instituire, întemeiere.

Instruct *instróct* v. a. a instruì, a învăţă.

Instruction-*instrócşon* instruire, învăţare.

Instructive *instróctiv* a. instructiv, —*ly*, ad. în mod instructiv.

Instructor-*instróctor* s. institutor, învăţător.

Instrument-*instrument* s. instrument, unealtă; act.

Instrumental - *instruméntäl* a. instrumental, ceeace servă de instrument.

Instrumentalist - *instruméntalist* s. instrumentalist.

Instrumentality-*instruméntáliti* s. mijloc; acţiune; ajutor; conlucrare; concurs.

Insubordinate-*insubórdineit* a. insubordinat, nesupus.

Insubordination - *insubordinéişön* s. insubordinare, nesupunenerc.

Insufferable-*insóferäbel* a. nesuferit, insuportabil, intolerabil.

Insufferably *insóferäbli* ad. în mod nesuferit.

Insufficiency-*insofişensi* s. insuficienţă, neîndestulare.

Insufficient *insufişient* a. insuficient, neîndestulător; —*ly*, ad. în mod neîndestulător.

Insular-*iusiulár* a. insular, al unei insule.

Insulate-*insiuleit* v. a. a separă cu totu.

Iusult-*insult* s insultă

Insut-*insólt* v. a. a insultà a ocărì.

Insulter-*insólter* s. insultător.

Insultingly-*insóltingli* ad. îu

mod insultător, obrăznicește.

Insuperable-*insiúperábl* a ne-
învins; nespus de mare.

Insuperably - *insiúperábli* ad.
în mod neînvins

Insupportable-*insŏpórtăbel* a.
insuportabil, nesuferit.

Insupportably-*insŏpórtăbliad.*
în mod nesuferit.

Insurance-*insiúerăns* s. asigu-
rare; *marine—,* asigurări mari-
time; *life—,* asigurări de viață;
fire—, asigurare contra focului.

Insure-*insúer* v a. a asigură.

Insurgent - *insérgent* s. insur-
gent, răsvrătit.

Insurmountable - *insermáun-
tăbel* a. neînvins, nespus de mare.

Insurrection-*inserécşon* s. in-
surecţiune, răscoală.

Insurrectionary-*inserécşune-
ri* a. de răscoală, revoluţionar.

Intact-*intăct* intact, neatins.

Intangible-*intăngibl* a. intan-
gibil, ce nu poate fi pipăit.

Integral-*íntigrăl* s. întregime,
totalitate; —, a. întreg, inte-
gr..l; (chim.) integrant; —*ly,* ad.
în mod integral.

Integrity-*intégriti* s. integrita-
te, întregime; onestitate.

Integument-*intéghiument* s. în-
veliş, acoperământ; piele.

Intellect-*íntelect* s intelect, în-
telegere.

Intellectual-*intelécciuăl* a. in-
telectual, spiritual.

Intelligence-*intéligens* s. inte-
ligenţă; pricepere, ştire, informa-
ţiune; —*office,* birou de infor-
maţiuni.

Intelligencer - *intéligenser* s.
informator, nuvelist.

Intelligent-*intéligent* a. inteli-
gent; priceput, înţelegător.

Intelligible-*intéligibl* a. inteli-
gibil, uşor de înţeles.

Intelligibly *inté.igiblt* ad. în
mod de înţeles, de priceput.

Intemperate-*intémpereit* a. ne-
cumpătat, peste măsură de ma-
re; —*ly,* ad. nemăsurat.

Intend-*inténd* v. a. & n. a aveă
de gând; a'şi propune; a pre-
tinde.

Intended-*inténded* a. proectat,
plănuit; propus; intenţionat.

Intense-*inténs* a. intens; foarte
mare, foarte tare; plin de căl-
dură şi energie; —*ly,* ad. cu in-
tensitate, energie.

Intensify-*inténsi_ai* v. a. a în-
tări, a mări.

Intensity-*inténsi'i* s intensita-
te, putere, energie; căldură.

Intent-*intént,* **intention**-*intén-
şŏn* s. intenţiune, scop; gând;
—, a. atent, silitor, ascultător;
to be —on, a fi înverşunat, a fi
adâncit în; —*ly,* ad. atent, cu
multă atenţiune.

Intentional-*inténşŏnăl* a. in-
tenţionat, precugetat; —*ly,* ad.
cu intenţiune.

Intentioned-*inténşŏnd* a in-
tenţionat; cu gând, cu cuget.

Inter-*intér* v a. a îngropa, a în-
mormântă

Intercede-*intersíd* v. n. a in-
tercedă, a mijloci, a stărui (pen-
tru cineva).

Intercept *intersépt* v. a. a in-
terceptă; a opri în drum; a pu-
ne mâna pe ceva (prin surprin-
dere); a întrerupe.

Intercession-*intersécşon* s. in-
tervenire, mijlocire.

Intercessor-*intersésor* s. mij-
locitor.

Interchange-*intercéinj* s.schim-
bare, schimb; —, v. a. a schimbă.

Intercourse *intercors* s. schim-
bare; legătură, relaţiune; comu-
nicaţie; corespondenţă.

Interdict-*interdíct* v. a. a in-
terzice, a opri.

Interdiction-*interdícşon* s. in-
terzicere, oprire.

Interest *ínterest* s. interes; fo-
los; dorinţă de câştig; însemnă-
tate; parte de câştig (într'o afa-
cere); dobândă; profit; influen-
ţă; *to be to one's—,* a lucrà în
interesul cuiva; — *ticket,* cupon,

bilet de dobândă al unei acțiuni; —, v. a. a interesă; a aveă interes; a inspiră interes; *to be —ed in*, a fi interesat să; a aveă un interes să; a fi tovarăș într'o afacere; *to—one's self*, a se interesă.

Interesting-*interesting* a. interesant.

Interfere-*interfier* v. a. a atinge în treacăt; a mijlocì; a intervenì; a se amestecă în; a face împotrivire, a se împotrivì.

Interference-*interfierens* s. intervenție; mijlocire; amestecare.

Interim-*interim* c. interim; interval; timp; loc-ținere; *ad—, in the—*, deocamdată; provizoriu.

Interior-*intirior* s. & a. interior.

Interjection-*interjécșŏn* s. interjecție.

Interlard-*interlárd* v. a. a împănă cu slănină; a amestecă.

Interlocution-*interlokiúșŏn* s. judecată pe care o pronunță un interlocutor; dialog.

Interloper-*interlouper* s. sămsar de contrabandă.

Interlude-*interliud* s. intermediu, pétrecere (balet, cor, etc.).

Intermarriage-*intermăriădge* s. căsătorie între rude.

Intermarry-*intermări* v. n. a se căsătorì între rude; a se află.

Intermediate - *intermidieit* a. intermediar, mijlocitor, de mijloc; —*space*, drum între două căi ferate.

Interment-*intérment* s. îngropare, înmormântare.

Interminable-*intérminăbel* a. nelimitat, nemărginit.

Intermingle-*interminghel* v. a. & n. a se amestecă.

Intermission-*intermișŏn* s. intermisiune; interval; întrerupere.

Intermittent-*intermitent* a. intermisiune; interval; întrerupere.

Intermittent-*intermitent* a. intermitent, care încetează și reîncepe la intervale.

Internal-*internăl* a. intern, lăuntric; —*ly*, ad. înăuntru, în sine.

Interpellation-*interpeleișŏn* s. interpelație, cerere de a se explică.

Interpolate-*intérpoleit* v. a. a interpolă, a înșiră cuvinte, fraze străine (într'un text); a intercală, a adăogă.

Interpolation-*interpoleișŏn* s. interpolațiune, intercalare.

Interpose-*interpouz* v. a. a pune, între, a mijlocì; a propune; a intervenì.

Interposition - *interpozișŏn* s. interpunere; intervenție.

Interpret-*intérpret* v. a. a interpretă; a tălmăcì, a deslușì.

Interpretation - *interpretăișŏn* s. interpretare.

Interpreter-*intérpreter* s. interpret, tâlmaciu.

Interregnum-*interégnŏm* s. interegn, interval de nedomnie.

Interrogate-*intérogheit* v. a. & n. a interogă; a pune întrebări; a ascultă.

Interrogation-*interogheișŏn* s. interogare, întrebare; ascultare.

Interrogative-*interógătiv*, interrogatory - *interógători* a-interogativ, de întrebare.

Interrogatory-*interógatori* s. interogator; ascultare; cercetare.

Interrupt-*interópt* v. a. a întrerupe.

Interruptedly-*interóptedli* ad. cu întreruperi.

Interruption-*interópșŏn* s. întrerupere; curmare; deranjare.

Intersect-*interséct* v. a. & n. a face o intersecție; a (se) tăiă; a întrerupe din când în când.

Intersection-*intersécșŏn* s. intersecțiune; punct de întretăiere.

Intersperse-*intérpérs* v. a. a presără, a amestecă un lucru cu altul.

Interstice-*interstis* s. interstițiu, mic interval (de timp).

Intertwine-*intertuáin* v. a. a împletì.

Interval-*interval* s. interval; *at—s*, la intervale.

Intervenc-*inter in* v. n. a intervenì; a mijlocì; a supravenì; a se interpune.

Intervention-*intervénşön* s. intervenţie; mijlocire.

Interview-*interviu* s intrevedere: intâlnire.

Intestate-*intésteit* a. fără testament.

Intestinal-*inté tinăl* a. intestinal; a maţelor, din maţe.

Intestine-*intéstin* s. i testin, maţ, —, a. intestin, lăuntric, intern.

Inthral-*inthról* v. a. a subjugà: a robì.

Inthralment *inthrólment* s. sclavie, robie.

Intimacy-*intimăsi* s. intimitate.

Intimate-*intimeit* s. amic intim; —, v a. a. da de înţeles; a vestì; —, a intim;—*ly*, ad în mod intim.

Intimation-*intiméişön* s veste, înştiinţare

Intimidate-*intimideit* v. a. a intimidà, a băgà frică.

Into-*intu* prep. in, înăuntru; la; —*the country*, la. ţară.

Intolerable-*intólerăble* a. intolerabil, nesuferit.

Intolerably-*intólerabli*, ad. în mod nesuferit.

Intolerance-*intóleráns* s. intoleranţă, nesuferire.

Intolerant-*intólerănt* a intolerant, ce nu suferă pe alţii.

Intonation-*intonéişön* s. intonaţie, întonare.

Intone-*intóun* v. a. a întonà, a începe să cânte

Intoxicate - *intóxikeit* v. a a îmbătà, a ameţì.

Intoxication - *intoxikéişön* s îmbătare, beţie.

Intractable-*intráctăbel* a neînduplecat; aspru; greu de invoit.

Intransitive-*intránsitiv* a intransitiv, neutru.

Intrench-*intrénts* v. a. a năvăli, a călcă; a cotropì; a preface.

Intrenchment-*intrénciment* s. şanţ; meterez.

Intrepid *intrépid* a. îndrăzneţ, cutezător; —*ly*, ad cu îu 'răzneală, cu cutezanţă.

Intrepidity - *intrepídili* s. îndrăzneală, cutezanţă.

Intricacy *intricăsi* s. amestecătură; neorânduealǎ; dificultate.

Intricate-*intrikeit* a. îucurcat, complicat; —*ly*, ad. în mod încurcat, complicat.

Intrigue-*intríg* s. intrigă ; —, v. n. a intrigà.

Intrinsic-*intrínsic* a. lăuntric; esenţial; real; —*ly* ad. în mod real, esenţial.

Introduce-*introdiús* v. n. a introduce

Introduction-*introdŏcşön* s. introducţiune; pregătire la ceva; exordiu, prefaţă.

Introductory-*introdŏctöri*, a. preliminar, ce precede un obiect principal)

Intrude-*intrúd* v. n. a se vârì, a se băgà, a se amestecà (pe Inedrept).

ntrader-*intruder* s om, care se vâră pretutindeni; om supărător.

Intrusion-*intrújön* s. vârire (în o funcţiune, etc, pe nedrept); importunitate, supărare; cerere sau stăruinţă supărătoare.

Intrust-*intrŏst* v. a. a încredinţà; însărcinà.

Intuition *intiuíşön* s. intuiţiune

Intuitive-*iuntiuitiv* a. intuitiv; —*ly*, ad. intuitiv, prin intuiţiune.

Inundate-*inŏndeit* v. a. a inundà, a înecà.

Inundation-*inŏndéişön* s. inundaţie; inundare, revărsare de ape; înecare.

Inure-*iniúre* v. a. a obişnuì; a deprinde.

Inutility *iniu'sliti* s. inutilitate, nefolosinţă.

Invade-*invéid* v. a. a năvăli, a cotropi, a atacă.

Invader-*invéider* s. năvălitor, cotropitor.

Invalid-*invălid* s. invalid;militar beteag; —, a. invalid, neputincios; slab.

Invalidate *invălidieit* v. a. a invalidă; a anulă.

Invalidity-*invăliditi* s nulitate.

Invaluable-*invăliuăbel* a. nepreţuit.

Invariable-*invériăbel* a. invariabil, neschimbăcios; neclintit.

Invariably-*invériăbli* ad în mod neschimbător.

Invasion-*invăjŏn* s. invaziune, năvălire; revărsare.

Invective-*invéctiv* s. invectivă, vorbă de ocară.

Inveigh-*invéi* v. a a ocărî.

Inveigle-*iurighel* v. a. a ademeni prin linguşire; a amăgi; a seduce.

Invent-*invént* v. a. a inventă a născoci; a găsi.

Invention - *invénşŏn* invenţiune; născocire.

Inventive-*invéntiv* a. inventiv, născocitor.

Inventory-*inventŏri* s. inventar.

Inverse *invérs* a invers, opus; întors; —*ly*, ad. în mod invers

Inversion-*invérşŏn* s. inversiu: ne; răsturnare.

Invert-*invért* v a. a ră·turnă

Invertebrate-*invértebreit* a. nevertebrat.

Invest-*invést* v. a. a investi, a îmbrăcă; a pune în stăpânire; a plasă.

Investigate *invéstigheit* v. a. a căută a examină.

Investigation-*investighéişŏn* s investigaţiune, cercetare.

Investiture-*idvéstment* s. învestitură, punere în posesiune

Investment-*invéstment* s. îmbrăcare; orânduire; plasare.

Inveteracy *invéterăsi* s. înrădăcinare; rău învechit.

Inveterate-*invéterelt* a. invechit

Invidious-*invidiŏs* a. odios, neplăcut; invidios; —*ly*, ad. în mod odios, neplăcut.

Invigorate-*invigoreit* v. a. a întări, a împuternici.

Invicible-*invinsibel* a invincibil, neînvins, de nedoborit.

Invicibly-*invinsibli* ad. de neînvins.

Inviolable-*invuiolăbel* a. inviolabil.

Inviolate *invăioleit* a. intact, curat.

Invisibility *invizibiliti* s. invizibilitate, neputinţa de a fi văzut

Invisible-*invizibel* a. nevăzut.

Invisibly-*invizibli* a în mod nevăzut.

Invitation-*in itéişŏn* s. invitare, invitaţiune.

Invite-*invait* v. a. a invită, a pofti

Inviting - *invăiting* a. ademenitor, atrăgător.

Invocation *ivvokéişŏn* s. invocare

Involze-*invois* s. factură;—, v a. a face factură; a trece într'o factură.

Involontarily-*invóluntărili* ad. fără voie.

Involuntary *invóluntari* a. involuntar.

Involve-*invólv* a. a. a înveli; a înfăşură; a coprinde; a implică, a amestecă; a băgă (în ceva).

Invulnerable - *invólnerăbel* a. invulnerabl, ce nu poate fi rănit.

Inward-*inuard* a intern, interior.

Inward (ly) *inuărdli* **inwards**-*inuards* ad. înăuntru; în inimă.

Iota- *aiŏtă* s. iota.

Irascible-*airăsibel* a. irascibil, ce se mânie uşor; pornit spre mânie.

Ire-*áier* s. mânie.

Iridescent-*iridéeent* s. sclipitor.

Iris *áiris* s. iris, curcubeu; partea colorată în jurul pupilei ochiului; stânjenel.

Irk-*ero* v. a. a supără, a mâhni.

Irksome-*ércşóm* a. supărător, plictisitor.

Iron-*áiern* s. fier; maşină de călcat; —*s*, lanţuri; —, v. a. a pune în lanţuri; a călcă (cu maşina) —, a. de fier; (*iş*) aspru; — *ware*, marfă sau negoţ de arămuri, fierării mărunte;— *works*, făurărie.

Ironciad-*áirncláđ* s. vas de resbel; corabie cuirasată.

Ironic(al)-*airónic(ăl)* a. ironic; —*ly*, ad. cu ironie.

Ironmonger - *áirnmŏngher* s fierar.

Irony-*aironi* s. ironie.

Irradiate-*iréidieit* v. a. a. radiă, a aruncă raze; a luminà

Irrational-*irăşŏnăl* a fără miute, lipsit de judecată.

Irreclaimable-*iricléimăbel* a ce nu se poate reformă, schimbă; de neîndreptat.

Irreconcilable - *irconsáilăbel* a. de neîndreptat.

Irredeemable-*iriđéimăbel* a. de nerescumpărat; care nu se poate plăti.

Irrefragable *irifr ăgăbel* a. irefragabil, ce nu se poate contrazice.

Irrefutable-*irifiútăbel* a. de netăgăduit.

Irregular - *iréghiulăr* a. neregulat; —*ly*, ad. în mod neregulat.

Irregularity *ireghiulăritis* neregularitate.

Irrelevant-*irélevănt* a. ce nu se poate aplică.

Irreligiou-*iriligiŏn* s. nelegiuire, dispreţul religiei.

Irreligious *iriligiŏs* a nelegiuit: —*ly*, ad. în mod nelegiuit.

Irremediable - *iremiđiăbel* a. iremediabil, fără leac.

Irremediably-*iremiđiăbli* ad. fără vindecare.

Irremissible *iremisibel* a. iremisibil, neiertat.

Irremovable-*irimútăbel* a. inamovibil, care nu poate fi destituit.

Irreparable-*irépărăbel* ad. de neîndreptat.

Irreproachable-*iripróuciăbel* a. ireproşabil, ce nu merită repruş; fără plată.

Irresistible - *irezistibel* a. irezistibil, căru'a nu se poate rezistă.

Irresistibly - *irezistibli* ad. în mod irezistibil.

Irresolute-*trézoliut* a. nehotărît; —*ly*, ad. în mod nehotărît.

Irresolution *irezoliuşŏn* s. nehotărire.

Irrespective - *irispéctiv* a. fără respect, fără consideraţie.

Irresponsibility · *rispóneibiliti* s. neráspundere.

Irresponsible - *irispónsibel* a. neráspunzător.

Irretrievable-*iretrívăbel* a ce nu se poate repară.

Irretrievably *iretri ăbli* ad. de neîndreptat

Irreverence *iréverens* s lipsă de respect.

Irreverent-*iréverent* a. necuviincios; —*ly*, ad. în mod necuviincios

Irrevocable-*irévocăbel* a. ce nu poate fi revocat.

Irrigate-*irigheit* v. a. a udă, a stropi.

Irrigation-*irighéişŏn* s. udare, stropire.

Irritability-*irităbiliti* s. iritabilitate, însuşirea de a fi iritabil.

Irritable-*irităbel* a. iritabil, care se supără lesne.

Irritant-*iritănt* s. iritant, supărător; stimulent.

Irritate-*iriteit* v. a. .a iritá, a se aprinde de mânie; a întărâtă foarte.

Irruption-*irŏpşŏn* s. erupţiune; năvălire; revărsare.

Isinglass-*áizinglas* s cleiu de peşte.

Island-*áil¿nd* s. insulă.

Islander-*áilǎnder* s. insular.

Isle-*áil* s. insulă.

Islet-*áilet* s. insulă mică.

Isolate-*áizoleit* v. a. izolá, a separá cu totul (un lucru de altul).

Isolation-*aizoléión* s. izolare, separare.

Issue-*íssiu* s. ieşire; (*fig.*) sfârşit, rezultat; încheiere; emisiune, punere în circulaţiune; publicaţie; leac care arde, vezicătoare; rană produsă prin ardere; urmaşi, posteritate; curgere, scursoare (de sânge); fontanelă, moalele capului; *to die without* —, a muri fără copii, fără urmaşi; *to join* —, a fi de o părere contrară; *at* —, în contrazicere; —, v. a. & n. a ieşi; a isvorî, a ţâşnî; a da; a trimete ordine; a pune în circulaţie; a împărţi; a liberá; a iscáli; a provenì; a ajunge la o chestiune; a se scoborì; a isprăvì.

Isthmus-*ismős* sau *istmőss*. istm

It-*it* pron. neutru, el, ea, aceasta, acesta.

Italian warehouse-*itǎliǎn uderhaus* s. prăvălie de paste italiane (vermicele, macaroane, etc.); salamerie; —·*man*, negustor de delicatese.

Italic-*itálic* s. literă cursivă:—, a. italienesc.

Itch-*ici* s. râie, mâncărime; —, v. n. a mâncá, a usturá.

Item-*áitem* s. articól; —, ad. plus.

Itinerant-*attinerănt* a. ambulant.

Itinerary *attinereri* s. itinerar, cale de urmat; —, a. privitor la drumuri.

Its-*its* a. pos. său, sa, săi, sale; lui, ei.

Itself-*itsélf* pron. ref el însuşi, ea însăşi, singur; *to go of*—, a merge singur de tot.

Ivory-*áivori* s. fildeş; —, a, de fildeş.

Ivy-*áivi* s. (*bot.*) ederă.

J

Jabber-*giǎber* s. flecăreală; vorbă lungă; —, v. n. a flecărì; a vorbì prea mult.

Jabberer-*giǎberer* s. flecar, guraliv.

Jack *giác* s. maşină de învârtit frigarea; trăgătoare de cisme; jocul de-a ghiulele; capră (pentru tăiat lemne); stâncă; maşină cu cârlig şi manivelă pentru ridicat greutăţi; corăbier; burauf; urcior, oală ; Ionică; ticălos; —*frost*, iarnă; *kesch*, gâde, călău; —·*pudding*, paiaţă, caraghios de bâlciu; —·*tar*, marinar bătrân; —*a antern*, licuriciu, flăcăraie;—*of all trades*, om bun la toate meseriile;—*in the box*, dracu în cutie (jucărie).

Jackal-*giǎcǎl* s. şacal

Jackanapes-*giǎcǎneips* s mai-muţă, prost.

Jackass - *giácǎs* s. măgar;—·*boots*, cizme mari.

Jackdaw-*giǎcdo* s. cioară, stancă (pasări).

Jacket-*giǎcket* s jachetă, jiletcă.

Jad -*giéid* s. mârţoagă.

Jaded-*giéided* a. prăpădit de osteneală, spetit; la ultima extremitate.

Jag-*jág* s. tăietură; crestătură în formă de dinţi; —, v. a. a tăiá; a crestá în forma dinţilor; a ştirbì.

Jagged-*giǎghed* a. dantelat, tăiat în formă de dinţi.

Jail-*giéil* s. închisoare; turlă mare;—·*bird*, prizonier; ştrengar.

Jailor-*giéilŏr* s. temnicer.

Jam-*giăm* s. chisăliţă; dulceaţă; compot; —, v. a. a strânge, a indesă.

Jaugle-*giănghel* v. n a se certă.

Janissary-*giăniscri* s. ienicer (soldat turc)

Janitor-*giănitor* s. paracliser; pedel (la o şcoală naltă).

January-*giăniuări* s. Ianuarie.

Japan-*japăn* s. lac; Japonia; —, v. n. a lustrui cu lac; a lustrui.

Jar-*giar* s urcior; oală, cană; (*fig.*) butelie de Leyda; zornet, zângănit; ceartă; contestaţie; —, v. n. a zângăni; a zornăi; a se certă.

Jargon-*giárgon* s. jargon, vorbire neînţeleasă, limbă stricată.

Jasmine-*giásmin* s. jasmin, iasomie.

Jasper-*giăsper* s. jasp, matostat.

Jaundise-*giőndis* s. gălbenare.

Jaundiced-*giőndist* a. bolnav de gălbenare.

Jaunt-*giőnt* s. excursiune.

Javelin-*giávlin* s. javelin, suliţă lungă şi subţire.

Jaw-*gió* s. falcă; — -*bone*, falcă; (*anat.*) os maxilar;— -*tooth*, măsea.

Jay-*giei* s gaiţă.

Jealous-*giélős* a gelos, pizmaş

Jealousy-*giélősi* s. gelozie, pizmă.

Jeer-*gier* s. batjocorire; —, v. a. & n. a batjocori a'şi bate joc de, a râde de.

Jely-*géli* s. piftie; răcituri; peltea din fructe;— -*broth*, bulion, zeamă de carne.

Jeopardise-*gióperdaiz* v a. a primejdui; a expune.

Jeopurdy-*gióperdi* s. primejdie; întreprindere primejdioasă.

Jerk-*gièro* s. sguduitură; mişcare bruscă şi neregulată; —, v. a. a sgudui; a clătina; a smuci; a arunca.

Jessamine-*giésămin* s. iasomie.

Jest-*giést* s. batjocură, glumă; *to break a—*, a face o glumă.

Jester-*giéster* s. glumeţ; batjocoritor.

Jestingly *giést.nglı* ad glumind.

Jesuit-*giezuit* s. iezuit; (*fig.*) ipocrit.

Jesuitical *iezuitical* a. iezuitic, de iezuit.

Jet-*giet* s. ţâşnire (de apă, etc.); ţeavă.

Jetsome-*giétsŏm* s. lucruri aruncate de mare.

Jetty-*giéti* s. zăgaz (din lemne, pietre, etc.).

Jew-*giŭ* s. Evreu; —'*s harp*, drâng.

Jewel-*giŭel* s. giuvaer, sculă;— -*ease*, cutiuţă; cufăraş pentru sau cu scule.

Jeweller-*giŭeler* s. giuvaergiu.

Jewelry-*giŭelri's*. bijuterie; giuvaerical, sculă.

Jewess-*giŭes* s. Evreică.

Jewish-*giŭiş* a. iudaic.

Jewry-*giŭri* s. cartierul evreesc; evreimea.

Jezebel-*giézăbel* s femeie cicălitoare.

Jib-*gib* s. pânză triunghiulară în partea dinainte a corăbiei; braţ.

Jig-*gig* s un danţ vesel.

Jilt-*gılt* s femeie cochetă;—, v. a. & n a cochetă; a înşela, a trage pe sfoară.

Jingle-*ginghel* s. dangăt, dângă―nitură; clopoţel; —, v. a & n. a face să dângănească; a face să răsune; a lovi cu limba numai într'o parte (un clopot); a sună; a se ciocni (paharele).

Job-*giŏb* s. lucru; întreprindere; treabă; —, v. a. & n. a lovi, a străpunge; a răni; a lucra; a munci cu bucata; a trafica asupra efectelor publice; a închiriă cai sau trăsuri;— -*master*, inchirietor de cai sau de trăsuri; — -*work*, lucrare cu bucata, cu tocmeală.

Jobber-*giŏber* s. cel ce trafică, lucrător cu tocmeală, cu bucata; gheşeftar, speculant.

Jockey-*giŏkı* s. jocheu; giam' aş

(de cai); înşelător; —, v. a. a înşelă.

Jocose-*giocóus* a. glumeţ; hazliu, vesel; —*ly*, ad. glumind.

Jocosen ss-*giocóusnes*, **Jocosity**-*jocósiti* s. veselie, glumă.

Jocular *giókiuler* a. vesel, glumeţ; —*ly*, ad. vesel, cu veselie.

Jocund *giócŏnd* a. cu chef, vesel; hazliu.

Jog-*giŏg* s. lovitură; sguduitură; mişcare; lovitură cu cotul; obstacol: — *trot*, tropăit mic; —, v. a. & n. a sgudul; a împinge; a da cu cotul; a merge încet; a scutură; *to—home*, a merge încet acasă.

John Dory-*giŏndori* s. un fel de peşte.

Join-*giŏin* v. a. & n a (se) unì, a împreună: a ajunge; a se întâlni; a se lovi; a fi însărcinat.

Joiner-*giŏiner* s. tâmplar.

Joinery-*giŏineri* s. tâmplărie.

Joint-*giŏint* s. articulaţie; încheietură, balamà; bucată de carne; *out of*—, scrântit; în dezordine; *to put one's... out of*—, a eşi din locul său; a se desface; a se scrântì; —, v. a. a tăià în articulaţie, la încheietură; a tăià; a unì; —, a. unit; comun; —*ly*, ad. împreună; — *stock*, pe acţiuni, anonim; —*stock —company*, societate pe acţiuni

Jointure-*giŏinciur* s. avere cuvenită soţiei după moartea bărbatului.

Joist-*giŏist* s. bârnă.

Joke-*giŏuc* s. glumă; *to crack a*—, a glumì; *to take a*—, a se potrivì de glumă; *he cannot take a*—, el nu ştie de glumă; *practical*—, glumă rea; —. v. n. a glumì, a râde.

Jullification-*gioli keişŏns*, jubilare, veselie mare; nuntă.

Jollity-*giŏliti* s. veselie, bucurie.

Jolly-*giŏli* a vesel, bine dispus; — *boat*, barcă mică.

Jolt-*giŏlt* s. sguduitură, sdrunci-

nătură; —, v. a. & n. a sgudul; a sdruncinà; a clătinà.

Jorum-*giórŏm* s blid; strachină; castron; ceaşcă mare.

Jostle-*giósl* v. a. a izbì; a lovì cu cotul; a îmbrâncì; a îmbulzì, a împinge.

Jot-*giŏt* s. iotă, punct; fărâmă; *to—down*, a luà notă de, a notà

Journal-*giérnăl* s. jurnal, gazetă.

Journalism-*giérnalizm* s. gazetărie.

Journalist-*giérnălist* s. jurnalist.

Journalistic-*giérnălistic* a. de jurnalist.

Journey *giérni* s. călătorie; drum; *on a*—, pe drum; *a pleasant —!* drum bun!; —, v. n. a călătorì.

Journeyman-*giérnimăn* s. lucrător, muncitor.

Joust-*giŏst* s. luptă (cu lancea, pe cai, pe apă); —, v. n. a luptà cu lancea pe cai, pe apă.

Jovial-*giórdiăl* a. vesel; —*ly*, ad. cu veselie.

Joviality-*joviăliti* s. veselie, voioşie.

J y *giói* s. bucurie; plăcere; *to wish one*—, a felicità (pe cineva).

Joyful *giói/ul* a. vesel; —*ly*, ad. cu bucurie.

Joyless-*gióiles* a. trist.

Joyous-*gióiŏs* a. vide: *joyful*.

Jubilant-*giúbilănt* a. triumfător, îmbucurător.

Jubilation-*giubilĕşŏn* s jubilare, veselie mare.

Jubi'ee-*giúbili* s. jubileu; bucurie.

Judaic-*judéic* a. judaic.

Jadaism-*giúdeizm* s. judaism.

Judge-*giúgi* s. jude, judecător; —, v. a. & n. a judecà.

Judg(e)ment-*giúgiment* s. judecată; părere; *to the best of my*—, după cât pot să judec.

Judicature-*giŭ ikei.iur* s. judecătorie.

Judicial-*giudişăl* a. judiciar;

judecătoresc; juridic; —*ly* ad. judecătoreşte; în mod juridic.

Judicious-*giudişŏs* a. judicios; cu judecată; făcut cu bun simţ; —*ly*, ad cu judecată.

Jug-*giŏg* s. urcior, oală; —*get hare*, ostropel de iepure.

Jugle-*giŭghel* s. scamatorie, boscărie; —, v. n. a face scamatorii; —, v. a. a înşela, a pungăşi.

Juggler-*giŏgler* s. scamator.

Juice-*giŭs* s. suc; must; zeamă.

Juiciness-*giŭsines* s. belşug de zeamă, zemos.

Juicy-*giŭsi* a. zemos; mustos

Jujube-*giŭgiŏb* s. jujubă (fruct).

Jumble-*giŏmbel* s. amestecătură, confuziune; — v. a. a amestecă; a îngrămădi în confuziune; a incurcă.

Jumpt-*giŏmp* s. săritură; corset; —, v. n. a sări; a trece peste; a se învoi; *to*—*up*, a sări în picioare; a se sculă repede.

Junction-*giŏncşŏn* s. Impreunare; unire; loc de despărţire (drum de fier).

Juncture-*giŏncciur* s. inche etură; unire, legătură.

June-*giŏn* s. Iunie.

Jungle-*giŏngle* s. desiş (de pădure); grămădeală.

Junior-*giŭnier* s. fratele cel mic; mai tânăr; sora cea nică; mai tânără, prăslea; —, a. cel mai mic; cel mai tânăr.

Juniper-*giŭniper* s. ienuper.

Junk-*giŏnc* s. ciuncă, corabie chineezească.

Junket-*giŭnket* s. petrecere chef;—, v. n. a petrece, chefui

Junketings *giŭnketings* s. pl. petrecere.

Junta-*giŏntă* s juntă, adunare politică.

Juridical-*giuridicăl* a juridic; judecătoresc; —*ly*, ad în mod juridic.

Jurisdiction *iurisdicşŏn* s. jurisdicţie.

Jurisprudence - *giurisprudens* s. jurisprudenţă.

Jurist *giŭrist* s. jurist.

Juror-*giŭrer* s jurat.

Jury-*giŭri* s. juriu, comisiune; —*box*, banca juraţilor;— *mast*, catarg.

Juryman-*giŭrimăn* s. jurat.

Just-*giŏst* a. drept; just, regulat; tocmai; abia; aproape; cât p'acì;—*as*, tocmai când;—*now*, numai decât; tocmai acuma; —*so*, tocmai; tocmai aşă;—*yet*, pentru moment, chiar acum;— *t.ll me*, spune mi deci.

Justice *giŏ tis* s. justiţie, drep tate; judecător.

Justifiable-*giŏstifaibel* a. justiticabil, ce se poate desvinovăţi.

Justifiably *giustifaiăbli* ad. cu dreptate; tocmai.

Justification-*giustifikéişŏn* s. justificare, desvinovăţire.

Justificative - *giustifioativ* a justificativ; de desvinovăţire.

Justifie-*giŏstifaier* s. apărător.

Justify *giŏsti ai* v. a. a justifică.

Justle *giŏs(t)le* v. a. & n. a (se) împinge; a se izbi; a lovi cu cotul.

Justness *giŏstnes* s. dreptate; cuviinţă; potrivire.

Jut-*giŏt* v. n. *to*—*out*, a boltì, a rotunjì in formă de ghiulea; a bombă; a fi eşit, scos afară; a înaintà.

Jute-*giŭt* s. iută, cânepă din India.

Juvenile-*giuvenail* a. tânăr, de tinereţe.

Juvenility *giŭveniliti* s. tinereţe

Jux aposition-*jŏxtăpozişŏn* s juxtapunere, punere unul peste altul.

K

Kale-*kéil* s. varză cu foile creţe; —*yérd*, grădină de legume.

Kaleidoscope-*caláidoscop* s caleidoscop, tub opac cu mai multe oglinzi cari reproduc imagini.

Kalender-*kálender* s. vide *calender*.

Kangaroo-*cángăru* s. cangur (patrupéd).

Kedje *kédj* s. ancoră mică.

Kell-*kil* s. tălpoaia corăbiei; (*poet*.) corabie.

Keen-*kin* a. ascuţit; muşcător; viu; aspru; pătrunzător; arzător; —*-eyed*, — *-sighted*, cu privirea pătrunzătoare; —*ly*, ad. aspru; viu, cu voiciune; în mod pătrunzător.

Keenness-*kines* s. natură as cuţită; pătrundere; asprime; a-mărăciune.

Keep-*kip* s. foişor, turlă mare; pază; hrană, întreţinere; păşune, izlaz; —, v a. & n (perf. & ptr. *kept*), a ţine a păstra; a întreţine; a observa; a ţine închis; a săvârşi; a se ţine; a sta; a locui; a sărbători; a menţine; a se păzi; *to—about*, a se ţine aproape de; *to—at*, a continuă; *to—away*, a îndepărtă, a ţine îndepărtat; *to—back*, a reţine, a oprì; a ascunde; *to—down*, a ţinea prejos; *to—company*, a ţinea tovărăşie; *to—one's temper*, a se stăpânì; *to—time*, a umblă bine (ceas); *to—one waiting*, a lăsa să aştepte; *to—one's promise*, a se ţine de cuvânt; *to—on*, a urmă înaintând; a'şi urmă drumul; *to—silence*, a păstra tăcere a păstra un secret; *to—to oneself*, a ţine pentru sine; a se retrage, a'şi ţine rezervat; *to—up*, a se susţine; *to—in money*, a îngriji cu bani; *to—in repair*, a tine în stare bună: *to—in view*.

a observă, a nu pierde din ochi.

Keeper-*kiper* s păzitor; îngrijitor.

Keeping-*kiping* s. pază; îngrijire; înţelegere; unire; potrivire; *in—with*, în bună înţelegere cu.

Keepsake-*kipseic* s. amintire; album.

Keg-*keg* s. butoiaş; butoiu pentru scrumbii sărate.

Ken-*ken* s. orizont; distanţă vizuală; verde.

Kennel-*kénel*, s. coteţ de câini; vizuină; haită.

Kept-*kept* a. întreţinut.

Kerb(-stone) *kérb(stóun)* s. margine de trotuar; colac de piatră la fântână.

Kerchief-*kéroif* s. broboadă; năframă; băsmăluţă, fişiu.

Kernel-*kérnel* s. miez, sâmbure (de măr, etc.); grăunte; grăunţ; glandulă.

Kerseymere-*kérsimier* s. cazi mir, stofă de lână ţină şi uşoară.

Kestrel-*késtrel* s. ciorolu; şoim pasăre de pradă).

Ketch-*kétz* s. călău; corabie (cu lopeţi şi pânze).

Kettle-*kétel* s. căldare; ibric; *tea—*, cazan pentru fiert ceaiu; *to put the—on*, a pune cazanul la foc; —*-drum*, ţimbală.

Key-*ki* s. chele; clapă; sunet; intonaţie; —*-board*, clapele; — *-hole*, gaura broaştei; — *-note*, notă tonică; —*-ring*, legăturică de chei; —*-stone*, cheia bolţii.

Keyless-*kiles* a. fără cheie; —*-watch*, ceasornic remontoar.

Kick-*kio* s. dătătură d n picior, lovitură cu piciorul (a calului); smucitură (de armă de foc); *to—down stairs*, a arunca din scări, din trepte; *to—up a row*, a face un tărăboiu, dandana; *to—up u dust*, a face praf; a face gălă

gie; —, v. a. & n. a da lovituri
cu piciorul; a asvârlĭ (caiĭ).

Kickshaw-*kicşo* a bagatelă;
nimic.

Kid-*kid* s. ied; căprio..ră.

Kidnap-*kidnăp* v. a. a răpĭ, a
fura copiĭ.

Kidnapper-*kidnăper* s. hoţ de
copiĭ.

Kidney-*kidni* s rănunchi, rini-
chi; şale, şolduri; torsul pisiceĭ;
devilled—, rinichi la grătar cu
sare şi piper;— *-bean*, fasole.

Kilderkin-*kilderkin* s. butoiaş.

Kill-*kil* v. a. a ucide, a omorî;
a tăiă (un animal);— *-cow*, mă-
celar.

Killer-*kiler* s. omoritor, ucigaş.

Killing *kilng* a. încântător.

Kiln-*kiln* s. cuptor;— *-dry*, v. a.
a uscă la cuptor.

Kilt-*kilt* s. cută, îndoitură; şorţ
de Scoţian.

Kimbo-*kimbou* a. încovoiat; *to
set one's arms a'*—, a stă cu mâi-
nile în şolduri.

Kin-*kin* s. rudă; aliat; *next of*—,
ruda cea mai apropiată; *to be of*
—, a fi din familie.

Kind-*câind* s. speţă; fel; natură;
to pay in—, a plătĭ în natură;
a plătĭ cu banĭ; a plătĭ cu ace-
iaş monedă;— *-hearted*, binevo-
itor; —, a. politicos; amabil;
bun; îndatoritor; binevoitor.

Kindle-*kindel* v. a. & n. a luă
foc; a (se) aprinde; a răscoli fo-
cul.

Kindliness-*câinlines* s. bună-
tate; bunăvoinţă.

Kindly-*câindli* a. bun, binevoi-
tor; blând; generos; —, ad. cu
bunăvoinţă; cu bunătate, cu
blândeţe.

Kindness-*câindnes* s. bunătate;
bunăvoinţă; favoare.

Kindred-*kindred* s. rudă; ru-
denie; familie; —, a. de aceiaş
specie; de acelaş fel; din aceiaş
familie.

Kine-*câin* s. pl. dela *cow*, vacĭ.

King-*king* s. rege;— *-cup*, (*bot.*)

picioru-cocoşuluĭ (ranunculus);
— *'s evil*, s.rofule; gâlci.

Kingcraft *kingcrăft* s. arta de
a domni.

Kingdom-*king dŏm* s. regat;
domnie; împărăţie; regiune.

Kingfischer-*kingfişer* s. alcion
(alcedo) (pasăre de mare).

Kink-*kino* s. cheresteaua uneĭ
corăbiĭ; acces de tuse.

Kinsman-*kinzmăn* s. rudă; a-
liat.

Kinswoman-*k i n z u u m ă n* s.
rudă.

Kiosk-*kioso* s. chioşc.

Kipper(ed herring)-*kiperd
hering* s. scrumbie pescuită după
trecerea, proprirea pescuituluĭ.

Kipper-time-*kipertaim* s. tim-
pul când pescuitul somnuluĭ e
oprit.

Kirtle-*kértel* s. camizol, cămă-
şuţă de femeie; jiletcă de flanelă.

Kiss-*kis* s. sărut; sărutat; —,
v. a. a sărută.

Kissing-*kicing* s. sărutare.

Kit-*kit* s vioară mică de buzu-
nar (a unuĭ profesor de dans);
găleată (de lapte); sticlă învăli-
tă în papură; unealtă; borcan;
borcan; butoiaş; butie de că-
cănar.

Kitcheu - *kicen* s. bucătărie;—
-dresser, masă de bucătărie;—
-garden, grădină de legume;—
-maid, femeie de bucătărie;—
-range, bucătărie engleză— *-stuff*,
grăsime.

Kite-*câit* s. uligae, uliu, şopâr-
lar; zmeu de hârtie; bărbun
(peşte).

Kith and kin-*kith ănd kin* s.
rudă şi prieten.

Kitten *kiten* s. pisoiu; —, v. a.
a fătă (pisicile).

Kleptomania - *kleptoméiniă* s.
cleptomanie; — *s*, s. cleptoman
(care fură).

Knack-*năo* s. dibăcie, destoi-
nicie; bagatelă, nimic; *to have
the*—*of*, a se pricepe, a şti taina
unuĭ lucru.

Knaker-*năker* s. jupuitor, parlagiu; negustor de jucării.

Knapsack-*năpsăc* s. raniţă, traistă, to bă.

Knave-*néiv* s. pungaş, înşelător; mârşav, mişel; valet (la cărţi).

Knavery-*néiveri* s. pungăşie, înşelătorie murdară.

Knavish-*néiviş* a. mişelesc; viclean; —*ly*, ad ca un mişel, ca un mârşav.

Knead-*nîd* v. a. frământă.

Kneading-trough-*nîdingtrof* s. capac; căpisterea (de frământat pâinea).

Knee-*ni* s. genuchiu; cot; curbă; — -*cap*, — -*pan*, rotula, nuca genuchiului; — -*deop*, până la genuchi.

Kneed-*nîd* a. în genuchi, cu genuchi; îndoit; încovoiat; *knock*- —, cu picioarele întoarse înăuntru.

Kneel-*nîl* v. n. ner. (perf. şi ptr. *knelt*), a ingenuchià, a se pune in genuchi.

Knell-*nel*, s. sunetul funebru al clopotului (când se trage pentru un mort).

Knickerbockers - *nîkerbokers* s. pl. pantaloni scurţi.

Knicknacks-*nicndcs* s. pl. jucărie de copii; fleacuri.

Knife-*năif* s. cuţit; *pen*; —, briceag; *pruning*—, cosoraş; *a*—*and fork*, un tacâm; — -*grinder*, tocilar; — -*rest*, proptea de cuţit şi furculiţă; — -*ray*, cutie pentru cuţite.

Knight-*năit* s cavaler (şi la şah); —, v. a. a face cavaler.

Knighthood-*năithud* s cavalerie; titlu de cavaler.

Knightly-*năitli* ad. de cavaler, cavaleresc.

Knit-*nit* v. a. a impletì; a unì; a sbârcì fruntea; a incruntă (sprâncenele); *to*—*the brows*, a sbârcì fruntea.

Knitter-*niter* s. impletitor; impletitoare.

Knitting-*niting* s. impletitură; impletitul; —*needle*, ac de impletit, croşet.

Knob-*nob* s. buton; cap de baston; nod; ridicătură; clanţă (de uşe).

Knock-*noc* s. lovitură; —, v. a. & n. a lovi, a bate; a se lovì; a bate în; a se plecă, a se supune; *to*—*about*, a lovi în toate părţile; *to*—*down*, a trântì la pământ; a da (prin juuecată sau mezat; *to*—*off*, a face să cadă; a sparge; *to*—*up*, a bate pe; a obosì peste măsură; (tip.) a face margine.

Knocker-*nóker* s. ciocan de uşe.

Knocking-*nóking* s. lovitură.

Knoll-*nol* s. deal, colonic.

Knot-*not* s. nod; greutate; ceată; grup; —, v. a. & n. a inodă; a legă; a unì; a face noduri; a incurcă; a imbobocì.

Knotty-*nóti* a. noduros; glo luros; greu.

Knout-*naut* s. cnut.

Know-*nóú* v. a. & n. (ner. perf. *knew*, ptr. *known*), a cunoaşte; a şti; a învăţà; a recunoaşte; a pricepe; a deosebì.

Knowing-*nóuing* a. invăţat; îndemânatec; isteţ; —*ly*, ad. cu ştiinţă; cu indemânare; cu isteţime.

Knowledge-*nóledj* s. cunoştinţă; ştiinţă; dibăcie.

Knuckle-*nókel* s. ţâţână, balama la uşe; încheietură, articulaţie; —, v. a. a bate; *to*—*down*, *to*—*under*, a se supune; a cedà.

L

Lu-*ló* int. aide! vezi! Doamne; (*mus*) la.

Label-*léibel* s. etichetă; inscripţie, tablă; însemnare; —, v. a. a etichetă.

Labial-*léibial* a. labial.

Laboratory-*lăborători* s. laborator.

Laborious *labóriŏs* a. muncitor, greu; *ly*, ad. cu greu.

Labour-*léiber* s. lucru, lucrare; muncă; (*med.*) durerile facerii; v. a. & n. a munci; a lucrà; a fi necăjit; a fi în durerile facerii; *to*—*under*, a fi supărat; chinuit; *to*—*un-ier a mistake*, a se înșelà.

Labourer-*léiberer* s. muncă; lucrare; muncitor, lucrător cu ziua, salahor; agricultor.

Laburnum-*labérnŏm* s. (*bot.*) bobiţel mare.

Labyrinth *lábirinth* s. labirint.

Lac-*lăc* s. lac; răşină (lustru).

Lace-*léis* s. şiret, şnur; dantela, horbotă; galon, găitan; panglică; —, v. a. a găti, a împodobi cu dantele; a strânge (un corset, ghete, etc.); a tivì cu fireturi.

Lacerate *lăsereit* v. a. a rupe în bucăţi, a sfăşià; a mutilă.

Lack-*lăc* s. lipsă, nevoie, trebuinţă; —, v. a. & n. a lipsì, a fi în lipsă; a avea trebuinţă.

Lackadaisical-*lăcddeizicăl* a. plin de nerăbdare; sentimental.

Lackey-*lăki* s. lacheu.

Laconic-*lăcónic* a. laconic; — *ally*, ad. în mod laconic.

Lacquer-*lăker* s. lac, lustru; —, v. a. a da lustru, a lustruì; a da cu lac.

Lad-*lăd* s. flăcău, tânăr; băiat

Ladder-*lăder* s. scară.

Lade-*léid* v a. ner. (perf. *laded*, ptr. *laden. lade*1), a încărcà; a scoate; a trage; a aruncà.

Lading-*léiding* s. încărcătură, încărcare; *bill o* —, fraht.

Ladle-*léidel* s. polonic, lingură mare.

Lady-*léidi* s doamnă; *youny*—, domnișoară· *my*—, doamnă;—*bird*, boul Domnului;— -*day*, Buna-Vestire; -*killer*, seducător;— -*.ove*, amantă iubită.

Ladylike - *léidilaik* a. elegant, distinsă; femeiesc; delicat.

Ladiship-*léidişip* s. Mărie (titlu de nobleţă); doamnă.

Lag-*lăg* v. n. a rămânea în urmă; a întârzià; a trăgănà; a hoinărì, a umblà încet.

Laggard-*lăgárd* s. soldat rămas în urmă; zăbavnic; —, a. încet, leneş.

Lagoon-*lăgún* s. lagună; mlastină, baltă.

Laic (al) *láic´ál)* a. laic; secular.

Lair-*léer* s. vizuină; căsuţa retrasă:

Laird-*léerd* s. lord scoţian.

Laity-*léiti* s. mirean.

Lake-*léic* s. lac.

Lam-*lăm* s. miel; —, v. n. a fătà miei.

Lambkin-*lămk´n* s. mieluşel.

Lamblike-*lămlaic* a. ca un miel; blând.

Lame-*lćim* v. a. a schilodì; a face pe cineva să şchiopăteze; —, a. schilo1; şchiop: imperfect; —*ly*, ad. şchiopătând; în mod imperfect.

Lameness-*léimnes* s. şchiopătare; imperfecţie.

Lament *lăment* s. cântec de jale; doină; jeluire; tânguire; —, v. a. & n a plânge; a se văità; a se mâhni, a se jelì; a geme.

Lamentable-*lămentábel* a. jalnic, de plâns.

Lamentation - *lămentéişŏn* s. lamentaţie; bocet; tânguire.

Lamented-*lămented* a regretat.

Lamp-*lămp* s. lampă;— -*black*,
chinoros;— -*lighter*, aprinzător
de felinare; lampagiu;— -*post*,
candelambru.de gaz;.lampadar;—
shade, abajur.

Lampoon-*lămpún* s. caraghio-
slâc;—, v. a. a satiriză, a'şi
bate joc.

Lamprey - *lămpri* s mreană,
(peşte).

Lance-*lans* s. lance; suliţă;—,
v. a. a străpunge cu o lance.

Lancer-*lănser* s. lăncier.

Lancet-*lănset* s. lanţetă.

Land-*lănd* s. ţară, patrie; ţi-
nut; loc, teren; moşie; pământ;—
-*fall*, moştenire; (*mar.*) apropie-
re de uscat;— -*flood*, inundaţie;—
-*force*, armată;— -*holder*, pro-
prietar funciar;— -*league*, ligă
agrară în Irlanda;— -*owner*, mo-
şier, proprietar funciar;— -*tax*,
bir funciar; taxa funciară;—,
v. a. & n. a debarcă.

Landau - *lăndó* s. landau (tră-
sură).

Landed-*lănaed* a. funciar;—*pro-
perty*, avut imobiliar; acaret.

Landing-*lănding* s. debarcare;
debaroader; schelă.

Landlady-*lăndleidi* s. proprie-
tăreasă; stăpâna casei.

Landless - *lăndles* a. fără pă-
mânt.

Landlocked - *lăndloct* a. pă-
mânt împresurat de alte pă-
mânturi.

Landlord-*lăndlord* s. proprie-
tar, stăpân; otelier, hangiu.

Landlubber-*lăndlöber* s. mari-
nar pe râuri; vagabond.

Landmark-*lăndmarc* s. hotar,
limită.

Landscape-*lănskeip* s. peisa-
giu;— -*gardiner*, desenator de
grădini;— -*painter*, peisagist.

Landslip-*lăndslip* s. surpare de
pământ.

Lane-*lėin* s. ulicioară; potecă.

Language-*lănguägi* s. limbă;
cuvântare; stil; *bad*—, grosolă-
nie; *Roumanian*—, limba romă-

nă; *English*—, limba engleză.

Languid-*lănguid* a. lâncezând;
tânjitor; plin de dor; galeş; în-
cet; —*ly*, ad. în mod tânjitor;
galeş; încet.

Languish-*lănguiş* v. n. a lân-
cezi; a tânjì.

Languor-*lănguer* s. lângoare;
lâncezeală.

Lank(y)-*lănk i* a. slab; jigărit;
moale, gol.

Lankness-*lăncnes* s. slăbiciune.

Lantern-*lăntern* s. far; felinar.

Lap-*lăp* s. boală; sân; lob; băr
bie; vârful urechei; pulpană,—
-*dog*, câine de salon; —, v. a.
& n. a îndoì; a învelì; a înfă
şură; a bea (câinii), a linge; *to
—over*, a fi aşezat fără arc de
lemn; a trece una peste alta (des
pre părţile hainei).

Lapful-*lăpful* a. şorţul plin.

Lapidary - *lápidéri* s. lucrător
de pietre scumpe; negustor de
pietre scumpe.

Lapis lazuli-*léipis lăsulai* a.
lapislazuli, piatră scumpă.

Lappet-*lăpet* s. poală, pulpană.

Lapse-*lăps* s. scurgere (de vre-
me); bucată (de vreme); dobito-
cie; greşeală dobitocească; —, v.
n. a trece încet; a trece; a că-
deà, a decădeà; a greşi.

Lapwing-*lăpuing* s. ciovlică; li-
buţ; nagâţ (pasăre).

Larboard-*lă)bord* s. stânga u-
nei corăbii.

Larceny-*larseni* s. furt.

Larch(-tree) *lárci tri*) s. molift.

Lard-*lărd* s. slănină; untură;
—, v. a. a împănă cu bucăţele
de slănină.

Larder-*larder* s. cameră; dulap
de păstrat mâncările.

Larding - **pin**-*lárding pin* cră-
canâ (de împănat cu slănină).

Large-*larji* a. mare; gros; larg;
lat; tare; important; numeros;
darnic; *at*—, pe larg; în gene-
re; prea întins; în libertate;
-*hearted*, măreţ;—*heartedness*,
mărinimie; —*ly*, ad. foarte ma-

re, prea mare; *to talk —*, a face pe grozavul.

Largeness-*lárgines* s grosime; mărime; mărire; mărinimie; lărgime.

Largess-*lárges* s. dar, dan e

Lark-*larc* s. ciocârlie; nebunie de-a tinereţii, ştrengărie; *what a—*, trebuie să fie amuzant! inveselitor; *to have a—*, a face o poznă, a face o ştrengărie; —, v. n. a jucà o festă.

Larkspur-*lárcspŏr* s. pintenaş, toporaş, nemţişor (delphinium) *bot*).

La..va *lárvă* s. larvă.

Laryngitis - *láringiáitis* s. laringit).

Larynx-*lărinœ* s. larinx, gâtlej.

Lascar-*láscar* s. ma inar indian.

Lascivious - *lăsivios* a. lasciv, pornit la des rănare; —*ly* ad. în mod lasciv.

Lasciviousness-*lăsiviósnes* s. lascivitate, aplec re la destrău.

Lash-*lăş* s. lovitură de biciu; lovitură ; geană (cilium) ; sarcasm, baţjocură amară; funie de dos-câinii—, v. a. & n. a biciul, a'şi bate joc, a satiriză.

Lass-*lăs* s. fată mare; fetiţă.

Lassi ude-*lăsitiud* s. oboseală.

Lasso-*lăsou* s. curea; laţ.

Last *last* s. calapod; cel din urmă; —, a. ultim; din urmă; *the —Supper*, Cina cea de taină ultima cină luată de Mântuitorul în mijlocul Apostolilor; împărtăşania la protestanţi: *at—*, în fine; *at the—*, în sfârşit; —, v. n. a durà; a ţine; a tăinul; —, ad. ultima orà; cel din urmă; là urmă; în fine; —*ly*, ad. în sfârşit, la urmă.

Lasting-*lasting* s. durată; pu nere pe calapod; —, a durabil, trainic; statornic; —*ly*, ad. în mod trainic; durabil.

Latch *laci* s. clanţă;—*key*, chei cu care se pot deschide mai mu lte broaşte; —, v. a. a închile cu clanţa.

Late-*léit* a. târziu; —, ad înaintat; fostul defunct; *of —*, ad. de curând, acum câtva timp.

Lateness-*léitnes* s. vreme inaintată; întârziere.

Latent *leiténd* a ascuns; secret

Lateral-*láteral* a. lateral, lăturalnic; de alături; —*ly*, ad pe la'ure.

Lath-*lath* s. laţ; lucru cu laţ.

Lathe *léith* s. strung.

Lather *lăther* s. spumă de săpun; —, v. a. & n. a face spumă; a spum egă (un cal); a săpuni.

Latin-*látin* s. limbă latină; —, a latin, latinesc.

Latinity *lălinti* s. latinitate.

Latitude *lătici 1* s. latitudine; întindere

Latitudinal-*lătieiúdinăl* a. de latitudine.

Latitudinarian - *lăticiudinéirián* s. liber cugetător.

Latten-*láten* s. tinichea.

Latter *lă'er* a. ultim; trecut; care vine mai târziu; *the—*, ace ta; —*ly*, ad. de curând, nu de mult, data trecută.

Lattice-*lătis* s. parmaclâc; ţratie; —, v. a. a înconjurà cu parmaclâc, cu gratii.

Laud-*lod* v. a. a lăudà, a slăvì.

Laudable *lódăbel* a. lăud bil.

Laudably *lódabli* ad. în mod lăudabil, demn de laudă.

Laudatory-*lódători* a. lăudător.

Laugh *laf* s. râs; —, v. n. a râde; *to—in one's sleeve*, a râde pe sub mustaţă; *to have the—on one's side*, a fi aprobat de toţi.

Laughable *láfăbel* a. de râs.

Laughably *lăfabili* ad. în mod ridicol, de râs.

Laugher *lă'e* s. cel ce râde.

Laughingly *láfingli* ad. râzând.

Laughing-stock *láfing-stoc* s. râs, râset; obiect de baţjocură.

Laughter *láfter* s. râsul.

Launch *lónţş* s. punere în apă (a unei corăbii); —, v. a & n. a da drumul pe apă; a se a runcă în apă.

Laundress-*lóndres* s. spălăto-
reasă.
Laundry-*lóndri* s. spălătorie;
spălătură, spălat.
Laureate-*lórieit* a. laureat, pre-
miat.
Laurel-*lórel* s. laur, dafin.
Laurelled-*lóreld* a. încununat
cu lauri.
Lava-*lávă* s lavă.
Lavatory-*lávători* s. spălătorie.
Lavender *lávender* s. levent,
spicuit
Lavish-*lăviş* v. a. a fi darnic,
a risipi; —, a. risipitor; —*ly*,
ad. cu risipă.
Law-*lo* s'. lege; dreptul; judeca-
tă: jurisprudenţă; *lawbreaker*,
călcător de lege;—*-giver*, — *-ma-
ker*, legislator.
Lawful-*lóful* a. legal, legitim;
—*ly*, ad. în mod legal; în mod
legitim.
Lawfulness-*lófulnes* s. legali-
tate, legiuire.
Lawless-*lóles* a. ilegal; nele-
giuit; desfrânat.
Lawlessness-*lólesnes* s. ilega-
litate, călcare de lege; desfrâ-
nare.
Lawn *lon* s. pajişte; verdeaţă;
linon; — *-mower*, cosaş; — *-ten-
nis*, joc cu mingea.
Lawsuit-*lósiut* s. proces, jude-
cată.
Lawyer-*léier* s avocat, legist
Lax-*lăx* a. laş; distins; lăbăr-
ţat; moale, slăbit; nestrâns.
Laxative-*lăxătiv* s. laxativ; cu-
răţenie; —, a. laxativ care scoa-
te uşor afară.
Laxity-*lăxiti* s. slăbire.
Lay-*léi* s şir, şirag; strat; cân-
tec; miză; prinsoare; —, v. a.
& n. ner. (perf. şi ptr. *lăid*), a
pune; a aşeză; a alcătui: a ur-
zi; a culcă; a ouă; a pune prin-
soare; a distribui, a imputa, a în-
vinovăţi (de o greşeală); *to—a-
sleep*, a adormi; *to—hold of*, a
apucă; *to—claim to*, a reclamă,
a pretinde; *to—aside*, a pune la

o parte; *to—before*, a arătă; *to
—by*, a păstră; a pune laoparte
a renunţa la; a concedia; *to –
the cloth*, a pune masa;—*down*,
a pune jos (armele ; a depune;
ta—one's self down, a se culcă;
a se odihni; *to—in*, a adună, a
face provizie de; *to—one's self
open to*, a se expune; *to—open*,
a desch de, a arătă; *to—out*, a
cheltui; a întinde, a desfăşură;
a înfăşură în lințoliu; *to—up*, a
reţine în pat; *to –to*, a potrivi
pânzele corăbiei spre vânt; —,
v. n. a ouă; — a. laic, mirean.
Layer-*léier* s. care pune butaşi.
Laying-*léing* s punere; ouat.
Layman-*léimăn* s. laic, mirean.
Lazar-house-*lăsăr-haus* **la-
zareto**-*lăzăréto* s. spital de con-
tagioşi; carantină.
Lazily-*léizili* ad, cu nepăsare;
ca un trândav, în mod leneş.
Laziness-*léizines* s. trândăvie;
lenevie.
Lazy-*léizi* a. leneş, trândav.
Lea-*li* s. livadă; fâneţe; loc în-
gră-lit.
Lead-*led* s. plumb; sondă; (*tip.*)
l i n i e despărţitoare; —, *works*,
plumbărie, *to heave the*—, a son-
dă, a arunca sonda;—*s.* acope-
riş de plumb; — v. a. a plum-
bui; (*tip*) a despărţi prin linii
despărţitoare.
Lead-*lid* s. conducere dirjare;
întâietate; protor la cărţi; pre
cădere; ieştirară; *to he ve the*—,
a fi cel dintâiu; protos la cărţi;
—, v. a şi n. ner. (perf. şi ptr.
led), a conduce; a duce; a diri-
jă; a îndreptă; a luă cu sine;
to—the way, a arătă drumul;
to—off, a luă (pe cineva) cu si-
ne; a se abate din drumul său;
a schimbă drumul; *to—on*, a
conduce înainte; a atrage
Lead(**en**)-*léd en*), a. de plumb;
copleşitor; greu;—*pencil, creion*
Leader-*lider* s. călăuz; şef; cal
înaintaş; articol de fond.
Leading *liding*;—*article*, art'.

col de fond: —·*strings*, ducere
de nas (pe cineva).

Leaf-*lif* s. frunză; foaie; canat
(de ușă, etc.); *to turn over a
new*—, a începe din nou; a'și
schimbă purtarea.

Leafless- *lifles* a. fără frunze;
frumos.

League-*lig* s. ligă; leghe; —, v.
n. a face alianță; a se uni.

Leaguer-*ligher* s. confederat:
aliat; tabără împresurătoare; la-
găr împresurător.

Leak-*lic* s. crăpătură (în partea
de sub apă a corăbiei); *to spring
a*—, a avea o crăpătură; —, v.
n. a luà apă (o corabie găurită);
to—out, a răsbì; a'și face drum
prin; a se răsuflà.

Leakage-*likeitj* s. curgere; fil-
trare; strecurare; crăpătură.

Leaky-*liki* a. care curge; care
are o crăpătură.

Lean-*lin* v. n. a se rezemà, a
se sprijinì; a (se) aplecà.

Lean-*lin* a. slab; uscat; sărac.

Leannes-*lines* s. slăbiciune.

Leap-*lip* s. săritură; *to take a*—,
a face săritură;—·*year*, an bi-
sect;—, v.a. a sărì, a sărì peste.

Leap|**ro**¬-*lipfrog* s. capra (joc)
de copii).

Learn *lern* v. a. a învăță; a se
instrui; a luà lecțiuni.

Learned-*lern d* a. învățat; —·*ly*,
ad. cu știință.

Learning-*lérning* s. învățătu-
ră, știință.

Lease-*lis* s. arendă; închiriere;
—·*holder*, chiriaș cu contract:
—, v. a. a închiria; a arendà.

Leaser-*lizer* s. spicuitor.

Leash-*liș* s. legătură de dus câi-
nii; —, v. a. a legà împreună
a purtà de nas.

Least-*list* a. și ad. cel mai mic;
cel mai puțin; *at*—, *at the*—,
cel puțin; barem; *not in the*—,
nici de cum.

Leather-*léther* s. piele; *patent*-
—, piele cu lustru; —·*dresser*,
tăbăcar.

Leathern-*léthern* a. de piele.

Leathery-*létheri* ad. ca pielea.

Leave *liv* s. libertate; concediu;
voie; *ticket of*—, bun de ieșire;
ordin de a sluji aiurea (un po-
pă): *to take one's*—, a luà con-
cediu; *to take French* —, a ima-
gină; un concediu fără motiv;
by your—, cu voia D-tale; să
nu vă supărați; păzește!

Leave-*liv* v. a. ner. (perf. și ptr.
left), a lăsà a părăsì; «*to be left
till called for*», poșta restantă.

Leaven-*liven* s. aluat; drojdie;
—, v. a. a face să dospească, să
crească (pâinea, etc.).

Leavings-*livigns* s. pl. rămă-
șițele.

Lecherous-*léceros* a. desfrânat.

Lection-*lécșŏn*, **lecture**-*lécciur*
s. lecție; prelegere; predică; curs;
conferință; mustrare; *curtain*—,
dojană casnică; —·*hail*, sală de
lectură.

Lecture-*lécciur* v. a. & n. a fa-
ce un curs; a predà; a mustrà
aspru.

Lecturer-*lécciurer* s. cititor, lec-
tor; profesor.

Ledge-*ledj* s. margine; albie;
matcă; strat.

Ledger-*léger* s. cartea mare;
condică; registru.

Led·**horse**-*léd·hors* s. cal po-
vodnic, parip.

Lee(·**side**)-*li*(-*said*) s. partea o-
pusă vântului;—·*way*, abaterea
(corăbiei) din drumul ei.

Leech-*lici* s. lipitoare; funia cu-
sută pe marginea pânzelor; *horse*-
—, —, medic veterinar,

Leek-*lic* s. praz.

Leer-*lier* s. ochiadă; —, v. n.
a se uità chiorăș.

Lees-*liz* s. pl. drojdie; saț (de-
puneri).

Leeward-*lúudrd* a. și ad. opus
vântului.

Left-*left* a. stâng; *on the*—, la
stânga;—·*handed*. stângaciu; că-
sătorie morganatică.

Leg-*leg* s. picior; gambă; ciosvârtă (de berbec), coapsă; șale; trunchiu, tulpină.

Legacy-*lĭgăsi* s. legat; danie prin testament.

Legal-*lĭgăl* a. legal; —*ly* ad. în mod legal.

Legalise-*lĭgălăiz* v. a. a legaliză.

Legality-*lĭgăliti* s. legalitate.

Legate-*lĭgheit* s. legat.

Legatee *legati* s. legător; moștenitor.

Legation-*legheĭșŏn* s. legație, ambasadă.

Legend-*lĭgend* s. legendă.

Legendary - *lĭgenderi* adv. de legendă.

Legerdemain - *lĭgerdemein* s. scamatorii, cotcării.

Leggings-*lĭghings* s. pl. ghete mari.

Legibility *legibiliti* s. literă ușor de citit, putința de a fi citit

Legible-*lĭgibel* a. citibil, citeț.

Legibly-*lĭgibli* ad. în mod citibil, ușor de citit

Legion-*lĭgiŏn* s legiune.

Legislation-*legislăĭșŏn* s. legislație, legiuire.

Legislative-*lĭgisléitiv* a. legislativ, legiuitor

Legislator-*lĭgisleitor* s. legislator.

Legislature-*lĭgisleiciur* s. legislatură.

Legitimacy *lĭgitimăsi* s. partea legitimă (care se cûvenea copiilor).

Legitimate *legitimeit* v. a. a legitimă; —, a. legitim, după lege; —*ly*, ad. în mod legitim.

Legitimation - *legitiméĭșŏn* s. legitimare, legitimație

Leguminous - *leghiúminŏs* s. leguminos.

Leisure- *lĭjor* s. răgaz; *at* —, în răgaz, pe îndelete, după poftă.

Leisurely-*lĭjŏrli* ad. pe îndelete; puțin câte puțin.

Lemon-*lĭmŏn* s. lămâie;— -*peel*, coaje de lămâie;— -*plant*, verbină, sporiș, iarba fiarelor (l.

verbena);—-*tree* lămâiu (pom) nadă.

Lemonade-*lémonéid* s. limonadă.

Lend-*lend* v. a. ner. (perf. și ptr. *lent*), a împrumută.

Lenght-*length* s. lungime; lungă durată, spațiu (de timp *at* —, în fine, în sfârșit în lungime; *at full*—, în toată lungimea, *to go, carry to great*—s. a merge, a aduce foarte departe.

Lengthen *lĭngthe,* v. a. și n a (se) lungi; a (se) întinde; a prelungi; a se mări (zilele, nop țile).

Lengthy-*lĭngthĭ* ad. lung; destul de lung; plin de umpluturi de inutilități.

Lenient *lĭnient* a. alinător.

Lenitive-*lĭnitiv* s. lenitiv; lea alinător; —, a. alinător; poto litor

Lenity-*lăniti* s. blândețe; îngăduire; indulgență.

Lens-*lens* s. lentilă, sticlă lenticulară

Lent-*lent* s. postul mare, postul Paștilor.

Lentil-*léntil* s. linte

Leonine-*licnain* a. de leu

Leopard-*léopard* s leopard.

Leper-*lépr* s. lepros.

Leprosy *lépros* s. lepră.

Leprous *leprŏs* a. lepros.

Lesion-*lĭjŏn* s. leziune, vătă mare.

Less-*les* a. mai mic; inferior ad. mai puțin; *to grow*—, a (se) micșoră; a se împuțină; *none the*—, cu atât mai puțin.

Lessee-*lesĭ* s. arendaș.

Lessen-*lésen* v. a. & n. a micșoră; a face mai mic; a (se) împuțină; a (se) scurtă.

Lesser-*léser* a. mai mic, inferior.

Lesson-*lésen* s. lecție; mustrare

Lessor *lésor* s. arendator; închirietor.

Lest-*lest* conj. de frică să nu tomându mă să nu.

Let-*let* v. a. & n. ner. (perf. și

ptr. *let*), a lăsà; a permite; a îngădul; a închirià; a împiedecà; *to—one into a secret*, a pune în curent despre un secret; a.iniţià la; *to—be, to—c lone*, a lăsà în pace; *to—down*, a lăsà să se coboare; a polţi jos; *to—off*, a da drumul; a l sà să plece; a descàrcà (o puşcà).

Lethargic-*lethárgic* a. letargic.

Lethargy-*lethargi* s. letargie.

Letter-*leter* s. scrisoare; literă; literă de tipar—*-box*, cutie de scrisori; — *-carrier*, factor; — *-case*, portofoliu; caşte (de tipografie); — *-press*, tipar, tipărire; — *-rack*, cel însàrcinat cu o funcţie timp de o sàptămână;— *-writer*, autor de epistole; persoanà care scrie scrisori; autor care a scris mai multe materii.

Lettered-*leterd* a. învăţat, cărturar.

Lettering-*létering* s. titlu.

Lettuce-*litis* s. lăptucà.

Levant-*levănt* s răsărit; — v. n. a lăsà pe cineva cu buzele umflate; a spălà putina.

Levantine-*lévántain* a. răsăritean.

Levee-*levi* n. audienţă (la scularea regelui).

Level-*lével* s. nivel; instrument de verificat dacă un plan e orizontal; stare orizontalà; ţintă; scop; v. a. a nivelà, a măsurà cu nivelul; a face orizontal, a netezi (*fig*); a potrivi; a pune pe acceaş treaptă, a egalizà; a ţinti; —, a. la nivel, orizontal; neted.

Lever-*liver* s. pâr;hie, drug.

Leverage *livarági* s. produsul puterii pârghiei.

Leveret-*léveret* s. iepuraş.

Leviathan-*leváiathán* s. Leviatan (monstru despre care vorbeşte Hiob); balenă.

Levite-*lvait* s. Levit.

Levitical-*levitical* a. de levit.

Levity-*léviti* s. uşurinţă; n-stortornicie,

Levy-*lévi* s. înrolare; percepere, strângere; —, v. a. a înrolà; a percepe, a impune.

Lewd-*liúd* sau *lŏ ł*, a. desfrânat, lăbărţat, desmăţat; —*ly*, ad. în mod desfrânat.

Lewdness-*liúdnes*, sau *lúdnes* s. desfrânare, destrăbălare.

Lexicon-*léxicón* s. dicţionar.

Lexicographer-*lexicógrá'ers*. lexicograf.

Liability-*laidbiliti* s. responsabilitate, răspundere; starea de a fi expus; *liabilites* (*t. oom.*) pasiv.

Liable-*láibel* a. responsabil, răspunzător; expus la;

Liar-*láier* s. mincinos.

Libation-*libéişŏn -s*. vărsare de vin pe altar, paos.

Libel-*láibel* s. libel; screre satirică şi delăimătoare; —, v. a. a defăimà; a facé un pamflet contra.

Libeller-*láibeler* s. făcător de libele.

Libellous-*láibelŏs* a. insultàtor.

Liberal-*liberál* a. liberal, generos; cinstit, onest; —*ly*, ad în mod liberal, generos; cinstit

Liberalism-*liberál zm* s liberalism.

Liberality-*liberáliti* s. liberalitate, generositate.

Liberate-*libereit* v. a. a liberà; a pune în libertate.

Liberation-*liberéişŏu* s liberare.

Libertine-*libertin* s libertin, desfrânat.

Libertinism-*libertinizm* s desfrău.

Liberty-*liberti* s. libertate; privilegiu; permisiune; *to be at—to*, a aveà permisiune de a; *at—*, liber, în libertate; *to set at—*, a liberà (un scl v).

Libidinous-*libidinŏs* a. desfrânat, imoral.

Librarian-*laibririán* s. bibliotecar.

Library-*láibrări* s bibliotecà.

Lice-*láis* pl. dela *louse*.

Licence-*láisens* s. licénţă; patentă; permisiune, concesiune; exces; *marriage* —, scutire de strigări de cununie; —, v. a. a da voie; a da o patentă.

Licentiate-*laisénseit* s. licenţiat.

Licentious-*laişénsös* a. licenţios, prea liber,—*ly*, ad. într'un mod destrăbalat.

Lichen-*láiken* sau *liken*, s. lichen (plantă).

Lick-*lic* v. a. a linge; a bate, a burduşi; *to—the dust*, a muşcă ţărână, a muri.

Licking *liking* s. lingere; frecare.

Licorice-*lícăris* s. vide *liquorice*.

Lictor-*lictor* s. lictor (la Romani).

Lid-*lid* s. capac; *eye*—, pleoapă.

Lie-*lái* s. minciună; desminţire; *to—the—to*, a desminţi; —, v. n. ner. (perf. şi ptr. *lied*), a minţi; a fi culcat; a (se) odihni; a locui, a şedeà; a fi situat; a sta; a rămâne; *to—about*, a tărì; *to—down*, a se culcà; *to—in wait for*, u pândi pe cinevà; *to—over*, a nu plăti la scadenţă (*t* com.) *as much as in me*—, atât cât depinde de mine; *to—low*, a fi pitit; a se pitì; *here*—*s*, aci zace.

Liege-*lígi* a. cu totul supus (suveranului său).

Lien-*láien* s. drept de a păstrà ca amanet.

Lieu-*liú* s. loc; *in—of*, în loc de.

Lieutenancy-*le; ténănsi* s. locotenenţă; funcţie sau grad de locotenent.

Lieutenant-*lefténant* s. locotenent.

Life-*láif* s. viaţă; existenţă; vioiciune; suflet; *high* —, societate înaltă; *low*—, poporul de jos; —*-belt*, brâu de scăpare; —*boat*, luntre de scăpare; —*-buoy*, cerc de plută ce se aruncă celor ce se înneacă;—*estate*, —*interesi*

rentă viagéră;—*-guard*, soldat din garda regală;—*-office*, —*policy*, birou de asigurare pe viaţă;—*-preserver*, aparat de scăpare, măciucă;—*-size*, după natură.

Lifeless-*láifles* a. fără viaţă; fără putere.

Lifelong-*láiflong* a. pe toată viaţa.

Lifetime-*lái, taim* s timpul vieţii.

Lift-*lift* s. ridicare; mănă de ajutor; povară; ascensor, aparat care suie greutăţi; platformă idraulică;—*ing-jack*, maşină cu cârlig şi cu manivelă pentru ridicare de greutăţi; *to give one a*—, a da o mănă de ajutor; *dead*—, muncă zadarnică; —, v. a. a ridicà; a (se) înălţa; a se suì; a exaltà.

Ligament *lígăment* s. ligament, legătură.

Ligature-*lígăciur* s. legătură de oprit sângele, bandaj.

Light-*láit* s. lumănare; lumină; lumina zilei; zi; foc; chibrit; fereastră; inteligenţă; *to come to*—, a eşì la lumină; a se descoperì *to set—to*, a pune foc la; —, v. a. & n. ner. (perf. şi ptr. *lighted* sau *lit*), a (se) a, rinde; a luminà: a găsi din întâmplare; a se înflăcără a se da jos, a se coborì; —, a. uşor; comod; nestatornic; deschis; blond; strălucitor; —*ly*. ad. uşor; cu veselie, superficial;—*-fingered*, pungaş.

Lighten-*láiten* v. a. & n. a luminà a iluminà; a fulgerà; a uşurà; a potolì; a inveselì.

Lighter-*láiter* s aprinzător; luntre de uşurat; şlep.

Lighterman-*láitermăn* s. stăpânul unei dube; luntraş şi hamal la şlep.

Lighthouse *láilhaus* s. far.

Lighting-*láiting* s. luminatul.

Lightness-*láitnes* s. uşurinţă.

Lightning - *láitning* s. fulger,

forket—, fulger, fulgerătură; *he-at—*, *shest—*, fulgere de căldu-ră;— *rod*, paratrăsnet.

Lights-*láits* s. pl. plămâni, bo-jogi.

Lightsome-*láitsŏm* a. clar; lu-minat; vesel.

Ligneous-*ligneŏs* a. lemnos.

Like-*láic* s. acelaş lucru; semen, egal ; —, v. a & n. a plăceà; a dorì, a voì; a aprobà; a găsì (bine sau răŭ);—, a. şi ad. ase-menea; de o potrivă; la fel; ca; acelaş; egal; aşa cum; după cum; aceasta e demn de el.

Likelihood-*láiclihud* s. proba-bilitate, aparenţă de adevăr.

Likely-*láicli* a şi ad. probabil; pe semne; se pare.

Liken-*áiken* v. a. a comparà.

Likeness-*láicnes* s. asemănare; formă; icoană; portret.

Likewise-*láicuais* ad. de ase-menea; tot astfel, în acelaş chip.

Liking-*láiking* s. gust; plac; stare bună; prietenie; *to take a—to*, a aveà gust la; a aveà slăbiciune (de ceva).

Lilac-*láilăc* a. liliachiu

Liliputian-*lilipúşiăn* a. extrem de mic.

Lily-*lili* s. crin; — *of the valley*, mărgăritărel, lăcrămioară.

Limb-*lim(b)* a. membru.

Limber-*limber* a. flexibil, mlă-dios;—*s*, jumătatea de dinain-tea unei trăsuri.

Limbo-*límbou* s. limb, locul un-de merg sufl tele copiilor nebo-tezaţi.

Lime-*láim* s. cleiu; var, calce; teiu; *slaked—*, var stins;— *kiln*, varniţă— *pit*, carieră de var;—, v. a. a inclei, a unge cu cleiu.

Limit-*limit* s. margine; hotar; semn de hotar; —, v. a. a măr-ginì; a limità; a fixà;—*ed*, com-pany, societate anonimă.

Limitation-*limitéişŏn* s. restric-ţiune, mărginire.

Limn-*lim(n)* v. a. a pictà: a de-semnà; a zugrăvì.

Limner-*limner* s. pictor.

Limp *limp* s. şchiopătare: —, v. n. a şhiopătà; , a. moale; flexibil, mlădios.

Limpid-*impid* a. limpede; tran-sparent.

Linch pin-*línci-pin* s. cuiul osiei.

Linden-*línden* s. teiu.

Line-*láin* s. linie; vers; con-tur, schiţă; trăsătură; drum de fier, linie de drum de fier; li-nie de vapor; sfoară, frânghiuţă, găitan; şirag; undiţă; şanţ; e-cuator; margine; spiţă; viţă; a-liniare; linie (de soldaţi, etc.); bi-let; linia dintr'o palmă sau de pe un deget; mers; fel; regulă; soartă; infanterie;—*of battle*, li-nie de bătaie, în ordine de bă-taie;—*keeper*, cantonier (de drum de fier ; —, v. a. a trage o linie; a desemnà ; a aşezà trupe de-a-lungul drumului; a căptuşì; a îmbrăcà ; a împodobì.

Lineage-*liniegi* s. neam ; viţă; seminţie.

Lineal-*liniăl* şi **linear**-*linier* a. liniar; moştenit, transmis din tată în fiu; —*ly*, ad. în linie dreaptă.

Lineament-*liniăment* s. trăsu-rile ; trăsătură ; liniile feţei.

Linen-*linen* s. pânză; rufe;—*draper*, negustor de ştofe (hai-ne, etc.); manufacturist;—*press*, dulap de rufe;—, a. de pânză.

Linger-*lingher* v. n. a întârzià; a zăbovì; a lâncezì ; a tânjì ; a şovăì, a sta la îndoială.

Linguist-*línguist* s. limbist.

Linguistic-*língüistic* a. limbi-t că.

Lining *láining* s. căptuşeală ; căptuşeala (unei pălării).

Link-*linc* s. verigă de lanţ; lanţ; şir; legătură ; făclie, torţă;—*boy*, făclaş ;—, v. a. a înlăn-ţuì ; a împreunà ; a unì.

Linnet-*línet* s. pietroşel, câne-piu (pasăre).

Linseed-*ínsid* s. sămânţă de in ;—*oil*, uleiu de in.

Linsey-woolsey-*linsiuulsi* s
caragiu (postav prost).

Lint-*lint* s. cânepei, in; scamă,
destrămătură.

Lintel-*lintel* s. pragul de sus al
uşei.

Lion-*láiŏn* s leu; *lion's cube* pu-
iu de leu.

Lioness *láiones* s. leoaică.

Lip-*lip* s. buză; margine; gură;
limbă;— *-salve*, pomadă pentru
buze.

Liquefy-*licuifai* v. a. & n. a fa-
ce lichid; a (se) topi.

Liquid-*licuid* s. lichid; băutură;
—, a. lichid.

Liquidate-*licuideit* v. a. a li-
chidă.

Liquidation-*licuidéişŏn* s. li-
chidare.

Liquor-*licor* s. lichior, băutură
spirtoasă.

Liquorice-*likeris* s. lemn dulce.

Lisp-*lisp* s. gângăvire; —, v. n.
a gângăvi; a sâsâi; a vorbi din
vârful buzelor

List-*list* s. listă: margine; —, v.
a. & n. a înrolă; a înscrie; a
îngrămădi; a voi, a dori.

Listen-*lis;t)en* v. a. a ascultă.

Listless-*listes* a. nebăgător de
seamă, neatent; nepăsător;—*ly*,
ad. cu nepăsare.

Litany-*litani* s. litanie.

Literal-*literăl* a. literal, de li-
tere; —*ly*, ad. în litere.

Literary-*literări* a. literar;—
man, literat.

Literature-*literăciur* s. litera-
tură.

Lithe-*láith* a. mlădios, flexibil.

Lithograph-*lithogrăf* s. litogra-
fie; —, v. a. a litografià.

Lithographer-*lithográfer* s. li-
tograf.

Lithographic *lithográfic* a. li-
tografic.

Lithography-*lithográfie* s. li-
tografie.

Litigant-*litigănt* s. cel ce ple-
dează într'un proces.

Litigate-*litigheit* v. a. & n. a

pledă, a apără; a se judecă.

Litigation-*litighéişŏn* s proces,
judecată.

Litigious-*litigiŏs* a. litigios, ca-
re poate fi contestat; căruia îi
plac procesele.

Litter-*liter* s. pataşcă; aşternut
de paie; rogojină; dezordine; —,
v. a. a împrăştià; a întinde paie
în; a pune în dezordine; a fătă
(scroafa, etc); v. n. a se culcă.

Little *litel* s. puţin; a. şi ad. pu-
ţin; mic;—*by*—, puţin câte pu-
ţin; încetul cu încetul.

Littleness-*litelnes* s. micime;
calicie.

Liturgy-*litergi* s liturghie.

Live-*liv* v. a. & n a trăi, a fi
în viaţă; a se purtă.

Live-*láiv* a. viu, în viaţă; vi-
oiu;— *-stock*, vite; cireadă de
vite;—*coal*, jeratec.

Livelihood-*láivulihud* s. hra-
nă; traiu.

Liveliness-*láivlines* s. vioiciu-
ne, veselie.

Livelong-*livlong* a. trainic, e-
tern.

Lively-*láivli* a. deştept; vioiu;
glumeţ; vesel.

Liver-*liver* s. ficat; om de pe-
trecere; *good*—, mâncăcios.

Livery *liveri* s. livrea (de ser-
vitor); pensiune (pentru cai);
breaslă (corporaţiune) a luntra-
şilor (din Londra);— *-man*, ser-
vitor în livrea.

Livid *livid* a. livid, vânăt, plum-
buriu, ca pământul.

Living-*living* s. viaţă; existenţă;
hrană; —, a. în viaţă, viu; vioiu.

Lizard-*lizard* s. şopârlă.

Lo !-*lóu !* iată! vedeţi.

Loach-*lóuci* s. pişcar (peşte).

Load-*lóud* s. povară, sarcină;—
star, steaua polară; —, v. a. a
încărcă; a însărcină.

Loadstone-*lóudstone* s. magnet

Loaf-*lóuf* s. pâine; căpăţănă (de
zahăr).

Loafer-*lóufer* s. vagabond, der-
bedeu; leneş.

Loam-*lóum* s. humă, lut

Loan-*lóun* s. împrumutare, imprumut; *to raise a*—, a face un imprumut; —, v. a. a imprumută.

Lo(a)th-*ló'uth* a. indărătnic; *nothing*—. a fi dispus la.

Loathe-*láuth* v. a. a detestă, a uri, a aveă scârbă (de ceva).

Loathing-*lóuthing*s. scârbă,ură.

Loathly-*lóuthli* adv. cu silă: cu scârbă.

Loathsome-*lóuthsŏm* a. scârbos, desgustător.

Lobby *lóbi* s sală de intrare; coridor.

Lobe-*lóub* s lob; împărţirea unei părţi a corpului prin cute rotunde.

Lobelia-*lobeliă* s. lobelia (bot.).

Lobster-*lóbster* s. stacoj; soldat englez.

Local-*lóukăl* a. local.

Localise-*lócălais* v. a. a lozalizā.

Locality-*locăliti* s localitate.

Locate-*lókeit* v. a. a aşezā; a stabili; a pune.

Loch-*loc* s. lac; braţ de mare (*med.*) băutură alinătoare.

Lock-*loc* s. broască; placă (de puşcă);fulg;floc; strângere,strânsoare; stavilă; învălmăşeală,sgomot mare; —, v. a. & n. a încuiă cu cheia; a (se) închide; a agăţă de ceva; *to—in*, a încuiă înăuntru; *to—out*, a încuiă uşa cu cheia (după cineva): *to—oup*, a încuiă; a strânge (ceva); a închide pe cineva (cu cheia).

Locker-*lóker* s. dulap, garderobă.

Locket-*lóket* s. încuietoare; brăţară.

Locksmith-*lócsmith* s. lăcătuş.

Locomotion-*locomóuşŏn* s. locomoţiune, mişcare (dela un loc la altul).

Locomotive-*locomóutiv* s. locomotivă; a. care primeşte mişcarea.

Locust-*lóucŏst* s. lăcustă.

Lode-*lóud* s. vână (de metal).

Lodge-*lóji* s. bordeiu; loje; o-dăiţă; —, v. a. & n. a locui, a pune; a (se) depune; a aşeză; a fixā.

Ledger-*lóger* s. chiriaş.

Lodging-*lóging* s. locuinţă;—-*house*, casă cu apartamente, sau odăi de închiriat.

Lodgment-*lógiment* s. locuinţă; depunere (de bani).

Loft-*loft* s. poi (de casă); podeală între tavan şi duşumea (pentru slugi).

Loftiness-*ló/tines* s. înălţime, mândrie; îngâmfare; măreţie.

Lofty-*lŭfti* a. înalt, mare; mândru.

Log-*log* s. butuc, buturugă; trunchiu; instrument pentru măsurarea iuţelii unei corăbii.

Loggerhead-*lógherhed* s. bădăran; om prost; neghiob; *to be at*—*s*, a fi învrăjbit; a fi certat; *to fall to*—*s*, a se luă la bătaie.

Logic-*lógic* s. logică.

Logical-*ló'icăl* a. logic.

Logician-*logişiăn* s. logician.

Logwood-*lóguuds*.băcan(lemn).

Loin-*lóin* s bucată dela şale; —*s*, s. pl. şale, şolduri.

Loiter-*lóiter* v. a. & n. a hoinări; a trândăvi.

Loll-*lol* v. a. & n. a (se) întinde cu nepăsare; a întinde; a se lungi.

Lollipop-*lólipop* s. zaharică.

Lone(ly) *lŏnli* a. singuratic, singur; pustiu; părăsit.

Loneliness *lóunlines* s. singurătate.

Long-*long* v. n. a dori; *to—to*, a aveă dorinţă; *to—for*, a dori mult; —, a. lung; —, ad. mult. timp; de mult; departe; *the*—*and short of it is*, într'un cuvânt; *how*—? de cânp? cât timp? —*suffering*, îngăduitor, răbdător.

Longevity-*longéviti* s. longevitate, viaţa lungă.

Longing-*lónghing* s. dor, dorinţă mare; nerăbdare.

Longitude-*lóngitiud* s. lungime; longitudine; lungime dela meridianul unui loc la meridianul ales ca punct de plecare.

Longitudinal-*longiciúdinal* a longitudinal; în lungime.

Look-*luc* s. privire; aspect, înfățișare; —, v. a & n. a privi; a vedeà; a se uità; a păreà; a aveà aerul; *to—a, ter*, a supraveghià; a urmà cu ochii; în griji; a căuta; *to—on*, a se uità; a da peste,—*out!* bagă de seamă! p:zește! *to—down upon one*, a se uità de sus în jos; a se uità cu dispreț; *to—forward to*, a se uità înainte; a prevedeà; a se aștepta; a o luà înainte; *to—up to one*, a se bizuì, a aveà nădejde în; a respectà, a considerà; — *out*, pază; vedere; supraveghere, observație; *to-keep a good—out*, a sta la pândă, pază.

Looking-glass-*lúkin:làs* s. oglindă.

Loom-*lu* n s. răsboiu, gherghef; —, v. n. a se arătà, a se ivi pe orizont.

Loop-*lup* s. cataramă; copcă; belciug; nod; curelele unei pălării; țâțână (de ușă); șiret, bucmea; căpătâiul unei bucăți de metal sau de lemn care intrà în scobitură;—*hole*, fundătură; cotineață; crestătură; mijloc de scăpare, chichiță.

Loose-*lus* a. desfăcut, deslegat; nestrâns; lat; care atârnă, care se mișcă, care funcționează ușor; slobod; desfrânat; deșirat; liber.

Loosen-*lúsen* v. a. a desface, deslegà; a clătinà; a mișcà.

Looseness-*lúsnes* s. destindere, slăbire; eșire afară des, diaree.

Loot-*lut* s. pradă, jaf; —, v. a. a prădà, a jefui.

Lop-*lop* v. a. a tăià ramurile nefolositoare (unui pom);— *-eared*, urechiat.

Loquacious-*locóéișŏs* a. flecar, limbut.

Loquacity *locuéisili* s. limbuție, pologloghie

Lord-*loid* s. Domn; (titlu englez) lord; Dumnezeu; stăpân; soț; *my—*, monsenior: —, v. n. a domni; *to—it*, a stăpâni.

Lordliness-*lórdlines* s. demnitate, rang înalt.

Lordling-*lórdlirg* s. domnișor; lord tânăr

Lordly *lórdli* a. și ad. domnesc, ca un domn; falnic; cu fală, cu trufie.

Lordship-*lórdșip* s. seniorie; puterea unui senior; Domnie (titlu).

Lore-*lóer* s. știință; cunoștință învățătură.

Lose-*lus* v. a. & n. nar. (perf. și ptr. *lost*), a pierde; a suferi o pagubă; a fi lipsit de; a risipi; a prăpădi; a pierde din valoare; a întârzià cu; a scăpà.

Loser-*lúzer* s păgubaș; pierzător.

Loss-*los* s. pierdere; pagubă; *dead—*, pierdere netă; *at a—*, în încurcătură, în nedum rire.

Lot-*lot* s. lot, câștig la loterie; loz, bilet de loterie; parte; partea ce revine fiecăruia; lot de pământ; soartă; sort; mulțime; *to draw—s*, a trage la sort; *a— of people*, o mulțime de oameni.

Loth, vide *loath*.

Lothario-*lothério* s seducător; elegant.

Lotion-*lóușŏn* s. spălare; spălătură; lichid pentru spălat.

Lottery-*lóteri* s loterie.

Loud-*laud* a. tare, puternic; mare; răsunător; frumos; —*ly*, ad. tare, cu o voce tare; cu sgomot.

Loudness-*láudnes* s. sgomot.

Lounge-*lóundji* v n. a hoinări, a căscà gura *(ng)*.

Louse-*laus* s. păduche.

Lousy-*láusi* a. păduchios.

Lout-*laut* s. bădăran.

Loutish-*lŭutiș* a. grosolan; țărănesc.

Love -*lŏv* s. iubire, dragoste; a-moréz, amant; *in —*, amorezat, *to be in —*, a fi amorezat; *to fall in—with*, a se amorezà de; *to make—*, a face curte; —*applle*. pătlăgea roșie; — *-tetter*, scrisoare de dragoste; — *look*, cărlionț; — *-match*, căsătorie din dragoste; — *-sick*, bolnav de dragoste; —, v. a. a iubì.

Loveliness-*lŏvlines* s. amabilitate.

Lovely-*lŏvli* a. amabil; drăguț.

Lo.er-*lŏver* s amant amantă; amator.

Loving-*lŏving* a iubit; iubitor, drăgăstos; —*ly*, ad. plăcut, cu drag; cu dragoste, cu iubire.

Low-*lóu* v. n. a mugì; —, a. jos; slab; sărac; vulgar, ordinar, comun; adânc; abătut; mârșav, de mică valoare; —, ad. jos, josnic; cu voce slabă; în mod adânc; încet; de curând; —*ly*, ad. cu supunere; încetișor; *to bring—*, a înjosì — *-water*, re-flux (apă mică) *lower and lower*, din ce în ce mai jos.

Lower-*lóuer* v. a. & n. a da în jos; a coborî; a scoborî; a scade; a plecà; a se întunecà; a se posomorî; a amenința; —, a. de jos, dedesubt; inferior.

Lowering-*lóuering* a întunecos, întunecat; amenințător.

Lowland-*lóuländ* s. pământ josnic; câmpie; șes; — s, pământurile joase.

Lowliness-*lóulines* s. umilință.

Lowly-*lóuli* a. și ad. jos, puțin ridicat; de rând; umil, cu umilință

Lowness-*lóunes* s. josnicie; faptă josnică.

Loyal-*lóiäl* a. leal, credincios; —*ly*, ad. în mod leal; credincios.

Loyalty-*lóialti* s. lealitate, credință.

Lozenge-*lozendj* s. romb; pastilă.

Lubber *lŏber* s. mitocan; trândav.

Lubberly *lŏberli* a. greoiu și leneș.

Lubricate-*lŏbrekeit* v. a a unge (rotile unei mașini).

Lucid *liúsid* a. lucios; luminos; limpede; — *ly*, ad. cu limpezime, cu lămurire.

Lucidity - *liusiïiti* s. strălucire; lumină: limpezime; lămurre.

Lucifer (-match) *lú.ifer(mäci)* s. chibrit chimic.

Luck-*lŏc* s. noroc, fericire; întâmplare; *to bring —*, a aduce noroc.

Luckily *lŏkili* ad din fericire.

Luckless - *lŏcles* a. nenorocos, nenorocit

Lucky-*lŏki* a. fericit.

Lucrative *liucrătiv* a. lucrativ, care aduce câștig bănos.

Lucre-*lúker* s. câștig.

Lucubration - *liokiubréișŏn* s. elucubrațiune; muncă îndelungată și grea; veghere.

Ludicrous *lúdicrŏs* a. de râs, nostim; caraghios; —*ly*, ad. de râs; cu haz; în mod cara hios.

Luff-*lŏf* v. n. a ține în partea din spre vânt (a corăbiei).

Lug-*lŏg* v. a. a târî, a trage.

Luggage *lŏghädj* s. bagaj; — *-ticket*, bilet de bagaj; — *-train*, tren de marfă, de bagaj; —.v. n. trăsu ă de marfă.

Lugger-*lŏgher* s. corăbioară cu trei catarturi

Lukewarm-*liúcuarm* a. căldicel; încropit; —*ly*, ad. cam căldicel, cam încropit

Lull-*lŏl* s. murmur dulce (ca.e adorme); moment de liniște, de potolire; —, v. a. & n a a-dormì; a se liniștì; a se potolì.

Lullaby-*lŏlābai* s cânt:c de leagăn

Lumber-*lŏmber* s. vechitură; — *-room*, camera mobilelor.

Luminary *liúmineri* s. lumină; luminatul; făclie.

Luminous *liúmĭnŏs* a. luminos, lucios, strălucitor.

Lump-*lŏmp* s. grămadă; *by the—, in the—*, cu grăma¹a; cu top-tanul.

Lumpy-*lŏmpi* a. plin de cocoloş

Lunacy-*lŏnasi* s. nebunie.

Lunar-*lŏnăr* a. lunar.

Lunatic-*lúnătic* a. lunatic; —, s nebun;— *- sy'um*, casă de ne-buni

Lunch(eon)-*lŏnci(ŏn)* s. gusta-re, dejunul de namiazi.

Lunch-*lŏnci* v. n. a. dejună a luă gustare.

Lundge-*lŏngi* v. n. a înaintă repede piciorul drept (scrimă).

Lungs-*lŏngz* s. pl. plămân.

Lurch-*lirci* s. incurcătură.

Lurcher-*lircer* s câine de vâ nătoare.

Lure-*liúer* s. momeală; —, v. a. a asemeni; a momi; a înşelă.

Lurk-*lirc* v. n a se ascunde; a sta la pândă.

Luscious-*lŏşŏs* a. prea dulce; dulce şi tare, ca lichiorul.

Lust-*lŏst* s. poftă lacomă; des-frâu; —, v. ner. a poftì; a râm nì la

Lustful-*lŏstul* a. des rânat ;—*ly*, ad. cu desfrâu; fără ruşine.

Lustily-*lŏstili* ad. cu putere.

Lustiness - *lŏstines* s. vigoare, putere; tărie; desfrânare.

Lust.*e lŏster* s. lustru ;strălucire

Lusty-*lŏsti* a. robust, puternic; tare.

Lute-*liút* s. lăută; (*chim*) lut.

Lutheran - *lŏtherăn* s. luteran.

Luxuriance-*lŏxiúriăns* s. exu-beranţă; abundenţă prea mare.

Luxuriant-*lŏx'urănt* a. exube-rant; foarte abundent; —*ly*, ad. cu imbelşugare.

Luxuriate - *lŏxiúrieit* v. a. a creşte cu belşug; a tràl în lux.

Luxurious *lŏxiúriŏs* a. desfrâ-nat voluptos; —*ly*, ad. cu vo-luptate.

Luxury *lŏxŏri* s. desfrâu; vo-luptate; lux; supra-abundenţă, prisos.

Lyceum *láisiŏm* s liceu.

Lye *lái* s. leşie.

Lying-*láing* s minciună; — *-in*, facere, naştere; — *-in—hospital*, spital pentru faceri.

Lymph-*limf* s. lim'ă.

Lymphatic-*lim.ătic* a. limfatic.

Lynch-*lintş* v. a. a aplică legea lui Lynch; a judecă şi a exe-cută în mod sumar.

Lynx -*lincs* s. râs (animal.)

Lyre-*láier* s. liră.

Lyric(al) *liric(ál)* a. liric.

M

Ma'. m-*mam*=*madam* doam-nă

Macadamize-*mcădămais* v. a. a pavă cu macadam, eu pietriş.

Macaroni *mcărŏuni* s. maca-roane.

Macaroon-*mcărún* s. prăjitu-ră din ouă, migdale şi zahăr.

Mace-*méis* s. măciucă; sceptru; capătul gros al tacului de bi-liard, floare de nucă tămâioasă; —*bearer*, portărel purtând câr-jă cu căpătâiul de argint.

Macerate-*măsereii* v. a. a ma-cereă, a muià un lichid în o sub-stanţă; a'şi ch¹nuì trupul (prin posturi).

Machicolate-*măşicoleit* v. a. a face o galerie pe unde se a-runcă projectile.

Machination-*măkinéişŏn* s. maşinaţiune; uneltire, urzire.

Machine-*măşin* s. maşină; u-nealtă (trăsură, car, camion, etc.).

Machinery-*maşineri* s. maşi-nărie; mecanism.

Machinist-*măşinist* s. maşinist.

Mackerel-*măkerel* s. scrumbie.

Mad-*măd* a. nebun smintit; tur-bat; furios; — *-apple*, pătlăgea vânătă;—*cap*, nebun, smintit; descreerat;—*house*, casă pentru nebuni;—*man*, nebun;—*woman*, nebună.

Madam-*mădăm* s. doamnă.

Madden-*mădden* v. a. & n. a. inebuni (sau pe cineva); a face furios.

Madder-*mădder* s. garanţă, roibă.

Madness-*mădnes* s. nebunie; furie.

Madonna-*mădóna* s. madonă, Maica Domnului.

Madrigal-*mădrigăl* s. madrigal, poezioară conţinând o cugetare elegantă.

Magazine-*măgăzin* s. magazin; antrepozit; revistă, foaie periodică.

Maggot *măgot* s. molie; capriciu, toană.

Magic-*măgic* s. magie, vrăjitorie; —, a. magic, vrăjitoresc; —*ally*, ad. prin magie.

Magician *măgişŏn* s, magician, vrăjitor.

Magisterial-*măgistiriăl* a. magistral,· de magistru; —*ly*, ad. ca un magistru.

Magistracy-*măgistrăsi* s. magistratură.

Magistrate-*măgistreit* s. magistrat.

Magnanimity-*măgnănimiti* s. mărinimie.

Magnanimous-*măgnănimŏs* a. mărinimos; —*ly*, ad. cu mărinimie.

Magnet-*măgnet* s. magnet.

Magnetic-*măgnétic* a. magnetic.

Magnetise-*măgnetais* v. a. a magnetiza.

Magnetism-*măgnetism* s. magnetism.

Magnificence-*măgnifisiens* s. magnificienţă; măreţie; mândreţe.

Magnificient - *măgnifisent* a. măreţ, falnic; —*ly*, ad. cu măreţie.

Magnify-*măgnifai* v. a. a slăvì, a lăudă mult.

Magnitude-*măgniciud* s. mărime; însemnătate; măreţie.

Magnolia-*măgnŏliă* s. magnolie (arbore din America) cu o floare mare albă foarte parfumată.

Magpie-*măgpai* s. coţofană.

Mahogany-*măhógăni* s. mahon, acaju.

Maid-*măd* s. fată; servitoare.

Maiden-*méiden* s. fată mare, fecioară; —, a. de fată; fecioresc; nou, proaspăt;—*lady*, domnişoară;—*speech*, primul discurs.

Maidenhood-*méidenhud* s. virginitate, feciorie.

Maidenly-*méidenli* a virginal, modest.

Mail-*méil* s. za; armură; zale; poştă; sac de scrisori; ladă;—*coach*, trăsură; poştă; diligenţă; —*packet*, — *ste.mer*, vapor accelerat pentru pasageri şi scrisori;—*train*, tren cu poştă; —, v. a. a înarmă; a cuirasă, a acoperì cu învălitoare metalică.

Maim-*méim* s. mutilare, schilodire: —, v. a. a mutilă, a schilodì.

Main-*méin* s. principal; total; masă; continent; vigoare, putere; *in the* —, în genere; în realitate; —, a. principal, de cea mai mare însemnătate; esenţial; *by*-*strength*, cu deasila;— *land*, continent;—*mast*, catargul cel mare; —*ly*, ad mai ales.

Maintain-*meintéin* v. a. & n a menţine; a susţine; a întreţine; a hrănì.

Maintainance-*méinteinăns* s întreţinere; sprijin; îngrijire, hrană; mijloace de traiu.

Maize-*méis* s. porumb.

Majestic-*măgéstic* a. maiestos; măreţ; - *ally*, ad. maiestos.

Majesty-*măgesti* s. maiestate.

Majolica-*măgiólică* s. majolică; un fel de porţelan.

Major-*méigier* s major (în vârstă); maior; comandant; prima propoziţiune a unui silogism ;—

-doms, intendentul unei case; — -general, general de brigadă; —, a mai mare, vârstnic; major.

Majority-măgióriti s. majoritate; grad de maior.

Make-méio s. fason; formă, croială; talie, stricătură; —, v. a. & n. ner. (perf. şi ptr. made), a face; a fabrică; a tăiă; a confecţionă; a face parte din; a compune; a se îndreptă spre; a ina ntă spre; a se preface; a se aruncă peste; a conlucrà; à luă parte la ceva; a întinde; to—amends, a despăgubi; to—away with, a face să dispară; a se scăpà de (cineva); to—believe, a face pe cineva să creadă; to—a bed, a aşterne; to—fast, a legà de ţărm cu otgonul (un vas); to —game of, a'şi bate joc de; to —haste, a se grăbi; to—light of, a nu da nici o importanţă de ..; to—much, a da importanţă; to —the most of, a trage folos de; to—off, a fugi, a o şterg»; to—sure of, a se asigurà de; a socoti pe; to—out, a înţelege; a explică; to—over, a cedă; to—ready, a se pregăti; to—up, a se împăcà; a complectà; to—up t» one, a măguli p» cineva; a a—lintă; to—up one's mind, a se hotări.

Makepeace-méicpis s. împăciuitor.

Maker méiker s. înfiinţător; făcător, făptuitor.

Makeshift-méicsift s. cazul cel mai rău.

Makeweight-»»éikueit s. supliment, adaus.

Making-méiking s. fason; formă; croială; fabricare.

Maladministration-m ă l ă d ministréişon s. a'ministraţie proastă.

Malady-mălădi s. boală.

Malapert-mălăpert a. obraznic, impertinent; rău crescut.

Malaria-măleiri s. aer infect.

Malcontent-mălcontent s ne-

mulţumire; —, a. nemulţumit.

Male-méil s. partea bărbăteas că; —, a. bărbătesc.

Malediction-mălediсşón s malediciţiune, blestem.

Malefactor-mălefăctor s. făcător de rele; criminal.

Maleficent-máléfisent a. răufăcător; vătămător.

Malevolence-mălévolens s. rei voinţă.

Malevolent-malé olent a. rău voitor; —ly, ad. în mod maliţios, cu răutate.

Malformation-mălforméişón s. aplecare obişnuită spre rău; nărav.

Malice-mălis s. răutate.

Malicious-măli.ós a. maliţios, răutăcios; —ly, ad. cu răutate.

Malign-mălâin v. a. a maltrată; a se purtă rău cu cineva; a defăimă, a necinsti.

Malignance-mălignăns, malignity·maligniti s. răutate; duşmănie.

Malignant-mălignănt a. lăutăcios; —ly, ad cu răutate.

Malinger-mălingher v. n. a simulă o boală, a s preface bolnav.

Malleability mălеăbiliti s. maleabilitate, însuşire de a se mlădià.

Malleable-mălеăbel a. maleabil, mlădios.

Mallet-mălet s. ciocan gros de lemn; ciocan lung de lemn (pentru aruncatul mingiei'; maiu.

Mallow(s)-mălouz s. (bot) nalbă.

Malpract ce-mălprăctis s sleterisire; faptă n permisă; tratament rău.

Malt-molt s. malţ; borhot.

Maltreat mâitrit v. a. a maltratà.

Mamma-mámă s. mamă.

Mammal-mămăl s. mamifer, (animal) cu ţâţe, (animal) care naşte puii vii.

Mammiferous mami/iró» a. cu ţâţe.

Mammon mómon s· mamon, bogăţiile lumii.

Mammoth-*mămoth* s. mamut (elephas primigonius).

Man-*măn* (pl. *men*) s. om; neamul omenesc;— -*servant*, servitor, slugă; —, supus; pion (la joc de şah); *to a*—, unul ca şi altul; până la ultimul om;— -*eat r*, mâncător de oameni, antropofag;—*hater*, mizantrop, uritor de oameni;—*of war*, corabie de răsboiu;— -*trap*, cursă; bucăţi de fier cu multe vârfuri ce se aruncă în drumul cavaleriei inamice; —, v. a. a înarmă; a găti de răsboiu; a adună soldaţi pentru răsboiu; a fortifică, a întări.

Manacle-*mănăkel* v. a. a pune cătuşe; —*s*, s. pl. cătuşe.

Manage-*mănăj* v. a. & n. a conduce; a duce; a guvernă; a administră; a aranjà; a mânul; a dirijă; a cruţă; a aşeză; a dresă (un cal).

Manageable - *mănăgiăbel* a. maniabil, uşor de mânuit; blând, cu care te învoieşti uşor; mlădios.

Management - *mănăgiment* s. maniare; mânuire; cârmuire; conducere; administraţiune; isbutire.

Manager-*mănăger* s director; conducător; administrator; girant; econom.

Managing-*mănaging* s. girant.

Mandamus-*măndéimŏs* s. ordin regal.

Mandate-*mănđéit* s mandat; împuternicire; povaţă; precept.

Mandatory-*mănđători* s. mandatar; împuternicitor, care porunceşte.

Mandragora - *mănđrăgoră*, **mandrake**-*mănđreik* s mătrăgună, iarba codrului.

Mane-*méin* s. coamă.

Maned-*méind* a. cu coamă.

Manes-*méins* sau *méins* s. pl. mani umbrele morţilor, sufletele morţilor.

Manful-*...ănful* a. curagios; în-

drăzneţ; —*ly*, ad. cu curaj.

Manganese-*mănganiss* (*chim.*) magnesie, manganez, metal alburiu.

Mange-*méinj* s. râie (boală)

Mangle-*mănghel* s. mângălău; — -*wursel*, rădăcină de manglier (arbore răşinos şi aromatic); sfeclă; —, v. a. a măgăluì (rufele); a mutilă, a ciunti.

Mango-*măngou* s. manglier; rodul manglierului.

Mangy-*méingi* a. râios.

Manhood-*mănhud* s. natură omenească; bărbăţie, virilitate; umanitate.

Mania-*méiniă* s. manie, nebunie.

Maniac-*méiniăc* s maniac, smintit; —*al*, a. smintit.

Manifest-*mănifest* s. manifest; —, v. a. a manifestă, a da pe faţă; —, a. manifest, vădit, învederat

Manifestation - *mănifestéişŏn* s. manifestaţiune.

Manifesto-*măniféstou* s. manifest.

Manifold-*mănifould* a. numeros; variat; diferit; armonios (stilul);— -*writer*, poligraf, autor care a scris despre mai multe materii.

Manikin *mănikin* s piciu, popârţac; manechin.

Manipulate-*mănipiuleit* v. a. a manipulă; a administră.

Manipulation - *mănipiuléişŏn* s. manipulaţie.

Mankind-*mănckáind* s. genul omenesc; —, pl. oameni: omenire.

Manlike-*mănlaic* a. ca om; viteaz.

Manliness-*mănlines* s. bărbăţie; vitejie, bravură.

Manly *mănli* a. & ad bărbătesc; viteaz; ca om; curagios.

Manner-*măner* s. mod; obiceiu; chip, metodă; —*s*, s. pl. apucături, mod de purtare sau de vorbire; obiceiuri (bune sau rele); politeţă; *after the*—*o*, în felul;

goo —, purtare de om bine crescut; *polite*—, politeţă.

Mannerly-*mănerli* a. & ad politicos; bine crescut; cu politeţă.

Manoeuvre-*mănŏver* s. manevre *mil.*); viclenie de răsboiu; —, v. n. a manevră (*mil.*); a câ·mui.

Manor-*mâner* n. locuinţă (a unui feodal); puterea unui senior; Domnie (titlu).

Mansion-*mănşon* s locuinţă, castel;— ·*house*, primărie.

Manslaughter-*măaslotor* s. ucigaş.

Mantle-*mântel* s. mantà; —, v. a. a acoperì; a învelì; a ascunde; —, v. n. a se întinde; a se lungì; a se tolănì; a spumegà (vin).

Mantlepiece-*mântelpis* s. partea de deasupra sobei.

Manual · *măniuăl* s manual; carte prescurtată; —, a. manual, de mână.

Manufactory · *măniu ăkciuri* s. manufactură; fabrică, uzină.

Manufacture-*măniufăkour* s manufactură; fabricare; industrie; —, v. a. a fabrică.

Manufacturer *măniufăkciurer* s. manufacturier, fabricant.

Manure-*măniuer* s. gunoiu; îngrăşământ; —, v. a. a îngrăşă; a cultivà.

Manuscript-*măniuscript* s. manuscript.

Many · *méni* a. mulţi; *how*—, câţi; *as*—*as*, atât cât; *as*—*again*, încă atât;—*a time*, adesea; foarte adesea; *too* —, prea mult.

Map-*măp* s. hartă geografică; plan;—*of the worl l*, mapamund, harta pământului împărţit în două emisfere; —, v. a. a desemnà o hartă; a însemnà; a descrie; a arătà.

Maple · *măpl*, **maple-tree** s. arţar.

Mar-*mar* v. a. a stricà; a vătămà; a păgubì; a turburà.

Maraud-*maród* v. n. a merge după pleaşcă, a prădà.

Marauder-*măróder* s. pleşcuitor, cel ce umblă după pradă.

Marauding-*măródings* pleaşcă.

Marble-*mârbl* s. marmură; bilă; —, a. de marmură; ca marmura; —, v. a. a marmură;— *cutter*, marmurar, pietrar— ·*quarry*, carieră de marmură; — ·*works*, atelier de marmorar.

Marbling-*marblin* n. imitaţia marmurei.

March·*mârţ* s. Martie (lună); mers; păşire; progres; graniţă; —, v. a. & n. a pornì, a păşì; a umblà; *to*—*in*, a intrà.

Marchioness · *márcioness* s. marchiză.

Mare-*méer* s. iapă; — *'s nest*, (*bot*·) coada iepei; (*fig.*) păcăleală; *night*—, vis îngrozitor, năplàire.

Margarine-*mrăgărin* s. (*chim.*) margarină.

Margin-*márgin* s. margine; ţărm; (*tip.*) spaţiu.

Marginal-*márginăl* s. marginal, scris sau tipărit pe margini.

Marigold · *mărigould* s. (*bot.*) crăiţă, călinică, gălbenele.

Marine-*mărin* s. marină, soldat de marină; —, a. marin, de mare;— ·*stores*, s pl. vechituri.

Mariner-*máriner* s. marinar; —*'s card*, roza vânturilor.

Marital-*márităl* a. marital, a bărbatului.

Maritime-*măritaim* a. maritim.

Marjoram-*mărgioràm* s (*bot.*) sovârf, solovârc; *sweet*—, maghiran.

Mark-*mars* s. marcă; semn; ţintă; însemnătate; intipărire; —, v. a. & n. a însemnà; a băgà de seamă, a observà; *to*—*out*, a alege.

Marker-*márker* s a·ela care înseamnă (la biliard şi la orice joc).

Market·*márket* s. târg, piaţă; curs, preţ; *at*—, la piaţă;— ·*garden*, grădină de zarzavaturi;— ·*gardener*, zarzavagiu.

Marketable-*márketăbel* a. negustoresc, de comerţ; de o vânzare uşoară.

Marksman-*márcsmăn* s. bun trăgător.

Marl-*marl* s. marnă, amestec din humă şi var;— -*pit*, groapă de marnă; —, v. a. a îngrăşà pământul cu marnă.

Marlingspike-*márlingspaic* s. cleşte întrebuinţat la împreunare a două frânghii.

Marly-*márli* ad. ca marna, mărnos.

Marmalade-*mármă'eid* s. marmaladă, chisăliţă; magiun; compot.

Marmoset-*mármoset* s. broscoiu, puţoiu.

Marmot-*mármot* s. ţincul pământului, pinţ.

Maroon-*mărún* s castană; negru (sclav); fugar, se zice de un animal domestic scăpat în pădure si sălbăticit.

Marquee-*markí* s. marchiza (la casă); port ofiţeresc.

Marquess-*márcues* s marchiză.

Markuetry-*márketri* s. marcheterie.

Marquis-*márcuis* s. marchiz.

Marquisate-*márcuizeit* s. marchizat, demnitate de marchiz.

Marriage-*mărij* s. căsătorie.

Marriageable-*mărigiăbel* a nobil, în vârstă de a se căsători.

Married *mărid* a. căsătorit, casnic.

Marrow-*mărou* s. măduvă; *spinal*—, măduva spinării.

Marry-*mări* v. a. & n. a (se) căsători; a (se) însurà, a (se) mărità.

Marsh-*marş* s băltoacă, mlaştină;— -*mallow* bot.) nalbă mare.

Marshal-*márşăl* s. potcovar; mareşal; şel; general; —, v. a. a aşezà, a aranjà

Marshy *mărşi* a. mlăştinos, mocirlos.

Mart-*mart* s. târg, bâlciu; întrepozit; vânzare.

Marten-*mărten* s. jder, belhiţă (animal).

Martial-*márşăl* a. marţial, răsboinic;—*law*, lege militară.

Martin *mărtin* s. rândunică de casă, lăstrun.

Martinmas-*mărtinmăs* s. St. Martin.

Martyr-*mărter* s. martir, mucenic.

Martyrdom-*mărtérdŏm* s. moarte sau chinuire îndurată pentru o credinţă; (*fig.*) chin, suferinţă mare.

Marvel-*mărvel* s. minune, minunăţie; —, v. a. a se mirà, a se minunà.

Marvellous-*márvelŏs* a. minunat; —*ly* ad. în mod minunat.

Masculine-*măskiulin* s genul masculin; —, a. masculin, bărbătesc.

Masculinity-*măskiuliniti* s. virilitate, bărbăţie.

Mash-*măş* s amestecare; amestec; amestec murdar; —, v. a. a amestecà; a sdrobi.

Mask *măso* s. mască; subterfugiu; —, v. a. & n. a travesti; a ascunde.

Masker-*măsker* s persoană mascată.

Mason-*méisen* s zidar.

Masonry-*méisenri* s. zidărie.

Masquerade-*máskereid* s. mascaradă; trupă de oameni mascaţi.

Musqusrader-*maskeréider* s. persoană mascată.

Mass-*măs* s. masă, grămadă; liturghie;— -*book*, carte de rugăciuni.

Massacre-*măsaker* s. măcel; —, v. a. a măcelări.

Massive-*măsiv* a. masiv.

Mast-*mast* s. catarg; glandă, gândură, jir; fructul fagului.

Master-*máster* s. stăpân; profesor, şel; meşter; domn;— -*key*, cheie cu care se pot deschide multe broaşte; — -*stroke*, faptă de maiestru;—, v. a. a stăpânì; a supune; a birui.

Masterful-*más'erful* a. cu măiestrie, imperios, puternic; îndemânatec.

Master-y-*másterli* a. & ad. ca meșter; ca stăpân; poruncitor.

Masterpiece *máslerpis* s capodoperă.

Mastership-*más' erșip* s. dreptul de meșter; autoritate mai presus de alții; ocupația de dascăl; direcțiune: catedră.

Mastery-*másteri* s. putere; autoritate; superioritate; cunoștință p_rfectă; știință; talent

Masticate-*mástikeit* v. a. a a-mestecă.

Mastiff-*mástif* s. dulău.

Mat-*mat* s. covoraș; rogojină —, v. a. a acoperi cu covoraș (sau) cu rogojină.

Match-*mătș* s. chibrit; fitil; căsătorie, partidă; par` `, parte; rămășag; lupte; semn; acelaș loc;—*box*, chibritelniță; *love*—, căsătorie din amor;—, v. a. & n. a căsători, a împerechià; a egalà; a fi deopotrivă cu; a potrivì; a asemuì.

Matchless-, *ăciles* a fără pereche, fără scamăn; de necomparat

Matchmaker-*măcimeiker* s pețitor, care mijlocește căsătorii.

Mate-*méit* s. bărbat, soț; tovarăși; mat (la șah); supraveghetorul unui atelier; ajutor (de marină); camarad; calfă; —, v. a. a căsători, a face mat (la șah).

Material-*mătíriăl* s. materie; —*s*, pl. mater.ale; —, a materie, rial, esențial; însemnat; —*ly*, ad. materialmente; într'un mod pozitiv; foarte mult; prin esență.

Materialise-*mătiriălaiz* v. a. a materializà.

Materialism-*mătiriălizm* s. materialism, sistem ce neagă existența sufletului și care e bazat pe materie.

Materialist-*mătírialist* s. materialist.

Materiality-*mătiriăliti* s materialitate.

Maternal-*mătérnăl* a. matern, părintesc.

Matenity-*mătérniti* s. maternitate.

Mathematical - *măthemăticăl* a. matematic; de matematică; —*ly*, ad. matematicește.

Mathematician-*măthimatișîn* s. matematic.

Mathematics - *mathl. ătics* s. pl. științele matematice.

Matins-*mătins* s. pl. utrenic.

Matricide-*mătrisaid* s. omorîtor de mamă.

Matriculate-*matrikiuleit* v. a. matriculà; a trece în matriceulă.

Matri_ulation- *matrik.ulé șîn* s. matriculare.

Matrimonial-*mătrimôuniăt* a. matrimonial, conjugal.

Matrimony-*mătrimoni* s căsătorie viață conjugală.

Matron-*méitrŏn* s. matronă; femeie în vârstă; femeie respectabilă; mamă de copii; îngrijitoare

Matronly-*meitrŏn'i* a la vârstă de femeie respectabilă, vrednică de respect.

Mat er-*măter* s. Materie; subiect;stofă; materie, puroiu, material; afacere; cauză, pricină; lucru; importanța; conținutul; *vath's the*—, despre ce e vorba? *What's the*—*with you?* ce aveți? (despre boală); *no*—, nu e nimic;—*of fact*, vădit, fapt adevărat; *no*—*which*, oricare ar fi; *that's the*-, iată despre ce e vorba; —, v. n a fi important, a aveà importanță pentru, a interesà; *it does not*—, nu e nimic; nu face nimic.

Matting-*mátin* s. rogojină.

Mattock *măttŏc* s. sapă, hârleț.

Mattres-. *ă'res* s saltea; *sprin7* —, saltea elastică din păr de cal;— *maker*, lucrător de saltele, plăpomar; *s'raw*—, mindir de paie.

Mature-*măciŭr* a. copt; —, v. a. & n. a (se) coace; —*ly*, ad. cu chibzuinţă.

Maturity *măciŭriti* s. maturitate.

Maudin - *môdin* a plângător; beat; stupid.

Maul-*mol* v. a. a face vânătăi; a stâlci în bătăi; a maltrată; —, s. maiu; —:*stick*, vergea (de pictor).

Maunder-*mônder* v n. a bombănì, a mormăì; a lleoncănì, a spune lucrurĭ fără şir; a cerşetorì.

Maundy-Thursday-*m ó n d i thersdei* s. Joia-Mare.

Mausoleum-*mosolutm* s. mausoleu.

Maw-*mo* s. primul stomac al rumegătoarelor; guşă.

Mawkish-*môkiş* a. fără gust; nesărat, neplăcut.

Maxim *măxim* s. maximă.

May-*méi* s. Maiu (lună); (*bot.*) păducel, gheorghin;— *bug*, cărăbuş;— *day*, întâiu Maiu;— *lily*, (*bot.*) mărgăritărel, clopoţel, lăcrămioare (l. convallaria majalis);— *pole*, armindom (arbore); —, v. a. ner. (pres. şi viit. ind. perf. *might*), *máit*, a putea, a fi permis;— *I go in the garden?* pot să merg în grădină; —, v. n. a culege flori primăvara.

Maybe-*méibi* ad. poate.

Mayor-*méior* s. primar.

Mayoralty-*méiorálţis* primăria

Mayoress-*méiŏres* s. primăriţă (femeia primarului).

Maze-*méis* s. labirint; deal; încurcătură; îndoială; —, a. încurcat; —, v. a. & n. a (se) mìră.

Mazy-*méizi* ad. ca labirint; în mod încurcat.

Me *mi* pr. pe mine; mie; mă.

Mead-*mid* (sau) *med* s. mied; (*poet.*) livadă.

Meadow-*médou* s. livadă.

Meag e-*migher* s. slab; uscat; neroditor (pământ); sărac;—*ly*, ad. slăbănog; sărăcăcios; prost.

Meagreness-*mighernes* s. slăbiciune; sărăcie.

Meal-*mil* s. masă, prânz; mâncare; făină.

Mealy-*mili* a lăinos, de făină; — *mouthed*, blând; sfios; sfiicios; prefăcut.

Mean-*min* s. mijlociu, chip;—*s*, s. pl. mijloace, avere; *by all*—*s*, orì şi-cum, de sigur: *by no*—*s*, nici de cum; v. a. & n. (perf. şi ptr. *meant*), a voì; a avea de gând, a'şi propune; —, a. josnic, de despreţuit; sgârcit; sărac de rând;— *born*, de rând; născut în clasa de jos; —*ly*, ad. josnic; în mod murdar, caliceşte.

Meander-*miander* s. înconjur; labirint; —, v. n. a şerpuì.

Meaning-*mining* s. înţeles; însemnare, cugetare; g â n d i r e; scop; *well*—, binevoitor.

Meanness - *mines* s. josnicie, sentiment josnic; mişelie; calicie, sărăcie.

Meantime - *mintaim*, **meanwhile**-*minuail* conj. deocamdată; cu toate acestea; în timpul acesta.

Measles-*mizelz* s. pl. pojar.

Measure..le-*méijiurăbel* a. de măsurat.

Measure-*méjŏr* s măsură; —, v. a. a măsura.

Measurement-*méjŏrment* s. măsuratul.

Meat-*mit* s carne; hrană, mâncare; *roast*—; friptură;— *safe*, dulap cu de-ale mâncării.

Mechanic-*mecănic* s. mecanic, maşinist, meşteşugar; —*al*, mecanic;—*ly*, ad. mecaniceşte.

Mechaniclan-*mecănişăn*, **mechanist**-*mecănist* s. mecanic, maşinist.

Mechanics-*mecănics* s. pl. mecanică; maşină.

Mechanism-*mecăniem* s. mecanism; maşinărie.

Medal-*médăl* s. medalie.

Medallion- *medăliŏn* s. medalion.

Meddle-*médl* v. n. a se ames-
tecă cu.

Meddler - *médler* s. intrigant;
om care se ocupă cu toate flea-
curile.

Mediaeval-*medivăl* a. din evul
mediu.

Mediate-*midieit* v. n. a se in-
terpune, a se pune între; a mij-
locì.

Mediation-*midiéișŏn* s medi-
ațiune; mijlocire

Mediator-*midieitŏr* s mijlocitor.

Medical - *médical* a. medical;
—*ly*, ad. în medicină.

Medicate-*médikeit* v. a. a îm-
preună medicamente; a drege
prin amestecare (vinurile).

Medicine-*médișin* s. medicină.

Mediocrity - *mediócriti* s. me-
diocritate.

Meditate-*méditeit* v. a. & n. a
medità, a cugetà; a avea de
gând; a (se) gândì.

Meditation - *meditéișŏn* s me-
ditațiune, gândire.

Meditative-*méditeitiv* a. medi-
tativ.

Mediterranean-*mediteréiniăn*
a. între pământuri;—*Sea*, marea
Mediterană.

Medium-*mídiŏm* s. mediu; mij-
loc; deget din mijloc.

Medlar-*médlăr* s. moșmoală
(mespillus).

Meed-*mid* s. răsplată.

Meek - *mic* a. blând; pacinic;
—*ly*, ad. cu blândețe.

Meekness-*micnes* s. blândețe;
modestie.

Meet-*mit* a. cuviincios; potrivit.
destoinic; —, v. a. & n. ner.
(perf. și ptr. *met*), a (se) întrunì;
a se înfățișà; a ,âsì; a se bate
cu; a merge în i întâmpinare
(cuivà; a simțì; a primì; *to—*
with an accident, a se întâmplà
o nenorocire; *to—one halfway*,
a întâlnì pe cineva la jumătatea
drumului; —, s. întâlnire la vâ-
nătoare; —*ly*, ad. potrivit; în
mod cuviincios.

Meeting-*míting* s. întâlnire; în-
trevedere; întrunire; sedință;—
-*house*, capelă; oratoriu.

Melancholy-*mélăncoli* s. me-
lancolie; —, a. melancolic, trist.

Mellifluous *meliflivŏs* a. dulce.

Mellow-*mélou* v. a. & n. a (se)
coace; a face me'odios; a deve-
nì melodios; a (se) îndulcì; a
(se) alinà; —, matur, copt; moa-
le; blând; beat.

Mellowness-*mélouness* s. ma-
turitate, coacere; blândețe; bu-
nătate.

Melod.ous-*melóudiŏs* a. melo-
dios; —*ly*, ad cu melodie.

Melody-*mélodi* s. melodie.

Melon-*mélon* s. pepene, lubeni-
ță;— -*bed*, — -*pit*, pepenărie.

Melt-*melt* v. a. & n. a (se) topì;
a frăgezì; a (se) mișcà; *to—down*
a topì; *to—into tears*, a se topì
în lacrimi.

Melting-*mélting* a. care topește;
(*fig*) mișcător.

Member-*member* s. membru;
societar; reprezentant; — *ship*,
faptul de a fi membru, societar.

Memoir-*mémoăr* s. memoriu;
—*s*, pl. mcmorii.

Memorable-*mémorăbel* a me-
morabil.

Memorably-*mémorăbli* ad. în
mod memorabil.

Memorandum *memorăndŏm* s.
memorand; notă; *to take a—of*,
a însemnà, a luà notă de; — -*book*,
carnet.

Memorial - *memóriăl* s. &. a.
memorial; memoriu; jalbă, pe-
tiție; comemorativ.

Memory-*mémory-mémori* s. me-
morie, aducere aminte; monu-
ment; *by—*, pe dinafară; *to*
commit to—, a învăță pe din
afară; *beyond (within) the—of*
man, de când lumea.

Menace-*méneis* s. amenințare;
—, v. a. a amenință.

Menagery-*menéigeri* s. mena-
gerie.

Mend-*mend* v. a. & n. a drege;

a repară; a cârpi; a tăià o pană;
a (se) reformă; a (se) îndreptă;
a (se) îmbunătăţi, a se vindecă;
a se grăbi.

Mendacious-*mendéişŏs* a. mincinos.

Mendacity - *mendăsiti* s. minciună.

Mendicant - *méndicant* s. cer
şetor.

Mendic ty - *mendĭsiti* s. cerşetorie.

Menial - *miniăl* s. servitor, servitorime; —, a. de slugă, slugarnic; josnic.

Meningitis - *meningiáitis* s. meningită, inflamaţia meningei.

Mensuration - *mensiuréişŏn* s.
măsurare, măsuratul; măsură.

Mental - *méntal* a. mintal; în
minte, în gând; intelectual; —
ly, ad. în gând; în minte.

Mention-*ménşŏn* s. mențiune;
pomenire;—, v. a. a menţionà,
a pomeni; *to receive honourable*—, proclamaţia unui şef către trupe; ar fi trecut în ordin
de zi (mil.); *don't* — *it*, n'aveţi
pentru ce.

Mentor - *méntór* s. mentor, călăuză, conducător de tânăr.

Menu-*méniu* s. meniu, listă de
bucate.

Mephitic - *mefitic* a. mefitic,
împuţit, înciumat;—*air*, aer năbuşitor.

Mercantile-*mércăntail* a. mercantil, negustoresc.

Mercenary - *mérsenèri* s. & a.
mercenar, om tocmit pe bani;
tocmit pe bani, pentru bani.

Mercer-*mérser* s. negustor de
mărunţişuri.

Merchandise - *mérciendais* s.
marfă.

Merchant - *mércient* s. negustor;— *-like*, ca negustor.

Merchantman-*mércientmăn* s.
vas de comerţ; corabie de marfă.

Merciful-*mérsiful* a. milostiv,
îndurător;—*ly*, ad. cu îndurare.

Merciless-*mérsiles* a. fără milă.

Mercurial-*mérkiúriăl* a. cu argint viu.

Mercury - *mérkiuri* s. mercur,
argint viu

Mercy-*mérsi* s. misericordie, îndurare, iertare, milă; *at the* —
of, la discreţia, la cheremul cuiva.

Mere-*mier* a. curat; singur; unic; —*ly*, ad. numai; simplu;
curat;—, s. eleşteu; lac.

Meretricious-*meretrişŏs* a. de
curtezan; prefăcut.

Merge-*mérj* v. a. a cufundă; a
topi; —, v. n. a se topi.

Meridian-*meridian* s. meridian; miază-zi; —, a. ce ţine de
meridian; de miază-zi.

Meridional-*meridiónăl* a. meridional; de miază-zi.

Merit-*mérit* s. merit; —, v. a.
a meritá.

Meritorious-*meritórios* a meritoriu; de ispravă; demn de laudă.

Mermaid-*mérmeid* s. sirenă.

Merrily-*mérili* ad. vesel, cu veselie.

Merriment-*mériment* s. bucurie, veselie, petrecere.

Merry-*méri* a. vesel, voios; hazliu; *to make*—, a fi vesel;— *-andrew*, paiaţă;—*go-round*, curuzel;
căluşei;—*making*, veselie, bucurie; serbare.

Mesh-*mes* s. ochiu (într'o ţesătură).

Mesmerise-*mésmŏrais* v. a. a
vindecà prin magnetism; a magnetizà.

Mesmerism-*mésmeriẑm* s. mesmerizm.

Mess-*mes* s. mâncare; bucate;
porţie; dezordine; încurcătură;
murdărie; —, v. a. a mâncà;
—, v. n. a pune în dezordine,
a încurcà.

Message-*mésseǐj* s. mesagiu; însărcinare; veste; depeşă.

Messenger-*mésenger* s. mesager, trimis; vestitor.

Metal-*métăl* s. metal.

Metalic-*metălic* a. metalic.

Metallurgy *metǎlergi* s. meta-
lurgie, extragerea metalelor din
minerale şi puriticarea lor.

Metamorphose - *metǎmórſouz*
v. a. a metamorfozà; a schim-
bà, a preface.

Metamorphosis -*metŏmórſosis*
s. metamorfozà; schimbare, pre-
facere.

Metaphor-*mélǎfor* s. metaforà,
expresiune figuratà.

Metaphysical - *metǎſiziccǎl* a.
metafizic.

Metaphysics-*metǎ́ izics* s. pl.
metafizicà.

Mete-*mit* v. a. a màsurà.

Meteor-*mitiŏr* s. meteor.

Meteoric *mitéóric* a. meteoric.

Meteorological *miteorológicǎl*
a. meteorologic.

Meteorology *miteorólogi* s. me-
teorologie.

Methinks-*mithiencs* v. impers.
mi se pare.

Method *method* s. metodă.

Methodical-*methódicǎl* a. me-
todic.

Methodise-*méthodaiz* v. a. a
dispune ceva în mod metodic.

Methodist-*méthodist* s. metodi-
cian.

Methought-*milhŏt* v. impers.
mi se pàrea; mi s'a pàrut.

Metre-*miter* s. metru, unitate
de màsurà.

Metrical - *mitricǎl* a. metric;
—*ly*, ad. în mod metric.

Metropolis -*metrópolis* s. me-
tropolà.

Metropolitan-*metropólitǎn* s
mitropolit.

Mettle-*metel* s. ardoare, aprin-
dere; iuţealà; curaj: *to put
one on one's*—, a înteţi curajul
cuiva.

Mettled-*métled*, **mettlesome**-
mételsŏm a. iute; aprig; cura-
gios, înfocat.

Mew-*miŭ* coteţul unei cloşte, co-
teţ pentru pasări de îngrăşat;
pescàrel, corlà; miorlàit; —, s.
pl. grajduri; —, v. a. a închide;

—, v. n. a nàpârlì (a. a schimbà
pielea, pàrul, penele, coarnele),
a se reînoì; a miorlàì

Michaelmas - *mikelmǎs* s Sf.
Mihail.

Microscope-*mǎicroscoup* s. mi-
croscop.

Microscopic(a) *maicroscópi-
cǎl* a. microscopic.

Mid-*mid* a. jumàtàte, de mijloc;
—*day*, miazà-zi, de miazà-zi.

Middle-*midel* s. mijloc, centru;
—, a. mijlociu, de mijloc; mediu

Middleman-*mid lmǎn* s. mijlo-
citor; agent.

Middling-*midling* a. mijlociu.

Midland-*midlǎnd* s. în interio-
rul pàmântului.

Midnight-*midnait* s. miezul nop-
ţii; —, a. de miezul nopţii.

Midship-*midşip* s. mijlocul co-
ràbiei.

Midshipman-*midşipn ǎn* s. e-
lev de marinà.

Midst-*midst* s. mijloc.

Midsummer-*midsŏmer* s. mij-
locul verii.

Midwife-*miduaif* s. moaşe.

Midwifery-*miduaiſeri* s. medi-
cina facerilor; moşit; lehuzie.

Mien-*n in* s. minà; înfàţişare.

Might-*mait* s. putere.

Mightily-*mǎ tili* ad. cu putere.

Mightiness-*máitines* s putere;
însemnàtate; màrire; alteţà.

Mighty-*máiti* a. puternic; —,
ad. muit.

Mignonette-*minionél* s. rozetà.

Migrate-*máigreit* v. n. a emigrà.

Migration-*maigréişŏn* s migra-
ţiune.

Migratory-*máigr tŏri* a. care
emigreazà.

Milch-*milci* a. dând lapte;blànd.

Mild-*máild* a. blând, blajin, gin-
gaş.

Mildew-*mi diu* s. neghinà; boa-
là a viei.

Mildness-*máildnes* s. blàndeţe.

Mile-*mail* s milà = 1609 metri;
—*man*, cantonier; —*stone*, semn
de hotar militar.

Mileage *máileidj* s. Indemnitate pe flecare milă (înțeles măsură engleză); cheltueli de drum.

Millfoil-*milfoil* s. (*bot.*) coada-șoricelului.

Militant-*militănt* a. militant, luptător.

Military-*militari* s. militar; —, a. militărește.

Militate-*militeit* v. n. a combate, a se luptă.

Militia-*milișă* s. miliție.

Milk-*milc* s. lapte; —, v. a. a mulge.

Milky-*milki* a. lăptos; bland; — -*way*, calea lui Traian.

Mill-*mil* s. moară; fabrică de tors; luptă cu pumnii; *coffe—*, râșniță de cafeă; *cotton—*, fabrică unde se toarce bumbacul; *water—*, moară de apă; *wind—*, moară de vânt; — -*dam*, stavilă, iaz; — -*hopper*, coș de moară; — -*stone*, piatră de moară; *to have been trough the—*, a fi trecut prin multe încercări; *that's grist to his—*, asta'i convine; —, v. a. a măcină; a călcă.

Millenn-*um-milénióm* s. perioada milenară.

Miller-*miler* s. morar.

Millet-*milet* s. meiu.

Milliner-*miliner* s. modestie.

Millinery-*milineri* s. marfă de modă, de lux.

Million-*milion* s. milion; *the—*, mulțimea; gloată.

Millionth-*miliónth* a. al milionulea.

Milt-*milt* s. splină; lapți (de pește).

Mime-*n.áim* s. comic la Romani, mim, comedie cu gesturi; bufon.

Mimic-*mimic* a. mimic; —, v. a. a imită prin gesturi.

Mimicry-*mimicri* s. mimică; bufonerie; caraghioslâc.

Minaret-*mináret* s. minaret.

Minatory-*minátori* a. amenințător.

Mince-*mins* v. a. & n. a tocă, a tăiă mărunt; a micșoră; a îndulci; a vorbi cu dragoste; a se fusoli, a face ghicnghionele, mo-turi; — *meat*, felie de carne tăiată; tocană; *not to—maters* a puteă spune în față tot ce gândește; — -*pie*, pateu cu carne tocată.

Mincidgly-*minsingli* ad. ușor; mărunt.

Mind-*maind* s spirit; minte; inteligență; pricepere; ținere de minte; bun simț; poftă, dorință; părere; —, v. a. & n. a băgă de seamă; a observă; a gândi; a aduce aminte; a ține seama de, a lluă în seamă; *I don't—*, nu'mi pasă de loc: *to change one's—*, a'și schimbă părerea; a se răsgândi; *to my—*, după părerea mea; *of the samé—*, de aceeaș părere: *presence of—*, prezență de spirit; îndrăzneală; *to have a great—(two—s) to*, a aveă mare poftă de; *to make up one's—*, a se hotărî; *to give one a piece of one's—*, a da toată ascultarea la; *out of one's—*, zăpăcit, încremenit; uluit; *to put in—of*, a'și aduce aminte de ceva; a observă; *never—*! nu face nimică!

Minded-*máinded* a. dispus; gata; înclinat, aplecat, pornit spre (ceva); *double—*, nehotărît; fals, prefăcut; *feeble—*, care are spiritul slab; *high—*, nobil, mărinimos; *low—*, vulgar, ordinar, comun.

Mindful-*máindful* a. atent, băgător de seamă; harnic; îngrijat; — -*ly*, ad. cu băgare de seamă.

Mine-*máin* s. mină, ocnă (din care se extrag metale, minerale); groapă; —, v. a. & n. a mină, a săpă o mină sub sau în; —, pron. al meu, a mea; ai mei, ale mele.

Miner-*máiner* s. lucrător în mine; săpător în mine.

Mineral-*minerăl* s. mineral;—, a. mineral;—*spring*, izvor de ape minerale.

Mineralogist - *minerălogist* s. mineralogist.

Mineralogy-*minerălogi* s. mineralogie.

Mingle-*minghel* v. a. & n. a (se) amestecă.

Miniature-*miniăciŭr* s. miniatură;—-*painter*, miniaturist, pictor de miniaturi.

M'nim-*minim* s. pigmeu, pitic; alba (notă muzicală).

Minimum-*minimen* s.minimum.

Mining-*máining* a. de mină; —, s. exploatare de mină.

Minion-*mimiŏn* s. favorit,drăguț.

Minister-*minister* s. ministru; pastor; (*fig*) instrument; —, v. a & n. a administră; a conduce; a aprovizionă; a îngriji pe cineva cu ceva; a procură; a servi; a ajută; a sluji la biserică.

Ministerial-*ministiriăl* a. ministerial.

Ministration - *ministréișŏn* s- păpanie petrecanie. minister, funcțiune; administrațiune; serviciu.

Ministry-*ministri* s. minister; serviciu; funcțiune eclesiastică.

Mink-*mino* s. vedere, viziune.

Minnow;*minou* s. un fel de peș. tișor.

Minor-*máinŏr* s. minor, nevârst nic; —, a. mai mic, inferior.

Minority-*minóriti* s. minoritate.

Minster-*minster* s. catedrală, biserică mare.

Minstrel-*minstrel* s.lăutar de sat.

Mint-*mint* s. monetărie, tarapană; bani, monetă; făurărie; (*bot.*) mintă, izmă; —, v. a. a bate bani; a născoci.

Mintage-*minteij*. s. batere de bani; dreptul de a bate bani.

Minuet-*miniuet* s. menuet, dans; arie.

Minus-*máinŏs* ad. minus.

Minute-*minit* s. minută; moment;—-*book*, agendă, carnet; —-*hand*, minutar; —, v. a. a scrie pe scurt; a luă notă de.

Minute-*miniŭt* a subțirel; mărunt; minuțios; foarte mic; —*ly*, ad. în mod minuțios.

Minuteness-*miniŭtnes* s. micime; exactitudine, punctualitate

Minutiae-*miniŭșii* s. particularități.

Minx-*minks* s. fată destrăbălată.

Miracle-*mirăkel* s. miracol, minune.

Miraculous-*mirăkiulŏs* a. miraculos; —*ty*, ad. în mod miraculos.

Mirage-*mirăji* s. mìragiu.

Mire *máier* s. noroiu, mocirlă.

Mirkiness-*méɪkines* s intune ric, întunecime.

Mirky-*mérki* a. întunecos, întun·cat,

Mirror-*miror* s, oglindă.

Mirth-*mirth* s, veselie, bucurie.

Mirthful-*mirthful* a. vesel, cu chef.

Miry-*máiri* a mocirlos, noroios.

Missadventure - *misădvénciŏr* s- păpanie petrecanie.

Misadvise-*misădvaiz* v. a. a sfătui rău.

Misalliance-*mizălăiăns* s. mesalianță, căsătorie nepotrivită.

Misanthrope- *misanthroup* s. misantrop.

Misanthropy - *misănthrɪoupi* s. misantropie.

Misapplication-*misăplikéișŏn* s. aplicațiune proastă.

Misapply-*misăplái* v. a. a întrebuință prost.

Misapprehension - *misăprihénșŏn* s. neînțelegere; greșală; idee falșă.

Misbehave-*misbihéiv* v. n. a se purtă rău.

Misbehaviour-*misbihéivior* s purtarea rea.

Miscalculation - *miscalkiuléișŏn* s. greșală de calcul; socoteală greșită; amăgire.

Miscarriage-*miscăriŋ* s. nere· ușită, neisbândă; lepădare.

Miscary-*miscări* v. n. a nu isbuti a nu reuși; a lepădă, a avortă.

Miscellaneous- *mișeléiniŏs* a. amestecat: diferit.

Miscelany-*mişelăni* sau *mişélăni* s. amestec; culegere de bucăți literare.

Mischance-*mischáns* s. nenoroc; nenorocire.

Mischief-*miscif* s. pagubă, daună; rău; neînțelegere; nenorocire;—*maker*, urzitor de nenociri;—*making*, rău-făcător, răutăcios; *to do*—, a face rău.

Mischievous-*miscivós* a. vătămător, rău;—*ly*, ad. cu răutate.

Misconception - *misconsépşón* s. idee falşă (despre ceva); neînțelegere; cunoştinţă rea.

Misconduct-*miscóndŭct* s. conduită, purtare proastă; conducere greşită.

Misconduct-*miscondŏct* v. a. a conduce rău; a se purtă prost.

Misconstruction-*misconstrŏcşón* s. tălmăcire falşă; lămurire greşită.

Miscreant-*miscriant* s. nelegiuit, păgân; ticălos.

Misdeed - *misdíd*, **misdoing**-*misdúung* s. faptă rea; greşală.

Misdemeanour-*misdeminŏr* s. delict, crimă; insultă.

Misdoubt-*misdáut* v. a. a se îndoi (de ceva); a nu se încrede.

Maiser-*máiser* s. sgârcit, calic.

Miserable - *miserăble* a. mizerabil; nenorocit; sărăcăcios; ticălos, nemernic.

Miserably-*miserăbli* ad. în mod nenorocit; josnic.

Miserly-*máiserli* a. sgârcit.

Misery-*mizeri* a. mizerie, sărăcie.

Misfit-*misfit* s. croială rea; nepotrivire (de haine, etc.).

Misfortune-*misfórciŏn* s. nenorocire.

Misgive-*misghiv* v. a. ner. (perf. *misgave*, ptr. *misgiven*), a presimți ceva rău; a face să bănuiască; a inspiră neîncredere; *my heart misgave me*, aveam o presimţire rea.

Misgiving-*misghíving* s. presimţire rea; bănuială; neîncredere; îndoială.

Misgovern-*misgóvern* v. a. a guverna prost.

Misguided-*misgáideda.*rău condus; rău sfătuit; rătăcit.

Mishap-*mishăp* n. nenorocire; pacoste, păţanie, întâmplare neplăcută.

Misinform-*misinfórm* v. a. a informă greşit.

Misinterpretation - *mizinterpretéişón* s. interpretare greşită.

Misjudge-*misgiudj* v. a. a judecă rău.

Mislay - *misléi* v. a. ner. (perf. *mislaid*, ptr. *mislaid*), a aşeză rău.

Misle-*mízl* s. bură, ploaie măruntă şi rece;—, v. a. a bură, a cădea ploaie măruntă şi rece.

Mislead-*mislíd* v. a. ner. (perf. şi ptr. *misled*), a rătăci; a conduce rău; a amăgi.

Mismanage-*mismăneigi* v. a. a conduce rău; a administră prost.

Misname-*misnéim* v. a. a numi greşit.

Misnomer-*misnóumer* s. greşală de nume.

Misogamy-*misógami* s. misogamie.

Misogynist-*misóginist* s. care urăşte femeia.

Misplace-*mispléis* v. a. a aşeză rău.

Misprint-*misprint* s. greşală de tipar.

Mispronounce - *mispronáuns* v. a. a pronunţă greşit.

Misquote-*miscuót* v. a. a cită greşit, falş.

Misrepresent-*misripresént* v. a. a reprezentă falş, neexact.

Misrule-*misrúl* s. guvern rău; tumult, învălmăşeală, desordine.

Miss-*mis* s. domnişoară; lipsă; pierdere;—, v. a. & n. a nu nemeri; a greşi; a omite; a pierde; a regretă; a nu găsi; a lipsi; a'şi da seamă de lipsa (unui lucru, cuiva); a avea trebuinţă; *to*—*one's footing*, a alunecă; *to*—*fire*, a nu luă foc.

Missal-*misăl* s. carte de rugăciuni pentru liturghie.

Misshapen-*misşéipen* a. rău făcut, diform, pocit.

Missile-*misăl* s. proectil; dardă, săgeată.

Missing-*mising* a care lipseşte.

Mission-*mişön* s. misiune în sărcinare.

Missionary-*mişönari* s. misionar.

Missive-*misiv* s. misivă, scrisore oficială.

Misspel-*mispel* v. a. a silabisi rău; a scrie rău.

Misspend-*mispénd* v. a a cheltui; a risipi.

Misstate-*mistéit* v. a. a face o descriere falşă; a face o dare de seamă necorectă.

Misstatement-*mistéliment* s. descriere falşă; dare de seamă falşă.

Mist-*mist* s. ceaţă, negură.

Mistakable-*mistéicăbel* a. care se găseşte uşor; care induce în eroare.

Mistake-*mistéic* s. greşeală; eroare; *by—*, din eroare; din nebăgare de seamă; *to be—n*, a greşi, a se înşela; *you are—n*, vă înşelaţi; *and no—!* garantez, asigur că; *if I do not—*, dacă nu mă înşel;—, v. a. & n. ncr (perf. *mistook*, ptr. *mistaken*) a greşi; a înţelege greşit; a se înşela.

Mistaken-*mistéiken* a. greşit; falş; rău înţeles.

Mister-*mister* s. domnul; *(presc.)* Mr.

Mistiness-*mistines* s. ceaţă, negură.

Mistletoe-*mis(t)ăltou* s. văsc.

Mistress-*mistres* s. doamnă; stăpână; profesoară; ţiitoare; amantă; logodnică; *(presc)* Mrs.

Mistrust-*miströst* s. neincredere;—, v. a a nu se increde.

Mistrustful-*mistróst/ul* a. neincrezător.

Misty-*misti* a. înnourat; ceţos; întunecat; nelămurit.

Misunderstand-*misönderstănd* v. a. ner. (perf. şi ptr. *misunderstood*), a înţelege rău.

Misunderstanding-*misönderstănding* s neînţelegere, desbinare.

Misuse-*misiús* s. abuz; întrebuinţare rea;—, v. a. a abuză; a întrebuinţă rău.

Mite *máit* s. molie; ofrandă mică; ban (dinar) bucăţică.

Mitigate-*mitigheit* v. a. a îndulci, a alină, a potoli, a uşură.

Mitigation-*mitighéişön* s. îndulcire, alinare; uşurare.

Mitre *máiter* s. mitră de episcop.

Mitten-*miten* s. mitene, mănuşi cu jumătăţi de degete.

Mix-*mix* v. a. a mestecă; a compuno.

Mixture-*mixciör* s. amestecare, amestec.

Mizzen-*mizen*, **Mizzenmast** s. catargul de dindărăt, catarg de artimon.

Moan-*móun* s bocet, gemet; jelanie; vaet;—, v. a. & n. a deplânge; a se boci; a se văită; a geme; a (se) jeli.

Moat-*móut* s. şanţ.

Moated-*móuted* a. înconjurat cu un şanţ.

Mob-*mob* s. poporul de jos; gloată, mitocănime —, v. a. a maltrată; a atacă; a urmări.

Mobilisation - *mobilizéişön* s. mobilizare.

Mobilise-*móbilais* v. a. a mobiliză.

Mobility-*mobiliti* s. mobilitate.

Moccasin *mócăsin* s. un fel de piele; încălţămintea sălbaticilor din sudul Americei.

Mock-*moc* v. a & n. a'şi bate joc de; a înşelà;—, a. falş; imitat; pocit; de râs.

Mocker-*mókeri* s. batjocoritor, zeflemist.

Mockery-*mókeri* s. bătaie de joc; batjocură; zeflemea; *to make a mock* (sau *mockery) of*, a'şi bate joc de cineva.

Mocking-bird *móking-bird* s.

pasăre batjocoritoare (care râde de).

Mod-*móud* s. mod, fel, chip.

Model-*módel* s. model; v. a. a modelà; a pregătì forma (unui obiect); a formà.

Modeller-*módeler* s. artist, care modelează; desemnator.

Moderate *módereit* v. a. a moderà; a cumpătà; a potolì; a înfrânà; —, a. moderat; cumpătat.

Moderation-*moderéişön* s. moderaţiune; cumpătare; micşorare.

Modern-*módern* a. modern.

Modernise-*módernaiz* v. a. a modernizà, a da o înfăţişare modernă.

Modest-*módest* a. modest; cumpătat; nepretenţios; cuviincios.

Modesty-*módesti* s. modestie; simplitate; cuviinţă.

Modicum-*módicöm* s. porţie mică; un puţintel.

Modification *modifikéişön* s. modificare, schimbare.

Modify-*módifai* v. a. a modificà; a schimbà.

Modishness-*módişnes* s. potrivire cu moda, supunere la modă.

Modulate-*módiuleit* v. a. a modulà.

Modulation *modiuléişön* s. modulaţiune.

Mohair-*móheer* s. piele de capră.

Moiety-*moietis* jumătate; *my*—, soţul meu, soţia mea.

Moist-*móist* a. umed, egrasios; udă.

Moisten-*móis(t)en* v. a. a umezì; a muià, a udà.

Moisture-*móisciur* s. umiditate, umezeală; egrasie.

Molar-*móler* a. & s. molar, măsea.

Molasses--*moláses* s. melasă, sirop rămas din fabricaţia zahărului.

Mole-*móul* s. stăvilar, zăgaz de piatră (la un port); aluniţă (*fig*) cârtiţă; —*hill*, moşoroiu.

Molecule *mó·ekiul* s. moleculă.

Moleskin-*móulskin* s. muşama'

Molest-*molést* v. a. a supărà; a necăjì; a jignì; a maltratà.

Molestation-*molestéişön* s. necaz: supărare; stăruinţă supărătoare; maltratare.

Mollify-*móli/ai* v. a. a înmuià; a face moale; a îndulcì; a liniştì.

Mollusk-*mólusc* s. molusc; animal fără vertebre şi fără încheieturi.

Molten-*móulten* a. topit; — *calf*, viţelul de aur, Pentateucul.

Moment-*móument* s. moment; minută; însemnătate; putere.

Momentarily-*móumenterili* ad. pentru moment; într'un moment.

Momentary *moumenteri* a. momentan, dc o clipă; de scurtă durată.

Momentous-*moun·éntös* a. important; însemnat.

Monarch-*mónarc* s. monarh.

Monarchical - *monárkical* a. monarhic.

Monarchy-*mónarki* s. monarhie.

Monastery *mónásteri* s. mănăstire.

Monastic-*monástic* a. călugăresc.

Monday- *mŏndei* s. Luni.

Money - *mŏni* s. bani; — *box*, cassă de bani; — *changer*, zaraf; — *grubber*, sgârcit cumplit; — *market*, bursă, casă de operaţii financiare; *pocket*—, bani de buzunar; — *lender*, împrumutător cu dobândă; — *order*, mandat poştal; bon; cec; bilet de plată; *to make*—, a câştigà bani; a'adunà bani; *to raise*—, a'şi procurà bani; *ready*—, *in hand*, bani peşin.

Moneyed, monied-*mónid* a. bogat.

Mongrel-*mŏngrel* s. corcitură, metis.

Monitory *móniteri* a. de citaţie; de avertisment.

Monk-*mŏnk* s. călugăr;—'*s hood* (*bot.*), omega, mărul lupului (plantă veninoasă).

Monkey-*mŏnki* s. maimuţă; pavian;—*trick*, maimuţărie.

Monkish-*mŏnkiş* a. călugăresc, mănăstiresc.

Monogamist - *mŏnogămist* s. care se însoară odată.

Monogamy-*monŏgămi* s. monogamie, sistem după care se ia un singur bărbat, o singură femeie.

Monogram-*mónogrăm* s. monogramă.

Monomaniac-*monoméiniăc* s. monoman.

Monopolise-*monopolais* v. a. monopoliză; a acaparà.

Monopolist-*monópolist* a. cel care are un monopol; acaparator.

Monopoly-*monóupoli* s. monopol.

Monosyllabic - *monosilăbic* a. monosilabic.

Monosyllable - *monosilăbel* s. monosilab.

Monotonous *monótonŏs* a. monoton.

Monotony-*monóutoni* s. monotonie.

Monsoon-*monsún* s.munson, vânt în marea Indiilor care bate 6 luni într'o parte şi 6 luni în partea opusă.

Monster-*mónster* s. monstru, dihanie.

Monstrosity-*monstrósiti* s. monstruositate, grozăvenie.

Monstrous-*monstrŏs* a. monstruos. groaznic.

Month-*mŏnth* s. lună.

Monthly - *mŏnthli* a. lunar, în fiecare lună;—, ad. odată pe lună;—, s. publicaţiune lunară.

Monument-*móniument* s. monument.

Monumental-*móniuméntăl* a. monumental.

Mood-*mŭd* s. umoare; dispoziţiune; aplecare; (*gr.*) mod.—*iness*, s.dispoziţierea;măhnire,tristeţă.

Moody-*mŭdi* a. rău dispus, măhnit, capricios.

Moon-*mún* s. lună;—*beam*, rază de lună;—*struck*, lunatic.

Moonlight-*múnlait* s. lumina lunii.

Moonshine-*múnşain* s. lumina lunii; (*fig.*) moft, gogoşi.

Moor-*múer* s. băltoacă, mlaştină; bălărie, burueni; Maur;—, v. a. & n. a se legà cu otgonul; a înţepeni (o corabie).

Moorish-*múeriş* a. mauric; mlaştinos.

Moorland-*múerlănd* s. pământ sterp, pustie; mlaştină.

Moot-*mut* v. a. a desbate, a discută;—, a. contestabil; discùtabil.

Mop-*mop* s. spălător; otreapă;—, v. a. a spălà; a şterge, a curăţi.

Mope-*mŏup* v. n. a aiurì; a se plictisì; a fi posomorît.

Moral-*mórăl* s. morală; s. pl. moravuri;—, a. moral:—*ly*, ad. moraliceşte.

Moralise-*mórălaiz* v. n. a moraliză.

Moralist-*mórălist* s. moralist.

Morality-*mórăliti* s. moralitate, morală.

Morass-*morăs* s. băltoacă, mlaştină.

Morbid-*mórbid* a. bolnăvicios.

More-*móer* a. mai mult; mai mulţi; mai mare;—, ad. mai mult (decât); încă; *no*—, nimic mai mult; numai; *once*—, încă odată; *so much the*—, cu atât mai mult;—*and*—, tot mai mult; din ce în ce mai mult.

Moreen-*móerin* s. stofă de lână vărgată.

Moreover-*moeróuver* ad. pe lângă aceasta; pe deasupra;mai; de altmintrelea.

Morganatic-*morganătic* a. morganatic.

Morning-*mórning* s. dimineaţă—*gown*, rochie de dimineaţă;—*performance*, reprezentaţie

în timpul zilei;—-*star*, luceafă-
rul diminețel; *to-morrow*—, mâi-
ne dimineață.

Morocco-*morócou* s. marochin,
saftian;—*leather*, marochin.

Morose-*moróus* a. ursuz; poso-
morît.

Morphine-*mórfin* s. morfină.

Morrow - *mórou* s. mâine; a
doua zi; *to*—, mâine.

Morsel-*mórsel* s. bucată.

Mortal-*mórtal* s. muritor; — a.
omorîtor, de moarte; —*ly*, ad.
de moarte.

Mortality-*mortăliti* s. mortali-
tate, moarte.

Mortar - *mórtăr* s. tencueală;
tun scurt pentru aruncat bombe.

Mortgage-*mórgheij* s. ipotecă;
—, v. a. a ipotecă.

Mortgagee-*morgheigi* s. credi-
tor, ipotecar.

Mortgager-*mórgăger* s. dator-
nic pe ipotecă.

Mortification-*mortifikéișŏn* s.
mortificațiune; (med.) cangrenă.

Mortify-*mórtifai* v. a. & n. a
(se) mortifică; a pricinui gangre-
nă; a (se) mâhni tare; a se umili.

Mortise-*mórtis* s. scobitură (a
cepului).

Mortmain - *mórtmein* s. (*jur.*)
mână moartă.

Mosaic-*moséic* a. mozăic.

Mosque-*mósc* s. moschee, bise-
rică mahomedană.

Mosquito-*moskítou* s. țânțar;—
-*net*, perdea împotriva țânțarilor.

Moss-*mos* s. (*bot.*) mușchiu;—
-*grown*, acoperit cu mușchiu.

Mossy-*mósi* a. acoperit cu muș-
chiu, mușchiulos.

Most-*móust* s. cei mai mulți, cea
mai mare parte; —, a. mai mult,
cei mai mulți; —, ad. mai ales,
mai cu seamă.

Mote-*móut* s. atom.

Moth-*moth* s. molie, fluture de
noapte.

Mother-*mŏther* s. mamă; mi-
tră; — *in-law*, mamă vitregă; —
soacră; — -*country*, patria;— -*ton-*

gue, limbă maternă; — -*of pearl*;
sidef; —, a. matern, de mamă;
părintesc; natural; —, v. a. a
adoptă; a servi ca mamă; — v.
n. a mucezî, a prinde mucegai.

Motherhood-*mŏtherhud* s. ma-
ternitate, însușirea de a fi mamă.

Motherless-*mŏtherles* a. fără
mamă.

Motherly-*mŏtherli* a. de mamă.

Motion-*móușŏn* s. mișcare; mo-
țiune; propunere; —, v. a. a pro-
pune, a face o propunere; a fa-
ce semn cuiva.

Motionless-*móușŏnles* a. ne-
mișcat, imobil.

Motive-*móutiv* s. motiv, pricină;
—, a. mișcător; — *power*, forță
motrice, putere mișcătoare.

Motley-*mótli*, **mottled** -*móteld*
a. împestrițat; ca marmora; a-
mestecat.

Motor-*móutor* s. motor.

Motto - *mótou* s. deviză, cuvânt
de ordine.

Mould-*móuld* s. tipar; calup;
substanță; pământ amestecat cu
gunoiu; mucigaiu — v. a. & n.
a turnă în tipar; a formă; a fră-
mântă; a mucezî.

Moulder-*móulder* v. a. a pre-
face în praf; a se surpă.

Mouldiness-*móuldines* s. muci-
gaiu.

Moulding-*móulding* s. turnare
în tipar; ciubuce, ornamente în
relief (pe clădiri, etc.).

Mouldy-*móuldi* a. mucezit.

Moult-*móult* v. n. a năpârlî.

Mound-*máund* s. meterez; stă-
vilă; șanț; movilă; mormânt.

Mount-*máunt* s. munte; întări-
tură; —, v. a. a se sui; a se
urcă; a se înălță; a încălecă.

Mountain-*máunten* s. munte;
to make a — out of a mole-hill,
a face din țânțar armăsar.

Mountaineer-*máuntinier* s.
muntean.

Mountainous-*máuntinŏs* a.
foarte mare.

Mountebank - *máuntăbănc* s.

saltimbanc; scamator, şarlatan.

Mourn-*mórn* v. a & n. a se plânge; a se intrista; a deplora; a deplânge; a purta doliu.

Mourner-*mórner* s. care e in doliu.

Mournful - *mórnful* a. jalnic, trist; de doliu; —*ly*, ad. cu in tristare.

Mourning-*mórning* s. întristare; tânguire; doliu; *to be in*—, a fi in doliu; a purta doliu.

Mouse-*maus* s. şoarece.

Mouser-*máuser* s. prinzatori de şoareci

Moustache-*mustáş*, **moustachio**-*móstăkio* mustaţa.

Mouth *máuth* s. gura; bot (de animal); cioc (de pasăre); gât (de sticla); glas, voce; —*piece*, imbucatura (a unui instrument muzical); *by word of*—, prin viu graiu; —, v. a. & n. a mânca; a saruta; a' striga; a sbiera.

Mouthing - *máuthing* s. ţipat; declamaţiune, strâmbatura.

Move-*muv* s. mişcare; v. a. & n. a (se) mişca; a pune in mişcare; a convinge pe deplin, a sfatui; a induplecă; a oferi; a indemna; a aţaţă, a indepărtă, a merge, a inaintă; —*d*, a. atins, emoţionat,

Mov(e)ables *múvăbels* a. mişcător, mobil; —, s. pl. mobilă, avere mişcătoare.

Movement-*múvment* s. mişcare.

Mover - *múver* s. motor, forţă motrice.

Moving-*múving* s. mişcare; —, a. mişcător; —*ly*, ad. in mod mişcător.

Mow - *móu* s. claie; grămadă; mutra; hambar; —, v. a. & n. a face claie; a pune in hambar; a cosi, a secera; a face mutre, a se bozumflà; —*ing machine*, maşina de cosit.

Mower-*móeir* s. cosaş.

Mowing - *móing* s. cositul;— -*machine*, maşina de cosit; secerătoare- -*time*, vremea cositului.

Mr, mrs (= *mister, misteress, misses*) s. domn, doamnă.

Much *mŏtş* a. mult; —, ad. prea mult, foarte; —, s. mare cantitate; *too*—, prea mult: *very*—, mult de tot; *how*--? cât? *so*— *the better*, cu atât mai bine.

Mucilage *miúsileidj* s. mâsgă (din plante).

Muck-*mŏö* s. gunoişte; noroiu; —, v. a. a ingrăşa (pământul).

Mucky-*méiki* a. murdar; necurat.

Mucostiy-*miocósiti* s. mucozitate, muci, lichid cleios.

Mucous-*miúkŏs* s. mucos.

Mud-*mŏd* s. noroiu. nămol.

Muddie-*mŏdl* v. a. & n. a zăpăci, a (se) turbura; a năuci; a bălăcări; —, s. zăpăceală.

Muddy *múdi* a. noroios, băltos; turbure, zăpăcit; —, v. a. a zăpăci, a turbura.

Muff-*mŏf* s. manşon; (*fig.*) prostanac.

Muffie-*mŏ,el* v. a. a inveli, a infăşura; a obloji; a lega; a acoperi cu un văl; a vorbi inăbuşit; a asurzi; a ameţi.

Mug-*mŏg* s. cupă; pahar; oală.

Mulberry-*mŏlberi* s. dudă;— -*tree*, dud.

Mulct-*mŏlct* v. a. a pune la amendă.

Mule - *miúl* s. catâr;— -*driver*, catârgiu.

Muleteer-*miúletier* s. catârgiu.

Mul-*mól* s. cuptor; cap; greşala mare; —, v. a. a incălzı şi a drege cu substanţe aromatice; —*ed*, a. jute, piperat; aromatic.

Mullet-*mŏlet* s. catâr; lipan de mare.

Multifarious *mnltiféiriŏs* a. variat; diferit; inmulţit, numeros,

Multiple-*mŏltipel* s. multiplu, inmulţit

Multiplicand - *mŏltiplicănd* s. deinmulţit, multiplicând.

Multiplication - *multiplikéişŏn* s. inmulţire.

Multiplicity-*multiplĭsiti* s multiplicitate.

Multiply-*mŏltiplai* v. a. a multiplică, a înmulți.

Multitude-*mŏlticiud* s. mulțime.

Multitudinous-*mŏlcitiúdinŏs* a numeros.

Mum-*mŏm* a. tăcut.

Mumble - *mŏmbel* v. a & n. a bombăni, a mormăi.

Mummer-*mŏmer* s. mască, persoană mascată; caraghios.

Mummery-*mŏmeri* s. mascaradă; trupă de oameni mascați

Mammy-*mŭmi* s. mumie.

Mumps-*mŭmps* s. supărare, necaz; dispoziție rea; (med.) inflamația glandelor de lângă urechi.

Munch-*mŏnci* v. a. & n. a a mestecă.

Mundane-*mŏndein* a. lumesc.

Municipal-*miunisipăl* a. municipal.

Municipalty - *miunisipăliti* s. municipalitate.

Munificence-*miunĭfisens* s munificență; dărnicie mare.

Munificent-*miunĭfisent* a. darnic; —*ly*, ad. cu dărnicie.

Muniment-*miúniment* s. document, hrisov, act înscris;— -*house*, arhivă.

Munition-*miunĭşŏn* s.munițiune.

Murder-*mĕrder* s. omor; —, a a omorî.

Murderer-*mĕrderer* s. ucigaş.

Murderess-*mŏrderes* s ucigaşe

Murderous-*mĕrderŏs* s. ucigaş, omoritor.

Muriatic-*miúrătic* a. clorhidric.

Murki-*mĕrki* a. întunecat, întunecos.

Murmur - *mĕrmer* s. murmur, şoaptă; —, v. a. & n. a murmură, a şopti.

Murmurer-*mĕrmerer* s. persoana care murmură.

Murmuringly-*mĕrmeringli* ad murmurând; şoptind; murmurător, şoptitor.

Murrain-*mŏrein* s. vărsatul oilor; ciumă la vite.

Muscatel-*mŏscătel* s.tămâioasă

Muscle-*mŏsel* s. muşchiu.

Muscovite-*mŏscovait* s. moscovit, muscal.

Muscular-*mŏskiulăr* a. muşcular; muşculos.

Muse-*miŭs* s. muză; gânduri; visuri; —, v. n. a se gândi; a visă.

Museum-*miuziŏm* s. muzeu.

Mushroom-*mŏşrŏm* s. ciupercă.

Music-*miŭzic* s. muzică;—-*room*, sală de muzică; — -*stool*, scăunaş (de pian).

Musical-*miŭzicăl* a. muzical;— -*glasses*, armonică; —*ly*, ad. în mod muzical.

Musician-*miuzişŏn* s muzicant.

Musing - *miŭsing* s. meditare; gânduri; visuri.

Musc-*mŏsc* s. mosc (animal şi substanţă mirositoare.

Musket - *mŏskĕt* s. muschetă, puşcă primitivă.

Musketeer-*mŏskeţĵer* s. muşchetar, puşcaş.

Musketri-*mŏscketri* s. muşchetărie.

Muslin-*mŏslin* s. muselină; pânză, stofă; sticlă foarte fină.

Mussel-*mŏsel* s. midie; scoică.

Must-*mŏst* v. n. nepers. a trebui.

Mustache - *mŏstaş* vide *mustache*.

Mustard *mŏstărd* s. muştar.

Muster-*mŏster* s. revistă, inspecţia trupelor; cercetare; listă; — -*rool*, lista personalului de pe o corabie; —, v. a. a face inspecţie; a inspectă trupele in defilare; a (se) adună.

Musty-*mŏsti* a. mucezit.

Mutability-*miutăbĭliti* s. mutabilitate, însuşirea de a se schimbă.

Mutation · *miutĕişŏn* s. schimbare.

Mute-*miŭt* s. mut; murdărie de păsări; —, a. mut, tăcut; —*ly*, ad. în tăcere, ca un mut

Mutilate-*miútileit* v. a. a mutilă; a ciunti; a schilodi.

Mutilation-*miutiléişŏn* s. mutilare; trunchiere; ciuntire.

Mutineer-*miutinier* s. răsvrătitor, rebel.

Mutinous-*miutinŏs* a. răsvrătitor, îndărătnic.

Mutiny-*miutini* s. răscoală; —, v. a. a se răscula, a se răsvrăti.

Mutter-*mŏter* s. murmur; —, v. a. & n. a murmura, a bombăni.

Mutton-*mŏten* s. berbec; carne de berbec; —-*chop*, costiţă de berbec; *neck, shoulder of* —, ciosvârtă de berbec.

Mutual-*miuciuăl* a. mutual; reciproc; —*ly*, ad. mutual, unul altuia.

Muzzle-*mŏzel* s. bot; gură; botniţă; capăt; v. a. a pune botniţă.

My-*mái* pr. al meu; a mea; ai mei; ale mele.

Myosotis-*maiosótis* s. (*bot.*) miosotis; nu mă-uita.

Myriad-*miriăd* a. miriadă, mii şi mii.

Myrrh-*mir* s. smirnă.

Myrtle-*mírtel* s. mirt (arbust).

Myself-*maisélf* pron. eu însumi; eu; pe mine; mă.

Mysterious-*mistiriŏs* a. misterios, tainic; —*ly*, ad. în taină.

Mystery-*mistéri* s. mister, taină.

Mystic(al)-*mistic(ăl)* a. mistic.

Mystification - *mistifikéişon* s. mistificare; păcălire.

Mystify-*mistifai* v. a. a mistifică; a păcăli.

Myth-*mith* s. mit; poveste; fabulă.

Mythological - *mithológicăl* a. mitologic.

Mythology-*mithólogi* s. mitologie.

N

N. (*abbr.*) = *north*.

N. A. (*abbr.*) = *North America*.

Nab-*năb* v. a. a prinde, a înhăţă, a înşfăcă; a apucă.

Nabob-*néibob* s. nabab, prinţ indian; (*fig.*) om chiabur.

Nacre-*néiker* s. sidef.

Nacker-*nákeir* s. curelar, şelar; jupuitor, parlagiu.

Nag-*nag* s. căluşel.

Nail-*néil* s. cuiu; unghie; ghiară—*brush*, perie de unghii; —*maker*, fabricant de cuie; —, v. a. bate un cui; a înţepă cu un cuiu la potcovire (un cal).

Nailer-*néiler* s. fabricant sau negustor de cuei.

Nailery-*néileri* s. fabrică sau negustorie de cuie.

Nainsook - *nénsuc* s. ţesătură de bumbac.

Naive-*náiv* a. naiv; —*ly*, ad. cu naivitate.

Naked-*néiked* a. gol: lipsit de; simplu; —*ly*, ad. fără haine, gol; descoperit.

Nakedness-*néikedness* s. goliciune.

Namby-pamby - *nămbi-pămbi*, a. afectat, pretenţios.

Name-*néim* s. nume; renume, faimă, reputaţie; titlu; *christian*—, prenume, numele de botez; *to call*—, a ocări, a insultă; *in one's*—, în numele cuiva; —, v. a. *to*—, a numi; a da nume; a chemă; —*ly*, ad. anume; adică.

Nameless-*néimles* a. fără nume.

Namesak-*néimseic* s. omonim.

Nankeen-*nănkin* s. stofă de Nankin.

Nap-*năp* s. somn uşor; partea păroasă (a stofelor); *to take a*— a trage un somnişor; —, v. n. a moţăi, a dormită, a dormi pe jumătate.

Nape-*néip* s. ceafă, grumaz.

Naphta-*náfthe* s. naftă.

Napkin-*năpkin* s. şervet;—*ring*, inel pentru şervet.

Narcissus-*nărsisŏs* s.(*bot.*) narcis, zarnacadea.

Narcotic-*narcótic* s. narcotic; —, a narcotit.

Nard-*nard* s. tăposică, iarbă aspră (nardŭs).

Narrate-*narét* v. a. a narà, a povestì, a istorisì.

Narration-*ndréişon* s naraţiune, povestire.

Narrativ - *nărătiv* a. narativ, povestitor.

Narrator-*naréitor* s. povestitor.

Narrow-*năro* a strâmt, îngust; mic; exact; (*fig.*) sgârcit; —, s. trecătoare îngustă, drum îngust: —*s*, pl. strâmtoare; —, v. a. & n. a strânge mai mult; a în gustà; a (se) strâmtà; —*ing*, strâmtoare.

Narrowner-*năroumes* s. strâmtoare, ingustime; săracie.

Nasal-*nézal* a. nazal: nazală.

Nastili-*năstili* ad. într'un mod ne-plăcut; murdar.

Nastiness-*năstines* s. neplăcere; murdărie.

Nasturtium-*năstérşŏn* s. (*bot.*) floare de păpădie.

Nasty-*năsti* a. neplăcut; murdar; urit; obscen.

Natal-*néital* a. natal.

Natation-*nătéişŏn* s. înnot, înnotat.

Nation-*néişŏn* s. naţiune.

National-*năşŏnal* a. naţional; —*debt*, datorie publică.

Nationalise-*năşŏnălais* v. a. a naţionalizà.

Nationality-*năşŏnăliti* s. naţionalitate.

Nationally - *năşŏnăli* ad. în mod naţional.

Native-*néitiv* s. născut; pământean; —, a. născut; original; fireso; natural; —*ly*, ad. de naştere; fireso; în adevăr.

Nativity-*nătiviti* s. naştere.

Natural-*nătiural* sau *năciurăl* s. tâmpit, idiot; (*mus.*) becar; —, a. natural, firesc; prost, naiv.

Naturalisation - *nătiurăl işéi*-*şon* s. naturalizare; împământenire.

Naturalise-*nătiurălais* v. a. a naturalizà, a împământenì.

Naturalist-*nătiurălist* s. naturalist.

Nature-*néiciur* s. natură; caracter; fire, temperament.

Natured - *néiciured* a. *good*—, bun; *ill*—, răutăcios.

Naught-*not* s. nimic; zero; —, ad. de loc —, a rău.

Naughtily-*nétili* ad. cu răutate.

Naughty-*nóti* a. rău, răutăcios.

Nausea-*nósiă* s. greaţă.

Nauseate - *nésieit* v. a. & n. a'ţi fi greaţă; a îndepărtà cu scârbă.

Nauseous-*nóşiŏs* a. greţos, scârbos; —*ly*, ad. în mod greţios; cu scârbă.

Nautical-*nóticăl*, **naval**-*nóivăl* a. de mare, maritim; naval.

Nautilus - *nótilŏs* a. naval, de navigare.

Nave-*néiv* s. butucul roţii; tinda bisericei (dela uşă până la corul din fund).

Navel-*néivel* s. buric.

Navigable-*năvigăbel* a. navigabil.

Navigate-*năvigheit* v. a. & n. a navigà; a cârmuì o corabie.

Navigation-*navighéişon* s. navigaţie; călătorie pe mare.

Navigator-*năvigheiter* s. navigator, călător pe mare.

Navvy-*năvi* s. lucrător de terasamente.

Navy - *néivi* s. marină—*board*, statul major al marinei;—*offce*, direcţiunea marinei.

Nay-*néi* refuz; —, ad. nu; până şi, şi chiar;—*to say*—, a refuzà.

Neap-*nip* s. proptea (de trăsură); —, a. mort, jos.

Near-*nier* a. aproape; lângă; —, ad. aproape de, lângă: prep. lângă, aproape de; de aproape; —, v. n. a se apropià de; —*ly*, ad. aproape, lângă, vreo; cam așa.

Nearness *niernes* s. apropiere, vecinătate; rudenie; de aproape.

Neat-*nit* s. vite mari; —, a curat, neted; deslușit; uscat; —*ly*, ad. curat; cu eleganță.

Neatness-*nitnes* s. curățenie.

Nebula-*nébiulă* s. nebuloasă.

Nebulous-*nébiulŏs* a. nebulos, neguros.

Necessaries-*néseseriz* s. pl. necesarul.

Necessarily - *néseserli* ad. în mod necesar, neapărat, trebuincios.

Necessary-*nése:ări* a. necesar, trebuincios.

Necessitate-*nésesiteit* v. a a necesită; a aveă nevoe de; a cere; a constrânge.

Necessitous-*nesésitŏs* a. nevoiaș, sărac.

Necessity-*ne:ésiti* s. necesitate; trebuință; nevoie, lipsă; sărăcie.

Neck-*nec* s. gât; limbă de pământ; grumaz; tus; *to fall—and crop*, a cădeă cât e de lung; *to run—and—*, a se ține împreună; la rând; în linie; *stiff—-ed*, care are gâtul înțepenit;— -*cloth* — -*tie*, legătură, cravată; guler.

Neckerchief *nékercif* s. legătură de gât; cravată.

Need-*nid* s. trebuință. nevoie; *in ca e of—*, în caz de nevoie; —, v. a. & n. a aveă nevoie de; a trebuì; a fi lipsit de, a fi în lipsă.

Needfu-*nidfual* . necesar; —*ly*, ad. în mod necesar, trebuincios.

Needily-*nidili* ad în lipsă, în nevoie; in mod trebuincios.

Neediness-*nidines* nevoie; sărăcie.

Needl-*nidel* s. ac; busolă; — -*case* acarniță;— -*woman*, lucrare cu acul.

Needless-*nidles* a. nefolositor; netreouincios; —*ly*, ad. fără folos; fără trebuință.

Needs-*nidz* ad în mod necesar; neapărat.

Needy-*nidi* a. nevo aș.

Nefarious *neféiriŏs* a. ticălos, mârșav.

Negation-*neghéișŏn* s. negare, negațiune.

Negative-*négătiv* s. negativă, propoz țiune care neagă; negare; —, v. a. a combate (prin argumente); a reluză; —, a negativ; —*ly*, ad. în mod negativ, prin negațiune.

Neglect-*nigléct* s negligență; neîngrijire;—, v. a. a neglijă; a nu aveă grijă.

Neglectful-*nigléct/ul* a. negligent.

Negligence-*negligens* s. negligență; neîngrijire, nepăsare.

Negligent-*negligen*t a.negligent, nepăsător; — *ly*, ad. cu negligentă; cu lene.

Negotiable-*negóușiăbel* a. negociabil; ce se poate cumpără sau vinde.

Negotiate-*negóșieit* v n. a negociă.

Negotiation *negoușiéișŏn* s negociere.

Negress-*nigres* s Arăpoaică.

Negro-*nigrou* s. Negru, Arap.

Neigh-*nei*, **neighing**-*néing* s nechezat; —, v. n. a necheză.

Neighbour-*néibor* s. vecin; aproapele; —, v. a. a se învecină.

Neighbourhood *néibarhud* s. vecinătate.

Neighbour:y - *néibarli* ad. ca veciă; de vecin.

Nel her-*nither* sau *náither*, (con). nici; pr. și a. nici unul nici altul; nici una nici alta; —...*nor*, nici...

Neology-*niólogi* s. neologie.

Neophyte-*niefait* s. neofit, botezat de curând.

Nephew *néviu* s. nepot.

Nepotism-*nipotism* s. nepotism.

Nerve-*nérv* s nerv, tendon; vână de mușchiu; coastă; *(flg)* putere, tărie.

Nerveless-*nervlés* a. enervat; sleit de puteri.

Nervous-*nérvŏs* s. nervos, viguros; sfios.

Nest-*nest* s. cuib, cuibâr;— *egg*, cuibar (oul).

Nestle-*nĕs(t)ĕl* v. a. & n. a'şi face cuibul; a se încuibă; a se pripăşi.

Nestling-*nĕs(t)ling* s. păsărică, care nu are pene incă.

Net *net* s. plasă; laț, cursă; —, v. a. a face un laţ; a produce net; —, a. net;— *price*, preţ net.

Nether *nédher* a. jos, inferior; — *garment*, nădragi;— *stoks*, ciorapi.

Netting-needle-*néting-nidel* s. suveică.

Nettle-*nétel* s. urzică; —, v. a. a irită; a necăji; a supără.

Neuralgia-*niuralgiă* a. nevralgie.

Neurotic-*niurótic* a. nefretic.

Neuter-*niúter* a. neutru, neutral; —, s. persoana neutră.

Neutral-*niútrăl* a. neutral; — *ly*, ad. ca neutru.

Neutralise-*niútrălais* v. a. a neutraliză.

Neutrality-*niútrăliti* s. neutralitate.

Never-*néver* ad. nici-odată;— *mind!* nu e nimic.

Nevermore-*nevérmoer* ad. absolut, niciodată.

Nevertheless - *nevérthiles* ad. şi conj. totuş; cu toate acestea.

New-*niu* a. nou; —, ad. de curând; — *ly*, ad. de curând; — *brand*, nou de tot;— *fangled*, de curând inventat.

Newness-*niúnes* s. noutate; ceva nou.

News-*niús* s. voste; ştire; noutate;— *boy*, vânzător de ziare; — *room*, sală de citire.

Newsagent-*niuseigent* s. informator de ziare, reporter.

Newspaper-*niúspéiper* s. jurnal, ziar.

Next-*next* a. şi ad. cel, (cea) mai apropiat(ă); vecin(ă) de alăturea; alăturea; viitor; după (ace-

ea); in (pe) urmă; apoi;— *to*, după, aproape; cam;— *door*, alăturea, lângă;— *door to*, aproape de; — *to nothing*, aproape nimic.

Nib-*nib* s. cioc (de pasăre); vârf de condeiu.

Nibble-*nibel* v. a. & n. a ciuguli; a mâncă; a muşcă; a cădeà în cursă; a se aprinde; a defăimă; a critică.

Nibbler-*nibler* s. om căruia îi place să critice, să defaime; cel care muşcă.

Nice-*náis* a. frumuşel, drăguţ; plăcut; bun; ingrijit; corect, exact; — *ly*, ad. în mod plăcut; bine; frumuşel; cu exactitate.

Niceness-*náisnes*, **nicety**-*náisiti* s. exactitudine, punctualitate; natură drăgălaşă; gust plăcut.

Niche-*niş* s. o adâncitură într'un zid unde de obiceiu se pune o statuie ori o saxie cu flori; firidă.

Nick-*nic* s. crestătură; tăietură, moment potrivit;— *of time*, moment potrivit; hotărît; —, v. a. a apucă la vreme; a întâlni la timp, potrivit; a crestà.

Nicknack-*nicnăk* s. vide knick-noock.

Nickname-*nicneim* s. nume adăogat; poreclă; —, v. a. a porecli; a numi.

Nicotine-*nicotine* s. nicotină.

Niece-*nis* s. nepoată.

Niggard-*nigherd* s. sgârcit, calic.

Niggardliness - *nighárdlines* s. sgârcenie, calicie.

Niggardly-*nigardli* a. & ad. sgârcit; ca un sgârcit; cu sgârcenie; cu calicie.

Nigger-*nigher* s. Arap.

Nigh-*nái* a. aproape; vecin; aproape de.

Night-*náit* s. noapte; întunecime; *to*---, diseară;— *cap*, scufie de noapte;— *light* lampă de noapte;— *walker* somnabul.

Nightgown - *náitgaun*, **nightdress**-*náit-dres* s. cămaşă de noapte.

Nightingale-náitingheil s. privighetoare.

Nightly-náitli a. și ad. în timpul nopții; de noapte; în flecare noapte.

Nightshade-náitșeid s. beladonă, mătrăgună.

Nightshirt-náitșert s. cămașă de noapte.

Nimble-nimbel a. sprinten; ușor; revede, iute.

Nimbly-nimbli ad. cu sprintenie; iute.

Nimbus-nimbös s. nimb.

Nine-náin a. nouă.

Ninefold-náinfould a. de nouă ori atât.

Ninepins-náinpins s. pl. joc de popice.

Nineteen-náinten a. nouăsprezece;—th. al nouăsprezecilea.

Ninetieth-náintieth a. al 90-lea.

Ninety-náinti a. nouăzeci.

Ninny-nini a. neghiob, găgăuț.

Ninth-náinth a. al nouălea.

Nip nip v. a. a ciupi, a pișcă.

Nippers-nipers s. pl. clește.

Nipple-nipél s. sfârc (de țâță).

Nitrate-náitreit s. nitrat.

Nitre-náiер s. nitru.

Nitric-náitric a. nitric.

Nitrous-náitrös s. nitros.

No-nóu s. nu (vot contra); —, a. nu, de loc; —, ad. nu.

Nobility-nobiliti s. nobleță, boerime.

Noble(man)-nóubel(măn) s. nobil, boer; —, a. nobil, vestit.

Nobleness-nóubelnes s. nobleță.

Nobly-nóubli ad. cu nobleță.

Nobody-nóubodi pron. nimeni.

Nocturnal-nóctărnăl a. de noapte, peste noapte.

Nod-nod s. înclinațiune, plecare; plecăciune; dare din cap; —, —, v. a. a se închină; a se a plecă; a face un semn cu capul.

Noise-nois s. sgomot; —, v. n. a face sgomot; —, v. a. a răspândi.

Noisily-nóisili ad. cu sgomot, sgomotos.

Noisiness-nóisines s. sgomot.

Noisome-nóisöm a. vătămător; desgustător; infect.

Noisy-nóisi a. sgomotos.

Nolens volens-nólenz-volens ad. cu voie ori fără voie.

Nome-nóm s. nom, provincie (în vechiul Egipt).

Nomenclature - nömencleicior s. nomenclatură.

Nominal-nóminăl a. nominal; —ly, ad. după nume.

Nominate-nómineit v. a. a numi.

Nomination-nominéișön s. numire.

Nominative-nóminătiv s. nominativ; —, a. ce conține un nume.

Nominee-nomini s. persoană numită într'o funcție.

Nonage-nónéidj s. minoritate, nevârstnicie.

Nonagenarian - nondgenéiriăn s. om în vârstă de 90 de ani.

Non-appearance-nonăpiá răns s. (jur.) lipsă, neînfățișare.

Non-attendance - nonătén dăns s. lipsă, absență.

Nonce-nons s. for the —, de o cam-dată.

Nonconformist-nonconfórmist s. ne adept al religiunii anglicane.

None-nön a. și pr. niciunul; nimeni.

Nonentity-uonéntiti s. neexistență, lucru care nu există.

Non-observance-nonobsér văns s. neobservare, nepăzire.

Non-performance-nonper,órmăns s. neîmplinire.

Nonplus-nónplös v. a. a zăpăci, a încolți pe cineva.

Nonsense-nónsens s. non-sens, absurditate; —! ași haida de!

Nensensical-nonsénsicăl a. absurd.

Nonsuit-nónsiut v. a. a respinge o jalbă; a respinge în lipsă; (jur.) pierdere de proces.

Noodle-núdel s. agemiu, nătăfleț.

Nook-nuc s. colț; unghiu; colt retras; ascunzătoare.

Noon-*nun* s. miezul zilei, amiazi.

Noonday-*nündei* s. amiazi.

Noose-*nuz* s. nod ce se poate lesne strânge și desface; laț;—, v. a. a prinde cu un nod ce se poate lesne strânge și desface: a prinde cu un laț.

Nopal-*nóupal* s. nopal (plantă groasă).

Nor-*nor* conj. nici.

Normal-*nórmăl* a. normal, regulat; obișnuit; perpendicular.

North-*north* s. nord;—*east*, nord; est;— *west*, nord-vest;— *star*, steaua populară.

Northerly - *nórtherli*, **northern**-*northern* a. dela Nord, din spre Nord.

Northward(s)-*nórthuard(z)* ad. spre Nord.

Nose-*nóuz* s. nas; bot; țeavă; capăt; *to be led by the*—, a fi dus de nas; *to put one's*—*out of -oint*, a turti nasul cuiva; a înlătura pe cineva: *to turn up one's*—, a se încruntă la față; a face mutre; — *bag*, torbă (cu ovăz la gâtul cailor);— *-band*, curea deasupra botului la cal.

Nosegay-*nóuzghei* s. buchet de flori.

Nostalgia-*nóstălgiă* s. nostalgie, dor de țară.

Nostril-*nóstril* s. nară.

Nostrum-*nóstrŏm* s. leac ascuns; iarba fiarelor.

Not-*not* ad. nu;—*at all*, de loc, nici de cum.

Notability-*noutăbiliti* s. notabilitate.

Notable-*nóutăbel* a. notabil, însemnat; harnic, activ; casnic; econom.

Notably-*nóutăbli* ad. în mod însemnat; cu îngrijire.

Notary-*nóutări* s. notar.

Notation-*noutéișon* s. notațiune.

Notch-*nóci* s. crestătură, tăietură; știrbitură;—, v. a. crestă; a tăiă în ceva; a știrbi.

Note-*nout* s. notă; semn; semn muzical; punct; însemnare; bi-

let; aviz; socoteală; *to*—*donu*, a notă; *bank*—, bilet de bancă; *to make a*—*of*, a lua cunoștință de ceva; —, v. a. a notă; a însemnă; a observă.

Noted-*nóuted* a. însemnat. vestit.

Nothing-*nóthing* s. nimic, nimicnicie; —*ly*. ad. nici de cum; nimic;—*ness*, nimicnicie; deșertăciune; gol;—*worth*, bun de nimic.

Notice-*nóutis* s. notiță; avis; băgare de seamă; cunoștință; *on, at short*—, în termen scurt; *to give*—*to quit*, a da drumul; *to take no*—*of*, a nu-i păsă de loc de; *to attract*—, a atrage atențiunea; —. v. a. a observă; a băga de seamă.

Noticeable-*nóutisăbel* a. ce se poate percepe; vrednic de băgat în seamă.

Notification - *noutifikéișon* s. notificare

Notify-*nóutifai* v. a. a notifică; a face cunoscut.

Notion-*nóușon* s. noțiune; idee; cunoștință.

Notoriety-*nóutorăieti* s. notorietate.

Notorious-*noutóriŏs* a. notoriu, cunoscut de toți; —*ly*, ad. în mod cunoscut

Notwithstanding-*notuithstánding*, conj. cu toate acestea; cu toate că; de și, totuși.

Nought-*nót* s. nimic; zero; *to set at*—, a desprețul.

Noun-*náun* s. nume, substantiv.

Nourish-*nŭriș* v. a. a nutri, a hrăni, a întreține.

Nourishment - *nŏrișment* s. hrană.

Novel-*nóvel* s. nuvelă, roman; —*-writer*, scriitor de romane, romancier;—, a, nou.

Novelist-*nóvelist* s. nuvelist, romancier.

Novelty-*nóvelti* s. noutate.

November-*novémber* s. Noembre.

Novice-*nóvis* s. novice.
Novitate-*novișieit* s. noviciat.
Now *nău* ad. acuma: haide!;—
and then, —and again câte o-
dată une-ori —*then!* ei bine!*just*
—, tocmai acum; numai decât.
Novadays - *náuădeiz,* ad. în
ziua de azi; în zilele noastre
Nowhere-*nóuueer* ad. nicăieri
Nowise-*nóuuais* ad. de loc, nici
de cum.
Noxious - *nócșŏn* a. vătămător;
—*ly,* ad. vătămat.
Nozzie - *nózel* s nas; rât: bot;
bec (de lampă); țeavă; vârf.
Nucleus-*niúcleus* s. sâmbure.
Nude-*niúd* a. nud, gol.
Nudge-*nŏdj* s. lovitură cu cotul;
— ·v. a. a lovi cu cotul.
Nudity-*niuditi* s goliciune.
Nugatory-*niúgători* a. futil, de
nimic; neînsemnat; copilăresc.
Nugget-*nŏghet* s. pepiță; bucată
de aur, bulgăre de aur nativ.
Nuisance-*niusans,* s. pagubă;
vătămare, inconvenient; supă-
rare; incomodare; murdărie; *om-
mit no—!* murdăria oprită.
Null-*nŏl* a. nul, fără valoare.
Nullify-*nŏlifai* v. a. a anula; a
declară fără valoare.
Nullity-*nŏliti* s. nulitate; neva-
loare·
Numb-*nŏm* v. a. a amorți; a pă-
trunde, a îngheța; —, a. amor-
țit; înghețat.
Number-*nŏʌber* s. număr, can-
titate; număr; fasciculă; bro-
ken—, fractional—, număr frac-
ționar; odd—, număr fără soț;
—, v. a. a număra; a numero-
tă, a însemna cu un număr.
Numberless-*nŏmberles* a. ne-
numărat; fără număr.
Numbness-*nŏmnes* s. amorțire.
Numeral-*niumerăl* s. cifră; —,
a. numeral, care arată numărul;
numeric; de număr, în număr.
Numeration-*niumereișŏn* s. nu-
mărare; numărătoare.
Numerator *niumereitor* s. nu-
mărător.

Numerical-*niuméricăl* a. nu-
meric; —*ly,* ad. după număr,
numericește-
Numerous-*niumerŏs* a. nume-
roș; —*ly,* ad. în număr mare.
Numismatics *niumismătics* a.
pl. numismatică. știința mone-
delor și a medaliilos vechi
Numskull-*nŏmiscol* s. bădăran;
neghiob, prost.
Nun-*nŏn* s. călugăriță.
Nuncio-*nŏnșio* s. nunciu, am-
basador al Papei.
Nunnery-*nŏneri* s. mănăstire (de
călugărite).
Nuptial-*nŏpșăl* a. nupțial, de
căsătorie.
Nuptials-*nŏpșăls* s. pl. căsătorie.
Nurse-*nŏrs* s. doică; îngrijitoare
de copii; îngrijitor de bolnavi;
wet—, doică; dry—, doică care
alăptează cu biberonul, cu sugă-
toarea; dădacă; —, v. a. a hră-
ni; a crește
Nursery-*nŏrseri* s. cameră de
copii; pepinieră, răsadniță;—*ma-
id,* dădacă.
Nursling - *nŏrsling* s. copil de
țâță; drăguț.
Nurture-*nŏrciur* s. hrană; creș-
tere; —, v. a. a hrăni; a crește
Nut-*nŏt* s. nucă; matricea șuru-
pului; a hard—to crack, o ches-
tiune greu de rezolvat; to be—'s
for, a fi plăcut pentru;— -cra-
cker, spărgătoare de alune; (de
nuci);— -gal, gogoși de ristic;—
-shell. coaje de nucă;— -tree, a-
lun; —, v. n. a culege nuci.
Nutmeg-*nŏtmeg* s. nucă tămâ-
ioasă; —*tree,* pom tămâios.
Nutriment-*niutriment* s hrană.
Nutrition-*niutrișŏn* s. nutriți-
une, hrană.
Nutritious-*niutrișŏs,* **nutriti-
ve** *niutritive, niutritiv* a. nutritor.
Nutty-*nŏti* a. care are gust de
alune.
Nux-vomica-*nŏx vomică* s. nu-
că vomica, turta-lupului
Nymph-*nimf* s. nimfă, zână.

O

Oaf-*ouf* s. gogoman, neghiob; —*ish* a. prost.

Oak-*óuc* s. stejar;— -a *ple*, gogoşi de ristic;— -*bark*, scoarţă de stejar; făină din scoarţa stejarului pentru argăsit.

Oaken-*óuken* a. de stejar.

Oakum-*óucŏm* s. câlţi.

Oar-*óer* s. vâslă, lopată.

Oarsman-*óersmăn* s. vâslaş, lopătar.

Oasis-*óásis* s. oază, insulă de verdeaţă în mijlocul pustiului.

Oat(s)-*óuts* s. ovăz;— -*field*, câmp de ovăz;— *meal*, făină de ovăz; *to sow one's wild*—, a prinde la minte.

Oath-*óuth* s. jurământ;— -*breaking*, sperjur, jurământ fals; *to be under an*—, a fi legat prin jurământ.

Oatmeal-*óutmil* s. făină de ovăz.

Obduracy-*óbd.urási* s. întărire; împietrire; încăpăţânare.

Obdurate-*óbdiureit* a. întărit; împetrit; încăpăţânat.

Obedience-*obídiens* s. ascultare, supunere.

Obedient-*obídient* a. acultător; supus; —*ly*, ad. cu supunere; *yours*—*ly*, prea supusul d-voastră servitor.

Obeisance-*obéisăns* s plecăciune, salutare.

Obelisk-*óbelisc* s. obelisc.

Obese-*obís* a. prea gras, burtos.

Obesity-*obísiti* sau *óbésiti*. s. o besitate.

Obey-*obéi* v. a. a ascultă, a se, supune.

Obituary-*obítiueri* s pomelnicul morţilor, necrologie.

Object-*óbject* s. obiect, lucru; subiect; materie; ţintă, scop;— -*glass*, obiectiv, lentila unei lunete îndreptată asupra obiectului de văzut; —, v a & n. a

obiectă; a (se) opune, a (se) împotrivi.

Objection-*objécşŏn* s. obiecţiune; împotrivire (la o propunere); imputare; *I have no*—, nu mă opun.

Objectionable-*objecşunăbcl* a neadmisibil; de mustrat.

Objective-*objéctiv* a. obiectiv, care ţine de obiect, al obiectului; —, s. (gr.) complementul drept; acuzativ;— -*case*, cazul acuzativ; —*ly*, ad. în mod obiectiv.

Oblation-*obléişŏn* s jertlă, o-irandă.

Obligation-*oblighéişŏn* s. obligaţiune, îndatorire; (t. com.) obligaţiune, creanţă, titlu de rentă al unei societăţi comerciale, etc.; *to be under an*—*to a person*, a fi îndatorat faţă de cineva; *to lay a person under an*—, a îndatoră pe cineva.

Oblige-*obláiỷ* v. a a sili; a îndatoră; a trebui; *I shall be*—*d*, o să fiu îndatorat.

Obliging-*obláiging* a. îndatoritor; —*ly*, ad. îu mod îndatoritor.

Obligingness- *obláigingnes* s. îndatorire.

Oblique-*oblíc* a. oblic, piezis, aplecat; (fig.) prefăcut; —, v. a. a merge oblic, piezis; —*ly*, ad. în mod înclinat.

Obliquity-*oblícuiti* s- oblicitate, piezăşie; nesinceritate; prefăcătorie.

Obliterate - *obliéreit* v. a a şterge; a anulă; a ştampilă; —*ed stamps*, mărci ştampilate

Obliteration-*oblitéreişŏn* s ştergere; anulare; ştampilare.

Oblivion-*oblívion* s uitare.

Oblivious *oblívios* a. uituc, de uitare.

Oblong-*óblong* a. lungăreţ.

Obloquy-*ohlócui* s, dojană, mustrare; ocară, ruşine,

Obnoxious-*obnócşŏs*, a. de dojěnit; de pedepsit; vinovat; neplăcut; vătămător.

Obscene - *obsin* a. obscen, murdar;—*ly*, ad. în mod obscen.

Obscenity *obseniti* s. obscenitate, murdărie.

Obscuration - *obskiuréişŏn* s. întunecare.

Obscure-*obskiúer* v. a. a întunecă; —, a întunecos; — *ly*, ad. în mod obscur; neînţeles.

Obscurity *obskúriti* s. întunecime.

Obsequies-*óbsicuis* s. pl. înmormântare.

Obsequious - *óbsicuiŏs* a. slugarnic, prea plecat; —*ly*, ad. în mod slugarnic.

Observable-*obzérvăbel* a. observabil, de observat; simţitor.

Observance-*obzérvăns* s. observaţiune; păzire; băgare de seamă; păzire, ţinerea regulilor religioase.

Observant-*obzérvănt*,, **observing**-*obsérving* a. observator; băgător de seamă; respectuos; slugarnic.

Observation,*obzervéişŏn* s. observaţiune: băgare de seamă.

Observatory-*obzérvătŏri* s. observatoriu.

Observe-*obzérv* v a. & n. a observă: a face să observe; a iace observaţiune! a băga de seamă; a fi băgător de seamă.

Observer-*obsérver* s. observator, păzitor (al datoriior religioase; cercetător (al evenimentelor, fenomenelor); privitor.

Obsolete-*óbsolit* a. a învechit, trecut din modă.

Obstacle-*óbstŏkel* s. obstacol, piedecă.

Obstetrics-*obstétrix* s. pl. obstetrică.

Obstinacy-*óbstinăzi* s. încăpăţânare.

Obstinate-*óbstineit* a. încăpăţânat, îndărătnic; —*ly*, ad. cu încăpăţânare.

Obstruct *obstrŏct* v. a. a astupă, a închide; a opri, a împiedecă; —, s. piedecă.

Obstruction-*obstrŏcşŏn* s. obstrucţiune, astupare; piedecă.

Obtain-*obtéin* v. a. & n a obţine; a dobândi; a procură; a se stabili; a există; a domni.

Obtainable - *obtéinăbel* a. de obţinut, de dobândit.

Obstrude *óbstrúd* v. a. a cădeă în sarcina cuiva; a introduce; a băga; a se arătă; a se impune.

Obtuse-*obtiús* a. obtuz; tocit (într'o parte).

Obviate-*óbvieit* v. a. a preîntâmpină, a luà măsuri pentru a înlătură; a preveni.

Obvious-*óbviŏs* a. învederat, lămurit, clar simţitor: —*ly*. ad. evident, învederat; în mod simţitor.

Occasion-*ocáişŏn* s. ocaziune; 'imprejurare; întâmplare; motiv, cauză; —, v. a. a ocazionă; a pricinui; a da prilej.

Occasional *ocăişŏnăl* a. occasional, cu prilejul întâmplător; —*ly*, ad. din întâmplare.

Occidental-*occidéntăl* a. occidental, apusean.

Occult-*ocŏlt* a. ocult, ascuns, tainic.

Occupancy-*okiupănzi* s. ocupare.

Occupant-*ókiupănt* s. care ocupă, posesor; care locueşte (o casă).

Occupation-*okiupéişŏn* s. ocupaţiune; posesiune; meserie.

Occupy-*okiupai* v. a. a ocupă; a întrebuinţa; a locui; a posedă; a luà în stăpânire.

Occur *oker* v. n. a se află, a se găsi; a se întâmplă: a trece prin gând; a veni în minte.

Occurence-*ocŏráns* s. întâmplare, eveniment, accident.

Ocean-*óşăn* s. ocean.

Oceanic *oşánic* a. oceanic.

Ochre-*ókers* s. ocru argilă colorată.

Octagon- *óctăgon* s. octagon, poligon cu opt laturi.

Octagonul-*octăgonăl* a. octa-
gonal.

Octave-*ócteiv* s. octavă (*t. mus.*).

Octavo-*octéivo* s. in-octavo, în
opt.

October-*octóber* s. Octombre.

Ocular-*okiúler* a. ocular, al o-
chiului.

Oculist-*okiulist* .s oculist, doc-
tor de ochi.

Odd-*od* a. fără soț; nepereche;
desperechiat; separat; ciudat;
rămas, supranumerar; *there is
still some—money*, mai sunt ceva
bani (rămași) supranumerar; *to
do at—times*, a face din când în
când; *—ly*, ad. fără soț, nepe-
reche; neînperecheat; în mod
ciudat.

Oddity-*óditi*, **oddness**-*ódnes* s.
neregularitate; ciudățenie.

Odds-*ods* s. nepotrivire, deose-
bire, n:egalitate; avantaj, su-
perioritate, preponderanță; cear-
tă, neînțelegere; *—and ends* lu-
cruri fără valoare.

Odious-*óudiŏs* a. odios, scârbos;
—ly, ad. în mod odios.

Odium--*óudiŏm* s ură, urăciune.

Odorous-*óuderŏs* a. parfumat,
mirositor.

Odour-*óudar* s. odoare, miros,
parfum; mireasmă.

Of-*of* pr. de; dela; din; cu; prin;
pentru; despre; *he awoke of him-
self*, se deșteptase dela sine (sin-
gur); *to be—a party*, a aparține
(la) unei societăți; *to be pro-
ud—*, a fi mândru de; *the battle
—Quebec*, bătălia dela Quebec;
all—them, toți din ei (ele); *the
city—London*, orașul Londra; *to
complain of*, a se plânge de;
—an evening, într'o seară; *of
late*, de curând; *a friend—mine*,
unul din amicii mei.

Off-*of* a. depărtat;—, de departe,
departe; din depărtare; împotri-
vă; stricat; *to be—*, a pleca, a
se duce; *be—!* pleacă, cară-te
de aci! *to be well—*, a sta bine
în afacerile sale.

Offal-*ófăl* s. lepădătură, fără-
mituri; rozături.

Offence-*oféns* s. ofensă; ocară,
insultă; scandal.

Offend-*ofénd* v. a & n. a ofensa;
a jigni, a călcà (legea); a greși;
a păcătui, a displace.

Offender-*ofénder* s. ofensător,
criminal, vinovat; păcătos; *old—*
recidivist, cel ce s'a făcut vino-
vat a doua oară de acelaș delict.

Offensive-*ofénsiv* a. ofensător;
injurios; jignitor; ofensiv; *—ly*,
ad. în mod ofensiv.

Offer-*ófer* s. ofertă; propunere;
—, v. a. & n. a oferi; a propu-
ne; a înfățișa ochilor; a se în-
fățișà; a (se) prezentà; a se sfor-
tà, a se sili; a jertfi; *when oc-
casion—s*, la prima ocaziune.

Offering-*ófering* s. ofertă; jert-
tă, prinos.

Offertory-*ófertori* s. rugăciune
înainte de jerfirea pâinei și vi-
nului.

Office-*ófĭs* s. oficiu; funcțiune;
post, slujbă, serviciu; birou; ca-
binet; rugăciune; —, v. a. a
oficià.

Officer-*ófiser* s. ofiter; slujbaș,
funcționar; portărel; aprod;—,
v. a. a procurà ofiteri.

Official-*ofĭsăl* s. oficial; funcți-
onar; slujbaș;—, a. oficial; *—ly*,
ad. în mod oficial.

Officiate-*ofĭsieit* v. a. & n. a
oficià; a administrà; a da; a
distribuì.

Officious-*ofĭşŏs* a. oficios, în-
datoritor, binevoitor; *—ly*, ad.
în mod oficios; de bunăvoință.

Offing-*ófing* s. largul mării; *in
the —*, în largul mării.

Offscouring-*ófscouring* s. le-
pădătură, brac, refuz.

Offset-*ófset* s. mlădiță, vlăstar;
(geom.). linie adusă dela un punct
al curbei perpendiculară pe axa
sa, ordonanța.

Offshoot-*ófşut* s. mlădiță, vlăs-
tar.

Offspring-*ófspring* s. propagatiune; urmaş, viţă, ncam; copii.

Olt-*oft*, **olten**-*ófen* ad. adesea; des; *often times*, adesea ori: *often ant o'ten*, foarte adesea; *how*—? de câte ori?

Ogle-*óghel* s. ochire, ochiadă; —, v. a. a privi pe furiş, cu coada ochiului.

Oh! *o!* interj. oh! vai!

Oil-*óil* s. uleiu; unt; *castor*—, uleiu de ricin; *olir*—, untdelemn; *cloth*, —*skin*, muşamă; —, v. a. a unge cu untdelemn.

Oiliness-*óilines* s. calitate uleioasă: uncţiune.

Oily-*óili* a. uleios, untos.

Ointment-*ointment* c. unsoare; alifie.

Old-*óuld*, **o'den**-*óulden* a. bătrân, vechiu —*age*, bătrâneţe; *as*—*as the hills*, secular; *how*— *are you?* ce vârstă aveţi? *I am ten years*—, sunt de 10 ani; —*nick*, dracul; —*ne s*, bătrâneţe; antichitate; vechime.

Oldish-*óuldiş* a. cam vechiu.

Oleaginous-*oliéiqinŏs* a. uleios.

Oleander-*oliăn'er* s. oleandru.

Olive-*óliv* s. maslin; maslină; —*oil*, untdelemn; —*tree*, maslin.

Omelet-*ómelet* s omlet, jumări.

Omen-*óumen* s. prevestire, augur, piază.

Omened · *óumened* a. pr. vestitor, de augur.

Ominous-*óminŏs* a. de rău augur, sinistru, fatal; —*ly*, ad. de rău augur.

Omission - *omişŏn* s. omitere, lăsare afară.

Omissiv-*omisiv* a. care omite, lasă afară.

Omit-*omit* v. a. a omite, a lăsă afară.

Omnibus-*ómnibŏs* s. omnibus

Omnifarious-*omnifăriŏs* a. multiplu, felurit.

Omnipotence - *omnipotens* s. omnipotenţă, atotputernicie.

Omnipotent-*omnipotent* a. omnipotent.

On-*on* prep. şi ad. peste; deasupra; la; din; al; a; după; mereu; înainte; mai departe; *and so*—, şi aşa mai departe; —*and off*, fără şir, în fărămituri; —*the contrary*, din potrivă; *go*—*l* înnainte!

Once-*óáns* ad. odată; odinioară; altădată; *at*—, deodată; în acelaş timp; *all at*—, deodată; —*upon a time, there was*, era odată: —*for all*, odată pentru totdeauna; *for*—, de astădată; —*and again*, foarte adesea; —*more*, încă odată

One-*uán* a. şi pr. un, una; o; cineva; omul; — *by*—, unul câte unul; *any*—; cineva; *every*—, fiecare; *no*—, nimeni; —*d y*, într'o zi; *a large dog and a little*—, un câine mare şi un mic (câine), (*one*= ţine loc de câine); —*'s*, său, sa, sei, sale.

Oneness-*uánes* s. unitate; simplitate.

Onerous-*ónerŏs* a. oneros; în sarcina cuiva; împovărător.

Oneself, one's self-*uánz elf* pr. însuşi; se; sine; sieşi; *to come to*—, a'şi veni în fire; a se face mai bun.

Onion-*óniŏn* ceapă.

Only-*óunli* a. & ad. singur; numai; *if*—, de îndată ce; —*yesterday*, abia ieri; —*think l* gânditi-vă numai l

Onset-*ónset*, **onslaught**-*ónslot* s. asalt, atac.

Onward-*ónuard* ad. înainte, mai departe.

Onyx-*ónix* onix, agată fină cu straturi de diferite culori.

Ooze-*uz* s. nămol, mocirlă;—, v. n. a se scurge, a se strecură; a picura, a filtrá.

Oozy-*uzi* a. noroios, mocirlos.

Opacity-*opăsiti* s. opacitate, întunecime.

Opal-*óupăl* s. opal, piatră preţioasă cu colori foarte vii.

Opaque-*opéic* a. opac, nestrăvăzător.

Open-*óupen* v. a. & n. a (se arăta; a (se) descoperi; a despecetlui (o scrisoare), a destăinui; a desluși, a explica, a începe; —, a. deschis; sincer, vădit liber; nedescoperit; publ c; generos; *in the—air*, sub cerul liber; *to—an account*, a deschi le un cont; —*ly*, ad. în public; sincer; deschis; curat, deplin;— -*handed* darnic;— -*hearted*, franc, deschis; sincer.

Opening-*óupning* s. deschidere; inagurare: notificare: eșire (a unei strămtori, văi); debușeu.

Openness-*óupnes* s. sinceritate, franchețâ; limpezime; claritate, preciziune.

Opera-*óperă* s. operă:— -*cloak*, pelerina ce pun femeile eșind din bal;— -*gl ss*, lornietă, binoclu:—*house*. operă, teatru liric.

Operate-*ópereit* v. n. a operă, a lucra, a făptui.

Operatic-*operătic* ad de operă (teatral).

Operating-room-*opereitingrum* s. sala de operațiune (la spital); amiiteatru.

Operation-*opereișön* s. operațiune.

Operative *óperătiv* s. lucrător; —, a. eficace, care produce efectul; muncitor.

Operator-*opereiter* s. operator; chirurg, cel care face operația.

Ophthalmy-*ófthălmi* s. oftalmie, inflamația ochiului.

Opiate-*ópieit* s. opiat, preparațiune farmaceutică cu opiu.

Opine *opáin* v. a a opiniă, a-și da părerea; a fi de părere; a i se părea.

Opinion - *opiniön* s. opiniune, părere.

Opinionated - *opiniönéited*, **o-pinionative**-*opiniuntiv* a. încăpățânat, îndărădnic.

Opossum-*opósöm* s. cangur (animal din America).

Opponent-*opóunent* s. antagonist, potrivnic; adversar.

Opportune *óportiun* sau *óporciun* a. cportun, la timpul și locul său; —*ly*, ad. la timp.

Opportuneness - *óportiunenes* sau *óporciunenes* s. oportunitate, prilej bun, ocaziune favorabilă.

Opportunity-*oporciuniti* s. o-i ortunitate, ocaz une.

Oppose *opóuz* v. a. & n a (se) opune, a se împotrivi.

Opposite-*ópozit* s. contr riul; —, a. opus; pus față în fa ă; —, *ly*, ad. în partea opusă; în sens contrar; *oppossite to*, vizavi, față i i față.

Opposition-*ovozișön* s. opozițiune, împotivire.

Oppress-*oprés* v. a a oprimă, a asupri.

Oppression *opréșon* s. opresiune, asuprire

Oppressi. e-*oprésiv* a opresiv, de asuprire, asupritor.

Oppressor-*oprésor* s- opresor, asupritor.

Opproprions *opróbr.ös* a. care aduce necinste; insultător, mârșav.

Opprobrium-*opróbriöm* s. rușine; ocară, necinste.

Optic(al)-*ópticăl* a. optic, al vederei.

Optician-*optișăn* s. optician.

Optics-*optics* s pl. optică.

Option-*ópșön* s. opțiune, alegere.

Optional *ópșönăl* a. facultativ; la alegere.

Opulence-*ópiulens* s. opulențâ, belșug; bogăție mare.

Opulent - *ópiulent* a. opulent; îmbelșugat; foarte avut; —*ly*, ad. cu opulență, cu îmbelșugare.

Or-*or* conj. sau, ori;— *ever*,—*e'er*, ad. oricât; înainte ca; *either*... —, sau... sau;—*else*, alminterea.

Oracle *órăkel* s. oracol.

Oracular *orăkiular* a. enigmatic, greu de tălmăcit; —*ly*, ad. ca un oracol.

Oral-*órăl* a. oral; —*ly*, ad în mod oral.

Orange *óranj* s. portocală.

Orangeade-*orăngéid*s limonadă din portocale.

Oration-*oréişŏn* s. cuvântare, discurs.

Orator-*órător* s. orator.

Oratorical-*orŏtóricăl*, a. oratorie, oratoriu.

Oratory-*órători* s. retorică, oratoriu.

Orb-*orb* s. cerc, sferă, circumferință, glob.

Orbit-*órbit* s. orbită, spațiul parcurs de o planetă; gaura ochiului.

Orchard-*órciard* s. pomet.

Orchestra-*órkĕstră*s. orchestră.

Ordain-*ordéin* v. a. a ordonă, a rândui, a pune la cale; a porunci; a prescrie; a înființă.

Ordeal-*órdiăl* s. ordalie, probă de nevinovăție.

Order-*órder* s. ordine; rânduială; rang; regulă de purtare; poruncă; inscris; ordin de plată, mandat; cerere; decorațiune; *to make* to—, a face după poruncă; *to take holy*—*s*, a se face preot; *to call* to—, a chema la ordine; *in*—*to*, spre a; (pentru), ca să; —, v. a. a regulă; a porunci; a dispune de.

Order-*órder* s. ordonator, cel care dă ordin de plată; aranjatorul (unei mese, etc.).

Ordering-*órdering* s. ordin, poruncă; dispozițiune, punere la cale.

Orderly-*órderli* s. ordonanță (*mil.*); —, a. prea regulat; ad. metodic; regulat.

Ordinance-*órdinăns* s ordonanță; regulament; ceremonia cultului; ritual.

Ordinariy-*ordinarly* ad. de obiceiu.

Ordinary-*ordinări* s. masă comună la birt (fr. table d'hôte); —, a. ordinar; obișnuit.

Ordination-*ordineişŏn* s. hirotonisire, prescriere

Ordonance-*órdnăns*s. artilerie, tunuri.

Ore-*or* s. minereu; mină, ocnă.

Organ-*órgăn* s. organ (instrument); voce; orgă; *the—s of speech*, organul vocii.

Organic-*orgănic* a. organic, al organelor.

Organisation-*orgăniséişŏn* s. organizațiune; întocmire, alcătuire.

Organise-*órgănais* v. a. a organiză; a alcătui, a întocmi.

Organism-*órgănism*s.organism.

Organist-*órgănist* s. organist, cel care cântă din orgă.

Orgie-*órgi* s. orgie; desfrânare, beție (zgomotoasă).

Orient-*órient* s. orient, răsărit.

Oriental-*orientăl* a. oriental, dela răsărit.

Orifice-*órifis* s. orificiu, deschizătură.

Origin-*órigin* s. origină, sorginte; început, viță.

Original-*originăl*s. original; —, a. original, care provine dela o-rigină; făcut fără model —*ly*, ad. în origină, în principiu; de la început.

Originality-*originăliti* c. originalitate.

Originate-*originéit* v. a. & n. a face să iasă; a da naștere; a scoate la iveală; a începe din, a se trage; a veni din.

Ormolu-*órmolu* s. aur redus în praf pentru a polei; —, a. poleit cu aur.

Ornament-*órnăment* s. ornament, podoabă; —, v. a orna, a împodobi: a decora.

Ornamental-*ornăméntăl* a ornamental, ce poate servi de podoabă; —*ly*, ad. în mod ornamental; de podoabă.

Ornate-*ornéit* a. ornat, împodobit: decorat.

Orphan-*órfan* s. orfan(ă):— *a-sylum*, orfelinat; —, a. orfan.

Orphanage-*órfăneiş*, s. orfelinat; stare de orfan.

Orrery-*óreri* s. planetar.

Orthodox-*órthŏdŏx* a. ortodox

Orthodoxy-*órthodoxi* s. ortodoxism.

Orthographical-*orthógrăficăl* a. ortografic.

Oscillate-*ósileit* v. n. a oscilă, a se mișcă încoace și încolo, a se clătină; *(fig.)* a șovăi, a sta la îndoială.

Oscillation *osiléișŏn* s. oscilațiune.

Osier-*ójier* s. răchită; nuia de răchită.

Osprey-*ósprei* s. vultur de mare.

Ossification-*osifikéișŏn* s. osificare, formarea oaselor; prefacere în oase.

Ossify *ósifai* v. a. & n. a osifică; a (se) transformă în oase.

Ossuary-*ósiuari* s. bolnița cu oseminte într'un cimitir; loc de păstrat cărnuri.

Ostensible-*osténsibil* a. învederat, ce se poate arătă, ostensibil.

Ostensibly *osténsibli* a. fățiș. de văzut.

Ostentation-*ostentéișŏn* s. ostentațiune, fală, lăudăroșie.

Ostentatious-*ostentéișos* a. mândru, falnic; pompos; —*ly*, ad. prin lăudăroșie; prin fală.

Ostler-*ós tjler* s. rândaș; rândaș de cai.

Ostracise-*óstrăsaiz* v. a. a ostracizà, a exilà prin scoici (obiceiu la Grecii antici).

Ostrich-*óstrici* s. struț.

Other-*ótœr* a. alt; *each*—, u-nul pe altul, unul altuia; *one*—, încă un.

Otherwise-*ótheruaiz* ad. altminteri; alt-fel; de altminteri, de altfel.

Otter-*ótœr* s. viperă, aspidă, vidră.

Ottoman-*ótoman* s. otomană, divan;—*seat*, taburel gros (pentru șezut).

Ought-*ot* v. imp. ar trebui.

Ounce-*áuns* s. uncie (măsură).

Our-*áuœr* a. al nostru; a noastră; ai noștri; ale noastre; —*s*,

pron. al nostru, a noastră; ai noștri; ale noastre.

Ourselves-*áuerselvz* pron. noi înșine.

Oust-*áust* v. a. a da afară, a scoate, a goni dintr'un loc; *(jur.)* a scoate dintr'o stăpânire.

Out-*áut* ad. afară, în afară; e-șit, plecat; sfârșit; stins;—*and* —, cu totul, cu desăvârșire; —! afară!

Out of-*aútov* prep. afară din; afară de; eșit din; departe de; în, printre.

Outbalance-*autbálăns* v. a. a întrece.

Outbid-*autbíd* v. a. ner. (perf. *outbade, outbid*, ptr. *outbiden*), a urcà (prețul); a da mai mult (la licitație); a se întrece.

Outbidder-*autbíder* s. ofertant, cel care dă mai mult.

Outbreak-*aútbreic* s. exploziune; isbucnire; răscoală.

Outbuilding-*aútbilding* s. dependențe (ale casei).

Outburst-*aútbirst* s. explozie.

Outcast-*aútcăst* s. exilat, isgonit; blestemat; —, a. isgonit, exilat, proscris.

Outcry-*aútcrai* s. strigăt, țipăt de spaimă.

Outdo *autdú* v. a. ner. (perf. *out-did*, ptr. *outdone*), a întrece.

Outer-*áuter* a. exterior, din afară.

Outermost-*aútermoust* a. exterior; din afară; extrem; cel mai îndepărtat.

Outfit-*aútfit* s. echipare, armament; zestre, gătire cu cele trebuincioase.

Outfitter-*aútfiter* s. furnizor de lucruri de echipament.

Outflank-*aútflăno* v. a. a înconjurà; a depăși; a luà în flanc.

Outgoing-*aútgoing* s. eșire; —*s*, pl. cheltueli.

Outgrow-*aútgrow* v. a. ner. (perf. *outgrew* ptr. *outgrown*, a crește mai mare; a întrece (în mărime); a crește peste; a se face prea mare (pentru hainele sale);

a se lăsă (de un obiceiu).

Outhouse-*aúthaus* s. dependenţă; şopron deschis.

Outing-*aúting* s. excursiune; lipsă de acasă.

Outlandish-*aullŏndiş* a. strein, ciudat, straniu.

Outlast-*autlŏst* v. a. a ţine mai mult; a supravieţuì.

Outlaw-*aútlo* s. proscris; —, v. a. a exilà, a proscrie.

Outlawry-*aú'lori* s. exil, proscriere.

Outlay *aútlei* s. cheltuială; cheltuieli; bani daţi înainte.

Outlet-*aútlet* s. eşire de scurgere; debuşeu; v. a. a da drumul afară.

Outline-*aútlain* s. contur, schiţă; —, v. a. a face conturul, a schiţà.

Outlying-*aútleing* a. depărtat, din afară, exterior.

Outmanoeuvre-*autmănŏver* v. a. a ocolì, a înconjurà (poziţiunea inamicului).

Outmarch-*aútmarci* v. a. a întrece, a luà înaintea cuiva, a întrece în mers; a lăsà în urmă.

Outmost-*aútmoust* a. exterior, din afară; extrem, ultim, depe urmă.

Outnumber-*aútnŏmber* a. a întrece în număr.

Outpost-*aútpost* s. avantpost, postul cel mai apropiat de inamic.

Outrage *aútreiş* s. insultă, ocară; —, v. a. a ultragià, a insultà grav.

Outrageous *autregiŏs* a. ocăritor, insultător; —*ly*, ad. cu ocară, în mod insultător.

Outrider - *aútraider* s. picher, servitor călare care procedă trăsura boierească.

Outrigger-*aútrigher* s barcă cu lopeţi.

Outright-*aútrait* ad. îndată, numai decât; de-a întregul, cu totul.

Outroot-*aurút* v. a. a desrădăcinà, a scoate din rădăcină.

Outrun-*autrŏn*, **outs**-*all*-*autséil* v. a. a alergà mai repede ca, a întrece în iuţeală, a întrece la alergare (*mar*).

Outset-*aútset* s. început; debut.

Outshine *autşáin* v. a. ner. (pert. şi ptr. *outshone*), a întrece în strălucire, a străluci.

Outside-*aútsaid* s. exteriorul, partea din afară; (imperială, bancheta de tramvai, omnibus, etc.); —*r*, s. străin; profan; —*rs*, lumea care se uită din afară; publicul.

Outskirt-*aútskeirt* s. margine, graniţă, hotar; chenar (la haine; mahala, cartier în afară din centru.

Outspoken-*autspóken* a. sincer, deschis; vorbind sincer, deschis.

Outspread-*aútsprid* v. a. ner. (pert. şi ptr. *outspread*), a întinde, a aşterne; a desfăşurà.

Outstare-*autstéer* v. a. a sgâì ochii, a se uità cu neruşinare; a încremenì cu privirea.

Outstrip-*aútstrip* v. a. a întrece la cursă.

Outwalk-*autuác* v. a. a merge mai repede decât, a întrece.

Outwall-*áutual* s. zid exterior.

Outware-*aútuer* a. şi ad. exterior; spre exterior, din afară; pe din afară; pentru străinătate, în afară; —*ly*, ad. în afară, pe din afară.

Outweigh-*autuéi* v. a. a cântări mai mult; a întrece.

Outwit-*autuit* v. a. a întrece în iuţeală; a înşelà.

Outwork - *autuérc* s. meterez, fort exterior; —, v. a. a lucra mai mult ca; a întrece.

Oval-*óuvăl* s. & a. oval.

Ovary-*óuvări* s. ovar.

Ovation-*ovéişŏn* s. ovaţiune.

Oven-*ŏven* s. cuptor; *dutch*—maşină de bucate.

Over-*áuver* prep. a & ad. peste; deasuprà; de o parte; pe cealaltă; dincolo; în; prin; în

lărgime; dela unul la altul; prea
deprisos; trecut; isprăvit; sfârşit;
—*again*, încă odată;—*against*, în
faţă; vizavi; —*and*—, în mai
multe rânduri, fără încetare; —
an above, pe lângă aceasta, mai,
pe deasupra, —*the way*, în faţă,
peste drum; *not—and above*, nu
prea mult; (loc.) *it is all—with
me*, s'a slârşit cu mine, m'am
dus pe copcă

Overabound-*ouverăbáund* v. a
a fi în foarte mare abundenţă.

Overact-*ouveráct* v. a. a exa-
geră, a împinge până la exces,
a covârşi de muncă, a obosi prea
mult.

Overall-*óuverol* s. haină deasu-
pra; pardesiu, surtuc; bluză; —*s*,
pl. pantaloni de călătorie sau de
lucru; bluză.

Overarch *óuverárci* v.a. a bolti;
acoperi cu o boltă.

Overawe-*ouveró* v. a. a se im-
pune, a impune respect prin
frică; a intimidă.

Overbalance - *ouverbálans* s.
prisos; —, v. a. a întrece; a cân-
tări mai mult decât, a precum-
păni.

Overbear-*óuverbeer* v a. ner.
(perf. *overbore*, ptr. *overborne*, a
biruì, a supune, a stăpâni; a
subjugă.

Overbearing-*ouverbéering* a. a-
rogant; poruncitor; copleşitor;
—*ly*, ad. cu trufie, imperios.

Overbid-*ouverbid* v a. ner. (perf
ocrebid, ptr. *overbid*, *overbidden*),
a da mai mult ca, a oferì o su-
mă mai mare ca.

Overburden-*ouverbir.en* v. a.
a încărcă peste măsură; a împo-
vără prea mult.

Overcast-*ouvercăst* v. a. ner.
(perf. şi ptr. *overcast*), a întunecă,
a acoperi (cu nouri); a coase pe
muche; a preţui prea scump.

Overcharge-*óuverciárj* s. preţ
peste măsură de mare, supra-
taxă; —, v. a. a încărcă peste
măsură; a împovără prea mult;

a vinde prea scump; a cere prea
cump.

Overcloud-*óuverciaud* v. a. a
acoperi cu nori.

Overcoat-*óuvercoat* s.pardesiu;
palton.

Overcome-*óuvercŏm* v. a. ner.
(perf. *overcame*, ptr. *overcome*), a
birui, a învinge; a supune.

Over-confidence - *ouvercónfi-
dens* s. prea mare încredere; prea
mare cutezanţă.

Over-confident - *óuverconfident*
s, prea încrezător.

Over-credulous - *óuvercrediu-
lŏs*, a prea încrezător, lesne în-
crezător.

Overdo *óuverdu* v. a. ner. (perf.
averdid, ptr. *overdone*), a încăr-
că, a împovără; a coace sau a
fierbe prea mult

Overdone *ouverdŏn* a. prea copt,
prea fiert.

Overdose - *óuverdous* s. doză
prea mare

Overdraw-*ouverdró* v. a. a tre-
ce peste limita creditului său.

Overdress-*ouverdrés* v. a. a se
gătì peste limită.

Overdrive *ouverdráiv* v. a. a
obosì peste măsură; a merge prea
departe, prea repede.

Overdue - *ouverdiú* a. neplătit
încă (t. com).

Overeat-*ouverit* v. a. ner. (perf.
overate, ptr. *overeaten*, *'overeat*),
a mâncă prea mult.

Overestimate-*ouverĕstimeit* v.
a..a preţui prea scump; a stimă
prea mult.

Overfatige-*ouverfătig* s. oste-
nire peste măsură, sleire; —, v.
a & n. a (se) osteni prea mult,
peste măsură.

Overfeed-*ouverfíd* v. a. a da
prea mult de mâncare.

Overflow-*ouverflóu* s. inunda-
ţie, revărsare; —, v. a. & n. a
(se) revărsă, a inundă; a avea
mare belşug de.

Over-fond-*ouverfónd* a. prea pa-
sionat; care iubeşte prea mult;

—*ly*, ad. cu prea multă dragoste.

Overgrow-*overgróu* v. a. & n. ner. (perf. *overgrew*, ptr. *overgrown*), a crește prea mare pentru, a întrece în creștere; a acoperì; —*grown*, crescut prea mult; acoperit.

Overgrovth - *óuvergrovth* s. creștere prea mare.

Overhang-*ouverhăng* v. a. & n. a fi atârnat de-asupra; a eși în afară.

Over-hasty-*ouverhéisti* a. pripit, prea grăbit.

Over-haul-*ouverhól* v. a. întrece în iuțeală; a examinà; (*t. mar*) a trage o frânghie spre țărm.

Overhead - *ouverhéd* ad. de-asupra capului; sus.

Overhear-*ouverhier* v. a. ner. (perf. și ptr. *overheard*), a auzi din întâmplare.

Overheat-*ouverhít* a. a. a încălzi peste măsură.

Overjoy-*ouvergiói* v. a. a încântà.

Overland-*óuverlănd* a. pe uscat.

Overlap-*ouverlăp* v. a. a acoperì din nou.

Overlarge-*ouverlărj* s. peste măsură de mare.

Overlay-*ouverléi* v. a. ner. (perf. și ptr. *overlaid*), a pune pe, a așezà pe; a acoperì; a înăbuși, a copleși; a aruncà peste.

Overleap-*ouveríp* v. a. a sărì peste.

Overload-*ouverlóud* v. a. a încărcà peste măsură; a împovărà.

Overlong-*ouverlóng* a. prea lung.

Overlook-*uvérlŏc* v. a. a dominà; a se înălțà peste; a supraveghià; a privì de sus; a se uità; a trece cu vederea; a lăsà în părăsire; a examinà.

Overmatch-*ouvermătş* v. a. a stăpânì, a birui; a fi prea tare; s. forța superioară.

Overmuch-*óufermŏtş* ad. prea mult.

Overnight-*óuverneigt* ad. noaptea trecută.

Overpass *ouverpăs* v. a trece dincolo; a trece peste; a nu luà in seamă.

Overplus-*ouverplŏs* s. prisos.

Overpower-*ouverpáuer* v. a. a stăpânì; a copleși; a asuprì.

Over-production-*ouverprodŏcşŏn* s. producțiune peste fire.

Overrate-*ouveréit* v. a. à prețui prea scump.

Overreach-*ouverŭtş* v. a. a se ridicà peste; a. întrece.

Override-*óuveraid* v. a. a surmenà, a obosì peste măsură.

Overrule-*ouverŭl* v. a. a cârmuì, a conduce; a stăpânì.

Overrun-*ouverŏn* v. a. & n. ner. perf. (*overran*, ptr. *overrun*) a năvălì, a pustiì; a străbate; a fi plin cu; a strivì; a geme de; a acoperì.

Oversee-*ouversi* v. a. ner. (perf. *oeersaw*, ptr. *overseen*) a supraveghià; a inspectà.

Overseer-*ouversieer* s. supraveghetor; inspector.

Overset-*ouversét* v. a. & n. a (se) răsturnà; a se cufundà.

Overshadow-*ouverşădou* v. a. a umbrì.

Overshoe-*ouverşu* s. galoș.

Overshoot-*ouverşút* v. a. & n. a trece peste țintă; a întrece; a străbate repede; a merge departe.

Oversight *óuversait* s. greșealà; nebăgare de seamă; uitare; supraveghere; inspecțiune.

Oversleep-*ouverslíp* v. n. (perf. și ptr. *overslept*), a se deștepta prea târziu; a dormì prea mult.

Overspent-*ouverspént* a. obosit prea mult; copleșit.

Overspread-*ouverspréd* v. a. ner. (perf. și ptr. *overspread*), a se întinde peste; a se împrăștià peste; a acoperì.

Overstep-*ouverp* v. a. a întrece, a depăși; a călcà.

Overstrain-*ouverstréin* v. a. & n. a merge prea departe, a depăși; a face sforțări prea mari; a se sili.

Overt-*óuvert* a. vădit, învederat; sincer; —*ly*, ad. pe față.

Overtake-*ouvertéic* v. a. ner. (perf. *overtook, overtaken*). a ajunge pe cineva; a prinde; a surprinde; a da peste; a apucă

Overtax-*ouvertăx* v. a. a împovăra cu dări.

Overthrow-*ouverthrou* s. răsturnare; infrângere; —, v. a. & n. ner. (perf. *overthrew*, ptr. *overthrown*), a răsturna; a distruge, a infrânge.

Overtime-*ouvertáim* s. ore suplimentare.

Overtop-*ouvertŏp* v. a. a se înnălță mai sus; a întrece; a domină.

Overture-*óuverciuer* s. propunere; uvertură; simfonie dela începutul unei opere.

Overturn *ouvertŏrn* v. a. a răsturnă; a distruge.

Overvalue-*ouvervăliu* v. a. a prețui prea mult; a stimă prea mult.

Overweening - *ouveruining* a. îngâmfat.

Overweight-*óuveruéit* s. supragreutate; preponderență.

Overwhelm-*ouverhelm* v. a. a cufundă; a copleși; a distruge.

Overwork-*ouvernéro* v. a. ner-(perf. și ptr. *overwrought*), a lucră prea mult, a lucră peste măsură; a obosi prea mult (un animal).

Overwrought *óuverout* a. obosit de lucru, obosit peste măsură.

Oviparous-*ovipărŏs* a. ovipar.

Owe-*óu* v. a. a fi dator; a avea drept la.

Owing-*óuing* a datorit; în urma; în virtutea; findcă.

Owl-*aul* s. bufniță.

Owlet *áulet* s. puiu de bufniță; cucuvaie.

Own-*óun* v. a. a posedă; a'și atribui; a recunoaște, a mărturisi; —, a propriu; *my*—, meu, mea, mei, mele; al meu, a mea, ai mei, ale mele.

Owner-*óuner* s. proprietar.

Ownership-*óunerșip* s. proprietate.

Ox-*ox* s. bou;— *-fly*, taun.

Oxide-*óxaid* s. oxid,

Oxidise-*oxidais* v. a. a oxida.

Oxygen-*óxigen* s. oxigen.

Oyster-*oister* s. stridie.

Ozone-*ozóun* s. ozon, oxigen modificat de electricitate.

P

Pabulum-*păbiulŏm* s. hrană.

Pacable-*péicăbl* a. pașnic, împăciuitor.

Pace-*péis* s. pas; umblet, mers; —, v. a. &n. a merge, a măsură pas cu pas; a păși; a merge în buestru; a urma.

Pacer-*péiser* s. buestraș, pedestraș.

Pacha-*pașó* s. pașă.

Pachydermatous-*păchidermátŏs* a pachiderm.

Pacific-*pacific* a. pacific; pașnic, liniștit.

Pacification - *păsifikéișon* s. pacificare.

Pacificator-*păsifikeiter* s. pacificator, împăciuitor.

Pacifier-*pasifiaier* s. pacificator.

Pacify-*păsifai* v. a. a pacifică, a împăciui, a împăcă; a liniști.

Pack-*pac* s. pachet; balot; pereche (de cărți); haită (de câini); — *-horse*, cal de povară; — *-house*, magazie;—*-man*, colportor; —*saddle*, samar, tarniță; —*-thread*, sfoară de ambalaj; —, v. a. & n. a (se) împachetă; a bate cărţi e de joc; to—off, a da drumul; a se şterge; to—up, a se împachetă; a'şi face baga-jul.

Package-pắkodj s. colet, ladă cu mărfuri; împachetare, împa-chetat.

Packcloth-pắcloth s. pânză de împachetat.

Packer pắker s. om care îm-pachetează.

Packet-pắket s. pachet;—-boat pachebot, vapor accelerat pentru pasageri şi scrisori; —, v a. a împachetă.

Packing-pắking s. împacheta-tul;— -case; ladă de împache-tat;— -needle, undrea de împa-chetat; to send a person—, a goni pe cineva.

Packthread-pắcthread s. sfoară de ambalaj.

Pact-pact **paction**-pắcşon s pact, contract.

Pad-pŏd s. potecă, cărare; cal buestraş; tâlhar de drumuri; per-nă şomoiog de baie); pernă cu câlţi (săculeţe de astupat cră-păturile uşilor şi ferestelor; —, v. a. a străbate; a vătui, (a um-pleă cu lână, câlţi, păr, etc.): —, v. n. a merge încetişor.

Paddle-ʃādl s. vâslă, lopată; vâslă unică la indieni); făcă-leţ;—-board, placa unei roţi de vapor;—-box, —-wheel, roată cu lopeţi (aripi);—-wheel stea-mer, vapor cu roate (de fie care lature); —, v a. & n. a băltăci, a fleşcăi; a se depărta vâslind.

Paddler-paler s văslaş, lopătar.

Paddock-pắdoo s. broască râ ioasă;loc îngrădit, ocol, ţarc pen tru cai.)

Paddy-pắdi s Irlandez.

Padlock pắdloc s. lacăt;— v. a. a închide cu lacăt.

Pagan-peigón s. păgân; —, a. păgănesc.

Paganism-peigănizm s. păgâ nism.

Page peʒ s. pag'nă; paj, băiat !

în serviciul regilor, seniorilor; —, v. a numerotă paginilə u-nei cărţi; a servi ca paj.

Pageant-pắʒjent s. spectacol, privelişte; ceremonie pompoasă, a pompos, măreţ fastuos, luxos.

Pageantry-padjéntri s pompă, falâ.

Paging-péiging s. paginaţiune.

Pagod-pógod **pagoda**-pagóda s pagodă.

Paid-péid (participiu dela verbul to pay), a plătit; achitat; frɔn-cat.

Pail-péil s. găleată.

Pain-pein s. suferinţă; durere, chin; pedeapsă, grije; to be in—, a fi îngrijit, a 'e teme că; to be at—s, a'şi da osteneala; a se îngrijì; to take great—to, a'şi da osteneală; a se trudì —, v. a. pricinuì durere; a întristă, a mâhnì.

Painful-ʃéinʃul a dureros; ane-voios; —ly, ad. într'un mod du-reros; cu greu, cu anevoinţă.

Painless-péinles a. fără durere; neostenitor.

Painstaking-péinsteiking a. la-borios, muncitor; care are grijă de toate.

Paint-péint s. zugrăveală; cu-loare; suliman, dres; —, v. a. a zugrăvì; a vopsì, a se sulimenì; (fig) a descr e.

Painter-peinter s. pictor; zu-grav, vopsitor; descriitor.

Painting-péiniing s. pictură; pictatul; zugrăveală; tablou; descriere.

Pair péer s. pereche; —, v a & n. a (se) împerechià; a te căsători.

Pairing-péering s. împereche-re;— -time, timpul împerecherii potârnichiilor; timpul când se gonesc vitele.

Palace-pălăs s palat; castel.

Palatable-pălắteibel a. gustos, cu gust plăcut.

Palate-păleit s. cerul gurei;gust; —, v. a. a gustă; a da gust la

Palatinate-*pălătineit* s palatinat, castel imperial.

Palatine-*pálătain* s. & a. palatin.

Pale-*péil* s. par; ţăruş; uluci; aripă; femeie însărcinată; —s, pl. îngrădire, ţarc; —, v. a. & n. a înconjura. a îngrădi; a (se, îngălbeni; a face să îngăălbenească; —, a. palid, galben.

Paleness-*péilnes* s. gălbeneală.

Palfrey-*pólfris* cal de paradă; cal buestraş.

Paling-*péiling*. **palisade**-*pálisaid* s. palisadă, îngrăditură, gard din pari înfipţi în pământ; întinderea şi fixarea pe zid a ramurilor unui arbore.

Palish-*péiliş* a. cam pa'id, cam galben.

Pall-*pól* s. giulgiul (depe sicriu); —, v. a. & n. a înveli, a acoperi; a plictisi, a desgustă, a deveni anost, nesărat; a face ceva neplăcut, nesărat; a slăbi.

Pallet-*pălet* s. lopăţică, spatula; paletă (de pictor); pat purtăreţ; placă învârtitoare (a olarilor); mindir de paie.

Palliate-*pălieit* v. a. a palia, a ascunde sub aparen'e false; a alină, a uş.ră.

Palliation-*pălieişon* s. ascundere; alinare momentană, uşurare.

Palliativ-*păliătiv* a. paliativ, care alină momentan;—, s. ļaliativ.

Pallid-*pălid* a. palid, galben.

Pallor-*pălŏr* s. paloare, gălbeneală.

Palm-*pa(l'm* s. palmă (a n âinii) palmă (măsură); palmier; ramură de palmier;—*date; cur*mal; —*Sunday*, Duminecă Floriilor; —*tree*, palmier; —, v. a. a ascunde în palma mâinii; a face să dispară pe nesimţite; a mânui; a atribui; a trage pe sfoară; a aruncă vina; a impune.

Palmated-*palméited* a. (bot.) cu ramuri de palmier; palmat.

Palmer-*pálmer* s. pelerin, hagiu;— *worm*, omidă.

Palmiped-*pálmipel* a. palmped, cu labele palmate (ca gâscn).

Palmistry-*pálmistri* s. chiromanţie, ghicire după semnele mâinii.

Palmy-*pálmi* a. de palmieri; (fig.) glorios, victorios.

Palp-*palp* s. palpă.

Palpable-*pálpăbel* a. palpabil, ce se poate pipăi.

Palpably-*pálpăbli* ad. într'un mod palpabil.

Palpitate-*pálpiteit* v. n. a palpită, a svâcni, a bate inima.

Palpitation-*palpitéişon* s. palpitaţiune.

Palsied-*pólsid* a. paralizat, paralitic.

Palsy-*pólzi* s. paralizie.

Paltriness-*póltrines* s. calicie.

Paltry-*poltri* a. calic, sărăcăcios; meschin.

Pamper-*pămper* v. a ocoli, a alintă; a răsfăţă; a desmerdă, a linguşi; a îndopă, a îmbuibă; a sătură; a îngrăşă.

Pamphlet-*pămflet* s. pamflet.

Pamphleteer-*pamfletier* s. pamfletar, autor de pamflete.

Pan-*pon* s. tigaie, tingire; strachină;—*cake*, clătită.

Panacea-*pănăşiă* s. remediu universal.

Pandemonium - *păndemóniŏm* s. pandemoniu.

Pander-*pănder* s. pezevenghiu; v. a. & n a face pe pezevenchiul, a prostituă; —*to*, a fi sclavul poftelor sale.

Pane-*péin*, s geam; tablă (de uşe, de perete); partea lată a ciocanului.

Panegyric-*pănegíric* a panegiric, discurs public în lauda cuiva (după moarte).

Panegyryst-*pănegirist* a. panegirist, cel ce ţine un discurs în lauda cuiva (după moarte).

Panel-*pănel* s. listă de juraţi;

täblie (*arht*); suprafața unei pietre; compartiment.

Pang-*păng* s. spaimă; durere, chin; —, v. a. a lăsă să sufere.

Panic-*pánio* s. panică, spaimă năprasnică și fără temei.

Pannel-*pănel* s. samar, tarniță.

Pannier-*pănier* s. .paner, coș, coș pe spate.

Pannikin-*pănkin* s. tigăiță, oală mică.

Panorama-*pănorámă* s. panoramă.

Pansy-*pănsi* s. pansea, catifeluță.

Pant-*pănt* v. n. a palpită, a bate (inima); a gâfâi; a suspină; a dori.

Pantechnicon-*păntécnicon* s. local unde se păstrează mobile; unde se pot da în păstrare mobile în timpul iernii, mobila de vară și vice-versa; păzitorul magaziei de mobile prețioase.

Panther-*pănther*, s. panteră.

Pantomime-*păntomaim*, s. pantom, pantomimă.

Pantry-*păntri* s. dulap de păstrat mâncările; cămară; odaie lângă sufragerie unde ține servitorul toate trebuincioasele pentru serviciul mesei.

Pap-*păp* s. sfârc, gugui de țâță; papă, cocă din făină și lapte fierte împreună; carnea (fructelor, legumelor), boștină.

Papa-*păpă* s. tată (în limba copiilor).

Papacy - *péipăsi* s. papalitate, demnitate de Papă.

Papal-*péipăl* a. papal.

Paper-*péiper* s. hârtie; jurnal; scriere; —*s*, pl. efecte de bani (polițe, bilete de bancă, etc.);— -*credit*,— -*curency*, bancnote;— -*cutter*,— -*knife*, cuțit pentru tăiat hârtie;— *hanger*, lipitor (cel ce încleiază hârtie pe pereți);— -*mill*, papetărie, fabricarea hârtiei;— -*money*, hârtie-monedă;— -*strainer*, fabricant de tapiseriï;— -*weight*, prespapir, mic obiect

greu ce se pune pe (hârtii ca să nu se risipească); —, v. a. a tapetă (cu hârtie); —, a. de hârtie.

Papist-*péipist* s. papist, papistaș.

Papistry-*péipistri* s. papalitate.

Par-*par* s. egalitate (valoare egală); *at*— la fel; *on a*—, de-o potrivă.

Parable-*părăbel* s. parabolă.

Parade-*păréid* s. paradă; fală, lăudăroșie; —, v. n. a face paradă, a se fâli.

Paradise-*părădais* s. paradis.

Paradox-*părădox* s. paradox.

Paradoxical - *părădóxical* a. paradoxal.

Paragon-*părăgon* s. model, ecsemplu, ideal.

Paragraph-*părăgraf* s. paragraf.

Parallel-*părălel* s. paralelă; —, v. a. a face o paralelă între doui; a comparà; —, a. paralel, egal.

Paralyse-*părălais* v. a. a paralizà.

Paralysis-*părălizis* s. paralizie.

Paralytic-*părălitic* a. paralitic.

Paramount-*părămaunt* a. în cel mai înalt grad; superior; deasupra; *lord*—, senior.

Paramor-*părămor* s. amant (și fem.).

Paraphernalia - *părăférnéiliă* s. avere în afară de zestre; zorzoane femeiești.

Paraphrase-*părăfreis* v. a. a parafrază, a face parafraze, a desvoltà pe larg.

Parasit-*părăsait* s. parazit.

Parasitic-*părăsitic* a. parazit.

Parasol-*părăsól* s. umbrelă de soare.

Parboil-*párboil* v. a. a opări; a face să fiarbă pe jumătate.

Parcel-*părsel* s. bucată; parte; porțiune; cantitate; grămadă; pachet; număr; partidă; expedițiune; *by*—*s*, cu bucata; —, v. a. a împărți; a distribuì.

Parch-*părț* v. a. a frige, *a*

prăjì; a svântă (poame); a uscă; a arde la suprafaţă; a se pârlì;

—, v. n. a fi ars la suprafaţă.

Parchment-*párciment* s. pergament.

Pardon-*párdŏn* s. pardon, iertare; —, v. a. a iertă; a graţià.

Pardonable-*párdŏnable* a. de iertat.

Pare-*péer* v. a. a roade; a cojì; a jupuì; a'şi roade (unghiile;.

Parent-*párent* s. tată, mamă; —s. pl. părinţi.

Parentage-*párenteĭj* s. rudenie, naş ere.

Parental-*páréntăl* a. părintesc, al părinţilor.

Parenthesis-*párénthesis* s. paranteză.

Parer-*péirer* s. uneltă de răzuit, de tăiat, cuţitoaia potcovarului sau a tăbăcarului.

Pariah-*pèiria* s. paria, om de despreţuit de toată lumea.

Paring-*péering* s. răzătură, coajă, gonoiul din curăţitul unui lucru.

Pa:ish-*páriş* s. parohie; —, a. parohial; —*clerk*, paracliser, ţârcovnic.

Parishioner-*párişŏner* s. enoriaş.

Parity-*párity* s. paritate; egalitate; asemănare.

Park-*páro* s. parc, ţarc.

Parlance-*párláns* s. limbagiu, graiu; convorbire.

Parley-*párli* s. întrevorbire; —, v. n. a discută; a parlamentă.

Parliament-*párlámenl* s. parlament.

Parliamentary-*párlăméntări* a. parlamentar, ce ţine de parlament.

Parlour-*párlors* s. salon de vorbit

Parochial-*páróukiăl* a. parohial.

Parody-*párodi* s. parodie; —, v. a. a parodià.

Paroquet-*pároket* s. papagal (femelă); papagal mic cu coadă lungă.

Parricidial-*párisáidál* s. paricid.

Parricide-*párisaid* s. paricid, ucigaş de tată sau mamă.

Parrot-*párot* s. papagal.

Parry-*pári* v. a. & n. a parà (o lovitură); a se apărà; a se ferì; a lăsà la o parte; *to—and thrust*, a ripostà, a răspunde repede la lovitură; —, s. paradă.

Parse-*párs* v. a. a analizà (gr.).

Parsimonious-*parsimóniŏs* a. parcimonios, prea econom, sgârcit; —*ly*, cu sgârcenie.

Parsimony-*pársimoni* s. parcimonie.

Parsly-*pársli* s. pătrunjel.

Parsnip-*pársnip* s. păstârnac.

Parson-*pársen* s. preot, popă.

Parsonage-*parsneĭj* s. parohie locuinţa preotului; presbiter.

Part-*part* s. parte; porţiune; bucată; partid; datorie; funcţiune; personaj; participare; purtare; talent; inteligenţă; caiet; broşură; voce; —, pl. ţări, ţinuturi; talente; dispoziţiune; —*and parcel of*, parte, ingredient, element; *to take in good (ill)*—, a luà în nume de bine, în nume de rău; *to be a—of*, a face parte din; a fi o parte; *for my—*, cât despre mine; *to do a—of* a face o parte din; —, ad. în parte; —, v. a. & n. a împărţì; a împărtăşì; a participà; a se despărţì; a plecà, a părăsì; a renunţà; a cedà; *to—from*, a se despărţì de; *to—vith*, a părăsì cu totul; a se lăsà de; a se desface.

Partake-*partéic* v. a. & n. ner. (perf. *partook*, ptr. *partaken*), a luà parte la; a participà; a împărţì; a aveà parte; a împărtăşì.

Partaker-*partéiker* s. care împarte la ceva; părtaş.

Partial-*párşăl* s. parţial; părtinitor; —*ly*, ad. în mod. părtinitor; cu părtinire.

Partiality-*parşiăliti* s. parţialitate, părtinire.

Participate-*partisipeit* v. n. a
participa; a luă parte; a îm-
părtăşi.

Participation-*partisibéişŏn* s.
participare; împărtăşire.

Participle-*pártisipel* s. parti-
cipiu (*gr*).

Particle-*pártikel* s. particulă;
părticică; moleculă.

Particular-*partikiuler* s. parti-
cularitate; întâmplare; împreju-
rare particulară; amănunt; —,
a. particular; anumit, în deo-
sebī; în special; mai ales.

Particularise - *partikiulărais*
v. a. a particulariză, a întra în
amănunte; a specifică.

Particularism-*pártikiulárizm*
s. particularitate, amănunt.

Particularity-*partikiulăriti* s.
particularitate, amănunt.

Parting-*párting* s. despărţire;
împărţire.

Partisan-*pártizăn* s. partizan;
părtaş.

Partition-*pártişŏn* s despărţire;
împărţire; parte subţire; (*mus*)
partiţiune;— -*wall* zid despăr-
ţitor; —, v. a. a despărţī; a îm-
părţī.

Partitive-*pártitiv* a. partitiv.

Partly-*pártli* ad. în parte, în de-
osebī.

Partner-*pártner* s. asociat; to-
varăş la joc.

Partnership s. tovărăşie; aso-
ciaţie societate.

Partridge-*pártridj* s. potârni-
che; *young*—, puiu de potârniche.

Party-*párti* s. partid; părtaş;
societate; serată; întrunire; *lea-
der of*—, şef de partid;— -*colou-
red*, pestriţ;— -*man*, om de par-
tid;— -*wall*, zid despărţitor, zid
comun; —, a. din partid.

Paschal-*páscăl* a. pascal, de
Paşte.

Pass-*pas* s. pasaj, trecătoare,
drum; potecă îngustă între doi
munţi, defileu; bilet de liberă
trecere; bilet de voie;— -*book*,
livret;— -*key*, cheie cu care se

pot deschide mai multe broaşte;
— -*word*, parolă; —, v. a. & n.
a trece; a merge mai departe;
a merge călare; a merge în tră-
sură; a călători; a străbate; a
strecură; a da peste; a se pe-
trece, a se întâmpla; a aveă curs
(o monedă), a aveă preţ; *to—a-
way*, a trece; a dispare; *to—by*,
a trece prin; a trece pe lângă;
a trece pe (aci, pe acolo); a ne-
glijă; a lăsa la o parte; *to—off*,
a face să treacă; a se lipsi de;
to—on, a'şi vedeă de drum; *to
—out*, a lăsă să iese; *to—over*,
a trece; a se risipī (norī); *to—
round*, a lăsă să circulează; *to
throuw*, a străbate; a trece peste.

Passable-*pásăbel*, a. trecător;
care poate trece; pe unde se póa-
te trece; practical.

Passage-*pásăj* s. pasaj, trecă-
toare; trecere; drum; gang, co-
ridor; călătorie; *a rough*—, o
călătorie proastă; *to work one's*
—, a'şi croī un drum.

Passenger-*pásenger* s. călător.

Passer-by-*pásérbái* s. trecător.

Passing-*pásing* a. trecător, fu-
gitiv; mare, eminent;— -*bell*, su-
netul funebru al clopotuluī; —,
ad. extraordinar, grozav, minu-
nat.

Passion-*pắşŏn* s. patimă, înfo-
care, ardoare, dragoste supăra-
re, mânie;— -*flower*, paţifioare;
— -*week*, săptămâna mare.

Passionate-*pắşŏneit* a. pasio-
nat, înfocat; — *ly*, ad. cu pati-
mă, cu pasiune.

Passive-*pásiv* s. pasiv; —, a.
pasiv; —*ly*, ad. în mod pasiv;
cu pasivitate; (*gr*.) la pasiv.

Passiveness-*pásivnes* s. natură
pasivă.

Passover-*pasóuver* s. paştele
(la Evrei); mielul pascal (la E-
vrei).

Passport-*pásport* s. paşaport.

Password-*pásuord* s. parolă lo-
zincă; (*mil*.) cuvânt de trecere sau
de ordine; poruncă.

Past-*past* s. trecutul; —, a. şi prep. trecut; mai mult de; peste măsură; mai presus de; lângă; fără; *half—one*, unu şi jumătate (ora).

Paste-*péist* s. pastă; cleiu; cocă, aluat; pap; — v. a. a lipì.

Pasteboard-*péistbórd* s. carton; —, a. de carton.

Pastel-*pástel* s. pastel.

Pastil-*pástil* s. pastilă; afumător.

Pastime-*pástaim* s. petrecere, ocupaţie plăcută.

Pastor-*pástor* s. păstor, cioban.

Pastoral-*pástorăl* s. pastorală; poemă pastorală; —, a. pastoral, păstoreso.

Pastry-*péistri* s. plăcintă; prăjitură.

Pasturable-*pástiurăbel* s. bun de păşune.

Pasturage-*pásciureidj* s. păşune; nutreţ, hrană; islaz.

Pasture-*pásciuer* v. a. & n. a paşte; a duce la păşune; a nutrì; —, s. păşune.

Pasty-*péisti* c. plăcintă, pastet.

Pat-*pát* s. palmă; lovitură uşoară; —, v. a. a lovì, a da peste; —, a. potrivit, nemerit; —, ad. tocmai, la timp.

Patch-*páts* s. bucată; petec (de cârpit); sbenghiu (pe obraz); pânză colorată; (*fig.*) calic, nemernic; —*work*, cârpitură; adunare de bucăţi, mozaic; —, v. a. a cârpì, a pune un petec; a drege; a astupă; a tencuì; a pune un sbenghiu pe obraz; (*fig.*) a lucrà prost.

Pate-*péit* s. cap; căpăţână; craniu, ţeasta capului; dovleac.

Pated-*péited* a. cu cap.

Paten-*páten* s. tablă de metal; disc.

Patent-*péitent* s patentă pentru o invenţie; brevet; —*-leather*, piele lustruită; —, a. patentat, brevetat.

Patentee-*péitenti* s. patentat, cel care are un brevet.

Paternal-*pátérnăl* a. părintesc; de tată; —*ly*, ad. în mod părintesc, părinteşte.

Paternity-*pátérniti* s. paternitate.

Path-*path* s. potecă, cărare; drum; —*-way*, potecă; trotoar; —, v. a. a croì, a deschide un drum.

Pathetic-*páthétic* a. patetic; —*ly*, ad. în mod patetic.

Pathless-*páthles* a. fără drum; nepracticabil.

Pathological - *pathológical* a. patologic.

Pathology-*páthólogi* s. patologie.

Pathos-*péithos* s. genul patetic.

Patience-*péişens* s. pacienţă, răbdare.

Patient-*péişent* s. bolnav; —, a. răbdător; —*ly*, ad. cu răbdare.

Patriarch-*péitriaro* s. patriarh.

Patriarchal-*peitriărcăl* a. patriarhal.

Patrician-*pátrişăn* s. & n. patrician.

Patrimonial - *pásrimóunial* a. patrimonial.

Patrimony-*pátrimoni* s. patrimoniu.

Patriot-*péitriot* s. patriot.

Patriotic-*peitriótic* a. patriotic.

Patriotism - *péitriotizm* s. patriotism.

Patrol-*pátrol* s. patrulă; —, v. n. a face patrulă.

Patron-*péitron* s. patron.

Patronage-*péitroneidj* s. patronaj; —, v. a. a patronà.

Patroness-*péitrones* s. patroană.

Patronise-*pátronais* v. a. a patronà, a lua sub protecţia sa.

Patten-*páten* s. galenţe, pantofi de lemn.

Patter-*páter* v. n. a fleşcăì, a bălăcì; a ciocănì; a slichiuì, a isbì (ploaia); a bate din picioare.

Pattern-*pátern* s. model; mostră; —, v. a. a imità; a servì ca model la.

Paucity-*pósiti* s. cantitate mică.

Paunch-*ponţ* s. burtă;—*bellied*, burtos, pântecos;—, v. a. a spintecă burta.

Pauper-*póper* s. sărac(ă).

Pauperise-*póperaiz* v. a. a sărăci.

Pauperism-*póperism* s. pauperism, sărăcie.

Pause-*póz* s. pauză; tăcere;—, v. a. a face o pauză; a se opri.

Pave-*péiv* v. a. a pavà, a aşterne, a pardosì cu piatră.

Pavement-*péivment* s. pavaj; caldarâm; trotuar.

Pavilion-*pavilion* s. pavilion; cort.

Paving-*péiving* s. pavaj;—-*beetle*, maiu de bătut pământul;—-*stone*, piatră de pardosit.

Paw-*pó* s. labă; ghiară;—, v. a. a lovì cu piciorul (în pământ); a tropăi; a sgârià, a da o lovitură de ghiară;—*ed*, cu labă, cu ghiară.

Pawn-*pón* s. zălog, amanet; pion (la şah);—-*broker*, împrumutător pe amanete;—-*shop*, vame de pietate;—-*ticket*, chitanţă de amentare.

Pay-*péi* s. soldă, leafă; plată;—, v. a. a plătì; a achità; *to—one's addresses to*, a face curte la; *to—back*, a răsplătì; *to—attention*, a luà aminte; *to—away*, a cheltuì bani; a plătì; *to—out*, a plătì tot.

Payable-*péidbel* a. plătibil.

Payee-*peii* s. purtătorul unei poliţe.

Payment-*péiment* s. plată, plătire.

Pea-*pi* s. mazăre;—-*shooter*, ţeavă lungă pentru aruncat, suflat mici proectile;—-*soup*, mazăre bătută.

Peace-*pis* s. pace; tăcere; *to hold one's—*, a tăceà din gură;—-*breaker*, om gălăgios, femeie gălăgioasă;—-*maker*, împăciuitor;—-*offering*, jertfă spre a împăcà pe D-zeu; *justice of the—*, judecător de pace;—! tăcere!

Peaceable-*pisdbel*, **peaceful**-*pisful* a. paşnic, liniştit.

Peaceably-*pisdbli* ad. în mod paşnic, liniştit.

Peach-*pitş* s. persică; persic.

Peacock-*picoc* s. păun.

Peahen-*pihen* s. păuniţă.

Peak-*pic* s. pisc, vârf de munte.

Peal-*pil* s. sunet; sunet neocontenit de clopote; hohote de râs; lovitură de trăsnet;—, v. a. & n. a asurzì; a răsunà; a face să răsune; a bubuì.

Pear-*péer* s. pară;—-*tree*, păr (pom); *choke—*, pară foarte amară.

Pearl-*perl* s. perlă, mărgăritar;—-*barley*, arpăcaş;—-*fishing*, pescuitul mărgăritarului;—-*oyster*, stridie cu perle;—, v. a. a împodobì cu mărgăritare.

Pearly-*pérli* a. de mărgăritar.

Peasant-*pesánt* s. ţăran (şi fem.);—*like*, a. ţărănesc.

Peasantry-*pesántri* s. ţărănime.

Peat-*pit* s. turbă, tizic;—-*bog*, turbărie.

Pebble-*pébel* s. cremene, pietricică.

Pebbly-*pébli* a. pietros, aşternut cu pietricele.

Peccadilo-*pecddilo* s greşală mică.

Peccant-*pécánt* a. păcătos, care păcătueşte.

Peck-*pec* s. mertic, tain (de o văz 2 lit. 50);—lovitură cu ciocul; (fig.) mulţime;—, v. a. a ciuguli; a lovì cu ciocul; a săpà.

Pecker-*péker* s. (zool.) ciocănitoare, gheonoaie verde, verdare.

Pectoral-*péctorăl* s. pectoral, doctorie de piept;—, a. ce ţine de piept; bun pentru piept.

Peculate-*pékiuleit* v. n. a furà tezaurul public.

Peculation-*pekiuléişón* s. delapidare de bani publici.

Peculator-*pékiuleitŏr* s. hoţ, care delapidează.

Peculiar-*pekiúlier* a. particu-

lar, special, propriu; ciudat; de-
osebit, însemnat; — *ly*, ad. în
deosebi; mai ales; în special.

Pecullarise-*pekiúlieraiz* v. a.
a potrivi; a conforma.

Pecullarity-*pekiuliăriti* s. par-
ticularitate, însușire particulară;
ciudățenie.

Pecuniary-*pekiúnieri* a. pecu-
niar, bănesc.

Pedagogue-*pédăgog* s. pedagog.

Pedal-*pédăl* sau *pidăl* s. pedală.

Pedant-*pédănt* s. pedant(ă).

Pedantic-*pedăntic* a. pedant.

Pedantry-*pédăntri* s. pedanterie.

Peddle-*pédel* v. a. a colportà,
a vinde; a glumì; a face nebunii.

Peddler-*pédler* s. colportor, boc
cegiu.

Peddling-*pédling* a. neînsem-
nat, de mică valoare; meschin;
—, s. colportagiu.

Pedestal-*pédestal* s. piedestal.

Pedestrian-*pedéstriăn* s. pie-
ton, cel care umblă pe jos; in-
fanterist; factor rural; —, a. pe
jos, care umblă pe jos.

Pediment-*pédiment* s. fronton;
ornament deasupra ușii, ferestrei.

Pedlar-*pédler* s. vide *peddler*.

Peel-*pit* s. coajă; scoarță; piele;
lopată de cuptor; —, v. a. & n.
a se descoji, a curăți de coajă;
a curăți, a desghiocà; a jupuì de
piele, de coaje.

Peep-*pip* s. aparență; zorile; o-
chiadă, ochire; —-*hole* ferestruie;
—, v. n. a apăreà; a se revăr-
sà; a se arătà, a se ivì; a cră-
pà de ziuă; a se uità pe furiș;
a se uità printr'o gaură.

Peeper-*piper* s. puiu deabia e-
șit din ou, puiu de găină; cel
care se uită, curios; ochiu.

Peer-*pier* s. pair (nobil); tova-
răș, semen, egal; —, v. n. a se
uità; a păreà, a se ivì; a răsări.

Peerrage-*piereij* s. pairie, dem-
nitate de pair (nobleță); egali,
cei deopotrivă; egalitate de preț
a speciilor (în diferite țări).

Peeres-*pieres* s. soția unui pair.

Peerles-*pierles* a. fără seamăn;
incomparabil.

Peevish-*piviș* a. morăcănos; ur-
suz, arțăgos; —*ly*, ad. în mod
arțăgos.

Peevishness-*pivișnes* s natură
arțăgoasă.

Peewit-*piuit* s. ciovlică, libuț, bi-
bic (pasăre).

Peg-*peg* s. cuiu de lemn; țăruș;
cârlig (de rufe); crestătură, din-
te; *(mus.)* cheie; cuier; —-*top*, ti-
tirez, sfârlează; *hat*-—, cuier;
clothes —, sclimpuș; *to hang on
a*—, a atârnà într'un cuier; —,
v. a. a înțepenì cu un țăruș.

Peiz-*pis* v. a. a cântări.

Pelf-*pelf* s. bogăție.

Pelican-*pélicăn* s. pelican.

Pelisse-*pelis* v. blană; haină
căptușită cu blană.

Peel-*pel* s. piele.

Pellet-*péllet* s. cocoloș; glonț.

Pellicle-*pélikel* s. peliculă.

Pell-mell-*pélmel* ad. claie peste
grămadă, arababurâ.

Pelt-*pelt* s. piele, blană; — *mon-
ger*, pielar; —, v. a. a atacà; a
asvârlì; a aruncà cu pietre; a
lovì; v. n. a cădeà cu repezi-
ciune (ploaie).

Peltry-*péltri* s. blănărie, cojo-
cărie.

Pen-*pén* s. peniță, pană (de scris);
coteț (de găini); țarc (pentru oi)
— -*case*, cutie pentru conde-
ie; —-*cutter*, unealtă de tăiat pe-
ne de gâscă; — -*holder*, toc (de
condei); — -*knife*, briceag; —-*wi-
per*, ștergătoare de condeie; —,
v. a. a scrie; a închide într'un
țarc.

Penal-*pinăl* a. penal, care supune
la pedeapsă; — *settlement*, ocnă.

Penality-*pénălti* s. pedeapsă;
amendă.

Penance-*pénăns* s. penitență,
pocăință; *to do* —, a se pocăì.

Pence-*péns*, pluralul lui *penny*.

Pencil-*pénsl* s. pensulă; creion;
—, v. a. a desemnà, a pictà; a
scrie cu creionul.

Pendant-*péndănt* s. atârnătoare;ˑpiatră prețioasă care atârnă de cercel; cercei; bucățele de cristal care atârnă de policandre; sleag (lung și îngust).

Pendency-*péndensi* s. suspendare.

Pendent-*péndent* a.atârnat; suspendat, scos.

Pending-*pénding* a.*(jur.)*indecis, nehotărât; prep. în timpul, peste.

Pendulum-*péndiulŏm* sau *péngiulŏm* s. pendulă.

Penetrable-*pénetrăbel* a. pătrunzător, în care se poate pătrunde; simțitor.

Penetrate-*pénetreit* v. a. & n. a pătrunde.

Penetration-*penetréișŏn* s. pătrundere; sagacitate, agerimea minții.

Penful-*pénful* s.condeiu plin cu cerneală.

Penguin-*pénghuin* s. pasăre din familia palmipedelor.

Penholder-*pénhoulder*,vide*pen.*

Peninsula-*péninsiulă* s. peninsulă.

Penitence-*pénitens* s. penitență, pocăință.

Penitent-*pénitent* s. pocăit;—, a penitent, care se (po)căește, care se spovedește.

Penitential-*peniténșăl* s. ritualul pocăinții.

Penitentiary-*peniténșări* s. duhovnic (în unele cazuri); penitenciar, închisoare.

Penman-*pénmăn* s. scriitor, caligraf.

Penmanship-*pénmănșip* s.scriere; scris; caligrafie.

Pennant-*pénănt* s. flamură, steguleț

Penny-*péni* pl. **pennies**-*pénis* și **pence**-*péns* s. piesă de zece bani; *ten pence*, un franc; *a half*—, cinci bani; —, a. de zece bani;—*a-liner*, corespondent de ziar cu zece bani linia;—*wise*, sgârcit, calic;—*worth*, de zece bani, preț de zece bani.

Pension-*pénșon* s. pension: plată; rentă (pentru a putea trăi;—, v. a. a pensiona; *to—off*, a scoate la pensie.

Pensioner-*pénșŏner* s. pensionar.

Pensive-*pénsiv* a. gânditor,trist; —*ly*, ad. cu un aer gânditor.

Pensiveness-*pensioness* s. melancolie; întristare.

Pentecost-*péntecost* s. Rusalii.

Penthouse-*pénthaus* s. strașină cu o singură pantă; șopron cu o singură streașină; șopron deschis; magherniță.

Penultima-*penŏltimă* s. penultimă (silabă).

Penultimate-*penŏltimeit* a. penultim, înainte de cel din urmă.

Penumbra-*penŏmbrá* s. penumbră, umbră ușoară.

Penurious-*peniúriŏs* a. sgârcit, scump la; sterp.

Penury-*peniury* s. lipsă mare, sărăcie.

Peony-*pioni* s. *(bot).* bujor.

People-*pipel* s. popor, națiune; lume —*s*, pl. oameni; *the*—, gloate, popor; —, v a. a populă; pron. cineva, se.

Pepper-*péper* s. piper;—*box*, —*caster*, piperniță (cutie);—*corn*, grăunte de piper;—*mint*, mintă (l. mentha piperita); — v. a. a piperă; *(fig.)* a burduși a zminti în bătaie.

Per-*per* prp., prin; cu; pe; după; conform cu;—*centum*,—*cent*, ad. procent; la sută.

Peradventure - *perădvenciur* ad. poate; din întâmplare.

Perambulate-*perómbiuleit* v. a. a cutreieră (pe jos).

Perambulator - *perámbiuléter* s. odometru, instrument de măsurat distanța parcursă; trăsură de copii

Perceivable-*persivăble* a perceptibil, simțitor

Perceivably-*persivăbli* ad. într'un mod simțitor; vădit.

Perceive-*persiv* v. a. zări, a

a observà; a vedeà; a simţì; a percepe.

Percentage-*persénteidj* s. procent.

Perceptibility-*perséptibiliti* s. perceptibilitate; însuşire de a se putea percepe.

Perceptible-*perséptibel* a. perceptibil, ce se poate percepe.

Perception-*persépşŏn* s. percepţiune; pricepere; observare; zărire; simţire.

Perch-*perţş* s. prăjină; lemn pe care se cocoţează găinile; —, v. a & n. a se cocoţă.

Per hance-*pereiăns* ad. din întâmplare.

Percolate-*pércoleit* v. a. a filtrà, a trece prin filtru; a se strecurà.

Percussion-*percŏşon* s. percursiune, întreciocnire; — cap, capsă de arme; — gun, puşcă cu percusiune.

Perdition-*perdişŏn* s. pierzare; peire.

Peremptoriy - *péremtorili* ad. in mod peremtoriu; definitiv; fără replică; într'un mod absolut; hotărât

Peremptoriness-*péremtorinés* s. deciziune absolută.

Peremptory-*péremetri* a. peremtoriu, care decide definitiv.

Perennial-*peréniăl* a. perpetuu, vecinic, neîncetat; (bot.) care trăieşte mai mult de doi ani.

Perfect-*perfect* v. a. a perfecţionă, a îmbunătăţì; a completà, a desăvârşì; —, a. perfect, desăvârşit; im nit; —, ad. in mod perfect, foarte bine.

Perfection-*perfécşŏn* s. perfecţiune, desăvârşire.

Perfidious-*perfidiŏs* a. perfid, neleal, trădător; — ly, ad. într'un mod perfid trădător.

Perfidi-*perfidi* s. perfidie, lipsă de credinţă; viclenie.

Perforate-*pérforeit* v. a. a găurì.

Perforation-*perforéişŏn* s. perforaţie, gaurire; trădare.

Perform-*perfórm* v. a. & n. a

îndeplinì; a face; a săvârşì; a executà; a jucă, a cântă.

Performance-*perfórmăns* s. îndeplinire, săvârşire, faptă, ispravă; înfăţişare; mustrare; reprezentaţie, jucarea unei piese de teatru; no—to-day, nu se joacă astăzi (la teatru).

Performer-*perfórmer* s. executor, îndeplinitor; artist, actor; muzicant.

Perfume-*pérfum* s. perfum;—, v. a. a parfumà.

Perfumery-*perfiúmeri* s. parfumerie.

Perhaps-*perhăps* ad. poate.

Peril-*péril* s. pericol, primejdie.

Perilous-*périlŏs* a. periculos; —ly, ad. în mod primejdios.

Period-*píriod* s. period; perioadă; epocă.

Periodical-*periódtcăl* a. periodic; —, foaie periodică; ziar lunar; —ly, ad. periodic.

Peripatetic-*peripătétic* a. peripatetic.

Periphrasis-*perifresis* s. perifrază.

Periphrastical-*perifrăsticăl* a perifrastic.

Perish-*péris* v. a. a pierì.

Perishable-*périşăbil* a. peritor.

Peristyle-*péristail* s. peristil.

Periwing-*périuing* s. perucă; — maker, peruchier, fabricant sau vânzător de peruci.

Periwinkle-*périuinkle* s. (bot) pervincă, brebenoc, sanchiu.

Perjure-*pérgiuer* v. a. a jurà fals, a călcà jurământul; —d, călcător de jurământ.

Perjurer-*pergiuerer* s. cel care jură fals.

Perjury-*pergiuri* s. sperjur, jurământ fals; to — one's self, a jură fals.

Perk-*pŏrc* v. a. a gătì, a impodebì; v. n. a se fasolì; a se ingâmfà, a se fudulì; —, a. ingânfat, fudul.

Permanency-*pérmănensi* a permanent.

Permeability-*permiabíliti* s. permeabilitate, pătrunziciune.

Permeable-*pérmiabl* a. permeabil, care poate fi pătruns, străbătut (de un lichid, de un fluid).

Permissible-*permissíbl* a. permis, îngăduit; care se poate permite.

Permission-*permíşŏn* s. permisiune, voie, îngăduire, învoire

Permit-*permit* s. bilet de voie, autorizaţie scrisă; permis de trecere prin oraş (a unor băuturi).

Permit-*permit* v. a. a permite.

Permutation-*permiutéişŏn* s. permutare.

Permute-*permiút* v. a. a permută; —, v. n. (*gr.*) a pune o literă în locul alteia.

Pernicious-*perníşŏs* a. primejdios, vătămător —*ly*, ad. în mod primejdios, vătămător.

Peroration-*peroréişŏn* s. peroraţie, încheierea (unei cuvântări).

Perpendicular - *perpendíkiulăr* a. perpendicular, care cade drept pe un plan; s. linie perpendiculară;—*ly*, în mod perpendicular.

Perperate-*pérpereit* v. a. a săvârşi, a făptui; a comite.

Perpetration-*perpetréişŏn* s săvârşire.

Perpetrator-*pérpetreiter* s. făptuitor de crime, criminal.

Perpetual-*perpéciudl* a. perpetuu; vecinic, neincetat; — *ly*, ad. de-a pururea, în veci, mereu.

Perpetuate-*perpétiuseit* v. a. perpetuă, a face să dureze vecinic sau foarte mult timp.

Perpetuation - *perpetiué;şŏn* s. perpetuare, durere continuă.

Perpetuity-*perpelúiti* s. perpetuitate, vecinicie.

Perplex-*perpléx* v. a. a încurcă; a turbură;—, ad. perplex, greu, încurcat.

Perplexity-*perpléxiti* s. perplexitate, nedumerire; încurcătură.

Perquisite-*pércuisit* s. venituri

întâmplătoare; câştig întâmplător; plată;.folos.

Persecute-*pérsikiut* v. a. a persecută; a prigoni; a chinui; a necăji.

Persecution-*persekiúşŏn* s. persecuţie, prigonire.

Perseverance-*pirsevierăns* s. perseverenţă, stăruinţă.

Persevere - *persevíer* v. a. a perseverà, a stărui.

Persevering - *perseviering* a. perseverent, stăruitor; —*ly*, ad. cu perseverenţă, cu stăruinţă.

Persist - *pirsíst* v. n. a persistă, a stărui, a fi neclintit în; a continuă.

Persistency-*persístensi* s. persistenţă; statornicie.

Persistent-*persístent* a persistent, stăruitor.

Person-*pérsn* s. persoană (*gr.*) *first—singular*, persoana întâia singulară; —*s*, oameni, lume.

Personage-*pérsoneidj* s. personaj.

Personal-*pérsŏnal* a. personal; mobiliar; —*estate*, avere mobiliară; —*ly*, ad. în mod personal, în persoană.

Personality-*persŏnáliti* s. personalitate.

Personalty-*pérsŏnălti* s. avere personală, individualitate.

Personate-*pérsoneit* v. a. a reprezentă, a înfăţişă; a trece drept; a se da drept altcineva.

Personation-*personéişon* s. imitare, imitaţie.

Personification - *personifikéi-'şŏn* s. personificaţie; însufleţire.

Personify-*persŏnífai* v. a. a personifică.

Perspective-*perspéctiv* s. perspectivă; telescop;—, a. de perspectivă; în perspectivă; de optică.

Perspicacious-*perspikéişŏs* a. perspicace, pătrunzător, ager.

Perspicacity - *perspicăsiti* s perspicacitate, pătrunderea minţii, agerime.

Perspicuity-*perspikiuiti* s. puritate, limpezime, claritate; preciziune.

Perspicuous - *perspikiuás* a. lămurit, limpede, clar; deslușit; —*ly*, ad. lămurit; limpede, curat.

Perspiration - *perspiréișön* s. nădușeală, sudoare.

Perspire *perspáir* v. n. a năduși, a asudă.

Persuade-*persuéid* v. a. a convinge pe deplin; a înduplecă; a face ceva.

Persuasion-*persuéijön* s. persuasiune, convingere.

Persuasive-*persuéisiv* a. persuasiv, convingător; —*ly*, ad. într'un mod convingător.

Pert-*pert* a. vioiu, vesel; deștept; sburdalnic; nerușinat; obraznic; —*ly*, ad. cu sburdălnicie; cu obrăznicie.

Pertain-*pertéin* v. n. a aparține; a se raportă, a fi privitor la ceva.

Pertinacious-*pertinéișös* a. încăpățânat, îndărătnic; statornic, neclintit.

Pertinacity-*pertinásiti* s. încăpățânare, îndărătnicie; statornicie.

Pertinency - *pértinensi* s. cuviință; dreptate; exactitate.

Pertinent - *pértinent* a. cuvenit; potrivit, exact; drept;—*ly*, ad. cuviincios; cum trebue.

Pertness-*pértnes* s. vioiciune, veselie; îndrăzneală; nerușinare.

Perturb-*pertérb* v. a. a turbură; a neliniști.

Perturbation - *perterbáișön* s. perturbațiune, turburare mare; emoțiune adâncă; agitație; neliniște.

Perusal-*periúzal* s. lectură, citire.

Peruse-*periús* v. a. a citi; a răsfoi, a cercetă repede (o carte).

Peruser-*periúzer* s. lector, cititor; observator.

Peruvian-bark s. chinchină; arbore ce dă chinchină.

Pervade-*pervéid* v. a. a pătrunde; a stăpâni.

Perverse-*pervérs* a. pervers, foarte răutăcios, pornit la rele; încăpățânat; —*ly*, ad. cu perversitate; cu răutate.

Perversion-*pervérșön* s. perversiune, stricare, schimbare din bine în rău.

Perversity-*pervérsiti* s. perversitate; răutate; stricare.

Pervert-*pérvert* v. a. a perverti, a strică.

Pervious-*pérviös* a. accesibil, pătrunzibil, în care se poate pătrunde.

Pest-*pest* s. ciumă;— *-house*, lazaret, spital de contagioși; carantină.

Pester-*péster* v. a. a neliniști, a îngriji; a infectă, a molipsi; a necăji, a supără.

Pestiferous - *pestíferös* a. pestilent, contagios, molipsitor, ciumat; vătămător; răutăcios.

Pestilence-*péstilens* s. ciumă, epidemie.

Pestilent-*péstilent*, **pestilential**-*pestilénșal* a. ciumat, pestilențiat; vătămător.

Pestle-*pés(t)l* s. pisălog.

Pet-*pet* s. supărare, ciudă, rea dispoziție; *to take a—at*, a luă în nume de rău; *to be in a—*, a fi rău dispus.

Pet-*pet* s. favorit, (om) ales; drăguț(ă); —, v. a. a răsfăță, a cocoli, a îngriji cu dragoste.

Petal-*pétal* s. (*bot.*) petală.

Petard-*pétard* s. petardă, plesnitoare.

Petition - *petíșön* s. petițiune: —, v. a. a petiționă, a da petiție.

Petitioner-*petíșöner* s. petiționar.

Petrel-*pétrel* s. pasăre palmipedă de mare.

Petrifaction-*petrifácșön* s. petrificațiune, împietrire.

Petrify-*pétrifai* v. a & n. a (se) petrifică, a (se) împetri.

Petroleum-*petróleum* s. petrol, gaz (de lampă).

Petticoat-*péticout* s. fustă (în glumă); cotilion (figură de dans); —*s*, pl. rochiță (la copii mici).

Pettifogger-*pétifogher* s. advocat necunoscut, de contrabandă; cârciocar, boclucaș.

Pettifogging-*pétifoghing* s. șicană; —, a. acela care sicanează.

Pettiness-*pétines* s. micime.

Pettish-*pétiș* a. ursuz, posac, capricios; mâhnit, supărat.

Pettitoes-*pétitous* s. pl. picioare de purcel; —*of children*, picioruș frumos.

Petty-*péti* a. mic, neînsemnat; meschin, de jos.

Petulance-*pétiulăns* s. sburdălnicie, neastâmpăr, vioiciune.

Petulant-*pétiulănt* a sburdalnic, sglobiu, vioiu.

Pew-*piu* s. jeț, strană în biserică;— -*opener*, deschizător de loji (într'un teatru); servitor în livrea (la biserică sau la case mari); paracliser, țârcovnic.

Pewter-*piúter* s. staniu, cositor.

Phaeton-*féiton* s. faeton, trăsură ușurică înaltă.

Phalanx-*fálanx* s. falangă.

Phantas-magoria-*făntăsmăgória* s. fantasmagorie.

Phantom-*făntŏm* s. fantomă.

Pharisaical-*făriséical* a. fariseic.

Pharisee-*fárisi* s. fariseu.

Pharmaceutic-*fărmăsiúti;* a farmaceutic, de farmacie.

Pharmacopoeia - *;armacopéia* s. farmacopee.

Pharmacy-*fármăsi* s. farmacie.

Phase-*féis* s. fază.

Pheasant-*fézănt* s. fazan.

Phenomenal-*fenómenăl* a. fenomenal.

Phenomenon-*fenómenon* s. fenomen.

Phial-*fáiăl* s. sticluță.

Philanthropic-*felanthrópic* a. filantropic.

Philanthropist - *filănthropist* s. filantrop.

Philanthropy - *filănthropie* s. filantropie.

Philharmonic - *filharmónic* a. filarmonic.

Philological-*filológicăl* a. filologic.

Philologist-*filólcgist* s. filolog.

Philology-*filólogi* s. filologie.

Philosopher-*filózofer* s. filozof; —*'s stone*, piatra filozofală.

Philosophic(al)-*filozófic(ăl)* a. filozofic.

Philosophise-*filózófais* v. a. a filozofa, a face filozofie.

Philosophy-*filózofi* s. filozofie; *natural*—, fizică.

Philter-*filter* s. filtru, băutură fermecată de dragoste, etc.

Phlegm-*flégm* s. flegmă; *(fig.)* sânge rece.

Phlegmatic-*flegmătic* a. flegmatic, om cu sânge rece; *(med.)* cu flegmă multă.

Phonograph-*fónograf* s. fonograf.

Phosphoric-*fosfóric* a. fosforic.

Phosphate-*pósfeit* s. fosfat.

Phosphorous-*fosfórŏs* a. fosforos.

Phosphorus-*fósferŏs* s. fosfor.

Photograph-*fótográf* s. fotografie; —, v. a. a fotografia.

Photographer-*fotógráfer* s fotograf.

Photographic-*fotográfic* a. fotografic.

Photography-*fotógráfi* s. fotografie.

Phrase-*freis* s. frază; locuțiune, mod de a vorbi; expresiune; —, v. a. a numì, a face fraze.

Phraseology-*răziólogi* s. frazeologie.

Phrenology - *frenólogi* s. frenologie, ceeace tratează despre minte.

Phthisis-*taisis* s. ftizie, oftică.

Physic-*fizic* s. medicină, doctorie; —*s*, pl. fizică; —, v. a. a da medicamente, a prescrie.

Physical-*fisical* a. fizic, de fizică; de medicină; —*ly*, ad. fizicește,

Physician-*fizișăn* s. doctor, medic.

Physiognomy-*fizionomi* s. fizionomie.

Physiological - *fiziológicăl* a. fiziologic.

Physiologist-*fiziólogist* s. fiziologist.

Phisiology-*fizio:ógi* s. fiziologie.

Pianist-*piănist* s. pianist.

Piano-*piănou* s. piano.

Pibroch-*pibroc* s. cimpoiu scoțian.

Pick-*pic* (— -*axe*), s. sapă, târnăcop; alegere; murdărie; —, v. a. & n. a înțepa, a împunge; a culege; a ciuguli; a roade (un os); a coji, a curăți; a îngriji; a scoate; a face (o cunoștință); a jefui, a fura, a forța (o broască); a căuta (ceartă); *to*—*and cull*, a alege; *to*—*up*, a ciuguli; a strânge.

Picked-*pict* a. ascuțit; cu vârf.

Picker-*piker* s. sapă, târnăcop; culegător; care ciuguleste; căutător de ceartă, târâie-brâu; jefuitor, tâlhar.

Picket-*piket* s. par, țăruș, țeapă; pichet (joc de cărți); tabără; —-*post*, —-*gard*, paznic de câmp; santinelă de cavalerie.

Pickings-*pikings* s. pl. înțepare; ciugulire; culegere; forțare; alegere; curățire; —*s*, pl. gunoiu (din curățitul unui lucru).

Pickle-*pikel* s. sarmaură, marinată; —*s*, pl. murături; *to pet into a*—, a fi în mare strâmtorare; —, v. a. a face marinată; a mura, a săra.

Pickler-*pikler* s. castravete mic murat.

Picklock-*picloc* s. cheie mincinoasă; cârlig de lăcătuș (cu care hoții descuie ușile).

Pickpocket-*picpoket* s. pungaș de buzunare.

Picnic-*picnic* s. pic-nic, masă de petrecere la care contribue fiecare.

Pictorial-*pictouriăl* a. pictural, de pictură.

Picture-*picciŏr* s. tablou, pictură; cadră; portret; (*fig.*) descriere; —, v. a. a pictà; a zugrăvì; a reprezentà; a descrie; *to*—*one's self*, a'și închipui, a crede; —*book*, carte cu figuri; —-*frame* cadru; —*gallery*, galerie de tablouri.

Picturesque-*picciúrésc* a. pitoresc, romantic.

Piddle-*pidl* v. n. a'și pierde vremea cu nerozii; a urinà, a lăsà udul.

Pie-*pái* s. pateu, pastet, turtă, plăcintă; coțofană (pasăre); *to eat humble*—, a nu crâcni.

Plebald-*páibold* a. bălțat, breaz.

Piece-*pis* s. bucată; piesă (de monedă); piesă (de teatru); petec (de pământ); pușcă; tun; figură (la joc de șah); fragment; —*of advice*, sfătuire; —*of news*, noutate; —, v. a. a cârpì, a pune un petec; —, v. n. a (se) potrivì; a (se) uni; a (se) învoì.

Piecemeal-*pismíl* a. & ad. despărțit; împărțit în bucăți; în bucăți; bucată cu bucată; puțin câte puțin; încetul cu încetul.

Pied-*páid* a. bălțat, împestrițat; smălțuit.

Pier-*pier* s. stâlp (de pod); zăgaz (din lemne, pietre); —*glass*, oglindă între ferestre; —*table*, consolă, măsuță de perete.

Pierce-*piers* v. a. & n. a găurì, a sfredeli; a pătrunde; a mișcà; a emoționà.

Piercing - *piersing* a. ascuțit; pătrunzător; privire pătrunzătoare; —*ly*, ad, în mod ascuțit.

Piety-*páieti* s. pietate, cucernicie.

Pig-*pig* s. porc; albie, copaie; *sucking*—, purcel (de lapte); —-*headed*, tâmpit, năuc; încăpățânat; —-*sty*, cocină; —-*tail*, coadă (de perucă); *to buy a*—*in a poke*, a cumpăra cu ochii închiși.

Pigeon-*pídjŏn* s. porumbel;

young—, puiu de porumbel;—*-house*, porumbar.

Pigment-*pigment* s. pigment, materia colorantă a pielii.

Pike-*páic* s. știucă; lance; furcă; sapă;—*man*, sulițaș, infanterist cu suliță; —*d*, ascuțit.

Pilaster-*piláster* s. pilastru, stâlp pătrat.

Pile-*páil* s. par, țăruș; grămadă, maldăr; pilă; —, v. a. & n. a înfige pari; a grămădi; a umple; a ciocăni (fier).

Piles-*páils* s. pl. emoroide; trânji.

Pilfer-*pílfer* v. a. & n. a fura, a sustrage; a jeful.

Pilgrim-*pílgrim* s. peregrin, hagiu.

Pilgrimage-*pílgrimeidji* s. pelerinagiu, hagealâc.

Pill-*pil* s. pilulă, hap.

Pillage-*pilági* s. jefuire, jaf; —, v. a. a jeful.

Pillager-*piláger* s. jefuitor.

Pillar-*pilar* s. stâlp, proptea.

Pillion-*pílion* s. periniță; ibâncă (pernă de șea).

Pillory-*pilori* s. stâlp (de infamie); stâlp (de expus); —, v. a. a face de râs, de ocară.

Pillow-*pilow* s. pernă;—*-case*, față de pernă.

Pilot-*páilot* s. cârmaciu, pilot; —. v. a. a cârmi o corabie.

Pimento-*pimentou* s. ardeiu.

Pimp-*pimp* s. pezevenghiu.

Pimpernel-*pimpernel* s. (*bot.*) pimpinea.

Pimple-*pimpel* s. bubă, coji (pe față), pustulă.

Pin-*pin* s. ac cu gămălie; țăruș, cuiu; arșic, gleznă; cheglă, popic;—*-case*, acar;—*-cushion*, a-carniță (perniță);—*fold*, târlă;—*-maker*, fabricant de ace cu gămălie;—*-money*, bani de buzunar; bacșiș; dar; —, v. a. a prinde cu un ac cu gămălie; a bate cu cuie, a pironi.

Pinafore-*pináfoer* s. pestelcuță, șorț (de copil); bluză.

Pincers-*pínsers* s. pl. clește.

Pinch-*pinș* s. ciupitură; o priză (de tabac); nevoie, mizerie, lipsă; —, v. a. & n. a ciupi, a pișcă; a înțepă; a supăra, a jigni; a fi în lipsă, în nevoie mare.

Pinchbeck-*pincibec* c. crizocal, aur imitat.

Pine-*paine* s. pin, molift; —*-apple*, ananas;—*-nut*, gogoașă de molift; v. n. a lâncezi, a tânji; a oftà, a suspinà.

Pinion-*pínión* s. vârful unei aripi (la păsări); —, v. a. a legà aripile de; a tăià aripa la; a înfige (cu sulița); a legà brațele de; a înlănțui; a vorbì.

Pink-*pino* s. garoafă; corabie rotundă pe dinapoi; —, a. trandafiriu, pembè.

Pinnace-*pínăs* s. corabie lungă și îngustă.

Pinnacle-*pinákel* s. creasta; culmea, vârful cel mai înalt al unui templu.

Pint-*paint* s. cană, sopină (cam jumătate litru).

Pintail-*pinteil* s. un fel de rață.

Pioneer-*paionéer* s. pionier; lucrător (într'o armată) care sapă șanțuri, aplanează drumuri, etc.

Pious-*páios* a. pios, cucernic; —*ly*, cu cucernicie.

Pip-*pip* s. țâfnă, cobe (la păsări); punct (pe cărți); sâmbure (de măr, etc.).

Pipe-*páip* s. țeavă; lulea, pipă; fluer ciobănesc; ciubuc de stâlp; —, v. n. a cântà din flaut; a fluierà.

Piper-*páiper* s. om care cântă din cimpoiu.

Piping-*páiping* s. vipușcă; șiret, șnur; —, a. bolnăvicios.

Pipkin-*pípkin* s. oală mică.

Pippin-*pipin* s. măr crețesc.

Piquancy-*píoânsi* s. aciditate, acreală.

Piquant-*píoânt* a. înțepător.

Pique-*pic* s. pică, ură (ascunsă); ceartă; —*of honour*, chestiune de onoare; v. a. a atâță, a irità;

a jignì, a mâhnì; *to one's self
on, (upon),* a se fălì cu.

Piquet-*piket* s. pichet (joc de
cărţi).

Piracy-*páirăsi* s. piraterie; pla-
giat.

Pirate-*páireit* s. pirat, hoţ de
mare; plagiator; —, v. a. & n.
a tipărì pe ascuns cartea cuiva;
a jefuì pe mare.

Piratical-*pairăticăl* a. de pirat;
de contrafacere.

Pish !-*piş* fuì! aşì haida de!

Pismire-*pizmaier* s. furnică.

Piss-*pis* s. urinà: —, v. n. a
urinà, a face udul.

Pistachio-*pistăşio* s. fistic;
—*trec,* pomul cu fisticurì.

Pistil-*pistl* s. pistil, organ femel
(*bot.*).

Pistol-*pistol* s. pistol;— -*gallery,*
loc de tras la ţintă cu pistol;—
-*shot,* împuşcătură cu pistolul.

Piston-*piston* s. piston, carâmb,
dop de vapor.

Pit-*pit* s. groapă; mormânt; a-
bis, prăpastie; carieră, mină (de
piatră, etc.); areuă, loc de lup-
tă (pentru cocoşi); parter (tea-
tru); (*anat.*) adâncitură la ut-
ţioară; semn de vărsat;—*coal,*
cărbuni de piatră;— -*all,* cursà
(pentru fiare); —, v. a. a săpà,
a face o adâncitură; a pune fa-
ţă în faţă; *to one—against ano-
ther,* a pune la luptă unul cu
altul; a întărâtà pe unul contra
altuia.

Pitapat-*pităpăt* s. palpitaţie, bă-
taie de inimă; tictac; tropăit;
—, a. tropăind; —, ad. tictac.

Pitch-*piţş* s. smoală; —, v. a.
a smolì, a unge cu smoală; a
cătrănì (o corabie).

Pitch-*piţş* s. înălţime; treaptă,
grad; vârf; povârniş; (*mus.*) di-
apazon; —, v. n. a aruncà, a a-
runcà cu repeziciune; a acordà;
a băgà, a vârì; a înţepenì, a
fortificà; —, v. n. a cădeà; a
se prăvălì; a se statornicì; a se
clătinà; a şovăì.

Pitcher-*pitşier* s. urcior; sapă,
hârleţ.

Pitchfork-*piţşforc* s. furcă;
(*mus.*) diapazon.

Pitchy-*piçi* a. de smoală; că-
trănit; negru ca smoala.

Piteous-*piceŏs* a vrednic de mi-
lă, jalnic; —*ly,* ad. compătimi-
tor, într'un mod milos.

Pith-*pith* s. măduvă; (*fig.*) miez;
tărie; quintesenţă, (tot ce e mai
bun).

Pithily-*pithili* ad. cu putere.

Pithiness-*pithines* s. tărie, forţă.

Pithless-*pithles* a. fără mădu-
vă; fără tărie.

Pithy-*pithi* a. cu măduvă; cu
miez; cu tărie, puternic.

Pitiable-*pitiăbel* a. vrednic de
milă.

Pitiful.*pitiful* a. de compătimi-
re; vrednic de milă, de plâns;
—*ly,* ad. cu milă; într'un chip
jalnic, vrednic de milă.

Pitifulness-*pitifulnes* s. milă,
compătimire.

Pitiless-*pitiles* s. fără milă, ne-
milos; —*ly,* ad. fără milă, în
mod nemilos.

Pittance-*pităns* s. porţia, tai-
nul (unui călugăr).

Pitted-*pited* a. bătut de grindi-
nă; ciupit de vărsat.

Pity-*piti* s. milă; păcat; *it is a—,*
e păcat; *to take—on,* a compă-
timì; *more's the—!* cu atât mai
rău!; v. a. & n. a aveà milă
de; a deplânge, a compătimì;
a'i păreà rău de ceva.

Pivot-*pivot* s. ţâţână; cep, fus.

Pixie-*pixi* s. artofor, dulapul cu
busola şi orologiul corăbiei.

Placability-*plăcăbiliti* sau *plei-
căbiliti* s. fire împăciuitoare;
blândeţe.

Placable-*plăcăbl* sau *pleicăbl*
a. paşnic, împăciuitor; blând.

Placard-*plăcards* s. afiş, placard;
—, v. a. a afişà.

Place-*pléis* s. loc; locuinţă; re-
şedinţă; poziţiune; slujbă; func-
ţie; stare; *out of—,* fără slujbă;

ce nu e la locul său; *in your—*, în locul vo.tru;—, v. a. a plasă; a așeza; a pune.

Placid-*plăsid* a. pașnic, blând

Plagiarism-*pléigiărizm* s. plagiat.

Plagiarist -*pléigiărist* s. plagiator.

Plague-*pléig* s. ciumă; plagă, flagel; chin;—, v. a. a infectà de ciumă; *(fig)* a necăji, a chinui.

Plagueful-*pléigful* a. pestilențial, înciumat

Plaguily-*pléighili* ad. cu furie, într'un mod furios.

Plaice-*pléis* s. bărboae (pește).

Plaid-*pléid* sau *plăd* s. pled (manta scoțiană);—, a. scoțian.

Plain-*pléin* s. câmpie; șes;—, a. șes, neted; simplu; sincer; curat, clar, evident; comun; u-rît, slut;— *-dealer*, om sincer; om de treabă;— *-work*, cusătură;— *woman*, femeie urîtă;—, v. a. a netezi, a obli, a nivelà; a deplânge, a compătimì;— *ehant*, cântec bisericesc;—*ly*, ad. în mod sincer; clar; deslușit;— *ness*, s. sinceritate; claritate; deslușire; simplitate; nivel.

Plain-hearteduess -*pléinhartédnes* s. sinceritate, cinste, bu-nă credință.

Plain-song-*plénsŏng* s. cântare bisericească obișnuită.

Plain-spoken-*pléinspocn* a pe față; sincer; adevărat.

Plaint-*plent* s. plângere, memoriu judiciar.

Plaintiff-*pléintif* s. acuzatorul, reclamantul *(jur)*.

Plaintive-*pléintif* a. plângător, jalnic;—*ly*, ad. plângând, jalnic.

Plait-*plĕit* s. cută, îndoitură, pleată, cosiță (de păr);—, v. a. a plisà, a îndoi, a face cute; a împletì (părul).

Plan-*plăn* s. plan; proiect; desemn;—, v. a. a face planul; a proiectà; a desemnà.

Plane-*plein* s. plan, suprafață

planâ; rândea;— *-tree*, platan *(bot.)*;—, v. a. a da la rândea; a netezi.

Planet-*plănet* s. planetă.

Planetary-*plăneteri* a. plane-tar, al planetelor.

Plank-*plănc* s. scândură; căp. tușeală a unei corăbii.

Plant-*plant* s. plantă; talpa piciorului; pământul (unei proprietăți);— *-louse*, păduche de copaci;—, v. a. a plantà, a sădì; a așeza; a biruì, a întrece.

Plantain-*plănten* s. *(bot.)* pătlagină, limba-oii. *(l. plantago)*. banan(ă)

Plantation-*plăntéișŏn* s plant ițiune; plantare, sădire; colonie.

Planter-*plănter* s. plantator; colonist.

Planting-*plănting* s. plantație; — *-stick*, cotonoagă.

Plash-*plăș* s mocirlă; împroș-cătură.

Plaster-*plăster* s. ghips, ipsos; plastor, blastru; *adhesive—*, co-*urt- —*, taftă englezească, emplastru ce se lipește pe hârtie sau pe pânză; *mustard- —*, si-napism, medicament de făină de muștar și apă;—*of Paris*, stuc, tencuială de ghips imitând marmora;— *stone*, ghips.

Plaster-*plăster* v. a. a tencuì cu ghips.

Plasterer-*plăsterer* s. lucrător sau vânzător de ipsos.

Plastic-*plăstic* a. plastic.

Plasticity-*plăstisiti* s. plastici-tate, putința de a căpătà forme diferite.

Plate-*pléit* s. placă; foaie de metal; argintărie; farfurie; pre-miu (la alergare de cai); v. a. a placà, a aurì, a argintà un me-tal; a spoì cu cositor; a spoì cu argint viu.

Platform-*plŏtform* s. platformă.

Platinum-*plătinŏm* s. platină.

Platitude-*plătitiud* s. platitu-dine, lipsă de eleganță, de înăl-țime, de demnitate, etc.

Platoon-*plătún* s. pluton, ceată (de soldați).

Platter-*plăter* s. farfurie adâncă; împletitor.

Plaudit-*plódit* s. aplaus, batere din palme.

Plausibility-*plozibíliti* s. putința de a fi admis.

Plausibly-*plósibl* a. plauzibil, ce poate fi admis.

Plausibly-*plósibli* ad. în mod plauzibil.

Play-*pléi* s. joc; comedie; spectacol; reprezentație; petrecere; — -*bill*, program de teatru; — -*fellow*, prieten de joc; — -*ground*, locul de joc; curtea de recreație; — -*house*, teatru; — -*mate*, tovarăș de joc; —, v. a. & n. a jucă (un joc; un rol); a jucă o piesă; a executá; a se jucă; a petrece; *to—at cards*, a jucă cărți.

Player-*plăier* s. jucător; actor, actriță.

Playful-*pléiful* a. vesel; hazliu; nebunatic; — *ly*, ad. cu veselie dulce și plăcută; cu haz, în glumă.

Playfulness-*pléifulnes* s. veselie dulce și plăcută; haz.

Plaything-*pléithing* s. jucărie.

Plea-*pli* s. *(jur.)* motive; proces, judecată; obiecțiune, contrazicere, replică; jalbă, petițiune; pretext; scuză.

Plead-*plid* v. a. & n. a pledá, a apărá, a cită, a aduce; a se scuzá, a se desvinovăți, a pretextá, a da ca motiv; a da vina pe cineva.

Pleadable-*plidăbl* a. de pledat, de apărat.

Pleader-*plider* s. advocat; apărător.

Pleadings-*plidings* s. pl. desbaterile.

Pleasant-*plésănt* a. plăcut; vesel; hazliu, de râs; —*ly*, ad. în mod plăcut; vesel.

Pleasantness-*plésăntnes*, **pleasantry**-*plésăntri* s. glumă; veselie; haz; însușire plăcută.

Please-*pliz* v. a. & n. a plăceá, a fi plăcut; a mulțumi; *if you—*, vă rog; — *come in!* intrați, vă rog!—*God*, să dea Dumnezeu.

Pleasing-*plising* a. plăcut; amabil; încântător.

Pleasurable-*pléjŏrăbl* a.plăcut.

Pleasure-*pléjŏr* s. p'ăcere; bunul plac; poftă; — -*boat*, luntre de petrecere; luntre fără catarturi; — -*ground*, squar, grădină englezească.

Plebeian-*plibiăn* s. plebeu, om din popor.

Pledge-*pledj* s. amanet; garanție; caușiune, chezășie;—, v. a. a pune zălog; a da garanție, a da chezășie pentru.

Plenary-*plinări* a. plin; complect, deplin, perfect; întreg; — *indulgence*, iertare de păcate.

Plenipotentiary - *plenipoténșări* s. și a. plenipotențiar.

Plenitude-*plénitud* s. plenitudine; belșug, îndestulare.

Plentiful-*pléntiful*a.îmbelșugat.

Plenty-*plénti* s. belșug, abundență; —, a. abundent, îmbelșugat;—, ad. mult; *horn — of*, cornul îmbelșugării. *(fig.)*

Pleonasm-*plionazme* s. pleonasm, repețire nefolositoare de cuvinte.

Plethora-*pléthorá* s. *(med.)* pletoră, prea mare abundență de sânge, de zemuri (în trup).

Plethoric-*plithório* a. pletoric, cu prea mult sânge sau umezeli.

Pleurisy-*plŏrisi* s. pleurezie, inflamația pleurei, junghiu.

Pliable-*pláiabl*, **pliant**-*pláiănt* a. ce se poate îndoi, ușor de îndoit; *(fig.)* mlădios; docil, care se supune lesne.

Pliancy-*pláiánsi* s flexibilitate, puterea de a se mlădia.

Pliers-*pláiers* s. pl. clește (de sobă).

Plight-*pláit* s. stare, situație; garanție morală, dovadă; —, v. a, a dá; a'și da cuvântul (de onoare), a se obligá, a jurá.

Plinth-*plinth* s. (*arhit.*) plintă.

Plod-*plod* v. n. a umblà cu greutate; a muncì din răsputeri, pe capete; a se face burduf de carte, a învăţà mult.

Plot-*plot* s. bucată de pământ; loc mic (în grădină); hartă, plan; proiect; complot, uneltire; intrigă; —, v. a. & n. a complotà, a conspirà, a uneltì; a născocì.

Plotter-*plóter* s. conspirator, uneltitor; intrigant.

Plotting-*plóting* s. complot, uneltire criminală.

Plough-*pláu* s. plug; ghin; —*boy*, argat de plug; — *handle*, corn îndărătul plugului; — *land*, pământ ce se poate arà; — *man*, plugar; — *share*, brăzdar; — *wright*, rotar, lemnar; —, v. a. a arà; a brăzdà.

Plougher-*pláugher* s. plugar.

Ploughing-*pláughing* s. aratul; arătura.

Plover-*plóver* s. fluierar (pasăre).

Pluck-*plöc* s. măruntaiele (unei vite); curagiu; smulgere; tragere; —, v. a. a smulge; a trage; a jumulì; a desrădăcinà; a culege; —, v. n. *to*—*up*, a prinde curaj, a'şi face curaj.

Plug-*plög* s. tampon, cocoloş de astupat, astupătoare; dop; ţăruş; cep; robinet; piston; —, v. a. a astupà cu un tampon; v. n. a astupà.

Plum-*plöm* s. prună; stafidă; —*tree*, prun; *French* —, prună uscată.

Plumage-*plúmeij* s. peniş, penele (unei pasări).

Plumb-*plöm* s. aţa, cumpăna (zidarului); sondă; — *line*, nivel, aţa de potrivit cumpăna (zidarilor); —, v. a. a sondà; a plumbuì; —, ad. perpendicular.

Plumbago-*plómbéigo* s. plumbagină, substanţă minerală din care se fac creioane.

Plumber-*plömer* s. plumbar.

Plume-*plúm* s. pană (de pasăre); pană (la pălărie); smoc de pene (la coif); (*fig.*) onoare, glorie, triumf; —, v. a. a curăţì (penele); a împodobì, cu pene; (*fig*) a smulge penele, a jumulì; *to*—*one's self on*, a se făli cu, a se fudulì.

Plumeless-*plúmles* a. fără pene.

Plummet-*plömet* s. = *plumb*.

Plump-*plömp* a. grăsuliu, durduliu; ad. pe neaşteptate, fără veste; —*ly*, ad. lămurit, limpede; —, v. n. a îngrăşà; a se umflà; a cădeà morman; (*t. parlam.*) a votà pentru un singur candidat între mai mulţi.

Plumper-*plömper* s. lucru pus în gură ca să umple obrajii; (*parl.*) vot neîmpărţit; (*fig.*) minciună gogonată.

Plumpness-*plömpnes* s. plinătate; stare bună; trupeşie.

Plunder-*plönder* s. pradă, jaf; (*Am*) bagaj; —, v. a. a prădà, a jefuì.

Plunderer-*plönderer* s. jefuitor, tâlhar.

Plunge-*plöndj* s. scufundătură; cădere; zvârlitură (a calului); —, v. a. & n. a (se) cufundà; a (se) afundà; a asvârlì (de cai); *to make the*—, a face pasul cel mai hotărît.

Plungeon-*plönğiön* s. cufundare.

Plunger-*plönger* s. cufundător.

Pluperfect-*plúperfect* a. (*gr.*) mai-mult-ca-perfectul.

Plural-*plúrăl* s. (*gr.*) pluralul; —. a. plural.

Pluralist-*plúrălist* s. cumulard, cel ce ocupă mai multe funcţii deodată.

Plurality-*plurăliti* s. pluralitate.

Plush-*plöş* s. pluş, plisă.

Pluvial-*plúvial* **pluvious**-*plúviös* a. ploios.

Ply-*plái* v. a. & n. a lucrà cu înfocare; a muncì cu sârguinţă, a executà, a face; a urmărì de aproape; a urmà înainte (cu o lucrare); a plictisì, a necăjì;

to—with questions, a plictisì cu intrebare; *(mar.)* a merge cu vântul pe lături.

P. M. (= post meridiem), s. după prânz.

Pneumonia-*(p'.niumónid* s. pneumonie.

Poach-*potş* v. a. & n. a face ochiuri; a prădà, a jefuì; a vânà pe furiş, fără autorizaţie pe loc străin.

Poacher-*póuoer* s. vânător care vânează pe furiş şi pe loc străin.

Poaching - *póutcing* s. vânare pe furiş fără permisiune pe loc străin.

Poachy-*pótci* a. umed; noroios

Pock *poc* s. vărsat; bubuliţă;— *-mark*, semn de vărsat;— *-marked*, ciupit (de vărsat).

Pocket-*póket* s. buzunar; pungă; gaură în bandă la biliard; — *-book*, portofoliu; —*handkerchief*, batistă;—*knife*, briceag;—*money*, bani de buzunar; *to be in*—, a câştigà; *to be out of*—, a pierde; —, v. a. a băgà în buzunar; a băgà o bilă întro pungă a biliardului.

Pod - *pod* s. păstaie; coaje; ghioacă.

Poem-*póem* s poemă.

Poesy-*póesi* s. poezie.

Pot *póet* s. poet.

Poetaster-*póetáster* s. poetastru, poet prost.

Poetess-*póetes* s poetă.

Poetic(al)-*póetic,ál)* a. poetic.

Poetise-*póetaiz* v. a. a poetizà, a face versuri.

Poetry-*poetri* s. poezie.

Poignancy - *póinánsi* s. natură inţepătoare; trăsură de spirit picant; pătrundere.

Poignant-*póinánt* a. inţepător, fin, spiritual; satiric; dureros, durere pătrunzătoare.

Point - *póint* s. vârf (de cuţit, etc.); ghimpe; ac de gravat; şină de fier (dr. de fier); cap. *(t geog.)* petec (de pământ); dantelă; *(fig.)* ţintă, scop; punct;

parte; stare, condiţie; moment; fapt; chestiune; grad; calitate; haz;— *-blank*, fără chibzuire, pe negândite; *a—of land*, un petec de pământ; *at all—s*, în toate punctele, în orice punct; *to be on the—of*, a fi tocmai pe punctul de a face ceva; *from every—*, din toate părţile; *in—of fact*, de fapt; *in every—*, de a întregul; *in—of*, în ceeace priveşte; *at the—of death*, pe moarte; *knotty—*, nodul afacerii; *in this—of view*, din acest punct de vedere; *come to the—*, vino la fapt; —, v. a. a ascuţì; a punctuà, a pune punctuaţie; a arătà; a (se) îndreptà; *to—out*, a semnalà; *to—the finger*, a arătà cu degetul.

Pointed-*póinted* a. ascuţit; miscător; nostim.

Pointer-*pointer* s. arătător; ac de ceasornic; ac (la căi ferate); prepelicar (câine); —*s*, rassa pointer-ilor (câini).

Pointless-*póintles* a. fără vârf, tocit.

Pointsman-*póintsmán* s. acar.

Poise-*póis* s. greutate; cumpănă; cântar; echilibru; —, v. a. a cântărì, a cumpănì; *(fig.)* a judecà.

Poison-*póizen* s. otravă; —, v. a. a otrăvì.

Poisoner *póizoner* s. otrăvitor.

Poisonous-*póizenós* a. otrăvitor, veninos.

Poke - *pók* s. buzunar; sac (de drum); geantă (de vânat); ghiont, lovitură; *(Am.)* pierde-vară, om trândav; —, v. a. a imbrâncì, a lovì, a izbì; a scormonì, a scândări focul; —, v. n. a dibuì, a bojbăì, a pipăì; *to—about*, a umblà dibuind, bojbăind; *(fam.) to—fun at*, a'şi bate joc de cineva.

Poker-*póuker* s. cocioarbă, vătraiu; *(Am.)* matahală, momâie.

Polar-*póuler* a. polar.

Polarity-*poularíti* s. polaritate, proprietatea ce are acul mag netic de a se îndreptă către poli.

Pole-*póul* s. pol (*astr. phys.*); prăjină; oiște; catart; — -*axe*, baltag; ciocan de măcelar (pentru a ameți boii);— -*star*, stea polară; —, v. a. a proptì (cu prăjina).

Polecat-*póulcăt* s. dihor.

Polemic-*polémic* s. polemist; —*s*, s. pl. polemică.

Police-*polis* s. poliție; tribunal;— -*court*, — -*man*, — -*officer*, agent de poliție;— -*station*, comisariat.

Policy-*pólisi* s. politică; prudență, viclenie; poliție (de siguranță).

Polish-*póliş* s. lustru, luciu; eleganță; v. a. & n. a polei, a lustrui; a netezì; a văxuì, a ciopli; (*fig.*) a îndulci.

Polisher-*pólisher* s. lustruitor; unealtă de lustruit; *shoe*—, văxuitor de ghete.

Polite-*poláit* a. politicos, bine crescut—*ly*, ad. în mod politicos

Politeness-*poláitnes* s. politeță.

Politic-*pólitic* a. politic; cu minte, cu judecată.

Political-*polítical* a. politic; — *ly*, ad. după regulile politicei; cu dibăcie.

Politician-*politişăn* s. politic.

Politics-*pólitics* s. pl. politică.

Poll-*pol* s. occiput, partea de dinapoi a capului; (*fig.*) cap, persoană; lista de alegere, de vot; alegere;— -*tax*, capitație, dajdie de cap;—, v. a. a tunde, a retezà; a votà.

Pollard-*polard* s. pom cu partea de sus tăiată rotund; ceib ale cărui ramuri au căzut; tăină din tărâțe (măcinate a doua oară).

Pollen-*pólen* s. (*bot.*) polen.

Pollute-*poliút* v. a. a spurcà, a pângări, a pătà: a siluì, a violà.

Pollution - *ploliúşăn* s. pângărire, spurcare; pată rușinoasă; poluție.

Poltroon *póltrún* s. poltron, laș, mișel.

Polygamist-*poligămist* s. poligam, cel însurat cu mai multe femei.

Polygamy-*poligămi* s. poligamie.

Polyglot-*póliglot* s. poliglot.

Polygon-*póligon* s. poligon.

Poligonal-*polígonăl* a. poligon.

Polypus-*pólipŏs* s. polip.

Polysyllabic-*polisilăbic* a. polisilabic.

Polytechnic-*potitécnic* a. politecnic.

Polytheist-*pólitheist* s. politeist.

Pomade-*pomăd* s. pomadă

Pomegranate-*pómegrăneit* s. rodie;— *tree*, rodiu (pom).

Pommel-*pómel* s. măciulie (la mânerul unei arme); —, v. a. abate.

Pomp-*pomp* s. pompă, lux.

Pompion-*pómpion* s. dovleac.

Pomposity-*pompósiti* s. pompă, fală; lăudăroșie, îngâmfare.

Pompous-*pómpŏs* a. pompos, măreț; —*iy*, ad. în mod pompos, cu pompă, măreț.

Pond-*pond* s. eleșteu;— -*lily*, (*bot.*) nufăr.

Ponder-*pónder* v. a. a cumpăni; a chibzuì, a luà în băgare de seamă; v. n. a meditá, a reflectá

Ponderable-*pónderăbel* a. ponderabil, care poate fi cântărit.

Ponderingly - *pónderingli*, ad. gândit, chibzuit.

Ponderous-*pónderos* a. greu; —*ly*, greu; greoiu.

Poniard-*póniard* s. pumnal; —, v. a. a înjunghià cu pumnalul.

Pontiff-*póntif* s. pontifice, pieot.

Pontifical-*pontifical* a. pontifical, preoțesc; —*ly*, ad. în vestminte de pontifice; —*s*, vestminte de pontifice.

Pontificate-*pontifikeit* n. pontificat.

Pontoon-*pontún* s. ponton, pod de luntrii unite; corabie veche; —*bridge*, pod pe vase.

Pony-*póni* s. poney, căluţ cu părul lung.

Poodle-*pódel* s. câine cu părul creţ, flocos.

Pooh!-*pú*, haida-de!

Poo-poo-*pupú* v. a. a despreţuì, a'şi bate joc.

Pool-*pul* s. eleşteu, baltă; mlaştină; miza, sumele puse (la un joc).

Poop-*pup* s. pupă (la corabie).

Poor-*púer* a. sărac; sterp; slab; nenorocit; —, s. săraci;— -*box* cutia milelor (intr'o biserică); —*ly*, ad. sărăcăcios.

Poorhouse-*púerhaus* s. ospiciu pentru săraci.

Poorly-*púerli* ad. indispus, cam slab.

Poorness-*púernes* s. sărăcie, lipsă, nevoie.

Pop-*pop* s. sunet ascuţit şi repede; pocnet, plesnitură; —, ad. deodată, fără veste; —! pleosc! poc! tranc! —, v. a. &. n. a băgă, a pune repede şi fără veste; a se arătă pe neaşteptate; a merge iute; a da drumul de odată brusc; a trăsnì; a plesnì; a face praf.

Pope-*poup* s. papă.

Popedom-*póupdom* s. papalitate.

Popery-*poupery* s. papism, papistăşie

Popinjay-*pópingei* s. papagal; gheonoaie verde, verdare; pasăre de lemn sau de carton servind ca ţintă; faţandache.

Popish-*poupiş* a. papistic, păpistăşesc.

Poplar-*póplăr* s. plop.

Poplin-*póplin* s. materie de lână cu fire de mătase.

Poppy-*pópi* s. mac.

Populace-*pópiuleis* s. poporul de jos, mitocănime, mojicime.

Popular-*pópiulăr* a. popular, al poporului.

Popularise-*pópiulăraiz* v. a. a popularizà, a face popular.

Popularity-*popiulăriti* s. popularitate, favoarea poporului.

Populate-*pópiuleit* v. a. a populà, a înmulţì.

Population-*popiuléişŏn* s populaţiune.

Populous-*pópiulŏs* a. foarte populat.

Populousness - *pópiulŏsnes* s. populaţiune; mulţime.

Porcelain-*pórslein* s. porţelan.

Porch-*pórci* s. tindă; portic.

Porcine-*pórsain* a. porcesc.

Porcupine - *pórkiupain* s. porc ghimpos.

Pore-*póer* s. por, găurice între moleculele pielei, etc.; —, v. n. à privì de aproape, a se uità cu atenţie.

Pork-*pórk* s. carne de porc;— -*butcher*, —*man*, cârnăţ r;— -*chop*, costiţă de porc;—*pie*, plăcintă din carne de porc.

Porker-*pórker* s. porc.

Porosity-*porósiti* s. porozitate.

Porous-*porŏs* a. poros.

Porphyry-*pór/iri* s. porfir.

Porpoise-*pórpŏs* s. purcel de mare, marsuin.

Porridge-*póridj* s. supă; ciorbă; griş de ovăz, fiertură de ovăz.

Porringer - *póringier* s blid, strachină; castron.

Port-*port* s. port; poartă; sabord, deschizătura (în corabie) pentru gura tunului; ţinută, port, porto (vin);— -*fire*, rachetă, fişic.

Portable - *pórtăbel* a. portativ, purtător, uşor de purtat.

Portal-*pórtăl* s. portal, faţada unei biserici unde-i poarta principală; (*fig.*) poartă.

Portcullis - *portcŏlis* s. oblon de tarabă.

Porte-*pórt; the Sublime*—, Sublima Poartă, Poartă otomană.

Portend -*porténd* s. prevestire rea;—, v. a. a prevestì.

Portent-*pórtent* s. prorocire rea.

Portentous-*porténtŏs* a. nenorocit, înfiorător; de prevestire tristă.

Porter-*pórter* s. portar; factor (de scrisori); hamal; factor, purtătorul de pachete (la domiciliu) al unei mesagerii.

Porterage-*pórtereij* s. hamalâc

Porteress-*pórteres* s. portărea să, femeia portarului.

Portfolio-*portfólio* s. portofoliu.

Portico-*pórticou* s. portic, galerie deschisă cu boltă sprijinită pe coloane.

Portion-*pórșŏn* s. porțiune; parte; parte din moștenire; *marriage*—, zestre; —, v. a. a împărțì; a împărtășì; a înzestra.

Portionless-*pórșŏnles* a. fără parte; fără zestre.

Portliness-*portlines* s. ținută măreață, ținută impunătoare, demnitate.

Portly-*pórtli* a. cu o ținută nobilă; maiestos.

Portmanteau - *portmăătoă* s geamantan; geantă.

Portrait *pórtreit* s, portret; — -*painter*, pictor de portrete.

Portraiture-*pórtreiciur* s. portret; reprezentare.

Portray-*portréi* v. a. a pictà; a face portretul; a zugrăvì; *(fig.)* a descrie.

Portrayer-*portréier* s. pictor.

Pose-*póus* v. a. a încurcă, a nedumerì; a pune întrebări încurcate.

Poser - *póuzer* s. examinator; care pune întrebare încurcată; persoană care încurcă.

Position - *poziṣŏn* s. pozițiune, stare; *in a*—, în stare de.

Positive-*pózitiv* s. pozitivul; lucru sigur; —, a. pozitiv; sigur; hotărît; —*ly*, ad. în mod pozitiv, sigur.

Positiveness - *pózitivnes* s. siguranță; realitate.

Posse-*pŏs* s. gloatele, forța armată.

Possess-*pozes* v. a. a posedà; a ocupà; *to*—*one's self of*, a luà în stăpânire, a pune mâna pe, a-și însușì.

Possession-*pozéṣŏn* s. posesiune.

Possessive-*pozésiv* a *(gr.)* posesiv.

Possessor-*pozéser* s. posesor.

Possibility *posibsliti* s. posibilitate, putință.

Possible-*pósibel* a. posibil.

Possibly-*pósibli* ad. poate; cu putință; se poate.

Post-*póast* s. stâlp; post, funcțiune; poștă, administrația pentru transportul scrisorilor; curier, stafetă; hârtie de scrisoare;— -*boy*, poștalion, surugiu;— -*captain*, căpitan de corabie; — -*card*, cartă poștală;— -*chaise*, poștă, diligența;— -*haste*, ad. repede; cu mare viteză;— -*house*, poștă, stațiune de cai cu schimbul;— -*man*, factor, poștaș;— -*mark*, marcă poștală; peceta poștei pe scrisori;— -*master*, directorul poștei;— -*master general*, directorul general al poștei — -*office*, birou de poștă— -*office order*, mandat poștal;— -*paid*, francat; *starting*—, locul de pornire la curse; *winning*—, locul de sosire la curse; *by return of*—, cu prima poștă; —, v. a. & n. a aruncă la poștă; a pune, a plasà, a așeză; a postà; a afișà; a înregistrà; a merge la poștă; a călători cu poșta; a se grăbì cu poșta.

Postage-*pósteij* s. portul (unei scrisori); marcă poștală.

Postdate-*postdéit* v. a. a datà cu dată posterioare.

Poster-*póuster* s. afiș, anunț.

Posterior-*postirier* a. posterior

Posteriority *postirióriti* s. posterioritate, urmași, generațiune viitoare.

Postern-*póstern* s. ușă din dos.

Posthumous-*pósthiumeis* a. postum, născut după moartea tatălui.

Postilion-*postilion* s. poștalion, surugiu.

Postman-*póustman* s. factor, împărților de scrisori și depeși.

Postpone-*postpóun* v. a. a amână.

Postponement -*postpóunement* s. amânare.

Postscript-*póstscript* s. postscriptum.

Postulant-*póstiulănt* a. postulant.

Postulate - *postiuleit* s. (mat.) postulat.

Posture-*pósciur* s. postură, atitudine; stare, ținută.

Posy *póusi* s. diviză, cuvânt de ordine.

Pot-*pot* s. oală; urcior.; borcan; tigaie; *to go to—*, a se ruină;— *-belleid*, pântecos, burtos;— *boy*, servitor de cârciumă;— *-hanger*, cârlig cu crestături de care se atârnă căldarea pe foc; (fig.) scris prost;— *-herbe*, zarzavaturi;— *-house*, cârciumă;— *lid*, capac de oală; —, v. a. a pune în oală; a conservă, a păstră

Potable-*póteibl* a. potabil, de băut.

Potash-*pótaș* s. potasă, oxid de potasiu.

Potato-*potéitou* s. cartof; *Spanish—*, gulie; *—plants*, plantă de cartofi.

Potency-*póutensi* s. putere, forță.

Potent-*póutent* a. puternic, tare.

Potentate-*pótenteit* s. potentat, suveran, atotputernic.

Potential - *pouténțăl* a. putincios; *—ly*, ad. cu putință.

Pother-*póther* s. sgomot.

Potion-*póșun* s. poțiune, medicament lichid ce se ia în doze mici.

Potter-*póter* s. olar; *—'s ware*, olărie.

Pottery *póteri* s. olărie.

Pouch-*pódci* s. buzunar; pungă; tolbă de vânat; cartușieră; pungă (la cangur); gușe la pasări

Poulterer-*póulterer* s. găinar

Poultice *póultis* s. cataplasm; oblojeală; *mustard—*, cataplasm din făină de muștar.

Poultry · *póultri* s. pasăre de curte;— *-yard*, curte dosnică; găinărie.

Pounce-*póuns* s. pumice, piatră (poroasă); ghiare;— *-box*, nisiperniță; —, v. a. a lustrui cu pumice; a frecă (cu spumă de mare); *to—on, upon*, a se tăbărî, a se prăvăli (asupra cuiva)

Pound-*páund* s. livră (unitate de măsură); livră sterlingă (= 25 fr.); arest, loc pentru trăsurile și animalele găsite pe drum; obor de gloabă; —, v. a. a pisă; a închide.

Pounder - *páunder* s pisălog; măciucă.

Pour-*póer* v. a. & n. a vărsă, turnă; a deșertă; a cădeă (cu repeziciune); a plouă cu găleata.

Pouxt-*páuxt* v. n. a se bosumflă; a face mutre.

Poverty-*póverti* s. sărăcie.

Powder-*páuder* s. praf; pulbere; iarbă de pușcă; pudră;— *-cart*, cheson, căruță cu două roți pentru transportul munițiunilor în războiu;— *-flask—*, *-horn*, corneciu;— *-mill*, ierbărie;— *-puff*, pămătuf; *—and shot*, munițiune, provizie de războiu; —, v. a. a pulveriză, a face praf; a presără; a pudră.

Powdering - *páudering* s. pulverizare; sărarea (cărnurilor);— *-tub*, putină în care se păstrează sărăturile.

Powdery · *páuderi* a. prăfuit; fărâmicios.

Power *páuer* s. putere; putință; forță militară; autoritate; împuternicire.

Powerful *páuerful* a. puternic; *—ly*, ad. cu putere.

Powerfulness - *páuerfulnes* s. putere.

Powerless-*páuerles* a. neputincios.

Powerlessness-*páuerlesnes* s. neputință.

Pox-*pox* s. vărsat; *small-*, variolă; *chicken- —*, varicelă, vărsat ușor; *cow*—, vaccină.

Practicability - *prăctibíliti* s. posibilitatea de a executà, putință, stare practicabilă.

Practicable - *prăcticăbel* a. practicabil, ce se poate face.

Practically *prăcticăbli* ad. lesne de făcut, practicabil.

Practical - *prăctical* a. practic.

Practice - *prăctis* s. practică, dibăcie; drept; metodă; obiceiu; clientelă; *target*—, tragere la țintă.

Practise - *prăctis* v. a. & n. a se practicà; a (se) exercità; a întrebuință; a încercà sà; a face; a deprinde.

Practitioner - *prăctișŏner* s. practicant, medic.

Pragmatic - *prăgmătic* a. pragmatic, impertinent; —*ally*, cu impertinență.

Prairie - *préiri* s. livadă.

Praise - *préis* s. laudă, elogiu;—, v. a. a laudă, a slăvi.

Praiser - *préizer* s. lăudător.

Praiseworthy - *préizuerthi* a. lăudabil.

Prance - *prăns* v. a. a sări, a se ridicà în două picioare; (*fig.*) a se îngâmfà, a se fuduli.

Prank - *prănc* s. nebunie; festă, farsă.

Prate - *preit* v. n. a flencăni, a trăncăni.

Prattle - *prătel* s. flecărire, trăncăneală; —, v. n. a flecări, a trăncăni.

Prattler - *prătler* s. flecar.

Prawn - *prón* s. răcușor de mare.

Pray - *préi* v. a. & n. a rugà (pe D-zeu) a (se) rugà (de ceva); a cere, a poftì.

Prayer - *préier* s. rugăciune; cerere: *Lord's*—, Tatăl nostru;—*book*, cartea de rugăciuni; liturghie.

Prayerful - *préerful* a. evlavios.

Preach - *prici* v. a. & n. a predicà; *to*—*down*, a înnegrì, a vorbì de rău, a ponegrì; *to*—*up*, a lăudà.

Preacher - *prícer* s. predicator.

Preaching - *prícing* s. predicare; predică.

Preamble - *priămbel* s. discurs preliminar, introducere; expunere de motive.

Prebendary - *prébendări* s. prebendă, canonic.

Precarious - *prekéiriŏs* a. precar, nesigur.

Precariousness - *prekéiriŏsnes* s. nesiguranță, natură nesigură.

Precaution - *pricóșŏn* s. precauțiune; prevedere; băgare de seamă.

Precautionary - *precóșŏneri* a. precauțional.

Precede - *prisíd* v. a. a precedà, a merge înainte.

Precedence - *prisídens* s. supcrioritate, întâietate; precădere.

Precedent - *prísedent* s. precedent; fapt, exemplu anterior ce se invoacă ca motiv;—, a. de mai nainte, anterior.

Preceding - *prisíding* a. precedent, dinainte, anterior.

Precentor - *prisénter* s. cântăreț; dirigintele corului, orchestrei, într'o biserică.

Precept - *prísept* s. precept; învățământ; regulă de purtare.

Preceptor - *priséptor* s. preceptor, învățător.

Preceptress - *priséptres* s. profesoară.

Precinct - *prisinct* s. district; ținut, domeniu; cuprins; hotar, limită.

Precious - *préșŏs* a. prețios;—*ly*, ad. cu mare îngrijire; ca un lucru scump.

Preciousness - *préșŏsnes* s. preț, valoare mare.

Precipice - *présipis* s. prăpastie.

Precipitancy - *presipitănsi* s. precipitațiune, grabă mare.

Precipitantly - *presipitántli* ad. în grabă.

Precipitate - *presipiteit* s. precipitat, depozitul rămas în fundul unui vas prin dizolvare *chim.*); —, v. a. a aruncă, a precipită; a se repezi asupra (cuiva); a (se) grăbi; — a. grăbit; repezindu-se; aruncat

Precipitation-*presipitéișŏn* s. precipitațiune, aruncare în jos; iuțeala foarte mare, grabă.

Precipitous - *presipitŏs* a. repede: râpos, prăpăstios; drept în jos.

Precise-*prisáis* a. precis; hotărît; scrupulos; ceremonios; —*ly*, ad. tocmai; hotărît; scrupulos.

Preciseness-*prisáisnes* s precisiune, exactitate; scrupulozitate; stinghie.

Precisian - *presiján* s. rigorist, cel ce împinge prea departe severitatea.

Precisianism - *presijánism* s. rigorism, strășnicie, morală severă.

Precision-*presiŏn* s. precisiune, exactitate.

Preclude *pricliúd* v. a. a exclude; a opri, a împiedecă; a reține.

Precocious-*pricóșŏs* a. precoce, timpuriu.

Precocity-*pricósiti* s. precocitate; coacere, desvoltare timpurie.

Preconcive-*priconsiv* v. a. a concepe mai dinainte; a înțelege mai înainte.

Preconception - *preconséption* s. prejudiciu, prejudecată

Preconcert *priconsért* v. a. a chibzui, a plănui; a se înțelege mai dinainte.

Precursor-*pricérser* s. înainte mergător; prevestitor.

Predatory *préddteri* a. răpitor.

Predecessor-*pridiséser* s. predecesor, cel ce a fost înaintea altuia.

Predestinate-*predéstineit*, **predestine**-*predéstain* v. a. a predestină, a preurzi; a meni.

Predestination - *predestinéișŏn* predestinațiune, preurzire, menire.

Predicament - *predicăment* s. categorie, clasă; soiu, fel; stare.

Predicate-*prédikeit* s. predicat, atribut; —, v. a. a afirmă; a susține cu siguranță.

Predict-*predict* v. a. a prezice.

Prediction-*predicșŏn* s. predicțiune, prezicere.

Predispose-*pridispóus* v. a. a predispune, a dispune dinainte la ceva.

Predisposition - *pridisposișŏn* s. predispoziție, aplecare (spre ceva).

Predominance-*predóminăns* s. predomnire; autoritate morală.

Predominant- *predóminănt* a. predominator.

Predominate-*prédominéit* v. n. a predomină.

Preeminence - *priéminens* s. preeminență, întâietate, precădere.

Preeminent-*priéminent* a. preeminent, superior în rang, în merit.

Preengagement-*prienghéijment* s. întocmire dinainte, angajament anterior.

Preexamination - *priexámine-ișŏn* s. examen prealabil, examen anterior

Preexistence-*priexistens* s preexistență, existență anterioară.

Preface-*préf. eis* s. prefață; —, v. a. a face o prefață.

Prefatory-*préfăteri* a. preliminar, pregătitor, lămuritor, ce precede un obiect principal ca o prefață.

Prefect-*prifect* s. prefect.

Prefecture - *prifécciur* s. prefectură.

Prefer-*prifer* v. a. a preferă, a pune înainte, a propune.

Preferable-*préferăbl* a. de preferat.

Preferably - *préterăbli* ad. de preferință.

Preference-*préferens* s. preferință;— *shares*, acțiune privile giată; --*sharholder*, purtător, posesor de acţiune privilegiată.

Preferment-*priferment* s. înaintare; promovare, înaintare (la un grad mai înalt).

Prefix-*préfix* s. prefix, particula pusă înainte; —, v. a. a fixă dinainte.

Pregnancy-*prégnănsi* s. sarcină (a femeiei); fertilitate, rodnicie, bogăţie în imaginaţie.

Pregnant-*prégnănt* a. însărcinată; fertil, bogat în imaginaţie.

Prehistorical-*prihistórical* a. preistoric.

Prejudge-*prijiuj* v. a. a prejudecă.

Prejudice-*réjiudis* s. prejudiciu, pagubă, prejudecată; —, v. a. a prejudiciă; a cauză pagubă; a absorbi cu totul spiritul.

Prejudicial-*prejiudișșăl* a. păgubitor.

Prelacy-*prélăsi* s. demnitate de prelat.

Prelate-*preléit* s. prelat.

Preliminary-*prelímineri* a. preliminar.

Prelude-*preliud* s. preludiu;—, v. a. a preludiă; (*fig.*) a pregăti.

Premature-*primăciur* a. prematur; —*ly*, ad. prea de timpuriu.

Prematureness-*primăciurnes* s. coacere, desvoltare prea timpurie.

Premeditate-*priméditeit* v. a. a premeditā, a chibzuĭ dinainte.

Premeditation - *premeditéișön* s. premeditaţiune, precugetare, plan chibzuit.

Premier-*primier* s. primul ministru.

Premise-*premăis* v. a. a arătă înainte, a pune în vedere tuturor dinainte.

Premises-*prémises* s. pl. premise, fiecare din primele două propoziţii ale unui silogism; dependenţe, acarete.

Premium-*prímiŏm* s. premiu; recompensă; bacșiș

Premonitory-*primónitori* a. care înştiinţează dinainte.

Preoccupation - *priokiupéișön* s. preocupaţiune; luare în posesiune anterioară; preîntâmpinare.

Preoccupy-*preókiupai* v. a preocupă; a lua în posesiune dinainte.

Preordain - *priordéin* v. a. a hotărī dinainte; a orânduĭ; a regulă; a predetermină.

Prepaid-*pripéid* a. francat, cu portul plătit;—, ad. franco, scutit de port.

Preparation - *prepăréișön* s. preparaţiune, pregătire.

Preparatory - *prepărátori* a. preparatoriu, pregătitor.

Prepare-*pripéer* v. a. & n. a (se) pregăti; a (se) găti.

Prepay-*pripéi* v. a. a plăti dinainte; a francă.

Prepayment-*pripéiment* s. platā dinainte; francare.

Preponderance-*pripónderăns* s. preponderanţă; precumpănire.

Preponderant-*pripónderănt* a. preponderant; precumpănitor.

Preponderate-*pripóndereit* v. n. a preponderă, a precumpănī.

Preposition-*prepozișön* s. prepoziţiune.

Prepossess-*pripozés* v. a. a ocupă, a posedă înaintea altuia; a dispune; a îngriji; a preocupă (mintea).

Prepossession - *pripozeșön* s. occupaţiune anterioară; prejudecată.

Preposterous - *prepósterŏs* a. contrariu; ne-la-locul său; împotriva ordinei; absurd; —*ly*, ad. la timp nepotrivit; în mod absurd.

Prerogative-*prerógătiv* s. prerogativă.

Presage-*prăscij* a. prevestire; —, v. a. a prevestī, a prorocī.

Presbyterian - *presbitiriăn* a. presbiterian.

Presbytery-*prézbiteri* s. presbitoriu, locuinţa preotului parohiei.

Prescience - *prişaiens* s. preştiinţă, cunoaşterea viitorului.

Prescient - *prişaient* a. preţuitor, care cunoaşte viitorul; înzestrat cu cunoaşterea viitorului.

Prescribe - *priscráib* v. a. & n. a prescrie; a prescrie o reţetă; a ordonă; a se prescrie, a'şi pierde valoarea prin trecerea termenului legal.

Prescription - *prescripşŏn* s. prescripţiune; (*jur.*) mijloc legal de a dobândi proprietatea prin o stăpânire neîntreruptă sau scăparea de o datorie prin nereclamarea ei de către creditor într'un timp prescris de lege; reţetă prescrisă (*med.*).

Presence - *présens* s. prezenţa, aflare de faţă; — - *chamber*, — - *room*, sală de primire.

Present - *prézent* s. prezent, dar; —*s*, pl. cei de faţă; —, a. prezent, de faţă; *to be*—, a asistă la; *at*—, acuma, imediat; —*ly*, ad. imediat, la moment.

Present - *prézent* v. a. a face un dar; a prezentă; a oferi.

Presentable - *prezéntabl* a. prezentabil, ce se poate înfăţişă.

Presentation - *prezentéişŏn* s. prezentaţiune, jucarea unei piese de teatru; înfăţişare; propunere.

Presentiment - *prezéntiment* s. presimţământ, presimţire.

Presentment - *prizéntment* s. vide *presentation*.

Preservation - *prezervéişŏn* s. conservare, păstrare.

Preservative - *prisérvétiv* s. prezervativ, leac apărător; —, a. prezervativ, care apără, fereşte.

Preserve - *prizérv* s. dulceaţă; —*s*, s. pl. rezervă; rezervare; —, v. a. a prezervă; a apără, a feri (de ceva); a păstră; a face compoturi din fructe.

Preserver - *prisérver* s. cofetar; prezervator, apărător (de lucruri); —*s*, pl. ochelari.

Preside - *prisáid* v. n. a prezidă.

Presidency - *prézidensi* s. prezidenţie.

President - *prézident* s. preşedinte; —*ship*, prezidenţie.

Press - *pres* s. teasc, maşină de presat; tipar; lin, îmbulzeală; dulap, garderobă; —, v. a. a presă; a apăsă; a tescui; a strânge (cu putere), a constrânge; a se îmbulzi, a se înghesui; a înrolă cu forţa; a se grăbi; —*forward*, a împinge înainte; *to*—*out*, a stoarce.

Pressing - *présing* a. grabnic, stăruitor; —*ly*, ad. într'un mod grabnic.

Pression - *préşŏn* s. presiune, apăsare.

Pressman - *présmăn* s. lucrător care lucrează la teasc (într'o tipografie); călcător de struguri; gazetar; marinar de înrolare (englez) al unui detaşament.

Pressure - *préşŏr* a. apăsare; tipărire; constrângere; tescuire; stoarcere.

Presumably - *preziúmăbli* ad. probabil, pe semne, poate.

Presume - *prisiúm* v. a. a presupune; a'şi închipui; a se bizui, a se lăsa în nădejdea (cuiva).

Presuming - *priziúming* a. prezumţios, îngâmfat.

Presumtion - *prizómişŏn* s. prezumţiune, presupunere; îngâmfare.

Presumtive - *prisómtiv* a. prezumţiv, destinat dinainte (a urmă la tron).

Presumtuous - *prizómciuŏs* a. prezumţios; închipuit; semeţ, îndrăzneţ.

Presuppose - *prisŏpóuz* v. a. a presupune de mai înainte.

Presupposition - *prisupozişŏn* s. presupunere de mai înainte.

Pretence - *priténs* s. pretenţiune; pretext, motiv.

Pretend - *priténd* v. a. & n. a pretinde; a reclamă un drept; a se preface.

Pretended-*priténded* a. pretins, aşa zis.

Pretender-*priténder* s. pretendent.

Pretending-*priténding* a. pretenţios; —*lă*, ad. îndestul de; mult încrezător în sine.

Pretension-*priténşŏn* s. pretenţiune.

Pretentious-*priténşios* a. pretenţios.

Preterite-*préterit* s. (*gr.*) perfectul, timpul trecut.

Preternatural - *priternăciurăl* a. supranatural.

Pretext-*prétext* s. pretext.

Prettily-*prítili* a. frumuşel.

Prettiness-*prítines* s. drăgălăşie; graţie; mândreţe; eleganţă,

Pretty-*príti* a. & ad. frumuşel; drăgălaş; nostim; binişor; destul.

Prevail-*privéil* v. n. a prevală, a aveă mai multă trecere; a birui, a întrece.

Prevalence-*prévălens* s. superioritate; autoritate mai presus de alţii; înălţime; influenţă; înrâurire; trecere.

Prevalent-*prévălent* a. stăpânitor; puternic.

Prevaricate-*privărikeit* v. n. a-şi călca datoriile funcţiei, a trădă interesele cuivă; a se codi.

Prevarication - *privărikéişŏn* s. călcarea datoriilor; subterfugiu, mijloc şiret de a scăpă din încurcătură; chichiţă.

Prevaricator-*privărikeiter* s. cel ce'şi calcă datoria.

Prevent-*privént* v. a. a preveni; a veni înainte; a apucă înaintea altuia; a împiedecă; a întâmpinа.

Prevention-*privénşŏn* s. împiedecare; oprire.

Preventiv-*prevéntiv* s. prezervativ, leac de apărare; mijloc de ferire.

Previous-*príviŏs* a. prealabil, ce trebuie făcut sau zis înainte de a trece mai departe.

Prey-*préi* s. pradă; jaf; —, v.

n. a prădă, a jefui; a sfăşiă, a devoră; (*fig.*) a roade; *to*—*on*, *to*—*upon*, a jelui, a prădă; a chinui.

Price-*práis* s. preţ; valoare; răsplată;—*current*, sau *current*—, preţ curent;—*list*, tarif, listă de preţuri; *at cost*—, cu preţul fabricii; *to set a*—*on*, a pune un preţ pe;—*of labour*, simbria, plata; —, v. a. a cere preţ de; a pune un preţ la.

Priced-*práised* a. *high*—, scump; *low*—, ieftin.

Priceless-*práisles* a. fără preţ; nepreţuit.

Prick-*pric* s. vârf; înţepătură; punct; (*fig.*) r. muşcare; —, v. a. a înţepă; a străpunge; a da pinteni; (*mus*) a pune pe note (o arie); (*fig.*) a chinui; *to*—*down*, a însemnă prin puncte; a ţintui (un cal); *to*—*up one's ears*, a ciuli urechile; —, v. n. a înţepă, a pişcă; a da pinteni.

Pricker-*pricker* s. sulă; ac lung pentru destupat ţeava puştii.

Pricket-*pricket* s. cerbuleţ care poartă primele ramuri, cerbuleţ în al doilea an.

Pricking-*pricking* s. înţepătură; pişcătură.

Prickle-*pricl* s. ţeapă; ghimpe, spin; —, v. a. a înţepă;—*back*, peşte spinos (al cărui cuib de iarbă este o minune de arhitectură).

Prickly-*pricli* a. ghimpos, spinos.

Pride-*práid* s. mândrie, trufie; —, v. a. *to*—*one's self on*, a se mândri, a se făli de.

Prier-*práier* s. spion.

Priest-*prist* s. preot;—*craft*, şiretlicurile preoţilor;—*ridden*, guvernat de preoţi.

Priestess-*pristes* s. preoteasă.

Priesthood-*pri:thud* s. preoţie.

Prig-*prig* s. om înfumurat; tont; —, v. a. a escamotă, a fură, a şterpeli.

Prim-*prim* a. afectat;—*ness*, mofturi, farafasticuri.

Primacy-*práimäsi* s. demnitatea sau jurisdicția unui primat.
Primarily-*práimărili* ad. la început; mai cu seamă.
Primary - *práimări* a. primar, de primul grad; primitiv.
Primate-*práimeit* s. primat.
Prime-*práim* s. revărsatul zilei; primăvară; dimineață; elită; tot ce e mai bun, mai distins; *to be in one's—*, a fi în floarea vârstei; —, a. primul, cel dântâiu; mai bun; —*cost*, prețul fabricei; *at—cost*, cu prețul cât a costat; cu prețul fabricei; —, v. a. & n. a pune iască, fitilul (la o armă); a da pentru prima oară cu vopsea; a pregăti, a prepară; —*ly*, ad. la început; într'un mod excelent, minunat.
Primer-*primer* sau *práimer* s abecedar, silabar.
Primeval-*praimévăl* a. primitiv.
Priming-*práiming* s. praf (în tigăiță); fundament; țâșnitor de apă; abur.
Primitive-*primitiv* a. primitiv; —*ly*, ad. la început.
Primness-*primnes* s. afectațiune, fasoleală, mofturi.
Primogeniture - *práimogénici-ur* s. primogenitură, întâietate de naștere.
Primrose-*primrous* s. brândușe, ghiocei.
Prince-*prins* s. principe, prinț.
Princely-*prinsli* a. & ad. ca un prinț, de prinț; ca o principesă.
Princess-*prinses* s. principesă.
Principal-*prinsipăl* s. șef, director; capital; —, a. principal; —*ly*, ad. mai ales.
Principality-*prinsipăliti* s. demnitate de principe, de domnitor; principat; țară guvernată de un principe.
Principle-*prinsipel* s. principiu; proveniență; materie primară; temeiu.
Print-*print* s. tipar; tipărire; stampă, gravură; formă; tipăritură; *out of—*, epuizat, sfârșit;

—, v. a. a tipări; a gravà;—*seiler*, negustor de s ampile.
Printer-*printer* s. tipograf; —*'s devil*, zețar; —*'s flower* vinietă, mică stampă sau mic desen ca ornament (la cărți); —*'s ink*, cerneală de tipar.
Printing-*prínting* s. imprimerie; imprimare; tipărire;—*-house*, —*-office*, tipografie;—*-paper*, hârtie de tipărit.
Prior-*praier* s. prior, stariț; —, a. anterior, de dinainte.
Prioress-*práiores* s. prioră, starița.
Priority-*praióriti* s. prioritate, întâietate.
Priory-*práiori* s. stăreție.
Prism-*prizm* s. prismă.
Prison-*prizen* s. închisoare.
Prisoner-*prizóner* s. prizonier, prins.
Pristine - *pristain* a. primitiv, străvechiu.
Privacy-*práivăsi* s. secret, taină; loc retras; singurătate; *in—*, la sine, acasă.
Private-*práivăt* s. soldat de rând; —, a. privat; ascuns, retras, tainic; particular; —*ly*, ad. în ascuns, în taină; particular; deosebit.
Privateer-*praivătíer* s. corsar, corabie înarmată; —, v. n. a face drumuri.
Privation - *praivéișon* s. lipsă, privațiune.
Privet-*privet* s. (bot). lemn câinesc, mălin negru.
Privilege - *priviledj* s. privilegiu, v. a. a privilegià.
Privily - *práivili* ad. în ascuns, în taină.
Privy-*práivi* s. privată, comoditate; —, a. privat; secret, ascuns; instruit de.
Prize-*práis* s. preț; răsplată; câștig; pradă, pleașcă; premiu; câștig (la loterie), lot; pârghie; —, v. a. evaluà, a prețui; a socoti; a da importanță; *to—open*, sparge, a înfrânge.

Priseman-*práizmăn* s. laureat.

Pro-*pro* pr. pentru; —*and con*, pentru și contra.

Probability-*probăbiliti* s. probabilitate.

Probable-*próbăbel* a. probabil.

Probably-*próbăbli* ad. cu probabilitate.

Probate-*próbeit* s. cercetare, a-deverire.

Probation-*probéișŏn* s. vremea cercării; care precede noviciatul; probă; noviciat.

Probationary-*probéișŏneri* a. probatoriu, doveditor.

Probationer-*probeișuner* s. stagiar; aspirant; candidat.

Probe-*próub* s. sondă; —, v. a. a sondă; a cercetă; a verifică cu sonda.

Probity-*próbiti* s. probitate, integritate; cinste.

Problem-*próublem* s. problemă.

Problematical - *problemáticăl* a. problematic; —*ly*, ad. în mod problematic.

Proboscis-*probósis* s. trompă (de elefant).

Procedure-*prósidiur* s. procedare; procedură.

Proceed-*prosíd* v. n. a procedă, a merge înainte; a urmă, a continuă; a se trage.

Proceeding-*prosíding* s. procedare; procedură.

Proceeds-*prósids* s. pl. produs, venit.

Process-*próses* s. proces; procedare; progres, curs; urmare.

Procession-*proséșŏn* s. procesiune, alaiu; șir lung de persoane.

Proclaim-*procléim* v. a. a proclamă; a declară.

Proclamation-*proclămeișŏn* s. proclamațiune; edict; poruncă.

Proconsul-*proucónsŏl* s. proconsul; guvernator de provincie (la Romani).

Procrastinate-*procrăstineit* v. a. & n. a amână; a întârziă; a zăbovi în așteptarea unui timp priincios; a șovăi.

Procrastination-*procrăstinéișŏn* s. amânare, întârziere.

Procreate-*prócreit* v. a. a procreă, a zămislì, a face (copii); a produce.

Procreation-*procriéișŏn* s. procreațiune, zămislire; producțiune.

Proctor-*próctŏr* s. slujbaș însărcinat a reprezentă părțile în fața unei jurisdicții; advocatul statului; censor; — *ship*, slujba advocatului statului, censorului.

Procurable-*prokiórăbl* a. ușor de procurat.

Procuration - *prokiuréișŏn* s. procură; procurațiune.

Procurator,*prókiureilŏr* s. procuror.

Procure-*prokiúrer* v. a. a procură; a'și procură.

Procurer-*prokiúrer* s. om care procură; mijlocitor, pezevenghiu; —*ss*, mijlocitoarea de căsătorii; factorița de prostituate.

Prodigal-*pródigăl* s. om risipitor —, a. risipitor; (*bibl.*) *the*—*son*, fiul risipitor; —*ly*, ad. în mod risipitor.

Prodigality-*prodigăliti* s. risipă mare.

Prodigious-*prodígiŏs* a. prodigios; minunat; extraordinar; uimitor; uriaș.

Prodigy-*pródigi* s. minune.

Produce - *pródiŏs* s. product; produs, venit.

Produce-*prodiús* v. a. a produce; a da naștere; a scoate la iveală; a aduce înaintea justiției; a arătă; a aduce; a acuză.

Producer-*prodiúser* s. producător.

Product-*pródŏct* s. product; produs.

Production - *prodócșŏn* s. producțiune; producere; produs; rod.

Productive-*prodóctiv* a. productiv; care produce; roditor; *to be* —*of*, a produce.

Productiveness - *prodóctivnes* s. productivitate.

Profanation-*profănéişŏn* s. profanațiune.

Profane -*proféin* v. a. a profanà; —, a. profan.

Profaneness - *proféines*, **profanity**-*profăniti* s. nelegiuire.

Profauer- *proféiner* s. profanator, pângăritor.

Profess-*profés* v. a. a profesà, a mărturisì în public; a exercità (o meserie); *to—one's self*, a se declarà, a se arătà.

Professedly - *profésedli* ad. pe față; în public.

Profession-*proféşŏn* s. profesiune, meserie, funcție; *ly —*, de profesiune; *to make—s*, a se preface că este; a se silì să fie.

Professional-*proféşŏnăl* a. profesional, ce ține de o profesiune, de o meserie.

Professor-*proféser* s. profesor.

Professorship - *pro'éserşşip* s. profesorat.

Proffer - *prófér* v. a. a oferì; a propune.

Proificence - *profişens* s. progres, mers înainte.

Proificient-*profisent* s. maiestru, meşter; —, a. înaintat; foarte dibaciu.

Profile-*prófil* s. profil, trăsurile feței văzute dintr'o parte.

Profit-*prófit* s. profit, câştig; venit; beneficiu; avantaj; —, v. a. & n. a profità la; a trage folos; a fi folositor; a face progrese.

Profitable-*prófităbl* a. profitabil; folositor; avantajos.

Profitableness-*prófităblenes* s. folos; utilitate.

Profitably - *prófităbli* ad. cu folos; în mod avantajos.

Profitless-*prófitles* a fără folos; fără câştig.

Profligacy - *prófligăsi* s. nelegiuire; răutate.

Profligate-*prófligheit* s. desfrânat; —, a desfrânat; *—ly*, ad. fără ruşine.

Profound-*profáund* a. profund, adânc; *—ly*, ad. adânc.

Profundity *profŏnditi* s. adâncime.

Profuse-*profius* a. foarte bogat; îmbelşugat; peste măsură; risipitor; *—ly*, ad. cu risipă.

Profusion-*profiuşŏn* s. profusiune; belşug, risipă.

Progeny-*prógeni* s. origină, derivare, coborâre; seminție, neam, urmaşi.

Prognosis-*proungnósis* s. prognostic; semn, prevestire.

Prognostic-*proungnóstis* s. (med) care prevesteşte o boală; prevestire.

Prognosticate-*prognóstikeit* s. prevestire.

Programme - *prógrăm* s. program.

Progress - *prógres* s. progres; mers înainte.

Progress-*progrés* v. n. a progresà, a păşì înainte; a face progrese.

Progression-*progréişŏn* s. progresiune, mers înainte.

Progressive-*progrésiv* a. progresiv; *—ly*, ad. treptat.

Progressiveness-*progrésivnes* s. mers progresiv.

Prohibit-*prohibit* v. a. a prohibì, a oprì; a interzice.

Prohibition - *prohibişŏn* s. prohibițiune, oprire; interzicere.

Prohibitory-*prohíbitori* a. prohibitiv, care opreşte, interzice.

Project-*prógect* s. proiect, plan.

Project - *prougéct* v. a. & n. a proiectà; a plănuì, a răsărì; a ieşì la iveală.

Projectile-*prougéctil* s. proiectil, bombă.

Projecting-*prougécting* a. scos, ieşit, izbitor.

Projection-*prougécşŏn* s. proiecțiune, asvârlire.

Projector-*prougector* s. făcător de proiecte.

Proletarian-*proletéiriăn*, **proletary** - *próleteri*, s. proletar, muncitor care nu câştigă în deajuns din munca sa.

Prolific-*prolific* a. prolific, zămislitor, prăsitor; roditor, fertil.

Prolix-*prólix* a. prolix, prea lung, vorbăreț, care se întinde la vorbă, la scris.

Prolixity-*prolíxiti* s. prolixitate.

Prologue-*prólog* s. prologi.

Prolong-*prólong* v. a. a prelungi.

Prolongation-*prolonghéișon* s. prelungire.

Prominence-*próminens* s. pro-eminență, ieșitură.

Prominent-*próminent* a. proe-eminent, ieșit afară.

Promiscuous - *promikiuăs* a. amestecat, încurcat; confus.

Promise-*prómis* s. promisiune, făgăduială; —, v. a. & n. a pro-mite, a făgădui.

Promiser-*prómisers*,promițător.

Promising-*prómising* a. care promite mult; care dă mare spe-ranță.

Promissorily - *prómisórili* ad. în formă de promisiune.

Promissory-*prómisóri*, s. care conține o promisiune;— -*note*, poliță.

Promontori-*próumentori* s. promontoriu, limbă de pământ în mare; cap.

Promote-*promóut* v. a. a pro-movà; a înaintà; a încurajà.

Promoter-*promóuter* s. promo-tor, conducător (al unei afaceri).

Promotion-*promóușon* s. pro-moțiune; înaintare (la un grad mai înalt); încurajare.

Prompt-*prómt* v. a. a suflà, a șopti cuiva; a ațâță; a sugerà, a însuflà;— -*book*, cartea suflerului la teatru;— a., repede, grabnic;— *ly*, ad. repede.

Prompter-*prompter* s. suflător la orgă; sufler de teatru.

Promptitude-*prómtitiud* *promptness* s. grabă, repeziciune.

Promulgate-*promŏlgheit* v. a. promulgà; a publicà oficial.

Promulgation - *promŏlghéișon* s. promulgațiune; publicațiune oficială.

Prone-*próun* a. aplecat, pornit (spre ceva); culcat cu fața în jos.

Proneness-*próunes* s. înclinare, aplecare, povârnire; aplecare în jos; culcare cu fața la pământ.

Prong-*prong* s. crac, dinte de furcă.

Pronominal-*pronóminăl* a. pro-nominal.

Pronoun-*prónaun* s. pronume.

Pronounce-*pronáuns* v. a. a pronunță, a rosti; a declarà.

Pronunciation - *pronŏnsiéișon* s. pronunțare.

Proof-*pruf* s. probă; dovadă; încercare; —, a. probat, încercat; dovedit; *to be* —*against*, a dovedì contra.

Prop-*prop* s. reazăm, sprijin; par, arac; —, v. a. a rezemà, a proptì de ceva; a sprijinì; a arăcì via.

Propaganda - *propăgăndă* s. propagandă.

Propagate-*própăgheit* v. a. & n. a propagà; a (se) răspândì; a (se) împrăștià.

Propagation - *propăghéișon* s. propagațiune; răspândire.

Propagator-*própăgheitŏr* s. propagator.

Propel-*propél* v. a. a împinge înainte; a îmboldì; —*ling-power*, forță motrice.

Propeller-*propéler* s. șurub la vapoare.

Propensity-*propénsiti* s. por-nire; aplicare.

Proper-*próper* a. propriu; potri-vit, cuvenit; exact; deosebit; ciudat, firesc; —*ly*, ad. propriu, tocmai; —*ly speaking*, în sensul cel mai riguros; drept vorbind în tot cazul.

Property-*próperti* s. particula-ritate, însușire particulară; ca-racter distinctiv; proprietate, po-sesiune; *landed*—, acaret, buca-tă de pământ.

Prophecy-*prófesi* s. profeție.

Prophesy-*prófesai* v. a. & n. a proroci, a profetizà.

Prophet-*prófet* s. profet, proo-
roc.

Prophetess-*prófetes* s. proo-
roacă.

Prophetic-*profétic* a. profetic.

Propinquity-*propénquiti* s.
proximitate; apropriere; înrudi-
re (de aproape).

Propitiate-*propișiéit* v. a. a
face să fie dispus; a împăcă; a
alină.

Propitiation-*propișiéișón* s. îm-
păcare; expirare.

Propitiatory-*propișiátoria*. ca-
re face priincios.

Propitious-*proupișóus* a. propi-
ce, priincios.

Proportion-*propórșón* s. pro-
porțiune; raport; măsură; si-
metrie; *in—as*, pe măsură ce;
cu cât; *in—to*, în raport, potri-
vit cu; —, v. a. a proporționă,
a potrivi.

Proportionable - *propórsiónă-
bel* a. proporționat, potrivit.

Proportional - *propórșónăl* a.
proporțional.

Proportionate-*propórșineit* a.
proporționat; —*ly*, ad. propor-
țional, potrivit cu.

Proposal-*propóuzăl* s. propu-
nere; ofertă, oferire.

Propose-*propóuz* v. a. a pro-
pune.

Proposition-*propozișón* s. pro-
punere; propoziție; ofertă.

Propound - *propáund* v. a. a
propune; a oferi.

Proprietary-*propráieteris*.pro-
prietar.

Proprietor-*propráietor*, **pro-
prietress**-*propráietres* s. m. și
f. proprietar.

Propriety-*propráieti* s. bună-
cuvință, conveniență; potrivire.

Propulsion-*propólșón* s. pro-
pulsiune; mișcare de împingere
înainte.

Pro-rata-*prorátă* ad. potrivit cu.

Prorogation-*proroghéișón* s.
prorogațiune, suspendare vre-
melnică.

Prorogue-*proróug* v. a. a pro-
rogă.

Prosaic *·-prouzáio* a. prozaic.

Proscenium-*prósiniôm* s. avan-
scenă.

Proscribe-*proscráib* v. a. a proscri-
crie, a osândi la moarte fără ju-
decată; a isgoni, a surghiuni, a
alungă.

Proscription-*proscripșóns.
proscriere.

Prose-*próus* s. proză; — *writer*,
scriitor în proză.

Prosecute-*prósikiut* v. a. a ur-
mări.

Prosecution-*prósikiúșón* s. ur-
mărire; acuzație.

Prosecutor-*prósikiuter* s. jelu-
itor; pârâș.

Prosecutrix-*prósikiutrix* s. je-
luitoare.

Proselyte-*próselait* s. prozelit.

Prosody-*prósodi* s. prozodie.

Prospect-*próspect* s. perspecti-
vă, înfățișarea obiectelor sub di-
verse aspecte după depărtarea
lor; aspect văzut din depărtare
priveliște; vedere.

Prospectus-*prospéctus* s. pros-
pect.

Prosper-*prósper* v. a. & n. a
prospera, a face să prospereze,
a merge bine.

Prosperity-*prospériti* s. pros-
peritate.

Prosperous-*prósperôs* a. pros-
per, priincios; înflorit; fericit.

Prostitute-*próstitiut* s. prosti-
tuată; —, v. a. a prostitua.

Prostitution-*prostitiúșóns
prostituțiune.

Prostrate *·-prostréit* v. a. a pră-
văli, a răsturnă; a doborî; a da
jos; *to—oneself*, a se prosternă,
a se închină până la pământ;
—, a. prosternat.

Prostration-*prostréișón* s. în-
chinare până la pământ.

Prosy-*próusi* a. prozaic; banal„
plictisitor.

Protect-*protéct* v. a. a protege;
a sprijini; a apără; a garantă

a pune la adăpost, a ferì;—*ingly.*
ad. în mod sprijinitor; adăpostit.

Protection-*proiécşön* s. protec-
ţiune.

Protective-*protéctiv* a. protec-
tor.

Protector-*protécter* s. protector;
apărător.

Protest-*prótest* s. protest.

Protest-*protést* v. a. & n. a pro-
testà; a dovedì; a afirmà; a
mărturisì.

Protestant *prótestănt* s. & a. pro-
testant.

Protestatism-*prótestăntism* s
protestantism.

Protestation-*protestéişön* s.
protestaţiune.

Protocol-*prótocol* s. protocol

Prototype-*prótotaip* s. prototip,
tipul cel dintâiu; model.

Protract-*protráct* v. a. a amânà,
a întârzià; a prelungì.

Protraction-*protrácşön* s. pre-
lungire.

Protractor-*protráctör* s. rapor-
tor.

Protrude-*protriúd* v. a. & n. a
înaintà; a împinge înainte.

Protuberance-*protiúberăns* s.
protuberanţă; ieşire, ridicătură;
umflătură.

Protuberant - *protiúberănt* a.
ieşit afară.

Proud-*práud* a. orgolios, trufaş,
mândru, *(med.)* spongios; —*ly,*
ad. cu mândrie.

Prove-*priùv* v. a. & n. a probà,
a cercà, a pune la încercare; a
se arătà; a stabilì, a devenì; a
reuşì; *not—n, (jur.)* declarat ne-
vinovat (de juraţi).

Provender-*próvender* s. nutreţ

Proverb-*próverb* s. proverb.

Proverbial-*provérbiăl* a. pro-
verbial.

Provide-*prováid* v. a. & n. a
îngrijì (cu cele trebuincioase);
a se îngrijì cu ceva; a se apro-
vizionà de cu vreme; a avea
srijă de.

Provided-*prováied* conj nu-

mai să, cu condiţiunea să.

Providence-*próvidens* s. pro-
videnţă; prevedere; economie.

Provident-*próvident* a. prevă-
zător; —*ly,* ad. cu prevedere.

Providential-*providénşăl* a.
providenţial, ce vine dela pro-
videnţă.

Province-*próvins* s. provincie;
(fig.) sferă, regiune, funcţiune.

Provincial-*provinşăl* a provin-
cial.

Provision-*provişön* s. proviziu-
ne merinde; pregătire;prevedere;
măsură; precauţiune; *(com.)* ri-
mează; —, v. a. a aprovizionà;
a îngrijì cu ceva; a îndestulà.

Provisional-*provişönal* a. pro-
vizoriu; —*ly,* ad. în mod pro-
vizoriu.

Proviso-*prováizo* s. clauză, con-
diţie deosebită într'un înscris.

Provisory-*prováiseri* a provizo-
riu.

Provocation *provokéişön* s.
provocare; provocaţiune, desfi-
dere.

Provocative - *provoucátiv* a.
provocător.

Provoke-*provóuc* v. a. a pro-
vocà, a aţâţà.

Provokingly-*provoukingli* ad.
într'un mod provocător.

Provost-*próvost* s. mai marele
(unei bresle); rector; director (de
liceu).

Provotship-*próvo'şip* s. funcţia;
reşedinţa sau jurisdicţia unui
prevot.

Prow-*práu* s. proră, ciocul co-
răbiei.

Prowess-*práues* s. bravură, is-
pravă, vitejie.

Prowl-*prául* v. n. a se învârtì
încoace şi încolo pentru a prădà.

Prowler-*práuler* s jefuitor, tâl-
har.

Proximate-*próximeit* a. apro-
piat, aproape; —*ly,* numai de-
cât, de-a dreptul.

Proximity-*proximiti* s. proxi-
mitate, apropiere.

Proxy-*próxi* s. procură, procurațiune.

Prude-*prud* s. femeie prefăcută.

Prudence-*prúdens* s. prudență.

Prudent-*prúdent* s. prudent, prevăzător.

Prudential-*prudénșăl* s. dictat de prudență, de înțelepciune.

Prudery-*prúderi* s deșteptăciune prefăcută.

Prudish-*prúdiș* a. care face pe deșteptul, pe virtuosul; care face pe rușinosul.

Prune-*priún* s. prună uscată; —, v. a. a curăță (arbori).

Prunello-*prunélo* s. porumbrea, lumina ochiului.

Pruning-*prǔning*; — *bill*, — *hook*,— *knife*, s. cosor, cosoraș; — *shears*, foarfeci de grădinar

Pruriency-*prúriensi* s. mâncărime.

Prurient-*prúrient* a. care produce mâncărime; pruriginos.

Prussic acid-*prúsio ǎsid* s. acid prusic.

Pry-*prái* v. n. a pândi; a spiona, a observă pe furiș; a cercetă cu deamănuntul; a se ocupă cu.

Prying-*práiind* a. curios; spion, indiscret.

Psalm-*som* s. psalm.

Psalter-*sólter* s. psaltire.

Pseudonym-*siúdonim* s. pseudonim.

Psychological-*saicológicăl* a psihologic.

Psychology-*saicológi* s. psihologie.

Ptarmigan-*tármigăn* s. ieruncă, pasăre albă.

Puberty-*piúberti* s. pubertate, vârstnicie

Pubescent-*piubésent* a. vârstnic.

Public-*póblic* s. publicul, oamenii, lumea;— *house*, cârciumă; —, a. public;—*ly*, ad. în public.

Publican-*póblicăn* s. strângător de impozite la Romani; cârciumar.

Publication-*publikéișon* s publicațiune.

Publicist-*póblisist* s. publicist.

Publicity-*publísiti* s. publicitate, aducere la cunoștința tuturor.

Publish - *póbliș* v. a. a publică.

Publisher-*póblișer* s. editor, librar-editor.

Puce-*piús* s purice; coloare de purice.

Puck-*pŏc* s. moroiu, drăcușor

Pucker-*pŏker* s. sbârcitură; —, v. a. a sbârci, a increți.

Pudding-*púding* s. puding (un fel) de budincă; cârnat; *black*—, cartaboș, (cârnat umplut cu sânge și cu grăsime de porc); *plum*—, budincă de crăciun.

Puddle-*pódl* s. mocirlă, baltă, mlaștină; tăbăceala pieilor; —, v. a. a turbură; a lipi, a unge cu humă; a subția tuciul (pentru a'l preface în fier sau în oțel)

Puerile - *piúeril* a copilăresc; copilăros.

Puff-*póf* s. suflare; umflare; pământul; ănunciu de șarlatan; —*adder*, viperă, năpârcă;—*ball*, băşina porcului (ciupercă); —, v. a. & n. a suflă; a (se) umflă; a gâfâi; a sforăi; a face reclamă, a trâmbiță meritele cuiva.

Puffy-*pófi* a. umflat.

Pug-*pŏg* s. cățel cu părul mătăsos și lățos; mops; copilaș drăguț; —*nose*, nas cârn, cârneciu.

Pugilism *piúgilism* s. pugilat, luptă cu pumnii.

Pugilist-*piúgilist* s. luptător cu pumnii.

Pugnacious-*pŏgnǎșos* a. gâlcevitor, certător.

Puisne-*piúne* a. mai tânăr; inferior; de jos.

Pule-*piúl* v. a. a piui; a chiscui; a geme.

Puling-*piúling* s. gemăt; văietul unui copil nou născut.

Pull-*pul* s. lovitură; sguduitură; s uturătură; luptă; trăsătură; —, v. a. a trage; a împinge; a rupe, a smulge; a sfâșia; a culege; a văsli; *to*—*down*, a doborî; a sfărâmă; a distruge; (*fig*)

a umilì; to—off, a scoate pălă
rie, haine, etc.); a smulge; to—
through, a ajută să; a scoate
din nevoie; a ajutorà; to—up,
a ridicà; a trage în sus; a agăță;
a încopcà; a se oprì (trăsură, cal).

Pullback-púlbăc s. piedecă, obstacol.

Pallet-púlet s. puicà; /at—, puică îngrășată.

Pulley púli s. scripete.

Pulmonary-pŏlmoneri, **pulmonic**-pŏlmonic a. pulmonar, de plămân, ftizic.

Pulp-pŏlp s. carnea fructelor, legumelor; boștina; măduvă.

Pulpit-pŏlpit s catedră; amvon.

Pulpous-pŏlpŏs, **pulpy** pŏlpi a. ca carnea.

Pulsation-pŏlséișŏn s. pulsațiune, bătaia pulsului.

Pulse-púls s. puls, pulsațiune; legumă păstăioasă.

Pulverisation-pulverizéișŏn s. pulverisare, prefacere în pulbere.

Pulverise-pŏlverais v. a. a pulverizà, a face praf.

Pumice-pŏmis s. pumice (piatră poroasă); —, v. a. a lustrui cu pumice.

Pump-pŏmp s. pompă, tulumbă; pantofi ușori de dans; —, v. a. a pompà, a manevrà o pompă; a udà, a stropì; a vărsà; a face pe cineva să mărturisească.

Pumpkin-pŏmkin s. dovleac.

Pun-pun s. calambur, joc de cuvinte.

Punch-pŏntș s. priboiu; sulă; paiață; punciu (băutură); the—, renumitul ziar satiric; —, v. a. a găurì, a sfredelì; a găurì cu sula.

Puncheon-pŏnciŏn s. stampilă; marcă (pe monedă); butoiu de 200 de litri.

Punchinello-ponșinélo s. polișinel.

Punctilio-punctílio s. lucru de nimic.

Punctilious-punctílĭŏs a. câr-

cotaș, mișălos;—ly, ad. minuțios.

Punctual-pŏncciuăl a. punctual, exact; —ly, ad. punctual, la timp anumit.

Punctuality-puncciŭăliti s. punctualitate, exactitate.

Punctuate-púncciueit v. a. a punctuà, a pune punctuația.

Punctuation - puncciéișŏn s. punctuațiune.

Puncture-pŏnccĭur s. puncțiune, operațiune prin care se scoate apă din corp; înțepătură.

Pungency-pŏngensi s. picant; acrime; asprime.

Pungent-pŏngent a înțepător; acru; aspru.

Punic-piúnic a. punic.

Puniness - piúnines s. calicie, micime.

Punish-pŏniș v. a. a pedepsì.

Punishable-pŏnișăbl a. ce se poate pedepsì.

Punishment-pŏnișmént s. pedepsire, pedeapsă.

Punitive-piúnitiv a. care supune la pedeapsă, penal.

Punster-pŏnster s. glumeț, prost.

Punt-pŏnt s. pod mișcător; luntre; —, v. a. a acoperì cu o punte (o corabie); a pontà (la joc).

Punter-pŏnter s. pontator (la joc).

Puny-piúni s. mic, slab; calic.

Pup-pŏp s. cățel; —, v. n. a fătà, a face căței.

Pupil-piúpil s. elev, școlar; discipol; orfan, pupil; pupilă, lumina ochiului.

Pupilage-piúpiledj s. minoritate; educație.

Pupillary-piúpileri a. ce ține de lumina ochiului.

Puppet-pŏpet s. păpușă; paiață.

Puppy-pŏpi s. cățel; gură-cască, tont.

Puppyism-púpiism s. fatuitate, înfumurare năroadă.

Purblind-pírblaind a. miop.

Purchase-pérceis s. târguială, cumpărătoare; —, v. a. a târguì, a cumpără; a dobândì.

Parchaser-*pértşeser* s. cumpărător.

Pure-*piúer* a. curat; —*ly*, ad. curat.

Pureness-*piúei ies* s. curăţenie.

Purgation-*perghéişŏn* s. curăţire (a stomacului).

Purgative-*pérgătiv* s. purgativ (leac de curăţenie); —, a. curăţitor.

Purgatory-*pérgătŏri* s. purgatoriu, leac de ispăşire definitivă a păcatelor; (*fig.*) loc de suferinţă.

Purge-*péri* v. a. a purgă, a da curăţenie.

Purging *pérging* s. curăţenie.

Purification - *piurifikéişŏn* s. purificaţiune, curăţire.

Purify-*piúri'ai* v. a. & n a (se) curăţi

Purist *piúrist* s. purist.

Puritan-*piúrităn* s. puritan.

Purity-*piúriti* s. puritate, curăţenie.

Parl-*pérl* s. tresă; galon; plete; murmur, curgerea (unui rău); —, v. n. a murmură, a curge văjâind (râu).

Parlieu-*pérliu* s. imprejurime; hotare, ocol.

Purloin-*pir'lóin* v. a. a furà (dintr'un autor).

Purple-*pírpel* s. purpură; (*med.*) pojar;—, a. de purpură, purpuriu.

Purport-*pérport* s. sens, insemnare, înţeles; conţinutul; —, v. a. & n a arătà; a semnificà; a insemnà; a susţine.

Purpose-*pérpŏs* s. intenţiune, scop; proiect; hotărire; rezultat; *much to the*—, potrivit; *on*—, inadins; *to no*—, nefolositor, în zadar; *for what*—? la ce? *which is your*—? la ce te gândeşti? —, v. n. a'şi propune; a aveà de gând.

Parr-*per* v. n. a toarce (pisică), a face aţe (pisică).

Parring-*péring* s. torsul pisicei.

Purse-*pérs* s. pungă; portofel; —, v. a. a băgà in buzunar, în pungă.

Parser-*pérser* s. trezorier.

Purslain-*pérslein* s. iarbă grasă, porcină; praz.

Pursuance-*persiúăns* s. urmare, urmărir .

Pursuant-*pérsiúănt* a. potrivit cu; după.

Pursue-*pirsiú* v. a. & n. a urmări; a urmà; a căutà; a umblà după, a se strădui pentru cineva.

Pursuit-*pérziut* s. urmărire; cercetare.

Pursy-*pérsi* a. cu tignafes, cu respiraţie grea.

Purulence-*piúrulens* s. puroime.

Purulent-*piúrulent* a. puroios, purulent.

Purvey-*pérvei* v. a. & n. a aveà grije de; a îngriji (de cele trebuincioase); a înzestrà.

Purveyance-*pervéiăns* s. proviziune, merinde.

Purveyor-*pervéior* s. furnizor, cel ce îngrijeşte cu tot ce trebue (o casă).

Pus-*pŏs* s. puroiu.

Push-*puş* s. împingere; imbrânceală; imbulzeală de lucru; sforţare; înaintare; —, v. a. & n. a împinge; a imboldì; a face o sforţare; a zorì; *to*—*at*, a atacà; *to*—*off*, a plutì spre largul mării.

Pushing-*púsing* a. intreprinzător; viguros.

Pusillanimous-*piusilănimŏs* a. sfiicios; descurajat.

Puss(y)-*pus(i)* s. pisoiu.

Pastule-*pŏ́stiul* s. pustulă.

Put-*put* v. a. & n. ner. (perf. şi ptr. *put*), a pune; a aşezà; a se servì; a intrebuinţà; a propune; a presupune, a oferì; a trece (în socoteală); a arătà; a prezentà; *to*—*away*, a pune de-oparte; a îndepărtà; a strânge, a pune bine; *to*—*by*, a pune la o parte; *to*—*down*, a pune jos; a scrie, a insemnà; a da jos călătorii; a opri, a impiedecà; *to*— *forth*, a propune; a înaintà; *to*— *forward*, a afirmà, a pretextà; *to*—*in mind*, a aduce aminte;

to— *off*, a amână a se desbră-
că, a se lăpăda de; to—on, a
imbrăcă (haine); a pune (pălărie
pe cap) to—out, a necăji, a irită
foarte; a ieşi; a şterge, a luă
la goană to—out at interest,
a pune cu dobândă to—to, a
adăugă; a înhămă (cai) to—to
death, a executá, a omorî; to—
to fight, a pune pe fugă, a goni;
to—up with, a răbdă, a îndură;
a toleră; a suportă, a rezistă;
to be—to it, a fi foarte strâmtorat.
Putative-piutătiv a. pretins,
aşa zis.
Putlog-pótlog s. gaură.
Putrefaction-piutrifacşŏn s.
putrefacţiune, putrigaiu
Putrefy-piutrifai v. a. & n. a
(se) putrezi, a sé strică.
Putrescence-piutréscăns s. pu-
trezire.
Putrescent-piutréscent a.putred

Putrid-piutrid a. putred, pu-
trezit.
Putting-stone-pútingstoun s.
pietre care se aruncă pentru
a'şi încercă forţele,
Putty-póti s. sacâz.
Puzzle-pŏzl s. ne lămurire; lu-
cru greu de înţeles; enigmă; —,
v. a. a nedumeri; a lipi.
Pygmy-pigmi s. pigmeu, pitic.
Pyramid-pirămid s. piramidă;
—al, piramidal.
Pyre-páir s. magazie de lemne;
rug.
Pyrotechnic-pairotécnic s. pi-
rotehnic; —s, pirotehnic.
Python-páihon s. piton (un
şarpe.
Pythoness-páithones s. pito-
nisă; (fig.) ghicitoare, vrăjitoare.
Pyx-pix s. artofor, cutie (de bu-
solă,**•**

Q

Quack-cuăc s. şarlatan; —, v.
n. a face pe şarlatanul; a mă-
căi (raţele).
Quackery-cuăkeri s. şarlatanie.
Quadragesima-cuadrăgésima
s. postul Paştelui. Păresimi; pri-
ma Duminecă a Păresimilor.
Quadrangle-cudărănghel s. pă-
trat.
Quadrant-cuădrant s. sfertul
cercului.
Quadratic-cuŏdrátic a. de pa-
trat, ca patratul.
Quadrilateral-cuŏdriláterăl a.
cu patru laturi sau feţe; —, s
cadrilater, figură cu patru la-
turi.
Quadrille-cătríl s. cadril (dans).
Quadroon-cuădrún s. sfert de
sută.
Quadruped - cuădruped s. pa-
truped.
Quadruple-cuădrupel a. împă-
trit, de patru ori mai mare.
Quaff-cuăf v. a. & n. a bea sdra-

văn; a goli; a sorbi; to—off, a.
a turnă pe gât.
Quaffer-cuáfer s. băutor, beţi-
van
Quaggy-cuăghi a. mlăştinos.
Quagmire-cuăgmaier s. surpă-
tură (făcută de apă); rovină, te-
ren mocirlos.
Quail-cuéil s. prepeliţă; young—,
puiu de prepeliţă; —pipe, fluie-
raş de momit prepeliţe; —, v.
n. a pierde curajul, a desperă;
a tremură; —, v. a. a supune;
a învinge.
Quaint-cuent a. bizar, ciudat;
original; pretenţios, afectat; co-
mic; —ly, ad. într'un mod ciu-
dat; afectat.
Quaintness-cuéintnes s. ciudăţe-
nie; gentileţă, drăgălăşie, ma-
niere drăgălaşă.
Quake-cuéic v. n. a tremură, a
tresări.
Quaker-kuéiker s. tremurător;
quaker.

Qualification-*cuălifikéişŏn* s. calificare, întitulare; modificare.

Qualify-*cuălifai* v. n. a califică; a determină; a pune în stare, a face capabil; a autoriză; a mărgini; a moderă.

Quality-*cuăliti* s. calitate, însuşire.

Qualm-*cuăm* s. greaţă;—*of conscience*, mustrare de cuget.

Qualmish-*cuămiş* a. greaţă, în dispus.

Quandary-*cuăndări* s. sinceritate.

Quantitative-*cuántiteitiv* a. cantitativ.

Quantity-*cuántiti* s. cantitate.

Quantum-*cuántŏm* s. total, sumă.

Quarantine-*cuărantin* s. carantină.

Quarrel-*cuărel* s. ceartă; dispută; *to pick a*—, a căuta ceartă cu lumânarea;—, v. n. a se certă.

Quarrelsome-*cuărlsom* a. certător.

Quarry-*cuări* s. carieră, mină de piatră; pradă, partea câinilor de vânat;— -*man*, pietrar; —*stone*, bolovan, piatră cioplită.

Quart-*cuárt* s. cuart, litru (= 1.1358).

Quartan-*cuărţăn* s. friguri ce revin din patru în patru zile.

Quarter-*cuórter* s. sfertul; trimestru, sfert de an; cartier, mahala; (*milit*.) iertare, pardon;— -*day*, termen de plata chiriei pe trei luni;— -*deck*, partea de din-dărăt a unei punţi de corabie; — -*master*, caporal de marină; —*s*, locuinţă; cuartir(are); *to beat to*—*s*, bate zorile (*mar*.); *all hands to*—*s!* fiecare la locul său! —*of an hour*, sfert de oră;—, —, v. a. găzdui; a împărţi în patru bucăţi.

Quarterly-*cuárterli* a. trimestrial.

Quartern-*cuártern* s. jumătate galon (măsură engleză, galon; = 4 litri şi jumătate).

Quartet-*cuártet* s. (*mus*). quartet.

Quarto-*cuártou* s. in quarto.

Quartz-*cuárts* s. cuarţ, cristal de rocă.

Quash-*cuăş* v. n. a strivi; a a-păsă în jos; a distruge; a înă-buşi, a anulă; a supune.

Quasi-*cuéisi* ad. cuazi, aproape, mai mai.

Quatrain-*cuătrein* s. catren, strofă de patru versuri.

Quaver-*cuéiver* s. (*mus*.) croşe, jumătatea unei întregi (negre); —, v. n. a cântă tra la la.

Quay-*ki* s. cheiu.

Quean-*cuin* s. ticăloasă, femeie desfrânată.

Queasiness-*cuízines* s. slăbiciune de stomac; scârbă.

Queasy-*cuizi* a. greaţă, rău; desgustător, scârbă.

Queen-*cuin* s. regină; damă (la şah şi la jocul de cărţi);—, v. a. a spune regină (la şah);— -*apple*, măr creţesc.

Queenly-*cuínli* a. de regină, ca o regină.

Queer-*cuier* a. ciudat, straniu.

Queerness-*cuérnes* s. ciudăţenie.

Quell-*cuél* v. a. a supune; a înăbuşi; a potoli; a învinge.

Quench-*cuénci* v. a. a potoli, a stinge.

Quenchless-*cuénciles* a. nestins.

Querist-*cuírist* s. întrebător, cel ce întreabă de toate.

Querulous-*cuériŏlŏs* a. plângă-tor;—*ly*, ad. plângându-se.

Querulousness-*cuériŏlŏsnes* s. patimă de procese.

Query-*cuíri* s. cerere; întrebare; v. a. a întrebă, a pune întrebări; a se îndoi de.

Quest-*cuést* s. cercetare, căuta-re; *in*—*of*, în căutare de.

Question-*cuéstşon* s. întrebare, cercetare; dispută; îndoială; *be yond all*—, neîndoielnic; v. a. & n. a cestionă, a întrebă, a pune întrebări; a se îndoi.

Questionable-*cuéstiŏnăbl* a. îndoios, îndoielnic.

Questor-*cuéstɐr* s. cestor.

Questorship-*cuésterșip* s. funcția de cestor.

Quibble-*kuĭbl* s. scuză proastă, pretext; glumă proastă, vɐrbă de spirit mitocăneasɐ̆ă; —, v. n. a face jocuri de cuvinte, a vorbì cu două înțelesuri; a șicanà, a umblà cu chichițe.

Quick-*cuĭc* s carne vie; traiu: *the—and the deɐd*, viii și morții; *—sighted*, cu vedere ageră pătrunzător; *—witted*, ager la minte, —, a. & ad. viu; activ; sârguitor; îndemânatec; grabnic; sprinten; vioiu, ager; inteligent; *—ly*, ad. repede; iute; cu vioiciune.

Quicken-*cuiken* v. a. a grăbì; ɐ însufleți, a da viață.

Quickness-*cuícnes*, s. iuțeală; repeziciune; vioiciune.

Quicksand - *cuícsănd* s. nɪsip mișcător.

Quickset-hedge-*cuicsĕt hedj* s. gard viu.

Quicksilver-*cuícsĭlver* s. argint viu.

Quicksilverd-*cuícsĭlcerd* a. cu argint viu, cositorit.

Quid-*cuĭd* s. tutun ce se mestecă în gură.

Quidnunc-*cuĭdnŏnc* s. lăudăros

Quid-pro-quo-*cuĭdprocuo* s. quiproquo, greșeala de a luà un lucru drept altul; încurcătură.

Quiescent-*cuĭĭsent* a. pasinic, liniștit; lin.

Quiet - *cuáĭet* v. a. a liniștì; a potoli; —, a. liniștit, calm, pacinic; *—ly*, ad. liniștit.

Quietness - *cuáĭetnes* **quietude**-*cuáĭetiud* s. liniște desăvârșită; tihnă, odihnă; pace.

Quietsome-*cuáĭetsŏm* a. calm, liniștit.

Quietus-*cuáĭetŏs* s. odihnă; moarte.

Quill-*cuĭl* s. țeavă de pană; pană, condeiu; mosor; *—driver*, scriitoraș, mâzgălitor; —, v a. a

face cute; a face crețuri; a încreți.

Quilt-*cuĭlt* s învɐlitoare de picioare; cuvertură de pat de paradă.

Quilting-*cuĭlting* s. tighel.

Quince-*cuĭns* s. gutuie:— *-tree*, gutuiu sălbatic.

Quincunx-*cuíncŏnx* s. dipoziția copacilor în-formă de V roman

Quinine-*cuĭnĭn* s chinină.

Quinquagesima - *cuĭncuăgé :mă* s Dumineca lăsatului de sec.

Quinquennial - *cuincuéniăl* a. ce ține cinci ani.

Quinsy-*cuĭnzi* s anghină; gâlci.

Quintal - *cuéntăl* s. cântar de 100 de livre

Quintessence-*cuintésăns* s cuintesență.

Quintet-*cuintĕt* s quintet.

Quintuple-*cuintiupel* a încincit.

Quip-*cuĭp* s glumă mușcătoare.

Quire-*cuáĭr* s. testea; cor; *in—s*, în foaie.

Quirk-*cuérc* s istețime; subtilitate.

Quit *cuĭt* v. a. a scuti (de o datorie); a renunța la; a ține chit; a părăsì; *to give notice to—*, a da înștiințare de mutare din casă: —, a chit; achitat.

Quite-*cuáĭt* ad. cu totul; de tot.

Quits *cuĭts* a. chit, achitat.

Quittance-*cuĭtăns* s chitanță.

Quitter-*cuĭter* s. părăsitor.

Quiver-*cuĭver* s. tolbă cu săgeți; —, v. a. a tremura, a tresări; *—ed*, înarmat cu tolba cu săgeți.

Quiz-*cuĭz* v. a. a mistifică; a luà peste picior; a privi pe furiș; a păcăli.

Quoit-*coĭt* s. piatră sau ghiulea turtită de asvârlit.

Quondam-*cuóndăm* a. mai na inte; altă dată; mai sus.

Quorum-*cuŏrŏm* s. număr suficient de judecători.

Quota-*cuótă* s. parte (ce revine fiecăruia).

Quotation - *cuotéssŏn* s. citațiune, ghilimele.

Quote-*cuéut* v. a. a cită; a. a-ter;ă. a aduce.

Quoth-*cuéth* v. def —*he*, zise.

Quotha-*cuótha* hei!

Quotidian-*cuotidián* a. zilnic

Quotient-*cuóşent* s quoţient,cât.

R

R. abbr. = *Regina*, regína; *Rex*, rege.

R. A. abbr = *Royal Academy*, membru al Academiei regale de pictură.

Rabato-*rabéto* s. guler ce cade pe piept.

Rabbet-*răbet* s. scobitură în care se înţepeneşte (un oblon); scobitură.

Rabbi-*răbai* sau *răbi* s. rabin, haham.

Rabbinist-*răbinist* s. rabinist, cel ce studiază cărţile rabinice.

Rabbit-*rabit* s. iepure de casă; *doe*—, iepuroaică de casă; *young*—, vătuiu, şoldan; —*'s nest*, vizuină de vătui.

Rabble-*răbl* s. poporul de jos, gloată; mojicime.

Rabid-*răbid* a turbat; furios

Rabies-*réibis* s. (med.) turbare, idrofobie

Race-*réis* n. neam, viţă, seminţie; rasă; alergare; luptă de întrecere; curent; —*es*, alergare pe cai la ipodrom; — *course*, ipodrom; — *horse*, cal de curse; —, v. n. a alergă, a se luă la întrecere călare.

Racer-*réiser* s. alergător; cal de cursă.

Raciness-*réisines* s. miros plăcut al vinului.

Rack-*răc* s. tortură, scaun de tortură; caier; furcă de tors; esle; arac; stoarcere; — *rent*, chirie peste măsură de mare; v. a. a tortură; a stoarce; a smulge cu dibăcie; *to—ane's brains*, a'şi sparge capul; *to go to—and ruin*, a se prăpădi, a se ruină.

Racket-*răket* s. rachetă; gălăgie; —, v. n. a face gălăgie.

Racy-*réisi* a. tare, spirtos; cu aromă (vin).

Radial-*réidiál* a. ce ţine de raze.

Radiance-*réidiáns* s. strălucire.

Radiant-*réidiant* a. radios strălucitor.

Radiate-*rădiéit* v. a. a străluci.

Radiation-*reidiéişön* s radiare, strălucire.

Radical-*rădicál* s. radical; —*ly*, ad. cu totul.

Radicalism-*rădicálism* s radicalism.

Radish-*rădiş* s. ridichie; *horse*—, hrean.

Radius-*réidiös* s rază.

Raffle-*răfel* s. zar (joc); v. a. a jucă în zari.

Raft-*raft* s plută, lemnărie transportată pe apă.

Rafter-*răfter* s. căprior, corn (de casă)

Raftsman-*răftsmăn* s. plutaş.

Rag-*răg* s. cârpă; sdreanţă; —*and bone merchant*, neġustor de vechituri; — *fair*, neġoţ cu vechituri; — *gatherer*, —*picker*, strângător de sdrenţe, peticar; —*stone*, piatră moale şi albă (dedesuptul pământului vegetal).

Ragamuffin-*răgămöfin* s. cerşetor, golan, calic; bădăran; om de nimic.

Rage-*réidj* s. turburare, furie; —, v. n. a fi furios.

Ragged *răghed* a. rupt, sdrenţuros, în sdrenţe; —*ness*, sdreanţă; stare prăpădită.

Raging-*réiging* s. furie; —*ly*, ad. cu furie.

Ragout-*răgú* s. tocană, carne cu sos.

Raid-*réid* s. incursiune, năvălire, jaf pe teritoriul inamic.

Raider-*réider* s pleşcuitor.

Rail-*réil* s. gratii, zăbrele; vergea; şină; îngrădire; *by*—, cu drum de fier;— -*fence* îagrăditură; —, v. a. a pune zăbrele; a îngrădì; a ocărì.

Railer-*réiler* s. desfăimător, batjocoritor.

Railing-*réiling* s. zăbrele; parmaclâc; vorbe de ocară.

Raillery *réileri* s. bătaie de joc.

Railroad-*réilroad* s drum de fier; — -*guard*, conducător de drum de fier.

Raiment-*réiment* s. vestmânt.

Rain-*réin* s. ploaie;— -*drop*, picătură de ploaie; — -*gauge*, pluviometru; —, v a. a ploua; *to*—*cats and dogs*, a ploua cu găleata; *to*—*in torrents*, a ploua cu găleata.

Rainbow-*réinbou* s. curcubeu.

Rainy *réini* a. ploios.

Raise-*réiz* v. a ridica; a înălţa; a urca; a creşte; a procura (bani); a zidì; a recrutà; a răsvrăti, a răsculà.

Raisin-*réizen* s. stafidă.

Rake-*réic* s. greblă; (*fig.*) desfrânat: —, v. a. a greblà; a rade, a răzuì.

Rakish-*réikiş* a. desfrânat; desmăţat, lăbărţat.

Rally-*răli* v. a. & n. a'şi bate joc, a luà peste picior; a adunà, a strânge iar la loc; a se strânge din nou.

Ram-*răm* s. berbec; berbec (de bătut pari); maiu (de bătut pământ); —, v. a, a bate cu berbecele; a înfige; *to*—*up*, a baricadă.

Ramble-*rămbl* s. excursiune, plimbare afară din oraş; —, v. n. a umblà haimana, a se învârtì incoace şi încolo, a da târcoale.

Rambler-*rămbler* s. plìmbător, hoinar, derbedeu, haimana.

Rambling-*rămbling* a. vagabond, care rătăceşte încoace şi încolo, hoinar.

Ramification - *rămifikéişön* s ramificaţiune.

Ramify *rămifai* v. n. a se ramifică.

Rammer-*răm.er* s. vergea de puşcă; maiu.

Ramp-*rămp* s. săritură repede şi neregulată; —, v. n. a se căţără, a se suì agăţându-se.

Rampant-*rămpant* a. prea abundent.

Rampart-*rămpärt* s. zid de apărare, meterez, parapet; şanţ.

Rampion-*rămpiön* s. barlaboiu (salată).

Ramrod-*rămrod* s. vergea de puşcă

Ramshackle-*rămşäkl* a. prăpădit, şubred, în stare proastă.

Ranch-*rănţ* s. scrântire. (*Am.*) imaş, suhat.

Rancid-*rănsid* a. rânced.

Rancidity - *rănsiditi* s. râncezeală.

Rancorous-*răncŏrŏs* a. pizmaş.

Rancour-*răncor* s. pizmă.

Rand-*rănd* s. district aurifer în Transvaal.

Random-*rândŏm* s. întâmplare; *at*—, la întâmplare, la noroc.

Range-*réindj* s. rând, şir; lanţ (de munţi); spetează (de scară); maşină (de gătit mâncare); pribegire; excursiune; spaţiu, intindere; domeniu; spaţiu, latitudine, locul de joc; (depărtare de bătaie de puşcă; —, v. a. & n. a (se) pune în rând, a (se) înşirà; a se învârtì incoace şi incolo;. a se întinde, a cutreierà, a pribegì; *to*—*along*, a călători dealungul.

Ranger-*réindjer* s. pădurar; ogar, copoiu; vagabond.

Rank-*rănc* s. rând, şir; rânduială, clasă, rang, situaţie; staţiune; *the*—*s*, pl. soldaţi de rând; *to join the*—*s*, a intrà în armată; *to quit the*—*s*, a dezertà —, v. n. a se înşirà, a se rânduì; a se aşezà; a se numără; a aveà un rang;—, a f cund, roditor; tare;

rânced; ordinar; abundent.

Rankle-*rănkl* v. n. a se înrăutăți, a se înăspri, a obrinti, a se puroià; (*fig.*) a roade.

Rankuess *rŏncnes* s. supraabundență, prisos; rânced; gust, putere; tărie.

Ransack-*rănsăc* v. a. a scoto ci (cu scop de a furà); a goli; a jefui.

Ransom-*rănsŏm* s preț de răscumpărare; — v. a. a răscumpără cu bani.

Rant-*rant* s. discurs fără rost, stil umflat; —, v. n a lace gălăgie; a vorbi cu îngâmfare; a se lăli, a se lăudà.

Ranter - *rănter* s. declamator, scriitor sau vorbitor îngâmfat; energumen, posedat de draci.

Ranunculus-*rănŏnkiulŏs* s. (*bot*) piciorul cocoșului.

Rap-*răp* s. lovitură; palmă; *not to care a—*, a nu-i păsà de loc; —, v. a. a bate, a lovi; a răpì.

Rapacious *răpășŏs* a. rapace, hrăpitor.

Rupacity-*răpăsiti* s rapacitate, lăcomie de pradă.

Rape-*rêip* s. rapt, răpirea unei femei; siluire; nap sălbatic; rapiță.

Rapid-*răpid* a. repede; —*ly*, ad. cu repeziciune; —*s*, pl. curent.

Rapidity-*răpiditi* s. repeziciune.

Rapier-*rêipier* s. sabie cu tăiuș lung

Rapine *răpin* sau *răpain* s răpire.

Rappee-*răpî* s. vin acrișor.

Rapper-*răper* s. ciocan (de ușă); (*fig.*) înjurătură.

Rapt-*răpt* a. încântat; extaziat

Rapture-*răpciur* s încântare; extaz.

Rapturous *răpciurŏs* a. încântător, răpitor.

Rare-*reer* a & ad. rar; foarte delicat; ales; —*ly*, ad. arareori; într'un mod excelent; minunat.

Raree-show-*reirisou* a. mare priveliște de bâlciu.

Rarefaction-*reiri,ăcșŏn* s rarificațiune, rărire.

Rarely-*reerifai* v. a a rări. se puroià; (*fig.*) a roade.

Rarity-*răriti* s. raritate.

Rascal-*răscăl* s. ticălos, mișel, nemernic; pungaș.

Rascality-*răscăliti* s. mișelie, blestemație.

Rascallion-*răscălion* s. golan, coate-goale.

Rascally-*răscăli* a. mârșav, infam, josnic.

Rase-*reiz* v. a. a rade; a șterge; a stârpi.

Rash-*răș* s. (*med.*) spargere, ieșire de spuzeală, bube, e.c.; a. îndrăzneț, temerar, nesocotit; semeț; pripit, repede; —*ly*, ad. cu îndrăzneală, cu semeție.

Rasher-*rășer* s. bucată, felie (de slănină).

Rashness-*rășnes* s. temeritate, îndrăzneală, nesocotință; ușurință.

Rasp-*răsp* s. pilă de lemn, răzătoare; v. a. a rade, a răzui,— *file*, pilă mare (de pilit metalele), pilă (de netezit).

Raspberry-*răsberi* s. smeură;— *bush*, smeur.

Rasping-*răsping* s. răzuitul; răzătură; fărâmituri de coajă de pâine, pesmet pentru gătit.

Rat-*răt* s. oșarece; fugar, dezertor; meșter strică; *to smell a—*, a mirosi ceva, a bănui ceva— *trap*, capcană.

Ratable-*reităbl* a. cel ce se poate impune.

Ratably-*reităbli* ad. în raport

Ratchet - *răcet* s. clanță (de broască);— *wheel* piedecă de roată.

Rate-*reit* s proporțiune; preț curent de vânzare; valoare, preț; socoteală dobândă; rată; parte; taxă; dare; impozit; număr; ordin; curs; grad; mers; iuțeală; *at a cheap—*, ieftin; *at any—*, (*com*) cu orice preț; ori cum âr fì, în tot chipul; în tot cazul; —*of interest*, taxă, dobândă;—,

v. a. a evaluă, a preţui; a supune la impozite, la taxe; a taxă, a socoti; a mustră aspru; — *payer*, contribuabil, birnic.

Rather-*ráther* ad. mai bine, mai curând; mai mult; puţin; destul; *I would*—, aş preferà; *I had*—, aş voi mai bine, aş preferà.

Ratification-*rătifikéişŏn* s. ratificaţiune; confirmare.

Ratify-*ráti/ai* v. a. a ratificà, a confirmà, a întări.

Ratio-*réişio* s. proporţiune.

Ration-*réişŏn* s. porţie, tain.

Rational-*răşŏnăl* s. raţional, raţionabil.

Rationalism-*răşunălism* s. raţionalism.

Rastbane-*răstbein* s. şoricioaică.

Rattan-*rătăn* s. palmier indian; ramură de palmier de India (din care se fac bastoane, scaune, etc.).

Ratteen-*rătin* s. stofă de lână creaţă.

Rattle-*rătel* s. sgomot; sgomot violent şi năpraznic; strigăte, ţipete, tărăboiu; zăngănit; bălăcărire; horcăit; sfârlează;—*headed*, nechibzuit, buimăcit;—*snake*, şarpe cu clopoţei; —, v. a. & n. a face sgomot; a zăngăni a zornăi; a horcăi; a certà, a dojeni.

Ravage-*răvăj* s. stricăciune, pustiire; —, v. a. a pustii.

Ravager-*răvăger* s. pustiitor.

Rave-*réiv* v. n. a delirà, a aiuri; a spune, a vorbì alandala; a face lucruri contrarii bunului simţ; a se îmbuni după, a fi amorezat de.

Ravel-*răvel* v. a. & n. a (se) încurcà; a (se) zăpăci.

Raven-*réicen* s. corb.

Ravenous-*răvenŏs* a. lacom, nesăţios, vorace; —*ly*, ad. cu lăcomie.

Ravenousness - *răvénŏsnes* s. lăcomie.

Ravine-*răvin* s. drum săpat între

doi munţi; plaiu; potecă ingustă

Raving-*réiving* a. turbat, furios; —*ly*, ad. ca un turbat.

Ravish-*răviş* v a a răpì; a violà; a încântà.

Ravisher-*răvişer* s. răpitor; profanator; încântător.

Ravishingly-*răvişingli* ad. admirabil, încântător.

Ravishment-*răvişment* s. răpire; seducere, pângărire, violare; încântare.

Raw-*ro* a. crud; necopt; verde; novice; aspru; frig şi umed; jupuit;— *boned*, slab, fără carne;—*head*, cap de mort; om morocănos

Rawness-*rónes* s. cruzime; inexperienţă

Ray-*réi* s. rază, fâşie.

Raze-*réiz* v. a. vide *rase*.

Razor-*réizŏr* s. briciu; — *grinder*, tocilar.

Reach-*rriţ* s. întin lere, cuprin ; domeniu; vederea; capabilitate; înţelegere; pricepere; putere; —, v. a. & n. a atinge; a (se) în tinde; a (se) apropià de; a a junge la; a dobândì.

React-*riăct* v. n. a exercità o reacţiune; a lucrà în potrivă.

Reaction-*riăcşŏn* s reacţiune

Reactionary-*riăcşŏneri* a. reacţionar.

Read-*rid* v. a. & n. ner. (perf. şi ptr. *red*), a citì, a răsfoi, a examinà repede; a studià; a cunoaşte cu desăvârşire.

Readable-*ridebl* a. citeţ, lizibil abil.

Reader-*rider* s. cititor; corector.

Readily-*rédili* ad. repede; bucuros.

Readiness-*rédines* s. grabă, repeziciune; zel; îndemânare.

Reading-*riding* s citire; lecţie.

Ready-*rédi* a şi ad. gata; repede; aproape; peşin;—*money*, bani peşin;— *for*, gata la;—*reckoner*, carte de socoteli, de a gata.

Real-*riel* a real, adevărat; efec-tiv;—*estate*, avere nemişcătoare.

Realisation-*riălaizéişŏn* s rea-lizare.

Realise-*riălais* v. a. a realiză, a săvârşi.

Reality-*riăliti* s. realitate.

Realm-*rélm* s regat; (*fig.*) im-periu

Ream-*rîm* s. top de hârtie.

Reanimate *riănimeit* v. a. a însufleţi.

Reap-*rip* v. a. & n a secerà; a culege, a s'rânge.

Reaper-*riper* s. secerător; se-cerătoare.

Reaping-*riping* s. seceriş; — *hook*, secere;— *machine*, sece-rătoare (maşină);—*time*, seceriş.

Reappear-*riăpier* v. n a rea-pare

Reappearance - *riăpierăns* s reapariţiune.

Reapportion-*riăpórşŏn* v. a. a împărţi din nou

Rear *rier* s. ultimul rang; arier-gardă; — -*admiral*, contra-ami-ral;—-*guard*, ariergardă; —, v. a & n a (se) ridicà; a se ridicà în două picioare.

Rearmouse-*rîrmaus* s. liliac.

Rearward-*rîruards* ariergardă.

Reascend-*riăsénd* v. a. & n a se urcà din nou.

Reason-*rîzn* s. raţiune, minte, judecată; înţeles, dreptate; cau-ză, pricină, motiv; *it stands to*—, se înţelege (dela sine); *by — of*, din pricină că, pentru că; *in*—, cum e şi drept; *to bring to*—, a învăţă minte;—, v. a. & n. a raţionà, a judecà; a discutà; a vorbi; a menţionà; *to*—*down*, a combate prin argumente; *to*—*a persŏn out of a thing*, a desfă-tui pe cinevà de un lucru.

Reasonable-*rizŏnăble* a. raţio-nabil; rezonabil, just, drept; — *ness*, s. raţiune.

Reasonably-*rizŏnăbli* ad. cu minte, cu judecată.

Reasoner-*rizneur* s. logician.

Reasoning-*rizoning* s raţiona ment.

Reassume *riăsiúm* v. a. a re-luà, a luà din nou.

Reassure-*riăsúer* v. a. a li nişti; a reîntări

Rebaptise-*ribăptáis* v. a a bo-teză din nou.

Rebate-*rebéit* s. scobitură; pie-decă; reducere, scăzământ.

Rebel-*rébel* s. răsvrătitor, ne-supus;—, v. n. a se răsvrăti, a se revoltà, a se răsculà

Rebellion-*ribéliŏn* s rebeliune, răsvrătire, răscoală.

Rebellious - *ribéliŏs* a. rebel, răsvrătit, nesupus, —*ly*, ad. ca un rebel.

Rebound-*ribáund* v. n. a sări din nou în sus; a face o sări-tură înapoi; a respinge.

Rebuff-*ribŏf* s. resningere; re-fuz;—, v. a. a respinge; a refuză.

Rebuild-*ribíld* v. a. ner. (perf. şi ptr. *rebuilt*), a clădi din nou.

Rebuke-*ribiúc* v. a a mustrà aspru;—, s. mustrare aspră.

Rebus-*ribŏs* s. rebus, joc prin care se înlocuiesc unele cuvinte prin figuri de obiecte.

Rebut-*ribŏt* v. a. a respinge

Recalcitrant - *ricălsitrănt* a. îndărătnic.

Recall-*ricól* s. revocare; revo-caţiune; *past*—, ce nu poate fi revocat;—, v. a. a revocà; a aduce aminte.

Recant-*ricănt* v. s. & n a nu primì de bun, a nu incuviinţà; a tăgădui.

Recantation-*ricăntéişŏn* s. re-tragere (a unui lucru spus), pa-linodie

Recapitulate - *ricăpiciu'eit* v. a. a recapitulà, a repeţi în mod sumar.

Recapitulation - *ricăpic uléi-şŏn* s. recapitulaţiune.

Recapture-*ricăpoiŏr* s. reluare, luare înapoi (*mar.*) captură; —, v. a. a luà înapoi din nou; a captură din nou.

Recede-*resid* v. n. a se retrage; a se lepădă, a renunţă; a se lăsa (de ceva).

Receipt-*resît* s. chitanţă, adeverinţă; primire; reţetă; încasare

Receivable-*resivăbel* a. acceptabil, admisibil.

Receive-*resiv* v a a primì; a agreeà; a admite; a conţine; a pricepe.

Receiver-*resiver* s. primitor, perceptor; recipient; tăinuitor.

Receiving-house-*risiving haus* s. poştă mică; casă de ajutor.

Recent *risent* a. nou; —*ly*, ad. de curând.

Recentness-*risentnes* s. dată recentă, noutate.

Receptacle-*riséptăkl* s. rezervoriu; retragere.

Reception-*risépşŏn* s primire.

Receptive-*riséptiv* a care poate primì.

Recess-*risés* s. retragere; loc de retragere; vacanţă.

Recession-*risésŏn* s. retragere, îndepărtare; renunţare.

Recipe-*risipe* s. (*med.*) reţetă.

Recipient-*risîpient* s. (*chim.*) ricipient.

Reciprocal-*resîprocăl* a. reciproc;—*ly*, ad. reciproc.

Reciprocate-*resiprokeît* v. a. a schimbà; a răspunde la; a răsplătì.

Reciprocity *resipròsiti* s. reciprocitate.

Recital-*risăităl*, **recitation**-*resiléişŏn* s recitare, povestire, (*jur.*) expunere de act.

Recitative-*resitătio* s. recitativ (*muz.*);—, a. ca recitativ.

Recite-*risăit* v. a. a recità; a enumerà; a povestì, a istorisì.

Reciter-*risăiter* s. povestitor; care recitează.

Reck *rec* v. a. & n. a aveà grije; a-i păsà, a se interesà

Reckless-*récles* a. fără grijă; nepăsător.

Reckon-*réken* v. a. & n. a so-

coti; a numără, a consideră ca.

Reckoning *rékening* s. socoteală, calcul.

Reclaim-*ricléim* v. a. a reclamà; a reformà; a corectà; a îndreptà

Recline-*ricláin* v. a & n a (se) inclinà; a aplecà; a (se) sprijinì

Recluse-*ricliús* s. persoană închisă; îndepărtată.

Reclusion-*ricliúşŏn* s reclusiune.

Recognisable-*ricognáizăbel* a de recunoscut.

Recognisance-*ricógnaizáns* s recunoştinţă: *to enter in* — *s*, a da garanţie.

Recognise-*ricognaiz* v. a, a recunoaşte.

Recognition-*ricognişŏn* s. recunoştinţă.

Recoil-*ricóil* v. n. a da îndărăt.

Recoin-*ricóin* v. a. a turnà din nou (monedă).

Recoinage - *ricóindj* s. nouă turnare (de monedă).

Recollect-*ricoléct* v.a. a strânge din nou; a-şi aduce aminte.

Recollection-*ricolécşŏn* s aducere aminte.

Recommence-*ricoméns* v. a. a începe din nou.

Recommend-*ricoménd* v a. a recomandà.

Recommendation - *ricoméndeişŏn* s. recomandaţiune; *letter of*—, scrisoare de recomandaţie.

Recommendatory - *ricon éndăteri* a. de recomandaţiune.

Recommender-*ricoménder* s. care recomandă.

Recompense-*rícompens* s. compensare; răsplată; despăgubire; —, v. a. a compensà; a răsplătì, a despăgubì.

Recompose-*ricompóus* v. a. a compune din nou; a liniştì.

Reconcilable-*réconsailăbl* a. ce se poate împăcà; ce se potriveşte.

Reconcile-*riconsail* v. a. a împăcà, a îndreptà; a potrivì.

Reconciliation - *riconsiliéişŏn* s. împăcare.

Recondite-*ricondait* a. (*fig*) a-
dânc, ascuns; greu de înţeles.

Reconoitre-*riconóiter* v. a. (*mil*)
a face o recunoaştere; a face o
cercetare cu deamănuntul.

Reconquer-*ricónker* v. a. a re-
cuceri.

Reconsider-*riconsıder* v. a. a
privi cu luare aminte din nou;
a cumpăni (din nou); a exami-
nă din nou.

Reconsideration - *riconside-
réişŏn* s. nouă cercetare; nouă
deliberaţiune.

Record-*rıcord* s. registru, pro-
tocol dare de seamă în scris;
trecutul personal, reputaţie; *to
bear—of*, a dovedi; —*s*, pl. — *s
office*, arhive; —, v. a. a înre-
gistră.

Recorder *rıcord* s. archivist;
grefier.

Recount-*ricáunt* v. a. a povesti

Recoup *recáup* v. a. a despă-
gubi.

Recours-*rıcórs* s. refugiu; drept
de recurs.

Recover-*ricŏver* v. a. & n. a
recăpătă, a redobândi, a recâş-
tigă; a încasa, a percepe; a se
întremă, a se însănătoşi, a'şi
veni în fire

Recoverable-*ricŏverăbl* a. ca-
re se poate redobândi; ce se poa-
te vindecă.

Recovery-*ricŏveri* s. redobân-
dire; vindecare; *in a fair way
of—*, în covalescenţă.

Recreant-*ricriant* s. laş; apos-
tat, care s'a lepădat de o religie;
—, a. laş; mişel.

Recreate-*ricrieit* v. a. & n. a
(se)recreă; a (se) distrage.

Recreation-*ricriéişŏn* s. recrea-
ţiune; distracţie, petrecere; o-
dihnă.

Recreative-*ricrieitiv* a. recrea-
tiv.

Recriminate-*récrimineit* v. a.
a recrimina, a răspunde la acu-
zări, la insulte, etc, prin altele.

Recrimination - *récriminéişŏn*

s. recriminare, acuzare recipro-
că; imputare, dojană.

Recrudescence-*ricrudésens* s
înrăutăţire, reînoire, (a unei boli)

Recruit-*ricrút* s. recrut; —, v
a. & n. a recrută; a se însănă-
toşi; a se îndreptă.

Recruiting-*ricrúting* s. recru-
tare.

Rectangle *réctănghel* s. drep-
tunghiu.

Rectangular-*rectănghiuler* a
dreptunghiular.

Rectification - *rectifikéişŏn* s.
rectificare, îndreptare; curăţire
(a unui lichid) prin o nouă dis-
tilare.

Rectify-*réctifai* v. a. a rectifi-
că, a îndreptă; a curăţi priu
distilare.

Rectilineal-*rectilinéal* a. în li-
nie dreaptă.

Rectitude-*récticiud* s. rectitu-
dine, stare dreaptă a unei li-
nie; (*fig*) spirit de dreptate.

Rector *réctor* s. rector; preot.

Rectorship-*réctorşip* s rectorat.

Rectory-*réctori* s. rectorat, lo-
cuinţa preotului enoriaş.

Recumbent-*ricŏmbent* a cul-
cat; aplecat.

Recuperative-*rikiúpereitiv* a.
ce poate fi încasat; recăpătat.

Recur-*rikér* v. n. a avea recurs
la; a recurge; a alergă din nou

Recurrence-*rikérens* s. recurs;
reîncepere, reîntoarcere

Recurrent-*rikŏrent* a. periodic.

Recusant-*rikiuzănt* s. dizident,
deosebit în vederi.

Red-*red* s. coloare roşie; —, a.
roşiu; —*coat*, oştean englez;—
-faced, roşcovan;—*-haired*, roş-
cat;—*-hot*, roşiu prin încălzire;
—*-lead*, minium, oxid de plumb;
—*-letter day*, zi de sărbătoare
(care se ţine);—*-tapist*, biurocrat

Redbreast-*rédbrest* s. prihor.

Redden-*rédn* v a. & n. a (se)
roşi; a se înroşi.

Reddish-*rédiş* a roşiatic.

Redeem *ridím* v a. a răscum-

pără, a scăpă; a liberà, a slo-
bozi: a recăştigà, a luà îndărăt;
to—one's promise, a'şi lua vorba
îndărăt.

Redeemable-*ridimăbl* a. ce
poate fi răscumpărat.

Redeemer-*ridimer* s. mântui-
tor; (*rel*) Mântuitorul.

Redemption-*ridémşŏn* s. răs-
cumpărare.

Redistribute-*ridi.tribiut* v. a
a împărţi din nou.

Redistribution - *redistribiuşŏn*
s. nouă împărţire.

Redness-*rédnes* s. roşeaţă.

Redolence-*ridolens* s. parfum

Redolent-*ridolent* a. care răs-
pândeşte miros.

Redouble-*ridóbl* v a. & n. a
îndoì, a mări şi mai mult; a se
indoì, a se mări.

Redoubt-*ridáut* s. redută.

Redoubtable-*ridáutăbl* a. de
temut.

Redound-*ridáunt* v. n. a cădeà
asuprà; a contribuì.

Redress-*ridrés* s. reparaţie, în-
dreptare; alinare; —, v. a. a în-
dreptă; a alinà.

Redresser *ridréser* s. apărător
al celor nedreptăţiţi; reformator,
indreptător de abuzuri.

Reduce-*ridiús* v. a. a reduce, a
micşorà; a preface în ceva a sărăci

Reducible-*ridiú.ibel* a. reduc-
tibil, ce poate fi redus.

Reduction-*ridócşŏn* s. reduce-
re, scădere.

Redundancy *ridándănsi* s. su-
pra-abundenţă, prisos; prisos de
cuvinte; umplutură.

Reduplicate-*ridiúplikeitu* v. a.
a îndoì.

Reduplication - *ridiuplikéişŏn*
s. reduplicaţiune; repeţire (a u-
nei litere).

Reduplicative *ridiúplikeitiv* a.
reduplicativ; repetitor.

Redwing-*réduing* s. sturz, cio-
cârlan moţat.

Re-echo-*riécou* v. n. a răsună;
a repeţi.

Reed-*rids* s. trestie; săgeată; flu-
ier ciobănesc; —-*mace*, papură.

Reedy-*rídi* a. stufos, acoperit cu
trestie.

Reef-*rif* s. recif, şir de stânci
la suprafaţa mărei; bancă de
nisip; partea pânzei ce se în-
doaie când vântul e tare; —, v.
a. a strânge o parte din pânză.

Reek *rio* s. abur; fum; —, v.
n. a fumegà, a face fum.

Reeky-*riki* a. afumat, înegrit de
fum; negru.

Reel-*ril* s. depănătoare; mosor;
—, v. a. & n. a depănà; a face
ghem; a clătinà; a'şi învârti (ca-
oul); a şovăì.

Re-election *rielécşŏn* s. reale-
gere.

Re-engage *rienghéij* v. a. a
reangajà.

Re-engagement *rienghéigime-
nt* s. reangajare.

Re-enlist *rienlist* v. n. a se în-
rolà din nou; a se reangajà.

Re-enter-*rienter* v. a. a intrà
din nou, a reintrà; a se rein-
toarce.

Re-establish *riestábliş* v. a.
a restabilì.

Re-establishment *riestáblis-
ment* s. restabilir.

Re-eve-*riv* v. æ. a destrămà.

Re-examine-*riexămin* v. a. a
examinà din nou.

Refection *rifécşŏu* s. băutură
răcoritoare; masă, mâncare.

Refectory *riféctŏri* s. refector,
sală de mâncare.

Refer-*rifer* v. a. & n. a referì;
a raportà la; a atribuì, a se re-
ferì; a se adresà; a smână.

Referee-*referì* s. arbitru.

Reference-*réferens* s. trimete-
re; cercetare; raport, relaţiune;
in—to, în ceeace priveşte; — *s*,
pl. recomandaţie.

Refine-*rifáin* v. a. a rafinà, a
curăţi, a limpezì.

Refinement *rifáinment* s. rafi-
nare; curăţenie, limpezire; fineţă
prea mare.

Refinery-ri̯áineri s. rafinerie.

Refit-rifít v. a. a reparà, a drege.

Reflect-rifléct v. a & n. a reflectà, a resfrânge lumina, etc. pe un alt corp; a se resfrânge; a cădeà asuprà: a se gândì, a se chibzuì; a dojenì, a criticà.

Reflection-riflécșŏn s. reflexiune; resfrângere; gândire; blam.

Reflective-riflé.tiv a. care resfrânge (lumina, sunetul).

Reflector-rifléctĕɾ s. reflector.

Reflex-rifle.x a. care se face prin resfrângere.

Reform-rifórm s. reformă; —, v. a. & n. a (se) reformà; a preface; a (se) îndreptà; a se formà din nou.

Reformation riforméișŏn s. reformațiune, îndreptare; schimbare a formei.

Reformatory - ri̯órmători s. casă de corecțiune.

Reformer rifórmer s. reformator.

Reformist re̯órmist s. reformist.

Refract-refráct v. a. a refractà, a resfrânge (razele).

Refraction-ri̯răcșŏn s. refracțiune.

Refractoriness - ri̯răctorines s. încăpățânare, îndărătnicie; nesupunere, neascultare.

Refractory-ri̯răctŏri a. refractor; încăpățânat; nesupus.

Refrain-rifréin v. n. a reține, a oprì; a se abține dela; a se ține; a se stăpânì.

Refresh-rifréș v. a a răcorì, a răcì; a recreeà.

Refreshment-rifréșment s. răcorire; mâncare, băuturi răcoritoare; —-bar, bufet; — room, sală de mâncare și băuturà.

Refrigerator - rifrigereiter s. mașină de făcut înghețată; ghețărie.

Reft-reft a. răpit.

Refuge-ré.uj s. refugiu; adăpost.

Refugee-réfiugi s. refugiat.

Refulgent-ri̯ólgent a. strălucitor.

Refund-ri̯ŏnd v. a. a rambursà, a plătì înapoi; a înapoià.

Refusal-rifiúzăl s. refuz.

Refuse-refiiuz s. refuz; lăpădătuɾà, marfă proastă; —, v. a. & n. a refuzà.

Refutation rifiutéișŏn s. refutațiune.

Refute-rifiút v. a a refutà, a combate (prin argumente).

Regain-ri̯héin v. a. a recâștigà.

Regal rígăl a. regal; —, v. a. a ospătà, a cinstì cu ceva; a da un ospăț.

Regale-righéil v. a. a tratà cu lucruri bune.

Regalia-rigéiliă s. insigniile regalității.

Regard-ri̯árd s considerație, stimă; băgare de seamă; privință; with—to, în privința, cât despre; —, v. a. a stimà, a respectà; a considerà, a luà în seamă; a privì, a se uità.

Regardful-rigá/dful a. plin de respect; atent; —ly, ad. cu respect; cu atențiune.

Regardless-rigárdles a. fără a luà în seamă; neatent; nepăsător.

Regards-rig.rds s. pl. complimente.

Regatta-regată s regată, alergare pe apă.

Regency-rigensi s. regență.

Regenerate-regénereit v. a. a regenerà; —. a. regenerat.

Regeneration-regeneréișŏn s. regenerare.

Regent-rigent s. regent.

Regicide-régisaid s. regicid.

Re-gild-righíld v. a. a aurì din nou.

Regimen-rẽgimen s. regim, dietă.

Regiment-réjiment s r giment.

Regimental-regin.éntăl a. de regiment

Regimentals - regimentăls s. pl. uniformă.

Region-ri̯iŏn s. regiune.

Register-*régister* s registru;—, v. a a inregi.tra, a inscrie; a trimite (o scrisoare).

Registrar-*registrar* s. inregistrator; grefier; secretar.

Registration-*registréişŏn* s. inregistrare.

Registry-*égistri* s. inregistrare; — -*office*, birou de plasare.

Regret-*rigrét* s. regret, părere de rău: —, v. a. a regretà.

Regretfully-*rigrétfuli* cu părere de rău.

Regrettable-*rigrétăbl* a. regretabil.

Regular-*réghiulăr* a. regulat, in regulă; —*ly*, ad. in mod regulat; —s. pl. trupe regulate.

Regularity-*reghiulăriti* s. regularitate.

Regulate-*réghiuleit* v. a. regulà.

Regulation-*reghiuléişŏn* s. regulament.

Regulator-*réghiuleitŏr* s. regulator, care regulează.

Rehabilitate-*rihăbiliteit* v. a a reabilità.

Rehabilitation - *rihăbilitéişŏn* s. reabilitare.

Rehearsal-*rihérsăl* s. repetiție, recitare; declamație; povestire.

Rehearse-*rihers* v. a. a repetà, a recità; a spune pe din afară; a istorisì.

Reign-*rein* s. domnie, suveranitate; —, v. a. domnì, a stăpânì.

Reimburse-*riimbers* v. a a rambursà.

Reimbursement - *riimbérsment* s. ramburs, plătire.

Reimprison-*riimprizen* v a a intemniţà din nou.

Rein-*réin* s. băţ, frâu, v. a. a duce de hăţuri, a ţine de frâu.

Reindeer-*réindier* s ren.

Reinforce *riinfors* v. a. a intări.

Re-insert *riinsért* v. a. a inserà din nou.

Reinstate-*riins éit* v. a. a reintegrà, a restabilì.

Re-insure-*riinşúer* v a a asigurà din nou.

Re-issue *riişue* s. nouă emisiune.

Reiterate-*riitereit* v a a repeţì, a face din nou

Reiteration-*riiteréişone* s repeţire, facere din nou.

Reject-*rijéct* v a a aruncà a lepădà; a depărtà; a refuza (un judecător).

Rejection-*rigéoşŏn* s aruncare lepădare; depărtare; refuzare.

Rejoice-*rigióis* v. a. & n. a (se) bucurà.

Rejoicing-*rigióising* s. bucurie; serbare.

Rejoin-*rigióin* v. a. & n. a ajunge; a găsì iar, a uni din nou; a replicà, a răspunde.

Rejoinder-*rigióinder* s replică, răspuns.

Rejuvenate-*rigiúveneit* v a a intinerì.

Rejuvenescence - *régiuvenésens* s. intinerire.

Relapse-*rilaps* s. recădere; — v. a. a recădea.

Relate-*riléit* v. a. & n. a istorisì, a povestì; a se raportà la. a se referì la; to be—d, a fi inrudit (to cu).

Related-*riléted* a. rudă (cu); referindu se la.

Relater-*riléiter* s. povestitor.

Relation-*riléişŏn* s. relaţiune; rudă; rudenie; povestitor.

Relationship-*riléişŏnşip* s. rudenie; rudele

Relative-*rélătiv* s. pronume relativ; rudă; —, a. relativ, privitor; —*ly*, ad. in mod relativ.

Relax-*rilax* v. a. & n. a destinde, a slăbì; (fig.) a indulci, a potolì, a moderà; a slăbì (spiritul); a se odihnì; a se liniştì; a da drumul, a eliberà.

Relaxation-*reláxéişŏn* s. slăbire, muiere; ieşire deasă afară, diaree; odihnă.

Relaxing-*rilăxing* a. enervat.

Relay-*riléi* s. poşta, locul unde

se schimbă caii obosiți; cai o-
dihniți.

Release-*rilis* s. liberare, pune-
re in libertate; (*fig.*) scăpare;—,
v. a. a libera; a da drumul; a
scăpă; a renunță la; a scuti.

Relegate *rélegheit* v. a. a exilă.

Relegation-*releghéișŏn* s. exi-
lare.

Relent-*rilent* v. n. a se îmblân-
zi, a se potoli, a se înduioșă; a
cedă.

Relentless-*riléntl s.* a. nemilos,
neînduplecat.

Relevant-*rilevănt* a. relativ,
privitor; referindu-se; potrivit.

Reliance-*rilăiăns* s. încredere.

Relic-*rélic* s. moaște; rămășiță.

Relict-*rélict* s. văduvă.

Relief-*rilif* s. relief; ușurare, a-
linare; ajutor; așezarea santine-
lelor.

Relieve-*riliv* v. a. a ușură, a a-
lină, a ajută; a ridică sentinela.

Relieving - officer · *rilivingófi-
ser* s. comisar pentru săraci (cu
grija săracilor).

Relievo-*relivo* s. relief.

Re-light-*rilăit* v. a. a aprinde
din nou.

Religion-*rilijiŏn* s. religie; cu-
cernicie.

Religious - *rilijiŏs* a. religios;
—*ly*, ad. cu religiositate.

Religiousness · *rilijiŏsnes* s.
cucernicie, cuvioșie.

Relinquish-*relinkuiș* v. a. a pă-
răsi, a renunță.

Relinquishment-*relincuiș-
ment* s. părăsire.

Reliquary-*rilicuări* s. cutia cu
moaște.

Relish-*réliș* s. gust, plăcere;—,
v. a. & n. a da gust; a. gustă;
a aveă uu miros; a încuviință.

Relishable · *rélișăbel*, **relis-
hing**-*rélișing* a. gustos.

Reluctance *rilŏcăns* s. scârbă.

Reluctant-*rilŏctănt* a. căruia îi
e scârbă; puțin dispus;—*ly*, ad.
cu scârbă; fără voia sa.

Rely-*rilăi* v. a. a. se bizui, a se

increde; a se lăsă in grija (cuiva)·

Remain-*rimếin* v. n. a rămâne,
a sta; a locui; a dură.

Remainder-*riméinder* s. rest;
rămas, rămășiță (la fund).

Remains *riméins* s. pl. resturi,
rămășițe; rămășițele (unui mort).

Remand-*rimánd* v. a. a reche-
mă, a revocă ordinul; a contra-
mandă.

Remark-*rimárc* s observațiune;
—, v. a. a observă, a băgă de
seamă; a atrage atențiune.

Remarkably-*rimárcăbli* ad. in
mod remarcabil.

Remarry-*rimări* v. a & n a
(se) recăsători.

Remediable *rimidiábl* a. de le-
cuit.

Remedial-*rimidiăl* a care le-
cuești, îndreptează.

Remediless *remédiles* a. fără
leac.

Remedy-*rémedi* s. leac; —, v.
a. a lecui.

Remember-*rimémber* v. a. & n.
a'și aduce aminte, a aminti; a'și
aminti.

Remembrance *rimembrăns* s.
amintire; aducere aminte, me-
morie; *kind—s !* multe compli-
mente din partea mea.

Remind-*rimaind* v. a. a rea-
minti.

Reminder-*rimáinder* s. care re-
amintește

Reminiscence - *reminisens* s.
reminiscență.

Remiss-*remis* a. negligent; le-
neș; —*ly*, ad. cu negligență.

Remissible-*remisibel* a. ce
poate fi iertat.

Remission-*remișŏn* s. iertare;
slăbire; ușurare.

Remit-*remit* v a. & n. a predă,
a înmână; a trimite; a'și potoli;
a se potoli; a (se) micșoră; a
scuti de.

Remittance · *remităns* s. pre-
dare; trimitere.

Remnant *rémnănt* s. rămășiță,
rest; petec; bucată de stofă.

Remodel-*rimóudel* v. a. a modelà din nou.

Remonstrance-*rimónstràns* s. aojană, mustrare.

Remonstrate-*rin.ónstreit* v. a. a mustrà.

Remorse-*rimórs* s. remuşcare.

Remorseful-*rimórsful* a. plin de remuşcări.

Remorseless-*rimórsles* a fără remuşcări.

Remote-*rimout* a. îndepărtat; izolat; —*ly*, ad. de departe.

Remoteness-*rimóutnes* s depărtare; izolare.

Remount-*rimáunt* s. (*mil.*) remontă; —, v. a. & n. a (se) suì din nou.

Removable-*rimóvăbl* a. ce poate fi înlocuit.

Removal-*rimúvăl* s. (stră-)mutare; îndepărtare; transport; plecare; scoatere (dintr'o funcţie).

Remove-*rimúv* s. îndepărtare; mutare; plecare; transport; gradare; promovarea (unui şcolar); diviziune, clasificare (unei clase); —, v. a. & n. a (se) îndepărtă; a părăsì; a schimbă; a (se) depărtă; a mutà; a strămutà; a luà, a scoate; a scoate dintr'o funcţie, a concediă; a transportă.

Remunerate-*rimiúnereit* v. a. a răsplătì.

Remuneration-*rimiunereişăn* s. răsplată.

Remunerative *rimiúnerătiv* a. răsplătind; ce ţine loc de plată, de răsplată.

Renaissance-*rănăsans* s. Renaştere (din sec. al XV).

Rencounter-*rencáunter* s. întâlnire; ciocnire, luptă.

Rend-*rend* v. a. a rupe; a despicà.

Render *rénder* v. a. a predà; a da îndărăt; a răsplătì; a face un serviciu; a da socoteală; a traduce (*into*, în ; a executà (un cântec, etc.); a da ca motiv; a mulţumì; a face; a topì (unt).

Rendezvous-*rándevu* v. n. a se întâlnì într'un loc.

Renegade-*rénegheid* s renegat.

Renew *riniú* v. a. a reînnoi.

Renewal-*riniuăl* s. reînnoire.

Rennet-*rénet* s. chiag, maià.

Renounce-*rináuns* v. a. a renunţà; a tăgăduì; a abjurà.

Renoncement-*rináunsment* s. renunţare.

Renovate-*rínoveit* v a. a reînoì.

Renovation-*rinové.şón* s. reînnoire.

Renown-*rináun* s. renume.

Renowned-*rináund* a renumìt, vestit.

Rent-*rént* s. ruptură; crăpătură; chirie; arendă; rentă, venit; —, v. a. & n. a luà cu arendă; a arendà; a luà cu chirie; a închirià.

Rental-*réntăl* s. registru, listă de venituri; starea veniturilor.

Renter *rénters* arendaş; chiriaş.

Renunciation-*renónşiéişăn* s. renunţare; lepădare.

Reoccupy-*riókiupai* v. a. a reocupà.

Reopen-*rióupen* v. a. & n. a redeschide; a începe din nou (şcolile, etc.).

Reopening *rióupning* s redeschiderea (şcolilor).

Reorganisation-*riorgănaizéişăn* s. reorganizare.

Reorganise-*riórgănaiz* v. a. a reorganizà.

Repair-*ripéer* s. reparaţie, reparatură; *in good*—, în bună stare (despre clădire); *to keep in*—, a face reparaţiile necesare; *out of*—, şubred, vechiu, dăiăpănat; —, v. a. & n. a reparà; a îmbunătăţì; a îndreptà; a se îndreptà; a se duce, a plecà la.

Repairer-*ripéerers*. care drege; care reparà.

Reparable-*ripéerăbl* a. ce poate fi reparat.

Reparation-*ripăréişăn* s. reparaţiune, dregere; îndreptare.

Repartee *répárti* s. replică, răspuns repede.

Re-pass-*ripás* v. a. a trece din nou.

Repast-*ripást* s. masă, prânz.

Repay-*ripéi* v. a. a plăti indărăt; a rambursă.

Repnyable-*ripeiábl* a. cu ramburs.

Rep: yment-*ripéiment* s. ramburs.

Repeal-*ripíl* s. abrogare, desființare totală; retractare, revocare; —, v. a. a abrogă, a desființă; a revocă.

Repealable-*ripílábl* a. ce poate fi desființat, revocabil.

Repeat-*ripít* v. a. a repetă, a spune din nou; a recită; —, s. (*muz.*) parte a unei arii ce trebuie repetată de două ori; repetiție.

Repeatedly-*ripítedli* a. de mai multe ori.

Repeater-*ripíter* s. ceasornic cu repetiție.

Repel-*ripél* v. a. a respinge.

Repent-*ripént* v. a. & n. a se căl.

Repentance-*ripéntáns* s. căință.

Repentant-*ripéntánt* a. care se caiește.

Repeopl-*ripípel* v. a. a populă din nou.

Repercussion-*riperцóșön* s. repercusiune; resfrângere (a sunetului).

Repertory-*répertori* s. repertoriu.

Reperusal-*riperiúzal* s. citire nouă.

Repetition-*repetíșön* s. repetiție.

Repine-*ripáin* v. n. a se plânge; a se întristă; a murmură.

Repining-*ripáining* s. plângere; murmură; —, a. dispus de a suspină; nemulțumit.

Replace-*ripléis* v. a. a înlocui, a pune la loc.

Replant-*riplánt* v. a. a sădi din nou.

Replantation - *riplántéișön* s. sădire nouă.

Replenish-*ripléniș* v. a. a umple; v. n. a se umple; a (se) umple din nou.

Replete-*riplít* a. umplut; plin.

Repletion-*riplișön* s. abundență, îmbelșugare; plenitudine; îngrășare prea mare.

Reply-*riplái* s. răspuns; —, v. a. a replică, a răspunde.

Report-*riport* s. raport, dare de seamă; istorisire, povestire; sgomot; zvon; reputație; detunătură (unei arme); —, v. a. & n. a povesti, a spune, a da socoteală; a face un raport; a face o dare de seamă; a se zvoni; a anunță.

Reporter-*riporter* s. raportor; corespondent de ziar.

Reporting-*ripórting* s. reportaj; dare de seamă de jurnal.

Repose-*ripóuz* s. odihnă; —, v. a. & n. a (se) odihni; a așeză; a încredință.

Repository-*ripózitóri* s. depozit; depou.

Reposses-*ripozés* v. a. a intra în posesiune de.

Reprehensible-*riprehénsibl* a. de blamat.

Reprehensibly - *riprehénsibli* ad. într'un mod reprehensibil.

Represent-*riprezént* v. a. a reprezintă; a înfățișă din nou.

Representation - *riprezentéișön* s. reprezentare; reprezentațiune.

Representative - *répezentátiv* s. deputat, trimis; —, a. reprezentativ, care reprezintă.

Repress-*riprés* v. a. a reprimă; a opri, a împiedecă.

R: pression-*ripréșön* s. represiune; oprire, împiedecare.

Repressive-*ripresiv* a. represiv; oprelnic; înfrânător.

Reprieve - *riprív* s. amânare; răgaz; —, v: a. a acordă o amânare; de răgaz.

Reprimand-*réprimand* s. mustrare, dojană; —, v. a. a mustră, a dojeni.

Reprint-*riprint* s. reintipărire, reimprimare; retipărire, (*tipogr*).

Reprint-*riprínt* v. a. a reintipări.

Reprisal-*ripráizál* s. reprezalii

răú sau pagubă făcută inamicului pentru a se despăgubì, răzbunare.

Reproach-*ripróutş* s. reproş; defăimare, ocară; — v a. a reproşa.

Reproachable-*ripróuçiăbl* a. de reproşat.

Reproachful-*ripróuei/ul* a. de reproş; ruşinos, vrednic de ruşine; ocărîtor—*ly*, ad. în mod insultător, ocărîtor, de ruşine.

Reprobate-*riprobeit* s. blestemat, afurisit; nemernic; v. a. a reprobă, a osândì, a afurisì; —, a. blestemat, stricat.

Reproduce-*riprodiús* v. a. a reproduce.

Reproduction - *riprodŏcşŏn* s reproducere.

Reproof-*riprúf* s. reproş mustrare, dojană.

Repro able-*riprŏvăbl* a. reprehensibil, vrednic de dojană.

Reprove *riprŏv* v- a. a mustrà aspru.

Reprovingly-*riprúvingli* ad. ca un fel de reproş; cu un ton de reproş.

Reptile-*réptăil* a. reptil.

Reptile *reptail*, **reptilian**-*reptiliăn* a. tărîtor.

Republic-*ripŏblic* a. republică.

Republican-*ripŏblicăn* a. republican.

Republicanise-*ripŏblicănais* v. a. a se face republican.

Republicanism-*ripŏblicănism* s. republicanism.

Republication - *republikéişŏn* s. republicare, noua publicare.

Republish-*ripŏb'lş* v. a. a publică din nou.

Repudiate-*ripiúdieit* v a. a repudià.

Repugnance-*ripŏgnăne* s scârbă.

Repugnant *ripŏgnănt* a. scârbos; —*ly*, ad. cu scârbă.

Repulse-*ripŏls* s.refuz(însoţit de vorbe aspre);respingere(a inamicului; —, v. a. a respinge; a refuză.

Repulsion-*ripŏlşŏn* s. repulsiune, scârbă mare.

Repulsive-*ripŏlsiv* a. repulsiv, respingător; —*ly*, ad. în mod respingător.

Repurchase-*ripérciris* a. răscumpărare; —, v. a. a răscumpără.

Reputable - *ripiutăble* a. bine reputat, cinstit.

Reputably - *ripiutăbli* ad. cu cinste, în mod cinstit.

Reputation-*repiutéişŏn* s. reputaţie.

Repute-*ripiút* s. reputaţie, renume; —, v. a. a socotì ca, a privì ca, a crede; a preţuì.

Request *ricuést* s. cerere; jalbă; rugăminte; *in*—, căutat, cerut; preţuit; —, v. a. a cere; a rugă, a solicită.

Requiem-*récuiem* s. requiem, parastas, pomenire.

Require-*ricuáier* v a. a cere; a poftì, a voì; a trebuì.

Requirement-*ricuáirments*.cerere, cerinţă; trebuinţă, nevoie.

Requisite-*récuisit* s. lucru trebuincios; condiţie cerută; —, a. trebuincios; cerut.

Requisition-*recuizişŏn* s. rechiziţie, cerere.

Requisitionist-*recuisişŏnist* s. iscălitura unei convocări sau invitări.

Requital - *ricustal* s. răsplată, recompensă; revanşă.

Requite-*ricuáit* v. a. a răsplătì; a se răzbună; a reuşì.

Rescind-*résind* v. a. a anulà (un act).

Rescript-*riscript* s. rescript, ordin, răspuns, hotărîre (care emană dela un suveran, dela papa)— cerere.

Rescue *réskiu* s. liberare; scăpare; —, v. a. a liberà; a scăpà; a ajutà.

Research *risérts* s. cercetare, căutare.

Rescat *risit* v. a. a aşeză din nou; a pune la loc.

Reseiz *risis* v. a. a apucà iar.

Resemblance-*rizémblans* s. a-
semănare.

Rezemble *rizémbcl* v. a. a se-
mănă.

Resent-*rizent* v. a. a resimţi.

Resenter-*rizenter* s. persoană
însufleţită de resimţire.

Resentful-*rizéntful* a duşmă-
nos; vindicativ, care nu iartă.

Resentment - *rizéntment* s. re-
simţire; ură; mânie.

Reservation *rezervéişŏn* s. re-
zervă; restricţiune; condiţie ce
restrânge; gândire ascunsă.

Reserve-*rizerv* s rezervă; —,
v. a. a rezervă.

Reservedly · *rizérvedli* ad. cu
rezervă.

Reservoir - *reservùar* s. rezer-
voriu.

Reset-*riséi* v. a a pune din nou:
a arătă din nou.

Resettle-*risétl* v. a. a restabili.

Reship *rişip* v, a. a reîmbarcă.

Reshipment-*reşipment* s reîm-
barcare.

Reside-*rizáid* v. n. a locui.

Residence-*rézidens* s. reşedin-
tă, domiciliu.

Residency-*rézidensi* s. reşedin-
tă, domiciliu.

Resident-*rézident* a. care locu-
eşte.

Residue-*résidiu* s. rezidiu, ră-
măşiţă la fund.

Residuum-*rezidiŏm* s. rezidu.

Resing-*rizain* v. a & n. a re-
nunţă; a cedă· a se supune; a'şi
da demisia; a se dezice in fa-
voarea altuia.

Resignation-*rezignéişŏn* s. re-
nunţare în favoarea cuiva; de-
misie; supunere.

Resigner-*risainer* s. cel ce şi a
dat demisia.

Resin-*rézin* s. reşină.

Resinous-*rézinŏs* a. reşinos.

Resist-*rezist* v. a. a rezistă.

Resistable-*rezistăbl* a. care poa-
te rezistă

Resistance-*rezistáns* s. rezis-
tenţă.

Resolute - *rizoliut* a. hotărât;
—*ly*, ad. în mod hotărît.

Resolution-*rizóliùşŏn* s. hotă-
rîre, rezoluţie; *to come to a*—,
a luă o hotărâre.

Resolvable-*rizolvăbel* a. ce poa-
te fi rezolvat.

Resolve-*rizolv* v. a. & n. a re-
zolvă; a descompune, a topi;
a deslegă; a desluşi; a (se) ho-
tărî; a se topi, a se descom-
pune.

Resonance-*rizŏnáns* s. rezonan-
tă, însuşirea de a prelungi du-
rata şi intensitatea sunetelor.

Resonant-*rizonánt* a. răsunător.

Resort-*risórt* s. recurs, jurisdic-
ţie; instanţă; adunare, loc de
întâlnire; vizită; loc de scăpare;
—, v. n. a recurge, a avea re-
curs la; a se duce la a frecven-
tă : *to*—*to* a recur;e la.

Resound-*risáund* v, n. a răsună,

Resource-*risóre* s. resursă. m j-
loc.

Respect-*rispéct* s. respect; con-
sideraţiune; privinţa, motiv, ra-
port; —*s*, pl. onoruri. respecte;
in—*of*, în ceeace priveşte pe;
relativ la; *with*—*to*, în privinţă;
to pay one's—*s to*, a avea onoa-
re de a salută; —, v. a. a res-
pectă; a privi a aveă în vedere.

Respectability-*rispectăbiliti* s.
onorabilitate; consideraţie.

Respectable-*rispectăbel* a. res-
pectabil; onorabil.

Respectably *rispéctabil* a. în
mod vrednic de respect.

Respectful-*rispéctful* a. respec-
tuos, cu respcct

Respecting-*respéoting* pr. pri-
vitor la, relativ la.

Respective *rispectiv* a. respec-
tiv, relativ; —*ly*, ad. respectiv,
în mod relativ.

Resperator-*réspireitor* s. ră-
suflătoare.

Respite *réspit* s. termen; soroc,
răgaz; *(jur.)* termen de amânare;
v. a. a acordă un termen; a da
răgaz; a amână un proces).

Resplendence-*rispléndâns* s strălucire.

Resplendent-*rispléndent* a. strălucitor.

Respond *rispond* v. n. a răspunde.

Respondent-*rispŏndent* s apărător.

Response-*rispóns* s. răspuns; ecou.

Responsibility-*risponsibíliti* s. responsabilitate, răspundere.

Responsible-*rispónsibl* a. răspunzător.

Responsive-*rispónsiv* a. răspunzător; corespunzător; care răspunde; —*ness*, înţelegere; corespondenţă.

Rest-*rest* s. odihnă; linişte; somn; (*fiz.*) moarte; (*muz.*) pauză; sprijin; (*poet.*) cezură, oprire în corpul unui vers; rămăşiţă, rest; *or the*—, almintelea; —, v. n. a se odihni; a se culca, a dormi; v. a. a odihni; a linişti; a sprijini; a rămânea.

Resting-place-*réstingpleis* s loc de odihnă.

Restitution-*restitiúşŏn* s. restituire, restituţiune.

Restive-*réstio* a. încăpăţânat, îndărătnic.

Restless-*réstles* a. fără odihnă; neliniştit; fără încetare; —*ly*, a l. fără linişte, cu neastâmpăr; neîncetat.

Restoration-*restŏréişŏn* s. restituire; restaurare; restabilire.

Restorative—-*restŏrătio* s. leac întăritor; —, a. care restaurează; care drege.

Restore-*ristóer* v. a. a restitui; a înapoià.

Restrain-*ristrén* v. a. a restrânge; a micşora; a reţine.

Restraint-*ristréint* s. constrângere, restricţiune; frâu; oprire.

Restrict-*restríct* v. a. a restrânge; a mărgini.

Restriction-*restrícşŏn* s. restricţiune.

Restrictiv-*restricti* a. restrictiv.

Result-*risŏlt* s. r.zultat; —, v. n. a rezultà, a urmă.

Resultant-*risŏltânt* s rezultantă.

Resume-*risiúm* v. a. a reluà; a reîncepe.

Resumption-*risŏmşŏn* s. reluare; reîncepere.

Resurrection-*rezer ézŏn* s. înviere—-*man*, hoţ de cadavre.

Resuscitate-*risŏsiteit* v. a. a învià din morţi; a învià, a reveni la viaţă.

Resuscitation-*risŏsitéişŏn* s înviere.

Retail-*ritéil* s. vânzare cu bucata; detaliu, amănunt; *by*—, cu bucata, cu mărunţişul; —, v. a. a vinde cu mărunţişul; a detailà, a descrie cu deamănuntul.

Retailer *ritéiler* s. negustor care vinde cu mărunţişul.

Retain-*ritéin* v. a. a reţine, a opri; a ţine minte; a opri; (un loc, etc.); a luà cu chirie.

Retainer *ritéiner* s partizan, aderent; lacheu; (*jur.*) onorariu; —*s*, pl. suită.

Retake-*ritéio* v. a. a reluà.

Retaliate-*retălieit* v. a. a răsplăti, a se răzbunà; a răsplăti la fel.

Retaliation - *retăliéişŏn* s. reprezalii, răzbunare.

Retaliatory-*retăliătŏri* a. de reprezalii.

Retard-*ritárd* v. a. a întârzià.

Retardation-*ritardéişŏn* s. întârziere.

Retch-*retş* v. a. a se silì ca să verse.

Retell-*ritél* v. a. a repetà.

Retention-*riténşŏn* s. reţinere, oprire; oprire (a udului); conservare (moravuri); memorie, ţinere de minte.

Retentive-*riténtiv* a. care păstrează; reţinând; credincios; —*faculty*, memorie de fer.

Reticence-*rétisens* s. discreţiune; reticenţă, omitere înadins de cuvinte.

Reticent-*rétisent* a. tăcut din fire; discret

Reticle-*rétikl* s plasă mică, rețea.

Reticular-*rétikiular* a. ca rețeaua.

Reticule-*ré.ikiul* s săculeț de mână al femeilor.

Retina-*ritáină* s. retină, învăliș, membrana din fundul ochiului.

Retinue-*rétinius* suită, cortegiu.

Retire-*ritaier* v. a & n. a (se) retrage; a plăti o poliță; *to—to rest*, a se culcă

Retired-*ritáird* a. retras-ascuns; *on the—list*, la pensie;

Retirement-*ritáierment* s. retragere; (*com.*) trată asupra garantului unei poliți protestate.

Retiring *ritáiering* a. care se retrage; rezervat, modest; sfios; *—pension*, pensie de retragere;—*place*, umblătoare;—*allowance*, pensie de retragere, (sin. *—pension*).

Retort-*ritórt* s. răspuns repede; (*chim.*) retortă;—, v. a. & n. a răspunde; a întoarce împotriva cuiva chiar argumentele sale; a trimite îndărăt.

Retouch-*ritótş* v. a. a pipăi din nou; a retușa, a face îndreptări (unui tablou, etc.); a prelucra.

Retrace-*ritréis* v. a. a desemnă din nou; a trage din nou; a se trage înapoi; a'și trage origina din.

Retract-*ritráct* v. a. & n. a retrage (un lucru zis sau făcut), a luà înapoi; a recunoaște că a greșit, a'și luà cuvântul înapoi, a tăgădui cele zise.

Retraction-*ritrácşon* s. retractare.

Retreat-*ritrít* s. retragere; —, v n. a se retrage.

Retrench *ritrénţş* v a. & n. a tăià; a scoate; a'și micșora; a se mărgini, a se restrânge în cheltueli; (*t. mil.*) a întări; a se apără prin metereze, prin șanțuri

Retrenchment-*ritrénciment* s. tăiere, scoatere afară, scădere (din ceva); retranșament, metez, șanț; economie.

Retribution-*retríbiuşon* s. plată, răsplată.

Retributory-*retríbiutări* a. care răsplătește.

Retrievable-*retrivábl* a. ce poate fi restabilit; care se poate drege, regăsi.

Retrieve-*ritriv* v. a. a îndreptă, a restabili; a răscumpără, a scoate din; a regăsi.

Retriever-*ritriver* s. brac (câine de vânătoare cu părul ras și urechile atârnânde).

Retroactive-*ritroáctiv* a. retroactiv.

Retrograde-*ritrogreid* v. n. a retrogradă, a da înapoi; —, a. care dă merge înapoi.

Retrogression-*ritrogréşon* s. mișcare retrogradă, mișcare înapoi.

Retrospect-*ritrospect*, **retrospection**-*ritrosnécşon* s. privire înapoi, ce se rapoartă la lucruri trecute.

Retrospective-*ritrospéctiv* a. retrospectiv.

Retray *ritrái* v a. a încercă din nou.

Return-*ritern* s. întoarcere; reîntoarcere; înapoiere; (*com.*) venituri (din capitaluri depuse), debit, trecere de mărfuri); întoarcerea (boalei); rambursare; răsplată; câștig; răspuns (la un salut, etc.); dare de seamă; alegere; listă; *in—*, ca răspuns;—, v. a. a înapoià, a restitul; a luà îndărăt; a trimite înapoi; a alege; a reveni; a răspunde; a răspunde (la salut) a face o vizită; a pronunță o sentință; a transmite; a informă, a anunță; *to—to Parliament*, a numì membru în parlament.

Returnable-*ritérnábl* a. care se poate înapoià, care trebuie trimis înapoi.

Reunion-*rieúniŏn* s. reunire.
Reunite *riiunáit* v. a. & n. a
(se) reuni.
Reveal-*rivil* v. a a destăinui.
Revel-*rével* s. orgie, desfrânare;
beţie (sgomotoasă); petreceri;—,
v. n a chefui, a petrece.
Revelation-*reveléişŏn* s. destăi-
nuire; *Book of* — *s*, Apocalipsul
Reveller *révelŏr* s. mosafir ve-
sel, chefuitor.
Revelry *révelri* s. petrecere, or-
gie, desfrânare
Revenge *rivénj* s. răsbunare;
revanşă; —, v. a. a răsbuna,
a'şi răsbuna.
Revengeful-*rivénjiful* a. vin-
decativ, care nu iartă, care caută
să'şi răsbune; —*ly*, ad. din răs-
bunare.
Revenue-*réveniu* s. venit; fisc;
—*cutter*, vas de supraveghiere
(la vamă); — *officer*, ofiţer al
vamei.
Reverberate-*reverbereit* v. a.
a (se) resfrânge (lumină, căldură);
a representa, a retrimite (sune-
tul, etc.
Reverberation - *reverbeı́ eişŏn*
s. resfrângerea (luminei, căldu-
rei); repercutare (a sunetului).
Revere-*reviér* v. a. a reverà,
a respectà, a cinsti, a slăvì.
Reverence - *réverens* s. reve-
renţă, respect, veneraţie;—, v. a.
a reverà, a respectà, a venerà.
Reverend - *réverend* s. abate;
pastor (preot protestant); —, a.
cucernic, cuvios; venerabil, ple-
cat; —*ly*, ad. cu veneraţie.
Reverent-*réverănt*, **reveren-
tial**-*reverénşal* a. respectuos—*ly*,
ad. cu respect.
Reverer-*revírer* s. adorator, ad-
mirator.
Reverie-*révŏri* s. visuri.
Reversal-*revŏrsăl* s. desfiinţare,
anulare; casare (*jur.*).
Reverse-*rivŏrs* s dos, partea
din dos; contrarie; schimbare;
nestatornicie; —, v. a. a răstur-
nă; a desfiinţa; a revocà, a anulà.

Reversible-*riversibl* a; revoca-
bil.
Reversion-*rivŏrşŏn* s. reversi-
une, drept de intoarcere la do-
nator, bunuri cedate unei per-
soane, dacă acea persoapă moare
fără copii; intoarcere moştenire.
Reversionary-*rivŏrsŏneri* a. de
moştenit.
Revert-*rivŏrt* v. a. a răsturnà;
a schimbà; a revenì, a se in-
toarce.
Revictual-*rivítel* v. a. a apro-
vizionà din nou cu merinde.
Rewiew-*riviú* s. revistă; critică;
cercetare, revizuire; inspecţia
trupelor in defilare; *military* —,
inspecţia trupelor; —, v. a. a
cercetà din nou; a revedeà; a
corectà; a criticà; a face inspec-
ţia trupelor in defilare; a revizuì.
Reviewer-*reviúer* s. gazetar;
editor; dare de seamă; critic;
cel care corectează (o lucrare).
Revile-*riváil* v. a. a injura; a
insultà; a ocărì.
Revindicate-*rivíndikeit* v. a. a
revindecà.
Revise-*riváiz* s revizuire, a
doua corectură; —, v. a. a re-
vizuì; a revedeà.
Reviser-*riváizer* s. corector; cel
care revede
Revision-*ı eviĵŏn* s. revizuire.
Revisit-*rivízit* v. a. a vizità din
nou.
Revival-*riváivăl* s, revenire la
viaţă; renaştere; reinoire.
Revive-*riváiv* v a & n a în-
vià, a reveni la viaţă; a readuce
la viaţă; a se intremà.
Reviver-*riváiver* s. care readuce
la viaţă.
Revivify-*revivifai* v. a. a rein-
sufleţì.
Revocable-*riváucăbl* a. revo-
cabil,
Revocation-*rivokéişŏn* s. revo-
care.
Revoke-*rivóuc* v. a. a revocà.
Revolt-*rivólt* s. revoltă; —, v. n.
a se revoltà.

Revolting-*rivólting*-a.revoltător.

Revolution-*revoliúşŏn* s. revoluţiune.

Revolutionary - *revoliúşŏnări* ı revoluţionar.

Revolutionist-*revoliúşŏnist* s. revoluţionar.

Revolutionise-*revoliúşŏnais* v. a. a face revoluţie.

Revolve-*rivólv* v. a. & n. a (se) învârti (*on an axis*, pe o axă); a se întoarce; a medita, a se gândi.

Revolver - *rivólver* s. revolver

Revolving-*rivólving* a. învârtitor; periodic.

Reward-*riuárd* s. răsplată; —, v. a. a răsplăti; — *er*, s. care răsplăteşte.

Rewrite-*riráit* v. a. a scrie din nou.

Rhapsody-*răpsodi* s. rapsodie.

Rhetoric-*rétoric* s. retorică.

Rhetorical-*retórică*l a. retorical.

Rhetorician-*retóríşăn* s. retoıician, retor.

Rheum-*rum* s. guturaiu.

Rheumat-c-*reumătic* a. reumatismal.; (*?g.*) supărăcios.

Rheumatism-*rŏmătizm* s. reumatism.

Rhinoceros-*rainóseros* s. rinocer.

Rhododendron-*rododéndron* s. (*bot.*) rododendru, leandru

Rhomb-*róm* s. romb; — *oid*, s. romboid, în formă de romb (*geomet.*).

Rhubarb-*riúbarb*s (*bot.*)revent.

Rhyme-*ráim* s. rimă; vers; *without—or reason*, (*fig.*) n'are nici un Dumnezeu;—, v. a. & n. a rimă, a face versuri.

Rhym(st)er-*ráim(st)er* s. versificator prost

Rhythm-*rithm* s. ritm.

Rhythmical-*rithmică*l a. după ritm, ritmic.

Rib-*rib* s. coastă; nervură; vână; proptea;—, v. a. a prevedea cu coaste; a inell.

Ribald-*ríbold* a. josnic, mârşav; murdar, obscen.

Ribaldry-*ríboldri* s. murdărie, obscenitate.

Ribbon-*ríbon* s. panglică.

Rice *ráis* s. orez.

Rich-*ritş* a. bogat, îmbelşugat; roditor; preţios; — *ly*, ad. bogat, în avuţie; în abundenţă, cu belşug.

Riches-*ríces* s. pl. bogăţie, avere.

Richness - *rícines* s. bogăţie; îmbelşugare.

Rick-*ric* s. claie, căpiţă (de fân).

Rickets-*ríkets* s pl. rachitism (*mod*).

Rickety-*ríketi* a. rachitic (*med.*).

Ricochet-*ricoşet* v. a. a ricoşa, a sări înapoi.

Rid-*rid* v. a. ner. (perf. şi ptr. *rid*), a scăpa; a scăpa dintr'o greutate.

Riddence-*ríddens* s. scăpare.

Riddle-*rid*l s. ghicitoare, enigmă; ciur;—v. a, a cerne, a da prin ciur; a ciurul.(cu gloanţe).

Ride-*ráid* s. plimbare călare sau cu trăsura; umblet;—, v. a. & n. ner. (perf. *rode*, ptr. *rode*, *ridden*, *rid*), a călări, a merge călare sau cu trăsura; a se sui; a se urcă; a fi ancorat; *to—at anchor*, a sta pe loc (corabia), a fi ancorat; *to — over*, a călări; *to — a bicycle*, a merge cu bicicleta.

Rider-*ráider* s. călăreţ.

Ridge-*ritj* s. dos, spate; şira spinării; vârf, creastă (de munţi); vârful (casei); brazdă: linie;—, v. a. a brăzda; a încreţi, a sbârci.

Ridicule-*ridikiul* s. ridicul, batjocură; *to turn into—*, a batjocorì; *to bring—on one*, a batjocorì pe cineva;—, v. a. a batjocorì, a face de râs.

Ridiculous-*ridíkiulŏs* a. ridicul, de râs;—*ly*, ad. în mod ridicul.

Ridiculousness - *ridíkiulŏsnes* s. batjocură, caraghioslâc.

Riding-*ráiding* s. călăritul, călăria;— -*habit*, amazonă; rochie

de călărie; — *horse*. cal de că-
lărit;— *master*. învăţător de că-
lărit — *school*, şcoală de călărie,
manegiu; — *whip* biciuşcă; —,
a. călare, care merge călare.

Rite-*raif* a. dominant, îmbelşu-
ga` ; comun.

Riffraff *rifrăf* s. lăpădătură.

Riffle-*răifel* s. carabină;— *-man*,
carabinier, tiralor; —, v. a. a
jefui.

Riffler-*ráfler* s. jefuitor.

Rig-*rig* s. tarsă; piesă caraghioa
să; —, v. a. a găti, a îmbrăca;
a (se) împopoţonà; a echipà o
corabie; to —*the market*, a urcà
preţul, valoarea; — *-out* s. îm
brăcăminte.

Rigger-*righer* s. echipator de
corabie.

Rigging-*righing* s. funiile, pân-
zele, etc.; tacâmul unei corăbii.

Right-*răit* s. dreptul; dreptate;
parte dreaptă; *to set to — s*, a
rândul;—. v. a. a face dreptate,
a îndreptà; —, a. şi ad. drept;
în linie dreaptă; direct; potri-
vit; câre se cuvine; bine; cum
se cade; bun; toarte; *you are—*,
aveţi dreptate;—*angle*, dreptun
ghiu; *it is—*, e drept; *to be—*. a
avea dreptate; *the—hand*, mâna
dreaptă; — *hand*, la dreapta; —
and left, la dreapta şi la stân-
ga;—*now*, tocmai acum;—*away*.
—*off*, numai de cât; îndată;
— *sorry*, toarte supărat; —*ly*,
cum se cade.

Righteous-*răiciŏs* a. drept; —
ly, ad. drept, bine.

Righteousness - *răiciŏsnes*
dreptate; justiţie.

Rigid-*rigid* a. rigid, ţeapăn;
straşnic, toarte aspru, sever; —
ly, ad. cu rigiditate, cu strasni-
cie, cu severitate.

Rigidity-*rigiditi* s. rigiditate,
înţepeneală; straşnicie, severi-
tate.

Rigmarole-*rigmăroul* s. vor-
bire alandala, flecărire, vorbă
de clacă.

Rigorous-*righerŏs* a. riguros;
—*ly*, ad. în mod riguros, cu ri-
goare.

Rigour-*righer* s. rigoare.

Rill-*ril* s. râuleţ.

Rim-*rim* s. margine; obadă; cerc.

Rime-*răim* s. chiciură; moroa-
că; brumă.

Rimy *răimi* a. acoperit cu chi-
ciură, brumă.

Rind-*răind* s. scoarţă; şoriciu
de râmător.

Ring-*ring* s. inel; belciug; cerc;
rond; arenă; sunet de clopoţel;
sunet, răsunet; sgomot — *-dove*,
guguştiucă, porumbel sălbatic;—
-finger, inelar (deget); — *leader*,
conducător, urzitorul unui com-
plot; — *worm*, pecingine (boală
de piele; —, v. a. & n. (perf.
rang, rung, ptr. *rung*), a sunà;
a face să sune; a răsunà; a
trage clopoţelul; a formà un
cerc; *to—a person up*, a chemà
pe cineva la telefon.

Ringing-*ringing* s. sunare; su-
net de clopot; răsunet.

Ringlet-*ringlet* s. ineluş; veri-
guţă; buclă.

Rinse-*rins* v. a. a clăti.

Riot-*răiot* s. răscoală; îmbul-
zeală, tărăboiu; gălăgie; orgie,
desfrâu; —, v. a. a provocà o
răscoală, a fi desfrânat.

Rioter-*răioter* s. răsvrătitor;
desfrânat.

Riotous-*răiotŏs* a. răsvrătitor;
desfrânat; - *ly*, ad. în mod răs-
vrătitor; cu sgomot; destrăbălat.

Rip-*rip* v. a. a descoase; *to —
off*, a smulge; *to—open*, a spin-
tecă burta; *to—up*, a deschide;
a descoperi; a despicà.

Ripe-*răip* a. copt; matur; chib-
zuit; —*ly*, ad. cu chibzuială.

Ripen-*răipen* v. a. & n. a coace;
a se chibzui.

Ripeness-*răipnes* s. maturitate.

Ripple-*ripl* s. ondulaţie; încre-
ţitură; murmur; —, v. a. & n.
a ondulà, a încreţi; a face să
unduleze; a clocoti.

R ppling-*rip* ..ng s. fierbere; clocotire

Rise-*ráis* s. sculare; sculatul; naștere, început; răsărire, răvărsatul (zilei); suiș; suitul; creștere; înălțare, urcare; —, v. a. & n. ner. (perf. *rose*. ptr. *risen*) a se scula; a se ivi; a se urca; a se înălța, a se ridica; a se mări; a se schimba; a se face; a crește; a deveni; a se răscula.

Riser-*ráizer* s cel care scoală; *early*—, care se scoală dis-de dimineață.

Risible-*rízibl* a. de râs.

Rising-*ráizing* s. sculare; ridicare; înălțare; suire, urcare; ascensiune; răsvrătire; —, a. care se ridica, care se înalță; care se urcă; care răsare; născând

Risk-*risc* s. rizic, pericol; *at all*—s, într'un noroc; —, v. a. risca.

Rite-*ráit* s. rit, ceremonie religioasă.

Ritual-*riciuăl* s. ritual; —, a al ritului.

Rival-*ráivel* s. rival(ă); —, a rival; —, v. a. a rivaliza cu.

Rivalry-*ráivelri* s. rivalitate.

Rive-*ráiv* v. a. & n ner. (perf. *rived* ptr. *riven*), a (se) despica; a (se) crăpa; a (se) rupe.

River-*river* s. râu, fluviu.

Rivet-*rivet* s nit, uituire; — v a, a nitui un cuiu, a țintui.

Rivulet-*riviulet* s răulet.

Roach-*róluș* s. (pește) clean, petrosel.

Road-*róud* s. drum; șosea.

Roadstead-*ródsted* s. roadă.

Roadway-*ráuduei* s. șosea.

Roam-*róum* v. a. & n. a hoinări a rătăci.

Roam-*róum* s. (cal) deres; —, a. deres, murg deschis.

Roar-*róer* v n a mugi; a sbiera; a răcni, a urla.

Roaring-*róering* s. muget, sbieret; răcnet; răget; bubuit.

Roast-*róust* v. a. a frige; a prăji; a se coace; *to rule the*—, a ti

tare și mare (*fig*) — , s. friptură.

Roastbeef-*róusíbif* s. friptură de carne de vacă.

Roaster-*róuster* s mașină de fript; frigător, care frige și vinde diferite cărnuri.

Rob-*rob* v. a. a jefui; a fura.

Robber-*róber* s. jefuitor, hoț.

Robbery-*róberi* s. prădăciune, hoție.

Robe-*róub* s. rochie; haină (de ceremonie); —, v. a. a îmbrăca (haine de ceremonie).

Robin-*róbin* **redbreast**-*redbrest* s. prihor.

Robust-*róubőst* a robust, puternic.

Robustness-*roubőstnes* s. tărie, vigoare.

Rock-*roc* s roca, stâncă, piatră; (furcă de tors);—-*salt*, sare (gemă);— -*work*, scoicărie, lu ru făcut din pietricele; v. a. & n. a se clătina; a se legăna; a tremura; a face să tremure.

Rocker-*róker* s. femeie care leagănă.

Rocket-*róket* s. rachetă, fișic.

Rocking-*róking* s. legănatul; -*chair*..scaun cu bascula; scaun ce se leagănă.

Rocky-*róki* a stâncos, pietros.

Rod-*rod* s. vargă; drug; vergea; baghetă; nuia; vargă de undiță; biciușcă.

Roe-*róu* s. ciută; căprioară; -*buck*, căprior.

Rogation-*roughéișőn* s. rugăciune;— -*week*, rugăciuni publice trei zile înainte de Înălțare.

Rogue-*róug* s pungaș; șiret.

Roguery-*róughéri* s. pungășie; ștrengărie.

Roguish-*róughiș* a. pungășesc.

Roister-*rói:ter* v. n. a face gălăgie.

Roil-*róul* s sul; rol (de arhive); rol, listă; anale; bătaie de tobă; învârtire; rostogolire —, v. a. & n a face sul; a turti (metalele); a netezi cu tăvălucul; a (se) rostogoli; a învârti.

Roller-*róuler* s sul; val; tăvă-
luc; cercul, rotiţă;— -*bliñd*, stor.

Rollick-*rólic* v. n. a face sgo-
mut; a face haz.

Rolling-*róuling* s. rostogolire;
invârtire; clătinatul corăbiei;—
-*mill* maşină de turtit metalele;
— -*pin*, sul, tăvălug.

Romance-*róumăns* s roman;
romanţ; —, v. n. a face roma-
ne; a se preface

Romancer-*róumănser* s. roman
cier.

Romanist-*róumănist* s. catolic
roman; catolică romană.

Romantic-*roumăntic* a. romant-
tic

Romish-*róumiş* a. catolic(ă) ro-
man(ă).

Romp-*romp* s. ştrengar, nebu-
natec; ioc sgomotos; —, v. n
a se jucă în mod gălăgios; a
glumi mitocăneşte.

Roof-*ruf* s. acoperiş; imperială
(partea de sus la un omnibus);
—*of heaven*, bolta cerească;—*of
the mout*, cerul gurei; —, v a
a acoperi o casă

Roofing-*rúfing* s. învelitoarea
casei.

Rook-*ruc* s. cioacă, stancă; turn
(la şah); înşelător (la joc); —, v. a
a înşelà; a pungăşi;—, v. n. (la
şah) a aşeză turnul în locul re-
gelui şi pe rege în partea cealaltă
a turnului; (*fam.*) a face rohadă.

Rookery-*rúkri* s. loc care este
locuit de ciori.

Room-*rum* s. odaie, cameră;
spaţiu.

Roomful-*rúmful* s. odaie plină.

Roominess-*rúminess* s. întindere
(în lungime şi lăţime).

Roomy-*rúmi* a. spaţios.

Roost-*rust* s. cracă, stinghie (pe
care se cocoţează găinile);—, v
n. a se cocoţà.

Root-*rut* s. rădăcină; (*fig.*) ori-
gină ; (*gr.*) rădăcina unui cuvânt;
—, v. n. a se înrădăcinà; *to—
out, to—up*, a desrădăcinà; (*fig.*)
a stârpi.

Rooted-*rúted* a. a înrădăcinat;
—*ly*, ad. adânc.

Rope-*róup* s. frânghie; funie;—
-*maker*, frânghier;— -*walk*, —
yard, fabrică de frânghie; loc
de împletit funii —, v. a a
tese.

Ropery-*róuperi* s. fabrică de
frânghii.

Ropy-*róupi* a. văscos.

Rosary-*róuzări* s. mătănii; loc
sădit cu trandafiri.

Rose-*róus* s. trandafir; rozetă;
ornament în formă de roză ma-
re;— -*bed*,loc sădit cu roze;— -*bud*,
boboc de trandafir;— -*colour*,
coloarea trandafirului;— -*doy*,
-răsur, trandafir sălbatic ;— *ma-
llo*, (*bot.*) dărmoz;— -*tree*, tranda-
fir (copăcel);— -*wood*, palisandru,
arbore din Guiana;— -*work*, ro-
zace (*arch.*).

Roseate-*róuzieit* a. de tranda-
firi, roşu deschis.

Rosemary-*róuzmări* s rozma-
rin.

Rosin-*rózin* s. roşină; cololoniu,
sacăz.

Rosiness-*róuzines* s coloare
trandafirie.

Roster-*róster* s. regulament de
serviciu (*mil*).

Rostrum-*rostrum* s. tribună.

Rosy-*róuzi* a. trandafiriu.

Rot-*rot* s răie (la cai, etc.), ra-
păn; putrigaiu;— -*gut*, băutură
rea; —, v. r. a putrezi

Rotate-*róuteit* v n a se învârti,
a roti.

Rotation-*rouléişon* s. rotaţiune,
învârtire; —*of crops*, (*agr.*) aso-
lament, schimbarea pe rând a
semănăturii unui loc de arat.

Rotatory-*róutăteri* a. rotatoriu,
de rotaţiune.

Rote-*róut* s. rutină; exerciţiu;
-*ly* —, prin exerciţiu; pe de rost.

Rotten-*róten* a. putrezit; stri-
cat;— -*stone*, tripoli (substanţă.
minerală ce slujeşte la poleit)

Rottenness-*róteness* s. putre-
zire; carie (a dinţilor etc.).

Rotund-*rotŏnd* a. rotund.

Rotunda-*routŏndă* s. rotondă (clădire).

Rotundity-*rotŏndĭti* s. rotunzime.

Rouble-*rúbl* s rublă.

Rouge-*ruj* s. (coloarea) roşu; suliman, dres; v. n. a sulimeni, a'şi da cu dresuri.

Rough-*rŏf* s. stare brută; haimana; mojic, bădăran;—·*cast*, —*draught*, schiţă; ciornă;— ·*rider*, dresor de cai;— -*shod*, potcoave cu colţi; —, ·v. a a face aspru: a înăsprì; a tencui; a încercà să facă; a schiţa; *to—it* a se ·luptà cu greul vieţii; —, a. crud; aspru; glodoros; mojic, grosolan; rău; *io the—*, în stare brută;—*copy*, ciornă; —*ly*, ad. aspru, cu asprime; mitocăneşte, mojiceşte.

Roughdraw-*rŏfdro* v. a. a schiţa; a ciopli.

Roughen-*rŏfn* v. a. & n. a (se) face aspru; a (se) înăsprì.

Roughhew-*rŏftu* v. a. ner. (perf. *roughhewed*, ptr. *roughhewn*), a subţià, a ciopli; a schiţa se zice şi *rouch-hewn*).

Roughness-*rŏfnes* s. asprime, străşnicie; severitate; grosime, mojicie.

Roughwork·*rŏfuéro* s. lucrare de rând; —, v. a. a lucrà ca un cârpaciu.

Round-*ráund* v. a. & n. a (se) rotunzi; a înconjurà; a colindà; a ocoli; a face ocolul; *to—off*, a rotunzi; —, a. rotund; considerabil (sumă); sincer, curat, pe aţa (de exemplu, răspuns); *a —hand*, un scris citeţ;— -*house*, secţie; corp de gardă;—*ly*, ad. în cerc; jur împrejur; pe faţă; —, ad. şi prep. în cerc; jur împrejur; la rând; pe faţă; *all—*, jur împrejur; (*fig.*) fără deosebire; prep. împrejur; *to come —a person*, a păcăli pe cineva; a se insinuà cu linguşiri pe lângă cineva.

Roundabout-*ráundabaut* s manegiu; jocul de-a ineluşul; (*Am.*) jachetă: —, a. lăturalnic; dosnic; indirect.

Roundelay *ráunde'ei* s. rondel (poezie, muzică).

Rounders-*ráunderz* s. joc de·a mingea.

Roundhand-*ráundhănd* s rondă, scriere rotundă.

Roundhead-*ráundheă* s. puritan.

Roundish-*ráundish* a. rotunzit; rotunjor.

Roundness-*ráundnes* s rotunzime, rotunjeală.

Rouse-*ráuz* v. a. a deşteptà; a sgornì (vânatul); *fig.*) a îndemnà, a aţâţà; —, v. n. a se deşteptà.

Rout-*ráut* s. gloată, adunare sgomotoasă; fuga armatei învinse; înfrângere; —, v. a. a pune pe fugă; *t o—together*, a se adună, a se îmbulzi.

Route *rut* s. drum, cale.

Rove-*róuv* v. n a se rătăci; a hoinări prin, a se învârti încoace şi incolo.

Rover-*róuev* s. vagabond, haimană; pirat, hoţ de mare.

Roving *rŏuving* a. fluşturatec. nestatornic; vagabond.

Row *róu* s. rând, şir, linie; plimbare cu luntrea; v. n. a vâslì, a face să înainteze cu vâsle (lopeţi).

Row-*ráu* s. tumult; sgomot, zarvă; agitaţie furtunoasă; *what's the row?* ce e? ce e acolo? *lo have a—with one*, a aveà gâlceavă cu cineva.

Rowdy *ráudi* s. gălăgios;—*ism*, s. gălăgie.

Rowel-*róuel* s. rotiţă (la pinten).

Rowing·match-*róuingmătş* s. regată, alergare cu luntrii.

Royal *róiăl* a. regal; —*s*, pl. catarg; pânză sau prăjină deasupra catargului de catas.

Royalist-*róiălist* s regalist.

Royalty-*róiălti* s. regalitate.

Rub *rŏb* s. frecare; fricţiune;

(fig.) piedecă, greutate; tocilă; —, v. a. & n a frecă; a face; fricțiuni; *to—down*, a scoate frecând; a țesălă (un cal): *to—off*, a scoate frecând, a șterge; *to—out*, a șterge, a rade; *to—up*, a poleï; *(fig.)* a împrospătă memoria.

Rubber-*öber* s. care freacă; perie sau cârpă de frecat; tocilă, piatră de ascuțit; pilă; gumă elastică; *whist—*, o partidă de whist; —*ball*, minge; *Indian—*, gumă elastică, încălțăminte în caucioc.

Rubbish-*röbiș* s. dărâmături; gunoiu, murdărie.

Rubicon s. rubiconul *(râuleț* în Italia); *to pass the—*, a trece Rubiconul, a luă o hotărîre.

Rubicund-*rúbicönd* a. rumen.

Ruble-*röbl* s. rublă.

Rubric-*rúbric* s. rubrică.

Ruby-*rúbi* s. rubin; —, a. ro șiatic, rumen.

Rudder-*röder* s. cârmă.

Ruddines *rödines* s. roșeață.

Ruddy-*rödi* a. rumen, roșiatic.

Rude-*rud* a. aspru, sever; ne politicos, mojic.

Rudeness-*rúdnes* s. asprime, severitate; violență; mojicie.

Rudimentary-*rudiménteri* a. rudimentar, elementar.

Rue-*rú (bot.)* rută; căință; —, v. a. a regretă mult, a se căi de.

Rueful-*rö'ul* a. trist, jalnic.

Ruff-*röf* s. guler cu mai multe îndoituri și crețuri; guleraș

Ruffian-*röfiăn* s. bandit; potlogar; mojic; —, a. grosolan, de mojic; —*ly*, ad. mojicește.

Ruffle-*röfel* s. manșeta; vapeluri (la pieptarul unei cămăș. bărbătești; încrețitură; turburare; —, v. a. a plisă, a încreți, (rufe, etc.); a găsi, a turbură.

Rug-*rög* s. cergă; covoraș.

Rugged-*röghed* a. aspru; brutal, mojic.

Ruin-*ruin*, **ruination-***ruinéi-*

șon s ruină; prăpădenie, pierdere; —, v. a. a ruină; a pierde

Ruinous-*rúinös* a. în ruină; ruinător; —*ly*, ad. în mod ruinător.

Rule-*rul* s. guvern; stăpânire; linie; regulă; riglă, echer; principiu, maximă; —, v. a. & n. a guvernă; a cârmui; a liniă; a regulă; *(jur.)* a dă o hotărâre; a se menține (prețuri.

Ruler-*rúler* s. riglă, linie; guvernator.

Rum-*röm* s. rom; —, a. ciudat, curios.

Rumble-*römbl* v. n. a mârâi, a mur nura.

Rambling-*römbling* s. mârâitură, mârâială.

Ruminate-*ríu nineit* v. a. a rumegă.

Rumination *riuminéișön* s. rumegare

Rummage *römeij* v. a. a scormoni, a scotoci, a căută prin; —, s. tărăboiu, arababură.

Rummer-*römer* s. cupă.

Romour-*römor* s. sgomot de nemulțumire; svon; —, v. a. a da de veste, a vesti; a umblă svonul, a se svoni

Rump-*römp* s. noada șezutului; partea dindărăt a calului; târtița păsărilor; —*steak*, biftec.

Rumple *römpel* v. a. a mototoli.

Run-*rön* s. alergare; alergătură; cursul (stelelor), albia (râului); circulațiune; excursiune; mers; atac; succes; cerere urgentă; lucru obișnuit; voință; călătorie; pășune (pentru vite); piatră (de măcinat); *in the long—*, cu vremea, la urma urme'or; —, v. a. & n. ner. (perf. *ran*, ptr. *run*). a alergă; a fugi; a parcurge; a umblă; a se duce; a trece; a se ducc; a curge; a se curge; a urmări; a trece; a se ridică; a pune în circulație; a așeză; a veni; a înfige; a străpunge cu; a introduce; a se aruncă; a vărsă; a topi (metale); a se topi (zăpadă, ghiață); *tu—about*, a alergà icì şi colea; *to across*, a trece în fugà strada; *to—after*, a alergà dupà; a urmàrì; *to—against*, a se izbì de; *to—along*, a alergà dealungul; *to—ashore, to —aground*, a se sfàràmà (corabia), a fi aruncat la ţàrm (corabia); *to—away, to—off*, a fugì; a scàpà; *to—away with*, a furà, a duce; *to—a coach*, a conduce o tràsurà; *to—jor*, a alergà dupà; a'şi da ostenealà ca sà; *to —off the rails*, a ieşì din şine; *to—on*, a continuà; *to—short*, a se ispràvì.

Runaway-*rŏnuei* s. fugar.
Rundle-*rŏndl* s. treaptà.
Rundlet-*rŏndlet* s. butoiaş.
Runer *rnŏer* s. alergàtor; curier; trimis.
Running-*rŏning* s. alergare; —, a. curgàtor; curent; — *account*, cont curent;—*water*, apà curgàtoare.
Rupture-*rŏpciŏrs.* rupturà; spargere; hernie; vàtàmàturà; —, v. a. & n. a (se) rupe; a (se) sparge.
Rural-*rŏral* a. rural.
Rush-*rŏş* s. papurà; vàjàire; mugit; izbire; ciocnire; mişcare pripità; mulţime, îmbulzealà;— *light*, làmpiţà de noapte; —, v.

n. a se repezì; a se aruncà; a mugì (valurile); a vàjàì (vântul).
Rashy-*rŏşi* a. plin cu papurà.
Rusk-*rŏsc* s. pesmet.
Russet-*rŏset* s. màr creţesc; —, a. roşiatic; ţàrànesc.
Russia-leather-*rŏşàlether* s. piele ruseascà.
Rust-*rŏst* s. ruginà; —, v. n. a se ruginì.
Rustic-*rŏstic* s. ţàran; mojic; —, a. ţàrànesc.
Rusticate-*rŏstikeit* v. a. & n. a tràì la ţarà; a expulzà pentru un timp oarecare.
Rustication-*rustikéişŏn* s. viaţà la ţarà; expulzare temporalà.
Rusticity-*rus'tsiti* s. rusticitate.
Rustiness-*rŏstines* s. ruginire; ruginà.
Rustle-*rŏs(t)el* v. n. a vàjàì; a ţiuì; a fàşàì; a se fuduì.
Rustling-*rŏstling* s. vàjàieturà; ţiuiturà; fàşàit; zàngànit; foşnet; atingere.
Rusty *rŏsti* a. ruginit; mucezit.
Rut *rŏt* s. timpul goanei; fàgaş; —, v. n. a se gonì (dobitoacele).
Ruth-*rúth* s. milà; supàrare;— *less*, a nemilos.
Rye *rái* s. secarà;— *grass*, neghinà.

S

Sabbatarian *sàbàtéiriàn* s. Evreu convertit sau anabaptist care pàz'à Sâmbàta.
Sabbath-*sàbàth* s. sabat; Sâmbàta Evreilor; Duminecà (la creştini); —, a. sfânt.
Sable-*séibl* s. zibelinà; samur; —, a. negru; de doliu; de samur.
Sabre *séibr* s. sabie; —, v. a. a tàià cu sabia.
Saccade-*sàcàd* s. sacadà.
Saccharine-*sàcàrin* a. ca zahàru; al zahàrului.
Sacerdotal-*sàserdótàl* a. sacerdotal, preoţesc.
Sack-*sàc* s. sac; vin sec de Ca-

naria; *to gi e one the*—, a concedià pe cineva;— *cloth*, pânzà pentru saci; —, v. a. a pune in saci; a jefuì.
Sacking-*sàking* s. pânzà pentru saci; jefuire.
Sacrament-*sàcràment* s. sfinţire; tainà bisericeascà; taina càsàtoriei.
Sacramental-*sàcràmén'àl* a. sacramental, care ţine de sfintele taine; —*ly*, ad. care ţine de sfintele taine; —*ly*, ad. cu sfinţenie.
Sacred-*séicred* a. sacru, sfânt; sfinţit; —*ly*, ad. cu sfinţenie.

Sacredness-*séicrednes* s. sfin-
ţenie.

Sacrifice-*săcrifais* s. sacrificiu;
jertfă; —, v. a. & n. a jertfi, a
aduce jertfă.

Sacrificer-*săcrifaiser* s jertfi-
tor.

Sacrilege-*săcriledj*s.nelegiuire

Sacrilegious-*săcrilégiŏs* a. ne-
legiuit.

Sad-*săd* a. trist; mâhnit; —*ly*,
ad. cu întristare; cu mâhnire.

Sadden-*săd n* v. a. a întristà;
a mâhni.

Saddle-*sădl* s. şea;— -*bag*, traist-
tă, torbă;— -*cloth*, arşea, ciol-
tar; —, v. a a înşeuà.

Saddler-*sădler* s. şelar.

Saddlery *să ileri* s. şelărie.

Sadness-*sădnes* s. întristare;
mâhnire.

Safe-*séif* s. dulapul cu mâncă-
ri, cămară; casă de fier;— *con-
duct*, bilet de liberă trecere; —,
a. nevătămat, sdravăn; sigur;
în siguranţă; fericit; —*ly*, ad.
teafăr; în siguranţă.

Safeguard-*séifg rd* s. apărare,
ocrotire; curăţitoarea dela loco-
motivă; —, v. a. a apărà, a o-
croti; a scăpà.

Safety-*séifti* s. siguranţă; scă-
pare;— -*valve*, supapă de sigu-
ranţă.

Saffron-*săfron* s. şofran; —, a.
ca şofranul (culoarea).

Sagacious-*săgăşŏs* a. sagace;
ager; pătrunzător; —*ly*, ad. cu
sagacitate.

Sagacity-*săgăsiti* s. sagacitate.

Sage-*séij* s. înţelept; (*bot.*) sal-
vie, jaleş, şerlaiu; —, a. înţe-
lept; —*ly*, ad. înţelepţeşte, cu
minte.

Sago-*séigo* s. sagu (fecula din
măduva arborelui-pâine).

Sail-*séil* s. pânză de corabie;
(*fig.*) corabie; călătorie; aripa
corăbiei; *to set*—, a întinde pân-
zele; *a porni* (o corabie);— -*cloth*,
pânză de vântrele;— -*maker*, pân-
zar de corăbii;— -*vessel*, corabie

cu pânze; —, v a & n. a na-
vigà, a pluti pe.

Sailer-*séiler* s. corabie cu pân-
ze ce merge bine, repede.

Sailing-*séiling* s. navigaţiune,
mers (al unei corăbii).

Sailor-*séilŏr* s. marinar.

Saint-*séint* s. sfânt, cucernic.

Saintly-*séintli* ad. sfânt, ca un
sfânt; cu sfinţenie.

Sake-*séic* s. cauză; iubire; con-
sideraţie; respect; interes; *for
God's*—, pentru numele lui D-zeu,
for my own—, pentru hotarul
meu; în interesul meu.

Salad-*sălăd* s. salată;— -*b wl*,
castron de salată;— -*oil*, untde-
lemn.

Salamander-*sălămănder* s. sa
lamandră

Salary-*sălari* s. salariu, leafă.

Sale-*séil* s. vânzare.

Saleable-*séilăble* a. de vândut;
care se poate vinde uşor.

Salesman-*séilzmăn* s. vânzător;
tetal; neguţător de vite.

Salient-*séilient* a. ieşit, scos;
ieşit afară (o zidărie).

Saline-*sălăin* a. salin, sărat.

Saliva-*sălăivă* s. salivă, scuipat.

Sallow *sălou* a. foarte palid,
galben.

Sally-*săli* s. ieşire, năvală (din-
tr'o cetăţuie); scânteie de spirit;
—, v. n. a face o eşire, a năvăli
(*t mil*); *to*— -*orth*, a se repezi.

Salmon-*sămŏn* s. somon (*peşte*);
— -*trout*, lostriţă.

Saloon-*sălún* s. salon.

Salt-*solt* s. sare; (*fig*)haz;— -*box*,
— -*celar*, solniţă;— -*fish*, —*meat*,
sărare (peşte, cărnurilor); sărătu-
ră; — -*works*, salină, ocnă; —, v.
a. & n. a sărà; —, a. sărat.

Salter-*sŏlter* s. sărător, acel care
sărează.

Salting-*solting* s. săratul; sără-
re;— -*tub*, putină în care se pă-
strează sărăturile.

Saltless-*sŏltles* a. fără sare; săl-
ciu.

Saltness-*sŏltnes* s. sărătură.

Salpetre-*sólpiter* s. salpetru.

Salubrious-*sălúbriŏs* s salubru.

Salubrity-*săliúbriti* s. salubritate.

Salutary-*săliutăría*. salutar; folositor.

Salutation-*săliutéişon* s. sılutare, plecăciune.

Salute-*săliuut* s. salutare; plecăciune, închinăciune; salvă; —. v. a. a salutà.

Salvage-*sálveiĵ* s. scăpare.

Salvation-*s'lvéşŏn* s. scăpare, mântuire.

Salve-*sov* s. unsoare, alifie; —, v. a. a unge cu alifie.

Salver-*sólvér* s. tavă.

Salvo-*sálvo* s. salvă; rezervă, restricţiune

Sambo-*sámbou* s. Arap.

Same-*séim* a. acelaş, însuşi; —, s. acelaş lucru; *much the* —, aproape; ca şi; precum; *it is all the*—*tome*, mi-e tot una; *all the* —, nu e nim'c.

Sameness-*séines* s. identitate; asemănare.

Samphire-*sámfer* s. (*bot.*) molotru

Sample-*sámpel* s. mostră. probă; —. v. a. a tăiă probe dintr'o bucată.

Sampler - *sámpler* s. mostră; lucru de mână; gherghef.

Sanctification - *sănctifikéişon* s. sfinţire.

Sanctify-*sánctifai* v. a. a sfinţì.

Sanctimonious - *sănctimóniŏs* a. sfânt, cucernic; (*fig.*) prefăcut, făţarnic; —*ly*, ad. cu sfintenie; cu făţărnicie.

Sanctimony-*sănctimoni* s. aer de sfinţenie.

Sanction-*săncşon* s. sancţiune; —, v. a. a sancţionà.

Sanctity-*sánctiti* s. sfinţenie.

Sanctuary-*sánciueri* s. sanctuar; refugiu; azil.

Sand - *sănd* s. nisip;— *bănk*, bancă de nisip;— *box*, nisiperniţă;— *paper*, glas-papier;

—*pit*, nisipiş; — *stone*, gresie; —, v. a. a pune nisip.

Sandal - *săndăl* s. sandală; opin:ă.

Sanded-*sănded* a. nisipos, acoperit cu nisip.

Sandwich-*sănduitş* s. sandvici, niţică şuncă sau icre între două felioare de pâine.

Sandy-*sándi* a. nisipos.

Sane-*séin* a. sănătos.

Sanguinary-*sănguineri* a. vărsător de sânge; sângeros.

Sanguine-*sănguin* s. sanguin, de sânge; sângeros; sângeriu; roşu ca sânge; (*fig.*) vioiu, sprinten.

Sanguineness-*sănguines* s. fire sanguină; roşeaţă.

Sanguineous - *săng üiniŏs* a. sanguin; sângeros.

Sanitary-*sánitări* a. vindecător, de sănătate.

Sanitation-*săniléişon* a. curā, vindecare.

Sanity-*sániti* s. sănătate; judecată sănătoasă.

Sap-*săp* s. sevă, suc; săpatul; —, v. a. & n. a săpà; a se duce la săpat.

Sapient-*séipient* a. înţelept.

Sapless - *săples* a. fără sevă; uscat.

Sapling-*săpling* s. copăcel, arboraş.

Sapodilla-*sapodilă* s. pom totdeauna verde, din insulele Antile.

Sapper-*săper* s. săpător.

Sapphire-*săfaier* s. safir.

Sappy-*săpi* a. suculent, zemos.

Sarcasm-*sárcăsm* s. sarcasm.

Sarcastic-*sarcástic* a. sarcastic; —*ally*. ad. în mod sarcastic.

Sarcenet-*sársnet* s. taftă .subţire pentru căptuşeală

Sarcophagus-*sărcófăgŏs*s. sarcofag.

Sardine-*sárdin* s. sardeà.

Sarsapari la-*sarsepărilă* s. (*bot.*) salsaparila.

Sash-*săs* s. cingătoare; brâu;—

-frame, cercevea, pervaz de fereastră;— door, uşă cu fereastră;— window, fereastră mobilă între uluci verticale.

Satan-séităn s. satană.

Satanic-sătănic a. satanic.

Satchel - săcel s. ghiozdan; săculeţ; tolbă de vânat.

Sate-séit v. a. a sătură.

Satellite-sătelait s. satelit.

Satiate - séişieit v. a. a sătură.

Satiety-sătaioti s. săturare.

Satin-sătin s. satin; —, a. de satin.

Satinet-sătinét s. stofă de mătasă ce imită satinul.

Satire-sătaier s satiră.

Satirical - sătirical a. satiric; —ly, ad. în mod satiric.

Satirise-sătirais v. a. a satiriză.

Satirist-sătirist s. satirist.

Satisfaction-sătisfacşon s. satisfacere.

Satisfactorily-sătis/ă ctorili ad. în mod satisfăcător.

Satisfactory-satis/actŏri a. satisfăcător.

Satisfy-sătisfai v. a & n. a satisface, a mulţumi.

Satrap-séitrap s satrap.

Saturate-sătiureit v. a. (chim.) a satură, a dizolvă într'un lichid cea mai mare cantitate de materie.

Saturday-săturdei sau săterdei s. Sâmbăta.

Saturnalia-sătérnéilia, **saturnals**-saternols s. saturnale, serbări destrăbalate în onoarea lui Saturn.

Saturnine-săternain a saturnanian; posomorit; tăcut din fire.

Satyr-săter s. satir.

Sauce-sós s. sos; (Am.) legume; —, v. a. a drege, a da gust (bucatelor).

Saucer-sóser s. sosieră, vas pentru sos; farfurioară de ceaşcă.

Saucily-sósili ad. cu impertinenţă, cu obraznicie.

Sauciness-sósines s. impertinenţă, obrăznicie.

Saucy sósi a. obraznic, neruşinat.

Saunter-sónter v. n. a hoinări.

Sausage-sóseij s. cârnaţ.

Savage-săvăj s. sălbatic; —'y, ad. în mod sălbatic; ca un sălbatic.

Savageness-săvăgines s. sălbăticie.

Savanna-săvănă s. savană.

Save-séiv v. a. a scăpă; a mântui; a scuti; a oferi; God—the king! să trăiască regele!—ail, sfeşnic mic pe care ard mucurile; prep. afară; afară dacă; numai; pe afara.

Saveloy-séivloi s. un fel de cârnaţ făcut din creier de porc.

Saver-séiver s. păstrător, econom .

Saving-séiving s. economie;—, a. econom; —ly, ad. cu economie; —, pr. afară de, afară dacă; afară numai.

Savings-bank- séivingz-bncs. casă de economie.

Saviour-séiveir s. mântuitor (Isus Christos).

Savour-séiver s. gust plăcut; miros; —, v. a. & n. a gustă; a avea gust; a mirosi; a avea un miros; a'i plăcea.

Savourily-séiverili ad. cu gust.

Savouriness-séiverines s. gust bun; bun miros.

Savoury-séiveri a. gustos.

Savoy-săvói s. varză nemţească.

Saw-so s. ferestrău;—dust, răzuituri de ferestrău;—mill, joagăr, ferestrău pe apă; old—, zicătoare, proverb; —, v. a. a tăiă cu ferestrău.

Sawbones-sóbounz s. calfă de bărbier.

Sawyer-sóer s. tăietor de lemne.

Saxifrage-săxifreij s. (bot.) saxifraga buricul-Vinerii.

Say-séi s. zicere; cuvântare, discurs; spus;—, v. a. ner.' (perf. şi ptr. said), a zice; a spune; a vorbi; a recită: it is said, se zice.

Saying-*séing* s. zicere; cuvânt; vorbă; zicătoare; observaţie.

Scab-*scăb* s. coajă pe bube; râie.

Scabbard-*scăbărd* s. teacă de sabie.

Scabbed-*scăbed*, **scaby**-*scăbi* a. râios; acoperit cu coji; (*fig.*) de puţin preţ.

Scabbiness-*scăbines* s. stare râioasă; bună de nimic.

Scabious-*skéibiŭs* a. râios; —, s. (*bot.*) muşcatul-dracului.

Scaffold-*scăfold* s. eşafod; schelă; podeală.

Scaffolding-*scăfolding* s. ridicarea unei schele.

Scald-*scóld* s. chelbe; arsură; —, v. a. a arde; a fierbe; a opări

Scalding-*scólding* s.—*hot*, fierbinte;—*house*, locul de opărit.

Scale-*skéit* s. taler de cumpană; balanţă; solz; scară; (*mus.*) gamă; a p*a*ir of —s, un cântar; —, v. a. & n. a cântări; a escaladă; a se curăţi de solzi; a se coji; a scoate din coajă (stridi; a curăţi (dinţii).

Scaling-*skéiling* s. săritură peste;—*ladder*, scară de asediu.

Scallion-*scăliŏn* s. arpagic.

Scallop-*scólop* s. scoică bivalvă; broderie în formă de ghirlandă; tăietură; crestătură în formă de dinţii; —, v. a. a tăià în formă de ghirlandă; a tăià, a crestă în forma dinţilor.

Scalp-*scălp* s. pielea capului cu păr cu tot; —, v. a. a scalpà, a tăià pielea capului.

Scaly *skéili* a. solzos.

Scamp-*scămp* s. derbedeu; om de nimic.

Scamper-*scămper* s. fugă; a-lergare; —, v. a. a fugì; a a-lergà.

Scan *scăn* v. a. a scandà (un vers); a cercetà cu deamăruntul.

Scandal-*scăndăl* s. scandal; vorbire de rău; ruşine.

Scandalise-*scăndălais* v. a. a scandaliză; a defăimà.

Scandalous-*scăndélŏs* a. scandalos; ruşinos; —*ly*, ad. în mod scandalos, ruşinos.

Scant(y)-*scant(i)* a. s. restrâns, prea îngust; sgârcit; sărăcăcios; meschin.

Scantily-*scăntili* a. strâmtorat; sărăcăcios, strâns.

Scantiness-*scăntines* s. strâmtoare; sărăcie; meschinărie.

Scantling - *scăntling* s. porţie mică; mostră; fleac.

Scapegoat-*skéipgout* s. ţap ispăşitor; jertfă; coadă de topor; manta.

Scapegrace-*skéipgreis* s. derbedeu; om de nimic.

Scar-*scar* s. cicatrice; semn; —, v. a. a cicatriză; a închide o rană; a lăsà un semn.

Scarce-*skéers* a. rar; —*ly*, ad. abia.

Scarcity - *scărsiti* s. raritate; lipsă.

Scare-*skéer* v. a. a înspăimântà, a sperià.

Scarecrow - *skéercrou* s. momâie (de speriat pasările).

Scarf-*scarf* s. eşarfă, lentă;—*skin*, epidermă.

Scarify-*scărifai* v. a. a sacrifică, a hărăzi pielea.

Scarlatine-*scărlătina* s. scarlatină.

Scarlet-*scărlet* s culoarea stacojie; materie stacojie; —, a. stacojiu;—*fever*, scarlatină.

Scarp-*scarp* s. escarpă; ridicătură dincoace de şanţ.

Scate-*skéit* —*vide* skate.

Scatter-*scăter* v. a. & n. a risipì; a presărà; a (se) împrăştià;—*brained*, fluşturatec.

Scattered-*scăterdă* a. împrăştiat; presărat.

Scavenger-*scăvenger* s. cel ce ridică noroaiele; maşinà de ridicat noroaie din fundul porturilor, râurilor, etc.

Scene-*sin* s. scenă; decoraţie; teatru;—*shifter*, maşinist de teatru.

Scenery-*síneri* s peisagiu, privelişte; vedere; decoraţiune; loc.

Scenic-*sinic* a. scenic.

Scent-*sent* s miros, parfum; urmă; *to be on the right*—, a fi pe calea cea bună; *to be on the wrong*—, a fi pe cale greşită;— -*b.g*, săculeţ sau perniţă cu praf mirositor;—-*bottle*, sticlă de parfum;—-*box*, cutiuţă cu parfumuri; —, v. a. a parfumă; a mirosi.

Scentless-*séntles* a. fără miros.

Scepter-*sépter* s. sceptru.

Sceptic-*séptic* s. sceptic; —*al*, a sceptic ; —*ally*, ad. ca un sceptic.

Scepticism-*septisism* s. scepticizm.

Schedule-*şediul* s. listă; bilanţ; inventar.

Scheme-*s(k)im* s. plan; proiect; model; scop; sistem; —, v. a a plănui, a proiectă.

Schemer-*s(k)imer* s. persoană care face planuri, care face proiecte.

Scheming-*s(k)iming* s. manie de a face planuri, proiecte.

Schism-*sizm* s. schismă.

Schismatic-*sizmătic* s. schismatic

Scholar-*scólar* s. şcolar; om cu carte.

Scholarship-*scólărşip* s. ştiinţă, erudiţie; bursă.

Scholastic-*scolăstic* a. scolastic, al şcoalelor.

Scholiast-*scóliăst* s. scoliast

School-*scul* s. şcoală;— -*book*, carte de clasă;— -*boy*, şcolar;— -*fellow*, camard de şcoală ;— -*house*, şcoală;— -*master*, învăţător; —-*mistress*, învăţătoare;— -*room*, clasă; —, v. a. a instrui, a învăţă, a dojeni.

Schooling-*sculing*, s. instrucţie, învăţătură; educaţie.

Schooner-*scúner* s. goeletă, vas cu două catarturi.

Sciatica-*saiătică* s. sciatică (boală).

Science-*sáiens* s ştiinţă.

Scientific *saientific* a. ştiinţific. —*ally*, ad. intr'un mod ştiinţfic.

Scimitar-*simiter* s. sabie cu tăişul lat şi puţln incovoiată.

Scintillate-*sintileit* v. a. a scânteiă; a licări.

Scintillation-*sintiléişon* s. licărire.

Sciolism-*saiolism* s. ştiinţă superficială.

Sciolist-*sáiolist* s savant superficial.

Scion-*sáion* s (*bot*) mlădiţă, vlăstar.

Scission-*sişön* s sciziune, desbinare.

Scissors-*sizors* s pl foarfece.

Scoff *scof* s bătaie de joc; —, v. a. a'şi bate joc de; a batjocori.

Scoffer-*scó'er* s. batjocoritor.

Scoffingly-*scófingli* ad. în batjocură.

Scold-*scóuld* s. certătoare, femeie arţăgoasă: —, v. a. & n. a certa; a strigă; a mustră.

Scollop-*scólop*, vide *scallop*.

Sconce-*scóns* s. policandru, candelabru; lustru; căpăţână.

Scoop-*scup* s. lopată de scos apă dintr'o corabie; lingură mare; —, v. a. a scoato; a goli; a găuri.

Scope-*scóup* s. scop, ţintă; intenţie: loc; spaţiu; privelişte; sbor; mers.

Scorbutic - *scorbiútic* a. scorbutic.

Scorch-*scorci* v. a & n. a arde; a pârjoli; a (se) pârli; a uscă.

Score-*scóer* s. crestătură; socoteală, datorie; (*mus*) partiţiune. vreo douăzeci; linie; (*fig*) motiv, pricină; —*s*, pl. multe; *four* —, optzeci; *to run up*—*s*, a face datorii; *upon* (*on*) *the*—*of*, din cauză, pentrucă ; —, v. a. a crestă, a însemnă; a marcă; a pune în socoteală; (*mus*) a orchestrà; v. n. a numără; a câştigă.

Scorer-*scóerer* marcher

Scoria-*scóriă* s. sgură; —*ceous*, sguros.

Scorification-*scorifikéişŏn* s prefacere în sgură.

Scorn-*scórn* s. dispreţ; batjocură —, v. a. a despreţui.

Scorner-*scórner* s. despreţuitor; batjocoritor.

Scorn ful-*scórnful* a. despreţuitor; —*ly*, ad. cu despreţ.

Scorpion-*scórpiŏn* s. scorpie.

Scot-*scot* s. partea ce se cuvine fiecăruia; partea de plătit a fiecăruia; bir, impozit; *to pay— and lot*, a'şi plăti birul; —*free*, scutit de plată; teafăr.

Scotch-*scŏtş* s crestătură; brazdă; —*hopper*, ţinţar (joc de copii); —, v. a. a crestă; a tăiă; a opri.

Scoundrel-*s'áundrel* a pungaş, ticălos.

Scour-*scáur* v. a. & n. a curăţi; a şterge; a lustrui; a alergă repede; a fugi; a cutreeră.

Scourer-*scáurer* s. curăţitor de pete; spălător; alergător.

Scourge-*scórj* s. biciu; flagel, pedeapsă; —, v. a. a biciui; a pedepsi.

Scout-*seáut* s. (mil.) ecleror, cercetaş; vedetă, santinelă de cavalerie; spion; v. n. a spionă; a bate câmpii; a cutreeră; a'şi bate joc de.

Scowl-*scául* s. încreţire (a frunţii), posomorire, încruntare; —, v. n. a'şi încreţi fruntea, a se posomorî, a se încruntă; a ameninţă.

Scowlingly-*scáulingli* a. posomorit; ameninţător.

Scrabble-*scrăbl* v. n. a mâzgăli; a scârţâi (condeiul); a se agăţă.

Scragginess-*scrăghines* s slăbiciune; asprime, fire aspră.

Scraggy-*scrăghi* a. nodoros· jigărit, costeliv.

Scramble-*scrămbl* s. sforţare pentru; luptă; jocul de-a apuca-tele; cătărare; ceartă; —, v. n. a se cătără, a se sui; a se târi; a

se luptă; a se certă; a sări; *to— to*, a căută să pună mâna pe; —*a eggs*, ou bătut, ochiuri, jumări.

Scrap-*scrăp* s. fragment, bucăţică; —*s. pl.* rămăşiţe (ale unui dejun); —*book*. album; —*paper*, ciornă.

Scrape-*scréip* s. răzuitul, ştergere; încurcătură; —, v. a. & n. a rade, a răzui; a şterge, a curăţi; a scârţâi; a se închină cu râmă; *to scratch*, a rade, a şterge.

Scraper-*scréiper* s. răzuitoare, răzătoare; fier de curăţit încălţămintea; scârţâitor; calic, sgârcit.

Scraping-*s·réiping* s. răzătură; răzuire; ştergere; scârţâitura de vioară·.

Scratch-*scrătş* s. sgârietură; ştersătură; —, v. n. a sgâriă; a mâzgăli; a rade, a şterge.

Scratcher-*scrăцer* s. răzuitoare.

Scrawl-*scról* s. mâzgălire; —, v. a. a mâzgăli.

Scream-*scrim, screech* s. strigăt, ţipăt; —*owl*, s. bufniţa, cucuvea; v. n. a ţipă, a scoate un ţipăt.

Screen-*scrin* s. paravan; adăpost; ciur; v. a. a adăposti; a ciurui.

Screw-*scrú* s. şurup; —*driver*, şurupelniţă; —*nut*, matricea şurupului; —*propeller*, elice, şurup la vapoare; —*steamer*, vapor cu elice; —, v. a. a înşurupă; a strânge; (fig.) a stoarce.

Scribble-*scvibel* s. mâzgălitură, v. a. a mâzgăli, a scrie prost.

Scribbler-*scríbler* s. mâzgălitor, scriitor prost.

Scribe *scráib* s. scriitor; copist.

Scrip-*scrip* s. bucăţica de hârtie de formă patrată; săculeţ, geantă; (com.) înscris.

Scriptural -*scríptşiurăl* a. al Scripturei; biblic.

Scripture-*scriptşiŏr* s. Sfânta Scriptură.

Scrivener *scrivener* s. notar; samsar.

Scrofula-*scrófiulă* s. scrofule.

Scrofulous-*scrófiulŏs* a. scrofulos.

Scroll-*scrŏl* s sul (de hârtie etc.); parafă, coada iscăliturii; alee in spirală.

Scrub-*scrŏb* s. salahor; un biet om; mătură uzată; mărăcini, mărăciniş; —, a. săracăcios;—, v. a. & n. a frecà: a spălà cu o perie tare; a muncì greu; a se obosì peste măsură.

Scrubby-*scrŏbi* a. sărac; păcătos; pipernicit, rău.

Scruple-*scɩ ŏpl* s. scrupul; —, v. a.& n. a şovài, a se îndoì de.

Scrupulosity-*scriupiulózitĭ* s. scrupulozitate.

Scrupulous *scriúpiulŏs* a. scrupulos;—*ly*, ad. în mod scrupulos

Scrutineer-*scrutinier* s scrutător, cercetător.

Scrutinise-*scriutínăis* v. a. a scrutà, a cercetà.

Scrutiny-*scriútini* s. cercetare minuţioasă; scrutin, vot.

Scud-*scŏd* v. n a fugì în grabă; (*mar*) a se păzi de vânt.

Scuffle-*scŏfl* s. bătaie, încăierare; luptă; ceartă; —, v. n. a se certà; a se bate; a se luptà.

Scull-*scŏl* s. vâslă îndărătul unei corăbii; luntrişoară (fără catart şi fără pânză);—, v. a. a vâslì.

Scullery-*scŏleri* s spălător (în bucătărie).

Scullion-*scŏliŏn* s. rândaş de -bucătărie.

Sculptor-*scŏlpter* s. sculptor.

Sculpture-*scúlpciŏr* s. sⅽulptură; —, v. a. a sculptà.

Scum-*scŏm* s. spumă; sgura metalelor când se topesc; lepădătură; —, v. a. a spumegà; a luà spuma (depe un lichid).

Scummer-*scŏmer* s. spumătoare, spumar.

Scurf-*scŏrf* s. mătreaţă, chelbe; coaje (pe bubă).

Scurfy-*scŏrfi* a. chelbos; râios.

Scurrility-*scŏríliti* s. păcăleală; mojicie.

Scurrilous-*scŏrilŏs* a. mârşav, josnic; mojic.

Scurvily *skérvili* ad. cu mârşa-

vie; în mod nedemn.

Scurviness-*skérvines s.* nemernicie, ticăloşie, faptă josnică.

Scurvy-*skérvi* s. scorbut; —, a scorbutic; mârşav; sgârcit, calic; grosⱴlan.

Scutcheon-*scŏlciăn* s. pajură, stemă; marcă de armărie.

Scuttle-*scŏtl* s. coş; găleată pentru cărbuni; mers grăbit; —, v. n. a merge repede; a alergà; a găurì o corabie; *to—away*, a luà la sănătoasa;—*fish*, sepie.

Scythe-*sáith* s. coasă.

Sea-*si* mare; ocean; talaz, val; *at—*, pe mare; *the high—*, largul mării; *high—s*, flux; *heavy—*, mare furtunoasă; un val mare; —*bath*, baie de mare; —*bathed*, scăldat de mare;—*beach*, ţărmul mării;—*b ar*, urs alb; focă; —*board*, ţărmul mării;—*boy*, elev marinar;—*brem* crap auriu;—*breeze*, adiere de mare;—*cal'*, focă;—*card*, roza vânturilor;—*chart*, hartă marină; —*coal*, cărbune de piatră (adus de mare);—*coast*, coasta mării;—*cow*, cal de mare;—*dog*, câine de mare; —*egg*, ariciu de mare; —*farer*, marinar ;—*fight*, luptă navală ;—*gauge*, adâncime, afundătura în apă (a unei corăbii);—*gull*, pescărel, corlà;—*jown*, haină de marinar;—*green*, verde de mare,—*hog*, purcel de mare;—*horse*, cal de mare, morsă;—*man*, marinar;—*maid*, sir na; —*manship*, arta de a navigà; m⁈seria de marinar;—*mew*, pescărel;—*piece* marină (tablou reprezentând o vedⱥre de pe mare);—*rover*, corsar ;—*service*, serviciu pe mare;—*shore*, ţărmul mării;—*sickness*, rău de mare;—*side*, ţărmul mării;—*storm*, furtună pe mare.

Seal-*sil* s. pecete, sigiliu; —, v. a. a pecetluì, a sigilà.

Sealing wax-*sĭlinguăx* s. ceară de pecetluit.

Sealskin-*silskin* s. piele de focă.

Seam-*sim* s. cusătură; cicatrice, semn de rană; —, v. a. a coace; a cicatriza, a închide o rană

Seamless *simles* a. fără cusătură.

Seamstress-*simstres* s. cusătoreasă

Seamy-*simi* a. cusutul (care se vede) pe din dos; *the*—*side*, partea neplăcută a unui lucru.

Seaport s*iport* s. port de mare.

Sear-*sier* v. a. a arde;- a cauteriză; a uscă; a vestejî —, a uscat.

Search s*érts* s. cercetare; perchezitie, vizită; — *warrant*, mandat de perchezitie; —, v. a. & n. a căută; a face o cercetare; a vizită; a sondă (o rană); a scotocî; *to*—*into*, a examina.

Searcher-*sércer* certător; explorator; inspector; vizitator; sondă.

Seasick-*sisic* a. care are răul mări.

Season-*sisen* s. anotimp; vreme potrivită, moment oportun; dresul bucatelor; *a word in*—, un cuvânt la timpul și locul său; —, v. a. & n. a drege, a da gust (bucatelor); a se aclimatiza, a se obicinuî

Seasonable-*sisenăbl* a. de anotimp; la timpul și locul său; potrivit, nemerit.

Seasonably-*sisenăbli* ad. la timpul și locul său; la un timp foarte potrivit.

Seat-*sit* s. scaun, sediu; loc; locuință; reședință; pozitie; *to keep a*—*for*, a păstra un loc pentru; *to*—*one's self*, a se așeză; a luă loc; —*down! be*—*ed!* luați loc! *keep your*—*s plase!* nu vă deranjați domnilor! —, v. a. a așeză; a da scaun cuiva; a stabilî.

Seaveed - *siuid* s. (*bot.*) algă, iarbă de mare.

Seaworthiness *siuerihines* s. bună stare (pentru a călătoria pe mare a unei corăbii).

Seaworty-*siuerthi* a. în bună stare (pentru a călători pe mare, o corabie).

Secant-*sicănt* s. (*geom.*) secantă, linie care taie pe alta

Secede - *césid* v. n a se despărți, a face o scisiune

Seceder-*sisider* s. cel ce face o scisiune

Secession-*sisesön* s. despărțire, scisiune; stil de arhitectură.

Seclude *siclúd* v. a. a exclude, a înlătura; a despărți; a independă.

Seclusion-*sicliúzön* s. excludere, îndepărtare; despărțire

Second-*secónd* s. ajutor; sprijinitor; marior; secundă (timp muz.); —, v. a. a ajută; a sprijini; —, a. al doilea; —*ly*, ad. al doilea, în al doilea, —*best*, calitatea n. 2; — -*hand*, dela mâna a doua; de ocazie.

Secondarily-*secónderili* ad. în mod secundar.

Secondary-*secónderi* a. secundar; inferior, subaltern.

Secrecy-*sicresi* s. secret; discreție.

Secret-*sicret* s. secret; *in*—, în secret; *to keep a*—, a păstra un secret; —, a. secret, tainic.

Secretary-*sécreteri* s. secretar; *Home*—, ministrul de interne;

Secretaryship-*sécreterișip* s secretariat.

Secrete-*secrit* v a ascunde; a secreta.

Secretion-*sicréșön*s. secrețiune.

Sect-*sect* s. sectă.

Sectarian-*sectăriăn*, **sectary** -*sécteri* s. sectar.

Section-*secșön* s. secțiune.

Sectional - *secșönăl* a. de secțiune.

Sector-*sécter* s. (*geom.*) sector.

Secular-*séciular* a. secular; laic.

Secularisation - *seciulărizéi-șön* s. secularizare.

Secularise - *séciulăraiz* v a. a secularizá.

Secularity-*seciulăriti* s deșertăciune lumească; iubire lumea-scă; iubire de lume.

Secure-*sikiúer* v. a. a asigură; a adăposti; a pune în siguranţă; a apără; a garantă; a'şi procură; —, a. sigur; asigurat; —*ly*, ad. în siguranţă.

Security-*sikiúiriti* s. siguranţă; garanţie, cauţiune.

Sedan-*sedän* s. pataşcă, scaun portativ.

Sedate-*sedeit* a. calm, liniştit; —*ly*, ad. cu chibzuială; în tihnă.

Sedateness-*sedéitnes* s. calm, linişte.

Sedative-*sédătiv* a. alinător.

Sedentary-*sédenteri* a. sedentar, care şade tot în casă; leneş.

Sedge-*sédj* s. papură; stuf;—*war-bler*, pitulice de baltă.

Sediment-*sédiment* s. sediment, rămăşiţă la fund; depozit pe fund.

Sedition-*sedişön* s. sediţiune: răscoală, răsvrătire.

Seditious-*sedişös* a. sediţios; —*ly*, ad. sediţios.

Seduce-*sidiús* v. a. a seduce.

Seducer *sidiúser* s. seducător.

Seduction-*sidöcşiön* s. seducţiune.

Seductive-*sidöctiv* a. seducător.

Sedulous - *sidiulös* a harnic; sârguitor; *ly*, ad. cu sârguinţă.

See *si* s. scaun episcopal; —, v. a. & n. ner. (perf. *saw*, ptr. *seen*), a vedeă; a zări; a băgă de seamă; a observă; a frecventă; a se informă; a aveă grijă să; a primi; *to*—*about*, a se gândi la; *to*—*to*, a supraveghiă la (pe).

Seed-*sid* s. semânţă, semănătură; seminţie, neam;—*bed*, semănătură; —*garden*, —*plot*, răsad; —*time*, semănăturile;—, v. a. & n. a semănă; a da seminţe.

Seedling-*sidling* s. răsad.

Seedsman-*sídzmän* s. negustor ae seminţe, de grăunţe.

Seedy-*sidi* a plin de grăunţe; (haină) uzată.

Seeing-*siing* s. vedere; aparenţă—*that*, devarece; fiindcă, având în vedere că; *is*—*believing*, a vedeă este a crede; *worth*—, demn de văzut, merită a fi văzut.

Seek-*sic* v. a. & n. ner. (perf şi ptr. *sought*), a căută; a află, a da peste; a cere; a se sili, a încercă să obţie.

Seem-*sim* v. n. a (se) păreă; a arătă.

Seeming-*siming* s. părere; aparenţă; *to my*—, după părerea mea; ceeace mi se pare; —, a. aparent; —*ly*. ad. în aparenţă.

Seemliness-*similnes* s. cuviinţă; bunăcuviinţă.

Seemly-*simli* a cuviincios; convenabil; —, ad. cum se cuvine.

Seer-*sir* s. prooroc, profet.

See-saw-*si:o* s. scândură de legânat; scrânciob; cumpănă; —, v. n. a se legănă.

Seeth-*sidh* v. a & n. (perf. *seethed*, ptr. *seethed sodden*), a fierbe; a (se) găti bucate.

Segment-*ségment* s. segment, partea dintre arc şi coardă; parte.

Segregate-*sigregheit* v. a. a despărţi.

Seine-*sin* — *ned*, plasă; năvod.

Seizable-*sizăbl* a. ce poate fi sechestrat.

Seize-*sis* v. a. a apucă; a pune mâna pe; a'şi însuşi; a sechestră.

Seizure *sizur* s. apucare; confiscare; sechestrare.

Seldom-*séldöm* ad. rareori; —, a. rar.

Select-*silect* v. a. a alege —, a. ales; de elită.

Selection-*silecşön* s. selecţiune; alegere.

Self-*self* pl. **selves**-*selvz* s. acelaş; sine; sine-însuşi; cul;—*a-basement*, umilire voluntară; —*acting*, automatic;— *command*, stăpânire de sine; sânge rece;— *conceit*, idee prea mare de sine însuşi, îngâmfare;— *conceited*, infumurat;— *confidence*, încredere în sine;— *defence*, apărare personală,—-*denial*, abnegare, de-sinteresare;— *esteem*, stimă de sine;— -*evident*, bine înțeles;— -*government*, stăpânire de sine;— -*interest*, interes personal, ego-ism;— -*love*, iubirea de sine;— -*made*, făcut de sine;—*possessed*, cu sânge rece;— -*possession*, sânge rece;— -*praise*, lăudare de sine;— -*reliance*, încredere în sine;— *relying*, care are încredere în sine;— -*sacrificing*, devotat;— -*seeker*, egoist;— -*seeking*, ego-ism;— -*styled*, așa zis;— -*will*, încăpățânare;— -*willed*, încăpă-țânat; *for my own*—, cât despre mine; *his own*—, el însuși.

Selfish-*sélfiș* a. egoist.

Selfishness-*sélfișnes* s. egoism.

Selfsame-*sélfseim* a. același.

Sell-*sell* —, v. a. & ner. (perf. și ptr. *sold*), a vinde; a înșela; *to*—*again*, a vinde din nou, a vinde un lucru cumpărat; *to off*, a vinde; a lichidă; —, s. păcăleală, înșelătorie.

Seller-*sélers* s. vânzător, negustor.

Selling-off-*selingof* s. vânzare cu rabat; lichidare.

Seltzer-water - *sélzerauter* s. apă de Selz.

Selvage - *sélveiș*, **selvedge**-*sélvéidj*. s. chenar, bată.

Semaphore-*sémáfor* s. sema-for, telegraf pe țărmuri.

Semblance-*semblâns* s. asemă-nare; aparență; aspect, înfățișa-re, figură.

Semibreve - *sémibriv* s. (*muz*) notă egală cu două albe.

Semicircle - *semisérkel* s semi-cerc.

Semicircular *semisérkiular* a. semicircular.

Semicolon *semicóulón* s punct și virgulă.

Seminal-*séminâl* a. ce ține de semânță.

Seminarist-*séminârist* s. semi-narist.

Seminary *sémineri* s seminar; repinieiă.

Semiquaver-*sémicuefver* s. (*muz*) sfertul unei negre.

Semitone-*sémitoun* s semi-ton.

Semolina-se *).olínă* s griș.

Sempstress-*sémstres* s. cusăto-reasă.

Senate-*séneils* Senat;— -*house*, senat.

Senator *sénător* s. senator.

Senatorial-*senátóriăl* a. sena-torial.

Send-*send*, v. a. ner. (perf. și ptr. *sent*), a trimite; a executa (*muz*.); a răspândi *to*—*avay*, a da afa-ră; *to*—*back*, a trimite înapoi; *to*—*for*, a trimite să cheme; *to*—*off*, a expedia; *to*—*out*, a tri-mite afară.

Sender-*sénder* s. expeditor.

Seneshal-*séneșăl* s. seneșal, stol-nic, servitorul care tăia carnea la masa unui prinț.

Senile-*sinail* a. senil.

Senior-*síniór* s mai mare; mai în vârstă; cel mai în vârstă dintre, cel mai mult în slujbă.

Seniority-*senióriti* s. întâieta-te; primogenitate; vechime de grad.

Senna-*sénnă* s. (*bot*) simini-chie.

Sennight-*sénait* spațiu de opt zile; săptămână.

Sensation *senseișón* s. sensație; simțire.

Sens-*sens* s simț; sensațiune; sentiment; minte; judecată; pă-rere; înțeles; însemnare; *to be in one's right*—*s*, a fi în toate mințile, a fi în toată firea; *to be out of one's*—*s*, a'și fi pier-dut mințile, a fi cam smintit.

Senseless-*sénsles* a. nesimțitor; absurd; —*ly*, ad. în mod nera-țional; absurd.

Senselessness - *sénslesnes* s absurditate.

Sensibility *sensibiliti* s. sensi-bilitate; simțire; sentiment.

Sensible-*sénsibl* a. sensibil, sim-țitor; cu bun simț; cu jude-cată.

Sensibly - *sensibli* ad. în mod simţitor; înţelepţeşte; cu judecată.

Sensitive *sénsitiv* a. sensitiv, de simţire; susceptibil; —*plant*, sensitivă (*bot.*) nu-mă-atinge; —*ness*, s. sensibilitate, simţire.

Sensual-*sénsiudl* a. sensual, al simţurilor; —*ly*, ad. în mod sensual.

Sensualise-*sénsiudlaiz* v a. a face sensual.

Sensualist *sénsiualist* s. sensualist.

Sensuality-*sensiudlíti* s. sensualitate.

Sentence - *sentens* s. sentinţă; hotărîre judecătorească; frază; cugetare; —, v. a. a osândi; a da hotărîre.

Sententious *senténşŏs* a. sententios; —*ly*, ad. în mod sententios.

Sentiment - *séntiment* s. sentiment

Sentimental-*séntimentăl* a. sentimental.

Sentimentality - *sentimentăliti* s. sentimentalitate.

Sentinel-*séntinel* sen[ry *séntri* s. sentinelă;— -*box*, gheretă.

Separable-*sépărăble* ad. separabil.

Separate-*sépăreit* v. a & n. a (se) despărţi; a (se) deslegà; —, a. despărţit; deslegat; —*ly*, ad. deosebit.

Separation-*sépăreişŏn* s. separaţiune, despărţire; *judicial*—, divorţ.

Sepia *sépiă* s. sepia.

Sepoy - *sipoi* s. Spahiu, soldat indian în serviciul Englezilor.

September - *séptember* s. Septembrie.

Septennial-*septéniăl* a. septenial, ce revine la fiecare şapte ani.

Septuagenarian-*septiuăgenériăn* s. septuagenar, de şapte zeci de ani.

Septuagesima *septiuăgésimă* s. septuădésimă, s. a doua Duminecă înaintea celei dintâiu a postului Paştelor.

Sepulchral-*sepólcrăl* a. sepulcral, mormântal.

Sepulchre *sépŏlker* s. mormânt.

Sepulture - *sépŏlciŏr* s. înmormântare, mormânt.

Sequacious *secuéişŏs* a. docil, supus

Sequel-*sícuel* s urmare, continuare.

Sequence - *sícuens* s urmare; serie

Sequester *sícuéster* v a. a sechestrà.

Sequestration - *sicuestréşŏn* s. sechestrare; izolare.

Sequestrator - *sicuestréiter* s. care sechestrează.

Seraglio-*serŏlio* s seraiu.

Seraph-*sérăf* s. serafim.

Serenade-*serenéid* s. serenadă; —, v. a. a face o serenadă la.

Serene-*serin* a. senin; liniştit; *most*—, serenisim, înălţat; prea luminat; —, v. a. a însenina; —*ly*, cu seninătate.

Serenity-*seréniti* s. seninătate.

Serf-*sérf* s. şerb, rob.

Serfdom-*sérfdŏw* s. robie.

Serge-*sérj* s. sarjă, şiac (stofă de lână vărgată)

Sergeant-*sergiănt* s. sergent de cvartiruire; portărel; advocat.

Serial-*sírial* s. lucrare care apare cu seria, —, care ţine de o serie

Series-*siriis* s. serie, şir.

Serious *siriŏs* a. serios; grav; —*ly*, ad. serios.

Seriousness-*siriŏsnes* s. seriozitate.

Sermon-*sérmŏn* s. predică.

Sermonise - *sérmonais* v. n. a dojeni.

Serous *sirŏs* a. seros, apos.

Serpent-*sérpent* s. şarpe.

Serpentine - *sérpentain* s şerpentină; —, a. şerpiu.

Serrate-*séreit* v. a. a tăià; a crestà în forma dinţilor.

Serried-*sérid* a. strâns, compact.

Serum-*ström* s. serum.

Servant-*sérvant* s. servitor; servitoare; *your obedient*—, al Domniei voastre prea supus.

Serve-*sérv* v. a. & n. a servì; a fi subordonat; a face serviciul; a fi folositor; a răsplăti; a tratà; a linguşì; a ţine loc de; a se întâmplà; *that will*—*him right*, va învăţà cum să se poarte; de cap să-i fie; *to*—*out*, a distribuì, a împărţì; *to*—*up*, a da o masă.

Service-*sérvis* s. serviciu; funcţie; slujbă; slujbă bisericească; respect, omagiu; folos; —*book*, ritual, carte cu toate ceremoniile unui cult religios: *divine*—, serviciu divin; —*tree*, (*bot*) sorb, gorun.

Serviceable-*sérvisăbl* a. folositor; de folos; îndatoritor, serviabil.

Servile-*sérvail* a. servil, slugarnic; —*ly*, ad. în mod slugarnic.

Servility *serviliti* s. slugărnicie.

Servitude-*sérviciud* s. servitudine, sclavie; *penal*—, muncă silnică.

Session-*séşŏn* s. sesiune; şedinţă; —*'s hall*, —*'s house*, palatul de justiţie.

Set-*set* v. a. & n. ner. (perf. şi ptr. *set*), a aşezà; a pune; a orânduì; a întocmì; a depune; a fixà; a potrivì; a plantà; a pune sentinelă; a ascuţì (cuţite) a evaluà; a socotì; a parià; a desfìde; a apune (soarele), a asfinţì; a impodobì; a vânà (cu reţea); a se îndreptà; a se pune; a scrâşnì (din dinţi); a plecà; a pune pe muzică; a turburà; *to*—*aside*, a pune la o parte; *to*—*at defiance*, a înfruntà *to*—*down*, a depune; a da jos, a coborî; a notà; a înscrie; a stabilì; *to*—*forth*, *to*—*forward*, a pune înainte; a înaintà, a pornì; a arătà; a desfăşurà *to*—*in*, a începe;

to—*off*, à mărì, a scumpì (preţul unui lucru); a înfrumuseţà; a pornì; a plecà; *to*—*on edge*, a aţâţà; a întărâtà; *to*—*out*, a expune; a stabilì; (*fig*) a impodobì; a arătà; *to*—*up*, a se stabilì; a'şi însuşi dreptul; a ridicà; a înfiinţà; a scoate un ţipăt; *to*—*up for oneself*, a'şi da un titlu, un nume de; —, s. serie, asortiment; garnitură; serviciu (pentru ceaiu, cafea, etc.); miză; partidă (de joc); —*of teeth*, dantură, cele două şiruri de dinţi din gură; —*out*, etalagiu; echipaj; debut; —*-to*, s. ceartă; luptă; ciorovăială; —, a. stabilit; regulat; fixat.

Settee-*séti* s. canapea.

Setter-*séter* s. prepelicar, câine de vânătoare; samsar; compozitor.

Setting-*séting* s. aşezare; apusul (soarelui).

Settle-*sétel* v. a. & n. a (se) fixà; a (se) hotărî; a se stabilì; a regulà; a clarificà; a limpezì; a aranjà; a (se) căsători; a se îndreptà (vremea); a potolì; a (se) liniştì; a se aşezà iar.

Settlement-*sétlement* s stabilire; regulare; înţelegere; împăcare; punere în posesiune; sediment; depozit; lichidaţie; colonie; colonizare; rentă viageră; (*com.*) învoire.

Settler-*sétler* s. colonist; colon.

Seven *séven* a. şapte.

Seventeen *séventin* a. şaptesprezece; —*th*, al şaptesprezecelea.

Seventh-*séventh* a. al şaptelea; —*ly*, ad. în rândul al şaptelea.

Seventieth-*séventieth* a. al şaptezecilea.

Seventy *séventi* a. şaptezeci.

Sever-*séver* v. a. & n. a (se) despărţì.

Several-*séverăl* a. mai mulţi, mai multe; diferit, deosebit; —*ly*, în mod deosebit.

Severe-*sivier* a. sever, aspru, crud, riguros; —*ly*, ad. cu severitate, cu asprime.

Severity-*sevériti* s. severitate, asprime.

Sew-*sóu* v. a. a coase.

Sewer-*sóuer* s. cusător; cusătoreasă.

Sewer-*siúer* s. şanţ; canal de scurgere; cloacă.

Sew(er)age-*s·ú'er·eidj* s. murdărie de canal de scurgere.

Sewing-*sóuing* s. cusătorie;— -*cushion*, perniţă pentru cusut;— -*machine*, maşină de cusut;— -*needle*, ac de cusut;—*silk*, —*thread*, fir de mătasă, aţă de cusut.

Sex-*sex* s. sex; *the fair*—, sexul frumos.

Sexagenarian - *sexăgenéiriăn* s. sexagenar, (om) de 60 de ani.

Sexagesima-*sexăgézimă* s. a doua Duminecă înaintea Postului Paştelor.

Sexton *sexton* s. paracliser, ţârcovnic; gropar, cioclu.

Sextuple-*séxciupăl* a. înşăsit, de şase ori atât.

Sexual-*séxiuăl* a. sexual.

Shabbily-*şábili* ad. sărăcăcios; cu hainele rupte, murdare; meschin.

Shabbiness-*şábines* s stare sărăcăcioasă; calicie; haine rupte; meschinărie.

Shabby-*şábi* a. uzat (despre haine); sărac; păcătos; prost îmbrăcat; murdar; meschin;— *genteel*, îmbrăcat sărăcăcios, jerpelit.

Shackle-*şăkel*, s. ochiu, verigă de lanţ; golan, calic; —*s*, pl. lanţuri; —, v. a. a pune în lanţuri; (*fig.*) a pune piedeca.

Shad-*şăd* s. costreş spinos (peşte).

Shaddock-*şádoc* s portocal cu fructe groase.

Shade-*şeid* s. umbră; umbrar; nuanţă; abajur; (*fig.*) adăpost; —, v. a. a umbrì; a nuanţa; a întuneca; (*fig*) a adăpostì.

Shadiness-*şéidines* s umbră; umbrar.

Shadow-*şádou* s. umbră; v. a. a umbrì; a adăpostì.

Shadowy-*şádoui*, **shady** *şéidi* a umbrit; întunecos; *a—character*, un caracter nehotărît.

Shaft-*şaft* s. săgeată; strat (de puşcă); trunchiu (de stâlp); coadă (de suliţă); crac (la oişte); vârf (de clopotniţă); toc (de condeiu); ulubă;— -*horse*, cal înhămat la ulube.

Shag-*şăg* s. pluş; plisă; păr aspru; tutun (caporal).

Shagged-*şághed*, **shaggy**-*şághi* a. păros; sburlit;—*-roch*, stâncă ascuţită.

Shaggreen-*şăgrín* s. şagrin (piele vârtoasă mai ales din catâr sau măgar); v. a. a tăbăcì o piele făcând din ea şagrin.

Shake-*şéic* s. sguduitură; scuturătură; (*mus*) tril, cadenţă; —, v. a. & n. ner. (perf. *shook*, ptr. *shaken*), a se clătina; a scutura; a sgudul; a fì sguduit; a clătina, a da (din cap); a (se) sdrucina; (*muz.*) a cadenţa; *to—hands*, a strânge mâna (cuiva).

Shaking-*şéiking* s. scuturare; clătinare; tremurare; zdruncinare.

Shaky-*şéiki* a. care se clatină; slab; stricat.

Shall-*şăl* v. n. a trebuì (verb. ajut. al viit) voiu, vei, etc.

Shallop-*şălop* s. şalupă.

Shallow-*şălou* s. loc care nu e prea adânc; —, a. puţin adânc; superficial; uşurel, frivol.

Shallowness-*şălónes* s. mică adâncime; uşurinţă, frivolitate.

Sham-*şăm* s. fraudă; înşelăciune; minciună; prefăcătorie; *a—fight*, o luptă prefăcută; —; v. a. & n. a înşela, a trage pe sfoară; a se preface, a face să creadă; —, a. fals; prefăcut

Shambles-*şámbels* s. pl. abatoriu; măcelărie.

Shambling-*şámbling* a. greoiu; mers târîtor şi greoiu; bălăbănind.

Shame-*şéim* s ruşine; pudoare; *it is a*—, e ruşine; *for—!* fuil

—, v. a. a face de rușine; —,
v. n. a-i fi rușine, a se rușina.
Shamefaced - *șeimfeist* a. ruși-
nos; rușinat.
Shameful - *șeimful* a. rușinos;
—*ly*, ad. rușinos.
Shameless-*șeimles* a nerușinat,
obraznic; —*ly*, ad. cu nerușina-
re, fără rușine.
Shamelessness - *șeimlesnes* s
nerușinare, obrăznicie.
Shammy-leather - *șămilether*
s. ghems, piele de capră sălba-
tică.
Shampoo - *șămpú* v. a. a face
masaj, a freca, a trage; a spă-
lă (capul).
Shamrok-*șămroc* s. trifoiu.
Shank-*șăno* s gambă; picior (de
la genunchiu în jos); olan, urlo-
iu; trunchiu; tulpină.
Shanty-*șănti* s. bordeiu, colibă;
baracă.
Shape-*șeip* s. formă; figură; sta-
tură; talie; —, v. a. a formă;
a potrivi; a croi; a îndreptă; a
regulă.
Shapeless-*șeiples* a. fără for-
mă; inform; diform.
Shapely-*șeipli* a. bine făcut;
frumos.
Share-*șeer* s. parte; porțiune;
dividendă; acțiune privilegiată;
preferință; *original*—, *primary*—,
acțiune primitivă; *to have a*—
in, a avea parte la; *to go*—s, a
împărți cu; —v. a. & n. a îm-
părți; a luă parte la; a partici-
pă la.
Shareholder-*șeerhoulder* s ac-
ționar.
Sharer-*șeerer* s. părtaș.
Shark *șaro* s. rechin (pește-câi-
ne); pungaș, escro •
Sharp-*șarp* s. (*muz*) diez (semn
care înalță cu un semiton); —,
a. ascuțit; tăios, tăietor; (voce)
ascuțit; pătrunzător; înțepător;
acru; piperat; (*fig.*) spiritual;
deștept; iscusit; dibaciu; violent;
aspru; viclean; vioiu; —, ad.
iute, repede; hotărit: *look*—, pă-

ziți; grăbiți-vă; — *-shooter*, tira-
lior; bun pușcaș; —*ly*, cu văr-
ful asouțit, ca să taie bine.
Sharpen-*șărpen* v. a. a ascuți;
a deștepta; a cuminți.
Sharper-*șárpers*. pungaș,escroc.
Sharpness-*șarpnes* s. tăiș, as-
cuțiș; vârf ascuțit; gust picant;
asprime; rigoare; pătrundere de
spirit; deșteptăciune; violență;
vioiciune.
Shatter *șăter* v. a. și n. a (se)
sfărâmă; a (se) sparge în bucăți.
Shave-*șeiv* v. a. ner. (perf. *sha-
ved*, ptr. *shaved*), a (se) rade; a
tăiă, a tunde; a netezi; (*fig.*) a
jefui.
Shaver-*șeiver* s. bărbier; că-
mătar.
Shaving-*șeiving* s. rozătură bu-
cățele tăiate; —*s*, pl. surcele,
țăndări; —*dish*, lighean pentru
barbă; —*soap*, săpun pentru ras.
Shawl-*șol* s. șal; boccea.
She-*și* s. femelă, animal de par-
tea femeiască; —, pr. ea, dânsa.
Sheaf *șif* s. snop; mănunchiu;
—, v. a. a face snopi.
Shear *șier* v. a. ner. (perf. *shea-
red*, ptr. *shorn*), a tunde.
Shearing *șiering* s. tuns; tun-
dere; tunsoare.
Shears-*șiers* s. pl. foarfece mari
(de tuns lână, de tăiat metale).
Sheath-*șith* s. teacă; toc; înve-
litoare; —, v. a. a pune sabia
în teacă; a acoperi cu.
Shed-*șed* s. șopron deschis; —,
v. a. & n. ner. (perf. și ptr. *shed*),
a vărsă; a împrăștiă; a răspân-
di; a se desfoiă, a'și pierde frun-
zele.
Sheep *șip* s. oaie; berbec; (*fig.*)
prost; —*cot*, —*fold*, stână; țarc
pentru oi; —*hook*, cață, bâtă cio-
bănească; —*s-eye*, (fig.) ochiadă;
—*skin*, saftian.
Sheepish-*șipiș* a sfios, rușinos,
(*fig.*) dobitoc.
Sheepishness-*șipișnes* s. pros-
tie, dobitocie.
Sheer-*șier* v. n a se îndepărtă;

(mar.) a se învârtì; to—off, (mar.) a fugì;—, a. şi ad. curat; adevărat; de tot; cu totul, de odată.

Sheet-şit s placă, tablă (de tinichea, fier, etc.); coală de hârtie); foaie; pagină; cearceaf; povoiu; (mar.) funie ce ridică pânza;— anchor, ancora cea mai mare;— cable, cablul cel mare; — -iron, tablă de fier; — -lightning, fulgere de căldură; main; —, funie dela catartul cel mare; winding—, giulgiu.

Sheeting-şiting s. pânză pentru cearceaf.

Shelf-şelf (pl. shelves) s. scândură; poliţă (de cărţi), raft; tăbliţă; friză; bancă de nisip; stâncă (mar.) to get on the—, a rămânea nemăritată.

Sheel-şel s. coajă, scoaiţă; ghioacă; teastă; scoică; schelet (de casă); obuz; bombă;— -fish, scoică, midie; — work, scoicărie;—, v. a. & n a curăţì de coajă; a desghioacă; a se cojì; a bombardă.

Shelly şeli a. de coajă; bogat in scoici; de scoică.

Shelter-şelter s. adăpost; azil; —, v. a. a pune la adăpost, a adăpostì; a ascunde; a protejà; a apără.

Shelterless-şelterles a. fără adăpost

Shelve-şelv v a. a fi prevăzut cu scânduri (sau) poliţă; a pune pe o scândură; a fi povârnit

Shelving-şelving s. pantă; povârniş; —, a. povârnit; râpos, prăpăstios.

Shepherd-şeperd s. cioban, păstor.

Shepherdess-şeperdes s. ciobancă, păstoriţă

Sherbet şei bet s. şerbet.

Sheriff-şerif s. şerif

Sherry-şeri s. vin de Xeres.

Shew şou s & v a. (perf shewed-şúd ptr. shewn-şön), vide show.

Shield-şild s. scut; (fig) ocrotire; —, v. a. a adăpostì; a apără.

Shift-şift s. schimbare; cămaşă de femee; mijloc; expedient, pretext; chichiţă, şiretlio; to make a—, a scăpà (de incurcătură); a se învol cu; to make—to live, a'şi câştigà cu greu traiul; —, v. a. & n. a schimbà; a'şi schimbà locul; a se schimbà, a se primenì; a găsì expediente; a ieşì din încurcătură.

Shifter-şifter s. om şiret.

Shillelagh-şiléilá s măciucă.

Shilling-şiling s. şiling (= 1 fr. 25 b.); a—in the pound, cinci la sută

Shilly-shally-şilişáli v. n a sta nehotărit, nedumerit.

Shin(-bone) -şin(-bóun) s. tibia, fluierul piciorului.

Shine-şain v. n. (perf. şi ptr. shone, shined), a străluci; a lucì; a licărì; a lumìnà.

Shingle-şinghel s. şindrilă; şiţă.

Shining-şáining a. strălucitor; lucitor; —, s. strălucire splendoare.

Shiny-şáini a. lucitor; strălucitor.

Ship-şip s. corabie; vas;— -agent comisionar-expeditor; — -board, puntea corăbiei;— -boy, băiat la marinà; — -builder, constructor de corabie;— -load, incărcătura unei corăbii;—, v. a & n a. (se) imbarcà; a incărcà (o corabie).

Shipment-şipment s. imbarcare; incărcare.

Shipper-şiper s. stăpânul unei cărăbii; expeditor.

Shipping-şiping s. corăbii; flotă; incărcaic.

Shipwreck-şiprec s. naufragiu; —, v a. & n. a face naufragiu

Shire-şáier s. comitat; departament; district.

Shirt-şirt s. cămaşă;— -front, piept de cămaşă; cămăşuţă.

Shirting-şirting s. pânză pentru cămăşi.

Shiver-şiver s. ardezie; bucată dintr'un obiect spart; ţandără; tremuriciu, fiori; —, v. a. & n. a (se) sfărâmà, a (se) sparge in bucăți; a tremură; a se înfiora, a fi cuprins de fiori.

Shivering-*şivering* s. tremurare, tremuriciu, fiori; stărâmare; (*fig*) dislocare.

Shoal-*şóul* s. mulțime; grămadă; gloată; droaie; vad; bancă de nisip; —, v. n. a furnică; a se aduna în mulțime; a scădea (apa); —, a. puțin adânc; jos.

Shock-*şóo* s. ciocnire, izbire; lovitură; sguduitură; grămadă de snopi; grămadă; impresie penibilă; *a* - *of hair*, un păr des; —-*dog*, câine flocos, —-*head*, părul înodat la ceafă; —, v. a. & n. a (se) izbì; a (se) lovì; a ciocnì, a atacă; a ofensă; a (se) îngrămădì.

Shocking-*şóking* a. neplăcut, supărător; îngrozitor; mâhnitor.

Shoe-*şu* s. pantof, gheată; potcoavă; —-*black*, —-*boy*, curățitor de ghete —*brush*, perie de ghete; —-*horn*, unealtă de tras pantofii, trăgătoare de ghete; —-*lace*, —-*string*, șiret pentru ghete; —, v. a. ner. (perf. și ptr. *shod*), a încălță; a potcovì.

Shoeing-*şuing* s. încălțare; potcovire.

Shoeless *şules* a. fără ghete.

Shoemaker-*şumeikers* cismar.

Shoot-*şut* s. împușcătură; vlăstar; mlădiță; vâltoare (produsă de mersul corăbiei); vârtej de apă; —, v. a. & n. (perf. și ptr *shot*), a împușcă, a trage cu, a descărcă; a asvârlì, a aruncă; a asvârlì cu arcul (o săgeată); a lovì cu; a împinge; a îmbobocì, a da muguri; a isvorì, a țâșnì; a trece repede prin; a străbate repede; a vână; a se repezì; a înaintă; a se trage, a venì din, a provenì.

Shooter-*şuter*s. pușcaș, trăgător.

Shooting-*şuting* s. împușcare, tragere de puști; tir; detunare; vânătoare; repezire; junghiu; —-*ground*, —-*gallery*, loc de tras la țintă; —-*jacket*, haină de vână-tor; —-*lodge*, —-*box*, loc de întâlnire la vânătoare; —, a. care trage, aruncă; căzătoare (stea); svâcnitor.

Shop-*şop* s, prăvălie; atelier; —-*bill*, firmă; —-*board*, tejghea; scaun de tâmplar, —-*boy*, băiat de prăvălie; —-*front*, fereastră de mărfuri expuse; galantar; —-*lifter*, hoț de prăvălie; —, v. n. a târgui.

Shopkeeper-*şópkiper* s. prăvăliaș.

Shoppping-*şóping* s. târguială.

Shore-*şóer* s. țărm, coastă; proptea.

Shorn-*şorn* a. tuns.

Short-*şort* a. scurt; concis strâns; mai prejos; *in*—, în fine, în sfârșit; scurt, într'un cuvânt; *to be*—*of money*, a avea lipsă de bani; *to come*—, *to fall*—*o'*, a fi mai pre jos de; *to cut*—, a pune capăt unui lucru, a isprăvì cu; *by a*—*day*, în curând; *the long and the*—*of it is*, pe scurt; —*lived*, care trăiește puțin timp; —*sighted*, miop; —*sightedness*, miopie; —*ly*, ad. în curând; pe scurt; în puține cuvinte.

Shortcoming *şórtcóming* s. insuficiență, neîndestulare; deficit, lipsă

Shorten-*şórten* v. a. & n. a (se) scurtă; a (se) micșoră; a tăià.

Shorthand-*şór*-*hând* s. stenografie; —-*writer*, stenograf care scrie.

Shortness-*şórtnes* s. scurtime, lungime mică; imperfecțiune, micime.

Shot-*şot* s. împușcătură; bătaie (de armă, de săgeată); încărcătură; glonț; ghiulea; pușcaș; arcaș; costul unui prânz plătit de unul pentru mai mulți; *(rape*—, mitralii, fiare vechi cu care se încarcă un tun; *small*—, alice mici; *duck* —, alice pentru rațe; *like a*—, repede ca fulgerul; *to make a bad*—, a nu nemerì; —, a. sclipitor, lucitor.

Shoulder-şóuld:r s. umăr, spate;— -belt, cureaua, eşarfa cu care se atârnă sabia, spada de umăr;— -blade, omoplat, lopățica umărului;— -strap, partea armurei care acoperea umărul; curea, bretele, cozondraci; to give a person the cold—, a întoarce spatele cuiva; a primì cu răceală pe cineva;—, v. a. a pune (arma) la umăr; a da cu umărul.

Shout-şáut s strigăt, țipăt; aclamațiune; hohot (de râs);—, v. n. a chiuì, a da chiote de bucurie; a striga, a țipă.

Shouter-şáuter s. chiuitor; cel care strigă, țipă, etc.

Shove-şóv s. aruncătură, înpusătură, lovitură;—, v. a. & n. a împinge; a îmbrâncì; a lovì; to—away, a împinge din nou la loc; to—back, a trage înapoi; to—off, a plutì spre largul mării; to give a—to, a da brânciu cuiva.

Shovel-şóvel s. lopată;— -ful, o lopată plină;—, v. a. a strânge; a aruncă cu lopata.

Show-şou s vedere spectacol; privelişte; arătare; baracă; maghernița; expoziție; aparență;— bread, cele 12 pâini ce se depuneau în fiecare săptămâná în sanctuarul templului din Ierusalim;— -case, vitrină cu mărfuri expuse;— -room, sală de expozițiune;—, v. a. & n. ner. (perf. showed, ptr. shown), a arătă; a dovedì; a înştiință; a învață; a expune; a introduce; a conduce; a părea, a se arătă; a aveà aierul; to—off, a arătă cu fală; a desfăşură.

Shower-şáuer s puhoiu; ploaie cu băşici; ploaie repede;— -bath, duş;—, v. a. & n. a inundà, a acoperì cu apă; a plouà cu găleata.

Showery-şáueri a. ploios.

Showy-şóui a. strălucitor; falnic.

Shrapnel-shell-şrăpnel-şel s şrapnea, ghiulea de n itralie.

Shred - şred s. bucátă; bucățele tăiate, fâşie; —, v. a a tă:à în bucățele mici.

Shrew-şrú s femeie cicălitoare, femee rea; ciumă.

Shrewd- şrúd a. viclean; —ly, ad. cu isteţime; cu dibăcie; cu viclenie.

Shrewdness - şrúlnes s. dibăcie; istețime; viclenie.

Shrewish-şrúis a. gâlcevitor; arțăgos; —ly, ad. cu gâlceavă; cu răutate.

Shrewmouse - şrúmaus s şoarece cu botul ascuțit.

Shriek-şrio s. strigăt, țipăt; —, v. n. a striga, a țipă.

Shrike-şráic s. pasăre mică de pradă (ca un ciocârlan).

Shrill-şril a. ascuțit, pătrunzător.

Shrillness-şrílnes s. sunet ascuțit.

Shrimp - şrím p s. crevetă, răculeț ae mare; fărâmă de om; piciu.

Shrine - şráin s. dulap; raclă; raclă de moaşte.

Shrink - şrino v. a. ner. (perf. shrunk, shrank, part. shrunk), a se strânge, a se strâmtà; a se scurtà; a se retrage.

Shrinkage - şrinkeij s. strâmtoare.

Shrivel-şrivel v. a. & n. a (se) sbârcì.

Shroud-şráud s. adăpost; giulgiu (mar) funiile groase ce susțin catarturile; —, v. a. & n. a se adăpostì; a (se) pune la adăpost; a ocrotì, a apără; a învelì cu un giulgiu.

Shrove-şróuv s. lăsatul secului, câşlegi; —-tide, zilele de dulce; cele trei zile din urmă ale carnavalului;— Tuesd:y, lăsatul secului.

Shrub-şrŏb s. copăcel, pomuleț.

Shrubbery şrŏberi s. plantație de pomişori.

Shrubby - şrŏbi a. cu arboraşi plin cù arboraşi.

Shrug-șrŏg dare din umeri; —, v. a. a ridică (umerii); a da din umeri.

Shudder-sŏder s. fiori, tremurătură; scuturătură; —, v. n. a se înfiora, a tremura.

Shuffle-șŏ/el s. acțiunea de a amestecă (cărtile); încurcătură; vicleșug; v. a & n. a amestecă cărțile; a fi, a merge pieziș; a ocolì; a fi viclean; a se codi; a înlătura cu dibăcie; a se silì mult; a se băga.

Shuffler-șŏ' er s care amestecă cărțile; înșelător; mișel.

Shuffling șŏ'fling s amestecătură, cotitură; chichiță; —, a. cârciogar, prefăcut; ocolitor.

Shun-șón v. a. a se teme; a aveà frică; a evita, a se feri.

Shunt-șónt s. linie de ferire; de apărare; de adăpost; —, v. a. a schimba linia.

Shut-șŏt v. a. & n. ner. (perf. și ptr. *shut*), a (se) închide; a exclude; a interzice; *to—off*, a oprì, a intercepta; *to—out*, a exclude, a interzice intrarea.

Shutter-șŏter s. oblon (de fereastră,; jaluzea pe dinafară (la ferestre).

Shuttle-șŏtel s. suveică; — *cook*, volan; mingișoară garnisită cu perne ce se asvârle în sus cu o rachetă.

Shy șái v. n. a'i fi frică; a se feri; —, a. reservat; cumpătat; rușinos; bănuitor; *— ly* ad. cu timiditate; cu cumpătare.

Shyness-șáines s. sfiala, timiditate; cumpătare.

Sibyl-sibil s. sibilă.

Sick-sic a. bolnav; indispus; desgustat; *sea— —*, care are boală de mare— *ward*, infirmerie.

Sicken-siken v. a. & n. a (se) îmbolnăvi, a lâncezi; a'i fi greață.

Sickening - sicning a. grețos; desgustător.

Sickle sikel s. secere.

Sickliness-siclines s. stare bolnăvicioasă.

Sickly-sikli a. bolnăvicios; debil, slab.

Sickness sicnes s. boală; durere de inimă; sea—, boală de mare.

Side-sáid s. parte; lature; țărm; coastă; — *board*, bufet; — *dish*, mâncăruri între fripturi și desert; mezeluri; — *face*, profil; — *scene*, culisă; — *walk*, trotuar; potecă lăturalnică; — *way*, cale paralelă cu accea pe care merge cineva; *in all—s*, din toate părțile; *on one—*, de o parte; *—by—*, unul lângă altul; —, v. a. & n. a se ține lângă; a luă parte; a se unì cu un partid; —, a. lateral; în lături; oblic

Sidelong-sáidlong a. & ad. în lături; într'o parte, oblic.

Sider-sáider s. partizan; părtaș.

Sideways sáiduiez ad. în lături; în mod oblic.

Siding-sáiding s. intrare în partidă; șină de ocolit.

Sidle-sáidl v n a umblà în lături.

Siege sij s. asediu; *to bay—to*, a asedià; *to raise a—*, a încetà un asediu.

Sieve siv s. sită, ciur.

Sift-sift v. a. a cerne; a ciurul, (fig.) a cercetà.

Siftings-siftings s. pl. ciuruire; cernere.

Sigh-sái s. suspin, oftat; —, v. n. a suspina, a oftà.

Sight-sáit s vedere; privire; viziune; aspect; spectacol; priveliște; cătarea (puștei); (fig.) ochiu; *second—*, putința de a pătrunde, de a vedeà cu mintca lucruri depărtate; *at—*, (com.) la termen; la prima vedere: *at... days—*, la .. zile după prezentare (com.); *to hate the—of* one, a urì pe cineva; *out of—*, afară din vedere; *to lose—of*, a pierde din vedere; — *hole*, cătarea (puștei); *to take—*, a țintì (cu pușca), a luà la ochi; — *seeing*, s. curios; —, v. a a țintì, a ochì; (mar.) a vizità, a zări.

Sightless-*sáitles* a. orb.

Sightly-*sáitli* a. plăcut la vedere; frumos; impunător, măreț.

Sign-*sáin* s. semn; semn (cu ochiul); firmă; iscălitură; închipuire, piază;— *board*, firmă;— -*manual*, semnătura regală; —, v. a. face un semn; a semnă, a insemnă; a iscăli.

Signal-*signăl* s semnal;— *light*, far; —, v. a. a semnală; —, a. semnalat; insemnat;— -*ly*, ad. în mod insemnat.

Signalise(-ze)-*signălaiz* v. a. a signală; a semnală.

Signalman-*signálmăn* s persoană însărcinată cu semnele.

Signature-*signáciur* s. iscălitură, semnătura; semn.

Signer-*sá ner* s iscălitor.

Signet-*signet* s. sigiliu, pecete.

Significance-*signi'icans*, s. insemnare; importanță; energie

Significant *significănt* a. semnificativ.

Signification-*signifikéișŏn* s. insemnare; semnificare.

Signify *signi'fai* v. a. & n a semnifică; a insemnă; a fi semnificativ; a declară; a înștiință.

Silence-*sáilens* s. tăcere —, v. a a face că tacă.

Silent *sáilent* a. tăcut, liniștit; —*ly*, ad. în tăcere.

Silex-*sáilex* s cremen.

Silhouette-*siluét* s. siluetă.

Silicious-*siliȝŏs* a silicios, cremenos.

Silk-*silc* s. mătase;—, a. de mătase; *floss* —, borangic; *plain*-taită; *sewing* —, fir de mătase, pentru cusut; — -*goods*, mătăsărie; — -*hand kerohief*, basmă de gât de mătase subțire;— -*mill*, fabrică de mătase.

Silken-*silken*, **silky**-*silki* a. de mătase, făcut de mătase.

Silkiness-*silkines* n. calitate mătăsoasă; blăjinie, supunere; blândețe.

Silkworm-*silcuerm* s. vierme de

mătase;— *nursery*, creșterea viermilor de mătase.

Sill-*sil* s. prag; sprijoana ferestrei, polița ferestrei.

Sillily-*silili* a. prostește, neghiobește.

Silliness *silines* s. prostie.

Silly-*sili* a. prost, neghiob.

Silver-*silver* s. argint; monedă de argint; —, v. a a argintă, a cositori; —, a. de argint; argintiu.

Silversmith *silversmith* s argintar.

Slivery *silveri* a. argintat; de argint.

Similiar *similar* a. asemănător; deopotrivă; —*ly*, ad. la fel; asemenea.

Similarity *similărity* s. asemănare.

Simile-*simili*, **similitude**-*simili iud* s asemănare; similitudine.

Simmer-*simer* v. n. a fierbe incet.

Simony-*simoni* s. simonie, trafic cu cele sfinte.

Simoon-*simún* s. simun, vânt fierbinte și aprig (în Sahara).

Simper-*simper* s. fasoleală, marafeturi; —, v. n. a surâde neroȝește.

Simple-*simpel* a. simplu; naiv; — -*minded*, naiv; nevinovat.

Simpiene s *simpinee* s. simplitate.

Simpleton-*simpeltŏn* s. ageamiu, nepriceput incă; prost.

Simplicity-*simplisiti* s. simplitate.

Simplify *simptifai* v. a. a simplifică.

Simply *simpli* ad. în mod simplu; cu simplitate.

Simulate-*simiuleit* v. a. a simulă, a preface.

Simulation - *simuléișŏn* s. simulare, prefacere.

Simultaneous - *simŏltéinŏs* a. simultan, în acelaș timp; —*ly*, ad. în mod simultan, în acelaș timp.

Sin-*sin* s. păcat; *besetting* —, păcat obişnuit; — *offering*, jertfă de ispăşire; —, v. n. a păcătui.

Since-*sins* conj. fiindcă, de oarece; de când; prep. dela; de; —, ad. de atunci; acum; *ever*—, de când; din ziua aceea.

Sincere-*sinsier* a. sincer; —*ly*, ad. în mod sincer; *yours*—*ly*, ai D-niei voastre foarte sincer.

Sincerity-*zinséritis*. sinceritate

Sinecure-*sáinekiuer* s. sinecură; post bine plătit fără muncă.

Sine die *sáinedáie* ad. sine die, într'un chip nemărginit.

Sinew-*siniu* s. nerv, ten lon.

Sinewy *siniui* a. nervos, viguros

Sinful-*sinful* a. păcătos; culpabil, vinovat; rău.

Sinfulness *sin/ulnes* s. păcătuinţă; nelegiuire; răutate.

Sing-*sinj* v. a. & n. ner. (perf. *sang*, ptr. *sung*), a cântă; — -*song*, cântec monoton.

Singe-*sinj* v. a. a pârli, a arde uşor; a ioşi.

Singeing-*singing* s. pârlire, arsură uşoară.

Singer *singher* s. cântăreţ, cântător; cântăreaţă.

Singing-*singhing* s. cântare, cânt; — -*boy*, băiat din cor; —-*master*, profesor de canto.

Single-*singhel* v. a. a alege, a deosebi; —, a. singur, unic; particular; singular; necăsătorit; simplu; — -*handed*, ciunt; (*fig.*) singur; dela sine; fără ajutor; *book-keeping by-entry*, contabilitate simplă.

Singleness-*singhelnes* s. singurătate; sinceritate; simplitate.

Singlestick-*singhelstic* s. bâtă, băz loagă.

Singly-*singli* ad. cu simplitate; deosebit, singur.

Singular-*singhiular* s. (*gr.*) singular; singur; deosebit; —*ly*, ad. în mod deosebit.

Singularity *singhiuláriti* s singularitate; particularitate.

Sinister-*sinister* a. stâng; sinistru; pervers; rău.

Sink-*sinc* s. şanţ; canal de scurgere; jghiab; (*fig.*) cloacă; —, v. a. & n. ner. (perf. *sunk, sank*, ptr. *sunk*), a (se) scufundă; a se da la fund; a se înecă; a săpă; a pătrunde; a scade; a se micşoră; a doborî; a pierde din preţ; a amortiză; a cădeă; a slăbi.

Sinking-fund - *sinking-fönd* s casă de amortizare.

Sinner *siner* s. păcătos păcătoasă.

Sinuosity-*siniuósiti* s. s nuositate; cotitură; întorsătură.

Sinuos-*siniuós* a. sinuos, plin de cotituri.

Sinus-*sáinŏs* s. sân mic, golfuleţ.

Sip-*sip* s. înghiţitură; —, v. n. a suge câte puţin şi des; a sorbi (câte puţin); a beă puţin din.

Siphon-*sáifŏn* s. sifon.

Sippet-*sípel* s. bucată de pâine cu coajă, coltuc; pâine prăjită.

Sir-*ser* s. Domnule.

Sire-*sáier* s. Sire, majestate; tată; moş.

Siren-*sáirin* s. sirenă.

Sirloin-*serloin*, muşchiu tăiat dealungul spinării boului.

Sirup-*sirup* s. sirop.

Sister-*sister* s. soră; călugăriţă; *half*—, soră vitregă; — -*in—low*, cumnată.

Sisterhood-*sisterhud* s. comunitate de surori.

Sisterly-*sisterli* ad. de soră.

Sit-*sit* v. n. ner. (perf. şi ptr. *sat*), a se aşeză, a şedeă; a rămâne; a'i veni bine ori rău hainele; *to*—*down*, a se aşeză (pe scaun); —*down!* şezi! *to*—*up*, a se sculă; a veghiă.

Site-*sáit* s. situaţie; poziţiune, poziţie, loc; regiune, ţinut.

Sited-*sáited* a. situat, aşezat.

Sitter-*siter* s. persoana care şea de tot în casă.

Sitting *siting* s. loc, şedere; aşezare; clocitul; şedinţă; — -*room*, cameră, odaie de locuit.

Situated *situeited* a. situat, aşezat.

Situation-*situéişŏn* s. situaţiune, poziţiune.

Six-*six* a. şase; *at—es and sevens*, alandala, claie peste grămadă.

Sixpence-*sixpens* s. şasezece de bani (jumătate şiling).

Sixteen-*sixtin* a. şasesprezece.

Sixteenth - *sixtinth* a. al şasesprezecelea.

Sixth-*sixth* a. al şaselea; —*ly*, ad. în rândul al şaselea.

Sixtieth-*sixtieth* a. şasezecelea.

Sixty-*sixti* a. şaizeci.

Size-*sáiz* s. mărime; talie; grosime; porţiune; greutate; măsură; calibru; stare, condiţiune; gumă, cleiu; —, v. a. a lipi, a încleià.

Sized-*sáized* a. de mărime; de grosime; de statură.

Skate - *skéit* s. patină; calcan (peşte); —, v. n. a patinà, a se da pe ghiaţă.

Skating-*skéiting* s. patinaj; —*rink*, loc de patinat.

Skein-*skéin* s. jurubiţă; scul.

Skeleton-*skélétŏn* s. schelet.

Sketch-*sketş* s. schiţă; —*book*, album; —, v a. a schiţà; a de semnà.

Skew-*skiŭ* a. pieziş, oblic.

Skewer-*skiŭer* s. frigare, —, v. a. a pune la frigare.

Skid-*shid* s. piedeca (roatei) a părare; —, v. a. a pune o piedecă (la o roată); a opri.

Skiff-*skif* s. luntre.

Skilful-*skil/ul* a. dibaciu, îndemânatec; —*ly* ad. cu dibăcie.

Skilfulness-*skil/ulnes* s. dibăcie, îndemânare.

Skilled-*skild* a. dibaciu; priceput.

Skillet-*skilet* s. tingire; craiţă.

Skim - *s k i m* s. spumă; cremă, smântână, —, v. a. a luà spuma; a luà smântâna; *to—over*, a atinge aşor, a trece uşor peste.

Skimmer-*skimer* s. spumătoare.

Skin-*skin* s. piele; coşje; scoarţă; blană; burduf (pentru vin, etc.);— *-deep*, superficial; uşor;

—, v. a. a jupuì (pielea), a belì; a se acoperì cu o peliculă (ţielită).

Skinflint-*skinflint* s. sgârcit, avar.

Skinned-*skind* a. cu piele; jupuit.

Skinner-*skiner* s blănar,cojocar.

Skinny-*skini* a. costeliv, jigărit, slab.

Skip-*skip* s. săritură; —, v. a. & n. a sărì, a săltà, a ţopăì; a omite, a lăsà afară, a sărì.

Skipper-*skiper* s. săritor; căpitan de barcă.

Skirmish *skermiş* s. hărţuială; încăerare; —, v. n. a se hărţuì, a se încăerà.

Skirmisher-*skermişer* s. tiralor.

Skirt-*skert* s pulpană (de haină); poală; fustă; chenar, margine; —, v. a. a pune pulpană la; a pune o fustă; a tivì, a mărgini.

Skittish - *skitiş* a. năzuros, cu toane,capricios; fluşturatic,svânturatic; uşurel; sfiicios; —*ly*, ad. în mod capricios, cu toane; cu sfială.

Skittle-*skitel* s. popic; —*ground*, joc de popice.

Skulk-*scŏlc* v. n. a se ascunde, a sta ascuns. a pândì; a se furişà.

Skulker-*skŏlker* s spion; pânditor; laş; linguşitor.

Skull-*scul* s craniu.

Sky-*scái* s. cer; firmament; —*light*, ferestrue in pod; des:hizătură cu zăbrele într'un zid; —*parlour*, odăiţă în podul casei; —*rocket*, rachetă; —*scaper*, (*mar.*) catart;—*scrapers*. (*Am.*) şapte sau opt etaje (casă).

Slab-*slăb* s placă; foaie de metal; lespede.

Slack-*slăc* a destins, nestrâns, lăbărţat; slab; tembel: neglijent; nepăsător; (*com.*) rău (afacere); —*water*, apă nemişcată, (*mar.*) liniştită; v. n. a stinge (var); a se potolì.

Slacken-*slăken* v. a. & n. a slăbì, a se slăbì; a scade; a (*se*) micşorà; a împuţinà; a se domolì.

Slackness- *lăcnes* s. destinde-
re, slăbire; incetineală; moliciu-
ne; lâncezeală; neglijenţă.
Slag-*slăg* s. scorie, sgură.
Slake-*sléic* v. a. a potoli, a stin-
ge; a stinge (var); —, v. n. a
se stinge; a micşoră.
Slam-*slăm* v. a. a închide cu
sgomot; a face toate levatele (la
cărţi).
Slander-*slánder* s. calomnie, de-
făimare, bârfeală, vorbire de rău;
—, v. a. a vorbi de rău, a ca-
lomnià, a defăimà.
Slanderer-*slănderer* s. calom-
niator, bârfitor.
Slanderous-*slănderŏs* a. calom-
nios; —*ly*, ad. în mod calomnios.
Slang-*stăng* s. limbă stricată,
jargon; —*ly*, ad. stricat; mojic.
Slant-*slănt* v. n. a fi piezis, o-
blie; a se povârnì; —, a. oblic,
piezis; s. linie oblică.
Slanting-*slăntig* a. oblic, piezis,
povârnit, în curmeziş; —*ly*, ad.
piezis, oblic într'o parte; pe de-
iături.
Slap-*slăp* s. palmă; —, v. a. a
pălmuì; —! pleosc! poc!; —, ad.
drept, dintr'o dată.
Slash-*slăş* s. tăietură; —, v. a.
& n. a face o rană mare pe o-
braz; a face tăieturi.
Slate-*sléit* s. placă, ardezie;—
-*pencil* condeiu de piatră; —, v.
a. a acoperi cu plăci (din ardezie).
Slating-*sléiting* s. acoperiş de
case (făcut din plăci de ardezie).
Slattern-*slătern* s. murdar.
Slatternly-*slăternli* ad. mur-
dar; cu neîngrijire, cu neglijenţă.
Slaughter-*slŏter* s. măcel; mă-
celărie; tăiere (de vite); omorî-
re;— -*house*, abatoriu; —, v. a
a măcelărì; a tăià.
Slaughterer-*slŏterer* s. măce-
lar; ucigaş;—*ous*, a. ucigător.
Slave-*sléiv* s. sclav, rob;— -*ship*,
corăbii cu negri;— -*tra'e*, co-
merţ cu negri;—, v. n. a mun-
cì ca un rob.
Slaver-*sléiver* s corabie cu negri

Slaver-*slăver* s. bale, scuipat;
—, v. n. a lăsà să-i curgă balele.
Slavery-*sléiveri* s. robie.
Slavish-*sléiviş* a. de rob; slu-
garnic; —*ly*, ad. ca un rob; slu-
gărniceşte.
Slavishness-*sléivişness* s. slugăr-
nicie.
Slay-*sléi* v. a. ner. (perf. *slew*,
ptr. *slain*), a omorì, a ucide;
a tăià.
Slayer-*sléier* s. ucigaş, omoritor.
Sledge-*s`edj* s. sanie; ciocan;—
-*hammer*, ciocan de fierar.
Sleek-*slio* v. a. a netezì; a scli-
visì; a poleì, a lustruì; —, a. lus-
truit; neted.
Sleep-*slip* s. somn; *to go io*—,
a dormì;— -*walking*, somnabu-
lism; —, v. n. ner. (perf. şi ptr.
slept), a dormì; a adormì; a se
culcà.
Sleeper-*sliper* s. somnoros (şi
tem.); traversă (dr. de fier).
Sleepi.y-*slipili* ad. ca adormit.
Sleepiness-*slipines* s. aţipeală,
somn pe jumătate.
Sleeping-*sliping* s. somn; odih-
nă; —, a. dormind; a dormit;—
-*car*, vagon de dormit; —-*draug-
ht*, narcotic;— -*room*, o laie de
dormit; dormitor.
Sleepless-*sliples* a. fără somn.
Sleeplessness-*sliplesnes* s. in-
somnie.
Sleepy-*slipi* a. somnoros; ador-
mit; *I am*—, mi-e somn.
Sleet-*slit* s. măzărică, grindină
măruntă; —, v. n a cădeà mă-
zăriche.
Sleeve-*sliv* s. mânecă; *to la-
ugh in one's*—, a râde în pumni.
Sleight-*sláit* s. iscusinţă, vicle-
şug, şiretlic; —*of hand*, scama-
torie, coţcărie.
Slender-*slénder* a. svelt; sub-
ţire; slab; sgâtcit; sărac; —*ly*,
ad. sărăcacios, prost, uşor.
Slenderness-*sléndernes* s. slă-
biciune; subţirime, fineţă; neîn-
destulare, lipsă.
Slice-*sláis* s. felie; spatulă; —,

v. a. a tăiă în felii; a împărţi.

Slick-*slic* a. (*Am.*) uşor; lustru-it; neted.

Slide-*slăid* s. alunecare; alunecuş; scobitură; sticlă (de lanternă magică); —, v. a ner. (perf. *slid*, ptr. *slid, slidden*), a alunecă; a se da pe ghiaţă; a cădeă; a strecură; a se scurge.

Sliding-*slăiding* s. alunecare; — -*door*, uşă ce se mişcă într'un uluc— -*knot*, nod ce se poate lesne strânge şi desface.

Slight-*slait* a. despreţ, despreţuire; negligenţă; neîngrijire; *to put a—on one*, a nu da cuiva respectul cuvenit; —, a. neînsemnat; uşor; slab.

Slightingly-*slăitingli* ad. cu dispreţ; cu negligenţă.

Slightness-*slaitnes* s. slăbiciune; nepăsare; neglicenţă.

Silly-*slăili* ad. cu şiretlicuri, cu fineţe.

Slim-*slimt* a. subţire, slăbuţ; svelt; uşuratic.

Slime-*slăim* s. mocirlă, noroiu, nămol; bale.

Slimy-*slăimi* a. cu nămol, noroios; cleios, lipicios.

Sling-*sling* s. praştie; eşarfă (pentru braţe, etc.); —, v. a ner. (perf. şi ptr. *slung*), a aruncă cu praştia; a aruncă.

Slink-*slinc* v. n. ner. (perf. şi ptr. *slunk*), a se furişă; a fugi pe sub ascuns.

Slip-*slip* s. alunecare; surpare; faţă mică de masă; culisă (de teatru); fâşie, şuviţă; greşală, eroare;— -*knot*, nod ce se puate lesne strânge şi desface; —, v. a. & n. a alunecă; a (se) strecură; a face o greşală; a scăpă; a fugi; —*of the pen*, greşală de scris, de ortografie.

Slipper-*sliper* s. pantof, papuc.

Slipperiness-*sliperines* s. lubricitate; porn re spre desfrâu; nesiguranţă.

Slippery-*sliperi* a. lubric, pornit spre desfrâu; lunecos; nesigur.

Slipshod-*slipşod* a. în papuci, negligent (îmbrăcat).

Slit-*slit* s. crăpătură; —, v. a. crăpă, a despicâ; a sparge.

Slobber-*slober* s. bale, scuipat.

Sloe-*slóu* s. porumbrea (prună sălbatică); —*tree*, porumbrel(prunus spinosa).

Sloop-*slup* s. corăbioară cu un singur catart, şlep; corvetă.

Slop-*slŏp* s. mocirlă, smârc; noroiu, murdărie (dela un lichid, spălătură —*s*, lături; haine gata; vestminte de marinar; aşternut (*mar.*):— -*basin*, covată, găleată de strâns apă murdară;—*goods*, marfă proastă;— -*pail*, găleată (pentru lături);— -*seller*, negustor de haine vechi; —, v. a. a vărsă (apă, vin, etc.); a udă; a murdări.

Slope-*slóup* s. linie oblică; povârniş; tăietură arcuită; —, ad. piezis, de-a curmezişul; povârnit;—, v. a. a construi piezis; a tăia piezis; a înclină, a aplecă.

Sloping-*slouping* a. oblic; înclinat; piezis.

Sloppy-*slóupi* a. noroios, mocirlos

Slot-*slŏt* n. urmă, dâră;— -*hound*, copoi.

Sloth-*sloth* s. lenevie; trândăvie; leneş (animal) (*bradypus*).

Slothful-*slóth/ul* a. leneş, trândav.

Slouch *slăuts* v a & n. a atârnă slab; a bălălăi, a umblă greoiu; a lăsă capul în jos; a se fâţâi, a se legănă când într'o parte când într'alta; a pune mai jos pălăria.

Slough-*slóu* s. mocirlă, băltoacă.

Sloven-*slóven* s. persoană murdară; (*pop.*) parşiv, (fr. saligaud).

Slovenliness-*slóvenlines* s. murdărie, necurăţenie.

Slovenly-*slovenli* a. & ad. murdar, necurat, puturos; fără grije.

Slow-*sleu* a. încet; tardiv; greoiu; (dr. de fer.) de viteză mică —*ly*, ad. încetişor; târziu.

Slowness-*slóunes* s. încetineală.

Slowworm-*slóuuerm* s. ceciliz, şarpe orb (l. anguis).

Slug-*slŏg* s. melc fără ghioacă; drug de metal topit; trândav.

Sluggard-*slŏgărd* s. trândav, leneş.

Sluggish-*slŏghiş* a. leneş, trândav; — *ly*, ad. în mod leneş.

Sluggishness-*slŏghişnes* s. trândăvie, lenevie.

Sluice-*slus* s. stavilă; — *gate*, stăvilar; v. a. a se scurge, a se revărsa; a slobozi.

Slumber-*slŏm.ber* s. somn uşor; —, v. n a moţăi, a dormì.

Slums-*slŏms* s. mahală cu o reputaţie proastă, ticăloasă; locuinţă joasă.

Slur-*sler* s. pată; (*fig.*) imputare, dojenire; trăsură de unire (la note); tipărire murdară; —, v. a. a murdări; a calomnià; a trece uşor peste.

Slut-*slŏi* s. târfă, murdară.

Sly-*slái* a. viclean, şiret, isteţ, iscusit; — *ly*, ad. cu şireticuri; *on the*—, pe furiş; ca un viclean; — *boots*, prefăcut, viclean.

Smack-*smăc* s. guriţă (sărutat), ţoc; gust; un pic, puţin; palmă; barcă de pescuitor; —, v. a & n. a săruta, a pupă, a ţocăi; a pălmui, a pocni din biciu; a avea gust; a mirosi.

Small-*smol* a. mic; mărunt; subţire; număr mic, neinsemnat, slab, sărăcăcios; —, s. parte subţire; ingustă; — *clothes*, nădragi — *hours*, orele mici (după 12 noaptea); *to make a person feel* —, a da de ruşine (pe cineva) — *-pox*, vărsat.

Smallish-*smŏliş* a. cam mic.

Smallness-*smólnes* s. micime; slăbiciune; de mică importanţă

Smalt-*sn.olt* s. smalţ.

Smart-*smárt* s. durere teribilă; —, v. n. a simţì o durere arzătoare; a suferì pentru a-i păreà rău; —, a. dureros; arzător; aspru, viu, iscusit; deştept; gătit,

elegant; — *ly*, ad. în mod dureros; aspru; în mod deştept, în mod elegant; cu isteţime; cu spirit; în mod deştept.

Smartness - *smártnes* s. vioiciune; isteţime; asprime; iuţeală

Smash-*smăş* s. spargere; dărâmare; faliment, ruină; dezastru; —, v. a. a sparge; a dărâmà; a sfărâmà; a zdrobì; *to—up*, a da faliment (*com.*); *all to* —, în mii de bucăţi.

Smattering-*smătering* s cunoştinţă superficială.

Smear-*smier* s. pată (de grăsime); —, v. a. a pătà cu grăsime (o haină); a mânji, a mâzgăli.

Smell-*smel* s. miros; parfum; — *-feast*, parazit; —, v. a. & n ner. (perf. & ptr. *smelt*), a mirosì; a simţi după miros.

Smeller-*smeler* s. cel ce simte după miros; mirositor.

Smelling-*smeling* s. mirosire; — *bottle*, sticlă de parfum; — *-salts*, săruri parfumate.

Smelt-*smelt* s. pietroşel; (peşte —, v. a. a topi, a turnà.

Smelting-house-*sméltinghaus* s. turnătorie.

Smile-*smáil* s. surâz, zâmbet; —, v. a. a surâde, a zâmbì.

Smirch-*smertş* v. a. a pone grì; a pângări, a murdări.

Smirk-*smiro* v. n. a se fasolì, a face ghionghionele, molturi; a zîmbì.

Smite-*smáit* v. a. ner. (perf *smote*; ptr. *smitten, smitth*), a lovì, a bate; (*fig.*) a nimicì, a inflăcăra; a încântà; a induloşà; a întristà.

Smith-*smith* s. faurar, ferar, covaciu.

Smithy-*smithi* s. făurărie, fierărie

Smitten-*smiten* a. aprins după inamorat lulea.

Smock-*smoc* s. cămaşă de femeie; — *frock*, bluză (de pânză groasă), haină de lucru.

Smokable-*smoukăbel* a. care se poate fumà.

Smoke-*smóuc* s. fum; *to end in*—, a se alege praful;—*burning*. —*consumer*, fumivor, aparat care consumă fumul;—*stick*, coş de sobă; —, v. a. & n. a fumà, a beà (tutun); a. afumà, a uscà la fum; a fumegà, a face fum; *to*—*dry*, a afumà.

Smokeless-*smóucles* a. fără fum.

Smoklng *smóuking* s. fumat;—*divan*, salon de fumat; cafenea unde se fumează;—*compartiment*. s. vagon pentru fumători.

Smoky-*smóuki* a. care fumegă; care face fum; plin de fum.

Smooth *smúth* v. a. a netezì, a nivelà; a potolì; a micşora; a asunde; a linguşì, a desmierdà, a mângâià; —, a. neted; uşor; plăcut; liniştit; măgulitor;—*ly*, ad. binişor; încet; uşor.

Smoothing-*smúthing* s. netezire; aplanare;—*plane*, rindea mare.

Smoothness-*smúthnes* s. suprafaţă netedă; dulceaţă.

Smother-*smóther* s. fum des; înăbuşeală; —, v. a. a înăbuşì; a înăduşì; a asfixià.

Smoulder-*smóulder* v. n. a arde încet.

Smug-*smŏg* a. gătit, spilcuit; elegant.

Smuggle-*smŏghel* v. a. a trece prin contrabandă; v. n. a face contrabandă.

Smut-*smŏt* s. funingine, pată de funingine,murdărie;tăciu e'boală a grâului);—, v. a. a înegrì; a murdărì.

Smuttlncs-*smŏtines* s. negriciune; necurăţenie; murdărie, obscenitate.

Smutty-*smŏti* a. negru; afumat; murdar, obscen.

Snack-*snăo* s. parte; porţiune; bucată.

Snaffle-*snă/el* s. belciug la nasul cailor; frâu fără zăbale; căpăstru.

Snaɢ-*snăg* s. ieşitură; nod (în lemno); dinte; ramură (de cerb); creacă (sub apă); subţioară.

Snail-*snéil* s. melc; —*clover*, ghizdei; —*paced*, încet, ca o broască ţestoasă;—*hel*, coajă de melc. scoică, ghioc.

Snake-*snéic* s. şarpe; —*moss*, (*bot*.) licopod; —*rool*, (*bot*.) sângerariţă; —*'s tongue* (*bot*.) lygodie; —*weed*, rădăcina şerpilor; a—*in the grass*, e ceva ascuns aci.

Snaky-*sneiki* a. de şarpe; şerpuitor, întortochiat.

Snap-*snăp* s. ruptură; spărtură; muşcătură; pocnet;—, v. a. & n. a (se) sfărâmà; a (se) sparge; a hăpuì, a înhăţà, a înfăşcà; a apucà; a pocnì, a plesnì, *to*—*one's fingers at*, a luà peste picior pe cineva (*fig*.).

Snappers-*snăpers* s. pl. un fel de zamparale.

Snaplsh-*snăpiş* a. arţăgos,ursuz.

Snapplshness-*snăpignes* s. asprime; fire arţăgoasă.

Snare-*snéer* s. cursă; —, v. a. a prinde în cursă.

Snarl *snarl* v. n. a mărăì, a bombănì; a murmăì.

Snarler-*snárler* s. mărăitor.

Snatch-*snătş* s. apucare; bucată; acces; —, v. a. a smulge, a răpì; a apucà repede, *by*—*es*, în răstimpuri.

Snatcher *snătşer* s. (om) care înhaţă, care apucă repede, cu lăcomie.

Sneak-*snic* s. prefăcut, făţarnic; —, v. n. a se târî; a se furişà; a se înjosì.

Sneer *snier* s. batjocură, bătaie de joc; rânjit;—, v. a. a rânjì; a'şi bate joc.

Sneeringly - *snieringli* ad. în batjocură.

Sneeze-*sniz* v. n. a strănutà.

Snlff-*sni*, v. n. a trage în sus pe nas; a smorcăì; —, v. a. a aspirà smorcăind; —, s. smorcăială.

Snip-*snip* s. tăietură; bucățică; șnițel, bucățele tăiate; —, v. a. a tăia, a tăiă o parte din ceva.

Snipe-*snaip* s. becațină, sitar; (fig.) găgăuță, proastă.

Snipper-*sniper* s. tăiător;—*snapper*, obraznic.

Snivel-*snivel* s. muci care atârnă de nas în picături; —, v. n. a fi cu muci la nas; a avea guturaiu; a sforăi; a miorlăi; a se sclifosi, a se scânci, a se face că plânge.

Sniveller-*sniveler* s. om care sclifosește, scâncește.

Snob-*snob* s. fanfaron; burtă verde; cârpaciu; ciocoiu, parvenit; mojic, bădăran; om înfumurat.

Snooze-*snuz* s. somn ușor; —, v. n. a ațipi, a moțăi.

Snore-*snóer* s., **snort**-*snŏrt* s. sforăit; —, v. n. a sforăi, a horcăi.

Snout-*snóut* s. bot; rât; vârf; țeavă (de foale).

Snow-*snóu* s. zăpadă;—*-ba'l*, bulgăre de zăpadă; *to—ball*, a arunca cu bulgăre de zăpadă, — -*boots*, șoșoni; — *drift*, noian, troian de zăpadă;—-*drop*, (bot.) ghiocel,—*flake*, fulg de zăpadă; —-*slip*, avalanșă;—*storm*, viscol; —, v. n. a ninge.

Snowy-*snóui* a. de zăpadă, acoperit cu zăpadă.

Snub-*snŏb* v. a. a dojeni, a mustra;— -*nose*, nas cârn;—*nosed*, cârn.

Snuff-*snŏf* s. muc (de lumânare) căpătâi de fitil; tabac (de tras pe nas); smorcăială;— -*box*, tabachere;— -*taker*, cel ce trage tabac; —, v. a. a trage în sus pe nas; a trage tabac (pe nas); a mirosi; a scoate mucul unei lumânări.

Snuffers-*snŏfers* s. pl. mucări, foarfeci de tăiat mucuri.

Snuffle-*snŏfel* v. n. a fornăi, a vorbi pe nas.

Snug-*snŏg* a. strâns; comod, ușor; plăcut, tihnit, priincios; liniștit; ascuns; —*ly* ad strâns,

lângă; comod, în tihnă.

So-*sou* ad. așa de; atât; așa și; atât de; astfel; asemenea;—*many*, —*much*, atât de; *I think*—, așa cred; cred că da; *if*—, dacă e așa;—*it is*, așa este; *and*—*on*, și așa mai departe;—*that*, astfel că.

Soak-*soc* v. a. & n. a (se) muiă, a udă; a sta într'un lichid; a se infiltră; *to—in*, a pătrunde; *to put in*—, a muiă; *to—up*, a suge, a soarbe.

Soap-*sónp* s. săpun;—-*ball*, bucățică de săpun (pentru rasul barbei);— -*boiler*, săpunar;— -*bubble*, clăbuc de săpun;— -*manufactury*, săpunărie;— -*stone* steatită, piatră moale verzue;— -*suds*, apă de săpun;— *works* săpunărie; — , v. a. a săpuni.

Soapery-*sóuperi* s. săpunărie.

Soapy-*sóupi* a. săpunit; de săpun; cu săpun.

Soar-*sóer* v. n. a'și luă sborul; a sburá; a se înălță.

Soaring-*sóering* s. sbor, avânt.

Sob-*sob* s. suspin; sughiț; —, v. n. a suspina; a plânge cu sughițuri.

Sober-*sóuber* a. cumpătat; liniștit, cu sânge-rece; așezat, serios; —*ly*, ad. cu cumpătare; cu liniște, cu sânge-rece.

Sobriety-*sóubráieti* s. cumpătare, moderație; cumpănire; sânge-rece.

Sociability-*sóușiábiliti* s. sociabilitate.

Sociable-*sóușiábl* a. sociabil.

Sociably-*sóușiábli* ad. în mod sociabil.

Social-*sóușiál* a. social; —*ly*, ad. în mod social.

Socialism-*sóușiálizm* s. socialism.

Socialist *sóușiálist* s. socialist.

Society *sosáieti* s. societate.

Sock-*soc* s. ciorap scurt; talpă.

Socket-*sóket* s. bucea, sfofează de sfeșnic; vârf (de lampe) (bec); orbită de ochiu; alveolă (de dinte); gaură.

Socle-*sókel* s. soclu; bază, postament.

Sod-*sod* s. bulgăre de pământ; iarbă verde; brazdă.

Soda-*soudă* s. sodă; — *watér* apă gazoasă de Seltz.

Sodium-*soudiŏm* s. sodiu.

Soever-*souéver* a i. ori cum; ori cât de; ori care (ce) ar fi.

Sofa-*sóu/ă* s. sofa, canapea.

Soft-*soft* a. moale; plăcut, dulce; bland; delicat; uşor; slab; afemeiat; moleşit; —*ly*, ad. molatic; inceţişor; cu delicateţă.

Soften *sóf(t)en* v. a. a muiă; a indulci; a induioşă; a linişti.

Softening-*sófning* s indulcire; moleşire.

Softness-*sóftnes* s. dulceaţă; blândeţe; moliciune.

Soil-*sóil* s. mârdărie; mânjire; teren, pământ, sol; gunoişte;—, v. a. a murdări, a mânji; a în grăşă (pământul).

Sojourn-*sójiern* s şedere într'un loc; —, v. a. a stă, a şedeă un timp (undeva).

Solace-*soléis* s. mângâiere, alinare;—, v. a. a mângâiă, a alină.

Solan-goose-*sóulangus* s. un fel de pelican.

Solar-*sóuler* a. solar, de soare.

Solder-*sóulder* s. materie de lipit; —, v. a. a lipi prin topire

Soldier-*sóuldjer* s. soldat.

Soldierlike-*sóldgierlaic* a. de soldat, militâreşte.

Soldiery-*sóuldjieri* s. soldăţime, soldaţi; trupe.

Sole-*sóul* s. talpa piciorului, pengea; —, v. a. a puue alte tălpi (pengele); —, a. singur, unic; —*ly*, a l. singur

Solecism-*sólesism* s. solecism

Solemn-*sólemn* a. solemn.

Solemnisation-*solemnaizéişŏn* s. solemnizare, serbare cu pompă.

Solemnise-*sólemnais* v. a. a solemnizá, a serbă cu pompă.

Solemnity-*solémniti* s solemnitate, serbare pomposă.

Solicit-*solisit* v. a a solicită, a

cere cu stăruinţă; a invită.

Solicitation-*sălisitéişŏn* s solicitare; aţâţare.

Solicitor-*solisitŏr* s. solicitator; advocat; slujbaş insărcinat a reprezentă părţile în faţa unei jurisdicţii; advocat al Statului; —*general*, procuror general.

Solicitous-*solisitŏs* a. neliniştit; plin de grijă; care se îngrijeşte; —*ly*, ad. cu nelinişte; cu grijă.

Solicitude-*solisiciud* s. solicitudine; îngrijire.

Solid-*sólid* a. tare, solid; masiv; adânc; serios; —*ly*, ad. cu soliditate.

Solidify-*solidi/ai* v. a a solidifică, a face solid.

Solidity-*solidili* s. soliditate, tărie, trăinicie.

Soliloquise-*solilocúais* v. n. a monologă, a vorbi singur.

Soliloquy-*soliilocui* s. monolog, solilog.

Solitaire-*solitéer* s. solitar, inel cu briliante.

Solitarily-*sólitetili* ad. în mod singuratic; singurătate.

Solitariness *sóliterines* s singurătate.

Solitary-*sóliteri* s. pustnic; —, a. solitar, singuratic; retras

Solitude *sóliciud* sau *sólitiud* s. singurătate; pustietate.

Solo-*sólo* s. (*muz.*) solo.

Solstice-*solstis* s solstiţiu.

Soluble-*sóliubel* a. ce se poate disolva.

Solution-*soliúşŏn* s. soluţiune, deslegare.

Solve-*solv* v. a. a rezolvă, a des legă.

Solvency-*sóltensi* s solvabilitate.

Solvent-*sólvent* a solvabil; dizolvat.

Some-*sŏm* a. câteva; câţiva; nişte; vr'o mai mulţi, mai multe; puţin(ă); unii, unele; alţii.

Somebody- *sŏmbodi*, someone *sŏmuăn* s. cineva; careva.

Somehow-*sŏmhau* ad într'un fel sau altul.

Somersault-*sŏmersolt*, **somer--set**-*sŏmerset* s alivanta; tumba; salt mortal.

Something-*sŏmthing* s. & ad. ceva; cam; un puţin

Sometime-*sŏmtaim* ad. odată; altădată, odinioară; câtva timp

Sometimes *sŏmtaims* ad. câte odată; din când în când.

Somewhat-*sŏmuŏt* s. & ad ceva; puţin; cam

Somewhere *sŏmueer* ad. unde-va; — -*else*, (din) vr'o altă parte; (de) aiurea.

Somnabulism- *somnŏmbiulism* s. somnabulism.

Somnabulist-*somnŏmbiulist* s. somnabul(ă).

Somnolence-*sómnolens* s. somnolenţă.

Son-*sŏn* fiu; — *in—law*, ginere

Sonata-*sonáta* s. sonată.

Song-*song* s cântec, — -*book*, culegere de cântece; *for a mere*—, pe un preţ de nimic.

Songster-*sŏngster* s. cântăreţ; pasăre cântătoare.

Songstress-*sŏngstres* s cântăreaţă.

Sonnet-*sónet* s. sonet.

Sonorous-*sonóròs* a. sonor; —*ly*, ad. în mod sonor; răsunător.

Soon-*sun* ad. îndată; curând; in curând; de vreme; *as—as*, îndată ce, cum.

Sooner-*súner* ad. mai curând; mai de vreme; mai bine; —*or later*, mai curând sau mai târziu.

Soonest-*sŏnest* ad. cât mai curâni; cel mai bine.

Soot-*sut* s. funingine.

Sooth-*suth* s. adevăr, realitate; *in—*, la mare mea.

Soothe-*suth* v. a. a linguşi, a potoli, a linişti.

Soothingly-*sŏthingli* ad într'un mod linguşitor; cu blândeţe.

Soothsayer-*sŭthseier* s. ghicitor; ghicitoare.

Sooty-*sŭti* a. funinginos; negru.

Sop-*sop* s. bucată de pâine muiată; (*fig.*) dar; —, v. a. a muiă.

Sophism-*sófizm* s. sofism.

Sophist-*só'ist* s. sofist.

Sophistical *so'isticŏl* a sofistic.

Sophisticate-*so'istikeit* v. a a sofistică; a subtiliză până la exces; a falşifică.

Sophistry-*sófistri* s. sofism.

Soporific-*soporific* s narcotic; —, a. soporific, narcotic.

Soprano-*sopráno* s. (*n us*) soprano.

Sorb-*sorb* s soarbă, sorb; scoruş de munte; sorb domestic; gorun.

Sorcerer-*sórserer* s. vrăjitor.

Sorceress-*sórseres* s. vrăjitoare.

Sorcery-*sórseri* s. vrăjitorie

Sordid-*sórdid* a. scârnav, ţiganos; murdar; sgârcit; josnic; mârşav; —*ly*, în mod murdar; cu sgârcenie; cu josnicie.

Sordidness-*sórdidnes* s. murdărie, mârşăvie; sgârcenie.

Sore-*sóer* s. ulcer, buboiu; rană; durere; —, a. dureros; mâhnitor, supărător; violent, aspru; —*ly*, ad. în mod dureros; amarnic, foarte greu

Soreness-*sóernes* s. durere; amărăciune, rău.

Sorrel-*sórel* s. măcriş; —, a. (cal) roib.

Sorrily-*sórili* ad. în mod sărăcăcios; mizerabil.

Sorrow-*sórou* s. supărare; întristare; părere de rău; durere; —, v. n. a fi întristat; a se supără; a se necăji.

Sorrowful-*sórouful* a. supărat; trist; necăjit; —*ly*, ad cu părere de rău.

Sorry-*sóri* a. întristat; supărat; necăjit; *I am—for it*, îmi pare rău de aceasta; *I am—to say*, cu părere de rău.

Sort-*sórt* s. fel; soiu, specie; mod, chip; condiţiune, clasă; *to be out of—s*, a nu avea chef; a fi rău dispus; —, v. a. a împărţi; a orândui; a clasă, a alege; a potrivi.

Sorter-*sórter* s. cel ce alege.

Sortie-*sorti* s. năvală, atac (ce dă o trupă impresurată).

Sot-*sot* s. bețiv; prost.

Sootish-*sótiș* a. bețiv; prost; —*ly*, ad. ca un bețiv; ca un prost.

Soul-*sóul* s. suflet; spirit; ființă; upon *my*—, pe cuvântul meu de onoare, pe legea mea; —*bell*, sunetul funebru al clopotului.

Sound-*sáund* s. sunet; sondă; sgomot; strâmtoare; bășică (de pește); —, v. a. & n. a sună; a răsună; a sondă (*mar.*); —, a. sănătos; în stare bună; foarte, sdravăn; —*ly*, ad. în mod sănătos; tare, sdravăn; bine.

Sounding-*sáunding* a. sunător; răsunător; —*board*, resonanță; uraniscul amvonului (care trimite în jos vorbele predicatorului).

Soundness-*sáundnes* s. sănătate; tărie, putere; puritate.

Soup-*súp* s. supă; ciorbă; —*basin*, —*tureen*, supieră, castron de supă; strachină.

Sour-*sáuer* a. acru; oțetit; necopt; (*fig.*) morocănos; —*crout*, varză acră; —, v. a. & n. a (se) acri, a (se) înăcri; —*ly*, ad. cu acrime.

Source-*sórs* s. izvor; origină.

Sourness-*sáuernes* s. acrime.

Sous-*sáus* s. marinată; —, v. a. a marina; a înmuia; a da la fund

South-*sáuth* s. sud; miazăzi; South—*down sheep* sau *mutton*, oaie care a păscut pe câmpiile depe lângă mare; —*east*, sud-est; —*west*, sud-vest; —, a. spre sud, meridional.

Southerly-*sótherli*, **southern**-*sódhern* a. meridional, —*wood*, lămâiță și orice plantă ce miroase a lămâie.

Southward-*sáuthuerd* ad. spre sud.

Sovereign-*sóverin* s suveran, monarch; monedă de aur de 25 fr.; —, a. suveran; —*ly*, ad. în mod suveran.

Sovereignty-*sórerenti* s suveranitate.

Sow-*sáu* s. scroafă; (*zool.*) cărcăic (insectă).

Sow-*sóu* v. a. ner. (perf. *sowed*, ptr. *sowed*, *sown*), a semăna, a face semănături.

Sower-*sóuer* s. semănător.

Sowing-*sóing* s. semănat; semănătură; —*machine*, semănătoare (mașină); —*time*, timpul semănăturilor.

Spa-*spa* s. izvor de ape minerale.

Space-*spéis* s. spațiu; distanță; răstimp, interval; —, v. a. a așeză la distanță un lu_ru de altul; a despărți.

Spacious-*spéișós* a. spațios; întins; —*ly*, ad. în mod spațios.

Spaciousness-*spéișónes* s. spațiu; întindere mare.

Sp e-*spéid* s. hârleț; sapă; p c_ la cărți)

Span-*spăn* s palmă; șchioapă (măsură); pereche (de boi, etc.); —, v. a. a măsură; a înhămă; a opri; a sări peste.

Spangle-*spănghel* s fluturaș (de aur); —, v. a. a împodobi cu fluturași.

Spaniel-*spăniel* s. prepelicar, (câine de vânat); —(*fig.*) lingușitor; *vaier*—, câine flocos.

Spanish fly-*spánișflai* s. cantaridă.

Spar-*spar* s. căprior la acoperiș; prăjini lungi de brad pentru catarte de șalupe; spat (mineral pietros); —, v. n. a se certă.

Spare-*spéer* v. a. & n. a economisi; a fi econom; a păstra; a scuti; a se obține; a dispune de; a trată cu indulgență; a fi indulgent; a fi milostiv; —, a. parcimonios; foarte econom; de rezervă; de prisos; slab; —*ly*, ad. în mod economic, cu economie; cumpătat, puțin; slab.

Sparing-*spéering* a. frugal; cumpătat; econom; puțin; neîndestulător; rar; —*ly*, ad. cu puțin, cumpătat; cu economie; rar.

Sparingness - *spéeringnes* s.

parcimonie, economie prea mare, sgârcenie; cumpătare

Spark-*spáro* s. scânteie; s'ânteie mică; amorez, cuconaș, țafandache.

Sparkle-*spárkel* s. scânteie; strălucire; —, v. n. a scânteiă; a face spumă (vinul).

Sparkler-*spároler* s. ideia, scânteie de spirit; strălucire.

Sparkling-*spárcking* a. scânteietor; spumos.

Sparrow - *spárou* s. vrabie,— -*hawk*, uliu.

Spasm-*sp'æm* s. spasm.

Spasmodic *spăsmódic* a spasmodic.

Spat-*spăt* s. molusc tânăr; palmă.

Spatchcock - *spăcic.o* s. puiu fript pe grătar.

Spatter-*spáter* v. a. a stropì cu noroiu.

Spatula *scătiulă* s. lopățică (de întins alifiile).

Spavin - *spávin* s. umflătură osoasă la picior (la cai, la boi, etc).

Spawn - *spon* s icre; seminție; soiu; —, v. a. & n. a (se) împreună (la pești); a produce; a da naștere.

Spawner - *spóner* s. un fel de pește (*fem*); **milter**, (*maso.*).

Speak-*spío* v. a. ner. (perf. *spoke*, ptr. *spoken*), a vorbi; a spune; a zice, a stă de vorbă, a discută; a rosti, a pronunța.

Speaker-*spoker* s. vorbitor; convorbitor; interlocutor; orator; președinte.

Speaking - *spíking* s 'vorbire; cuvântare, discurs; — -*trumpet*, instrument ce duce glasul în depărtare;— -*tube*, cornet acustic.

Spear - *spier* s. lance, suliță; cange; țepușe;— -*wort*, (*bot.*) piciorul cocoșului; —, v. a. a străpunge cu lancea; a prinde cu cangea.

Special - *spéșăl* s. suplimentul extraordinar al unui ziar; tren special; —, a. special; deosebit,

particular: extraordinar; —*ly* ad. mai ales; cu deosebire; în mod special.

Speciality *speșiăliti* s specialitate.

Specialty - *spésălti* s. contract nelegalizat; act neaeverit de tribunal,*(jur.)* act sub semnătură privată.

Specie-*spísi* s. bani în numerar.

Species - s-*ísiz* s. specie, soiu; fel; neam.

Specific-*spesífic* a. specific;—*ly*, ad. în mod specific.

Specification - *spesifikéișon* s. specificare.

Specify-*spésifai* v. a. a specifică, a hotărî.

Specimen-*spésimen* s. specimen; model; mostră.

Specious *spíșos* a. specios. ce pare a fi adevărat; —*ly*, ad. în mod specios.

Speck-*spec* s. pată; punct; —, v. a. a pătă.

Speckle - *spékel* s. pată mică; împestrițătură, pată (pe unele animale); —, v. a. a împestrită, a pătă.

Spectacle-*spéctăkel* s. spectacol, priveliște; —*s*, pl.= ochelari.

Spectator-*spectéitor* s. spectator.

Spectre *spécter* s. spectru, fantomă.

Spectrum - *spéctrom* s. spectru solar.

Speculate - *spékiuleit* v. n. a specula, a face speculațiuni; a medită; a se gândi (despre, asupra).

Speculation - *spekiuléișon* s. speculațiune; meditațiune.

Speculative *spékiulătiv* a. speculativ, de speculațiune.

Speculator-*spékiuleitor* s. speculant.

Speculum-*spékiulóm* s. oglindă, spe.ul (*med.*).

Speech *spíci* s. discurs; pledoarie; vorbire, limbagiu; *figure of*—, figură retorică.

Speechify *spici/ai* v n. a v rbl mult şi cu emfasă, a perorà.

Speechlees-*spiciles* a. mut; buimăcit

Speed-*spid* s. grabă, repeziciune; succes; —, v. a. & n. ner. (perf. şi ptr. *sped*), a (se) grăbi; a trimite în grabă; a expedià, a favorizà; a reuşì; a prosperà.

Speedily-*spidili* ad. în grabă, în pripă

Speediness *spidines* s. iuţeală, grabă, pripă; celeritate.

Speedy *spidi* a. repede, iute.

Spell-*spél* v. a. & n. ner. (perf. şi ptr. *spelt*), a silabisì; a ortografià; a ştie corect; a descifrà; a fermecà —, s. farmec, istorisire;— -*bound*, fermecat

Spelling-*speling* s. silabisire; ortografie;— -*book*, abecedar, silabar.

Spelter-*spélter* s. zinc.

Spend-*s p é n d* v. a. & n. ner. (perf. ptr. *spent*), a cheltuì, a face cheltueli; a risipì; a petrece; a întrebuinţà; a (se) consumà; a (se) obosì, a (se) sleì; a se pierde

Soendthrift-*spéndthrift* s cheltuitor, risipitor.

Sperm-*sperm* s sperm; icre (de peşte).

Spermaciti *spermăséti* s permanţet, alb, de balenă

Spew-*spiu* v. a. a vărsà.

Sphere-*sfier* s. sferă.

Spherical-*sféricăl* a sferic;— -*ly*, ad în formă de sferă.

Sphinx-*sfinx* s sfinx.

Spice-*spăis* s. substanţă vegetală aromatică; fir, pic; bucăţică; doză, specie; spoială; —, v. a. a gătì, a drege cu substanţe aromatice.

Spicy-*spăisi* a. aromatic.

Spider *spăider* s. păianjen.

Spigot-*spigöt* s. cep.

Spike-*spăic* s. spic (de cereale); cep (de lemn); piron lung de fier; ţăruş; —, v. a. a bate în cuie.

Spikenard-*spăicnard* s. (bot.)

nard, rădăcină mirositoare şi parfumul eì; ţepuşcă, iarbă aspră.

Spill-*spil* v. a. & n. ner. (perf. şi ptr. *spilt, spilled*), a răspândì; a turnà, a vărsà; a răsturnà; a prăvălì; a risipì.

Spin-*spin* v. a. & n. ner. (perf. *span*, ptr. *spun*), a toarce; a învârtì; a face să se învârtească; a desfăşurà; a trăgănà; *to—out*, a prelungì

Spinach-*spinădj*, **spinage**-*spinédj* s. spanac (l. spinacia).

Spinal-*spinăl* a. ce ţine de şira spinării; —-*column*, şira spinării;—-*cord*,—-*marrow*, măduva spinării.

Spindle-*spindel* s fus; bucată rotundă de lemn sau metal pe care se învârteşte un obiect (fus, păr, stâlp, ţaţână, cep);—-*shanks*, chibrituri; picioare subţiri.

Spine-*spăin* s. spin; şira spinării. fluerul piciorului.

Spinner-*spiner* s. torcător; torcătoare.

Spinning-*spining* s tors, toarcere;—-*mill*, fabrică de tors;—-*wheel*, roată de tors.

Spinster-*spinster* s. torcătoare; fată; *she is a—*, ea e necăsătorită; încă fată.

Spiral-*spairăl* s. spirală; —, a. spiral; —-*ly*, ad în spirală.

Spire-*spăier* s. vârf (de turn, de clopotniţă, etc.); paiu, cocean.

Spirit-*spirit* s. spirit; suflet; geniu, fantomă; foc, ardoare; inimă; curaj; spirt, alcool; *to raise one's—s*, a reînsufleţì, a reîmbărbătà; *low—s*, descurajare; slăbiciune (fizică sau morală);—-*lamp*, lampă cu spirt;—-*level*, nivel cu o băşică de aier; —, v. a. a însufleţì, a încurajà, a îmbărbătà.

Spirited-*spirited* a. însufleţit; inimos; viguros; —-*ly*, cu curaj; cu înfocare.

Spiritless-*spiritles* a. fără cu-

raj; neînsufleţit; abătut; fără pu-
tere.

Spiritual-*spiriciuăl* a. spiritu-
al; —*ly*, ad. în mod spiritual.

Spirituality-*spiriciuăliti* s. spi-
ritualitate.

Spirituous-*spiricious* a. spirtos.

Spirt-*spert* v. a. & n. a ţâşni; a
face să ţâşnească; a se repezi; —,
s. ţâşnire, izvorire; toană, capriţ.

Spit-*spit* s. frigare; —, v. a. &
n. ner. (perf şi ptr. *spit*), a pune
în frigare; a scuipă.

Spite-*spăit*, s. ciudă; ură; necaz;
in—of, cu toate că; în ciudă, —,
v. a. a aveà necaz; a urî.

Spiteful-*spăiteful* a. plin de ne-
caz; răutacios; —*ly*, ad. de ciu-
dă, de necaz; în mod răutacios.

Spittle-*spitel* s. salivă, scuipat.

Spittoon-*spitún* s scuipătoare.

Splash-*splăş* s. stropitură cu
noroiu; împroşcătură; —*board*,
aripa trăsurii; —, v. a. a stro-
pì cu noroiu.

Splay *splăi* v. a. a spetì (un cal);
a întinde; a înlătură; —*foot*,
picior lat.

Spleen-*splin* s. splină, ipocon-
drie; tristeţe adâncă.

Splendid-*spléndid*, a. splendid,
măreţ, strălucitor; —*ly*, în mod
strălucitor, cu splendoare.

Splendour-*spléndor* s splen-
doare; strălucire; măreţie.

Splenetic-*splinétic* a. posomo-
rît; îmbufnat.

Splice-*splăis* v. a. a unì, a că-
sătorì; a legà; a unì căpătăiele
unor funii împletind firele lor.

Splinter-*splinter* s. ţandără,
aşchie; spetează (la o frântură);
bucăţică dintr'un os frânt; —,
v. a. & n. a frânge, a despicà;
a sburà în ţăndări; a se face
ţăndări; a pune spetează.

Split-*split* s. crăpătură; (fig)
ceartă, desbinare; (*Am*.) plimba-
re pe cai în fuga mare; —, v.
a. & n. ner. (perf. şi ptr. *split*,
splitted), a despicà, a (se) despi-
cà; a (se) sfărâmà; a crăpà; a

(se) împărţì; a bufnì de râs.

Splitter-*spliter* s. despicător.

Splutter *splŏter* s. tărăboiu; —,
v. n. a bolborisì, a bâlbăì; a
stropì; a ţâşnì.

Spoil-*spóil* s. pradă; pielea ju-
puită (a unui animal); —, v. a.
& n. a jefuì, a prădà; a corupe;
a (se) stricà; a prăpădì; a ruinà.

Spoiler-*spóiler* s. spoliator, des-
puietor; persoană care stricà,
distrugător; nimicitor; hoţ.

Spoke-*spóuc* s. spiţă (de roată).

Spokesman-*spóucsmăn* s. ora-
tor; organ.

Spoliate-*spólicit* v. a. a jefuì,
a prădà.

Spoliation-*spolicişŏn* s. spolia-
ţiune; jefuire, despuiere.

Sponge-*spŏnj* s. burete; pămă-
tuf de tun, de cuptor; —*bath*,
baie englezească; —*cake*, pan-
dişpan, pişcot în cutie; —, v. a.
a şterge cu buretele; cu pămă-
tuful; (*fig.*) a face pe lingăul.

Sponger-*spŏnger* s. lingău.

Sponginess-*spŏngines* s. natu-
ră spongioasă.

Spongy-*spŏnji* a. spongios; ca
buretele.

Sponsor-*spónsor* s. naş; naşȧ;
garant.

Spontaneity-*spontănéiti* s.
spontaneitate.

Spontaneous *spontéiniŏs* a.
spontaneu; dela sine; de bună
voe; —*ly*, ad. în mod sponta-
neu; dela sine.

Spoon-*spun* s. lingură; (*fig.*)
prost; *dessert*—, linguriţă; *gra-
vy*—, lingură pentru zeamă;
table—, lingură pentru supă;
tea—, linguriţă pentru ceaiu;—
drift, spuma valurilcr; —, v. a.
a spumegà, a face spumă.

Spoonful-*spún'ul* s. lingură
plină.

Sport-*sport* s. creaţiune; petre-
cere; vânatoare; pescuit; sport;
plăcere; glumă; joc; —, v. a. &
n. a petrece; a glumì; a se jucà;
a se făli cu.

Sportive-*spórtĭv* a. vesel, glumeţ, hazliu; nebunatec.

Sportiveness-*spórtivnes* s. veselie dulce şi plăcută; haz; zburdălnicie.

Sportsman-*spórtsmăn* s. amator de sporturi; vânător; pescar.

Spot-*spot* s. pată; colţ; loc; —, v. a. a pătă; a pestriţă.

Spotless-*spótles* a. fără pată; curat.

Spotty-*s óti* a. pătat.

Spouse-*spáuz* s. soţ; soţie.

Spout-*spáut* s burlan; ţeavă; jghiab; havuz; vâltoare, volbură; straşină; *to put up the*—, a pune amanet; a pune la dubă —, v. a. a declamă; a aruncă afară; a ţâşni.

Sprain n - *spréin* s. scrintitură; scrintire; , v. a. a'şi scrinti.

Sprat-*sprăt* s. ţâr; sardea.

Sprawl-*spról* v. n. a se întinde; a se lăţi; a da din mâini şi din picioare, a se sbate.

Spray-*spéi* s. mlădiţă, vlăstar; rămuricà; bură de ploaie.

Spread-*spred* v. a. & n. ner. (perf. şi ptr. *spread*), a (se) întinde; a (se) desfăşura; a (se) propagă; a acoperi; a da pe laţă; s. intindere; răspândire; — -*eagle*, vultur cu aripile intinse.

Spree-*sprî* s. poznă; festă grosolană.

Sprig-*sprig* s. vlăstar, mlàdiţă; rămuricà; egretă (de diamante).

Sprightliness-*spráitliness* s. vioiciune; veselie dulce.

Sprightly - *spráitli* a viou; vesel.

Spring *spring* s. primăvară; săritura; resort, elasticitate; izvor; origina; revărsatul zorilor; —, a. de primăvară; —, v a & n. ner. (perf. *sprang*, *sprung*, ptr. *spru g*), a sări; a ţâşni, a izvori; a creşte; a da de dâra (vânatului); a se ivi (ziua); a se revărsă; a se ridică; a veni, a proveni; a da la lumină; a pricinui; a sgorni vânatul; a crăpà, a pl s

ni; *to a leak*, a căpătă o crăpătură (o corahie); —*board*, trambulină, scândură oblică depe care se sare în ceva; —*cart*, trăsură pe arcuri; —*tide*, rɩflux, puhoiu repede; —*time*, primăvară; —-*water*, apă de izvor; — -*whea'*, grâu de Martie (lună); *hair*—, spirală.

Springe-*sprinj* s. laţ.

Springiness-*springhines* s. elasticitate.

Sprinkle-*sprínkel* v a. & n. a stropì uşor; a presără; a împrăştiă; a aruncà; a răspândì.

Sprinkler-*sprínkler* s. care stropeşte; care împràştie; stropitoare.

Sprinkling-*sprincling* s. stropire cu aghiasmă; stropire; împrăştiere; strop; cantitate micà.

Sprit-*sprit* s. mlădiţă; vlăstar, mugur; trestie; papură; —*sail*, o pânză de corabie, care nu mai e intrebuinţată.

Sprite-*spráit* s spirit, fantomă.

Sprout-*spráut* s. mlădiţă, vlăstar; mugur; —*s*, pl. căpăţână de varză (micà); *Bussels*—*s*, varză nemţească; —, v. n. a incolţi, a creşte.

Spruce-*sprús* v. a. & n. a (se) gătì, a (se) dechisì; a (se) împodobì; a se face frumos; a càrpì; —, a. gàtit, spilcuit, curat; —, s. molidv roşu.

Spruceness-*sprúsnes* s. gătealà, dichisuri.

Spume-*spium* s. spumă; —, v. n. a spumegà, a face spumă.

Spunk *spónes* iască;(*fam.*)curaj.

Spur *sper* s. pinten; unghie micà indàrătul labei piciorului (de cocoş, etc); (*fig.*) imboldire; —-*maker*, fabricant de pinteni; —, v. a. a da pinteni (calului); (*fig.*) a imboldì.

Spurious-*spiúriŏs* a. falşificat; falş; din flori, bastard; neleginit.

Spurn-*spern* v. a. a bate din picior; a respinge cu piciorul; a respinge cu dispreţ.

Sputter-*spó'er* v. a. & n. a bolborosì, a bălbăì; a scuipă; a stropì.

Spy-*spai* s. spion; —, v a. a spionă; a observă pe furiş; — -*glass*, ochian.

Squab-*scuăb* s. porumbel tânăr; perniţă; canapea; —, a. (de pasări) de curând eşit din ou; durduliu.

Squabble-*scuăbbel* s. ceartă, ciorovăială; învălmăşeală; —, v. n a se certă; a se ciorovăl.

Squad-*scuăd* s. căprărie.

Squadron-*scuădron* s escadron; *mar.*) escadră; *squadron of ships*, escadră.

Squalid-*scuălid* a. murdar

Squalidity - *scuălidiţi* s. murdărie.

Squall-*scuól* s. strigăt; ţipăt; furtună pe mare, izbitură bruscă de vânt; —, v n. a strigă, a ţipă, a sbieră; —*ly*, a. furtunos, vijelios.

Squander-*scuănder* v. a. a cheltuì; a risipì.

Squanderer *scuănderer* s. risipitor.

Square-*scuéer* s. pătrat; square, grădina unei pieţe publice; echer; pătrat (la ştofe); —, a. pătrat; cinstit; potrivit: —*measure*, pătrat; — *mile*, milă pătrată; *on the*—, cinstit; —, v. a. & n. a face pătrat; a tăià în patru colţuri; a regulă; a potrivì; a orândui; a măsură; a corespunde: a se referì la; a se potrivì; —*ly* ad. în pătrat; neted; clar, limpede.

Squareness-*scuéernes* s. formă patrată.

Squash-*scuăş* v. a. a strivì, a sdrobì.

Squat-*scuát* v. n. a se aşeză pe vine, pe călcâie: a se ghemuì; a se pitì; —, a. ghemuit; pitit.

Squatter - *scuăter* s. persoană ghemuită sau pitită; (*Am.*) colonist.

Squaw *scuó* s. (*Am*) femeie de Indian

Squeak-*scuic* s. strigăt, ţipăt; —, v. n. a scoate un ţipăt; a strigă

Squeaker-*scuiker* s. care strigă; purcel.

Squeal-*scuil* v. n. a ţipă, a strigă

Squeam-*sh*-*scuimiş* a. desgustat; greţos, căreia îi vine uşor greaţă; delicat.

Squeeze-*scuis* s. stoarcere, compresiune; strângere prin apăsare; —, v. a. a stoarce; a strânge; a apăsă; a împinge; a trece cu sila.

Squib-*scuib* s. rachetă; fişic; satiră

Squint-*scuint* s. privire chiorîşă; — *eyed*, chioriş, —, v. n a se uită chioriş.

Squire-*scuăier* s. scutar; moşier *«squire»* (titlu); (*o a lady*), cavaler.

Squirel-*scuirel* s. veveriţă.

Squirt-*scuért* s. seringă; ţâşnitură; v. a. a injectă cu seringă (un lichid); a asvârlì, a face să ţâşnească.

Stab-*stăb* s înjunghiere cu pumnalul; —, v. a. a străpunge, a înjunghià cu pumnalul.

Stability-*stăbiliţi* s. stabilitate, statornicie.

Stable *steibel* s. staul, grajd; — -*yard*, curtea grajdului; curte dosnică; —, v. a. a pune în staul, a băgă la grajd; —, a. stabil, statornic; trainic; hotărît.

Stabling-*stéibling* s. grajduri, stauluri.

Stack-*stác* s. căpiţă, claie, şiră, stog (de fân, etc.); vraf, grămadă (de lemne); coş (de sobă); —, v. a. face claie.

Stadtholder-*stădhoulder* s. statuder, capul republicei olandeze (XVI—XIX lea secol).

Staff-*stăf* s. băston; băţ: toiag; treaptă; sprijin; stat-major.

Stag-*stăg* s. cerb; — -*beetle*, radaşcă; insectă mare;— -*hound*, copoiu.

Stage-*stéigi* s schelă; estradă; teatru (loc); teatru; scenă (de teatru); perioadă; period; diligență, poștă; — *-box*, avanscenă; — *-coache*, diligență, poștă; — *-driver*, surugiu, care mână caii; — *-player*, actor, actriță; — *-whisper*, șoapte care pot fi auzite; *to be on the*—, a fi actor (sau actriță).

Stager-*stéiger* s. actor; comediant(ă); om iscusit; călăuză pentru călători pe mări; *an old*—, om umblat, experimentat.

Stagger-*stăgher* v. a & n. a se clătină; a șovăi, a sta pe gânduri; s se mirà, a incremenì; a uimì; a slăbì.

Staggers-*stăghers* s. pl. căpiere, (la oi, cai), resfug; *(fig.)* ieșire din minți, nebunie momentană.

Stagnancy-*stăgnănsi* s. stagnațiune, stare pe loc.

Stagnant-*stăgnănt* a. stagnant, stătător, ce nu lucreaza.

Stagnate-*stăgneit* v. n. a fi stătător, fără scurgere.

Stagnation-*stăgnéișón* s. stagnațiune.

Staid-*steid* a. așezat, serios.

Staidness-*stéidnes* s. gravitate, seriozitate; cumpătare.

Stain-*stéin* s. pată; rușine; —, v. a. a pătà; a boì; a tipărì în culori; a pângărì.

Stainer-*stéiner* s. boiangiu.

Stainless - *stéinles* a. nepătat, curat.

Stair-*stéer* s. treaptă (de scară); —*s*, pl. scară; *up*—, sus; *down*—, jos.

Staircase-*steerkeis* s. scară.

Stake-*stéic* s. par; țeapă; miză (la joc); —, v. a. a propti cu pari; a a pune la joc.

Stalactide-*stălăctaid* s. stalactită.

Stalagmite-*stălăgmait* s. stalagmită.

Stale-*stéil* a. rece (pâine); vechiu; uzat; stricat; ieșit, trecut; —, s. pat (la șah); udul (la a-nimale); —*mate*, pat (la joc de jah).

Staleness-*stéilnes* s. stare de a fi vechiu; stare de a fi rece (pâinea).

Stalk-*stóc* s. cocean, cotor; tulpină; țeavă de pană; coadă (de floare, de frunză); mers mândru; —, v. n. a înaintà mândru; a înaintà cu pași mărunți; a pândì; a vână la pândă.

Stalking-horse *stóking-hors* s. cal după care se ascunde vânătorul; *(fig.)* pretext.

Stall-*stol* s. staul, grajd; magherniță, etalagiu; scaun de măcelar; prăvălie; jeț în strană; stal (la teatru); v. a. a pune în staul.

Stallage--*stóleij* s. etalagiu.

Stallion-*stălion* s. armăsar.

Stamen-*stéimen*, **stamina**-*stămină*, s. *(bot.)* stamină; —, pl. bază, putere vitală; temelie.

Stammer v. n a gângăvì, a bâlbăi.

Stammerer-*stămerer* s. gângav.

Stamp *stămp* s. stampilă; marcă pe monede; gravură; pecete; tipar; mașină de bătut monedele; întipărire; batere din picior; *a man of the right*—, un om cinstit, drept; om ales: —, v. a. & n. a da cu piciorul; a bate din picior; a călcà în picioare; a pisà; a imprimà; a marcà; a tipărì; a stampilà; a bate (monede); a controlà (aur, argint).

Stamper - *stămper* s. care timbrează; piuă (în care se pisează metalul înainte de topire).

Stanch-*stănți* v. a. & n. a oprì curgerea (unui lichid); a se oprì; —, a. solid, trainic; sigur.

Stand-*stănd* s. stațiune; loc unde stau trăsuri; haltă; punct de oprire; pauză; gheridon; mescioară rotundă cu un picior: consolă; etalagiu; rezistență încurcătură; anevoință; zăbavă; pozițiune; tribună, loc ridicat (pen-

tru spectatori); baracă, magher-
niţă; *to come to a*—, a rămâ-
neă cu gura căscată; a se oprì;
to make a—, a rezistà; a opune,
a se împotrivì; *to—one's ground*,
a nu se lăsà, a se împotrivì cu
putere; *to—back*, a se da înapoi;
to—by, a azistà; *to—for*, a re-
prezentà; a susţine; a însem-
nà;—*-still*, s. opritoare; *to come
to a*—*-still*, a fi în strâmtoa-
re; —, v. a. & n. ner. (perf. şi
ptr. *stood*), a sta în picioare; a
se ţine în picioare; a aşeză în
sus; a pune în sus; a ţine piept;
a se luptà; a combate; a se apă-
rà; a răbdà.

Standard-*stăndărd* s. stindard,
steag, drapel; etalon, model (de
măsură, de greutate); model;
măsură; tip;—*-bearer*, port-dra-
pel; —, a. care serveşte ca eta-
lon, ca tip; (autor, carte) cla-
sic(ă).

Standing-*stănding* s. loc; pozi-
ţiune: rang; rază; durată; ati-
tudinea (unei persoane în picioa-
re); —, stătător; fix; nemişcat;
trainic, durabil.

Staple-*steipel* s. târg; antrepo-
zit; (de mărfuri); loc de antre-
pozit; producţiune principală (a
unei ţări); obiect principal; scoa-
bă (de broască); belciug; veriga
zăvorului; cârlig; —, a. stabilit;
principal, de antrepozit.

Star-*stár* s. stea; astru; steluţă;
(*); asterisc; *shooting*—, stea că-
lătoare; *evening*—*venus*;—*-fish*
asterie, stea mare; —, v. a. a
presărà cu stele; a presărà; a
semănà.

Starbourd-*sárbord* s. tribord,
partea dreaptă a corăbiei.

Starch-*starci* s. scrobeală;—, v.
a. a scrobì.

Starching-*stárcing* s. scrobitul.

Stare - *stéer* s. privire fixă; —,
v. n. a privì fix; a ţintì, a se
uità cu mirare.

Staring-*stéering* a. strălucitor;
sbârlit; aţintit.

Stark-*stáre* a. şi ad. tare, sdra-
văn; adevărat; curat; cu totul;
de tot, deplin.

Starless-*stárles* a. fără stele.

Starlight-*stárlait* s. lumina ste-
lelor.

Starling-*stárling* s. graur; sfă-
râmă-ghiaţă la poduri.

Starred-*stárd*, **starry**-*stári* a.
înstelat, presărat cu stele.

Start-*start* s. tresărire; avânt,
săritură; început; plecare; por-
nire; *by—s*, după toare; —, v.
a. & n. a tresărì; a sperià; a
îngrijà; a neliniştì; a se mirà;
a gonì; a se repezì; a se sculà
repede; a pune în mişcare; a
pornì, a se îndepărtà; a desco-
perì; a se ivì; a începe; a se
deşteptà; a desfundà.

Starter - *stárter* s. inventator;
autor; pornitor, care porneşte
întâi.

Startle-*stártel* v. n. a se înspăi-
mântà; a tresărì, a se sperià.

Starvation - *starvéişön* s. ina-
niţie; istovire (din lipsă de mân-
care); murire de foame.

Starve-*starv* v. a. & n. a înfo-
metà, a murì de foame; a în-
gheţà, a murì de frig.

Starveling-*starvling* a. flămând.

State-*stéit* s. stare; rang; mări-
re; demnitate; pompă; —, v. a.
a stabilì; a regulà; a declarà;
expune; a constatà.

Statecraft-*stéitcraft* s. diplo-
maţie, politică.

Stateliness-*stéillines* s. măre-
ţie; fală, pompă.

Stately - *stéitli* a. & ad. măreţ;
maiestos.

Statement-*stéitment* s. stare;
dare de seamă, declaraţie.

Statesman-*stéitsmän* s. om de
stat.

Statesmanship - *stéitsmănşip*
s. politică.

Statics-*státix* s. pl. statică.

Station-*stéişon* s. stare, poziţie;
condiţie; staţiune; post; loc;
rang; debarcader; (dr. de fer),

staţie, gară; *police-* —, post mi
litar: —, v. a. a postă; a aşeză
a pune
Stationary-*steişŏndri* a staţi-
onar; fix; nemişcat.
Stationer *steişŏner* s papetier,
librar.
Stationery-*steişŏneri* s. pape-
terie.
Statist-*stéitist* s. om de stat;
statistician.
Statistics-*stătistics* s. pl. sta-
tistică
Statuary-*stătiudri* s statuar,
sculptor de statui.
Statue-*stăciu* sau *stătiu* s. sta-
tue.
Stature-*stăciur* sau *stătiur* s.
statură; talie.
Statute-*stătiut* s. statut; lege,
regulament; — *-labour*, clacă; an-
gară.
Staunch-*stŏntş*, vide stanch.
Stave-*stéio* s. doagă; —. v. a
a desfundă, a sparge
Stay-*stéi* s. şedere; oprire; pie-
decă; stabilitate; — *at-home*, ca-
snic, om căruia îi place să stea
mereu acasă; cloşcar; — *s.* pl.
corset; —, v. a. & n. ner. (perf.
şi ptr. *staid, stayed*), a rămâne,
a sta; a (se) opri; a aşteptă; a
inţepeni, a propti cu stâlp; *to—
my coming*, a aşteptă pănă la
venirea mea.
Stead-*sted* s. loc; folos.
Steadfast-*stédfast* a. stabil; sta-
tornic; neclintit; —*ly*, ad. cu
tărie, cu statornicie.
Steadfastness - *stédfăstnes* s
tărie; putere; statornicie.
Steadily-*stédili* ad. cu tărie.
Steadiness - *stédines* s. tărie;
putere; regularitate; buna ordi-
ne, conformitate cu regule anu
mite; purtare aşezată.
Steading-*stéding* s. şură, ham-
bar.
Steady-*stédi* v. a. a asigură; a
intări; a menţine; —, a. ferm;
hotărît; constant: —l stai li-
niştit! **stai cuminte!**

Stenk-*stéio* s. bucată de carne.
Steal-*stil* v. a. & n. ner. perf.
stole, ptr. *stolen*) a furà; a se
furişa.
Stealing-*stiling* s. furt, hoţie.
Stealth-*stelth* s. furt, hoţie, *by*—,
pe furiş, pe ascuns.
Stealthily-*stelthili* ad. pe ascuns
şi împotriva legilor, în mod clan-
destin
Stealthy-*stelthi* a. pe furiş, pe
sub ascuns.
Steam-*stim* s abur, vapor; —
-boat, vapor (corabie); — *-boiler*,
cazan; — *-carriage*, locomotivă;
— *-engine*, maşină cu aburi; —
-navigation, navigaţiune cu a-
buri; — *-power*, putere de aburi;
— *-ship*, vapor; *to get up* —, a
face aburii; *to let off* —, a opri
aburii; —, v. a. a transfoimă
in aburi; a găti cu aburi: v. n.
a face aburi; a navigă cu aburi.
Steamer-*stimer*, **steamboat**-
stimbout s, vapor, corabie cu abur.
Steed-*stid* s. cal (de bătălie),
armăsar, cursier; fugar.
Steel-*stil* s. oţel; — *-works*, fa-
brică de oţel; —, v. a. a oţeli;
a căli; a întări, a împietri.
Steelyard-*stiliard* s. balanţă;
cântar
Steep-*stip* s. prăpastie; —, v. a.
a opari (ceaiu); a infusă; a tur-
nă; a înmuiă (într'un lichid);
—, a. râpos, prăpăstios.
Steeple-*stipel* s. clopotniţă.
Steeple-chase-*stiploeis* s aler-
gare, călare peste câmp.
Steepness-*stipnes* s natură pră-
păstioasă; râpoasă.
Steer-*stier* s. juncan; —, v. a.
& n. a cârmui, a navigă; a în-
dreptă; *(fig.)* a se îndrumă, a se
îndreptă; a lucră.
Steerage-*stiereij* s. cârmuire;
locul din corabie cu cele nece-
sare cârmaciului; spaţiul dintre
două punţi (pe o corabie); —
-passenger, interpuntea pasageri-
lor de clasa III — *way*, urmă,
dâra (unei corabii in mers).

Steering-*stiering* s. cârmuire.

Steersman-*stierzmăn* s. cârmaciu.

Stem-*stem* s. trunchiu, tulpină; coadă (§e fru⁓te, de floare, etc.): lăstar, peduncul; —, v. n. a se opune, a se împotrivì; a oprì (apa); a se luptă contra.

Stench *stěnţ* s. putoare.

Stencil-*stěnsil* s calibru; model; tipar.

Stenographer - *stenógrăfer* s. stenograf.

Stenographic - *stenográfic* a. stenografic.

Stenography-*stenógrăfi* s. stenografie.

Step-*step* s. pas; mers, umblet; treaptă; scară (de trăsură); piedestal (de maşină); —, v. n. a face un pas; a merge, a umblă; *by*—, încetişor; *to tike a*—, a face un pas; *to*—*down*, a se coborì, a se da jos; *to*—*up*, a se urcă; *to*—*in*, a intră; *to*—*out*, a ieşì; *to*—*forward*, a înantă; *to*-*backward*, a se dă înapoi; —-*brother*, frate vitreg — -*sister*, soră vitregă; — -*daughter*, fată vitregă; — -*father*, tată vitregl—-*mother*, mamă vitregă; — -*son*, fiu vitreg.

Stepping-stone-*stěping stoun* s. treaptă.

Stereoscope-*stéreoscoup* s. stereoscop.

Stereotype-*stéreotaip* s. stereotpie, clişeu;—, v a a steriotipă.

Sterile-*stéril* a. steril, sterp.

Sterility-*sterilìti* s. sterilitate, stărpiciune.

Sterling *stěrling* a. adevărat; curat; *one pound*—, livră sterlingă.

Stern-*stern* s. pupă, partea dinapoi a corăbiei:— -*post*, grinda dindărătul corăbiei în care e băgată cârma; —, a. aspru, straşnic, sever; —*ly*, ad cu străşnicie, cu severitate.

Sternmost-*stérmoust* a. de dinapoi; cel din urmă.

Sternness *stérnes* s. asprime, severitate.

Stethoscope-*stíthoscoup* s. stetoscop.

Stevedore-*stivedor* s. marinar care aşează încărcătura unei corăbii.

Stew-*stiū* s baie de aburi; frigere (înăbuşită) la tigaie; fierbere înăduşită; compot; *(fig)* groază, spaimă;— -*pan*, tigaie; de prăjit pe cărbuni; —, v. a. a băgă în etuvă; a fierbe înăduşit.

Steward-*stiúărd* s. intendent; econom; administrator; sofragiu; *(mar)* restaurator.

Stewardsh p-*stiúărdişp* s. slujba de intendent; de administrator la restaurant, administraţie.

Stick *stic* s baston, băt; arcuş; —, v. a. & n. ner. (perf. şi ptr. *stuck*), a lovì; a bate; a înjunghià; a tăià (o vită); a (se) lipì; a fi lipit; a infìge; a sta; a se oprì; a şovăì, a ezità; *to*—*bills*, a afişă, a lipì afişe; *to*—*out*, a ieşì în afară; a răzbì; *(fig.)* a susţine; a rezistă; *to*—*up*, a a-fişă; a aşeză drept; —, a. *stuck-up*, zadarnic, deşert; —*up*, dre t în sus; — -*ups*, s. guler separat

Stickiness-*sikines* s. viscositate.

Stickler-*sticler* s. partizan, părtaş; campion, luptător.

Sticky-*siki* a. cleios, lipicios.

Stiff-*stif* a. ţeapăn, rigid; încăpăţanat; neplăcut; —*ly*, ad. cu înţepare.

Stiffen-*stifen* v. a. &. n. a întinde; a se înţepenì.

Stiffness-*stifnes* s înţepenire; încăpăţănare.

Stifle-*stái'el* v. a. a înăbuşì.

Stigma-*stigmă* s. stigmat.

Stigmatise-*stigmătaiz* v. a. a stigmatìză.

Stile-*stáil* s. barieră; ac (al unui cadran solar).

Stiletto-*stiléto* s. stilet, (cuţit mic).

Still-*stil* s. tăcere; linişte; cazan pentru distilat, alambic; —, v.

a. a liniști; a distilă; —, a. liniștit; tăcut; blând;— -*born*, născut mort;— -*life*, natură moartă; —, ad. încă neîncetat; mereu; și totuș; cu toate acestea

Stillness-*stilness* liniște; tăcere.

Stilts-*stilts* s. pl. piciorong, cătăligă.

Stimulant-*stimiulánt* s. stimulent.

Stimulate-*stimiuleit* v. a. a stimulà; a ațâță; a îmboldì.

Stimulating-*stimiuleiting*, **stimulative** - *stimiuleitiv* a. stimulent, ațâțător, îmbolditor.

Stimulation-*stimiuléișŏn* s. stimulare, ațâțare, îmboldire.

Stimulus-*stimiules* s. stimulent, îmboldire.

Sting-*sting* s. ac (de albină); mușcătură; înțepătură; —, v. a. ner. (perf. și ptr. *stung*), a înțepà; a mușcà; (*fig*) a necăjì.

Stingily-*stingili* ad. calicește, meschin.

Stinginess-*stingines* s. meschinărie; săracie; calicie.

Stinging-nettle-*stinghing-nctel* s. urzică.

Stingy-*stingi* a. sgârcit; calic, meschin.

Stink-*stinc* s. putoare; —, v. n. ner. (perf. și ptr. *stunk*), a puțì, a mirosì urît.

Stint-*stint* s. limită, margine; —, v. a. a limità, a margini; a readuce; a oprì.

Stipend-*stáipends* salariu, leafă.

Stipendiary-*stáipendieri* a. salariat, plătit cu leafă.

Stipple-*stipl* v. a. a punctà, a face puncte (pe ceva); a însemnà cu puncte.

Stipulate-*stipiuleit* v. a. a stipulà.

Stipulation-*stipiuléișŏn* s. stipulațiune.

Stir-*stir* s. mișcare, neastâmpăr; agitațiune; tumult, zarvă, gălăgie; v. a. & n. a (se) mișcà; a pune în mișcare; a (se) agità; a ațâță; a se revoltà; a provo-

cà; *to—to*, a ațâță; *to—up*, a agità; a pune în mișcare, a întărâtă; —, a se sculà.

Stirrup-*stirŏp* s. scară (ia șeaua calului);— -*cup*, paharul de adio, (*fam.*) paharul la botul calului; — -*iron*, scară;— -*leather*, cureaua scării dela șea.

Stitch-*stilș* s. împunsătură (cu acul); ochiu (într'o țesătură, plasă); —*in one's side*, junghiu; —, v. a. a da tighel; a co:se; a broșà (cărți).

Stiver-*stáiver* s. stuvru monede mărunte.

Stoat-*stóut* s. ermelin, nevăstuică.

Stock-*stoc* s. trunchiu; buturugă; vița; neam; (bot.) micșunea (de grădină); mărfurile în prăvălie, asortiment; cravată; capital; —*s*, fonduri publice, rente de stat; *joint*-—, fonduri comune; *live*—, vite, cireadă de vite; *dead*—, material de exploatare; — -*company*, societate anonimă; — -*exchange*, bursă; *a*—*of cash*, bani gata; —*gold*, aur adunat; — -*holder*, acționar, rentier; — -*list*, cursul Bursei;— -*still*, imobil;— -*taking*, inventar; —, v. a. a prevede, a îngrijì; a aprovizionà; a asortà.

Stockade-*stokéid* s. palisadă; gard din pari, scândurisau arbuști.

Stocking-*stóking* s. ciorap.

Stoic-*stóic* s. stoic, stoician.

Stoical *stóicăl* a. stoic; —*ly*, ad. în mod stoic.

Stoicism *stóisiz n* s. stoicism

Stoker-*stóuker* s. fochist.

Stole-*stóul* s. patrair. epitrafil.

Stolid-*stólid* a. stupid, tâmpit

Stolidity *stolíditi* **stolidness**-*stólidnes* s. stupiditate.

Stomach-*stŏmac* s. stomac; poftă de mâncare; curaj; *to lie heavy on one's*—, a fi cu stomacul prea încărcat; *to turn-one's*—, a avea greață;— -*uchc*, durere de inimă; —, v. a. mistuì, a digerà; a se supărà, a se mânià; a îndurà, a răbdà.

Stomached-*stŏmăct* a. înfuriat, întărâtat.

Stomacher-*stŏˌăker* a. & s. corsagiu

Stomachic *stŏmăkic* s. leac bun de stomac.

Stone-*stóun* s. piatră; sâmbure; *precious*—, piatră scumpă;—*blin'*, orb de tot;—*blue*, scrobeală albastră;—*breaker*, tăietor de pietre;—*crop*, (*bot*) saxifragă, laptele stâncii;—*dead* mort pe loc,—*fruit*, fruct cu sâmbure;—*cutter*, pietrar;—*horse*, armăsar;—*quarry*,—*pit*, carieră de piatră;—*work*, zidărie;—*'s throw*, ăruncătură de piatră; *within a*—*'s throw*, la doi paşi;—, v. a. a omorí cu pietre, a lapidă; a scoate sâmburi din; —, a. de piatră.

Stoneware-*stóuneer* s. vase din lut şi nisip.

Stoning-*stouning* s. ucidere cu pietre, lapidare, pietruire.

Stony-*stóuni* a. pietros; de piatră; cu piatră.

Stool-*stul* s. scaun fără braţe şi fără spate; (*med*) scaun, ieşire afară.

Stoop-*stup* s. inclinaţiune (a corpului), înjosire, aplecare; (*A˙n.*) cană; —, v. n. a se apleca, a se gârbovi, a se înjosí; a se cucoţă.

Stop-*stop* s. oprire; pauză; obstacol; *a full*—, un punct;—*cock*, robinet; —, v. a. & n. a. (se) oprí; a împiedecă, a astupă; a oprí pe loc (*mar*); a încetă, a suspendă plăţile.

Stopage-*stópeij* s. piedecă; oprire; obstacol; închidere; astupare (dr. de fer); timp de oprire; încetarea (plăţile)).

Stopper-*stóper*, **stopple**-*stópel* s. dop; astupătoare; tampon; piston; —, v. a. a astupă.

Store *stóer* s. abundenţă; proviziune, merinde; magazie, întrepozit; —*s*, pl. materiale; merinde;—*house*, magazie; depozit;—*keeper*, magaziner; *to set*

great—*by*, a face mare caz de; —, v. a. aprovizionă; a prevede a înzestrá; a îngrămădí; a pune în magazie.

Storey-*stóri* s. etagiu, cat (la case).

Storied-*stórid* a. istorisit; cu etaje.

Stork-*storc* s. barză; (*bot*.) —*'s bill*, indrişaiin, piscul cucoarei.

Storm *storm* s. furtună, vijelie; asalt; —, v a. & n. a da asalt; a pricinui o furtună; a fi furtună;—*bird*, pasăre de mare palmipedă.

Storminess-*stórmines* s. stare furtunoasă.

Storming-party-*stórming party* s. trupe cari dau asalt.

Stormy-*stórmi* a. furtunos; violent.

Story-*stóri* s. istorie, poveste; fabulă; minciună; etaj;—*teller*, povestitor; mincinos; —, v. a. a povestí.

Stout-*stáut* s. bere tare; —, a. tare, puternic; gros, corpolent; curagios; hotărât;—*ly*, ad. cu putere; cu tărie; cu hotărire; vitejeşte.

Stoutness-*stáutnes* s. putere; vigoare; corpulenţă; hotărire; vitejie.

Stove-*stóuv* s. sobă; cuptor; cuptor de uscat; etuvă; *foot*—, cutie cu jăratec pentru încălzitul picioarelor.

Stow-*stóu* v. a. a strânge; a ascunde; a aşeză potrivit o încărcătură de corabie; a îngrămădí.

Stowage-*stóueij* s. aşezare la loc, încărcătură de corabie; aflare în depozit; punere în magazii.

Stowaway-*stóuŭei* s. pasager de contrabandă; iepure de casă.

Straddle-*stradel* v. n. a răscrăcănă picioarele, a merge răscrăcănat.

Straggle-*strághel* v. n. a rătăcí; a se învârtí încoace şi încolo; a se abate; a se despărţí.

Straggler-*strágler* s. vagabond, care se învârteşte încoaci şi încolo, haimană; soldat rămas în urmă.

Straight *stréit* a. & ad. drept; direct; deadreptul; pe loc; îndată.

Straighten-*stréiten* v. a. a îndreptă, a pune dre.t

Straightforward - *streitforua rd* a. drept, direct; sincer; cinstit; —*ly*, ad. de-a dreptul; pe drept; cu sinceritate.

Straightway-*stréituei* ad. îndată.

Strain-*stréin* s. sforţare; incordare, opintire; scrântire; stil; ton; melodie; chip, fel; —, v. a. & n. a întinde, a strânge; a forţă; a'şi încordă; a scrânti; a face sforţare; a se opinti; a filtra.

Strainer-*stréiner* s filtru, strecurătoare.

Strait-*streit* a. strâmt, îngust; strâmtorat; strict; neîngăduitor; intim;— *laced*, strâns, legat cu şireturi; constrâns;—*waistcoat*, cămaşă de forţa;—*ly*, ad. strâns; sever; strict.

Straiten-*stréiten* v. a. a strâmtă, a îngustă; a strânge mai mult; a restrânge.

Straitness-*stréitnes* s. strâmtoare, îngustime; asprime; lipsă de bani.

Strand-*stránd* s. mal, ţărm; margine; —, v. n. a se înămoli (o corabie); a se înămoli în nisip; a se sfărâmă (corabia).

Strange-*stréinj* a strain; straniu, ciudat; —*ly*, ad. strain, într'un mod straniu, ciudat.

Strangeness-*stréingenes* s. ciudăţenie.

Stranger-*stréinger* s. strain(ă); necunoscut(ă).

Strangle-*stránghel* v. a. a sugrumă, a strânge de gât; a înăbuşi.

Strangles-*stránghels* s pl. trohane (la cai).

Strangulation-*sti ănghiuléişón* s. sugrumare, strângere de gât.

Strap-*stráp* s. curea.

Strappado-*strápádo* s. instrument de tortură.

Strapping-*stráping* s. bandă, legătură; —, a. mare, gros; burtos.

Stratagem-*strátage ι* s. stratagemă, şiretlic.

Strategic-*strátégio* a. strategic.

Strategist-*strátégist* s.strategist.

Strategy-*strátegi* s. strategie.

Stratum-*stréitum* s. strat.

Straw-*stró* s. paie; (*fig.*) lucru de nimic;— *-hed*, mândir de paie; *not to care a—*, a nu-i păsă de loc.

Strawberry-*stróberi* s. fragă, căpşună;—*plant*,frăgar, căpşun.

Stray-*stréi* s. vită rătăcită, fără stăpân; v. n. a se rătăci; a fi rătăcit.

Streak-*stric* s. dungă; cărare; fâşie; —, v. a. a vărgă, a face dungă.

Streaky-*striki* a. vărgat, dungat.

Stream-*strim* s. curent, şiroiu, râu; *main*—, fluviu; albia râului; —, v. n. a curge, a şiroi; a străluci.

Streamer-*strimer* s. flamură; steag, bandieră; auroră boreală.

Streamy-*strimi* a. curgător, ţişnitor; parcurs de râuri.

Street-*strit* s. stradă—*door*, poartă;—*-keeper*, gardian;—*-sweeper*, măturător de stradă; —*-walker*, prostituată; *the high*—, stradă mare.

Strength-*strength* s. putere, vigoare; forţă armată; tortăreaţă.

Strengthen-*stréngthen* v. a. a fortifică, a întări; a încurajă.

Strengthener - *strénthener* s. întăritor care dă puteri, întăreşte

Strenuous-*stréniuús* a viteaz, voinic; curagios, activ; energic; —*ly*, ad. cu vioiciune; cu zel; cu inimă; cu energie.

Strenuousness-*stréniuósnes* s.

zel, ardoare; înfocare; sârguinţă · lăvnă.

Stress-*stres* s. importanţă; violenţă; putere; sforţare; (*gram.*) accent.

Stretch-*stréş* s. întindere; tensiune; sforţare —, v. a. & n. a (se) întinde; a (se) lărgì; a (se) lungì; a exaţerà; a sforţà; a s·luì; *to*—*a point*, a face mai mult decât trebuie să facă.

Stretcher-*strécer* s. targă; *glove*-—, maşină care lărgeşte mănuş·le; băt.

Strew-*stru* v. a. a presărà; a semana; a răspândì ici-colo.

Striated-*stráiete* l. a. vărgat.

Strict-*strict* a. strict; aspru; exact; —*lg*, ad. în mod strict; —*ness*, s. exactitate; severitate.

Stricture-*stricciur* s. critică; censură; semn; întipărire; strângere, sgârcire; strâmtare.

Stride-*stráid* s. săritură; pas; —, v. a. & n. a sărì peste; a face paşi mari.

Strife-*stráif* s. luptă; contestaţie, sfadă; ceartă; neînţelegere; *to be at a*—*with*, a fi în luptă cu.

Strike-*stráic* s. scândurică de ras baniţa plină; grevă (de lucrători); *to be on*—, a fi în grevă; v. a. & n ner. (perf. şi ptr. *struck*), a (se) lovì; a năpusti; a bate (ceasul); a tipărì, a bate (monetă); a strânge (pânzele); a spândì; a se părea; a descoţeri; a face grevă; a se răscula, a uimì; a înspăimântà; a (se) atacà; a (se) predà; a se supune; a stabilì; a încheià (socoteliie); *to*—*down*, a doborì; *to*—*oil*, a avea noroc; *to*—*the sands*, a se sfărâmà (corabia).

Striking-*stráiking* a. izbitor; —*ly*, ad. în mod izbitor.

String-*string* s. sfoară; panglică; ştreang; şiret; (*muz.*) coardă; fibră; fâşie fibroasă ce leagă muşchii de oase; filament; firicel, aţişoară; şir; — *beans*, fasole verde; *in a*—, înşir; —, v.

a ner. (perf. *strung*, ptr. *strung*, *stringed*), a garnisì cu frânghie, cu sfori; a înşirà; (*muz.*) a acordà; —*ed instrument*, instrument cu coarde.

Stringent-*stringent* a. strâns; întins; tare (*fig.*) aspru; straşnic.

Stringy-*stringhi* a. fibros, aţos.

Strip-*strip* s. fâşie; ruptură; bucată; petec;—, v. a. a despuià; a jefuì; a descojì; a scoate; a luà.

Stripe-*stráip* s. dungă; bandă; trăsatură; urmă; şuviţă; semn; lovitură; —, v. a. a împestriţà.

Strive-*stráiv* v. n. ner. (perf. *strove*, ptr. *striven*), a se sforţà; a se trudì; a se luptà; a încercà.

Striving-*stráiving* s. sforţare; luptă; încercare; dispută.

Stroke-*stróuc* s. lovitură; trăsatură (de condeiu); sunet; sforţare; un braţ (de lemn); *on the* —*of 12*, la ora 12; —, v. a. a mângâià.

Stroll-*strol* s. plimbare; —, v. n. a se învârtì încoace şi încolo; a umblà haimana.

Stroller-*stróler* s. vagabond; comediant ambulant.

Strong *strong* a. tare; robust; energic; violent; —*ly*, cu putere;— ·*box*, casă de fier; —·*hold*, fortăreaţă, întăritură; —·*minded*, cu bun simţ; hotărît.

Strop-*strop* s. piele (de briciu); —, a. a ascuţì (briciul) pe piele.

Strophe-*stróf* l s. strofă, stanţă.

Structural - *strócciurăl* a. de structură, de construcţiune; de alcătuire.

Structure-*strócciur* s. construcţiune; clădire; edificiu.

Struggle-*străghel* v. n. a se sforţà; a se s ate; a se luptà; a luptà contra.

Struggling-*străgling* s. luptă; sforţare.

Strum-*strŏm* v. a. a drăngănì din piano, etc.; (*fig*) a pocì, a stricà.

Strumpet-*strŏmpet* s prostituată.

Strut-*strŏt* s. mers mândru; proptea piezişă la un zid; —, v. n a se păuni.

Strychnine-*strícnin* s. strichnină.

Stub-*stŏb* s. butuc; buştean; colţ de măsea.

Stubble-*stobl* s. mirişte; paie ce rămân pe câmp după cules.

Stubborn-*stŏborn* a. încăpăţânat; —*ly*, cu încăpăţânare; —*fact*, faptă irefutabilă, ce nu se poate refuta, combate.

Stubbornness-*stŏbernes* s. încăpăţânare.

Stubby-*stŏbi* a. scund, bondoc; plin de buşteni.

Stucco-*stŏco* s. stuc, tencueală de gips, imitând marmura.

Stud-*stŏd* s. cuiu; zorzoane la frâul calului; herghelie de cai; nasture; *shirt—s*, nasturi de cămaşe; —*-horse*, armăsar; —, v. a. a garnisì cu cuie.

Studding - sail - *stŏ' ingseil* s. (*mar.*) pânză mică.

Student-*stiudeut* s. student; savant; —, a. studiat, învăţat.

Studied-*stŏdied* a. studiat; învăţat.

Studio-*stiúdio* s. atelier.

Studious-*stiúdiŏs* a. studios; silitor; îngrijitor; —*ly*, ad. cu silinţă; cu îngrijire.

Study-*tŏsdi* s. studiu; băgare de seamă; birou; meditaţie; —, v. n. & n. a studià, a învăţà; a meditâ asupra; a se silì; a se îndeletnicì.

Stuff-*stŏf* s. materie, stofă; doctorie; lucru de spiţerie sau vopsitorie; —, v. a. & n. a împănà; à (se) îndopà cu; —! aşi! aida de! **Stuffing**-*stŏfing* s. umplătură; tocătură.

Stultify-*stŏltifai* v. a. a (se) tâmpì; a (se) năucì; a (se) dobitocì.

Stumble - *stŏmbel* s. poticnire, greşeală; —, v. n. a poticnì; a se împiedecà; a greşì.

Stumbling-*stŏmbling* s. poticnire, greşeală; —*block*, piedecă.

Stump-*stŏmp* s. buturugă; bucată ruptă (din ceva), crâmpeu; estompă, (desemn); cocean; ciuntitură (la un membru); —*-foot*, olog; —, v. a. & n. a estompà; a întinde vopselele cu estompa; a şchiopătâ puţin; *to—off*, a se duce.

Stumpy-*stŏmpi* a. plin de buturugi, de buşteni; bondoc, scund.

Stun-*stŏn* v. a. a ameţì, a zăpăcì; a asurzì.

Stunt-*stŏnt* v. a. a fi împiedecat în creştere.

Stupefaction - *stiupefácşŏn* s. stupefacţiune, încremenire; năucire, tâmpire.

Stupefy-*stiúpefai* v. a. a încremenì; a se năucì; a amorţì.

Stupendous-*stiupéndiŏs* a. minunat, uimitor; prodigios.

Stupid-*stiúpid* a. stupid; prost; —*ly*, ad. în mod stupid, prost.

Stupidity-*stiuľiditi* s. stupiditate, prostie.

Stupor-*stiúpor* s. amorţire momentană; încremenire.

Sturdily-*stérdili* ad. cu tărie; cu îndrăzneală; în mod hotărît.

Sturdiness-*stérdines* s. hotărîre; putere; vigoare; bruscheţă; îndrăzneală.

Sturdy-*stérdi* a. brusc; aspru; brutal; hotărît; puternic, tare, viguros, vârtos.

Sturgeon-*stérgion* s. morun.

Stutter-*stŏter* v. n. a gângăvì; a bâlbăì, a bolborosì.

Sty-*stái* s. coteţ de porci, cocină.

Stye-*stái* s. ulcior la ochiu.

Style-*stáil* s. stil; dicţiune; mode de a vorbì; titlu; daltă; priboiu; *old—*, stil vechiu; *new—*, stil nou; —, v. a. a numì; a chemà; a dà cuiva titlul de.

Stylish-*stáiliş* a. măreţ; cochet, distins, elegant.

Suave-*suéiv* a. suav, foarte dulce, foarte plăcut.

Suavity - *siuăviti* s. suavitate, dulceaţă.

Sub-*sub* sub (prefix);— *-editor*, redactor-girant;— *-let*, a sub închiriă;— *-lieutenant*, sub-locotenent;— *-officer*, sub-ofițer.

Subaltern-*sŏbaltern*, s. și a. subaltern.

Subcutaneous-*subkiuléinus* a. sub piele.

Subdivide-*subdiváid* v. a. a subdivide, a subîmpărți.

Subdivision *subdivijŏn* s. sub diviziune, subîmpărțire.

Subdue-*sŏbdiú* v. a. a subjugă; a supune; a învinge; a stăpâni.

Suduer - *sŏbdiúer* s. învingător, cuceritor.

Subject-*sŏbgect* s. subiect; supus; (*gram.*) nominativ; —, v. a. a supune; a subjugă; a robi; a expune; —, a. supus; robit; expus la.

Subjection - *sŏbjécșŏn* s. supunere; robire.

Subjective-*sŏbjéctiva*.subiectiv.

Subjoin-*subgióin* v. a. a adăogă; a alătură

Subjugate - *sŏbgiugheit* v. a. a subjugă.

Subjugation - *subgiughéișŏn* s. subjugare.

Subjunctive-*sŭbgiŏnctiv* s. subiunctiv (*gram.*).

Sublimate-*sŏblimeit* s.sublimat, —, v. a. a sublimă.

Sublimation-*sŏbliméișŏn* s. sublimațiune.

Sublime-*sŏbláim* s. sublim: —, a. sublim; ridicat; —*ly*, ad. în mod sublim.

Sublimity-*sŏblímiti* s. sublimitate.

Sublunary-*sublóneri* a. pământesc.

Submarine-*sŏbmărín* a. submarin.

Submerge-*sŏbmérj* v. a. a înecă; a scufundă.

Submersion-*sŏbmérșŏn* s. submersiune, scufundare (în apă).

Submission-*sŏbmișŏn* s. supunere, resignațiune.

Submissive-*submisiv* a. supus.

plecat; —*ly*, ad. cu supunere.

Submissiveness - *sŏbmisivnes* s. supunere, ascultare.

Submit-*sŏbmít* v. a. & n. a (se) supune.

Subordinate-*sŏbórdineit* v. a. a subordonă, a supune la; —, a. subordonat, subaltern; —*ly*, ad. în mod subordonat.

Subordination — *sŏbordinéișŏn* s. subordinațiune.

Suborn - *sŏbórn* v. a. a ademeni; a corupe.

Subornation-*sŏbornéișŏn* s. ademenire, corupere.

Subpoena-*sŏbpína* s. (*jur*) chemare în judecată; citațiune; somațiune de a se înfățișă; —, v. a. a cită; a hotărî o zi pentru înfățișare.

Subscribe-*sŏbscráib* v. a. & n. a subscrie, a iscăli; a se abonă la; a consimți.

Subscriber-*sŏbscráiber* s. subscriitor, iscălitor; abonat.

Subscription-*sŏscripșŏn* s. subscriere, iscălitură; abonament.

Subsequent-*sŏbsicuent* a. subsequent; care urmează; urmă̆tor; —*ly*, ad. pe urmă; după aceea.

Subserve-*subsérv* v. n. a servi, a se supune, a fi sub ordinul cuiva.

Subservience - *sŏbsérviens*, **subserviency** - *sŏbserviensi* s. subordonațiune, supunere; dependență; folos.

Subservient-*sŏbsérvient* a. subordonat, inferior; ce atârnă de altul; folositor.

Subside-*sŏbsáid* v. n. a se așeză pe fund; a se domoli, a se liniști; a se lăsă; a scade.

Subsidiary - *sŏbsidieri* s. & a. subsidiar, ce vine în sprijinul unui lucru principal; ajutător; —*ies*, s. pl. trupele auxiliare.

Subsidise-*sŏbsidais* v. a. a subvenționă, a ajută cu bani.

Subsidy-*sŏbsidi* s. subvențiune, ajutor în bani, subsidiu.

Subsist-*sŏbsist* v. n. a subsistă,
a ţine; a dură: a trăi şi a se
întreţine; a există, a fi în vi-
goare.

Subsistence-*sŏbsístens* s. sub-
sistenţă; traiu, hrană; întreţinere.

Substance-*sŏbstăns* s substan-
ţă, materie, esenţialul; avere;
realitate.

Substantial-*sŏbstănţiăl* a. sub-
stanţial, esenţial; real; material;
trainic; tare; bogat; —*ly*, ad în
mod substanţial.

Substantiate-*sŏbstănţieit* v. a.
a stabili; a probă prin fapte.

Substantive-*sŏbstantiv* s. sub-
stantiv.

Substantively-*sŏbstăntivili* ad.
ca substantiv.

Substitute-*sŏbstíciuit* v a. a
substitui, a înlocui.

Substitution-*sŏbstíciuşŏn* s sub-
stituţiune, înlocuire.

Substratum-*substréitŏm* s. strat
inferior; sub-sol.

Subterfuge-*sŏbterfiuj* s. subter-
fugiu; chichiţă, pretext, mijloc se-
cret de a scăpa din încurcătură.

Subterranean-*sŏbteréinián* a.
subteran.

Subtile *sŏbtil* sau *sŏtel* a. sub-
til, subţire; fin, delicat; iscusit;
şiret; —*ly*, ad. cu subtilitate, cu
fineţă, cu iscusinţă, cu dibăcie.

Subtilisation - *sŏbtiliséişon* s.
subtilizare, subţiere.

Subtilise *sŏbtilaiz* v. a. a sub-
tiliză, a face subţire, mărunt; a
rafină; a raţiona cu prea mul-
tă fineţă

Subtility-*sŏbtiliti* s. subtilitate,
fineţă; iscusinţă; şiretenie.

Subtle-*sŏtel* a. subtil, fin; iscu-
sit, şiret.

Subtlety-*sŏtelti* s. subtilitate, fi-
neţă; viclenie, iscusinţă.

Subtract-*sŏbtráct* v. a a scade;
a scoate.

Subtraction-*subtrácşŏn* s. scă-
dere, scoatere.

Suburb-*sŏberb* s. suburbie, ma-
hala; —*s*, pl împrejurimea ora-

şului; mahalalele dosnice.

Suburban-*sŏbărbăn* a.suburban,
de mahala.

Subversion-*sŏbvérşŏn* s. nimi-
cire; răsturnare.

Subversive *sŏbvérsiv* a. subver-
siv, nimicitor.

Subvert-*subvért* v. a. a nimici,
a răsturnă.

Subverter-*sŏbvérter* s. distru-
gător.

Subway-*sŏbuei* s. galerie sute-
rană.

Succeede-*sŏcsíd* v. a. & n. a
(se) succede; a (se) urmă; a is-
buti, a reuşi.

Succes-*sŏcsés* s. succes, isbutire,
reuşită.

Successful-*sŏcsésful* a. fericit;
norocos, cu noroc; —*ly*, ad. cu
succes; cu noroc; în mod fericit.

Succession-*sucsésŏn* s. succe-
siune; urmare; moştenire; pos-
teritate.

Successive-*sŏcsésiv* a succesiv,
neîntrerupt; —*ly*, al. în mod
succesiv.

Successor-*sŏcsésŏr* s. succesor,
urmaş.

Succinct - *sŏcsínct* a. succint,
scurt, în puţine vorbe; —*ly*, ad.
scurt, în puţine vorbe.

Succour-*sŏcor* s. ajutor; —, v.
a. a ajuta.

Succulence-*sŏkiulens* s. zămo-
şie, natură succulentă.

Succulent-*siukiulent* a. sucu-
lent, zămos; gustos.

Succumb-*sŏcŏmbv*.a.asucombă.

Such-*sŏtş* a. şi pron. astfel, de
asemenea; cutare; a tare; aşa;
—*as*, aşă cum; ca; la fel; acei,
acele; aceia, acelea... cari; —*a a-
ne*, un astfel; aşă de.

Suck *sŭc* v. a. & n. a suge: a
sorbi; a bea; a respiră; a aspiră.

Sucker-*sŏker* s. sugător; sugă-
toare; piston de pompă.

Sucking-*sŏking*, a. sugător;—
pig, purcel de lapte;—*pipe*, ţea-
vă de aspiraţiune; *pump*, pem-
pă aspiratoare.

Suckle-*sŏkl* v. a. alăptà, a da ţáţă.

Suckling *sŏkling* s. copil de ţáţă.

Suction-*sŏcşŏn* s. sugere.

Sudden-*sŏden* a. năprasnic, subit, fără veste; —*ly*, ad. repede, de odată, numai decât; *on a*—, de odată.

Suddeness-*sădenes* s. iuţeală năprasnică.

Sudorific-*siudorific* s. sudorific, (leac) de asudare; —, a sudorific.

Suds-*sŏds* s. apă de săpun.

Sue *siŭ* v. a. & n. a implorà, a rugà fierbinte; a da in judecată.

Suet-*siŭit* s. grăsime de vacă; seŭ de vacă.

Suffer-*sŏfer* v. a. & n. a permite; a tolerà; a suferì; a răbdà, a indurà.

Sufferable-*sŏferăbl* a. de suferit, de răbdat; suportabil.

Sufferance-*sŏferăns* s. suferinţă; răbdare; toleranţă; *on* —, prin toleranţă.

Sufferer-*sŏferer* ś. care suferă; pacient; victimă.

Suffering-*sŏfering* s. suferinţă.

Suffice-*sŭfais* v. n. a ajunge, a fi de ajuns.

Sufficiency-*sŭ'işensi* s. suficienţă; indestulare; talent, capacitate.

Sufficient-*sŭfişent* a. suficient, de ajuns; destul; —*ly*, ad. destul; de ajuns.

Suffocate *siŭfokeit* v. a a sufocà; a asfixià; a inăbuşì.

Suffocation-*siŏfokéişŏn* s. sufocare; inăbuşire.

Suffragan-*sŏfrăgăn* s sufragant, ce ţine de un mitropolit.

Suffrage-*sŏfreiĵ* s. sufragiu, vot.

Suffuse-*sŏfiŭz* v. a. a răspândì, a imprăştià; a acoperì.

Suffusion-*sŭfiŭjŏn* s. vărsare; răspândirea unei umezeli sub piele; acoperire.

Sugar-*şugher* s. zahăr; —, v. a. a zaharisì; *(fig.)* a indulcì; *moist*—, zahăr rafinat o singură

dată; *barley*-—, zahăr de orz; *brokn*—, zahăr brut; *lump*—, zahăr căpăţână; *sifled*—, zahăr pisat;—*almond*, pralină, cofetură, migdală zaharisită;—*bak.r*, cofetar;— -*basin*, zaharniţă;— -*candy*, caniel;— -*cane*, trestie de zahăr;— -*house*, fabrică de zahăr;— -*loaf*, căpăţână de zahăr;— -*mill*, moară de trestie de zahăr;— -*nippers*, cleşte pentru zahăr;— -*plum*, cofeturi;— -*sifter*, linguriţă pentru zahăr;— -*tongs*—, cleşte pentru zahăr.

Sugary-*şiugheri* a. zaharisit.

Suggest-*sŏgést* v. a. a sugerà; a inspirà; a insuflà, a insinuà.

Suggestion-*sŏgéstiŏn* s. sugestiune, inspiraţiune; insuflare, insinuare.

Suicidal-*siŭisailel* a. de sinucidere.

Suicide-*siŭisaid* s. sinucidere; *to commit*—, a se sinucide.

Suit-*siŭt* s. asortiment; colecţiune; rând de haine; cerere; rugăminte; cerere in căsătorie; proces, urmărire prin judecată; serie; urmare; *a*—*of chlotes*, un rând de haine; —, v. a. & n. a (se) potrivì; a şedeà (cuiva); a mulţumì; a impăcà.

Suitability-*sutabiliti*, **suitableness**-*siŭtablenes* s. conformitate; potrivire; cuviinţă.

Suitable-*siŭtăbl* a. convenabil, ce se cuvine; conform, potrivit cu.

Suitably-*siŭtăbli* ad. in mod convenabil; potrivit; cum se cuvine.

Suit-*suit* s. şir.

Suitor-*siŭter* s. suplicant; aspirant, pretendent la mâna unei fete; amànt.

Sulk-*sŏlc* v. n. a fi imbufnat; *to*—, *to be in the*—*s*, a fi imbufnat, a face mutre.

Sulkiness-*sŏlkines* s. imbufnare.

Sulky *sŏlki* a. morocănos, ursuz, imbufnat.

Sullen-*sŏlen* a. posac, posomorit; supărat; trist; imbufnat; incăpăţânat; —*ly*, ad. cu un aier posomorit cu încăpățâuare

Sulienness *sŏlenes* s. aer posomorit; mâhnit; încăpățânare.

Sul·y-*sŏli* v. a. a murdări; a păta.

Sulphate-*sŏlfcit* s. sulfat.

Sulphide-*sŏl aid* s. sultură.

Sulphur-*sŏljer* s. sulf, pucioasă,

Sulphuric-*sŏlfiúric* s. sulfuric.

Sulphurous-*sŏljerŏss* sulfuros.

Sultan-*sŏltăn* s. sultan.

Sultana *sŏltără* s sultană; —*s* — *-raisines*, stafide uscate fără țâmburi.

Sultaness *sŏldnes* s. sultana.

Sultriness-*tŏltrines* s. căldură înnăbușitoare.

Sultry-*sŏltri* a. de o căldură înnăbușitoare

Sum-*sŏm* s. sumă; total; problemă; socoteală; rezumat; —, v. a. a aduna; a socoti; a rezumă; *to—up*, a face sumă total, în rezumat.

Summar y-*sŏmerli* ad. în mod sumar, cu puține cuvinte, pe scurt.

Summarise-*sŏmeraiz* v. a. a rezumă, a redă, în puține cuvinte.

Summary-*sŏmeri* s sumar; rezumat; —, a. sumar, pe scurt.

Summer-*sŏmer* s. vară; — *-house*, pavilion de vară; —, a. de vară.

Summing up-*sumungŏp* s. adunare; rezumat, prescurtare.

Summit-*sŏmit* s. vârf, creștet.

Summon-*sŏmŏn* v. a. a somă, a invită pe cale legală; a cită, a chemă în judecată; a indemnă; a excilă; a porunci.

Summoner-*sŏmŏner* s. persoană care chiamă; portărel.

Summons *sŏmunzs* somațiune; chemare în judecată; citațiune; convocare.

Sumptuary-*sŏmciueri* a. sumptuar, (legi) care restrâng luxul.

Sumptou s-*sŏmciuŭs* a. sumptous, măreț; —*ly*, ad. în mod sumptuos, măreț.

Sumptuousness - *sŏmciuŏsnes* s sumptuositate, măreție.

Sun *sŏn* s so re; —, v. a. a se încălzi la soare; — *-beam*. rază de soare; — *-bright*, radios, strălucitor; — *burnt*, ars, pârlit de soare; — *-dial*, cadran solar; — *-flower*, floarea soarelui; — *-light*, lumina soarelui; — *-rise*, răsăritul soarelui; — *-set*, apusul soarelui; — *-shine*, lumina soarelui; *(fig.)* fericire; — *-stroke*, insolație.

Sunday *sŏndei* s. Duminică; *Low—*, Duminica întâia după Paști.

Sunder-*sŏnder* v. a. a despărți; a tăiă: *in—*, în două; —, s. două părți.

Sundries-*sŏndris* a. pl. diferite lucruri; cheltueli neprevăzute, felurite; cheltueli mărunte.

Sundry-*sŏndri* a. întunecat, fără lumină; trist.

Sunless-*sŏnles* a fără soare.

Sunny-*sŏni* a. expus la soare *(fig.)* fericit.

Sunshade-*sŏnșeid* s. umbră, de soare și de ploaie.

Sunshiny-*sŏnsaini* a. de soare.

Sup-*sŏp* s. înghițitură; —. v. a. a sorbi, a înghiți, a sorbi câte puțin; —, v. n. a cină.

Superabound-*siuperăbáund* v. n. a fi în foarte mare abundență.

Superabundance - *siuperă bŏndans* s. supra abundență; prisos.

Superabundant - *siuperăbŏndănt* a. prea abundent; —*ly*, ad. mai mult de cât trebuie, cu prisos.

Superadd-*siuperád* .v. n. a adăogă peste măsură.

Superaddition-*siuperădișŏn* s. adaos, spor, sporire.

Superannuated -*siuperăniuei-ted* a. învechit, pus la pensie.

Superannuation-*siuperănuĕi-șŏn* s. punere la pensie; — *-fund*, fonduri pentru pensie.

Superb-*siupérb* a. superb; —*ly*, ad. în mod superb.

Supercargo-*siupercárgou* s. încărcătorul unei corăbii, supraveghetorul încărcăturii unei corăbii.

Supercilious *siuper-siliös* a. mândru, trufaş; arogant.

Supererogation-*siupererogheişön* s. binele făcut peste datorie.

Supererogatory-*siuprerogători* a. ce trece măsura; peste datorie.

Superficial-*super/işăl* a. superficial; —*ly*, ad. în mod superficial.

Superficies-*siuperfişis* s. suprafaţă, întindere.

Superfine-*siuperfain* a. super fin.

Superfluity-*siuperfluiti* s. superfluitate, prisos.

Superfluous-*siupérfluös* a. superfluu, de prisos; —*ly*, ad. cu superfluitate, eu prisos.

Superhuman a. supra-omenesc, supra-uman.

Superintend-*siuperintend* v. a. a supraveghea.

Superintendence-*siuperinténdens* s. supraveghere.

Superintendent - *siuperintendént* s. supraveghetor; comisar; şef de gară; inspector.

Superior-*siupiriör* s. superior; şet; —, a. superior; însemnat.

Superioress-*siupiriores* s. superioară, stariţă.

Superiority-*siupirióriti* s. superioritate.

Superlative-*siupérlătiv* s. superlativ; —, a. suprem; —*ly*, ad. în gradul cel mai înalt.

Supernatural - *siupernăciural* a. supranatural; —*ly*, ad. în mod supranatural.

Supernumerary - *siupeniúmereri* s. supranumerar; figurant; —, a. supranumerar, suplimentar.

Superscribe-*siuperscráib* v. a. a pune o adresă.

Superscription-*siuperscrípşön* s. inscripţiune; adresa pe plic.

Supersede-*siuversid* v. a. a înlocui; a suprima; a amâna (un proces); a înlătura.

Superstition-*s iuperstişon* s. superstiţiune.

Superstitious-*siuperstişös* a. superstiţios: —*ly*, ad. cu superstiţie.

Superstructure - *siupers'rŏciur* s. clădire, edificiu.

Supervene - *siupervin* v. n. a supraveni, a veni pe neaşteptate

Supervise - *siupervăis* v. a. a supraveghià; a inspectă.

Supervision-*siupervijön* s. supraveghere; inspecţiune.

Supervisor *siupervăizer* s. supraveghetor; inspector.

Supine-*siupain* a. culcat pe spate; povârnit; nepăsător; —*ly*, ad. cu nepăsare.

Supineness-*siupáines* s nepăsare; trândăvie.

Supper-*sŏper* s. cină; *the Lord's* —, cina cea de taină, cina Domnului.

Supplant * söplánt* v. a. a suplantă, a înlocui, a luă locul cuiva; a pune piedecă.

Supple-*sŏpel* a. mlădios, flexibil.

Supplement-*sŏplement* s. supliment, adaus; —, v. a. a împlini; a adăugă ceeace lipseşte.

Supplemental - *suplemental*, **supplementary**-*sŏpleméntări* a. suplimentar.

Suppleness-*sŏplenes* s. mlădioşie.

Suppliant - *söplánt*, **supplicant**-*sŏplicănt* s. suplicant.

Supplicate-*sŏplikeit* v. a. a rugă fierbinte.

Supplication-*sŏplikéişön* s. rugăminte fierbinte.

Supplicatory - *sŏplikeitŏri* a. rugător.

Supplier-*sŏpláier* s. furnizor.

Supply-*sŏplai* s. aprovizionare; provizium; contribuţiune; ajutor (în bani); vărsare suplimentară (de bani); (Scoţia) locţiitor; *supplies*, pl. budgetul de cheltueli; subsidiile; trupe auxiliare (*mil*); —, v. a. a furniză; a aprovizionă; a îngriji de; a ven în ajutor; a procură; a suplini, a înlocui; *demand and —*, oferta şi cererea.

Support-*sŏpórt* s sprijin; reazem, rezemare; *in — of*, în consideraţie; in sprijinul; —, v. a. a' suportă; a susţine; a întreţine; a sprijini; a îndură.

Supportable-*sŏpórtăbel* a. suportabil; ce se poate îndură.

Supporter-*sŏpórter* s. sprijin; apărător; reazem.

Supposable - *supŏuzăbel* a. de presupus.

Suppose-*sŏpóuz* v. a. a presupune, a crede, a închipui; a socoti; (*conj*.) dacă.

Supposition - *sŏpoziţŏn* s. presupunere.

Supposititious - *sŏpoziţişŏs* a. presupus.

Suppress-*sŭprés* v. a. a suprimă; a opri; a împiedecă; a înnăbuşi; a ascunde.

Suppression-*sŏpréşŏn* s. suprimare; împiedecare; înfrânare.

Suppurate-*sŏpiureit* v.n. a scurge poroiul.

Suppuraton-*sŏpiuréişŏn* s. scurgerea poroiului.

Supremacy - *siuprémăsi* s supremaţie.

Supreme-*siuprém* a. suprem; mai presus decât totul; —*ly*, ad. în gradul cel mai înalt.

Surcease-*sŏrsis* s. încetare; curmare; oprire; întrerupere.

Surcharge-*sŏrciárdj* s. sarcină nouă adăugată la alta, suprataxă; —, v. a. a împovără prea mult.

Sure-*siuer* a. & ad. sigur; asigurat; de sigur; cu sigur nţă; *to be — !* cu siguranţa; negreşit; *I am — !* zeu! pe legea mea; *be — to...* fiţi sigur că; fiţi sigur de; —*ly*, ad. fireşte; negreşit; cu siguranţă; în siguranţă.

Sureness-*siuernes* s. siguranţă.

Surety-*şiuerti* s. siguranţă; garant; garanţie; cauţiune.

Surf-*serf* s. stâncă deasupra a-

pei; întoarcere violentă a valurilor izbite.

Surface-*sérfeis* s. suprafaţă.

Surfeit-*sérfit* s. săturare; nemistuire; indigestie; (*fig*) desgust; —, v. a. & n. a (se) săturà; a (se) săturà până în gât; a (se) îndopă; a (se) îmbătă.

Surge-*sérj* s. talaz: val; —, v. a. a se ridică (o vij·lie); a (se) agită (marea).

Surgeon *sérjŏn* s. chirurg.

Surgery-*sérgeri* s ch rurgie; laboratoriu.

Surgical-*sérgical* a. chirurgical, de chirurgie.

Surlily-*sérlaili* ad. cu un aier morocănos; posomorît.

Surliness - *sérlines* s. posăcie; fire morocănoasă.

Surly - *sérli* ad. morocănos; ursuz; posac; arţăgos.

Surmise - *sermáis* s. bănuială, presupunere; —, v. a. a bănui, a presu une.

Surmount *sermáunt* v. a a trece peste, a sta deasupra; a birui, a dominà.

Surmountable *sermáuntăbl* a. peste ceeace se poate trece; lesne de biruit.

Surname *serneim* v. a. a supranumi; a porecli; a poreclă.

Surpass-*serpás* v. a. a întrece.

Surpassing-*serpás ng* a. eminent; rar; —*ly*, ad. desăvârşit, în cel mai înalt grad.

Surplice-*sérpiis* s. stihar.

Surplus-*sérplŏs*, **surplusage** s. prisos; umplutură.

Surprise-*serpráis* s. surprindere; —, v. a. a surprinde.

Surprising-*serpráising* a. surprinzător; —*ly*, ad. în mod surprinzător, într'un chip uimitor.

Surrender-*sŏrénder* s. predare; cedare; lăsare; —, v. a. & n. a (se) predă.

Surreption - *surépşŏn* s. surprindere.

Surreptitious-*suréptişŏs* a. ce

se face pe furiş şi ilicit; —*ly*,
ad. în mod clandestin.

Surrogate-*sŏrogheit* s. delegat;
—, v. a. a subrogă, a substitui,
a înlocui; a cedă (altuia) dreptul
său.

Surround-*sŏráund* v. a a îm-
prejură; a săpă împrejur; a in
conjură.

Surroundings-*rŏraundings* s.
pl. preajmă; împrejurime; co-
prins.

Survey-*sŏrvei* s. privire; inspec-
ţie; cercetare; măsurătoarea câm-
pului; —, v. a. a supraveghea;
a inspectă; a cercetă; a exami-
nă; a observa; a măsură câm-
purile.

Surveying-*servéing* s. suprave-
ghere; inspecţiune; cercetare;
măsurătoarea câmpului.

Surveyor-*servéiŏr* s. suprave-
ghetor; intendent; inspector; ad-
ministrator; expert; măsurător;
geometru.

Surveyorship - *servéiorşip* s.
inspectorat

Survival-*ser áivel* s. suprave-
ţuire.

Survive-*servăiv* v. a. & n. a
supraveţui.

Survivor-*servăiver* s. cel cu su-
pravieţueşte altuia.

Survivorship - *servăivŏrşip* s.
supravieţuire.

Susceptible-*sŏséptibel* a. sus-
ceptibil; ce se şupără lesne.

Suspect-*sŏspéct* s.·persoană sus-
pectă.

Suspect-*sŏspéct* v a. & n.a
bănui; a se îndoi de.

Suspend-*sŏspend* v. a. a sus-
pendă; a atârnă; *to*— *one's judg-
ment*, a'şi suspendă judecata;
v. n a încetă plăţile.

Suspender(s) - *sŏspénder(z)* s.
şi pl. bretele, cozondraci; ban-
daj de nosorogi, suspensorii.

Suspens-*sŏspéus* s. amânare;
îndoială; încetare; *in*—, în ne
hotărâre; la în îoială

Suspensiou *sŏspénşŏn* s. sus-

pendare (a plăţilor)— ·*bridge*, pod
suspendat.

Suspensor(y) · *sŏspénsŏr i*) s.
suspensoriu.

Suspicion-*sŏspişŏn*. s. bănuială.

Suspicious-*sŏspişŏs* a. de bă-
nuit, suspect; —*ly*, ad. cu bă-
nuială; în mod suspect.

Suspiciousness-*sŏspişŏsnes* s.
fire bănuitoare; natură suspectă

Sustain-*sŏstéin* v. a. a susţine; a
menţine; a suportă; a răbda, a
suferi; a propti; a ajută; a rezistă.

Sustainable-*sŏstéinăbel* a. de
susţinut, ce se poate susţine; ce
se poate îndură.

Sustainer-*sŏstéiner* s. susţiitor;
sprijin.

Sustenance-*sŏstenăns* s. între-
ţinere; hrană; sprijinire.

Sutler-*sŏtler* s. vivandieră, cel
ce însoţeşte o trupă spre a'i
vinde merinde; cantonier.

Suture-*siutiuers*. sutură, cleştele
capului; încheietura oaselor cra-
niului; cusătura unei răni.

Swab-*suăb* s. otreapă; cârpă de
spălat pardoseala; mătură făcută
din funii

Swaddle-*suăddel* v. a. a înfăşă
(un copil).

Swagger *suágher* v n. a face
pe fanfaronul.

Swaggerer-*suágherer* s. fan-
faron.

Swaggering-*suághering* s fan-
faronadă.

Swain-*suéin* s. tânăr; amant,
amorez; sătean; cioban.

Swallow-*suálou* s. rândunică;
gâtlej;— ·*tail*, în forma coadei
rândunicei; —, v. a. a înghiţi;
a'şi însuşi un lucru.

Swamp-*suámp* s. mlaştină, băl-
toacă; —, v. a. a cufunda; a
se cufundă; a înneca; a derăpănă.

Swampy-*suámpi* a. mlăştinos
băltos.

Swan-*suán* s. lebădă;— ·*skin*
stofă moale.

Swap-*suŏp* v a. a da un lucru
în schimbul altuia.

Sward-*suárd* s. brazdă de iarbă; pajiște; verdeață; șoriciu de râmător.

Swarm-*suárm* s. roiu; furnicar; —, v. n. a furnică, a mișună; a fi plin cu; a alergă cu grămada.

Swarthiness - *suárthines* s. culoarea neagră.

Swarthy-*suárthi* a. negru.

Swashbuckler - *suáșbocler* s. fanfaron.

Swath-*sŏáth* s. postață; brazdă de iarbă cosită.

Swathe-*suéith* s. scutec, fașă; —, v. a. a înfășa (un copil).

Sway-*suéi* s. mișcare, avânt; preponderență; influență; putere; stăpânire; balanță, legănare; —, v. a. & n. a mânui; a învârtì în mână; a stăpânì; a influența.

Swear-*suéer* v. a. & n. ner. (perf. *swore*, ptr. *sworn*), a (se) jură; a depune cu jurământ; a blestemă.

Swearing-*suéering* s. prestațiune de jurământ; jurare; înjurătură.

Sweat-*suít* s sudoare, nădușeală; oboseală; *bloody* —, emoragie de dermă (de sânge); —, v. n. a nădușì, a asudă.

Sweep *suíp* s. măturatul; curbă descrisă; încovoietură; întindere; mers; drum; mișcare alternativă încoace și încolo; *chimney* —, coșar; —, v. a. & n. ner. (perf și ptr. *swept*), a mătură; a mătură coșul; a trece repede peste; a în ovoià; a îndoì; a culreerà, a străbate; a se coborì; a se repezì.

Sweeper - *suíper* s măturător; coșar; *crossing* —, măturător de stradă.

Sweeping *suíping* a. povârnit; întins; general; atrăgător; —*s*, pl. măturături.

Sweepstake-*suípteio* s. loterie cu un singur lot; jucător care câștigă tot la pariuri.

Sweet-*suít* s. dulceață; dulcime; miros plăcut; tăcere; — a. dulce, mirositor; gustos; plăcut; frumos; drăguț; melodios; =*ly*, ad. încetișor, binișor; în mod plăcut; melodios; —-*bread*, lapte de vițel; — -*briar*, (bot.) răsură mirositoare; — -*beart*, amorez; iubită; drăguț(ă); — -*meal*, zaharicale; bomboană; dulceață; — -*scented*, parfumat; — -*stuffs*, zaharicale.

Sweeten-*suíten* v. a. a îndulcì, a zaharisì; a purifică; a ușură.

Sweetener-*suítner* s. care îndulcește.

Sweetening-*suítning* s. îndulcire; desinfectare.

Sweetness *suítnes* s. dulceață; gust dulce; suavitate.

Swell-*suél* s. umflătură; ridicătură; (*muz.*) vibrațiune; talazuri; înfumurare; —, v. a. & n. ner. (perf. *swelled*, ptr. *swell*, *swollen*, a .(se) umflă; a (se) mândrì; a se mărì; a face să vibreze; —, a. la modă.

Swelling-*suéling* s. umflătură.

Swelter *suélter* v. a. & n. a pârlì; a uscă; a svântă (poame); a înăbușì (căldura).

Swerve *suérv* v. n. a hoinărì; a se rătăcì; a se îndepărtă; a se bate.

Swift-*suí* t s. șopârlă; rândunică neagră; depunătoare; —, a. iute, repede; vioiu, sprinten; —*ly*, ad. în grabă; iute, repede.

Swiftness-*suíftnes* s. iuțeală; grabă; repeziciune.

Swill-*suíl* s. lături; sorbire cu încetul; exces de băutură —, v. a. a spălà; a beà mult; a îmbătà.

Swim *suím* s. înnotătoare; v. n. ner.(perf. *swam*, *swum*, ptr. *swum*), a înnotà; a plutì pe apă; (*fig.*) a fâlfâì; a urmà.

Swimmer-*suímer* s. înnotător.

Swimming-*suíming* s. înnotare; amețeală; — -*girdle*, cingătoare de înnotat; — -*master*, profesor de înnotat; —-*match*, pariu de înnot; — -*school*, școală de înnotat; —*ly*, ad. ușor; cu înlesnire; de minune.

Swindle-*suíndel* v. a. a escrocà, a pungàşi.

Swindler - *suíndler* s. es roc, pungaş.

Swindling-*suíndling* s. escrocherie, pungăşie.

Swine-*suáin* s. porc; — *-herd*, porcar; *a herd of*—, o turmă de porci.

Swin-*suíng* s. osci!aţiune, clătinare; scrânciob; legănătoare; leagăn; curs liber;— *-bridge*, pod plutitor;— *-door*, uşă dublă care se închide singură; —, v. a. & n. ner. (perf. şi ptr. *swung*), a (se) legănă; a mişcă; a învârti în mână.

Swinish-*suáiniş* a. porcesc; murdar; bestial.

Swipes-*suáips* s. bere proastă

Swish-*suís* v. a. a agită; a mişcă.

Switch-*suíci* s. nuia; baghetă; (dr. de fier) ac; —, v. a. a bate cu nuiaua; a schimbă acul (dr. de fier).

Switchman-*suícimăn* s. acar (linia ferată).

Swivel-*suícel* s. turnichet; aparat ce nu lasă să treacă decât câte o pérsoană;— *-gun*, tun mic de marină ce se încarcă cu mitralii.

Swoon-*suán* s. leşinare; —, v. a. a leşină.

Swoop-*suúp* s. tăbărîrea unei pasări de pradă, năpustire; *at one*—, dintr'o singură lovitură; v. a. a se năpusti asupra; a se repezi la; a răpi.

Sword-*sórd* s. sabie, spadă;— *-belt*, centuron;— *-cutler*, armurier; lustruitor de săbii — *-fish*, xifia;— *-knot*, ciucure la mânerul săbiei.

Swordsman-*súrdzmăn* s. trăgător.

Sworn *suórn* a. jurat, care 'a depus jurământ.

Sybarite-*sbbărait* s. sibarit.

Sibaritic(al)-*sbaritic(ăl)* a. vo luptos.

Sycamore - *sícămoer* s. (*bot.*) sicamor.

Sycophancy-*sí o'ănsi* s. linguşire joasnică.

Sycophaut-*síco'ănts* linguşitor josnic.

Syllabic-*silăbic* a. silabic.

Syllable-*silăbls*. silabă; *n.ono*—, o singură silabă

Syllabus-*síldbŏs* s. silabus.

Syllogism-*sílogizm* s. silogism.

Sylph-*sílf* s. silf, silfidă.

Sylvan-*sílvăn* a. păduros; câmpenesc.

Symbol-*símbol* s simbol.

Symbolic-*simbólio* a. simbolic; *—ally*, ad. în mod simbolic.

Symmetrical-*simé'ricăl* a. simetric; *—ly*, ad. în mod simetric, cu simetrie.

Symmetry-*símelri* s. simetrie.

Sympathetic - *simpathétic* a. simpatic; *—ally*, ad. cu simpatie, în mod simpatic.

Sympathise-*simpathaiz* v. a. a simpatiză; a compătimi.

Sympathy-*símpathi* s. simpatie.

Symphony *sím oni* s. simfonie.

Symptom-*símtŏm* s. simptomă.

Symptomatic - *simtomătio* a. simptomatic.

Synagogue-*sínăgŏgs*.sinagogă.

Syncope-*síncop* s. sincopă.

Syndic-*síndic* s. sindic.

Synod-*sínod* s. sinod.

Synodal-*sínodăl*, **synodic**-*sínódie* a. sinodicesc, sinodal.

Synonym-*sínonim* s. sinonim.

Synonymus-*sinónimŏs* a. sinonim.

Synonymy - *sinónimi* s. sinonimie.

Synopsis - *sinópsis* s. sinoptic, sumar.

Synoptical - *sinópticăl* a. sinoptic.

Syntax-*síntax* s. sintaxă.

Synthesis-*sínthesis* s. sintesă.

Syphilis-*sífilis* s. sifilis.

Syphilitic-*sifilitio* a. sifilit'c.

Syringa-*síríngă* s (*bot*) broştean.

Syringe-*sirinj* s. seringă, clistir; —, v a. a injectă cu seringa.
Syrup-*sirŏp* s. sirop, lichid dulce

System-*sistem* s. sistemă, sistem.
Systematic-*sistemătic* a. sistematic; —*ally*, ad. în mod. sistematic.

T

T-*ti; to a*—, în mod perfect; minunat; tocmai, exact.
Tab *tab* s. curea de pantof; încheietoarea.
Tabby-*tăbi* a. pestriţat, vărgat; care bate în ape; —, s. pisică împestriţată; moar (stofă); aparenţă undulată (pe stofă); v. a. a moară, a da ape, o aparenţă undulată (unei stofe, unui metal); a pune pete, picăţele, a împestriţă.
Tabernacle *tăbernăkl* s. tabernacol, cort (la Evrei); templu portativ cu chivotul legii; —, v. n. a stà, a şedeă un timp (undeva).
Table-*teibl* s. masă; tablă; birou; listă, index; —*s*, pl. table (joc); — *beer*, bere de masă; —*cloth*, faţă de masă; — *fork*, furculiţă; — *knife*, cuţit; — *spoon*, lingură pentru supă; — *land*, platou, şes pe vârful unui munte; — *linen*, rufăria de masă; — *talk* vorbă la masă; — *wine*, vin de masă.
Tablet-*tăblet* s. tăbliţă, placă.
Taboo-*tăbú* s. tabu, carantină; interdicţiune; —, v. a. a interzice.
Tabour-*tăbŏur* s. tamburină, tobă lungă; —, v. n. a bate din tamburină.
Tabourer-*tăbŏrŏr* s. toboşar.
Tabular-*tăbiular* a. în formă de masă.
Tabulate-*tăbiuleit* v. a. a aşeză în table; a aşeză în formă de tabele.
Tacit-*tăsit* a. tacit, mut; subinţeles; —*ly*, ad în mod tacit, sub-înţeles.

Taciturn-*tăsitern* a. tăcitern, a taciturn, tăcut.
Taciturnity-*tăsitérniti* s. taciturnitate, temperament tăcut din fire.
Tack-*tăc* s. ţintă, cuişor; *(mar.)* cotitura unui vas la stânga şi la dreapta; funie care înţepeneşte colţul de jos al unei pânze expuse vântului; *(fig.)* adunare; v. a. a legà; a însăilà; *(mar.)* a plutì în zigzag; a schimbà direcţia; a bate în cuie.
Tackle-*tácl* s. scripete; unelte, dichisuri; funii de corăbii.
Tact-*tăct* s. tact; pipăit.
Tactual *tăct/ul* a. plin de tacticâ; cumpătat.
Tactician *tactişăn* s. tactician.
Tactics-*tăctics* s. pl. tactică.
Tadpole-*tădpoul* s. mormoloc de broască.
Taffeta-*tăfetă* s. taftă.
Taffrail-*tăfreil* s. coama pupei *(mar.)*.
Tag-*tăg* s. vârful de metal (la un şnur); şnur de încheiat; — *rag*, mojicime; v. a. a ferecà; a atăţà; a adăugà.
Tag-rag-*tăg-răg*, s. canalie, mizerabil.
Tail-*teil* s. coadă; coadă (de rochie); poala, pulpana unei haine; dosul (unei monede) revers; sfârşit; boltele ultimelor arcuri ale unui pod; zidărie care propteşte; — *piece*, gravură mică la sfârşitul unui capitol; ornament pe tavan; —, v. a. a trage de coadă; *(mar.)* a atinge fundul mării cu călcâiul tălpoaiei.
Tailor-*teilŏr* s. croitor; —*ess*, croitoreasă.

Tailloring-*téiloring* s. croitorie; lucrare de croitor.

Taint-*téint* s. pată rușinoasă; infecțiune; —, v. a. a păta; a strica; a molipsì, a infectà; —*ed*, a. stricat.

Taintless-*téintles* a. fără pată; curat.

Take-*téic* v. a. & ner. (perf. *took*, ptr. *taken*), a luà; a apucà; a oprì; a captivà; a răpì; a'și însuși; a prinde; a surprinde; a închirià; a se îndreptà (spre); a se duce (la); a'și urmà (drumul); a pricepe; a tolerà; a fermecà; a place; a reușì; *to—advantage of*, a se folosì de; *to—ofter*, a se asemănà cu: *to—one for*, a luà pe cineva drept; *to—along with*, a aduce, a luà cu sine; *to—away*, a scoate, a strânge dela masă; a îndepărtà; *to—back*, a luà înapoi: *to—care of*, a aveà grijă de; a îngriji de; *to—hold*, a apucà, a pune mâna pe; *to—in*, a. primì, a admite; a înțelege; a înșelà, a păcălì; *to—leave*, a luà concediu; *to—oath*, a jurà, a depune jurământ; *to—off*, a scoate; a înlăturà; a imità; *to—on one's self*, a luà asupră'și; a se însărcinà cu; *to—place*, a aveà loc; *to—to*, a se pune la; *to be much taken with*, a fì prea aprins după; *I—it*, eu cred; mi se pare, sunt de părere; —, s. prindere; pescuit; —*in*, s. înșelăciune;— *off*, caricatură.

Taker-*téiker* s. care primește; cel ce ia în arendă, cu chirie, etc.

Taking-*téiking* s. luare; *to be in a great—about*, a fì în mare neliniște relativ la; —, a. ispititor, seducător.

Tale-*téil* s poveste, istorisire; minciună; număr;— *-beared*, pârîtor;— *teller*, povestitor.

Talent-*tálent* s. talent.

Talented-*tálented* a. talentat.

Talisman-*tálismăn* s. talisman.

Talk-*tôc* s. conversație; discurs;

flecărire; svon; —, v. n. a vorbì; a se întreține despre ceva; a flecărì; *to—one over*, a ademenì prin lingușire; a momì; *to —to one into, out of*, a înduplecà pe cineva să facă; a desfătuì să facă.

Talcative-*tócátiv* s. flecărire.

Talker-*tôker* s. vorbitor, vorbăreț; flecar; lăudăros.

Tall-*tol* a. mare; înalt.

Tallow-*tálou* s. său; grăsime;— *-chandler*, fabricant de lumânări de seu;— *-faced*, galben, palid, —, v. a. a unge cu seu.

Tallowy-*tálouí* ad. de seu; unsuros.

Tally-*táli* s. răboj; crestătură, tăietură; —, v. a. & n. a însemnà pe răboj; a se potrivì;— *man*, negustor care vinde pe datorie;— *-system*, — *-trade*, comerț cu ușurință de plată.

Talon-*tálon* s. ghiară.

Tamable-*téimăbel* a. de îmblânzit.

Tamarind-*támărind* s. fructul tamarindului.

Tamarisk-*támărisk* s tamarisc.

Tambour-*támbur* s. dairea, tobă cu clopoței; gherghef; —, v. a. a coase la gherghef.

Tambourine-*támburín* s. tamburină; dairea.

Tame-*téim* v. a. a. îmblânzì, a domesticì; —, a. îmblânzit, domesticit; supus; slab; —*ly*, ad. cu supunere, fără împotrivire.

Tameness-*téimnes* s. domesticire; sfială.

Tamer-*téimer* s. îmblânzitor.

Tammy-*támi* s. sită; strecurătoare; filtru.

Tamper-*támper* v. a. a miluì; a luà leacuri; a înmuià; a se atinge de; *to—with*, a se amestecà în.

Tan-*tăn* s. scoarță pulverisată a stejarului pentru argăsit; —, v. a. a argăsì; a tăbăcì; a arde, a pârlì (de soare);— *yard*, argăsărie, tăbăcărie.

Tandem-*tăndem* s. tandem, cabrioletă cu doi cai înaintaşi; bicicletă cu două locuri.

Tangent-*tăngent* s. tangentă.

Tangible - *tangibel* a. tangibil, care poate fi pipăit; palpabil.

Tangle-*tănghel* v. a. a încurcă.

Tank-*tănc* s. cisternă, rezervoriu

Tankard *iănkard* s. bardacă; oală; cană (de bere, de vin, etc.).

Tanner *tăner* s argăsitor, tăbăcar.

Tannery *ăneri* s. argăsire, tăbăcărie.

Tannin-*tănin* s. tanin.

Tansy-*tănsi* s (bot)caloper (neamul terigeelor).

Tantalise-*tăntălais* v. a. a chinui; a ispiti.

Tantamount-*tăntămaunt* a. echivalent, egal.

Tantivy - *tăntivi* ad. în goană mare

Tantrum *tăntrŏm* s. furie, apucături de mânie; toane.

Tap *tăp* s. lovitură uşoară; cănuţă; robinet; cârciumă; — *room*, cârciumă; —, v. a. a lovi uşor; a da cep la un butoiu; a crestă (un pom); a face puncţiune.

Tape-*teip* s. panglică de aţă; şiret; — *worm*, tenia, panglică.

Taper-*teiper* s. lumânare de ceară; făclie; lumânare de spermanţet; sfeşnic; vârf ascuţit; —, v n. a se terminá cu vârf; a. conic.

Tapestry-*tăpestri* s. tapiţerie; tapet.

Tapis-*tăpi* s. tapet; on the—, pe tapet.

Tapping-*tăping* s. dare de cep la un butoiu; puncţiune; incisiune, tăietură (în lungime).

Tapster-*tăpster* s. băiat de cârciumă.

Tar *tar* s. păcură, catran; *jack* —*tar*, marinar; *old*—, vulpe bătrână.

Tardily-*tărdili* ad. târziu, încet; cu încetineală.

Tardiness - *tárdines* s. Încetineală.

Tardy-*tărdi* a. întârziat, incet; cu întârziere.

Tare-*téer* s. neghină; dară.

Tarentula-*tărentuiă* s. tarantulă, păiajen mare

Target-*tărghet* s. ţintă; — *practice*, tragere la ţintă.

Tariff-*tărif* s tarif(ă)

Tarlatan - *tărlătăn* s. tarlatan (muselină foarte deschisă).

Tarnish-*tărniş* v a. & n. a şterge lustrul.

Tarpaulin-*tarpólin* s. muşama; pânză unsă cu păcură.

Turragon-*tărăgon* s. tarhon

Tarry-*tări* v. n. a întârziă; a se opri; a aşeză; a aşteptă; —, a. cătrănit, ca catranul.

Tart *tărt* s. tortă, prăjitură; a. acrit, acid; —*ly*, ad. cu acrime

Tartar-*tărtar* s. tartru; *to catch a*—, a se adresă la unul mai tare decât sine.

Tartish-*tărtiş* a. acricios.

Tartness *tărtnes* s. acrime.

Task-*tasc* s. sarcină, datorie; muncă, lucrare (de şcolar); scriere în plus dată elevilor ca pedeapsă; —, v. a. a impune o sarcină, o muncă; a ocupá, a da o ocupaţie; — *master*, patron, temnicer; *to tak to—for*, a cere seamă pentru, a apucá de scurt; a mustră aspru pentru.

Tassel-*tăsel* s. moţ, ciucure de (mătase); —, v. a. a garnisi cu ciucuri de mătase.

Taste-*teist* s. gust; miros; plăcere; v. a. & n. a gustá; a aveá gust; a simţi; a gustá, a mâncá (cu plăcere).

Tasted-*teisted* a. cu un gust.

Tasteful-*teistful* a. gustos; —*ly*, ad. cu gust.

Tasteless-*teistles* a. fără gust; anost.

Taster-*teister* s. gustător de vinuri, băuturi (pentru a le cercá); ceaşcă mică.

Tasty *tésti* ad. de gust plăcut,

Tatter-*táter* s. zdreanţă, cârpă; —, v. a. a sfâşià.

Tatterdemalion · *tăterdeméili-on* s. golan, descult, calic.

Tattle-*tătel* s flecărire, fleoncăni-re; —, v. a. a flecărì, a trăncănì.

Tattler-*tátler* s flecar.

Tattoo-*tátú* s. (mil.) retragere; tatuagiu; —, v. a. a tatuà, a tăià în piele d senu i, figuri.

Tattooing-*tátúing* s tatuaj.

Taunt-*tónt* s mustrare, dojană; batjocură, insultă; —, v. a. a mustrà, a dojenì; a face de batjocură; a insultă.

Taunter-*tónter* s. glumeţ, muşcător, batjocoritor.

Taunting-*tónting* s. bătaie de joc; insultă; —*ly*, ad. în bataie de joc, în râs; cu un ton insultător.

Taut-*tuát* a. foarte întins

Tautological-*tatológicăl* a. tatologic.

Tautology-*totológi* s. taftologie.

Tavern-*távern* s. tavernă, cârciumă; han;— -*keeper*, cârciumar; hangiu.

Taw-*to* s. bilă (de joc); —, v. a. a tăbăcì în alb, a argăsi.

Tawdrines-*tódrines* s. lustru mincinos, zornăială.

Tawdri-*tódri* a. pretenţios; pompos

Tawny *tóni* a. cafeniu închis; oacheş.

Tax-*tăcs* s. impozit; taxă; (*fig*) sarcină;— -*gatherer*, perceptor de contribuţii;— -*payer*, contribuabil; —, v. a. a impune o taxă; a taxà; a învinovăţì; *to lay a*—, a supune la impozit (o marfă)

Taxable-*tăcsăbel* a. care poate sau trebue să fie taxat; supus unei taxe.

Taxation-*tăcséişön* s. taxare; impozite; batjocură; insultă.

Taxicab· *tăxcăb* s. taximetru (trăsură).

Taxidermist-*tăxidérmist* a. cel ce umple cu paie.

Taxidermy-*tăxidér ni* s. împă-

iatul; umplere cu paie (a unei piei de animal).

Tea-*ti* s. ceaiu; —, a. de ceaiu; — -*board*, tavă; — -*caddy*, cutie de ceaiu; — -*chest*, ladă de ceaiu; — -*garden*, grădină unde se beà ceaiu (în Anglia); — -*kettle*, cazan de fiert ceaiu; samovar;— -*party*, o sindrofie un le se beà ceaiu;— - *pot*, ceainic;— -*service*, — -*set*, — -*things*, serviciu pentru ceaiu;— -*table*, masă pentru ceaiu; *high*—, mâncare cu ceaiu după amiazi. .

Teach-*tiţş* v. a. & n. ner. (perf. şi ptr. *taught*), a învăţà; a predà lecţie; a instruì pe cineva.

Teachable-*ticiăbl* a. ascultător.

Teacher-*ticer* s. învăţător.

Teaching-*ticing* s. învăţământ; instrucţiune.

Teal-*til* s. lişiţă, sarce.

Team-*tim* s. înhămare, înhămatul; cai înhămaţi, boi înjugaţi; şir; turmă; societate, grup

Teamster-*timster* s. conductor, vizitiu.

Tear-*tier* s. lacrimă.

Tear-*tér* v. a. & n. ner. (perf. *tore*, ptr *torn*), a rupe; a sfâşià; a smulge; a alergà repede; *to tear along*, a alergà în goana m re; —, s. ruptură.

Tearful-*tirful* a. în lacrimi; plin cu lacrimi.

Tearless-*tirles* a. fără lacrimi.

Tease-*tiz* v. a. a supără, a necăjì a dărăci, a face lânos.

Teasel-*tizl* s. (un fel de) scaiu

Teaser-*tizer* s. om supărător.

Teat-*tit* s. ţâţă; uger.

Technical-*técnihăl* a. tehnic.

Technicalities - *tecnicálitis* s expresiune tehnică.

Technology-*tecnólogi* s, tehnologie.

Tedious-*tidiŏs* s. plictisitor; obositor; —*ly*, ad. în mod plictisitor; obositor.

Tediousness— *ti diŏsnes*, **tediu** r -*tidiŏm* s. plictiseală; oboseală.

Teem-*tin* v. n. a naște; a făta; a produce; a fi însărcinată.

Teemful - *timful*, **teeming**-*timing* a. roditor; abundent

Teemless-*timles* a. sterp, neroditor.

Teens-*tins* s. pl. numerele care se termină în *teen*; *to be in one's* —, a fi de 13, 14, 15, 16, 17, 18 sau 19 ani.

Teeth-*tith* pl. de *booth*; v. n. a ieși dinții (la copii).

Teething-*tithing* s. dentițiune, ieșirea dinților.

Teetotal-*titoutăl* à. de temperanță.

Teetotaler-*titoutăler* s. persoană care renunță să bea băuturi alcoolice; membru al societății de temperanță.

Teetotalism *titoutălizm* s temperanță.

Teetotum-*titoutŏm* s. zar care se învârtește pe un fus, țilirez.

Tegument-*teghium:nt* s. tegument, învăliș (piele, păr, pene, solzi); (*bot.*) învălișul grăunțelui.

Telegram-*télegrăm* s. telegramă.

Telegraph *télegrăf* s. telegraf; —, v. a. a telegrafia.

Telegraphic-*telegrăfic* a. telegrafic.

Telegraphy - *telégrăfi* s. telegrafie.

Telephone-*téleϳŏn* s. telefon.

Telephonic-*telefŏnic* a. telefonic.

Telephony-*teléfŏni* s. telefonie.

Telescope - *télescaup* s. telescop; —-*table* masă de prelungit.

Telescopic - *telescópic* a. telescopic.

Telescopy *t.léscopi* s. telescopie.

Tell-*tel* v. a. & n. n. ner. (perf. și ptr. *told*), a zice, a spune; a povesti; a anunța, a informa; a aduce la cunoștință; a publica; a număra; — *tale*, raportor; purtător de vorbe; axiometru; contor.

Teller - *teler* s. care spune; po-

vestitor; raportor; martor; scrutător (al voturilor); casier; contabil; *fortune*—, ghicitor, ghicitoare, cărturăreasă.

Teeling - *teling* a. expresiv; ce exprimă un sentiment; energic; izbitor; mușcător, care atinge

Temerity-*temériti* s. temeritate, îndrăzneală; semeție.

Temper *timper* s. caracter; temperament; fire, dispoziție; —, v. a. a tempera, a modera; *to be in a* —, a fi rău dispus, supărat; *a good, bad,* —*ed*, de o fire bună, fire rea.

Temperament-*témperăment* s temperament.

Temperance *témperăns* s. temperanță; cumpătare.

Temperate-*témpereit* a. temperat; așezat, cumpătat; —*ly*, cu cumpătare.

Temperteness-*temperéitnes* s. temperanță, cumpătare.

Temperature - *témperăciur* s. temperatură.

Tempest *témpest* s. furtună, vijelie; uragan.

Tempestuous - *tempéstiuŏs* a. furtunos.

Templar - *témplar* s. templier, cavaler al unui ordin religios și militar; *student* (englez) în drept.

Temple-*timpl* s. templu, biserică; «Temple» (școală de drept la Londra); (*anat.*) tâmplă.

Temporal - *témpŏrăl* a. temporal, vremelnic; —*ly*, ad. vremelnicește.

Temporality-*temporăliti* s. putere temporală.

Temporarily - *témporărili* ad. temporar, pe un scurt timp.

Temporariness - *témporărines* s. stare temporıră.

Temporary - *témporări* a. temporar, vremelnic.

Temporise - *tímporais* v n a temporiza, a zăbovi în așteptarea unui timp mai priincios.

Tempt-*temt* v. a. a atenta, a ispiti, a duce în ispită; a ademeni

Temptation-*temtéișŏn* s. tentațiune, ispită.

Tempter-*témter* s. ispititor.

Temptress-*témtres* s. ispiti toare.

Ten-*ten* a. zice; —, s. zecime; a zecea zi.

Tenable-*ténăbel* a. (*mil.*) de sustinut, de apărat.

Tenacious-*tinégŏs* a. tenace, țeapăn, anevoie de smuls; memorie de fier; stăruitor, persistent.

Tenacity-*tinăsiti* s. tenacitate vârtoșie; devotament.

Tenancy-*ténanci* s. ocupare; folosința unui lucru; arendă; chirie

Tenant-*ténănt* s. arendaș; chiriaș; cel ce ține o moșie care atârnă de un feud; țiitor; —, v. a. a ține cu arendă; a arendă; a închiria.

Tenantless *ténantles* a. nelocuit; neînchiriat.

Tench-*tențș* s. lin (pește).

Tend-*tend* v. a. îngriji; a băgă de seamă; a păzi; a tinde la.

Tendensi - *téndensi* s. mișcare către ceva, tendință.

Tender-*ténder* s. ofertă, propunere; tender, vagon cu apă și cărbuni la locomotivă; — -*hearted*, simțitor; — -*loin*, mușchiu (de vacă); —, v. a. a oferi, a propune; a prezentă; a stimă, a prețui; —, a. moale, fraged; simțitor; gelos; delicat; —*ly*, ad. cu delicateță; cu blândețe; cu compătimire.

Tenderness - *téndernes* s. frăgezime; delicateță; blândețe; dragoste.

Tendon-*téndŏn* s. tendon, fașie fibroasă ce leagă mușchii de oase.

Teudril-*téndril* s. (*bot.*) cârcel (de viță).

Tenement-*ténement* s. locuință, casă; proprietăți mărginașe; moșie (arendată); — -*house*, casă dată cu chirie.

Tenet-*tenet* s. dogmă, doctrină; principiu.

Tenfold-*ténfould* a. înzecit.

Tennis-*ténis* s. joc de-a mingea cu o rachetă), oină.

Tenor-*tíner* s. înțeles; cuprinsul, conținut; (*muz*) tenor; vioară, vioară cu 7 coarde.

Tense-*tens* s. (*gr.*) timp; —, a. întins; încordat.

Tension-*ténșŏn* s. tensiune; întindere, încordare.

Tent-*tent*, s. cort; șatră; —*cloth*, pânză groasă de corturi; —, v. n. a tăbărî, a așeză lagărul.

Tentative-*téntătiv* a. de încercare; —, s. tentativă, încercare.

Tenter-*ténter* s. cârlig; arac; — -*hook*, cuiu de cârlig; *to be on hooks*, a sta pe ghimpi.

Tenth *tenth* a. & s. zece; (al) zecelea, (a) zecea; —*ly*, ad. al zecelea.

Tennity-*teniúti* s. subțirime.

Tenure-*téniŏr* s. depenuința și intinderea unui feud; câștiu, datorie, venit (ce trebue plătit la termen fix).

Tepid-*tépid* a., căldicel; —*ness*, s. stare căldicică, încropeală.

Teredo-*terido* s. cariu (vierme).

Tergiversatiou-*térgiverșŏn* s. codire.

Term-*term* s. termen; sfârșit; limită; condițiune; stipulațiune, clauză; expresiune; *to be on good*—*s with one*, a fi în bune relații cu cineva; a fi prieten cu cineva; *to come to*—*s with one*, a se învoi cu cineva; a se împăcă; *to reduce to the lowest*—*s*, (*mat.*) a reduce la cele mai simple expresiuni; —, v. a. a chemă; a numi.

Termagant-*térmăgănt* a. arțăgos, gâlcevitor; —, s. furie, ciumă, femeie rea.

Terminal-*términăl* a. din urmă; extrem.

Terminate-*términéit* v. a. & n. a (se) sfârși, a (se) isprăvi; a pune capăt la.

Termination-*términeișŏn* s. (*gr.*) terminație; limită, margine; hotar; concluziune, încheiere.

Terminus-*términŏs* s. semn de hotar; debarcader (la dr. de fier).

Tern-*tern* s. rândunică de mare.

Terrace-*téräs* s. terasă; —, v. a. a zidì o terasă.

Terra-cotta-*téracóta*. teracotă.

Terrapin - *terăpin* s. broască țestoasă de mare.

Terrestrial - *teréstriăl* a. pământesc.

Terrible-*téribl* a. teribil, grozav.

Terribly-*téribli* ad. în mod grozav.

Terrier-*térier* s. câine de iepuri, vulpi.

Terrific-*terífic* a. grozav, groaznic.

Terrify-*térifai* v. a. a înspăimântă.

Territorial-*teritóur.ăl* a. teritorial.

Territory-*léritori* s. teritoriu

Terror-*téror* s. teroare, spaimă.

Terrorise-*térorais* v. a. a terorizà, a băgà în grozi.

Terrorism-*térorizm* s. terorism.

Terse-*ters* a. clar, desluşit; elegant; —*ly*, ad. cu eleganţă.

Terseness-*térsenes* s eleganţă; curăţenie.

Tertian-*térşăn* a. al treilea; —*fever*, friguri ce revin la trei zile odată.

Tertiary-*térsiers* a. terţiar.

Tesselate-*tíseleit* v. a. a lucrà în marchetărie.

Test-*test* s. probă, încercare; cercetare; (*fig*). nehenghiu, piatră de cercat (aurul); (*chim*) reactiv. substanţă ce permite à recunoaşte chimiceşte natu'a unui corp; va în care se face cupelaţiunea, cupelă; —*glass*,—*tube*, vas de cercare; —, v. a. a încercà, a pune la încercare; *to put to the*—, a pune la încercare; —, v. n. a face un testament.

Testacean-*testéişiăn* s. ţestos, broască ţestoasă.

Testacious-*testéişŏs* a. ţestos

Testament-*téstăment* s. testament.

Testamentary-*téstăménteri* a. testamentar.

Testator-*testéiter* s. testator.

Testatrix-*testéitrixs*. testatoare.

Tester-*téster* s. polog.

Testifier-*téstifaier* s martor.

Testify-*téstifai* v. a. a servì de martor; a arătà; a dovedì de.

Testily-*tístilt* ad. cu asprime; cu iuţeală.

Testimonial - *testimóuniăl* s. certificat, dovadă; mărturie.

Testimony-*téstimŏni* s. dovadă, mărturie, declaraţiune.

Testiness-*téstines* s. ursuzlic; supărare.

Testing-*tésting* s. încercare.

Testy-*tésti* a. ursuz, posac.

Tetanus *tétănŏs* s. tetanos, sgârcire violentă a muşchilor.

Tether-*tedher* s. tot ce servă a atrage, a legà (ex. legătură, lanţ, curea, etc.); lanţ; curea; —, v. a. a legà (un cal, etc. pentru a paşte); a înlănţuì *to be at the end of one's*—, a nu ştì ce să mai zică.

Tetter-*téter* s. pecingine, boală de piele.

Teutonic *tiutónic* a. teutonic.

Text-*text* s. text; —*-book*, manual.

Textile-*téxtail* a. textil, ce poate fi ţesut.

Textual-*téxtiuăl* a. textual.

Texture-*téxciur* s. ţesătură; chibzuire.

Than-*dhan* conj. ca; decât; ne.

Thank *thănc* v. a. a mulţumì; —*s*, mulţumiri; *to return*—*s*, a mulţumì.

Thankful-*thănc ul* a. recunoscător; —*ly*, ad. cu recunoştinţă.

Thankfulness - *thănofulnes* s recunoştinţă; mulţumire.

Thankless-*thăncles* a. ingrat, nerecunoscător.

Thanksgiving-*thănsghiving* s. mulţumire.

That-*thăt* pron. şi conj. acel, acela; acea, acea; aceea; ca să; pentru că; care, cari; *so*—, ca să.

Thatch-*thătş* s. acoperiş de paie; v. a. a acoperi cu paie.

Thaw-*tho* s. desgheţ; v. a. & n. a (se) desgheţa, a (se) topi.

The-*dhe* art. l (lu); — l, le; a. oa; i; le.

Theatre-*thíatre* s. teatru, spectacol.

Theatrical-*thiătricăl* a. teatral; de teatru; —*s*, teatrele, spectacolele.

Thee-*dhe* pr. te, ţie, pe tine, iţi.

Theft-*theft* s. hoţie, furt.

Their-*dhéer* pron. lor; —*s*, al lor, a lor, ai lor, ale lor.

Theism-*theizm* s. teism.

Theist-*théist* s. teist.

Them-*dhem* pr. lor, le.

Theme-*thím* s. temă.

Themselves-*dhemsélvz* pr. îşi, şi, se, înşuşi.

Then-*thén* ad. şi a. atunci, apoi, in timpul acela; după aceea; in urmă; pe urmă; prin urmare; aşa dar; de atunci; *till*—, până atunci; *now and*—, din când in când.

Thence-*thens* ad. de atunci; de acolo; din cauza aceasta.

Thenceforth-*dhentheforth*, **thenceforward**-*dhensfórward* ad. din momentul acesta; de atunci.

Theocracy-*thiócrăsi* s. teocraţie.

Theodolite-*thiódolait* s. teodolit.

Theologian-*thiológiăn* s teolog.

Theologic(al) - *thiológic(ăl)* a. teologic; —*ly*, ad. în mod teologic.

Theology *thiólogi* s. teologie.

Theorem-*thíorem* s. teoremă.

Theoretic(al) - *thiorétic(ăl)* a. teoretic; —*ly* ad. în mod teoretic.

Theorist-*thíorist* s. teoretician.

Theory *thíori* s. teorie.

Theosofy *thiósofi* s. teosofie.

Therapeutics - *thirăpiútix* s. terapeutică.

There-*dhér* ad iacă; acolo; *hero* and—ici şi acolo;—*is*,—*are este*, sunt.

Thereabout-*dhérăbaut* ad. aproape de acolo.

Thereafter - *dheráfter* ad. pe urmă; după aceea.

Thereat-*dheerăt* ad. pe acolo.

Thereby-*dhéerbai* ad. in modul acesta.

Therefore - *dhéerfor* ad. de aceea; deci; aşa dar; prin urmare.

Therefrom -*dheerfrom* ad. de acolo.

Therein-*dhéerín* ad. acolo; în aceasta.

Thereinto -*dhéeríntu* ad. înăuntru.

Thereof -*dheeróf* ad. despre aceasta.

Thereon-*dheerón* ad. deasupra.

Thereto -*dhertú*, **thereunto**-*dheerónt* ad. la aceasta.

Theretofore - *dheertufóer* ad. altă dată.

Thereunder-*dherónder* ad. in urmă; după aceasta.

Thereupon-*dheerópón* ad. după aceasta; atunci; acuma.

Therewith-*dheeruíth* ad. cu aceasta.

Therewithal-*dheruithól* ad. pe lângă aceasta; cu aceasta; şi mai mult.

Thermal-*thérmal* a. termal;—*naters*, terme; băi calde (la cei vechi).

Thermometer-*thermómeter* s. termometru

These-*dhis* pron. pl. aceşti, aceste; aceştia, acestea.

Thesis-*thísis* s. teză.

Thew-*thiú* s. putere musculară; muşchi.

They-*dhéi* pr. ei, ele; cei, cele.

Thick-*thic* s. grosime; parte tare; pulpă; toiu; —*head* om greoi; bădăran;— -*headed* tâmpit;— -*set*, des; scund, bondoc;— -*skinned*, nesimţitor; *to be in the*— *of it*, a fi în toiul acestui lucru; —, a. şi ad. des; gros; mare; tare; strâns; turbure; mojic; iute, repede; mult; în număr mare; a·iânc; —*ly*, ad. în număr mare; adânc; *through—and thin*, în totdeauna și pretutindeni; ori cum; chiar dacă; *to be as—as thieves*, a fi aproape de; a se înțelege de minune.

Thicken-*thiken* v. a. & n. a (se) îndesà; a (se) îngroșà; a strânge; a se însufleți; a se a-prinde; a se întunecà.

Thickenning-*thicning* s. în-grășare; condensațiune; îndesare.

Thicket-*thicket* s. deșiș, crâng.

Thickness-*thicnes* s. desime; grosime; tărie.

Thief-*thif* s. hoț, pungaș; mucul la o lumânare;— -*catcher*, agent polițienesc.

Thieve-*thiv* v. n. a furà, a pungăși.

Thievish-*thiviș* a. dedat hoției; —*ly* ad. ca un hoț; prin hoție.

Thievishness-*thivișnes* s. a-plecare pentru hoție; obicinuință la hoție.

Thigh-*thái* s. coapsă, pulpă de sus; —*bone*, femur, fluierul pi-ciorului.

Thill-*thil* s. hulubă, crac la oiște; oiște;— -*horse*, cal rotaș.

Thimble-*thimbl* s. degetar;— -*rig*, pahar de scamator;— -*rigger*, scamator.

Thin-*thin* a. & ad. subțire; rărit; clar; curat; în număr mic, în cantitate mică; —*ly*, ad. puțin; în număr mic; —, v. a. a subțià; a rărì; a micșorà; a reduce; a ușurà; a slăbì; —, s. parte sub-țire.

Thine-*dháin* pron. al tău; a ta; ai tăi; ale tale; —, a. tău, ta, tăi, tale.

Thing-*thing* s. lucru; —*s*, afa-cere; efecte; *no such—!* nici de cum; nu e așa!; *as—s go*, așa e lumea.

Think-*thinc* v. a. & n. ner. (perf. și ptr. *thought*), a (se) gândì; a cugetà; a crede; a-și închipuì; a privì; *to — much of* a aveà

o idee bună de; a socotì foarte mult.

Thinker-*thinker* s. cugetător.

Thinking-*thínking* s. gândire, cugetare; părere; judecată; *to my* —, după părerea mea; —, a. gândit, cugetat, chibzuit.

Thinness-*thines* s subțirime; micime; slăbiciune.

Third-*therd* s. a treia parte (din ceva); treime; —, a. al treilea; a treia; *the—of May*, trei Mai; *every—day*, în fiecare trei zile; *the—person*, (gra.) persoana a treia; —*ly*, ad. în rândul al treilea.

Thirst-*thérst* s. sete; —, v. n. a aveà sese; *tó—after*, a dorì mult; a'i fi dor.

Thirstily-*thérstili* ad. cu lăco-mie.

Thirsty-*thérsti* a. setos, căruia îi e sete.

Thirteen-*thértin* a. treispre-zece; —*th*, a. treisprezecea; al treisprezecilea.

Thirtieth-*thértieth* a. al trei-zecilea; a. treizece; treizeci.

Thirty-*thérti* s. treizeci.

This-*this* a. și pr. acest; aceasta; acesta; această; *between—and then* ici și colo.

Thistle-*thisel* s. scaete.

Thither-*thither* ad. acolo.

Thong-*thong* s. curea.

Thorn-*thórn* s. spin, ghimpe; întristare, mâhnire.

Thorny-*thérni* a. spinos, ghim-pos; *(fig.)* greu.

Thorough-*thŏro* prep. și a. în mijlocul, printre; razna; prin; desăvârșit, întreg; complect; de-plin; perfect;— -*bred*, (cal) de rasă, de soiu bun; adevărat; — -*poced*, desăvârșit.

Thoroughfare-*thŏrofeer* s. pasaj; trecătoare, trecere; stradă, cale; *no—!* drum oprit! circu-lația oprită!

Those-*thouz* pr. acei, acele.

Thou-*dháu* pron. tu.

Though-*dhou* conj. cu toate că,

deşi; chiar; când; totuşi; cu toate acestea; as —, ca şi cum what —, sau; even —, ori cum; chiar dacă.

Thought-*thót* s. gândire, cugetare; judecare; părere; îngrijire; —*reader*, ipnotizator; —*reading* ipnotism.

Thoughtful-*thótful* a. gânditor, adâncit în gânduri; *ly*, ad. cu reflexiune.

Thoughtfulness - *thótfulnes* s. cugetare, meditaţiune; nelinişte

Thoughtless-*thótles* a. neatent, nepăsător; zăpăcit; neascultător; — *ly*, ad cu nepăsafe; cu zăpăceală.

Thoughtlessness-*thotlesnes* s. nepăsare; nesocotinţă; nebăgare de seamă.

Thousand - *tháuzănd* s. mie (numeral).

Thousandfold - *tháuzăndfould* a. de o mie de ori atâta.

Thousandth-*tháuzănth* a. al o mielea.

Thraldom - *thróldŏm* s. sclavie, robie.

Thrall-*thról* s. sclav, rob.

Thrush-*thraş* v. a. & n. a treera; a bate, a burduşi; a lucra.

Thrashing-*thróşing* s. treerat; — *floor*, arie; făţă (de pământ); — *machine*, treerătoare.

Thread-*thred* s. aţă, fir, urmare —, v. n. a băgă în ac; a trece pe; a urmă.

Threadbare-*thrédbeer* a. jerpelit, ros; uzat.

Threat-*thret* s. ameninţare; —, v. a. a ameninţa.

Threaten-*thréten* v. a. a ameninţă.

Threatening-*thrétning* s ameninţări.

Threateningly *thrétn ngli* ad cu un aer ameninţător.

Three - *thri* a. trei; *rule of* —, regulă de trei; — *cornered*, triunghiular.

Threefold - *thrípould* a întreit.

Threepence-*thripens* s. treizeci de bani.

Threepenny-*thripeni* a. de treizeci de bani.

Threescore - *thríscoer* a. şasezeci.

Threshold - *thréshould* s. prag.

Thrice-*thráis* ad. de trei ori.

Thrift-*thrift* s. câştig, profit; economie; cumpătare.

Thriftily - *thriftili* ad. cu economie.

Thriftiness *thríftines* s. economie; cumpătare.

Thriftless-*thriftles* a. cheltuitor; darnic; netolositor.

Thrifty - *thrí ti* a. frugal, cumpătat; econom; bogat

Thrill-*thril* s. sfredel, burghiu; cutremur; —, v. a. & n. a găuri (cu un burghiu), a sfredeli; a răsbi; a face să se cutremure.

Thrilling-*thriling* a. pătrunzător; ascuţit; care răsbate; cutremurând.

Thrive - *thráiv* v. n ner. (perf. *throve* ptr. *thriven*), a prospera; a se îmbogăţi; a reuşi; a creşte.

Thriving-*thráiving* a. înfloritor; — *ly*, ad într'un mod înfloritor;

Throat-*thróut* s. beregată, gât; gâtlej; — *band*, curlluşă sub gâtul calului.

Throb-*throb* s palpitaţiune; bătaie; —, v. n. a palpită; a bate.

Throe-*throu* s durerile facerii, nelinişte adâncă; agonie.

Throne-*thróun* s. tron; *to come to the* —, a se urcă pe tron.

Throng *throng* s. gloată; grămadă, mulţime; îmbulzeală; —, v. a. & n. a se grămădi; a se îmbulzi; a asupri; a apăsă; a alergă la

Throstle-*trós.t)l* s. sturz; războiu de tors lână.

Throttle-*thrótl* s. gâtlej; larinx; —, v. a. a sufocă, a înăbuşi.

Through-*thru* pr. & ad. prin, printre; în, pe; în urmă; dintr'o parte în cealaltă; până la sfârşit; direct; — *ticket*, bilet direct; *to carry* —, a aduce la bun sfârşit; *to read anything* —, a citi tot.

Throughout *thrudut* pr. & ad. de un capăt la altul; pretutindeni; dintr'o parte la cealaltă, tot timnul; in; în tot; cu totul.

Throw *throw* v. a. & n. ner. (perf. *threw* ptr. *tkrown*) a aruncă; a asvârli; *to—away*, a lepădă, a aruncă incolo; *to—by*, a aruncă la o parte; *to—down*, a trânti la pământ; *to—out*, a aruncă afară; *to—over*, a părăsì; *to—up*, a a-runcă în sus; —, s. aruncătură; aruncare; asvârlire.

Thrum *thröm* v. a. a scârţăì (din vioară), a zdrăngănì (din pian); a ţese.

Thrush-*thröş* s. sturz; (*med.*) inflamaţia gurei şi a gâtului la noii-născuţi.

Thrust-*thröst* v. a. & n. ner (perf şi ptr. *thrust*), a împinge a străpunge; a apăsì; a silì; a (se) aruncă; a (se) repezì, a a-tacă; a (se) introduce; a (se) amestecă (pe nedrept): —, s. lovitură; imbrâncire; introdu cere cu silă.

Thumb-*thöm* s. degetul cel gros; —*latch*, clanţă;— *-ring*, inel de pecetluit;— *-screw*, cătuşi pentru cele două degete groase (dela mâini;— *-stall*, degetar de metal sau de piele la degetul cel gros; —, v. a. a mânuì cu stângăcie; a răsfoì

Thump-*thömp* s. ghiont; —, v a. a ghiontì.

Thumping-*thömping* a. gros; mare; greu.

Thunder-*thönder* s. tunet; trăsnet; —, v. a. & n a tună; a trăsnì, a face explozie; a fulgerà — *-bolt*, trăsnet, fulger; — *-clap*, lovitură de trăsnet; — *-storm*, furtună cu trăsnet.

Thundering-*thöndering* a. fulgerător, tunător.

Thunderstruck - *thönderströc* a. trăsnit; inmărmurit.

Thursday-*thörzdei* s. Joi.

Thus-*thös* ad. aşà; astfel; în modul acest*.

Thwack-*thuăs* s. lovitură mare; —, v. a. a bate, a lovì.

Thwart-*thuărt* s: bancă de vâslaşì ; —, v. a. a pune piedeci, a zădărnicì ; —, a curmeziş, piezis, oblic.

Thy-*dhái* pron. tău, ta, tei. tale.

Thyme-*taim* s cimbru; *wild—*, cimbrişor.

Thyself-*dhăiself* pron. tu insuţi

Tiara-*taiăra* sau *taiéra* s. tiară.

Tick *tic* s. insecta răiei; mielă-riţă, păduche de oi; pânză groasă de corturi ; dril (de pantaloni); mindir, saltea; faţă de pe-rină; tic tac; *bed-—*, pânză groasă de saltea; *on—*, pe datorie ; —, v. n. a face credit; a face tic-tac.

Ticket-*tiket* s. bilet; etichetă; bilet de loterie; caşet ; cartelă ; (*Am.*) buletin;— *-office*, ghişeu unde se scot bilete; — *-of — leaveman*, ocnaş liberat; —*of le. ave*, bilet de permisiune; —, v. a. a pune etichetă, a lipì o etichetă pe ceva.

Ticking *tiking* s. dril, pânză groasă de mindir; tic-tac.

Tickle-*tikl* v. a. & n a. a gâdilă; (*fig*) a măgulì.

Tickling-*ticling* s. gâdilare, gă-dilătură; măgulire.

Ticklish-*ticliş* a. gâdilicios; delicat, simţitor.

Ticklishness - *ticlişnes* s. fire gâdilicioasă ; sensibilitate.

Tide-*tâid* s. flux şi reflux; curent; curs, decurs; timp;— *-gare*, stăvilar;— *-waiter*, vameş, funcţionar la vamă; —, v. n. a plutì; *to—over*, a trece o dificultate.

Tidily-*tăidili* ad. curat.

Tidiness-*tăidines* s. curăţenie.

Tidings-*tăidings* s. pl. noutate, veste.

Tidy-*tăidi* a curat ; bine rân-duit; dibaciu.

Tie-*tái* s. nod; legătură; *nesk—*, cravată; legătură de gât; —, v. a. a legă; a consirânge, a silì

Tier-*tir* s. rang; rând, şir.

T.ff-*tif* s. inghiţitură (de băutură; capriţ, toană; ceartă pentru un lucru de nimic.

Tiffany-*tifăni* s. gaz de mătase.

Tiger-*táigher* s. tigru; lacheu mic.

Tight-*táit* a. strâmt; foarte întins; bine închis; sgârcit; (*Am.*) econom; curat; *to hold*—, a ţine sdravăn; —*waistcoat*, cămaşă de forţă; —*ly*, ad. strâmt; tare; cu dibăcie.

Tighten-*táiten* v. a. a strânge; a întinde; a incordà.

Tightness-*táitnes* s. s'râmtoare; întindere; impermeabilitate; vide *thight*.

Tights-*táits* s. pl. iţari, pantaloni strâmţi; tricou (la baletiste).

Tigress-*táigres* s. tigroaică.

Tilbury-*tilböri* s. tiburi, gabrioletă deschisă şi foarte uşoară.

Tile-*táil* s. ţiglă, olană; —*maker* lucrător de olane; olar; —, v. a. a acoperì cu olane.

Tiler-*táiler* s. acoperitor de olane.

Tiling-*táiling* s. acoperiş acoperit cu olane.

Till-*til* s. cutie; sertar; tejghea; —, v. a. a cultivà, a arà; pr. şi conj. până; până ce; până să.

Tillage-*tiledj* s. cultură; aratul; arătura.

Tiller-*tiler* s. cultivator; plugar; cârmă; cutie; mlădiţă.

Tilt-*tilt* s. cort, şatră; ţol de cort de trăsuri; lovitură (cu lancea); luptă cu lancea pe cai; locul de întrecere; coviltir;— -*hammer*, ciocan (de uzină) mişcat de apă; —*yard*, loc ingrălit; —, v. a. & n. a acoperì cu un ţol; a coviltirì; (*mar.*) a se aplecà într'o parte; a se luptà cu lancea călare; a lovì cu suliţa.

Tilter-*tilter* s. luptător (cu lancea).

Tilth-*tilth* s. arat, arătură.

Timber-*timber* s. cherestea;— -*work*, lemnărie pentru o zidire, grindiş; —*yard*, depou de lemne; scânduri; —, v. a. a căptuşì, a îmblănì cu lemn.

Timbering-*timbering* s. lemnărie de căptuşit.

Time-*táim* s. timp; dată; (*muz*) cadenţa, măsură; tempo; —*essay*, compoziţiunea (şcolarului): *in*—, cu timpul; la timp; *in the mean*—, deocamdată; până una alta; —*paper*, extemporal; *behind*—, întârziat; *to beath*—, a bate măsura (la muzică); *at the same*—, în acelaş timp; *it is high*—, e deja timp; *to be near one's*—, a fi aproape de timpul facerii (la femei); *to kill*—, a'şi trece vremea; *to have a fine*—, a'şi trece vremea de minune; —*and again*, din când în când; *in the nik of*—, la vremea hotărâtă; îndeajuns; —*s. out of mind*, în timpurile strevechi; *to waste*—, a pierde timpul; —*keeper*, cronometru; — -*piece*, pendulă (ceasornic); — -*server*, amabil; — -*servin;*, slugărnic; — -*table*, indicator; —, v. a. a potrivì la timp; a regulà; a măsurà.

Timed-*táimd* a. la timp; făcut la timp; *well*—, la timp, venit la timpul şi locul său; *il*—, la timp nepotrivit.

Timeliness-*táimlines* s. apropo, la timpul şi locul său.

Timly-*táimli* a. & ad. oportun; apropo, la timp.

Timid-*timid* a. timid, sfios; —*ly*, ad. cu timiditate, cu sfială.

Timidity-*timiditi*, **timidness**-*timidnes* s. timiditate, sfială.

Timorous-*timöros* a. temător de Dumnezeu; timid, sfiios; fricos.

Tin-*tin* s. cositor; tinichea; v. a. a spoì cu cositor, cu arginviu (la oglinzi); —*man*, tinichigiu; — -*plate*, tinichea; tablă de fier;— -*vare*, tinichigerie;— -*vorker*, tinichigiu.

Tincture-*tincciur* s. nuanţă de culori amestecate; tinctură; (*fig.*) spoială; —, v. a. a boì; a vopsì; a întipărì (în memorie).

Tinder-*tinder* s. iască;— -*box*, brichetă, scăpărătoare.

Tinea-*tínea* s. boală de păr; căderea părului în parte.

Ting-*ling* v. n. a bălăngăi, a bate clopotul (numai în o singură parte); —, s. sunetul (unui clopot).

Tinge-*lindj* v. a. a boï; a colora, a văpsi; —, s. nuanţă (de colori amestecate).

Tingle-*tingl* v. n. a mişuna, a furnica; a ţiuì, a suna.

Tingling - *tingling* s. sunetul (unui clopot); dăngăt; ţiuitură; furnicare; tresărire.

Tinker-*tinker* s. căldărar.

Tinkle-*tinkl* v. a. & n. a ţiuì; a suna; a zăngăni; a face să răsune.

Tinkling-*tinkling* s. zăngănit.

Tinman-*tinmăn* s. tinichigiu.

Tinner-*tiner* s. lucrător (la o mină de cositor).

Tinsel-*tínsel* s. fluturaş (de aur, argint, etc.); (*fig.*) strălucire (falşă); —, a. fals, bătător la ochi; —, v. a. a împodobi cu fluturaşi (de aur, argint, etc.)

Tint-*tint* s. coloare, faţă; nuanţă; —, v. a. a da o coloare, a nuanţa.

Tiny-*táini* a. subţire; foarte mic.

Tip-*tip* s. capăt; vârf; cadou; bacşiş; —, v. a. a pune un vârf; a garnisì vârful; a lovì uşor; a face un cadou; a da un bacşiş; — *-toe*, vârful piciorului; — *-top*, s. culme, vârf; — *-top*, a. în gradul cel mai înalt.

Tippet-*tipet* s. pelerină; guleraş, horbotă de gât (la femei); *fur*—, palatină, blană ce poartă femeile pe umeri şi pe gât.

Tipple-*tipel* s. băutură îmbătătoare; —, v. n. a beà; a se îmbăta.

Tippler-*tipler* s. băutor, beţivan.

Tippling-*tipling* s. beţie;— *-house*, cârciumă.

Tipstaff-*tipstăf* s. baston cu tildeş (ce purtau portăreii şi acum paracliserii; portărel; gar-dist; sergent de poliţie în Anglia.

Tipsy-*tipsi* a. beat; îmbătat; *to get*—, a se îmbăta.

Tire-*táier* s. cerc de roate; podoabă, găteală; —, v. a & n. a (se) obosì, a (se) ostenì: a gătì.

Tired-*táird* a. obosit, ostenit.

Tiresome - *táirsöm* a. obositor; plictisitor; — *ess*, s. oboseală; plictiseală.

Tiring-room-*táieringrum* s. cabinet de toaletă.

Tissue-*tişiu* s. brocat (stofă de mătase cusută cu aur sau cu argint); ţesătură;— *-paper*, hârtie de mătase; —, v. a. a amesteca în ţesutul unei stofe fire de aur sau de argint; a ţese; a brodà.

Tit-*tit* s. căluşel; piţigoi, ţiglean; — *for tat*. răspunsul e la înălţimea atacului; nimic nu e fără parale; daì, ieì, nu daì, nu ieì (fr. à bon chat, bon rat; donnant donnant); *to give—for that*, a o coace (cuiva), a o face; a răsplătì cu aceiaş monedă.

Titbit-*titbit* s. trufanda, bucată delicată.

Tithe-*táidth* s. dijmă, zeciuială; — *-collector*, perceptorul dijmei; — *-free*, scutit de dijmă.

Tither-*táidher* s. perceptorul dijmei.

Tithing-*táidhing* s. dijmă.

Titillate-*titileit* v. n. a gădilà; a pişcà.

Titillation - *titileişon* s. gădilătură.

Title-*táitl* s. titlu; nume;— *-deed*, document, titlu de proprietate; — *-page*, titlul unei cărţi; —, v. a. a întitula; a da un titlu; a numì.

Titmouse - *titmmus* s. piţigoiu, ţiglean.

Titter-*titer* s. rânjitul; —, v. n. a rânjì.

Tittle - *titel* s. punct, iotă; cel mai mic lucru,— *-tattle*, palavre, flecărie.

Titular-*titulăr* a. titular.

To-tu prep. la; în, spre; pe, că-
tre; până (la); subj. ca să;—
day, astăzi: *to—morrow*, mâi-
ne: *as—*, cât despre; cât pri-
veşte

Toad-*toud* s. broască râioasă,—
-*eater*, linguşitor josnic; lingău

Toadstool-*tóudstul* s. (*bot.*) bal-
bisă.

Toadyism-*tóudiizm* s slugăr-
nicie.

Toast-*tóust* s. felie de pâine
prăjită; toast, închinare în să-
nătatea cuiva; a prăji; a ţine
un toast.

Toaster-*tóuster* s. maşină de
fript

Toastingfork *tóustigforcs.* fur-
culiţă de ţinut pâine la prăjit
pe foc

Tobacco-*tobácou* s. tutun;—
-*box*, cutie pentru tutun;—-*pipe*,
lulea; —-*pouch*, pungă pentru
tutun.

Tobacconist-*tobácounist* s. tu-
tungiu.

To-day *túdei* ad astăzi.

Toddle-*tódel* v. n. a umbla în-
cet; a se clătina; *to—off*, a se
cără, a şterge.

Toe-*tou* s. deget la picior.

Toffe-*tófi* s. caramel.

Toga-*tóugă* s. toga, haină lungă
peste tunică (la Romani).

Toghether - *toghédher* ad. îm-
preună; în acelaş timp, tot de
odată.

Toggery-*tóugheri* s. haine, îm-
brăcăminte; zorzoane

Toil-*tóil* s. osteneală; trudă;
muncă; laţ; —, v. n. a munci
mult; a se obosi peste măsură.

Toiler-*tóiler* s muncitor.

Toilet-*tóălet* s. masă de toaletă.

Toilsome - *tóilsŏm* a. opositor;
greu

Token-*tókn* s. semn; amintire,
cadou

Tolerable *tólerŏbl* a. tolerabil,
ce se poate suferi.

Tolerably-*tólerăbli* ad. binişor.

Tolerant-*tólerant* a. tolerant,
răbdător

Tolerate-*tólereit* v. n. a tolerà,
a răbda.

Toleration - *toleréişŏn* s tole-
ranţă.

Toll-*tol* s. taxă de trecere; va-
mă; v. a. & n. a bălăngăni; a
sunà; a impune o taxă;—-*bar*,
barieră;—-*collector*, perceptorul
taxei de trecere (pe un pod, etc.).

Tomahawk-*tómăhoc* s. măciuca
Peilor Roşii.

Tomato-*toméitou* s. pătlăgea ro-
şie.

Tomb-*tŏm* s. mormânt;—*stone*,
piatră mormântală.

Tomboy-*tomboi* s neastâmpă-
rată, ştrengăroaică, fată cu ma-
niere de băiat.

Tomcat-*tŏmcăt* s. cotoiu.

Tomfool-*tón ful* s. ageamiu, ne-
ghiob.

Tomfoolery - *tomfúleri* s ne-
ghiobie, nerozie.

To-morrow-*tumórou* ad. mâi-
ne; *the day arter—*, poimâine.

Tomtit-*tóm-tit* s pitigoiu, ţiglean.

Ton-*tŏn* s butoiu; tonă.

Tone-*tóun* s ton; accent; *high*
—*d*, sonor, cu sunet frumos

Tongs-*tŏngs* s pl. cleşte.

Tongue-*tŏng* s. limbă; vorbire;
limbagiu; limbă debalanţă,etc.);
to hold one's—, a tăcea; *a slip
of the—*, i-a luat gura pe dinainte;—-*tied*, care are o aţă sub
limbă; (*fig.*) care vorbeşte puţin.

Tongueless-*tŏngles* a. mut; cu
un ton slab.

Tonic-*tónic* a. tonic; (*med*) to-
nică; (*muz*) tonic.

Tonnage-*tŏneidj* s ton giu.

Tonsil-*tónsil* s amigdale.

Tonsorial-*tonsóriăla* de bărbier.

Tonsure-*tónşŏr* s. tunsură.

Too-*tu* ad. prea mult; prea; de
asemenea.

Tool-*tul* s. unealtă, instrument.

Tooth-*tuth* s. *teeth*, pl. dinte;
gust: —, v. a. a face dinţi; a
dantelă, a tăia (sau) crestà în

forma dinților;— -*ache*, durere de măsele;— -*brush*, perie de dinți;— -*drawer*, dentist;— -*pick*, scobitoare de dinți;— -*powder*, prafuri de dinți;— -*eye*—canin, dinte câinesc; *wisdom*— —, măseaua minții; *to have a sweet*—a-i plăceà zaharicalele; (*fig.*) a-i plăceà lingușirea; *to set one's teeth on edge*, a sterpezì dinți; *to grind one's teeth*, a scrâșnì din dinți; *to cast in one's teeth*, a reproșà cuiva; *in one's teeth*, în față, în ochi.

Toothless-*túthles* a. știrb, fără dinți.

Top-*top*, creștet, vârf; culme, coama (casei); suprafață (apei); polog; creștetul capului; podișor la catart; cap; resfrântătură (de cizmă); *from*—*to toe*, din creștet până'n talpă;— -*gallant*, catart; pânza lui prăjină d'asupra catartului de cafas;— -*heavy*, beat; — -*knót*, egretă, moț (la păsări); — -*mast*, catart, cafasul catartului; —, v. a. & n. a încoronà; a tăià capul; a tunde pomi; a se înălțà; a întrece pe ceilalți; a urcà (un munte); —, a. de sus.

Topaz-*tópăz* s. topaz.

Tope-*tóup* v. n. a beà peste măsură.

Toper-*tóuper* s. bețiv.

Topic-*tópic* s. subiect, tema; (*med.*) medicament extern.

Topical-*tópicăl* a. topic.

Topmost-*tópmoust* a. sus de tot.

Topographic(al) - *topógră-tic(ăl)* a. topografic.

Topography-*topográfi* s. topografie.

Topological-*topológicăl* a. topologic.

Topple-*tópl* v. n. a cădeà; a se prăbuși, a se surpà; a se rostogolì, a se prăvălì.

Topseil-*tópseil* s. pânză pusă pe un catart de cafas.

Topsy-turvy-*topsitérvi* ad. clae peste grămadă.

Torch-*tortș* s. torță, faclă;— -*bearer*, făclaș.

Torment-*tórment* s, chin; tortură; durere.

Torment-*tormént* v. a. a chinuì; a torturà; a necăjì.

Tormenter - tormentor - *torménter* s. chinuitor; călău.

Tornado - *tornéidou* s. vijelie, furtună pe mare.

Torpedo-*torpídou* s. torpilă.

Torpid-*tórpid* a.amorțit, toropit.

Torpor-*tórpor* s. amorțire, toropeală.

Torrent-*tórent* s. torent.

Torrid-*tórid* a. torid, arzător, fierbinte.

Tortoise-*tórtŏs* s. broască țestoasă;— -*shell*, țeastă de broască țestoasă.

Tortuous - *tórciuŏs* a. întortochiat.

Torture-*tórciur* s. tortură; *to put to the*—, a schingiuì; —, v. a. a torturà, a schingiuì.

Torturer-*tórciurer* s. care torturează, călău.

Tory-*tóri* s. tory, membru în partidul conservator în Anglia.

Toss-*tos* s. sguduitură; aruncare când într'o parte când într'alță; mișcare din cap; dare din cap; —, v. a. ner. (perf. și ptr. *tost*), a aruncà; a aruncà de colo până colo; a asvârlì;— -*pot*, băutor, bețivan; *to*—*up*, a aruncà în aer; a jucà de-a rișcà.

Total-*tóutăl* s. total, sumă; —, a. desăvârșit, întreg, deplin ; —*ly*, ad. cu total; de tot.

Totality - *totăliti* s. totalitate, toți; total, sumă.

Totter-*tóter* v. a. a se clătinà; a tremurà; a șovăì; *all of a*—, tot tremurând.

Touch-*tŏșt* s. atingere; pipăitul; cuvânt; trăsătură; cantitate mică; tact; sentiment;— -*hole*, gaura prin care se dă foc tunului; — -*stone*, mehenghiu, piatră de cercat aurul;— -*wood*, iască; *to keep*—, a se ține de cuvânt; —,

v. a. & n. a pune mâna; a (se) atinge; a atacà; *to—at*, a se apropià, a ajunge la ţărm (corabia); *to—one's hat to a person*, a saluta pe cineva; *a litle—ed*, cam ţicnit; *touch me-not*, (*bot.*) *noli me tangere* nu mă atingeţi.

Touchiness-*tŏcines* **s.** sensibilitate; însuşirea de a fi prea simţitor de a se supăra uşor; supărare, necaz.

Toachy-*tŏci* **ad.** supărăcios; ce se supără lesne.

Tough-*tŏf* **a.** mlădios; viguros, tare, ţeapăn.

Toughen-*tŏfen* **v. a.** a întări; a stà ţeapăn.

Tour *tur* **s.** turneu; călătorie.

Tourist-*túrist* **s.** turist.

Tournament-*túrnament* **s.** turnir, serbare militară în care se luptă călare şi cu arme neascuţite.

Tout-*tắut* **v.** a prinde muşterii, a alergă după muşterii (clienţi); *to—for*, a umblà după.

Touter-*táuter* **s.** solicitator; vânzător de mărfuri care aleargă după clienţi.

Tow-*tóu* **s.** câlţi, cânepă dărăcită; tragere la edec; odgon de tras o luntre; *to take in—*, a trage cu otgon;— -*boat*, remorcher, luntre care trage alte luntrii după sine;— -*line*, edec, odgon; — -*path*, drumul edecului; —, **v.** a trage la edec; a remorcà.

Towage-*tóeidj* **s.** tragere la edec; remorcare.

Toward- *tóerd*, **towards** - *tóuerds*, **ad.** spre; către; lângă, aproape de; în privinţa; pe.

Towel-*táuel* **s.** prosop;— -*horse*, loc de uscat.

Towelling - *táuveling* **s.** pânză pentru prosoape.

Tower-*táuer* **s.** turn; fortăreaţă; —; **v. n.** a se ridicà, a se înălţà; a se urcà.

Towering-*táuering* **a.** stăpânitor; mândru; foarte sus.

Towing-*tóuing* ;— -*boat*, remor-

cher;— -*path*, drumul de tragere la edec.

Town-*táun* **s.** oraş; cetate; capitală;— -*clerk*, grefier comunal — -*crier*, strigător public; telal; — -*dues*, acciză;— -*hall*, primărie— -*house*, casă în oraş.

Township *táunşip* **s.** comună, iurisdicţiunea unui oraş.

Townsman - *táunzmăn* **s.** orăşean, concetăţean.

Toxicology-*toxivólogi* **s.** toxicologie.

Toy-*tói* **s.** jucărie; bagatelă; sburdălnicie; nroezie;— *man*, fabricant, negustor de jucării de copii; —, **v. n.** a face nebunii; a glumì.

Trace-*tréis* **s.** urmă; rămăşiţă; traseu; —, **v.** a, a se ţine după urmă; a trage linii, a însemnà; a scoate un desemn; a copià întocmai

Trachea-*tréchiă* **s.** tracheea-arteră.

Track-*trăcs* **s.** urmă; semn; drum; cărare; —, **v. a.** a urmări cu inversunare; a descoperì.

Trackless-*trácles* **a.** fără nicio urmă.

Tract-*tráct* **s.** întindere; regiune, ţinut, loc, parte (a pământului sau a cerului); tractat, broşură.

Tractable-*trăctăbl* **a.** cu care te învoeşti uşor; ascultător; blând.

Tractableness - *trăctăblnes* **s.** ascultare; blândeţe.

Tractably-*trăctăbli* **ad.** cu ascultare; cu blândeţe

Traction *trăcşŏn* **s.** tracţiune; tensiune; tragere;— *engine*, locomobilă.

Trade-*tréid* **s.** comerţ; profesiune; meserie; stare;— *-wind*, vânt care suflă între două tropice: —, **v. n.** a face comerţ.

Trader - *tréider* **s.** comerciant; corabie de comerţ.

Tradesman-*tréidzmăn* **s.** prăvăliaş.

Tradespeople-*tréidspipel* **s.** comercianţi; furnizori.

Trading-*tréiding* s. comerț;—, a. de comerț.

Tendition-*trădișŏn* s. tradițiune.

Traditional-*trădișŏnăl* a. tradițional; —*ly*. ad. in mod tradițional.

Traduce-*trădius* v. a. a defăima, a calomnià; a răspândì; a traduce.

Trafic-*trăfic* s. negoț:—·*manager*, (dr. de fier) șef de mișcare; administrator de casă comercială; —, v. n a face comerț.

Trafiker-*trăfiker* s comerciant.

Tragedian-*trăgidiăn* s tragedian.

Tragedy-*trăgedi* s. tragedie.

Tragic(al)-*trăgic(ăl)* a. tragic; —*ly*, ad. in mod tragic.

Tragicalness-*trăgicălness* natură tragică.

Tragi-comedy-*trăgicómedi* s. tragi-comedie.

Tragi-comical-*trăgicómicăl* a tragi-comic.

Trail-*tréil* s. urmă; cărare; dâră; coadă; —, v. a. a se ține după urmă; a târî; a luà dâra.

Train-*tréin* s. serie, șir; suità; tren (dr. de fier); coadă 'de rochie); procesiune;.dâră de praf de pușcă, metodă; *down·* —, tren de plăcere; tren care pleacă din Londra; *fast*— ·tren de mare viteză; *luggage*— tren de mică viteză; *parliamentary*—·, *slow*—, omnibus; *through·* —, tren direct; *up·* —, tren de sosire; tren care merge la Londra—·*road*, cale ferată;—·*pit*, ulei făcut din balenă; —, v. a. a târî, a trage după; a atrage; a instruì, a învăță; a crește.

Trainer - *tréiner* s. învățător; dresor.

Training-*tréining* s. educațiune, creștere; învățătură; disciplină; exercițiu (mil.).

Traitor-*tréitŏr* s. trădător.

Tra torous-*tréiterŭs* a. trădător, perfid;—*ly*, ad. cu trădare.

Traitress-*tréitres* s. trădătoare.

Tram-*trăm* s. car pentru transportul cărbunilor de piatră.

Trammel-*trămel* s. laț (cu trei rețele,; piedică (la vite): —, v. a. a pune piedecă; a priponì (un cal).

Tramp-*trămp* s. tropăit; mers greoiu; vagabond.

Teample-*trămpl* v. a. a călcà in picioare.

Trampling-*trămpling* s. tropăit.

Tramvay-*trămuei* s. tramvaiu.

Trance-*trans* s. extaz; (med) catalepsie.

Tranced-*transed* a. in extaz.

Tranquil - *trăncuil* a. liniștit; —*ly*, ad. in mod liniștit.

Tranquillise-*trăncuilais* v. a. a liniști.

Tranquillity - *trăncuiliti* s. liniște.

Teausact-*trănzăct* v. a. a face o transacțiune.

Transaction-*trănsăcșŏn* s. afacere; —*s* transacțiune.

Teansactor - *trănsăctŏr* s. negociator; administrator.

Transalpine-*transălpain* a. transalpin.

Transatlantic-*trăsătlăntic* a. transatlantic.

Transcend - *trănsend* v. a a intrece.

Transcendency - *trănséndensi* s. bunătate absolută; superioritate; exagerațiune.

Transcendent - *trănséndent* a. transcendent; covârșitor; —*ly*, ad. in mod transcendent; covârșitor.

Transcribe-*trănscraib* v. a a transcrie.

Transcriber-*trănscráiber* s copist.

Transcript-*trănscript* s. copie.

Transcription-*trănscripșŏn* s. transcriere.

Transept-*trănsept* s. transept, partea bisericii ce desparte nava de cor.

Transfer *trănsfer* s. transport; transferare; cedare; lăsare; — v. a. transportà; a transferà,

Transferable-*trănsférăbl* a. care se poate transferà; transpor tabil.

Transferrer- *trănsferer* s. cedant.

Transfiguration - *trăn fighiuréson* s. transfiguraţiune.

Transfigure- *trănsfígher* v. a a transfigurà; a transtormà.

Transfix - *trănsfix* v. a. a străpunje.

Transform - *trănzfórm* v. a & n. a transformà a (se) schimbà

Transformation = *trănsforméson* s.transformaţiune;schimbare; metamorfoză.

Transfuse - *trănsfúz* v. a. atransluzà, a turnà dintr'un vas într'altul; (*med.*) a turnà sânge sanătos în vinele unui om bolnav.

Transgress-*trănsgrés* v. a. & n. a călcà (o poruncă); a înfrânge; a violà: a greşì, a păcătuì.

Transgression-*transgréșon* s călcare, înfrângere; greşala, păcat.

Transgressor - *trănsgréser* s călcător; păcătos.

Tranship-*trănșíp* v. a. a transbordà, a trece din o corabie în alta.

Transhipment s. transbordare dintr'o corabie într'alta.

Transient *trănșent* a. tranzitoriu, trecător, vremeln c— *ly*, ad. în treacăt.

Transit *trănsit* s. tranzit; (*astr.*) momentul când un astru trece între ochiul observatorului şi un alt corp;—*instrument*, lunetă meridian; —*permit*, bilet de liberă circulaţie dela o magazie la altă pentru o marfă a cărei taxă de vamă nu s'a plătit încă.

Transition - *transíșon* s. tranziţie.

Transitive-*trănsitiv* a. (gr) tranzitir, (verb) a cărui acţiune trece asupra obiectului; —*ly*, ad. în mod tranzitiv.

Transitoriness - *trănsitorines* s. scurtă durată.

Transitory - *trănsitori* a. tranzitoriu, trecător.

Translate-*trănsléit* v. a. a traduce; a transferà (eclesi stice); a trece asupra altuia (o boală).

Translation-*trănsléișon* s traducere; stramutare; (*med.*) trecere asupra altuia; *Englisch* —, traducere din englezeşte.

Translator-*trănsléitor* s. traducător.

Translucency - *transliusensi* = **translucid**-*trănsliusid* a.translucid, care lasà sà treacà lumina, străveziu.

Transmarine = *trănsmărín* a. dincolo de mare.

Transmigration-*trănsmigréișon* s. transmigraţiune, pribegire.

Transmissible - *trănsmisibl* a. transmisibil.

Transmission - *trănsmișon* s. transmisiune.

Transmit-*transmit* v. a. a transmite.

Trasmutation = *transmiutéișon* s. transmutaţiune; transformaţiune.

Transmute- *trănsmiút* v. n. a (pre)schimbà,a preface(metalele).

Transom - *trănsòm* s. traversà, grindă pusă de-a curmezişul.

Transparency - *trănspéirănsi* s. transparenţă.

Transparent- *trănspéirănt* a. transparent; —*ly*, ad. mod transparent.

Transpire - *trănspáier* v. a. a transpirà; a exalà.

Transplant-*trănsplánt* v. a. a transplantà; a răsădi.

Transplantation - *trănsplantéișon* s. transplantare, răsădire.

Transplendent - *trănspléndent* a. strălucitor.

Transport-*trănspórt* s transport; transportare; corabie de transport; bucurie nebună; —, v. a. a transportà; a strămulà; a răpì, a înflăcărà.

Transportable - *trănspórtăbel* a. transportabil.

Transportation - *transpórtéişon* s. transportare; transport.

Transporting - *trănspórting* a. răpitor.

Transpose - *trănspóus* v. a. a transpune; a stiămută.

Transposition - *trănspozişŏn* s. transiţiune.

Trans-ship - *trănsip* vide *tranship*.

Transubstantiate - *trănsŏbstănşiót* v. a. a preschimbă, a preface; a preface pâinea şi vinul în trupul şi sângele lui Cri-t.

Transubstantiation - *trănsŏbstănşieişŏn* s. prefacerea pâinii şi a vinului în trupul şi sângele lui Crist.

Transverse - *trănsvérs* a. transversal, piezis; — *ly*, ad. în mod transversal, piezis.

Trap - *trăp* s. capcană; cursă; — *door*, trapă, uşă de pivniţă; —, v. a. a prinde în cursă.

Trapeze - *trăpiz* s. trapez.

Trappings - *trăpings* s. pl. hamuri, tacâm de cai, găteală, zorzoane.

Trappist - *trăpist* s. trapist, călugăr din tagma religioasă La Trappe.

Trash - *trăş* s. lucru de cârpaciu; lepădătură; bagatelă; lucru prost.

Trashy - *trăşi* a. de lepădat; fără valoare; rău.

Travail - *trăvil* s. muncă grea; durere de facere; —, v. n. a avea (a fi) dureri de facere.

Travel - *trăvel* s. călătorie; —, v. a. & n. a călători; *tă—through* sau *over* a cutreeră, a colindă, a străbate.

Traveller - *trăveller* s. călător; *commercial* —, comi-voiajor.

Travelling - *trăveling* s. călătoriile; — *bag*, geamantan.

Traverse - *trăvers* a. oblic, piezis, de-a curmezişul; —, ad. oblic, strâmb; pr. razna prin; în mijlocul, printre; —, s. traver-

să, grindă pusă de-a curmezişul; —, v. a. a traversă, a trece peste; a pune piedeci.

Travesty - *trăvesti* s. parodie, imitaţie caraghioasă a unei opere; —, a. travestit, străvestit; —, v. a. a travestì, a parodià, a traduce în stil comic (pe un autor), a face din serios comic.

Tray - *trei* s. tavă pentru servit; găleată, putineiu; albie, copae.

Treacherous - *trécerŏs* a. trădător, perfid *ly*, ad. cu trădare, în mod perfid, ca un trădător.

Treachery - *tréceri* s. trădare, perfidie.

Treacle - *triol* s. melasă, sirop rămas din fabricarea zahărului; teriac, (leac) împotriva otrăvurilor.

Tread - *tréd* s. pas; mers; împerechere (a pasărilor), călcare; — *mill*, teasc de călcat struguri; —, v a. & n ner. (perf. *trod* ptr. *trod*, *trodden*) a călcă, a păşì; a se împerechià (pasări); a se împreună (peştii); *to—out* a strivì (struguri); *to—down* a călcă în picjoare.

Treadle - *trédel* s. mers; pas; călcat (de cocoş); pedală de bicicletă).

Treason - *trizen* s. trădare; *high* —, lez-maiestate.

Treasonable - *trizenăbl* a. de trădare.

Treasure - *tréjŏr* s. comoară; —, v. n. a strânge bani, a comorì.

Treasurer - *tréjŏrer* s. vistiernic, casier.

Treasurership - *tréjŏrerşip* s. tezaur public.

Treasury - *tréjŏri* s. visterie, tezaur public; *board of*—, minister de finanţe.

Treat - *trit* s. ospăţ, masă mare, ziafet; banchet; *to stand*—, a da o masă, a face o cinste; —, v. a. & n. a tratà, a ne ocià, a mijlocì (pentru încheierea unei afaceri, etc.); **a tratà cu**, a cinstì, a ospătă.

Treatise-*triles* s tratat, tractat.

Treatment - *tritment* s. tratament

Treaty-*triti* s. tratat; tractat; invoială.

Treble-*trébl* a. intreit; —, s (muz) soprano; half —, mezzo soprano; —, v. a. & n. a intrei.

Tree-*tri* s pom; copac; piedeca trăgaciului; capul (imbucat al) unui instrument muzical; cruce; family—, arbore genealogic.

Treioil-*tri/oil* s trifoiu

Trellis *trelis* s. parmaclâc, zăbrele (în formă de ochiuri de lat);— -work, parmaclâc, gratii, zăbrele

Tremble *tre·mbl* v. n. a tremură.

Trembling-*trémbling* s tremurătură.

Tremblingly *tremblingli* ad. tremurând.

Tremendous - *tremendús* a. groaznic, ingrozitor; —ly, ad. in mod inspăimântător.

Tremulous-*trémiulos* a. tremurând.

Trench-*trents* s. tranşea, şanţ, meterez ; jghiab; uluc; —, v. a. a face tranşea, şanţ.

Trencher-*trénşer* s. tocător, scândură pentru tocat (fig) masă;— -man, mâncăcios; lingău

Trepan-*trepan* s. trepan, (chir.) sfredel de găurit oasele craniului; cursă; —, v. a. a trepană, a găuri craniul; a prinde în cursă.

Trespass *tréspás* s. călcare, infrângere; păcat; delict; necinste, ofensă; violare de proprietăţi; —, v. n. a călca, a contraveni (la o lege); a păcătui; a violă: a ofensă.

Trespaser - *tréspáser* s. delincvent; vinovat; păcătos; vagabond; violator de proprietăţi.

Tress *tres* s. buclă, plete; coadă (de păr).

Trestle-*trésel* s. scândură lungă şi îngustă pe patru picioare, capră; —, pl. scară dublă.

Trial-*tréiál* s. incercare; probă;

fig.) ispită instrucţiune (judecătorească); judecată, proces; to be on one's—, a fi in judecată; to take on—, a luă cu dreptul de incercare.

Triangle - *tráiánghel* s. triunghiu.

Trianghiular-*tráiánghiular* a. triunghiular.

Tribal-*tráibál* a. care face parte dintr'un trib.

Tribe-*tráib* s. trib; seminţie.

Tribulation-*tribiuleişón* s tribulaţiune, mâhnire adâncă, necaz.

Tribunal-*tráibiúnal* s. tribunal.

Tribune-*tráibiun* s. tribună.

Tributary - *tribiutári* s. & a. tributar.

Tribute-*tribiut* s. tribut.

Trice-*tráis* s. clipă; clipită; moment.

Trichina - *triháiná* s. trichină (vierme din intestine).

Trick *tric* s. farsă, lestă; inşelătorie murdară; scamatorie; şiretlic, artificiu; —, v. a. a jucă cuiva o farsă; a trage pe sfoară; a inşelă (la joc); a găti, a dichisi.

Trickery-*trikeri* s. fraudă; inşelătorie (la joc).

Trickle-*trikl* v. n. a curge; a scurge cu incetul, a picură.

Trickster-*tricster* s. inşelător; şarlatan, mişel.

Tricolour - *tráicólar* s. drapel tricolor.

Tricoloured-*tráicólórd* a. tricolor.

Trident-*tráident* s. trident.

Triennial-*tráieniál* a. trienal, de trei ani.

Trier-*tráier* s. experimentator, expert; incercare; mehenghiu, piatră de incercat (aurul).

Trifle-*tráifel* s. bagatel, fleac; —, v a. & n. a petrece cu fleacuri; a glumi; to—with, a'şi bate joc de; a glumi cu.

Trifler-*tráifler* s. glumeţ, cel care işi pierde vremea cu nimicuri.

Trifling-*tráifling* a. neînsemnat; puțin important; —, s. ușurință; glumă; —*ly*, ao. ușor; în glumă.

Triflingness-*tráiflingnes* s neinsemnătate; fleac.

Trigger *trígher* s piedecă (la o armă).

Trigonometry - *trigonómetri* s trigonometrie.

Trilateral-*tril teral* a. cu trei iaturi.

Trill-*tril* s. tril, repețire repede și alternativă a două note consecutive; —, v. a. a face triluri.

Trim-*trim* s. găteală; dichisuri; condițiune, starea, felul; —, a. bun; frumos; gătit; —, v. a. & n. a găti, a echipa; a garnisi; a așeza, a potrivi; a curăți; a tăià, a tunde; a roade; a orienta (pânzele); a curăța (arbori); a ezità; —*ly*, ad. curat, așezat; *in good*—, în stare bună.

Trimmer-*trímer* s. decorator; persoană care așează; cm ne statornic.

Trimming *tríming* s. garnitură; pedeapsă; dojană.

Trinitarian-*tríniteiriăn* s. cel, cea care crede în existența Treimei; călugăr, călugăriță din tagma Treimei.

Trinity-*triniti* s. trinitate; Tre imea.

Trinket-*trinket* s. sculă de mică valoare; bagatelă; nimic.

Tri-o *trío* s. trio.

Trip-*trip* s. piedecă; călcătura rea; excursiune; —, v. a. & n. a se impiedecă; a potieni; a alunecà; a suplantà, a luà locul cuivà; a demascà; a greși; a trânti; a se înșelà; a face o excursiune.

Tripartite - *traipártait* a. împărțit în trei.

Tripe-*tráip* s. măruntaie de a nimale; burtă.

Triple-*trípel* a. triplu, întreit, de trei ori.

Triplet *triplet* s. trio, (*n.uz.*) bucată pentru trei voci; triolet;

poezioară de opt versuri; grup de trei note cari prețuiesc cât două; terțet.

Tripod-*tráipod* s. triped.

Tripos-*tráipos* s. triped; autor de versuri latine; concurs la universitate.

Tripping-*tríping* s. piedecă (la trântă); poticneală, pas ușor; —, a ușor, repede; —*ly*, ad. cu un pas ușor; repede.

Trireme *tráirim* s. triremă.

Trisyllabic - *traisilábic* a. de trei silabe.

Trisyllable-*t i'ábel* s. tri i labă.

Trite-*tráit* a. uzat; trivial; —*ly*, ad. în mod trivial.

Triteness-*trá tnes* s. trivialitate, josnicie.

Triturate-*trítiurei* v. a. a măcină, a pisà; a l.ământà.

Trituration-*trítiureison* s măcinare; măcinatul, pisare.

Triumph *tráiomf* s. triumf; —, v. a. a triumfà.

Triumphal - *traiŭmfal* a. triumfal, de triumf.

Triumphant-*traiŭmfánt* a. triumfător; de triumf; —*ly*, a . in mod triumfal; în triumf.

Triumvirate-*traiŭmvireit* s. triumvirat.

Trivet-*trívet* s. triped.

Trivial - *trivial* a. trivial; —*ly*, ad. în mod trivial.

Triviality-*triviáliti* s. trivialitate.

Troglodite-*tróglodait* s. troglodit, locuitor de peșteri. (gorilă, cimpanzeu, etc.).

Troll-*trol* v. a. & n. a (se) învârti; a se rostogoli.

Troley-*tróli* s. căruță cu 2 roate.

Trollop-*trólop* s. om foarte murdar, spurcăciune.

Troop-*tróp* s. trupă; bandă; —, v. n. a merge în trupă, a se strânge în gloate; a se adună *to*—*off*, a o șterge repede.

Trooper - *trúper* s. soldat de cavalerie; călăraș; călăreț

Trophy-*trófi* s. troíeu.

Tropic-*trópic* a. trop c

Tropic(al)-*trópic(ál)* a. tropi-
cal; metaforic, figurant.

Trot-*trot* s. trap; treapăd; jog.
—. la trap mic; —, v. n. a mer-
ge in trap.

Troth-*tróth* s. credință, adevăr.

Trotter-*tróter* s. cal care merge
în trap; picior de berbec.

Trouble *tróbl* s. osteneală; tru-
dă; neliniște, grije; necaz, mâh-
nire; —, v. a. a turbura; a ne-
liniști; a supăra, a mâhni; a
ruga; a cere; I will—you for,
vă voiu deranja pentru.

Troublesome-*tróbelsŏm* a. su-
părăcios, plictisitor; obositor,
neplăcut.

Troublesomeness - *tróbelsŏm-
nes* s.•plictiseală; supărare.

Troublous-*tróblŏs* a. sgomotos,
furtunos; agitat; incurcat.

Trough - *tróf* s. albie, copaie;
scocul morii, jehiab care aduce
apa pe roata morii; găleată, pu-
tineiu.

Trousering-*tráuzering* s. stofă
pentru pantaloni.

Trousers-*tráuzers* s. pl. panta-
loni.

Trout-*traut* s. păstrăv.

Trove-*tróuv* s. descoperire, gă-
sire; treasure- —, comoară des-
coperită, găsită.

Trow-*tró* v. n. a se gândi; a crede.

Trowel-*tróu's.* mistrie; unealtă
de desrădăcinat, târnăcop.

Truant-*trúant* s. trândav, care
trage școala la fit, hoinar, va-
gabond; —, a. leneș.

Truce-*trus* s. încetarea ostilită-
ților, armistițiu.

Truck-*trŏc* s. trampă, schimb;
năvod, camion; vagon; căruță;
roată de afet, plat-formă (dr. de
fier); —-age, trampă; —, v. a. a
face trampă, a da un lucru în
schimbul altuia.

Truckle-*tróck* s. rotiță;—-bed,
pat cu rotițe; —, v. n. a se
târî, axse umilî; a se supune.

Truculent-*trókiulent* a. sălba-
tic, crud, setos de sânge.

Trudge-*trŏdj* v. n. a merge pe
jos; a umblá cu greu, a se târî.

True-*tru* a. adevărat; veritabil;
credincios; sincer; cinstit; leg-
tim, legal; exact;—-blue, a evăr,
sincer; partizan credincios;—
.born, legitim (copil);— -born-
-bren, de rasă bună;— -hearted,
cu inima sinceră; credincios;—
-love, piea iubit(ă); amorez; a-
mantă; — -lovers'knot, legătură
de dragoste.

Truffle-*trófl* s. (bot.) trufă.

Truism-*trúism* s. truism, adevăr
banal; foarte simplu, de niciu
insemnătate.

Truly-*trúli* ad. cu adevărat, în-
tr'adevăr; conform cu adevăru;
în mod sincer.

Trump-*trómp* s. trompă; trâm-
biță; (la cărți de joc) atû; —,
v. n. a trâmbiță; a jucă la cărți
atû; to—up, (fig.) a inventă.

Trumpery-*trómperi* s. lepădă-
tură, vechitură, lucru fără preț;
înșelătorie murdară; prefacătoríe
ascunsă; născocire.

Trumpet-*trómpet* s. trâmbiță;
trâmbițaș; ear-—, cornet acustic;
speaking—, trâmbiță ce duce
glasul în depărtare; —, v. a. a
trâmbiță; a celebrá; a proclamá;
a divulgă.

Trumpeter-*trómpeter* s. trâm-
bițaș, gornist; trompetă, trâm-
biță.

Truncate-*trénkeit* v. a. a trun-
chiá, a ciuntí, a răteză, a mu-
tilá.

Truncheon-*tróncion* s. baston;
ciomag —, v. a. a trage o bătaie.

Trundle-*tróndl* s. rotiță; rotilă;
v. a. & n. a se rostogolî a se rotí.

Trunk-*trŏno* s. trunchiu; cufár;
ladă; trompă (de elefant); tors;
partea unei statui dela brâu la
gât;— -hose, pantaloni până la
genuchi, nădragi; — -tight aba-
jur,— -line, linie principală;—
-maker, cufărar.

Trunnion-*trŏniŏn* s. fus (de afet)

Truss *trŏs* s. legătură (de obiecte); geantă de hirurg; pachet; bandaj; snop (de paie); —*maker*, fabricant de bandage; —, v. a. a împachetă; a legă.

Trussel-bed - *trŏselbed* s. pat purtăreț.

Trust-*trŏst* s. încredere, încredințare; confidență; speranță; credit; depozit; sarcină; (*com.*) trust, sindicat de speculanți (pentru scumpirea lucrurilor acaparându-le *breach of*—, călcarea credinții; jurământul fals; —, v. a. & n. a se încredință în; a aveă încredere în; a se încrede; a vinde pe credit; a speră; —*ful*, increzător; credincios; —*fully*, cu încredere; —*worthy*, demn de încredere.

Trustee - *trŏsti* s. administrator; depozitar; curator, epitrop; —*ship*, administrație.

Trustily-*trŏstili* ad. cu credință; cu încredere.

Trustiness *trŏstiness.* credință; cinste.

Trusty-*trŏsti* a. credincios; cinstit.

Truth-*ruth* s. adevăr; exactitate; cinste; credință; *in*—*of a*, în adevăr; la drept vorbind; *to tell the*—, a spune adevărul.

Truthful-*trŭthful* a. adevărat; sincer.

Try-*trăi* v. a. & n. a încercă; a se sforță, a se sili; a încercă; a pune la încercare; a încercă prin experiență; a face probă; a examină; *to*—*on*, a încercă (hainele).

Trying-*trăiing* a. ostenitor; crud, critic, îngrijat.

Tryst-*trăist* s. întâlnire.

Trysting-place - *trăistingpleis* s. loc de întâlnire.

Tub-*tŏb* s. hârdău; găleată, putineiu; scăldătoare, *cădă*; —, v. a. a pune (plantă) în ghiveciu; a scăldă (copii).

Tube-*tiŭb* s. tub, țeavă; canal; —, v. a. a pune tuburi.

Tubercule - *tiŭberkel* s. tuberculă; pustulă.

Tuberculosis - *tiŭberkiulósis* s. (*med*) tuberculoză, ftizie.

Tuberose-*tiŭberous* s. (*bot.*) tiparoasă.

Tuberous *tiŭberŏs* a. tuberculos.

Tubular-*tiŭbiuler* a. tubular; —*bridge*, punte tubulară.

Tuck-*toc* s. floretă (sabie); îndoitură, cută; plasă; —, v. a. a ridică în sus; *to*—*up*, a ridică; a ridică în sus (rochiță); *to*—*in*, a strânge, a băgă înăuntru.

Tucker-*tŏker* s. guleraș, horbotă de gât, basma de gât, de cap.

Tuesday *tiúsdei* sau *ciúzdei* s. Marți.

Tuft-*tŏft* s. smoc, moț, șuviță; —*hunter*, lingău.

Tufted-*tŏfted*, a. tufos, cu tufe; moțat.

Tug-*tŏg* s. tragere; sforțare; remorcher, luntre care trage alte luntrii după sine; *the*—*of war*, luptă înverșunată; —, v. a. & n. a trage; a remorcă; a se luptă.

Tuition - *tiuișŏn* s. învățătură, instrucțiune; creștere; prețul școalei.

Tulip *tiúlip* s. lalea.

Tumble-*tŏmbl* s. cădere; rostogolire; —, v. a. & n. a (se) aruncă; a (se) învârti; a se răsturnă; a se rostogoli (pe o scară) a cădeă; a se prăvăli; a mototoli.

Tumbledown-*tŏbeldaun* a. dărăpănat; ruinat.

Tumbler-*tŏmbler* s. săritor; pehlivan, saltimbanc; scamator; pahar (fără picior); trăgaciu.

Tumbril-*tŏmbril* s. căruță cu două roate; (*mil*) cheson.

Tumely-*tiúmefai* v. a. a se umflă.

Tumour-*tiúmer* s. tumoare, umflătură.

Tumular-*tiúmiuler* a. tumular, mormântal.

Tumult-*tiúmŏlt* s. tumult; sgomot; turburare; răscoală; agitație.

Tumultuous - *tiumŏltiuŏs* sau *tiumŏlciuŏs* a. tumultuos, sgomotos; - *ly*, ad. cu sgomot.

Tun-*tŏn* s. tonă; butoiu.

Tanab.e *tiunăbel* a. armonios, care se poate acordă.

Tane-*tiŭn* s. ton; sunet; arie; armonie; dispoziție; *in*—, cu chel, bine dispus; acordat; *out of*—, rău dispus; desacordat; —, v. a. a acordă.

Taneful-*tiúnful* a. armonios.

Taneless-*tiúnles* a. discordant, talș.

Taner-*tiúner* s. acordor.

Tunic-*tiúnio* s. tunică.

Taning-*tiúning* s. acordare; — -*fork*, diapason;— -*hammer*, acordatoare.

Tunnel-*tŏnel* s. pâlnie; tunel; burlan de coș; —, v. a. a face un túnel.

Tunny-*tŏni* s. lacherdă.

Turban-*térbăn* s. turban.

Turbid-*térbid* a. turbure; mocirlos, uoroios.

Turbot-*térbot* s. barbun (pește).

Turbulence-*térbiulens* s. neastâmpăr; zarvă; agitațiune, tumult.

Turbulent-*térbiulent* a. neastâmpărat; sedițios; răsvrătitor; sgomotos; tumultos.

Tureen-*turin* s. supieră; castron de supă; sosieră, vas pentru sos.

Turf-*térf* s. iarbă verde; turbă; hipodrom; locul alergărilor;—*pit*, turbărie; —, v. a. a așterne cu iarbă verde; cu verdeață.

Turfing-*térfing* s. așternere cu iarbă verde, verdeață.

Turfite-*térfait* s. escroc.

Turgid-*térgid* a. umflat; îngâmfat.

Turkey-*tórki* s. curcan, curcă;— *hen*, curcă;— -*pout* curcănaș.

Turmeric-*térmeric* s. (*bot.*) șofran de India.

Turmoil-*térmoil* s. tumult, sgomot; zarvă; turburare; tăraboiu.

Turn-*térn* s. învârtire; rotațiune;

revoluțiune; întorsătură; ocol; direcțiune; schimbare; rândul; înfățișare; serviciu formă; ocaziune; turneu, plimbare mică; lovitură; proiect; țintă; gust; fel; spaimă; *by every*—, la fiecare moment; cu orice ocaziune: *in*—*s*, *by* — *s*. — *and* —*about*. rând pe rând; *in my* —, la rândul meu; — -*screw*, șurupelniță; — -*spit*, mașină de învârtit frigarea;— -*stile*, turnichet: *to serve one's*—, a satisface; a fi de ajuns; —, v. a. & n. a (se) învârti; a (se) schimbă; a se strică; a avea recurs (la); a se adresă; a se ocupă; a face; a câștigă; a transferă; a traduce, a plănui; a pune în circulație; a zăpăci; a se oăi; a'i fi greață; *to*—*about*, a învârti; a se învârti; *to aside*, a desfătui (dela ceva); a devià, a se abate din drumul său; a trece la o parte; *to*—*away*, a desfătui; a alungă; a da drumul; *to*—*round*, a întoarce; *to*—*over*, a întoarce pagina; a (se) întoarce; a se învârti; *to*—*sour*, a deveni acru; *to*—*out*, a da a-fară; *to*—*up*, a ridică, a întoarce (în sus); a (se) întoarce; a îngustă (o haină); *to* —*the tables on one*, a'și schimbă norocul; *to*—*upside down*, a pune claie peste grămadă.

Turncoat-*térncout* s. renegat.

Turner-*térner* s. strungar.

Turning-*térning* s. întoarcere; întorsătură; ocol; schimbare; strungărie;— -*in*, îndoitură — *lathe*, strung, mașină de rotunzit (metale, lemne, etc.).

Turnip-*térnip* s. nap, gulie.

Turnkey-*térnki* s. temnicerul cu cheile.

Turnpike-*térnpaic* s. vide *turn*.

Turnplate - *térnpleit*, **turntable**-*térteibl* s. placă învârtitoare;— -*keeper*, păzitorul plăcei învârtitoare.

Turnscrew *tórnscru* s. vide *turn*.

Turnspit-*tórnspit* s. maşină de învârtit frigarea.

Turpentine-*tórpentoin* s. terbentină; — -*tree*, terebint (arbore răşinos).

Turpitude-*tórpiciud* s. turpitudine; mârşăvie; desonorare.

Turquoise-*tórcois* s. turcoază.

Turret-*tórei* s. turnuleţ, foişor.

Turreted-*tóreted* a. apărat pe delături cu turnuleţe.

Turtle - *tertel* s. turturel, turturică; broască ţestoasă; — -*dove*, turturel; turturică.

Tusch! tuş! ba! aş! pfui! ruşine!

Tusk-*tósc* s. colţ (de mistreţ, de elefant, etc.)

Tasked-*tóskt* a. cu colţi.

Tassle - *tósel* s. luptă, ceartă; bătaie.

Tut!-*tót!* ba! aş! pfui!

Tutelage-*tiúteleij* a. tutelar; crotitor.

Tutelar-*tiútelár* a. tutelar.

Tutor - *tiutor* s. tutor, epitrop; institutor, perceptor; —, v. a. a învăţa, a instrui.

Tutoress-*tiútores* s. institutoare.

Twaddle-*túadl* a. n. a trăncăni. a flecări; a supune.

Twalu-*túein* a. doi; două.

Twang-*túang* s. fărnărie, sunet spus pe nas; sunet ascuţit; v. a. & a. a scoate un sunet ascuţit; a răsuna; a face să răsune.

Tweak - *túic* v. a. a ciupi, a vişcă.

Tweezers *tuizers* s. pl. cleşte mici.

Twelfth - *tuélth* s. & a. al doisprezecelea; a douăsprezecea;— -*night*, Boboteaza.

Twelve-*tuélv* s. & a. douăsprezece.

Twelvemonth-*tuélcmönth* s. an.

Twentieth-*tuéntieth* a. al douăzecilea; a douăzecea.

Twenty-*tuénti* a. două-zeci.

Twice-*tuáis* a. de două ori.

Twiddle-*tuídl* v. a. a pipăi.

Twig-*tuíg* s. cracă; rămurică.

Twilight - *tuáilait* s. crepuscul, amurg.

Twill - *tuíl* s. cruciat, stofă cu ozoare în patru iţe.

Twin-*tuin* s. gemen.

Twine - *tuáin* s. încolăcire, împletitură; sfoară; —, v. a. & n. a (se) încolăci, a întortochia; a suci; a şerpui.

Twinge-*tuínge* s. junghiu; (fig.) remuşcare, mustrare; —, v. a. & n. a avea un junghiu; a chinui.

Twinkle-*tuínkel* v. n. a. străluci, a licări; a sclipi; a clipi des din ochi.

Twinkling - *tuíncling* 's. scânteere, licărire; clipită, ochiadă.

Twirl - *tuírl* s. învârtire; —, v. a. & n. a (se) învârti cu repeziciune; a roti.

Twist - *tuíst* s. întortochiere, încolăcire; svârcolire; sfoară, şnur, şiret; sul de tutun; —, v. a. n. a (se) încolăci, a (se) svârcoli; a se suci; a încovoia; a împleti; a urzi.

Twit-*tuit* v. a. a imputa, a dojeni; *to*—*rith*, a reproşa, a învinui.

Twitch-*tuíci* s. smucire, tragere; pişcare; mustrare; —, v. a. a trage; a pişca; a ciupi.

Twitter-*tuéter* s. ciripit; —, v. n ciripi.

Two-*tu* a. doui, două; *to walk*— *and*—, a merge braţ la braţ; —*edged*, cu două tăişuri

Twofold-*túfould* a. & ad. în oit; dublu; de două ori.

Twopence - *túpens* s. douăze i bani.

Twopenny - *túpeni* a. de douăzeci bani.

Tympan(um)-*tímpăn(un)* s. timpan.

Type-*táip* s. tip; caracter (tipografic); -*/ounder*, turnător de caractere (tipografice); — -*foundry*, turnătorie de caractere (tipografice).

Typhoid-*taifoid* a. tifoid.
Typhoon-*táifun* s. tifon, trombă.
Typhus-*tái'ŏs* s. tifus.
Typographer-*t ipógrăfer* s. tipograf.
Typographic(al) - *taipogră i-*
căi s. tipografic.
Typography-*taipógrăfi* s. tipografie.

Tyrannical-*tairănicăl* a. tiranic; —*ly*, ad în mod tiranic.
Tyrannise-*tiránais* v. a. a tiranisĭ.
Tyranny-*tir' ni* s. tiranie.
Tyrant-*táirănt* s. tiran.
Tyro-*táiro* s. novicie, începător
Tzar-*zar* s. ţar.
Tzarina-*sarína* s. ţarină.

U

Ubiquity-*ubícuiti* s. ubichitate, aflare pretutindeni.
Udder-*ŏder* s. ţâţă, uger.
Udometer- *ŏdómeter* s pluviometru, instrument de măsurat cantitatea de ploaie căzută.
Ugliness-*ŏglines* s. urî iune.
Ugly-*ŏgli* a. urît; pocit.
U(h)lan-*iúlăn* s. ulan, lăncier.
Ulcer-*ŏlser* s. ulcer, buboiŭ; băşică în gură, puşteă.
Ulcerate-*ŏlserit* v a. & n. a (se) ulcerà.
Ulceration-*ŏlseréişŏn* s. ulceraţiune, formaţiune de ulcer.
Ulcerous-*ŏlserós* a. ulceros, plin de buboae.
Ulterior *ŏltirier* a. ulterior, de dincolo; alt, deosebit; mai târziu.
Ultimate-*ŏltimeit* a. ultim, din urmă; definitiv;—*ly*, ad. la slârşit, la urmă; în fine
Ultimatum-*ultiméitom* s. ultimatum.
Ultimo-*ŏltimo* ad. din luna trecută.
Ultra-*ŏltră* a. din urmă.
Ultramarine-*u'trămărin* s. ultramarin, coloare albastră azurie; —, de peste mări.
Ultramontane-*ŏltrămóntein* a. ultramontan, de d ncolo de munţi (şi mai ales) de Alpi; papist.
Umber-*ŏmber* s. pământ negricios slujind la umbrit pictură), —, v. a. a umbrì (un tablou, un desen .

Umbilical-*ŏmbilicăl* a. al buricului; ca un buric.
Umbrage-*ŏmbreiĭ* s. umbrar; umbră; supărare.
Umbrella-*ŏmbrélă* s. umbrelă; *to put up on*—, a deschide umbre a;—*case*, învelitoare de umbrelă.
Umpirage-*ŏmpaiereiĭ* s. arbitraj.
Umpire-*ŏmpaier* s. arbitru.
Unabashed-*ŭnăbăşt* a. fără ruşine; neturburat.
Unabated-*ŏnŏbéited* a. nemicşorat; neslăbit.
Unable-*ŏnéibl* a. incapabil; neputincios, care nu e în stare.
Unaccented-*ŏnăcşénted* a. neaccentuat, fără accent.
Unacceptable - *ŏnăcséptăbl* s. inacceptabil.
Unaccepted-*ŏnacsépted* a. care nu primeşte; neacceptat.
Unaccommodating-*ŏnăcŏmodeiting* a. care nu se învoeşte uşor; supărător.
Unaccompanied - *ŏnăcŏmpănid* a. fără tovarăş; singur.
Unaccomplished *ŏnăcómpleşt* a. neisprăvit; incomplect.
Unaccountable - *ŏnăcáuntăbl* a. de neînţeles; de neexplicat.
Unaccontably - *ŏnăcáuotăbli* ad. în mod neînţe es.
Unaccredited - *unacrédited* a. neacreditat.
Unaccustomed-*ŏnăcŏstămd* a neobicinuit.

Unacknowledged - ŏnăˈnóleˈnid a. nerecunoscut nemărturisit

Unacquainted-ŏnăcuéinˈted a. care nu cunoaște; care nu stie

Unadjusted-ŏnˈgiŏsted a. neajustat, nepotrivit; în judecată, în proces.

Un dorned-ŏnădórned a. fără podoabă, sim lu

Unadulterated - ŏnădŏlereited a. nefalșiticat; natural, curat.

Unadvisable - ŏnădváisˈbl a. nesocotit, nechibzuit, neoportun; imprudent.

Unadvised ŏnădráizeda imprudent, nesocotit; —ly, ad. in mod imprudent, nesocotit, nechibzuit.

Unaffected-ŏnăfécted a. fără afectiune, simplu, sincer.

Unaffectedness - ŏnă éctednes, s. nevinovăție, candoare, simplitate; natural.

Unaffecting-ŏnăfécting a. neafectuos; puțin mișcător.

Unaffectionate - ŏnăfécșioneit a. fără afectiune; rece.

Unaided ănéided a. fără ajutor.

Unalienable-ŏnéilienăbit a. inalienabil, ce nu se poate în străină.

Unalloyed ŏnălóid a. fără aliaj, curat.

Unalterable-ŏnólterăbl a. inalterabil, neschimbător; nestrămutat.

Unaltered ŏnólterd a. care nu e de loc schimbat.

Unambitions-ŏnămbișŏs a. fără ambițiune.

Unanimity-ŏnănimiti s. unanimitate.

Unanimous-iŏnŭnimŏs a. unanim; —ly, ad. cu unanimitate.

Unannounced-ŏnănáŭst a. neanunțat, fără să se anunțe.

Unanswerable-ŏnănserăbel a. irefutabil, ce nu se poate refuta; incontestabil.

Unansw red-ŏnănserd a. fără răspuns.

Unappalled - ŏnăpold a. fără frică.

Unappeasable - ŏnăpízabl a. im‑tacabil, care nu poate fi potolit, de neîmpăcat.

Unappeased-ŏnŏpizd a. nepotolit, neîmpăcat.

Unappreciated - ŏnăprișieted a. neapreciat; neînțeles.

Unapprehensive - ŏnăprihénsiv a. fără aplecare; puțin inteligent.

Unapprised-ŏnŏpráizd a. fără a fi informat; neștiut de.

Unapproachable-ŏnăprŏucebel, a. inabordabil, de care nu te poți apropia.

Unapproved-ŏnăprŭvd a. neaprobat.

Unarmed-ŏnărmd a. fără arme, desarmat.

Unasked-ŏnăsct a. necerut nepoftit

Unaspiring-ŏnăspáiring a. fără ambițiune.

Unassailable-ŏnăséilăbl a. inatacabil.

Unassisted-ŏnăsistéd a. fără ajutor.

Unassorted-ŏnŏsórted a. neasortat, neîmperechiat.

Unassuming-ŏnăsiŭming a fără pretențiune: modest.

Unassured-ŏnăsiúred a. neasigurat.

Unatoned-ŏnătóund a. neexpirat; neîmpăcat.

Unattached-ŏnătăced a. nelegat; independent de; neatârnat; (mil.) fără funcție.

Unattainable-ŏnătéinăbl a. de neajuns; nerealizabil; inaccesibil, de care nu te poți apropià.

Unattained-ŏnóléind; a. neîndeplinit; nerealizat; care n'a izbutit.

Unattempted-ŏnătémted a. neîncercat.

Unattended-ŏnăténded a. neînsoțit; fără suită; singur.

Unattested-ŏnateste i a. neatestat.

Unattractive-ŏnătrăcin a puțin atrăgător.

Unauthenticated - *ŏnothénti-cáiled* a. neconstatat; nelegalizat.

Unauthorised - *ŏnóthoraizd* a. neautorizat.

Unavailing-*ŏnăvéiling* a. nefolositor; futil, de nimic.

Unavenged - *ŏnăvénged* a. nerăsbunat; nepedepsit.

Unavoidable-*ŏnăvóidăbl* a. inevitabil.

Unavoidably- *ŏnăvóidăbli* ad. în mod inevitabil.

Unavowed-*ŏnăváud* a. nemărturisit.

Unaware - *ŏnăúer* a. neatent; neînștiințat.

Unawares-*ŏnăueérs* ad. pe neasteptate; prin nebăgare de seamă.

Unawed-*unŏd* a. fără frică de.

Unbacked-*ŏnbăct* a. fără ajutor; fără sprijin.

Unbaked-*ŏnbéict* a. necopt.

Unballast-*ŏnbălast* v. a. a ușura de saburá (o corabie, un balon).

Unbaptised - *ŏnbăbtáizd* a. nebotezat.

Unbar *unbăr* v. a. a ridică bariera; a trage zăvorul unei uși.

Unbearable - *unbéerăbel* a. insuportabil, nesuferit.

Unbecoming-*ŏnbicŏming* a. necuviincios; —*ly*, ad. în mod necuviincios.

Unbecomingness-*ŏnbicŏming-nes* s. necuviință.

Unbefitting-*ŏnbifíting* a. necuviincios.

Unbefriended - *unbifrénded* a. fără amici.

Unbelief-*ŏnbilíf* s. necredință.

Unbeliever - *ŏnbiliver* s. necredincios.

Unbelieving-*ŏnbeliving* a. incredul, ce nu crede.

Unbend-*ŏnbend* v. a. ner. (perf. și ptr. *unbent*), a slobozi, a da drumul; a slăbi (un lucru întins); a odihni; a îndreptă.

Unbending - *ŏnbénding* a. inflexibil; neînduplecat.

Unbeneficed *ŏnbénefist* a. fără beneficiu

Unblassed-*ŏnbáidst* a. nepărtinitor; fără prejudecăți.

Unbidden-*ŏnbíden* a. fără invitație, nepoftit; de bună voe, dela 'sine.

Unbind-*ŏnbáind* v. a. ner. (perf. și ptr. *unbound*), a deslegá; a desface; a desfășură; a da drumul.

Unbleached-*ŏnblíced* a. neînălbit.

Unblemished-*ŏnblémișt* a. nepătat; curat.

Unblest-*ŏnblést* a. blestemat; mizerabil; nenorocit.

Unblown-*ŏnblóun* a. nedeschisă (floare).

Unblushing-*ŏnblŏsing* a. obraznic, nerușinat.

Unbolt-*ŏnbóult* v. a. a trage zăvorul, a deschide.

Unborn *ŏnbórn* a nenăscut încă; viitor.

Unbosom-*ŏnbŏzŏm* v. a. a încredință; a da pe față.

Unbound-*ŏnbáund* a. (carte) nelegat; deslegat.

Unbounded-*ŏnbáunded* a. nemărginit, nemăsurat de mare; fără margini.

Unbridle-*ŏnbráidel* v. a. a scoate frâul din gura calului; (*fig.*) a deslănțui.

Unbridled - *ŏnbráideld* a. fără frâu, deslănțuit.

Unbroken-*ŏnbróuken* a. nespart; neîntrerupt; necălcat (lege); neîmblânzit.

Unbrotherly-*ŏnbrŏdherli* a. nedemn de un frate.

Unbuckle-*ŏnbŏkel* v. a. a descătărămă; a desface.

Unbuilt-*unbílt* a. de clădit.

Unburden-*ŏnbŏrden* v. a. a descărcă; a ușură; a despovără.

Unburied-*ŏnbérid* a. neîngropat.

Unburnt-*ŏnbŏrnt* a. nears.

Unbotton-*ŏnbŏtŏn* v. a. a descheia nasturii.

Uncage-*ŏnkéij* v. a. a da drumul din colivie.

Uncalled-*ŏncóld* a. nechemat;

—for, nefolositor; gratuit; neîntemeiat; nemeritat.

Uncanny - *ŏncăni* a. nesocotit; primejdios.

Uncap-*ŏncăp* v. a. a scoate dopul (unei sticle); a scoate bumbacul depe vârîul unei florete; a ridică pălăria, căciula; a scoate capacul.

Uncared - *ŏnkéerd* a. lăsat în părăsire.

Uncarpeted-*ŏncărpeted* a. fără covor.

Unceasing-*ŏnsizing* a. neîncetat, necontenit; neîntrerupt.

Unceremonious-*unseremŏniŏs* a. fără ceremonie; —ly, fără ceremonie.

Uncertain-*ŏnsértain* a. nesigur; îndoios.

Uncertainty - *ŏnsértinti* s. nesiguranţă; îndoială.

Unchain *ŏneiéin* v. a a deslănţul.

Unchangeable-*ŏnciéingiăbl* a. neschimbător; nestrămutat; neclintit.

Unchangeableness - *ŏnciéngiăbelnes* s (stare de) neschimbare, neclintire.

Unchangeably - *ŏnciéingiabli* ad. în mod nestrămutat, neclintit.

Unchanged - *ŏnciéinged* a. neschimbat.

Unchanging-*ŏnciéinging* a. neschimbat.

Uncharitable-*ŏnciărităbl* a. nemilostiv, neîndurător.

Uncharitableness - *ŏnciărităblenes* s. nemilostivire, neîndurare.

Uncharitably-*ŏnciărităbli* a l. în mod nemilostiv, neîndurat.

Unchaste-*ŏnciéist* a. neînfrânat, neruşinat.

Unchecked-*ŏncéct* a. fără frâu; neînfrânat.

Unchristian-*ŏncriştăn* a. ce nu e creştin; anticreştin.

Uncivil-*ŏnsivil* a. nepoliticos.

Uncivilised-*ŏnsivilaizd* a. necivilizat.

Unclad-*ŏnclăd* a. gol, fără îmbrăcăminte.

Unclaimed-*ŏncléimd* a. nereclamat.

Unclasp *ŏn.lăsp* v.a. a des hoeă; a desface o agrafă, o copcă.

Uncle-*ŏncl* s. unchiu.

Unclean-*ŏnclin* a. necurat, murdar; —ly, ad. în chip murdar.

Uncleanliness-*ŏncilnlines* uncleanness-*ŏnclines* s. murdărie, necurăţenie.

Uncleansed-*ŏnclinzd* a. murdar, necurăţit.

Unclinch-*ŏnclintş* v. a. a deschide mâna.

Unclose *ŏnclóuz* v.a.a desc..ide

Unclouded-*ŏnclăuded* a. fără nori, senin.

Uncock-*ŏncóc* v. a. a desfaco căpiţele de fân, a deslegă; a dezarmă.

Uncoil-*ŏncóil* v. a. a deslăşură.

Uncoloured - *ŏncŏlărd* a. fără culoare, necolorat.

Uncombed-*ŏncóumd* a. nepieptenat.

Uncomeliness - *ŏncŏmlines* s. lipsă de graţie, urîciune.

Uncomely *ŏncŏmli* a. lip it de graţie, neplăcut.

Uncomfortable - *ŏncŏmfertăbl* a. incomod, neplăcut.

Uncomfortableness - *ŏncŏmfertăblenes* s. incomoditate, neplăcere.

Uncomfortably - *ŏncŏmfortăbli* ad. în mod neplăcut.

Uncommon-*ŏncŏmŏn* a. puţin comun; extraordinar; rar; —ly, ad. în mol extraordinar.

Uncommonness *ŏncómones* s raritate.

Uncompleted - *ŏncomplited* a incomplet; neisprăvit

Uncompromising - *ŏncŏmrro maizing* a. necompromiţător; de neîmpăcat, neînduplecat; inflexibil.

Unconcern *ŏnconsérn* s. desinteresare, indiferenţă, nepăsare

Unconcerned - *ŏnconsérnéd* a

desinteresat; indiferent, nepăsă-
tor.

Unconditional-*ŏncondișŏnăla*
fără *ɉondiție*, absolvent; —*ly*,
ad. fără condiție.

Unconfined-*ŏnconfáind* a. ne-
mărginit, ilimitat.

Unconfirmed-*ŏnconférmed* a.
neconfirmat, neîntărit.

Unconnected-*ŏnconécted*a fără
șir, fără legătură; fără raport cu.

Unconquerable - *ŏncónkerăbl*
a. de neînvins

Unconquered-*ŏncónkerd* a. ne
învins.

Unconscionable - *ŏncŏnșŏnabl*
a. fără conștiință; fără judecată
prostește.

Unconscionably *ŏncŏnșŏnăbli*
ad. în mod nejudecat; fără con-
știință.

Unconscious-*ŏncónșŏs* a. in-
conștient; ignorant, neștiutor;
—*ly*, ad. fără știrea sa

Unconsciousness - *ŏncónșŏs-
nes* s. ignoranță, neștință.

Unconsecrated *ŏncónsecreited*
a. neconsacrat, nesfințit.

Unconstitutional-*ŏncónstisiú-
șŏnăl* a. neconstituțional.

Unconstrained - *ŏnconstréind*
n. spontan, dela sine, de bunăvoie.

Unconstraint - *ŏnconstréint* s.
libertate; nepăsare.

Uncontaminated -*ŏucontámi
neited* a. nepătat, nemânjit; curat.

Uncontested-*ŏncontésted* a ne-
contestat.

Uncontradicted - *ŏncontrŏdic-
ted* a. necontrazis, fără desmin-
țire.

Uncontrollable-*ŏncontróuăbli*
a. de necontrolat; nesupus; ne-
supus; nestăpânit, căruia nu se
poate rezista.

Uncontrolled - *ŏncontróuld* a.
fără piedecă, fără frâu.

Uncontroverted - *ŏncóntrou-
verted* a. necontestat.

Unconversant-*ŏncónversán* a
nepriceput, care nu se pricepe
în; puțin cunoscut.

Unconvinced-*ŏnconvinst* a. ne-
convins.

Unconvincing-*unconvinsing* a.
neconvingător.

Uncork-*ŏncóre* v. a. a destupă.

Uncorrected-*ŏncoréc'ed* a. ne-
corectat.

Uncorrupted-*ŏncorŏpted* a. ne-
corupt.

Uncouple-*ŏncăpl* v. a. a slobo-
zi câinii ce erau uniți câte doi.

Uncourteous-*ŏncórtiŏs* a. ne-
politicos.

Uncourtliness - *ŏncórtlines* a.
impoliteță, lipsă de politeță, ne-
cuviință, mojicie

Uncourtly *ŏncórtli* a. nepoliti-
cos; strein de moravurile curții.

Uncouth-*ŏncóuth* a. ciudat, stra-
niu; mojic, stângaciu; —*ly*, ad.
în mod straniu, ciudat.

Uncouthness *ŏncóuthn* s s. ciu-
dățenie; grosolănie, stângăcie.

Uncover-*ŏncŏver* v. a. & n. a
(se) descoperi, a-și scoate pălăria.

Uncropped-*ŏncrópt* a. nesece-
rat, necules

Uncrowned - *ŏncráunt* a. fără
coroană, descoronat, detronat.

Unction-*ŏncșŏn* s. uncțiune, un-
gere.

Unctuous-*ŏnctiúŏs* sau *ŏnciŏs*
a. unsuros, uleios.

Uncultivated-*ŏncŏlliveite*a. ne-
cultivat; incult.

Uncurbed-*ŏncórbd* a. neînfrânt,
din cale afară.

Uncured-*ŏnkiúerd* a. nevinde-
cat; neafumat (carne).

Uncurl-*ŏnchérl* v. a. a strică fre-
za, a ciufuli; a desface cârlionți.

Uncut-*ŏncŏt* a. netăiat.

Undamaged-*ŏndămŏged* a. ne-
vătămat; nestricat (corabia).

Undaunted-*ăndónted* a. intre-
pid, foarte curajios; cutezător.

Undeceive-*ondisiv* v. a. a de-
zmăgi, a scoate din greșală.

Undecided-*ŏndisáided* a. neho-
tărit.

Undecipherable - *ŏndisăiferd*
bi a. indeșcifrabil.

Undecked-*ŏndect* a. fără po-
doabă; *(mar.)* fără punte.

Undeclined-*ŏndiclúind* a. ne-
clintit, care nu se abate.

Undefaced-*ŏndiféist* a. nedes-
figurat; nestricat.

Undefended-*ŏndiféndèd* a. fără
apărare; fără advocat.

Undefilet-*ŏndifáild* a. fără pată;
curat.

Undefinable-*ondifáinàbl* a. ce
nu se poate delini, hotărî.

Undefined-*ŏndifáind* a. indefi-
nit, nemărginit.

Undeformed-*ŏndiförmd* a. ne-
diformat.

Undemonstrative - *ŏndimón-
strătiv* a. ce nu se poate arătà.

Undeniable - *ŏndináiăbl* a. de
netăgăduit, incontestabil.

Undeniably-*ăndináiăbli* ad. în
mod incontestabil.

Undepressed - *ŏndíprest* a.
neslăbit; ce nu e doborît.

Under-*ŏnder* pr. & ad. sub; de
desubt; mai jos de; dedesubt;
cu mai puţin; mai puţin de;—
-*age*, minoritate, vârstă mino-
ră;— -*bred*, a. rău crescut;—
-*brush*, mărăcini, mărăciniş;—
-*clerk*, funcţionar subaltern;— -*do*
v. a. face prea puţin; a greşi
scopul;—*done*, care nu e destul
copt (fript, prăjit); puţin friptă
(carne);— -*garment*, haine de de-
subt;— *secretary*, sub-secretar;
—*such circumstance*, în ast-fel
de împrejurări.

Underbid - *ŏnderbíd* v. a. ner.
(perf. *underbid*, ptr. *underbid.'en*),
a oferi mai puţin ca.

Underclothes - *ŏnderclóuths* s.
haine de desubt; hainele ce sunt
pe piele.

Undercurrent - *ŏndercŏrent* s.
curent sub apă.

Undercut - *ŏndercŏt* s. muşchiu
(de vacă).

Underdone - *ŏnderdŏn* a. vide
under.

Undergo-*ŏndergŏu* v. a. ner.
(perf. *underwent* ptr. *undergone*),

a îndură; a fi supus la; a fi ex-
pus: a încercă; a trece.

Undergraduate-*ondergră ĭu-
eit* s. bacalaureat.

Underground - *ŏndergráund* s.
suterană; a. suteran; —, ad.
sub pământ.

Undergrowth - *ondergróuth* s.
lemn mărunt; ciritiş, tufă, mă-
răcini.

Underhand-*ŏnderhănd* a. clan-
destin, ascuns; —, ad. pe sub
mână, în mod ascuns.

Underlay-*ŏnderléi* v. a. pune
dedesubt; a propti cu stâlpi, a
sprijini.

Underlet - *ŏnderlet* v. a. ner.
(perf. şi ptr. *underlet;*, a subîn-
chiriă.

Underlie-*ŏnderlái* v. a. a zace
subt; a fi la fund.

Underline - *underláin* v. a. a
submină.

Underling-*ŏnderling* a. subal-
tern, inferior.

Undermine-*ŏndermáin* v. a. a
submină, a mină; *(fig.)* a face
rău la.

Undermost-*ŏndermoust* a. cel
mai jos.

Underneath - *ănderníth* ad. &
pr. dedesubt; sub; pe dedesubt;
subt.

Underpart-*ŏnderpart* s. rol se-
cundar.

Underpin-*onderpin* v. a. a prop-
ti, a rezemă, a sprijini.

Underplot-*ŏnderplot* s. mişcare
ascunsă; uneltire; (teatru) in-
trigă.

Underpraise - *ŏnderpréiz* v. a.
a preţui prea puţin, a nu preţui
după valoarea sa.

Underprop-*ŏnderprop* v. a.
a propti; a susţine.

Underrate-*ŏnderéit* v. a. a de-
preciă; a preţui prea puţin.

Undersell - *ŏndersél* v. a. ner.
(perf. şi ptr. *undersold*), a vinde
mai eftin, a vinde cu preţ foarte
scăzut.

Undersigned-*ŏndarsáind* a.

subsemnat; *I the—*, eu subsem-
natul.
Undersized-*ŏndersaizd* a. mai
jos de măsura obicinuită.
Understand-*ŏnderstånd* v. a. &
n. ner. (perf. şi ptr. *ynderstrood*).
a înţelege, a pricepe; a şti; a
concepe; *to give one to—*, a da
de înţeles.
Understanding-*ŏnderstånding*
s. înţelegere; pricepere; judeca-
tă, inteligenţă; învoială, acord;
to come to an—with one, a se în-
voi cu cineva; —, a. priceput,
inteligent; dibaciu; luminat.
Understate - *ŏnderstéit* v. a. a
micşoră; a spune mai puţin.
Understrapper - *ŏnderstråper*
s. agent subaltern.
Undertake - *ŏndertéic* v. a. şi
ner. (perf. *undertook*, ptr. *under-
taken*), a'şi încercă; a întreprin-
de; a atacă; a se riscà; a luà
asupră-şi; a promite.
Undertaker-*ŏndertéiker* s. an-
treprenor; antreprenor de pompe
funebre; maestru zidar.
Undertaking - *ŏndertéiking* s.
întreprindere; plan.
Undertone - *ŏndertoun* s. ton
jos; *in an—*, cu jumătate voce.
Undervaluation - *ŏndeváliuéi-
şŏn* s. preţuire inferioară.
Undervalue-*ŏndervåliu* v. a. a
depreciă, a preţui mai puţin de
cât face; a despreţui; a nu so-
coti.
Underwood-*ŏnderunå* s. tufiş.
Underwork - *ŏnderuerc* s. lu-
crare mică —, v. a. a lucrà cu
un preţ foarte mic; a mină; a
suplantà.
Underworker - *ŏnderuerker* s.
meşterul-strică, lucrător de rând.
Underwrite - *ŏndernáit* v. a.
ner. (perf. *underwrote*, ptr. *un-
derwritten*), a subscrie (*mar.*) a.
asigură.
Underwriter-*ŏnderuráiter* s. a-
sigurător, asigurant.
Undescried - *ŏndiscráid* a. ne-
văzut.

Undeserved-*ŏndeserved* a. ne-
meritat; *—ly*, ad. fără a fi me-
ritat.
Undeserving - *ŏndizérving* a.
nedemn de.
Undesigned-*ŏndizáind* a. nein-
tenţionat; involuntar.
Undesigning - *ŏndizáining* a.
sincer; nevinovat; fără vicleşug.
Undesirable - *ŏndizáirăbel* a.
nu prea doritor.
Undetected - *ŏndiléctee* a. ne-
descoperit.
Undetermined-*ŏndetérmind* a.
nehotărît, nesigur.
Undeterred-*ŏnditérd* a. foarte
curagios; cutezător.
Undeviating-*ŏndivieting* a. ca-
re nu se abate; drept; statornic;
—ly, ad. fără să se abată din
drumul său; cu statornicie.
Undegested-*ŏndigésted* a. greu
de mistuit; care nu este mistuit.
Undignified-*ŏndignifaid* a. fără
demnitate.
Undiminished - *ŏndiminiṣt* a.
nemişcat.
Undimmed-*ŏndímd* a. neîntu-
necat.
Undirected - *ŏndiréctea* a. fără
adresă.
Undiscerned-*ŏndisérnd* a. ne-
zărit.
Undiscerning - *ŏndisérning* a.
fără pricepere.
Undisciplined - *ŏndísiplind* a.
nedisciplinat; fără regulă.
Undiscoverable - *ŏndiscŏverá-
bel* a. care nu se poate descoperi.
Undiscovered - *ondiscŏverd* a.
nedescoperit; ascuns.
Undisguised-*ŏndisgáizd* a. ne-
deghizat; netravestit; adevărat;
sincer.
Undismayed-*ŏndismeid* a. fără
frică.
Undisturbed-*ŏndistúrbt* a. li-
niştit; calm; fără a fi deranjat.
Undivided-*ŏndiváided* a. neîm-
părţit; întreg.
Undivulged-*ŏndivŏlged* a. nedi-
vulgat; ascuns: secret,

Undo-*ondú* v. a. ner. (perf. *un-did*, ptr. *undone*), a desface; a deslegă; a deschide; a preface; a retrage; a anulă, a desfiinţă cu totul; a ruină; a pierde.

Undone-*ŏndŏn* ptr. dela *undo*.

Undoubted - *ŏndáuted* a. neîndoios, sigur; —*ly*, ad. fără îndoială.

Undoubting - *undáuling* a. sigur, convins.

Undress - *ŏndrés* s. neglijeu: mică ţinută; —, v. a. a desbrăcă.

Undressed - *ŏnerést* a. desbrăcat; umed.

Undue-*ŏndiú* a. care e nedrept; necuviincios.

Undulate-*ŏndiuleit* v. n. a ondulă, a face unde.

Undulating-*ŏndiuléiting* s. (pământ) undulos; accidentat.

Undulation - *ŏndiuléişŏn* s. undulaţie.

Unduly-*ŏndiúli* ad. într'un chip nedrept; în mod neregulat; prea mult.

Undutiful *ŏndiútiful* a. neascultător; necuviincios; —*ly*, ad. fără respect.

Undutifulness-*ŏndiútifulnes* s. neascultare; lipsă de respect.

Undying a. nemuritor.

Unearned-*ŏnérnd* a. nemeritat.

Unearth-*ŏnérth* v. a. a desgropă.

Unearthly-*ŏnérthli* a. nepământesc; ceresc; infernal.

Uneasily-*onízili* ad. cu greu.

Uneasiness-*ŏnízines* s. supărare; necaz; nelinişte; neplăcere.

Uneasy-*ŏnízi* a. nelinişti: în grijit; jenat; greu; incomod

Unedifying - *unédifaiing* a. nu prea întăritor.

Uneducated - *ŏnédiukéited* a. fără creştere.

Unembarrassed - *ŏnembărăst* a. neîmpiedecat; liber.

Unemployed-*ŏnemplóid* a. neocupat, fără lucru; (capital) neîntrebuinţat; trândav.

Unencumbered - *ŏnencŏmberd*

a. neîmpiedecat; nesilit; liber; neîncărcat, neipotecat.

Unendowed-*ŏnendáud* a. neînzestrat.

Unenjoyed-*ŏnengióid* a. de care nu s'a bucurat.

Unenlightened-*ŏnenláitend* a. neluminat.

Unenterprising - *unénterprasing* a. nu prea întreprinzător; puţin îndrăzneţ.

Unentertaining-*unentertéining* a. nu prea amuzant; plictisitor.

Unenviable-*ŏnénviăbl* a. de neinvidiat.

Unenvied - *ŏnénvid* a. nu prea invidiat.

Unequal-*onícuăl* a. inegal; inferior; —*ly*, ad. în mod inegal.

Unequalled-*ŏnícuăld* a. fără pereche; de necomparat.

Unequivocal-*ŏnicuivocăl* a. nechivoc; neîndoios.

Unerring-*ŏnéring* a. infailibil; sigur; —*ly*, ad. în mod infailibil; sigur.

Uneven-*ŏniven* a. inegal; fără soţ; —*ly*, ad. în mod inegal.

Unevenness-*ŏnícenes* s. neegalitate.

Unexampled-*ŏnexămpeld* a. ireproşabil; desăvârşit.

Unexhausted-*ŏnexósted* a. nesleit, istovit.

Unexpected-*ŏnexpécted* a. neaşteptat; neprevăzut; negândit; —*ly*, ad. în mod neaşteptat; pe negândite.

Unexpectedness - *ŏnexpéctednes* s. sosirea neaşteptată.

Unexpired *ŏnexpáierd* a. neexpirat; neisprăvit.

Unexplained-*ŏnexpléind* g. neexplicat.

Unexplored-*ŏnexplóered* a. neexplorat.

Unexposed *ŏnexpŏuzd* a. neexpus, ascuns.

Unfaded-*ŏnféided* a. nevestejit

Unfading-*ŏnféiding* a. care nu se vestejeşte; nemuritor

Unfalling-*önféiling* a. infailibil, sigur.

Unfair-*önféer* a. nedrept; necinstit; —*ly*, ad. in mod nedrept, pe nedrept.

Unfairness *önféernes* s. nedreptate; rea credință

Unfaithful-*önféithful* a. necredincios; *ly*, ad. în mod necredincios.

Unfaithfulness - *önféithfulnes* s. necreuință; infidelitate.

Unfaltering-*ön öltering* a. sieur; hotărît, ferm, îndrăzneț.

Unfamiliar - *önfámilier* a. nu prea familiar (cu); neobicinuit.

Unfashionable-*önfášiönábl* a. care nu e la modă.

Unfashionably-*önfášönabli* ad. care nu e la modă; eșit din modă.

Unfasten-*önfásten* v. a. a desface; a lăsă; a da drumul, a deschide.

Unfatherly - *ön'átherli* a. nepărintesc.

Unfathomable - *ön/áthömáble*, **unofathomed** - *önfáthömd* a. fără fund, ce nu poate fi sondat, măsurat, de nepătruns

Unfavourable - *önféivoráble* a. defavorabil.

Unfavourably *önféivorábli* ad in mod defavorabil.

Unfeasible-*önfízibel* a. ce nu se poate face, ce nu se poate pune în lucrare.

Unfeathered-*önfétherd* a. fără pene.

Unfed-*önféd* a. nehrănit.

Unfeeling-*önfíling* a. nesimțitor.

Unfeigned-*önféind* a. neprefăcut; sincer; —*ly*, ad. fără prefacere, în mod sincer.

Unfelt *önfélt* a. nesimțit.

Unfeminine - *önféminin* a. nefemeiesc.

Unfenced - *önfénst* a. fără îngrădire, deschis.

Unfermented - *önfermänted* a. nefermentat.

Unfetter-*önféter* v. a. a s onte

fiarele, a scoate lanțurile dela un condamnat: a liberă.

Unfilial-*ön/i iál* a. nedemn de un fiu.

Unfilled-*önfíld* a. gol, deșert.

Unfinished-*ön/ínișd* a. neisprăvit

Unfit-*ön'ít* v. a. a face incapabil de; a face nepotrivit la; —, a. impropriu; nepotrivit; care nu se cuvine; —*ly*, ad. in mod impropriu; nepotrivit.

Unfitness-*önfítnes* s. incapacitate; inaptitudine.

Unfitting-*ön'íting* a. necuviincios; impropriu, nepotrivit.

Unfix-*ön/íx* v. a. a desface; a da drumul; a topi.

Unfixed - *önfíxt* a care nu e fixat, determinat; hoinar

Unflagging - *önflághing* a. neodihnit; stăruitor.

Unfledged-*önfléged* a. fără pene; (*fig.*) novice, tânăr.

Unfold-*önfóuld* v. a. a desface. a așterne; a desfășură; a explică; a declară; a expune; (*mar*) a întinde pânzele; a scoate din țarc (oi).

Unforbidden-*önforbíden* a permis: neoprit.

Unforced - *önfórst* a. nesilit: ușor; liber; —*ly*, ad. in mod liber; fără constrângere.

Unforeseen-*önforsín* a. neprevăzut; negândit.

Unforgiving - *önforghíving* a. care nu iartă, de neînduplecat.

Unfortified-*ön/órtifaid* a. neîntărit.

Unfortunate-*ön órciuneit*a. nenorocit; —*ly*, ad in mod nenorocit.

Unfounded *önfáunded* a. neîntemeiat; fără temelie.

Unframed - *ön fréim*d a. fără ramă.

Unfrequented-*ön/ricuénted* a nu prea trecventat; nu prea vizitat.

Unfriended *ön'rénded* a. fără ami i.

Unfriendliness-ŏnfrĕndlĭnĕs s. neprietenie; răceală.

Unfriendly-ŏn:rĕndlĭ a. neprietenesc; dușmănos.

Unfrock-ŏn'rŏ? v. a. a descălugări, a despoi.

Unfrozen-ŏnfrŏuzen a. neînghețat.

Unfruitful-ŏnfr:ŭtful a. neroditor. sterp.

Unfruitfulness-ŏnfrŭt/ulnĕs s. stărpiciune, nerodire, nerodnicie.

Unfulfilled-ŏnfŏl/ĭld a. neîndeplinit; neîmplinit.

Un:unded-ŏnfŏnded a. plutitor.

Unfurl-ŏn:ĕrl v. a. a desfășura; (mar.) a întinde pânzele.

Unfurnished-ŏnfĕrnĭșt a. nemobilat; lipsit de.

Ungainly-ŏnghĕinlĭ a. stângaciu, neîndemânatec.

Ungallant-ŏngălnt a. nu prea galant.

Ungarnished-ŏngărnĭșt a. fără garnitură.

Ungarrisoned - ŏngărĭzŏnd a. fără garnizoană.

Ungenerous - ŏngénerŏs a. nu prea generos.

Ungentle-ŏngéntl a. crud, aspru.

Ungentlemanly-ŏngéntelmănlĭ a. nepoliticos; nedemn de un om bine crescut.

Ungentleness-ŏngéntlinĕs s. asprime; severitate; nepoliteță.

Ungently-ŏngéntli ad. cu strășnicie, cu asprime.

Ungird-ŏnghérd v. a. ner. (perf. și ptr. *ungirded* sau *ungird*), a scoate cingătoarea, a descinge.

Unglazed-ŏngleizd a. fără geamuri; nesmălțuit.

Ungodliness-ŏngódlĭnĕs s. neleguire impietate.

Ungodly-ŏngódli a. nelegiuit.

Ungovernable-ŏngŏvernăbĕl a. de neguvernat; care nu se poate stăpâni; greu de învoit.

Ungoverned-ŏngŏvernd a. fără guvern; neînfrânat.

Ungraceful-ŏngréisful a. lipsit de grație; —*ly*, ad. fără grație.

Ungracefulness-ŏnnréis/ulnĕs s. lipsă de grație; stângăcie.

Ungracious-ŏngréișŏs a. negrațios; nep'ăcut; rău voitor; —*ly*, ad. în mod nu prea grațios.

Ungrammatical-ŏngrămătĭcăl a. contra regulelor gramaticale; —*ly*, ad. contra gramaticii.

Ungrateful ŏngréit/ul a. ingrat; neplăcut; —*ly*, ad. cu ingratitudine; ca un ingrat; în mod neplăcut.

Ungratefulness - ŏngréit/ulnĕs s ingratitudine, nerecunoștință.

Ungrounded-ŏngráunded a. fără temelie, neîntemeiat.

Ungrudgingly - ŏngrŏgingli ad. bucuros, cu inimă bună.

Unguarded-ŏngárded a. fără apărare; nechibzuit, nesocotit; indiscret.

Unhallowed-ŏnhăloud a. nelegiuit, profan.

Unhand-ŏnhănd v. a. a lăsa, a da drumul.

Unhandsome - ŏnhănsŏm a. urît; negrațios; necinstit; —*ly*, ad. fără grație; rău.

Unhandy-ŏnhăndĭ a. stângaciu, neîndemânatec.

Unhappily-ŏnhăpĭli ad. din ne- norocire.

Unhappiness-ŏnhăpĭnĕs s. nenorocire.

Unhappy-ŏnhăpĭ a. nenorocit.

Unharmed-ŏnhărmd a. neranit; teafăr.

Unharness - ŏnhărnĕs v. a. a deshăma; a dezarma.

Unhatched-ŏnhăced a. care n'a ieșit încă din ghioacă.

Unhealthiness - ŏnhélthinĕs s. stare bolnăvicioasă; nesănătoșic.

Unhealthy-ŏnhélthi a. nesănătos; bolnăvicios.

Unheard-ŏnhérd a. neauzit; necunoscut.

Unheeded-ŏnhided a. nevăzut; nebăgat în seamă; neglijat.

Unheeding-ŏnhíding a. nebăgator de seamă; nepăsător.

Unhelped-ŏnhélpt a. fără ajutor.

Unhesitating - *ŏnhésiteiling* a. care nu şovăeşte, hotărit ; —*ly*, ad. fără şovăire.

Unhewn-*ŏnhiún* a. brut, netăiat.

Unhindered-*ŏnhíndered* a. fără piedecă, liber.

Unhinge-*ŏnhíndj* v. a. a scoate din ţâţâni ; a deranjă, a pune in desordine.

Unholy *ŏnhóuli* a. nelegiuit, profan.

Unhonoured-*ŏnóurd* a. neonorat, nerespectat.

Unhook-*ŏnhóc* v. a. a scoate din cuiu ; a desprinde.

Unhoped-*ŏnhóupt* a. nesperat ; neaşteptat.

Unhorse-*ŏnhórs* v. a. a da jos depe şea.

Unhurt-*ŏnhért* a. teafăr; intact.

Unicorn-*iúnicorn* s. inorog, unicorn (animal fabulos cu corp de cal şi cu un corn în frunte); —*fish*, narval.

Uniform-*iúni orm* s. uniformă ; —, a. uniform ; —*ly*, ad. în mod uniform.

Uniformity-*iuni órmiti* s. uniformitate.

Unify-*iúnifai* v. a. a unifică.

Unilateral-*iunilátéral* a. unilateral.

Unimaginable-*ŏnimăgináble* a. de neînchipuit.

Unimpaired-*ŏnimpéerd* a. neschimbat ; neslăbit ; neuzat ; intact.

Unimpeachable -*ŏnimpíciábel* a. fără greşală ; ireproşabil ; neatacabil.

Unimpeached-*ŏnimpíced* a. neînvinuit ; necontestat ; intact.

Unimportant - *ŏnimpórtănt* a. neînsemnat, de puţină importanţă; indiferent.

Unimpressed-*ŏnimprést* a. neîntipărit ; nepublicat ; nepătruns.

Unimproved-*ŏnimprúvd* a. neîmbunătăţit ; neînaintat.

Uninfected-*ŏninfécted* a. neîntectat de.

Uninflammable - *ŏninfliéimábl*

a. neinflamabil, ce nu se poate aprinde.

Uniformed-*ŏnifórmd* a. rău informat ; care nu e la curent ; neinstruit, ignorat.

Uninhabitable-*ŏninhă itábl* a. de nelocuit.

Uninhabited - *ŏninhăbitend* a. nelocuit.

Uninitiated-*ŏninţiei'ed* a. neiniţiat ; profan.

Uninjured-*ŏningiúerd* a. nerănit, nevătămat, teafăr.

Uninspired-*ŏninspáierd* a. neinspirat.

Uninstructed - *ŏninstrŏcted* a. fără instrucţiune, fără cultură.

Uninstructive - *ŏnin:trŏctiv* a. care nu e instructiv.

Uninsured-*ŏninşuerd* a. neasigurat.

Unintelligible-*ŏnintéligib.* a. de neînţeles, de nepriceput.

Unintelligibly-*ŏnintéligibli* ad. în mod neînţeles

Unintended-*ŏninténded*, **unintentional**-*ŏninténzŏnăl* a. făcut fără scop ; neintenţionat ; —*ly*, ad. fără intenţiune.

Uninterested - *ŏninterested* a. desinteresat ; nepărtinitor.

Uninteresting-*ŏninteresting* a fără interes ; ce nu interesează

Unintermitted - *ŏnintermited*, **unintermitting** - *ŏninermiting* a. neîntrerupt, neincetat, fără intermitenţă ; continuu ; —*ly*, a l. în mod neincetat.

Uninterred - *ŏninterd* a. neînmormântat.

Uninterrupted-*ŏninterŏpted* a neîntrerupt ; —*ly*, ad. fără întrerupere.

Uninvested-*ŏnintésted* a. neînvestit ; neplasat (bani).

Uninvestigated-*ŏninvestighé.* ted a. ce nu a fost examinat.

Uninvited-*ŏninváited* a.nepoftit.

Union-*iúniôn* s. unire ; asociaţiune ; *trades*—, asociaţiuni de muncitori ;—*ja k*, pavilion englez.

Unionist-ŏniŏuist s. unionist.

Uniparous-iunípărŏs a. unipar,

Unique-iúnic a. unic, unui singur.

Unison iúnisŏn s. (muz.) unison

Unit-iúnit s. unitate.

Unitarian-iunitéiriărian s. unitar, cel ce recunoaște o singură ființă în D-zeu; —, a. unitar, ce tinde la unitate.

Unite-iunúit v. a. & n. a (se) uni; a (se) împreuna.

Unitedly iundítedli ad cu unire.

Unity-iú.ĭtĭ s. unitate; unire, acord.

Universal-iunivérsăl a. universal; —ly, ad. în mod universal.

Universality-iuniversăliti s. universalitate.

Universe-iúnivers s. univers.

Universy - iunivérsiti s. universitate —man, universitar.

Unjust-ŏngiŏst a. nedrept; —ly, ad. în mod nedrept

Unjustifiable-ongiostifăi..ble a. ce nu poate fi justificat; scuzat.

Unjustifiably-ŏndiŏstifăiăbli a. ce. nu poate fi ju tificat; de neiertat.

Unkennel-ŏnkénnel v. a. a sgorni vânatul; a goni au a scoate un câine dintr o câinărie; a goni din vizuină (o vulpe, sau alt animal); a descoperi.

Unkept-ŏukĭpt a. nepăstrat; nepăzit.

Unkind-ŏncáind a. neîndatoritor; 'neprietenos, nebinevoitor; neplăcut; crud; — ly, ad. în mod nenatural, neprietenos.

Unkindly-ŏncáindli ad. dușmănesc; vătămător; împotrivitor; cu cruzime.

Unkindness-ŏncáindnes s. lipsă de bunăvoință; lipsă de amabilitate; cruzime.

Unknit-ŏnnĭt v a. ner. (perf. și ptr. unknit, unknitted), a. desnodă: a deslegă; a desface

Unknowable ŏnóuăbel a. nepătrunzator; de nerecunoscut; ce nu se poate ști.

Unknowing y-ŏnnŏuingli ad de neștire; fără să știe.

Uuknown-ŏnóun a. necunoscut; nestiut.

Unlace ŏnléis v. a. a desface șiretul; a desnodă; a deslegă

Unlade-ŏnléid v. a. ner. (perf. unladed, ptr. unladen), a descărcă.

Unlading-ŏnléiding s. descărcare.

Unladylike-ŏnléiăĭlaic a. nedemn de o doamnă cum se cade.

Unlamented-unláménted a. care nu este regretat.

Unlatch-ŏnláts v. a. a deschide (ridicând clanța).

Unlawful-ŏnló'ul a. ilegal. nelegiuit, ilegitim, —ly, ad în mod ilegitim

Unlawfulness-ŏnló'ulnes s. ilegalitate, nelegiuire, ilegitmitate

Unlearn-ŏnl'rn v. a. a desvăță.

Unlearned-ŏ lérne i a. neliterat; fără învățătură; ignorant.

Unleavened-ŏnlevena a fără drojdie, fără aluat.

Unless-ŏnlés conj. numai dacă; afară numai dacă; afară de.

Unlessend ŏnlésend a. deplin; întreg; nemicșorat.

Unlettered-ŏnléterd a. neiterat; fără învățătură.

Unlicensed-ŏnláisenst a. nepatentat; neautorizat.

Unlicked-ŏnlĭct a. pocit, necioplit; informe.

Unlighted-ŏnláited a. neluminat; neaprins; întunecos.

Unlike-ŏnláic a. deosebit; neasemănat; ce nu pare a fi posibil.

Unlikelihood-ŏnláiclihnd s. neputința de a fi adevărat; improbabilitate.

Unlikely-ŏnláicli a. și ad. improbabil; în mod improbabil.

Unlikeness-ŏnláicnes s. neasemănare; deosebire.

Unlimited-ŏnlimited a. nemărginit; —ly, ad. fără margini.

Unlink-ŏnli'ic v. a. a desfășură;

a desface; a desprinde; a desface inelele.

Unlively-ŏnláivli a. greoiu; fără vioiciune.

Unload-ŏnlóud v. a. a descărcă; a ușură.

Unlock-ŏnlóc v. a. a deschide.

Unlooked · ŏnlŭ t a. neprevăzut;— -/or, neașteptat; nesperat; neprivit.

Unloose-ŏnlus v. a. a desface; a desnodă; a deslegă; a deslănțui; —, v. n. a se desface.

Unluckily-ŏnlŏkili ad. din netericire.

Unluckiness-ŏnlŏkines s. nenorocire.

Unlucky · ŏnlŏki a. nenorocit, nefericit.

Unmade-ŏnméid v. a. ner. (perf. și ptr. dela unmake), nefăcut; desfăcut.

Unmake-ŏnméic v. a. ner. (perf. și ptr. un...ade), a desface.

Unman-ŏnmăn v. a. a degradă; a injosi; a moloși; a afemeiă; a desarmă; a jugăni; a descurajă.

Unmanageable-ŏnmănăgiăbel a. indisciplinabil, ce nu se poate disciplină; de neînduplecat.

Unmanly · ŏnmanly a. nedemn de un om; moale, afemeiat.

Unmannered-ŏnmănerd a. grosolan, rău crescut, mojic.

Unmannerliness - ŏnmănerlines s. grosolănie, mojicie.

Unmannerly-ŏnmănerli a. mojic, rău crescut, nepoliticos.

Unmanured-ŏnmăniurd a. fără îngrășământ, fără gunoiște.

Unmarked · ŏnmăret a. nemarcat; nezărit; nebăgat în seamă.

Unmarred - ŏnmărd a. nevătămat, nestricat; neturburat.

Unmarried · ŏnmărid a. neînsurat; nemăritată.

Unmarry ŏnmări v. a. a despărți (doi soți).

Unmask-ŏnmăso v. a. & n. a da pe față, a (e) demască.

Unmustered ŏnmásterd a. neîmblânz t.

Unmatched · ŏnmăced a. fără seamăn, fără de pereche; incomparabil.

Unmeaning-ŏnmining a. neînsemnat.

Unmeant-ŏnmént a. involuntar; fără voie.

Unmeasured · ŏnméjŏrd a. nemăsurat, nemărginit; imens.

Unmeditated · ŏnméditeited a. nepremeditat, nechibzuit dinainte.

Unmeet-ŏnmit a. impropriu, nepotrivit; necuviincios.

Unmentionable · ŏnménșŏnăbl a. despre care nu se poate vorbi.

Unmentioned · ŏnménșŏnd a. nemenționat, nepomenit.

Unmerciful-onmersiful a. nemilos; neomenesc; barbar; —ly, fără milă.

Unmercifulness · ŏnmérsiful-nes s. cruzime, asprime.

Unmerited-ŏnmérited a. nemeritat.

Unmethodical-ŏnmethódicăl a. fără metodă.

Unmindful-ŏnmáindful a. negligent; neatent; uituc.

Unmistakabie-ŏnmistéicăbl a. clar; lămurit, deslușit; invederat, vădit.

Unmixed ŏnmixt a. neamestecat; curat.

Unmolested-ŏnmouésted a. nesupărat.

Unmoor-ŏnmúer v. a .a desface, a deslegă de otgoane (o corabie); a părăsi portul.

Unmotherly ŏnmŏdherli a. nedemn de mamă.

Unmounted · ŏnr áunted a. necălărit; pe jos.

Unmoved-ŏnmúrd a. nemișcat; neschimbat; neclintit; stabil.

Unmuffle ŏnmŏfel v. a. a ridică capacul sau învelișul; a scoate legătura de pe față.

Unmusical · ŏnmiúzicăl a. nu prea muzical.

Unmuzzle-ŏnn ŏzel v. a a scoate botnița.

Unnail-*önnéil* v. a. a scoate cuiele.

Unnamable-*önnéimăbl* a. care nu se poate numi.

Unnatural-*önăiciurăl* a. nenatural; denaturat; —*ly*, ad. în mod nenatural.

Unnecessarily-*önésesărili* ad. fără nevoie; în mod inutil.

Unnecessary-*öiésesări* a. nefolositor; netrebuitor.

Unneighbourli-*önéibörli* a. ca un vecin rău; neamical.

Unnerve-*önérv* v. a. a enervà; a slăbi.

Unnoticed-*önnóutist* a. nebăgat în seamă; neglijat.

Unnumbered - *önömbera* a. nenumărat.

Unobjectionable - *önobgécşönăbel* a. ireproşabil; ce nu merită reproş.

Unobjectionably - *önobjécşönăbli* ad. în mod irecusabil.

Unobservant - *önobzérvănt* a. neatent.

Unobserved - *önobzérvd* a. neobservat, nezorit; nebăgat în seamă.

Unobstructed - *önob.trócted* a. neastupat; neîmpiedecat.

Unobtainable - *önobtéinăbl* a. care nu se poate obţine.

Unobstrusive - *önóbstrúsiv* a. rezervat, modest.

Unoccupied-*önókiupaied* a. neocupat; nolocuit.

Unoffending-*önofénding* a. inofensiv, nevătămător.

Unoffered-*önóferd* a. neoferit.

Unofficial-*önófişăl* a. neoficial.

Unopened - *önóupend* a. nedeschis.

Unopposed - *önopóuzd* a. fără opoziţie.

Unornamented-*önórnámented* a. fără ornament.

Unorthodox-*önórhodox* a. eterodox.

Unostentatious - *önostentéişös* a. fără ostentaţiune; fără fală; nepretenţios.

Unpack - *önpác* v. a. a despachetă.

Unpaid-*önpéid* a. neplătit.

Unpalatable-*önpălătăbl* a. neplăcut, desgustător.

Unparalleled-*önpărăleld* a. de necomparat; fără pereche.

Unpardonable-*önpárdonăbl* a. de neiertat, ce nu se poate iertă.

Unpardonably - *önpárdonăbli* ad. într'un mod de neiertat.

Unparliamentary - *önparliămértări* a. contra obiceiului parlamentar.

Unpatented - *önpéitented* a nepatentat.

Unpatriotic-*önpeitriótic* a. nepatriotic.

Unpave - *önpéiv* v. a. a scoate pietrele, a strică caldarâmul; a scoate lespezile, a despachetă.

Unpaved-*önpéivd* a nepavat.

Unpensioned-*önpénşönd* a. fără pensiune.

Unpeople *önpípel* v. a. a despopulă.

Unperceived - *önperzivd* a. nezărit.

Unperformed-*önperfórmed* a. neexecutat; neîndeplinit; neprezentat (pe scénă).

Unpersecuted-*önpérsikuted* a. neurmărit.

Unphilosophical - *önfilosóficăl* a. nefilozofic, contra regulelor filozofice.

Unpick-*önpíc* v. a. a forţà un lacăt.

Unpin-*önpín* v. a. a desface.

Unpitied - *önpitid* a. neplâns, fără a fi deplâns.

Unpitying-*önpitiing* a. nemilos.

Unplaced - *önpléist* a. fără loc.

Unpleasant - *önplézănt* a. neplăcut; *ly*, ad. în mod neplăcut.

Unpleasantness-*önplezắnínes* s. neplăcere; natură neplăcută.

Unpledged-*önpléged* a. neamanetat.

Unploughed-*önplául* v. a. nearat.

Unplume - ŏnplúm v. a. a jumuli penele.

Unpoetical - ŏnpoéticăl a. nepoetic, vulgar.

Unpolished - ŏnpólişt a. nelustruit; grosolan, mojic.

Unpolluted - ŏnpuliúted a. mânjit, curat, fără pată.

Unpopular - ŏnpópiuler a. nepopular.

Unpopularity - ŏnpopiulăriti s. impopularitate.

Unportioned - ŏnpórşŏnd a. fără zestre.

Unpracticed - ŏnprăctist a. neexperimentat.

Unprecedented - ŏnprisidented a. fără precedent, fără exemplu.

Unprejudiced - ŏnprégiudist a. fără prejudiciu, fără prejudecată.

Unpremeditated - ŏnpriméditeited a. nepremeditat.

Unprepared - ŏnpripéerd a. nepregătit.

Unprepossessed - ŏnpripozést a. imparţial, nepărtinitor; fără prejudiciu.

Unprepossessing - ŏnpripozésing a. neîndatoritor; neprevenitor; neplăcut.

Unpresuming - ŏmpriziuming a. nepretenţios.

Unpretending - ŏnpriténding a. fără pretenţiune, modest.

Unprincely - ŏnprínsli a. nedemn de un prinţ.

Unprincipled - ŏnprínslipeld a. fără principiu, imoral.

Unproductive - ŏnprodóctiv a. improductiv; sterp.

Unprofessional - ŏnproféşŏnăl a. care nu e de meserie.

Unprofitable - ŏnprófităbl a. nefolositor; inutil; care nu e de niciun câştig; — ness, s. nefolosinţă.

Unprofitably - ŏnprófităbli ad. fără folos; în mod inutil.

Unprolific - ŏnprolific a. neproducător; sterp.

Unpromising - ŏnpromising a. care nu promite, care se arată rău.

Unpropitious - ŏnpropişŏs a. defavorabil.

Unprosperous - ŏnprósperŏs a. nefericit; — ly, ad. fără isbândă.

Unprotected - ŏnprotécted a. fără protecţiune.

Unproved - ŏnprúvd a. nedovedit, fără dovadă; neîncercat.

Unprovided - ŏnprováided a. nepregătit, lipsit; — for, nepregătit pentru.

Unprovoked - ŏnprovóuct a. fără provocaţiune, ne provocat.

Unpublished - ŏnpŏblişt a. nepublicat

Unpunctual - ŏnpŏncciuăl a. neexact.

Unpunctuality - ŏnpŏnçciuăliti s. lipsă de punctualitate; neexactitate.

Unpunished - ŏnpŏnişt a. nepedepsit.

Unpurchased - ŏnpércieist a. necumpărat.

Unpurified - ŏnpiúrifaid a. nepurificat.

Unqualified - ŏncuálifaid a. incapabil, ce nu e in stare de; ce nu poate servi la.

Unqualify - ŏncuálifai v. a. a face neîndemânatec.

Unquenchable - ŏncuénciăbl a. de nepotolit; nesăţios; nestins.

Unquenched - ŏncuénced s. nestins.

Unquestionable - ŏncuéscIunăbl a. incontestabil, de necontestat.

Unquestionably - ŏncuéscIunăbli ad. fără îndoială.

Unquestioned - ăncuéstiŏnd a. neîntrebat; necontestat.

Unquiet - ŏncuáiet a. neliniştit; neastâmpărat.

Unransomed - ŏnrănsŏmd a. nerăscumpărat.

Unravel - ŏnrăvel v. a. a destrămă; a desface; a descurcă.

Unreached - ŏnriced a. neajuns; neatins.

Unread - ŏnréd a. necitit; fără învăţătură.

Unreadable - ŏnrídăbl a. de necitit.

Unready - ŏnrédi a. nepreparat;

care nu e gata; neîndemânatec.

Unreal-*ŏnriăl* a. prefăcut; deşert; închipuit; fals.

Unreality-*ŏnriăliti* s. aparenţă falşă.

Unreasonable - *ŏnrizŏnăbl* a. fără judecată.

Unreasonableness-*ŏnrizŏnăblens* s. nedreptate; lipsă de judecată.

Unreasonably-*ŏnrizănăbli* ad. fără judecată.

Unrecalled - *ŏnricóld* a nerechemat.

Unreclaimed-*ŏnricléimd* a nereclamat; neîndreptat, neameliorat; necultivat (pământ).

Unrecompensed-*ŏnrícompenst* a. nerăsplătit.

Unreconcilable *ŏnríconsailăbl* a. de.

Unreconciled - *ŏnríconsaild* a. neîmpăcat.

Unrecorded - *ŏricórded* a. neînregistrat, neînsemnat; uitat.

Unrecovered-*ŏnricóverd* a. ner.stabilit, nevindecat; nedescoperit, negăsit.

Unredeemed-*unridîmd* a. nerăscumpărat; nemântuit; *(fig.)* nealiniat (prin.

Unredressed - *ŏnridrést* a. neispăgit; necorectat, neîndreptat; nereformat, nedesfiinţat.

Unrefined - *ŏnrifáind* a. nerafinat (zahăr); *(fig.)* grosolan, incult; fără creştere.

Unreflecting - *ŏnreflécting* a. nechibzuit.

Unreformed-*ŏnriformd* a. nereformat; neîndreptat.

Unrefracted-*ŏnrifrácted* nerefractat; nereflectat, necugetat.

Unrefreshed-*ŏnrifréşt* a. nerăcorit; neodihnit.

Unregarded-*ŏnrigórded* a. neluat în seamă, despreţuit; neglijat.

Unregistered - *ŏnrégistred* a. neînregistrat; neaprobat; nerecomandat (scrisoare).

Unregretted - *ŏnregéted* a. neregretat.

Unrelenting-*ŏnriléenting* a. neînduplecat; neîmpăcat; inflexibil, neîndurat.

Unrelieved-*ŏnrilivd* a. neuşurat; neajutat.

Unremarked-*ŏnrimăred* a. nebăgat în seamă; nevăzut; nezărit.

Unremedied-*ŏnrémedid* a. nevindecat: fără leac.

Unremitting-*ŏnremiting* a. neîncetat; necurmat; —*ly*, ad. fără încetare.

Unremunerative - *ŏnremiúnerătio* a. care nu aduce câştig; care nu produce nimic.

Unrepealed - *ŏnripild* a. nere.vocat; neabrogat.

Unrepentant-*ŏnripéntant*, unrepenting-*ŏnripénting* a. care nu se căieşte.

Unrepining-*ŏnripáining* a. fără a se plânge; fără a murmura.

Unreproached-*ŏnripróuced* a. nedojenit.

Unresented-*ŏnrizénted* a. fără supărare; nepedepsit; iertat.

Unreserved-*ŏnrizérod* a. sincer, fără restricţie; —*ly*, ad. fără restricţiune.

Unreservedness - *ŏnrizérvedness* s. natură expansivă; sinceritate, francheţă.

Unresisting-*ŏnrezisting* a. fără rezistenţă, fără împotrivire.

Unresolved-*ŏnrizólvd* a. nehotărît.

Unresponding *ŏnrispónding* a. neráspunzător.

Unrestored-*ŏnristóerd* a. neînsănătoşit; nedres, nereparat.

Unrestrained - *ŏnristréind* a. liber; neîmpiedecat; nedesfrânat.

Unrestricted - *ŏnrestricted* a. fără restricţiune.

Unrevealed - *ŏnrivild* a. nedestăinuit.

Unrevenged-*ŏnrivénged* a. nerăsbunat.

Unrewarded-*ŏnriuarded* a nerăsplătit.

Unriddle-*ŏnridel* v. a. a rezolvă, a deslegă; a explică.

Unrifled-*önráifeld* a. neghintuit
neted; neprădat; nejefuit.

Unring-*önríg* v. a. a desfuniă (o
corabie); a dehămă, a scoate
hamurile.

Unrighteous-*önráitös* sau *ön-
ráicius* a. nedrept; inic; —*ness*
s. nedreptate; inichitate.

Unripe-*önráip* **unripened**
-*önráipend* a. necopt;—(*fig.*) pre-
matur, ceeace nu este încă gata de.

Unripeness-*önráipnes* s. lipsă
de maturitate; necoapte; lucruri
crude.

Unrivalled-*önráivăld* a. fără
rival; incomparabil.

Unroll-*önróul* v. a. a desface, a
uesăşură; a aşterne.

Unroot-*önrút* v. a. a scoate a-
coperişul (casei).

Unruffle-*önröfl* v. n. a se li-
nişti; a se potoli.

Unruffled-*önröfeld* a. liniştit,
potolit.

Unrulines-*önrúlines* s. indisci-
plină; natură sălbat'că; iuţeală;
mişcare violentă.

Unruly-*önrúli* a. neregulat; ne-
astâmpărat; aspru, iute; neîn-
frânat.

Unsaddle-*önsédl* v. a. a scoate
şeaua.

Unsafe-*önséif* a. nesigur; riscat;
prea îndrăsneţ; —y, ad. în mod
nesigur; periculos

Unsalable-*önséilăbl* a. ce nu
se vinde.

Unsalted-*önsôlted* a. nesărat.

Unsanctified-*önsánctifaid* a.
nelegiuit, profan.

Unsanctioned-*önsáncşönd* a.
nesancţionat.

Unsatisfactorily-*önsătisfácto-
rili* ad. în mod nemulţumitor.

Unsatisfactory-*önsátisfáclori*
a. nemulţumitor

Unsatisfied-*önsátisfaid* a ne-
mulţumit (de).

Unsavouriness-*önséivorines* s
lipsă de gust.

Unsavoury-*önséiveri* a. fără
gust, insipid; neplăcut.

Unsay-*önséi* v. a. ncr. (perf şi
ptr. *unsaid*) a redactă, a'şi luă
vorba înapoi; a se dezice.

Unscarred-*önscárd* a. necica-
trizat.

Unschooled-*önscúl ?* a. fără
carte; fără educaţie.

Unscientific-*önsaientific* a.
fără ştiinţă; nu prea ştiinţific.

Unscrew-*önscrú* v. a. a deşu-
rupă.

Unscriptural-*önscripciurăl* a.
nepotrivit cu Sf. Scriptură; ne-
bazat pe Sf. Scriptura.

Unscrupulou-*önscrúpiölös*
lipsit de scrupul; —*ly*, ad. fără
scrupul.

Unscrupulousness - *önscrú-
piulösnes* s. lipsă de scrupul.

Unseal-*önsíl* v. a. a despece-
tlui; a deschide.

Unsearchable-*önsérciabl* a. ce
nu poate fi scrutat; necăutat;
nepătruns.

Unseasonable - *önsizönăbl* a.
la timp nepotrivit; nepotrivit;
necuviincios; neobicinuit.

Unseasonableness-*önsizönă-
bélnes* s. timp nepotrivit.

Unseasonably - *önsizönăbli* a.
la timp nepotrivit.

Unseasoned-*önsizönd* a. nesă-
rat (la bucate); nepreparat, ne
dres, fără gust; neoţetit.

Unseat-*önsit* v. a. a trânti de
pe şea; a răsturnă; a detronă.

Unseated-*önsited* a fără scaun
in picioare.

Unseconded-*önsécönded* a. ne-
ajutat.

Unsecured-*önsikiúerd* a. neasi-
gurat; fără garanţie, negarantat.

Unseeing-*önsiing* a. orb.

Unseemliness-*önsimlines* s.
necuviinţă.

Unseemly-*önsimli* a necuvincios

Unseen-*önsín* a. nevăzut; invi-
zibil.

Unselfish-*önsélfiş* a. dezintere-
sat.

Unsent-*önsént* a. netrimis;—*for*,
după care nu s'a trimis.

Uuserviceable-*ŏnsérvisăbl* a. nefolositor.

Unse. tle-*ŏnsétel* v. a. a deranjà, a turburà; *(fig.)* a zăpăci, a struncinà (mintea),

Unsett.ed-*ŏnsételd* a. neașezat, nestabilit; deranjat; schimbă-tor, nestatornic; nehotărît,

Unsettledness - *ŏnsetlednes* s. nesiguranță; nestatornicie; ne-hotărîre

Unsew *ŏnsŏu* v. a. ner. (perf. *unsewed*, ptr. *unsewn*) a descoase.

Unsex-*ŏnsex* a. lipsit de sex: lipsit de calitățile sexului.

Unshackle-*ŏnșắkl:el* v. a. a des-lănțui.

Unshackled-*ŏnșŏkeld* a. fără lanțuri.

Unshaded - *ŏnșéided* a. neum-brit; desvelit.

Unshaken - *ŏnșéiken* a. ce nu se poate mișcà; solid.

Unshapely-*ŏnséipli* ad. diform, pocit.

Unshaved-*ŏnséivd* a. neras, fără a fi ras.

Unsheathe-*ŏnșĭdh* v. a. a scoate din teacă (sabia).

Unsheltered-*ŏnșéltérd* a. fără adăpost.

Unship-*ŏnșip* v. a. a debarcà; a desfunià (o corabie).

Unshod-*ŏnșŏd* a. descult, fără încălțăminte; nepotcovit (cal).

Unshorn-*ŏnșŏrn* a. netuns.

Unshrinking-*ŏnșrinking* a. foarte curagios, cutezător; ne-turburat.

Unsightliness-*ŏnsŏtlines* s. u-riciune.

Unsightly-*ŏnsáitli* a. urît, di-form; neplăcut la ochi.

Unsilvered-*ŏnsilverd* a. near-gintat.

Unsisterly-*ŏnsisterli* a. nedemn de o soră.

Unsized-*ŏnsăized* a. nelipit; fără formă.

Unsqi.ful-*ŏnskil/ul* **unskiled** *ŏnskild* a. stângaciu; —*ly*, ad. cu nedibăcie.

Unskilfulness-*ŏnskil/ulnes* s. stângăcie, neîndemânare

Unslaked *ŏnléict* a. nestins; — *lime*, vaŕ nestins.

Unsmoked - *ŏnsmóuct* a. nefu-mat.

Unsociable-*ŏnsóușăbel* **unso-cial**-*ŏnsóșăl* a. insociabil, cu care nu poți trăi.

Unsoiled-*ŏnsóild* a. nemurdărit; curat.

Unsold *ŏnsŏuld* a. nevândut.

Unsolder-*ŏnsŏulder* v. a. a des-lipì metalele

Unsoldierlike - *ŏnsóulgierlaic* **unsoldierly**-*ŏnsólgierli* a. nu prea milităresc.

Unsolicited *ŏnsolisited* a. fără a fi solicitat, necerut.

Unsolved-*ŏnsŏlvd* a. nerezolvat; nedeslegat.

Unsophisticated - *ŏnsofislikei-ted* a. nefalșificat; curat.

Unsought - *ŏnsŏt* a. necăutat; necercetat (cu deamănuntul); in-exploarat; involuntar. fără voie.

Unsound-*ŏnsáund* a. nesănătos, bolnăvicios; viermănos; defec-tuos; greșit; neortodox; — *doc-trine*, dogmă falșă, erezie.

Unsoundnes-*ŏnséndnes* s stare nesănătoasă; lipsă de tărie; slă-biciune; greșală; éroare; corupțiune

Unsown-*ŏnsóun* a. nesemănat.

Unsparing *ŏnspéering* a. nee-conom, generos; darnic, risipi-tor; fără cruțare.

Unspeakale-*ŏnspicăbel* a inex-primabil, de nevorbit, nespus.

Unspeakably-*ŏnspicăbli* ad. in mod nespus.

Unspecified-*ŏnspicifaid* a. ne-specificat.

Unspent-*ŏnspént* a. necheltuit; nesecat; nesleit.

Unspoiled *ŏnspóild* **unspoilt** *unspóilt* nestr.cat.

Unsportsma.like *ŏnspórtmă-nlaic* a. care e contra regulelor sportului; nedemn de un «spor tsman».

Unspotted-*onspóted* a. nepătat; fără pată.

Unstable - *ŏnstéïbl* 'a. instabil; nestatornic, nehotărit.

Unstained - *ŏnstéïnd* a. fără pată; curat.

Unstamped-*ŏnstămpt* a. netimbrat; (o scrisoare) nefrancată.

Unstatesmanlike-*ŏnstéïtsmănlaïc* a. nedemn de un om de stat; nepolitic; neînțelept.

Unsteadfast-*ŏnstédfăst* a. nestatornic; nehotărit.

Unsteadily - *ŏnstédili* a. fără trăinicie; în mod nesigur.

Unsteadines - *ŏnstédines* s. nestatornicie; nesiguranță; ușurință, nesocotință.

Unsteady - *ŏnstédi* a. nestatornic, nehotărit.

Unstirred-*ŏnstérd* a. nemișcat.

Unstitch-*ŏnstitç* v. a. a descoase, a desface.

Unstrenghtened- *ŏnstréngthed* a. neîntărit.

Unstring - *ŏnstring* v. a. ner. (perf. și ptr. *unstrung, unstringed*), a scoate coardele; a da drumul (la ceva întins).

Unstudied - *ŏnstŏdid* a. care nu e studiat, premeditat; fără pregătire.

Unsubdued - *ŏnsŏbdiüd* a. neîmblânzit; nesupus.

Unsubmissive - *ŏnsŏbmisïv* a. nesupus; neascultător.

Unsubstantial-*ŏnsŏbstănșăl* a. nematerial, fără corp; nesolid.

Unsuccessful - *ŏnsŏcsésful* a. fără succes; neizbutit; nefericit.

Unsuccoured-*ŏnsŏcŭrd* a. fără ajutor.

Unsuitability-*ŏnsuïtăbiliti* **unsuitableness** - *unsŭtăbelnes* s. necuviință; faptă sau vorbă necuvincioasă, nepotrivire.

Unsuitable - *ŏnsŭtăbl* a. necuviincios; nepotrivit.

Unsuitably - *onsŭtăbli* ad. în mod necuviincios; nepotrivit.

Unsulted-*ŏnsŭted* a. nepotrivit; potrivit rău; puțin convenabil.

Unsullied - *ŏnsŏlïd* a. nepătat; curat.

Unsupported-*ŏnsŏpórted* a. fără sprijin, fără proptea; nesusținut.

Unsurpassed-*ŏnserpást* a. neîntrecut.

Unsuspected - *ŏnsŏspécted* a. nebănuit.

Unsuspicious *ŏnsŏspițŏs* a. nebănuitor; încrezător.

Unsustained-*ŏnsŏsustéïnd* a. nesusținut;fără sprijin, fără proptea.

Unswathe-*ŏnsuéïth* v. a. scoate din scutece, a desfășa.

Unswept *ŏnuépt* a. nemăturat.

Unsymmetrical - *ŏnsimétricăl* a. fără simetrie.

Unsystematic(al) - *ŏnsistemăticăl* a. nu prea sistematic; fără sistem.

Untainted-*ŏntéïnted* a. nepătat, curat.

Untamable - *ŏntéïmăbel* a. de neîmblânzit.

Untamed-*ŏntéïmd* a. neîmblânzit.

Untarnished-*ŏntárnișt* a. fără pată.

Untasted *ŏntéïsted* a. negustat.

Untaught - *ŏntót* a. neînvățat, ignorant; rău crescut; bădăran.

Unteachable - *ŏnticébăl* a. neascultător, nesupus.

Untenable - *ŏnténăbl* a. ce nu se poate susține.

Untenanted-*ŏnténănted* a. nelocuit.

Untested *ŏntésted* a. neaprobat; neîncercat.

Unthanked *onthánct* a. fără a fi mulțumit; fără mulțumire.

Unthankful - *onthăncful* a. nerecunoscător, ingrant; —*ly*, ad. fără recunoștință.

Unthankfulness - *on'hăncfulnes* s. nerecunoștință.

Unthinkind - *ŏnthinking* a .nec.chibzuit, nesocotit.

Unthought-*ŏnthót* a. negândit; neînchipuit; necugetat; neprevăzut.

Unthrifty-*onthrifti* a. darnic; risipitor; care nu prosperează.

Untidiness-*öntáidines* s. murdărie; necurăţenie; desordine, neregulă.

Untidy-*ontáidi* a. murdar, necurat; fără gust, fără regulă la port (îmbrăcat).

Untie-*öntai* v. a. a deslegă, a desface; a desnodă.

Until-*öntil* prep. şi conj. pănă, pănă ce; înainte.

Untilled-*ontild* a. nearat, nelucrat (un câmp).

Untimely-*öntáimli* a. & ad. timpuriu, de vreme, precoce.

Untiring - *öntáiring* a. neobositor, neobosit.

Unto - *öntu* prep. la, spre; în; către

Untold - *öntóuld* a. nespus, nepovestit; nedestăinuit; nenumărat.

Untouched-*öntúced* a. neatins.

Untoward-*öntóuard* a. neascultător îndărătnic, nesupus, răsvrătit; stângaciu; foarte neplăcut; supărător; —*ly*, ad. în mod supărător; neplăcut; nesupus.

Untowardness-*ontóuardnes* s. îndărătnicie, perversitate; întâmplare nenorocită.

Untraced-*öntréist* a. fără urmă; necroit; (drum) neumblat.

Untrained *öntréind* a. nedresat (animal); necrescut; neinstruit; nedisciplinat.

Untranslatable-*ontransléitábl* a. de netradus.

Untravelled - *öntröveld* a. care n'a călătorit; inexplorat.

Untried-*ontráid* a. neîncercat.

Untrimmed-*öntrimt* a. fără podoabă; fără garnitură; nearanjat

Untrod(en)-*öntród*(en) a. necălcat sub picioare; neumblat.

Untroubled - *öntröbeld* a. neliniştit; nemişcat.

Untrue - *ontrú* a. neadevărat, fals; nexact.

Untruly-*ontrúli* ad. în mod neadevărat, fals.

Untrustworthy - *öntröstudr'hi* a. nedemn de încredere.

Untrustworthiness-*öntröstuordhínes* s neîncredere.

Untrusty-*öntrösti* a. necredincios; neleal.

Untruth - *ontrúth* s. neadevăr; talşitate minciună.

Untunable-*öntiúndbel* a. ce nu poate fi acordat (*mus*) desbinat; nepotrivit.

Untutored-*öntiúterd* a. fără tutor; neînvăţat, incult.

Untwine *öntuáin* v. a. a desface ce este răsucit, a despleti; a descurcă, a destortochiă, a descălci.

Unused - *öniúzd* a. neîntrebuinţat.

Unusual - *öniújiudl* a. neobicinuit, extraordinar; —*ly*, în mod extraordinar; arare-ori.

Unutterable - *önöterábl* a. ce nu se poate exorimă; nespus.

Unvalued-*önvăliud* a. fără preţ; despreţuit; nestimat.

Unvaried - *önvárid*, **unvarying**-*önváraiing* a. nevariat; invariabil; neschimbător.

Unvarnished - *onvárnişt* a. ne lustruit; nenatural; simplu.

Unveil - *önvéil* v. a. a desvălui, (*fig.*) a da pe faţă.

Unversed - *önvérst* a. nepriceput; fără experienţă.

Unviolated-*onváioleited* a. neviolat; nesilit; necălcat (lege); neatins.

Unvisited - *önvízited* a. nevizitat; nefrecventat.

Unwakened-*önuéikend* a. nedeşteptat; adormit.

Unwarily-*onuéerili* ad. în mod nechibzuit; cu nesocotinţă.

Unwariness - *önuérines* s. nesocotinţă; neprevedere; imprudenţă.

Unwarlike-*önuárlaie* a. nu prea răsboinic.

Unwarned - *önuárnd* a. neavertizat, neînştiinţat; nepus în vedere.

Unwarrantable-*önuárăwtábel*

a. de nejustificat, in x:uzabil; neasigurat.

Unwarranted - ŏnuáránted a. negarantat; nesigur; neautorizat.

Unwary - ŏnuéri a. neprevăzător; nesocotit; imprudent.

Unwashed-ŏnuáșt a. nespălat; —, s. gloată, mojicime.

Unwasted - ŏnuéisted a. nestricat, neconsumat.

Unwasting-ŏnuéisting a. de n - secat, nesleit: de neistovit.

Unwatered ŏnuaterd a. neudat, nestropit; nemoarat (stofe).

Unweakened - unuikend a. neslăbit.

Unwearied - ŏnuérid a. neobosit.

Unwedded-ŏnueded a. necăsătorit.

Unwelcome - ŏnuélcŏm a. rău venit; rău primit; neplăcut.

Unwell-ŏnuél a. indispus, bolnav.

Unwholesome - ŏnhóulsŏm a. nesănătos.

Unwieldy-ŏnuíldia greu; greoiu.

Unwilling - ŏnuiling a. care nu vrea; rău dispus; to be—to a nu fi dispus ca; —ly, ad. fără bunăvoință; cu neplăcere.

Unwillingness - ŏnuílingnes s. reavoință; scârbă.

Unwind-unuáind v. a. ner. (perf. și ptr. ŏunwáund) a desfășura; a descurcă; a întoarce (ceasul); ihe clock is unwound, ceasul nu este întors.

Unwise - ŏnuáis a. neînțelept; mprudent.

Unwished-ŏnuișt a. nedorit.

Unwitnessed-ŏnuítnest a. fără martor; nevăzut.

Unwittingly-ŏnuítingli ad. din neștire, fără spirit.

Unwanted-ŏnuónted a. neobicinuit; rar; ciudat.

Unworn-ŏnuórn a. care n'a fost uurtat; neuzat.

Unworkmanlike - ŏnuórmăn-l ic a. cârpăcit; stângaciu.

Unworthily - ŏnuórdhili ad. în hip nedemn.

Unworthiness - ŏnuórdhines s nedemnitate; nevrednicie; nemernicie.

Unworthy-ănuórdhi a. nedemn; nevrednic

Unwounded - ŏnuúnded a. fără rană.

Unwrap-ŏnrăp v. a. a desface (un pachet); a scoate (o haină); a scoate plicul.

Unwrinkled - ŏnrínkeld a. fără sbârcitură.

Unwritten - ŏnríten a. nescris, alb.

Unwrought - ŏnrot a. nelucrat, brut.

Unyielding-ŏniilding a. neclintit; neînduplecat.

Unyoke-ŏniáuc v. a a desjugă, a deshămă.

Up ŏp prep. & ad. sus în susul; in picioare; ridicat; inalt; sculat; —and down, sus și jos; —s and downs of life fericirile și nenorocirile vieței; time is—, timpul a trecut;—stairs, sus; to throw—, a vomită, a vărsă; to be—to it, a fi în curent cu; a fi în stare de a; to walk—and down, a se plimbă în lung și în lat; —! sus! in picioare!

Upbear-ŏpbéer v. a. ner. (perf. upbore, ptr. upborne), a propti; a sprijini; a susține; a ridica.

Upbraid-ŏpbréid v. a. a dojeni.

Upbraidingly - ŏpbreidingli ad. cu repros.

Upcast-ŏpcást a. ridicat.

Upheaval ŏphível s ridicare

Upheave-ŏphíc v. a. ner. a ridica.

Uphill - ŏphil a. la deal; greu; obositor.

Uphold-ŏphóuld v. n. ner. (perf. și ptr. upheld), a ridica; a susține; a sprijini.

Upholder ŏphóulder s susținitor; imbolditor; partizan; sprijin.

Upholsterer-ŏphóulsterer s. tapiter.

Upholstery-ŏphóulsteri s. tapiterie.

Upland-*ópländ* s. ţară muntoasă, platou; —, a. muntos.

Uplift-*óplift* v. a. a înălţă; a ridică.

Upon-*ŏpón* prep. pe; la; deasupra; —*my word*, pe cuvântul meu; —*that*, apoi, după aceasta.

Upper-*ŏper* a. superior; de sus; deasupra; *the*—*end*, locul de onoare, fruntea (mesei);—*cloth*, faţă mică de masă; —-*hand*,superioritate ; avantaj ; *the*—*stories*, caturile de sus.

Uppermost-*opermóust* a. mai înalt; mai ridicat.

Upraise-*ópréis* v. a. a ridică, a înălţa; a ridică în slăvile cerului.

Uprear-*ŏprier* v. a. a ridică.

Upright-*ŏprait* a. drept; perpendicular; în picioare; cinstit, cum se cade; —*ly*, ad. în picioare; drept; cu dreptate, cu cinste.

Uprightness-*ŏpraitnes* s. poziţiune perpendiculară; integritate; cinste, dreptate.

Uproar-*ŏproer* s. sgomot, tumult; zarvă; răscoală.

Uproarious-*ŏproeriŏs* a. sgomotos.

Uproot-*oprút* v. a. a desrădăcina.

Upset-*óvset* v. a. ner. (perf. şi ptr. *upset*), a răsturnă.

Upshot-*ŏpşot* s. sfârşit, capăt.

Upside down-*ŏpsaiddaun* ad. talmeş-balmeş; *to turn* —, a răsturnă.

Upstart-*ŏpstard* s. parvenit.

Upward *ŏpuard* a. ridicat în sus; suitor; —*s*, ad. sus; mai mult; *ten years and*—, mai mult de zece ani.

Uranian-*iuréiniăn* s. ceresc.

Urban-*ŏrbăn* a. urban.

Urbane-*urbéin* a. politicos.

Urbanity *urbăniti* s. urbanitate; omenie; politeţă.

Urchin-*ŭrcin* s. ariciu; puşoiu; *sea*—, ariciu de mare.

Urethra-*urithră* s. uretră.

Urge - *ŏrj* v. a grăbi; a insistă asupra; a rugă; a îndemnă.

Urgency-*urgensi* s. urgent, grab-

nic; —*'y*, ad. în mod grabnic.

Urinal *iurinăl* s. loc de urinat; vas de urinat.

Urinary-*iurineri* a. urinar.

Urine-*iurin* s. urină.

Urn-*ŭrn* s. urnă.

Us-*ŏs* pr. ne, pe noi; nouă.

Usable-*iuzăbel* a. de care cineva poate să se servească.

Usage-*iuseidj* s. obiceiu; purtare; tratare.

Usance-*iusăns* s. întrebuinţare.

Use-*iuz* s. întrebuinţare; obiceiu; folos; câştig; interes; *out af*—, ieşit din obiceiu; învechit; *in*—, de obiceiu; *of no*—, nefolositor; v. a. & n. a întrebuinţă; a se servi de, a se folosi de; a obicinuì, a avea obiceiul; a fi obicinuit; a practică; a trată; a s. uză, a se învechi, *to be*—*d to*, a fi obicinuit de; —*d up*, uzat, învechit; întrebuinţat.

Useful-*iusful* a. folositor; —*ly* în mod folositor.

Usefulness-*iusfulnes* s. folos.

Useless *iusles* a. nefolositor; —, ad în mod nefolositor.

Uselessness-*iuselesnes* s. —nefolosinţă.

Usher-*ŏşer* s. uşier, aprod; repetitor, ajutor de profesor;—, v. a. a introduce; a anunţa; (mai corect) *to*—*in*.

Usual *iujuăl* a. uzual, obicinuit ordinar; —*ly* ad. de obiceiu.

Usurer-*iujurer* s. cămătar.

Usurious *iajuriŏs* a. uzurar, cu camătă.

Usurp-*iusŏrp* v. a. a uzurpă; a răpi, a'şi însuşi pe nedrept.

Usurpation *iusurpéişŏn* s. uzurpaţiune, răpire, luare pe nedrept

Usuruper-*iusŏrper* s. uzurpător, răpitor, stăpânitor pe nedrept.

Usurpingly *iusurpingli* ad. prin uzurpaţiune.

Usury-*iujuri* s. uzură, camă

Utensil-*iutensil* s. unealtă scul

Uterine-*iuterin* a. uterin, vître din aceeaş mamă dar din tat deosebit.

Utilise-*iútilais* v. a. a utiliză, a se folosi de.

Utility *iutíliti* s. utilitate, folos

Utmost-*ótmŏst* a. mai mare; mai ualt; extrem; din urmă.

Utopia - *iutópiă* s. utopie, plan, sistem care e cu neputinţă de realizat.

Utopian-*iutópiăn* a. utopic, cu neputinţă de realizat.

Utter-*óter* v. a. a pronunţă, a rosti; a pune în vânzare; a pune în circulaţie; —, a. exterior; extrem; întreg, complect;—*ly*, ad.

în mod absolut; cu totul, de tot.

Utterable-*óterábl* a. ce se poate exprimă.

Utterance - *óteráns* s. pronunţare; articulaţiune; vânzare de mărfuri, debit.

Utterer-*óterer* s. acela care pune în circulaţie bani falşi.

Uvula-*iúviulă* s. omuşor (*anat.*)

Uxorious - *uxóuriŭs* a. sclavul nevestii sale.

Uxoriousness - *uxóuriŏsnes* s. dragoste nebună pentru nevasta sa.

V

Vacancy-*véicansi* s. golul; loc vacant; vacanţă, odihnă, repaus; —*of mind*, lipsă de idei.

Vacant - *véicănt* a. gol, deşert; neocupat; distras; nepăsător.

Vacation-*văkeişŏn* s. vacanţă.

Vaccinate - *văcsineit* v. a. a vaccină.

Vaccination-*văcsinéişŏn* s. vaccinare.

Vaccine-*văcsin*; — *lymph*, — *matter*, s. vaccin, altoiu (de vărsat).

Vacillate - *văsileit* v. n. a se clătină, a tremură; a şovăi, a fi nehotărît.

Vacillation-*văsiléişŏn* s. clătinare; tremurătură; şovăială, nehotărîre.

Vacuity-*văkiúiti* s. goliciune.

Vacuous-*văkiuŏs* a. gol, vid.

Vacuum-*văkiuŏm* s. vidul.

Vademecum-*veidemicum* s. vade-mecum, lucru sau carte ce se poartă obişnuit cu sine; manual.

Vagabond - *văgăbond* s. vagabond, om fără căpătăiu; —, a. vagabond, care rătăceşte încoaci şi încolo, hoinar.

Vagary-*téigări* s. capriciu, ciudăţenie, toane.

Vagina-*văgiăină* s. (*bot.*) păstae, teacă, înveliş, pleavă la grâu; pojghiţă.

Vagrancy - *véigránsi* s. vagabondaj, umblare fără căpătăiu.

Vargant-*véigrănt* s. vagabond.

Vague-*véig* a. vag; —*iy*, ad. în mod vag; —*ness*, s. gol, ceeace e nehotărît, nedesluşit.

Vails-*véils* s. pl. bacşiş, răsplată.

Vain - *véin* a. van, zadarnic; trufaş, orgolios; —*iy*, ad. in zadar; cu îngâmfare.

Vainglorious-*veinglóriŏs* a. vanitos, trufaş.

Vainglory - *veinglóri* s. glorie deşartă; îngâmfare.

Valance-*văláns* s. draperie peste partea de sus a perdelelor.

Vale-*véil* s. vale, vâlcea.

Valentine-*vălentáin* s. valentin, în ziua de Sf. Valentin, 14 Februarie; amantă aleasă.

Valerian - *văliriăn* s. (*bot.*) valeriană.

Valet-*vălet* s. slugă, fecior.

Valetudinarian - *văletiudinéririăn* s. & a. bolnăvicios.

Valiant-*văliănt* a. viteaz, brav, voinic; —*iy*, ad. cu vitejie, voiniceşte.

Valid-*vălid* a. sănătos, sdravăn; valabil.

Validity - *văliditi* s. validitate.

Valise - *vălis* s. geamantan, geantă.

Valley-*văli* s. vale, vâlcea.

Valorous - *vălerŏs* a. valoros, viteaz.

Valour-*vălor* valoare; bărbăţie, vitejie.

Valuable - *văliuăbel* a. preţios; —*s.* s. pl. lucruri de mare preţ.

Valuation - *văliuéişŏn* s. evaluare, preţuire.

Value - *văliu* s. valoare, preţ; merit; *to set a—on,* a preţui; —, v. a. a apreţiă; a preţui; a stimă; a face caz de; a onoră; a respectă.

Valueless-*văluiles* a. fără valoare.

Valuer-*văliuer* s. apreţiator; *(jur.)* expert; taxator, vameş.

Valve-*volv* s. capac; supapă.

Valvular - *vălviulăr* a. cu valvule.

Vamp-*vămp* v. a. a cârpi.

Vampire-*vắmpaier* s. vampir, strigoiu.

Van-*văn* s. avangardă; vânturătoare; car pentru mobile; camion de mutare; trăsură; vagon; *break* —, vagon cu frâne.

Vandal-*vắndăl* s. vandal; scandal.

Vandalism-*vắndalism* s. vandalism.

Vane-*véin* s. sfârlează; aripi (de moară).

Vanguard - *vắngard* s. avangardă.

Vanilla-*vănĭllă* s. vanilie;—*tree,* vanilier.

Vanish-*vắniş* v. n. a pieri; a dispare; a risipi—*ing line,* orizont.

Vanity-*vắniti* s. vanitate, deşertăciune.

Vanquish-*vancuiş* v. a. a învinge.

Vanquisher - *vắncuişer* s. învingător.

Vantage-ground *vắnteidjgraund* s. poziţiune superioară sau avantajoasă.

Vapid-*văpid* a. anost, insipid; mucezit; scârbăd.

Vapidness-*văpidnes* s. lipsă de gust; greţoşie.

Vaporous-*véiperŏs* a vaporos, aburos; care produce vânturi în pântece.

Vapour-*véipor* s. vapor, abur.

Variable - *véiriăbl* a. variabil, schimbător.

Variableness - *véiriăbelnes* s. variabilitate; nestatornicie.

Variably-*véiriăbli* ad. în mod schimbător, cu nestatornicie.

Variance-*véiriăns* s. variaţiune, schimbare; ceartă, neînţelegere; *at—* în neînţelegere.

Variation-*veiriéişŏn* s. variaţiune, schimbare; deviare, abatere; abatere din direcţiune a acului magnetic, declinaţiune.

Varicose vein-*véiricozvein* s. varice; umflătură prin dilatarea unei vine.

Variegate - *véirigheit* v. a. a varià; a schimbà; a da diferite forme; a bălţa; a împestriţà.

Variegation-*veirieghéişŏns.* diversitate (de coloare, de formă); împestriţare.

Variety-*văráieti* s. varietate.

Variola-*văráiolă* s. variolă, vărsat.

Various-*véiriŏs* a. felurit, diferit; schimbător; nestatornic; —*ly,* ad. de diferite feluri.

Varnish-*vărniş* s. verniu, lustru, —, v. a. a lustrui; a smălţui; a da spoială, a preface.

Varnishing-*vărnişing* s. lustruială; smălţuire.

Vary-*véiri* v. a. & n. a varià; a devià; a schimbà; a se depărtà; a se abate din drumul său

Vascular *văskiulăr* a. vascular, ce ţine de vasele corpului.

Vase-*véis* s. vas; oală; potir; *(bot.)* calice.

Vassal-*văsăl* s. vasal.

Vassalage-*văsăleij* s. vasalitate.

Vast-*vast* a. vast, foarte întins; foarte mare; larg; *a—deal,* foarte mult; —*ly,* ad. imens, nemărginit.

Vastness - *văstnes* s. întindere mare; imensitate, enormitate.

Vat - *văt* s. hârdău; putină de leşie; cadă (de boiangiu).

Vault-*vólt* s. boltă; cavou, boltă subpământeană pentru morţi; săritură; —. v. a. & n. a boltí; a sărí; a face exerciţii pe funii sau cai fără scări.

Vaulter-*voller* s. săritor, cel ce face exerciţii pe funii sau pe cai; acrobat.

Vaulting-*vólting* s. voltigiu, călărie fără scări; exerciţiu pe frânghie.

Vaunt-*vont* v. a & n. a (se) lăudă, a se fălí cu.

Vaunter-*vónter* s. fanfaron; lăudăros.

Veal-*vil* s. viţel; carne de viţel; — *-cutlet*, costiţă de viţel.

Veer - *vir* v. n. a se schimbă (vânt); (*mar.*) a se întoarce.

Vegetable - *végetăbl* s. vegetal, zarzavat; legume;— *-dish*, farfurie pentru legume;— *-garden*, grădină cu zarzavaturi; —, a. vegetal, vegetabil.

Vegetarian - *vegetéiriăn* s. vegetarian; —*ism*, s. vegetarianism.

Vegetate-*végeteit* v. n. a vegetă.

Vegetation-*vegeteişón* s. vegetaţiune.

Vegetativ-*végeteitiv* a. vegetativ

Vehemence-*víhemens* s. vehemenţă; violenţă; forţă.

Vehement - *víhement* a. vehement; —*ly*, ad. cu vehemenţă.

Vehicle-*véhikel* s. vehicul: mijloc de transport; (*fig.*) purtător, mijlocitor.

Vehicled-*víhicled* a. transportat.

Vehicular-*vehíkiulăr* a. ce priveşte vehiculul.

Veil-*véil* s. văl; pretext; prefăcătorie; —, v. a. a acoperí cu un văl; a ascunde; a întunecă.

Vein-*réin* s. (*anat.*) vână; vână (în pământ, piatră, lemn): dispoziţiune, mers (al lucrurilor); *to be in the*—*to*, vervă; —, v. a. a face bine (cu vopsele).

Veined-*véined*, **veiny**-*véini* a. vânos, cu vine.

Vellum-*vélóm* s. velin.

Velocipede-*velósipid* s. velocined.

Velocity-*vélósiti* s repeziciune, iuţeslă.

Velodrome-*vélodroum* s. velodrom.

Velvet - *vélvet* s catifea; —, a. de catifea, catifelat.

Velveteen-*velvetín* s. catifea de bumbac.

Velvety-*vélveti* a. catifelat.

Venal - *vénál* a. venal, care se (poate) vinde.

Venality-*vinăliti* s. venalitate.

Vend-*vénd* v. a. a vinde.

Vender-*vénder* s. vânzător.

Veneer-*veniers*. foaie pentru placat (metale, lemn); —, v. a. a placá.

Veneering-*veniering* s. placagiu

Venerable - *vénerăbel* a. venerabil.

Venerably-*vénerăbli* ad. în mod ca să-şi atragă veneraţiunea

Venerate - *vénéreit* v. a. a venerá, a avea un respect religios pentru; a respectá profund.

Veneration - *veneréişón* s. veneraţiune.

Venereal-*venériăl* a. venerian.

Venetian-blind-*venişăn-blăind* s. persiană; oblon de fereastră.

Vengeance - *véngens* s. răzbunare.

Venial - *víniál* a. ce se poate iertá.

Venison - *véniszăn* s. vânat de dobitoace mari.

Venom-*vénóm* s. venin, otravă.

Venomous-*vénomós* a. veninos, otrăvitor.

Venomousness-*vénomsneós* s. venin.

Vent-*vent* s. deschizătură; eşire; lumină; vânzare; şezut (de pasăre, etc.); mijloc (de scăpare); —*hole*, deschizătură; răsuflătoare; vrană la butie; —*peg*, cep (la butoiu); —, v. a. & n. a da drumul; a răspândí (mirosuri), a aerisí; a da lumină; a mirosí;

a vinde, a debită; a divulgă; *to find*—, a găsi o ieşire; a găsi un mijloc de scăpare; *to give-to*, a da drumul.

Ventilate-*véntileit* v. a. a ventilà; a aerisì; a discută; a examină.

Ventilation-*ventiléişon* s. ventilaţiune, aerisire.

Ventilator-*véntileitor* s. ventilator.

Ventricle-*ventrikel* s ventriculă.

Ventriloquism *ventriloouizm* s. ventrilogie, vorbire din pântece.

Venture - *vénciur* s. aventură, întâmplare; *at a*—, la noroc; la întâmplare; *to put to the*—, a riscà; —, v. a. & n. a riscà, a se pune în pericol; a se aventură; a se expune.

Venturous - *vénciorös* a. aventuros, întreprinzător, îndrăzneţ; *ly*, ad. cu îndrăzneală, la noroc.

Venturousness-*vénciorösnes* s îndrăzneală; temeritate.

Venue-*véniu* s. jurisdicţiune.

Veracious - *veréişös* a. veridic, adevărat.

Veracity-*verásiti* s. veracitate.

Verandu-*verándă* s verandă.

Verb-*verb* s. (gram.) verb.

Verbal-*vérbăl* a. verbal, din gură.

Verbatim-*verbéitim* ad. cuvânt cu cuvânt.

Verbena-*verbéină* s. (bot.) verbină.

Verbose-*vérbous* a. care se întinde la vorbă, voibăreţ.

Verbosity-*verbóziti* s. sporovăială, limbuţie, vorbă multă.

Verdant - *vérdănt* a. înverzit; verde.

Verdict - *verdict* s. verdict, judecată, opiniune; *to bring in a*— *of guilty*, a declară culpabil (la juraţi).

Verdigris-*vérdigris* s. cocleală.

Verdure-*vérgiör* s. verdeaţă.

Verge-*verj* s. vergea; cumpănă; resort; margine; *on the*—*of*, în ajun să; —, v. n. a se apropià;

a ajunge; a se aplică; a se înclină.

Verger-*vérger* s. (ârcovnic, paracliser.

Verification-*verifikéişön* s. verificare.

Verify-*vérifai* v. a. a verifì à.

Verily-*vérili* ad. într adevăr

Verjuice - *vérgiös* s. zeamă de aguridă.

Vermicelli-*termicéli* s fidea.

Vermicular - *vemik:ulăr* a. ca un vierme.

Vermifuge - *vérmifugi* s. leac care goneşte viermii.

Vermillion-*vérmiliön* s vermilion, chinovar.

Vermin - *vérmin* s. viermină;— -*destroyer*, insecticid, care ucide insectele.

Vernacular-*vernăkiulăr* a. indigen; matern.

Vernal-*vérnal* a. primăvăratic, de primăvară.

Versatile-*vérsătail* a. versatil, nestatornic, schimbăcios.

Versatility-*versătiliti* s. nestatornicie; mlădiere.

Verse-*vers* s. versificaţiune.

Versed-*verst* a. versat, care se pricepe în.

Versification - *versifikéişön* s. versificaţiune.

Versifier - *vérsifaier* s. versificator.

Versify - *vérsi.ai* v. a. a versifică, a face versuri.

Version-*rérşön* s. versiune; traducere.

Verst-*verst* s. verstă (măsură).

Versus-*végös* prep. contra.

Vertebra - *vértebră* s. vertebră.

Vertebral-*vírtebrăl* s. vertebral.

Vertebrate-*vertebreit* a. vertebrat.

Vertex - *vértex* s. creştetul capului.

Vertical - *vértikăl* a. vertical; —*ly*, ad. în mod vertical.

Vertiginous-*vertiginös* a. vertiginos, ameţitor.

Vertigo-*rértigou* s. ameţeală.

Vervain-*vérveins*, (*bot.*) verbină.

Very-*véri* a. & ad. acelaș; real, adevărat; chiar; foarte, prea; tare; de tot, cu totuï; cu adevărat.

Vesicatory-*vésikeitori* s. vezicătoare.

Vesicle *vésikel* s. vesiculă, beșicuță.

Vespers-*vésperz* s. vecernie.

Vessel *vésel* s. vas, corabie.

Vest-*vest* s. vestă, jiletcă; —, v. a. a îmbrăcă; a împodobi; a învesti.

Vesta-*véstă* chibrit de ceară.

Vestal-*véstăl* s. vestală.

Vestige-*véstij* s. vestigiu, urmă.

Vesting-*véstinș* s. stofă pentru jiletcă.

Vestment-*vésiment* s. vestmânt, haină.

Vestri-*véstri* s. sascristie, adunare parohială.

Vesture-*vésciurs* îmbrăcămînte, haină.

Vetch-*véci* s. (*bot.*) măzărică.

Veteran-*véterăn* s. veteran; bătrân cu experiență.

Veterinarian - *veterinéiriăn* s. medic veterinar.

Veterinary-*véterineri* s. veterinar; — *surgeon*, medic veterinar.

Veto-*vitou* s. veto; opozițiune.

Vex-*vex* v. a. a vexă, a jigni. a supără; a turbură; a neliniști.

Vexation-*vexeișön* s. vexațiune, supărare; necaz.

Vexatious-*vexeișös* a. jignitor, supărător; —*ly*, ad. în mod supărător.

Vexing-*véxing* a. jignitor, contrariat.

Viaduct-*váidduct* s. viaduct.

Vial-*váidl* s. sticluță.

Viands-*váiănds* s. pl. bucată de carne.

Viaticum-*vaiăticöm* s. împărtășania ce se dă unuï muribund; bani sau merinde de drum.

Vibrate-*vaibreit* v. n. a vibră; a tremură; a agită, a mișcă.

Vibration-*vaibréișön* s. vibrațiune.

Viburnum - *vibörnöm* s. (*bot.*) dărmoz.

Vicar-*váicar* sau *vi* ar s. vicar, ajutor de popă; preot, paroh; predicator protestant.

Vicarage - *vicareij* și *váicăreij* s. enorie, parohie.

Vicarious-*vaicăriös* a. de delegațiune.

Vicarship-*vicarșip* sau *vá:cărsip* s. vicariat, parohie.

Vice-*ráis* s. viciu; defect; minghinea (clește mare), unealtă de strâns; vice, sub;— -*admiral*, vice-amiral;—-*admiralty*, funcția de vice-amiral;— -*chancellor*, vice-cancelar;— -*consul*, vice-consul;—-*president*, vice-președinte; — -*royalty*, vice-regat; demnitate de vice-rege.

Vicinity-*visiniti* s. vecinătate.

Vicious-*víșös* a. vițios; —*ly*, în mod vițios.

Viciousness *víșö:nes* s. natură vițioasă.

Vicissitude-*vaisisitiud* s. vicisitudine, schimbare, nestatornicie, variațiune.

Victim-*victim* s. victimă.

Victimise-*victimaiz* v. a. a jertfi, a face victimă.

Victor-*víctor* s. învingător.

Victorious - *victóriös* a. victorios, învingător; —*ly*, ad. în mod victorios.

Victory-*victori* s. victorie, biruință.

Victual-*vitel* v. a. a aproviziona, a îngriji cu merinde.

Victualler-*victeler* s. furnizor de merinde; *licensed*—, cârciumar; hangiu.

Victualling-*viteling* s. aprovizionare, merinde.

Victuals-*vitelz* s. pl. merinde, hrană, mâncare.

Vicunia-*vicöniă* s. oaie din Peru; un fel de lână spaniolă.

Videlicet-*vaidéleiset* ad. adică, va să zică.

Vie-*vái* v. n. a rivalizá cu, a întrece, a se luptá.

View-*viú* s. privire, uitáturá; privelişte; înfáţişare; perspectivá; întindere; examinare; scop párere, intenţiune; idee, gândire; *to keep in*—, a observá, a nu pierde din ochi; *(fig.) to have in*—, a avea intenţiune; *with a* —*to*, cu intenţiunea de; —, v. a. a vedea; a zári, a privi, a se uitá la; a. observá, a examiná.

Vigil-*vidjil* s. ajunul (unor sárbátori); veghe.

Vigilance-*végiláns* s. veghere; luare aminte.

Vigilant-*vigilánt* a. veghetor; atent.

Vigorous-*tígherŏs* a. viguros, puternic, vârtos; —*ly*, ad. în mod viguros.

Vigour-*vígher* s. vigoare, putere.

Vile-*vail* a. de puţin preţ; josnic, mârşav; —*ly*, ad. de rând; în mod mârşav.

Vileness - *váilnes* s. josnicie, mârşávie.

Vilify-*vjlifai* v. a. a înjosi, a umilì, a defáimá, a face de ruşine.

Villa-*vilá* s. vilá.

Village-*viláj* s. sat.

Villager-*világer* s. sátean.

Villain-*vilán* s. ţáran, mojic; nemernic, mişel.

Villanous-*vilánŏs* s. infam, pácátos. mârşav —*ly*, ad. cu ticáloşie, cu mârşávie.

Villany-*viláni* s. ticáloşie, mişelie, nemernicie.

Vindicate-*vindikeit* v. a. a justificá; a apárá, a menţine, a susţine; a rázbuná; a protejá.

Vindication-*vindikéişŏn* s. justificare, apárare.

Vindicator-*vindikéiter* s. apárátor.

Vindicatory-*vindikéiteri* a. rázbunátor; justificativ.

Vindictive-*vindíctiv* a. vindicativ, care nu iartá; care cautá sá-şi rázbune.

Vine-*váin* s. vie; viţá; — *arbour*, boltá de viţá de vie; — *branch*, viţá de vie; *(poet.)* viţá de vie cu frunzele sale; — *dresser*, vier; — *estate*, podgorii, teren acoperit cu vii; — *grower*, podgorean, proprietar de vii; — *growing*, viticulturá; — *knife*, cosoraş; — *leaf*, frunzá de viţá; — *plot*, podgorii, teren acoperit cu vii; — *prop*, — *stick*, arac; — *tock*, viţá de vie.

Vinegar-*vínegher* s. oţet; — *cruet*, oţetar.

Vinery-*váineri* s. será pentru viţá de vie.

Vineyard-*vi·'ard* s. vie.

Vinosity-*vainósiti* s. calitate vinoasá.

Vinous-*váinŏs* a. vinos.

Vintage-*vintej* s. culesul viilor; recoltá de vin.

Vintager-*víntáger* s. culegátor de struguri.

Vintner-*víntner* s. cârcium r.

Violate-*váioleit* v. a. a violá, a silui.

Violation-*vaioléişŏn* s. violare, siluire; infracţiune.

Violator-*váioleitŏr* s. violator, rápitor; cálcátor.

Violence-*váiolens* s. violenţá; *to do—to oneself*, a pune capát zilelor sale; *to offer*—, a maltratá.

Violent-*váiolent* a. violent; —*ly*, ad. cu violenţá; în mod violent.

Violet-*váiolet* s. *(bot.)* micşunea, viorea; — *colour*, coloarea violet.

Violin-*váiolin* sau *vaiolín* s. vioará.

Violinist-*váiolinist* s. violinist.

Violoncello-*vaiolончélo* s. violoncel.

Viper-*váiper* s. viperá.

Viperine-*váiperin*, **viperous**-*váiperŏs* a. de viperá.

Virago-*viréigŏu* s. femeie cu fire şi maniere de bárbat.

Virgin-*vérgin* s. fecioará, virginá; a. virgin, virginal, de virginá.

Virginal-*vérginăl* a. virginal, fecioresc.

Virginity-*verginiti* s. virginitate, feciorie.

Viridity-*viriditi* s. verdeaţă.

Virile-*viril* sau *virail* a. viril, bărbătesc.

Virility-*viriliti* s, virilitate, bărbăţie.

Virtu-*virtú* s. gust artistic; *obiects of*—, obiecte de artă.

Virtual-*vérciuăl* a. virtual; —*ly*, ad. în mod virtual.

Virtue-*vérciu* s. virtute; merit; putere; *by* — *of*, în virtutea, în puterea; *in*—*of*, conform cu.

Virtuoso - *vertiuóso* s. virtuos, muzicant de talent.

Virtuous - *vérciuŏs* a. virtuos; —*ly*, ad. în mod virtuos.

Virulence-*viriulens* s. virulenţă extremă; furie.

Virulent-*vériulent* a. virulent, plin de furie.

Virus-*táirŏs* s. virus, principiul unei boli contagioase.

Visage-*viseij* s. faţă; înfăţişare

Viscera-*viscră* s. viscere, maţe.

Viscosity-*viscositi* s. stare vâscoasă, cleioasă.

Viscount-*váicaunt* s. viconte.

Viscountess- *áicauntes* s. vicontesă.

Visconaty-*váicaunti* s. moşie de viconte.

Viscous-*viscŏs* a. vâscos, cleios, lipicios.

Visibility-*vizibiliti* s. vizibilitate, putinţa de a fi văzut.

Visible-*vizibl* a. vizibil, ceace se poate vedea.

Visibly-*vizibli* ad. în mod. vizibil.

Vision-*vijŏn* s. viziune vedere.

Visionary-*vijŏnări* s. & a. vizionar.

Visit-*vizit* s. vizită; inspecţiune; perchiziţie; —, v a & n. a vizită, a face vizite; *to be on a*—, a fi în vizită; *to pay a*—, a face vizită.

Visitant-*vizitănt* s. vizitător.

Visitation-*visitéişŏn* s. vizitare, vizită; inspecţiune; turneu.

Visiting-*visiting* s. vizită, vizitare; inspecţiune;—*card*, carte de vizită.

Visitor-*vizitor* s. vizitator.

Visor-*tizor* s. vizieră; mască.

Visored-*vizord* s. mascat.

Vista-*vistă* s. vedere: perspectivă; privelişte; luminiş, alee.

Vital-*váităl* a. vital, al vieţii; —s. părţile vitale.

Vitality-*vaităliti* s. vitalitate.

Vitiate-*vişieit* v. a. a viţiă, a strică, a nărăvi; a profană, a pângări; a falşifică, a drege, (*jur.*) a face nul.

Vitceous-*vit:iŏs* a. sticlos.

Vitrifaction-*vitrifăcşŏn* s. prefacere în sticlă.

Vitrify-*vitrifái* v. a. & n. a. (se) preface în sticlă.

Vitriol *vitriol* s. vitriol.

Vituperate-*vitiupereit* v. a. a mustră, a dojeni.

Vivacious-*vaivéişŏs* a. vivace, repede, iute; vioiu, sprinten.

Vivacity-*vivásiti* s. vivacitate, vioiciune.

Vivarium-*vaivériŏm* s. eleşteu; iepurărie; parc.

Vivid-*vivid* a. vioiu;—*ly*, ad. cu putere, cu viaţă.

Vividness-*vividnes* s. vioiciune.

Vivification-*vivifikéişon* s. înviorare; reînviere; însufleţire.

Vivify-*vivifai* v. a. a invioră; a însufleţi.

Viviparous *vaivipárŏs* a. vivipar.

Vivisection-*vivisécşŏn* s. vivisecţiune.

Vixen-*vixen* s vulpoaică; femeie arţăgoasă.

Viz-vis ad.=*videlicet*.

Vizier-*tizier* s. vizir.

Vocabulary-*vocăbiulări* s. vocabular.

Vocal-*róucăl* a. vocal, de voce; —*ly*, ad. prin voce.

Vocalist-*vóucălist* s. cântăreţ, cântător.

Vocation - *vŏukéişŏn* s. vocaţiune.

Vocative-*vócătiv* s (*gram*) vocativ.

Vociferate *vosifei eit* v. n. a vociferă, a face gură mare.

Vociferation-*vosiferéişŏn* s. vociferare, strigăte.

Vociferous-*vósí,erŏs* a. sgomotos; violent.

Vogue-*róug* s. trecere; modă; căutare; renume; *to be in—*, a fi la modă.

Voice-*vóis* s. voce, glas; —*in a law—*, cu voce încetată; —*pipe*, instrument ce duce glasul la depărtare; *to—*, v. a. a proclamă.

Void-*vóid* a. vid, gol, vacant anulat; —, s. vid, gol;—, v. a. a goli; a revocă; a anulă; a părăsi.

Volatile-*vólătail* a. volatil, sburător; uşurel; nestatornic.

Volatilisation-*volătilizéişon* s. (*chim.*) volatilizare.

Volatilise-*vólătiloiz* v. a. a volatilizà.

Volatility-*vólătiliti* s. volatilitate; nesocotinţă; nestatornicie.

Volcanic-*volcănic* a. vulcanic.

Volcano-*volkéino* s. vulcan.

Vole-*vol* s. volă (la cărţi).

Volley-*vóli* s. salvă (de aplauze); descărcătura, salvă (de arme de foc);— *firing*, foc de pluton.

Volt-*vólt* s. voltă.

Voltaic-*voltéica* a. voltaic;—*pile*, pila lui Volta.

Volubility-*voliubíliti* s. volubilitate.

Voluble-*vóliubel* a. volubil, mişcător, învârtindu-se; bun de gură.

Volubly-*vóliubli* ad. cu volubilitate.

Volume-*vólium* s. volum, grosime; tom (parte dintr'o operă).

Voluminous-*voliumineis* a. voluminos.

Voluntarily *vólŏntărili* ad. bucuros.

Voluntary-*vólŏntări* s. (*mus*) preludiu; improvizaţiune; —, a. voluntar, de bună voie.

Volunteer-*volŏntier* s. voluntar;

—, v. a. & n. a se oferi ca voluntar; a oferi în mod voluntar; a se înrolà ca voluntar.

Voluptuary-*volŏpciueri* s. desfrânat.

Voluptuous-*volúpciŏs* a. voluptos; —*ly*, ad. în mod voluptos.

Voluptuousness-*volŏptiuŏsnĕs* s. voluptate.

Volute-*voliút* s. (*arch.*) volută.

Vomica-*vómică* s. abces în plămâni; *nux—*, nucă vomică.

Vomit-*vómit* s. vărsare; leac care te face să verşi; —, v. a. a vărsà.

Vomiting *vómiting* s. vărsare.

Voracious-*voréişŏs* a. vorace; —*ly*, ad. cu voracitate.

Voracity y-*vorăsiti* s. voracitate.

Vortex-*vortex* s. vârtej, volbură.

Votary-*vóutări* s. adorator; sectar; călugăr, cucernic; —, a. votiv.

Vote-*vout* s. vot; *to put to the—*, a opune la vot; a alege.

Voter-*vóuter* s. votant.

Voting-*róuting* s. votare; —*paper*, buletin de vot.

Votive-*róutiv* a. votiv.

Vouch-*ráuci* v. a. & n. a atestà, a asigurà; a garantà; a. afirmà.

Voucher *váucér* s. garant; garanţie; titlu; martor.

Vouchsafe-*váuciseif* v. a. & n. a acordà, a da voie; a binevoi.

Vow-*váu* s. făgăduinţă făcută lui Dumnezeu; danie; jurământ; —, v. a. & n. a face o făgăduinţă; a făgădui, a consacrà; a jurà.

Vowel-*váuel* a. vocală.

Voyage-*vóeij* s. călătorie (pe mare); —, v. a. & n. a călători (pe mare); a străbate.

Vulcan-*vólcan* s. vulcan.

Vulcanise-*vólcănaiz* v. a. a vulcanizà.

Vulgar-*vólgăr* s. oameni de jos, de rând; —, a. vulgar; de jos, de rând.

Vulgarism-*vólgărizm* s. expresiune vulgară.

Vulgarity-*vulgăriti* s. vulgaritate, josnicie.

Vulgarise-*vŏlgaraiz* v. a. a vulgariză.

Vulgate-*vŏlgheit* s. vulgată, traducere latină a Bibliei.

Vulnerable-*vŏlnarăbl* a. vulnerabil.

Vulnerary-*vŏlnarari* s leac bun de răni.

Vulpine-*vŏlpain* a. de vulpe; şiret.

Vultur-*vŏlciur* s vultur.

Vulturine-*vŏlciurin* a. de vultur.

W

Wabble-*uŏbl* v. n. a se clătină.

Wad-*uŏd* s. maldăr (de paie, etc.); tultuială, dop de câlţi la o puşcă; vată —, v. s. a vătui (o stofă); a băgă dopul de câlţ într'o armă.

Wadding-*uŏding* s. câlţi; vată.

Waddle-*uădl* v. n. a se legănă când într'o parte când într'alta, a se fâţâi.

Wade-*ueid* v. n. a trece prin vad, a umblă în apă.

Wafer-*uéifer* s. bulin (de lipit); lalanghită (plăcintă); *consecrated* —, ostie, agneţ.

Waffle-*uăfl* s. lalanghită (plăcintă).

Waft-*uăft* s. suflare, adiere; corp piutitor; semn (cu un steag); —, v. a. & n. a duce în aer; a transportà peste ape; a plutì; a face semn cuiva; a întoarce privirile.

Wag-*uŏg* s. glumeţ; clătinare, dare din cap; —, v. a. & n. a se mişcă; a clătină din cap; a da din coadă; *to the—tail*, a da din coadă; *to—one's tongue*, a sta la taifas, a flecări.

Wage-*uéigi* v. a. & n. a parià, a face un rămăşag, o prinsoare; a cutezà, a îndrăzni; a se luptà; a tocmi cu plată; *to—war*, a face răsboiul.

Wager-*uéiger* s. prinsoare, pariu; *to lay a—*, a parià; —, v. a. a parià, a se prinde.

Wages-*uéiges* s. pl. leafă, salariu.

Waggery-*uăgheri* s. glumă proastă, farsă.

Waggish-*uéighiş* a. glumeţ, caraghios.

Waggishness-*uéighişnes* s. năsbătie, caraghioslâc.

Waggle-*uăghél* v. n. a se clătină, a se fâţâi; a nu aveà astâmpăr.

Waggon-*uăgŏn* s. vagon; furgon; căruţă; *baggage* —, vagon de bagaje; — *-master*, vagmistru; — *-office*, birou de transport.

Waggoner-*uăgoner* s. căruţaş; vizitiu.

Wagtail-*uăgteil* s. codobatură.

Waif-*ueif* s. lucruri rătăcite, pripăşite.

Wail-*ueil* s. jeluire, tânguire.

Wain-*uein* s. căruţă, trăsură; *Charles—*, (astr) carul mare.

Wainscot-*uéinscot* s. lemnărie care căptuşeşte pereţii; —, v a. a căptuşi, a îmblăni cu lemn.

Waist-*uéist* s. talie, mijloc; — *-band*, cingătoare.

Waistcoat-*uéistcout* s. jiletcă.

Waistcoating - *ueistcouting* s. stofă pentru jiletci.

Wait-*uéit* s. cursă, pândă; —, v. a. & n. a aşteptă; a însoţi; a amână.

Waiter-*uéiter* s. chelner; tavă; *dumb* —, servitoare; măsuţă de pus farfurii etc. într'o sufragerie.

Waiting-*uéiting* s. aşteptare; serviciu; *in—*, de serviciu; — *-maid*, — *-woman*, fată în casă; — *-room*, sală de aşteptare; *to keep one—*, a face pe cineva să aştepte.

Waitress-*uéitres* s. chelneriţă; fată în casă.

Waits-*uéits* s muzicanţi ambulanţi la Crăciun.

Waive-*ueiv* v. a. a renunţă; a da la o parte; a înlătură.

Waiver-*uéiver* s. act de renun-
țare la ceva.

Wake-*uéic* s. veghe, veghere;
hram (sărbătoare); dâră (a unei
corăbii în mers); —, v. a- & n.
ner. (perf. și ptr. *waked, woke*),
a (se) deșteptă; a veghea; *to—
up*, a deșteptă.

Wakeful-*uéicful* a. deșteptat;
veghetor.

Waken-*uéiken* v. a. & n. a (se)
deșteptă; a veghea.

Waking-*uéiking* s. deșteptare;
veghe; sculare.

Wale-*uóil* s. semn; urmă; dungă
(pe stofe); vânătaie.

Walk-*uác* s. preumblare; mers;
turneu; cale; —, v. a. & n. a
cutreeră; a străbate; a trece
prin; a merge pe jos; a merge
la pas; a se plimbă; *to—about*,
a se plimbă; a străbate; *to—
abroad*, a ieși; *to—away*, a plecă;
to—by, a trece; *—in!* intrați!
—up, urcați-vă (pe scară); *to
take a—*, a face o plimbare.

Walker-*uáker* s. plimbător, cel
ce se plimbă; mergător; pieton.

Walking-*uáking* s. plimbare pe
jos; mers; *—stick*, baston.

Wall-*uál* s. zid, perete; *(fig.)* zid
de apărare; *to go to the—*, a su-
combă; *to give one the—*, a cedă
cuiva un loc de frunte; *—sree-
per*, certie, cățărătoare (pasăre);
(bot.) scorțărel; *—-eye*, ceacâr (se
zice de cai); *—-flower*, mixandră;
care nu e invitată la danț; *—-
fruit*, fruct de pom ale cărui
ramuri sunt întinse și înțepenite
de zid; *—-tree*, pom cu ramurile
întinse și înțepenite de zid, spalier;
—, v. a. a înconjură cu ziduri.

Wallet-*uálet* s. traistă; raniță;
geamantan, geantă.

Wallow-*uálou* v. n. a se tăvăli
în noroiu; a se rostogoli în; a
înnotă; a umblă greoiu.

Walnut-*uálnŏt* s. nucă; lemn de
nuc; *—-tree*, nuc.

Walrus-*uálrŏs* s. morsă, cal de
mare.

Waltz-*uálts* s. vals; —, v. n. a
valsă, a jucă un vals.

Wan-*uăn* a. palid, galben.

Wand-*uánd* s. baghetă, vergea;
nuea.

Wander-*uánder* v. n. a pribeji;
a călători pe jos, a umblă; a
cutreeră; *to be—ing*, a delira, a
aiura.

Wanderer-*uánderer* s. călător,
drumeț, turist.

Wandering *uándering* s. călă-
torie, excursiune; rătăcire.

Wane-*uéin* s. descreștere; declin;
sfârșit; —, v. n. a descrește; a
declină; a slăbi.

Wanness-*uánes* s. paloare, găl-
bineală.

Want-*uánt* s. lipsă; nevoie; tre-
buință; —, v. a. & n. a trebui,
a avea nevoie de; a-i lipsi; a
dori, a voi.

Wanting *uánting* a. care lip-
sește; absent.

Wanton-*uánton* s. desfrânat,
craidon; —, v. n. a face nebu-
nii; a se jucă; a fâlfâi; —, a.
desfrânat; nebunatic; vesel; îm-
belșugat; fâlfâitor; *—ly*, ad. cu
veselie nebunatic.

Wantonness-*uántones* s. des-
frânare, aplecare la desfrâu; sbur-
dalnic.

War-*uár* s. răsboiu; —, v. n. a
face răsboiu.

Warble-*uárbl* v. a. a ciripi; a
cântă; a murmură (apa).

Warbler-*uárbler* s. cântăreț;
pitulice (pasăre).

Warbling-*uárbling* s. ciripit;
cântec; murmur (de apă).

Ward-*uárd* s. pupil(ă); tutelă;
epitropie; plasă; cartier; apăra-
re, gardă; —, v. a. a păzi; a
apără, a ocroti; a pară (o lovi-
tură); a înlătură cu dibăcie.

Warden - *uárden* s. păzitor;
temnicer; guvernator; îngrijitor.

Warder-*uárder* s. păzitor; în-
grijitor.

Wardrobe *uárdroub* s. garde-
robă, dulap de haine.

Wardship-*uárdşip* s. tutetă, epi-
tropie.

Ware-*uéer* s. marfă.

Warehouse-*uéerh..us* s magą-
zie, prăvălie ;—-*man* magaziner;
băiat de prăvălie; toptangiu, ne-
gustor angrosist.

Warfare-*uárfeer* s. serviciu mi-
litar; viață militară; răsboiu.

Warily-*uéirili* ad. înțelepțește,
cu prudență.

Wariness-*uéirines* s. prevedere·
băgare de seamă; prudență.

Warlike-*uárlaio* a. răsboinic.

Warm-*uárm* v. a. & n. a (se)
încălzì;—, a. cald; înfocat; ze-
los; violent;—*hearted*, cordial,
plin de dragoste; foarte bun;
călduros; *ly*, ad, cu căldură.

Warmer-*uármer* s. mangal.

Warming-*uárming* s încălzire;
— -*pan*, vas închis plin de je-
ratic.

Warmth-*uármth* s. căldură; zel.

Warn-*uárn* v. a. a înștiință, a
aduce la cunoștință; a prevenì;
a spune să se păzească; *to—aga-
inst*, a înștiință de mai înainte
ca să se păzească de.

Warning-*nárning* s. înștiințare;
concediu; bătaia unor ceasornice
cinci minute înainte de fiecare
sfert de oră; *to give—*, a da con-
cediu; a pune în vedere cuiva
rezilierea unui contract; soma-
țiune.

Warp-*uárp* s. lanț, fir; urzeală
(de stofe); bătătură; schele (de
corabie); tragere la edec; —, v.
a. & n. a urzì; a (se) îndepărtă,
a face să devieze; a se strâmbă
(lemne).

Warrant-*uárant* s. warant, bre-
vet; autorizație; garanție; man-
dat de arestare; recipisa dată
celui ce depune mărfuri într'un
dock sau în magazii; *death-* —,
ordin de execuțiune a unui con-
damnat la moarte;—-*search*,
mandat de anchetă;—. v. a. a
garantă; a autoriză; a împuter-
nicì· a justifică· a dovedì.

Warrantable-*uárăntăbl* a. jus-
tificabil; care se poate garantă;
ce se poate susține; autorizat.

Warranty-*uáránti* s. garanție.

Warren-*uáren* s. iepurărie.

Warrior-*uáriör* s. soldat, luptă-
tor.

Wart-*uárt* s. neg—-*mort*, (bot)
praz.

Wary-*uéiri*. a. prudent; prevă-
zător, cu luare aminte.

Wash-*uáş* s. spălatul; rufe do
spălat sau spălate în leșie; lături
(de vase spălate); băltoacă, mlaș-
tină; (*med.*) lichid pentru spălat;
colorare (a unui desemn) cu o
vopsea apoasă; spălătura cenu-
șii (aurar lor); tencuială; cosme-
tic;—-*basin*.—*hand-basin*, li-
ghean;—-*h andstand*, lavoar;
spălător;—*house*, spălătorie;—
-*leather*, ghems;—-*stand*, toaletă
măsuță cu cele trebuincioase pen-
tru gătit;—, v. a. & n. a (se
spălă; *to—out*, *to—off*, a spălă),
a scoate spălând, a șterge.

Washerwoman-*uáşeruumăn* s.
spălătoreasă.

Washing-*uáşing* s. spălare, spă-
lat;—-*stand*, lavoar.

Washy-*uáşi* a. umed; slab.

Wasp-*uásp* s. viespe.

Waspish-*uáşpiş* a. gâlcevitor,
arțăgos.

Waste-*uéist* s. risipă; risipire;
cheltuială nebună; pierdere;
pustiu; devastare; micșorare,
scădere; *to go to—*, *to run to—*,
a cădea în ruină; a se risi-
pì, a scăpă'à;—-*book*, macula-
tor; terfelog, catastif de toate
zilele;—-*lands*, locuri virane, mă-
danuri;—-*paper*, hârtie groasă
de împachetat;—-*paper-bosket*,
coș pentru hârtie aruncată;—,
v. a. & n. a risipì, a se risipì;
a se pierde; a pierde; a pustiì,
a devastă; a micșoră; a slei; a
se slăbì, a se istovì; *to—away*,
a'și slei puterile, a se istovì;—,
a. pustiit; nefolositor; de prisos;
de brac,

Wasteful *uéisful* a. pustiitor; risipitor; —*ly*, ad. cu risipă, ca un risipitor.

Wastefulness-*uéistfulnes* s. risipă.

Watch-*uátş* s. veghe; veghere; gardă, pază; pândă; durata pazei (unei corăbii); supraveghere; ceasornic; v. a. & n. a veghea; a supraveghea; a pândi; a observă; a avea grijă; a îngriji de; to keep—, a veghea; to—over, a supraveghea; — *box*, gheretă; —*dog*, dulău; — *fire*, foc de bivuac; — *key*, chea de ceasornic;— *l i g h t*, veuiesă, lămpiţă de noapte; —*maker*, ceasornicar;— *man*, păzitor de noapte, strajă de noapte, gardist;— *tower*, foişor;— *word*, lozincă (parolă).

Watcher-*uácer* s. supaveghetor; ingrijitor; observator.

Watchful-*uátşful* a. băgător de seamă; veghetor; atent; —*ly*, ad. cu băgare de seamă; cu grijă.

Watchfulness-*uatşfulnes* s. veghere; grijă; băgare de seamă; luare aminte.

Watching-*uátcing* s. supraveghere; pândă; observaţie; pază; veghe; insomnie.

Watchmaker-*uéitşmeikers.* ceasornicar.

Watchman-*uátşmăn* s. gardist; păzitor de noapte.

Watchword-*uátşuerds.* lozincă, cuvânt de ordine.

Water-*uáter* s. apă; urina, udul; —, a. de apă; acvatic; hidraulic: împins de apă;— *bucket*, găleată;— *kloset*, umblătoare, privată;— *colours*, acuarelă, zugrăveală in colori apoase;— *cress*, cardamă (cardamine pratense); — *cure*, hidroterapie;— *fall*, cascadă, cădere de apă;— *fowl*, paşăre acvatică:— *gute*, stăvilar; — *gauge*, ţondă; pluteş, care pluteşte ;— *gruel*, bulgur (din grâu, secară, etc.);— *hen*, lişiţă, ⸱arce;— *level*, nivel hidraulic:— *'ly*, (bot.) nufăr;— *line*, linia

nivelul apei (pe corabie);— *man*, luntraş;— *melon*, pepene verde; — *mill*, moară de apă;— *pipe*, ţeavă, conduct de apă;— *proof*, impermeabil; manta de cauciuc, manta impermeabilă;— *spout*, trombă;— *side*, margine de apă; — *station*, staţiune pentru luat apă;— *wheel*, roată hidraulică, roată de moară;— *works*, lucrare hidraulică, maşină hidraulică; —, v. a. & n. a udă, a stropi; a adăpă; a moară, a da ape, o aparenţă undulată (unei ştofe, unui metal); a se umple cu apă (mar.); a plânge; to make one's mouth—, a-i lăsa gura apă; to make—, a luă apă (o corabie găurită); to make—to pass, a urină; of the first—, de condiţie naltă, de rang mare; to hold—, prin care nu străbate apă sau un lichid; impermeabil.

Waterage-*uátereiţ* s. transport pe apă; preţ de transport pe apă.

Waterfull-*uáterfals.* vide *water*.

Watering-*uátering* s. stropire; udare; adăparea (animalelor);— *cart*, sacale pentru stropitul stradelor;— *can*,— *pot*, stropitoare;— *engine*, pompă pentru irigaţiune; pompă pentru stropitul stradelor;— *place*, adăpătoare; oraş pe ţărmul mării, oraş balnear;— *trough*, adăpătoare.

Waterlogged-*uáterlogd* a. umplut cu apă.

Waterman-*uátermăn* s. luntraş.

Waterproof - uáterpruf waterteght-*uátertait* s. manta impermeabilă.

Watershed-*uáterşed* s. povârniş, coastă.

Waterspout-*u á t e r s p a u t* s. trompă.

Waterway *usteruei* s. jghiab, uluc; râu.

Watery-*uáteri* a. apos, de apă; lichid; marin.

Wattle-*uátel* s. împletitură de salcie; leasă; bărbie la cocoşi;

—, v. a. a împleti cu salcie,
(leasă, etc.).

Wave-*uéiv* s. val, talaz; undă,
ondulațiune; fălfăire; —*of the
hand,* semn cu mâna; —, v. n:
a ondulà; a se mișcà; a fălfăi;
a face semn; a se mișcà în va-
luri, a fi purtat de talazuri.

Waver-*uéiver* v. n. a se clă-
tinà; a fălfăi; a șovăi.

Wavering *uéivering* s. nehotă-
rire; —, a. nehotărît.

Wavy-*uéivi* s. ondulator; fălfă-
itor.

Wax-*uăcs* s. ceară; ceară roșie;
smoală; (*med*) urdori; — -*can-
dle,* lumânare de spermanțet; lu-
mânare de ceară; — -*candler,* ce-
rar;— -*taper,* lumânare de cea-
ră; făclie;— -*work,* figură de cea-
ră, lucruri de ceară; —, v. a
a cerui; —, v. n. a deveni; a
crește; a se face.

Waxen-*uáxen* a. de ceară.

Waxy-*uăxi* ad. ca ceara.

Way-*uéi* s. drum; cale; pasaj;
mijloc (de scăpare); *across the*—,
over the—, în față; peste drum
de; *the right*—, calea dreaptă;
the wrong—, calea rea; *to be in
the*—, a împiedecà; *to give*—, a
cedà; a consimți;—-*in,* intrare;
— -*out,* ieșire; *out-of-the*—, ex-
traordinar, din cale afară; *to
be in the family*—, a fi însărci-
nată (femeia); *to get under*—,
a se porni la drum; *to lose o-
ne's*—, (*mar.*) a se rătăci; *to get
out of one's*—, a se abate din
calea sa; a se deranjà; *to ma-
ke*—, a face loc; *to make one's
own*—, a-și face după plac; *to
work ones*—, a-și croi un drum;
o carieră; *any*—, într'un chip
sau într'altul; în orice chip;—
-*bill,* foaie de drum sau bilet de
voie.

Wayfarer-*uéifeerer* s. călător.

Wayfairing-*uéifeering* a. în că-
lătorie.

Wayward -*uéiuard* a. încăpă-
țânat; ursuz, posac.

We-*uí* pr. noi.

Weak-*uíc* a. slab; —*ly,* ad. cu
slăbiciune.

Weaken-*uíken* v. a. a slăbì.

Weakening-*uíoning* s slăbire;
neputință.

Weakness-*uíones* s. slăbiciune;
parte slabă.

Weal-*uíl* s. binele, fericire, pros-
peritate; vânătăi, semn.

Wealth-*uélth* s. avere, bogăție;
fericire; belșug.

Wealthily - *uélthili* ad. în mod
bogat; cu belșug.

Wealthiness-*uélthines* s. bo-
găție mare, belșug.

Wealthy *uélthi* a. bogat; îm-
belșugat.

Wean-*uín* v. a. a înțărcà (un
copil); a depărtà de.

Weanling - *uínling* s. copil la
înțărcare (și de animale).

Weapon-*uépen* s. armă; —*less,*
fără armă.

Wear-*uéer* v. a. a & n. (perf.
wore, ptr. *worn*), a purtà, a aveà
pe sine; a (se) purtà; a îmbră-
cà; a (se) uzà, a (se) învechi;
a (se) consumà; a întrebuințà; a
arătà; *to*—*away,* a (se) învechi
(o haină), a se uzà; *to*—*off,* a
uzà, a stricà; *to*—*out,* a învechi,
a uzà; (*fig.*) a slei; a obosì; a
distruge; *worn out clothes,* haine
vechi; *to*—*into,* a obișnuì la;—,
s. purtare; costum; întrebuința-
re; uzare, prăpădire, stricare.

Wearable - *uéerăbl* a. care se
poate purtà.

Weariness-*uírines* s. osteneală,
oboseală; scârbă, desgust (sin.
disgust).

Wearing-apparel-*uéering - ă-
părél* s. îmbrăcăminte.

Wearisome - *uírisŏm* a. obosi-
tor; jignitor, plictisitor; —*ly,* ad.
în mod obositor; în mod plicti-
sitor.

Weary - *uíri* v. a. a obosì; a
plictisì; —, a. obosit; plictisit.

Weasel - *uízel* s. (*zool*) nevăs-
tuică.

Weather-*uédhor* s. vreme, temperatură; furtună; —*permitting*, la vreme favorabilă; dacă timpul îmi va permite;— -*glass*, barometru; —, v. a. (*mar.*) a străbate, a trece un cap; a rezistă (furtună sau pericol) *to—out*, a suferì, a îndură, a suportà, a scăpà (pericol, furtună, etc.).

Weave-*uiv* v. a. ner. (perf. *wove*, *weaved*, ptr. *woven*), a țese; a împletì; á încurcà.

Weaver-*uiver* s. țesător.

Weaving-*uiving* s. țesut.

Web-*uéb* s. țesătură; țesătură (de păianjen); pânză; pieliță, membrană, (a palmipedelor); —*footed*, palmat.

Webbed-*uébeg* a. palmat, cu degetele reunite prin o pieliță (ca la gâște, rațe, etc.).

Wed-*uid* v. a. & n. a (se) însurà, a se mărità.

Wedding-*uéding* s. căsătorie; nuntă.

Wedge-*uédj* s. ic, pană cu care se despică lemne; bolovan, grămadă (de aur, etc). —, v. a. a despicà; a înțepenì.

Wedgewoodware-*uédgiuudueer* s. faianță engleză.

Wedlock-*uédloc* s. căsătorie.

Wednesday-*uénzdei* s. Miercuri; *Ash*- —, Miercurea păresimilor.

Weed-*uid* s. buruiană; haină de doliu;— *hook*, plivitoare (unealtă); —, v. a. plivì; *to—out*, a desrădăcinà, a stârpì; a curățà.

Weeder-*uider* s. plivitor; plivitoare (unealtă).

Weeding-*uiding* s. plivitul; triaj, alegere;— -*hook*, plivitoare.

Weedy-*uidi* a. plin de buruieni.

Week-*uio* s. săptămână;— -*day*, zi de lucru; *in a—'s time*, într'o săptămână; *a-ago*, acum o săptămână; *this day*—, de azi într'o săptămână; *by the*—, cu săptămâna;— -*end*, sfârșitul săptămânei.

Weekly-*uícli*, a. & ad. săptă-

mânal; în fie-care săptămână.

Weep-*uip* v. a. & n. ner. (perf. și ptr. *wept*), a plânge; a deplânge; *to—for joy*, a plânge de bucurie.

Weeper-*uiper* s. plângător (și fem.).

Weeping-*uiping* s. lacrimile; tânguire, bocet; —, a. plângând; plângăcios,'care plânge mereu;— -*willow*, salcie cu crăcile pletoase.

Weevil-*uival* s. gărgărița (insectă ce se face în grâu).

Weft-*ueft* s. țesătură.

Weigh-*uéi* v. a. & n. a cântărì; a prețuì, (*war.*) a ridicà ancora; *to—down*, a covârșì, a copleșì, a împovărà; *to get under*—, (=*way*); a ridicà vântrele, a pornì (*mar*);— -*bridge*, basculă pentru a cântărì trăsurile încărcate.

Weighing-**machine** - *uéingmășin* s. basculă, cumpănă, cântar mare.

Weight-*uéit* s. greutate, povară.

Weighted - *uéited* a. încărcat, împovărat.

Weightily-*uéitili* ad. cu putere; greu.

Weightiness-*uéitines* s. greutate; putere; însemnătate.

Weighty-*uéiti* a. greu; însemnat; important.

Welcome-*uélcŏm* s. bună venire; bună primire; —, v. a. a primì bine pe; —, a. bine venit; plăcut. — *! bine-ai venit.

Weld-*uéld* v. a. a lipì prin topire.

Welfare-*uélfeer* s. buna stare; bunul traiu; fericire; viață fericită.

Well-*uél* a. puț; izvor; rezervoriu, havuz;— -*sinker*, săpător de puțuri, fântânar;— -*spring*, izvor;— -*water*, apă de puț;— -*s*, pl. ape minerale; —, a. & ad. sănătos; bun, fericit; vesel; folositor; bine, foarte;— -*b e i n g*, traiu bun;— -*bred*, bine crescui;— -*meant*, făcut cu gând-bun;—

minded, bine dispus;— *-to—do,* după cum îl taie capul, după placul său;— *wisher,* bine doritor, prieten, care îți voește binele; *as —us,* tot așâ de bine ca; *all's—that ends—,* tot e bine ce se sfârșește bine; *let—alone,* mai rău tě rupi când vrei să te dregi; *to be —off,* a sta bine (bănește); —! ei bine.

Welt-*uélt* s. margine; bordură; chenar; jur împrejur; —, v. a. a pune o bordură, a tivi, a garnisî.

Welter-*uélter* v. n. a se rosto goli, a se tăvăli.

Wen-*uén* s. umflătură, cucuiu.

Wench-*uéns* s. fată; târfă.

Wend-*uénd* v. n. a merge; a se duce; *to—one's way to,* a se îndreptâ spre, a se duce spre (la).

Wesleyan-*uéslein* s. urmaș al sectei lui Wesley.

West-*uést* s. vest, occident.

West-*uést,* **westerly** - *ueslerli,* **western-***uéstern* a. de vest, de apus, occidental; *către* vest; din spre vest.

Westward-*uéstuard* ad. către vest.

Wet-*uét* umezeală; —, a. umed, udat;— *-nurse,* doică; —, v. a. a udă; a muia.

Wether-*uédher* s. berbec bătut.

Wetness-*uétnes* s. umezeală.

Whack-*uák* s. lovitură; —, v a lovî, a bate.

Whale-*uéil* s. balenă;— *-loat,* corabie pentru vânatul balenelor;— *-bone,* os de balenă.

Whaler-*uéiler* s. pescar de balene.

Wharf-*uấrf* s. cheiu.

Wharfage-*uárfeij* s. taxa pentru mărfuri pe cheiu; păzitor pe cheiu.

Wharfinger-*uárfinjher* s. păzitor de cheiu, de splai; gardă.

What-*uát* pr. & ad. ce; ceeace; e că; care? cum? *I don't know—,* nu știu ce...; *—have you there?* ce aveți (acolo)? *—is your name?*

cum vă numiți? *—you say,* ceea ce ziceți; *—a man!* ce om!

What(so)ever-*uát/sou/éver* pr. ori ce; oare-care (ar fi); *—I do,* orice așî face.

Wheal-*uil* s. pustulă, bubă cu nuroiu.

Wheat-*uit* s. grâu.

Wheedle-*uídel* v. a. a desmierdă; a ademenî prin lingușire.

Wheedler-*uídler* s. lingușitor; cel ce ademenește cu vorbe.

Wheel-*uil* s. roată; roată de tors;— *-barrow,* roabă;— *-wright,* rotar;— *-works* roțile (unei mașini), mașinărie; *to break upon the—,* a pune pe roate de supliciu; *to put a spoke in one's—,* a pune bețe în roate; —, v. a. & n a (se) rotî; a (se) învârti; a duce cu trăsura sau cu roaba; a se întoarce.

Wheller-*uiler* s. cal rotaș.

Wheeze-*uir* v. n. a gâfâi a suflâ greu; a respirâ cu greu.

Wheezing-*uizing* s. gâtâire.

Whelk-*uél* s. pustulă, bubă cu puroiu.

Whelm-*uélm* v. a. a cufundă, a înnecă; a coplișî.

Whelp-*uélp* s. cățel; —, v. a. fătă.

When-*uén* ad. când; atunci; pe când; *since—?* de când?; atunci.

Whence-*uéns* ad. de unde.

Whencesoever - *uenssouéver* ad. de ori-unde.

When(so)ever-*uén(sou)é* er ad. când; ori și când; ori de câte ori.

Where-*uéer* ad. unde.

Whereabout-*uéerốbout* ad. unde; locul unde; partea unde.

Whereas-*uéerăs* adv. pe când; fiind-că; de oare ce.

Whereat-*ueerất* ad. de care; la care; despre care.

Whereby-*uéerbai* ad. prin care; pe unde; prin ce.

Wherever-*ueréver* ad. oriunde.

Wherefore-*uéerfoer* ad. de ce? pentru ce?—conj. & ad. de aceea; deci; prin urmare.

Wherein-*uéerin* ad. în ce?unde? in care?

Whereinto-*uéerîntu* ad. unde; la care; la ce.

Whereof-*ueeróf* ad. de; despre care; despre ce?

Whereon-*ueerón* ad. asupra căruia? pe ce?

Whereso-*uéersou*, **wheresoever**-*uéersouéver* ad. ori unde, în orice loc.

Whereto-*uéertu* sau **Whereunto**-*ueerúntu* ad. unde; la care; la ce.

Whereupon-*uéeropon*, ad. asupra căruia; în vremea aceasta; într'acestea.

Wherewith(al)-*uéeruith(ol)* ad. despre care; cu care; de care; cu ce.

Wherry-*uéri* s. pod umblător; luntre.

Whet-*uét* v. a. a ascuţi; a aţâţă, a escită.

Whether-*uédher* conj. & pr. dacă; fiecă; sau, fie ... care (din doi).

Whetstone-*uétstoun* s. tocilă; cute; gresie.

Whey-*uéi* s. zer.

Which-*uîtş* pron. ce, care, cari, ceeace; care? cari?

Which(so)ever - *uîtş'sou)ever* pr. ori cât de; unul sau altul.

Whiff-*uîf* s. suflare; fumul et); ochire, privire.

Whig-*uîg* s. membru în partidul liberal în Anglia.

While-*uáil* s. răstimp, interval, timp; *worth*—, merită osteneală; *a long — ago*, de mult timp; —, v. a. *to—away*, a'şi trece vremea; —, ad. pe când.

Whilst-*uáilst* ad. pe când.

Whim-*uîm* s. capriciu; toană; gust ciudat, poftă; năsbâtie.

Whimper - *uîmper* v. n. a chelălăi; a se sclisofi; a se face că plânge; a miorlăi.

Whimsical-*uîmzikal* a. ciudat; cu capriciu.

Whine-*uáin* s. plânset; gemet;

ţipăt; —, v. n. a se plânge, a se vaită; a geme; a ţipă.

Whining-*uáining* a. plângător, care se plânge.

Whip-*uip* s. biciu; *riding*—, biciuşcă, cravaşă;— *hand* superiorâtate;— *and spur*, în goana mare; *to be a good*—, a fi un bun vizitiu; —, v. a. & n. a biciui; a se repezi asupra.

Whipper-in-*uipperîn* s. cel din capul rândului (în parlament).

Whipping-top-*uîpingtop* s. titirez.

Whipple-tree-*uipeltri* s. l ucată de lemn de care se ţine şleaul; răscruce; crucioiu.

Whirl-*uérl* s. vârtej; învârtitură; —, v. a. & n. a se învârti repede; a face să se învârtească; a se învârti în loc; a face piruete.

Whirligig-*uérligig*, s. pirueta, sfârlează; vârtelniţă.

Whirlpool-*uérlpul* s. vârtej, volbură (de apă).

Whirlwind-*uérluind* s. vârtej, volbură (de vânt).

Whisk-*uîso* s. perie de haine;—, v. a. & n. a şterge praful, a mătură; a trece repede.

Whiskers *uiskerz* s. mustăţi; favorite.

Whisper-*uisper* v. a. a şopti, a vorbi încet.

Whispering-*uispering* şoapte; şoptit.

Wist-*uist* s. Wist (joc de cărţi), —! tăcere!

Whistle-*uistel* sau *uisl* s. fluier; fluierare;—, v. a. a fluieră.

Whit-*uit* s. punct; iotă; *not a* —, *ne'er a*—, de loc, nici de cum.

White-*uait* a. alb; palid; curat;—, s. albul, culoarea albă; albeaţa; albuş (de ouă); *the*—*s*, pl. oameni de rasă albă;— *heat* incandescentă, încălzire până la alb;— *lead*, ceruză, carbonat de plumb;— *lie* minciună de nevoie, nevinovată;— *lime*, var alb;— *smith*, tinichigiu;— *live-red*, a. laş.

Whitebait - *uailbait* s. plătică, peștișor cu solzi argintii.

Whiten-*uáitén* v. a. & n. a albi; a spoi; a înălbi pânză; a se albi.

Whiteness - *uáitnes* s. albeața; curățenie; paloare.

Whitewash-*uáituaș* apă de var; —, v. a. a da cu var, a spoi.

Whiter-*uíder* ad. unde, încotro.

Whithersoever-*uídhersouéver* ad. în orice loc, ori unde, pretutindeni.

Whiting-*uáiting* s. clean, merlan (pește); carbonat de calce.

Whitish-*uáitiș* a. albicios, alburiu

Whitlow-*uítlou* s. panaris, sugiu.

Whit-Sunday-*uitsündéi* s. Duminica Rusaliilor.

Whitsuntide-*uitsöntaid* s. Rusalii.

Whittle - *uitel* s. cuțit de sculptat; v. a. a tăiă, a sculptă, a gravă.

Whiz-*uiz* s. șuerat, fluierat;—, v. a. a șueră.

Who-*hú* pr. cine; ce; care, cari.

Whoever-*huéver* pr. oricine.

Whole-*hóul* s. totalul; on the—, în sfârșit;—, a. tot; întreg; sănătos.

Wholesale-*hóulseil* s. vânzare cu toptanul.

Wholesome *hóulsöm* a. sănătos; —*ly*, ad. în mod sănătos.

Wholesomeness - *hóulsömnes*, a, sănătate, salubritate; folosință, utilitate.

Wholly-*hóuli* ad. cu totul, deaintregul, de tot.

Whom-*húm* pr. pe care, pe cari, cari, despre care.

Whomsoever - *humsouéver* pr. pe oricine.

Whoop-*hup* s. huiduire; strigăt, țipăt; —, v. a. a huidui; a strigă; a scoate țipete; —*ing-cough*, tuse măgărească.

Whore-*hóer* s. prostituată, curvă.

Whortleberry *huórtelberi* s. (*bot.*) afină.

Whose-*huz* pr. al cui? căruia, pe care.

Whoso(ever) - *husou(éver)* pr. oricine.

Why-*uái* ad pentru ce? de ce? dar.

Wick-*uio* s. fitil, feștila.

Wicked-*uiked* a. rău, răutăcios; păcătos; —*ly*, ad. cu răutate.

Wicyedness - *uikednes* s. răutate.

Wicker-*uíker* s. răchită; —, a. făcut din răchită.

Wicket-*uiket* s. ghișet.

Wide-*uáid* a. larg, vast; mare, intins; —, ad. în depărtare, departe; de tot; cu totul; —*ly*, ad. departe; în depărtare; foarte; prea; mult.

Wideawake, sau **wide-nwake**-*uáiddueio* s. pălărie din păr de castor; —, a. limpede-văzător, viclean, șiret.

Widen-*uáiden* v. a. & n. a (se) mări; a (se) lărgi; a (se) lungi; a (se) întinde.

Wideness-*uáidnes* s. depărtare, distanță; lărgime, lățime, întindere.

Widgeau-*uigiön* s. lișiță, sarco.

Widow-*uidou* s. văduvă; —. v. a. a fi văduvă.

Widowed - *uídout* a. văduv(ă), rămas văduv(ă).

Widower-*uidouer* s. văduv.

Widowhood-*uídouhöd* s. văduvie.

Width - *uídth* s. lărgime, întindere.

Wield-*uild* v. a. a mânui, a ține, a duce; a învârti în mână; a vânturá.

Wife-*uáif* s. femeie, soție.

Wig-*uig* s. perucă; — -*block*, cap cu perucă; — -*maker*, peruchier.

Wight - *uáit* s. ființă ticăloasă, individ.

Wigwam-*ui(uöm* s. sat de Piei-Roșii în America; colibă indiană.

Wild-*uáild* a. sălbatic; incult, grosolan; lăbărțat, desmățat; *to saw one's*—*oats*, a se învăță minte în urma unei pățeli; —*fowl*, pasăre sălbatică; —*ly*, ad. în stare sălbatică; nebunește

Wilds-*uáilds* s. pl. pustiu, deşert.

Wilderness-*uíldernes* s. loc, ţară sălbatică; deşert.

Wildfire - *uáildfáier* s. foc grecesc (fr. feu grégeois); (*med.*) pecingine, boală de piele.

Wilding *uáilding* s. măr păduret.

Wildness-*uáildnes* s. sălbăticie; cruzime, ferocitate.

Wile-*uáil* s. înşelăciune; fraudă; şiretlic.

Wilful-*uílful* a. încăpăţanat; premeditat; —*ly*, ad. cu încăpăţânare; dinadins.

Wilfulness-*uítfulnes* s. încăpăţânare.

Willily-*uailili* ad. cu viclenie.

Wiliness - *uáilines* s. viclenie, şiretlic.

Will-*uil* s. voinţă, dorinţă; testament; *of one's own free*—, de bună-voie; *with a*—, din toată inima; —, v. n. a voi; *whether one*—*or no*, cu voie ori fără voie, vrând-nevrând.

Willing - *uíling* a. dispus, gata; de bună-voie; —*ly*, ad. bucuros.

Willingness-*uilingnes* s. bună voinţă.

Willow-*uílou* s. (*bot.*) salcie; *weeping*—, salcie cu crăcile pletoase.

Willy-nilly-*uilinili* ad. volensnolens, vrând-nevrând.

Wily-*uíli* a. viclean, şiret.

Wimble-*uimbel* s sfredel.

Win-*uin* v. a. & n. ner. (perf. şi ptr. *won*), a câştiga; a dobândi.

Wince-*nins* v. n. a asvârli caii; a trage înapoi; a tresări; a şovăi.

Winch-*uitş* s. manivelă, mâner (de învârtit).

Wind-*uind* s. vânt; (*fig.*) răsuflare; (*med.*) vânturi în pântece; — *mill*, moară de vânt; *trade*—*s*, vânt care suflă între două tropice; *to break*—, a se băşi; a ghiorţăi; *the*—*is very high*, e un vânt foarte tare.

Wind-*uáind* v. a. & n. ner. (perf. & ptr. *wound*), a suna din corn; a diriiă; a învârti; a urma co-

titurile (unui drum); a răsuci; a schimbà; a împresurà din toate părţile; a şerpui, a (se) încolăci; *to*—*up a watch*, a întoarce un ceasornic; (*com.*) a lichidà; (*fig.*) a pregăti; a conchide; — *up*, concluziune, încheiere.

Winded-*unded* a. gâfăind; cuvânt; cu suflare.

Winder-*uáinder* s depănătoare.

Windiness - *uindines* s. natură vântoasă; timp vântos; vânturi în pântece.

Winding - *uáinding* s. cotitură; întorsătură, sinuozitate; —*sheet*, giulgiu, linţoliu; —*stairs*, scară în formă de melc.

Windlass-*rindlás* s. scripet, macarà, vârtej (de ridicat greutăţi).

Windless-*uindles* a. fără vânt.

Windmill-*uindmil* s. vide *wind*.

Window-*uíndou* s. fereastră; —*blind*, (*uindoubláind*), s. jaluzea, stor; —*curtain*, perdea la fereastră; —*ed*, cu fereastră: —*shutter* (*şáutĕr*), s. oblon de fereastră.

Windpipe-*uáindpaip* s traheearteră.

Windward - *uínduard* ad. spre vânt, contra vântului.

Windy-*uindy* a. vântos.

Wine-*uáin* s. vin; —*bibber*, betivan, beţiv; —*cooper*, dogar; —*glass*, pahar pentru vin; —*grover*, vier; —*press*, teasc; —*producing*, a. vinicol, privitor la cultura viilor; —*shop*, cârciumă; —*stone*, tartru, drojdia ce lasă vinul în buţi, în sticle; —*taster*, cercător de vinuri; ţeavă de tras vinul din butoiu.

W.ng - *uing* s. aripă; *to take*—, a sbura încolo; *to be upon the*—, a fi în sbor; (*fig.*) a se mişca; —, v. a. & n. a da aripi; a sburà încolo; —*ed*, a. cu aripi; (*fig*) repede.

Wink-*uinc* s. clipătă; semn din ochiu; *not to get a*—*of sleep*, a nu dormi de loc, a nu închide ochi; —, v. n. a clipi des; a face semn cu ochiul; *to*—*at*, a

închide ochii la, a trece cu ve
derea.

Winking-*uinking* s. clipire.

Winner-*uiner* s. câştigător, care
câştigă.

Winning-*uining* s. câştig (la joc);
—, a. câştigător; atrăgător.

Winnow-*uinou*, v. a. a vântura
(grâu); *(fig.)* a cerceta cu dea-
mănuntul; a cerne, a ciurul.

Winter-*uinter* s. iarnă; —. v. a.
a iernă, a petrece iarna.

Wintery-*uinteri*, **winterly**-
uinterli, **wintry**-*uintri* a. de
iarnă.

Wipe-*uáip* v. a. a şterge; a cu-
răţi; a uscă; *to—off*, a şterge; a
plăti un cont; *to—out*, a şterge,
a rade (ceva scris); *(fig.)* a dis-
truge. a nimici; —, s. ştergerea;
curăţitul; ghiont, lovitură; pal-
mă peste cap.

Wire-*uáier* s. sârmă; telegramă;
— *-puller*, paiaţă, jucător cu pă-
puşi trase de sfori; — *(fig.)* in-
trigant;— *-rope*, cablu de sârmă;
—, v. a. a întări cu sârmă; —.
v. n. a telegrafiă.

Wiredraw-*uáierdro* v. a. a tra-
ge sârmă; *(fig.)* a. trăgănă, a
tărăgănă.

Wiry-*uáeri* a. de sârmă; nervos,
vânos.

Wisdom-*uizdŏm* s. înţelepciune.

Wise-*uáiz* s. chip, fel, mod; *in
no—*, cu niciun chip; —, a. în-
ţelept; savant; grav; —*ly*, ad. in
mod înţelept.

Wiseacre-*uáizeiker* s. om prost,
neghiob.

Wish-*uiş* s. dorinţa; urare; dor;
—, v. a. a ură; a voi, a dori;
a pofti; *to—a person joy of*, a
ură cuiva fericire la; —, v. n.
a dori; *to—for*, a avea dorinţă
după, a dori foarte.

Wishful-*uişful* a. doritor, pofti-
tor; înfocat, nerăbdător, pasionat.

Wisp-*uisp* s. şomoiog de paie.

Wistful-*uistful* a. gânditor, a-
tent; nerăbdător, înfocat; —*ly*,
ad. cu atenţiune.

Wit-*uit* s. spirit; isteţime; *tō live
by one's—s*, a trăi pe spinarea
aituia; *to—*, adică; vrea să zică.

Witch-*uilş* s. vrăjitoare.

Witchcraft-*uitşcraft* s. ferme-
cătorie, vrăjitorie.

Witchery-*uiceri* s. vrăjitorie.

With-*uith* prep. cu; de; printre.

Withal-*uithol* prep. & ad. de a-
semenea; în acelaş timp cu; şi
mai; pe deasupra.

Withdraw-*uithdro* v. a. & n.
ner. (perf. *withdrew*, ptr. *with-
drawn*), a (se) retrage; a (se) în-
depărtă; a chemă înapoi.

Withe-*uáith* s. răchită; legătură
de răchită.

Wither-*uidher* v. a. & n. a (se)
vestejă; a pieri; a se istovi.

Withers-*uidherz*, s. pl. gârbiţa,
grebenul calului.

Withhold-*uithhóuld* v. a. ner.
(perf. şi ptr. *withold*), a reţine;
a împiedecă; a scade.

Withholder-*uithhóulder* s. de-
ţinător, care reţine.

Within-*uithin* prep. & ad. în,
înăuntru; în interior.

Without-*uithaut* prep. şi ad.
afară de; din afară; la exterior;
conj. afară dacă, numai dacă;
fără ca să.

Withstand-*uithstănd* v. a. ner.
(perf. şi ptr. *withstood*), a rezistă;
a se împotrivi.

Withy-*uidhi* s. răchită.

Witless-*uitles* a. fără spirit, fără
gust.

Witness-*uitnes* s. mărturie;
martor; *to bear—to*, a da măr-
turie de; a fi martor; a da do-
vezi de; —, v. a. a depune măr-
turie; a atestă.

Witted-*uited* a. cu minte; cu
judecată; *quick—*, cu spirit
pătrunzător.

Wittily-*uitili* ad. cu spirit.

Wittiness-*uitenes* s. spirit.

Wittingly-*uitingli* ad. dinadins,
într'adins.

Witty-*uiti* a. spiritual, cu spirit;
ingenios.

Wizard-uízerd s. vrăjitor.

Woad-uód s. drobușor, inistru; glast, coloare ce seamănă cu indigo, albastru.

Woe-uóu s. durere, rău; —! vai! aoleo! —to me! vai de mine!

Woeful-uóuful a. de plâns, jalnic, trist, nenorocit.

Wold-uóld s. câmpie; pustie.

Wolf-uúllf s. lup (pl. wolves); she—, lupoaică.

Wolfish-uúl/iș a. de lup, lupesc; (fug.) mâncăcios.

Woman-uúmăn s. femeie (pl women);— -hater, misoghin, cel ce urăște femeile;— -hunter, care aleargă după femei; —of the town, cocotă, femeie de petrecere.

Womanhood-uúmănhud s. starea femeiei; vârstă de femeie.

Womanish - uúmăniș a. femeiesc, de femeie.

Womankind - uúmănoaind s. sexul frumos, femeile.

Womanly-uúmănli a. femeiește.

Womb-uúm s. pântecele mamei; sân; matrice.

Wonder-uónder s. minune; mirare, admirare; v. a. a se mira; a voi să știe; a fi curios.

Wonderful-uánderful a. de mirare; minunat; —ly, ad. minunat; de minune.

Wondrous-uándrŏs a minunat; uimitor.

Wont-uónt s. obiceiu, obișnuință; to be—, a aveà obiceiu; —, a. obișnuit; —ed, a. obișnuit.

Woo-uú v. a. a peți; a cere în căsătorie; a face curte; a rugà fierbinte.

Wood-uúd s. pădure; lemne; butie;— -cut, gravură în lemn;— -cutter, tăietor de lemne; xilograf;— -engraver, xilograf;— -house, magazin cu lemne;— -louse, cărăcăiac (insecte);— -man, pădurar; tăietor de lemne din pădure;— -picher, (zool.) ghionoae verde; domnișor;— -roof, -ruf, (bot.) asprioară, (l. asperula);— -work, lemnărie; schelă; —, v.

a. a îngriji cu lemne de ars; -yard, lemnărie, depozit de lemne.

Woodbine-uúdbain s. (bot.) caprafoiu.

Woodcock-uúdcoc s. sitar (becață).

Woodcut-uúdcŏt s. vide wood.

Wooded-uúded a. păduros; cu arbori.

Wooden-uúdn a. de lemn.

Woodpecker uúdpeker s. vide wood.

Woody uúdi a. lemnos; păduros.

Wooer-uúer s. pețitor; amorez, amant.

Woof-uúf s. tramă, urzeală; bătătură (de pânză).

Wool uúl s. lână;— -camber, dărăcitor de lână;— -gathering, distracție; a. distrat;— -grcwing, industrie, lânar — -pack, pachet de lână;— -stapler, toptangiu de lână.

Woolen-uúlen a. de lână; martă de lână;— -draper, neguțător de lână; —s, ștofă de lână.

Woolly-uúli a lânos; cu lână.

Word-uórd s. cuvânt, vorbă; informațiune; promisiune; (mil) lozincă, cuvânt de ordine; zicere; —s, pl. cuvinte; vorbe; (fig). discuție, ceartă; text (al unui cântec, etc.); by—of mouth, verbal; oral; —of honour, cuvânt de onoare; to be as good as one's—, a'și ține cuvântul; to bring—, a aduce vestea; to put in a good —for one, to give one a good—, a recomandà, a spune o vorbă bună pentru cinevà; to send—to, a înștiința; to take one's—for it, a crede pe cineva pe cuvânt; upon my—! pe cuvântul meu; —, v. a. a exprimà în cuvinte; a anunța;— -book, vocabular.

Wordiness-uórdines s. sporovăială, limbuție, vorbă multă.

Wording-uórding s. construcțiune (gram.) stil, expresiune.

Wordy-uórdi a. bogat în cuvinte; vorbăreț, limbut.

Work-uorc s. lucrare; lucru; ocupațiune; lucru de mână; operă; broderie; faptă; acțiune; producțiune; fabrică; *to cut out—for*, a avea de furcă; —, v. a. & n. a lucra; a fabrica; a pune în mișcare; a produce; a conduce; a exploata; a manevra; a îndemna; a broda; a uza; a fierbe (vin), a fermenta; a lăsa să fermenteze; *to work one's way a'și croi un drum; to go the right, wrong way to—,* a începe bine sau rău un lucru; *to—off,* a preface; *to—out,* a prelucra, a elabora; a termina; a rezolva.

Worker-*uórker* s. lucrător; autor.

Workhouse- *uérchous* s. azil pentru săraci.

Working-day *uárkingdei* s. zi de lucru.

Workman *uárcmăn* s. muncitor

Workmanship-*uárcmănşip* s. lucrare; fason; munca lucrătorului.

Workshop-*uórsşop* s. atelier.

Workwoman-*uórcuumăn* s. lucrătoare; cusătoreasă.

World-*uorld* s. lume; *(fig.)* mulțime; *for all the—,* pentru nimic în lume; *— wide,* nemărginit; imens; universal.

Wordliness - *uórldlines* s. lumească; iubire de lume; deşertăciune; râvnire; poftă lacomă.

Wordling-*uórldling* s. om de lume.

Wordly-*uórdli* a. din lume, lumesc.

Worm *uórm* s. vierme; unealtă de scos fultuiala puşții; serpentin; —, v. a. & n. a sfredeli; a mina; a se târî; a (se) însinua; a se furişa, a se strecura; *to—oneself into one's good graces,* a intra cu încetul în favoarea cuiva; *to—a secret out of one,* a stoarce cuiva un secret;— *-eaten,* viermănos;— *-hole,* urmă de verme;— *-screw,* unealtă de scos fultuiala puşții;— *seed,* sămânță de corasan.

Wormwood *uórmuud* s. vermut, pelin; absint.

Wormy-*uórmi* a. plin de viermi.

Worry-*uóri* s. supărare, necaz; neplăcere; —, v. a. a hărțui; a necăji; a plictisi.

Worse-*uérs* a. & ad. mai rău; mai prost; *all the—,* cu atât mai rău.

Worship-*uórşip* s. adorațiune; cult; serviciu divin; *Your Worship,* eminența, excelența voastră; —, v. a. a adora; a diviniza; *—ful,* a venerabil; onorabil; vrednic de respect.

Worshipper -*uórşiper* s. adorator.

Worst-*uorst* s. lucrul cel mai rău; cazul cel mai rău; *at the—,* în cazul cel mai rău; *let the—come to the—,* orcât ar costă, cu ori-ce preț; —, v. a. a înfrânge; a învinge; a. & ad. cel mai rău; cel mai răutăcios.

Worsted-*óôrsted* sau *uôsted* s. împletitură de lână cu mâna; lână toarsă; *—stockings,* ciorapi de lână; *— yarn,* camgarn (lână).

Wort *uórt* s. varză; rădăcină, iarbă; must.

Worth-*uórth* s. valoare; preț; merit; —, a. care prețuieşte; demn de.

Worthily-*uórdhili* ad. în mod demn; cu dreptate.

Worthless-*uórdhines* s. merit.

Worthless *nórthles* a. fără valoare; nedemn; de disprețuit.

Worhlessness - *uórthldsnes* s. lipsă de valoare; nevrednicie; nemernicie.

Worthy-*uórdhi,* s. persoană renumită; —, a. onorabil, demn de merit.

Would-*uúd* (perf. dela *will*), voia; de condițional, ar; ar voi · a · veă obicius;— *-be,* aşa zis; pretins; *the—be assassin,* cel care plănui omorul (sau) care făceă încercare de omor; *—to Heaven!* de ar-da Dumnezeu.

Wound *uúnd* s. rană; *(fig.)* plagă; —, v. a. a răni.

Wove-*uóv* a. velină (hârtie).

Wrangle-*rănghel* s. ceartă; —, v. n. a se certă.

Wrangler-*rángler* s. certător, gâlcevitor; *senior*—, cel dintâiu din studenți la matematică.

Wrangling-*rángling* s. ceaftă, gâlceavă.

Wrap-*răp* s. vide *wrapper*; —, v. a. a învelì, a înfășură.

Wrapper-*răper* s înveliș; plic; cașneu, legătură groasă de gât; capod, rochie de casă; desbrăcătură.

Wrath-*roth* s. mânie; furie.

Wrathful-*rothful* a. mâniat, înfuriat.

Wreak-*ric* v. a. a (se) răzbună; a executà; a'și da drum mâniei; a aplicà; a îndeplinì.

Wreath-*rith* s. ghirlandă; cunună de flori.

Wreathe-*ridh* v. a. a împletì, a încunună cu flori; a încolăcì.

Wreck-*ric* s. naufragiu; (fig) distrugere, stricare; a ruinà; a face naufragiu; a deraià (trenul).

Wreckage *recdj* s. naufragiu.

Wrecked *réct* a. naufragiat.

Wren-*ren* s. stredeluș (păsărică).

Wrench-*rentş* s. scrânfire; (ră)sucire; smulgere; șurupelniță; —, v. a. a scoate (de); a smulge; a (ră)sucì; a'și scrânti; *to*—*open*, a deschide cu forța.

Wrest-*rest* v. a. a sucì, a răsucì, *to*—*from*, a smulge, a smucì, a scoate.

Wrestle-*rés(t)l* v. a. a (se) luptă; a combate.

Wrestler-*rés(t)ler* s. atlet; luptător.

Wrestliind-*rés(t ling* s. luptă.

Wretch *réci* s. mizerabil, nenorocit; ființă ticăloasă.

Wretched-*rétced* a. mizerabil, nenorocit; sărac; bolnăvicios; păcătos, scârbos, desprețuitor; —*ness*, s. mizerie; nenorocire; josnice, ticălosie.

Wriggle-*righel* v. n. a se svâr-

colì; a se încolăcì; a se făfăì; a se scutură.

Wright *rait* s. lucrător; meștesugar.

Wring-*ring* v. a. ner. (perf și ptr. *wrnng*). a'și frânge mâinile; a stoarce rule; a'și frânge inima (de durere); *to*—*from*, a smulge (dela); *to*—*off*, a sucì (gâtul unei pasări etc.)

Wrinkle-*rincl* s. sbârcitură; încrețitură; (fig) renghiu, festă;—, v. a. & n. (se) sbârcì; a (se) încreți.

Wrinkled-*rinkeld* a sbârcit; încreții.

Wrist-*rist* s. încheietura mâinii; — *band*, manșeta; betelia mânecii, bantă.

Writ *rit* s. scriere; citație, chemare în judecată; ordin în scris pentru convocare la alegere;—*s for an election*, înscriere pentru alegere; —*of attachment*, —*to apprehend the body*, mandat de arestare.

Write *răit* v. a. ner (perf *wrote* ptr. *written*), a scrie; *to*—*down*, a așterne în scris, a notà; *to*—*off*, a scrie și a trimete (scrisoare etc.); (com.) a copià; *to*— *or*, a comandă în scris.

Writer *răiter* s. scriitor (al unei scrisori); autorul (unei cărți); —*to the signet*, advocat.

Writing *răiting* s scriere; compoziție; lucrare în scris; scriitură; operă; caligrafie; document; stil; *in*—, în scris;—*book* caiet de caligrafie; — *desk*, pupitru;— *master*, profesor de caligrafie;— *desk*, pupitru;— *master*, profesor de caligrafie; —*paper*, hârtie de scris;— *table*, birou, masă de scris.

Wrong *rong* s. nedreptate; pagubă; insultă, ofensă;—, a. nedrept; fals, necorect; pe nedrept; rău; *to be*—, a aveà nedreptate; *to do*—, a face rău;—, v. a. a face nedreptate la; a jignì; a vătămă;—*ly*, ad. pe nedrept; *to go*—, a se rătăcì.

Wrongful-*róngful* a. nedrept; —*ly*, ad. pe nedrept; *to accuse* —*ly*, a acuză pe nedrept.

Wrought-*rot* (perf. & ptr. dela *to work*), lucrat; făurit.

Wry-*rái* a. sucit, răsucit; pocit, diform; strâmb; întors;— -*face*, strâmbătură din obraz;— -*neck*, înțepeneală de gât; gâtul strâmb.

Wryness-*ráines* s. (ră)sucire.

W. S. abbr. = *writer to the signet.*

X

Xebec-*zíbec* s. șebec, bastiment cu trei catarte, pânze și lopeți.

Xerophagy-*zeröfădji* s. hrană numai din alimente uscate.

Xm, Xmas abb. = *Christmas.*

Xylographer-*záilográfer* s. xilograf, gravor în lemn.

Xylographic(al) - *záilográfic*-(*ăl*) a. xilografic.

Xylography-*zailógráfi* s. xilografie, gravare în lemn.

Xylophone-*záilöföun* s. xilofon, instrument muzical ce se bate cu bețișoare.

Y

Yacht-*ióts.* yacht, luntre pentru plimbări pe apă.

Yachting-*ióting* s. plimbare pe yacht.

Yak-*iăc* s. iac, bivol cu coadă de cal.

Yam-*iăm* s. *(bot.)* dioscorea.

Yankee-*iănki* s. yankeu *(iron.)* American.

Yap-*iăp* v. n. a lătra.

Yard-*iárd* s. cot englezesc (91 centimetri); curte; *(mar.)* prăji na catargului.

Yarn-*iárn* s. ață; *(mar.)* frân ghie din două; *(fig.)* istòrie; *to spin a*—, a povesti o istòrie.

Yarrow-*iărou* s. *(bot.)* coada șoricelului.

Yawl-*ióI* s. luntre ușoară cu pânze și lopeți.

Yawn-*ión* v. n. a căscă gura.

Ye-*ii* pr. voi; D-voastră, D-ta.

Yea-*iéi* a. da; într'adevăr; firește

Yean-*iin* v. n. a fătă (despre oi).

Year-*iér* s. an; *leap*—, an bisect; a *happy new*—! (urări) un an fericit;— -*book*, anuar.

Yearling-*iérling* s. animal de un an; miel.

Yearly-*iérli* a. & ad. anual, care ține un an; pe fiecare an.

Yearn-*iărn* v. n. a suspină după, a dorí foarte.

Yearning-*iárning* s. avânt, sforțare; aspirare; compătimire.

Yeast-*iist* s. drojdie.

Yell-*iel* s. urlet; strigăt, țipăt; —, v. n. a urlă; a strigă, a țipă, a răcnì.

Yellow-*iélou* s. galbenul; —, s. pl. gălbinare; —, a. galben;— -*boy*, (pop.) piesă de aur, pol;— -*fever*, friguri galbene.

Yellowish-*iélouiș* a. gălbiniu.

Yellowness-*iélounes* s. culoare galbenă; gălbeală; invidie.

Yelp-*ielp* v. n. a clefăì; a lătră.

Yelping-*ielping* s. lătrare.

Yeoman-*ióman* s. țăran ce ține o moșie care atârnă de un feud; soldat din garda națională a regelui Englíterei.

Yes-*ies* ad. da; ba da.

Yesterday-*iésterdei* ad. eri.

Yet-*iét* ad. & conj. încă; dejà; totuși, cu toate acestea; *as*—, pân'acum; *not*—, nu încă, încă nu.

Yew-*iu* s. tisă (copac).

Yield-*iild* s. product; produs; —, v. a. & n. a produce; (—*up*) a acordà, a da; a consimțì; (—*o ver*), a admite; a predà; a'și d.

sufletul; a se preaà, a (se) su-
pune; a părăsi.

Yielding-*ilding* s. supunere; —,
a ascultător; supus.

Yoke-*ióuc* s. jug; pereche de boi;
v. a. a pune la jug; a subjugà;
a imperechià; — *-eim (bot)* car-
pin; — *-fellow*,— *-mate*, tovarăş
(tovarăşă) pe viaţă.

Yokel-*ióucl* s *(amil)* ţăran prost

Yolk-*ióuc* s galbenuş de ou.

Yon-*ión*, **yonder**-*iónder* a & ad.
acel, acea; acei, aceie; acesta,
aceasta; aceştia, acestea; sus;
acolo; de colo; colo.

Yore-*ióer* ad. altădată; *of*—, al-
tădată, de mult timp, înainte.

You-*iú* pr. tu; voi; D-ta; D-voas-
tră.

Young-*iŏng* a. tânăr; nou; proas-
păt; neexperimentat; *with*—, în-
sărcinat.

Younger-*iŏngher* a. mai tânăr
(frate, soră).

Youngish - *iŏnghiş* a. cam tâ-
năr.

Youngster-*iŏngster* s. tânăr; fă-
ră experienţă.

Yous-*ióer* pr. vostru. voştri.

Yours-*iŏrs* pr. al vostru; ai voş-
tri; a voastră, ale voastre.

Yourself-*iórself* pr. voi înşivă;
—, pl. *yourselves*.

Youth-*iúth* s tinereţe.

Youthful-*iúthful* a. tânăr; —*ly*,
ad ca un tânăr.

Yule-lag-*iólog* s. buştean de Cră-
ciun (pentru ars); Crăciun.

Z

Zany-*zéini* s. bufon, caraghios.

Zeal-*zil* s. zel, râvnă.

Zealot-*zélŏt* s. zelator, cel ce
lucrează cu mare zel.

Zealotry *zélŏtri* s. fanatizm

Zealous-*zélŏs* a. zelos; —*ly*, ad.
cu zel.

Zebec-*zibec* s. vide *xebec*.

Zebra-*zíbră* s. zebra.

Zenith-*zénith* s zenit.

Zophir-*zéfer* s. zefir.

Zero-*zırou* s. zero; *10. degrees*
below—, zece grade sub zero.

Zest-*zest* s. despărţitură dinăun-
tru (la unele fructe); coaja (la
lămâi, portocale); gust.

Zigzag-*zigzăg* a. în zigzag.

Zinc-*zinc* s. zinc.

Zodiac-*zódiăc* s. zodiac.

Zone-*zóun* s. zonă; brâu; cir-
cumferinţă

Zoological-*zoológicăl* a. zoolo-
gic; — *gardens*, grădină zoologică.

Zoologist-*zoólogist* s. zoolog.

Zoology-*zoólogi* s. zoologie.

Zoophyte-*zóofait* s. zoofit, ani-
mal ce seamănă cu planta.

Zouave-*zuáv* sau *súav* s. zuav.

Zounds ! *záunds* interj. pentru
numele lui Dumnezeu !

Zymotic(al) - *zaimóticăl* a. de
putregiune, epidemie.

VOCABULAR
DE
NUME PROPRII

Abraham-*éibrăhăm* Abraam, Avram.
Achilles-*ăkilis* Achil, Ercule.
Adam-*éidăm* Adam.
Adolph(us) *ădólf(ŏs)* Adolf.
Adrian-*ădriăn* Adrian.
Agatha-*ăgătha* Agata.
Agnes-*ŏgnez* Agnes.
Alexander - *ăléxănder* A'exandru.
Alfonso-*ălfónsou* Alfons.
Alfred-*ălfred* Alfred.
Alice-*ăles*, **Alicia**-*ălişea* Alicia, Eliza.
Ambroso-*ámbroŭz* Ambrosie.
Amadeus-*ămădéŏs* Amedeu.
Amelia-*ămiliă* Amalia.
Amy-*ămi* Ema.
Anastasius-*ănăstăziŏs* Anastase.
Andrew-*ăndru* Andrei.
Andy-*ănde* (dim. dela *Andrew*
Angelica-*ăngélică* Angelina.
Anna-*ăna*, **Ann(e)** *ăn* Ana.
Annie-*ăne* Anicuţa.
Anthony-*ăntŏne* Anton.
Antonia-*ăntóunia* Antoaneta.
Antony-*ăntŏni* Anton.
Apollo-*ăpoulou* Apollon.
Arabella-*ărăbela* Arabela.
Ariadne-*ăréădne* Ariadna.
Arnold-*ărnold* Arnold.
Arthur-*ărthŏr* Artur.
Augusta-*ăŏgŏstă* Augusta
Augustine-*ăugŏstin* Augustin.

Augustus-*augŏstŭs* August.
Aurelian-*oréliăn* Aurelian, Aureliu.
Austion-*ăsten* Augustin.
Baal-*béiŏl* Baal (zeu biblic).
Barbara-*bárbără*. Varvara.
Barnaby *bárnăbi* Barnaba.
Bartholmeu-*borthólomiu* Vartolomeiu.
Basil-*băzil* Vasile.
Beatrice-*biatris* Beatrice
Ben-*ben* dim. dela Benjamin Beniamin.
Benedict-*bénedict* Benedict.
Bernard-*bŏrnărd* Bernard.
Bertha-*bŏrtha* Berta.
Bertram-*bértrăm* Bertram.
Bess-*bes*, **Bessy**-*bési* Elenuţa
Bets(e)-*bétse*, **Betsy**-*betsi* Elenuţa.
Betty-*beti* Beti.
Bianca-*biăncă* Bianca
Biddy-*bidi* Brigita.
Bill(y)-*bili* Bili.
Bob(by)-*bŏb(i)* Bobert.
Bridget-*briget* Brigita.
Bulwer-*bŏuer* Bulwer (scriitor englez).
Bunyan-*bŏnian* Bunian (scriitor englez).
Cain-*kein* Cain (nume biblic)
Caesar-*sisăr* Cezar.
Cary-*cări* Carolina.
Caroline-*kárlain* Carolina.
Catherine-*căthărăin* Caterina.

Cecilia-*sesília*, **Cecily**-*sésele* Cecilia.

Charles-*tşárls* Carol.

Charlotte-*tşarlout* Carlota.

Christian-*cristián* Cristian.

Christina-*cristínă* Cristina.

Christopher-*cristofer* Cristofor.

Clara-*clára*, **Clare**-*cléir* Clara.

Claudia-*clódia* Claudia.

Claudius-*clódiŭs* Claudiu.

Clement-*clément* Clement.

Clementina-*clementínă* Clementina.

Clotilda-*clotíldă* Clotilda.

Constance-*cónstăns* Constanţa.

Constantine - *cónstătain* Constantin.

Cornelia-*corniliă* Cornelia.

Cornelius-*corniliŭs* Corneliu.

Crispin-*crispín* Crispin.

Cyprian-*sfprián* Ciprian.

Dan-*dán* Dan.

Daniel-*dăniel* Daniel.

David-*déivid* David.

Dennis-*dénis* Denisia.

Dick-*dic* Dic.

Dickens-*cikens* Dikens (romancier englez).

Dionysia-*dainizia* Dionisia.

Dionysius - *daioniziŭs* Dionisiu.

Doll-*dol* Dol.

Dominic-*dóminic* Dominic.

Dorothy-*dóráthi* Dorotthea.

Edgar-*ódgăr* Edgar.

Edmund-*édmŏnd* Edmund.

Edward-*éduard* Edgard.

Edwin-*éduin* Edvin.

Eleanor-*élinŏr* Eleonora.

Elgin-*élgin* Elgin.

Elias-*eláiăs* Ilie.

Elinor-*élenr* Eleonora.

Elisa-*eláiză*, **Elisha** - *eláişă* Eliza.

Elizabeth-*elizăbeth* Elisabeta;

Emily-*émili* Emilia.

Emma-*éma* Ema.

Emmanuel - *emănŏl* Emanuel.

Ernest-*éirnest* Ernest.

Eugene-*iúgin* Eugeniu.

Eugenia-*iugéoiă* Eugenia.

Eustace-*iústăs* Eustaţiu.

Eve-*iév* Eva.

Ezekiel - *ezíkel* Ezechiel nume bibl.

Fabian-*féibiăn* Fabian.

Fanny-*făni* Fani.

Felicia-*felísia*, **Felicity** *felisiti* Felicia.

Felix-*félix* Felix.

Flora-*flóra* Flora.

Fred-*fréd* **Freddy**-*fréɟi* Friţică.

Frederic(k)-*réderic* Frederic.

Frances-*fránses*, **F. ancis**-*fránsis* Francis.

Geoffry-*géfri* Geofri.

George-*ʒiórʒ* Gheorghe.

Gervas-*gérvas* Ghervasie.

Giles-*gila* Giles.

Godefrey-*gódfri* Godofred.

Gregory-*grégori* Grigore.

Guinevere - *guinevŏr* (soţia regelui Artur.

Gustavus-*gŏstávus* Gustav.

Hal-*hal* Enric.

Hannaach-*hănă* Janeta.

Harriet-*hăriet* Enrieta.

Harry-*hari* Enric.

Helen-*hélen* Elena.

Henrieta-*henriéta* Enricta.

Henry-*hénri* Enric.

Hilary-*hilări* Ilariu.

Hodge-*hóǵi* Roger.

Horace-*hórăs* Oraţiu.

Hughi-*hiú*.

Humfrey, **Humphrey**-*hŏmpri* Umtred.

Ignatius-*ignéişos* Ignat.

Isabella-*izăbela* Isabela.

Isaiah-*aizáiu* Isaia.

Jack-*giăc* **Jacob**-*géicŏb* Iacob

James-*geims* Iacob.

Jane-*géin* Ioana.

Janet *giánet* Anica.

Jasper-*giăsper* Gaspar.

Jenny-*géni* Janeta.

Jeremy-*géremi* Ieremia.

Joan-*gion* **Joanna**, Ioana.

Johny-*gioni* Iancu, Ionel.

Jonathan-*giónăthăn* Ionatan. (n. bibl.).

Joseph-*gióƶef* Iosif.

Joshua-*gióşiua* Iosua. (n. bibl.)

Judas-*giúdăs* Iuda. (n. evang.)

Julia-*giŭlea* **Juliet**-*giúliet* Iulia.

Julian-*giúliăn* Iulian.
Juliana-*giuliănă* Iuliana.
Julius-*gióliŏs* Iulius.
Justin-*giŏstin* Justina.
Kate-*kéĭt* Kit-*kit* Kitty-*kíli,* Caterina.
Lewis-*liús* Ludovic.
Lotty-*lŏti* Şarlota.
Lucia-*liúşea* Lucy-*liúsi* Lucia.
Lidia-*lidia* Lidia.
Magdalen-*măgdălen*Magdalena.
Margaret-*mărgăret*
Meg-*meg* (dimin.) { Margareta.
Margery-*mărgieri* |
Mark-*marc* Marcu.
Martha-*mártha* Marta.
Mary-*mări* Marioara; **Maria**-*mărăiă* Maria.
Mat-*măt* Matheiŭ.
Matilda-*mătildă* Matilda.
Matthew-*măthiu* Matheiu.
Maud-*mod* Magdalena.
Maudlin-*modlin* Matilda.
Michael-*máikel* Mihail.
Moll-*mol* { Maria.
Molly-*móli* {
Morris-*móris* Mauriciu.
Moses-*móuzes* Moise.
Nan-*năn* Ana.
Nancy-*nănsi* Naneta.
Ned-*néd* Eduard.
Nell-*nel* Nelly-*néli* Eleonora.
Nicholas-*nicólăs* Nick-*nic* Nicolaie.
Noah-*nóuă* Noe.
Olivia-*olivie* Olivia.
Oliver-*óliver* Olivier.
Otho-*ŏuto* Oton.
Patrick-*pătric* Patriciu.
Patty-*păti* Marta.
Paul-*pol* Paul.
Paulina-*polină* Paulina.
Peg-*pég* Peggi-*pégi* Margareta.
Peter-*pitér* Petru.
Phil-*fil* Filip.
Philip-*filip* Philippa-*filipa* Filip.
Pius-*píos* Piu.
Pol(ly)-*póli* Mariuca.
Ralph-*rălf* Rudolf.
Randal-*răndăl* Randolf.
Raymund-*răimŏnd* Reimond.

Regina-*régină* Regina.
Reynold-*réinold* Reinold.
Robin-*róbin* Robin.
Rodolphe-*róudolf* Rudolf.
Rosalind-*rózălind* Rozalina.
Rosamund-*rózămund* Rosamunda.
Rosy-*rŏuzi* Roseta.
Rowland-*răulănd* Orlando.
Sabina-*săbină* Sabina.
Sal-*săl* Sally-*sălli* Sara.
Sam-*săm* Samuel.
Sampson-*sămpsum* Samson.
Sandy-*săndi* Alexandru.
Sarah-*sără* Sara.
Sebastien-*sebăstien* Sebastian.
Sigismund-*sigismŏnd* Sigismund.
Silvan-*silvăn* Silvan.
Silvester-*silvester* Silvestru.
Sophia-*sóufiă* Sophy-*sóufi* Sofia.
Stanislas-*stănislas* Stanislas.
Stephan-*stiven* Ştefan.
Susan-*siuzăn* Susannah-*siuzănă* Suzana.
Suzon-*sinzón* Suzeta.
Susy-*súsi* Sisi.
Ted-*ted* Teddy-*tédi* Eduard.
Theobald-*thiobold*
Theodosius-*thiodósiós* Teodosiu.
Theophilus-*thiófilŏs* Teofil.
Teresa-*terăză* Tereza.
Thomas-*tómas* Toma.
Tim-*tim* Timothy-*timŏthi* Timoteiu.
Tobias-*tóbiăs* Toby-*tóbi* Tobio.
Tomy-*tómi* Toma.
Tomy-*tomi* Toma.
Tony-*tóni* Antoniu.
Urban-*ŏrbăn* Urban.
Ursule-*ŏrsiulă* Ursula.
Valentine-*vălentain* Valentin.
Valery-*văleri* Valeriu.
Veronica-*verónică* Veronica.
Vincent-*vincent* Vincenţiu.
Vilhelmina-*uilhelmin* Vilhelmina.
Will-*uĭl* William-*uiliăm* Vilhelm.
Zachaeus-*zakeus* Zacheu.
Zachary-*zăcări* Zaharia.

NUMELE GEOGRAFICE

Aargau-*Aárgo* **Argovia**-*ar͜o-vià* Argovia.
Abdera-*abdĭră* Abdera.
Abruzzi(the)-*ăbrútzi* pl. Abruzzi.
Abyssinia-*abisiniă* Abisinia.
Acadia-*ăchédiă* Acadia.
Acarnania-*acarnăniă* Acarnania.
Achaia-*ŏcaiă* Achaia.
Aegean sea (the-*igĭăn și* E-gea, Arhipelag.
Africa-*áfrică* **Afric**-*áfric* Africa.
Agrigentum-*agrigĭéntŏm* Agrigent.
Alba-*álba* Alba.
Albness-*álbăniz* Albanez.
Albania-*albăniă* Albania.
Aleppo-*ălépo* Alep.
Algarva-*algárvă* Algarve.
Algeria-*algiriă* Algeria.
Algiers-*algírz* Alger.
Alicant-*álicant* Alicanta.
Alsace-*álsăs* **Alsatia** - *alsęşiă* Alsacia.
Amazon(the)-*ámăzŏn* Amazon (fluviul).
Amazon-*ámăzŏn* Amazonă.
Amazonia-*amăzŏniă* țara Amazonelor, (Azia-mică).
America-*américă* America.
Anatolia-*anătóliŭ* Anatolia.
Ancona-*ancŏnă* Ancona.
Andalusia-*ăndălújiă* Andaluzia.
Andorra(the valley of) - *an-dóra* Andora.
Anglesey - *ánglisi* (insula) Anglesey.
Antigua-*antiga* Antigoa.
Antilles(the) - *antilz* (insulele) Antile.
Antioch-*ántioc* Antiochia.
Antwerp-*ántŭérp* Anvers.
Aoulau mount(the) - *ŏóniăn* maunt Muntele Parnas.
Apennines(the) *ăpenainz* Apeninii.

Apulia-*ăpĭuliă* Apulia.
Aquileia-*acuiliă* Aquilia.
Aquitaine-*acuitén* Aquitania.
Arabia-*ărébia* **Araby**-*árabi* A-rabia.
Arbela-*arbĭla* Arbella.
Arcadia-*archédiă* Arcadia.
Archipelago(the) - *árchipe-lágo* Arhipelag.
Argolis-*árgolis* Argolida.
Armenia-*arméniă* Armenia.
Armorica-*armórică* Armorica.
Asia-*éşă* Azia.
Assyria-*asiriă* Asiria.
Asturias(the) — *astiúrias* Asturii.
Athens-*áthenz* Atena.
Atlantic(the) sau **the Atlantic Ocean** *atlantic óşĭn* Atlanticul; oceanul Atlantic.
Atlantis-*atlántis* Atlantida.
Atlas-*átlas* Atlas.
Attica-*ática* Atica.
Aulis-*ólis* Aulida.
Australia-*ostrélia* Australia.
Austrasia-*ostréşiă* Austrasia.
Austria-*óstriă* Austria.
Austro-Hungaria-*óstrohŏn-ghériă* Austro-Ungaria.
Aventine(the hill) - *úventain* Aventin (muntele).
Avernus(the)-*ăvérnŏs* Averno, Avern.
Azores(the)-*azórz* Azore (insulele.

Babel - *bébĕl* Babel; *The tower of Babel*, turnul Babel.
Babylon-*bábiŏn* Babilon.
Bactria-*báctriă* Bactria.
Bactriana-*báctriănă* Bactriana.
Baden-*bá͜n* Baden.
Baffin's Bay - *báfinzbe* Marea de Baffin.
Balearic islands(the)-*baliá-ric áilandz* Insulele Baleare.
Baltic sea(the)-*bólticsi* Marea Baltică.

Barbadoes-*barbédoz* Barbada.
Barbary-*bărbări* Barbaria.
Barcelona-*barselóná* Barcelona.
Batavia-*bátéviŏ* Batavia.
Belgium-*bélniŏm* Belgia.
Benevento-*bénivénto* Benevent.
Bengal-*bengól* Bengal
Bengalee-*bengalí*, **Bengalese** *bengaliz* Bengal, Bengalez.
Beotia-*biŏşă* Beoţia.
Bessarabia-*besárébiă* Basarabia.
Bethany-*bétéăni* Betania.
Betica-*bítică* Betica.
Bight of Benin-*báit ov benin* golful de Benin.
Birman Empire(the) *bŏrman émpair* Birmania.
Biscay-*bíscheă* Biscaya.
Bithynia-*bithiă* Bitinia.
Bohemia-*bohímiă* Boemia.
Bosnia-*bóznĭă* Bosnia.
Brazil-*brezíl* Brasilia.
Brindisi-*brindísi* Brindisi.
Britain - *britn* Britania; *Great Britain*, Marea Britanie; *New Britain*, Noua Britanie.
Britannia-*britániă* Bretania.
Brittany - *brităni* Bretania (in Franţa).
Brussels-*brŏsels* Bruxela.
Bucharest, **Bukarest**-*biŭcárest* Bucureşti.
Bucharia-*biuchériă* Bucharia.
Bulgaria-*bŏlghériă* Bulgaria.
Burgundy-*bŏrghŏndi* Burgundia (Bourgogne).
Bursa-*bŏrsă* Bursa.
Bushman-*buşmăn* Boşiman.
Byzantium- *baizánsiŏm* Bizanţiu.

Cabul-*cábul* Cabul.
Cadiz-*cădiz* Cádix.
Caesarea-*sizáriă* Cezarea.
Caffer-*cáfer* Cafru.
Caffraria-*cafrériă* Cafreria.
Cairo-*cairo* Cairo.
Calabria-*călébriă* Calabria.
Caledonia-*calidóniă* Caledonia.
California - *califórniă* California; *the Gulf of California*, Gol-

ful. de California; *Lower*—, California de jos; *New*—, Noua California; *Old*—, Vechea California; *Upper*,—, California de sus.
Camboda-*cambódia*, **Camboge**-*cambódj* Camboge.
Campania-*campéniă* Campania.
Canaan-*chenéăn* Canaan.
Canada-*cánădă* Canada.
Canary-*cánări* Canar; *the Canaries* Canarele; *the Canary islands*, Insulele Canare.
Candia-*cándia* Candia.
Canea-*cániă* Canea.
Canterbury-*cánterberi* Canterbery.
Cape-*chep* Cap;—*Colony*, Colonia Capului;—*Town*, Cape-Town.
Capernaum - *capŏrnŏm* Capernaum.
Cappadocia - *cápădóşia* Capadocia.
Capua-*cápiua* Capua.
Caria-*chéria* Caria.
Caribbee-*cáribi* Caraib.
Carinthia - *cárinthiă* Carintia.
Carolina-*cárolaină* Carolina.
Carthage-*cárthidj* Cartagina.
Cashmere-*cáşmir* Caşmir.
Caspian sea (the) Marea Caspică.
Castile-*cástil* Castilia.
Catalonia-*cátăloniă* Catalonia.
Caucasus-*cócăsŏs* Caucaz.
Celtiberia-*seltibiriă* Celtiberia.
Cephalonia - *şéfăloniă* Cefalonia.
Ceylon *silŏn* Ceylan.
Chaeronea-*shirăniă* Cheronea.
Chalcedonia-*calsidóniă* Calcedonia.
Chaldea-*caldiă* Chaldea.
Champagne - *şampén* Champagne.
Charybdis - *căríbdis* Charybda.
Circassia-*sercáşiă* Circasia.
Citheron-*sithirŏn* Citeron.
Cochin-china-*cócinsiaină* 'Cochinchina.
Coimbra-*coímbră* Coimbra.
Colchis-*cólcis* Colchida.

Columbia-*colémbiŭ* Columbia.
Congo-*cóngo* Congo.
Copenhagen-*cópenheghen* Copenhaga.
Cordilleras (the) · *cordileras* Munţii Cordilieri.
Corea-*coriŭ* Corea.
Corinth *córinth* Corint.
Corsica-*córsicŭ* Corsica.
Cracow-*créco* Cracovia.
Cremona-*crimónŭ* Cremona.
Crete-*crit* Creta.
Crimea (the)-*oraimiŭ* Crimea.
Cumae-*chiúmi* Cume.
Cyprus-*sáiprĕs* Cipru.
Cyrenaica-*sirinéicŭ* Cirenaica.
Cythera-*sithirŭ* Citera.

Dacia-*déşŭ* Dacia.
Dalmatia-*dalmaşŭ* Dalmaţia.
Damascus-*dămásches* Damasc.
Damietta-*damiétŭ* Damieta.
Davis's Straits - *dévisizstrets* Strâmtoarea lui Davis.
Delphi-*délfai* Delfi.
Denmark-*denmarc* Danemarca.
Dominica-*domínica* Republica Dominicană.
Doris-*dóris* Dorida.
Dresden-*drézden* Drezda.

Ebro-*íbro* Ebrul.
Edinburgh-*édinberg* Edinburg.
Elba-*élbŭ* Elba (insula).
Egypt-*égipt* Egipt.
England-*ínglănd* Englitera, Anglia.
Epirus-*ipáirŏs* Epir.
Erin-*írin* Irlanda.
Ethiopia-*othiópiŭ* Etiopia.
Etna-*étnă* Etna.
Etruria-*itrŭriŭ* Etruria.
Euphrates (the) *iufrátis* Eu-ratul.
Europa *iurópŭ* Europa.
Euxine (the) *iúesin* Marea-Nea-gră; Pontus Euxinus.

Faroe Iles-*fároils* Iusulele Feroe
Ferrara-*ferŭra* Ferara.
Ferro-*frro* Insula de Fier.
Fez, Fezan-*fes, fezán* Fez.

Finisterra-*finistérŭ* capul Fi-nister.
Finland-*finland* Finlanda.
Flanders-*flánders* Flandra.
Florence-*flórens* Florenţa.
Florida-*flóridŭ* Florida.
Flushing-*flişing* Flesing.
Formosa-*formózŭ* Formosa.
Fortunate Island : (the) - *fórciunetailands* Insulele Fortu-nate.
France-*frans* Franţa.
Franconia-*francóniŭ* Franco-nia.
Frankfort-*fráncfŏrt* Francfort;
— *on the Mein*, Francfort pe Mein;
— *on the Oder*, Francfort pe Oder.
Fribourg-*fráibŏrg* Friburg.
Friesland-*frislănd* Frisa.
Friuli-*friúili* Friul.

Galatia-*gŭláşŭ* Galatia.
Galicia-*gŭlíşiŭ* Galiţia.
Galilee-*gelili* Galilea.
Ganges (the)-*gángis* Gangele.
Gascony-*gásconi* Gasconia.
Gaul-*gol* Galia.
Gaunt-*gont* Gand.
Geneva-*gienivŭ* Geneva.
Genoa-*giénoŭ* Genua.
Georgia-*gsórgiŭ* Georgia.
Germany *giermáni* Germania.
Ghent-*ghent* Gand.
Gibeon-*ghibiŏn* Gabaon.
Gilead-*ghiliŭd* Galaad.
Glasgow-*glásgo* Glasgow.
Golconda - *golcóndŭ* Golconda
Gold coast (the) - *góldcŏst* Coasta de Aur.
Gomorrah-*gomórŭ* Gomora.
Gottingen-*ghittŭngen* Goetingen.
Granada-*grándŭd* Grenada.
Granicus (the)-*gránicŏs* Gra-nicul.
Greece-*gris* Grecia.
Greenland-*grinlănd* Groen-landa.
Guadalupe-*gódŭlup* Guadelupa.
Guernsey-*ghérnzi* Guernsey (in-sula).
Guiana-*ghiána* Guiana.
Guinea- *hini* Guinea.

Hague-*heg* Haga.
Hamburgh-*hámbörg* Hamburg.
Hanover-*hánovŏr* Hanovra.
Havannah-*hávána* Havana,
Hayti-*hătai* Haiti.
Hebrides(the) - *hébridis* Insulele Hebride.
Hellas-*hélds* Helada.
Helvetia-*helvişiă* Elveţia.
Herculaneum - *hérchiulăniŏm* Herculanum.
Hesperia-*hespíriă* Hesperia.
Hibernia-*haibérniă* Hibernia.
Hindostan-*hindŏstan* Industan.
Holland-*hóland* Olanda.
Homburgh-*hómberg* Homburg.
Hudson's Bay-*hédgsŏnzbe* Golful lui Hudson.
Hungary-*hŏngări* Ungaria,
Hyrcania - *hŏrchéniă* Hircania.

Iberia *aibériă* Iberia.
Icaria *aichériă* Icaria.
Iceland-*áislănd* Islanda.
Idumea-*sidumeă* Idumea.
Ilion-*áiliou* Ilium-*áiliom* Ilion, Troia.
India-*índiă* India.
Indo-China- *índociáină* Indo-China.
Ionia-*aióniă* Ionia.
Iran-*áirăn* Iran, Persia.
Ireland-*áierlănd* Irlanda.
Istria-*ístriă* Istria.
Italy-*ítăli* Italia.
Ithaca-*íthăcă* Itaca.

Jamaica-*giamécă* Jamaica.
Japan-*giapán* Japonia.
ena-*gíná* Iena.
Jerusalem-*gieriúsălem* Ierusalim.
Jordan-*diórdan* Iordan.
Judea-*giudiă* Iudea.

Kamtschatka - *camtscátcă* Kamciatka.
Kansas-*cánsăs* Kansa.

Labrador-*labrădŏr* Labrador.
Lacedaemon-*lasidímŏn* Lacedemona.

Laconia-*lecóniă* Laconia.
Ladrones(the)-*ladróns* Insulele Mariane.
La Mancha-*lamăncia* La Manche.
Lampsacus - *lámpsăches* Lampsac.
Lancaster-*léncaster* Lancaster.
Laplane-*lápland* Laponia.
Latium-*lăşŏn* Laţiu.
Lebanon-*lóbănŏn* Liban.
Leghorn-*léghŏrn* Livorno.
Lepanto-*lépanto* Lepante.
Lerna-*lérnă* Lerna.
Lesser Asia *léseréşă* Asia Mică.
Lestrygones *léstrigona* Lestrigoni.
Lethe-*líthi* Lethe.
Leuctra-*liúctră* Leuctra.
Leyden-*léăn* Leyda; —*jar*, Butelia de Leyda.
Libyan-*lébăn* Libian.
Liguria-*lighiúriă* Liguria.
Lisbon-*lízbŏn* Lisabona.
Lithuania-*líthiuéniă* Lituania.
Livonia-*livóniă* Livonia.
Locris-*lócris* Locrida.
Lombardy - *lómbărdi* Lombardia.
London-*lŏndŏn* Londra.
Louisiana-*luiziáná* Luisiana.
Lucern-*liúsern* Lucerna.
Lusitania - *lusiténiă* Lusitania (Portugalia).
Lycia-*líşia* Licia.
Lydia-*lídiă* Lidia.
Lyons-*láions* Lyon.

Macedon - *măsidŏn* Macedonia.
Madeira - *mădíră* Madera (insula).
Maelstrom(the)-*málstrŏm* Maelstromul.
Maeonia-*mióniă* Meonia.
Majorca-*mădiórcă* Majorca.
Malaga-*málaga* Málaga.
Malaya - *măléiă* **Malaysia**-*măléijiă* Malaesia.
Malta-*mólta* Malta.
Manilla-*mănílă* Manila.
Mantinea-*mantiniă* Mantinea.
Mantua-*mănowă* Mantua.

Manx-*mancs* (insula).
Mariana islands(the)-*mari-ana áilands* Insulele Mariane.
Marmara (*the sea of*— -*mármără* Marmara (Marea de).
Marseilles-*marséls* Marsilia.
Martinico-*martinico* Martinica.
Mauritius-*morișes* Insula Mauriciu.
Meander-*miánder* Meandru.
Mecca-*mécă* Meca.
Mechlin-*méclin* Malina.
Media-*midia* Midia.
Medina-*medáină* Medina.
Mediterranean(the)-*mediteréniăn* Mediterana.
Megara-*mighéră* Megara.
Mesopotamia-*mésopotémiă* Mesopotamia.
Messenia-*mesíniă* Mesenia.
Messina-*mesină* Mesina.
Mexico-*mécsico* Mexic.
Milan-*milăn* Milano.
Miletus *mailites* Milet.
Minorca-*minórcă* Minorca.
Modena-*módenă* Modena.
Moesia-*mijia* Mesia.
Moldavia-*moldéviă* Moldova.
Moravia-*morévia* Moravia.
Morea(the) *moriă* Morea.
Marocco-*maróco* Maroc.
Moscok-*mósco* Moscova.
Mosul-*mósel* Mosul.
Murcia-*mérșiă* Murcia.
Mycenas-*maisínas* Micena.
Mysia-*mijiă* Misia.
Mysore-*maisór* Maissur.

Natolia-*nátóliă* Anatolia
Nauplia-*nópliă* Nauplia.
Navarino-*navárino* Navarin.
Negroland-*nigroland* Negrițĭa, Sudan.
Nemea-*nimiă* Nemea.
Netherlands(the)-*netherland* Neerlanda; Tările-de-jos.
Newfoundland-*niúfaundland* Țara-Nouă.
Nile(the)-*nail* Nilul.
Nineveh-*nineve* Niniva.
Normandy-*nórmandi* Normandia.

Norway-*nórue* Norvegia.
Nova zembla-*nóvăsémblă* Nova-zemlia.
Nubia-*uióbiŏ* Nubia.
Numantia-*niumănșiă* Numanția.
Numidia-*niumidiă* Numidia.

Ocean-*óșăn* Ocean.
Oceania-*opiéniă* Oceania.
Olympus-*olímpes* Olimp.
Olynthus-*elínthes* Olint.
Oporto-*opórto* Porto.
Orinoco(the)-*orinóeo* Orenoc.
Orleans-*orliáns* Orleans.
Ostend-*osténd* Ostenda.
Otaheite-*otăhaiti* Taiti.
Otranto-*otránto* Otranto (canalul).
Owhyee-*ouaihi* insulele H wai sau Iusulele Sandwich.

Padua *pádiuă* Padua.
Palatinate(the)-*palátinet* Palatinatul.
Palermo-*pălérmo* Palermo.
Palmyra-*palmáiră* Palmira.
Pamphylia-*pamféliă* Pamfilia.
Pannonia-*panóni* Panonia.
Paphlagonia - *páflăgóniă* Paflagonia.
Papua-*păpiuă* Papuasia.
Paris-*paris* Paris.
Parnassus-*parnásos* Parnas.
Patagonia - *patăgóniă* Patagonia.
Pausilippo-*posilipo* Pausilipul.
Pavia-*pévia* Pavia.
Peloponnesus-*peleponisŏs* Pelopones.
Pensylvania-*pensilveniă* Pensilvania.
Pergamus-*pérgămos* Pergam.
Persia-*pérșă* Persia.
Peru-*perú* Peru.
Petersburg-*piterzbŏrg* Petersburg.
Pharsal a *arséliă* Farsala.
Philadelphia - *filadélfiă* Filadelfia.
Philippi-*filipi* Filipi.
Phocea-*foșiă* Focea.

Phocide-*fósid* Focida.
Phoenicia-*finișid* Fenicia.
Phrygia-*frîdjid* Frigia.
Piedmont-*pidmŏnt* Piemont.
Pindus-*pîndŏs* Pind.
Piraeus-*pairiŏs* Pireu.
Pisa *pisă* Pisa.
Platea-*pleiă* Platea.
Poland-*póland* Polonia.
Polynesia-*polinișiă* Polinesia.
Pomerania-*pomirénid* Pomerania.
Pompeii-*pompíiai* Pompei.
Portugal-*pórciugăl* Portugal.
Poyas Mountains(the)-*poias mounteins* Munţii Urali.
Propontis-*propóntis* Propontida.
Prussia-*préşo* Prusia.
Pyrenean Mountains(the) *pirinăn mŏunteins* Munţii Pirinei.

Ragusa-*răghiŭsă* Ragusa.
Ratisbon-*rátisbon* Ratisbona, Regensburg.
Ravenna-*ravénă* Ravena.
Rhetia-*rișiă* Retia.
Rome-*rom* Roma.
Rosetta-*rozétă* Rosetta.
Roumania-*ruménid* România.
Roumelia *rumălid* Rumelia.
Russia-*rŏşă* Rusia.

Saba-*săbă* Saba.
Sabina-*sabínă* Sabin.
Saguntum-*săghéntom* Sagunt.
Sahara(the)-*săhăra* Sahara.
Salamis-*sălămis* Salamina.
Saloniki-*salonichi* Salonic.
Samaria-*sămărid* Rumelia.
San - Domind-*sandomîgo* San Domingo sau Haiti.
Sandwick Islands(the), *săn duoţs* *áilănds* Insulele Sandwich
Saragossa-*sarăgósă* Saragossa.
Sardinia-*sardínid* Sardinia.
Sardis-*sárdis* Sardes.
Sarmatia-*sarméşia* Sarmaţia.
Savoy-*săvói* Savoia.
Saxony-*săcsoni* Saxonia.
Scamander - *scămánder* Scamandru.

Scandinavia-*scandinévid* Scandinavia.
Scotia-*scóşiă* Scoţia.
Scotland-*scótland* Scoţia.
Senegambia-*senigambiă* Senegambia.
Servia-*sérvid* Serbia.
Sevastopol-*săvăstopol* Sevastopol.
Severn(the) *sévеón* (râul) Severn.
Sevilla-*sevílă* Sevila.
Sforza-*sfórţŏ* Sforza.
Sheba-*şibă* Saba.
Siberia-*saibírid* Siberia.
Sicily-*sísili* Sicilia.
Sienna-*siénă* Siena.
Sierra-*siéră* Sierra.
Silesia-*sailșiid* Silesia.
Smyrna-*smírnă* Smirna.
Sodom-*sódom* Sodoma.
Sophia-*sofăia* Sofia.
Sparta-*spárta* Sparta.
Spitzbergen-*spiţberghen* Spitzberg.
Stagyra-*siagíră* Stagira.
Strasburg-*strasbŏrg* Strasburg.
Stuttgarg-*stŏtgard* Stuttgard.
Stirya-*stírid* Stiria.
Suabia-*sŏébiă* Suabia.
Susa-*siusŏ* Susa.
Sweden-*suíden* Suedia.
Switzerland - *suíţérland* Elveţia
Syracusn-*sirachiŭsă* Siracusa.
Syria-*sírid* Siria.

Tabriz-*tábris* Taurida.
Taugus(the)-*téghes* Tagul.
Tahiti-*tahíti* Taiti
Tangiers-*tangírs* Tanger.
Tarentum-*tărentŏm* Tarent
Tartary-*tártări* Tartaria.
Tasmania-*tasménid* Tasmania.
Tauris-*tóris* Taurida.
Terra delfuego-*téradelfuego* Tara de Foc.
Thames(the)-*tims* Tamiso.
Thebis-*thibeis* Tebaida.
Thebes-*thibs* Teba.

Thermopy-ae-*thermópili* Termopile.

Thessalonica-*thesălónică* Tesalonic.

Thessaly-*thésăli* Tesalia.

Thuringia-*thiuríngia* Turingia.

Tigris(the)-*táigris* Tigrul.

Toledo-*tolído* Toledo.

Transylvania-*transilvéniă* Transilvania.

Trebia-*tríbia* Trebia.

Trebisond-*trébizond* Trebizonda.

Trinidad-*trinídad* insula Trinidad (a Treimii).

Troas-*tróas* Troada.

Troy-*trói* Troia.

Turkestan - *tŏrchestan* Turkestan.

Turkey-*tŏrki* Turcia.

Tuscany-*tŏscăni* Toscana.

Tyre-*táier* Tir.

Umbria-*ŏmbriă* Umbria.

United States(the) - *iunáited stets* Statele-Unite.

Ural Mountains(the) - *iúrăl* Munţii Urali.

Van Dieman's Land-*van măns land* Tasmania.

Veneţia-*venéţiă* Veneţia.

Venise-*véni* Veneţia.

Verona-*veróna* Verona.

Vesuvius-*vesiúvies* Vesuviu.

Vienna-*viénă sau váienă* Viena.

Virginia-*verginiă* Verginia.

Vistula(the)-*visciulă* Vistula.

Wales-*uéls* Wales.

Walachia- *ualéciă* Valachia, Muntenia.

Warsaw-*uórso* Varşovia.

Western Islands(the) *uestern áilands* Insulele Hebride.

Westminster - *uéstminster* Westminster.

Westphalia - *uestféliă* Westfalia.

Windsor-*uíndsor* Windsor.

Wurtemberg-*uértemberg* Würtemberg.

Zealand-*zíland* Zelanda.

Zion-*záiŏn* Sion.

Zurich-*ţúric* Zurich.

More Dictionaries from Hippocrene Books:

ENGLISH-ALBANIAN DICTIONARY
0081   ISBN 0-87052-480-1 $12.50 cloth

ENGLISH-ARABIC CONVERSATIONAL DICTIONARY
Richard Jaschke
0093   ISBN 0-87052-494-1 $8.95 paper

CAMBODIAN-ENGLISH/ENGLISH-CAMBODIAN STANDARD DICTIONARY
0143   ISBN 0-87052-818-1 $14.95 paper

CZECH-ENGLISH/ENGLISH-CZECH CONCISE DICTIONARY
Nina Trnka
0276   ISBN 0-87052-586-7 $6.95 paper

DANISH-ENGLISH/ENGLISH-DANISH PRACTICAL DICTIONARY
0198   ISBN 0-87052-823-8 $9.95 paper

DUTCH-ENGLISH/ENGLISH-DUTCH CONCISE DICTIONARY:
With a Brief Introduction to Dutch Grammar
0606   ISBN 0-87052-910-2 $7.95 paper

FINNISH-ENGLISH/ENGLISH-FINNISH CONCISE DICTIONARY
0142   ISBN 0-87052-813-0 $8.95 paper

FRENCH-ENGLISH/ENGLISH-FRENCH
PRACTICAL DICTIONARY
Rosalind Williams
| 0199 | ISBN 0-88254-815-8 | $6.95 paper |
| 2065 | ISBN 0-88254-928-6 | $12.95 cloth |

GERMAN-ENGLISH/ENGLISH-GERMAN
PRACTICAL DICTIONARY
Stephen Jones
| 0200 | ISBN 0-88254-813-1 | $6.95 paper |
| 2063 | ISBN 0-88254-902-2 | $12.95 cloth |

CONCISE, PHONETIC ENGLISH-
HEBREW/HEBREW-ENGLISH
CONVERSATIONAL DICTIONARY
(Romanized)
David C. Gross
| 0257 | ISBN 0-87052-625-1 | $7.95 paper |

HINDI-ENGLISH PRACTICAL DICTIONARY
R.C. Tiwari, R.S. Sharma and Krishna Vikal
| 0186 | ISBN 0-87052-824-6 | $11.95 paper |

HUNGARIAN-ENGLISH/ENGLISH-
HUNGARIAN DICTIONARY
Magay Tamas, et al.
| 2039 | ISBN 0-88254-986-3 | $7.95 cloth |

HUNGARIAN-ENGLISH/ENGLISH-
HUNGARIAN CONCISE DICTIONARY:
With Complete Phonetics
| 0254 | ISBN 0-87052-891-2 | $6.95 paper |

**ICELANDIC-ENGLISH/ENGLISH-ICELANDIC
CONCISE DICTIONARY**
Arnold Taylor
0147   ISBN 0-87052-801-7 $7.95 pap

**INDONESIAN-ENGLISH/ENGLISH-
INDONESIAN PRACTICAL DICTIONARY**
Helen and Rossall Johnson
0127   ISBN 0-87052-810-6 $8.95 pap

**ITALIAN-ENGLISH/ENGLISH-ITALIAN PRAC
TICAL DICTIONARY**
Peter Ross
0201   ISBN 0-88254-816-6 $6.95 pa
2066   ISBN 0-88254-929-4 $12.95 cl

**NORWEGIAN-ENGLISH/ENGLISH-
NORWEGIAN DICTIONARY**
E.D. Gabrielsen
0202   ISBN 0-88254-584-1 $7.95 pa

**PILIPINO-ENGLISH/ENGLISH-PILIPINO
CONCISE DICTIONARY**
Sam and Angela Bickford
2040   ISBN 0-87052-491-7 $6.95 pa

**POLISH-ENGLISH/ENGLISH-POLISH
STANDARD DICTIONARY (Revised)**
Iwo Cyprian Pogonowski
0207   ISBN 0-87052-882-3 $12.95 pa
0665   ISBN 0-87052-908-0 $22.50 cl

**POLISH-ENGLISH/ENGLISH-POLISH
PRACTICAL DICTIONARY**
Iwo Cyprian Pogonowski
2041   ISBN 0-87052-064-4 $8.95 paper

**PORTUGUESE-ENGLISH/ENGLISH-
PORTUGUESE PRACTICAL DICTIONARY**
Antonio Houaiss and I. Cardin
0477   ISBN 0-87052-374-0 $9.95 paper

**RUSSIAN-ENGLISH/ENGLISH-RUSSIAN
PRACTICAL DICTIONARY:
With Complete Phonetics**
O.P. Benyuch and G.V. Chernov
0164   ISBN 0-87052-336-8 $10.95 paper

**RUSSIAN-ENGLISH/ENGLISH-RUSSIAN
DICTIONARY**
W. Harrison and Svetlana Le Fleming
2344   ISBN 0-87052-751-7 $9.95 paper

**SERBO-CROATIAN-ENGLISH/ENGLISH-
SERBO-CROATIAN POCKET DICTIONARY**
0136   ISBN 0-87052-806-8 $11.95 cloth

**SPANISH-ENGLISH/ENGLISH-SPANISH
PRACTICAL DICTIONARY**
Arthur Butterfield
0211   ISBN 0-88254-814-X $6.95 paper
2064   ISBN 0-88254-905-7 $12.95 cloth